저자약력 : 강경석 세무사

- 연세대학교 졸업
- 한국세무전문학교 회계학교수
- 종로경영아카데미 세법교수
- 한국금융연수원 한국채택국제회계기준 교수
- 회계사·세무사 전문 월간회계 집필위원
- 신한은행 PB 양도소득세 고문세무사
- 킨텍스세무그룹 대표세무사
- EBS교육방송·에듀피디·두목넷·자격동스쿨·에어클래스 : 회계학/세법 대표강사

주요저서 [출간예정도서포함]

• SAMIL 전산세무2급	: 강경석·김혜숙-삼일인포마인
• SAMIL 전산회계1급	: 강경석·김혜숙-삼일인포마인
• 회계사·세무사 회계학요해	: 강경석-회경사
• 회계사·세무사 세법요해	: 강경석-회경사
• THE BEST 세무관리3급	: 강경석·김혜숙-경영과회계
• POINT 전산세무1급	: 강경석·김윤주-경영과회계
• POINT 전산세무2급	: 강경석·김윤주-경영과회계
• POINT ERP회계2급-단기합격특강	: 강경석·임정식-경영과회계
• POINT 기업회계2·3급-단기합격특강	: 강경석-경영과회계
• POINT 세무회계2·3급-단기합격특강	: 강경석-경영과회계
• FINAL 전산세무1·2급-백점이론특강	: 강경석-세무라이선스
• FINAL 기업회계1급·2급·3급[이론과기출]-한권으로끝장	: 강경석-세무라이선스
• FINAL 세무회계1급·2급·3급[이론과기출]-한권으로끝장	: 강경석-세무라이선스
• FINAL IFRS관리사[이론과기출]-한권으로끝장	: 강경석-세무라이선스
• FINAL 회계관리2급[실전기출완성]-기출문제특강	: 강경석-세무라이선스
• FINAL 회계관리2급 공개기출해설	: 강경석-세무라이선스
• FINAL 회계관리1급[실전기출완성]-기출문제특강	: 강경석-세무라이선스
• FINAL 회계관리1급 공개기출해설	: 강경석-세무라이선스
• FINAL 재경관리사 한권으로끝장[적중이론/기출문제/적중문제]	: 강경석-세무라이선스
• FINAL 재경관리사 기출문제특강[유형별총정리]	: 강경석-세무라이선스
• FINAL 재경관리사 공개기출해설[재무]	: 강경석-세무라이선스
• FINAL 재경관리사 공개기출해설[세무]	: 강경석-세무라이선스
• FINAL 재경관리사 공개기출해설[원가]	: 강경석-세무라이선스
• FINAL 재경관리사 최신기출해설[2023년기출]	: 강경석-세무라이선스
• FINAL 감정평가사·관세사 회계학[재무·원가]-적중서브노트	: 강경석-도서출판 탐진
• FINAL 세무사·회계사 회계학[재무·원가]-적중서브노트	: 강경석-도서출판 탐진
• 그 외 다수	

SEMOOLICENCE

도서출판 세무라이선스는
고객의 needs를 현실적 수준을 넘어 미래의 도전과제로 삼는
최고의 교육이념과 서비스로 고객 여러분을 위한 평생교육시대를 열어가겠습니다.
더불어, 시간적으로 경제적으로 고민하고 노력하는 전국의 모든 수험생들에게
자격증 취득의 단순한 지름길이 아닌 가장 효율적인 가치의 제공을 위해
최선을 다하고 있습니다.

FINAL
3P POTENTIALITY PASSION PROFESSION

우리가 꿈꿀 수 있는 가장 먼 세상으로 나아가자!
그 출발점을 세무라이선스 파이널로 시작하자. 반드시 이룰 것이다.
지름길을 찾지 말자!
간절함과 열정으로 최선을 다해 묵묵히 달려가자.
그 종착점에 지금의 내가 아닌 또 다른 나를 기다리며…

www.semoolicence.com [추록 및 정오표 확인]

■ 도서출간 이후에 발견되는 오류 및 정오표를 세무라이선스 홈페이지를 통해 먼저 확인하신 후 학습하여 주시기 바랍니다.
■ 개정판을 출간하지 않을 경우 개정사항이 추록으로 대체될 수 있으며, 당사 홈페이지에서 다운받으실 수 있습니다.

FINAL

POTENTIALITY
PASSION
PROFESSION

■ MONTHLY EXAM PLAN ■

재경관리사 시험일정계획

■ 자세한 수험일정은 주관처 홈페이지에서 확인하시기 바랍니다.

01월

02월

03월

04월

05월

06월

07월

08월

09월

10월

11월

12월

www.semoolicence.com

삼일회계법인주관 재경관리사 자격시험

재경관리사 · 공개기출해설 [원가]

고득점 단기합격 최종정리서

[4개년 27회분]

제1편 공개기출문제해설 [회차별기출총정리]

제2편 기출문제오답노트 [서술형객관식정리]

합본부록 원가관리회계 공개기출문제 [2019년~2022년]

SEMOOLICENCE

▷▷ 머리말

본서는 원가관리회계에 적용가능한 현행 K-IFRS를 완벽 반영하고 있습니다.

강경석세무사『FINAL』시리즈

FINAL'재경관리사	▶	한권으로끝장【적중이론/기출문제/적중문제】
FINAL'재경관리사	▶	기출문제특강【유형별총정리】
FINAL'재경관리사	▶	공개기출해설【재무】- 4개년 27회분
FINAL'재경관리사	▶	공개기출해설【세무】- 4개년 27회분
FINAL'재경관리사	▶	공개기출해설【원가】- 4개년 27회분
FINAL'IFRS관리사	▶	한권으로끝장【적중이론/기출유형/적중문제】
FINAL'IFRS관리사	▶	기출문제특강【기출해설/오답노트/모의고사】
FINAL'기업회계1급·2급·3급	▶	한권으로끝장【적중이론/기출문제/적중문제】
FINAL'감정평가사·관세사	▶	회계학 적중서브노트【재무/원가】
FINAL'세무사·회계사	▶	회계학 적중서브노트【재무/원가】

본서는 국가공인 재경관리사 자격시험에 대비하여 주관처에서 연도별/회차별로 공개한 기출문제를 국내에서 가장 정확하고 상세하며 완벽하게 분석한 해설서로써, 저자의 오랜 노하우로 체계적으로 집필된 재경관리사 필독서이다.

✎ 본서의 특징

1. 국내 가장 상세·완벽한 집필로 공개기출문제에 대한 별도 강의가 필요없도록 하였다.
풀이의 맥을 정확히 짚어 상세하며 일관되게 해설하였으며, 가능한 풍부한 사례를 제시하여 쉽게 이해할 수 있도록 집필하였다. 따라서, 독학으로도 공개기출문제 전체를 단기간에 섭렵할 수 있도록 하였다.

2. 모든 기출문제마다 출제구분란을 두어 문제를 분류하여 제시하였다.
기출문제를 기초문제/재출제/기출변형/신유형으로 분류하였다. 시간이 촉박하거나 여유가 없어 전체 문제에 대한 학습이 불가능한 수험생의 경우는 최소한 기출변형과 신유형으로 표시한 문제는 반드시 숙지하길 권장한다.

3. 문제별로 각 문제의 시험 난이도를 제시하였다.
기출문제의 난이도를 다음과 같이 3단계로 분류하여 접근할 수 있도록 하였다.
- 하급(별1개 : ★ ☆ ☆), 중급(별2개 : ★ ★ ☆), 상급(별3개 : ★ ★ ★)

4. 가이드 란을 별도로 두어 해당 문제와 관련된 이론을 학습할 수 있도록 하였다.
관련 이론의 배경 지식이 반드시 필요하다고 판단되는 문제에 대하여는 '가이드'란을 별도로 해설 말미에 첨부하여 자연스럽게 이론정리를 할 수 있도록 하였다.

5. 일부 문제에 대한 수정 및 단서추가를 통해 문제가 명확히 성립하도록 하였다.

   단서가 주어지지 않는 문제의 경우 문제 자체가 성립되지 않는 오류가 발생하므로 문제의 명확성과 완전성을 기하고 혼동이 없도록 하였다.

6. 전 과목에 대한 완벽한 기출문제오답노트를 편제하여 제시하였다.

   서술형 기출문제에서 답으로 등장하는 오답 문구를 빠짐없이 정리하여 제시함으로써 수험생들의 오답노트 작성의 수고로움을 덜도록 하였으며 혼동할 수 있는 문구를 다시 한번 확인 및 최종 점검할 수 있도록 하였다.

7. 공개기출문제는 별도로 합본부록에 편제하여 제시하였다.

   주관처 공개기출문제를 원형 그대로 편집하여 제시하였다. 다만, 기출문제의 출력량이 방대한 관계로 이를 다운사이즈로 편집하여 콤팩트하게 볼 수 있도록 편제하였다. 제한시간을 체크하여 먼저 풀어 본 후 제1편의 해설을 통해 숙지하기 바란다.

8. 계산형 문제를 빨리 풀 수 있는 비법인 일명 '고속철' 풀이법을 제시하였다.

   기본이론 접근시 체화된 강학상의 회계처리 방식에 의할 경우 한정된 시간 내에 효율적으로 계산형 문제를 풀기란 불가능하므로 저자의 노하우로 개발한 빨리 풀 수 있는 방법을 '고속철'로 표기하여 모두 제시하였다. 실전에서 놀라운 효과가 발휘되는 방법이므로 반드시 숙지하기 바란다.

▷ ▷ ▷

체계적으로 집필된 본서를 찬찬히 학습하다보면 어느 순간 자신도 모르게 자격증 취득에 한걸음 다가섰음을 느낄 수 있을 것으로 확신하며, 바라건데 본 교재가 최고의 재경전문가로 성장하는데 밑거름이 되고 수험생의 합격을 이끄는 반려자가 되길 기원한다. 또한 최선은 다했으나 혹시 미처 파악하지 못한 오류는 없는지에 대한 두려움과 아쉬움이 남는 것이 사실이나, 독자제위의 질책과 서평을 겸허히 수용하여 부족한 부분은 계속해서 보완해 나갈 것을 약속한다.

끝으로 본 교재의 출간을 위해 물심양면 지원을 아끼지 않은 세무라이선스 임원진과 고통스런 편집 작업에 고생하신 세무라이선스 편집부에 감사를 드리며, '고통은 순간이고 그 순간은 추억이 된다'라며 더 격렬하게 하얗게 불태울 수 있도록 항상 옆에서 격려해준 사랑하는 아내 경화에게 감사를 전한다.

세무사 강경석 씀

SEMOOLICENCE

본 해설에 대한 내용과 형식 및 구성의 저작권은 도서출판 세무라이선스와 저자에게 있습니다. 무단 복제 및 인용을 금하며, 다른 매체에 옮겨 실을 수 없습니다.

▷▷ 목차

1 CHAPTER

공개기출문제해설 [회차별기출총정리]

- 원가관리회계 공개기출문제해설【2019년 01월 시행】·········· 10
- 원가관리회계 공개기출문제해설【2019년 03월 시행】·········· 32
- 원가관리회계 공개기출문제해설【2019년 05월 시행】·········· 54
- 원가관리회계 공개기출문제해설【2019년 07월 시행】·········· 74
- 원가관리회계 공개기출문제해설【2019년 09월 시행】·········· 94
- 원가관리회계 공개기출문제해설【2019년 11월 시행】·········· 114
- 원가관리회계 공개기출문제해설【2020년 01월 시행】·········· 132
- 원가관리회계 공개기출문제해설【2020년 05월 시행】·········· 154
- 원가관리회계 공개기출문제해설【2020년 07월 시행】·········· 176
- 원가관리회계 공개기출문제해설【2020년 09월 시행】·········· 194
- 원가관리회계 공개기출문제해설【2020년 11월 시행】·········· 214
- 원가관리회계 공개기출문제해설【2021년 01월 시행】·········· 236
- 원가관리회계 공개기출문제해설【2021년 03월 시행】·········· 258
- 원가관리회계 공개기출문제해설【2021년 05월 시행】·········· 278
- 원가관리회계 공개기출문제해설【2021년 06월 시행】·········· 298
- 원가관리회계 공개기출문제해설【2021년 07월 시행】·········· 318
- 원가관리회계 공개기출문제해설【2021년 09월 시행】·········· 340
- 원가관리회계 공개기출문제해설【2021년 11월 시행】·········· 360
- 원가관리회계 공개기출문제해설【2021년 12월 시행】·········· 380
- 원가관리회계 공개기출문제해설【2022년 01월 시행】·········· 400
- 원가관리회계 공개기출문제해설【2022년 03월 시행】·········· 422
- 원가관리회계 공개기출문제해설【2022년 05월 시행】·········· 442
- 원가관리회계 공개기출문제해설【2022년 06월 시행】·········· 462
- 원가관리회계 공개기출문제해설【2022년 07월 시행】·········· 484
- 원가관리회계 공개기출문제해설【2022년 09월 시행】·········· 506
- 원가관리회계 공개기출문제해설【2022년 11월 시행】·········· 526
- 원가관리회계 공개기출문제해설【2022년 12월 시행】·········· 548

2 CHAPTER

기출문제오답노트 [서술형객관식정리]

- 원가관리회계 기출문제오답노트 ·········· 571

합본부록 CHAPTER

원가관리회계 공개기출문제 [2019년~2022년] ·········· 617

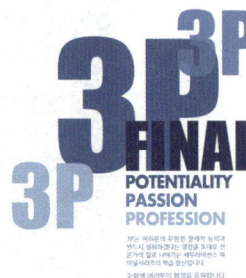

공개기출문제해설

풀이의 맥을 정확히 짚어 상세하며 일관되게 해설하였으며, 가능한 풍부한 사례를 제시하여 쉽게 이해할 수 있도록 집필하였습니다. 따라서 독학으로도 공개기출문제 전체를 단기간에 섭렵할 수 있도록 하였습니다.

재경관리사 공개기출해설 [원가]

FINAL
Certified Accounting Manager

제1편.
공개기출문제해설

NOTICE /

SEMOOLICENCE

본 해설에 대한 내용과 형식 및 구성의 저작권은 도서출판 세무라이선스와 저자에게 있습니다. 무단 복제 및 인용을 금하며, 다른 매체에 옮겨 실을 수 없습니다.

SEMOOLICENCE

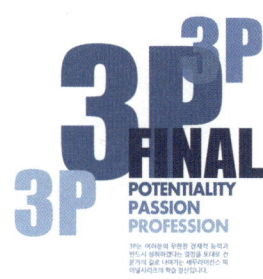

2019년 1월에 시행된 기출문제에 대한 완벽한 해설을 관련이론(가이드)과 함께 제시하였습니다. 해당 문제는 합본부록을 참고바랍니다.

재경관리사 공개기출해설 [원가]

Certified Accounting Manager

원가관리회계 공개기출문제해설
[2019년 01월 시행]

SEMOOLICENCE

문제 81번 | 단위당기초원가와 단위당가공원가 | 출제구분: 재출제 | 난이도: ★☆☆ | 정답: ④

- 단위당고정제조간접원가(단위당FOH) : 1,125,000 ÷ 10단위 = 112,500
- 단위당제조간접원가(단위당OH) : 84,500(단위당VOH) + 112,500(단위당FOH) = 197,000
- 단위당기초원가 : 13,500(단위당DM) + 27,000(단위당DL) = 40,500
- 단위당가공원가 : 27,000(단위당DL) + 197,000(단위당OH) = 224,000

Guide 당기총제조원가의 구성(기초원가와 가공원가 계산)

직접재료원가(DM)	• 기초원재료 + 당기매입 - 기말원재료
직접노무원가(DL)	• 지급임금 + 미지급임금 **예시** 당월지급 100(전월미지급분 10, 당월분 60, 차월선급분 30), 당월분미지급 50일 때 → DL : 60 + 50 = 110
제조간접원가(OH)	• 제조간접원가(OH) = 변동제조간접원가(VOH) + 고정제조간접원가(FOH) 예 간접재료비, 간접노무비, 공장건물 감가상각비와 보험료
기초원가(기본원가)	• 직접재료원가(DM) + 직접노무원가(DL)
가공원가(전환원가)	• 직접노무원가(DL) + 제조간접원가(OH)

문제 82번 | 원가회계 용어의 정의 | 출제구분: 재출제 | 난이도: ★☆☆ | 정답: ④

- 원가집합 : 특정원가대상에 속하지 않는 간접원가(원가대상에 직접 추적불가한 원가)를 모아둔 것
- 원가동인 : 원가대상의 총원가에 변화를 유발시키는 요인(작업시간, 생산량 등으로 원가대상에 따라 다양함)

Guide 원가회계 용어 주요사항

원가대상 (원가집적대상)	• 직접대응이나 간접적 원가배분에 의한 원가측정을 통해 원가집계가 되는 활동, 항목, 단위 예 제품, 부문, 공정, 활동, 작업, 서비스, 프로젝트, 프로그램, 공장전체 →구체적인 원가대상은 경영자의 의사결정 목적에 따라 선택됨.
원가집합	• 원가대상에 직접적으로 추적할 수 없는 간접원가(배분되어야 할 공통원가)들을 모아둔 것
원가배분	• 원가집합에 집계된 간접원가를 일정한 배부기준에 따라 원가대상에 배분하는 과정 **저자주** 원가배부 : 엄밀히 말해 원가대상이 제품으로 한정될 때 사용하는 용어이나, 수험목적상으로는 원가배분과 혼용되어 사용되고 있습니다.
조업도	• 협의 : 일정기간 동안 생산설비의 이용정도 • 광의 : 일정기간 동안 원가대상의 원가변동에 가장 큰 영향을 주는 원가동인(예 생산량, 판매량)
원가동인	• 원가대상의 총원가에 변화를 유발시키는 요인 → **주의** 매우 다양함.(예 제품 : 생산량, 작업시간)
원가행태	• 조업도(원가동인)의 변동에 따른 원가발생액의 변동양상(예 변동원가, 고정원가)
관련범위	• 원가·조업도간 일정관계가 유지되는 조업도 범위로, 변동·고정원가 구분이 타당한 조업도 구간

문제 83번 | 제조원가명세서 기말원재료·기말재공품 | 출제구분: 재출제 | 난이도: ★☆☆ | 정답: ②

- 500,000(기초원재료) + 6,300,0000(당기매입원재료) − A(기말원재료) = 3,800,000(DM) → A = 3,000,000
- 1,000,000(기초재공품) + 8,800,000(당기총제조원가) − B(기말재공품) = 9,000,000(당기제품제조원가) → B = 800,000
- ∴ A(3,000,000) + B(800,000) = 3,800,000

Guide 제조기업의 원가흐름

계정흐름	원재료		재공품		제품	
	기초원재료 당기매입	사용액(DM) 기말원재료	기초재공품 당기총제조원가	당기제품제조원가 기말재공품	기초제품 당기제품제조원가	제품매출원가 기말제품
당기총제조원가	직접재료원가(DM) + 직접노무원가(DL) + 제조간접원가(OH)					
당기제품제조원가	기초재공품 + 당기총제조원가 − 기말재공품					
제품매출원가	기초제품 + 당기제품제조원가 − 기말제품					

문제 84번 | 우선고려 원가배분기준 | 출제구분: 재출제 | 난이도: ★☆☆ | 정답: ①

- 원가배분기준 중 인과관계기준은 가장 합리적이며 가장 이상적인 배분기준이므로 원가배분을 위하여 가장 우선적으로 고려해야 한다.

Guide 원가배분기준

인과관계기준 (cause and effect criterion)	• 원가대상과 배분대상원가 간의 인과관계에 따라 원가를 배분하는 기준으로 가장 이상적인 원가배분기준임. →예 품질검사원가를 품질검사시간을 기준으로 배분
수혜기준 (benefits received criterion)	• 원가대상이 공통원가로부터 제공받는 경제적효익의 크기에 따라 원가를 배분하는 기준('수익자부담원칙'에 입각한 배분기준임.) →예 광고선전비를 사업부별 매출액이 아닌 매출증가액을 기준으로 배분
부담능력기준 (ability to bear criterion)	• 원가부담능력(수익창출능력)에 따라 원가를 배분하는 기준 →예 본사에서 발생하는 각 지점관리와 관련된 공통원가를 각 지점의 매출액을 기준으로 배분
공정성·공평성기준 (fairness and equity criterion)	• 공정성·공평성에 의하여 공통원가를 원가배분대상에 배분해야 한다는 원칙을 강조하는 포괄적인 기준 →예 정부와의 계약에서 상호 만족할만한 가격설정을 위한 수단으로 주로 사용

| 문제 85번 | 제조간접원가 실제배부 | 출제구분 | 재출제 | 난이도 | ★★☆ | 정답 | ② |

- 직접추적이 가능한 직접재료원가·직접노무원가는 일반형자전거와 고급형자전거 각각에 집계하며, 직접 추적이 불가능한 제조간접원가는 직접노동시간을 기준으로 배분한다.
- 제조간접원가(OH)배부율 : $\dfrac{1,000,000(총제조간접원가)}{1,000시간(일반형의 직접노동시간) + 4,000시간(고급형의 직접노동시간)}$ = @200/시간
- 제조원가 계산

	일반형자전거	고급형자전거
직접재료원가	300,000원	600,000원
직접노무원가	1,000시간×@100(시간당임률) = 100,000원	4,000시간×@200(시간당임률) = 800,000원
제조간접원가 배분액	1,000시간×@200(OH배부율) = 200,000원	4,000시간×@200(OH배부율) = 800,000원
계	600,000원	2,200,000

| 문제 86번 | 개별원가계산의 특징 | 출제구분 | 신유형 | 난이도 | ★★☆ | 정답 | ① |

- ② 개별원가계산은 원가요소의 실제성(원가측정방법)에 따라 실제개별원가계산, 정상개별원가계산, 표준개별원가계산 모두 가능하다.
- ③ 개별원가계산은 개별제품별 또는 개별작업별로 원가가 집계되기 때문에 직접원가와 간접원가의 구분이 중요하다.(즉, 제조간접원가의 배부절차가 반드시 필요하다.) 직접원가에 해당하는 직접재료원가와 직접노무원가는 해당 제품이나 공정으로 직접 추적할 수 있기 때문에 발생된 원가를 그대로 집계하면 되지만, 간접원가에 해당하는 제조간접원가는 개별제품이나 공정에 직접적인 대응이 불가능하므로 원가계산 기말에 일정한 기준을 사용하여 배부해야 한다.
- ④ 개별원가계산은 다음과 같은 장점과 단점이 있다.

장점	단점
• 제품별로 정확한 원가계산이 가능함. • 제품별 손익분석 및 계산이 용이함. • 개별제품별로 효율성을 통제할 수 있고, 개별작업별 실제를 예산과 비교하여 미래예측에 이용가능	• 비용·시간이 많이 발생함. (∵각 작업별로 원가가 계산되기 때문) • 원가계산자료가 상세하고 복잡해짐에 따라 오류가 발생할 가능성이 많아짐.

| 문제 87번 | 직접노무원가기준 제조간접원가 배부 | 출제구분 | 기출변형 | 난이도 | ★☆☆ | 정답 | ② |

- 원가집계

	작업 #101	작업 #201
직접재료원가(DM)	300,000	250,000
직접노무원가(DL)	DL	195,000
제조간접원가(OH)	DL[1)]×150% = 450,000	195,000×150% = 292,500

[1)] DL = 300,000

- 총원가 계산
  - 작업 #101 : 300,000 + 300,000 + 450,000 = 1,050,000
  - 작업 #201 : 250,000 + 195,000 + 292,500 = 737,500

| 문제 88번 | 선입선출법 실제발생가공원가 추정 | 출제구분 | 재출제 | 난이도 | ★ ★ ☆ | 정답 | ③ |

- 가공비 완성품환산량의 계산

  [1단계] 물량흐름

		[2단계] 완성품환산량	
		재료비	가공비
기초완성	500(40%)	0	500×(1-40%) = 300
당기완성	4,200 - 500 = 3,700	3,700	3,700
기 말	800(50%)	800	800×50% = 400
	5,000	4,500	4,400

- 가공비의 완성품환산량 단위당원가가 10으로 주어져 있으므로, 실제 발생 가공비를 x라 하면

  → $\frac{x}{4,400} = 10$ 에서, x(실제 발생한 가공비) = 44,000

Guide 종합원가계산 선입선출법 계산절차

【1단계】	• 물량흐름을 파악 →기초수량과 완성도, 완성품수량, 기말수량과 완성도
【2단계】	• 원가요소별(전공정비, 재료비, 가공비)로 당기분 완성품환산량 계산
【3단계】	• 원가요소별로 당기발생원가를 계산
【4단계】	• 원가요소별로 완성품환산량단위당원가를 계산 →완성품환산량단위당원가 = 원가요소별당기발생원가 ÷ 원가요소별당기분완성품환산량
【5단계】	• 완성품원가와 기말재공품원가 계산 →완성품원가 = 기초재공품원가 + 원가요소별완성품환산량 × 원가요소별환산량단위당원가

| 문제 89번 | 종합원가계산 회계처리 | 출제구분 | 신유형 | 난이도 | ★ ★ ☆ | 정답 | ④ |

- 종합원가계산에서는 제조과정에서 발생한 원가를 회계처리하기 위하여 재공품계정을 설정하며, 이 경우 공정이 단순할 경우에는 하나의 재공품계정만 설정하여도 되지만 공정이 많을 경우에는 공정별로 재공품계정을 설정하여 회계처리하여야 한다.
- 제조공정이 2개인 경우 완성품원가는 다음과 같이 회계처리한다.

제2공정에서 완성품원가의 대체시	(차) 제품	xxx	(대) 재공품(2공정)	xxx
제품의 매출시	(차) 매출원가	xxx	(대) 제품	xxx

| 문제 90번 | 평균법·선입선출법 완성품환산량 | 출제구분 | 기출변형 | 난이도 | ★ ☆ ☆ | 정답 | ③ |

- 평균법 완성품환산량의 계산

  [1단계] 물량흐름

완성	2,000
기말	500(70%)
	2,500

  [2단계] 완성품환산량

재료비	가공비
2,000	2,000
500	500 × 70% = 350
2,500	**2,350**

- 선입선출법 완성품환산량의 계산

  [1단계] 물량흐름

기초완성	600(60%)
당기완성	2,000 - 600 = 1,400
기 말	500(70%)
	2,500

  [2단계] 완성품환산량

재료비	가공비
0	600 × (1 - 60%) = 240
1,400	1,400
500	500 × 70% = 350
1,900	**1,990**

| 문제 91번 | 표준원가계산 차이분석과 책임의 귀속 | 출제구분 | 재출제 | 난이도 | ★ ★ ☆ | 정답 | ① |

- ① 직접재료원가 가격차이(AQ × AP - AQ × SP)는 원재료의 구매가격과 관련하여 발생하므로 구매담당자가 책임을 진다.
  → 한편, 직접재료원가 능률차이는 생산과정에서 원재료의 효율적 사용여부와 관련하여 발생하므로 생산담당자가 책임을 진다.
- ② 고정제조간접원가 실제발생액이 예산에 비하여 과다하게 발생하였다면, '실제발생액 - F'가 (+)인 경우이므로 불리한 예산차이가 발생하게 된다.
- ③ 직접노무원가 임률차이가 유리하다면, 'AQ × AP - AQ × SP'가 (-)인 경우로서 AP〈SP가 된다.
  → 즉, 실제임률(AP)이 표준임률(SP)에 비하여 저렴하다는 것이다.
- ④ 가격차이(AQ × AP - AQ × SP)는 '(AP - SP) × AQ'와 동일하다.
  → 즉, 가격차이는 실제단가(AP)와 표준단가(SP)의 차액에 실제 사용한 수량(AQ)을 곱한 것이다.

| 문제 92번 | 차이분석 일반사항 | 출제구분 | 신유형 | 난이도 | ★ ★ ☆ | 정답 | ② |

- 가(옳은설명) : 차이분석이란 표준원가와 실제원가를 비교하여 그 차이를 분석하는 것으로서 일종의 투입 - 산출 분석이다.
  → 여기서 투입은 실제로 투입된 원가이며, 산출은 실제산출량의 생산에 허용된 표준원가이다. 즉, 특정기간 동안에 발생한 실제투입원가와 실제생산량에 허용된 표준원가를 비교하여 차이를 구하며, 이렇게 계산된 차이를 총차이라고 한다.
- 나(틀린설명) : 표준투입량(SQ)은 최대조업도에 대한 표준투입량이 아니라, 실제산출량의 생산에 허용된 투입량을 말한다.
- 다(옳은설명) : 가격차이는 실제원가(AQ × AP)와 실제투입량에 대한 표준원가(AQ × SP)와의 차이이다. 즉, 실제가격에 실제투입량을 곱한 금액과 표준가격에 실제투입량을 곱한 금액의 차이이다.
- 라(옳은설명) : 능률차이는 실제투입량에 대한 표준원가(AQ × SP)와 표준투입량에 대한 표준원가(SQ × SP)와의 차이이다. 즉, 표준가격에 실제투입량을 곱한 금액과 표준가격에 표준투입량을 곱한 금액의 차이이다.

| 문제 93번 | 기준조업도의 개념 | 출제구분 | 신유형 | 난이도 | ★ ★ ★ | 정답 | ② |

- ② 기준조업도는 될 수 있으면 금액보다는 물량기준으로 설정해야 한다.
  → 왜냐하면 금액을 기준조업도로 사용할 경우에는 물가변동의 영향을 받기 때문이다.
- ④ 고정제조간접가배부율$(f) = \dfrac{F(FOH예산)}{N(기준조업도)}$, 변동제조간접원가배부율$(v) = \dfrac{V(VOH예산)}{N(기준조업도)}$

※참고 기준조업도란 기준조업도에서 설정한 예산투입량 단위당 표준고정제조간접배부액을 산출하기 위하여 사용되는 조업도이다. 다시 말하면 제품에 대한 원가계산을 하기 위한 목적으로 선정되는 것이 기준조업도이다. 제품원가계산을 위한 기준조업도의 선택은 최고경영자가 내리는 판단의 문제로서 제품원가가 제품가격결정 등과 같은 경영의사결정에 크게 영향을 미치는 경우에는 기준조업도 선정에 의해 제품원가(배부액)가 달라지므로 기준조업도의 선택 문제는 대단히 중요해 진다. 최근의 추세에 의하면 이론적 최대조업도, 실제적 최대조업도 보다는 정상조업도나 종합예산조업도(연간기대조업도)가 많이 선택되어 지고 있다.

Guide 기준조업도 선정시 주의사항

인과관계	• 기준조업도와 제조간접원가의 발생간에 인과관계가 존재해야 함.
물량기준	• 기준조업도는 될 수 있으면 금액보다는 물량기준으로 설정해야 한다. → 왜냐하면 금액을 기준조업도로 사용할 경우에는 물가변동의 영향을 받기 때문임.
단순성	• 기준조업도는 단순하고 이해하기 쉬워야 함.

| 문제 94번 | 변동·전부원가계산의 영업이익 비교 | 출제구분 | 재출제 | 난이도 | ★ ☆ ☆ | 정답 | ① |

- 재고감소(기초재고〉기말재고/생산량〈판매량)시에는 재고감소량에 포함된 고정제조간접원가(FOH)만큼 변동원가계산이 더 이익을 계상한다.

Guide 변동·전부원가계산의 재고수준과 영업이익 크기[단위당FOH 불변 가정시]

재고불변 (기초재고 = 기말재고) (생산량 = 판매량)	• 전부원가계산 이익 = 변동원가계산 이익				
	기초재고	100	판매량		300
	생산량	300	기말재고		100
재고증가 (기초재고〈기말재고) (생산량〉판매량)	• 전부원가계산 이익〉변동원가계산 이익				
	기초재고	100	판매량		200
	생산량	300	기말재고		200
재고감소 (기초재고〉기말재고) (생산량〈판매량)	• 전부원가계산 이익〈변동원가계산 이익				
	기초재고	200	판매량		300
	생산량	200	기말재고		100

문제 95번 | 직접노무원가 차이분석과 AQ 추정 | 출제구분 재출제 | 난이도 ★★★ | 정답 ④

- 직접노무원가 차이분석

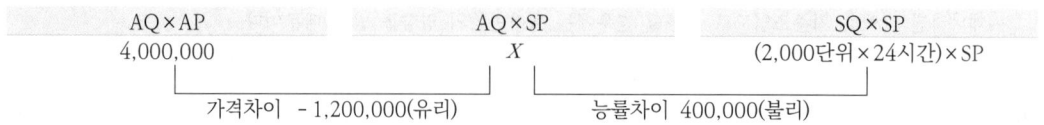

- $4{,}000{,}000 - X = -1{,}200{,}000$ 에서, $X = 5{,}200{,}000$
- $5{,}200{,}000 - (2{,}000단위 \times 24시간) \times SP = 400{,}000$ 에서, $SP = 100$
- $AQ \times 100 = 5{,}200{,}000$ 에서, $AQ = 52{,}000시간$

Guide 직접노무원가 차이분석 구조

기호정의	• AQ : 실제투입시간, AP : 실제가격, SQ : 실제생산량에 허용된 표준시간, SP : 표준가격
DL 차이분석	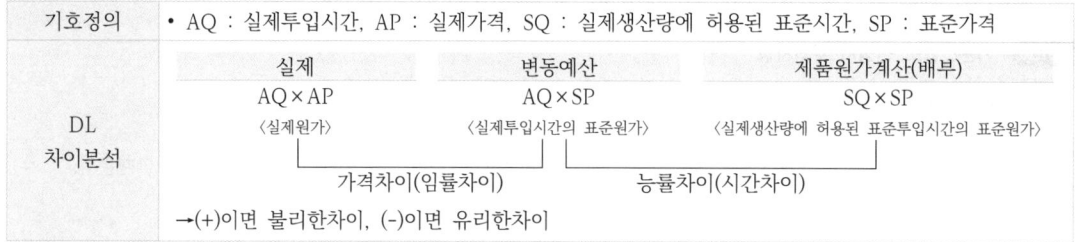

→ (+)이면 불리한차이, (-)이면 유리한차이

문제 96번 | 직접재료원가 가격차이 발생원인 | 출제구분 재출제 | 난이도 ★★☆ | 정답 ④

- ① 당초보다 물가가 하락하면 구매가격 하락으로 유리한 가격차이가, 당초보다 물가가 상승하면 구매가격 상승으로 불리한 가격차이가 일반적으로 발생한다.
- ② 원재료 구매담당자의 업무능력에 따라 저가구입시는 유리한 가격차이가, 고가구입시는 불리한 가격차이가 발생한다.
- ③ 저품질원재료는 저가이므로 유리한 가격차이가, 고품질원재료는 고가이므로 불리한 가격차이가 발생한다.
- ④ 원재료를 효율적으로 소량 사용시는 유리한 능률차이가, 비효율적으로 낭비하여 대량 사용시는 불리한 능률차이가 발생한다. 즉, 가격차이가 아닌 능률차이 발생에 대한 설명이다.

Guide 직접재료원가 차이의 발생원인

가격차이 발생원인	• ㉠ 가격차이는 원재료 시장의 수요와 공급 상황에 따라 발생할 수 있음. ㉡ 원재료 구매담당자의 업무능력에 따라 유리하거나 불리한 가격차이가 발생할 수 있음. ㉢ 표준설정시 품질과 상이한 품질의 원재료를 구입함에 따라 가격차이가 발생할 수 있음. ㉣ 표준을 설정할 때와 다른 경기 변동에 따라 가격차이가 발생할 수 있음.
능률차이 발생원인	• ㉠ 생산과정에서 원재료를 효율적으로 사용하지 못함으로써 능률차이가 발생할 수 있음. ㉡ 표준을 설정할 때와 다른 품질의 원재료를 사용함으로써 능률차이가 발생할 수 있음. ㉢ 점진적인 기술혁신에 의하여 능률차이가 발생할 수 있음.

| 문제 97번 | 직접재료원가 기본적 차이분석 | 출제구분 | 기출변형 | 난이도 ★ ☆ ☆ | 정답 ② |

- 직접재료원가 차이분석

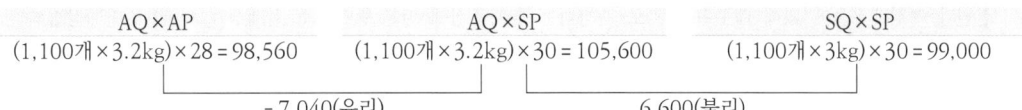

$$AQ \times AP \qquad AQ \times SP \qquad SQ \times SP$$
$$(1{,}100개 \times 3.2kg) \times 28 = 98{,}560 \quad (1{,}100개 \times 3.2kg) \times 30 = 105{,}600 \quad (1{,}100개 \times 3kg) \times 30 = 99{,}000$$
$$-7{,}040(유리) \qquad\qquad 6{,}600(불리)$$

- ① 직접재료원가 표준원가 = SQ × SP ⇒ 99,000 ② 직접재료원가 실제원가 = AQ × AP ⇒ 98,560

Guide 직접재료원가 차이분석 구조[사용시점분리의 경우]

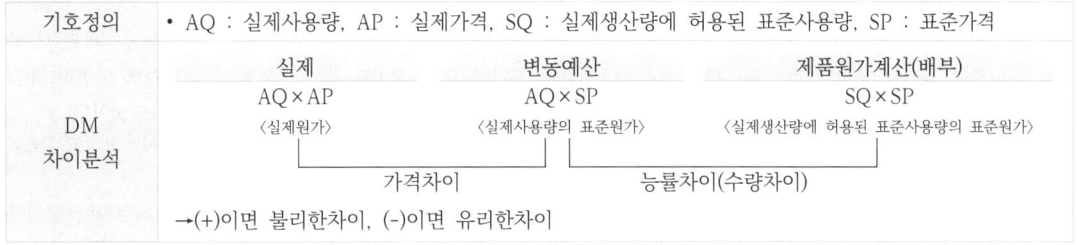

기호정의	• AQ : 실제사용량, AP : 실제가격, SQ : 실제생산량에 허용된 표준사용량, SP : 표준가격
DM 차이분석	실제 변동예산 제품원가계산(배부) AQ × AP AQ × SP SQ × SP 〈실제원가〉 〈실제사용량의 표준원가〉 〈실제생산량에 허용된 표준사용량의 표준원가〉 가격차이 능률차이(수량차이) →(+)이면 불리한차이, (−)이면 유리한차이

| 문제 98번 | 변동제조간접원가 차이분석 : $v \times S$ 계산 | 출제구분 | 기출변형 | 난이도 ★ ★ ☆ | 정답 ② |

- 변동제조간접원가 차이분석

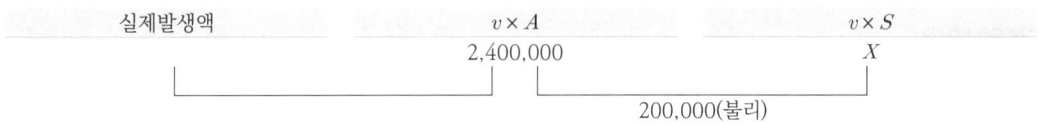

$$\text{실제발생액} \qquad\qquad v \times A \qquad\qquad v \times S$$
$$\qquad\qquad\qquad 2{,}400{,}000 \qquad\qquad X$$
$$\qquad\qquad\qquad\qquad 200{,}000(불리)$$

- 2,400,000 − X = 200,000 에서, X = 2,200,000

Guide 변동제조간접원가 차이분석 구조

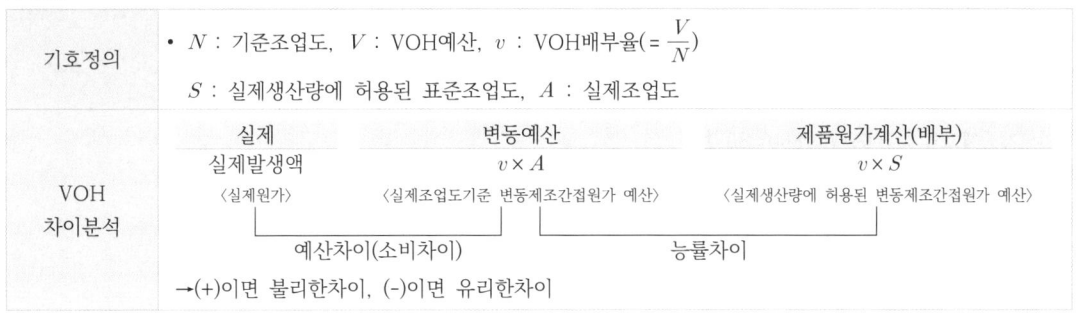

기호정의	• N : 기준조업도, V : VOH예산, v : VOH배부율(= $\dfrac{V}{N}$) S : 실제생산량에 허용된 표준조업도, A : 실제조업도
VOH 차이분석	실제 변동예산 제품원가계산(배부) 실제발생액 $v \times A$ $v \times S$ 〈실제원가〉 〈실제조업도기준 변동제조간접원가 예산〉 〈실제생산량에 허용된 변동제조간접원가 예산〉 예산차이(소비차이) 능률차이 →(+)이면 불리한차이, (−)이면 유리한차이

| 문제 99번 | 원가부착개념 원가계산방법 | 출제구분 | 기출변형 | 난이도 | ★ ☆ ☆ | 정답 | ③ |

- ① 정상원가계산 : 직접재료원가와 직접노무원가는 실제원가로 측정하지만 제조간접원가는 사전에 정해 놓은 제조간접원가 예정배부율에 의해 배부된 원가로 측정하는 원가측정에 따른(원가요소 실제성에 따른) 원가계산방법
- ② 종합원가계산 : 원가를 공정이나 부문별로 원가를 집계한 다음, 집계한 원가를 각 공정이나 부문에서 생산한 총 산출물의 수량으로 나누어 산출물의 단위당 원가를 구하는 평균화과정(=동일한 과정을 거쳐서 생산된 제품은 동질적이기 때문에 각 제품의 단위당 원가 역시 동일하다고 가정하는 것)에 기초한 방법으로 단일 종류의 제품을 연속적으로 대량생산하는 업종에 적합한 원가계산방법
- ③ 전부원가계산 : 제조원가 전부 즉, 직접재료원가, 직접노무원가, 변동제조간접원가, 고정제조간접원가를 제품원가로 보는 원가계산방법
  →전부원가계산제도는 원가부착개념(cost attach concept)에 근거를 두고 있으며, 원가부착개념이란 제품생산과 관련한 원가는 원가의 행태에 관계없이 모두 제품의 원가로 보는 것이다. 즉, 고정제조간접원가도 당연히 제품생산에 필수적으로 수반되는 원가이기 때문에 자산성을 인정하여 재고자산의 가액에 포함시키는 것이다.
- ④ 변동원가계산 : 제조원가를 변동원가와 고정원가로 구분하여 변동제조원가만을 제품원가에 포함시키고, 고정제조원가는 기간원가로 처리하는 원가계산방법
  →변동원가계산제도는 원가회피개념(cost avoidance concept)에 근거를 두고 있으며, 원가회피개념이란 발생한 원가가 미래에 동일한 원가의 발생을 방지할 수 없다면 그 원가는 자산성을 인정할 수 없다는 것이다. 즉, 고정제조간접원가의 경우 제품의 생산량과 관련이 있다기 보다는 설비능력과 밀접한 관련이 있으며, 조업도 변동에 따라 원가가 변동하지 않고 시간이 경과함에 따라 회피할 수 없는 원가이기 때문에 재고자산의 가액에 포함시켜서는 안되며 기간원가로 처리해야 한다는 것이다.

| 문제 100번 | 전부원가계산 기말제품재고액 | 출제구분 | 재출제 | 난이도 | ★ ★ ☆ | 정답 | ④ |

- 전부원가계산에서는 고정제조간접원가(FOH)도 제조원가로 처리한다.
  →반면, 변동원가계산에서는 고정제조간접원가(FOH)를 기간비용으로 처리한다.
- 물량흐름(제품계정) : 당기 초에 영업활동을 시작하였으므로 기초제품재고는 없다.

| 기초제품재고 | 0단위 | 판매량 | 400단위 |
| 생산량 | 500단위 | 기말제품재고 | 100단위 |

- 단위당FOH : 100,000(FOH)÷500단위(생산량) = 200
- 단위당제조원가 : 300(단위당DM)+200(단위당DL)+100(단위당VOH)+200(단위당FOH) = 800
- 기말제품재고액 : 100단위×800 = 80,000
- *비교 변동원가계산에 의한 기말제품재고액 계산
  - 단위당제조원가 : 300(단위당DM)+200(단위당DL)+100(단위당VOH) = 600
  - 기말제품재고액 : 100단위×600 = 60,000

| 문제 101번 | 활동기준원가계산(ABC)의 절차 | 출제구분 | 신유형 | 난이도 | ★ ☆ ☆ | 정답 | ③ |

- 활동기준원가계산의 절차

[1단계] 활동분석	• 기업의 기능을 여러 가지 활동으로 구분하여 분석함. →활동이란 자원을 사용하여 가치를 창출하는 작업으로서 ABC에서는 크게 4가지(단위수준활동, 배치수준활동, 제품유지활동, 설비유지활동)로 나눔.
[2단계] 제조간접원가 집계	• 각 활동별로 제조간접원가를 집계함.
[3단계] 원가동인(배부기준) 결정	• 활동별 원가동인(배부기준)을 결정함 →원가를 가장 직접적으로 변동시키는 것이 무엇인가를 파악
[4단계] 제조간접원가배부율 결정	• 활동별 제조간접원가 배부율을 결정함. →활동별 제조간접원가 배부율 = $\dfrac{\text{활동별 제조간접원가}}{\text{활동별 배부기준(원가동인)}}$
[5단계] 원가계산	• 원가대상(제품, 고객, 서비스 등)별로 원가계산함. →원가대상(제품, 고객, 서비스 등)별 배부액 = Σ(소비된 활동수 × 활동별 제조간접원가배부율)

| 문제 102번 | 손익분기점(BEP) 판매량 계산 | 출제구분 | 재출제 | 난이도 | ★ ☆ ☆ | 정답 | ④ |

- 단위당공헌이익 : 1,000(단위당판매가격) - [600(단위당변동제조원가) + 150(단위당변동판매비와관리비)] = 250
- 고정원가 : 2,500,000(고정제조간접원가) + 1,250,000(고정판매비와관리비) = 3,750,000
- 손익분기점(BEP)판매량 : $\dfrac{3,750,000(\text{고정원가})}{250(\text{단위당공헌이익})}$ = 15,000개

참고 손익분기점(BEP)매출액 : $\dfrac{\text{고정원가}(3,750,000)}{\text{공헌이익률}(250 \div 1,000)}$ = 15,000,000원

Guide 손익분기점분석 기본산식

손익분기점	• 손익분기점(BEP)은 이익을 0으로 만드는 판매량 또는 매출액을 의미함.
기본산식	• 매출액 - 변동비(변동제조원가와 변동판관비) - 고정비(고정제조간접원가와 고정판관비) = 0 →매출액 - 변동비 = 고정비, 공헌이익 = 고정비 →단위당공헌이익 × 판매량 = 고정비, 공헌이익률 × 매출액 = 고정비
BEP산식	• ㉠ BEP판매량 : $\dfrac{\text{고정비}(=FOH + \text{고정판관비})}{\text{단위당공헌이익}}$ ㉡ BEP매출액 : $\dfrac{\text{고정비}(=FOH + \text{고정판관비})}{\text{공헌이익률}}$

문제 103번 | 공헌이익률 계산 | 출제구분: 재출제 | 난이도: ★ ☆ ☆ | 정답: ③

- 단위당공헌이익 : 400(단위당판매가격) - [150(단위당변동제조원가) + 130(단위당변동판매비)] = 120
- 공헌이익률 : $\dfrac{120(단위당공헌이익)}{400(단위당판매가격)} = 30\%$

Guide 공헌이익률과 변동비율 산식 정리

공헌이익률	□ 공헌이익률 = $\dfrac{총공헌이익}{매출액} = \dfrac{단위당공헌이익}{단위당판매가격}$ • 총공헌이익 = 단위당공헌이익 × 판매량 = 공헌이익률 × 매출액 • 영업이익 = 단위당공헌이익 × 판매량 − 고정비 = 공헌이익률 × 매출액 − 고정비
변동비율	□ 변동비율 = $\dfrac{변동비}{매출액} = \dfrac{단위당변동비}{단위당판매가격}$ • 변동비 = 단위당변동비 × 판매량 = 변동비율 × 매출액 • 공헌이익률 + 변동비율 = $\dfrac{총공헌이익}{매출액} + \dfrac{변동비}{매출액} = \dfrac{매출액 - 변동비}{매출액} + \dfrac{변동비}{매출액} = 1$

문제 104번 | 안전한계율 계산 | 출제구분: 재출제 | 난이도: ★ ☆ ☆ | 정답: ①

- 손익분기점(BEP) 매출액 : $\dfrac{600,000(고정원가)}{25\%(공헌이익률)} = 2,400,000$
- 안전한계율 : $\dfrac{3,000,000(매출액) - 2,400,000(BEP매출액)}{3,000,000(매출액)} = 20\%$

Guide 안전한계 산식 정리

안전한계	□ 안전한계 = 매출액 − 손익분기점(BEP)매출액 • 손실을 발생시키지 않으면서 허용할 수 있는 매출액의 최대감소액을 의미함.
안전한계율	□ 안전한계율 = $\dfrac{안전한계}{매출액} = \dfrac{매출액 - 손익분기점매출액}{매출액} = \dfrac{판매량 - 손익분기점판매량}{판매량}$ • 안전한계율 = $\dfrac{영업이익}{공헌이익} = \dfrac{1}{영업레버리지도}$ • 안전한계율 × 공헌이익률 = $\dfrac{공헌이익 - 고정비}{매출액} = \dfrac{이익}{매출액} = 매출액이익률$

| 문제 105번 | 목표이익을 위한 판매량 | 출제구분 | 신유형 | 난이도 | ★★☆ | 정답 | ④ |

- 단위당공헌이익 : 5,000(단위당판매가격) − 3,000(단위당변동원가) = 2,000
- 목표이익을 위한 판매량 : $\dfrac{1억원(고정원가)+2억원(목표이익)}{2,000(단위당공헌이익)}$ = 150,000개

Guide 목표이익분석 산식 정리[법인세를 고려하지 않는 경우]

판매량	매출액
• 단위당공헌이익 × 판매량 = 고정원가 + 목표이익 □ 목표이익을 위한 판매량 = $\dfrac{고정원가+목표이익}{단위당공헌이익}$	• 공헌이익률 × 매출액 = 고정원가 + 목표이익 □ 목표이익을 위한 매출액 = $\dfrac{고정원가+목표이익}{공헌이익률}$

| 문제 106번 | 성과평가제도 도입시 고려사항 | 출제구분 | 재출제 | 난이도 | ★★☆ | 정답 | ③ |

- 적시성 및 경제성이 떨어지는 성과평가제도는 그 자체로 제 역할을 할 수 없다.
- 성과평가를 수행하는 경우 많은 시간과 비용을 투입하면 더욱 정확한 평가는 가능할지 몰라도 적시성과 경제성(비용 대 효익) 측면에서는 문제가 있을 수 있다. 반대로 적은 시간과 비용을 투입하면 적시성과 경제성은 얻을 수 있겠지만 정확한 성과평가는 어려울 것이다. 따라서 효율적인 성과평가제도는 적시성과 경제성을 적절히 고려해야 한다.

Guide 효율적인 성과평가제도 설계를 위해 고려해야 할 사항

목표일치성	• 각 책임중심점들의 이익극대화가 기업전체적인 이익극대화와 같을 때 목표가 일치한다고 말할 수 있음. 즉, 효율적인 성과평가제도는 구성원들의 성과극대화 노력이 기업전체목표의 극대화로 연결될 수 있도록 설계되어야 함.
성과평가의 오차	• 각 책임중심점의 성과평가 수행과정에서 성과측정 오류가 발생하는 것이 일반적인데, 효율적 성과평가제도는 성과평가치의 성과측정오류가 최소화되도록 설계되어야 함.
적시성과 경제성	• 성과평가 결과가 신속하게 보고되고 조정될 때 적시성이 있다고 함. 따라서 성과평가를 수행하는 경우 많은 시간·비용을 투입하면 더욱 정확한 평가는 가능할지 몰라도 적시성과 경제성(비용 대 효익) 측면에서는 문제가 있을 수 있음. 반대로 적은 시간·비용을 투입하면 적시성과 경제성은 얻을 수 있겠지만 정확한 성과평가는 어려울 것임. 따라서 효율적인 성과평가제도는 적시성과 경제성을 적절히 고려해야 함.
행동에 미치는 영향	• 성과평가를 한다는 사실 자체가 각 책임중심점의 행동에 영향을 미치게 됨. 예를 들어, 매출액을 성과평가의 측정치로 설정한다면 각 책임중심점은 매출액을 다른 어떤 요소들보다도 중요시하게 될 것임. 이에 따라 매출액 순이익률이나 채권의 안전성 등의 요인들이 무시되어 오히려 순이익이 감소할 수도 있음. • 이와 같이 성과를 측정한다는 사실 자체가 피평가자의 행위에 영향을 미치는 현상을 하이젠버그 불확실성원칙이라 함. 따라서, 효율적인 성과평가제도는 각 책임중심점의 행동에 미치는 영향을 적절히 고려해야만 함.

| 문제 107번 | 투자중심점 성과평가 : 잔여이익 | 출제구분 | **기출변형** | 난이도 | ★ ★ ☆ | 정답 | ② |

- 사업부별 잔여이익 계산
  - 군 함사업부 : 100,000(영업이익) − 500,000(영업자산)×10%(최저필수수익률) = 50,000
  - 여객선사업부 : 170,000(영업이익) − 1,000,000(영업자산)×10%(최저필수수익률) = 70,000
  - 화물선사업부 : 230,000(영업이익) − 2,000,000(영업자산)×10%(최저필수수익률) = 30,000
- 잔여이익이 높은 순서 : 여객선사업부(70,000) 〉 군함사업부(50,000) 〉 화물선사업부(30,000)

Guide 잔여이익(RI) 주요사항

잔여이익 계산	□ 잔여이익(RI) = 영업이익 − 영업자산(투자액)×최저필수수익률 🔍주의 투자수익률(ROI)에 의한 의사결정과 잔여이익(RI)에 의한 의사결정은 일치하지 않음. → 즉, 투자수익률(ROI)에서는 채택되어도 잔여이익(RI)에서는 기각 가능
장점	• 준최적화현상이 발생하지 않음. →각 사업부의 경영자는 최저필수수익률을 초과하는 모든 투자안을 수락하게 되므로 투자중심점과 회사전체의 이익을 동시에 극대화 가능
단점	• 금액으로 표시하므로 각 사업부의 투자규모가 상이할 경우 사업부간 성과 비교에 한계가 있음. • 투자수익률(ROI)과 마찬가지로 회계적이익에 기초하므로 성과평가와 의사결정의 일관성이 결여

| 문제 108번 | 매출배합차이 계산 | 출제구분 | 재출제 | 난이도 | ★ ★ ★ | 정답 | ① |

- 예산매출배합비율 : 예산매출수량 1,000단위 중 제품A(700단위) 비율은 70%, 제품B(300단위) 비율은 30%
- 매출조업도차이 분해

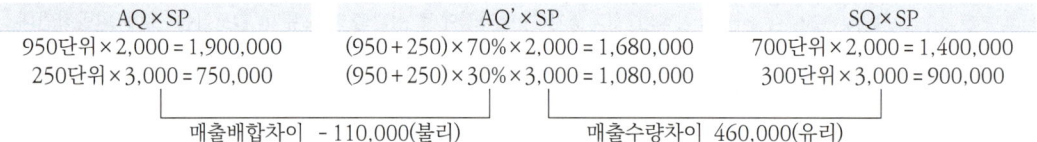

```
     AQ×SP                      AQ'×SP                       SQ×SP
950단위×2,000 = 1,900,000   (950+250)×70%×2,000 = 1,680,000   700단위×2,000 = 1,400,000
250단위×3,000 =   750,000   (950+250)×30%×3,000 = 1,080,000   300단위×3,000 =   900,000
                  └─── 매출배합차이 −110,000(불리) ───┘└─── 매출수량차이 460,000(유리) ───┘
```

Guide 매출총차이의 분해

기호정의	• AQ : 실제판매량, AP : 단위당실제판매가격 SQ : 예산판매량, SP : 단위당예산판매가격(또는 단위당예산공헌이익)
매출총차이 분해	AQ×AP ─── 매출가격차이 ─── AQ×SP ─── 매출조업도차이 ─── SQ×SP 🔍주의 매출가격차이는 단위당판매가격으로, 매출조업도차이는 단위당예산공헌이익으로 측정 🔍주의 수익중심점은 차이가 (+)이면 유리한차이, (−)이면 불리한차이
매출조업도차이 분해	AQ×SP ─── 매출배합차이 ─── AQ'×SP ─── 매출수량차이 ─── SQ×SP 🔍주의 AQ' : 실제총판매량에 대한 예산매출배합비율에 의한 수량
매출수량차이 분해	• 매출수량차이 : 시장점유율차이와 시장규모차이 ★저자주 매출수량차이 분해에 대한 내용은 관련 문제에서 별도로 제시하였습니다.

| 문제 109번 | 분권화의 장점과 단점 | 출제구분 | 재출제 | 난이도 | ★ ★ ☆ | 정답 | ④ |

• 분권화의 경우 각 사업부에서 동일한 활동이 개별적으로 중복되어 수행될 가능성이 존재한다.

Guide 분권화 정리

실시단계	• ㉠ 권한의 부여 : 상위경영자가 하위경영자에게 특정업무를 수행할 수 있는 권한을 부여 • ㉡ 의무의 양도 : 상위경영자는 하위경영자에게 권한을 부여함과 동시에 관련된 의무도 부과 • ㉢ 책임의 발생 : 하위경영자는 권한을 상위경영자로부터 부여 받음으로써 이 권한에 대한 책임을 지게 되며, 성과평가도 받게 됨.
효익	• 하위경영자들이 최고경영자보다 고객과 공급업체 및 종업원의 요구에 대응하기가 훨씬 더 수월하기 때문에 신속한 대응을 할 수 있음. • 하위경영자들에게 빠른 의사결정책임을 부여하는 기업이 상위경영자들에게 의사결정책임을 부여하고자 시간을 소비하는 기업보다 경쟁적 우위를 점할 수 있어 보다 신속한 의사결정이 가능함. • 하위경영자들에게 보다 큰 재량권이 주어지면 보다 많은 동기부여가 됨. • 분권화를 시행하게 되면 경영자에게 많은 책임이 주어지게 되고, 이에 따라 경영자로서의 능력개발을 촉진시킬 수 있으며 학습효과 측면에서도 유용함. • 분권화된 환경에서 소규모 하위단위 경영자들은 대규모 하위단위 경영자들보다 더 융통성 있고 민첩하게 시장 기회에 적응할 수 있음. • 분권화를 통하여 최고경영자들은 하위단위의 일상적인 의사결정의 부담에서 벗어날 수 있기 때문에 조직전체의 전략적 계획에 보다 많은 시간과 노력을 집중시킬 수 있음.
문제점	• 분권화사업부는 기업전체의 관점에서 최적이 아닌 의사결정(준최적화)을 할 가능성이 있음. • 각 사업부에서 동일한 활동이 개별적으로 중복되어 수행될 수 있음. • 분권화된 각 사업부의 경영자들이 동일한 기업의 다른 사업부를 외부집단으로 간주하여 정보의 공유 등을 꺼려함에 따라 각 사업부간 협력이 저해될 수 있음.

| 문제 110번 | 경제적부가가치(EVA) 계산 | 출제구분 | 기출변형 | 난이도 | ★ ★ ☆ | 정답 | ③ |

• 타인자본비용(세후) ⇒ 부채이자율(1 - t)
• $\frac{\text{타인자본}(=\text{부채의시장가치})}{\text{자기자본}(=\text{자본의시장가치})}$ = 100% 이므로, 자기자본을 A라 가정하면 타인자본도 A가 된다.
• 가중평균자본비용 : $\frac{\text{부채의시장가치} \times \text{부채이자율}(1-t) + \text{자본의시장가치} \times \text{자기자본비용}(\%)}{\text{부채의시장가치} + \text{자본의시장가치}}$

$$= \frac{A \times 5\% + A \times 15\%}{A + A} = 10\%$$

• 경제적부가가치(EVA) : 110억원 - 500억원 × 10% = 60억원

Guide 경제적부가가치(EVA) 계산

특징	• 타인자본비용(이자비용)뿐 아니라 자기자본비용(배당금)도 비용으로 고려하는 성과지표임. 　○주의 ∴EVA는 I/S상 순이익보다 낮음. 　○주의 EVA는 비재무적측정치는 고려하지 않음.
계산	▢ EVA = 세후영업이익 - 투하자본(투자액) × 가중평균자본비용 • 가중평균자본비용 = $\frac{\text{부채의시장가치} \times \text{부채이자율}(1-t) + \text{자본의시장가치} \times \text{자기자본비용}(\%)}{\text{부채의시장가치} + \text{자본의시장가치}}$ • 투하자본 = (총자산 - 유동부채) 　→투하자본 계산시 비영업자산은 제외 　→유동부채 계산시 영업부채가 아닌 이자발생부채인 단기차입금·유동성장기차입금 제외

| 문제 111번 | 경제적부가가치(EVA) 증대방안 | 출제구분 | 신유형 | 난이도 | ★★☆ | 정답 | ④ |

- EVA = 세후영업이익 - 투하자본(투자액) × 가중평균자본비용
- ① 자본비용(가중평균자본비용)을 절감하면 EVA는 증대된다.
  ② 유휴설비 등 비효율적으로 관리되고 있는 자산을 매각하면 투하자본이 감소하므로 EVA는 증대된다.
  ③ 재고수준을 높이면 투하자본이 증가하여 EVA가 감소하므로 재고수준을 높이지 않는 것이 EVA 증대를 가져올 수 있다.
  ④ 적자사업부를 계속 유지할 경우 영업이익에 악영향을 미치므로 EVA가 감소될 수 있다.

Guide ▶ 경제적부가가치(EVA) 증대방안

증대방안	세후영업이익 증대	• 매출증대, 제조원가·판관비 절감
	투하자본 감소	• 재고·고정자산 매출채권의 적정유지나 감소 • 유휴설비 처분 • 매출채권회전율을 높임(매출채권 회수기일단축) • 재고자산회전율을 높임(재고자산 보유기간을 줄임)
	가중평균자본비용 개선	• 고율의 차입금 상환

| 문제 112번 | 균형성과표의 적용 | 출제구분 | 재출제 | 난이도 | ★★☆ | 정답 | ② |

- 기업의 목표는 궁극적으로 재무적 성과를 향상시키는 것이므로 재무적 관점의 성과측정치는 여전히 중요한 성과지표이다. 균형성과표는 4가지 관점의 성과지표 중에서 재무적 관점의 성과지표를 가장 중시한다.

Guide ▶ 균형성과표(BSC) 주요사항

도입배경	• 전통적인 성과평가시스템이 영업실적, 이익 등과 같은 단기적 성과에만 치중함으로써 준최적화를 초래하고 있고 기업에게 정보나 지식 같은 무형자산의 중요성이 증가하고 있으나 기존의 재무적 성과지표로는 준최적화를 해결할 수 없을 뿐만 아니라 무형자산의 가치를 반영할 수 없어 새로운 성과측정치의 필요성이 대두됨. • 위의 문제점을 해결하고 기업의 전략목표를 효과적으로 달성할 수 있도록 주요 성공요소 및 성과측정치 0.간의 균형있는 관리를 도모하고자 개발된 것이 BSC임. • 균형성과표는 전통적인 재무적 지표와 비재무적 지표들을 균형있게 반영하여 하나로 통합한 종합적인 측정, 관리시스템이라고 할 수 있음.
균형요소	• 균형성과표는 성과평가를 할 때 다음의 항목들이 균형을 이루도록 함. ㉠ 재무적 측정치와 비재무적 측정치 ㉡ 외부적 측정치(재무적 관점, 고객관점)와 내부적 측정치(내부프로세스관점, 학습과 성장관점) ㉢ 과거의 노력에 의한 측정치와 미래성과를 향상시키는 측정치 ㉣ 계량화된 객관적 측정치와 주관적 측정치 ㉤ 단기적 성과관점(재무적 관점)과 장기적 성과관점(고객관점, 내부프로세스관점, 학습과 성장관점)
구성요소	• ㉠ 재무적 관점(가장 중시사항) ㉡ 고객관점 ㉢ 내부프로세스관점 ㉣ 학습과 성장관점
단점	• 비재무적 측정치에 대해서는 여전히 객관적인 측정이 어렵다는 문제점이 있음. • 정형화된 측정수단을 제공해주지 못한다는 단점을 지님.

문제 113번 | 제품라인 유지·폐지 의사결정 | 출제구분: 기출변형 | 난이도: ★☆☆ | 정답: ①

- 프로젝트A를 포기하는 경우
  증분수익 - 감소: 공헌이익 200,000(매출액) - 100,000(변동원가) = (100,000)
  증분비용 - 감소: 고정원가 200,000(총고정원가) - 100,000(계속발생분) = 100,000
  증분손익   0

∴ 프로젝트A를 포기한다면 회사전체 순이익은 변화가 없다.(증분손익 0원)

*참고 총액접근법

프로젝트A의 현재 손익	프로젝트A 포기시 손익	
공헌이익 : 200,000 - 100,000 = 100,000	-	
고정원가 : 200,000	100,000(계속발생분)	
△100,000	△100,000	→증분손익 0

Guide 제품라인 유지·폐지 의사결정

고려사항	• 회사전체의 이익에 미치는 영향을 기준으로 폐지여부를 결정함. →제품라인의 유지·폐지 문제에서는 제품라인 자체의 이익을 고려하여 결정하는 것이 아니라, 기업 전체적인 입장(goal congruence)에서 전체 이익에 미치는 영향을 분석해야 함. • 폐지로 인한 회피가능고정비 존재시 이 또한 고려함. →제품라인을 폐지할 경우 매출액과 변동원가는 사라지지만 고정원가는 회피가능고정원가와 회피불가능고정원가로 나눌 수 있기 때문임.
제품라인폐지 의사결정	☐ 제품라인의 공헌이익 < (회피가능고정원가+기회원가)

문제 114번 | 외부구입과 지불가능 최대가격 | 출제구분: 기출변형 | 난이도: ★★★ | 정답: ②

- 외부구입의 경우

  증분비용 - 증가 : 구입액　　　　　　　　　　　　　　　　　= (50,000단위 × A)
  　　　　　- 감소 : 원가감소 50,000단위 × (1,200 + 800 + 400) + 10,000,000 × 30% = 123,000,000
  　　　　　　　　　　　　　　　　　　　　　　　　　　　　　　123,000,000 − 50,000단위 × A
  증분손익

  → 123,000,000 − 50,000단위 × A ≧ 0 에서, A ≦ 2,460

Guide 자가제조·외부구입 의사결정

고려사항	• 자가제조시 관련원가와 외부구입가격을 고려 　주의 자가제조시 증감하는 고정원가도 관련원가이므로 이도 고려함. 　　→ 예 자가제조시 추가 고용 감독자급료 • 외부구입시 다음을 고려함. 　㉠ 기존설비 임대가 가능한 경우 : 임대수익을 고려 　㉡ 기존설비로 다른 제품 생산시 : 관련수익과 변동원가를 고려(= 다른 제품 공헌이익) 　㉢ 회피가능고정원가는 관련원가, 회피불능고정원가는 비관련원가임.
고려해야할 비재무적 정보	• 자가제조의 경우는 부품 공급업자에 대한 의존도를 줄일 수 있으며, 품질관리를 보다 쉽게 할 수 있다는 장점이 있음. • 자가제조의 경우는 공급업자에 대한 의존도를 줄임으로써 공급업자와의 관계를 상실하여 향후에 급격한 주문의 증가로 회사의 생산능력이 초과할 때 제품을 외부구입하기가 쉽지 않을 수 있음. (별도의 추가적 시설투자가 필요하므로 많은 비용이 발생하는 단점이 있음.) • 제품에 특별한 지식·기술이 요구될 때 자가제조를 하며 품질을 유지하기가 쉽지 않을 수 있음.
외부구입 의사결정	㉠ 기존설비의 대체용도가 있는 경우 　　□ 증분수익(변동원가 + 회피가능고정원가 + 기회원가) > 증분비용(외부구입원가) ㉡ 기존설비의 대체용도가 없는 경우 　　□ 증분수익(변동원가 + 회피가능고정원가) > 증분비용(외부구입원가)

문제 115번 | 회수기간법의 장점·단점 | 출제구분: 기출변형 | 난이도: ★★☆ | 정답: ①

- 회수기간의 장단은 위험지표(안전성여부)로서의 정보를 제공할 뿐이며 수익률 여부와는 무관하다.
  → 회수기간법은 투자원금이 빨리 회수될수록 더 바람직한 투자라는 기본전제를 바탕으로 한 투자안 평가기법으로서, 회수기간 이후의 현금흐름을 무시하므로 수익성 자체를 고려하지 않는 평가기법이다.

Guide 회수기간법(비할인모형, 비현금모형)

의의	• 회수기간법은 현금유입으로 투자비용을 회수시 소요기간으로 평가함.
	□ 회수기간 = 투자액 ÷ 연간현금유입액
의사결정	상호독립적 투자안 • '회수기간 < 목표(기준)회수기간'이면 채택
	상호배타적 투자안 • 회수기간이 가장 짧은 투자안 채택
장점	• ㉠ 계산이 간단하고 쉽기 때문에 이해하기 쉽고 많은 투자안 평가시는 시간·비용을 절약 가능함. ㉡ 위험지표로서의 정보를 제공함.(즉, 회수기간이 짧은 투자안일수록 안전한 투자안임) ㉢ 회수기간이 짧을수록 빨리 회수하므로, 기업의 유동성확보와 관련된 의사결정에 유용함.
단점	• ㉠ 회수기간 이후의 현금흐름을 무시함(즉, 수익성을 고려하지 않음) ㉡ 화폐의 시간가치를 무시함. ㉢ 목표회수기간을 설정하는데 자의적인 판단이 개입됨.

문제 116번 | 의사결정과의 관련성에 따른 원가분류 | 출제구분: 재출제 | 난이도: ★☆☆ | 정답: ③

- (ㄱ) 기회원가 : 기회원가는 다른 대안의 선택으로 포기해야 하는 가장 큰 효익을 말한다.
  → 즉, 가수가 되기 위해 현재 직장을 포기해야 하므로, 포기해야 하는 현재 직장은 기회원가가 된다.
- (ㄴ) 매몰원가 : 과거 의사결정의 결과로 이미 발생한 원가(역사적원가)로 현재 또는 미래에 회수할 수 없는 원가를 의미하며 새로운 의사결정에 영향을 미치지 않는 비관련원가를 말한다.
  → 즉, 과거 취업을 위한 노력은 매몰원가가 되며, 가수가 되는 의사결정에 영향을 미치지 않는 원가이다.

Guide 매몰원가와 기회원가

매몰원가 (sunk cost)	• 과거 의사결정의 결과로 이미 발생한 원가로, 의사결정에 영향을 미치지 않는 비관련원가 **예시** 구기계 취득원가 100(감가상각누계액 30), 신기계구입 고려중 → 매몰원가 : 취득원가 100 또는 장부금액 70 → 의사결정 : 신기계로 인한 수익창출액이 구입가보다 크면 구입함.
기회원가 (opportunity cost)	• 특정대안의 선택으로 포기해야 하는 가장 큰 효익 **예시** CU편의점과 GS편의점의 시간당 알바수익이 각각 3,000원과 5,000원일 때, 여친과 수다를 떨며 즐겁게 1시간 보내는 경우의 기회원가는 5,000원임 ⊙주의 기회원가는 관리적 차원에서 사용되는 원가개념이며, 회계장부에는 실제원가만이 기재되므로 기회원가는 회계장부에 기록되지 않음.

문제 117번 | 특별주문과 관련·비관련원가 항목 | 출제구분: 재출제 | 난이도: ★☆☆ | 정답: ②

- 고정원가(고정제조간접원가)는 특별주문에 대한 의사결정을 함에 있어 비관련원가이다.
  → 그러나, 고정원가가 특별주문으로 증감하는 경우에는 의사결정에 고려한다.

Guide ▶ 특별주문 수락·거부 의사결정

고려사항	• 특별주문으로 증가되는 수익(특별주문가격)과 변동원가 • 유휴설비능력이 있는 경우 유휴설비의 대체용도를 통한 이익상실분(기회원가) • 유휴설비능력이 없는 경우 기존 정규매출감소로 인한 공헌이익상실분 • 유휴설비능력이 없는 경우 설비능력 확충시 추가적 설비원가 ⚠주의 고정원가(FOH,고정판관비)는 특별주문의 수락여부와 관계없이 일정하게 발생하므로 일반적으로 분석에서 제외하나, 조업도 수준에 따라 증감하는 경우에는 고려함.
주문수락 의사결정	㉠ 유휴설비능력이 존재하는 경우 □ 증분수익 > 증분원가 ㉡ 유휴설비능력이 존재하고 대체적 용도가 있는 경우 □ 증분수익 > 증분원가+기회원가 ㉢ 유휴설비능력이 존재하지 않는 경우 □ 증분수익 > 증분원가+추가설비원가+기존판매량 감소분의 공헌이익

문제 118번 | 순현재가치법과 NPV 계산 | 출제구분: 재출제 | 난이도: ★☆☆ | 정답: ③

- 현금흐름 추정

```
    x1년초        x1년말        x2년말        x3년말
    ├────────────┼────────────┼────────────┤
  (5,000,000)   3,000,000    3,000,000    2,000,000
```

- NPV(순현재가치) : (3,000,000×0.89+3,000,000×0.80+2,000,000×0.71) - 5,000,000 = 1,490,000

Guide ▶ 순현재가치법(NPV법)

의의	□ NPV(순현재가치) = 현금유입의 현재가치 - 현금유출의 현재가치
	⚠주의 할인율 : 자본비용(= 최저필수수익률 = 최저요구수익률)
의사결정	상호독립적 투자안 • 'NPV > 0'인 투자안 채택 상호배타적 투자안 • NPV가 가장 큰 투자안 채택
장점	• ㉠ 자본비용으로 재투자된다고 가정하므로 현실적임. ㉡ 비할인모형에서 무시되고 있는 화폐의 시간적 가치를 고려함. ㉢ 현금흐름과 기대치와 자본비용만이 고려되고 회계적 수치와는 무관하므로 자의적 요인을 제거할 수 있음. ㉣ 가치가산원칙[NPV(A+B)=NPV(A)+NPV(B)]이 성립함. ㉤ 기업의 가치를 극대화할 수 있는 투자안을 선택할 수 있음. →즉, 채택된 모든 투자안의 순현재가치는 곧 그 기업의 가치가 됨.
단점	• ㉠ 투자안의 할인율(자본비용)을 정하기가 어려움. ㉡ 확실성하에서만 성립하는 모형이므로, 불확실성하에서 적용하기 어려움.

제1편 공개기출문제해설 | 29

문제 119번 순현재가치법(NPV법)과 내부수익률법(IRR법) | 출제구분 **기출변형** | 난이도 ★ ☆ ☆ | 정답 ①

- 가치가산의 원칙(value additivity principle) : 상호 독립적인 투자안 A와 B가 있을 때, 두 투자안의 결합순현재가치는 각 투자안의 순현재가치의 합과 같은 것을 말한다. → NPV(A+B) = NPV(A) + NPV(B)
- 가치가산의 원칙이 성립하는 것은 내부수익률법이 아니라 순현재가치법이다.

Guide 순현재가치법(NPV법)의 우월성

순현재가치법(NPV법)	내부수익률법(IRR법)

• 계산이 간단
  - NPV = 현금유입현가 - 현금유출현가
• 자본비용으로 재투자된다고 가정하므로 현실적임.
• 금액으로 투자결정
  - 독립적 : 'NPV > 0'인 투자안 채택
  - 배타적 : NPV가 가장 큰 투자안 채택
• 가치가산원칙(value additivity principle)이 성립
	• 계산이 복잡(IRR이 2개이상도 존재 가능)
	  - IRR : '현금유입현가 = 현금유출현가'가 되는 할인율
	• 내부수익률로 재투자된다고 가정하므로 지나치게 낙관적임.
	• 비율로 투자결정(자본비용=최저필수수익률)
	  - 독립적 : '내부수익률(IRR) > 자본비용'이면 채택
	  - 배타적 : 내부수익률(IRR)이 가장 큰 투자안 채택
	• 가치가산원칙(value additivity principle)이 불성립

문제 120번 자가제조·외부구입 의사결정시 고려사항 | 출제구분 **기출변형** | 난이도 ★ ★ ☆ | 정답 ④

- ① 변동원가는 의사결정에 영향을 미치는 관련원가에 해당하는 항목이다.
  ② 회피가능고정원가는 관련원가이므로 의사결정을 하는데 반드시 고려하여야 하나, 회피불능고정원가는 비관련원가이므로 의사결정을 하는데 고려하지 않는다.
  ③ 외부구입원가가 회피가능원가(변동원가, 회피가능고정원가 등)보다 작은 경우에 외부구입한다.

Guide 자가제조·외부구입 의사결정[문제 114번과 동일]

고려사항	• 자가제조시 관련원가와 외부구입가격을 고려 　○주의 자가제조시 증감하는 고정원가도 관련원가이므로 이도 고려함. 　　→ 예 자가제조시 추가 고용 감독자급료 • 외부구입시 다음을 고려함. 　㉠ 기존설비 임대가 가능한 경우 : 임대수익을 고려 　㉡ 기존설비로 다른 제품 생산시 : 관련수익과 변동원가를 고려(= 다른 제품 공헌이익) 　㉢ 회피가능고정원가는 관련원가, 회피불능고정원가는 비관련원가임.
고려해야할 비재무적 정보	• 자가제조의 경우는 부품 공급업자에 대한 의존도를 줄일 수 있으며, 품질관리를 보다 쉽게 할 수 있다는 장점이 있음. • 자가제조의 경우는 공급업자에 대한 의존도를 줄임으로써 공급업자와의 관계를 상실하여 향후에 급격한 주문의 증가로 회사의 생산능력이 초과할 때 제품을 외부구입하기가 쉽지 않을 수 있음. (별도의 추가적 시설투자가 필요하므로 많은 비용이 발생하는 단점이 있음.) • 제품에 특별한 지식·기술이 요구될 때 자가제조를 하며 품질을 유지하기가 쉽지 않을 수 있음.
외부구입 의사결정	㉠ 기존설비의 대체용도가 있는 경우 　□ 증분수익(변동원가+회피가능고정원가+기회원가) > 증분비용(외부구입원가) ㉡ 기존설비의 대체용도가 없는 경우 　□ 증분수익(변동원가+회피가능고정원가) > 증분비용(외부구입원가)

2019년 3월에 시행된 기출문제에 대한 완벽한
해설을 관련이론(가이드)과 함께 제시하였습니다.
해당 문제는 합본부록을 참고바랍니다.

재경관리사 공개기출해설[원가]

Certified Accounting Manager

원가관리회계
공개기출문제해설
[2019년 03월 시행]

SEMOOLICENCE

문제 81번 | 원가회계의 영역(원가회계의 목적) | 출제구분: 기출변형 | 난이도: ★ ☆ ☆ | 정답: ④

- 재무제표의 작성은 재무회계의 영역(재무회계의 목적)에 해당한다.

Guide 원가회계의 영역(원가회계의 목적)

❖ 원가회계는 F/P의 재고자산가액을 결정하고 I/S상의 매출원가를 결정하는데 필요한 원가자료를 제공할 뿐만 아니라 계획과 통제, 의사결정에 유용한 원가자료를 제공하는 회계분야이며, 그 영역은 다음과 같음.

제품원가계산	• 제조하는 제품의 원가를 결정하여 매출원가와 기말재고자산의 가액을 결정하는 것임. → 제조기업의 당기제품제조원가를 계산하는 과정을 의미하며 제품원가계산 정보는 외부공표용 재무제표에 계상될 매출원가와 기말재고자산평가의 근거자료가 됨.
계획과 통제	• 미래경영활동 수행을 위한 계획을 수립하고(Plan), 이를 실행하며(Do), 실행 후의 실제결과를 계획과 비교하여 성과평가를 수행하는(See) 일련의 과정을 의미함.
의사결정	• 선택가능 여러 대안 중 목적을 가장 잘 달성하는 최선의 대안을 선택하는 과정을 의미함.

문제 82번 | 기회원가의 적용 | 출제구분: 신유형 | 난이도: ★ ☆ ☆ | 정답: ②

- 기회비용 : 특정대안(300,000원의 비용을 투입하여 수선한 후 처분하는 경우)의 선택으로 포기해야 하는 효익
  ⇒ 수선하지 않고 손상된 상태에서 처분하는 경우의 처분가 200,000원
- *비교 과거의 의사결정으로 인하여 이미 발생한 원가로서 의사결정에 영향을 미치지 않는 제품 5,000,000원은 매몰원가(sunk cost)이다.

Guide 매몰원가와 기회원가

매몰원가 (sunk cost)	• 과거 의사결정의 결과로 이미 발생한 원가로, 의사결정에 영향을 미치지 않는 비관련원가 예시 구기계 취득원가 100(감가상각누계액 30), 신기계구입 고려중 → 매몰원가 : 취득원가 100 또는 장부금액 70 → 의사결정 : 신기계로 인한 수익창출액이 구입가보다 크면 구입함.
기회원가 (opportunity cost)	• 특정대안의 선택으로 포기해야 하는 가장 큰 효익 예시 CU편의점과 GS편의점의 시간당 알바수익이 각각 3,000원과 5,000원일 때, 여친과 수다를 떨며 즐겁게 1시간 보내는 경우의 기회원가는 5,000원임 🔍주의 기회원가는 관리적 차원에서 사용되는 원가개념이며, 회계장부에는 실제원가만이 기재되므로 기회원가는 회계장부에 기록되지 않음.

문제 83번 | 제조원가의 구성 | 출제구분: 기출변형 | 난이도: ★ ☆ ☆ | 정답: ③

- 제조기업의 계정흐름

원재료		재공품		제품	
기초원재료	사용액(DM)	기초재공품	당기제품제조원가	기초제품	제품매출원가
당기매입	기말원재료	**당기총제조원가**	기말재공품	**당기제품제조원가**	기말제품

- 당기총제조원가 : 제조과정에 투입된 모든 제조원가
  ⇒ 직접재료원가(DM) + 직접노무원가(DL) + 제조간접원가(OH)
- 당기제품제조원가 : 당기에 완성되어 제품으로 대체된 완성품의 제조원가
  ⇒ 기초재공품 + 당기총제조원가 - 기말재공품
- 제품매출원가 : 당기에 판매된 제품의 제조원가
  ⇒ 기초제품 + 당기제품제조원가 - 기말제품

| 문제 84번 | 이중배분율법 일반사항 | 출제구분 | 신유형 | 난이도 | ★ ★ ☆ | 정답 | ④ |

- 이중배분율법(dual rate method)이란 보조부문의 원가를 원가행태에 따라 고정원가와 변동원가로 분류하여 각각 다른 배분기준(최대사용가능량/실제사용량)을 적용하는 방법이다.
- 단일배분율법(single rate method)이란 보조부문원가를 변동원가와 고정원가로 구분하지 않고 전체 보조부문원가를 단일 기준인 용역의 실제사용량에 따라 배분하는 방법이다. 이 방법은 이중배분율법에 비해서 사용하기가 간편하지만 원가행태에 따른 정확한 배분이 되지 않기 때문에 부문의 최적의사결정이 조직전체의 차원에서는 최적의사결정이 되지 않을 수 있다는 문제점이 있다.

Guide 이중배분율법 세부고찰

단일배분율법	• 고정원가와 변동원가 구분없이 하나의 배부기준(실제사용량)으로 배분 주의 보조부문이 1개인 경우에는 직접배분법, 단계배분법, 상호배분법의 계산 결과는 동일함.
이중배분율법	• 고정원가 : 최대사용가능량을 기준으로 배분 • 변동원가 : 실제사용량을 기준으로 배분 주의 이중배분율법인 경우에도 직접배분법·단계배분법·상호배분법이 동일하게 적용됨.

사례 단일배분율법과 이중배분율법 비교

회사에는 하나의 보조부문 A(전력공급)와 두 개의 제조부문 X, Y가 있다. 단일배분율법, 이중배분율법에 의하는 경우에 제조부문 Y의 배분후 원가는?

	제조부문X	제조부문Y
최대사용가능량	500kwh	1,500kwh
실제사용량	500kwh	500kwh

	보조부문A	제조부문X	제조부문Y
제조간접원가(변동원가)	100,000원	140,000원	160,000원
제조간접원가(고정원가)	200,000원	160,000원	240,000원

→ ㉠ 단일배분율법
 - 배분액 : 300,000×500/1,000 = 150,000,
 - 배분후원가 : 400,000 + 150,000 = 550,000
 ㉡ 이중배분율법
 - 변동원가배분액 : 100,000×500/1,000 = 50,000, 고정원가배분액 : 200,000×1,500/2,000 = 150,000
 - 배분후원가 : 400,000 + (50,000 + 150,000) = 600,000

| 문제 85번 | 개별원가계산과 종합원가계산 비교 | 출제구분 | 재출제 | 난이도 | ★ ☆ ☆ | 정답 | ③ |

- 개별원가계산 : 주문받은 개별 제품별로 작성된 작업원가표에 집계하여 계산
  종합원가계산 : 발생한 총원가를 총생산량으로 나누어 단위당 평균제조원가 계산

Guide 개별원가계산과 종합원가계산 비교

	개별원가계산	종합원가계산
생산형태	• 주문에 따른 다품종 소량생산방식 →예 조선업, 기계제작업, 건설업	• 동종제품의 대량 연속생산방식 →예 제분업, 섬유업, 시멘트업, 정유업
원가집계	• 제조원가는 각 작업별로 집계	• 제조원가는 각 공정별로 집계
기말재공품평가	• 평가문제 발생치 않음(∴정확함.)	• 평가문제 발생함(∴부정확함.)
핵심과제	• 제조간접원가배부(작업원가표)	• 완성품환산량계산(제조원가보고서)
기타사항	• 제품단위당 원가는 작업원가표에 집계된 제조원가를 작업한 수량으로 나누어 계산함. • 재고자산 평가에 있어서 작업이 완성된 것은 제품계정으로 대체되고, 미완성된 작업은 재공품이 됨.	• 일정기간에 발생한 총원가를 총생산량으로 나누어 단위당 평균제조원가를 계산함. • 제품은 완성수량에, 재공품은 기말재공품완성품환산량에 단위당 평균제조원가를 곱하여 계산함.

| 문제 86번 | 직접노무원가 기준 제조간접원가 배부 | 출제구분 | 신유형 | 난이도 | ★ ★ ☆ | 정답 | ③ |

- 기말재공품 : 미완성인 작업지시서 #113의 총원가
- #112 직접노무원가(5,200)×A = 제조간접원가(9,100) 에서, A = 1.75
  → 즉, 제조간접원가 배부액은 직접노무원가의 1.75배
- 기말재공품원가(#113) : 직접재료원가(20,000) + 직접노무원가(10,800) + 제조간접원가(10,800×1.75) = 49,700

*참고 총제조간접원가(OH) 계산 : $5,200 \times \text{OH배부율}(\frac{OH}{40,000}) = 9,100$ 에서, OH = 70,000

Guide 제조간접원가 배부

의의	• 제조간접원가의 발생과 높은 상관관계를 가진 배부기준을 정하여 각 제품에 배부
배부기준	• ㉠ 복리후생비 : 각 부문의 종업원수 ㉡ 임차료 : 각 부문의 점유면적
배부율	• 제조간접비배부율 = 제조간접원가÷배부기준(조업도)

| 문제 87번 | 종합원가계산 일반사항 | 출제구분 | 신유형 | 난이도 ★ ☆ ☆ | 정답 ④ |

- 평균법은 기초재공품원가와 당기제조원가를 구별하지 않고 이를 가중평균하여 당기완성품과 기말재공품원가를 계산하는 방법이다. 즉, 당기 이전의 기초재공품 작업분도 마치 당기에 작업이 이루어진 것으로 간주하는 방법이다.
- 선입선출법은 기초재공품을 먼저 가공하여 완성시킨 후에 당기착수량을 가공한다는 가정에 따라 당기완성품과 기말재공품원가를 계산하는 방법이다. 즉, 당기 이전의 기초재공품 작업분과 당기 작업분을 별도로 구분하는 방법이다.
- 평균법과 선입선출법의 가장 큰 차이점은 원가계산시 기초재공품원가와 당기투입원가를 구분하느냐의 여부에 있다고 할 수 있다. 따라서, 기초재공품이 없을 경우 양 방법에 의한 계산결과는 동일해진다.

Guide 종합원가계산의 장점과 단점

장점	• 개별원가계산에 비하여 기장절차가 간단하므로 시간과 비용이 절약됨. • 원가관리·통제가 제품별이 아닌 공정이나 부문별로 수행되므로 원가에 대한 책임중심점이 명확해짐.
단점	• 개별작업별로 원가집계가 되지 않고 전공정을 대상으로 원가정보를 요약하기 때문에 기장절차가 단순화되는 반면, 지나친 단순화로 인하여 상세한 정보를 상실할 가능성이 있음. • 각 공정에서 실제 발생한 원가를 기초로 종합원가계산을 하게 되면 원가계산기간의 종료시점까지 원가를 결정할 수 없으므로 이미 완성된 제품이라 하더라도 원가계산을 할 수 없게 됨. • 특정공정에서 생산된 제품은 원가측면에서 서로가 동일하다고 가정하고 있지만 항상 이런 가정이 성립하는 것은 아님. →또한 산출물들이 동질적이라 하더라도 원가계산을 위해서는 기말재공품의 완성도 측정이 요구되나, 이러한 완성도 측정에는 회계담당자의 주관적 판단이 개입되게 됨. • 다양한 제품을 생산하는 경우에는 필연적으로 원가의 배분이 필요하게 되며, 이 경우 정확한 평균원가의 계산이 더욱 어렵게 됨.

| 문제 88번 | 종합원가계산 평균법 기말재공품 계산구조 | 출제구분 | 기출변형 | 난이도 ★ ☆ ☆ | 정답 ② |

- 평균법

기말재공품원가 : (기초재공품원가+당기발생원가)× $\dfrac{\text{기말재공품의 완성품환산량}}{\text{완성품수량+기말재공품의 완성품환산량}}$

→총완성품환산량(완성품수량+기말재공품의 완성품환산량)에서 기말재공품의 완성품환산량이 차지하는 비율에 의해 계산한다.

비교 선입선출법

기말재공품원가 : 당기발생원가× $\dfrac{\text{기말재공품의 완성품환산량}}{\text{완성품수량+기말재공품의 완성품환산량}-\text{기초재공품의 완성품환산량}}$

→당기발생투입분의 완성품환산량(완성품수량+기말재공품의 완성품환산량-기초재공품의 완성품환산량)에서 기말재공품의 완성품환산량이 차지하는 비율에 의해 계산한다.

문제 89번 | 종합원가계산 계산절차 | 출제구분: 신유형 | 난이도: ★☆☆ | 정답: ①

- 종합원가계산 계산절차

일반절차	평균법	선입선출법
①=ㄱ : 물량흐름 파악	• 완성품수량, 기말수량과 완성도	• 기초수량과 완성도, 완성품수량, 기말수량과 완성도
②=ㄹ : 완성품환산량 계산	• 원가요소별 완성품환산량	• 원가요소별 당기분 완성품환산량
③=ㄷ : 배분할 원가 파악	• 기초재공품원가 + 당기발생원가	• 당기발생원가
④=ㄴ : 완성품환산량단위당원가 계산	• $\dfrac{총원가}{완성품환산량}$	• $\dfrac{당기발생원가}{당기분완성품환산량}$
⑤=ㅁ : 완성품·기말재공품에 원가배분	–	• 완성품에 기초재공품 별도 가산

문제 90번 | 종합원가계산 평균법 기말재공품 가공비 | 출제구분: 신유형 | 난이도: ★★☆ | 정답: ①

- 완성품수량 : (5,000단위 + 21,000단위) - 2,000단위 = 24,000단위
- 가공비 완성품환산량 : 완성(24,000) + 기말(2,000 × 40% = 800) = 24,800
- 가공비 완성품환산량단위당원가 : $\dfrac{33,200 + 190,000 = 223,200}{24,800}$ = @9
- 기말재공품에 포함된 가공원가 : 800 × @9 = 7,200

저자주 실전에서는 무조건 이하와 같이 제조원가명세서 틀로 풀이할 것을 권장합니다.

- 평균법

```
[1단계] 물량흐름                              [2단계] 완성품환산량
                                              재료비              가공비
        완성        24,000                                        24,000
        기말         2,000(40%)                                   2,000 × 40% = 800
                    26,000                                        24,800
[3단계] 총원가요약
        기초                                                      33,200
        당기발생                                                  190,000
                                                                  223,200
[4단계] 환산량단위당원가(cost/unit)                                ÷24,800
                                                                    ‖
                                                                   @9

→ 기말재공품에 포함된 가공원가 : 800 × @9 = 7,200
```

문제 91번 | 표준원가계산의 장점과 단점 | 출제구분: 신유형 | 난이도: ★★☆ | 정답: ④

① 원가계산방법은 다음과 같이 결합되어 다양한 방법이 가능하다.(예 표준전부원가계산, 표준변동원가계산)

제품원가의 구성요소(원가구성)	원가요소의 실제성여부(원가측정)	생산형태(제품의 성격)
전부원가계산 변동원가계산	실제원가계산 정상원가계산 표준원가계산	개별원가계산 종합원가계산

② 표준원가계산에서는 단위당표준원가가 설정되어 있기 때문에 원가흐름에 대한 가정(평균법, 선입선출법, 후입선출법 등)이 필요 없으며 단지 물량만 파악하면 되므로 원가계산이 신속하고 간편해 진다.
　→비교 실제원가계산에서는 제품이 완성되었어도 실제원가가 집계되어야만 제품원가계산을 할 수 있다.

③ 표준원가계산제도에서 일반적으로 표준은 원가발생의 기대치를 표현하는 것이기 때문에 경영자는 표준원가와 실제원가의 차이 중 중요한 부분에 대해서만 관심을 가지고 개선책을 강구하는 예외에 의한 관리(management by exception)를 할 수 있게 되며, 표준원가와 실제원가의 차이를 원가통제의 책임과 관련시켜 효과적인 원가통제를 수행할 수 있다.
　→예외에 의한 관리를 통해 표준원가와 실제원가의 차이 중 중요한 부분에 대해서만 관심을 가지게 된다. 다만, 중요한 불리한 차이든지 중요한 유리한 차이든지 중요한 차이는 모두 검토한다.

④ 표준원가계산제도를 채택할 경우 비계량적인 정보를 무시할 가능성이 있다. 예를 들어 표준원가달성을 지나치게 강조할 경우 제품의 품질을 희생시킬 수 있고, 납품업체에 표준원가를 기초로 지나친 원가절감을 요구할 경우 관계가 악화될 수도 있다.
　→한편, 표준원가계산제도는 계량적 정보에 의해서만 성과평가가 이루어진다.

Guide 표준원가계산의 유용성(목적)

원가관리와 통제	• 표준원가와 실제원가를 비교하여 실제원가가 표준원가 범위 내에서 발생하는지를 파악함으로써 원가통제를 보다 효과적으로 수행할 수 있음. →예외에 의한 관리가 가능 • 차이분석 결과는 경영자에게 보고되며, 그것은 차기 표준·예산설정에 피드백됨.
예산편성(계획)	• 표준원가가 설정되어 있으면 예산을 설정하는데 용이할 수 있음.
재무제표작성	• 표준원가는 과학적이고 통계적인 수치를 이용하기 때문에 재고자산가액과 매출원가 산출 시 근거가 되는 보다 진실한 원가정보를 제공할 수 있다는 장점이 있음.
업무간소화와 신속성	• 표준원가계산에서는 단위당표준원가가 설정되어 있기 때문에 원가흐름에 대한 가정이 필요 없으며 단지 물량만 파악하면 되므로 원가계산이 신속하고 간편해 짐. →제품완성과 동시에 원가를 계산할 수 있음.

| 문제 92번 | 차이분석 일반사항 | 출제구분 | 기출변형 | 난이도 | ★ ☆ ☆ | 정답 | ② |

- ① 유리한 차이의 경우 매출원가조정법·비례배분법에서는 매출원가에서 차감하며, 기타손익법에서는 기타수익으로 처리하므로 영업이익을 증가시키는 차이를 의미한다.

  〈매출원가조정법의 경우 - 금액은 임의 가정치임〉

원가차이분석	(차)	재공품(SQ×SP)	70,000	(대) 원재료(AQ×AP)	100,000
		가격차이(불리)	40,000	능률차이(유리)	10,000
원가차이배분	(차)	매출원가	40,000	(대) 가격차이(불리)	40,000
	(차)	능률차이(유리)	10,000	(대) 매출원가	10,000

- ② 가격차이는 실제원가〈AQ×AP〉와 실제투입량에 대한 표준원가〈AQ×SP〉와의 차이를 의미한다.
  →실제투입량에 대한 표준원가〈AQ×SP〉와 표준투입량에 대한 표준원가〈SQ×SP〉와의 차이는 능률차이를 의미한다.
- ③ 불리한 차이의 경우 매출원가조정법·비례배분법에서는 매출원가에 가산하며, 기타손익법에서는 기타비용으로 처리하므로 영업이익을 감소시키는 차이를 의미한다.
- ④ 총차이는 실제원가〈AQ×AP〉와 표준투입량에 대한 표준원가〈SQ×SP〉와의 차이를 의미한다.

| 문제 93번 | 변동원가계산 사용 목적 | 출제구분 | 신유형 | 난이도 | ★ ☆ ☆ | 정답 | ③ |

- ① 공통적인 고정원가를 부문별로 배분하지 않기 때문에 부문별 의사결정문제에 왜곡을 초래하지 않으므로 판매부문의 정확한 성과평가에 유용하다.
- ② 공통적인 고정원가를 제품별로 배분하지 않기 때문에 제품별 의사결정문제에 왜곡을 초래하지 않으므로 합리적인 제품제조 의사결정에 유용하다.
- ③ 변동원가계산제도는 기업회계기준에서 인정하는 원가계산제도가 아니므로, 외부공시용(외부보고용) 재무제표 작성을 위해서는 전부원가계산제도에 의하여야 한다.
- ④ 이익계획과 예산편성에 필요한 CVP(원가-조업도-이익)에 관련된 자료를 변동원가계산제도에 의한 공헌이익손익계산서로부터 쉽게 얻을 수 있으므로 이익계획의 효과적인 수립에 유용하다.

| 문제 94번 | 변동원가계산 특징 | 출제구분 | 기출변형 | 난이도 | ★ ☆ ☆ | 정답 | ② |

- 변동원가계산 손익계산서

공헌이익손익계산서	
매출액	xxx
(-)매출원가[직접재료원가+직접노무원가+변동제조간접원가]	(xxx)
(-)변동판매비와관리비	(xxx)
공헌이익	xxx
(-)고정제조간접원가	(xxx)
(-)고정판매비와관리비	(xxx)
영업이익	

- ㄴ : 변동원가계산은 변동제조간접원가가 아니라 고정제조간접원가를 기간비용으로 처리한다.
  ㄹ : 변동원가계산은 제품판매량만이 영업이익에 영향을 미친다.(생산량은 이익에 영향을 미치지 않는다.)
  →반면, 전부원가계산은 생산량증감에 따라 FOH배부액이 증감하여 이익이 증감하므로 판매량뿐만 아니라 생산량도 영업이익에 영향을 미친다.

| 문제 95번 | 직접노무원가 차이분석과 항목별 추정 | 출제구분 | 기출변형 | 난이도 | ★★☆ | 정답 | ① |

- SQ(표준직접노무시간) = 11,000시간, AQ(실제직접노무시간) = 10,000시간, AQ×AP = 150,000원

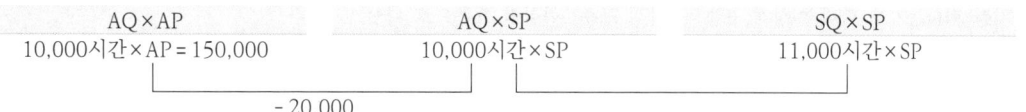

- ③ 150,000 - (10,000시간×SP) = -20,000 에서, SP(시간당 표준임률) = 17
  ① 직접노무원가 표준원가 : 11,000시간×SP(17) = 187,000
  ② 10,000시간×AP = 150,000 에서, AP(시간당 실제임률) = 15
  ④ 10,000시간×SP(17) - 11,000시간×SP(17) = -17,000(유리)

Guide 직접노무원가 차이분석 구조

기호정의	• AQ : 실제투입시간, AP : 실제가격, SQ : 실제생산량에 허용된 표준시간, SP : 표준가격
DL 차이분석	실제 변동예산 제품원가계산(배부) AQ×AP AQ×SP SQ×SP 〈실제원가〉 〈실제투입시간의 표준원가〉 〈실제생산량에 허용된 표준투입시간의 표준원가〉 가격차이(임률차이) 능률차이(시간차이) →(+)이면 불리한차이, (-)이면 유리한차이

| 문제 96번 | 직접재료원가 차이분석과 실제생산량 추정 | 출제구분 | 기출변형 | 난이도 | ★★☆ | 정답 | ③ |

- AQ×AP = 28,000원, AP(실제구입원가) = 35 → AQ×35 = 28,000원 에서, AQ = 800개

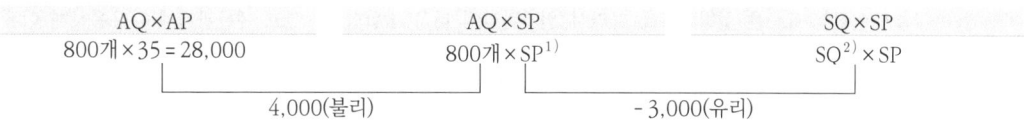

[1] 28,000 - 800개×SP = 4,000 에서, SP = 30
[2] 800개×SP(30) - SQ×SP(30) = -3,000 에서, SQ = 900개
- 900개(SQ) = 실제제품생산량×9개(제품단위당 표준재료투입량) 에서, 실제제품생산량 = 100단위

Guide 직접재료원가 차이분석 구조[사용시점분리의 경우]

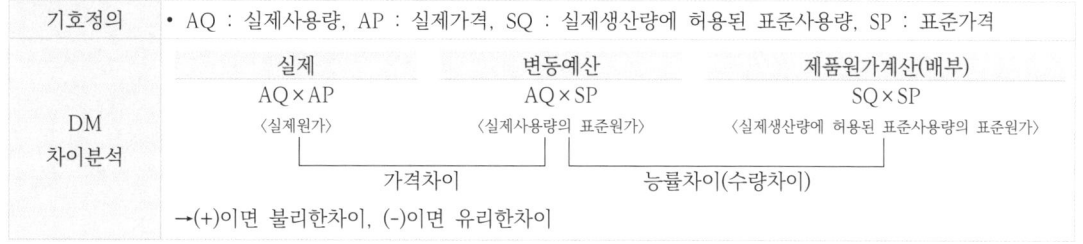

| 문제 97번 | 표준원가의 종류와 개념 | 출제구분 기출변형 난이도 ★ ☆ ☆ 정답 ④ |

- 표준원가의 종류는 표준원가를 설정할 때에 가격, 능률, 조업도와 경영자의 목표에 관한 다양한 수준에서 어떠한 수치를 택하는가에 따라 이상적 표준, 정상적 표준, 현실적 표준으로 나눌 수 있다.
  → 이상적 표준(ideal standards)이란 기존의 설비와 제조공정에서 정상적인 기계고장, 정상감손 및 근로자의 휴식시간 등을 고려하지 않고 최선의 조건하에서만 달성할 수 있는 이상적인 목표하의 최저목표원가이다.

Guide 표준원가의 종류별 특징

이상적 표준 (ideal)	• 기존설비·제조공정에서 정상적 기계고장, 정상감손 및 근로자 휴식시간 등을 고려하지 않고 최선의 조건하에서만 달성할 수 있는 이상적인 목표하의 최저목표원가임. • 이상적 표준은 이를 달성하는 경우가 거의 없기 때문에 항상 불리한 차이가 발생되며, 이에 따라 종업원의 동기부여에 역효과를 초래함. • 실제원가와의 차이가 크게 발생하므로 재고자산평가나 매출원가산정에 적합하지 않음. → 그러나 전혀 의미없는 것은 아니고 현실적 표준 설정을 위한 출발점으로서의 의미를 갖음.
정상적 표준 (normal)	• 정상적인 조업수준이나 능률수준에 대하여 설정된 표준원가임. → 여기서 정상이란 경영활동에서 이상 또는 우발적인 상황을 제거한 것을 의미함. • 정상적 표준은 경영에 있어 비교적 장기간에 이르는 과거의 실적치를 통계적으로 평균화하고 여기에 미래의 예상추세를 감안하여 결정됨. → 따라서, 경제상태가 비교적 안정된 경우에는 재고자산가액 산정과 매출원가계산에 가장 적합하며 원가관리를 위한 성과평가의 척도가 될 수 있음.
현실적 표준 (practical)	• 경영의 실제활동에서 열심히 노력하면 달성될 것으로 기대되는 표준원가임. → 이는 정상적인 기계고장과 근로자 휴식시간을 허용하며, 작업에 참여하는 평균적인 근로자들이 합리적이면서 매우 효율적으로 노력을 하면 달성될 수 있는 표준임. • 현실적 표준과 실제원가와의 차이는 정상에서 벗어난 비효율로서 차이발생에 대해 경영자의 주의를 환기시키는 신호가 된다는 점에서 경영자에게 매우 유용함. • 현실적 표준은 설정내용에 따라서 원가관리에 더욱 적합할 수 있고 예산관리에도 유용하게 이용될 수 있음. • 표준원가계산제도에서의 표준원가라 하면 일반적으로 현실적 표준원가를 의미함.

문제 98번 | 변동제조간접원가 차이분석 : 실제발생액 | 출제구분 기출변형 | 난이도 ★★☆ | 정답 ②

- 변동제조간접원가 차이분석

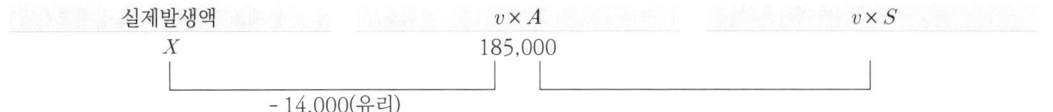

- $X - 185{,}000 = -14{,}000$ 에서, $X = 171{,}000$

Guide ▶ 변동제조간접원가 차이분석 구조

기호정의	N : 기준조업도, V : VOH예산, v : VOH배부율($=\dfrac{V}{N}$) S : 실제생산량에 허용된 표준조업도, A : 실제조업도
VOH 차이분석	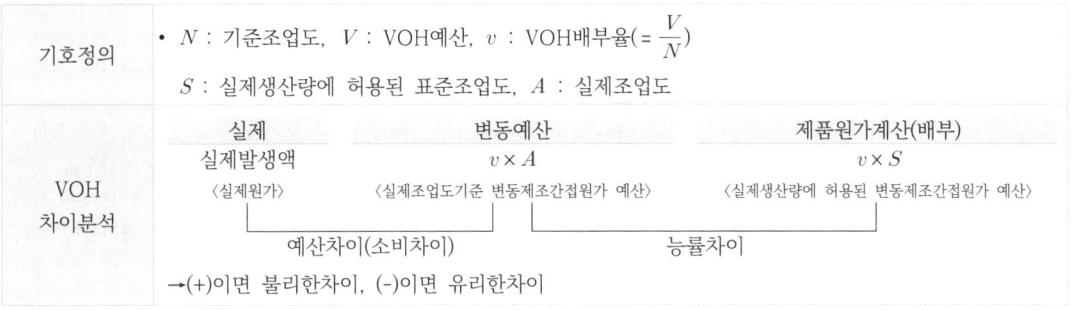

문제 99번 | 전부·변동원가계산과 생산량 추정 | 출제구분 기출변형 | 난이도 ★★★ | 정답 ③

- 계정흐름(올해 개업하였으므로 기초재고는 없다.)

기초	0개	판매량	350,000(매출액) ÷ 1,000(단위당판매가격) = 350개
생산량	X개	기말	($X-350$)개

- 전부원가계산 영업이익 $A + 20{,}000$
  (+) 기초에 포함된 고정제조간접원가(FOH)   0
  (-) 기말에 포함된 고정제조간접원가(FOH)   ($X-350$) × 250
  변동원가계산 영업이익 A

→ $(A + 20{,}000) + 0 - (X - 350) \times 250 = A$ 에서, $X = 430$개

Guide ▶ 전부·변동·초변동원가계산 영업이익 차이조정

전부원가계산에 의한 영업이익	전부원가계산에 의한 영업이익	변동원가계산에 의한 영업이익
(+) 기초재공품,제품에 포함된 FOH	(+) 기초재공품,제품에 포함된 DL,VOH,FOH	(+) 기초재공품,제품에 포함된 DL,VOH
(-) 기말재공품,제품에 포함된 FOH	(-) 기말재공품,제품에 포함된 DL,VOH,FOH	(-) 기말재공품,제품에 포함된 DL,VOH
변동원가계산에 의한 영업이익	초변동원가계산에 의한 영업이익	초변동원가계산에 의한 영업이익

| 문제 100번 | 전부·변동원가계산의 원가개념 | 출제구분 | 재출제 | 난이도 | ★ ☆ ☆ | 정답 | ① |

- 전부원가계산 : 원가부착개념에 입각[고정제조간접원가(FOH)도 제조원가]

| 내용 | • 전부원가계산은 제조원가 전부 즉, 직접재료원가, 직접노무원가, 변동제조간접원가, 고정제조간접원가를 제품원가로 보는 원가계산방법이다.
→전부원가계산제도는 원가부착개념(cost attach concept)에 근거를 두고 있으며, 원가부착개념이란 제품생산과 관련한 원가는 원가의 행태에 관계없이 모두 제품의 원가로 보는 것이다. 즉, 고정제조간접원가도 당연히 제품생산에 필수적으로 수반되는 원가이기 때문에 자산성을 인정하여 재고자산의 가액에 포함시키는 것이다. |

- 변동원가계산 : 원가회피개념에 입각[고정제조간접원가(FOH)는 비용처리]

| 내용 | • 변동원가계산은 제조원가를 변동원가와 고정원가로 구분하여 변동제조원가만을 제품원가에 포함시키고, 고정제조원가는 기간원가로 처리하는 원가계산방법이다.
→변동원가계산제도는 원가회피개념(cost avoidance concept)에 근거를 두고 있으며, 원가회피개념이란 발생한 원가가 미래에 동일한 원가의 발생을 방지할 수 없다면 그 원가는 자산성을 인정할 수 없다는 것이다. 즉, 고정제조간접원가의 경우 제품의 생산량과 관련이 있다기 보다는 설비능력과 밀접한 관련이 있으며, 조업도 변동에 따라 원가가 변동하지 않고 시간이 경과함에 따라 회피할 수 없는 원가이기 때문에 재고자산의 가액에 포함시켜서는 안되며 기간원가로 처리해야 한다는 것이다. |

*비교 초변동원가계산 : 초원가회피개념(직접노무원가/변동제조간접원가/고정제조간접원가를 운영비용처리)

| 문제 101번 | 활동기준원가계산(ABC)의 특징 | 출제구분 | 기출변형 | 난이도 | ★ ☆ ☆ | 정답 | ① |

- ① 활동기준원가계산(ABC)은 제조간접원가를 활동별로 배부하는 것일 뿐 개별원가계산, 종합원가계산과 독립된 원가계산 방법이 아니다. 즉, ABC는 개별원가계산, 종합원가계산에 모두 사용가능하다.
  ② 활동기준원가계산(ABC)은 기업의 기능을 여러 가지 활동으로 구분하여 분석하며 각 활동별로 제조간접원가를 집계하고 활동별 원가동인(배부기준)을 결정하므로 전통적인 원가계산제도 보다 더 다양한 원가동인 요소를 고려한다.
  ③ 산업이 고도화되고 고객의 요구가 다양해짐에 따라 제조환경도 다품종 소량생산으로 바뀌고 있으며 생산기술이 발달하고 제조과정이 자동화됨으로 인하여 제조원가에서 직접노무원가가 차지하는 비중은 줄어든 반면 제조간접원가의 비중은 과거보다 훨씬 커졌다. 이와 같이 늘어난 제조간접원가를 전통적 원가배부기준인 직접노무원가, 직접노동시간 등을 기준으로 제품에 배부하는 방법으로는 제품원가를 정확히 계산하는 것이 힘들게 되어 새로운 원가계산제도가 필요하게 되어 활동기준원가계산(ABC)이 도입되었다.
  ④ 활동기준원가계산(ABC)은 제품원가를 계산하기 위해 활동을 분석하는 과정에서 부가가치활동(value added activity)과 비부가가치활동(non-value added activity)을 구분하여 비부가가치활동을 제거하거나 감소시킴으로써 생산시간을 단축할 수도 있고 활동별로 원가를 관리함으로써 상대적으로 많은 원가를 발생시키는 활동들을 줄여나갈 수 있기 때문에 원가절감이 가능하므로 원가통제를 보다 효과적으로 수행할 수 있다.

| 문제 102번 | 민감도분석 : 고정원가와 BEP판매량 | 출제구분 | 신유형 | 난이도 | ★ ★ ☆ | 정답 | ① |

- 단위당공헌이익 = 단위당판매단가 - 단위당변동원가
  → 단위당판매단가와 단위당변동원가가 변함이 없으므로 단위당공헌이익도 변함이 없다.
- 단위당공헌이익을 A, 고정비를 F라고 할 때, 손익분기점(BEP) 판매량의 변화는, $\dfrac{F}{A} \rightarrow \dfrac{1.2F}{A} = \dfrac{F}{A} \times 1.2$

∴고정원가가 20% 증가하면 손익분기점(BEP) 판매량도 20% 증가한다.

| 문제 103번 | 손익분기점 판매량 및 매출액 사례 | 출제구분 | 재출제 | 난이도 | ★ ★ ☆ | 정답 | ③ |

- ㄱ(하루 BEP판매량) : $\dfrac{\text{하루 고정원가}(192{,}000{,}000 \div 30\text{일})}{\text{단위당판매가격}(4{,}000) - \text{단위당변동원가}(800)} = 2{,}000\text{잔}$
- ㄴ(하루 BEP매출액) : 2,000잔 × 단위당판매가격(4,000) = 8,000,000

Guide 손익분기점분석 기본산식

손익분기점	손익분기점(BEP)은 이익을 0으로 만드는 판매량 또는 매출액을 의미함.
기본산식	• 매출액 - 변동비(변동제조원가와 변동판관비) - 고정비(고정제조간접원가와 고정판관비) = 0 → 매출액 - 변동비 = 고정비, 공헌이익 = 고정비 → 단위당공헌이익 × 판매량 = 고정비, 공헌이익률 × 매출액 = 고정비
BEP산식	• ㄱ BEP판매량 : $\dfrac{\text{고정비}(=FOH + \text{고정판관비})}{\text{단위당공헌이익}}$ ㄴ BEP매출액 : $\dfrac{\text{고정비}(=FOH + \text{고정판관비})}{\text{공헌이익률}}$

| 문제 104번 | 안전한계율 계산 | 출제구분 | 기출변형 | 난이도 | ★ ☆ ☆ | 정답 | ③ |

- 안전한계율 = $\dfrac{\text{영업이익}}{\text{공헌이익}} = \dfrac{2{,}200{,}000}{4{,}000{,}000} = 55\%$

*[별해] 안전한계율 = $\dfrac{\text{매출액} - BEP\text{매출액}}{\text{매출액}} = \dfrac{16{,}000{,}000 - \dfrac{1{,}800{,}000}{4{,}000{,}000 \div 16{,}000{,}000}}{16{,}000{,}000} = 55\%$

Guide 안전한계 산식 정리

안전한계	☐ 안전한계 = 매출액 - 손익분기점(BEP)매출액
	• 손실을 발생시키지 않으면서 허용할 수 있는 매출액의 최대감소액을 의미함.
안전한계율	☐ 안전한계율 = $\dfrac{\text{안전한계}}{\text{매출액}} = \dfrac{\text{매출액} - \text{손익분기점매출액}}{\text{매출액}} = \dfrac{\text{판매량} - \text{손익분기점판매량}}{\text{판매량}}$
	• 안전한계율 = $\dfrac{\text{영업이익}}{\text{공헌이익}} = \dfrac{1}{\text{영업레버리지도}}$
	• 안전한계율 × 공헌이익률 = $\dfrac{\text{공헌이익} - \text{고정비}}{\text{매출액}} = \dfrac{\text{이익}}{\text{매출액}} = $ 매출액이익률

문제 105번 — 공헌이익률을 통한 영업이익 추정 [신유형] 난이도 ★★☆ 정답 ①

- 손익분기점(BEP)매출액(350,000) = $\dfrac{\text{고정원가}}{\text{공헌이익률(30\%)}}$ → 고정원가 = 105,000
- 공헌이익 : 매출액(500,000) × 공헌이익률(30%) = 150,000
- 순이익(영업이익) : 공헌이익(150,000) − 고정원가(105,000) = 45,000

Guide 공헌이익률 산식 정리

공헌이익률	□ 공헌이익률 = $\dfrac{\text{총공헌이익}}{\text{매출액}}$ = $\dfrac{\text{단위당공헌이익}}{\text{단위당판매가격}}$ • 총공헌이익 = 단위당공헌이익 × 판매량 = 공헌이익률 × 매출액 • 영업이익 = 단위당공헌이익 × 판매량 − 고정비 = 공헌이익률 × 매출액 − 고정비

문제 106번 — 책임회계와 성과보고서 [기출변형] 난이도 ★★☆ 정답 ②

- ① 책임회계에 의한 성과평가를 위해서는 조직 전체적으로 예산(표준)과 실적(실제발생액)간의 차이를 발견하고 그 차이의 원인이 어떤 부문에서 어떠한 이유에 의해 발생하였는지 분석해야 하며, 이러한 목적을 달성하기 위하여 실적(실제발생액)과 예산과의 차이를 포함시켜 비교하여 작성한 표가 성과보고서(performance report)이다.
- ② 책임회계제도에 근거한 성과보고서는 실제 성과와 예산과의 차이를 쉽게 파악할 수 있게 해줌으로써 경영자가 각 개인 및 조직단위별로 발생한 차이 중 어떤 부분에 더 많은 관심과 노력을 투입해야 하는지를 쉽게 알 수 있어 예외에 의한 관리(management by exceptions)가 가능하다.
- ③ 성과보고서가 예산과 실적치 간의 차이 원인에 관한 추가정보와 더불어 해당 관리자에게 전달되면 관리자들은 현행 운영활동을 개선하기 위한 조치를 강구하거나 미래 계획을 수정하여 이를 새로운 예산에 반영하며, 새로이 마련된 예산은 다시금 당기 운영예산이 되는 순환주기가 계속되는 것이므로 성과보고서는 해당 관리자에게 전달되는 것이 바람직하다.
- ④ 성과보고서에 통제불가능원가는 제외되거나 통제가능원가와 구분하여 표시되어야 한다. 왜냐하면 각 책임중심점은 통제가능항목에 의해 규정된 책임범위에 대해서만 책임을 지며, 각 책임중심점의 책임범위를 벗어나는 통제불가능항목에 대해서는 책임이 없기 때문에 통제불가능항목은 각 책임중심점의 성과평가시 제외되는 것이 원칙이기 때문이다.

문제 107번 | 책임중심점의 책임범위 | 출제구분: 재출제 | 난이도: ★☆☆ | 정답: ①

- 이익중심점(profit center)이란 원가와 수익 모두에 대해서 통제책임을 지는 책임중심점을 말하며, 성과평가의 기준을 이익으로 할 경우 해당 경영자는 공헌이익 개념에 의해서 관리를 수행할 것이고 이로 인해 회사전체적 입장에서 최적의 의사결정에 근접할 수 있다.

Guide ▶ 책임중심점의 분류

원가중심점	• 통제가능한 원가의 발생만 책임을 지는 가장 작은 활동단위로서의 책임중심점(예: 제조부문)
수익중심점	• 매출액에 대해서만 통제책임을 지는 책임중심점(예: 판매부서 및 영업소) → 수익중심점은 산출물만을 화폐로 측정하여 통제할 뿐 투입물과 산출물 모두에 의해 결정되는 이익에 대해서는 책임을 지지 않음. → 그러나 매출액만으로 성과평가를 하게 되면 기업전체적으로 잘못된 의사결정을 야기 가능함.(불량채권의 발생, 원가절감의 경시 등 여러 가지 문제점에 노출될 수 있기 때문임.)
이익중심점	• 원가와 수익 모두에 대해서 통제책임을 지는 책임중심점 → 이익중심점은 전체 조직이 될 수도 있지만 조직의 한 부분, 즉 판매부서, 각 지역(점포)단위 등으로 설정될 수도 있는데 이 경우 책임중심점이란 이익중심점을 뜻하는 것이 일반적임. → 이익중심점은 수익중심점에 비해 유용한 성과평가기준이 됨. 성과평가의 기준을 이익으로 할 경우 해당 경영자는 공헌이익 개념에 의해서 관리를 수행할 것이고 이로 인해 회사전체적 입장에서 최적의 의사결정에 근접할 수 있음.
투자중심점	• 원가·수익 및 투자의사결정도 책임지는 책임중심점으로 가장 포괄적 개념임. → 기업이 제품별 또는 지역별로 별도의 독립적인 조직으로 분리될 정도로 규모가 커져 제품별 또는 지역별 사업부로 분권화된 경우, 이 분권화조직이 투자중심점에 해당함.

문제 108번 | 시장점유율차이 계산 | 출제구분: 재출제 | 난이도: ★☆☆ | 정답: ④

- 매출수량차이의 분해

AQ×AP	AQ×SP	SQ×SP
100,000개 × 35% × 100 = 3,500,000	100,000개 × 40% × 100 = 4,000,000	?
시장점유율차이 − 500,000(불리)	시장규모차이	

Guide ▶ 시장점유율차이와 시장규모차이 계산

매출수량차이 분해	AQ×AP 　　시장점유율차이　　 AQ×SP 　　시장규모차이　　 SQ×SP 🔍주의 수익중심점은 차이가 (+)이면 유리한차이, (−)이면 불리한차이
AQ×AP	• 실제규모 × 실제점유율 × 단위당가중평균예산공헌이익(BACM)
AQ×SP	• 실제규모 × 예산점유율 × 단위당가중평균예산공헌이익(BACM)
SQ×SP	• 예산규모 × 예산점유율 × 단위당가중평균예산공헌이익(BACM)

*참고 단위당가중평균예산공헌이익(BACM)의 계산 사례

예산자료	제품	단위당판매가격	단위당변동원가	단위당공헌이익	판매량
	A	100원	30원	70원	600단위
	B	40원	20원	20원	400단위

→ 단위당가중평균예산공헌이익(BACM) : $70 \times \dfrac{600}{1,000} + 20 \times \dfrac{400}{1,000} = 50$

| 문제 109번 | 투자수익률 계산 | 출제구분 | 기출변형 | 난이도 | ★ ☆ ☆ | 정답 | ② |

- 투자수익률(ROI) : $\dfrac{80,000(영업이익)}{200,000(영업자산 = 투자액)} = 40\%$

Guide 투자수익률(ROI) 주요사항

ROI 계산	□ 투자수익률(ROI) = $\dfrac{영업이익}{영업자산(투자액)}$ = $\dfrac{영업이익}{매출액} \times \dfrac{매출액}{영업자산}$ = 매출액영업이익률 × 자산회전율
장점	• 비율로 표시되므로 투자규모가 서로 다른 투자중심점간의 성과평가 및 비교에 유용
단점	• 준최적화현상이 발생함. →회사전체 최저필수수익률을 상회하는 좋은 투자안이 개별투자중심점의 투자수익률 보다 낮기 때문에 투자가 포기되어 회사전체이익에 불리한 의사결정이 이루어짐.('잔여이익'으로 해결가능) • 회계적이익에 기초하므로 성과평가와 의사결정(현금흐름에 기초)의 일관성이 결여 • 화폐의 시간가치를 고려하지 않음.(단기적 성과 강조)
증대방안	• 매출액증대와 원가의 감소, 진부화된 투자자산의 처분(감소)

| 문제 110번 | 경제적부가가치(EVA) 계산 | 출제구분 | 재출제 | 난이도 | ★ ★ ☆ | 정답 | ④ |

- 세후영업이익(법인세 무시) : 100억 - 60억 - 10억 + 5억 - 8억 = 27억
- 가중평균자본비용 : $\dfrac{100억 \times 6\% + 100억 \times 8\%}{100억 + 100억} = 7\%$
- 경제적부가가치(EVA) : 27억(세후영업이익) - 200억(투하자본) × 7% = 13억

Guide 경제적부가가치(EVA) 계산

특징	• 타인자본비용(이자비용)뿐 아니라 자기자본비용(배당금)도 비용으로 고려하는 성과지표임. 　주의 ∴EVA는 I/S상 순이익보다 낮음. 　주의 EVA는 비재무적측정치는 고려하지 않음.
계산	□ EVA = 세후영업이익 - 투하자본(투자액) × 가중평균자본비용 • 가중평균자본비용 = $\dfrac{부채의시장가치 \times 부채이자율(1-t) + 자본의시장가치 \times 자기자본비용(\%)}{부채의시장가치 + 자본의시장가치}$ • 투하자본 = (총자산 - 유동부채) →투하자본 계산시 비영업자산은 제외 →유동부채 계산시 영업부채가 아닌 이자발생부채인 단기차입금·유동성장기차입금 제외

| 문제 111번 | 경제적부가가치(EVA)의 증감 | 출제구분 | 재출제 | 난이도 | ★ ★ ☆ | 정답 | ① |

- 경제적부가가치(EVA) = 세후영업이익 - 투하자본(투자액) × 가중평균자본비용
  → 재고수준을 높이면 투하자본이 증가하여 경제적부가가치(EVA)가 감소한다.

Guide 경제적부가가치(EVA) 증대방안

증대방안	세후영업이익 증대	• 매출증대, 제조원가·판관비 절감
	투하자본 감소	• 재고·고정자산 매출채권의 적정유지나 감소 • 유휴설비 처분 • 매출채권회전율을 높임(매출채권 회수기일단축) • 재고자산회전율을 높임(재고자산 보유기간을 줄임)
	가중평균자본비용 개선	• 고율의 차입금 상환

| 문제 112번 | 투자수익률(ROI)와 잔여이익(RI)의 비교 | 출제구분 | 재출제 | 난이도 | ★ ★ ☆ | 정답 | ③ |

- ① 잔여이익[= 영업이익 - 영업자산(투자액) × 최저필수수익률]은 금액, 투자수익률[= 영업이익 ÷ 영업자산(투자액)]은 비율에 의하므로 채택되는 투자안이 상이할 수 있다.
  → 즉, 투자수익률(ROI)에서는 채택되어도 잔여이익(RI)에서는 기각 가능
- ② 투자수익률이 갖고 있는 준최적화(= 회사전체 최저필수수익률을 상회하는 좋은 투자안이 개별투자중심점의 투자수익률 보다 낮기 때문에 투자가 포기되어 회사전체이익에 불리한 의사결정이 이루어지는 것)의 문제점은 잔여이익으로 해결 가능하다.
  → 즉, 투자수익률이 갖는 준최적화의 문제점을 극복하기 위해 잔여이익이 출현하였다.
- ④ 투자수익률법은 비율에 의하므로 투자규모가 서로 다른 투자안에 대한 성과평가 및 비교에 유용하다는 장점이 있는 반면, 잔여이익은 투자규모가 서로 다른 투자안에 대한 성과평가시 상호 비교하기가 어렵다는 문제점이 있다.

| 문제 113번 | 순현재가치법과 NPV 계산 | 출제구분 | 재출제 | 난이도 | ★ ☆ ☆ | 정답 | ② |

- 현금흐름 추정

x1년초	x1년말	x2년말	x3년말	x4년말	x5년말
(500,000)	200,000	200,000	200,000	200,000	200,000

- NPV(순현재가치) : (200,000×3.60) - 500,000 = 220,000

*저자주 문제의 명확한 성립을 위해 누락된 단서인 '단, 법인세는 없다고 가정한다.'를 추가하기 바랍니다.

Guide 순현재가치법(NPV법)

의의	□ NPV(순현재가치) = 현금유입의 현재가치 - 현금유출의 현재가치
	♀주의 할인율 : 자본비용(= 최저필수수익률 = 최저요구수익률)
의사결정	상호독립적 투자안 • 'NPV > 0'인 투자안 채택
	상호배타적 투자안 • NPV가 가장 큰 투자안 채택
장점	• ㉠ 자본비용으로 재투자된다고 가정하므로 현실적임. ㉡ 비할인모형에서 무시되고 있는 화폐의 시간적 가치를 고려함. ㉢ 현금흐름과 기대치와 자본비용만이 고려되고 회계적 수치와는 무관하므로 자의적 요인을 제거할 수 있음. ㉣ 가치가산원칙[NPV(A+B)=NPV(A)+NPV(B)]이 성립함. ㉤ 기업의 가치를 극대화할 수 있는 투자안을 선택할 수 있음. →즉, 채택된 모든 투자안의 순현재가치는 곧 그 기업의 가치가 됨.
단점	• ㉠ 투자안의 할인율(자본비용)을 정하기가 어려움. ㉡ 확실성하에서만 성립하는 모형이므로, 불확실성하에서 적용하기 어려움.

| 문제 114번 | 회수기간법 선호 이유 | 출제구분 | 재출제 | 난이도 | ★ ☆ ☆ | 정답 | ① |

- ① 회수기간법은 비현금자료가 반영되지 않는다.
- ② 투자자금을 빨리 회수하는 투자안을 선택하여 기업의 유동성확보에 도움을 줄 수 있으므로, 기업의 유동성 확보와 관련된 의사결정에 유용하다.
- ③ 회수기간법은 화폐의 시간가치를 고려하지 않는다. 즉, 현금흐름의 할인을 고려하지 않고 계산한다. 따라서, 계산이 간단하므로 순현재가치법, 내부수익률법에 비해서 적용하기가 쉽다.
- ④ 회수기간법은 회수기간 이후의 현금흐름을 고려하지 않는다. 따라서, 투자후반기의 현금흐름이 불확실한 경우에는 유용한 평가방법이 될 수 있다.

Guide 회수기간법(비할인모형, 비현금모형)

의의	회수기간법은 현금유입으로 투자비용을 회수시 소요기간으로 평가함.
	▫ 회수기간 = 투자액 ÷ 연간현금유입액

의사결정	상호독립적 투자안	'회수기간 < 목표(기준)회수기간'이면 채택
	상호배타적 투자안	회수기간이 가장 짧은 투자안 채택

장점	ⓐ 계산이 간단하고 쉽기 때문에 이해하기 쉽고 많은 투자안 평가시는 시간·비용을 절약 가능함. ⓑ 위험지표로서의 정보를 제공함.(즉, 회수기간이 짧은 투자안일수록 안전한 투자안임) ⓒ 회수기간이 짧을수록 빨리 회수하므로, 기업의 유동성확보와 관련된 의사결정에 유용함.

단점	ⓐ 회수기간 이후의 현금흐름을 무시함(즉, 수익성을 고려하지 않음) ⓑ 화폐의 시간가치를 무시함. ⓒ 목표회수기간을 설정하는데 자의적인 판단이 개입됨.

| 문제 115번 | 순현재가치법(NPV법)과 내부수익률법(IRR법) | 출제구분 | 재출제 | 난이도 | ★ ☆ ☆ | 정답 | ② |

- 가치가산의 원칙(value additivity principle) : 상호 독립적인 투자안 A와 B가 있을 때, 두 투자안의 결합순현재가치는 각 투자안의 순현재가치의 합과 같은 것을 말한다. → NPV(A+B) = NPV(A) + NPV(B)
- 가치가산의 원칙이 성립하는 것은 내부수익률법이 아니라 순현재가치법이다.

Guide 순현재가치법(NPV법)의 우월성

순현재가치법(NPV법)	내부수익률법(IRR법)

• 계산이 간단
   - NPV = 현금유입현가 - 현금유출현가
 • 자본비용으로 재투자된다고 가정하므로 현실적임.
 • 금액으로 투자결정
   - 독립적 : 'NPV > 0'인 투자안 채택
   - 배타적 : NPV가 가장 큰 투자안 채택
 • 가치가산원칙(value additivity principle)이 성립
	• 계산이 복잡(IRR이 2개이상도 존재 가능)
	   - IRR : '현금유입현가 = 현금유출현가'가 되는 할인율
	 • 내부수익률로 재투자된다고 가정하므로 지나치게 낙관적임.
	 • 비율로 투자결정(자본비용=최저필수수익률)
	   - 독립적 : '내부수익률(IRR) > 자본비용'이면 채택
	   - 배타적 : 내부수익률(IRR)이 가장 큰 투자안 채택
	 • 가치가산원칙(value additivity principle)이 불성립

문제 116번 | 자가제조·외부구입시 비재무적정보 | 출제구분: 신유형 | 난이도: ★★☆ | 정답: ④

- 외부구입의 경우 부품의 품질유지를 외부공급업자에게 의존하는 위험이 존재하나, 자가제조의 경우는 부품 공급업자에 대한 의존도를 줄일 수 있어 품질관리를 보다 쉽게 할 수 있다는 장점이 있다.

Guide 자가제조·외부구입시 비재무적 정보

고려해야할 비재무적 정보	• 자가제조의 경우는 부품 공급업자에 대한 의존도를 줄일 수 있으며, 품질관리를 보다 쉽게 할 수 있다는 장점이 있음. • 자가제조의 경우는 공급업자에 대한 의존도를 줄임으로써 공급업자와의 관계를 상실하여 향후에 급격한 주문의 증가로 회사의 생산능력이 초과할 때 제품을 외부구입하기가 쉽지 않을 수 있음. (별도의 추가적 시설투자가 필요하므로 많은 비용이 발생하는 단점이 있음.) • 제품에 특별한 지식·기술이 요구될 때 자가제조를 하며 품질을 유지하기가 쉽지 않을 수 있음.

문제 117번 | 특별주문 수락·거부 의사결정 | 출제구분: 기출변형 | 난이도: ★★☆ | 정답: ④

- 특별주문 수락의 경우
  증분수익 - 증가 : 3,000단위×@40 = 120,000
  증분비용 - 증가 : 3,000단위×@25 = (75,000)
  증분손익   45,000

  → ∴특별주문을 수락할 경우(제안을 받아들일 경우) 45,000원의 증분이익이 발생하므로 주문을 수락한다.

Guide 특별주문 수락·거부 의사결정

고려사항	• 특별주문으로 증가되는 수익(특별주문가격)과 변동원가 • 유휴설비능력이 있는 경우 유휴설비의 대체용도를 통한 이익상실분(기회원가) • 유휴설비능력이 없는 경우 기존 정규매출감소로 인한 공헌이익상실분 • 유휴설비능력이 없는 경우 설비능력 확충시 추가적 설비원가 🔎주의 고정원가(FOH,고정판관비)는 특별주문의 수락여부와 관계없이 일정하게 발생하므로 일반적으로 분석에서 제외하나, 조업도 수준에 따라 증감하는 경우에는 고려함.
주문수락 의사결정	㉠ 유휴설비능력이 존재하는 경우 　　　　　　□ 증분수익 > 증분원가 ㉡ 유휴설비능력이 존재하고 대체적 용도가 있는 경우 　　　　　　□ 증분수익 > 증분원가+기회원가 ㉢ 유휴설비능력이 존재하지 않는 경우 　　　　　　□ 증분수익 > 증분원가+추가설비원가+기존판매량 감소분의 공헌이익

| 문제 118번 | 추가가공여부 의사결정 | 출제구분 | 기출변형 | 난이도 ★★☆ | 정답 ③ |

- 개조한 후 판매의 경우
  증분수익 - 증가: 500벌×(@50,000 - @25,000) = 12,500,000
  증분비용 - 증가: 추가공원가 = (11,000,000)
  증분손익   1,500,000

  → ∴개조하여 판매하는 경우(추가가공하는 경우) 1,500,000원의 증분이익이 발생하므로 개조하여 판매한다.

참고 총액접근법

그대로 처분하는 경우	개조한 후 판매의 경우	
매출: 500벌×25,000 = 12,500,000	매출: 500벌×50,000 = 25,000,000	→증분수익 12,500,000
원가: 45,000,000	원가: 45,000,000 + 11,000,000 = 56,000,000	→증분비용 11,000,000
△32,500,000	△31,000,000	→증분이익 1,500,000

- ① 그대로 한 벌당 25,000원에 처분하면 32,500,000원의 손실이 발생하긴 하나, 제품을 그대로 보유하고 있는 선택의 경우는 총제조원가(45,000,000원)만큼 손실을 보므로 처분이나 개조후 판매를 통해 손실을 줄이는게 낫다.
- ② 개조하여 판매하면 그대로 처분하는 경우에 비해 1,500,000원의 추가적인 이익이 발생한다.
- ④ 11,000,000원의 추가비용을 지출하여 의류 한 벌당 50,000원에 판매하는 것이 가장 유리하다.

| 문제 119번 | 대체가격(TP) 결정시 고려사항 | 출제구분 | 신유형 | 난이도 ★★☆ | 정답 ② |

- 목표일치성기준에 따라 각 사업부의 이익극대화뿐만 아니라 기업전체의 이익도 극대화 할 수 있는 방향으로 대체가격을 결정하여야 한다.

Guide 대체가격(transfer price) 결정시 고려할 기준

목표일치성기준	• 각 사업부목표뿐 아니라 기업전체목표도 극대화할 수 있는 방향으로 결정해야 한다는 기준 →개별사업부 관점에서는 최적이지만 기업전체의 관점에서는 최적이 되지 않는 상황을 준최적화 현상이라고 하며, 대체가격결정시 준최적화 현상이 발생하지 않도록 해야 함.
성과평가기준	• 각 사업부의 성과를 공정하게 평가할 수 있는 방법으로 대체가격이 결정되어야 한다는 기준 →대체가격이 합리적으로 결정되지 않으면 성과평가는 공정성을 상실하고 각 사업부 관리자의 이익창출 의욕을 감퇴시킴으로써 분권화의 목적을 달성하지 못할 가능성이 있음.
자율성기준	• 각 사업부의 경영자가 자율적으로 의사결정을 하고 대체가격을 결정해야 한다는 기준 →자율성으로 인하여 준최적화가 발생가능하므로, 다른 기준보다는 중요성이 떨어짐.

| 문제 120번 | 자본예산시 투자시점현금흐름 | 출제구분 | 재출제 | 난이도 | ★ ★ ☆ | 정답 | ③ |

- 현금지출[구입가(매입가)] : 2,000,000
- 현금유입[구자산처분] : 1,000,000 - (1,000,000 - 500,000) × 20% = 900,000
  → 즉, 자산처분이익에 대한 법인세[(1,000,000 - 500,000) × 20%]는 현금유출이므로 처분가에서 차감한다.
- 순현금지출액 : 2,000,000(현금지출) - 900,000(현금유입) = 1,100,000

Guide 자본예산시 투자시점현금흐름

투자금액	• 구입원가와 구입과 관련된 부대비용을 포함하며 투자시점의 현금유출 처리함.
투자세액공제	• 투자세액공제에 따른 법인세 공제액은 투자시점의 현금유입 처리함.
구자산 처분	• 설비대체의 경우 신설비를 구입하면서 구설비를 처분하게 되며, 이 경우 구설비 처분으로 인한 유입이 발생함. • 자산처분손익의 법인세효과를 고려하여 현금유입 처리함.⟨t=세율⟩ 　　　□ 처분가 - (처분가 - 장부가) × 세율 ⇒ $S - (S - B) \times t$

2019년 5월에 시행된 기출문제에 대한 완벽한
해설을 관련이론(가이드)과 함께 제시하였습니다.
해당 문제는 합본부록을 참고바랍니다.

재경관리사 공개기출해설 [원가]

Certified Accounting Manager

원가관리회계
공개기출문제해설
[2019년 05월 시행]

SEMOOLICENCE

문제 81번 — 원가회계의 한계점
출제구분: 신유형 | 난이도: ★★☆ | 정답: ②

- 재무회계는 객관적으로 측정가능한 회계자료를 기초로 수익과 비용을 인식하며 정해진 회계절차를 적용한다. 그러나 원가회계는 경영자의 목적에 따라 다양한 회계절차를 적용해야 하는 어려움이 있다.

Guide ▶ 원가회계의 한계점

계량적 정보	• 원가회계가 제공하는 정보는 화폐단위로 표시되는 계량적 자료이나, 경영자가 계획을 수립하고 통제를 수행할 때는 질적인 정보와 함께 기업의 외부정보도 필요함. → 원가회계는 비화폐성 정보와 질적인 정보는 제공하지 못함.
다양한 회계절차	• 재무회계는 객관적으로 측정가능한 회계자료를 기초로 수익과 비용을 인식함. → 원가회계는 경영자의 목적에 따라 다양한 회계절차를 적용해야 하는 어려움이 있음.
목적적합성 불충족	• 제품의 원가는 기업이 채택하고 있는 원가회계방법에 의하여 자동적으로 계산되는 것이기 때문에 특정한 시점에서 원가회계가 모든 의사결정에 목적적합한 원가정보를 제공할 수는 없음. → 따라서 경영자는 어떤 의사결정을 할 때 원가회계가 제공하는 정보가 그 의사결정에 부합되는 정보인지를 사전에 충분히 검토해야 함.
비경제적 정보생산	• 경영자는 비용과 효익을 분석하여 원가정보의 양을 적절히 정해야 하며, 특히 원가회계책임자는 비경제적인 정보생산이 일어나지 않도록 항상 유의해야 함.

문제 82번 — 단위당기초원가와 단위당가공원가
출제구분: 재출제 | 난이도: ★☆☆ | 정답: ④

- 단위당고정제조간접원가(단위당FOH): 1,125,000 ÷ 10단위 = 112,500
- 단위당제조간접원가(단위당OH): 84,500(단위당VOH) + 112,500(단위당FOH) = 197,000
- 단위당기초원가: 13,500(단위당DM) + 27,000(단위당DL) = 40,500
- 단위당가공원가: 27,000(단위당DL) + 197,000(단위당OH) = 224,000

Guide ▶ 당기총제조원가의 구성(기초원가와 가공원가 계산)

직접재료원가(DM)	• 기초원재료 + 당기매입 − 기말원재료
직접노무원가(DL)	• 지급임금 + 미지급임금 예시 당월지급 100(전월미지급분 10, 당월분 60, 차월선급분 30), 당월분미지급 50일 때 → DL : 60 + 50 = 110
제조간접원가(OH)	• 제조간접원가(OH) = 변동제조간접원가(VOH) + 고정제조간접원가(FOH) 예 간접재료비, 간접노무비, 공장건물 감가상각비와 보험료
기초원가(기본원가)	• 직접재료원가(DM) + 직접노무원가(DL)
가공원가(전환원가)	• 직접노무원가(DL) + 제조간접원가(OH)

| 문제 83번 | 제조원가 포함 항목 | 출제구분 | 기출변형 | 난이도 ★ ☆ ☆ | 정답 ③ |

- ① 광고선전비는 상품이든 제품이든 모두 판관비(영업비용)이다.
- ② 유형자산처분손실은 영업외비용이다.
- ③ 공장관련 제비용(화재보험료·감가상각비·임차료·감독자급료·수도광열비)은 제조원가(제조간접원가)이다.
- ④ 본사건물에 대한 감가상각비, 제품판매목적으로 구입한 매장 건물(=직매장)의 감가상각비는 판관비이다.

Guide 제조원가

직접재료원가(DM)	• 특정제품에 직접추적가능한 원재료 사용액
직접노무원가(DL)	• 특정제품에 직접추적가능한 노동력 사용액
제조간접원가(OH)	• 직접재료비와 직접노무비를 제외한 제조활동에 사용한 모든 요소 🔍주의 따라서, 간접재료원가와 간접노무원가는 제조간접원가임.

| 문제 84번 | 보조부문원가의 배분방법 구분 | 출제구분 | 신유형 | 난이도 ★ ☆ ☆ | 정답 ③ |

- 보조부문원가의 배분방법에는 보조부문 상호간의 용역수수관계를 어느 정도 인식하는지에 따라 직접배분법, 단계배분법, 상호배분법으로 구분되며, 이 중 보조부문간의 상호 관련성을 모두 고려하는(즉, 보조부문간 용역수수관계를 완전히 인식) 배분방법은 상호배분법이다.

*저자주 '간접배분법'은 보조부문원가 배분방법이 아니며, 단순히 4지 선다를 구성하기 위한 현혹문구에 해당합니다.

Guide 보조부문원가 배분방법별 특징

직접배분법 (direct method)	• 보조부문 상호간에 행해지는 용역의 수수를 완전히 무시하고 보조부문원가를 각 제조부문이 사용한 용역의 상대적 비율에 따라 제조부문에 직접 배분하는 방법 →보조부문원가는 다른 보조부문에 전혀 배분되지 않게 됨.
단계배분법 (step method)	• 보조부문원가의 배분순서를 정하여 그 순서에 따라 단계적으로 보조부문원가를 다른 보조부문과 제조부문에 배분하는 방법 →한 보조부문원가를 다른 보조부문에도 배분하게 되나, 먼저 배분된 보조부문에는 다른 보조부문원가가 배분되지 않음.(보조부문간의 용역수수관계를 일부 인식)
상호배분법 (reciprocal method)	• 보조부문간의 상호 관련성을 모두 고려하는 배분방법으로 가장 논리적인 방법임. →각 보조부문간의 용역수수관계를 방정식을 통해 계산하여 보조부문원가를 배분하게 됨.(보조부문간의 용역수수관계를 완전히 인식)

| 문제 85번 | 직접노동시간 기준 제조간접원가 배부 | 출제구분 | 재출제 | 난이도 ★ ☆ ☆ | 정답 ④ |

- 기말재공품 : 미완성인 작업지시서 #248의 총원가
- 제조간접원가배부율 : $\dfrac{2,000,000}{40,000시간} = 50$
- 기말재공품원가(#248) : 직접재료원가(90,000)+직접노무원가(30,000)+제조간접원가(1,600시간×50) = 200,000

Guide 제조간접원가 배부

의의	• 제조간접원가의 발생과 높은 상관관계를 가진 배부기준을 정하여 각 제품에 배부
배부기준	• ㉠ 복리후생비 : 각 부문의 종업원수 ㉡ 임차료 : 각 부문의 점유면적
배부율	• 제조간접비배부율 = 제조간접원가÷배부기준(조업도)

문제 86번 — 개별원가계산 제조원가 (출제구분: 재출제, 난이도: ★☆☆, 정답: ①)

- 직접재료원가(DM) : 100,000(직접재료 투입액)
  직접노무원가(DL) : 200시간(직접노동시간)×500(시간당 임률) = 100,000
  제조간접원가(OH) : 200시간(직접노동시간)×750(제조간접원가 배부율) = 150,000
- 제품A 제조원가 : 100,000(DM)+100,000(DL)+150,000(OH) = 350,000

문제 87번 — 종합원가계산 특징과 장점 (출제구분: 신유형, 난이도: ★★☆, 정답: ②)

- ㄴ : 원가의 집계가 개별작업별로 이루어지는 것이 아니라 공정별로 이루어지기 때문에 개별작업별로 작업지시서를 작성할 필요는 없다.
- ㄹ : 원가통제와 성과평가 개별작업별로 이루어지는 것이 아니라 공정별로 이루어진다.

Guide ▶ 종합원가계산 특징과 장점

특징	• 특정기간 동안 특정공정에서 생산된 제품은 원가측면에서 서로가 동일하다고 가정함 → 즉, 제품원가를 평균개념에 의해서 산출함. • 원가의 집계가 개별작업별로 이루어지는 것이 아니라 공정별로 이루어지기 때문에 개별작업별로 작업지시서를 작성할 필요는 없음. • 동일제품을 연속적으로 대량생산하지만 모든 생산공정이 원가계산기간말에 종료되는 것은 아니므로 어떤 공정에 있어서든지 기말시점에는 부분적으로 가공이 완료되지 않은 재공품이 존재하게 됨. • 원가통제와 성과평가가 개별작업별로 이루어지는 것이 아니라 공정별로 이루어 짐.
장점	• 개별원가계산에 비하여 기장절차가 간단하므로 시간과 비용이 절약됨. • 원가관리·통제가 제품별이 아닌 공정이나 부문별로 수행되므로 원가에 대한 책임중심점이 명확해짐.

문제 88번 — 평균법 완성품환산량단위당원가 계산 (출제구분: 기출변형, 난이도: ★★☆, 정답: ③)

- 평균법

  [1단계] 물량흐름   [2단계] 완성품환산량
                                        재료비   가공비
  완성   1,400   1,400   1,400
  기말   400(50%)   400   400×50% = 200
                 1,800   1,800   1,600
  [3단계] 총원가요약
      기초   0   0
      당기발생   990,000   720,000
                                         990,000   720,000
  [4단계] 환산량단위당원가(cost/unit)   ÷1,800   ÷1,600
                                          ‖   ‖
                                         @550   @450
  [5단계] 원가배분
      완성품원가   : 1,400×@550+1,400×@450 = 1,400,000
      기말재공품원가   : 400×@550+200×@450 = 310,000

| 문제 89번 | 종합원가계산 회계처리 | 출제구분 | 재출제 | 난이도 | ★★☆ | 정답 | ④ |

- 종합원가계산에서는 제조과정에서 발생한 원가를 회계처리하기 위하여 재공품계정을 설정하며, 이 경우 공정이 단순할 경우에는 하나의 재공품계정만 설정하여도 되지만 공정이 많을 경우에는 공정별로 재공품계정을 설정하여 회계처리하여야 한다.
- 제조공정이 2개인 경우 완성품원가는 다음과 같이 회계처리한다.

제2공정에서 완성품원가의 대체시	(차) 제품	xxx	(대) 재공품(2공정)	xxx
제품의 매출시	(차) 매출원가	xxx	(대) 제품	xxx

| 문제 90번 | 기말재공품 완성도 과소평가의 영향 | 출제구분 | 기출변형 | 난이도 | ★★★ | 정답 | ① |

- 기말재공품 완성도를 과소평가할 경우
  ㉠ 기말재공품 완성품환산량 과소
  ㉡ 완성품환산량이 과소해지면 투입된 원가는 일정하므로 완성품환산량단위당원가가 과대
  ㉢ 완성품의 완성품환산량은 변화가 없으므로 완성품환산량단위당원가의 과대로 완성품원가(당기제품제조원가)는 과대
  ㉣ 상대적으로 기말재공품(재공품계정)의 원가는 과소(재고자산 과소)
  ㉤ '기초제품 + 당기제품제조원가 - 기말제품 = 매출원가'에서 제품계정에는 영향이 없으나, 당기제품제조원가의 과대로 인해 매출원가가 과대평가되고 영업이익(당기순이익)이 과소평가된다.
  ㉥ 영업이익(당기순이익)이 과소평가되므로 이익잉여금이 과소계상된다.

* 비교 기말재공품 완성도를 과대평가할 경우〈위와 반대의 결과〉
  ㉠ 기말재공품 완성품환산량 과대
  ㉡ 완성품환산량이 과대해지면 투입된 원가는 일정하므로 완성품환산량단위당원가가 과소
  ㉢ 완성품의 완성품환산량은 변화가 없으므로 완성품환산량단위당원가의 과소로 완성품원가(당기제품제조원가)는 과소
  ㉣ 상대적으로 기말재공품(재공품계정)의 원가는 과대(재고자산 과대)
  ㉤ '기초제품 + 당기제품제조원가 - 기말제품 = 매출원가'에서 제품계정에는 영향이 없으나, 당기제품제조원가의 과소로 인해 매출원가가 과소평가되고 영업이익(당기순이익)이 과대평가된다.
  ㉥ 영업이익(당기순이익)이 과대평가되므로 이익잉여금이 과대계상된다.

| 문제 91번 | 표준원가의 특징과 적용 | 출제구분 | 신유형 | 난이도 | ★★☆ | 정답 | ① |

- 표준원가는 한번 설정된 영구불변의 원가가 아니라 기업 내적인 요소나 기업 외부환경의 변화에 따라 수시로 수정을 필요로 하는 원가이다. 만약, 이러한 표준원가의 적정성을 사후 관리하지 않을 경우 미래 원가계산을 왜곡할 소지가 있다.

Guide 현실적 표준

의의	• 표준원가의 종류는 이상적 표준, 정상적 표준, 현실적 표준으로 나눌 수 있음. →표준원가계산제도에서의 표준원가라 하면 일반적으로 현실적 표준원가를 의미함.
현실적 표준	• 경영의 실제활동에서 열심히 노력하면 달성될 것으로 기대되는 표준원가임. →이는 정상적인 기계고장과 근로자 휴식시간을 허용하며, 작업에 참여하는 평균적인 근로자들이 합리적이면서 매우 효율적으로 노력을 하면 달성될 수 있는 표준임. • 현실적 표준과 실제원가와의 차이는 정상에서 벗어난 비효율로서 차이발생에 대해 경영자의 주의를 환기시키는 신호가 된다는 점에서 경영자에게 매우 유용함. • 현실적 표준은 설정내용에 따라서 원가관리에 더욱 적합할 수 있고 예산관리에도 유용하게 이용될 수 있음.

문제 92번 | 가격차이와 능률차이 계산방법 | 출제구분: 기출변형 | 난이도: ★☆☆ | 정답: ②

- 가격차이 : 실제투입량(AQ)에 실제가격(AP)을 곱한 금액과 실제투입량(AQ)에 표준가격(SP)을 곱한 금액의 차이이다. [(실제가격 - 표준가격) × 실제투입량]
  → 즉, 가격차이는 실제원가와 실제투입량에 대한 표준원가와의 차이이다.
- 능률차이 : 실제투입량(AQ)에 표준가격(SP)을 곱한 금액과 표준투입량(SQ)에 표준가격(SP)을 곱한 금액의 차이이다. [(실제투입량 - 표준투입량) × 표준가격]
  → 즉, 능률차이는 실제투입량에 대한 표준원가와 표준투입량에 대한 표준원가와의 차이이다.

문제 93번 | 변동원가계산의 유용성 | 출제구분: 신유형 | 난이도: ★★☆ | 정답: ④

- 변동원가계산은 공통적인 고정원가를 부문이나 제품별로 배분하지 않기 때문에 부문별, 제품별 의사결정 문제에 왜곡을 초래하지 않는다.(즉, 변동원가와 고정원가가 분리되고 공헌이익도 제시되므로 증분이익 분석이 용이해져 의사결정에 유용함.)
  → 반면, 전부원가계산은 공통적인 고정원가를 부문이나 제품별로 배부하기 때문에 부문별, 제품별 의사결정 문제에 왜곡을 초래할 가능성이 존재한다.

Guide 변동원가계산의 유용성

CVP자료 확보 용이	• 이익계획과 예산편성에 필요한 CVP(원가 - 조업도 - 이익)에 관련된 자료를 변동원가계산제도에 의한 공헌손익계산서로부터 쉽게 얻을 수 있음.
이익은 판매량의 함수	• 특정기간의 이익이 생산량에 의해 영향을 받지 않음. → 즉, 제품의 판매가격, 원가, 매출배합 등이 일정하다면 이익은 오직 판매량에 의해 결정되기 때문에 매출액의 변동과 동일한 방향으로 변화하게 됨.
높은 이해가능성	• 이익은 매출액과 동일한 방향으로 움직이므로 경영자의 입장에서 이해하기 쉬움.
의사결정 왜곡차단	• 공통적인 고정원가를 부문이나 제품별로 배분하지 않기 때문에 부문별, 제품별 의사결정 문제에 왜곡을 초래하지 않음.
고정원가 영향파악 용이	• 특정기간의 고정원가가 손익계산서에 총액으로 표시되기 때문에 고정원가가 이익에 미치는 영향을 쉽게 알 수 있음.
원가통제·성과평가에 유용	• 변동원가계산을 표준원가 및 변동예산과 같이 사용하면 원가통제와 성과평가에 유용하게 활용할 수 있다.

| 문제 94번 | 초변동원가계산의 의의와 유용성 | 출제구분 | 재출제 | 난이도 | ★ ★ ☆ | 정답 | ④ |

- 초변동원가계산 현금창출(재료처리량)공헌이익 : 매출액 - 직접재료원가(DM)
  초변동원가계산 영업이익 : 현금창출(재료처리량)공헌이익 - 운영비용(DL,VOH,FOH,판관비)
- 초변동원가계산은 직접노무원가(DL), 변동제조간접원가(VOH), 고정제조간접원가(FOH)를 모두 비용(운영비용) 처리하므로, 변동원가계산과 마찬가지로 원가회피개념에 근거를 두고 있다.
  → 따라서, 생산관련 직접노무원가(DL), 변동제조간접원가(VOH), 고정제조간접원가(FOH)가 모두 비용화되어 생산량 증가시 이익감소를 초래하므로 생산량을 감소시켜 재고를 최소화하려는 유인이 발생한다.

Guide 초변동원가계산의 유용성

재고보유 최소화	• 재고자산보유를 최소화하도록 유인을 제공함. →DL/VOH/FOH가 모두 비용화되어 생산량이 증가할수록 영업이익이 감소되므로 경영자가 불필요한 제품 생산량을 최소화하고 판매에 보다 집중하도록 유도함.
혼합원가 구분 불필요	• 혼합원가의 주관적 구분이 불필요함. →제조간접원가에 포함되는 혼합원가를 임의로 고정원가와 변동원가로 구분할 필요없이 모두 기간비용으로 처리하기에 변동원가계산에서 발생할 수 있는 자의적인 해석이 개입될 여지가 없음.

| 문제 95번 | 변동제조간접원가 차이분석과 실제DL 계산 | 출제구분 | 신유형 | 난이도 | ★ ★ ☆ | 정답 | ③ |

- 실제발생한 총직접노무원가 : 실제직접노동시간(A) × 직접노무원가실제임률(30)
  →∴이하 VOH차이분석에서 A = 2,500시간이므로, 실제발생한 총직접노무원가 = 2,500시간 × 30 = 75,000

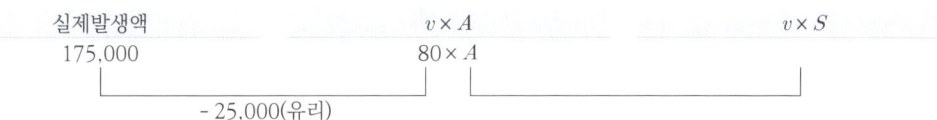

Guide 변동제조간접원가 차이분석 구조

기호정의	• N : 기준조업도, V : VOH예산, v : VOH배부율($=\dfrac{V}{N}$) S : 실제생산량에 허용된 표준조업도, A : 실제조업도
VOH 차이분석	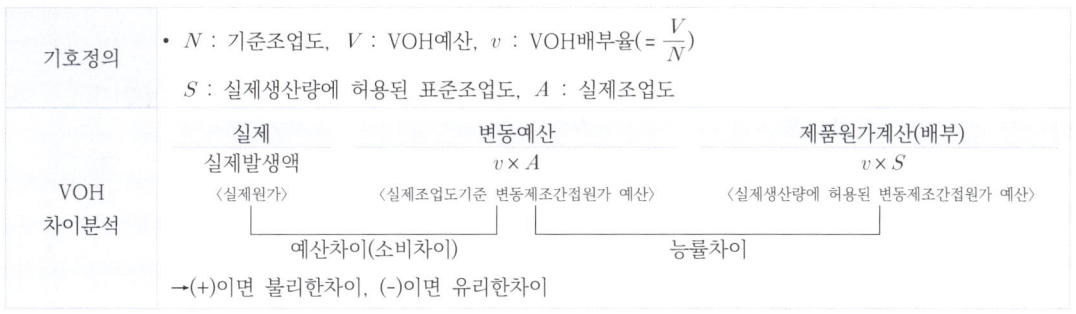 →(+)이면 불리한차이, (-)이면 유리한차이

문제 96번 | 직접재료원가 가격차이 발생원인 | 출제구분: 재출제 | 난이도: ★★★ | 정답: ④

- ① 당초보다 물가가 하락하면 구매가격 하락으로 유리한 가격차이가, 당초보다 물가가 상승하면 구매가격 상승으로 불리한 가격차이가 일반적으로 발생한다.
- ② 원재료 구매담당자의 업무능력에 따라 저가구입시는 유리한 가격차이가, 고가구입시는 불리한 가격차이가 발생한다.
- ③ 저품질원재료는 저가이므로 유리한 가격차이가, 고품질재료는 고가이므로 불리한 가격차이가 발생한다.
- ④ 원재료를 효율적으로 소량 사용시는 유리한 능률차이가, 비효율적으로 낭비하여 대량 사용시는 불리한 능률차이가 발생한다. 즉, 가격차이가 아닌 능률차이 발생에 대한 설명이다.

Guide 직접재료원가 차이의 발생원인

가격차이 발생원인	⊙ 가격차이는 원재료 시장의 수요와 공급 상황에 따라 발생할 수 있음. ⓒ 원재료 구매담당자의 업무능력에 따라 유리하거나 불리한 가격차이가 발생할 수 있음. ⓒ 표준설정시 품질과 상이한 품질의 원재료를 구입함에 따라 가격차이가 발생할 수 있음. ⓔ 표준을 설정할 때와 다른 경기 변동에 따라 가격차이가 발생할 수 있음.
능률차이 발생원인	⊙ 생산과정에서 원재료를 효율적으로 사용하지 못함으로써 능률차이가 발생할 수 있음. ⓒ 표준을 설정할 때와 다른 품질의 원재료를 사용함으로써 능률차이가 발생할 수 있음. ⓒ 점진적인 기술혁신에 의하여 능률차이가 발생할 수 있음.

문제 97번 | 변동제조간접원가 소비차이 계산 | 출제구분: 기출변형 | 난이도: ★☆☆ | 정답: ③

- 변동제조간접원가 차이분석

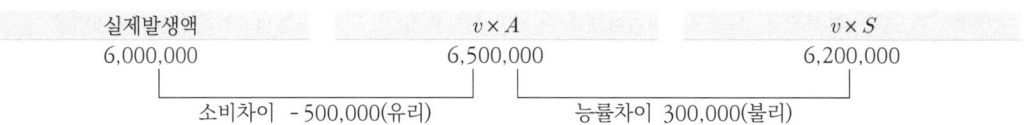

Guide 변동제조간접원가 차이분석 구조[위 문제 95번과 동일]

기호정의	N: 기준조업도, V: VOH예산, v: VOH배부율($=\dfrac{V}{N}$) S: 실제생산량에 허용된 표준조업도, A: 실제조업도
VOH 차이분석	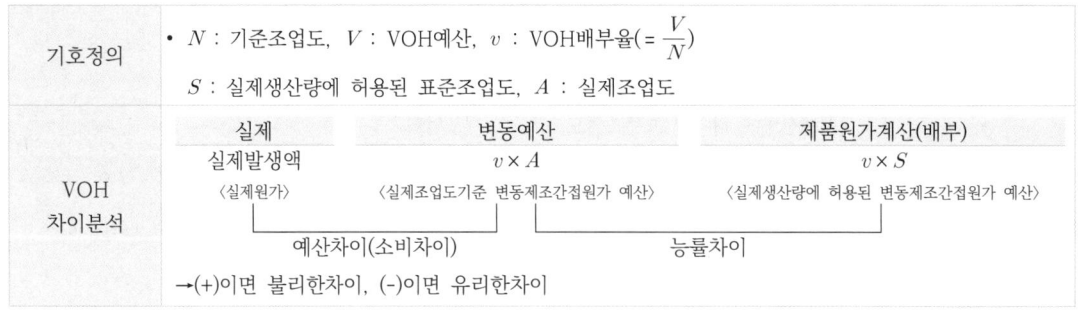

| 문제 98번 | 직접재료원가 능률차이 | 출제구분 | 재출제 | 난이도 | ★ ☆ ☆ | 정답 | ① |

- 직접재료원가 차이분석

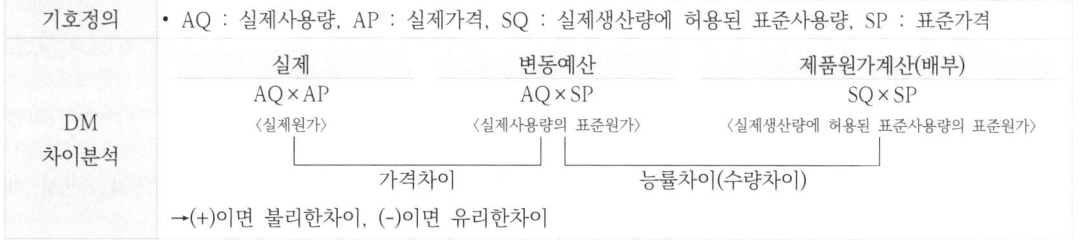

Guide 직접재료원가 차이분석 구조[사용시점분리의 경우]

기호정의	• AQ : 실제사용량, AP : 실제가격, SQ : 실제생산량에 허용된 표준사용량, SP : 표준가격
DM 차이분석	실제 변동예산 제품원가계산(배부) AQ×AP AQ×SP SQ×SP 〈실제원가〉 〈실제사용량의 표준원가〉 〈실제생산량에 허용된 표준사용량의 표준원가〉 가격차이 능률차이(수량차이) →(+)이면 불리한차이, (-)이면 유리한차이

| 문제 99번 | 변동원가계산 총매출액 추정 | 출제구분 | 기출변형 | 난이도 | ★ ☆ ☆ | 정답 | ② |

- 판매량을 Q라 하면, 매출액(Q×7,000) - 변동원가(Q×4,500) - 고정원가(2,300,000) = 영업이익(8,750,000)
  → Q(판매량) = 4,420단위
- 총매출 : 4,420단위(판매량)×7,000(단위당판매가격) = 30,940,000

Guide 전부원가계산·변동원가계산·초변동원가계산 영업이익 계산 비교

전부원가계산	변동원가계산	초변동원가계산
• 매출액 (-)매출원가(DM+DL+VOH+FOH) 매출총이익 (-)판관비(변동+고정) 영업이익	• 매출액 (-)매출원가(DM+DL+VOH) (-)변동판관비 공헌이익 (-)FOH+고정판관비 영업이익	• 매출액 (-)제품수준변동원가(DM) 재료처리량(현금창출)공헌이익 (-)운영비용(DL+VOH+FOH+판관비) 영업이익

| 문제 100번 | 변동원가계산 영업이익 계산 | 출제구분 | 기출변형 | 난이도 | ★ ☆ ☆ | 정답 | ② |

- 영업이익 : 매출액(50,000단위×800) - 변동원가[50,000단위×(200+80+40)] - 고정원가(8,000,000) = 16,000,000

Guide 전부원가계산·변동원가계산·초변동원가계산 영업이익 계산 비교[위 99번과 동일]

전부원가계산	변동원가계산	초변동원가계산
• 매출액 (-)매출원가(DM+DL+VOH+FOH) 매출총이익 (-)판관비(변동+고정) 영업이익	• 매출액 (-)매출원가(DM+DL+VOH) (-)변동판관비 공헌이익 (-)FOH+고정판관비 영업이익	• 매출액 (-)제품수준변동원가(DM) 재료처리량(현금창출)공헌이익 (-)운영비용(DL+VOH+FOH+판관비) 영업이익

문제 101번 | 활동기준원가계산(ABC)의 특징 | 출제구분: 기출변형 | 난이도: ★ ☆ ☆ | 정답: ④

- ① 활동기준원가계산(ABC)은 기업의 기능을 여러 가지 활동으로 구분하여 분석하며 각 활동별로 제조간접원가를 집계하고 활동별 원가동인(배부기준)을 결정하므로 전통적인 원가계산제도 보다 더 다양한 원가동인 요소를 고려한다.
- ② 활동기준원가계산(ABC)은 제품원가를 계산하기 위해 활동을 분석하는 과정에서 부가가치활동(value added activity)과 비부가가치활동(non-value added activity)을 구분하여 비부가가치활동을 제거하거나 감소시킴으로써 생산시간을 단축할 수도 있고 활동별로 원가를 관리함으로써 상대적으로 많은 원가를 발생시키는 활동들을 줄여나갈 수 있기 때문에 원가절감이 가능하므로 원가통제를 보다 효과적으로 수행할 수 있다.
- ③ 현대의 다품종 소량생산체제하에서는 빈번한 구매주문, 작업준비, 품질검사 등으로 인한 제조간접원가의 발생이 점점 증가하고 있으나 전통적 원가계산제도는 이들 활동이 원가에 미치는 영향을 무시하고 단순히 직접노무원가, 직접노동시간, 기계시간 등 단일조업도(배부기준)를 기준으로 제조간접원가를 제품에 배부함으로써 원가왜곡현상이 발생하는 문제점이 있다. 활동기준원가계산(ABC)은 이러한 원가왜곡현상을 극복함으로써 적정한 가격설정을 가능하게 한다.
- ④ 활동기준원가계산(ABC)은 제조간접원가를 활동별로 배부하는 것일 뿐 개별원가계산, 종합원가계산과 독립된 원가계산 방법이 아니다. 즉, ABC는 개별원가계산, 종합원가계산에 모두 사용가능하다.

문제 102번 | 안전한계의 개념 | 출제구분: 기출변형 | 난이도: ★ ☆ ☆ | 정답: ①

- 안전한계(= 매출액 - 손익분기점 매출액)는 손익분기점(BEP) 매출액을 초과하는 매출액을 말한다.
  → 즉, 이익달성의 위험정도를 나타내는 일종의 민감도분석 형태의 지표이다.
- 안전한계는 손실을 발생시키지 않으면서 허용할 수 있는 매출액의 최대 감소액을 의미하므로 기업의 안정성을 측정하는 지표로 많이 사용된다.
  → 즉, 안전한계가 높을수록 기업의 안정성이 높다고 말할 수 있으며, 안전한계가 낮을수록 기업의 안정성에 문제가 있다고 판단할 수 있다. 경영자가 좀 더 높은 안전한계수준을 원한다면 손익분기점을 낮추거나 회사의 전반적인 매출수준을 늘리기 위한 노력을 해야 한다.

문제 103번 | 목표이익분석 | 출제구분: 신유형 | 난이도: ★ ★ ★ | 정답: ④

- 공헌이익률 : 1 - 변동비율(70%) = 30%
- 목표이익을 위한 매출액을 S라고 하면, $S = \dfrac{고정원가(30,000) + 목표이익(S \times 20\%)}{공헌이익률(30\%)}$ 에서, $S = 300,000$

*고속철▶ 다음 산식에 의해 바로 계산할 수 있다. 가능한 산식을 암기할 것을 권장한다.

목표이익률(20%)을 위한 매출액 = $\dfrac{고정원가}{공헌이익률 - 목표이익률}$ → $\dfrac{30,000}{30\% - 20\%} = 300,000$

Guide▶ 목표이익분석 산식 정리[법인세를 고려하지 않는 경우]

판매량	매출액
• 단위당공헌이익 × 판매량 = 고정원가 + 목표이익	• 공헌이익률 × 매출액 = 고정원가 + 목표이익
□ 목표이익을 위한 판매량 = $\dfrac{고정원가 + 목표이익}{단위당공헌이익}$	□ 목표이익을 위한 매출액 = $\dfrac{고정원가 + 목표이익}{공헌이익률}$

| 문제 104번 | 영업레버리지 일반사항 | 출제구분 | 기출변형 | 난이도 | ★ ★ ☆ | 정답 | ③ |

- 어떤 기업의 DOL = 7일 경우 경기불황으로 매출액이 20% 감소하면 영업이익은 140%(= 20%×7) 감소한다.

Guide 영업레버리지 주요사항

의의	영업레버리지란 고정비가 지렛대의 작용을 함으로써 총원가 중 고정비 비중이 클수록 매출액변화율보다 영업이익의 변화율이 확대되는 것을 말함.
영업레버리지도 (DOL)	$DOL = \dfrac{영업이익변화율}{매출액변화율} = \dfrac{공헌이익}{영업이익} = \dfrac{매출액 - 변동비}{매출액 - 변동비 - 고정비} = \dfrac{1}{안전한계율}$ ⊙주의 DOL이 크다함은 영업성과가 좋은게 아니라 단순히 비율이 크다는 것임. 예 DOL = 6일 때 매출이 20%증가하면 영업이익은 120%증가, 매출이 20%감소하면 영업이익은 120% 감소 → 즉, 고정비의 비중이 큰 원가구조를 가지고 있는 기업일수록 레버리지효과가 커서 불경기에는 큰 타격을 입고 반면에 호경기에는 막대한 이익을 얻음.
DOL의 증감	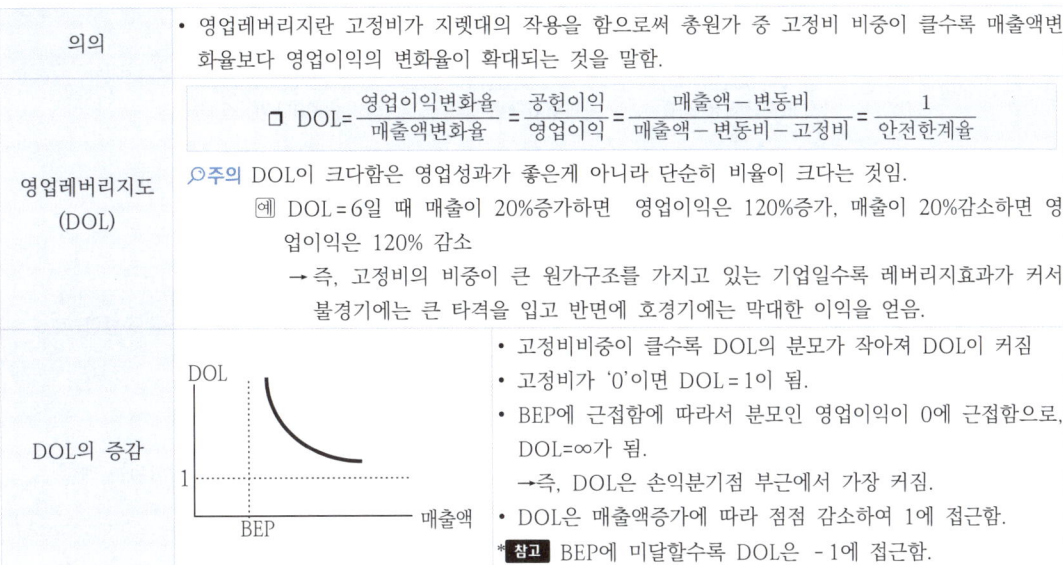 • 고정비비중이 클수록 DOL의 분모가 작아져 DOL이 커짐 • 고정비가 '0'이면 DOL = 1이 됨. • BEP에 근접함에 따라서 분모인 영업이익이 0에 근접함으로, DOL = ∞가 됨. → 즉, DOL은 손익분기점 부근에서 가장 커짐. • DOL은 매출액증가에 따라 점점 감소하여 1에 접근함. *참고 BEP에 미달할수록 DOL은 -1에 접근함.

| 문제 105번 | 민감도분석 : 변동원가와 고정원가 증감 | 출제구분 | 재출제 | 난이도 | ★ ★ ☆ | 정답 | ② |

- 시설투자 전 BEP판매량(손익분기점판매량) : $\dfrac{고정원가(100,000)}{단위당판매가격(500) - 단위당변동원가(400)} = 1,000단위$
- 시설투자 후 BEP판매량(손익분기점판매량) : $\dfrac{고정원가(100,000 \times 120\%)}{단위당판매가격(500) - 단위당변동원가(400 \times 75\%)} = 600단위$

∴시설투자 전에 비하여 손익분기점판매량은 감소한다.

Guide 손익분기점분석 기본산식

BEP산식	㉠ BEP판매량 : $\dfrac{고정비(= FOH + 고정판관비)}{단위당공헌이익}$ ㉡ BEP매출액 : $\dfrac{고정비(= FOH + 고정판관비)}{공헌이익률}$

문제 106번 — 예산의 종류 | 출제구분: 신유형 | 난이도: ★☆☆ | 정답: ①

- 조업도의 변동에 따라 조정되어 작성되는 예산은 변동예산이다.
  → 즉, 변동예산은 일정 범위의 조업도 변동에 따라 사후에 조정되어 작성되는 예산이다.

예시 실제생산량이 2,500단위, 실제 단위당원가가 @10인 경우

실제	변동예산	고정예산
2,500단위	2,500단위	2,000단위
2,500단위 × @10	2,500단위 × @15	2,000단위 × @15

- 실제와 변동예산 비교(변동예산)
- 실제와 고정예산 비교(고정예산)

Guide 예산의 종류

예산편성대상	종합예산	기업전체를 대상으로 작성되는 예산으로서, 모든 부문예산을 종합한 것
	부문예산	기업내의 특정부문을 대상으로 작성되는 예산
예산편성성격	운영예산	구매·생산·판매 등의 영업활동에 대한 예산
	재무예산	설비투자·자본조달 등의 투자와 재무활동에 대한 예산
예산편성방법	고정예산	조업도의 변동을 고려하지 않고 특정조업도를 기준으로 작성되는 예산
	변동예산	조업도의 변동에 따라 조정되어 작성되는 예산

문제 107번 — 매출배합차이와 매출수량차이 | 출제구분: 기출변형 | 난이도: ★★★ | 정답: ①

- 매출조업도차이 분해

AQ × SP	AQ' × SP	SQ × SP
500단위 × 20 = 10,000	(500+2,000) × 40% × 20 = 20,000	800단위 × 20 = 16,000
2,000단위 × 4 = 8,000	(500+2,000) × 60% × 4 = 6,000	1,200단위 × 4 = 4,800

매출배합차이 −8,000(불리) 매출수량차이 5,200(유리)

Guide 매출배합차이와 매출수량차이 계산

기호정의	• AQ : 실제판매량, AP : 단위당실제판매가격, SQ : 예산판매량, SP : 단위당예산공헌이익
매출조업도차이 분해	AQ × SP — 매출배합차이 — AQ' × SP — 매출수량차이 — SQ × SP 🔍주의 AQ' : 실제총판매량에 대한 예산매출배합비율에 의한 수량 🔍주의 수익중심점은 차이가 (+)이면 유리한차이, (−)이면 불리한차이

| 문제 108번 | 투자수익률(ROI)의 단점 | 출제구분 | 기출변형 | 난이도 | ★ ★ ☆ | 정답 | ④ |

- ① 투자수익률은 비율로 표시되므로 투자규모가 서로 다른 투자중심점간의 성과평가 및 비교에 유용하다.
- ② 투자수익률이 사전에 설정한 자본비용을 초과하는(이익이 기대되는) 사업에 대한 투자를 유도한다. 이는 투자수익률의 단점이 아니라 장점에 해당한다.
- ③ 투자수익률[= 영업이익÷영업자산(투자액) = 매출액이익률×자산회전율]은 매출액이익률과 자산회전율로 구분하여 분석이 가능하다. 이는 투자수익률의 단점이 아니라 장점에 해당한다.
- ④ 투자수익률은 개별투자중심점의 현재 투자수익률보다 낮은 투자안이긴 하나 회사전체 최저필수수익률을 상회하는 좋은 투자안인 경우에도 동 사업에 대한 투자를 기피하게 된다는 단점이 있다.
  → 준최적화현상(회사전체 최저필수수익률을 상회하는 좋은 투자안이 개별 투자중심점의 투자수익률 보다 낮기 때문에 투자가 포기되어 회사 전체이익에 불리한 의사결정이 이루어짐.)의 발생은 투자수익률의 가장 큰 단점(문제점) 중의 하나이다.

Guide 투자수익률(ROI) 주요사항

ROI 계산	□ 투자수익률(ROI) = $\dfrac{영업이익}{영업자산(투자액)}$ = $\dfrac{영업이익}{매출액} \times \dfrac{매출액}{영업자산}$ = 매출액영업이익률×자산회전율
장점	• 비율로 표시되므로 투자규모가 서로 다른 투자중심점간의 성과평가 및 비교에 유용
단점	• 준최적화현상이 발생함. → 회사전체 최저필수수익률을 상회하는 좋은 투자안이 개별투자중심점의 투자수익률 보다 낮기 때문에 투자가 포기되어 회사전체이익에 불리한 의사결정이 이루어짐.('잔여이익'으로 해결가능) • 회계적이익에 기초하므로 성과평가와 의사결정(현금흐름에 기초)의 일관성이 결여 • 화폐의 시간가치를 고려하지 않음.(단기적 성과 강조)
증대방안	• 매출액증대와 원가의 감소, 진부화된 투자자산의 처분(감소)

| 문제 109번 | 투자중심점 성과평가 : 잔여이익 | 출제구분 | 재출제 | 난이도 | ★ ★ ☆ | 정답 | ② |

- 사업부별 잔여이익 계산
  - 군 함사업부 : 100,000(영업이익) - 500,000(영업자산)×10%(최저필수수익률) = 50,000
  - 여객선사업부 : 170,000(영업이익) - 1,000,000(영업자산)×10%(최저필수수익률) = 70,000
  - 화물선사업부 : 230,000(영업이익) - 2,000,000(영업자산)×10%(최저필수수익률) = 30,000
- 잔여이익이 높은 순서 : 여객선사업부(70,000) 〉 군함사업부(50,000) 〉 화물선사업부(30,000)

Guide 잔여이익(RI) 주요사항

잔여이익 계산	□ 잔여이익(RI) = 영업이익 - 영업자산(투자액)×최저필수수익률 🔍**주의** 투자수익률(ROI)에 의한 의사결정과 잔여이익(RI)에 의한 의사결정은 일치하지 않음. → 즉, 투자수익률(ROI)에서는 채택되어도 잔여이익(RI)에서는 기각 가능
장점	• 준최적화현상이 발생하지 않음. → 각 사업부의 경영자는 최저필수수익률을 초과하는 모든 투자안을 수락하게 되므로 투자중심점과 회사전체의 이익을 동시에 극대화 가능
단점	• 금액으로 표시하므로 각 사업부의 투자규모가 상이할 경우 사업부간 성과 비교에 한계가 있음. • 투자수익률(ROI)과 마찬가지로 회계적이익에 기초하므로 성과평가와 의사결정의 일관성이 결여

| 문제 110번 | 경제적부가가치(EVA) 계산 | 출제구분 | 신유형 | 난이도 | ★★★ | 정답 | ④ |

- 세후영업이익 : 4,000×(1 - 30%) = 2,800
- 투하자본 : 총자산(영업자산) - 유동부채 →(12,000 + 8,000) - 6,000 = 14,000
- 가중평균자본비용 : $\dfrac{14{,}000 \times 10\%(1-30\%) + 14{,}000 \times 14\%}{14{,}000 + 14{,}000}$ = 10.5%
- 경제적부가가치(EVA) : 2,800 - 14,000 × 10.5% = 1,330

Guide 경제적부가가치(EVA) 계산

특징	• 타인자본비용(이자비용)뿐 아니라 자기자본비용(배당금)도 비용으로 고려하는 성과지표임. 🔎주의 ∴EVA는 I/S상 순이익보다 낮음. 🔎주의 EVA는 비재무적측정치는 고려하지 않음.
계산	□ EVA = 세후영업이익 - 투하자본(투자액)×가중평균자본비용 • 가중평균자본비용 = $\dfrac{\text{부채의시장가치} \times \text{부채이자율}(1-t) + \text{자본의시장가치} \times \text{자기자본비용}(\%)}{\text{부채의시장가치} + \text{자본의시장가치}}$ • 투하자본 = (총자산 - 유동부채) →투하자본 계산시 비영업자산은 제외 →유동부채 계산시 영업부채가 아닌 이자발생부채인 단기차입금·유동성장기차입금 제외

| 문제 111번 | 경제적부가가치(EVA)의 특징 | 출제구분 | 기출변형 | 난이도 | ★☆☆ | 정답 | ① |

- ① 'EVA=세후영업이익 - 투하자본×가중평균자본비용'에서 (가중평균)자본비용이 높아지면 EVA가 감소한다.
 ② 당기순이익이 자기자본에 대한 자본비용(배당금)을 고려하지 않는 이익개념인 반면에, 경제적부가가치(EVA)는 자기자본에 대한 자본비용을 고려한 이익개념이다.(따라서, 주주관점에서 기업의 경영성과를 보다 정확히 측정할 수 있다.)
 ③ 'EVA=세후영업이익 - 투하자본×가중평균자본비용'에서 투하자본이 증가하면 EVA가 감소한다.
 ④ EVA는 타인자본비용(이자비용)뿐만 아니라 자기자본비용(배당금)도 고려하는 성과지표이므로 손익계산서상의 당기순이익보다 낮다.

문제 112번 대체가격 계산 출제구분: 기출변형 난이도: ★★★ 정답: ③

- 수요사업부(B사업부)의 최대대체가격(최대TP) : 외부구매시장이 있음
  - 최대TP = 290(외부구입가격)
- 공급사업부(A사업부)의 최소대체가격(최소TP) : 외부판매시장이 있음 & 유휴시설이 없음
  - 최소TP = 대체시단위당지출원가 + 정규매출상실공헌이익 − 대체시절감원가
    → ㉠ 대체시단위당지출원가(= 단위당변동비 + 증분단위당고정비) : 150 + 0 = 150
      ㉡ 정규매출상실공헌이익 : 300(단위당외부판매가격) − 150(단위당변동원가) = 150
        (전량을 외부에 판매가능하므로 이를 대체시 외부판매를 포기해야 한다.)
      ㉢ 대체시절감원가 : 20
  - 최소대체가격(최소TP) : 150 + 150 − 20 = 280
- 대체가격 범위

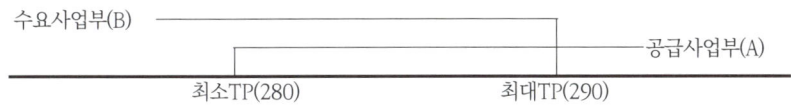

Guide 최대·최소대체가격(TP) 계산

최대대체가격 [수요사업부]	외부구매시장 없는 경우	□ 판매가격 − 대체후단위당지출원가 →대체후단위당지출원가 = 추가가공원가 + 증분단위당고정비 + 단위당추가판매비
	외부구매시장 있는 경우	□ Min[① 외부구입가격 ② 판매가격 − 대체후단위당지출원가] 🔎주의 대체후지출없이 판매시 일반적으로 판매가>외부구입가, 즉, 최대TP=외부구입가
최소대체가격 [공급사업부]	외부판매시장 없는 경우	□ 대체시단위당지출원가 − 대체시절감원가 →대체시단위당지출원가 = 단위당변동비 + 증분단위당고정비
	외부판매시장 있는 경우	㉠ 유휴시설이 없는 경우 □ 대체시단위당지출원가 + 정규매출상실공헌이익 − 대체시절감원가 ㉡ 유휴시설이 있는 경우 □ 대체시단위당지출원가 + 타용도사용포기이익 − 대체시절감원가

문제 113번 자본예산과 현재가치 계산 출제구분: 재출제 난이도: ★☆☆ 정답: ①

- 현금흐름

- 운용비용 절감액의 현재가치 : 500,000 × 0.91 + 500,000 × 0.83 + 900,000 × 0.75 = 1,545,000

★**저자주** 문제의 명확한 성립을 위해 누락된 단서인 '단, 운용비용 감소효과는 매년 말에 발생하며 법인세는 없다고 가정한다.'를 추가하기 바랍니다.

문제 114번 | 제품라인 유지·폐지와 회사전체 이익 영향 | 출제구분: 기출변형 | 난이도: ★★☆ | 정답: ④

- 사업부문이 폐쇄되더라도 회피불능고정원가는 계속 발생하므로 이를 그 금액만큼 손실로 고려하여야 한다.
- ① A,B를 폐쇄시 전체손익 : C의 손익(400) - A,B의 회피불능고정원가(1,900 + 1,200) = △2,700

   [별해] A,B를 폐쇄하는 경우
   증분수익 - 감소 : 공헌이익 1,600 + 1,000 = (2,600)
   증분비용 - 없음 :   0
   증분손익   (2,600)
   → ∴전체손익 : -100 - 2,600 = △2,700

- ② B,C를 폐쇄시 전체손익 : A의 손익(△300) - B,C의 회피불능고정원가(1,200 + 400) = △1,900
- ③ A,C를 폐쇄시 전체손익 : B의 손익(△200) - A,C의 회피불능고정원가(1,900 + 400) = △2,500
- ④ A,B,C를 모두 폐쇄하면 회피불능고정원가(1,900 + 1,200 + 400 = 3,500)만큼 손실이 커진다.

   [별해] A,B,C를 폐쇄하는 경우
   증분수익 - 감소 : 공헌이익 1,600 + 1,000 + 800 = (3,400)
   증분비용 - 없음 :   0
   증분손익   (3,400)
   → ∴전체손익 : -100 - 3,400 = △3,500

문제 115번 | 의사결정과 관련원가 | 출제구분: 기출변형 | 난이도: ★★☆ | 정답: ②

- ① 회피가능고정원가(고정원가가 당해 의사결정으로 감소)만이 관련원가이며, 회피불능고정원가(고정원가가 당해 의사결정과 관계없이 계속 발생)는 비관련원가이다.
- ② 유휴생산능력이 없거나 부족한 때에는 특별주문을 수락할 경우 기존 설비능력이 부족하기 때문에 설비능력을 확충하게 된다. 따라서, 이 경우에는 특별주문의 수락으로 인한 설비원가 및 추가 시설 임차료 등을 모두 고려해야 된다. 추가 시설 임차료는 의사결정시 고려해야 할 관련원가이다.
- ③ 제품라인을 폐지함에 따라 유휴생산시설이 발생하는데 기업은 그러한 유휴생산시설을 임대를 주거나 다른 제품 생산에 이용하게 되며 그에 따라 발생하는 수익은 제품라인의 폐지여부 의사결정에 있어서 관련원가가 되므로 의사결정시 고려해야 한다.
- ④ 일반적인 경우 '회피가능원가(변동원가 + 회피가능고정원가) 〉 외부구입원가'인 경우에는 외부구입하는 것이 바람직하다.
   → 단, 유휴시설의 활용이 가능한 경우에는 '(회피가능원가 + 유휴시설 활용 이익증가) 〉 외부구입원가'인 경우에 외부구입하는 것이 바람직하다.

문제 116번   자가제조·외부구입 의사결정   출제구분: 재출제   난이도: ★☆☆   정답: ④

- 외부구입의 경우
  - 증분비용 – 증가: 외부구입액 200단위 × 400 = (80,000)
  - – 감소: 변동원가감소 20,000 + 13,000 + 2,000 = 35,000
  - 증분손익 (45,000)

→ ∴외부구입시 자가제조보다 45,000원 불리하다.

※저자주 문제의 명확한 성립을 위해 누락된 단서인 '단, 고정제조간접가는 전액 회피불가능하다.'를 추가하기 바랍니다.

Guide ▶ 자가제조·외부구입 의사결정

고려사항	• 자가제조시 관련원가와 외부구입가격을 고려 　🔍주의 자가제조시 증감하는 고정원가도 관련원가이므로 이도 고려함. 　　→ 예 자가제조시 추가 고용 감독자급료 • 외부구입시 다음을 고려함. 　㉠ 기존설비 임대가 가능한 경우 : 임대수익을 고려 　㉡ 기존설비로 다른 제품 생산시 : 관련수익과 변동원가를 고려(= 다른 제품 공헌이익) 　㉢ 회피가능고정원가는 관련원가, 회피불능고정원가는 비관련원가임.
고려해야할 비재무적 정보	• 자가제조의 경우는 부품 공급업자에 대한 의존도를 줄일 수 있으며, 품질관리를 보다 쉽게 할 수 있다는 장점이 있음. • 자가제조의 경우는 공급업자에 대한 의존도를 줄임으로써 공급업자와의 관계를 상실하여 향후에 급격한 주문의 증가로 회사의 생산능력이 초과할 때 제품을 외부구입하기가 쉽지 않을 수 있음. (별도의 추가적 시설투자가 필요하므로 많은 비용이 발생하는 단점이 있음.) • 제품에 특별한 지식·기술이 요구될 때 자가제조를 하며 품질을 유지하기가 쉽지 않을 수 있음.
외부구입 의사결정	㉠ 기존설비의 대체용도가 있는 경우 　　▫ 증분수익(변동원가 + 회피가능고정원가 + 기회원가) > 증분비용(외부구입원가) ㉡ 기존설비의 대체용도가 없는 경우 　　▫ 증분수익(변동원가 + 회피가능고정원가) > 증분비용(외부구입원가)

문제 117번   현금흐름추정의 기본원칙   출제구분: 기출변형   난이도: ★☆☆   정답: ②

- 법인세는 현금유출에 해당하므로 현금흐름을 추정할 때 고려하여야 한다.
  → 단, 현금흐름을 파악할 때에는 법인세를 차감한 후의 금액을 기준으로 해야 한다.(세후기준)

Guide ▶ 자본예산시 현금흐름추정의 기본원칙

증분기준	• 투자안의 증분현금흐름(대안간에 차이가 나는 현금흐름)을 사용함. →∴매몰원가 제외
세후기준	• 현금흐름을 파악할 때에는 법인세를 차감한 후의 금액을 기준으로 함.
감가상각비	• 감가상각비는 현금유출이 아니나, 감가상각비의 감세효과(절세효과)는 현금유입 처리함.
이자비용	• 자본비용(할인율)에 반영되어 있으므로 이자비용은 고려하지 않음. 　→현금흐름의 계산에서 이자비용을 계산하고 다시 할인율을 적용하는 것은 이중계산이 되므로, 이자비용이 전혀 없는 상황을 가정하여 현금흐름을 추정해야 함.
인플레이션	• 명목현금흐름은 명목할인율로, 실질현금흐름은 실질할인율로 할인해야 함.

문제 118번 — 자본예산모형의 장·단점 / 출제구분: 재출제 / 난이도: ★☆☆ / 정답: ②

- 회계적이익률법 : 비할인모형 – 화폐의 시간가치를 고려하지 않는다.
  비현금모형 – 손익계산서상 순이익(회계이익)에 기초한다.
- 순현재가치법 : 할인모형 – 화폐의 시간가치를 고려한다.
  현금모형 – 실제 현금흐름에 기초한다.

Guide ▶ 회계적이익률법(ARR법)

	최초투자액기준 APR	평균투자액기준 APR
회계적이익률	$\dfrac{\text{연평균순이익}}{\text{최초투자액}}$	$\dfrac{\text{연평균순이익}}{\text{연평균투자액}\left(=\dfrac{\text{최초투자액}+\text{잔존가치}}{2}\right)}$
	\multicolumn{2}{l}{🔍주의 현금흐름표에서 '영업현금흐름 = 순이익 + 감가상각비'이므로 → ∴순이익 = 영업현금흐름 – 감가상각비}
의사결정	상호독립적 투자안	• '투자안의 ARR > 목표ARR'이면 채택
	상호배타적 투자안	• ARR이 가장 큰 투자안 채택
장점	\multicolumn{2}{l}{• ⊙ 계산이 간편하고 이해하기가 용이하며, 회수기간법과는 달리 수익성을 고려함. ⓒ 투자안 분석의 기초자료가 재무제표이기 때문에 자료확보가 용이함.}
단점	\multicolumn{2}{l}{• ⊙ 화폐의 시간가치가 무시되며, 현금흐름이 아닌 회계적 이익에 기초하고 있음. ⓒ 목표수익률을 설정하는데 자의적인 판단이 개입됨.}

문제 119번 — 회수기간법 회수기간 계산 / 출제구분: 재출제 / 난이도: ★★☆ / 정답: ①

- $2년 + 1년 \times \dfrac{20,000 - (5,000 + 9,000)}{8,000} = 2.75년$

Guide ▶ 회수기간 계산

계산방법	
	□ 회수기간 = 기회수연수 + 1년 × $\dfrac{\text{미회수액}(=\text{투자액}-\text{기회수액})}{\text{당해 회수액}}$
	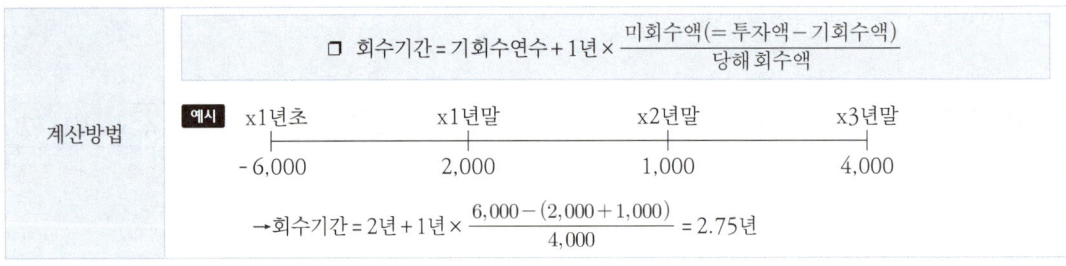

| 문제 120번 | | 품질원가 | 출제구분 | 신유형 | 난이도 | ★ ★ ☆ | 정답 | ④ |

- 일반적으로 통제원가(예방원가와 평가원가)가 증가하면 불량률이 감소하므로, 실패원가(내부실패원가와 외부실패원가)도 감소한다.

Guide 품질원가(COQ)

의의	• 품질원가(COQ)란 불량품이 생산되지 않도록 하거나, 생산된 결과로 발생하는 모든 원가를 말함.
품질원가 종류	❖ 통제원가(사전품질원가) ▶ 통제원가가 증가할수록 불량률은 감소함(∴역관계)

예방원가	평가원가

• 불량품 생산을 예방키 위해 발생하는 원가
  ㉠ 품질관리시스템 기획원가, 예방설비 유지
  ㉡ 공급업체 평가원가, 품질·생산직원교육원가
  ㉢ 설계·공정·품질 엔지니어링원가
	• 불량품을 적발키 위해 발생하는 원가
	  ㉠ 원재료나 제품의 검사·시험원가
	  ㉡ 검사설비 유지원가
	  ㉢ 현장·생산라인검사원가

❖ 실패원가(사후품질원가) ▶ 불량률이 증가할수록 실패원가는 증가함(∴정관계)

내부실패원가	외부실패원가

• 불량품이 고객에게 인도되기 전에 발견됨으로써 발생하는 원가
  ㉠ 공손품원가, 작업폐물원가
  ㉡ 재작업원가, 재검사원가
  ㉢ 작업중단원가
	• 불량품이 고객에게 인도된 후에 발견됨으로써 발생하는 원가
	  ㉠ 고객지원원가(소비자 고충처리비), 보증수리원가, 교환원가
	  ㉡ 반품원가(반품운송,재작업,재검사 포함)
	  ㉢ 손해배상원가, 판매기회상실에 따른 기회비용

품질원가 최소점	• 전통적 관점 : 허용가능품질수준(AQL) • 최근의 관점 : 불량률이 0인 무결함수준

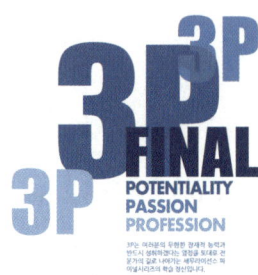

재경관리사 공개기출해설[원가]

2019년 7월에 시행된 기출문제에 대한 완벽한
해설을 관련이론(가이드)과 함께 제시하였습니다.
해당 문제는 합본부록을 참고바랍니다.

Certified Accounting Manager

원가관리회계
공개기출문제해설
[2019년 07월 시행]

Semoolicence

| 문제 81번 | 원가행태별 원가구분 | 출제구분 | 재출제 | 난이도 | ★ ☆ ☆ | 정답 | ③ |

- 매월 통화료는 조업도의 변동에 관계없이 총원가가 일정한 고정원가(기본요금 15,000원)와 조업도의 변동에 따라 총원가가 비례하여 변동하는 변동원가(10초당 18원)가 혼합된 준변동원가(=혼합원가)이다.

Guide 원가행태 주요사항

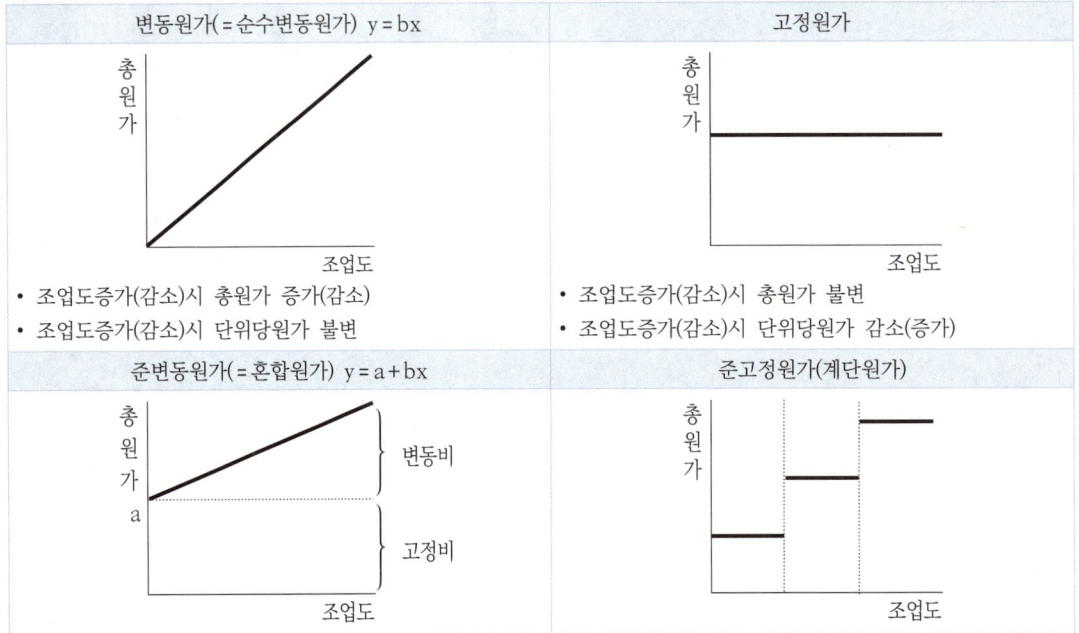

- 변동원가(=순수변동원가) $y = bx$
  - 조업도증가(감소)시 총원가 증가(감소)
  - 조업도증가(감소)시 단위당원가 불변
- 고정원가
  - 조업도증가(감소)시 총원가 불변
  - 조업도증가(감소)시 단위당원가 감소(증가)
- 준변동원가(=혼합원가) $y = a + bx$
- 준고정원가(계단원가)

| 문제 82번 | 관련원가와 비관련원가 구분 | 출제구분 | 신유형 | 난이도 | ★ ☆ ☆ | 정답 | ③ |

- 과거의 의사결정으로 인하여 이미 발생한 원가로서 의사결정에 영향을 미치지 않는 매몰원가(sunk cost)인 기계장치A의 취득원가(또는 장부가액)는 비관련원가이다.
- 기계장치B로 교체시 관련원가(교체하지 않는 대안과 차이가 나는 차액원가)
  - 증분수익 : 기계장치A의 처분가액, 기계장치B로 인한 수익창출액
  - 증분비용 : 기계장치B의 취득원가

| 문제 83번 | 제조기업의 경영활동 | 출제구분 | 재출제 | 난이도 | ★ ☆ ☆ | 정답 | ③ |

- 제조과정은 기업의 외부에서 이루어지는 활동이 아니라 기업의 내부에서 이루어지는 활동이다.

Guide 제조기업의 경영활동 과정 구분

구매과정	• 제품제조에 필요한 각종 요소를 구입하는 과정으로, 기업의 외부에서 이루어지는 활동 ㉠ 원재료의 구입 : 직접재료원가의 대상이 됨. ㉡ 노동력의 구입 : 직접노무원가의 대상이 됨. ㉢ 생산설비의 구입 등 : 제조간접원가의 대상이 됨.
제조과정	• 구매과정에서 구입한 생산요소들을 결합하여 제품을 제조하는 과정으로, 기업의 내부에서 이루어지는 활동→제조과정에서 수행되는 활동들은 제품원가계산과 밀접한 관련이 있음.
판매/재고과정	• 제조과정에서 산출된 제품을 기업외부에 판매하는 활동과 아직 판매되지 않은 제품을 재고자산으로 관리하는 활동

| 문제 84번 | 원가배분의 목적 | 출제구분 | 신유형 | 난이도 | ★ ★ ☆ | 정답 | ④ |

- 보조부문의 활동은 제조활동을 보조하기 위한 것이므로 보조부문에서 발생한 원가는 당연히 제조원가이다. 따라서, 보조부문원가를 최종제품의 원가에 포함시켜(보조부문원가를 제조부문에 배분한 후 다시 최종적으로 제품에 배분) 보다 정확한 제조원가를 산정하기 위한 목적으로 보조부문의 원가를 제조부문에 배분하는 것이다.
→보조부문원가의 배분이 이익의 조작목적으로 이루어지는 것은 아니다.

Guide 원가배분의 목적

계획적 예산편성	• 회사의 미래계획수립 또는 최적의 자원배분을 위한 경제적 의사결정과 관련된 원가정보를 파악하기 위하여 원가를 배분해야 함.
성과측정 및 평가	• 원가배분은 경영자와 종업원의 행동과 동기부여에 영향을 미칠 수 있기 때문에 그들의 행동이 조직의 목적과 일치하도록 합리적으로 원가배분을 해야 함. →배분된 원가는 이후 성과평가의 기준으로 활용될 수 있음.
제품원가계산	• 기업의 순이익 측정에 영향을 미치는 외부보고를 위한 재고자산의 가액과 매출원가를 정확히 산출하여 주주, 채권자 등 이해관계자들에게 합리적인 정보를 제공하기 위하여 원가를 배분해야 함.
가격결정	• 합리적인 원가배분을 통하여 적정가격을 설정함으로써 제품가격의 정당성을 입증할 수 있고 매출증가에 기여할 수 있음.

| 문제 85번 | 보조부문과 제조간접원가배부율 | 출제구분 | 신유형 | 난이도 | ★ ★ ☆ | 정답 | ③ |

- ① 부문별 제조간접원가배부율을 사용하는 경우에는 보조부문원가 배분방법(직접배분법, 단계배분법, 상호배분법)에 따라 부문별(제조부문별) 제조간접원가가 달라지고, 이에 따라 부문별 제조간접원가배부율이 상이해 진다.
 ② 이중배분율법은 변동원가와 고정원가를 구분해서 변동원가는 실제사용량을 기준으로 배분하고 고정원가는 서비스의 최대사용가능량을 기준으로 배분한다.
 ③ 공장전체 제조간접원가배부율을 사용하는 경우에는 보조부문원가 배분방법(직접배분법, 단계배분법, 상호배분법)에 관계없이 어떤 방법에 의하더라도 보조부문원가 총액이 동일하게 제조부문에 집계되므로 공장전체 제조간접원가배부율이 영향을 받지 않는다.
 ④ 단계배분법은 배분순서에 따라 배분 후의 결과가 달라진다. 따라서, 배분순서의 결정이 중요하다.

| 문제 86번 | 개별원가계산의 특징 | 출제구분 | 재출제 | 난이도 | ★ ★ ☆ | 정답 | ① |

- ② 개별원가계산은 원가요소의 실제성(원가측정방법)에 따라 실제개별원가계산, 정상개별원가계산, 표준개별원가계산 모두 가능하다.
- ③ 개별원가계산은 개별제품별 또는 개별작업별로 원가가 집계되기 때문에 직접원가와 간접원가의 구분이 중요하다.(즉, 제조간접원가의 배부절차가 반드시 필요하다.) 직접원가에 해당하는 직접재료원가와 직접노무원가는 해당 제품이나 공정으로 직접 추적할 수 있기 때문에 발생된 원가를 그대로 집계하면 되지만, 간접원가에 해당하는 제조간접원가는 개별제품이나 공정에 직접적인 대응이 불가능하므로 원가계산 기말에 일정한 기준을 사용하여 배부해야 한다.
- ④ 개별원가계산은 다음과 같은 장점과 단점이 있다.

장점	단점
• 제품별로 정확한 원가계산이 가능함. • 제품별 손익분석 및 계산이 용이함. • 개별제품별로 효율성을 통제할 수 있고, 개별작업별 실제를 예산과 비교하여 미래예측에 이용가능	• 비용·시간이 많이 발생함. (∵각 작업별로 원가가 계산되기 때문) • 원가계산자료가 상세하고 복잡해짐에 따라 오류가 발생할 가능성이 많아짐.

| 문제 87번 | 정상개별원가계산 제조간접원가 배부차이 | 출제구분 | 재출제 | 난이도 | ★ ★ ☆ | 정답 | ② |

- ㉠ 제조간접원가예정배부율 : $\dfrac{2{,}000{,}000}{5{,}000시간} = 400/시간$ ㉡ 제조간접원가실제배부율 : $\dfrac{2{,}000{,}000}{4{,}000시간} = 500/시간$
- 배부차이 분석

Guide 실제개별원가계산 실제배부

제조간접원가실제배부율	• 제조간접원가실제배부율 = $\dfrac{실제제조간접원가}{실제배부기준(실제조업도)}$
실제배부액	• 실제조업도(배부기준의 실제발생량) × 제조간접원가실제배부율

Guide 정상개별원가계산 예정배부

제조간접원가예정배부율	• 제조간접원가예정배부율 = $\dfrac{제조간접원가 예산}{예정조업도}$
예정배부액	• 실제조업도(배부기준의 실제발생량) × 제조간접원가예정배부율

| 문제 88번 | 종합원가계산의 특징 | 출제구분 | 기출변형 | 난이도 | ★★☆ | 정답 | ④ |

- ㄱ(옳은설명) : 종합원가계산은 소품종 대량생산에 적합한 원가계산방법이다.(즉, 단일 종류의 제품으로 연속적으로 대량생산하는 제분업, 시멘트업, 정유업 등의 업종에 적합하다.)
  → 반면, 개별원가계산은 주문에 따른 다품종 소량생산에 적합한 원가계산방법이다.
- ㄴ(틀린설명) : 종합원가계산에서 환산량(완성품환산량)은 물량에 완성도를 곱하여 계산하므로, 물량은 환산량보다 항상 크거나 같다.
- ㄷ(옳은설명) : 평균법과 선입선출법의 가장 큰 차이점은 원가계산시 기초재공품원가와 당기투입원가를 구분하느냐의 여부에 있다고 할 수 있다. 따라서, 기초재공품이 없을 경우 양 방법에 의한 계산결과는 동일해진다. 즉, 기초재공품이 없는 경우 선입선출법과 평균법에 의한 완성품환산량이 동일하다.
- ㄹ(옳은설명) : 평균법은 기초재공품원가와 당기투입원가를 구별하지 않고 이를 합한 총원가를 가중평균하여 완성품과 기말재공품에 배분하는 방법으로 당기 이전의 기초재공품 작업분도 마치 당기에 작업이 이루어진 것으로 간주하는 방법이다. 즉, 기초재공품이 그 기간에 착수되어 생산된 것처럼 취급한다.

Guide 종합원가계산 방법별 특징

평균법(WAM)	• 기초재공품의 제조를 당기 이전에 착수하였음에도 불구하고 당기에 착수한 것으로 가정하여, 기초재공품원가와 당기발생원가를 구분치 않고 합한 금액을 완성품과 기말재공품에 안분계산함. • 완성품환산량단위당원가가 기초재공품에 의해 영향받으므로 당기원가를 왜곡시킴.
선입선출법(FIFO)	• 기초재공품을 우선적으로 완성시킨 후 당기착수물량을 가공한다고 가정하므로 기말재공품원가는 당기발생원가로만 구성되고, 기초재공품원가는 전액이 완성품원가를 구성하며, 당기발생원가만 완성품과 기말재공품에 안분계산함. → 당기업적·능률·원가통제에 유용한 정보를 제공함. • 완성품원가 = 기초재공품원가 + 완성품환산량 × 환산량단위당원가 • 기초재공품이 '0'이면 평균법과 선입선출법은 동일함.

| 문제 89번 | 평균법 완성품환산량단위당원가 계산 | 출제구분 | 재출제 | 난이도 | ★★☆ | 정답 | ③ |

- 평균법

[1단계] 물량흐름   [2단계] 완성품환산량
                                                     재료비   가공비
    완성   1,200   1,200   1,200
    기말   800(50%)   800   800×50% = 400
               2,000   2,000   1,600
[3단계] 총원가요약
    기초   0   0
    당기발생   1,000,000   800,000
                                                 1,000,000   800,000
[4단계] 환산량단위당원가(cost/unit)   ÷2,000   ÷1,600
                                                     ‖   ‖
                                                   @500   @500
[5단계] 원가배분
    완성품원가   : 1,200 × @500 + 1,200 × @500 = 1,200,000
    기말재공품원가 : 800 × @500 + 400 × @500 = 600,000

| 문제 90번 | 종합원가계산 선입선출법 기말재공품 계산 | 출제구분 | 재출제 | 난이도 | ★ ☆ ☆ | 정답 | ④ |

- 선입선출법

  기말재공품원가 : 당기발생원가 × $\dfrac{\text{기말재공품의 완성품환산량}}{\text{당기완성품수량} + \text{기말재공품의 완성품환산량} - \text{기초재공품의 완성품환산량}}$

  → 당기발생투입분의 완성품환산량(당기완성품수량 + 기말재공품의 완성품환산량 - 기초재공품의 완성품환산량)에서 기말재공품의 완성품환산량이 차지하는 비율에 의해 계산한다.

- **비교** 평균법

  기말재공품원가 : (기초재공품원가 + 당기발생원가) × $\dfrac{\text{기말재공품의 완성품환산량}}{\text{완성품수량} + \text{기말재공품의 완성품환산량}}$

  → 총완성품환산량(완성품수량 + 기말재공품의 완성품환산량)에서 기말재공품의 완성품환산량이 차지하는 비율에 의해 계산한다.

| 문제 91번 | 차이분석 일반사항 | 출제구분 | 재출제 | 난이도 | ★ ★ ☆ | 정답 | ② |

- 가(옳은설명) : 차이분석이란 표준원가와 실제원가를 비교하여 그 차이를 분석하는 것으로서 일종의 투입 - 산출 분석이다.
  → 여기서 투입은 실제로 투입된 원가이며, 산출은 실제산출량의 생산에 허용된 표준원가이다. 즉, 특정기간 동안에 발생한 실제투입원가와 실제생산량에 허용된 표준원가를 비교하여 차이를 구하며, 이렇게 계산된 차이를 총차이라고 한다.
- 나(틀린설명) : 표준투입량(SQ)은 최대조업도에 대한 표준투입량이 아니라, 실제산출량의 생산에 허용된 투입량을 말한다.
- 다(옳은설명) : 가격차이는 실제원가(AQ×AP)와 실제투입량에 대한 표준원가(AQ×SP)와의 차이이다. 즉, 실제가격에 실제투입량을 곱한 금액과 표준가격에 실제투입량을 곱한 금액의 차이이다.
- 라(옳은설명) : 능률차이는 실제투입량에 대한 표준원가(AQ×SP)와 표준투입량에 대한 표준원가(SQ×SP)와의 차이이다. 즉, 표준가격에 실제투입량을 곱한 금액과 표준가격에 표준투입량을 곱한 금액의 차이이다.

문제 92번 | 직접재료원가 사용·구입가격차이 | 출제구분: 재출제 | 난이도: ★★☆ | 정답: ②

- AQ = 800kg, AQ' = 1,000kg, AP : 300,000 ÷ 1,000kg = 300, SP = 200

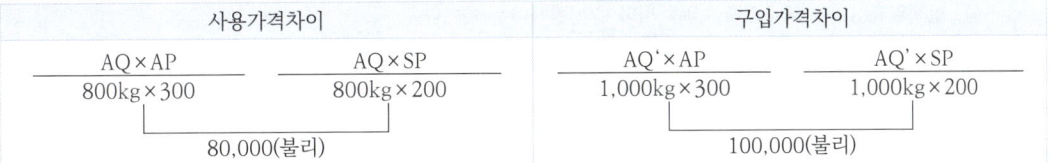

Guide 직접재료원가 차이분석 구조

| 기호정의 | • AQ : 실제사용량, AP : 실제가격, SQ : 실제생산량에 허용된 표준사용량, SP : 표준가격
AQ' : 실제구입량 |

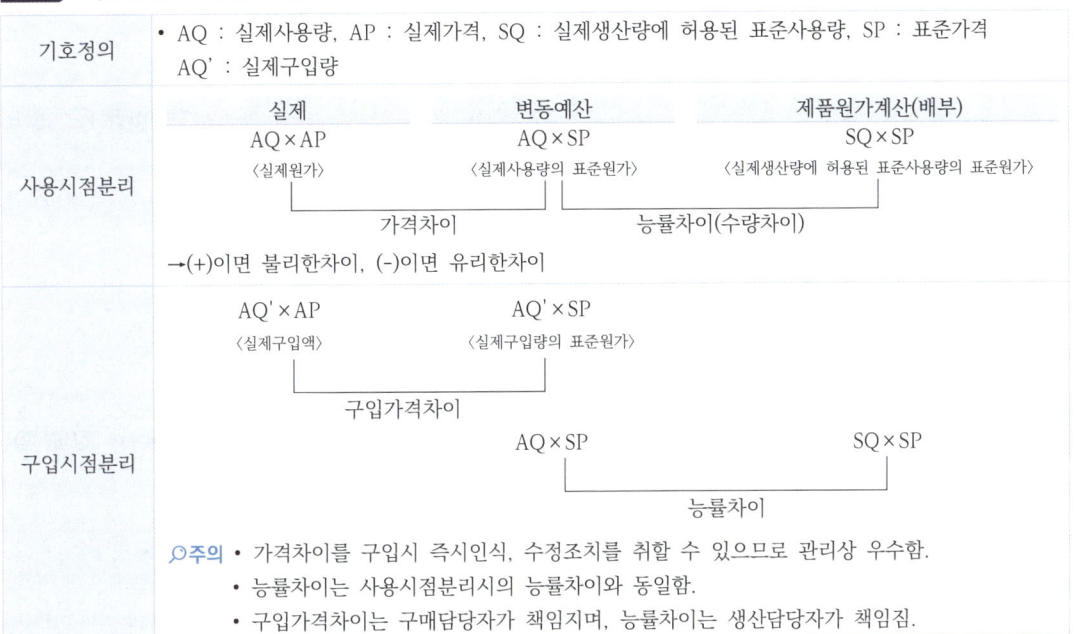

- 가격차이를 구입시 즉시인식, 수정조치를 취할 수 있으므로 관리상 우수함.
- 능률차이는 사용시점분리시의 능률차이와 동일함.
- 구입가격차이는 구매담당자가 책임지며, 능률차이는 생산담당자가 책임짐.

문제 93번 | 직접노무원가 가격차이 계산식 | 출제구분: 기출변형 | 난이도: ★☆☆ | 정답: ④

- 가격차이 : 실제직접노무시간(AQ)에 실제임률(AP)을 곱한 금액과 실제직접노무시간(AQ)에 표준임률(SP)을 곱한 금액의 차이이다.[(실제임률 - 표준임률) × 실제직접노무시간]
→ 즉, 가격차이는 실제원가와 실제직접노무시간에 대한 표준원가와의 차이이다.
- 능률차이 : 실제직접노무시간(AQ)에 표준임률(SP)을 곱한 금액과 표준직접노무시간(SQ)에 표준임률(SP)을 곱한 금액의 차이이다.[(실제직접노무시간 - 표준직접노무시간) × 표준임률]
→ 즉, 능률차이는 실제직접노무시간에 대한 표준원가와 표준직접노무시간에 대한 표준원가와의 차이이다.

문제 94번 | 표준원가계산 차이분석과 책임의 귀속 | 출제구분: 기출변형 | 난이도: ★★☆ | 정답: ②

- ① 직접노무원가 가격차이(임률차이)가 유리하다면, 'AQ×AP - AQ×SP'가 (-)인 경우로서 AP<SP가 된다.
  → 즉, 실제임률(AP)이 표준임률(SP)에 비하여 저렴하다는 것이다.
- ② 직접재료원가 가격차이(사용가격차이 또는 구입가격차이)는 원재료의 구매가격과 관련하여 발생하므로 구매담당자가 책임을 진다.
  → 한편, 직접재료원가 능률차이는 생산과정에서 원재료의 효율적 사용여부와 관련하여 발생하므로 생산담당자가 책임을 진다.
- ③ 고정제조간접원가 실제발생액이 예산에 비하여 과다하게 발생하였다면, '실제발생액 - F'가 (+)인 경우이므로 불리한 예산차이가 발생하게 된다.

  - N : 기준조업도, F : FOH예산, f : FOH배부율($=\dfrac{F}{N}$), S : 실제생산량에 허용된 표준조업도

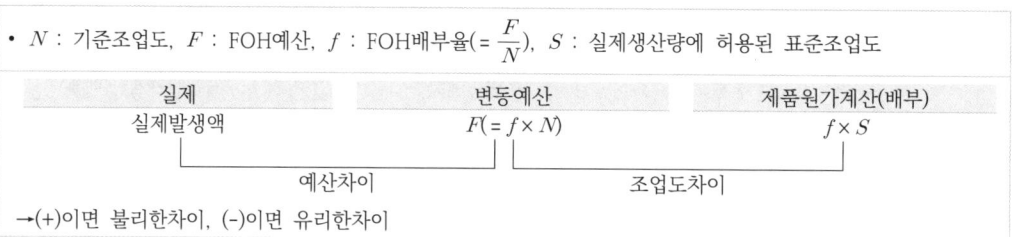

  → (+)이면 불리한차이, (-)이면 유리한차이
- ④ 가격차이(AQ×AP - AQ×SP)는 '(AP - SP)×AQ'와 동일하다.
  → 즉, 가격차이는 실제단가(AP)와 표준단가(SP)의 차액에 실제 사용한 수량(AQ)을 곱한 것이다.

문제 95번 | 직접노무원가 차이분석과 SQ 계산 | 출제구분: 재출제 | 난이도: ★★☆ | 정답: ②

- AQ×AP = 7,500, AQ = 2,500시간
- 직접노무원가 차이분석

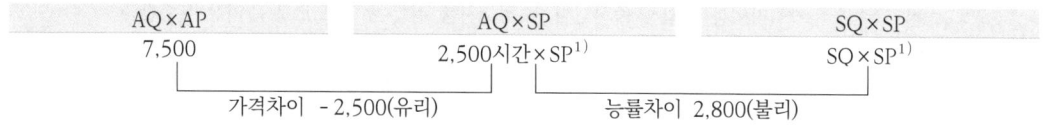

→ [1] 7,500 - 2,500시간×SP = - 2,500 에서, SP = 4
∴ (2,500시간×4) - (SQ×4) = 2,800 에서, SQ(실제생산량에 허용된 표준직접노무시간) = 1,800시간

Guide 직접노무원가 차이분석 구조

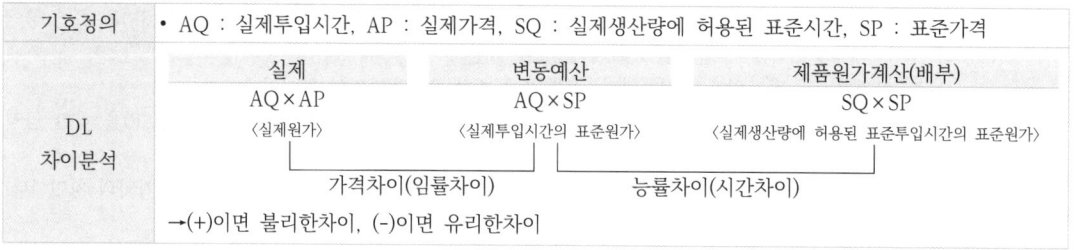

→ (+)이면 불리한차이, (-)이면 유리한차이

문제 96번 | 고정제조간접원가 조업도차이 계산 | 출제구분 기출변형 | 난이도 ★★☆ | 정답 ③

- S(실제생산량에 허용된 표준조업도) = 2,120단위 × 5시간 = 10,600시간, 실제발생액 = 24,920,000, N = 10,000시간
- 고정제조간접원가 차이분석

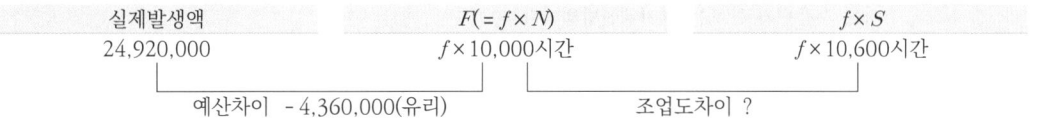

→ 24,920,000 - f × 10,000시간 = - 4,360,000 에서, f = 2,928
∴ 2,928 × 10,000시간 - 2,928 × 10,600시간 = - 1,756,800(유리)

Guide 고정제조간접원가 차이분석 구조

기호정의	• N : 기준조업도, F : FOH예산, f : FOH배부율($= \dfrac{F}{N}$), S : 실제생산량에 허용된 표준조업도
FOH 차이분석	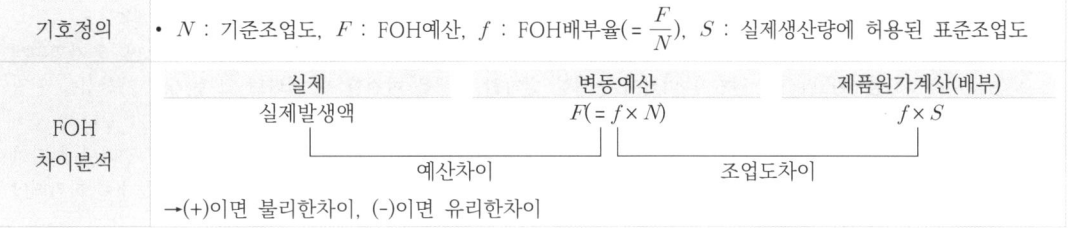 →(+)이면 불리한차이, (-)이면 유리한차이

문제 97번 | 전부·변동·초변동원가계산 일반사항 | 출제구분 기출변형 | 난이도 ★★☆ | 정답 ②

- 가(틀린설명) : 원가계산방법은 다음과 같이 결합되어 다양한 방법이 가능하다.(예 표준전부원가계산, 표준변동원가계산)

제품원가의 구성요소 (원가구성)	원가요소의 실제성여부 (원가측정)	생산형태 (제품의 성격)
전부원가계산 변동원가계산	실제원가계산 정상원가계산 표준원가계산	개별원가계산 종합원가계산

나(옳은설명) : 변동원가계산은 원가회피 개념에 근거하여 고정제조간접원가를 전액 기간비용 처리한다.
다(옳은설명) : 변동원가계산은 고정제조간접원가만 비용화하나, 초변동원가계산은 생산관련 직접노무원가, 변동제조간접원가, 고정제조간접원가가 모두 비용화되어 생산량 증가시 더 큰 이익감소를 초래하므로 생산량을 감소시켜 재고를 최소화하려는 유인이 더 크게 발생한다.(불필요한 재고누적 방지효과가 변동원가계산보다 크다.)
    → 즉, 생산량이 증가할수록 영업이익 감소되므로 경영자가 불필요한 제품 생산을 최소화하고 판매에 보다 집중하도록 유도한다.
라(틀린설명) : 전부원가계산은 생산량증감에 따라 고정제조간접원가배액이 증감하여 이익이 증감하므로 판매량뿐만 아니라 생산량도 영업이익에 영향을 미친다.
    → 반면, 변동원가계산은 제품 판매량만이 영업이익에 영향을 미친다.

| 문제 98번 | 전부·변동원가계산의 원가개념 | 출제구분 | 재출제 | 난이도 ★ ☆ ☆ | 정답 ① |

- 전부원가계산 : 원가부착개념에 입각[고정제조간접원가(FOH)도 제조원가]

| 내용 | • 전부원가계산은 제조원가 전부 즉, 직접재료원가, 직접노무원가, 변동제조간접원가, 고정제조간접원가를 제품원가로 보는 원가계산방법이다.
→ 전부원가계산제도는 원가부착개념(cost attach concept)에 근거를 두고 있으며, 원가부착개념이란 제품생산과 관련한 원가는 원가의 행태에 관계없이 모두 제품의 원가로 보는 것이다. 즉, 고정제조간접원가도 당연히 제품생산에 필수적으로 수반되는 원가이기 때문에 자산성을 인정하여 재고자산의 가액에 포함시키는 것이다. |

- 변동원가계산 : 원가회피개념에 입각[고정제조간접원가(FOH)는 비용처리]

| 내용 | • 변동원가계산은 제조원가를 변동원가와 고정원가로 구분하여 변동제조원가만을 제품원가에 포함시키고, 고정제조원가는 기간원가로 처리하는 원가계산방법이다.
→ 변동원가계산제도는 원가회피개념(cost avoidance concept)에 근거를 두고 있으며, 원가회피개념이란 발생한 원가가 미래에 동일한 원가의 발생을 방지할 수 없다면 그 원가는 자산성을 인정할 수 없다는 것이다. 즉, 고정제조간접원가의 경우 제품의 생산량과 관련이 있다기 보다는 설비능력과 밀접한 관련이 있으며, 조업도 변동에 따라 원가가 변동하지 않고 시간이 경과함에 따라 회피할 수 없는 원가이기 때문에 재고자산의 가액에 포함시켜서는 안되며 기간원가로 처리해야 한다는 것이다. |

* **비교** 초변동원가계산 : 초원가회피개념(직접노무원가/변동제조간접원가/고정제조간접원가를 운영비용처리)

| 문제 99번 | 초변동원가계산 영업이익 계산 | 출제구분 | 신유형 | 난이도 ★ ★ ☆ | 정답 ① |

- 초변동원가계산 영업이익 계산
  매출액   :   20,000개 × 400 =   8,000,000
  제품수준변동원가(DM)   :   20,000개 × 50 =   (1,000,000)
  재료처리량(현금창출)공헌이익   :   7,000,000
  운영비용(DL+VOH+변동판관비+FOH+고정판관비) : 20,000개 × (30+70+120)+500,000+1,100,000 = (6,000,000)
  영업이익   :   1,000,000

★ **저자주** 문제의 명확한 성립을 위해 누락된 단서인 '단, 기초 제품재고는 없다.'를 추가하기 바랍니다.

Guide 전부원가계산·변동원가계산·초변동원가계산 영업이익 계산 비교

전부원가계산	변동원가계산	초변동원가계산
• 매출액 　(-)매출원가(DM+DL+VOH+FOH) 　매출총이익 　(-)판관비(변동+고정) 　영업이익	• 매출액 　(-)매출원가(DM+DL+VOH) 　(-)변동판관비 　공헌이익 　(-)FOH+고정판관비 　영업이익	• 매출 　(-)제품수준변동원가(DM) 　재료처리량(현금창출)공헌이익 　(-)운영비용(DL+VOH+FOH+판관비) 　영업이익

문제 100번 | 변동·전부원가계산의 기말재고 차이 | 출제구분: 기출변형 | 난이도: ★ ☆ ☆ | 정답: ④

- ㉠ 변동원가계산의 기말재고 구성항목 : 직접재료원가, 직접노무원가, 변동제조간접원가
  ㉡ 전부원가계산의 기말재고 구성항목 : 직접재료원가, 직접노무원가, 변동제조간접원가, 고정제조간접원가
- 변동원가계산의 경우 고정제조간접원가(FOH)가 전액 비용처리되므로, 변동원가계산방법을 적용한다면 전부원가계산에 의한 기말재고에 포함되어 있는 고정제조간접원가(FOH)만큼 기말재고가 감소한다.
  → 전부원가계산에 의한 기말재고에 포함되어 있는 고정제조간접원가(FOH) : 100단위 × @3 = 300

문제 101번 | 활동기준원가계산의 효익 증가조건 | 출제구분: 기출변형 | 난이도: ★ ★ ★ | 정답: ②

- ① 활동기준원가계산(ABC)은 원가를 활동별로 세분화하여 배부하여 원가왜곡을 방지하고 제조간접가의 추적가능성을 향상시켜 정확한 원가자료를 산출해 내는 장점으로 인해 제조간접가의 비중이 큰 기업에 매우 적합하다. 따라서, 아주 큰 비중의 간접원가가 한 두 개의 원가집합을 사용해서 배부되는 경우에는 효익이 크게 나타날 수 있다.
- ② 활동기준원가계산(ABC)은 고객의 다양한 소비욕구로 인한 현대의 다품종 소량생산체제에 적합하므로, 제품의 종류가 크게 감소하고 있는 경우에는 효익이 크게 나타날 수 없다.
- ③ 활동기준원가계산(ABC)은 원가계산의 정확성이 의심되는 경우에 그 효과를 크게 볼 수 있다. 즉, 복잡한 제품은 수익성이 높게 나타나고 간단한 제품에서는 손실이 발생되는 것처럼 보이는 경우와 같이 원가왜곡이 존재할 가능성이 있는 기업은, 활동기준원가계산(ABC)을 도입하면 원가왜곡이 감소되므로 그 효과를 크게 볼 수 있다.
- ④ 전통적 원가계산은 제품이 직접 자원을 소비하여 생산된다고 보지만, 활동기준원가계산(ABC)은 기업이 제조과정에서 수행하는 개별활동들이 자원을 소비하게 되고 개별제품은 이러한 활동들을 소비함으로써 생산된다고 본다. 따라서, 제품의 자원소비가 다양한 경우 활동별로 세분화하여 배부하는 활동기준원가계산(ABC)을 도입하면 효익이 크게 나타날 수 있다.

저자주 이따금 지문을 변경하여 출제되고 있는 문제이긴 하나, 회계사·세무사 시험용에 해당되며 재경관리사 시험수준을 고려할 때 다소 무리한 출제로 사료됩니다. 출제가 되고 있는 만큼 문구 정도 숙지 바랍니다.

문제 102번 | CVP분석 세부고찰 | 출제구분: 재출제 | 난이도: ★ ★ ☆ | 정답: ③

- ① 공헌이익률 = $\dfrac{\text{매출액} - \text{변동원가}}{\text{매출액}}$ 이므로, 변동원가 비중이 높으면(증가하면) 공헌이익률이 낮게 나타난다.
  → 또는, '변동비율 + 공헌이익률 = 1'에서 변동원가 비율이 높으면 공헌이익률은 낮게 나타난다.
- ② 영업레버리지도(3) = $\dfrac{\text{영업이익변화율}}{\text{매출액변화율}}$ 이므로, 매출액이 1% 변화할 때 영업이익이 3% 변화한다.
- ③ 손익분기점은 이익이 0인 판매량(매출액)이므로 이익이 0이면 법인세가 없다. 따라서, 손익분기점은 법인세가 존재하든 법인세가 존재하지 않든 영향없이 동일하다.
- ④ 매출배합이 일정하다는 가정은 CVP분석의 기본가정에 해당한다.

| 문제 103번 | CVP분석 기본가정 | 출제구분 | 기출변형 | 난이도 | ★ ☆ ☆ | 정답 | ① |

- 수익과 원가행태는 관련범위 내에서 곡선적이 아니라 선형(직선)이다.

Guide CVP분석의 기본가정

원가행태의 구분	• 모든 원가를 변동원가와 고정원가로 분리할 수 있다고 가정
선형성	• 수익과 원가의 행태가 확실히 결정되어 있고 관련범위 내에서 선형으로 가정 →단위당판매가격과 단위당변동원가는 일정
생산량·판매량의 일치성	• 생산량과 판매량은 일치하는 것으로 가정하여 생산량이 모두 판매된 것으로 가정 →즉, 재고수준이 일정, 동일하거나 하나도 없다고 가정
독립변수의 유일성	• 원가와 수익은 유일한 독립변수인 조업도에 의하여 결정된다고 가정
화폐의 시간가치 무시	• 화폐의 시간가치가 중요하지 않을 정도의 단기간이라고 가정 →∴단기투자의사결정에 유용한 분석방법임. →인플레이션을 무시한다는 한계점을 갖음.
일정한 매출배합	• 복수제품인 경우에는 매출배합이 일정하다고 가정
수익원천의 단일성	• 수익은 오직 매출로부터만 발생한다고 가정

| 문제 104번 | 목표이익을 위한 판매량 | 출제구분 | 기출변형 | 난이도 | ★ ★ ☆ | 정답 | ③ |

- 단위당변동원가 : 90(단위당DM)+60(단위당DL)+70(단위당VOH)+30(단위당변동판관비)=250
- 단위당공헌이익 : 500(단위당판매가격) - 250(단위당변동원가)=250
- 목표이익 700,000원을 위한 판매량 : $\frac{800,000(\text{고정원가})+700,000(\text{목표이익})}{250(\text{단위당공헌이익})}$ = 6,000단위

저자주 문제의 명확한 성립을 위해 누락된 단서인 '단, 법인세는 없다고 가정한다.'를 추가하기 바랍니다.

Guide 목표이익분석 산식 정리[법인세를 고려하지 않는 경우]

판매량	매출액
• 단위당공헌이익×판매량=고정원가+목표이익 □ 목표이익을 위한 판매량 = $\frac{\text{고정원가}+\text{목표이익}}{\text{단위당공헌이익}}$	• 공헌이익률×매출액=고정원가+목표이익 □ 목표이익을 위한 매출액 = $\frac{\text{고정원가}+\text{목표이익}}{\text{공헌이익률}}$

| 문제 105번 | 영업레버리지와 민감도분석 | 출제구분 | 신유형 | 난이도 | ★ ★ ★ | 정답 | ④ |

- 기호정의 : 단위당판매가격 p, 단위당변동원가 b, 판매량 Q, 고정원가 F
- 영업레버리지도(7) = $\frac{\text{공헌이익}=(p-b)Q}{\text{영업이익}=(p-b)Q-F=100,000}$ →7 = $\frac{(p-b)Q}{100,000}$ 에서, $(p-b)Q$ = 700,000
  →700,000 - F = 100,000 에서, F = 600,000
- 20x2년 공헌이익〈단서에 의해 p와 b는 20x1년과 20x2년 동일〉
  Q가 1.2Q로 변동되었으므로, 20x2년 공헌이익 = $(p-b)$1.2Q = 700,000×1.2 = 840,000
- 20x2년 영업이익〈단서에 의해 F는 20x1년과 20x2년 동일〉
  840,000(공헌이익) - 600,000(F) = 240,000

문제 106번 — 책임중심점의 책임범위 | 출제구분 기출변형 | 난이도 ★ ☆ ☆ | 정답 ④

- 투자중심점(investment center)은 원가 및 수익뿐만 아니라 투자의사결정에 대해서도 책임을 지는 책임중심점으로서 책임을 지는 범위가 가장 넓은 가장 포괄적인 개념이다.

Guide ▶ 책임중심점의 분류

원가중심점	• 통제가능한 원가의 발생만 책임을 지는 가장 작은 활동단위로서의 책임중심점(예) 제조부문)
수익중심점	• 매출액에 대해서만 통제책임을 지는 책임중심점(예) 판매부서 및 영업소) →수익중심점은 산출물만을 화폐로 측정하여 통제할 뿐 투입물과 산출물 모두에 의해 결정되는 이익에 대해서는 책임을 지지 않음. →그러나 매출액만으로 성과평가를 하게 되면 기업전체적으로 잘못된 의사결정을 야기 가능함.(불량채권의 발생, 원가절감의 경시 등 여러 가지 문제점에 노출될 수 있기 때문임.)
이익중심점	• 원가와 수익 모두에 대해서 통제책임을 지는 책임중심점 →이익중심점은 전체 조직이 될 수도 있지만 조직의 한 부분, 즉 판매부서, 각 지역(점포)단위 등으로 설정될 수도 있는데 이 경우 책임중심점이란 이익중심점을 뜻하는 것이 일반적임. →이익중심점은 수익중심점에 비해 유용한 성과평가기준이 됨. 성과평가의 기준을 이익으로 할 경우 해당 경영자는 공헌이익 개념에 의해서 관리를 수행할 것이고 이로 인해 회사전체적 입장에서 최적의 의사결정에 근접할 수 있음.
투자중심점	• 원가·수익 및 투자의사결정도 책임지는 책임중심점으로 가장 포괄적 개념임. →기업이 제품별 또는 지역별로 별도의 독립적인 조직으로 분리될 정도로 규모가 커져 제품별 또는 지역별 사업부로 분권화된 경우, 이 분권화조직이 투자중심점에 해당함.

문제 107번 — 매출가격차이와 매출조업도차이 | 출제구분 기출변형 | 난이도 ★ ★ ★ | 정답 ④

- 단위당예산공헌이익 : 200 - (120 + 30) = 50
- 매출가격차이 분석(단위당판매가격으로 분석)

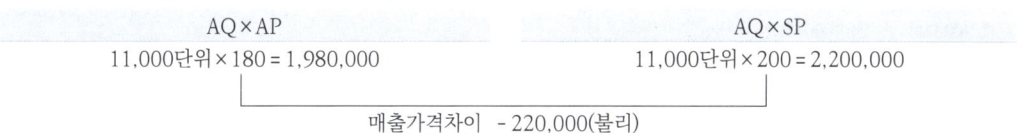

AQ × AP   AQ × SP
11,000단위 × 180 = 1,980,000   11,000단위 × 200 = 2,200,000

매출가격차이 - 220,000(불리)

- 매출조업도차이 분석(단위당예산공헌이익으로 분석)

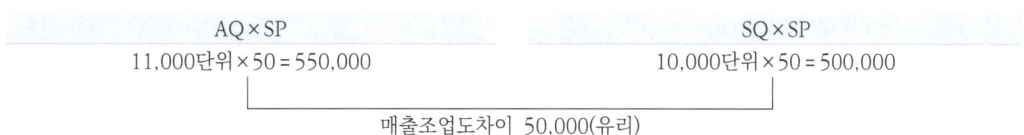

AQ × SP   SQ × SP
11,000단위 × 50 = 550,000   10,000단위 × 50 = 500,000

매출조업도차이 50,000(유리)

Guide ▶ 매출가격차이와 매출조업도차이 계산

기호정의	• AQ : 실제판매량, AP : 단위당실제판매가격 SQ : 예산판매량, SP : 단위당예산판매가격(또는 단위당예산공헌이익)
매출총차이 분해	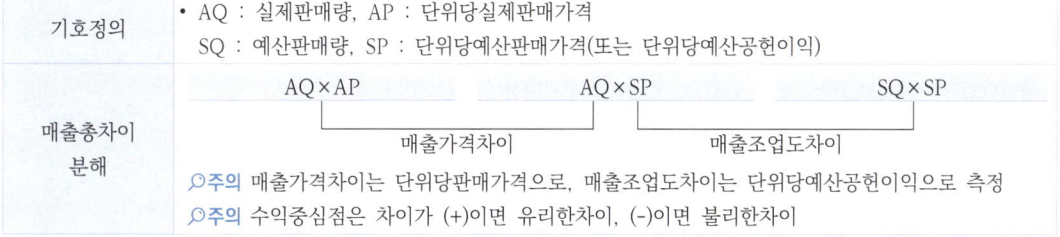 🔎주의 매출가격차이는 단위당판매가격으로, 매출조업도차이는 단위당예산공헌이익으로 측정 🔎주의 수익중심점은 차이가 (+)이면 유리한차이, (-)이면 불리한차이

| 문제 108번 | 잔여이익법의 특징 | 출제구분 | 기출변형 | 난이도 | ★ ☆ ☆ | 정답 | ③ |

- 잔여이익법은 금액, 투자수익률법은 비율에 의하므로 채택(수락)되는 투자안이 상이할 수 있다.
  - ㉠ 투자수익률(ROI) = $\dfrac{\text{영업이익}}{\text{영업자산(투자액)}}$
  - ㉡ 잔여이익(RI) = 영업이익 - 영업자산(투자액) × 최저필수수익률

Guide▶ 잔여이익(RI) 주요사항

RI 계산	☐ 잔여이익(RI) = 영업이익 - 영업자산(투자액) × 최저필수수익률 ⚠주의 투자수익률(ROI)에 의한 의사결정과 잔여이익(RI)에 의한 의사결정은 일치하지 않음. → 즉, 투자수익률(ROI)에서는 채택되어도 잔여이익(RI)에서는 기각 가능
장점	• 준최적화현상이 발생하지 않음. →각 사업부의 경영자는 최저필수수익률을 초과하는 모든 투자안을 수락하게 되므로 투자중심점과 회사전체의 이익을 동시에 극대화 가능
단점	• 금액으로 표시하므로 각 사업부의 투자규모가 상이할 경우 사업부간 성과 비교에 한계가 있음. • 투자수익률(ROI)과 마찬가지로 회계적이익에 기초하므로 성과평가와 의사결정의 일관성이 결여

| 문제 109번 | 잔여이익 계산 기초사항 | 출제구분 | 기출변형 | 난이도 | ★ ☆ ☆ | 정답 | ③ |

- 잔여이익(RI) = 영업이익 - 영업자산(투자액) × 최저필수수익률

∴ 7,000,000 - 20,000,000 × 15% = 4,000,000

| 문제 110번 | 투자수익률(ROI) 증감분석 | 출제구분 | 재출제 | 난이도 | ★ ★ ★ | 정답 | ① |

- 투자수익률(ROI) 30%를 달성하기 위한 영업자산을 A라 하면,
  → $\dfrac{1{,}200{,}000}{A} \times \dfrac{240{,}000}{1{,}200{,}000} = 30\%$ 에서, $A = 800{,}000$

∴ 영업자산 감소액 : 1,000,000 - 800,000 = 200,000

Guide▶ 투자수익률(ROI) 주요사항

ROI 계산	☐ 투자수익률(ROI) = $\dfrac{\text{영업이익}}{\text{영업자산(투자액)}}$ = $\dfrac{\text{영업이익}}{\text{매출액}} \times \dfrac{\text{매출액}}{\text{영업자산}}$ = 매출액영업이익률 × 자산회전율
장점	• 비율로 표시되므로 투자규모가 서로 다른 투자중심점간의 성과평가 및 비교에 유용
단점	• 준최적화현상이 발생함. →회사전체 최저필수수익률을 상회하는 좋은 투자안이 개별투자중심점의 투자수익률 보다 낮기 때문에 투자가 포기되어 회사전체이익에 불리한 의사결정이 이루어짐.('잔여이익'으로 해결가능) • 회계적이익에 기초하므로 성과평가와 의사결정(현금흐름에 기초)의 일관성이 결여 • 화폐의 시간가치를 고려하지 않음.(단기적 성과 강조)
증대방안	• 매출액증대와 원가의 감소, 진부화된 투자자산의 처분(감소)

| 문제 111번 | 경제적부가가치(EVA) 계산 산식 | 출제구분 | 신유형 | 난이도 ★☆☆ | 정답 ① |

- EVA는 세후금액으로 계산하며 가중평균자본비용을 적용한다.
- EVA(경제적부가가치) = 세후영업이익 - 투하자본(투자액) × 가중평균자본비용
  = 세후영업이익 - (총자산 - 유동부채) × 가중평균자본비용
  = 세후영업이익 - (비유동부채 + 자기자본) × 가중평균자본비용
  = 세후영업이익 - (순운전자본 + 비유동자산) × 가중평균자본비용

참고 투하자본 계산시 재무상태표 도해

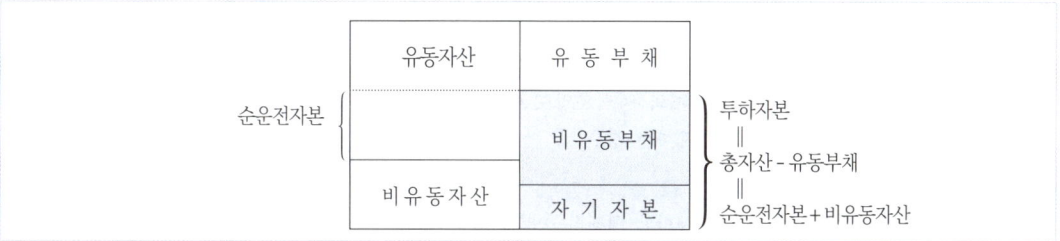

저자주 신유형에 해당하는 문제이긴 하나 기초적인 문제이므로 절대 틀려서는 안되는 문제에 해당합니다.

| 문제 112번 | 특별주문과 영업이익 증감 : 유휴능력 충분 | 출제구분 | 신유형 | 난이도 ★★★ | 정답 ③ |

- 판매수량 : 2,000,000(매출액) ÷ 200(단위당판매가격) = 10,000단위
  단위당변동매출원가 : (1,000,000 × 50%) ÷ 10,000단위 = 50
  단위당변동판매비와관리비 : (500,000 × 50%) ÷ 10,000단위 = 25

- 추가주문을 받아들이는 경우
  증분수익 - 증가 :　　　　　주문액 500단위 × 90 =　45,000
  증분비용 - 증가 : 변동원가 500단위 × (50 + 25) = (37,500)
  증분손익　　　　　　　　　　　　　　　　　　　　　7,500

| 문제 113번 | 추가가공여부 의사결정 | 출제구분 | 재출제 | 난이도 ★★☆ | 정답 ② |

- 개조한 후 판매의 경우
  증분수익 - 증가 : 500단위 × (@500 - @200) =　150,000
  증분비용 - 증가 :　　　　　　추가공원가 = (100,000)
  증분손익　　　　　　　　　　　　　　　　　　50,000

  → ∴개조하여 판매하는 경우(추가가공하는 경우) 50,000원의 증분이익이 발생하므로 개조하여 판매한다.

참고 총액접근법

	그대로 처분하는 경우	개조한 후 판매의 경우	
매출 :	500단위 × 200 = 100,000	500단위 × 500 = 250,000	→증분수익 150,000
원가 :	200,000	200,000 + 100,000 = 300,000	→증분비용 100,000
	△100,000	△50,000	→증분이익 50,000

- ① 100,000원의 추가비용을 지출하여 단위당 500원에 처분하는 것이 가장 유리하다.
  ③ 개조하여 판매하면 50,000원의 손실이 발생한다.
  ④ 그대로 제품단위당 200원에 처분하면 100,000원의 손실이 발생하긴 하나, 제품을 그대로 보유하고 있는 선택의 경우는 제조원가(200,000원)만큼 손실을 보므로 처분이나 개조후 판매를 통해 손실을 줄이는게 낫다.

문제 114번 | 유휴설비 부족시 특별주문 관련원가 | 출제구분: 재출제 | 난이도: ★☆☆ | 정답: ②

- 고정원가(고정제조간접원가)는 특별주문에 대한 의사결정을 함에 있어 비관련원가이다.
  → 그러나, 고정원가가 특별주문으로 증감하는 경우에는 의사결정에 고려한다.

Guide 특별주문 수락·거부 의사결정

고려사항	• 특별주문으로 증가되는 수익(특별주문가격)과 변동원가 • 유휴설비능력이 있는 경우 유휴설비의 대체용도를 통한 이익상실분(기회원가) • 유휴설비능력이 없는 경우 기존 정규매출감소로 인한 공헌이익상실분 • 유휴설비능력이 없는 경우 설비능력 확충시 추가적 설비원가 ⊙주의 고정원가(FOH,고정판관비)는 특별주문의 수락여부와 관계없이 일정하게 발생하므로 일반적으로 분석에서 제외하나, 조업도 수준에 따라 증감하는 경우에는 고려함.
주문수락 의사결정	⊙ 유휴설비능력이 존재하는 경우 □ 증분수익 > 증분원가 ⓒ 유휴설비능력이 존재하고 대체적 용도가 있는 경우 □ 증분수익 > 증분원가+기회원가 ⓒ 유휴설비능력이 존재하지 않는 경우 □ 증분수익 > 증분원가+추가설비원가+기존판매량 감소분의 공헌이익

문제 115번 | 순현재가치법과 NPV 계산 | 출제구분: 기출변형 | 난이도: ★☆☆ | 정답: ①

- 현금흐름 추정

```
       x1년초        x1년말        x2년말        x3년말
       ├──────────────┼─────────────┼─────────────┤
     (8,000,000)   5,000,000    4,000,000    3,000,000
```

- NPV(순현재가치) : $(5,000,000 \times 0.9 + 4,000,000 \times 0.8 + 3,000,000 \times 0.7) - 8,000,000 = 1,800,000$

*저자주 문제의 명확한 성립을 위해 '단, 현금지출운용비 감소효과는 매년 말에 발생한다'를 추가바랍니다.

Guide 순현재가치법(NPV법)

의의	□ NPV(순현재가치) = 현금유입의 현재가치 - 현금유출의 현재가치	
	⊙주의 할인율 : 자본비용(=최저필수수익률=최저요구수익률)	
의사결정	상호독립적 투자안	• 'NPV > 0'인 투자안 채택
	상호배타적 투자안	• NPV가 가장 큰 투자안 채택

| 문제 116번 | 현금흐름추정의 기본원칙 | 출제구분 | 재출제 | 난이도 | ★ ☆ ☆ | 정답 | ④ |

- 이자비용은 현금유출이지만 현재가치를 계산할 때 사용되는 할인율(자본비용)을 통해 반영되는 항목이다. 따라서, 현금흐름의 계산에서 이자비용을 계산하고 다시 할인율을 적용하는 것은 이중계산이 되므로, 이자비용이 전혀 없는 상황을 가정하여 현금흐름을 추정해야 한다.

Guide 자본예산시 현금흐름추정의 기본원칙

증분기준	• 투자안의 증분현금흐름(대안간에 차이가 나는 현금흐름)을 사용함. →∴매몰원가 제외
세후기준	• 현금흐름을 파악할 때에는 법인세를 차감한 후의 금액을 기준으로 함.
감가상각비	• 감가상각비는 현금유출이 아니나, 감가상각비의 감세효과(절세효과)는 현금유입 처리함.
이자비용	• 자본비용(할인율)에 반영되어 있으므로 이자비용은 고려하지 않음. →현금흐름의 계산에서 이자비용을 계산하고 다시 할인율을 적용하는 것은 이중계산이 되므로, 이자비용이 전혀 없는 상황을 가정하여 현금흐름을 추정해야 함.
인플레이션	• 명목현금흐름은 명목할인율로, 실질현금흐름은 실질할인율로 할인해야 함.

| 문제 117번 | 대체가격(TP) 결정시 고려사항 | 출제구분 | 재출제 | 난이도 | ★ ★ ☆ | 정답 | ① |

- 목표일치성기준에 따라 각 사업부의 이익극대화뿐만 아니라 기업전체의 이익도 극대화 할 수 있는 방향으로 대체가격을 결정하여야 한다.

Guide 대체가격(transfer price) 결정시 고려할 기준

목표일치성기준	• 각 사업부목표뿐 아니라 기업전체목표도 극대화할 수 있는 방향으로 결정해야 한다는 기준 →개별사업부 관점에서는 최적이지만 기업전체의 관점에서는 최적이 되지 않는 상황을 준최적화 현상이라고 하며, 대체가격결정시 준최적화 현상이 발생하지 않도록 해야 함.
성과평가기준	• 각 사업부의 성과를 공정하게 평가할 수 있는 방법으로 대체가격이 결정되어야 한다는 기준 →대체가격이 합리적으로 결정되지 않으면 성과평가는 공정성을 상실하고 각 사업부 관리자의 이익창출 의욕을 감퇴시킴으로써 분권화의 목적을 달성하지 못할 가능성이 있음.
자율성기준	• 각 사업부의 경영자가 자율적으로 의사결정을 하고 대체가격을 결정해야 한다는 기준 →자율성으로 인하여 준최적화가 발생가능하므로, 다른 기준보다는 중요성이 떨어짐.

문제 118번 | 제품라인 유지·폐지 의사결정 | 출제구분 재출제 | 난이도 ★★☆ | 정답 ②

- 사업부 갑을 폐지하는 경우
  증분수익 - 감소 : 공헌이익 = (100,000)
  증분비용 - 감소 : 공통원가배분액 50,000 - 30,000 = <u>20,000</u>
  증분손익   (80,000)

∴당기순이익 : 500,000 - 80,000(증분손실) = 420,000

Guide 제품라인 유지·폐지 의사결정

고려사항	• 회사전체의 이익에 미치는 영향을 기준으로 폐지여부를 결정함. →제품라인의 유지·폐지 문제에서는 제품라인 자체의 이익을 고려하여 결정하는 것이 아니라, 기업 전체적인 입장(goal congruence)에서 전체 이익에 미치는 영향을 분석해야 함. • 폐지로 인한 회피가능고정비 존재시 이 또한 고려함. →제품라인을 폐지할 경우 매출액과 변동원가는 사라지지만 고정원가는 회피가능고정원가와 회피불가능고정원가로 나눌 수 있기 때문임.
제품라인폐지 의사결정	ㅁ 제품라인의 공헌이익 < (회피가능고정원가+기회원가)

문제 119번 | 자본예산모형의 구분 | 출제구분 신유형 | 난이도 ★☆☆ | 정답 ②

- 내부수익률(IRR) : 현금유입액의 현재가치와 현금유출액의 현재가치를 같게 해주는 할인율

*저자주 신유형에 해당하는 문제이긴 하나 기초적인 문제이므로 절대 틀려서는 안되는 문제에 해당합니다.

Guide 내부수익률법(IRR법)

의의	ㅁ IRR : '현금유입의 현재가치 = 현금유출의 현재가치'로 만드는 할인율
	주의 결국, IRR은 'NPV=0'인 할인율임.
	보론 IRR은 자본비용의 손익분기점이라는 의미를 갖음.(즉, 자본비용보다 크면 이익)
의사결정	상호독립적 투자안 • 'IRR 〉 자본비용'이면 채택
	상호배타적 투자안 • IRR이 가장 큰 투자안 채택
장점	• ㉠ 현금흐름과 화폐의 시간가치를 고려함. ㉡ 회계적 수치와 무관하므로 자의적 요인을 제거 가능함.
단점	• ㉠ 내부수익률로 재투자된다고 가정하므로 지나치게 낙관적이라는 문제점이 있음. ㉡ IRR을 계산하기가 어려움.(∵보간법이나 시행착오법 사용) ㉢ IRR은 금액이 아닌 비율(투자규모 무시)이므로 가치가산원칙이 성립치 않음. ㉣ 현금흐름에 따라서는 IRR이 복수이거나, IRR이 존재치 않을 수 있는 문제점이 있음.

| 문제 120번 | 균형성과표(BSC)의 성과평가지표 | 출제구분 | 재출제 | 난이도 | ★ ★ ☆ | 정답 | ① |

- 시장점유율은 고객관점에서의 성과측정치이다.

Guide 균형성과표(BSC)의 관점별 성과평가지표(성과측정치)

재무적 관점		• 성과측정치 : ROI, RI, EVA, 매출액증가율, 매출액 이익률, 제품별수익성, 자산수익률
고객 관점		• 성과측정치 : 시장점유율, 고객충성도, 고객만족도, 신규고객수, 고객수익성
내부프로세스관점	혁신프로세스	• 성과측정치 : 신제품 개발수, 신제품과 개발기간, 특허취득건수
	운영프로세스	• 성과측정치 : 수율, 능률차이, 불량률, 품질원가, 적시배송률(주문·배달기간)
	판매후 프로세스	• 성과측정치 : 불량건수, 불량품 교체시간, 첫통과율, 서비스대응시간
학습과 성장 관점		• 성과측정치 : 종업원만족도, 종업원유지도, 이직률, 종업원생산성, 기술수준

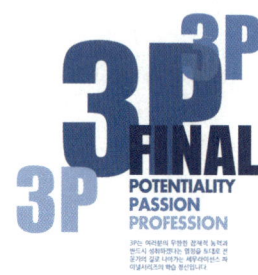

재경관리사 공개기출해설[원가]

Certified Accounting Manager

2019년 9월에 시행된 기출문제에 대한 완벽한 해설을 관련이론(가이드)과 함께 제시하였습니다. 해당 문제는 합본부록을 참고바랍니다.

원가관리회계 공개기출문제해설
[2019년 09월 시행]

SEMOOLICENCE

문제 81번 | 원가회계의 한계점 | 출제구분: 재출제 | 난이도: ★★☆ | 정답: ②

- 재무회계는 객관적으로 측정가능한 회계자료를 기초로 수익과 비용을 인식하며 정해진 회계절차를 적용한다. 그러나 원가회계는 경영자의 목적에 따라 다양한 회계절차를 적용해야 하는 어려움이 있다.

Guide 원가회계의 한계점

계량적 정보	• 원가회계가 제공하는 정보는 화폐단위로 표시되는 계량적 자료이나, 경영자가 계획을 수립하고 통제를 수행할 때는 질적인 정보와 함께 기업의 외부정보도 필요함. →원가회계는 비화폐성 정보와 질적인 정보는 제공하지 못함.
다양한 회계절차	• 재무회계는 객관적으로 측정가능한 회계자료를 기초로 수익과 비용을 인식함. →원가회계는 경영자의 목적에 따라 다양한 회계절차를 적용해야 하는 어려움이 있음.
목적적합성 불충족	• 제품의 원가는 기업이 채택하고 있는 원가회계방법에 의하여 자동적으로 계산되는 것이기 때문에 특정한 시점에서 원가회계가 모든 의사결정에 목적적합한 원가정보를 제공할 수는 없음. →따라서 경영자는 어떤 의사결정을 할 때 원가회계가 제공하는 정보가 그 의사결정에 부합되는 정보인지를 사전에 충분히 검토해야 함.
비경제적 정보생산	• 경영자는 비용과 효익을 분석하여 원가정보의 양을 적절히 정해야 하며, 특히 원가회계책임자는 비경제적인 정보생산이 일어나지 않도록 항상 유의해야 함.

문제 82번 | 제조원가명세서 포함항목 | 출제구분: 기출변형 | 난이도: ★☆☆ | 정답: ④

- 제조원가명세서는 재공품계정의 변동과 동일하며 최종결과금액으로 당기제품제조원가(=당기에 완성되어 제품으로 대체된 총제조원가)를 보여준다. →매출원가는 포괄손익계산서에 포함되어 표시된다.

Guide 제조원가명세서 양식[금액은 임의 가정치임]

제조원가명세서
20x1년 1월 1일부터 20x1년 3월 31일까지

Ⅰ. 직접재료원가		3,000,000원
기초원재료재고액	300,000원	
당기원재료매입액	6,000,000원	
기말원재료재고액	(3,300,000원)	
Ⅱ. 직접노무원가		2,000,000원
Ⅲ. 제조간접원가		3,000,000원
Ⅳ. 당기총제조원가		8,000,000원
Ⅴ. 기초재공품		1,000,000원
Ⅵ. 기말재공품		(500,000원)
Ⅶ. 당기제품제조원가		8,500,000원

| 문제 83번 | 보조부문과 제조간접원가배부율 | 출제구분 | 재출제 | 난이도 | ★ ★ ☆ | 정답 | ③ |

- ① 부문별 제조간접원가배부율을 사용시는 보조부문원가 배분방법(직접배분법, 단계배분법, 상호배분법)에 따라 부문별(제조부문별) 제조간접원가가 달라지고, 이에 따라 부문별 제조간접원가배부율이 상이해 진다.
- ② 이중배분율법은 변동원가와 고정원가를 구분해서 변동원가는 실제사용량을 기준으로 배분하고 고정원가는 서비스의 최대사용가능량을 기준으로 배분한다.
- ③ 공장전체 제조간접원가배부율을 사용하는 경우에는 보조부문원가 배분방법(직접배분법, 단계배분법, 상호배분법)에 관계없이 어떤 방법에 의하더라도 보조부문원가 총액이 동일하게 제조부문에 집계되므로 공장전체 제조간접원가배부율이 영향을 받지 않는다.
- ④ 단계배분법은 배분순서에 따라 배분 후의 결과가 달라진다. 따라서, 배분순서의 결정이 중요하다.

| 문제 84번 | 보조부문원가의 배분방법 구분 | 출제구분 | 기출변형 | 난이도 | ★ ☆ ☆ | 정답 | ④ |

- 보조부문원가의 배분방법에는 보조부문 상호간의 용역수수관계를 어느 정도 인식하는지에 따라 직접배분법, 단계배분법, 상호배분법으로 구분되며, 이 중 보조부문간의 용역수수를 부분적으로 일부 인식하여 반영하는 배분방법은 단계배분법이다.

★저자주 '간접배분법'은 보조부문원가 배분방법이 아니며, 단순히 4지 선다를 구성하기 위한 현혹문구에 해당합니다. 한편, '배부'는 원가대상이 제품으로 한정될 때 사용하는 용어이므로 정확히는 '배분'이 맞는 용어이나 서로 혼용되고 있습니다.

Guide 보조부문원가 배분방법별 특징

직접배분법 (direct method)	• 보조부문 상호간에 행해지는 용역의 수수를 완전히 무시하고 보조부문원가를 각 제조부문이 사용한 용역의 상대적 비율에 따라 제조부문에 직접 배분하는 방법 →보조부문원가는 다른 보조부문에 전혀 배분되지 않게 됨.
단계배분법 (step method)	• 보조부문원가의 배분순서를 정하여 그 순서에 따라 단계적으로 보조부문원가를 다른 보조부문과 제조부문에 배분하는 방법 →한 보조부문원가를 다른 보조부문에도 배분하게 되나, 먼저 배분된 보조부문에는 다른 보조부문원가가 배분되지 않음.(보조부문간의 용역수수관계를 일부 인식)
상호배분법 (reciprocal method)	• 보조부문간의 상호 관련성을 모두 고려하는 배분방법으로 가장 논리적인 방법임. →각 보조부문간의 용역수수관계를 방정식을 통해 계산하여 보조부문원가를 배분하게 됨. (보조부문간의 용역수수관계를 완전히 인식)

문제 85번 — 작업원가표에 의한 당기제품제조원가 | 출제구분: 재출제 | 난이도: ★★☆ | 정답 ④

- 당기총제조원가 : (290,000 + 300,000) + (85,000 + 92,000) + 150,000 = 917,000
- 당기제품제조원가 : 53,000(기초재공품) + 917,000(당기총제조원가) − 0(기말재공품) = 970,000

재공품계정			
기초재공품	53,000	당기제품제조원가	970,000
당기총제조원가(DM+DL+OH)	917,000	기말재공품	0

Guide 제조기업의 원가흐름

계정흐름	원재료		재공품		제품	
	기초원재료 당기매입	사용액(DM) 기말원재료	기초재공품 당기총제조원가	당기제품제조원가 기말재공품	기초제품 당기제품제조원가	제품매출원가 기말제품
당기총제조원가	• 직접재료원가(DM) + 직접노무원가(DL) + 제조간접원가(OH)					
당기제품제조원가	• 기초재공품 + 당기총제조원가 − 기말재공품					
제품매출원가	• 기초제품 + 당기제품제조원가 − 기말제품					

문제 86번 — 제조간접원가 배부기준별 배부액 차이 | 출제구분: 신유형 | 난이도: ★★★ | 정답 ②

- 제조간접원가의 직접노동시간 기준 배부와 직접노무원가 기준 배부시 프리미엄전화기의 제조원가 차이는 제조간접원가 배부액 차이와 동일하다.(∵직접재료원가와 직접노무원가는 동일함.)
- 프리미엄전화기 제조간접원가 배부액 계산

	직접노동시간 기준 배부	직접노무시간 기준 배부
제조간접원가배부율	$\dfrac{3{,}000{,}000}{100\text{시간}+200\text{시간}} = 10{,}000$	$\dfrac{3{,}000{,}000}{100\text{시간}\times1{,}000+200\text{시간}\times2{,}000} = 6$
제조간접원가배부액	200시간 × 10,000 = 2,000,000	(200시간 × 2,000) × 6 = 2,400,000
배부액 차이	2,400,000 − 2,000,000 = 400,000	

문제 87번 — 종합원가계산 특징과 장점 | 출제구분: 재출제 | 난이도: ★★☆ | 정답 ②

- ㄴ : 원가의 집계가 개별작업별로 이루어지는 것이 아니라 공정별로 이루어지기 때문에 개별작업별로 작업지시서를 작성할 필요는 없다.
- ㄹ : 원가통제와 성과평가 개별작업별로 이루어지는 것이 아니라 공정별로 이루어진다.

Guide 종합원가계산 특징과 장점

특징	• 특정기간 동안 특정공정에서 생산된 제품은 원가측면에서 서로가 동일하다고 가정함 → 즉, 제품원가를 평균개념에 의해서 산출함. • 원가의 집계가 개별작업별로 이루어지는 것이 아니라 공정별로 이루어지기 때문에 개별작업별로 작업지시서를 작성할 필요는 없음. • 동일제품을 연속적으로 대량생산하지만 모든 생산공정이 원가계산기간말에 종료되는 것은 아니므로 어떤 공정에 있어서든지 기말시점에는 부분적으로 가공이 완료되지 않은 재공품이 존재하게 됨. • 원가통제와 성과평가가 개별작업별로 이루어지는 것이 아니라 공정별로 이루어 짐.
장점	• 개별원가계산에 비하여 기장절차가 간단하므로 시간과 비용이 절약됨. • 원가관리·통제가 제품별이 아닌 공정이나 부문별로 수행되므로 원가에 대한 책임중심점이 명확해짐.

| 문제 88번 | 종합원가계산과 기말재공품 원가증가 요인 | 출제구분 | 기출변형 | 난이도 | ★ ★ ★ | 정답 | ① |

- 기말재공품원가 : <u>완성품환산량</u> × <u>완성품환산량단위당원가</u>
  ⇩   ⇩
  '물량×완성도'   '$\frac{원가}{총완성품환산량}$'

→따라서, 물량이 동일한 경우 ㉠ 완성도가 증가되거나 ㉡ 원가가 증가되면, 기말재공품원가가 증가한다.
- ① 전년도에 비해 노무임률이 상승   →원가증가
  ② 전년도에 비해 제조간접원가가 감소   →원가감소
  ③ 기초보다 기말의 재공품 완성도가 감소 →완성도감소
  ④ 전년도에 비해 판매량이 감소   →판매량은 원가의 상승요소가 아님.

Guide 종합원가계산 평균법 계산절차

【1단계】	• 물량흐름을 파악 →완성품수량, 기말수량과 완성도
【2단계】	• 원가요소별(전공정비, 재료비, 가공비)로 완성품환산량 계산
【3단계】	• 원가요소별로 기초재공품원가와 당기발생원가를 합한 총원가 계산
【4단계】	• 원가요소별로 완성품환산량단위당원가를 계산 →완성품환산량단위당원가 = 원가요소별총원가÷원가요소별완성품환산량
【5단계】	• 완성품원가와 기말재공품원가 계산 →완성품원가 = 원가요소별완성품환산량×원가요소별환산량단위당원가

| 문제 89번 | 종합원가계산 회계처리 | 출제구분 | 재출제 | 난이도 | ★ ★ ☆ | 정답 | ④ |

- 종합원가계산에서는 제조과정에서 발생한 원가를 회계처리하기 위하여 재공품계정을 설정하며, 이 경우 공정이 단순할 경우에는 하나의 재공품계정만 설정하여도 되지만 공정이 많을 경우에는 공정별로 재공품계정을 설정하여 회계처리하여야 한다.
- 제조공정이 2개인 경우 완성품원가는 다음과 같이 회계처리한다.

제2공정에서 완성품원가의 대체시	(차) 제품	xxx	(대) 재공품(2공정)	xxx
제품의 매출시	(차) 매출원가	xxx	(대) 제품	xxx

문제 90번 | 기말재공품 완성도 과대평가의 영향 | 출제구분: 기출변형 | 난이도: ★★★ | 정답: ③

- 기말재공품 완성도를 과대평가할 경우
  ㉠ 기말재공품 완성품환산량 과대
  ㉡ 완성품환산량이 과대해지면 투입된 원가는 일정하므로 완성품환산량단위당원가가 과소
  ㉢ 완성품의 완성품환산량은 변화가 없으므로 완성품환산량단위당원가의 과소로 완성품원가(당기제품제조원가)는 과소
  ㉣ 상대적으로 기말재공품(재공품계정)의 원가는 과대(재고자산 과대)
  ㉤ '기초제품 + 당기제품제조원가 − 기말제품 = 매출원가'에서 제품계정에는 영향이 없으나, 당기제품제조원가의 과소로 인해 매출원가가 과소평가되고 영업이익(당기순이익)이 과대평가된다.
  ㉥ 영업이익(당기순이익)이 과대평가되므로 이익잉여금이 과대계상된다.

*비교 기말재공품 완성도를 과소평가할 경우〈위와 반대의 결과〉
  ㉠ 기말재공품 완성품환산량 과소
  ㉡ 완성품환산량이 과소해지면 투입된 원가는 일정하므로 완성품환산량단위당원가가 과대
  ㉢ 완성품의 완성품환산량은 변화가 없으므로 완성품환산량단위당원가의 과대로 완성품원가(당기제품제조원가)는 과대
  ㉣ 상대적으로 기말재공품(재공품계정)의 원가는 과소(재고자산 과소)
  ㉤ '기초제품 + 당기제품제조원가 − 기말제품 = 매출원가'에서 제품계정에는 영향이 없으나, 당기제품제조원가의 과대로 인해 매출원가가 과대평가되고 영업이익(당기순이익)이 과소평가된다.
  ㉥ 영업이익(당기순이익)이 과소평가되므로 이익잉여금이 과소계상된다.

문제 91번 | 표준원가계산의 유용성(목적) | 출제구분: 기출변형 | 난이도: ★☆☆ | 정답: ①

- 표준원가계산을 적용하여 제품제조기술을 향상시키고자 하는 것은 아니다. 어떠한 원가계산제도를 채택하는지는 제품제조기술의 향상에 영향을 미치지 않는다.

Guide 표준원가계산의 유용성(목적)

원가관리와 통제	• 표준원가와 실제원가를 비교하여 실제원가가 표준원가 범위 내에서 발생하는지를 파악함으로써 원가통제를 보다 효과적으로 수행할 수 있음. →예외에 의한 관리가 가능 • 차이분석 결과는 경영자에게 보고되며, 그것은 차기 표준·예산설정에 피드백됨.
예산편성(계획)	• 표준원가가 설정되어 있으면 예산을 설정하는데 용이할 수 있음.
재무제표작성	• 표준원가는 과학적이고 통계적인 수치를 이용하기 때문에 재고자산가액과 매출원가 산출시 근거가 되는 보다 진실한 원가정보를 제공할 수 있다는 장점이 있음.
업무간소화와 신속성	• 표준원가계산에서는 단위당표준원가가 설정되어 있기 때문에 원가흐름에 대한 가정이 필요 없으며 단지 물량만 파악하면 되므로 원가계산이 신속하고 간편해 짐. →제품완성과 동시에 원가를 계산할 수 있음.

| 문제 92번 | 직접노무원가 임률차이 발생원인 | 출제구분 | 재출제 | 난이도 | ★ ☆ ☆ | 정답 | ③ |

- 직접노무원가 가격차이와 능률차이

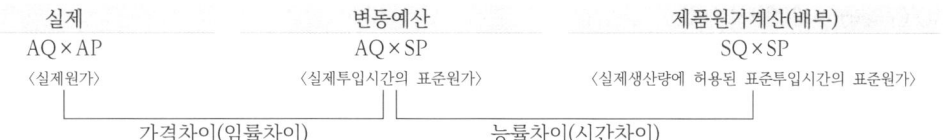

- 할증임금이 지급되면 실제 시간당 임률이 증가한다. 따라서, 실제임률(AP)이 표준임률(SP)보다 커지므로 직접노무원가 불리한 임률차이(=가격차이)를 발생시킨다.

| 문제 93번 | 표준원가의 종류와 특징 | 출제구분 | 재출제 | 난이도 | ★ ★ ★ | 정답 | ① |

- 표준의 내용을 어떻게 설정하는가에 따라 원가관리에 더 적합할 수 있고 예산관리에 유용하게 이용될 수 있는 것은 현실적 표준이다.

Guide 표준원가의 종류별 특징

이상적 표준 (ideal)	• 기존설비·제조공정에서 정상적 기계고장, 정상감손 및 근로자 휴식시간 등을 고려하지 않고 최선의 조건하에서만 달성할 수 있는 이상적인 목표하의 최저목표원가임. • 이상적 표준은 이를 달성하는 경우가 거의 없기 때문에 항상 불리한 차이가 발생되며, 이에 따라 종업원의 동기부여에 역효과를 초래함. • 실제원가와의 차이가 크게 발생하므로 재고자산평가나 매출원가산정에 적합하지 않음. →그러나 전혀 의미없는 것은 아니고 현실적 표준 설정을 위한 출발점으로서의 의미를 갖음.
정상적 표준 (normal)	• 정상적인 조업수준이나 능률수준에 대하여 설정된 표준원가임. →여기서 정상이란 경영활동에서 이상 또는 우발적인 상황을 제거한 것을 의미함. • 정상적 표준은 경영에 있어 비교적 장기간에 이르는 과거의 실적치를 통계적으로 평균화하고 여기에 미래의 예상추세를 감안하여 결정됨. →따라서, 경제상태가 비교적 안정된 경우에는 재고자산가액 산정과 매출원가계산에 가장 적합하며 원가관리를 위한 성과평가의 척도가 될 수 있음.
현실적 표준 (practical)	• 경영의 실제활동에서 열심히 노력하면 달성될 것으로 기대되는 표준원가임. →이는 정상적인 기계고장과 근로자 휴식시간을 허용하며, 작업에 참여하는 평균적인 근로자들이 합리적이면서 매우 효율적으로 노력을 하면 달성될 수 있는 표준임. • 현실적 표준과 실제원가와의 차이는 정상에서 벗어난 비효율로서 차이발생에 대해 경영자의 주의를 환기시키는 신호가 된다는 점에서 경영자에게 매우 유용함. • 현실적 표준은 설정내용에 따라서 원가관리에 더욱 적합할 수 있고 예산관리에도 유용하게 이용될 수 있음. • 표준원가계산제도에서의 표준원가라 하면 일반적으로 현실적 표준원가를 의미함.

문제 94번 | 직접재료원가 구입가격차이와 SP추정 | 출제구분: 재출제 | 난이도: ★★★ | 정답: ②

- AP(단위당 실제구입가격) = 200
- AQ'(구입량) 추정[원재료계정]

| 기초원재료 | 160,000 | 투입액(사용액) | 400,000 |
| 구입액(AQ'×AP) | ? | 기말원재료 | 145,000 |

→ 구입액(AQ'×AP) = 385,000
→ AP = 200이므로, 구입량(AQ') = 1,925단위

- SP(단위당 표준원가) 계산

| AQ'×AP | AQ'×SP |
| 1,925단위(실제구입량)×200 | 1,925단위(실제구입량)×SP |

구입가격차이 61,600(불리)

→ SP(단위당 표준가격) = 168

* 비교 사용가격차이 계산구조

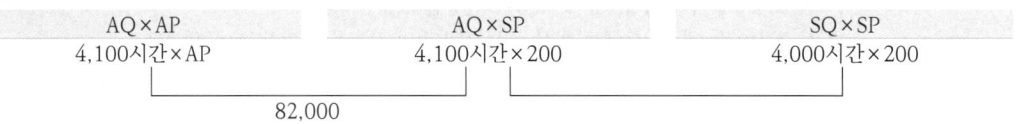

문제 95번 | 직접노무원가 차이분석과 항목별 추정 | 출제구분: 재출제 | 난이도: ★★☆ | 정답: ②

- SQ(표준직접노무시간) = 4,000시간, AQ(실제직접노무시간) = 4,100시간, SP(표준임률) = 200원

| AQ×AP | AQ×SP | SQ×SP |
| 4,100시간×AP | 4,100시간×200 | 4,000시간×200 |

82,000

→ (4,100시간×AP) - (4,100시간×200) = 82,000 에서, AP(실제임률) = 220

- ① 직접노무원가 실제원가(AQ×AP) : 4,100시간×220 = 902,000
- ② 직접노무원가 표준원가(SQ×SP) : 4,000시간×200 = 800,000
- ④ 직접노무원가 능률차이 : (4,100시간×200) - (4,000시간×200) = 20,000(불리)
- ③ 직접노무원가 총차이 : (4,100시간×220) - (4,000시간×200) = 102,000(불리)

Guide 직접노무원가 차이분석 구조

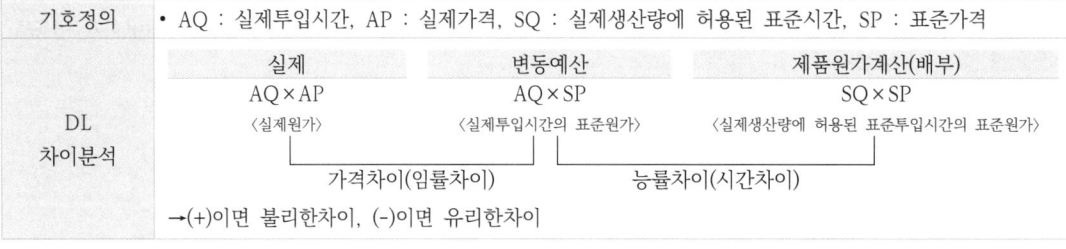

문제 96번   차이분석의 상호관계   출제구분 **기출변형**   난이도 ★ ★ ★   정답 ③

- 변동제조간접원가 배부율이 노동시간과 관련된 경우, 노동의 비능률적 사용 등으로 인한 실제노동시간(AQ)의 증가로 직접노무원가 불리한 능률차이(AQ>SQ)가 발생하면 이는 변동제조간접원가 불리한 능률차이(vA>vS) 발생의 원인이 된다.

Guide 표준원가계산 차이분석의 상호관계

직접재료원가	• 품질이 떨어지는 원재료를 매우 저렴한 가격으로 구매한 경우 저가구매(AP<SP)로 직접재료원가 유리한 가격차이가 발생하지만, 반대로 투입되는 재료의 수량이나 작업시간이 많아져 (AQ>SQ) 불리한 능률차이가 발생함.
직접노무원가	• 저임률의 미숙한 노동자가 투입되는 경우 저임률로 인해 직접노무원가 유리한 임률차이 (AP<SP)가 발생하지만, 이로 인해 투입시간이 증가하여 직접노무원가 불리한 능률차이 (AQ>SQ)가 발생함.
변동제조간접원가 직접노무원가	• 변동제조간접원가 배부율이 노동시간과 관련된 경우 변동제조간접원가 능률차이가 발생하는 원인은 다음과 같이 직접노무원가 능률차이가 발생하는 원인과 동일함. ㉠ 노동의 비능률적 사용으로 인해 직접노무원가는 물론 변동제조간접원가에서도 능률차이가 발생할 수 있음. ㉡ 생산에 투입되는 원재료의 품질정도에 따라 투입되는 노동시간이 영향을 받으므로 이에 의해서도 변동제조간접원가 능률차이가 발생할 수 있음. ㉢ 생산부문 책임자의 감독소홀이나 일정계획 등의 차질로 인하여 변동제조간접원가 능률차이가 발생할 수 있음.

문제 97번   변동제조간접원가 차이분석   출제구분 **재출제**   난이도 ★ ★ ☆   정답 ④

- 변동제조간접원가(VOH) 실제발생액 : 15,000(OH실제발생액) - 7,200(FOH실제발생액) = 7,800
- A = 3,500시간, v = 2.5

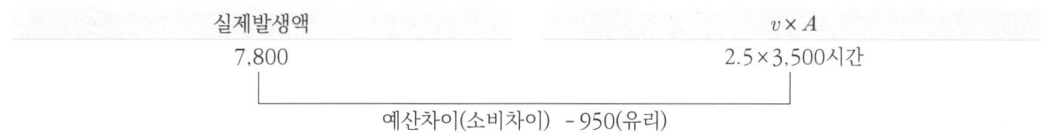

Guide 변동제조간접원가 차이분석 구조

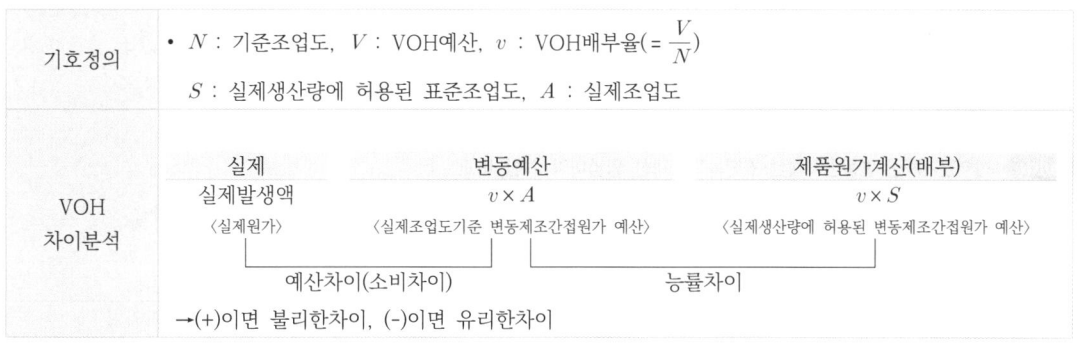

문제 98번 — 변동원가계산 손익계산서 특징
출제구분: 기출변형 **난이도:** ★ ☆ ☆ **정답:** ③

- 변동원가계산 손익계산서

공헌이익손익계산서	
매출액	xxx
(-)매출원가[직접재료원가 + 직접노무원가 + 변동제조간접원가]	(xxx)
(-)변동판매비와관리비	(xxx)
공헌이익	xxx
(-)고정제조간접원가	(xxx)
(-)고정판매비와관리비	(xxx)
영업이익	

- 변동원가계산은 고정제조간접원가를 기간비용으로 처리한다.

문제 99번 — 변동·전부원가계산 영업이익 차이조정
출제구분: 재출제 **난이도:** ★ ★ ☆ **정답:** ①

- 당기에 사업을 개시하였으므로 기초재고는 없다.(기초에 포함된 고정제조간접원가도 없다.)
- 전부원가계산 영업이익 X
  (+) 기초에 포함된 고정제조간접원가(FOH)   0
  (-) 기말에 포함된 고정제조간접원가(FOH)   40,000 + 60,000 = 100,000
  변동원가계산 영업이익   200,000

→ ∴ X = 300,000

Guide 전부·변동·초변동원가계산 영업이익 차이조정

전부원가계산에 의한 영업이익	전부원가계산에 의한 영업이익	변동원가계산에 의한 영업이익
(+) 기초재공품,제품에 포함된 FOH	(+) 기초재공품,제품에 포함된 DL,VOH,FOH	(+) 기초재공품,제품에 포함된 DL,VOH
(-) 기말재공품,제품에 포함된 FOH	(-) 기말재공품,제품에 포함된 DL,VOH,FOH	(-) 기말재공품,제품에 포함된 DL,VOH
변동원가계산에 의한 영업이익	초변동원가계산에 의한 영업이익	초변동원가계산에 의한 영업이익

문제 100번 — 초변동원가계산 재료처리량공헌이익
출제구분: 기출변형 **난이도:** ★ ★ ☆ **정답:** ③

- 초변동원가계산 재료처리량공헌이익 계산
  매출액   : 2,800개 × 250 = 700,000
  제품수준변동원가[직접재료원가(DM)] : 2,800개 × 80 = (224,000)
  재료처리량(현금창출)공헌이익   :   476,000

저자주 문제의 성립을 위해 누락된 단서인 '단, 금액은 개당 단가이다.'를 추가하기 바랍니다.

Guide 전부원가계산·변동원가계산·초변동원가계산 영업이익 계산 비교

전부원가계산	변동원가계산	초변동원가계산
• 매출액 　(-)매출원가(DM+DL+VOH+FOH) 　매출총이익 　(-)판관비(변동+고정) 　영업이익	• 매출액 　(-)매출원가(DM+DL+VOH) 　(-)변동판관비 　공헌이익 　(-)FOH+고정판관비 　영업이익	• 매출액 　(-)제품수준변동원가(DM) 　재료처리량(현금창출)공헌이익 　(-)운영비용(DL+VOH+FOH+판관비) 　영업이익

| 문제 101번 | ABC에 의한 총제조원가 | 출제구분 | 재출제 | 난이도 | ★ ★ ☆ | 정답 | ③ |

- 단위당 직접재료원가 : 50,000
  단위당 가공원가 : 5시간×400+10개×10,000+1단위×5,000 = 107,000
- 총제조원가 : 20단위×(50,000+107,000) = 3,140,000

| 문제 102번 | 목표이익을 위한 매출액 | 출제구분 | 신유형 | 난이도 | ★ ★ ☆ | 정답 | ④ |

- 손익분기점 매출액(4,500,000) = $\dfrac{\text{고정원가}}{\text{공헌이익률(30\%)}}$ → 고정원가 = 1,350,000

- 목표이익 600,000원을 위한 매출액 : $\dfrac{\text{고정원가(1,350,000)}+\text{목표이익(600,000)}}{\text{공헌이익률(30\%)}}$ = 6,500,000

Guide 목표이익분석 산식 정리[법인세를 고려하지 않는 경우]

판매량	매출액
• 단위당공헌이익 × 판매량 = 고정원가 + 목표이익 □ 목표이익을 위한 판매량 = $\dfrac{\text{고정원가}+\text{목표이익}}{\text{단위당공헌이익}}$	• 공헌이익률 × 매출액 = 고정원가 + 목표이익 □ 목표이익을 위한 매출액 = $\dfrac{\text{고정원가}+\text{목표이익}}{\text{공헌이익률}}$

| 문제 103번 | 민감도분석 : 판매가증가시 공헌이익증가율 | 출제구분 | 신유형 | 난이도 | ★ ★ ★ | 정답 | ④ |

- **예시** 단위당판매가격 100원, 판매량 10개, 단위당변동원가 60원인 경우로 가정
  - 판매량과 단위당변동원가 동일하다고 하였으므로 연도별 공헌이익은 다음과 같다.
    ㉠ 20x1년 공헌이익 : 매출액(10개×100) - 변동원가(10개×60) = 400
    ㉡ 20x2년 공헌이익 : 매출액[10개×(100×110%)] - 변동원가(10개×60) = 500

∴ 20x1년 대비 20x2년도의 공헌이익증가율 : $\dfrac{500-400}{400}$ = 25%

* **저자주** 민감도분석은 다양한 case를 고려할 때 수험용으로는 임의 가정치로 접근하기 바랍니다.

| 문제 104번 | CVP 항목별 분석 | 출제구분 | 기출변형 | 난이도 | ★ ★ ☆ | 정답 | ③ |

- ① 공헌이익률 : $\dfrac{\text{단위당판매가격(40)}-\text{단위당변동원가(30)}}{\text{단위당판매가격(40)}}$ = 25%
  ② 단위당공헌이익 : 단위당판매가격(40) - 단위당변동원가(30) = 10
  ③ 목표이익 10,000원을 위한 매출 : $\dfrac{\text{고정원가(30,000)}+\text{목표이익(10,000)}}{\text{공헌이익률(25\%)}}$ = 160,000
  ④ 손익분기점(BEP) 매출액 : $\dfrac{\text{고정원가(30,000)}}{\text{공헌이익률(25\%)}}$ = 120,000

* **저자주** 문제의 명확한 성립을 위해 누락된 단서인 '단, 법인세는 고려하지 않는다.'를 추가하기 바랍니다.

| 문제 105번 | 안전한계율 계산 | 출제구분 | 재출제 | 난이도 | ★ ☆ ☆ | 정답 | ② |

- 손익분기점(BEP) 매출액 : $\dfrac{450,000(고정원가)}{30\%(공헌이익률)} = 1,500,000$

- 안전한계율 : $\dfrac{2,000,000(매출액) - 1,500,000(BEP매출액)}{2,000,000(매출액)} = 25\%$

Guide 안전한계 산식 정리

안전한계	□ 안전한계 = 매출액 − 손익분기점(BEP)매출액 • 손실을 발생시키지 않으면서 허용할 수 있는 매출액의 최대감소액을 의미함.
안전한계율	□ 안전한계율 = $\dfrac{안전한계}{매출액}$ = $\dfrac{매출액 - 손익분기점매출액}{매출액}$ = $\dfrac{판매량 - 손익분기점판매량}{판매량}$ • 안전한계율 = $\dfrac{영업이익}{공헌이익}$ = $\dfrac{1}{영업레버리지도}$ • 안전한계율 × 공헌이익률 = $\dfrac{공헌이익 - 고정비}{매출액}$ = $\dfrac{이익}{매출액}$ = 매출액이익률

| 문제 106번 | 사업부별 성과평가시 포함할 고정원가 | 출제구분 | 신유형 | 난이도 | ★ ★ ☆ | 정답 | ④ |

- 특정사업부의 경영자에 대한 성과평가시 추적가능하고 통제가능한 원가만을 포함하는 것이 바람직하다.

Guide 사업부별 성과평가 고려사항

원가구분	• 통제가능원가·통제불능원가를 반드시 구분해야 하며, 통제불능항목은 성과평가시 제외되어야 함. • 추적가능성에 따라 사업부별 추적가능고정원가와 공통고정원가로 구분하는 것이 바람직함. **고정원가의 분류** | 원가의 종류	추적가능성	통제가능성
통제가능고정원가	**추적가능**	**통제가능**
통제불능고정원가	추적가능	통제불능
공통고정원가	추적불능	통제불능 | →사업부 경영자에 대한 성과평가시 추적가능하고 통제가능한 원가만을 포함하는 것이 바람직함.
---	---
공통 고정원가	• 공통고정원가란 여러 사업부에서 공통적으로 사용되는 고정원가로서 특정사업부에 추적이 불가능한 원가임.(예 본사건물 감가상각비, 회사전체적인 광고선전비, 최고경영자의 급료) →이러한 공통고정원가는 여러 사업부에서 공통적으로 사용되는 고정원가이므로 특정사업부에 부과시 키거나 임의로 배분해서는 안되며 총액으로 관리해야 함.

문제 107번 — 투자중심점 성과평가 (출제구분: 신유형, 난이도: ★★★, 정답: ①)

- ① 수익중심점이나 이익중심점을 성과평가할 때는 매출액이나 공헌이익 등을 고려하나, 투자중심점의 성과평가는 투자수익률(ROI)이나 잔여이익(RI), 경제적부가가치(EVA) 등의 성과지표(성과평가기법)에 의한다. 왜냐하면 투자중심점은 이익뿐만 아니라 투자의사결정, 즉 자산의 활용도까지도 책임을 져야 하기 때문이다.
- ② 기업이 제품별 또는 지역별로 별도의 독립적인 조직으로 분리될 정도로 규모가 커져 제품별 또는 지역별 사업부로 분권화된 경우 이 분권화조직이 투자중심점에 해당하므로, 투자중심점은 다른 유형의 책임중심점보다 가장 분권화된 중심점이다.
- ③ 판매부서는 목표매출의 달성에 책임이 있으므로 수익중심점 또는 이익중심점으로 운영될 수 있다. 그러나, 수익중심점으로 판매부서를 운영하는 것보다 이익중심점으로 판매부서를 운영하는 것이 일반적으로 보다 바람직하다고 할 수 있다. 왜냐하면 수익에 대해서만 책임을 지는 수익중심점보다는 매출에 따른 수익뿐만 아니라 수익을 창출하는데 부수적으로 발생하는 비용에 대하여도 책임을 지게 함으로써 수익과 그에 관련된 비용을 함께 고려하는 이익중심점으로 판매부서를 운영하는 것이 보다 정확한 판매부서의 성과평가가 가능할 것이기 때문이다.
- ④ 투자수익률은 매출액이익률과 자산회전율로 구분하여 분석할 수 있다. 즉, '투자수익률=매출액이익률×자산회전율'로 계산할 수도 있다.

문제 108번 — 고정예산과 매출조업도차이 (출제구분: 기출변형, 난이도: ★★☆, 정답: ①)

- 단위당예산공헌이익 : 20 - 10 = 10 〈자료에 주어짐〉
- 매출조업도차이 분석(단위당예산공헌이익으로 분석)

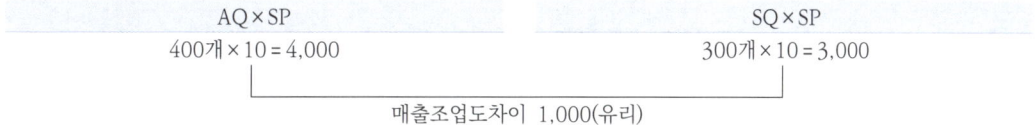

AQ×SP	SQ×SP
400개 × 10 = 4,000	300개 × 10 = 3,000

매출조업도차이 1,000(유리)

참고 매출가격차이 분석(단위당판매가격으로 분석)

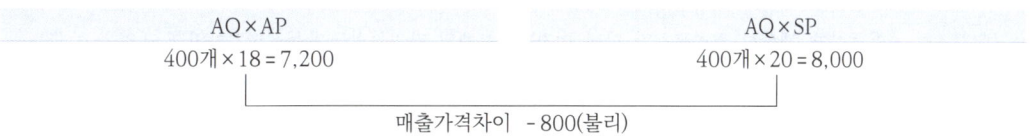

AQ×AP	AQ×SP
400개 × 18 = 7,200	400개 × 20 = 8,000

매출가격차이 -800(불리)

Guide 매출가격차이와 매출조업도차이 계산

기호정의	• AQ : 실제판매량, AP : 단위당실제판매가격 SQ : 예산판매량, SP : 단위당예산판매가격(또는 단위당예산공헌이익)
매출총차이 분해	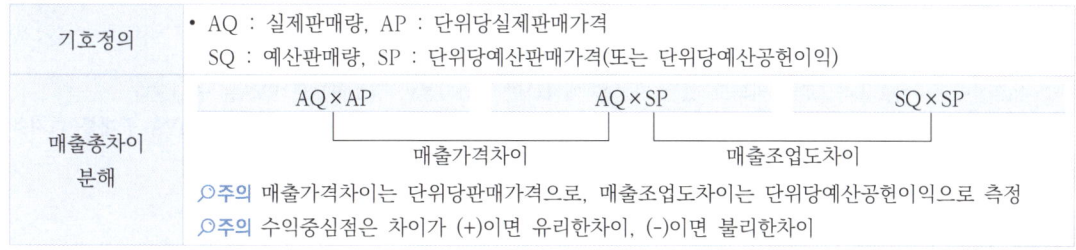 AQ×AP ─── 매출가격차이 ─── AQ×SP ─── 매출조업도차이 ─── SQ×SP 🔍주의 매출가격차이는 단위당판매가격으로, 매출조업도차이는 단위당예산공헌이익으로 측정 🔍주의 수익중심점은 차이가 (+)이면 유리한차이, (-)이면 불리한차이

문제 109번 — 잔여이익에 의한 신규투자 [출제구분: 기출변형] [난이도: ★★★] [정답: ①]

- X사업부 : 최저필수수익률에 미달하는 수익률이 기대된다.
   → 따라서, '영업이익<투자액×최저필수수익률'이며 잔여이익이 (-)이므로 기각
- Y사업부 : 최저필수수익률을 초과하는 수익률이 기대된다.
   → 따라서, '영업이익>투자액×최저필수수익률'이며 잔여이익이 (+)이므로 채택

*참고 결국, 잔여이익에 의해 성과평가가 이루어질 경우 각 사업부는 최저필수수익률을 초과하는 신규투자안은 채택하지만 최저필수수익률에 미달하는 신규투자안은 기각하게 된다.

문제 110번 — 경제적부가가치(EVA) 계산 [출제구분: 기출변형] [난이도: ★★☆] [정답: ②]

- 세후영업이익 : 10,000 (∵법인세는 고려하지 않음.)
- 투하자본 : 총자산(영업자산) - 유동부채 → 100,000 - 20,000 = 80,000
- 가중평균자본비용 : $\dfrac{80,000 \times 5\% + 120,000 \times 15\%}{80,000 + 120,000} = 11\%$
- 경제적부가가치(EVA) : 10,000 - 80,000 × 11% = 1,200

Guide 경제적부가가치(EVA) 계산

특징	• 타인자본비용(이자비용)뿐 아니라 자기자본비용(배당금)도 비용으로 고려하는 성과지표임. ○주의 ∴EVA는 I/S상 순이익보다 낮음. ○주의 EVA는 비재무적측정치는 고려하지 않음.
계산	□ EVA = 세후영업이익 - 투하자본(투자액) × 가중평균자본비용 • 가중평균자본비용 = $\dfrac{\text{부채의시장가치} \times \text{부채이자율}(1-t) + \text{자본의시장가치} \times \text{자기자본비용}(\%)}{\text{부채의시장가치} + \text{자본의시장가치}}$ • 투하자본 = (총자산 - 유동부채) →투하자본 계산시 비영업자산은 제외 →유동부채 계산시 영업부채가 아닌 이자발생부채인 단기차입금·유동성장기차입금 제외

문제 111번 — 경제적부가가치(EVA) 증대방안 [출제구분: 재출제] [난이도: ★★☆] [정답: ④]

- EVA = 세후영업이익 - 투하자본(투자액) × 가중평균자본비용
- ① 자본비용(가중평균자본비용)을 절감하면 EVA는 증대된다.
  ② 유휴설비 등 비효율적으로 관리되고 있는 자산을 매각하면 투하자본이 감소하므로 EVA는 증대된다.
  ③ 재고수준을 높이면 투하자본이 증가하여 EVA가 감소하므로 재고수준을 높이지 않는 것이 EVA 증대를 가져올 수 있다.
  ④ 적자사업부를 계속 유지할 경우 영업이익에 악영향을 미치므로 EVA가 감소될 수 있다.

Guide 경제적부가가치(EVA) 증대방안

증대방안	세후영업이익 증대	• 매출증대, 제조원가·판관비 절감
	투하자본 감소	• 재고·고정자산 매출채권의 적정유지나 감소 • 유휴설비 처분 • 매출채권회전율을 높힘(매출채권 회수기일단축) • 재고자산회전율을 높힘(재고자산 보유기간을 줄임)
	가중평균자본비용 개선	• 고율의 차입금 상환

| 문제 112번 | 의사결정과의 관련성에 따른 원가분류 | 출제구분 | 재출제 | 난이도 | ★ ☆ ☆ | 정답 | ③ |

- (ㄱ) 기회원가 : 기회원가는 다른 대안의 선택으로 포기해야 하는 가장 큰 효익을 말한다.
  → 즉, 가수가 되기 위해 현재 직장을 포기해야 하므로, 포기해야 하는 현재 직장은 기회원가가 된다.
- (ㄴ) 매몰원가 : 과거 의사결정의 결과로 이미 발생한 원가(역사적원가)로 현재 또는 미래에 회수할 수 없는 원가를 의미하며 새로운 의사결정에 영향을 미치지 않는 비관련원가를 말한다.
  → 즉, 과거 취업을 위한 노력은 매몰원가가 되며, 가수가 되는 의사결정에 영향을 미치지 않는 원가이다.

Guide 매몰원가와 기회원가

매몰원가 (sunk cost)	• 과거 의사결정의 결과로 이미 발생한 원가로, 의사결정에 영향을 미치지 않는 비관련원가 **예시** 구기계 취득원가 100(감가상각누계액 30), 신기계구입 고려중 → 매몰원가 : 취득원가 100 또는 장부금액 70 → 의사결정 : 신기계로 인한 수익창출액이 구입가보다 크면 구입함.
기회원가 (opportunity cost)	• 특정대안의 선택으로 포기해야 하는 가장 큰 효익 **예시** CU편의점과 GS편의점의 시간당 알바수익이 각각 3,000원과 5,000원일 때, 여친과 수다를 떨며 즐겁게 1시간 보내는 경우의 기회원가는 5,000원임 **주의** 기회원가는 관리적 차원에서 사용되는 원가개념이며, 회계장부에는 실제원가만이 기재되므로 기회원가는 회계장부에 기록되지 않음.

| 문제 113번 | 특별주문 수락·거부 의사결정 | 출제구분 | 재출제 | 난이도 | ★ ☆ ☆ | 정답 | ② |

- 특별주문 수락의 경우

  증분수익 - 증가 :   300단위×@20,000 =   6,000,000
  증분비용 - 증가 :   300단위×(11,000+4,000+2,500+500) = (5,400,000)
  증분손익   600,000

  → ∴ 특별주문을 수락할 경우(제안을 받아들일 경우) 600,000원의 증분이익이 발생하므로 주문을 수락한다.

저자주 문제의 명확한 성립을 위해 누락된 단서인 '유휴생산능력은 충분하다'를 추가하기 바랍니다.

Guide 특별주문 수락·거부 의사결정

고려사항	• 특별주문으로 증가되는 수익(특별주문가격)과 변동원가 • 유휴설비능력이 있는 경우 유휴설비의 대체용도를 통한 이익상실분(기회원가) • 유휴설비능력이 없는 경우 기존 정규매출감소로 인한 공헌이익상실분 • 유휴설비능력이 없는 경우 설비능력 확충시 추가적 설비원가 **주의** 고정원가(FOH,고정판관비)는 특별주문의 수락여부와 관계없이 일정하게 발생하므로 일반적으로 분석에서 제외하나, 조업도 수준에 따라 증감하는 경우에는 고려함.

주문수락
의사결정
	㉠ 유휴설비능력이 존재하는 경우
	         ❏ 증분수익 > 증분원가
	㉡ 유휴설비능력이 존재하고 대체적 용도가 있는 경우
	        ❏ 증분수익 > 증분원가+기회원가
	㉢ 유휴설비능력이 존재하지 않는 경우
	   ❏ 증분수익 > 증분원가+추가설비원가+기존판매량 감소분의 공헌이익

문제 114번 | 자본예산시 투자시점현금흐름 | 출제구분: 재출제 | 난이도: ★★☆ | 정답: ④

- 현금지출[구입가(매입가)] : 1,000,000
- 현금유입[구자산처분] : 500,000 - (500,000 - 300,000) × 20% = 460,000
  → 즉, 자산처분이익에 대한 법인세[(500,000 - 300,000) × 20%]는 현금유출이므로 처분가에서 차감한다.
- 순현금지출액 : 1,000,000(현금지출) - 460,000(현금유입) = 540,000

Guide 자본예산시 투자시점현금흐름

투자금액	• 구입원가와 구입과 관련된 부대비용을 포함하며 투자시점의 현금유출 처리함.
투자세액공제	• 투자세액공제에 따른 법인세 공제액은 투자시점의 현금유입 처리함.
구자산 처분	• 설비대체의 경우 신설비를 구입하면서 구설비를 처분하게 되며, 이 경우 구설비 처분으로 인한 유입이 발생함. • 자산처분손익의 법인세효과를 고려하여 현금유입 처리함. ⟨t=세율⟩ □ 처분가 - (처분가 - 장부가) × 세율 ⇒ S - (S - B) × t

문제 115번 | 순현재가치법(NPV법)과 내부수익률법(IRR법) | 출제구분: 기출변형 | 난이도: ★☆☆ | 정답: ①

- 내부수익률이란 현금유입의 현재가치와 현금유출의 현재가치를 같게 하는 할인율을 말하며, 이는 순현재가치를 0으로 하는 할인율이므로, 단일투자안을 대상으로 평가할 때에는 순현재가치법이나 내부수익률법 모두 동일한 결론을 얻는다. 그러나 둘 이상의 상호 독립적인 투자안의 우선순위를 결정하거나 상호 배타적인 투자안을 평가할 때 순현재가치법과 내부수익률법은 경우에 따라 서로 다른 결과를 가져올 수 있다.

Guide 순현재가치법(NPV법)의 우월성

순현재가치법(NPV법)	내부수익률법(IRR법)

• 계산이 간단
  - NPV = 현금유입현가 - 현금유출현가
• 자본비용으로 재투자된다고 가정하므로 현실적임.
• 금액으로 투자결정
  - 독립적 : 'NPV 〉 0'인 투자안 채택
  - 배타적 : NPV가 가장 큰 투자안 채택
• 가치가산원칙(value additivity principle)이 성립
	• 계산이 복잡(IRR이 2개이상도 존재 가능)
	  - IRR : '현금유입현가 = 현금유출현가'가 되는 할인율
	• 내부수익률로 재투자된다고 가정하므로 지나치게 낙관적임.
	• 비율로 투자결정(자본비용=최저필수수익률)
	  - 독립적 : '내부수익률(IRR) 〉 자본비용'이면 채택
	  - 배타적 : 내부수익률(IRR)이 가장 큰 투자안 채택
	• 가치가산원칙(value additivity principle)이 불성립

| 문제 116번 | 유휴시설 여부와 내부대체 결정 | 출제구분 | 신유형 | 난이도 ★★★ | 정답 ③ |

- 수요사업부(B사업부)의 최대대체가격 : 외부구매시장이 있음 →최대TP = 180
- 공급사업부(A사업부) 최소대체가격 : 외부판매시장이 있음
  ㉠ 유휴생산시설이 없는 경우 : 100 + (170 - 100) = 170

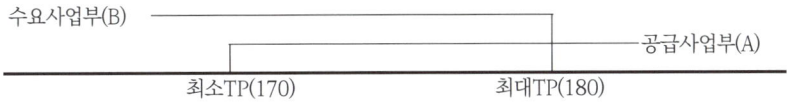

→A : '대체가격 - 170'만큼 이익, B : '180 - 대체가격'만큼 이익, 회사전체 : '180 - 170'만큼 이익
따라서, 대체(A사업부에서 구입)
  ㉡ 유휴생산시설이 있는 경우 : 100

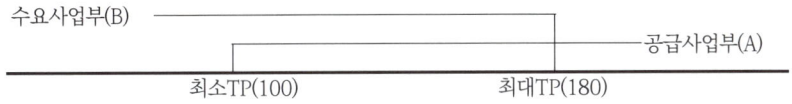

→A : '대체가격 - 100'만큼 이익, B : '180 - 대체가격'만큼 이익, 회사전체 : '180 - 100'만큼 이익
따라서, 대체(A사업부에서 구입)
∴회사전체의 이익극대화를 위해 어떤 경우이든 B사업부는 A사업부에서 구입하여야 한다.

Guide 최대·최소대체가격(TP) 계산

최대대체가격 [수요사업부]	외부구매시장 없는 경우	☐ 판매가격 - 대체후단위당지출원가
		→대체후단위당지출원가 = 추가가공원가 + 증분단위당고정비 + 단위당추가판매비
	외부구매시장 있는 경우	☐ Min[① 외부구입가격 ② 판매가격 - 대체후단위당지출원가]
		주의 대체후지출없이 판매시 일반적으로 판매가>외부구입가, 즉, 최대TP=외부구입가
최소대체가격 [공급사업부]	외부판매시장 없는 경우	☐ 대체시단위당지출원가 - 대체시절감원가
		→대체시단위당지출원가 = 단위당변동비 + 증분단위당고정비
	외부판매시장 있는 경우	㉠ 유휴시설이 없는 경우
		☐ 대체시단위당지출원가 + 정규매출상실공헌이익 - 대체시절감원가
		㉡ 유휴시설이 있는 경우
		☐ 대체시단위당지출원가 + 타용도사용포기이익 - 대체시절감원가

| 문제 117번 | 순현재가치법과 NPV 계산 | 출제구분 | 재출제 | 난이도 | ★ ☆ ☆ | 정답 | ② |

- 현금흐름 추정

```
    x1년초      x1년말      x2년말      x3년말      x4년말      x5년말
    ├──────────┼──────────┼──────────┼──────────┼──────────┤
  (600,000)   200,000    200,000    200,000    200,000    200,000
```

- NPV(순현재가치) : (200,000 × 3.60) - 600,000 = 120,000

Guide 순현재가치법(NPV법)

의의	□ NPV(순현재가치) = 현금유입의 현재가치 - 현금유출의 현재가치	
	🔍주의 할인율 : 자본비용(= 최저필수수익률 = 최저요구수익률)	
의사결정	상호독립적 투자안	• 'NPV > 0'인 투자안 채택
	상호배타적 투자안	• NPV가 가장 큰 투자안 채택
장점	• ㉠ 자본비용으로 재투자된다고 가정하므로 현실적임. ㉡ 비할인모형에서 무시되고 있는 화폐의 시간적 가치를 고려함. ㉢ 현금흐름과 기대치와 자본비용만이 고려되고 회계적 수치와는 무관하므로 자의적 요인을 제거할 수 있음. ㉣ 가치가산원칙[NPV(A+B)=NPV(A)+NPV(B)]이 성립함. ㉤ 기업의 가치를 극대화할 수 있는 투자안을 선택할 수 있음. →즉, 채택된 모든 투자안의 순현재가치는 곧 그 기업의 가치가 됨.	
단점	• ㉠ 투자안의 할인율(자본비용)을 정하기가 어려움. ㉡ 확실성하에서만 성립하는 모형이므로, 불확실성하에서 적용하기 어려움.	

| 문제 118번 | 제품라인 유지·폐지 의사결정 | 출제구분 | 재출제 | 난이도 | ★ ★ ☆ | 정답 | ② |

- 사업부 갑을 폐지하는 경우

```
증분수익 - 감소 :                      공헌이익 =  (60,000)
증분비용 - 감소 : 공통원가배분액 50,000 - 30,000 =  20,000
증분손익                                          (40,000)
```

∴당기순이익 : 500,000 - 40,000(증분손실) = 460,000

Guide 제품라인 유지·폐지 의사결정

고려사항	• 회사전체의 이익에 미치는 영향을 기준으로 폐지여부를 결정함. →제품라인의 유지·폐지 문제에서는 제품라인 자체의 이익을 고려하여 결정하는 것이 아니라, 기업 전체적인 입장(goal congruence)에서 전체 이익에 미치는 영향을 분석해야 함. • 폐지로 인한 회피가능고정비 존재시 이 또한 고려함. →제품라인을 폐지할 경우 매출액과 변동원가는 사라지지만 고정원가는 회피가능고정원가와 회피불가능고정원가로 나눌 수 있기 때문임.
제품라인폐지 의사결정	□ 제품라인의 공헌이익 < (회피가능고정원가+기회원가)

| 문제 119번 | 품질원가 종류 | 출제구분 | 재출제 | 난이도 | ★ ☆ ☆ | 정답 | ④ |

- 불량품이 고객에게 인도되기 전에 발견됨으로써 발생하는 원가 : 내부실패원가

Guide 품질원가 종류

통제원가 (사전품질원가)	예방원가	• 불량품 생산을 예방하기 위해 발생하는 원가
	평가원가	• 불량품을 적발하기 위해 발생하는 원가
실패원가 (사후품질원가)	내부실패원가	• 불량품이 고객에게 인도되기 전에 발견됨으로써 발생하는 원가
	외부실패원가	• 불량품이 고객에게 인도된 후에 발견됨으로써 발생하는 원가

| 문제 120번 | 균형성과표의 적용 | 출제구분 | 재출제 | 난이도 | ★ ★ ☆ | 정답 | ② |

- 기업의 목표는 궁극적으로 재무적 성과를 향상시키는 것이므로 재무적 관점의 성과측정치는 여전히 중요한 성과지표이다. 균형성과표는 4가지 관점의 성과지표 중에서 재무적 관점의 성과지표를 가장 중시한다.

Guide 균형성과표(BSC) 주요사항

도입배경	• 전통적인 성과평가시스템이 영업실적, 이익 등과 같은 단기적 성과에만 치중함으로써 준최적화를 초래하고 있고 기업에게 정보나 지식 같은 무형자산의 중요성이 증가하고 있으나 기존의 재무적 성과지표로는 준최적화를 해결할 수 없을 뿐만 아니라 무형자산의 가치를 반영할 수 없어 새로운 성과측정치의 필요성이 대두됨. • 위의 문제점을 해결하고 기업의 전략목표를 효과적으로 달성할 수 있도록 주요 성공요소 및 성과측정치 0.간의 균형있는 관리를 도모하고자 개발된 것이 BSC임. • 균형성과표는 전통적인 재무적 지표와 비재무적 지표들을 균형있게 반영하여 하나로 통합한 종합적인 측정, 관리시스템이라고 할 수 있음.
균형요소	• 균형성과표는 성과평가를 할 때 다음의 항목들이 균형을 이루도록 함. ㉠ 재무적 측정치와 비재무적 측정치 ㉡ 외부적 측정치(재무적 관점, 고객관점)와 내부적 측정치(내부프로세스관점, 학습과 성장관점) ㉢ 과거의 노력에 의한 측정치와 미래성과를 향상시키는 측정치 ㉣ 계량화된 객관적 측정치와 주관적 측정치 ㉤ 단기적 성과관점(재무적 관점)와 장기적 성과관점(고객관점, 내부프로세스관점, 학습과 성장관점)
구성요소	㉠ 재무적 관점(가장 중시사항) ㉡ 고객관점 ㉢ 내부프로세스관점 ㉣ 학습과 성장관점
단점	• 비재무적 측정치에 대해서는 여전히 객관적인 측정이 어렵다는 문제점이 있음. • 정형화된 측정수단을 제공해주지 못한다는 단점을 지님.

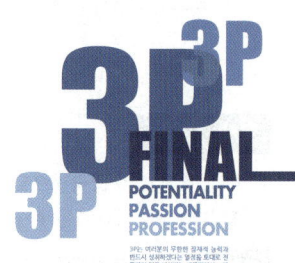

재경관리사 공개기출해설[원가]

Certified Accounting Manager

2019년 11월에 시행된 기출문제에 대한 완벽한
해설을 관련이론(가이드)과 함께 제시하였습니다.
해당 문제는 합본부록을 참고바랍니다.

원가관리회계
공개기출문제해설
[2019년 11월 시행]

SEMOOLICENCE

| 문제 81번 | 원가의 일반적인 특성 | 출제구분 | 재출제 | 난이도 | ★★☆ | 정답 | ③ |

- 물품이나 서비스를 단순히 구입하는 것만으로는 원가가 되지 않으며, 이를 소비해야 비로소 원가가 된다.
  → 예 구입한 공장용 토지는 소비되어 없어지는 것이 아니기 때문에 원가가 아니라 자산이 되는 것이다.

Guide 원가의 특성

경제적 가치	• 경제적 가치를 가지고 있는 요소만이 원가가 될 수 있음. → 예 제조에 사용된 공기·바람 : 원가X(∵경제적 가치 없음)
정상적인 소비액	• 비정상적인 상황에서 발생한 가치의 감소분은 불포함. → 예 정상감모분은 원가에 산입, 비정상감모분은 원가에 불산입
물품·서비스의 소비액	• 단순히 구입하는 것 만으로는 원가가 될 수 없음.(이를 소비해야 비로소 원가가 됨) → 예 구입한 공장용 토지는 소비되어 없어지는 것이 아니므로 원가가 아니라 자산임.
경제활동에서 발생	• 제조·판매활동과 관계없이 발생되는 물품·서비스의 소비는 원가가 되지 않음. → 예 자금조달과 관련하여 발생하는 이자비용은 원가에 불산입

| 문제 82번 | 원가흐름과 매출원가 | 출제구분 | 기출변형 | 난이도 | ★★☆ | 정답 | ③ |

- 직접재료원가 : 30,000(기초원재료) + 300,000(당기원재료매입) − 20,000(기말원재료) = 310,000
- 당기총제조원가 : 310,000(직접재료원가) + 90,000(직접노무원가) + 150,000(제조간접원가) = 550,000
- 당기제품제조원가 : 100,000(기초재공품) + 550,000(당기총제조원가) − 50,000(기말재공품) = 600,000
- 매출원가 : 50,000(기초제품) + 600,000(당기제품제조원가) − 100,000(기말제품) = 550,000

고속철 실전에서는 다음의 계정에 해당액을 직접 기입하여 대차차액으로 매출원가를 구한다.

기초재공품	100,000	매출원가	?
기초제품	50,000		
직접재료원가	310,000		
직접노무원가	90,000	기말재공품	50,000
제조간접원가	150,000	기말제품	100,000

Guide 제조기업의 원가흐름

계정흐름	원재료		재공품		제품	
	기초원재료 당기매입	사용액(DM) 기말원재료	기초재공품 당기총제조원가	당기제품제조원가 기말재공품	기초제품 당기제품제조원가	제품매출원가 기말제품
당기총제조원가	• 직접재료원가(DM) + 직접노무원가(DL) + 제조간접원가(OH)					
당기제품제조원가	• 기초재공품 + 당기총제조원가 − 기말재공품					
제품매출원가	• 기초제품 + 당기제품제조원가 − 기말제품					

| 문제 83번 | 보조부문원가 배분방법의 특징 | 출제구분 | 기출변형 | 난이도 ★ ☆ ☆ | 정답 ② |

- 보조부문원가 배분방법(직접배분법, 단계배분법, 상호배분법)에 관계없이 어떤 방법에 의하더라도 보조부문원가 총액은 모두 제조부문에 배분되므로 공장전체의 제조간접원가는 달라지지 않는다.
- **저자주** '배부'는 원가대상이 제품으로 한정될 때 사용하는 용어이므로 정확히는 '배분'이 맞는 용어이나 서로 혼용되고 있습니다.

Guide 보조부문원가 배분방법별 특징

직접배분법 (direct method)	• 보조부문 상호간에 행해지는 용역의 수수를 완전히 무시하고 보조부문원가를 각 제조부문이 사용한 용역의 상대적 비율에 따라 제조부문에 직접 배분하는 방법 → 보조부문원가는 다른 보조부문에 전혀 배분되지 않게 됨.
단계배분법 (step method)	• 보조부문원가의 배분순서를 정하여 그 순서에 따라 단계적으로 보조부문원가를 다른 보조부문과 제조부문에 배분하는 방법 → 한 보조부문원가를 다른 보조부문에도 배분하게 되나, 먼저 배분된 보조부문에는 다른 보조부문원가가 배분되지 않음.(보조부문간의 용역수수관계를 일부 인식)
상호배분법 (reciprocal method)	• 보조부문간의 상호 관련성을 모두 고려하는 배분방법으로 가장 논리적인 방법임. → 각 보조부문간의 용역수수관계를 방정식을 통해 계산하여 보조부문원가를 배분하게 됨.(보조부문간의 용역수수관계를 완전히 인식)

| 문제 84번 | 원가배분의 개념·대상·배분기준·문제점 | 출제구분 | 재출제 | 난이도 ★ ☆ ☆ | 정답 ② |

- 보조부문은 직접적인 제조활동이 일어나지는 않으나 제조부문을 지원하는 부문이므로 인과관계를 반영하여 제조부문에 배분한 후 다시 최종적으로 제품에 배분한다.(즉, 기간원가로 처리하지 않는다.)

Guide 원가배분의 유형

보조부문원가 배분	• 보조부문원가를 제조부문(또는 제조공정)에 배분하는 것
제조간접원가 배분	• 제조간접원가를 개별제품(또는 개별작업)에 배분하는 것(개별원가계산의 핵심)
완성품·기말재공품에 배분	• 제조공정에 집계된 제조원가를 그 제조공정에서 완성된 완성품과 아직 미완성 상태인 기말재공품에 배분하는 것(종합원가계산의 핵심)

| 문제 85번 | 개별원가계산의 생산형태 | 출제구분 | 신유형 | 난이도 ★ ☆ ☆ | 정답 ③ |

- 개별원가계산의 생산형태 : 주문에 따른 다품종 소량생산방식
  → 예 조선업(특별주문에 의해 제작하는 군함), 기계제작업, 건설업
- 종합원가계산의 생산형태 : 동종제품의 대량 연속생산방식
  → 예 제분업, 시멘트업, 정유업, 자동화된 공정에서 대량 생산하는 공구, 동일한 공정에서 대량 생산하는 자동차, 특정디자인을 대량 생산하는 기성의류

| 문제 86번 | 직접노동시간 기준 제조간접원가 배부 | 출제구분 | 기출변형 | 난이도 | ★ ☆ ☆ | 정답 | ③ |

- 제품제조원가(a) : 완성품 작업지시서 #A의 총원가 / 재공품원가(b) : 기말재공품 작업지시서 #B의 총원가
- 제조간접원가배부율 : $\dfrac{2,000,000}{40,000시간} = 50$
- 제품제조원가(a) : 직접재료원가(230,000) + 직접노무원가(100,000) + 제조간접원가(3,000시간 × 50) = 480,000
  재공품원가(b) : 직접재료원가(130,000) + 직접노무원가(50,000) + 제조간접원가(2,000시간 × 50) = 280,000

Guide 제조간접원가 배부

의의	• 제조간접원가의 발생과 높은 상관관계를 가진 배부기준을 정하여 각 제품에 배부
배부기준	• ㉠ 복리후생비 : 각 부문의 종업원수 ㉡ 임차료 : 각 부문의 점유면적
배부율	• 제조간접비배부율 = 제조간접원가 ÷ 배부기준(조업도)

| 문제 87번 | 종합원가계산의 특징 | 출제구분 | 기출변형 | 난이도 | ★ ★ ☆ | 정답 | ④ |

- ㄱ(O) : 종합원가계산은 소품종 대량생산에 적합한 원가계산방법이다.(즉, 단일 종류의 제품으로 연속적으로 대량생산하는 제분업, 시멘트업, 정유업 등의 업종에 적합하다.)
  →반면, 개별원가계산은 주문에 따른 다품종 소량생산에 적합한 원가계산방법이다.
- ㄴ(X) : 종합원가계산에서 환산량(완성품환산량)은 물량에 완성도를 곱하여 계산하므로, 물량은 환산량보다 항상 크거나 같다.
- ㄷ(O) : 완성품환산량 = 물량(300단위) × 완성도(70%) →완성품환산량 = 210단위
- ㄹ(O) : 선입선출법은 기초재공품(먼저 제조착수분)이 먼저 완성된 후 당기착수물량을 가공한다고 가정한다.
  →따라서, 기말재공품원가는 당기발생원가로만 구성되고, 기초재공품원가는 전액이 완성품원가를 구성하며, 당기발생원가만 완성품과 기말재공품에 안분계산한다.
- ㅁ(O) : 평균법은 기초재공품원가와 당기투입원가를 구별하지 않고 이를 합한 총원가를 가중평균하여 완성품과 기말재공품에 배분하는 방법으로 당기 이전의 기초재공품 작업분도 마치 당기에 작업이 이루어진 것으로 간주하는 방법이다. 즉, 기초재공품이 그 기간에 착수되어 생산된 것처럼 취급한다.

| 문제 88번 | 평균법 완성품환산량단위당원가 계산 | 출제구분 | 재출제 | 난이도 | ★ ★ ☆ | 정답 | ③ |

- 평균법

[1단계] 물량흐름 　　　　　　　　　　　　　[2단계] 완성품환산량

		재료비	가공비
완성	1,200	1,200	1,200
기말	800(50%)	800	800 × 50% = 400
	2,000	2,000	1,600

[3단계] 총원가요약

	재료비	가공비
기초	0	0
당기발생	1,000,000	800,000
	1,000,000	800,000

[4단계] 환산량단위당원가(cost/unit)　　　÷2,000　　　÷1,600
　　　　　　　　　　　　　　　　　　　　　‖　　　　　　‖
　　　　　　　　　　　　　　　　　　　　@500　　　　@500

[5단계] 원가배분
　　완성품원가　　: 1,200 × @500 + 1,200 × @500 = 1,200,000
　　기말재공품원가 : 800 × @500 + 400 × @500 = 600,000

| 문제 89번 | 종합원가계산 선입선출법 기말재공품 계산 | 출제구분 | 재출제 | 난이도 ★ ☆ ☆ | 정답 ④ |

- 선입선출법

  기말재공품원가 : 당기발생원가 × $\dfrac{\text{기말재공품의 완성품환산량}}{\text{당기완성품수량} + \text{기말재공품의 완성품환산량} - \text{기초재공품의 완성품환산량}}$

  → 당기발생투입분의 완성품환산량(당기완성품수량 + 기말재공품의 완성품환산량 - 기초재공품의 완성품환산량)에서 기말재공품의 완성품환산량이 차지하는 비율에 의해 계산한다.

※ 비교 평균법

  기말재공품원가 : (기초재공품원가 + 당기발생원가) × $\dfrac{\text{기말재공품의 완성품환산량}}{\text{완성품수량} + \text{기말재공품의 완성품환산량}}$

  → 총완성품환산량(완성품수량 + 기말재공품의 완성품환산량)에서 기말재공품의 완성품환산량이 차지하는 비율에 의해 계산한다.

| 문제 90번 | 평균법·선입선출법 동일성 조건 | 출제구분 | 재출제 | 난이도 ★ ☆ ☆ | 정답 ④ |

- 종합원가계산을 적용하는 경우 평균법과 선입선출법의 가장 큰 차이점은 원가계산시 기초재공품원가와 당기투입원가를 구분하느냐의 여부에 있다고 할 수 있다. 따라서, 기초재공품이 없을 경우 양 방법에 의한 계산결과는 동일해진다. 즉, 기초재공품이 없는 경우 선입선출법과 평균법에 의한 완성품환산량이 동일하다.

| 문제 91번 | 표준원가계산제도 특징과 적용 | 출제구분 | 기출변형 | 난이도 ★ ★ ☆ | 정답 ④ |

- ① 표준원가시스템은 책임을 명확히 하여 종업원의 동기를 유발시키는 방법이다.
- ② 표준원가에 근접하는 항목보다 표준원가에서 크게 벗어나는 항목을 중점적으로 관리해야 한다.
- ③ 효율적 달성치인 표준원가를 설정하여 실제 발생원가와 비교함으로써 원가통제를 통한 원가절감을 유도할수 있다. 즉, 표준원가계산제도는 성격상 원가절감을 위한 원가통제를 포함한다.
- ④ 예외에 의한 관리를 통해 표준원가와 실제원가의 차이 중 중요한 부분에 대해서만 관심을 가지게 된다. 다만, 중요한 불리한 차이든지 중요한 유리한 차이든지 중요한 차이는 모두 검토한다.

| 문제 92번 | 직접재료원가 가격차이 발생원인 | 출제구분 | 기출변형 | 난이도 ★★☆ | 정답 ① |

- ① 기술혁신에 의해 원재료 투입량이 감소하여 유리한 능률차이가 발생한다. 즉, 가격차이가 아닌 능률차이 발생에 대한 설명이다.
  ② 저품질원재료는 저가이므로 유리한 가격차이가, 고품질원재료는 고가이므로 불리한 가격차이가 발생한다.
  ③ 원재료 구매담당자의 업무능력에 따라 저가구입시는 유리한 가격차이가, 고가구입시는 불리한 가격차이가 발생한다.
  ④ 당초보다 물가가 하락하면 구매가격 하락으로 유리한 가격차이가, 당초보다 물가가 상승하면 구매가격 상승으로 불리한 가격차이가 일반적으로 발생한다.

Guide 직접재료원가 차이의 발생원인

가격차이 발생원인	• ㉠ 가격차이는 원재료 시장의 수요와 공급 상황에 따라 발생할 수 있음. ㉡ 원재료 구매담당자의 업무능력에 따라 유리하거나 불리한 가격차이가 발생할 수 있음. ㉢ 표준설정시 품질과 상이한 품질의 원재료를 구입함에 따라 가격차이가 발생할 수 있음. ㉣ 표준을 설정할 때와 다른 경기 변동에 따라 가격차이가 발생할 수 있음.
능률차이 발생원인	• ㉠ 생산과정에서 원재료를 효율적으로 사용하지 못함으로써 능률차이가 발생할 수 있음. ㉡ 표준을 설정할 때와 다른 품질의 원재료를 사용함으로써 능률차이가 발생할 수 있음. ㉢ 점진적인 기술혁신에 의하여 능률차이가 발생할 수 있음.

| 문제 93번 | 직접재료원가 차이분석과 SP 계산 | 출제구분 | 기출변형 | 난이도 ★☆☆ | 정답 ② |

- AQ = 1,500kg, AP = 15
- 직접재료원가 차이분석

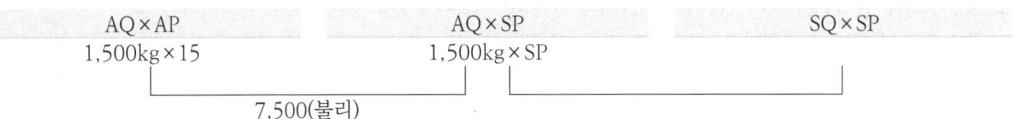

→ (1,500kg × 15) - (1,500kg × SP) = 7,500 에서, SP(kg당 표준가격) = 10

Guide 직접재료원가 차이분석 구조[사용시점분리의 경우]

기호정의	• AQ : 실제사용량, AP : 실제가격, SQ : 실제생산량에 허용된 표준사용량, SP : 표준가격
DM 차이분석	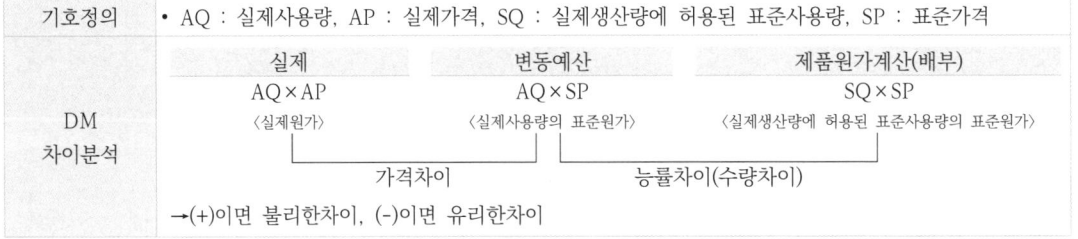 → (+)이면 불리한차이, (-)이면 유리한차이

문제 94번 | 직접노무원가 차이분석과 SQ 계산 | 출제구분: 재출제 | 난이도: ★★☆ | 정답: ②

- AQ × AP = 20,000, AQ = 2,000시간
- 직접노무원가 차이분석

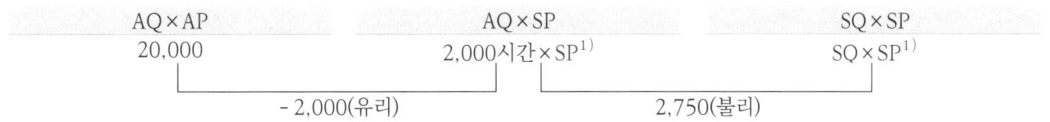

→ $^{1)}$ 20,000 - 2,000시간 × SP = -2,000 에서, SP = 11

∴ (2,000시간 × 11) - (SQ × 11) = 2,750 에서, SQ(실제생산량에 허용된 표준작업시간) = 1,750시간

Guide 직접노무원가 차이분석 구조

기호정의	AQ : 실제투입시간, AP : 실제가격, SQ : 실제생산량에 허용된 표준시간, SP : 표준가격
DL 차이분석	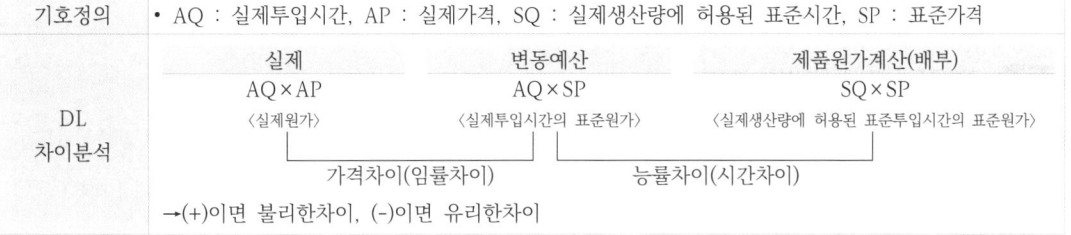

→ (+)이면 불리한차이, (-)이면 유리한차이

문제 95번 | 변동제조간접원가 능률차이 계산 | 출제구분: 기출변형 | 난이도: ★☆☆ | 정답: ①

- 변동제조간접원가 차이분석

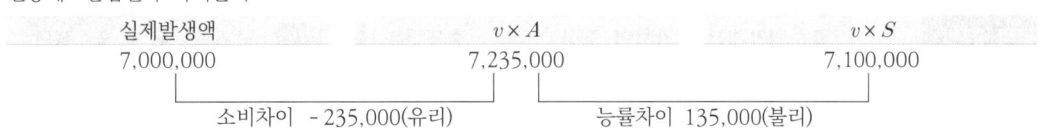

Guide 변동제조간접원가 차이분석 구조

기호정의	N : 기준조업도, V : VOH예산, v : VOH배부율($= \dfrac{V}{N}$) S : 실제생산량에 허용된 표준조업도, A : 실제조업도
VOH 차이분석	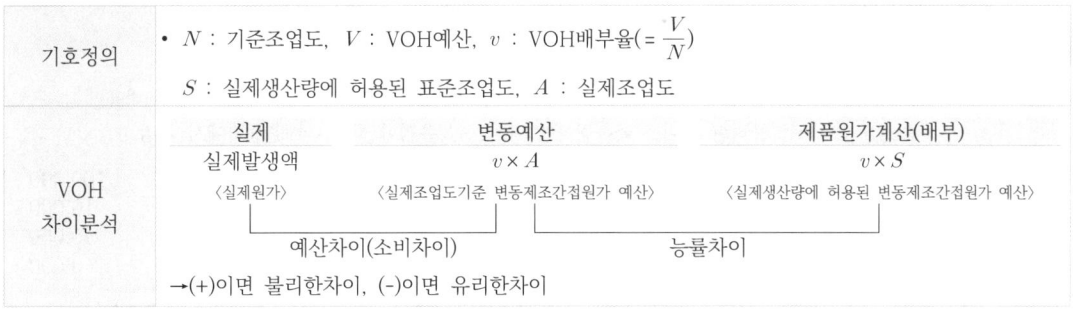

→ (+)이면 불리한차이, (-)이면 유리한차이

문제 96번 | 고정제조간접원가 항목별 차이분석 | 출제구분 신유형 | 난이도 ★★★ | 정답 ②

- N = 10,000시간, S(실제생산량에 허용된 표준노동시간) = 1,200단위 × 9시간 = 10,800시간, 실제발생액 = 1,870,000
- 고정제조간접원가 차이분석

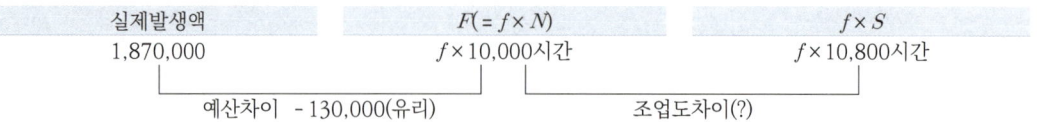

→ 1,870,000 − (f × 10,000시간) = −130,000 에서, f = 200

- ① 고정제조간접원가 표준원가(f × S) : 200 × 10,800시간 = 2,160,000
- ② 실제생산량에 허용된 표준조업도(실제생산량에 허용된 표준노동시간) : 10,800시간
- ③ 고정제조간접원가 총차이 : 1,870,000 − (200 × 10,800시간) = −290,000(유리)
- ④ 고정제조간접원가 조업도차이 : (200 × 10,000시간) − (200 × 10,800시간) = −160,000(유리)

Guide 고정제조간접원가 차이분석 구조

기호정의	N : 기준조업도, F : FOH예산, f : FOH배부율(= $\frac{F}{N}$), S : 실제생산량에 허용된 표준조업도
FOH 차이분석	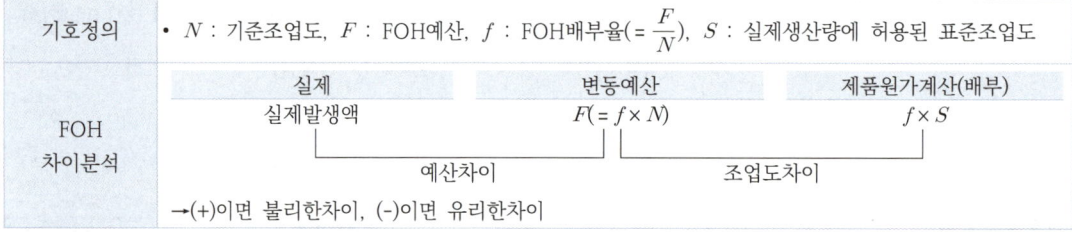 →(+)이면 불리한차이, (−)이면 유리한차이

문제 97번 | 표준원가계산 원가차이 조정 | 출제구분 기출변형 | 난이도 ★★★ | 정답 ①

- 원가차이가 매출원가에 가감되므로 모든 원가차이를 당기손익에 반영하게 되며 이에 따라 불리한 차이의 경우는 비례배분법보다 순이익이 감소, 유리한 차이의 경우는 비례배분법보다 순이익이 증가한다.
- *저자주* 문제의 명확한 성립을 위해 선지 ①의 '~ 당기순이익이 크게 나타난다.'를 '~ 당기순이익이 항상 크게 나타난다.'로 수정바랍니다.

Guide 표준원가계산 원가차이 배분(조정)방법

매출원가조정법	• 모든 원가차이를 매출원가에 가감하는 방법(원가차이가 중요치 않은 경우 적용) → ㉠ 불리한 차이 : 매출원가에 가산 ㉡ 유리한 차이 : 매출원가에서 차감 원가차이 분석 (차) 재공품(SQ×SP) 70,000 (대) 원재료(AQ×AP) 100,000 　　　　　　　　가격차이(불리)　40,000　　　능률차이(유리)　10,000 원가차이 배분 (차) 매출원가　　　　40,000 (대) 가격차이(불리)　40,000 　　　　　　　　(차) 능률차이(유리)　10,000 (대) 매출원가　　　10,000 • 모두 매출원가에서 조정되므로 재공품과 제품계정은 모두 표준원가로 계속 기록됨.
총원가비례배분법	• 재고자산(재공품, 제품)과 매출원가의 총원가를 기준으로 원가차이를 배분하는 방법
원가요소별비례배분법	• 재고자산(재공품, 제품)과 매출원가의 원가요소(DM,DL,OH)를 기준으로 각 해당하는 원가요소의 원가차이를 배분하는 방법
기타손익법 (영업외손익법)	• 모든 원가차이를 기타손익으로 처리하는 방법 → ㉠ 불리한 차이 : 기타비용 ㉡ 유리한 차이 : 기타수익 • 이론적 근거는 표준은 정상적인 공손이나 비능률을 감안하여 설정되므로 이를 벗어난 차이는 원가성이 없다고 보아 별도항목인 기타손익으로 표시해야 한다는 것임.

| 문제 98번 | 초변동원가계산의 특징 | 출제구분 | 기출변형 | 난이도 | ★ ☆ ☆ | 정답 | ③ |

- ① 초변동원가계산 현금창출(재료처리량)공헌이익 : 매출액 - 직접재료원가(DM)
  ② 초변동원가계산 영업이익 : 현금창출(재료처리량)공헌이익 - 운영비용(DL,VOH,FOH,판관비)
    → 초변동원가계산은 직접노무원가(DL), 변동제조간접원가(VOH), 고정제조간접원가(FOH)를 모두 기간비용(운영비용) 처리한다.
  ③ 외부보고목적의 재무제표 작성에 이용되는 방법은 전부원가계산방법이다.
  ④ 변동원가계산은 고정제조간접원가만 비용화하나, 초변동원가계산은 생산관련 직접노무원가, 변동제조간접원가, 고정제조간접원가가 모두 비용화되어 생산량 증가시 더 큰 이익감소를 초래하므로 생산량을 감소시켜 재고를 최소화하려는 유인이 더 크게 발생한다.(불필요한 재고누적 방지효과가 변동원가계산보다 크다.)
    → 즉, 생산량이 증가할수록 영업이익 감소되므로 경영자가 불필요한 제품 생산을 최소화하고 판매에 보다 집중하도록 유도한다.

| 문제 99번 | 전부·변동원가계산 기말제품재고액 | 출제구분 | 기출변형 | 난이도 | ★ ★ ☆ | 정답 | ① |

- 전부원가계산에서는 고정제조간접원가(FOH)도 제조원가로 처리한다.
  → 반면, 변동원가계산에서는 고정제조간접원가(FOH)를 기간비용으로 처리한다.
- 물량흐름(제품계정) : 당기 초에 영업활동을 시작하였으므로 기초제품재고는 없다.

| 기초제품재고 | 0 | 판매량 | 300단위 |
| 생산량 | 500단위 | 기말제품재고 | 200단위 |

- ㉠ 전부원가계산에 의한 기말제품재고액 계산
  - 단위당FOH : 100,000(FOH)÷500단위(생산량) = 200
  - 단위당제조원가 : 300(단위당DM)+200(단위당DL)+100(단위당VOH)+200(단위당FOH) = 800
  - 기말제품재고액 : 200단위×800 = 160,000
- ㉡ 변동원가계산에 의한 기말제품재고액 계산
  - 단위당제조원가 : 300(단위당DM)+200(단위당DL)+100(단위당VOH) = 600
  - 기말제품재고액 : 200단위×600 = 120,000
∴ 양 방법에 의한 기말제품재고액 차이 : 160,000(전부) - 120,000(변동) = 40,000

고속철 기초제품재고가 없으므로 기말제품재고에 포함된 FOH만큼 차이가 난다.
  → 전부원가계산(200단위×200) - 변동원가계산(0) = 40,000

| 문제 100번 | 전부·초변동원가계산 영업이익 차이조정 | 출제구분 | 재출제 | 난이도 | ★ ★ ☆ | 정답 | ② |

- 전부원가계산 영업이익 X
  (+) 기초에 포함된 가공원가(DL,VOH,FOH)   3,000,000
  (-) 기말에 포함된 가공원가(DL,VOH,FOH)   (1,500,000)
  초변동원가계산 영업이익   5,000,000

  → X(전부원가계산 영업이익) = 3,500,000

Guide 전부·변동·초변동원가계산 영업이익 차이조정

전부원가계산에 의한 영업이익	전부원가계산에 의한 영업이익	변동원가계산에 의한 영업이익
(+) 기초재공품,제품에 포함된 FOH	(+) 기초재공품,제품에 포함된 DL,VOH,FOH	(+) 기초재공품,제품에 포함된 DL,VOH
(-) 기말재공품,제품에 포함된 FOH	(-) 기말재공품,제품에 포함된 DL,VOH,FOH	(-) 기말재공품,제품에 포함된 DL,VOH
변동원가계산에 의한 영업이익	초변동원가계산에 의한 영업이익	초변동원가계산에 의한 영업이익

| 문제 101번 | 활동기준원가계산(ABC)의 도입배경 | 출제구분 | 재출제 | 난이도 ★★☆ | 정답 ④ |

- 산업이 고도화되고 고객의 요구가 다양해짐에 따라 제조환경이 다품종 소량생산으로 바뀌고 있으며 생산기술이 발달하고 제조과정이 자동화됨으로 인하여 제조원가에서 직접노무원가가 차지하는 비중은 줄어든 반면 제조간접원가의 비중은 과거에 비해 훨씬 커졌다. 이와 같이 늘어난 제조간접원가를 전통적 원가배부기준인 직접노무원가, 직접노동시간 등을 기준으로 제품에 배부하는 방법으로는 제품원가를 정확히 계산하는 것이 힘들게 되어 새로운 원가계산제도가 필요하게 되었다.

*보론 활동기준원가계산(ABC) 도입배경 요약

> ㉠ 전통적 배부기준에 대한 비판(새로운 배부기준 필요)　　㉡ 직접노무원가 감소와 제조간접원가 증가
> ㉢ 원가개념의 확대(연구개발·마케팅 등 기타원가)　　㉣ 정보수집기술의 발달

| 문제 102번 | 공헌이익률을 통한 영업이익 추정 | 출제구분 | 재출제 | 난이도 ★★☆ | 정답 ① |

- 손익분기점(BEP)매출액(500,000) = $\dfrac{\text{고정원가}}{\text{공헌이익률}(40\%)}$ → 고정원가 = 200,000
- 공헌이익 : 매출액(800,000) × 공헌이익률(40%) = 320,000
- 순이익(영업이익) : 공헌이익(320,000) − 고정원가(200,000) = 120,000

Guide 공헌이익률 산식 정리

공헌이익률	□ 공헌이익률 = $\dfrac{\text{총공헌이익}}{\text{매출액}}$ = $\dfrac{\text{단위당공헌이익}}{\text{단위당판매가격}}$ • 총공헌이익 = 단위당공헌이익 × 판매량 = 공헌이익률 × 매출액 • 영업이익 = 단위당공헌이익 × 판매량 − 고정비 = 공헌이익률 × 매출액 − 고정비

| 문제 103번 | 안전한계와 영업레버리지 | 출제구분 | 신유형 | 난이도 ★★☆ | 정답 ④ |

- ① 안전한계(=매출액 − 손익분기점매출액)는 손실을 발생시키지 않으면서 허용할 수 있는 매출액의 최대 감소액을 의미하므로 기업의 안전성을 측정하는 지표로 많이 사용된다.
  → [예] 안전한계가 400이라 함은 매출액이 400 감소해도 안전하다는 의미이다.(∵손실을 보지 않으므로)
- ② 안전한계가 위 ①과 같이 안전성을 측정하는 지표로 많이 사용되므로 안전한계가 높을수록 기업의 안전성이 높다고 말할 수 있으며, 안전한계가 낮을수록 기업의 안전성에 문제가 있다고 판단할 수 있다.
  → 경영자가 좀 더 높은 안전한계수준을 원한다면 손익분기점을 낮추거나 회사의 전반적인 매출수준을 늘리기 위한 노력을 해야 한다.
- ③ 영업레버리지도(DOL)는 다음과 같이 다양하게 계산할 수 있다.
  → □ DOL = $\dfrac{\text{영업이익변화율}}{\text{매출액변화율}}$ = $\dfrac{\text{공헌이익}}{\text{영업이익}}$ = $\dfrac{\text{매출액} - \text{변동비}}{\text{매출액} - \text{변동비} - \text{고정비}}$ = $\dfrac{1}{\text{안전한계율}}$
- ④ 영업레버리지는 고정원가로 인하여 매출액의 변화보다 영업이익의 변화율이 더 커지는 현상을 말한다.
  → 즉, 변화액이 아니라 변화율로 측정한다.

| 문제 104번 | 목표이익을 위한 판매량 | 출제구분 | 재출제 | 난이도 | ★ ★ ☆ | 정답 | ③ |

- 단위당변동원가 : 40(단위당DM) + 30(단위당DL) + 50(단위당VOH) + 30(단위당변동판관비) = 150
- 단위당공헌이익 : 200(단위당판매가격) − 150(단위당변동원가) = 50
- 목표이익 400,000원을 위한 판매량 : $\dfrac{500,000(\text{고정원가}) + 400,000(\text{목표이익})}{50(\text{단위당공헌이익})}$ = 18,000단위

*저자주 선지(①,②,③,④)의 '개'를 '단위'로 수정바랍니다.

Guide 목표이익분석 산식 정리[법인세를 고려하지 않는 경우]

판매량	매출액
• 단위당공헌이익 × 판매량 = 고정원가 + 목표이익 ⇨ 목표이익을 위한 판매량 = $\dfrac{\text{고정원가} + \text{목표이익}}{\text{단위당공헌이익}}$	• 공헌이익률 × 매출액 = 고정원가 + 목표이익 ⇨ 목표이익을 위한 매출액 = $\dfrac{\text{고정원가} + \text{목표이익}}{\text{공헌이익률}}$

| 문제 105번 | 손익분기점(BEP) 산식 적용 | 출제구분 | 기출변형 | 난이도 | ★ ☆ ☆ | 정답 | ② |

- 손익분기점은 이익이 0이므로, 매출액 − 변동원가 − 고정원가 = 0
  → ∴'매출액 − 변동원가 = 공헌이익' 이므로, 공헌이익 = 고정원가

Guide 이익방정식과 공헌이익 산식 정리

이익방정식	⇨ 영업이익 = 매출액 − 변동원가$^{1)}$ − 고정원가$^{2)}$ 　　　　　= 단위당판매가격 × 판매량 − 단위당변동원가 × 판매량 − 고정원가
	$^{1)}$변동원가 = 변동제조원가 + 변동판매관리비　　$^{2)}$고정원가 = 고정제조간접원가 + 고정판매관리비
공헌이익	⇨ 총공헌이익 = 매출액 − 변동원가 = 단위당판매가격 × 판매량 − 단위당변동원가 × 판매량 ⇨ 단위당공헌이익 = $\dfrac{\text{총공헌이익}}{\text{판매량}}$ = 단위당판매가격 − 단위당변동원가 • 총공헌이익 = 단위당공헌이익 × 판매량 • 영업이익 = 총공헌이익 − 고정원가 = 단위당공헌이익 × 판매량 − 고정원가

문제 106번 | 사업부별 성과평가 | 출제구분: 신유형 | 난이도: ★★★ | 정답: ③

- ① 통제가능원가와 통제불능원가를 반드시 구분하여야 하며, 통제불능항목은 성과평가시 제외되어야 한다.
- ② 특정 사업부문의 추적가능성에 따라 사업부별 추적가능고정원가와 공통고정원가로 구분하는 것이 바람직하다.

고정원가의 분류

원가의 종류	추적가능성	통제가능성
통제가능고정원가	**추적가능**	**통제가능**
통제불능고정원가	추적가능	통제불능
공통고정원가	추적불능	통제불능

- ③ 공통고정원가란 여러 사업부에서 공통적으로 사용되는 고정원가로서 특정사업부에 추적이 불가능한 원가이다. 예를 들면 본사건물의 감가상각비, 회사전체적인 광고선전비, 최고경영자의 급료 등이 포함된다. 이러한 공통고정원가는 여러 사업부에서 공통적으로 사용되는 고정원가이므로 특정사업부에 부과시키거나 임의로 배분해서는 안되며 총액으로 관리해야 한다.
- ④ 특정사업부의 경영자에 대한 성과평가시 추적가능하고 통제가능한 원가만을 포함하는 것이 바람직하다.

문제 107번 | 판매부서 성과평가시 차이분석 항목 | 출제구분: 재출제 | 난이도: ★☆☆ | 정답: ①

- 수율차이는 원가중심점 성과평가시 나타는 항목에 해당한다.

원가중심점(DM/DL)	• 가격차이		
	• 능률차이	배합차이	
		수율차이	
수익중심점(판매부서)	• 매출가격차이		
	• 매출조업도차이	매출배합차이	
		매출수량차이	시장점유율차이
			시장규모차이

문제 108번 | 투자수익률(ROI)과 잔여이익(RI) 비교 | 출제구분: 기출변형 | 난이도: ★★☆ | 정답: ①

- 투자수익률(ROI)와 잔여이익(RI) 계산 및 성과평가

㉠ 투자수익률(ROI) = $\dfrac{영업이익}{영업자산(투자금액)}$ ㉡ 잔여이익(RI) = 영업이익 − 영업자산(투자금액) × 최저필수수익률

	A사업부	B사업부	성과평가
투자수익률	$\dfrac{20,000,000}{250,000,000} = 8\%$	$\dfrac{22,500,000}{300,000,000} = 7.5\%$	**A가 우수**
잔여이익	20,000,000 − 250,000,000 × 6% = 5,000,000	22,500,000 − 300,000,000 × 6% = 4,500,000	**A가 우수**

→ ∴ A사업부가 투자수익률로 평가하든 잔여이익으로 평가하든 더 우수하다.

| 문제 109번 | 투자수익률(ROI) 적용시 고려사항 | 출제구분 | 기출변형 | 난이도 | ★ ★ ☆ | 정답 | ④ |

- ① '투자수익률 = 영업이익 ÷ 영업자산(투자액) = 매출액이익률 × 자산회전율'에서 매출액이익률과 자산회전율이 증가해야 투자수익률이 극대화된다.
- ② 투자수익률은 현금의 흐름이 아닌 회계이익을 기준으로 성과를 평가하므로 업종에 따라 각 투자중심점에 서로 다른 회계원칙이 적용되는 경우, 이로 인한 영향을 고려해야 한다.
- ③ 투자수익률법은 비율에 의하므로 투자규모가 서로 다른 투자안에 대한 성과평가 및 비교에 유용하다는 장점이 있다.
  → 비교 잔여이익은 금액에 의하므로 투자규모가 서로 다른 투자안에 대한 성과평가시 상호 비교하기가 어렵다는 문제점이 있다.
- ④ 투자수익률은 준최적화(= 회사전체 최저필수수익률을 상회하는 좋은 투자안이 개별투자중심점의 투자수익률 보다 낮기 때문에 투자가 포기되어 회사전체이익에 불리한 의사결정이 이루어지는 것)가 발생할 수 있는 문제점을 갖고 있다.
  → 투자수익률의 준최적화의 문제점은 잔여이익으로 해결 가능하다.

| 문제 110번 | 경제적부가가치(EVA) 계산 | 출제구분 | 재출제 | 난이도 | ★ ☆ ☆ | 정답 | ① |

- 세후영업이익(법인세 무시) : 80억 - 50억 - 20억 = 10억
- 가중평균자본비용 : $\dfrac{25억 \times 10\% + 25억 \times 16\%}{25억 + 25억} = 13\%$
- 경제적부가가치(EVA) : 10억(세후영업이익) - 50억(투하자본) × 13% = 3.5억

Guide 경제적부가가치(EVA) 계산

특징	• 타인자본비용(이자비용)뿐 아니라 자기자본비용(배당금)도 비용으로 고려하는 성과지표임. 주의 ∴EVA는 I/S상 순이익보다 낮음. 주의 EVA는 비재무적측정치는 고려하지 않음.
계산	▢ EVA = 세후영업이익 - 투하자본(투자액) × 가중평균자본비용 • 가중평균자본비용 = $\dfrac{부채의시장가치 \times 부채이자율(1-t) + 자본의시장가치 \times 자기자본비용(\%)}{부채의시장가치 + 자본의시장가치}$ • 투하자본 = (총자산 - 유동부채) → 투하자본 계산시 비영업자산은 제외 → 유동부채 계산시 영업부채가 아닌 이자발생부채인 단기차입금·유동성장기차입금 제외

| 문제 111번 | 경제적부가가치(EVA) 증감 | 출제구분 | 기출변형 | 난이도 | ★ ★ ☆ | 정답 | ② |

- EVA = 세후영업이익 - 투하자본(투자액) × 가중평균자본비용
- ① 재고자산회전율을 높이면 재고자산 보유기간이 줄어 투하자본이 감소하므로 EVA는 증가한다.
  ② 'EVA=세후영업이익 - 투하자본×가중평균자본비용'에서 (세후)영업이익이 감소하면 EVA는 감소한다.
  ③ 'EVA=세후영업이익 - 투하자본×가중평균자본비용'에서 자본비용이 높아지면 EVA는 감소한다.
  ④ 영업이익을 높이거나 매출채권회전율, 재고자산회전율 등을 높이면 EVA는 증가한다.

Guide 경제적부가가치(EVA) 증대방안

증대방안	세후영업이익 증대	• 매출증대, 제조원가·판관비 절감
	투하자본 감소	• 재고·고정자산 매출채권의 적정유지나 감소 • 유휴설비 처분 • 매출채권회전율을 높임(매출채권 회수기일단축) • 재고자산회전율을 높임(재고자산 보유기간을 줄임)
	가중평균자본비용 개선	• 고율의 차입금 상환

| 문제 112번 | 매몰원가 | 출제구분 | 재출제 | 난이도 | ★ ☆ ☆ | 정답 | ④ |

- 매몰원가는 과거 의사결정의 결과로 이미 발생한 원가(역사적원가)로 현재 또는 미래에 회수할 수 없는 원가를 의미하며 새로운 의사결정에 영향을 미치지 않는 비관련원가를 말한다.
  → ∴ 기계장치의 취득원가 10억원이 매몰원가가 된다.

Guide 매몰원가와 기회원가

매몰원가 (sunk cost)	• 과거 의사결정의 결과로 이미 발생한 원가로, 의사결정에 영향을 미치지 않는 비관련원가 **예시** 구기계 취득원가 100(감가상각누계액 30), 신기계구입 고려중 → 매몰원가 : 취득원가 100 또는 장부금액 70 → 의사결정 : 신기계로 인한 수익창출액이 구입가보다 크면 구입함.
기회원가 (opportunity cost)	• 특정대안의 선택으로 포기해야 하는 가장 큰 효익 **예시** CU편의점과 GS편의점의 시간당 알바수익이 각각 3,000원과 5,000원일 때, 여친과 수다를 떨며 즐겁게 1시간 보내는 경우의 기회원가는 5,000원임 **주의** 기회원가는 관리적 차원에서 사용되는 원가개념이며, 회계장부에는 실제원가만이 기재되므로 기회원가는 회계장부에 기록되지 않음.

| 문제 113번 | 제품라인 유지·폐지 의사결정 | 출제구분 | 재출제 | 난이도 | ★ ☆ ☆ | 정답 | ③ |

- 프로젝트A를 포기하는 경우
  증분수익 - 감소 : 공헌이익 1,000,000(매출액) - 300,000(변동원가) = (700,000)
  증분비용 - 감소 : 고정원가   400,000
  증분손익   (300,000)

참고 총액접근법

프로젝트A의 현재 손익	프로젝트A 포기시 손익
공헌이익 : 1,000,000 - 300,000 = 700,000	-
고정원가 : 500,000	100,000
200,000	△100,000

→증분손익 △300,000

| 문제 114번 | 자가제조·외부구입 의사결정 | 출제구분 | 재출제 | 난이도 | ★ ☆ ☆ | 정답 | ③ |

- 외부구입의 경우
  증분비용 - 증가 :   외부구입액 250단위×500 = (125,000)
         - 감소 : 변동원가감소 43,000+17,000+13,000 = 73,000
  증분손익   (52,000)

→ ∴외부구입시 자가제조보다 52,000원 불리하다.

Guide 자가제조·외부구입 의사결정

고려사항	• 자가제조시 관련원가와 외부구입가격을 고려 　🔍주의 자가제조시 증감하는 고정원가도 관련원가이므로 이도 고려함. 　　→ 예 자가제조시 추가 고용 감독자급료 • 외부구입시 다음을 고려함. 　㉠ 기존설비 임대가 가능한 경우 : 임대수익을 고려 　㉡ 기존설비로 다른 제품 생산시 : 관련수익과 변동원가를 고려(= 다른 제품 공헌이익) 　㉢ 회피가능고정원가는 관련원가, 회피불능고정원가는 비관련원가임.
고려해야할 비재무적 정보	• 자가제조의 경우는 부품 공급업자에 대한 의존도를 줄일 수 있으며, 품질관리를 보다 쉽게 할 수 있다는 장점이 있음. • 자가제조의 경우는 공급업자에 대한 의존도를 줄임으로써 공급업자와의 관계를 상실하여 향후에 급격한 주문의 증가로 회사의 생산능력이 초과할 때 제품을 외부구입하기가 쉽지 않을 수 있음. (별도의 추가적 시설투자가 필요하므로 많은 비용이 발생하는 단점이 있음.) • 제품에 특별한 지식·기술이 요구될 때 자가제조를 하며 품질을 유지하기가 쉽지 않을 수 있음.
외부구입 의사결정	㉠ 기존설비의 대체용도가 있는 경우 　　□ 증분수익(변동원가+회피가능고정원가+기회원가) > 증분비용(외부구입원가) ㉡ 기존설비의 대체용도가 없는 경우 　　□ 증분수익(변동원가+회피가능고정원가) > 증분비용(외부구입원가)

| 문제 115번 | 외부구입과 허용가능 최대가격 | 출제구분 | 재출제 | 난이도 | ★ ★ ★ | 정답 | ② |

- 부품을 외부에서 구입할 경우 고정제조간접원가는 전혀 회피할 수 없으므로 비관련원가이다.
  → 즉, 고정제조간접원가는 증분분석시 고려하지 않는다.

- 외부구입의 경우
  증분비용 - 증가 :　　　　　　　　　　　　　구입액 =　　　(10,000단위×A)
  　　　　 - 감소 : 원가감소 10,000단위×(200+100+60) =　　3,600,000
  증분손익　　　　　　　　　　　　　　　　　　　　　　　3,600,000 - 10,000단위×A

  → 3,600,000 - 10,000단위×A ≧ 0 에서, A ≦ 360

| 문제 116번 | 현금흐름추정의 기본원칙 | 출제구분 | 재출제 | 난이도 | ★ ☆ ☆ | 정답 | ④ |

- 이자비용은 현금유출이지만 현재가치를 계산할 때 사용되는 할인율(자본비용)을 통해 반영되는 항목이다. 따라서, 현금흐름의 계산에서 이자비용을 계산하고 다시 할인율을 적용하는 것은 이중계산이 되므로, 이자비용이 전혀 없는 상황을 가정하여 현금흐름을 추정해야 한다.

Guide ▶ 자본예산시 현금흐름추정의 기본원칙

증분기준	• 투자안의 채택시와 비채택시의 증분현금흐름(대안간에 차이가 나는 현금흐름)을 사용함.
세후기준	• 현금흐름을 파악할 때에는 법인세를 차감한 후의 금액을 기준으로 함.
감가상각비	• 감가상각비는 현금유출이 아니나, 감가상각비의 감세효과(절세효과)는 현금유입 처리함.
이자비용	• 자본비용(할인율)에 반영되어 있으므로 이자비용은 고려하지 않음. → 현금흐름의 계산에서 이자비용을 계산하고 다시 할인율을 적용하는 것은 이중계산이 되므로, 이자비용이 전혀 없는 상황을 가정하여 현금흐름을 추정해야 함.
인플레이션	• 명목현금흐름은 명목할인율로, 실질현금흐름은 실질할인율로 할인해야 함.

| 문제 117번 | 순현재가치법(NPV법)과 내부수익률법(IRR법) | 출제구분 | 재출제 | 난이도 | ★ ☆ ☆ | 정답 | ① |

- 가치가산의 원칙(value additivity principle) : 상호 독립적인 투자안 A와 B가 있을 때, 두 투자안의 결합순현재가치는 각 투자안의 순현재가치의 합과 같은 것을 말한다. → NPV(A+B) = NPV(A) + NPV(B)
- 가치가산의 원칙이 성립하는 것은 내부수익률법이 아니라 순현재가치법이다.

Guide ▶ 순현재가치법(NPV법)의 우월성

순현재가치법(NPV법)	내부수익률법(IRR법)
• 계산이 간단 　- NPV = 현금유입현가 - 현금유출현가 • 자본비용으로 재투자된다고 가정하므로 현실적임. • 금액으로 투자결정 　- 독립적 : 'NPV > 0'인 투자안 채택 　- 배타적 : NPV가 가장 큰 투자안 채택 • 가치가산원칙(value additivity principle)이 성립	• 계산이 복잡(IRR이 2개이상도 존재 가능) 　- IRR : '현금유입현가 = 현금유출현가'가 되는 할인율 • 내부수익률로 재투자된다고 가정하므로 지나치게 낙관적임. • 비율로 투자결정(자본비용=최저필수수익률) 　- 독립적 : '내부수익률(IRR) > 자본비용'이면 채택 　- 배타적 : 내부수익률(IRR)이 가장 큰 투자안 채택 • 가치가산원칙(value additivity principle)이 불성립

| 문제 118번 | 대체가격(TP) 결정시 고려사항 | 출제구분 | 재출제 | 난이도 | ★ ★ ☆ | 정답 | ④ |

- 목표일치성기준에 따라 각 사업부의 이익극대화뿐만 아니라 기업전체의 이익도 극대화 할 수 있는 방향으로 대체가격을 결정하여야 한다.

Guide 대체가격(transfer price) 결정시 고려할 기준

목표일치성기준	• 각 사업부목표뿐 아니라 기업전체목표도 극대화할 수 있는 방향으로 결정해야 한다는 기준 →개별사업부 관점에서는 최적이지만 기업전체의 관점에서는 최적이 되지 않는 상황을 준최적화 현상이라고 하며, 대체가격결정시 준최적화 현상이 발생하지 않도록 해야 함.
성과평가기준	• 각 사업부의 성과를 공정하게 평가할 수 있는 방법으로 대체가격이 결정되어야 한다는 기준 →대체가격이 합리적으로 결정되지 않으면 성과평가는 공정성을 상실하고 각 사업부 관리자의 이익창출 의욕을 감퇴시킴으로써 분권화의 목적을 달성하지 못할 가능성이 있음.
자율성기준	• 각 사업부의 경영자가 자율적으로 의사결정을 하고 대체가격을 결정해야 한다는 기준 →자율성으로 인하여 준최적화가 발생가능하므로, 다른 기준보다는 중요성이 떨어짐.

| 문제 119번 | 내부실패원가 해당 사례 | 출제구분 | 신유형 | 난이도 | ★ ☆ ☆ | 정답 | ② |

- 내부실패원가는 불량품이 고객에게 인도되기 전에 발견됨으로써 발생하는 원가이다.
  →例 공손품원가, 작업폐물원가, 재작업원가, 재검사원가, 작업중단원가
- ① 공급업체 평가원가 : 예방원가 ③ 반품원가 : 외부실패원가 ④ 보증수리원가 : 외부실패원가

Guide 품질원가(COQ)

의의	• 품질원가(COQ)란 불량품이 생산되지 않도록 하거나, 생산된 결과로 발생하는 모든 원가를 말함.
품질원가 종류	❖ 통제원가(사전품질원가) ▶ 통제원가가 증가할수록 불량률은 감소함(∴역관계) | 예방원가	평가원가
• 불량품 생산을 예방키 위해 발생하는 원가 ㉠ 품질관리시스템 기획원가, 예방설비 유지 ㉡ 공급업체 평가원가, 품질·생산직원교육원가 ㉢ 설계·공정·품질 엔지니어링원가	• 불량품을 적발키 위해 발생하는 원가 ㉠ 원재료나 제품의 검사·시험원가 ㉡ 검사설비 유지원가 ㉢ 현장·생산라인검사원가 | ❖ 실패원가(사후품질원가) ▶ 불량률이 증가할수록 실패원가는 증가함(∴정관계) | 내부실패원가	외부실패원가
---|---| • 불량품이 고객에게 인도되기 전에 발견됨으로써 발생하는 원가 ㉠ 공손품원가, 작업폐물원가 ㉡ 재작업원가, 재검사원가 ㉢ 작업중단원가	• 불량품이 고객에게 인도된 후에 발견됨으로써 발생하는 원가 ㉠ 고객지원원가(소비자 고충처리비), 보증수리원가, 교환원가 ㉡ 반품원가(반품운송,재작업,재검사 포함) ㉢ 손해배상원가, 판매기회상실에 따른 기회비용
품질원가 최소점	• 전통적 관점 : 허용가능품질수준(AQL) • 최근의 관점 : 불량률이 0인 무결함수준

문제 120번 | 수명주기원가계산(LCC) 일반사항 | 출제구분: 재출제 | 난이도: ★★☆ | 정답: ④

- 수명주기원가계산(LCC)은 제조이전단계에서 대부분의 제품원가가 결정된다는 인식을 토대로 연구개발단계와 제품설계단계에서부터 원가절감을 위한 노력을 기울여야 한다는 것을 강조한다.

Guide 수명주기원가계산(LCC) 주요사항

의의	• 수명주기원가계산(LCC)은 제품수명주기 동안 상위활동(=제조이전단계=초기단계 : 연구개발, 설계), 제조, 하위활동(=제조이후단계 : 마케팅, 유통, 고객서비스)에서 발생하는 모든 원가를 제품별로 집계하는 원가계산제도임. • 수명주기원가계산(LCC)은 연구개발에서 고객서비스에 이르기까지 제품수명주기의 각 단계별 수익과 비용을 추정함과 동시에 각 단계별로 수익창출 및 원가절감을 위해 취해진 제반 활동의 결과를 평가하기 위한 장기적 관점의 원가계산제도임. →단기적 관점의 원가절감을 유도하는 것이 아님.
특징	• 제조이전단계(=초기단계)에서 대부분의 제품원가가 결정된다는 인식을 토대로 연구개발단계와 제품 설계단계에서부터 원가절감을 위한 노력을 기울여야 한다는 것을 강조함. • 제품 또는 서비스의 수명주기 매 단계마다 모든 가치사슬단계에서 발생하는 수익과 비용에 대한 집계를 가능하게 하여 프로젝트 전체에 대한 이해가 향상됨.

재경관리사 공개기출해설 [원가]

2020년 1월에 시행된 기출문제에 대한 완벽한 해설을 관련이론(가이드)과 함께 제시하였습니다. 해당 문제는 합본부록을 참고바랍니다.

Certified Accounting Manager

원가관리회계 공개기출문제해설
[2020년 01월 시행]

SEMOOLICENCE

문제 81번 | 원가의 개념적 분류 | 출제구분 신유형 | 난이도 ★☆☆ | 정답 ②

- 원가란 특정목적을 달성하기 위해 소멸된 경제적 자원의 희생을 화폐가치로 측정한 것으로 다음과 같이 분류한다.

미소멸원가	(a) 자산	• 수익획득에 아직 사용되지 않은 부분(예: 재고자산)
소멸원가	(b) 비용	• 수익획득에 사용된 부분(예: 매출원가)
	(c) 손실	• 수익획득에 기여하지 못하고 소멸된 부분(예: 화재손실)

문제 82번 | 준변동원가의 특징 | 출제구분 신유형 | 난이도 ★☆☆ | 정답 ③

- 준변동원가($y=a+bx$) : 조업도의 변동에 관계없이 총원가가 일정한 고정원가(a)와 조업도의 변동에 따라 총원가가 비례하여 변동하는 변동원가(bx)의 두 가지 요소를 모두 가지고 있는 원가를 말한다.(혼합원가)
  → 예) 통신요금 : 월 기본요금 50,000원에 100시간 초과사용시 초과시간당 5,000원 추가 납부

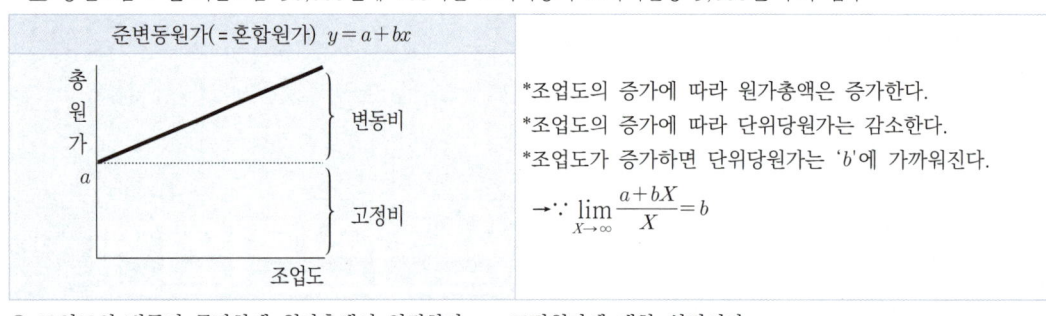

- ② 조업도의 변동과 무관하게 원가총액이 일정하다. ⇒ 고정원가에 대한 설명이다.
  ④ 조업도가 특정범위를 벗어나면 일정액만큼 증가 또는 감소한다. ⇒ 준고정원가에 대한 설명이다.

문제 83번 | 제조기업의 원가흐름 | 출제구분 신유형 | 난이도 ★★☆ | 정답 ①

- 당기제품제조원가 : 당기총제조원가 + 기초재공품(10,000) - 기말재공품(0)
  매출원가 : 당기제품제조원가 + 기초제품(20,000) - 기말제품(0)
  ∴ 매출원가 > 당기제품제조원가 > 당기총제조원가

★ 저자주 본 문제는 회계사 기출문제로서, 재경관리사 시험에 그대로 출제되었습니다.

Guide 제조기업의 원가흐름

계정흐름	원재료		재공품		제품	
	기초원재료 당기매입	사용액(DM) 기말원재료	기초재공품 당기총제조원가	당기제품제조원가 기말재공품	기초제품 당기제품제조원가	제품매출원가 기말제품
당기총제조원가	• 직접재료원가(DM) + 직접노무원가(DL) + 제조간접원가(OH)					
당기제품제조원가	• 기초재공품 + 당기총제조원가 - 기말재공품					
제품매출원가	• 기초제품 + 당기제품제조원가 - 기말제품					

문제 84번 | 매출총이익률을 통한 기말재공품 추정 | 출제구분: 기출변형 | 난이도: ★★☆ | 정답: ④

- 매출총이익률을 A라 하면, '매출원가 = 매출액×(1 - A)' → 매출원가 : 8,000,000×(1 - 25%) = 6,000,000
- 당기총제조원가 : 1,500,000(DM) + 900,000(DL) + 1,100,000(OH) = 3,500,000
- 매출원가(6,000,000) = 기초제품(4,000,000) + 당기제품제조원가(x) - 기말제품(1,200,000) → x = 3,200,000
- 당기제품제조원가(3,200,000) = 기초재공품(1,250,000) + 당기총제조원가(3,500,000) - 기말재공품(y) → y = 1,550,000

고속철 실전에서는 다음의 계정에 해당액을 직접 기입하여 대차차액으로 구한다.

기초재공품	1,250,000	매출원가	8,000,000×(1 - 25%) = 6,000,000
기초제품	4,000,000		
직접재료원가	1,500,000		
직접노무원가	900,000	기말재공품	?
제조간접원가	1,100,000	기말제품	1,200,000

Guide 매출총이익률·원가가산이익률이 주어진 경우 매출원가 계산

매출총이익률이 주어진 경우 매출원가 계산	• 매출원가 = 매출액×(1 - 매출총이익률)
원가가산이익률이 주어진 경우 매출원가 계산	• 매출원가 = $\dfrac{매출액}{1 + 원가가산이익률}$

문제 85번 | 제조간접원가 실제배부 | 출제구분: 재출제 | 난이도: ★★☆ | 정답: ③

- 직접추적이 가능한 직접재료원가·직접노무원가는 일반형전화기와 프리미엄전화기 각각에 집계하며, 직접 추적이 불가능한 제조간접원가는 직접노동시간을 기준으로 배분한다.
- 제조간접원가(OH)배부율 : $\dfrac{4,000,000(총제조간접원가)}{100시간(일반형의 직접노동시간) + 300시간(프리미엄의 직접노동시간)}$ = @10,000/시간
- 제조원가 계산

	일반형전화기	프리미엄전화기
직접재료원가	400,000원	800,000원
직접노무원가	100시간×@1,000(시간당임률) = 100,000원	300시간×@2,000(시간당임률) = 600,000원
제조간접원가 배분액	100시간×@10,000(OH배부율) = 1,000,000원	300시간×@10,000(OH배부율) = 3,000,000원
계	1,500,000원	4,400,000

문제 86번 | 개별원가계산과 종합원가계산 비교 | 출제구분: 기출변형 | 난이도: ★☆☆ | 정답: ②

- 종합원가계산은 원가관리 및 통제가 제품별이나 작업별이 아닌 공정이나 부문별로 수행되므로 원가에 대한 책임중심점이 명확해진다.

Guide 개별원가계산과 종합원가계산 비교

	개별원가계산	종합원가계산
생산형태	• 주문에 따른 다품종 소량생산방식 →예) 조선업, 기계제작업, 건설업	• 동종제품의 대량 연속생산방식 →예) 제분업, 섬유업, 시멘트업, 정유업
원가집계	• 제조원가는 각 작업별로 집계	• 제조원가는 각 공정별로 집계
기말재공품평가	• 평가문제 발생치 않음(∴정확함.)	• 평가문제 발생함(∴부정확함.)
핵심과제	• 제조간접원가배부(작업원가표)	• 완성품환산량계산(제조원가보고서)
기타사항	• 제품단위당 원가는 작업원가표에 집계된 제조원가를 작업한 수량으로 나누어 계산함. • 재고자산 평가에 있어서 작업이 완성된 것은 제품계정으로 대체되고, 미완성된 작업은 재공품이 됨.	• 일정기간에 발생한 총원가를 총생산량으로 나누어 단위당 평균제조원가를 계산함. • 제품은 완성수량에, 재공품은 기말재공품완성품환산량에 단위당 평균제조원가를 곱하여 계산함.

문제 87번 | 종합원가계산 계산절차 | 출제구분: 재출제 | 난이도: ★☆☆ | 정답: ①

- 종합원가계산 계산절차

일반절차	평균법	선입선출법
①=ㄱ: 물량흐름 파악	• 완성품수량, 기말수량과 완성도	• 기초수량과 완성도, 완성품수량, 기말수량과 완성도
②=ㄹ: 완성품환산량 계산	• 원가요소별 완성품환산량	• 원가요소별 당기분 완성품환산량
③=ㄷ: 배분할 원가 파악	• 기초재공품원가 + 당기발생원가	• 당기발생원가
④=ㄴ: 완성품환산량단위당가 계산	• $\dfrac{총원가}{완성품환산량}$	• $\dfrac{당기발생원가}{당기분완성품환산량}$
⑤=ㅁ: 완성품·기말재공품에 원가배분	-	• 완성품에 기초재공품 별도 가산

문제 88번 | 선입선출법 실제발생가공원가 추정 | 출제구분: 재출제 | 난이도: ★★☆ | 정답: ④

- 가공비 완성품환산량의 계산

[1단계] 물량흐름		[2단계] 완성품환산량	
		재료비	가공비
기초완성	600(50%)	0	600 × (1 - 50%) = 300
당기완성	4,200 - 600 = 3,600	3,600	3,600
기 말	1,000(60%)	1,000	1,000 × 60% = 600
	5,000	4,600	4,500

- 가공비의 완성품환산량 단위당원가가 10으로 주어져 있으므로, 실제 발생 가공비를 x라 하면

→ $\dfrac{x}{4,500} = 10$ 에서, x(실제 발생한 가공비) = 45,000

문제 89번 | 평균법 완성품원가·기말재공품원가 계산 | 출제구분: 재출제 | 난이도: ★★☆ | 정답: ①

- 평균법 종합원가계산

[1단계] 물량흐름

완성	400
기말	100(20%)
	500

[2단계] 완성품환산량

	재료비	가공비
	400	400
	100	100 × 20% = 20
	500	420

[3단계] 총원가요약

	재료비	가공비
기초	8,000,000	6,000,000
당기발생	32,000,000	24,240,000
	40,000,000	30,240,000

[4단계] 환산량단위당원가(cost/unit) ÷500   ÷420
                                    ‖   ‖
                                 @80,000 @72,000

[5단계] 원가배분
  완성품원가   : 400 × @80,000 + 400 × @72,000 = 60,800,000
  기말재공품원가 : 100 × @80,000 + 20 × @72,000 = 9,440,000

문제 90번 | WAM·FIFO 가공비완성품환산량 차이 | 출제구분: 재출제 | 난이도: ★★★ | 정답: ③

- 평균법(WAM) 완성품환산량의 계산

[1단계] 물량흐름

완성	2,300
기말	800(40%)
	3,100

[2단계] 완성품환산량

	재료비	가공비
	2,300	2,300
	800	800 × 40% = 320
	3,100	**2,620**

- 선입선출법(FIFO) 완성품환산량의 계산

[1단계] 물량흐름

기초완성	600(80%)
당기완성	2,300 - 600 = 1,700
기 말	800(40%)
	3,100

[2단계] 완성품환산량

	재료비	가공비
	0	600 × (1 - 80%) = 120
	1,700	1,700
	800	800 × 40% = 320
	2,500	**2,140**

∴ 2,620(평균법) - 2,140(선입선출법) = 480 → 평균법이 480개 더 크다.

고속철 재료가 공정초에 전량 투입되는 경우
  ㉠ WAM재료비완성품환산량 - FIFO재료비완성품환산량 = 기초재공품수량(600개)
  ㉡ WAM가공비완성품환산량 - FIFO가공비완성품환산량 = 기초재공품수량(600개)×기초완성도(80%)

저자주 실전 문제에서는 반드시 위 '고속철'풀이법에 의해 계산하여야 합니다. 반드시 숙지 바랍니다.

문제 91번 | 표준원가계산의 유용성과 한계 | 출제구분: 신유형 | 난이도 ★☆☆ | 정답 ④

- 표준원가계산제도를 채택할 경우 비계량적인 정보를 무시할 가능성이 있다. 예를 들어 표준원가달성을 지나치게 강조할 경우 제품의 품질을 희생시킬 수 있고, 납품업체에 표준원가를 기초로 지나친 원가절감을 요구할 경우 관계가 악화될 수도 있다.
  →한편, 표준원가계산제도는 계량적 정보에 의해서만 성과평가가 이루어진다.

Guide 표준원가계산의 한계점

산정의 객관성 문제	• 표준원가는 사전에 과학적·통계적 방법으로 적정원가를 산정하는 것이 필수적이나, 적정원가 산정에 객관성이 보장되기 힘들고 많은 비용이 소요됨.
수시 수정 필요	• 표준원가는 한번 설정된 영구불변의 원가가 아니라 내적요소·외부환경 변화에 따라 수시로 수정을 필요로 하는 원가임. 만약, 이러한 표준원가의 적정성을 사후 관리하지 않을 경우 미래원가 계산을 왜곡할 소지가 있음.
비계량정보 무시	• 표준원가계산제도를 채택할 경우 비계량적인 정보를 무시할 가능성이 있음. 예 표준원가달성을 지나치게 강조할 경우 제품의 품질을 희생시킬 수 있고, 납품업체에 표준원가를 기초로 지나친 원가절감을 요구할 경우 관계가 악화될 수도 있음.
질적 예외사항 무시	• 예외에 의한 관리기법을 사용할 때에는 어느 정도의 예외사항을 중요한 예외사항으로 판단하여 관리할 것인가를 결정해야 하나, 이러한 예외사항에 대해서 객관적인 기준이 없을 경우 대개 양적인 정보만으로 판단하기 때문에 질적인 예외사항을 무시하기 쉬움. 또한, 중요한 예외사항에 대해서만 관심을 집중하게 되면 허용범위 내에서 발생하는 실제원가의 증감추세와 같은 중요한 정보를 간과할 수 있음.
동기부여 문제	• 예외에 의한 관리는 근로자에게 동기부여 측면에서 문제가 발생할 수 있음. 만일 성과평가가 중요한 예외사항에 의해서만 결정된다면 근로자는 자신에게 불리한 예외사항을 숨기려고 할 것이고, 원가가 크게 절감된 예외사항에 대해서 보상을 받지 못한다면 이에 대한 불만이 누적되고 동기부여가 되지 않을 수 있기 때문임.

| 문제 92번 | 표준원가의 종류와 개념 | 출제구분 | 재출제 | 난이도 | ★ ☆ ☆ | 정답 | ② |

- 표준원가의 종류는 표준원가를 설정할 때에 가격, 능률, 조업도와 경영자의 목표에 관한 다양한 수준에서 어떠한 수치를 택하는가에 따라 이상적 표준, 정상적 표준, 현실적 표준으로 나눌 수 있다.
  → 이상적 표준(ideal standards)이란 기존의 설비와 제조공정에서 정상적인 기계고장, 정상감손 및 근로자의 휴식시간 등을 고려하지 않고 최선의 조건하에서만 달성할 수 있는 이상적인 목표하의 최저목표원가이다.

Guide 표준원가의 종류별 특징

구분	특징
이상적 표준 (ideal)	• 기존설비·제조공정에서 정상적 기계고장, 정상감손 및 근로자 휴식시간 등을 고려하지 않고 최선의 조건하에서만 달성할 수 있는 이상적인 목표하의 최저목표원가임. • 이상적 표준은 이를 달성하는 경우가 거의 없기 때문에 항상 불리한 차이가 발생되며, 이에 따라 종업원의 동기부여에 역효과를 초래함. • 실제원가와의 차이가 크게 발생하므로 재고자산평가나 매출원가산정에 적합하지 않음. → 그러나 전혀 의미없는 것은 아니고 현실적 표준 설정을 위한 출발점으로서의 의미를 갖음.
정상적 표준 (normal)	• 정상적인 조업수준이나 능률수준에 대하여 설정된 표준원가임. → 여기서 정상이란 경영활동에서 이상 또는 우발적인 상황을 제거한 것을 의미함. • 정상적 표준은 경영에 있어 비교적 장기간에 이르는 과거의 실적치를 통계적으로 평균화하고 여기에 미래의 예상추세를 감안하여 결정됨. → 따라서, 경제상태가 비교적 안정된 경우에는 재고자산가액 산정과 매출원가계산에 가장 적합하며 원가관리를 위한 성과평가의 척도가 될 수 있음.
현실적 표준 (practical)	• 경영의 실제활동에서 열심히 노력하면 달성될 것으로 기대되는 표준원가임. → 이는 정상적인 기계고장과 근로자 휴식시간을 허용하며, 작업에 참여하는 평균적인 근로자들이 합리적이면서 매우 효율적으로 노력을 하면 달성될 수 있는 표준임. • 현실적 표준과 실제원가와의 차이는 정상에서 벗어난 비효율로서 차이발생에 대해 경영자의 주의를 환기시키는 신호가 된다는 점에서 경영자에게 매우 유용함. • 현실적 표준은 설정내용에 따라서 원가관리에 더욱 적합할 수 있고 예산관리에도 유용하게 이용될 수 있음. • 표준원가계산제도에서의 표준원가라 하면 일반적으로 현실적 표준원가를 의미함.

문제 93번 | 변동제조간접원가 차이분석 : $v \times S$ 계산 | 출제구분: 재출제 | 난이도: ★★☆ | 정답: ④

- 변동제조간접원가 차이분석

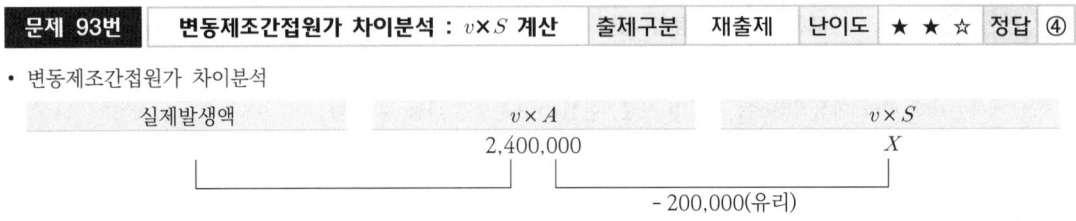

- $2,400,000 - X = -200,000$ 에서, $X = 2,600,000$

Guide 변동제조간접원가 차이분석 구조

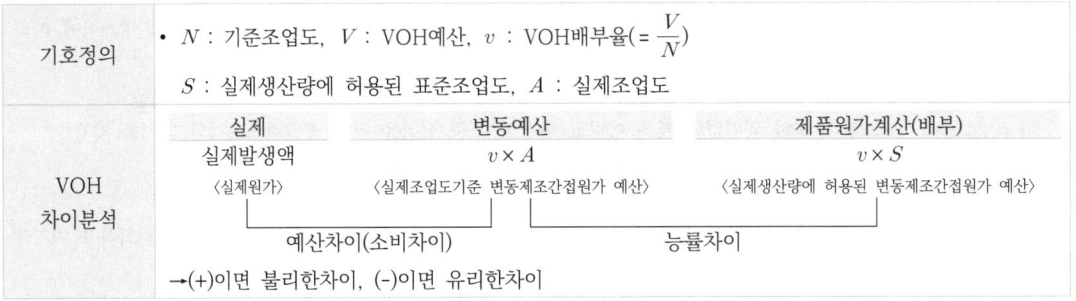

문제 94번 | 고정제조간접원가 조업도차이 계산 | 출제구분: 재출제 | 난이도: ★★☆ | 정답: ③

- $N = 8,000$시간, $F = 4,000$, $f = \dfrac{4,000}{8,000\text{시간}} = 0.5$, S(실제생산량에 허용된 표준조업도) $= 2,500$개 $\times 4$시간 $= 10,000$시간

- 고정제조간접원가 차이분석

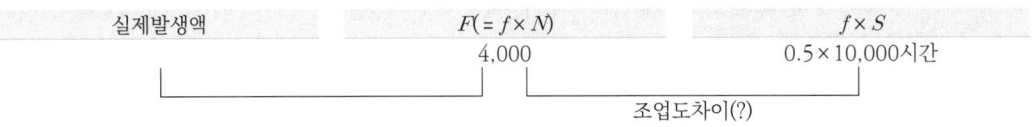

∴ $4,000 - 0.5 \times 10,000$시간 $= -1,000$(유리)

Guide 고정제조간접원가 차이분석 구조

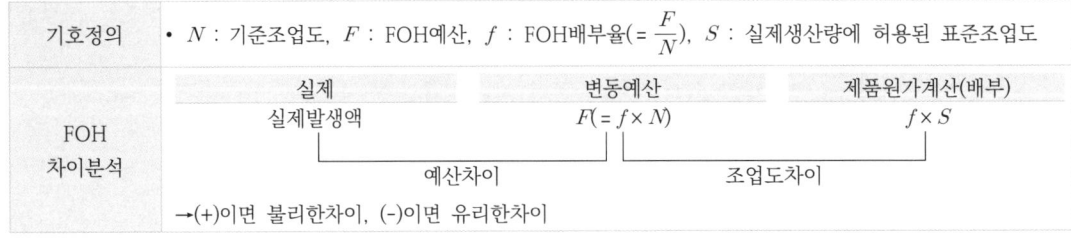

| 문제 95번 | 차이분석의 상호관계 | 출제구분 | 재출제 | 난이도 | ★ ★ ★ | 정답 | ④ |

- 가, 나, 다 모두 옳은 설명이다.
- 가 : 저임률의 미숙한 노동자가 투입되는 경우 저임률로 인해 직접노무원가 유리한 임률차이(AP<SP)가 발생하지만, 이로 인해 투입시간이 증가하여 직접노무원가 불리한 능률차이(AQ>SQ)가 발생한다.
- 나 : 생산부문 책임자의 감독소홀이나 일정계획 등의 차질이 있는 경우 투입시간이 증가하여 직접노무원가 불리한 능률차이(AQ>SQ)가 발생한다.
- 다 : 직접노무원가 불리한 능률차이(AQ>SQ)가 발생하면 이는 변동제조간접원가 불리한 능률차이(vA)vS) 발생의 원인이 된다.

Guide ▶ 표준원가계산 차이분석의 상호관계

직접재료원가	• 품질이 떨어지는 원재료를 매우 저렴한 가격으로 구매한 경우 저가구매(AP<SP)로 직접재료원가 유리한 가격차이가 발생하지만, 반대로 투입되는 재료의 수량이나 작업시간이 많아져 (AQ>SQ) 불리한 능률차이가 발생함.
직접노무원가	• 저임률의 미숙한 노동자가 투입되는 경우 저임률로 인해 직접노무원가 유리한 임률차이(AP<SP)가 발생하지만, 이로 인해 투입시간이 증가하여 직접노무원가 불리한 능률차이(AQ>SQ)가 발생함.
변동제조간접원가 직접노무원가	• 변동제조간접원가 배부율이 노동시간과 관련된 경우 변동제조간접원가 능률차이가 발생하는 원인은 다음과 같이 직접노무원가 능률차이가 발생하는 원인과 동일함. ㉠ 노동의 비능률적 사용으로 인해 직접노무원가는 물론 변동제조간접원가에서도 능률차이가 발생할 수 있음. ㉡ 생산에 투입되는 원재료의 품질정도에 따라 투입되는 노동시간이 영향을 받으므로 이에 의해서도 변동제조간접원가 능률차이가 발생할 수 있음. ㉢ 생산부문 책임자의 감독소홀이나 일정계획 등의 차질로 인하여 변동제조간접원가 능률차이가 발생할 수 있음.

| 문제 96번 | 초변동원가계산 영업이익 계산 | 출제구분 | 재출제 | 난이도 | ★ ★ ☆ | 정답 | ① |

- 초변동원가계산 영업이익 계산

매출액	:	20,000개 × 400 = 8,000,000
제품수준변동원가(DM)	:	20,000개 × 50 = (1,000,000)
재료처리량(현금창출)공헌이익	:	7,000,000
운영비용(DL+VOH+변동판관비+FOH+고정판관비)	:	20,000개 × (30+70+120)+500,000+1,100,000 = (6,000,000)
영업이익	:	1,000,000

★ 저자주 문제의 명확한 성립을 위해 누락된 단서인 '단, 기초 제품재고는 없다.'를 추가하기 바랍니다.

Guide ▶ 전부원가계산·변동원가계산·초변동원가계산 영업이익 계산 비교

전부원가계산	변동원가계산	초변동원가계산
• 매출액 (-)매출원가(DM+DL+VOH+FOH) 매출총이익 (-)판관비(변동+고정) 영업이익	• 매출액 (-)매출원가(DM+DL+VOH) (-)변동판관비 공헌이익 (-)FOH+고정판관비 영업이익	• 매출액 (-)제품수준변동원가(DM) 재료처리량(현금창출)공헌이익 (-)운영비용(DL+VOH+FOH+판관비) 영업이익

문제 97번 — 전부·변동원가계산의 차이점
출제구분: 신유형 | **난이도:** ★☆☆ | **정답:** ①

- 변동원가계산을 적용하여 원가산정을 하게 되면 고정제조간접원가가 모두 당기비용으로 처리되어 고정제조간접원가가 기말재공품에 포함되지 않는다.

Guide ▶ 전부원가계산과 변동원가계산의 기본적 차이점

구분	전부원가계산	변동원가계산
근본적 차이	• 원가부착개념 →FOH도 제조원가	• 원가회피개념 →FOH는 비용처리
제조원가	• DM+DL+VOH+FOH	• DM+DL+VOH
손익계산서	• 전통적 손익계산서(기능별I/S) →매출액/매출총이익/영업이익	• 공헌이익 손익계산서(행태별I/S) →매출액/공헌이익/영업이익
이익함수	• π(이익) = f(판매량 & 생산량) →이익이 생산량에 의해서도 영향 받으므로(생산량을 증가시키면 FOH배부액이 감소하고 이익이 증가) 생산량조절에 따른 이익조작 가능성이 존재함.	• π(이익) = f(판매량) →이익이 판매량 변화에만 영향을 받으므로 생산량조절에 따른 이익조작 방지 가능
보고	• 외부보고용(기업회계기준 인정O)	• 내부관리용(기업회계기준 인정X)

문제 98번 — 변동원가계산 사용 목적
출제구분: 재출제 | **난이도:** ★☆☆ | **정답:** ③

- ① 공통적인 고정원가를 부문별로 배분하지 않기 때문에 부문별 의사결정문제에 왜곡을 초래하지 않으므로 판매부문의 정확한 성과평가에 유용하다.
- ② 공통적인 고정원가를 제품별로 배분하지 않기 때문에 제품별 의사결정문제에 왜곡을 초래하지 않으므로 합리적인 제품제조 의사결정에 유용하다.
- ③ 변동원가계산제도는 기업회계기준에서 인정하는 원가계산제도가 아니므로, 외부공시용(외부보고용) 재무제표 작성을 위해서는 전부원가계산제도에 의하여야 한다.
- ④ 이익계획과 예산편성에 필요한 CVP(원가-조업도-이익)에 관련된 자료를 변동원가계산제도에 의한 공헌이익손익계산서로부터 쉽게 얻을 수 있으므로 이익계획의 효과적인 수립에 유용하다.

| 문제 99번 | 전부·변동원가계산과 생산량 추정 | 출제구분 | 재출제 | 난이도 | ★ ★ ★ | 정답 | ③ |

- 계정흐름이 다음과 같으므로 → 단위당FOH = $\dfrac{24,000}{X}$

기초	0개	판매량	800개
생산량	X개	기말	$(X-800)$개

- 전부원가계산 영업이익 $A + 8,000$
  (+) 기초에 포함된 고정제조간접원가(FOH)   0
  (-) 기말에 포함된 고정제조간접원가(FOH) $(X-800)$개 × $\dfrac{24,000}{X}$
  변동원가계산 영업이익 A

→ $(X-800)$개 × $\dfrac{24,000}{X}$ = 8,000 에서, X(생산량) = 1,200개

Guide 전부·변동·초변동원가계산 영업이익 차이조정

전부원가계산에 의한 영업이익	전부원가계산에 의한 영업이익	변동원가계산에 의한 영업이익
(+) 기초재공품,제품에 포함된 FOH	(+) 기초재공품,제품에 포함된 DL,VOH,FOH	(+) 기초재공품,제품에 포함된 DL,VOH
(-) 기말재공품,제품에 포함된 FOH	(-) 기말재공품,제품에 포함된 DL,VOH,FOH	(-) 기말재공품,제품에 포함된 DL,VOH
변동원가계산에 의한 영업이익	초변동원가계산에 의한 영업이익	초변동원가계산에 의한 영업이익

| 문제 100번 | 전부·변동원가계산 영업이익 차이조정 | 출제구분 | 재출제 | 난이도 | ★ ★ ☆ | 정답 | ② |

- 전부원가계산 영업이익 A
  (+) 기초에 포함된 고정제조간접원가(FOH)   500,000
  (-) 기말에 포함된 고정제조간접원가(FOH)   (295,000)
  변동원가계산 영업이익 $A + 205,000$

∴변동원가계산에 의한 영업이익과 전부원가계산에 의한 영업이익의 차이 : $(A+205,000) - A = 205,000$

| 문제 101번 | ABC와 전통적 원가계산방법 OH 비교 | 출제구분 | 재출제 | 난이도 | ★ ★ ☆ | 정답 | ① |

- 전통적 원가계산방법(노무시간을 기준으로 OH 배부)에 의한 대당OH : $\dfrac{5시간 \times 150,000}{100대} = 7,500$

- 활동기준원가계산(ABC)방법에 의한 대당OH : $\dfrac{500개 \times 1,000 + 5시간 \times 12,000 + 5분 \times 10,000}{100대} = 6,100$

∴ 6,100 - 7,500 = -1,400(감소) → 즉, 활동기준원가계산을 적용하는 경우 제조간접원가가 1,400원 감소한다.

저자주 용어 일관성 오류에 해당하는 문제 말미의 '제품 단위당'을 '제품 대당'으로 수정바랍니다.(또는 문제 중의 '100대의 제품이'를 '100단위의 제품이'로 수정)

문제 102번 | CVP분석의 기본가정과 일반사항 | 출제구분: 기출변형 | 난이도: ★ ☆ ☆ | 정답: ②

- ① CVP분석은 수익과 원가의 행태가 확실히 결정되어 있고 관련범위 내에서 선형으로 가정한다.
- ② '공헌이익 - 총고정원가 = 이익' 이므로 공헌이익이 총고정원가보다 큰 경우에는 손실이 아니라 이익이 발생한다.
- ③ CVP분석은 생산량과 판매량이 일치하는 것으로 가정하여 생산량이 모두 판매된 것으로 가정함으로써, 기초재고자산과 기말재고자산이 손익에 영향을 미치지 않는 것으로 간주한다.
- ④ 손익분기점은 이익이 0인 판매량(매출액)이므로 이익이 0이면 법인세가 없다. →[참고] 따라서, 손익분기점은 법인세가 존재하든 법인세가 존재하지 않든 영향없이 동일하다.

Guide ▶ CVP분석의 기본가정

원가행태의 구분	• 모든 원가를 변동원가와 고정원가로 분리할 수 있다고 가정
선형성	• 수익과 원가의 행태가 확실히 결정되어 있고 관련범위 내에서 선형으로 가정 →단위당판매가격과 단위당변동원가는 일정
생산량·판매량의 일치성	• 생산량과 판매량은 일치하는 것으로 가정하여 생산량이 모두 판매된 것으로 가정 →즉, 재고수준이 일정, 동일하거나 하나도 없다고 가정
독립변수의 유일성	• 원가와 수익은 유일한 독립변수인 조업도에 의하여 결정된다고 가정
화폐의 시간가치 무시	• 화폐의 시간가치가 중요하지 않을 정도의 단기간이라고 가정 →∴단기투자의사결정에 유용한 분석방법임. →인플레이션을 무시한다는 한계점을 갖음.
일정한 매출배합	• 복수제품인 경우에는 매출배합이 일정하다고 가정
수익원천의 단일성	• 수익은 오직 매출로부터만 발생한다고 가정

문제 103번 | 안전한계율 계산 | 출제구분: 재출제 | 난이도: ★ ☆ ☆ | 정답: ④

- 안전한계율 = $\dfrac{\text{영업이익}}{\text{공헌이익}} = \dfrac{1{,}200{,}000}{3{,}000{,}000} = 40\%$

*[별해] 안전한계율 = $\dfrac{\text{매출액} - BEP\text{매출액}}{\text{매출액}} = \dfrac{5{,}000{,}000 - \dfrac{1{,}800{,}000}{3{,}000{,}000 \div 5{,}000{,}000}}{5{,}000{,}000} = 40\%$

Guide ▶ 안전한계 산식 정리

안전한계	□ 안전한계 = 매출액 - 손익분기점(BEP)매출액 • 손실을 발생시키지 않으면서 허용할 수 있는 매출액의 최대감소액을 의미함.
안전한계율	□ 안전한계율 = $\dfrac{\text{안전한계}}{\text{매출액}} = \dfrac{\text{매출액} - \text{손익분기점매출액}}{\text{매출액}} = \dfrac{\text{판매량} - \text{손익분기점판매량}}{\text{판매량}}$ • 안전한계율 = $\dfrac{\text{영업이익}}{\text{공헌이익}} = \dfrac{1}{\text{영업레버리지도}}$ • 안전한계율 × 공헌이익률 = $\dfrac{\text{공헌이익} - \text{고정비}}{\text{매출액}} = \dfrac{\text{이익}}{\text{매출액}} = \text{매출액이익률}$

| 문제 104번 | CVP 항목별 분석 | 출제구분 | 재출제 | 난이도 ★★☆ | 정답 ③ |

- ① 공헌이익률 : $\dfrac{\text{단위당판매가격}(100) - \text{단위당변동원가}(50)}{\text{단위당판매가격}(100)}$ = 50%

- ② 단위당공헌이익 : 단위당판매가격(100) - 단위당변동원가(50) = 50

- ③ 손익분기점(BEP) 매출액 : $\dfrac{\text{고정원가}(50{,}000)}{\text{공헌이익률}(50\%)}$ = 100,000

- ④ 목표이익 10,000원을 위한 매출액 : $\dfrac{\text{고정원가}(50{,}000) + \text{목표이익}(10{,}000)}{\text{공헌이익률}(50\%)}$ = 120,000

*저자주 문제의 명확한 성립을 위해 누락된 단서인 '단, 법인세는 고려하지 않는다.'를 추가하기 바랍니다.

| 문제 105번 | 판매가격 변동시 손익분기점 증감 | 출제구분 | 신유형 | 난이도 ★★★ | 정답 ① |

- 단위당공헌이익을 c, 고정원가를 F라 하면,
  ㉠ 이익보고액 산식 : c×10,000단위 - F = 1,000,000   ㉡ 손익분기점 산식 : c×8,000단위 - F = 0
  →위 두 식을 연립하면, c = 500, F = 4,000,000
- 단위당판매가격을 100원 감소시키면 c(단위당공헌이익 = 단위당판매가격 - 단위당변동원가)도 100원 감소한다.
  →즉, 단위당판매가격을 100원 감소시키면 c(단위당공헌이익)는 400원이 된다.
- ∴새로운 손익분기점(BEP)판매량 : $\dfrac{4{,}000{,}000}{400}$ = 10,000단위

*저자주 본 문제는 회계사 기출문제로서, 재경관리사 시험에 그대로 출제되었습니다.

Guide 영업이익과 손익분기점 기본산식

영업이익	• 영업이익 = 매출액 - 변동원가 - 고정원가 = 단위당판매가격 × 판매량 - 단위당변동원가 × 판매량 - 고정원가 = 단위당공헌이익 × 판매량 - 고정원가
BEP산식	• ㉠ BEP판매량 : $\dfrac{\text{고정비}(=FOH+\text{고정판관비})}{\text{단위당공헌이익}}$ ㉡ BEP매출액 : $\dfrac{\text{고정비}(=FOH+\text{고정판관비})}{\text{공헌이익률}}$

| 문제 106번 | 책임회계제도 의의와 기본조건 | 출제구분 | 재출제 | 난이도 ★★☆ | 정답 ① |

- 책임회계제도가 그 기능을 효율적으로 수행하기 위해서는 다음의 조건을 충족해야 한다.
  ㉠ 특정원가의 발생에 대한 책임소재가 명확해야 한다.
  ㉡ 각 책임중심점의 경영자가 권한을 위임받은 원가항목들에 대해 통제권을 행사할 수 있어야 한다.
  ㉢ 경영자의 성과를 표준과 비교하여 평가할 수 있는 예산자료가 존재해야 한다.

| 문제 107번 | 책임중심점과 통제책임부분 | 출제구분 | 재출제 | 난이도 | ★ ☆ ☆ | 정답 | ③ |

- ① 원가중심점-제조부문 ② 수익중심점-판매부서 ③ 이익중심점-판매부서 ④ 투자중심점-분권화된 조직
- 판매부서는 목표매출의 달성에 책임이 있으므로 수익중심점(revenue center) 또는 이익중심점(profit center)으로 운영될 수 있다.
  → [참고] 그러나, 수익중심점으로 판매부서를 운영하는 것보다 이익중심점으로 판매부서를 운영하는 것이 일반적으로 보다 바람직하다고 할 수 있다. 왜냐하면 수익에 대해서만 책임을 지는 수익중심점보다는 매출에 따른 수익뿐만 아니라 수익을 창출하는 데 부수적으로 발생하는 비용에 대하여도 책임을 지게 함으로써 수익과 그에 관련된 비용을 함께 고려하는 이익중심점으로 판매부서를 운영하는 것이 보다 정확한 판매부서의 성과평가가 가능할 것이기 때문이다.

| 문제 108번 | 사업부별 성과평가 | 출제구분 | 재출제 | 난이도 | ★ ★ ★ | 정답 | ③ |

- ① 통제가능원가와 통제불능원가를 반드시 구분하여야 하며, 통제불가능항목은 성과평가시 제외되어야 한다.
  ② 특정 사업부문의 추적가능성에 따라 사업부별 추적가능고정원가와 공통고정원가로 구분하는 것이 바람직하다.

고정원가의 분류		
원가의 종류	추적가능성	통제가능성
통제가능고정원가	**추적가능**	**통제가능**
통제불능고정원가	추적가능	통제불능
공통고정원가	추적불능	통제불능

  ③ 공통고정원가란 여러 사업부에서 공통적으로 사용되는 고정원가로서 특정사업부에 추적이 불가능한 원가이다. 예를 들면 본사건물의 감가상각비, 회사전체적인 광고선전비, 최고경영자의 급료 등이 포함된다. 이러한 공통고정원가는 여러 사업부에서 공통적으로 사용되는 고정원가이므로 특정사업부에 부과시키거나 임의로 배분해서는 안되며 총액으로 관리해야 한다.
  ④ 특정사업부의 경영자에 대한 성과평가시 추적가능하고 통제가능한 원가만을 포함하는 것이 바람직하다.

문제 109번 | 매출가격차이와 매출조업도차이 분석 | 출제구분: 재출제 | 난이도: ★★★ | 정답: ③

- 제품A 단위당예산공헌이익 : 2,000 - 1,200 = 800
  제품B 단위당예산공헌이익 : 3,000 - 2,000 = 1,000
- 제품별 차이분석

	제품A	제품B
매출가격차이(AQ×AP - AQ×SP) [단위당판매가격으로 분석]	(180×2,200) - (180×2,000) = 36,000(유리)	(180×2,900) - (180×3,000) = -18,000(불리)
매출조업도차이(AQ×SP - SQ×SP) [단위당예산공헌이익으로 분석]	(180×800) - (200×800) = -16,000(불리)	(180×1,000) - (150×1,000) = 30,000(유리)
매출총차이 [매출가격차이 + 매출조업도차이]	36,000 - 16,000 = 20,000(유리)	-18,000 + 30,000 = 12,000(유리)

Guide ▶ 매출가격차이와 매출조업도차이 계산

기호정의	• AQ : 실제판매량, AP : 단위당실제판매가격 SQ : 예산판매량, SP : 단위당예산판매가격(또는 단위당예산공헌이익)
매출총차이 분해	AQ×AP ────── AQ×SP ────── SQ×SP 　　　　매출가격차이　　　　매출조업도차이 🔍주의 매출가격차이는 단위당판매가격으로, 매출조업도차이는 단위당예산공헌이익으로 측정 🔍주의 수익중심점은 차이가 (+)이면 유리한차이, (-)이면 불리한차이

| 문제 110번 | 투자수익률 일반사항 | 출제구분 | 기출변형 | 난이도 ★ ★ ☆ | 정답 ① |

- ① '투자수익률 = 영업이익 ÷ 영업자산(투자액) = 매출액이익률 × 자산회전율'에서 매출액이익률이 증가하는 경우 투자수익률은 증가된다.
- ② 투자수익률[= 영업이익 ÷ 영업자산(투자액)]은 이익뿐만 아니라 투자액도 함께 고려하는 성과평가기준이다.
  → 따라서, 사업부의 경영자가 자신의 사업부 투자액에 대한 통제권한이 있는 경우 그 경영자의 성과측정 지표로 더욱 유용하게 사용될 수 있다.
- ③ 투자수익률[= 영업이익 ÷ 영업자산(투자액) = 매출액이익률 × 자산회전율]은 매출액이익률과 자산회전율로 구분하여 분석이 가능하다.
- ④ 투자수익률은 개별투자중심점의 현재 투자수익률보다 낮은 투자안이긴 하나 회사전체 최저필수수익률을 상회하는 좋은 투자안인 경우에도 동 사업에 대한 투자를 기피하게 된다는 단점이 있으므로, 준최적화현상(회사전체 최저필수수익률을 상회하는 좋은 투자안이 개별 투자중심점의 투자수익률 보다 낮기 때문에 투자가 포기되어 회사전체이익에 불리한 의사결정이 이루어짐)이 발생하지 않도록 유의해야 한다.

Guide 투자수익률(ROI) 주요사항

ROI 계산	□ 투자수익률(ROI) = $\dfrac{\text{영업이익}}{\text{영업자산(투자액)}}$ = $\dfrac{\text{영업이익}}{\text{매출액}}$ × $\dfrac{\text{매출액}}{\text{영업자산}}$ = 매출액영업이익률 × 자산회전율
장점	• 비율로 표시되므로 투자규모가 서로 다른 투자중심점간의 성과평가 및 비교에 유용
단점	• 준최적화현상이 발생함. → 회사전체 최저필수수익률을 상회하는 좋은 투자안이 개별투자중심점의 투자수익률 보다 낮기 때문에 투자가 포기되어 회사전체이익에 불리한 의사결정이 이루어짐.('잔여이익'으로 해결가능) • 회계적이익에 기초하므로 성과평가와 의사결정(현금흐름에 기초)의 일관성이 결여 • 화폐의 시간가치를 고려하지 않음.(단기적 성과 강조)
증대방안	• 매출액증대와 원가의 감소, 진부화된 투자자산의 처분(감소)

| 문제 111번 | 경제적부가가치(EVA) 증대방안 | 출제구분 | 재출제 | 난이도 ★ ★ ☆ | 정답 ② |

- 경제적부가가치(EVA) = 세후영업이익 - 투하자본(투자액) × 가중평균자본비용
  → '투하자본 = (총자산 - 유동부채)'이며, 투하자본 계산시 비영업자산은 제외한다.
- ∴ 비영업자산은 경제적부가가치(EVA) 증대방안과 무관하다.(투하자본 계산시 비영업자산은 제외되므로)

Guide 경제적부가가치(EVA) 증대방안

증대방안	세후영업이익 증대	• 매출증대, 제조원가·판관비 절감
	투하자본 감소	• 재고·고정자산 매출채권의 적정유지나 감소 • 유휴설비 처분 • 매출채권회전율을 높임(매출채권 회수기일단축) • 재고자산회전율을 높임(재고자산 보유기간을 줄임)
	가중평균자본비용 개선	• 고율의 차입금 상환

| 문제 112번 | 관련원가 해당항목 | 출제구분 | 신유형 | 난이도 | ★ ★ ☆ | 정답 | ② |

- 정상판매가 불가능한 제품을 그대로 보유할지, 비정상적 판매가격(헐값)에라도 외부판매할지의 의사결정에서 동 의사결정에 영향을 미치는 관련원가는 처분시 단위당 판매관리비가 된다.(①,③ : 매몰원가로 비관련원가)

- 제품A를 처분하는 경우
  증분수익 - 증가 :   매출액 4개×150 = 600
  증분비용 - 증가 : 변동판매관리비 4개×15 = (60)
  증분손익   540

| 문제 113번 | 외부구입과 지불가능 최대가격 | 출제구분 | 재출제 | 난이도 | ★ ★ ★ | 정답 | ④ |

- 외부구입의 경우
  증분비용 - 증가 : 구입액   = (20,000단위×A)
           - 감소 : 원가감소 20,000단위×(200+50+50)+600,000×1/3 =   6,200,000
  증분손익   6,200,000 - 20,000단위×A

→ 6,200,000 - 20,000단위×A ≧ 0 에서, A ≦ 310

Guide 자가제조·외부구입 의사결정

고려사항	• 자가제조시 관련원가와 외부구입가격을 고려 　○주의 자가제조시 증감하는 고정원가도 관련원가이므로 이도 고려함. 　　　→ 예 자가제조시 추가 고용 감독자급료 • 외부구입시 다음을 고려함. 　㉠ 기존설비 임대가 가능한 경우 : 임대수익을 고려 　㉡ 기존설비로 다른 제품 생산시 : 관련수익과 변동원가를 고려(=다른 제품 공헌이익) 　㉢ 회피가능고정원가는 관련원가, 회피불능고정원가는 비관련원가임.
고려해야할 비재무적 정보	• 자가제조의 경우는 부품 공급업자에 대한 의존도를 줄일 수 있으며, 품질관리를 보다 쉽게 할 수 있다는 장점이 있음. • 자가제조의 경우는 공급업자에 대한 의존도를 줄임으로써 공급업자와의 관계를 상실하여 향후에 급격한 주문의 증가로 회사의 생산능력이 초과할 때 제품을 외부구입하기가 쉽지 않을 수 있음. (별도의 추가적 시설투자가 필요하므로 많은 비용이 발생하는 단점이 있음.) • 제품에 특별한 지식·기술이 요구될 때 자가제조를 하며 품질을 유지하기가 쉽지 않을 수 있음.
외부구입 의사결정	㉠ 기존설비의 대체용도가 있는 경우 　　□ 증분수익(변동가+회피가능고정원가+기회원가) > 증분비용(외부구입원가) ㉡ 기존설비의 대체용도가 없는 경우 　　□ 증분수익(변동원가+회피가능고정원가) > 증분비용(외부구입원가)

| 문제 114번 | 기회원가의 적용 | 출제구분 | 재출제 | 난이도 | ★ ☆ ☆ | 정답 | ② |

- 기회원가 : 특정대안(200,000원을 들여 재작업한 후 판매하는 경우)의 선택으로 포기해야 하는 효익
  ⇒ 재작업하지 않고 파손된 상태에서 판매하는 경우의 판매가 2,700,000원
- **비교** 과거의 의사결정으로 인하여 이미 발생한 원가로서 의사결정에 영향을 미치지 않는 파손된 제품원가는 매몰원가(sunk cost)이다.

Guide 매몰원가와 기회원가

매몰원가 (sunk cost)	• 과거 의사결정의 결과로 이미 발생한 원가로, 의사결정에 영향을 미치지 않는 비관련원가 **예시** 구기계 취득원가 100(감가상각누계액 30), 신기계구입 고려중 → 매몰원가 : 취득원가 100 또는 장부금액 70 → 의사결정 : 신기계로 인한 수익창출액이 구입가보다 크면 구입함.
기회원가 (opportunity cost)	• 특정대안의 선택으로 포기해야 하는 가장 큰 효익 **예시** CU편의점과 GS편의점의 시간당 알바수익이 각각 3,000원과 5,000원일 때, 여친과 수다를 떨며 즐겁게 1시간 보내는 경우의 기회원가는 5,000원임 **주의** 기회원가는 관리적 차원에서 사용되는 원가개념이며, 회계장부에는 실제원가만이 기재되므로 기회원가는 회계장부에 기록되지 않음.

| 문제 115번 | 특별주문과 관련·비관련원가 항목 | 출제구분 | 기출변형 | 난이도 | ★ ☆ ☆ | 정답 | ② |

- 고정원가(고정제조간접가)는 특별주문에 대한 의사결정을 함에 있어 비관련원가이다.
  → 그러나, 고정원가가 특별주문으로 증감하는 경우에는 의사결정에 고려한다.

Guide 특별주문 수락·거부 의사결정

고려사항	• 특별주문으로 증가되는 수익(특별주문가격)과 변동원가 • 유휴설비능력이 있는 경우 유휴설비의 대체용도를 통한 이익상실분(기회원가) • 유휴설비능력이 없는 경우 기존 정규매출감소로 인한 공헌이익상실분 • 유휴설비능력이 없는 경우 설비능력 확충시 추가적 설비원가 **주의** 고정원가(FOH,고정판관비)는 특별주문의 수락여부와 관계없이 일정하게 발생하므로 일반적으로 분석에서 제외하나, 조업도 수준에 따라 증감하는 경우에는 고려함.
주문수락 의사결정	㉠ 유휴설비능력이 존재하는 경우 □ 증분수익 > 증분원가 ㉡ 유휴설비능력이 존재하고 대체적 용도가 있는 경우 □ 증분수익 > 증분원가+기회원가 ㉢ 유휴설비능력이 존재하지 않는 경우 □ 증분수익 > 증분원가+추가설비원가+기존판매량 감소분의 공헌이익

문제 116번   자본예산시 투자시점현금흐름   출제구분: 재출제   난이도: ★★☆   정답: ④

- 현금지출[구입가(매입가)] : 1,000,000
- 현금유입[구자산처분] : 500,000 − (500,000 − 300,000)×20% = 460,000
  → 즉, 자산처분이익에 대한 법인세[(500,000 − 300,000)×20%]는 현금유출이므로 처분가에서 차감한다.
- 순현금지출액 : 1,000,000(현금지출) − 460,000(현금유입) = 540,000

Guide ▶ 자본예산시 투자시점현금흐름

투자금액	• 구입원가와 구입과 관련된 부대비용을 포함하며 투자시점의 현금유출 처리함.
투자세액공제	• 투자세액공제에 따른 법인세 공제액은 투자시점의 현금유입 처리함.
구자산 처분	• 설비대체의 경우 신설비를 구입하면서 구설비를 처분하게 되며, 이 경우 구설비 처분으로 인한 유입이 발생함. • 자산처분손익의 법인세효과를 고려하여 현금유입 처리함. ⟨t=세율⟩ □ 처분가 − (처분가 − 장부가)×세율 ⇒ S − (S − B)×t

문제 117번   순현재가치법과 NPV 계산   출제구분: 재출제   난이도: ★★☆   정답: ④

- 매년 감가상각비 : 1,000,000÷5년 = 200,000
- 매년 현금흐름 : ㉠+㉡ = 380,000
  ㉠ 법인세비용차감후 현금유입 : 500,000×(1 − 40%) = 300,000
  ㉡ 감가상각비 절세효과 : 200,000×40% = 80,000
- 현금흐름 추정

x1년초	x1년말	x2년말	x3년말	x4년말	x5년말
(1,000,000)	380,000	380,000	380,000	380,000	380,000

- NPV(순현재가치) : (380,000×3.61) − 1,000,000 = 371,800

★저자주 문제의 명확한 성립을 위해 누락된 단서인 '단, 감가상각비 외의 항목은 모두 현금으로 거래된다.'를 추가하기 바랍니다.

Guide ▶ 자본예산시 투자기간현금흐름(순영업현금흐름)

영업현금흐름	• 매출증가액, 현금비용증가액 등 → 법인세차감후금액을 현금유입·유출 처리
감가상각비 절세효과	• 현금유입 처리 □ 감가상각비 절세효과 : 감가상각비×세율
원가절감액	• 투자로 인한 원가절감액을 현금유입 처리 • 원가절감액(비용감소액)으로 인한 증세효과를 현금유출 처리 □ 원가절감액 증세효과 : 원가절감액×세율

| 문제 118번 | 순현재가치법 일반사항 | 출제구분 기출변형 | 난이도 ★ ☆ ☆ | 정답 ② |

- 순현재가치법은 할인모형이므로 화폐의 시간가치를 고려한다.
- *참고* 가치가산의 원칙(value additivity principle) : 상호 독립적인 투자안 A와 B가 있을 때, 두 투자안의 결합순현재가치는 각 투자안의 순현재가치의 합과 같은 것을 말한다. →NPV(A+B)=NPV(A)+NPV(B)

Guide 순현재가치법(NPV법)

의의	□ NPV(순현재가치) = 현금유입의 현재가치 - 현금유출의 현재가치
	주의 할인율 : 자본비용(=최저필수수익률=최저요구수익률)
의사결정	상호독립적 투자안 • 'NPV > 0'인 투자안 채택
	상호배타적 투자안 • NPV가 가장 큰 투자안 채택
장점	• ㉠ 자본비용으로 재투자된다고 가정하므로 현실적임. ㉡ 비할인모형에서 무시되고 있는 화폐의 시간적 가치를 고려함. ㉢ 현금흐름과 기대치와 자본비용만이 고려되고 회계적 수치와는 무관하므로 자의적 요인을 제거할 수 있음. ㉣ 가치가산원칙[NPV(A+B)=NPV(A)+NPV(B)]이 성립함. ㉤ 기업의 가치를 극대화할 수 있는 투자안을 선택할 수 있음. →즉, 채택된 모든 투자안의 순현재가치는 곧 그 기업의 가치가 됨.
단점	• ㉠ 투자안의 할인율(자본비용)을 정하기가 어려움. ㉡ 확실성하에서만 성립하는 모형이므로, 불확실성하에서 적용하기 어려움.

문제 119번   대체가격(TP)결정   출제구분 **신유형**   난이도 ★★★   정답 ④

- ① 공급사업부(A)의 최소대체가격(최소TP)은 유휴시설 유무에 따라 다음과 같이 달라진다.
  - ㉠ 유휴시설이 없는 경우 최소TP : 7,000+(11,000 - 7,000) - 0 = 11,000
  - ㉡ 유휴시설이 있는 경우 최소TP : 7,000+0 - 0 = 7,000 → ∴11,000이하도 가능
- ② 수요사업부(B)의 최대TP(외부구매시장 있음) : Min[㉠ 11,000 ㉡ 25,000 - 10,000] = 11,000
  공급사업부(A)의 최소TP(외부판매시장 있음) : 위 ①과 같이 11,000(or 7,000)

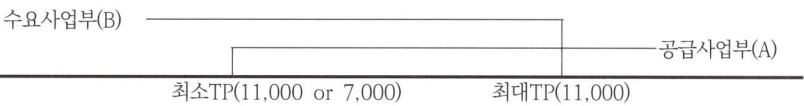

→ ∴대체가격은 11,000(or 7,000)에서 11,000 사이에서 결정되어야 한다.
- ③ 수요사업부(B)의 최대TP(외부구매시장 있음) : Min[㉠ 10,000 ㉡ 25,000 - 10,000] = 10,000
  공급사업부(A)의 최소TP(외부판매시장 있음 & 유휴시설이 없음) : 7,000+(11,000 - 7,000) - 0 = 11,000

→ ∴회사 전체의 이익을 위해서 두 사업부는 내부대체를 하지 않는 것이 유리하다.
- ④ 수요사업부(B)의 최대TP(외부구매시장 없음) : 25,000 - 10,000 = 15,000
  공급사업부(A)의 최소TP(외부판매시장 있음 & 유휴시설이 없음) : 7,000+(11,000 - 7,000) - 0 = 11,000

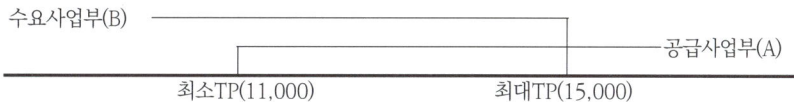

→ ∴회사 전체의 이익을 위해서 두 사업부는 내부대체를 하는 것이 유리하다.

저자주 본 문제는 세무사 기출문제로서, 금액만 일부 바꿔 재경관리사 시험에 그대로 출제되었습니다. 본 문제의 난이도는 별개로 하더라도 재경관리사 시험에는 다소 어울리지 않는 무리한 출제로 사료됩니다.

Guide 최대·최소대체가격(TP) 계산

최대대체가격 [수요사업부]	외부구매시장 없는 경우	▫ 판매가격 - 대체후단위당지출원가 →대체후단위당지출원가 = 추가가공원가+증분단위당고정비+단위당추가판매비
	외부구매시장 있는 경우	▫ Min[① 외부구입가격 ② 판매가격 - 대체후단위당지출원가] 🔍**주의** 대체후지출없이 판매시 일반적으로 판매가>외부구입가, 즉, 최대TP=외부구입가
최소대체가격 [공급사업부]	외부판매시장 없는 경우	▫ 대체시단위당지출원가 - 대체시절감원가 →대체시단위당지출원가 = 단위당변동비+증분단위당고정비
	외부판매시장 있는 경우	㉠ 유휴시설이 없는 경우 ▫ 대체시단위당지출원가+정규매출상실공헌이익 - 대체시절감원가 ㉡ 유휴시설이 있는 경우 ▫ 대체시단위당지출원가+타용도사용포기이익 - 대체시절감원가

문제 120번 | 균형성과표의 장점 | 출제구분: 기출변형 | 난이도 ★★★ | 정답 ③

- 균형성과표(BSC)는 비재무적 측정치에 대해서는 여전히 객관적인 측정이 어려우며, 정형화된 측정수단을 제공해 주지 못한다는 단점이 있다.

Guide 균형성과표(BSC)의 장점과 단점

장점	• ㉠ 재무적관점에 의한 단기성과와 나머지 세 관점(고객, 기업내부프로세스, 학습과성장)에 의한 장기성과 간의 균형을 이룰 수 있음. ㉡ 기존의 재무적측정치와 고객, 기업내부프로세스, 학습과성장 등의 관점에 의한 비재무적측정치 간의 균형있는 성과평가를 달성할 수 있음. ㉢ 투자수익률 등의 과거노력에 의한 결과측정치와 종업원 교육시간 등과 같이 미래성과를 유발하는 성과동인 간의 균형을 이룰 수 있음. ㉣ 투자수익률, 시장점유율과 같은 재무적관점, 고객관점에 의한 외부적 측정치와 수율, 종업원만족도 등과 같은 기업내부프로세스관점, 학습과성장관점에 의한 내부측정치 간의 균형을 이룰 수 있음. ㉤ 시장점유율 등의 계량화된 객관적 측정치와 종업원의 능력 등과 같은 주관적 측정치 간의 균형을 이룰 수 있음.
단점	• ㉠ 비재무적 측정치에 대해서는 여전히 객관적인 측정이 어렵다는 단점이 있음. ㉡ 정형화된 측정수단을 제공해 주지 못한다는 단점이 있음.

재경관리사 공개기출해설 [원가]

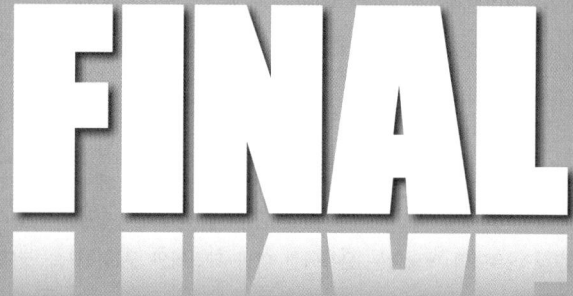

Certified Accounting Manager

원가관리회계
공개기출문제해설
[2020년 05월 시행]

SEMOOLICENCE

| 문제 81번 | 원가회계 용어의 개념 | 출제구분 | 신유형 | 난이도 ★☆☆ | 정답 ① |

- 원가대상(=원가집적대상)의 의의와 사례

원가대상의 의의	• 원가대상은 직접적인 대응이나 간접적인 원가배분방법에 의한 원가측정을 통하여 원가가 집계되는 활동이나 항목을 말함. →구체적인 원가대상은 경영자의 의사결정 목적에 따라 선택된다. →원가대상이 결정되어야 원가측정이 가능하고 원가측정에 의하여 원가가 집계된다.	
원가대상의 사례	전통적 원가대상	• 제품, 부문
	다양한 원가대상	• 활동, 작업, 서비스, 프로젝트, 프로그램, 공장전체

★ 저자주 신유형에 해당하는 문제이긴 하나 기초적인 문제이므로 절대 틀려서는 안되는 문제에 해당합니다.

Guide 원가회계 용어 주요사항

원가대상 (원가집적대상)	• 직접대응이나 간접적 원가배분에 의한 원가측정을 통해 원가집계가 되는 활동, 항목, 단위 예 제품, 부문, 공정, 활동, 작업, 서비스, 프로젝트, 프로그램, 공장전체 →구체적인 원가대상은 경영자의 의사결정 목적에 따라 선택됨.
원가집합	• 원가대상에 직접적으로 추적할 수 없는 간접원가(배분되어야 할 공통원가)들을 모아둔 것
원가배분	• 원가집합에 집계된 간접원가를 일정한 배부기준에 따라 원가대상에 배분하는 과정 저자주 원가배부 : 엄밀히 말해 원가대상이 제품으로 한정될 때 사용하는 용어이나, 수험목적상으로는 원가배분과 혼용되어 사용되고 있습니다.
조업도	• 협의 : 일정기간 동안 생산설비의 이용정도 • 광의 : 일정기간 동안 원가대상의 원가변동에 가장 큰 영향을 주는 원가동인(예 생산량, 판매량)
원가동인	• 원가대상의 총원가에 변화를 유발시키는 요인 →주의 매우 다양함.(예 제품 : 생산량, 작업시간)
원가행태	• 조업도(원가동인)의 변동에 따른 원가발생액의 변동양상(예 변동원가, 고정원가)
관련범위	• 원가·조업도간 일정관계가 유지되는 조업도 범위로, 변동·고정원가 구분이 타당한 조업도 구간

| 문제 82번 | 원가흐름과 당기제품제조원가 | 출제구분 | 재출제 | 난이도 ★★☆ | 정답 ② |

- 직접재료원가(DM) : 5,000(기초원재료)+25,000(당기매입원재료)−7,000(기말원재료) = 23,000
- 기초원가(50,00) = 23,000(직접재료원가)+직접노무원가(DL) →직접노무원가(DL) = 27,000
- 가공원가(35,00) = 27,000(직접노무원가)+제조간접원가(OH) →제조간접원가(OH) = 8,000
- 당기총제조원가 : 23,000(DM)+27,000(DL)+8,000(OH) = 58,000
- 당기제품제조원가 : 10,000(기초재공품)+58,000(당기총제조원가)−8,000(기말재공품) = 60,000

재공품계정			
기초재공품	10,000	당기제품제조원가	60,000
당기총제조원가(DM+DL+OH)	58,000	기말재공품	8,000

Guide 제조기업의 원가흐름

계정흐름	원재료		재공품		제품	
	기초원재료 당기매입	사용액(DM) 기말원재료	기초재공품 당기총제조원가	당기제품제조원가 기말재공품	기초제품 당기제품제조원가	제품매출원가 기말제품
당기총제조원가	• 직접재료원가(DM)+직접노무원가(DL)+제조간접원가(OH)					
당기제품제조원가	• 기초재공품+당기총제조원가−기말재공품					
제품매출원가	• 기초제품+당기제품제조원가−기말제품					

문제 83번 | 원가배분기준 | 출제구분: 신유형 | 난이도: ★★☆ | 정답: ①

- 품질검사원가를 품질검사시간을 기준으로 배분하는 경우는 부담능력기준이 아니라 인과관계기준의 대표적인 예이다.

Guide 원가배분기준

기준	내용
인과관계기준 (cause and effect criterion)	• 원가대상과 배분대상원가 간의 인과관계에 따라 원가를 배분하는 기준으로 가장 이상적인 원가배분기준임. →예 품질검사원가를 품질검사시간을 기준으로 배분 　　　공장직원 회식비를 각 부문종업원수에 따라 배분
수혜기준 (benefits received criterion)	• 원가대상이 공통원가로부터 제공받는 경제적효익의 크기에 따라 원가를 배분하는 기준('수익자부담원칙'에 입각한 배분기준임.) →예 광고선전비를 사업부별 매출액이 아닌 매출증가액을 기준으로 배분
부담능력기준 (ability to bear criterion)	• 원가부담능력(수익창출능력)에 따라 원가를 배분하는 기준 →예 본사에서 발생하는 각 지점관리와 관련된 공통원가를 각 지점의 매출액을 기준으로 배분
공정성·공평성기준 (fairness and equity criterion)	• 공정성·공평성에 의하여 공통원가를 원가배분대상에 배분해야 한다는 원칙을 강조하는 포괄적인 기준 →정부와의 계약에서 상호 만족할만한 가격설정을 위한 수단으로 주로 사용

문제 84번 | 원가의 개념 등 일반사항 | 출제구분: 신유형 | 난이도: ★★☆ | 정답: ③

- ㄷ : 원가대상의 총원가에 변화를 유발시키는 요인은 원가행태가 아니라 원가동인이다.
- ㄹ : 원가는 미래에 경제적 효익을 제공할 수 있는 용역잠재력을 갖는지 여부에 따라 다음과 같이 미소멸원가와 소멸원가로 분류한다.(이는 자산과의 관련성에 따른 분류이다.)

미소멸원가	• 과거의 거래나 사건의 결과로 획득되어 미래에 경제적효익을 제공할 수 있는, 즉 용역잠재력이 소멸되지 않은 원가를 미소멸원가라고 하며 재무상태표에 자산으로 계상된다.		
소멸원가	• 미래에 더 이상 경제적 효익을 제공할 수 없는, 즉 용역잠재력이 소멸된 원가를 소멸원가라고 하며 수익획득에의 공헌 여부에 따라 비용 또는 손실로 계상된다.		
	미소멸원가	자산	• 수익획득에 아직 사용되지 않은 부분(예 재고자산)
	소멸원가	비용	• 수익획득에 사용된 부분(예 매출원가)
		손실	• 수익획득에 기여하지 못하고 소멸된 부분(예 화재손실)

문제 85번 | 종합원가계산의 특징 | 출제구분: 재출제 | 난이도: ★★☆ | 정답: ④

- ㄱ(옳은설명) : 종합원가계산은 소품종 대량생산에 적합한 원가계산방법이다.(즉, 단일 종류의 제품으로 연속적으로 대량생산하는 제분업, 시멘트업, 정유업 등의 업종에 적합하다.)
  → 반면, 개별원가계산은 주문에 따른 다품종 소량생산에 적합한 원가계산방법이다.
- ㄴ(틀린설명) : 종합원가계산에서 환산량(완성품환산량)은 물량에 완성도를 곱하여 계산하므로, 물량은 환산량보다 항상 크거나 같다.
- ㄷ(옳은설명) : 평균법과 선입선출법의 가장 큰 차이점은 원가계산시 기초재공품원가와 당기투입원가를 구분하느냐의 여부에 있다고 할 수 있다. 따라서, 기초재공품이 없을 경우 양 방법에 의한 계산결과는 동일해진다. 즉, 기초재공품이 없는 경우 선입선출법과 평균법에 의한 완성품환산량이 동일하다.
- ㄹ(옳은설명) : 평균법은 기초재공품원가와 당기투입원가를 구별하지 않고 이를 합한 총원가를 가중평균하여 완성품과 기말재공품에 배분하는 방법으로 당기 이전의 기초재공품 작업분도 마치 당기에 작업이 이루어진 것으로 간주하는 방법이다. 즉, 기초재공품이 그 기간에 착수되어 생산된 것처럼 취급한다.

Guide 종합원가계산 방법별 특징

평균법(WAM)	• 기초재공품의 제조를 당기 이전에 착수하였음에도 불구하고 당기에 착수한 것으로 가정하여, 기초재공품원가와 당기발생원가를 구분치 않고 합한 금액을 완성품과 기말재공품에 안분계산함. • 완성품환산량단위당원가가 기초재공품에 의해 영향받으므로 당기원가를 왜곡시킴.
선입선출법(FIFO)	• 기초재공품을 우선적으로 완성시킨 후 당기착수물량을 가공한다고 가정하므로 기말재공품원가는 당기발생원가로만 구성되고, 기초재공품원가는 전액이 완성품원가를 구성하며, 당기발생원가만 완성품과 기말재공품에 안분계산함. → 당기업적·능률·원가통제에 유용한 정보를 제공함. • 완성품원가 = 기초재공품원가 + 완성품환산량 × 환산량단위당원가 • 기초재공품이 '0'이면 평균법과 선입선출법은 동일함.

문제 86번 | 개별원가계산의 장점·단점 | 출제구분: 기출변형 | 난이도: ★★☆ | 정답: ②

- ① 개별원가계산은 제품별로 정확한 원가계산이 가능하다. 즉, 작업원가표를 통해서 집계한 제조원가를 제품수량으로 나누어 단위당 제품원가를 산출하기 때문에 원가를 정확히 계산할 수 있다.
- ② 개별원가계산은 제조간접원가 배부가 핵심과제이며, 각 작업별로 원가가 계산되기 때문에 비용과 시간이 많이 발생하고 기장절차가 복잡하다.

Guide 개별원가계산의 장점과 단점

장점	단점
• 제품별로 정확한 원가계산이 가능함. • 제품별 손익분석 및 계산이 용이함. • 개별제품별로 효율성을 통제할 수 있고, 개별작업별 실제를 예산과 비교하여 미래예측에 이용가능	• 비용·시간이 많이 발생함. (∵각 작업별로 원가가 계산되기 때문) • 원가계산자료가 상세하고 복잡해짐에 따라 오류가 발생할 가능성이 많아짐.

| 문제 87번 | 부문별 제조간접원가 배부 | 출제구분 | 재출제 | 난이도 | ★ ★ ☆ | 정답 | ④ |

- 제조간접원가배부율(A부문) : $\dfrac{400,000}{2,000시간}$ = 200/시간

  제조간접원가배부율(B부문) : $\dfrac{800,000}{8,000시간}$ = 100/시간

- #1B의 가공원가(DL+OH) : (20,000 + 40,000) + (120시간 × 200 + 240시간 × 100) = 108,000

Guide 부문별 제조간접원가 배부방법

공장전체배부	• 공장전체제조간접원가 배부율을 산정하여 배부하는 방법 　주의 공장전체제조간접원가 배부율을 사용시는 보조부문원가를 배분할 필요가 없음.
부문별배부	• 각 제조부문별로 배부율을 산정하여 배부하는 방법 →공장전체배부보다 더 정확함.

| 문제 88번 | 제조간접원가배부율 추정 | 출제구분 | 재출제 | 난이도 | ★ ★ ☆ | 정답 | ③ |

- 제조간접원가배부율을 B라 하면,

직접재료원가	:	100,000
직접노무원가	:	200시간 × 500 = 100,000
제조간접원가	:	200시간 × B
제품A의 제조원가		360,000

  → ∴ B(제조간접원가배부율) = 800

Guide 제조간접원가 배부

의의	• 제조간접원가의 발생과 높은 상관관계를 가진 배부기준을 정하여 각 제품에 배부
배부기준	• ㉠ 복리후생비 : 각 부문의 종업원수　㉡ 임차료 : 각 부문의 점유면적
배부율	• 제조간접비배부율 = 제조간접원가 ÷ 배부기준(조업도)

문제 89번 | 선입선출법 실제발생가공원가 추정 | 출제구분: 재출제 | 난이도: ★★☆ | 정답: ③

- 가공비 완성품환산량의 계산

[1단계] 물량흐름		[2단계] 완성품환산량	
		재료비	가공비
기초완성	500(40%)	0	500 × (1 − 40%) = 300
당기완성	4,200 − 500 = 3,700	3,700	3,700
기 말	800(50%)	800	800 × 50% = 400
	5,000	4,500	4,400

- 가공비의 완성품환산량 단위당원가가 10으로 주어져 있으므로, 실제 발생 가공비를 x라 하면

$$\rightarrow \frac{x}{4,400} = 10 \text{ 에서, } x(\text{실제 발생한 가공비}) = 44,000$$

Guide 종합원가계산 선입선출법 계산절차

【1단계】	• 물량흐름을 파악 →기초수량과 완성도, 완성품수량, 기말수량과 완성도
【2단계】	• 원가요소별(전공정비, 재료비, 가공비)로 당기분 완성품환산량 계산
【3단계】	• 원가요소별로 당기발생원가를 계산
【4단계】	• 원가요소별로 완성품환산량단위당원가를 계산 →완성품환산량단위당원가 = 원가요소별당기발생원가 ÷ 원가요소별당기분완성품환산량
【5단계】	• 완성품원가와 기말재공품원가 계산 →완성품원가 = 기초재공품원가 + 원가요소별완성품환산량 × 원가요소별환산량단위당원가

문제 90번 | 종합원가계산과 기말재공품 원가증가 요인 | 출제구분: 재출제 | 난이도: ★★★ | 정답: ①

- 기말재공품원가 : <u>완성품환산량</u> × <u>완성품환산량단위당원가</u>

  ⇓   ⇓

  '물량 × 완성도'   '$\frac{원가}{총완성품환산량}$'

  →따라서, 물량이 동일한 경우 ㉠ 완성도가 증가되거나 ㉡ 원가가 증가되면, 기말재공품원가가 증가한다.

- ① 전년도에 비해 노무임률이 상승   →원가증가
  ② 전년도에 비해 제조간접원가 감소   →원가감소
  ③ 기초보다 기말의 재공품 완성도가 감소   →완성도감소
  ④ 전년도에 비해 판매량이 감소   →판매량은 원가의 상승요소가 아님.

Guide 종합원가계산 평균법 계산절차

【1단계】	• 물량흐름을 파악 →완성품수량, 기말수량과 완성도
【2단계】	• 원가요소별(전공정비, 재료비, 가공비)로 완성품환산량 계산
【3단계】	• 원가요소별로 기초재공품원가와 당기발생원가를 합한 총원가 계산
【4단계】	• 원가요소별로 완성품환산량단위당원가를 계산 →완성품환산량단위당원가 = 원가요소별총원가 ÷ 원가요소별완성품환산량
【5단계】	• 완성품원가와 기말재공품원가 계산 →완성품원가 = 원가요소별완성품환산량 × 원가요소별환산량단위당원가

문제 91번 | 표준원가계산의 적용 | 출제구분: 기출변형 | 난이도: ★☆☆ | 정답: ①

- ① 표준원가계산제도에서의 표준원가라 하면 일반적으로 이상적 표준이 아니라 현실적 표준(경영의 실제활동에서 열심히 노력하면 달성될 것으로 기대되는 표준원가)를 의미한다.
- ④ 표준원가계산제도는 변동예산 및 책임회계제도와 결합함으로써 성과평가 및 보상을 위한 자료로 사용된다.

Guide 현실적 표준

의의	• 표준원가의 종류는 이상적 표준, 정상적 표준, 현실적 표준으로 나눌 수 있음. →표준원가계산제도에서의 표준원가라 하면 일반적으로 현실적 표준원가를 의미함.
현실적 표준	• 경영의 실제활동에서 열심히 노력하면 달성될 것으로 기대되는 표준원가임. →이는 정상적인 기계고장과 근로자 휴식시간을 허용하며, 작업에 참여하는 평균적인 근로자들이 합리적이면서 매우 효율적으로 노력을 하면 달성될 수 있는 표준임. • 현실적 표준과 실제원가와의 차이는 정상에서 벗어난 비효율로서 차이발생에 대해 경영자의 주의를 환기시키는 신호가 된다는 점에서 경영자에게 매우 유용함. • 현실적 표준은 설정내용에 따라서 원가관리에 더욱 적합할 수 있고 예산관리에도 유용하게 이용될 수 있음.

문제 92번 | 직접노무원가 차이분석과 SQ 계산 | 출제구분: 재출제 | 난이도: ★★☆ | 정답: ②

- AQ×AP = 20,000, AQ = 2,000시간
- 직접노무원가 차이분석

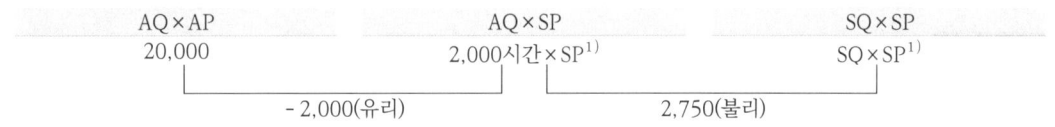

→[1] 20,000 − 2,000시간×SP = −2,000 에서, SP = 11

∴(2,000시간×11) − (SQ×11) = 2,750 에서, SQ(실제생산량에 허용된 표준직접노무시간) = 1,750시간

Guide 직접노무원가 차이분석 구조

기호정의	• AQ : 실제투입시간, AP : 실제가격, SQ : 실제생산량에 허용된 표준시간, SP : 표준가격
DL 차이분석	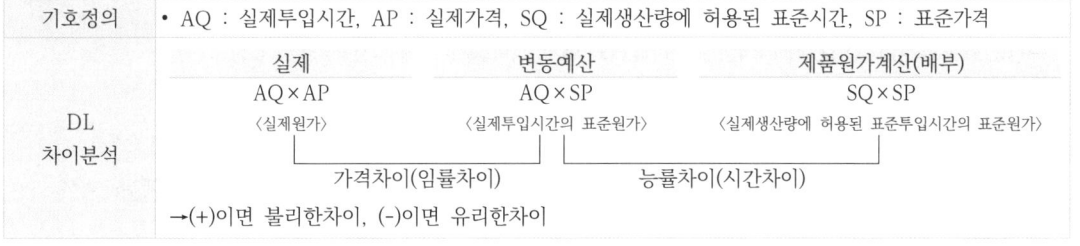

→(+)이면 불리한차이, (−)이면 유리한차이

| 문제 93번 | VOH차이분석과 실제생산량 추정 | 출제구분 | 신유형 | 난이도 | ★ ★ ★ | 정답 | ④ |

- S = 실제생산량 × 3시간, A = 28,000시간, 실제발생액 = 37,800
- 변동제조간접원가 차이분석

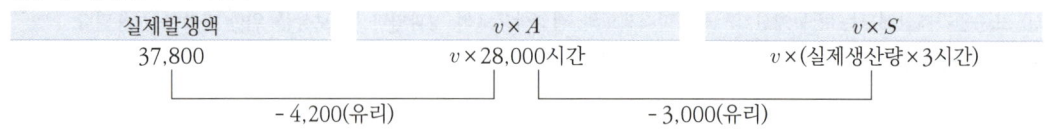

→ 37,800 − v × 28,000시간 = −4,200 에서, v = 1.5
→ (1.5 × 28,000시간) − 1.5 × (실제생산량 × 3시간) = −3,000 에서, 실제생산량 = 10,000단위

Guide 변동제조간접원가 차이분석 구조

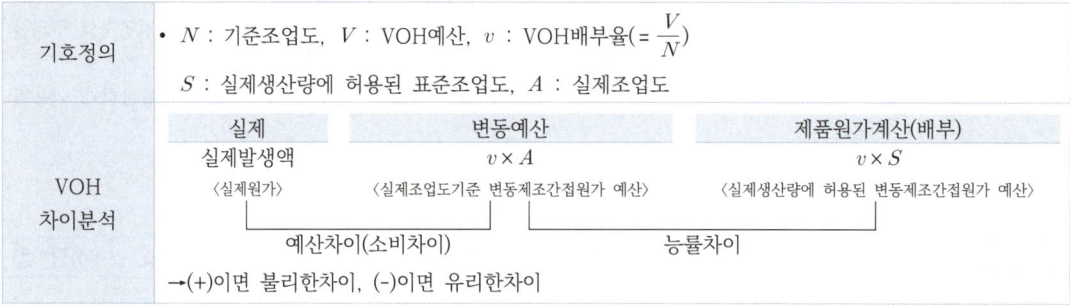

| 문제 94번 | 직접재료원가 차이분석과 AP 계산 | 출제구분 | 기출변형 | 난이도 | ★ ☆ ☆ | 정답 | ④ |

- AQ = 10,000kg, SP = 400
- 직접재료원가 차이분석

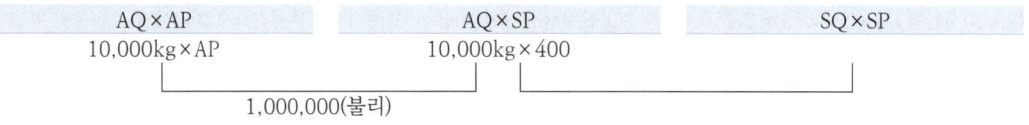

→ (10,000kg × AP) − (10,000kg × 400) = 1,000,000 에서, AP(kg당 실제가격) = 500

Guide 직접재료원가 차이분석 구조[사용시점분리의 경우]

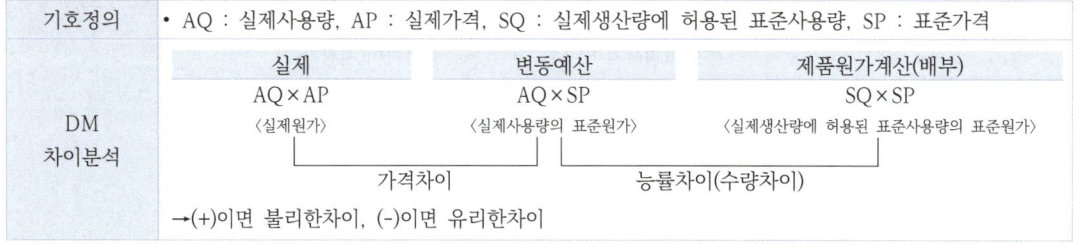

문제 95번 — 표준원가계산 차이분석 | 출제구분: 재출제 | 난이도: ★★☆ | 정답: ②

- ① 직접재료원가 가격차이(AQ×AP - AQ×SP)는 원재료의 구매가격과 관련하여 발생하므로 구매담당자가 책임을 진다.
  → 한편, 직접재료원가 능률차이는 생산과정에서 원재료의 효율적 사용여부와 관련하여 발생하므로 생산담당자가 책임을 진다.
- ② 고정제조간접원가 실제발생액이 예산에 비하여 과소하게 발생하였다면, '실제발생액 - F'가 (-)인 경우이므로 유리한 예산차이가 발생하게 된다.
- ③ 직접노무원가 임률차이가 유리하다면, 'AQ×AP - AQ×SP'가 (-)인 경우로서 AP〈SP가 된다.
  → 즉, 실제임률(AP)이 표준임률(SP)에 비하여 저렴하다는 것이다.
- ④ 가격차이(AQ×AP - AQ×SP)는 '(AP - SP)×AQ'와 동일하다.
  → 즉, 가격차이는 실제단가(AP)와 표준단가(SP)의 차액에 실제 사용한 수량(AQ)을 곱한 것이다.

문제 96번 — 전부원가계산 영업이익 계산 | 출제구분: 신유형 | 난이도: ★★☆ | 정답: ②

- 전부원가계산에서는 고정제조간접원가(FOH)도 제조원가로 처리한다.
  → 반면, 변동원가계산에서는 고정제조간접원가(FOH)를 기간비용으로 처리한다.
- 물량흐름(제품계정) : 당기 초에 영업활동을 시작하였으므로 기초제품재고는 없다.

기초제품재고	0	판매량	800단위
생산량	1,000단위	기말제품재고	200단위

- 단위당FOH : 20,000(FOH) ÷ 1,000단위(생산량) = 20
- 단위당제조원가 : 25(단위당DM) + 20(단위당DL) + 6(단위당VOH) + 20(단위당FOH) = 71
- 영업이익 : 매출총이익(800단위×100 - 800단위×71) - 판관비(800단위×5 + 6,200) = 13,000

*비교 변동원가계산에 의한 영업이익 계산
  - 단위당제조원가 : 25(단위당DM) + 20(단위당DL) + 6(단위당VOH) = 51
  - 공헌이익 : 800단위×100 - 800단위×(25+20+6+5) = 35,200
  - 영업이익 : 35,200 - (20,000 + 6,200) = 9,000

*참고 영업이이익 차이조정

전부원가계산 영업이익	13,000
(+) 기초에 포함된 고정제조간접원가(FOH)	0
(-) 기말에 포함된 고정제조간접원가(FOH)	200단위×20=4,000
변동원가계산 영업이익	9,000

Guide 전부원가계산·변동원가계산·초변동원가계산 영업이익 계산 비교

전부원가계산	변동원가계산	초변동원가계산
• 매출액 (-)매출원가(DM+DL+VOH+FOH) 매출총이익 (-)판관비(변동+고정) 영업이익	• 매출액 (-)매출원가(DM+DL+VOH) (-)변동판관비 공헌이익 (-)FOH+고정판관비 영업이익	• 매출액 (-)제품수준변동원가(DM) 재료처리량(현금창출)공헌이익 (-)운영비용(DL+VOH+FOH+판관비) 영업이익

문제 97번 | 변동·전부·초변동원가계산 일반사항 | 출제구분 기출변형 | 난이도 ★☆☆ | 정답 ①

- ① 원가계산방법은 다음과 같이 결합되어 다양한 방법이 가능하다.(예) 표준전부원가계산, 표준변동원가계산)

제품원가의 구성요소(원가구성)	원가요소의 실제성여부(원가측정)	생산형태(제품의 성격)
전부원가계산 변동원가계산	실제원가계산 정상원가계산 표준원가계산	개별원가계산 종합원가계산

- ② 전부원가계산은 생산량증감에 따라 고정제조간접원가배부액이 증감하여 이익이 증감하므로 영업이익이 판매량뿐만 아니라 생산량의 변화에도 영향을 받는다.
  → 반면, 변동원가계산은 제품 판매량만이 영업이익에 영향을 미친다.
- ③ 전부원가계산은 원가부착 개념에 근거하여 고정제조간접원가를 제품원가로 인식한다.
  → 반면, 변동원가계산은 원가회피 개념에 근거하여 고정제조간접원가를 전액 기간비용 처리한다.
- ④ 초변동원가계산은 생산관련 직접노무원가, 변동제조간접원가, 고정제조간접원가를 모두 기간비용 처리한다.
  → 반면, 변동원가계산은 고정제조간접원가만 비용화한다.

문제 98번 | 변동원가계산 특징 | 출제구분 기출변형 | 난이도 ★★☆ | 정답 ②

- 가 : 변동원가계산제도는 기업회계기준에서 인정하는 원가계산제도가 아니며, 외부공시용(외부보고용) 재무제표 작성을 위해서는 전부원가계산제도에 의하여야 한다.
- 나 : 전부원가계산은 생산량증감에 따라 고정제조간접원가배부액이 증감하여 이익이 증감하므로 영업이익이 판매량뿐만 아니라 생산량의 변화에도 영향을 받는다. 반면, 변동원가계산은 제품 판매량만이 영업이익에 영향을 미친다.

Guide 변동원가계산의 유용성

CVP자료 확보 용이	• 이익계획과 예산편성에 필요한 CVP(원가 - 조업도 - 이익)에 관련된 자료를 변동원가계산제도에 의한 공헌손익계산서로부터 쉽게 얻을 수 있음.
이익은 판매량의 함수	• 특정기간의 이익이 생산량에 의해 영향을 받지 않음. → 즉, 제품의 판매가격, 원가, 매출배합 등이 일정하다면 이익은 오직 판매량에 의해 결정되기 때문에 매출액의 변동과 동일한 방향으로 변화하게 됨.
높은 이해가능성	• 이익은 매출액과 동일한 방향으로 움직이므로 경영자의 입장에서 이해하기 쉬움.
의사결정 왜곡차단	• 공통적인 고정원가를 부문이나 제품별로 배분하지 않기 때문에 부문별, 제품별 의사결정 문제에 왜곡을 초래하지 않음.
고정원가 영향파악 용이	• 특정기간의 고정원가가 손익계산서에 총액으로 표시되기 때문에 고정원가가 이익에 미치는 영향을 쉽게 알 수 있음.
원가통제·성과평가에 유용	• 변동원가계산을 표준원가 및 변동예산과 같이 사용하면 원가통제와 성과평가에 유용하게 활용할 수 있다.

| 문제 99번 | 초변동원가계산 재료처리량공헌이익 | 출제구분 | 재출제 | 난이도 | ★ ★ ☆ | 정답 | ③ |

- 초변동원가계산 재료처리량공헌이익 계산
  매출액   : 2,800개 × 250 = 700,000
  제품수준변동원가[직접재료원가(DM)]   : 2,800개 × 80 = (224,000)
  재료처리량(현금창출)공헌이익   :   476,000

| 문제 100번 | 변동·전부원가계산 영업이익 차이조정 | 출제구분 | 재출제 | 난이도 | ★ ★ ☆ | 정답 | ④ |

- 당기에 사업을 개시하였으므로 기초재고는 없다.(기초에 포함된 고정제조간접원가도 없다.)
- 전부원가계산 영업이익 X
  (+) 기초에 포함된 고정제조간접원가(FOH)   0
  (−) 기말에 포함된 고정제조간접원가(FOH)   20,000 + 15,000 = 35,000
  변동원가계산 영업이익   200,000

→ ∴ $X = 235,000$

Guide 전부·변동·초변동원가계산 영업이익 차이조정

전부원가계산에 의한 영업이익	전부원가계산에 의한 영업이익	변동원가계산에 의한 영업이익
(+) 기초재공품,제품에 포함된 FOH	(+) 기초재공품,제품에 포함된 DL,VOH,FOH	(+) 기초재공품,제품에 포함된 DL,VOH
(−) 기말재공품,제품에 포함된 FOH	(−) 기말재공품,제품에 포함된 DL,VOH,FOH	(−) 기말재공품,제품에 포함된 DL,VOH
변동원가계산에 의한 영업이익	초변동원가계산에 의한 영업이익	초변동원가계산에 의한 영업이익

| 문제 101번 | 활동기준원가계산(ABC)의 도입배경 | 출제구분 | 재출제 | 난이도 | ★ ★ ☆ | 정답 | ② |

- 산업이 고도화되고 고객의 요구가 다양해짐에 따라 제조환경이 다품종 소량생산으로 바뀌고 있으며 생산기술이 발달하고 제조과정이 자동화됨으로 인하여 제조원가에서 직접노무원가가 차지하는 비중은 줄어든 반면 제조간접원가의 비중은 과거에 비해 훨씬 커졌다. 이와 같이 늘어난 제조간접원가를 전통적 원가배부기준인 직접노무원가, 직접노동시간 등을 기준으로 제품에 배부하는 방법으로는 제품원가를 정확히 계산하는 것이 힘들게 되어 새로운 원가계산제도가 필요하게 되었다.

*보론 활동기준원가계산(ABC) 도입배경 요약

  ㉠ 전통적 배부기준에 대한 비판(새로운 배부기준 필요)   ㉡ 직접노무원가 감소와 제조간접원가 증가
  ㉢ 원가개념의 확대(연구개발·마케팅 등 기타원가)   ㉣ 정보수집기술의 발달

| 문제 102번 | 민감도분석 : 고정원가증감 | 출제구분 | 신유형 | 난이도 | ★★☆ | 정답 | ③ |

- 총공헌이익 = (단위당판매가격 - 단위당변동원가) × 판매량
  → 단위당판매가격과 단위당변동원가가 불변이므로 총공헌이익도 불변이다.
- 공헌이익률 = $\dfrac{\text{단위당판매가격} - \text{단위당변동원가}}{\text{단위당판매가격}}$
  → 단위당판매가격과 단위당변동원가가 불변이므로 공헌이익률도 불변이다.
- 손익분기점(BEP)매출액 = $\dfrac{\text{고정원가}}{\text{공헌이익률}}$
  → 공헌이익률은 불변이나, 고정원가가 증가하여 손익분기점(BEP)매출액은 증가한다.

Guide 공헌이익률과 손익분기점(BEP) 산식

공헌이익률	□ 공헌이익률 = $\dfrac{\text{총공헌이익}}{\text{매출액}}$ = $\dfrac{\text{단위당공헌이익}}{\text{단위당판매가격}}$
	• 총공헌이익 = 매출액 - 변동원가 = 단위당공헌이익 × 판매량 = 공헌이익률 × 매출액
BEP산식	• ㉠ BEP판매량 : $\dfrac{\text{고정비}(=FOH+\text{고정판관비})}{\text{단위당공헌이익}}$ ㉡ BEP매출액 : $\dfrac{\text{고정비}(=FOH+\text{고정판관비})}{\text{공헌이익률}}$

| 문제 103번 | 손익분기점(BEP) 판매량 계산 | 출제구분 | 재출제 | 난이도 | ★☆☆ | 정답 | ④ |

- 단위당공헌이익 : 1,000(단위당판매가격) - [600(단위당변동제조원가) + 150(단위당변동판매비와관리비)] = 250
- 고정원가 : 2,500,000(고정제조간접원가) + 1,250,000(고정판매비와관리비) = 3,750,000
- 손익분기점(BEP)판매량 : $\dfrac{3,750,000(\text{고정원가})}{250(\text{단위당공헌이익})}$ = 15,000개

참고 손익분기점(BEP)매출액 : $\dfrac{\text{고정원가}(3,750,000)}{\text{공헌이익률}(250 \div 1,000)}$ = 15,000,000원

Guide 손익분기점분석 기본산식

손익분기점	• 손익분기점(BEP)은 이익을 0으로 만드는 판매량 또는 매출액을 의미함.
기본산식	• 매출액 - 변동비(변동제조원가와 변동판관비) - 고정비(고정제조간접원가와 고정판관비) = 0 → 매출액 - 변동비 = 고정비, 공헌이익 = 고정비 → 단위당공헌이익 × 판매량 = 고정비, 공헌이익률 × 매출액 = 고정비
BEP산식	• ㉠ BEP판매량 : $\dfrac{\text{고정비}(=FOH+\text{고정판관비})}{\text{단위당공헌이익}}$ ㉡ BEP매출액 : $\dfrac{\text{고정비}(=FOH+\text{고정판관비})}{\text{공헌이익률}}$

| 문제 104번 | CVP 항목별 분석 | 출제구분 | 기출변형 | 난이도 | ★★★ | 정답 | ④ |

- ① 단위당공헌이익 : 단위당판매가격(48) - 단위당변동원가(36) = 12
  → 공헌이익률 : $\dfrac{단위당공헌이익(12)}{단위당판매가격(48)}$ = 25%

- ② 손익분기점(BEP)매출액 : $\dfrac{고정원가(25,000)}{공헌이익률(25\%)}$ = 100,000

- ④ 목표이익 11,000원을 위한 판매량 : $\dfrac{고정원가(25,000) + 목표이익(11,000)}{단위당공헌이익(12)}$ = 3,000단위

- ③ 매출액 : 단위당판매가격(48) × 판매량(3,000단위) = 144,000
  → 안전한계율 : $\dfrac{매출액(144,000) - 손익분기점매출액(100,000)}{매출액(144,000)}$ ≒ 30.55% ⇒ 약 30.6%

  [별해] $\dfrac{영업이익(11,000)}{공헌이익(3,000단위 \times 48 - 3,000단위 \times 36)}$ ≒ 30.55% ⇒ 약 30.6%

Guide 안전한계 산식 정리

안전한계	□ 안전한계 = 매출액 - 손익분기점(BEP)매출액
	• 손실을 발생시키지 않으면서 허용할 수 있는 매출액의 최대감소액을 의미함.
안전한계율	□ 안전한계율 = $\dfrac{안전한계}{매출액}$ = $\dfrac{매출액 - 손익분기점매출액}{매출액}$ = $\dfrac{판매량 - 손익분기점판매량}{판매량}$
	• 안전한계율 = $\dfrac{영업이익}{공헌이익}$ = $\dfrac{1}{영업레버리지도}$
	• 안전한계율 × 공헌이익률 = $\dfrac{공헌이익 - 고정비}{매출액}$ = $\dfrac{이익}{매출액}$ = 매출액이익률

| 문제 105번 | 예산의 종류 | 출제구분 | 재출제 | 난이도 | ★☆☆ | 정답 | ① |

- 조업도의 변동에 따라 조정되어 작성되는 예산은 변동예산이다.
  → 즉, 변동예산은 일정 범위의 조업도 변동에 따라 사후에 조정되어 작성되는 예산이다.

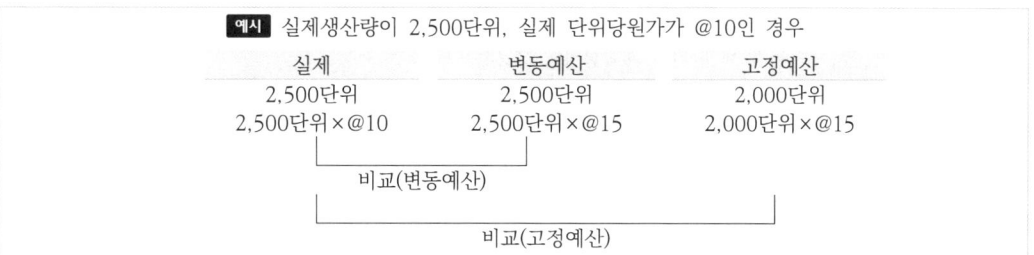

Guide 예산의 종류

예산편성대상	종합예산	• 기업전체를 대상으로 작성되는 예산으로서, 모든 부문예산을 종합한 것
	부문예산	• 기업내의 특정부문을 대상으로 작성되는 예산
예산편성성격	운영예산	• 구매·생산·판매 등의 영업활동에 대한 예산
	재무예산	• 설비투자·자본조달 등의 투자와 재무활동에 대한 예산
예산편성방법	고정예산	• 조업도의 변동을 고려하지 않고 특정조업도를 기준으로 작성되는 예산
	변동예산	• 조업도의 변동에 따라 조정되어 작성되는 예산

문제 106번 | 책임중심점과 통제책임 | 출제구분: 기출변형 | 난이도: ★ ☆ ☆ | 정답: ④

- 판매부서 및 영업소는 원가중심점이 아니라 수익중심점의 예에 해당한다.
  → 제조부문 등이 원가중심점의 예가 될 수 있다.

Guide 책임중심점의 분류

구분	내용
원가중심점	• 통제가능한 원가의 발생만 책임을 지는 가장 작은 활동단위로서의 책임중심점(예 제조부문)
수익중심점	• 매출액에 대해서만 통제책임을 지는 책임중심점(예 판매부서 및 영업소) → 수익중심점은 산출물만을 화폐로 측정하여 통제할 뿐 투입물과 산출물 모두에 의해 결정되는 이익에 대해서는 책임을 지지 않음. → 그러나 매출액만으로 성과평가를 하게 되면 기업전체적으로 잘못된 의사결정을 야기 가능함.(불량채권의 발생, 원가절감의 경시 등 여러 가지 문제점에 노출될 수 있기 때문임.)
이익중심점	• 원가와 수익 모두에 대해서 통제책임을 지는 책임중심점 → 이익중심점은 전체 조직이 될 수도 있지만 조직의 한 부분, 즉 판매부서, 각 지역(점포)단위 등으로 설정될 수도 있는데 이 경우 책임중심점이란 이익중심점을 뜻하는 것이 일반적임. → 이익중심점은 수익중심점에 비해 유용한 성과평가기준이 됨. 성과평가의 기준을 이익으로 할 경우 해당 경영자는 공헌이익 개념에 의해서 관리를 수행할 것이고 이로 인해 회사전체적 입장에서 최적의 의사결정에 근접할 수 있음.
투자중심점	• 원가·수익 및 투자의사결정도 책임지는 책임중심점으로 가장 포괄적 개념임. → 기업이 제품별 또는 지역별로 별도의 독립적인 조직으로 분리될 정도로 규모가 커져 제품별 또는 지역별 사업부로 분권화된 경우, 이 분권화조직이 투자중심점에 해당함.

문제 107번 | 사업부별 성과평가측정치 | 출제구분: 신유형 | 난이도: ★ ★ ★ | 정답: ②

- 특정사업부의 경영자에 대한 성과평가시 추적가능하고 통제가능한 원가만을 포함하는 것이 바람직하다.
  → 사업부경영자공헌이익은 공헌이익에서 사업부경영자가 통제할 수 있는 고정원가를 차감한 것으로 사업부경영자 개인의 성과평가목적에 가장 적합한 이익개념이다.

*비교 사업부의 성과평가목적에 가장 적합한 이익개념 : 사업부공헌이익

Guide 성과평가측정치로서의 이익 분류

구분	내용
공헌이익	• 매출액에서 변동원가를 차감한 금액으로, 목표이익달성을 위한 조업도 선택, 제품배합의 결정 등 단기적 계획설정에 유용한 이익개념 → 그러나 고정원가 중 일부는 통제가능원가이고 고정원가와 변동원가의 비율을 어느 정도 조절할 수 있기 때문에 사업부경영자의 성과평가에는 유용하지 못함.
사업부경영자공헌이익	• 공헌이익에서 사업부경영자가 통제할 수 있는 고정원가를 차감한 것으로 사업부경영자의 성과평가목적에 가장 적합한 이익개념 → 왜냐하면, 부문경영자가 통제가능한 모든 활동이 여기에 포함되어 있기 때문임.
사업부공헌이익	• 사업부경영자공헌이익에서 사업부가 단기적으로 통제할 수 없으나 사업부에 직접 추적 또는 배분가능한 고정원가를 차감한 것으로 사업부의 성과평가목적에 가장 적합한 이익개념 → '사업부마진'이라고도 하며, 특정사업부에서 발생한 모든 수익과 원가가 포함되기 때문에 사업부 자체의 수익성을 평가하는 데 유용함. 특히 특정사업부의 설비대체, 투자안분석, 투자수익률분석 등 장기적 의사결정에 중요한 정보를 제공함.
순이익	• 사업부공헌이익에서 공통고정원가(추적불능/통제불능)와 법인세비용을 차감한 이익

문제 108번 | 잔여이익에 의한 신규투자 | 출제구분 재출제 | 난이도 ★★★ | 정답 ②

- 마포사업부 : 자본비용(14%)을 초과하는 수익률(15%)이 기대된다.
  → 따라서, '영업이익〉투자액×자본비용'이며 잔여이익이 (+)이므로 채택
- 용산사업부 : 자본비용(18%)에 미달하는 수익률(17%)이 기대된다.
  → 따라서, '영업이익〈투자액×자본비용'이며 잔여이익이 (-)이므로 기각

참고 결국, 잔여이익에 의해 성과평가가 이루어질 경우 각 사업부는 자본비용(최저필수수익률)을 초과하는 신규투자안은 채택하지만 자본비용(최저필수수익률)에 미달하는 신규투자안은 기각하게 된다.

문제 109번 | 매출배합차이와 매출수량차이 | 출제구분 신유형 | 난이도 ★★★ | 정답 ①

- 단위당예산공헌이익 - ㉠ 제품A : 800 - 500 = 300 ㉡ 제품B : 600 - 400 = 200
- 매출조업도차이 분해

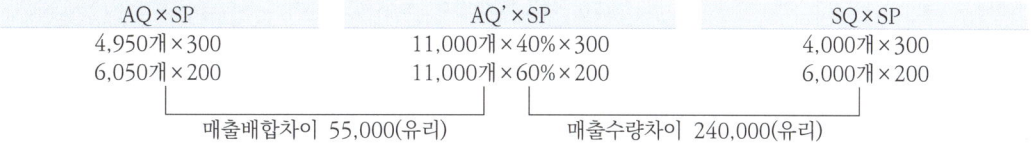

AQ×SP	AQ'×SP	SQ×SP
4,950개×300	11,000개×40%×300	4,000개×300
6,050개×200	11,000개×60%×200	6,000개×200

매출배합차이 55,000(유리)   매출수량차이 240,000(유리)

Guide 매출배합차이와 매출수량차이 계산

기호정의	• AQ : 실제판매량, AP : 단위당실제판매가격, SQ : 예산판매량, SP : 단위당예산공헌이익
매출조업도차이 분해	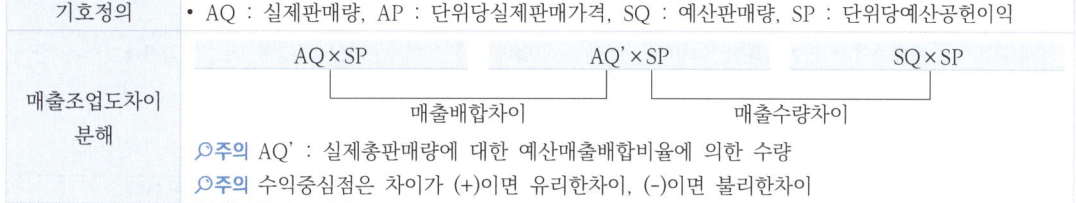 AQ×SP AQ'×SP SQ×SP 　　　매출배합차이　　매출수량차이 🔍주의 AQ' : 실제총판매량에 대한 예산매출배합비율에 의한 수량 🔍주의 수익중심점은 차이가 (+)이면 유리한차이, (-)이면 불리한차이

문제 110번 | 투자수익률(ROI) 단순 산식 적용 | 출제구분 재출제 | 난이도 ★☆☆ | 정답 ②

- 투자수익률(ROI) : $\dfrac{\text{영업이익}(80,000)}{\text{투자액}(200,000)}$ = 40%

→ *참고* 투자액(영업자산)은 기초나 기말가액을 사용할 수도 있으나, 기중의 투자액 변동을 반영할 수 있어 보다 바람직하므로 기초와 기말의 가중평균가액[일반적으로 간편하게 '(기초+기말)÷2'로 계산하여 사용]을 사용한다.

문제 111번 | 경제적부가가치(EVA) 증감 | 출제구분: 재출제 | 난이도: ★★☆ | 정답: ①

- EVA = 세후영업이익 - 투하자본(투자액)×가중평균자본비용
- ① 'EVA=세후영업이익 - 투하자본×가중평균자본비용'에서 (세후)영업이익이 감소하면 EVA는 감소한다.
  ② 재고자산회전율을 높이면 재고자산 보유기간이 줄어 투하자본이 감소하므로 EVA는 증가한다.
  ③ 'EVA=세후영업이익 - 투하자본×가중평균자본비용'에서 자본비용이 높아지면 EVA는 감소한다.
  ④ 영업이익을 높이거나 매출채권회전율, 재고자산회전율 등을 높이면 EVA는 증가한다.

Guide 경제적부가가치(EVA) 증대방안

증대방안	세후영업이익 증대	· 매출증대, 제조원가·판관비 절감
	투하자본 감소	· 재고·고정자산 매출채권의 적정유지나 감소 · 유휴설비 처분 · 매출채권회전율을 높임(매출채권 회수기일단축) · 재고자산회전율을 높임(재고자산 보유기간을 줄임)
	가중평균자본비용 개선	· 고율의 차입금 상환

문제 112번 | 원가가산가격결정(회계학적 가격결정) | 출제구분: 신유형 | 난이도: ★★★ | 정답: ③

- 한계수익(MR)과 한계비용(MC)이 일치하는 점에서 제품의 판매가격이 결정되는 것은 경제학적 가격결정방법이다.

Guide 가격결정방법

경제학적 가격결정		· 한계수익과 한계비용이 일치하는 점에서 기업이익이 극대화된다고 가정하므로, 최적판매가격은 한계수익과 한계비용이 일치하는 점에서 결정됨.	
원가가산 가격결정	공헌이익 접근법	· FOH와 고정판관비를 회수하고 적정이익을 얻을 수 있도록 가격을 설정	
		이익가산율	이익가산항목 ⇒ FOH/고정판관비/목표이익 기준원가 ⇒ 변동원가(DM/DL/VOH/변동판관비)
	전부원가 접근법	· 판관비를 원가부분에서 고려하는 것이 아니라 원가가산항목(이익가산항목)으로 포함시키고 적정이익을 얻을 수 있도록 가격을 설정	
		이익가산율	이익가산항목 ⇒ 변동판관비/고정판관비/목표이익 기준원가 ⇒ 전부원가(DM/DL/VOH/FOH)
	총원가 접근법	· 판관비를 포함한 모든 원가를 기준원가(기초원가)에 포함시키고 원가가산항목(이익가산항목)은 목표이익만을 고려해주는 것	
		이익가산율	이익가산항목 ⇒ 목표이익 기준원가 ⇒ 총원가(DM/DL/VOH/FOH/변동판관비/고정판관비)
목표(원가) 가격결정		· 시장지향적인 가격결정방법으로서, 시장에서 경쟁우위를 확보할 수 있는 목표가격(잠재고객이 기꺼이 지불할 용의가 있는 가격)을 판매가격으로 결정하는 것을 말함.	

| 문제 113번 | 외부구입과 지불가능 최대가격 | 출제구분 | 재출제 | 난이도 | ★★★ | 정답 | ③ |

- 외부구입의 경우
  증분비용 - 증가 : 구입액 = (800단위×A)
  　　　　- 감소 : 원가감소 800단위×(1,200+700+350)+480,000×1/4 = 1,920,000
  증분손익 　　　　　　　　　　　　　　　　　　　　　　　　　　　　　1,920,000 - 800단위×A

  → 1,920,000 - 800단위×A ≧ 0 에서, A ≦ 2,400

Guide 자가제조·외부구입 의사결정

고려사항	• 자가제조시 관련원가와 외부구입가격을 고려 　○주의 자가제조시 증감하는 고정원가도 관련원가이므로 이도 고려함. 　　→ 예 자가제조시 추가 고용 감독자급료 • 외부구입시 다음을 고려함. 　㉠ 기존설비 임대가 가능한 경우 : 임대수익을 고려 　㉡ 기존설비로 다른 제품 생산시 : 관련수익과 변동원가를 고려(= 다른 제품 공헌이익) 　㉢ 회피가능고정원가는 관련원가, 회피불능고정원가는 비관련원가임.
외부구입 의사결정	㉠ 기존설비의 대체용도가 있는 경우 　　□ 증분수익(변동원가+회피가능고정원가+기회원가) > 증분비용(외부구입원가) ㉡ 기존설비의 대체용도가 없는 경우 　　□ 증분수익(변동원가+회피가능고정원가) > 증분비용(외부구입원가)

| 문제 114번 | 자가제조·외부구입시 비재무적정보 | 출제구분 | 재출제 | 난이도 | ★★☆ | 정답 | ④ |

- 부품을 자가제조 할 경우 외부공급업자에 대한 의존도를 줄일 수 있어 부품의 품질관리를 보다 용이하게 할 수 있다는 장점이 있다.

Guide 자가제조·외부구입시 비재무적 정보

고려해야할 비재무적 정보	• 자가제조의 경우는 부품 공급업자에 대한 의존도를 줄일 수 있으며, 품질관리를 보다 쉽게 할 수 있다는 장점이 있음. • 자가제조의 경우는 공급업자에 대한 의존도를 줄임으로써 공급업자와의 관계를 상실하여 향후에 급격한 주문의 증가로 회사의 생산능력이 초과할 때 제품을 외부구입하기가 쉽지 않을 수 있음. (별도의 추가적 시설투자가 필요하므로 많은 비용이 발생하는 단점이 있음.) • 제품에 특별한 지식·기술이 요구될 때 자가제조를 하며 품질을 유지하기가 쉽지 않을 수 있음.

문제 115번 | 제품라인 유지·폐지 의사결정 | 출제구분 재출제 | 난이도 ★★☆ | 정답 ②

- 사업부 갑을 폐지하는 경우
  증분수익 - 감소 :　　　　　　　　　공헌이익 = (60,000)
  증분비용 - 감소 : 공통원가배분액 50,000 - 30,000 = 20,000
  증분손익　　　　　　　　　　　　　　　　　　　　(40,000)

∴당기순이익 : 500,000 - 40,000(증분손실) = 460,000

Guide ▶ 제품라인 유지·폐지 의사결정

고려사항	• 회사전체의 이익에 미치는 영향을 기준으로 폐지여부를 결정함. →제품라인의 유지·폐지 문제에서는 제품라인 자체의 이익을 고려하여 결정하는 것이 아니라, 기업 전체적인 입장(goal congruence)에서 전체 이익에 미치는 영향을 분석해야 함. • 폐지로 인한 회피가능고정비 존재시 이 또한 고려함. →제품라인을 폐지할 경우 매출액과 변동원가는 사라지지만 고정원가는 회피가능고정원가와 회피불가능고정원가로 나눌 수 있기 때문임.
제품라인폐지 의사결정	▫ 제품라인의 공헌이익 < (회피가능고정원가 + 기회원가)

문제 116번 | 순현재가치법과 NPV 계산 | 출제구분 재출제 | 난이도 ★★☆ | 정답 ③

- 현가계수 - ㉠ 1년 : 0.89 ㉡ 2년 : 1.69 - 0.89 = 0.8 ㉢ 3년 : 2.40 - 1.69 = 0.71
- 현금흐름 추정

```
   x1년초         x1년말         x2년말         x3년말
─────┼─────────────┼─────────────┼─────────────┼─────
(8,000,000)    6,000,000     6,000,000     3,000,000
```

- NPV(순현재가치) : (6,000,000 × 0.89 + 6,000,000 × 0.8 + 3,000,000 × 0.71) - 8,000,000 = 4,270,000

*저자주 문제의 명확한 성립을 위해 누락된 단서인 '현금지출운용비 감소효과는 매년 말에 발생한다.'를 추가하기 바랍니다.

Guide ▶ 순현재가치법(NPV법)

의의	▫ NPV(순현재가치) = 현금유입의 현재가치 - 현금유출의 현재가치	
	♀주의 할인율 : 자본비용(= 최저필수수익률 = 최저요구수익률)	
의사결정	상호독립적 투자안	• 'NPV > 0'인 투자안 채택
	상호배타적 투자안	• NPV가 가장 큰 투자안 채택
장점	• ㉠ 자본비용으로 재투자된다고 가정하므로 현실적임. ㉡ 비할인모형에서 무시되고 있는 화폐의 시간적 가치를 고려함. ㉢ 현금흐름과 기대치와 자본비용만이 고려되고 회계적 수치와는 무관하므로 자의적 요인을 제거할 수 있음. ㉣ 가치가산원칙[NPV(A+B) = NPV(A) + NPV(B)]이 성립함. ㉤ 기업의 가치를 극대화할 수 있는 투자안을 선택할 수 있음. →즉, 채택된 모든 투자안의 순현재가치는 곧 그 기업의 가치가 됨.	
단점	• ㉠ 투자안의 할인율(자본비용)을 정하기가 어려움. ㉡ 확실성하에서만 성립하는 모형이므로, 불확실성하에서 적용하기 어려움.	

| 문제 117번 | 매몰원가 | 출제구분 | 재출제 | 난이도 | ★ ☆ ☆ | 정답 | ④ |

- 매몰원가는 과거 의사결정의 결과로 이미 발생한 원가(역사적원가)로 현재 또는 미래에 회수할 수 없는 원가를 의미하며 새로운 의사결정에 영향을 미치지 않는 비관련원가를 말한다.
  → ∴ 기계장치의 취득원가(과거 구입금액) 4,000,000원이 매몰원가가 된다.

Guide 매몰원가와 기회원가

매몰원가 (sunk cost)	• 과거 의사결정의 결과로 이미 발생한 원가로, 의사결정에 영향을 미치지 않는 비관련원가 **예시** 구기계 취득원가 100(감가상각누계액 30), 신기계구입 고려중 　→ 매몰원가 : 취득원가 100 또는 장부금액 70
기회원가 (opportunity cost)	• 특정대안의 선택으로 포기해야 하는 가장 큰 효익 **예시** CU편의점과 GS편의점의 시간당 알바수익이 각각 3,000원과 5,000원일 때, 여친과 수다를 떨며 즐겁게 1시간 보내는 경우의 기회원가는 5,000원임 **주의** 기회원가는 관리적 차원에서 사용되는 원가개념이며, 회계장부에는 실제원가만이 기재되므로 기회원가는 회계장부에 기록되지 않음.

| 문제 118번 | 유휴시설 여부와 내부대체 결정 | 출제구분 | 재출제 | 난이도 | ★ ★ ★ | 정답 | ① |

- 수요사업부(B사업부)의 최대대체가격 : 외부구매시장이 있음 →최대TP = 180
- 공급사업부(A사업부) 최소대체가격 : 외부판매시장이 있음
  ㉠ 유휴생산시설이 없는 경우 : 100+(170 - 100) = 170

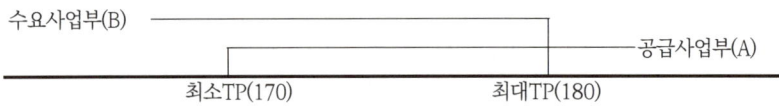

  →A : '대체가격 - 170'만큼 이익, B : '180 - 대체가격'만큼 이익, 회사전체 : '180 - 170'만큼 이익
  따라서, 대체(A사업부에서 구입)
  ㉡ 유휴생산시설이 있는 경우 : 100

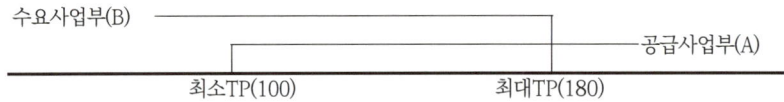

  →A : '대체가격 - 100'만큼 이익, B : '180 - 대체가격'만큼 이익, 회사전체 : '180 - 100'만큼 이익
  따라서, 대체(A사업부에서 구입)

∴회사전체의 이익극대화를 위해 어떤 경우이든 B사업부는 A사업부에서 구입하여야 한다.

Guide 최대·최소대체가격(TP) 계산

최대대체가격 [수요사업부]	외부구매시장 없는 경우	□ 판매가격 - 대체후단위당지출원가 →대체후단위당지출원가 = 추가가공원가 + 증분단위당고정비 + 단위당추가판매비
	외부구매시장 있는 경우	□ Min[① 외부구입가격 ② 판매가격 - 대체후단위당지출원가] 🔍주의 대체후지출없이 판매시 일반적으로 판매가>외부구입가, 즉, 최대TP=외부구입가
최소대체가격 [공급사업부]	외부판매시장 없는 경우	□ 대체시단위당지출원가 - 대체시절감원가 →대체시단위당지출원가 = 단위당변동비 + 증분단위당고정비
	외부판매시장 있는 경우	㉠ 유휴시설이 없는 경우 □ 대체시단위당지출원가 + 정규매출상실공헌이익 - 대체시절감원가 ㉡ 유휴시설이 있는 경우 □ 대체시단위당지출원가 + 타용도사용포기이익 - 대체시절감원가

| 문제 119번 | 최소대체가격 계산 | 출제구분 | 기출변형 | 난이도 ★★★ | 정답 ③ |

- 수요사업부(B사업부)의 최대대체가격(최대TP) : 외부구매시장이 있음
  - 최대TP = 680(외부구입가격)
- 공급사업부(A사업부)의 최소대체가격(최소TP) : 외부판매시장이 있음 & 유휴시설이 없음
  - 최소TP = 대체시단위당지출원가 + 정규매출상실공헌이익 − 대체시절감원가
    → ㉠ 대체시단위당지출원가(= 단위당변동비 + 증분단위당고정비) : 570 + 0 = 570
    　㉡ 정규매출상실공헌이익 : 700(단위당외부판매가격) − 570(단위당변동원가) = 130
    　　(전량을 외부에 판매가능하므로 이를 대체시 외부판매를 포기해야 한다.)
    　㉢ 대체시절감원가 : 30
  - 최소대체가격(최소TP) : 570 + 130 − 30 = 670
- 대체가격 범위

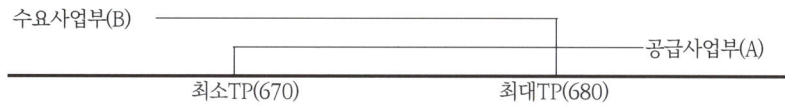

* 저자주 　문제의 명확한 성립을 위해 '회사가 생산하는 제품 전량을 외부시장에 판매할 수 있고~'를 'A사업부가 생산하는
　　제품 전량을 외부시장에 판매할 수 있고~'로 수정바랍니다.

| 문제 120번 | 외부실패원가 집계 | 출제구분 | 재출제 | 난이도 ★★☆ | 정답 ③ |

- 외부실패원가 : 2,500(반품원가) + 5,000(소비자 고충처리비) = 7,500
  → 생산직원 교육원가 : 예방원가
  → 생산라인 검사원가, 제품 검사원가, 구입재료 검사원가 : 평가원가

Guide 품질원가(COQ)

의의	• 품질원가(COQ)란 불량품이 생산되지 않도록 하거나, 생산된 결과로 발생하는 모든 원가를 말함.
품질원가 종류	❖ 통제원가(사전품질가) ▶ 통제원가가 증가할수록 불량률은 감소함(∴역관계)

예방원가	평가원가
• 불량품 생산을 예방키 위해 발생하는 원가 　㉠ 품질관리시스템 기획원가, 예방설비 유지 　㉡ 공급업체 평가원가, 품질·생산직원교육원가 　㉢ 설계·공정·품질 엔지니어링원가	• 불량품을 적발키 위해 발생하는 원가 　㉠ 원재료나 제품의 검사·시험원가 　㉡ 검사설비 유지원가 　㉢ 현장·생산라인검사원가

❖ 실패원가(사후품질가) ▶ 불량률이 증가할수록 실패원가는 증가함(∴정관계)

내부실패원가	외부실패원가
• 불량품이 고객에게 인도되기 전에 발견됨으로써 발생하는 원가 　㉠ 공손품원가, 작업폐물원가 　㉡ 재작업원가, 재검사원가 　㉢ 작업중단원가	• 불량품이 고객에게 인도된 후에 발견됨으로써 발생하는 원가 　㉠ 고객지원원가(소비자 고충처리비), 보증수리원가, 교환원가 　㉡ 반품원가(반품운송,재작업,재검사 포함) 　㉢ 손해배상원가, 판매기회상실에 따른 기회비용

| 품질원가 최소점 | • 전통적 관점 : 허용가능품질수준(AQL)
• 최근의 관점 : 불량률이 0인 무결함수준 |

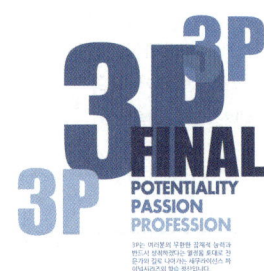

재경관리사 공개기출해설[원가]

2020년 7월에 시행된 기출문제에 대한 완벽한
해설을 관련이론(가이드)과 함께 제시하였습니다.
해당 문제는 합본부록을 참고바랍니다.

Certified Accounting Manager

원가관리회계
공개기출문제해설
[2020년 07월 시행]

SEMOOLICENCE

문제 81번 | 매출총이익률을 통한 기말제품 추정 | 출제구분: 신유형 | 난이도: ★★★ | 정답: ②

- 매출총이익률을 A라 하면, '매출원가 = 매출액 × (1 − A)' → 매출원가: 200,000 × (1 − 30%) = 140,000

매출총이익률이 주어진 경우 매출원가 계산	매출원가 = 매출액 × (1 − 매출총이익률)
원가가산이익률이 주어진 경우 매출원가 계산	매출원가 = $\dfrac{\text{매출액}}{1 + \text{원가가산이익률}}$

- 직접노무원가(DL)는 가공원가(DL+OH)의 60%이므로, DL = (DL + 32,000) × 60% → DL = 48,000
- 직접재료원가(DM)는 기본원가(DM+DL)의 50%이므로, DM = (DM + 48,000) × 50% → DM = 48,000
- 당기총제조원가 : 48,000(DM) + 48,000(DL) + 32,000(OH) = 128,000
- 당기제품제조원가 : 25,000(기초재공품) + 128,000(당기총제조원가) − 8,000(기말재공품) = 145,000
- 기말제품 : 10,000(기초제품) + 145,000(당기제품제조원가) − 140,000(매출원가) = 15,000

고속철 실전에서는 다음의 계정에 해당액을 직접 기입하여 대차차액으로 구한다.

기초재공품	25,000	매출원가	200,000 × (1 − 30%) = 140,000
기초제품	10,000		
직접재료원가	48,000		
직접노무원가	48,000	기말재공품	8,000
제조간접원가	32,000	기말제품	?

Guide 제조기업의 원가흐름

계정흐름	원재료		재공품		제품	
	기초원재료 당기매입	사용액(DM) 기말원재료	기초재공품 당기총제조원가	당기제품제조원가 기말재공품	기초제품 당기제품제조원가	제품매출원가 기말제품
당기총제조원가	직접재료원가(DM) + 직접노무원가(DL) + 제조간접원가(OH)					
당기제품제조원가	기초재공품 + 당기총제조원가 − 기말재공품					
제품매출원가	기초제품 + 당기제품제조원가 − 기말제품					

문제 82번 | 원가흐름과 당기제품제조원가 | 출제구분: 재출제 | 난이도: ★☆☆ | 정답: ④

- 직접재료원가 : 10,000(기초원재료) + 20,000(당기원재료매입) − 8,000(기말원재료) = 22,000
- 당기총제조원가 : 22,000(직접재료원가) + 15,000(직접노무원가) + 15,500(제조간접원가) = 52,500
- 당기제품제조원가 : 12,000(기초재공품) + 52,500(당기총제조원가) − 15,000(기말재공품) = 49,500

문제 83번 | 원가흐름과 매출원가 | 출제구분: 재출제 | 난이도: ★★☆ | 정답: ③

- 매출원가 : 15,000(기초제품) + 49,500(당기제품제조원가) − 20,000(기말제품) = 44,500

고속철 실전에서는 다음의 계정에 해당액을 직접 기입하여 대차차액으로 구한다.

기초재공품	12,000	매출원가	?
기초제품	15,000		
직접재료원가	22,000		
직접노무원가	15,000	기말재공품	15,000
제조간접원가	15,500	기말제품	20,000

문제 84번 | 보조부문과 제조간접원가배부율 | 출제구분: 재출제 | 난이도: ★★☆ | 정답: ①

- ① 공장전체 제조간접원가배부율을 사용하는 경우에는 보조부문원가 배분방법(직접배분법, 단계배분법, 상호배분법)에 관계없이 어떤 방법에 의하더라도 보조부문원가 총액이 동일하게 제조부문에 집계되므로 공장전체 제조간접원가배부율이 영향을 받지 않는다.
- ② 이중배분율법은 변동원가와 고정원가를 구분해서 변동원가는 실제사용량을 기준으로 배분하고 고정원가는 서비스의 최대사용가능량을 기준으로 배분한다.
- ③ 부문별 제조간접원가배부율을 사용하는 경우에는 보조부문원가 배분방법(직접배분법, 단계배분법, 상호배분법)에 따라 부문별(제조부문별) 제조간접원가가 달라지고, 이에 따라 부문별 제조간접원가배부율이 상이해 진다.
- ④ 단계배분법은 배분순서에 따라 배분 후의 결과가 달라진다. 따라서, 배분순서의 결정이 중요하다.

문제 85번 | 제조간접원가 실제배부와 총제조원가 | 출제구분: 기출변형 | 난이도: ★☆☆ | 정답: ①

- 제조간접원가실제배부율: $\dfrac{2,400,000}{200시간} = 12,000/시간$
- 작업지시서 #03 제조간접원가: 150시간 × 12,000 = 1,800,000
- 작업지시서 #03 총제조원가: 1,340,000(DM) + 760,000(DL) + 1,800,000(OH) = 3,900,000

Guide 실제개별원가계산 실제배부

제조간접원가실제배부율	• 제조간접원가실제배부율 = $\dfrac{실제제조간접원가}{실제배부기준(실제조업도)}$
실제배부액	• 실제조업도(배부기준의 실제발생량) × 제조간접원가실제배부율

문제 86번 | 개별원가계산의 일반적 절차 | 출제구분: 신유형 | 난이도: ★★☆ | 정답: ④

- 일반적인 개별원가계산절차는 다음과 같으며, 직접원가와 간접원가를 구분하는 것이 중요하다.

【1단계】	• 원가집적대상이 되는 개별작업을 파악한다.
【2단계】	• 개별작업에 대한 제조직접원가를 계산하여 개별작업에 직접 추적한다.
【3단계】	• 개별작업에 직접 대응되지 않는 제조간접원가를 파악한다. →제조간접원가는 공장전체를 하나의 원가집합으로 보아 집계할 수도 있고 각 부문별로 집계할 수도 있다.
【4단계】	• 제3단계에서 집계된 제조간접원가를 배부하기 위한 배부기준을 설정한다.
【5단계】	• 원가배부기준에 따라 제조간접원가 배부율을 계산하여 개별작업에 배부한다.

문제 87번 | 제조간접원가 예정배부와 총제조원가 | 출제구분: 기출변형 | 난이도: ★☆☆ | 정답: ②

- 제조간접원가예정배부율 : 0.5/직접노무비 1원당 → 제조간접원가예산과 예정조업도로 사전에 결정된 금액
- 제품 #101 제조간접원가 : 500,000(#101의 직접노무비) × 0.5 = 250,000
- 제품 #101 총제조원가(정상원가) : 800,000(DM) + 500,000(DL) + 250,000(OH) = 1,550,000

Guide 정상개별원가계산 예정배부

제조간접원가예정배부율	• 제조간접원가예정배부율 = $\dfrac{\text{제조간접원가 예산}}{\text{예정조업도}}$
예정배부액	• 실제조업도(배부기준의 실제발생량) × 제조간접원가예정배부율

문제 88번 | 개별원가계산과 종합원가계산 비교 | 출제구분: 신유형 | 난이도: ★☆☆ | 정답: ④

- 종합원가계산에서 제품은 완성수량에 단위당 평균제조원가를 곱하여 계산하고, 개별원가계산에서 재고자산의 평가는 작업이 완성된 것은 제품계정으로 대체되고 미완성된 작업은 재공품이 된다.

Guide 개별원가계산과 종합원가계산 비교

	개별원가계산	종합원가계산
생산형태	• 주문에 따른 다품종 소량생산방식 →예 조선업, 기계제작업, 건설업	• 동종제품의 대량 연속생산방식 →예 제분업, 섬유업, 시멘트업, 정유업
원가집계	• 제조원가는 각 작업별로 집계	• 제조원가는 각 공정별로 집계
기말재공품평가	• 평가문제 발생치 않음(∴정확함.)	• 평가문제 발생함(∴부정확함.)
핵심과제	• 제조간접원가배부(작업원가표)	• 완성품환산량계산(제조원가보고서)
기타사항	• 제품단위당 원가는 작업원가표에 집계된 제조원가를 작업한 수량으로 나누어 계산함. • 재고자산 평가에 있어서 작업이 완성된 것은 제품계정으로 대체되고, 미완성된 작업은 재공품이 됨.	• 일정기간에 발생한 총원가를 총생산량으로 나누어 단위당 평균제조원가를 계산함. • 제품은 완성수량에, 재공품은 기말재공품완성품환산량에 단위당 평균제조원가를 곱하여 계산함.

문제 89번 | 재료원가·가공원가 완성품환산량 | 출제구분: 기출변형 | 난이도: ★☆☆ | 정답: ②

- 종합원가계산을 적용하는 경우 평균법과 선입선출법의 가장 큰 차이점은 원가계산시 기초재공품원가와 당기투입원가를 구분하느냐의 여부에 있다고 할 수 있다. 따라서, 기초재공품이 없을 경우 양 방법에 의한 계산결과는 동일해진다. 즉, 기초재공품이 없는 경우 선입선출법과 평균법에 의한 완성품환산량이 동일하다.
- 완성품환산량 계산

[1단계] 물량흐름		[2단계] 완성품환산량	
		재료비	가공비
완성	320,000	320,000	320,000
기말	80,000(50%)	80,000	80,000 × 50% = 40,000
	400,000	400,000	360,000

| 문제 90번 | 기말재공품 완성도 과대평가의 영향 | 출제구분 | 재출제 | 난이도 | ★ ★ ★ | 정답 | ① |

- 기말재공품 완성도를 과대평가할 경우
  ㉠ 기말재공품 완성품환산량 과대
  ㉡ 완성품환산량이 과대해지면 투입된 원가는 일정하므로 완성품환산량단위당원가가 과소
  ㉢ 완성품의 완성품환산량은 변화가 없으므로 완성품환산량단위당원가의 과소로 완성품원가(당기제품제조원가)는 과소
  ㉣ 상대적으로 기말재공품(재공품계정)의 원가는 과대(재고자산 과대)
  ㉤ '기초제품 + 당기제품제조원가 - 기말제품 = 매출원가'에서 제품계정에는 영향이 없으나, 당기제품제조원가의 과소로 인해 매출원가가 과소평가되고 영업이익(당기순이익)이 과대평가된다.
  ㉥ 영업이익(당기순이익)이 과대평가되므로 이익잉여금이 과대계상된다.

* **비교** 기말재공품 완성도를 과소평가할 경우〈위와 반대의 결과〉
  ㉠ 기말재공품 완성품환산량 과소
  ㉡ 완성품환산량이 과소해지면 투입된 원가는 일정하므로 완성품환산량단위당원가가 과대
  ㉢ 완성품의 완성품환산량은 변화가 없으므로 완성품환산량단위당원가의 과대로 완성품원가(당기제품제조원가)는 과대
  ㉣ 상대적으로 기말재공품(재공품계정)의 원가는 과소(재고자산 과소)
  ㉤ '기초제품 + 당기제품제조원가 - 기말제품 = 매출원가'에서 제품계정에는 영향이 없으나, 당기제품제조원가의 과대로 인해 매출원가가 과대평가되고 영업이익(당기순이익)이 과소평가된다.
  ㉥ 영업이익(당기순이익)이 과소평가되므로 이익잉여금이 과소계상된다.

| 문제 91번 | 표준원가계산제도 일반사항 | 출제구분 | 기출변형 | 난이도 | ★ ★ ☆ | 정답 | ④ |

- ㄱ(옳은설명) : 원가계산방법은 다음과 같이 결합되어 다양한 방법이 가능하다.(예 표준전부원가계산, 표준변동원가계산)

제품원가의 구성요소 (원가구성)	원가요소의 실제성여부 (원가측정)	생산형태 (제품의 성격)
전부원가계산 변동원가계산	실제원가계산 정상원가계산 표준원가계산	개별원가계산 종합원가계산

ㄴ(옳은설명) : 분리시점에 따라 직접재료원가 가격차이는 상이(사용가격차이/구입가격차이)하나, 직접재료원가 가격차이를 구입시점에서 분리하든 사용시점에서 분리하든 능률차이(AQ×SP - SQ×SP)는 모두 동일하게 계산하므로 분리시점은 능률차이에는 영향을 주지 않는다.

ㄷ(틀린설명) : 효율적 달성치인 표준원가를 설정하여 실제 발생원가와 비교함으로써 원가통제를 통한 원가절감을 유도할 수 있다. 즉, 표준원가계산제도는 성격상 원가절감을 위한 원가통제를 포함한다.

ㄹ(틀린설명) : 매출원가조정법의 경우 다음과 같이 불리한 차이는 매출원가에 가산하고 유리한 차이는 매출원가에서 차감한다.

- 매출원가조정법 : 모든 원가차이를 매출원가에 가감하는 방법
  → ㉠ 불리한 차이 : 매출원가에 가산 ㉡ 유리한 차이 : 매출원가에서 차감

원가차이 분석	(차) 재공품(SQ×SP) 　　　가격차이(불리)	70,000 40,000	(대) 원재료(AQ×AP) 　　　능률차이(유리)	100,000 10,000
원가차이 배분	(차) 매출원가 (차) 능률차이(유리)	40,000 10,000	(대) 가격차이(불리) (대) 매출원가	40,000 10,000

- 모두 매출원가에서 조정되므로 재공품과 제품계정은 모두 표준원가로 계속 기록됨.

| 문제 92번 | 직접재료원가 사용·구입가격차이 | 출제구분 | 재출제 | 난이도 ★★☆ | 정답 ② |

- AQ = 800kg, AQ' = 1,000kg, AP : 300,000÷1,000kg = 300, SP = 200

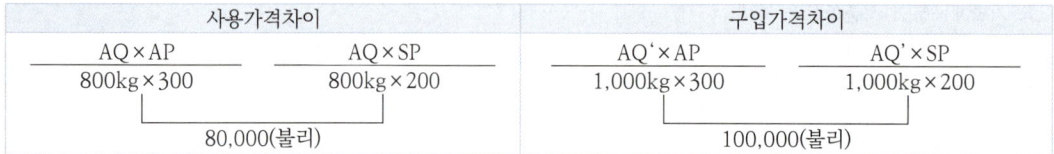

Guide 직접재료원가 차이분석 구조

| 기호정의 | • AQ : 실제사용량, AP : 실제가격, SQ : 실제생산량에 허용된 표준사용량, SP : 표준가격
AQ' : 실제구입량 |

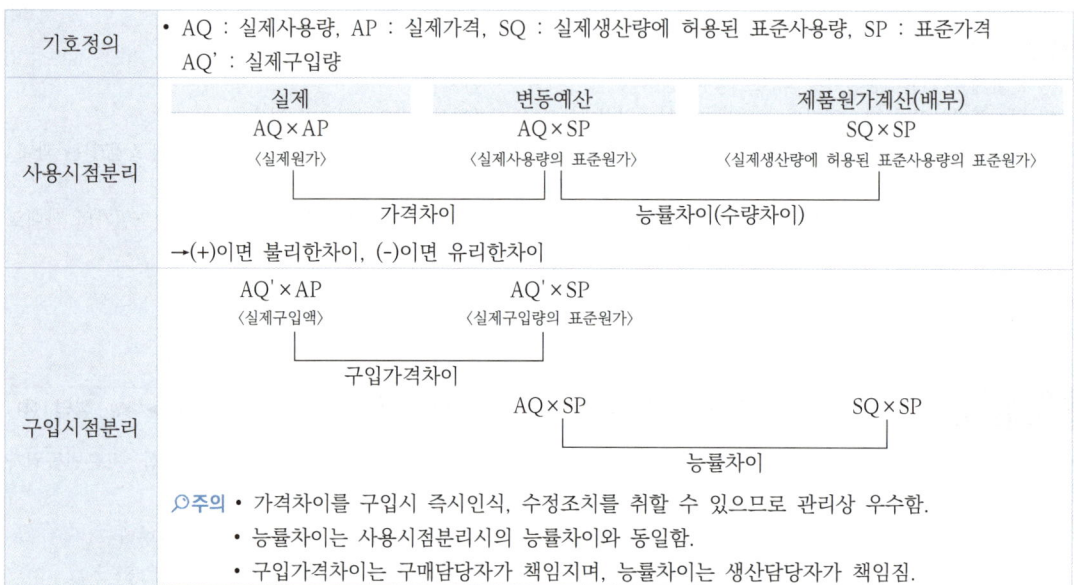

| 문제 93번 | 직접노무원가 가격차이 | 출제구분 | 신유형 | 난이도 ★★☆ | 정답 ③ |

- SP = 10,000, AP = 9,000, SQ = 8,500시간
- 직접노무원가 차이분석

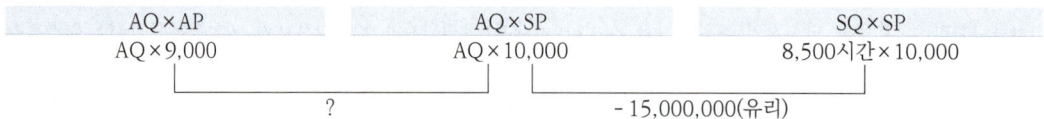

→ (AQ × 10,000) − (8,500시간 × 10,000) = −15,000,000 에서, AQ = 7,000시간
∴ 가격차이(임률차이) : (7,000시간 × 9,000) − (7,000시간 × 10,000) = −7,000,000(유리)

Guide 직접노무원가 차이분석 구조

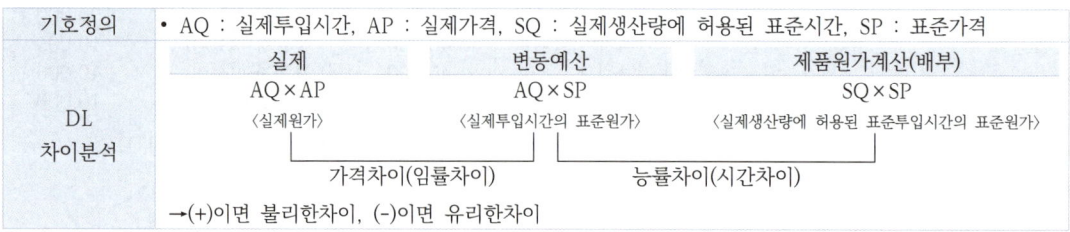

| 문제 94번 | 직접재료원가 차이분석과 AP 계산 | 출제구분 | 신유형 | 난이도 ★★★ | 정답 ② |

- AQ = 3,200kg, AP = 11
- 직접재료원가 차이분석〈제품 1단위당 직접재료 표준투입량을 A라고 가정〉

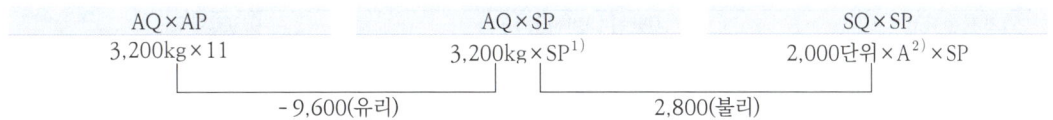

$$\begin{array}{ccc} AQ \times AP & AQ \times SP & SQ \times SP \\ 3{,}200kg \times 11 & 3{,}200kg \times SP^{1)} & 2{,}000단위 \times A^{2)} \times SP \end{array}$$

$$\underbrace{\hspace{4cm}}_{-9{,}600(유리)} \underbrace{\hspace{4cm}}_{2{,}800(불리)}$$

1) (3,200kg × 11) − (3,200kg × SP) = −9,600(유리) 에서, SP(kg당 표준가격) = 14
2) (3,200kg × 14) − (2,000단위 × A × 14) = 2,800(불리) 에서, A = 1.5kg

Guide 직접재료원가 차이분석 구조[사용시점분리의 경우]

기호정의	• AQ : 실제사용량, AP : 실제가격, SQ : 실제생산량에 허용된 표준사용량, SP : 표준가격
DM 차이분석	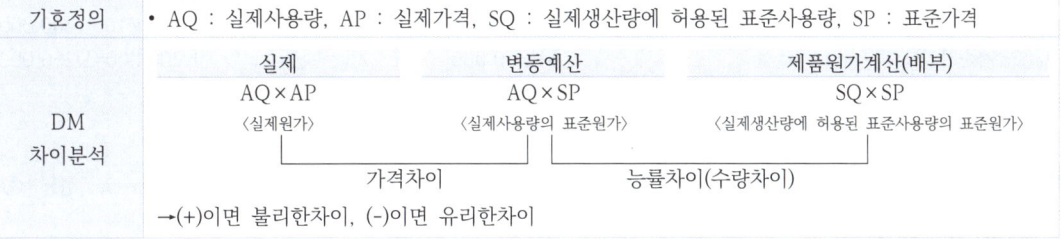 실제 / 변동예산 / 제품원가계산(배부) AQ × AP / AQ × SP / SQ × SP 〈실제원가〉 / 〈실제사용량의 표준원가〉 / 〈실제생산량에 허용된 표준사용량의 표준원가〉 └─ 가격차이 ─┘└─ 능률차이(수량차이) ─┘ → (+)이면 불리한차이, (−)이면 유리한차이

| 문제 95번 | 정상개별원가계산 제조간접원가 배부차이 | 출제구분 | 기출변형 | 난이도 ★☆☆ | 정답 ② |

- 제조간접원가예정배부율 : $\dfrac{1{,}500{,}000}{300{,}000시간} = 5/시간$

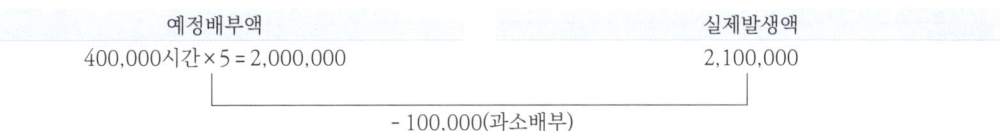

$$\begin{array}{cc} \text{예정배부액} & \text{실제발생액} \\ 400{,}000시간 \times 5 = 2{,}000{,}000 & 2{,}100{,}000 \end{array}$$

$$\underbrace{\hspace{6cm}}_{-100{,}000(과소배부)}$$

Guide 정상개별원가계산 예정배부

제조간접원가예정배부율	• 제조간접원가예정배부율 = $\dfrac{\text{제조간접원가 예산}}{\text{예정조업도}}$
예정배부액	• 실제조업도(배부기준의 실제발생량) × 제조간접원가예정배부율

문제 96번 | 전부·변동원가계산 제조원가/기말재고/이익 | 출제구분: 재출제 | 난이도: ★★★ | 정답: ④

- 전부원가계산에서는 고정제조간접원가(FOH)도 제조원가로 처리한다. → 변동원가계산은 기간비용으로 처리
- 물량흐름(제품계정) : 당기에 영업을 개시하였으므로 기초제품재고는 없다.

| 기초제품재고 | 0단위 | 판매량 | 9,500단위 |
| 생산량 | 10,000단위 | 기말제품재고 | 500단위 |

- 단위당제조원가, 기말제품재고, 영업이익(당기순이익) 비교

	전부원가계산	변동원가계산
단위당제조원가	$1{,}000+400+200+\dfrac{1{,}200{,}000}{10{,}000\text{단위}} = @1{,}720$	$1{,}000+400+200 = @1{,}600$
기말제품재고	500단위 × 1,720 = 860,000	500단위 × 1,600 = 800,000
영업이익 (당기순이익)	9,500단위 × (@2,000 − @1,720 − @100) − 400,000 = 1,310,000	9,500단위 × (@2,000 − @1,600 − @100) − 400,000 − 1,200,000 = 1,250,000

문제 97번 | 변동원가계산 특징 | 출제구분: 재출제 | 난이도: ★☆☆ | 정답: ②

- 변동원가계산 손익계산서

공헌이익손익계산서	
매출액	xxx
(−)매출원가[직접재료원가+직접노무원가+변동제조간접원가]	(xxx)
(−)변동판매비와관리비	(xxx)
공헌이익	xxx
(−)고정제조간접원가	(xxx)
(−)고정판매비와관리비	(xxx)
영업이익	

- ㄴ : 변동원가계산은 변동제조간접원가가 아니라 고정제조간접원가를 기간비용으로 처리한다.
  ㄹ : 변동원가계산은 제품판매량만이 영업이익에 영향을 미친다.(생산량은 이익에 영향을 미치지 않는다.)
    → 반면, 전부원가계산은 생산량증감에 따라 FOH배부액이 증감하여 이익이 증감하므로 판매량뿐만 아니라 생산량도 영업이익에 영향을 미친다.

문제 98번 | 전부원가계산 제조원가(재고자산가액) | 출제구분: 기출변형 | 난이도: ★ ☆ ☆ | 정답: ③

- 전부원가계산은 고정제조간접원가(FOH)를 제조원가(재고자산가액)에 포함시킨다.
  → 반면, 변동원가계산은 고정제조간접원가(FOH)를 기간비용으로 처리한다.

Guide 전부원가계산과 변동원가계산의 기본적 차이점

구분	전부원가계산	변동원가계산
근본적 차이	• 원가부착개념 → FOH도 제조원가	• 원가회피개념 → FOH는 비용처리
제조원가	• DM+DL+VOH+FOH	• DM+DL+VOH
손익계산서	• 전통적 I/S(기능별 I/S) → 매출액/매출총이익/영업이익	• 공헌이익 I/S(행태별 I/S) → 매출액/공헌이익/영업이익
이익함수	• π(이익) = f(판매량 & 생산량) → 이익이 생산량에 의해서도 영향 받으므로(생산량을 증가시키면 FOH배부액이 감소하고 이익이 증가) 생산량조절에 따른 이익조작가능성이 존재함.	• π(이익) = f(판매량) → 이익이 판매량 변화에만 영향을 받으므로 생산량조절에 따른 이익조작 방지 가능
보고	• 외부보고용(기업회계기준 인정 O)	• 내부관리용(기업회계기준 인정 X)

문제 99번 | 전부·변동·초변동원가계산 이익 계산 | 출제구분: 재출제 | 난이도: ★ ★ ★ | 정답: ③

- 전부원가계산 매출총이익 계산
  매출액   : 20,000개 × 500 = 10,000,000
  매출원가[DM+DL+VOH+FOH] : 20,000개 × (150+120+50) + 200,000 = (6,600,000)
  매출총이익   :   3,400,000

- 변동원가계산 공헌이익 계산
  매출액   : 20,000개 × 500 = 10,000,000
  매출원가[DM+DL+VOH] : 20,000개 × (150+120+50) = (6,400,000)
  변동판관비   : 20,000개 × 30 = (600,000)
  공헌이익   :   3,000,000

- 초변동원가계산 재료처리량공헌이익 계산
  매출액   : 20,000개 × 500 = 10,000,000
  제품수준변동원가[직접재료원가(DM)] : 20,000개 × 150 = (3,000,000)
  재료처리량(현금창출)공헌이익 :   7,000,000

Guide 전부원가계산·변동원가계산·초변동원가계산 영업이익 계산 비교

전부원가계산	변동원가계산	초변동원가계산
• 매출액 (-)매출원가(DM+DL+VOH+FOH) 매출총이익 (-)판관비(변동+고정) 영업이익	• 매출액 (-)매출원가(DM+DL+VOH) (-)변동판관비 공헌이익 (-)FOH+고정판관비 영업이익	• 매출액 (-)제품수준변동원가(DM) 재료처리량(현금창출)공헌이익 (-)운영비용(DL+VOH+FOH+판관비) 영업이익

문제 100번 | 전부·변동원가계산과 FOH 추정 | 출제구분: 기출변형 | 난이도: ★★★ | 정답: ③

- 계정흐름(1월에 영업을 개시하였으므로 기초재고는 없다.)

기초	0단위	판매량	7,000단위
생산량	10,000단위	기말	3,000단위

- 전부원가계산 영업이익　　　　　　　　　　$A + 300{,}000$
  (+) 기초에 포함된 고정제조간접원가(FOH)　　　0
  (−) 기말에 포함된 고정제조간접원가(FOH)　　　3,000단위 × B
  변동원가계산 영업이익　　　　　　　　　　　A

→ $(A + 300{,}000) + 0 - 3{,}000$단위 × $B = A$ 에서, B(기말에 포함된 단위당FOH) = 100

∴ 1월 고정제조간접원가 : 10,000단위(생산량) × 100 = 1,000,000

Guide 전부·변동·초변동원가계산 영업이익 차이조정

전부원가계산에 의한 영업이익	전부원가계산에 의한 영업이익	변동원가계산에 의한 영업이익
(+) 기초재공품,제품에 포함된 FOH	(+) 기초재공품,제품에 포함된 DL,VOH,FOH	(+) 기초재공품,제품에 포함된 DL,VOH
(−) 기말재공품,제품에 포함된 FOH	(−) 기말재공품,제품에 포함된 DL,VOH,FOH	(−) 기말재공품,제품에 포함된 DL,VOH
변동원가계산에 의한 영업이익	초변동원가계산에 의한 영업이익	초변동원가계산에 의한 영업이익

문제 101번 | 활동기준원가계산(ABC) 단위당제조원가 | 출제구분: 재출제 | 난이도: ★★☆ | 정답: ④

- 제조간접원가 : 배부기준 × 활동별배부율(배부기준당 예정원가)
  - 포장(5,000개 × 300) + 재료처리(90,000개 × 15) + 절삭(90,000개 × 20) + 조립(6,000시간 × 150) = 5,550,000
- 총제조원가
  - 8,000,000(직접재료원가) + 7,000,000(직접노무원가) + 5,550,000(제조간접원가) = 20,550,000
- 단위당제조원가
  - 20,550,000(총제조원가) ÷ 5,000개(보급형제품 생산수량) = 4,110

문제 102번 | 손익분기점(BEP) 판매량 계산 | 출제구분: 재출제 | 난이도: ★☆☆ | 정답: ③

- 단위당공헌이익 : 5,000(단위당판매가격) − 3,000(단위당변동원가) = 2,000
- 손익분기점(BEP)판매량 : $\dfrac{180{,}000{,}000(\text{고정원가})}{2{,}000(\text{단위당공헌이익})}$ = 90,000단위

*참고 손익분기점(BEP)매출액 : $\dfrac{\text{고정원가}(180{,}000{,}000)}{\text{공헌이익률}(2{,}000 \div 5{,}000)}$ = 450,000,000원

Guide 손익분기점분석 기본산식

손익분기점	• 손익분기점(BEP)은 이익을 0으로 만드는 판매량 또는 매출액을 의미함.
기본산식	• 매출액 − 변동비(변동제조원가와 변동판관비) − 고정비(고정제조간접원가와 고정판관비) = 0 → 매출액 − 변동비 = 고정비, 공헌이익 = 고정비 → 단위당공헌이익 × 판매량 = 고정비, 공헌이익률 × 매출액 = 고정비
BEP산식	• ㉠ BEP판매량 : $\dfrac{\text{고정비}(= FOH + \text{고정판관비})}{\text{단위당공헌이익}}$　㉡ BEP매출액 : $\dfrac{\text{고정비}(= FOH + \text{고정판관비})}{\text{공헌이익률}}$

| 문제 103번 | 안전한계율 계산 | 출제구분 | 재출제 | 난이도 | ★ ☆ ☆ | 정답 | ④ |

- 안전한계율 : $\dfrac{\text{영업이익}}{\text{공헌이익}} = \dfrac{10,000개 \times 500 - 10,000개 \times 200 - 1,800,000}{10,000개 \times 500 - 10,000개 \times 200} = 40\%$

*[별해] 손익분기점(BEP) 매출액 : $\dfrac{1,800,000(\text{고정원가})}{60\%(\text{공헌이익률})} = 3,000,000$

안전한계율 : $\dfrac{5,000,000(\text{매출액}) - 3,000,000(BEP\text{매출액})}{5,000,000(\text{매출액})} = 40\%$

Guide 안전한계 산식 정리

안전한계	□ 안전한계 = 매출액 − 손익분기점(BEP)매출액
	• 손실을 발생시키지 않으면서 허용할 수 있는 매출액의 최대감소액을 의미함.
안전한계율	□ 안전한계율 = $\dfrac{\text{안전한계}}{\text{매출액}}$ = $\dfrac{\text{매출액} - \text{손익분기점매출액}}{\text{매출액}}$ = $\dfrac{\text{판매량} - \text{손익분기점판매량}}{\text{판매량}}$
	• 안전한계율 = $\dfrac{\text{영업이익}}{\text{공헌이익}}$ = $\dfrac{1}{\text{영업레버리지도}}$
	• 안전한계율 × 공헌이익률 = $\dfrac{\text{공헌이익} - \text{고정비}}{\text{매출액}}$ = $\dfrac{\text{이익}}{\text{매출액}}$ = 매출액이익률

| 문제 104번 | CVP 항목별 분석 | 출제구분 | 재출제 | 난이도 | ★ ★ ☆ | 정답 | ④ |

- ① 공헌이익률 : $\dfrac{\text{단위당판매가격}(100) - \text{단위당변동원가}(50)}{\text{단위당판매가격}(100)} = 50\%$

② 단위당공헌이익 : 단위당판매가격(100) − 단위당변동원가(50) = 510

③ 손익분기점(BEP) 매출액 : $\dfrac{\text{고정원가}(50,000)}{\text{공헌이익률}(50\%)} = 100,000$

④ 목표이익 10,000원을 위한 매출액 : $\dfrac{\text{고정원가}(50,000) + \text{목표이익}(10,000)}{\text{공헌이익률}(50\%)} = 120,000$

★ 저자주 문제의 명확한 성립을 위해 누락된 단서인 '단, 법인세는 고려하지 않는다.'를 추가하기 바랍니다.

| 문제 105번 | CVP도표의 이해 | 출제구분 | 재출제 | 난이도 | ★ ★ ☆ | 정답 | ③ |

- d : 총비용 − 고정원가(a) = 변동원가
- c : 매출액(총수익) − 변동원가(d) − 고정원가(a) = 영업이익
  → ∴c는 공헌이익이 아니라 영업이익을 의미한다.

| 문제 106번 | 사업부별 성과평가 | 출제구분 | 재출제 | 난이도 | ★ ★ ★ | 정답 | ① |

- ① 공통고정원가란 여러 사업부에서 공통적으로 사용되는 고정원가로서 특정사업부에 추적이 불가능한 원가이다. 예를 들면 본사건물의 감가상각비, 회사전체적인 광고선전비, 최고경영자의 급료 등이 포함된다. 이러한 공통고정원가는 여러 사업부에서 공통적으로 사용되는 고정원가이므로 특정사업부에 부과시키거나 임의로 배분해서는 안되며 총액으로 관리해야 한다.
- ② 특정 사업부문의 추적가능성에 따라 사업별 추적가능고정원가와 공통고정원가로 구분하는 것이 바람직하다.

고정원가의 분류		
원가의 종류	추적가능성	통제가능성
통제가능고정원가	**추적가능**	**통제가능**
통제불능고정원가	추적가능	통제불능
공통고정원가	추적불능	통제불능

- ③ 통제가능원가와 통제불능원가를 반드시 구분하여야 하며, 통제불가능항목은 성과평가시 제외되어야 한다.
- ④ 특정사업부의 경영자에 대한 성과평가시 추적가능하고 통제가능한 원가만을 포함하는 것이 바람직하다.

| 문제 107번 | 판매부서 성과평가시 차이분석 항목 | 출제구분 | 재출제 | 난이도 | ★ ☆ ☆ | 정답 | ① |

- 수율차이는 원가중심점 성과평가시 나타는 항목에 해당한다.

원가중심점(DM/DL)	• 가격차이	
	• 능률차이	배합차이
		수율차이
수익중심점(판매부서)	• 매출가격차이	
	• 매출조업도차이	매출배합차이
		매출수량차이 — 시장점유율차이
		시장규모차이

| 문제 108번 | 잔여이익에 의한 신규투자 | 출제구분 | 재출제 | 난이도 | ★ ★ ★ | 정답 | ③ |

- 마포사업부 : 자본비용(16%)에 미달하는 수익률(15%)이 기대된다.
  → 따라서, '영업이익<투자액×자본비용'이며 잔여이익이 (−)이므로 기각
- 용산사업부 : 자본비용(14%)을 초과하는 수익률(17%)이 기대된다.
  → 따라서, '영업이익>투자액×자본비용'이며 잔여이익이 (+)이므로 채택

*참고 결국, 잔여이익에 의해 성과평가가 이루어질 경우 각 사업부는 자본비용(최저필수수익률)을 초과하는 신규투자안은 채택하지만 자본비용(최저필수수익률)에 미달하는 신규투자안은 기각하게 된다.

문제 109번 | 투자수익률(ROI) 적용시 고려사항 | 출제구분 재출제 | 난이도 ★★☆ | 정답 ④

- ① '투자수익률 = 영업이익 ÷ 영업자산(투자액) = 매출액이익률 × 자산회전율'에서 매출액이익률과 자산회전율이 증가해야 투자수익률이 극대화된다.
- ② 투자수익률은 현금의 흐름이 아닌 회계이익을 기준으로 성과를 평가하므로 업종에 따라 각 투자중심점에 서로 다른 회계원칙이 적용되는 경우, 이로 인한 영향을 고려해야 한다.
- ③ 투자수익률법은 비율에 의하므로 투자규모가 서로 다른 투자안에 대한 성과평가 및 비교에 유용하다는 장점이 있다.
  → **비교** 잔여이익은 금액에 의하므로 투자규모가 서로 다른 투자안에 대한 성과평가시 상호 비교하기가 어렵다는 문제점이 있다.
- ④ 투자수익률은 준최적화(= 회사전체 최저필수수익률을 상회하는 좋은 투자안이 개별투자중심점의 투자수익률 보다 낮기 때문에 투자가 포기되어 회사전체이익에 불리한 의사결정이 이루어지는 것)가 발생할 수 있는 문제점을 갖고 있다.
  →투자수익률의 준최적화의 문제점은 잔여이익으로 해결 가능하다.

문제 110번 | 잔여이익 계산 기초사항 | 출제구분 재출제 | 난이도 ★☆☆ | 정답 ③

- 잔여이익(RI) = 영업이익 - 영업자산(투자액) × 최저필수수익률
∴ 7,000 - 20,000 × 15% = 4,000

문제 111번 | 경제적부가가치(EVA) 계산 | 출제구분 재출제 | 난이도 ★★☆ | 정답 ②

- 세후영업이익(법인세 무시) : 80억 - 50억 - 20억 = 10억
- 가중평균자본비용 : $\dfrac{25억 \times 10\% + 25억 \times 14\%}{25억 + 25억} = 12\%$
- 경제적부가가치(EVA) : 10억(세후영업이익) - 50억(투하자본) × 12% = 4억

Guide 경제적부가가치(EVA) 계산

특징	• 타인자본비용(이자비용)뿐 아니라 자기자본비용(배당금)도 비용으로 고려하는 성과지표임. ♀주의 ∴EVA는 I/S상 순이익보다 낮음. ♀주의 EVA는 비재무적측정치는 고려하지 않음.
계산	☐ EVA = 세후영업이익 - 투하자본(투자액) × 가중평균자본비용 • 가중평균자본비용 = $\dfrac{부채의시장가치 \times 부채이자율(1-t) + 자본의시장가치 \times 자기자본비용(\%)}{부채의시장가치 + 자본의시장가치}$ • 투하자본 = (총자산 - 유동부채) →투하자본 계산시 비영업자산은 제외 →유동부채 계산시 영업부채가 아닌 이자발생부채인 단기차입금·유동성장기차입금 제외

| 문제 112번 | 의사결정시 원가용어 | 출제구분 | 신유형 | 난이도 | ★ ☆ ☆ | 정답 | ① |

• 과거원가이거나 대안 간에 차이가 나지 않는 미래원가는 관련원가가 아니라 비관련원가의 정의이다.

Guide 의사결정시 필요한 원가용어와 정의

의사결정 관련성	관련원가	• 대안간에 차이가 나는 미래원가〈의사결정과 관련O〉
	비관련원가	• 과거원가이거나 대안 간에 차이가 나지 않는 미래원가〈의사결정과 관련X〉
실제지출유무	지출원가	• 미래에 현금 등의 지출을 수반하는 원가(실제지출O)
	기회원가	• 자원을 현재 용도 이외의 다른 용도에 사용할 경우 얻을 수 있는 최대금액(실제지출X)〈관련원가〉
발생시점	매몰원가	• 과거 발생한 역사적 원가로서 현재·미래에 회수불가한 원가〈비관련원가〉
	미래원가	• 미래에 발생할 원가
회피가능성	회피가능원가	• 의사결정에 따라 절약할 수 있는(피할 수 있는) 원가〈관련원가〉
	회피불능원가	• 특정대안을 선택하는 것과 관계없이 동일하게 발생하는 원가〈비관련원가〉

| 문제 113번 | 외부구입과 지불가능 최대가격 | 출제구분 | 재출제 | 난이도 | ★ ★ ★ | 정답 | ③ |

• 외부구입의 경우

증분비용 - 증가 : 구입액 = (10,000단위 × A)
      - 감소 : 원가감소 10,000단위 × (200 + 80 + 120) + 600,000 × 1/3 = 4,200,000
증분손익   4,200,000 − 10,000단위 × A

→ 4,200,000 − 10,000단위 × A ≧ 0 에서, A ≦ 420

Guide 자가제조·외부구입 의사결정

고려사항	• 자가제조시 관련원가와 외부구입가격을 고려 　🔍주의 자가제조시 증감하는 고정원가도 관련원가이므로 이도 고려함. 　　→ 예 자가제조시 추가 고용 감독자급료 • 외부구입시 다음을 고려함. 　㉠ 기존설비 임대가 가능한 경우 : 임대수익을 고려 　㉡ 기존설비로 다른 제품 생산시 : 관련수익과 변동원가를 고려(= 다른 제품 공헌이익) 　㉢ 회피가능고정원가는 관련원가, 회피불능고정원가는 비관련원가임.
외부구입 의사결정	㉠ 기존설비의 대체용도가 있는 경우 　　□ 증분수익(변동원가 + 회피가능고정원가 + 기회원가) > 증분비용(외부구입원가) ㉡ 기존설비의 대체용도가 없는 경우 　　□ 증분수익(변동원가 + 회피가능고정원가) > 증분비용(외부구입원가)

| 문제 114번 | 특별주문 수락·거부 의사결정 | 출제구분 | 재출제 | 난이도 | ★ ☆ ☆ | 정답 | ② |

- 특별주문 수락의 경우
  증분수익 - 증가 :   300단위×@20,000 = 6,000,000
  증분비용 - 증가 : 300단위×(11,000+4,000+2,500+500) = (5,400,000)
  증분손익   600,000

  →∴특별주문을 수락할 경우(제안을 받아들일 경우) 600,000원의 증분이익이 발생하므로 주문을 수락한다.

저자주 문제의 명확한 성립을 위해 누락된 단서인 '유휴생산능력은 충분하다'를 추가하기 바랍니다.

Guide ▶ 특별주문 수락·거부 의사결정

고려사항	• 특별주문으로 증가되는 수익(특별주문가격)과 변동원가 • 유휴설비능력이 있는 경우 유휴설비의 대체용도를 통한 이익상실분(기회원가) • 유휴설비능력이 없는 경우 기존 정규매출감소로 인한 공헌이익상실분 • 유휴설비능력이 없는 경우 설비능력 확충시 추가적 설비원가 🔍주의 고정원가(FOH,고정판관비)는 특별주문의 수락여부와 관계없이 일정하게 발생하므로 일반적으로 분석에서 제외하나, 조업도 수준에 따라 증감하는 경우에는 고려함.
주문수락 의사결정	㉠ 유휴설비능력이 존재하는 경우 　　　　　□ 증분수익 > 증분원가 ㉡ 유휴설비능력이 존재하고 대체적 용도가 있는 경우 　　　　　□ 증분수익 > 증분원가+기회원가 ㉢ 유휴설비능력이 존재하지 않는 경우 　　　　　□ 증분수익 > 증분원가+추가설비원가+기존판매량 감소분의 공헌이익

| 문제 115번 | 자가제조·외부구입 의사결정 | 출제구분 | 재출제 | 난이도 | ★ ★ ★ | 정답 | ④ |

- 유휴설비를 다른 제품의 생산에 이용할 수 있는 경우에는 변동제조원가 절감액과 다른 제품 공헌이익의 합계액에서 외부부품 구입대금을 차감한 금액이 0(영)보다 클 경우 외부 구입 대안을 선택한다.

Guide ▶ 자가제조·외부구입 의사결정

고려사항	• 자가제조시 관련원가와 외부구입가격을 고려 　🔍주의 자가제조시 증감하는 고정원가도 관련원가이므로 이도 고려함. 　　　→ 예 자가제조시 추가 고용 감독자급료 • 외부구입시 다음을 고려함. 　㉠ 기존설비 임대가 가능한 경우 : 임대수익을 고려 　㉡ 기존설비로 다른 제품 생산시 : 관련수익과 변동원가를 고려(=다른 제품 공헌이익) 　㉢ 회피가능고정원가는 관련원가, 회피불능고정원가는 비관련원가임.
고려해야할 비재무적 정보	• 자가제조의 경우는 부품 공급업자에 대한 의존도를 줄일 수 있으며, 품질관리를 보다 쉽게 할 수 있다는 장점이 있음. • 자가제조의 경우는 공급업자에 대한 의존도를 줄임으로써 공급업자와의 관계를 상실하여 향후에 급격한 주문의 증가로 회사의 생산능력이 초과할 때 제품을 외부구입하기가 쉽지 않을 수 있음. (별도의 추가적 시설투자가 필요하므로 많은 비용이 발생하는 단점이 있음.) • 제품에 특별한 지식·기술이 요구될 때 자가제조를 하며 품질을 유지하기가 쉽지 않을 수 있음.
외부구입 의사결정	㉠ 기존설비의 대체용도가 있는 경우 　　　□ 증분수익(변동원가+회피가능고정원가+기회원가) > 증분비용(외부구입원가) ㉡ 기존설비의 대체용도가 없는 경우 　　　□ 증분수익(변동원가+회피가능고정원가) > 증분비용(외부구입원가)

| 문제 116번 | 순현재가치법과 NPV 계산 | 출제구분 | 재출제 | 난이도 | ★ ☆ ☆ | 정답 | ③ |

- 현금흐름 추정

```
   x1년초          x1년말          x2년말          x3년말
   ├──────────────┼──────────────┼──────────────┤
 (5,000,000)    3,000,000      3,000,000      2,000,000
```

- NPV(순현재가치) : (3,000,000×0.89 + 3,000,000×0.80 + 2,000,000×0.71) - 5,000,000 = 1,490,000

Guide 순현재가치법(NPV법)

의의	NPV(순현재가치) = 현금유입의 현재가치 - 현금유출의 현재가치	
	○주의 할인율 : 자본비용(= 최저필수수익률 = 최저요구수익률)	
의사결정	상호독립적 투자안	• 'NPV 〉 0'인 투자안 채택
	상호배타적 투자안	• NPV가 가장 큰 투자안 채택
장점	• ㉠ 자본비용으로 재투자된다고 가정하므로 현실적임. ㉡ 비할인모형에서 무시되고 있는 화폐의 시간적 가치를 고려함. ㉢ 현금흐름과 기대치와 자본비용만이 고려되고 회계적 수치와는 무관하므로 자의적 요인을 제거할 수 있음. ㉣ 가치가산원칙[NPV(A+B)=NPV(A)+NPV(B)]이 성립함. ㉤ 기업의 가치를 극대화할 수 있는 투자안을 선택할 수 있음. →즉, 채택된 모든 투자안의 순현재가치는 곧 그 기업의 가치가 됨.	
단점	• ㉠ 투자안의 할인율(자본비용)을 정하기가 어려움. ㉡ 확실성하에서만 성립하는 모형이므로, 불확실성하에서 적용하기 어려움.	

| 문제 117번 | 회수기간법의 장점·단점 | 출제구분 | 재출제 | 난이도 | ★ ★ ☆ | 정답 | ① |

- 회수기간의 장단은 위험지표(안전성여부)로서의 정보를 제공할 뿐이며 수익률 여부와는 무관하다.
  →회수기간법은 투자원금이 빨리 회수될수록 더 바람직한 투자라는 기본전제를 바탕으로 한 투자안 평가기법으로서, 회수기간 이후의 현금흐름을 무시하므로 수익성 자체를 고려하지 않는 평가기법이다.

Guide 회수기간법(비할인모형, 비현금모형)

의의	• 회수기간법은 현금유입으로 투자비용을 회수시 소요기간으로 평가함.	
	□ 회수기간 = 투자액 ÷ 연간현금유입액	
의사결정	상호독립적 투자안	• '회수기간〈목표(기준)회수기간'이면 채택
	상호배타적 투자안	• 회수기간이 가장 짧은 투자안 채택
장점	• ㉠ 계산이 간단하고 쉽기 때문에 이해하기 쉽고 많은 투자안 평가시는 시간·비용을 절약 가능함. ㉡ 위험지표로서의 정보를 제공함.(즉, 회수기간이 짧은 투자안일수록 안전한 투자안임) ㉢ 회수기간이 짧을수록 빨리 회수하므로, 기업의 유동성확보와 관련된 의사결정에 유용함.	
단점	• ㉠ 회수기간 이후의 현금흐름을 무시함(즉, 수익성을 고려하지 않음) ㉡ 화폐의 시간가치를 무시함. ㉢ 목표회수기간을 설정하는데 자의적인 판단이 개입됨.	

문제 118번 순현재가치법(NPV법)과 내부수익률법(IRR법) | 출제구분 재출제 | 난이도 ★ ☆ ☆ | 정답 ①

- 가치가산의 원칙(value additivity principle) : 상호 독립적인 투자안 A와 B가 있을 때, 두 투자안의 결합순현재가치는 각 투자안의 순현재가치의 합과 같은 것을 말한다. → NPV(A+B) = NPV(A) + NPV(B)
- 가치가산의 원칙이 성립하는 것은 내부수익률법이 아니라 순현재가치법이다.

Guide 순현재가치법(NPV법)의 우월성

순현재가치법(NPV법)	내부수익률법(IRR법)
• 계산이 간단 - NPV = 현금유입현가 − 현금유출현가 • 자본비용으로 재투자된다고 가정하므로 현실적임. • 금액으로 투자결정 - 독립적 : 'NPV 〉 0'인 투자안 채택 - 배타적 : NPV가 가장 큰 투자안 채택 • 가치가산원칙(value additivity principle)이 성립	• 계산이 복잡(IRR이 2개이상도 존재 가능) - IRR : '현금유입현가 = 현금유출현가'가 되는 할인율 • 내부수익률로 재투자된다고 가정하므로 지나치게 낙관적임. • 비율로 투자결정(자본비용=최저필수수익률) - 독립적 : '내부수익률(IRR) 〉 자본비용'이면 채택 - 배타적 : 내부수익률(IRR)이 가장 큰 투자안 채택 • 가치가산원칙(value additivity principle)이 불성립

문제 119번 수요사업부 최대대체가격 | 출제구분 재출제 | 난이도 ★ ★ ☆ | 정답 ①

- 최대대체가격(B사업부)〈외부구매시장O〉: Min[㉠ 외부구입가격 ㉡ 판매가격 − 대체후단위당지출원가]
 → Min[㉠ 550 ㉡ 1,100 − 500 = 600] = 550

Guide 최대·최소대체가격(TP) 계산

최대대체가격 [수요사업부]	외부구매시장 없는 경우	☐ 판매가격 − 대체후단위당지출원가
		→대체후단위당지출원가 = 추가가공원가 + 증분단위당고정비 + 단위당추가판매비
	외부구매시장 있는 경우	☐ Min[① 외부구입가격 ② 판매가격 − 대체후단위당지출원가]
		⚠️**주의** 대체후지출없이 판매시 일반적으로 판매가〉외부구입가, 즉, 최대TP=외부구입가
최소대체가격 [공급사업부]	외부판매시장 없는 경우	☐ 대체시단위당지출원가 − 대체시절감원가
		→대체시단위당지출원가 = 단위당변동비 + 증분단위당고정비
	외부판매시장 있는 경우	㉠ 유휴시설이 없는 경우
		☐ 대체시단위당지출원가 + 정규매출상실공헌이익 − 대체시절감원가
		㉡ 유휴시설이 있는 경우
		☐ 대체시단위당지출원가 + 타용도사용포기이익 − 대체시절감원가

| 문제 120번 | 예방원가 집계 | 출제구분 | 신유형 | 난이도 ★ ★ ☆ | 정답 ③ |

- 예방원가원가 : 38,000(품질교육 및 훈련)+2,000(원자재 공급사 평가)=40,000
  - →원재료 검사 및 시험 : 평가원가
  - →재작업품 : 내부실패원가
  - →교환비용, 손해배상 : 외부실패원가

Guide 품질원가(COQ)

의의	• 품질원가(COQ)란 불량품이 생산되지 않도록 하거나, 생산된 결과로 발생하는 모든 원가를 말함.

품질원가 종류	❖ 통제원가(사전품질원가) ▶ 통제원가가 증가할수록 불량률은 감소함(∴역관계) <table><tr><th>예방원가</th><th>평가원가</th></tr><tr><td>• 불량품 생산을 예방키 위해 발생하는 원가
	  ⊙ 품질관리시스템 기획원가, 예방설비 유지
	  ⓒ 공급업체 평가원가, 품질·생산직원교육원가
	  ⓒ 설계·공정·품질 엔지니어링원가</td><td>• 불량품을 적발키 위해 발생하는 원가
	  ⊙ 원재료나 제품의 검사·시험원가
	  ⓒ 검사설비 유지원가
	  ⓒ 현장·생산라인검사원가</td></tr></table> ❖ 실패원가(사후품질원가) ▶ 불량률이 증가할수록 실패원가는 증가함(∴정관계) <table><tr><th>내부실패원가</th><th>외부실패원가</th></tr><tr><td>• 불량품이 고객에게 인도되기 전에 발견됨으로써 발생하는 원가
	  ⊙ 공손품원가, 작업폐물원가
	  ⓒ 재작업원가, 재검사원가
	  ⓒ 작업중단원가</td><td>• 불량품이 고객에게 인도된 후에 발견됨으로써 발생하는 원가
	  ⊙ 고객지원원가(소비자 고충처리비), 보증수리원가, 교환원가
	  ⓒ 반품원가(반품운송,재작업,재검사 포함)
	  ⓒ 손해배상원가, 판매기회상실에 따른 기회비용</td></tr></table>

품질원가 최소점	• 전통적 관점 : 허용가능품질수준(AQL) • 최근의 관점 : 불량률이 0인 무결함수준

2020년 9월에 시행된 기출문제에 대한 완벽한
해설을 관련이론(가이드)과 함께 제시하였습니다.
해당 문제는 합본부록을 참고바랍니다.

재경관리사 공개기출해설[원가]

Certified Accounting Manager

원가관리회계 공개기출문제해설
[2020년 09월 시행]

SEMOOLICENCE

문제 81번 | 원가행태별 원가구분 | 출제구분 기출변형 | 난이도 ★ ☆ ☆ | 정답 ④

- 준고정원가 : 일정범위의 조업도 내에서는 총원가가 일정하지만 조업도가 일정범위를 벗어나면 총원가가 증가 또는 감소하는 원가를 말한다. 준고정원가는 계단형태를 보이기 때문에 계단원가(step costs)라고도 한다.
  - →예 병원의 급료를 분석해 보니 간호사의 급료는 월 20일 근무기준으로 지급되며, 월 20일 초과 근무하는 경우에는 초과 근무일수에 관계없이 기본급에 1,000,000원이 추가적으로 지급된다. 이 경우 간호사 급료의 원가행태는 준고정원가이다.
    (㉠ 근무일수 20일이하 : A(기본급) ⇒고정액 ㉡ 근무일수 20일초과 : B(기본급+1,000,000) ⇒고정액

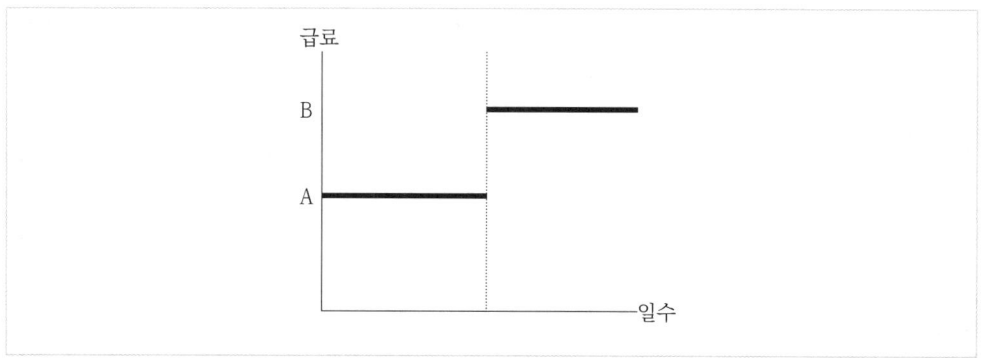

*참고 통화료는 조업도의 변동에 관계없이 총원가가 일정한 고정원가(예: 기본요금 15,000원)와 조업도의 변동에 따라 총원가가 비례하여 변동하는 변동원가(예 : 10초당 18원)가 혼합된 준변동원가(=혼합원가)이다.

문제 82번 | 당기총제조원가의 구성 | 출제구분 기출변형 | 난이도 ★ ☆ ☆ | 정답 ③

- 직접재료원가 : 5,000(기초원재료)+22,000(당기매입원재료)−8,000(기말원재료)=19,000
- 당기총제조원가(96,000)= 직접재료원가(19,000)+직접노무원가+제조간접원가(47,000) →직접노무원가=30,000

Guide 제조기업의 원가흐름

계정흐름	원재료		재공품		제품	
	기초원재료 당기매입	사용액(DM) 기말원재료	기초재공품 당기총제조원가	당기제품제조원가 기말재공품	기초제품 당기제품제조원가	제품매출원가 기말제품
당기총제조원가	• 직접재료원가(DM)+직접노무원가(DL)+제조간접원가(OH)					

문제 83번 | 보조부문원가 상호배분법의 의의 | 출제구분: 신유형 | 난이도: ★★☆ | 정답: ②

• 보조부문원가의 배분순서를 고려하는 것은 단계배분법이다. 상호배분법은 배분순서와 무관하다.

Guide 상호배분법 의의과 계산사례

의의	• 보조부문간 용역수수관계를 완전히 인식하는 방법임. →가장 논리적이며, 계산이 가장 정확함. • 배분될 총원가 = 자가부문원가 + 다른 보조부문으로부터 배분된 원가 • 보조부문과 제조조부문의 배분전원가합계와 배분후원가합계는 동일함.(직접배분/단계배분 동일)

계산사례		A(보조)	B(보조)	X(제조)	Y(제조)
	배분전원가	200,000	100,000	300,000	400,000
	A	(277,778)	277,778×2/10	277,778×5/10	277,778×3/10
	B	155,556×5/10	(155,556)	155,556×1/10	155,556×4/10
	배분후원가	0	0	454,445	545,555

*A = 200,000 + 0.5B, B = 100,000 + 0.2A를 연립하면, →A = 277,778, B = 155,556

문제 84번 | 보조부문원가배분 : 단계배분법 | 출제구분: 기출변형 | 난이도: ★★☆ | 정답: ④

• 단계배분법에서는 먼저 배분된 보조부문에는 다른 보조부문원가가 배분되지 않는다.
  →즉, 보조부문A에는 보조부문B가 배분되지 않는다.

• 보조부문B가 제조부문 갑에 배부해야 하는 금액 : $(7,000 + 6,000 \times 30\%) \times \frac{33\%}{33\% + 42\%} = 3,872$

	A	B	갑	을
배분전원가	6,000	7,000	12,000	15,000
A	(6,000)	6,000×30% = 1,800	6,000×30% = 1,800	6,000×40% = 2,400
B	-	(8,800)	$8,800 \times \frac{33\%}{33\% + 42\%} = 3,872$	$8,800 \times \frac{42\%}{33\% + 42\%} = 4,928$
배분후원가	0	0	17,672	22,328

문제 85번 | 기초원가 기준 제조간접원가 배부 | 출제구분: 기출변형 | 난이도: ★★☆ | 정답: ④

• 기말재공품 : 미완성인 작업#2의 총원가

• 제조간접원가배부율 : $\frac{제조간접원가(6,000)}{기초원가(8,000+12,000)}$ = 기초원가 1원당 0.3원

• 기말재공품원가(작업#2의 총원가) : 기초재공품(4,000) + DM(3,000) + DL(5,000) + OH(8,000×0.3) = 14,400

Guide 제조간접원가 배부

의의	• 제조간접원가의 발생과 높은 상관관계를 가진 배부기준을 정하여 각 제품에 배부
배부기준	• ㉠ 복리후생비 : 각 부문의 종업원수 ㉡ 임차료 : 각 부문의 점유면적
배부율	• 제조간접비배부율 = 제조간접원가 ÷ 배부기준(조업도)

| 문제 86번 | 총제조원가 기초 계산 | 출제구분 | 기출변형 | 난이도 ★ ☆ ☆ | 정답 ④ |

- 총제조원가 : 직접재료원가(200,000)+직접노무원가(100시간×800)+제조간접원가(500시간×700)=630,000

Guide 제조원가

직접재료원가(DM)	• 특정제품에 직접추적가능한 원재료 사용액
직접노무원가(DL)	• 특정제품에 직접추적가능한 노동력 사용액
제조간접원가(OH)	• 직접재료비와 직접노무비를 제외한 제조활동에 사용한 모든 요소 🔍주의 따라서, 간접재료원가와 간접노무원가는 제조간접원가임.

| 문제 87번 | 평균법·선입선출법 종합원가계산 차이점 | 출제구분 | 재출제 | 난이도 ★ ★ ☆ | 정답 ② |

- 선입선출법은 당기발생원가를 당기완성품환산량으로 나누어 완성품환산량단위당원가(cost/unit)를 계산하므로, 선입선출법의 완성품환산량단위당원가(cost/unit)에는 전기의 원가가 포함되어 있지 않다.

Guide 종합원가계산 방법별 특징

평균법(WAM)	• 기초재공품의 제조를 당기 이전에 착수하였음에도 불구하고 당기에 착수한 것으로 가정하여, 기초재공품원가와 당기발생원가를 구분치 않고 합한 금액을 완성품과 기말재공품에 안분계산함. • 완성품환산량단위당원가가 기초재공품에 의해 영향받으므로 당기원가를 왜곡시킴.
선입선출법(FIFO)	• 기초재공품을 우선적으로 완성시킨 후 당기착수물량을 가공한다고 가정하므로 기말재공품원가는 당기발생원가로만 구성되고, 기초재공품원가는 전액이 완성품원가를 구성하며, 당기발생원가만 완성품과 기말재공품에 안분계산함. →당기업적·능률·원가통제에 유용한 정보를 제공함. • 완성품원가 = 기초재공품원가 + 완성품환산량 × 환산량단위당원가 • 기초재공품이 '0'이면 평균법과 선입선출법은 동일함.

| 문제 88번 | 종합원가계산 일반사항 | 출제구분 | 기출변형 | 난이도 ★ ☆ ☆ | 정답 ② |

- 원가의 집계가 개별작업별로 이루어지는 것이 아니라 공정별로 이루어지기 때문에 개별작업별로 작업지시서를 작성할 필요는 없다.

Guide 종합원가계산 특징과 장점

특징	• 특정기간 동안 특정공정에서 생산된 제품은 원가측면에서 서로가 동일하다고 가정함 →즉, 제품원가를 평균개념에 의해서 산출함. • 원가의 집계가 개별작업별로 이루어지는 것이 아니라 공정별로 이루어지기 때문에 개별작업별로 작업지시서를 작성할 필요는 없음. • 동일제품을 연속적으로 대량생산하지만 모든 생산공정이 원가계산기간말에 종료되는 것은 아니므로 어떤 공정에 있어서든지 기말시점에는 부분적으로 가공이 완료되지 않은 재공품이 존재하게 됨. • 원가통제와 성과평가가 개별작업별로 이루어지는 것이 아니라 공정별로 이루어 짐.
장점	• 개별원가계산에 비하여 기장절차가 간단하므로 시간과 비용이 절약됨. • 원가관리·통제가 제품별이 아닌 공정이나 부문별로 수행되므로 원가에 대한 책임중심점이 명확해짐.

| 문제 89번 | WAM·FIFO 완성품환산량 차이 | 출제구분 | 재출제 | 난이도 | ★ ★ ★ | 정답 | ③ |

• 평균법(WAM) 완성품환산량의 계산

[1단계] 물량흐름

완성	65,000
기말	15,000(20%)
	3,100

[2단계] 완성품환산량

	재료비	가공비
	65,000	65,000
	15,000	15,000×20% = 3,000
	80,000	**68,000**

• 선입선출법(FIFO) 완성품환산량의 계산

[1단계] 물량흐름

기초완성	8,000(60%)
당기완성	65,000 - 8,000 = 57,000
기 말	15,000(20%)
	2,500

[2단계] 완성품환산량

	재료비	가공비
	0	8,000×(1 - 60%) = 3,200
	57,000	57,000
	15,000	15,000×20% = 3,000
	72,000	**63,200**

∴ 재료비완성품환산량 : 80,000(평균법) - 72,000(선입선출법) = 8,000 →평균법이 8,000단위 더 크다.
 가공비완성품환산량 : 68,000(평균법) - 63,200(선입선출법) = 4,800 →평균법이 4,800단위 더 크다.

고속철 재료가 공정초에 전량 투입되는 경우
 ㉠ WAM재료비완성품환산량 - FIFO재료비완성품환산량 = 기초재공품수량(8,000)
 ㉡ WAM가공비완성품환산량 - FIFO가공비완성품환산량 = 기초재공품수량(8,000)×기초완성도(60%)

저자주 실전 문제에서는 반드시 위 '고속철'풀이법에 의해 계산하여야 합니다. 반드시 숙지 바랍니다.

| 문제 90번 | 원재료 투입시점과 완성품환산량 | 출제구분 | 재출제 | 난이도 | ★ ★ ☆ | 정답 | ③ |

• 선입선출법 완성품환산량

[1단계] 물량흐름

기초완성	?
당기완성	?
기 말	A(50%)

[2단계] 완성품환산량

	재료비(55%에 투입)	가공비(균등발생)
	?	?
	?	?
	0	A×50%

→ ∴재료원가는 아직 투입되지 않았다.(불포함) / 가공원가는 50% 투입되었다.(포함)

| 문제 91번 | 표준원가계산의 적용 | 출제구분 | 재출제 | 난이도 | ★ ☆ ☆ | 정답 | ① |

- ① 표준원가계산제도에서의 표준원가라 하면 일반적으로 이상적 표준이 아니라 현실적 표준(경영의 실제활동에서 열심히 노력하면 달성될 것으로 기대되는 표준원가)을 의미한다.
- ④ 표준원가계산제도는 변동예산 및 책임회계제도와 결합함으로써 성과평가 및 보상을 위한 자료로 사용된다.

Guide 현실적 표준

의의	• 표준원가의 종류는 이상적 표준, 정상적 표준, 현실적 표준으로 나눌 수 있음. →표준원가계산제도에서의 표준원가라 하면 일반적으로 현실적 표준원가를 의미함.
현실적 표준	• 경영의 실제활동에서 열심히 노력하면 달성될 것으로 기대되는 표준원가임. →이는 정상적인 기계고장과 근로자 휴식시간을 허용하며, 작업에 참여하는 평균적인 근로자들이 합리적이면서 매우 효율적으로 노력을 하면 달성될 수 있는 표준임. • 현실적 표준과 실제원가와의 차이는 정상에서 벗어난 비효율로서 차이발생에 대해 경영자의 주의를 환기시키는 신호가 된다는 점에서 경영자에게 매우 유용함. • 현실적 표준은 설정내용에 따라서 원가관리에 더욱 적합할 수 있고 예산관리에도 유용하게 이용될 수 있음.

| 문제 92번 | 차이분석 일반사항 | 출제구분 | 재출제 | 난이도 | ★ ★ ☆ | 정답 | ② |

- 가(옳은설명) : 차이분석이란 표준원가와 실제원가를 비교하여 그 차이를 분석하는 것으로서 일종의 투입 - 산출 분석이다.
  →여기서 투입은 실제로 투입된 원가이며, 산출은 실제산출량의 생산에 허용된 표준원가이다. 즉, 특정기간 동안에 발생한 실제투입원가와 실제생산량에 허용된 표준원가를 비교하여 차이를 구하며, 이렇게 계산된 차이를 총차이라고 한다.
- 나(틀린설명) : 표준투입량(SQ)은 최대조업도에 대한 표준투입량이 아니라, 실제산출량의 생산에 허용된 투입량을 말한다.
- 다(옳은설명) : 가격차이는 실제원가(AQ×AP)와 실제투입량에 대한 표준원가(AQ×SP)와의 차이이다. 즉, 실제가격에 실제투입량을 곱한 금액과 표준가격에 실제투입량을 곱한 금액의 차이이다.
- 라(옳은설명) : 능률차이는 실제투입량에 대한 표준원가(AQ×SP)와 표준투입량에 대한 표준원가(SQ×SP)와의 차이이다. 즉, 표준가격에 실제투입량을 곱한 금액과 표준가격에 표준투입량을 곱한 금액의 차이이다.

| 문제 93번 | 변동제조간접원가 차이분석 | 출제구분 | 신유형 | 난이도 ★ ★ ★ | 정답 ① |

- AQ(= A) : 1,000단위 × 10시간 = 10,000시간, SP(노동시간당 표준임률) = 50, $v(=\frac{V}{N})=20$
- 직접노무원가 차이분석

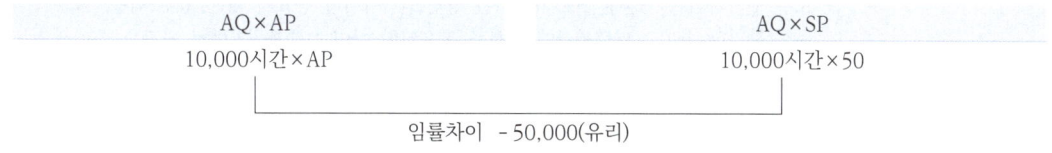

→ (10,000시간 × AP) − (10,000시간 × 50) = − 50,000 에서, AP = 45
→ 직접노무원가 실제발생액(AQ × AP) : 10,000시간 × 45 = 450,000

- 변동제조간접원가 차이분석

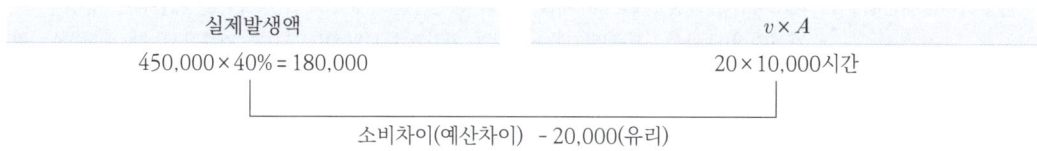

Guide 변동제조간접원가 차이분석 구조

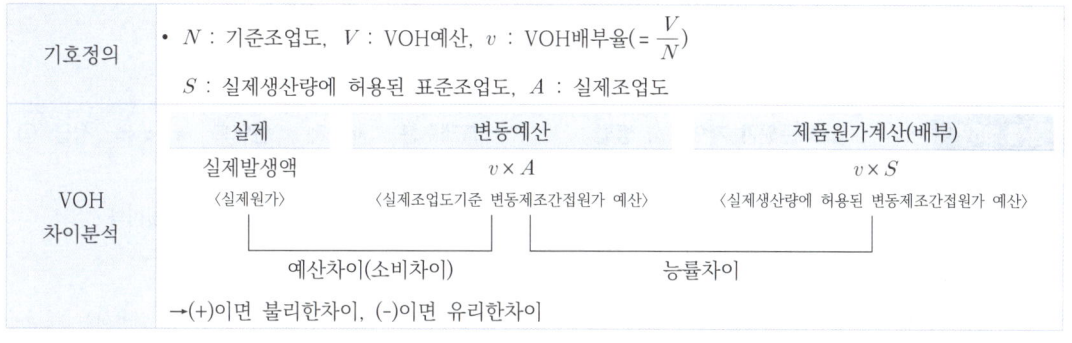

→ (+)이면 불리한차이, (−)이면 유리한차이

| 문제 94번 | 원가차이의 배분방법 | 출제구분 | 신유형 | 난이도 | ★★★ | 정답 | ① |

- 매출원가조정법의 경우 불리한 차이는 매출원가에 가산하고 유리한 차이는 매출원가에서 차감한다.

Guide 표준원가계산 원가차이 배분(조정)방법

매출원가조정법	• 모든 원가차이를 매출원가에 가감하는 방법(원가차이가 중요치 않은 경우 적용) → ㉠ 불리한 차이 : 매출원가에 가산 ㉡ 유리한 차이 : 매출원가에서 차감 원가차이 분석: (차) 재공품(SQ×SP) 70,000 (대) 원재료(AQ×AP) 100,000 　　　　　　 가격차이(불리) 40,000　　 능률차이(유리) 10,000 원가차이 배분: (차) 매출원가 40,000 (대) 가격차이(불리) 40,000 　　　　　　 (차) 능률차이(유리) 10,000 (대) 매출원가 10,000 • 모두 매출원가에서 조정되므로 재공품과 제품계정은 모두 표준원가로 계속 기록됨.
총원가비례배분법	• 재고자산(재공품, 제품)과 매출원가의 총원가를 기준으로 원가차이를 배분하는 방법
원가요소별비례배분법	• 재고자산(재공품, 제품)과 매출원가의 원가요소(DM,DL,OH)를 기준으로 각 해당하는 원가요소의 원가차이를 배분하는 방법
기타손익법 (영업외손익법)	• 모든 원가차이를 기타손익으로 처리하는 방법 → ㉠ 불리한 차이 : 기타비용 ㉡ 유리한 차이 : 기타수익 • 이론적 근거는 표준은 정상적인 공손이나 비능률을 감안하여 설정되므로 이를 벗어난 차이는 원가성이 없다고 보아 별도항목인 기타손익으로 표시해야 한다는 것임.

| 문제 95번 | 표준원가 차이분석 방법 | 출제구분 | 재출제 | 난이도 | ★☆☆ | 정답 | ② |

- ① 능률차이(AQ×SP - SQ×SP)는 'SP×(AQ - SQ)'와 동일하다.
  → 즉, 능률차이는 사전에 정해진 표준단가(SP)에 실제수량(AQ)과 표준수량(SQ)의 차액을 곱한 것이다.
- ② 가격차이(AQ×AP - AQ×SP)는 '(AP - SP)×AQ'와 동일하다.
  → 즉, 가격차이는 실제단가(AP)와 표준단가(SP)의 차액에 실제 사용한 수량(AQ)을 곱한 것이다.
- ③ 직접재료원가 가격차이는 재료를 구입하는 시점에 구입수량에 대하여 분리하는 방법과 재료를 사용하는 시점에 실제투입수량(실제사용량)에 대하여 분리하는 2가지 방법이 있다.
- ④ 불리한 직접노무원가 가격차이가 발생하였다면 'AQ×AP - AQ×SP'가 (+)인 경우로서 AP>SP가 된다.
  → 즉, 실제임률(AP)이 표준임률(SP)보다 높다는 의미이다.(=표준임률이 실제임률에 비하여 저렴)

| 문제 96번 | 변동·전부원가계산의 기말재고 차이 | 출제구분 | 재출제 | 난이도 | ★☆☆ | 정답 | ① |

- ㉠ 변동원가계산의 기말재고 구성항목 : 직접재료원가, 직접노무원가, 변동제조간접원가
  ㉡ 전부원가계산의 기말재고 구성항목 : 직접재료원가, 직접노무원가, 변동제조간접원가, 고정제조간접원가
- 변동원가계산의 경우 고정제조간접원가(FOH)가 전액 비용처리되므로, 변동원가계산방법을 적용한다면 전부원가계산에 의한 기말재고에 포함되어 있는 고정제조간접원가(FOH)만큼 기말재고가 감소한다.
  → 전부원가계산에 의한 기말재고에 포함되어 있는 고정제조간접원가(FOH) : 100단위 × @2 = 200

| 문제 97번 | 변동원가계산 제조원가(재고자산가액) | 출제구분 | 재출제 | 난이도 | ★ ☆ ☆ | 정답 | ④ |

- 변동원가계산은 고정제조간접원가(FOH)를 기간비용으로 처리한다.
  → 반면, 전부원가계산은 고정제조간접원가(FOH)를 제조원가(재고자산가액)에 포함시킨다.

Guide 전부원가계산과 변동원가계산의 기본적 차이점

구분	전부원가계산	변동원가계산
근본적 차이	• 원가부착개념 → FOH도 제조원가	• 원가회피개념 → FOH는 비용처리
제조원가	• DM+DL+VOH+FOH	• DM+DL+VOH
손익계산서	• 전통적 I/S(기능별 I/S) → 매출액/매출총이익/영업이익	• 공헌이익 I/S(행태별 I/S) → 매출액/공헌이익/영업이익
이익함수	• π(이익) = f(판매량 & 생산량) → 이익이 생산량에 의해서도 영향 받으므로(생산량을 증가시키면 FOH배부액이 감소하고 이익이 증가) 생산량조절에 따른 이익조작 가능성이 존재함.	• π(이익) = f(판매량) → 이익이 판매량 변화에만 영향을 받으므로 생산량조절에 따른 이익조작 방지 가능
보고	• 외부보고용(기업회계기준 인정 O)	• 내부관리용(기업회계기준 인정 X)

| 문제 98번 | 전부·변동원가계산 일반사항 | 출제구분 | 재출제 | 난이도 | ★ ★ ☆ | 정답 | ② |

- ① 기업회계기준은 외부보고용으로 전부원가계산을 인정한다.
  ② 기초재고자산이 없고 생산량과 판매량이 동일하다면, 변동원가계산과 전부원가계산 모두 고정제조간접원가(FOH)가 전액 비용화되므로 순이익은 같게 된다.

전부원가계산	변동원가계산
• 매출액 (-)매출원가(DM+DL+VOH+FOH) 매출총이익 (-)판관비(변동+고정) 영업이익	• 매출액 (-)매출원가(DM+DL+VOH) (-)변동판관비 공헌이익 (-)FOH+고정판관비 영업이익

③ 원가계산방법은 다음과 같이 결합되어 다양한 방법이 가능하다.(예 표준전부원가계산, 표준변동원가계산)

제품원가의 구성요소(원가구성)	원가요소의 실제성여부(원가측정)	생산형태(제품의 성격)
전부원가계산 변동원가계산	실제원가계산 정상원가계산 표준원가계산	개별원가계산 종합원가계산

④ 변동원가계산에서의 제품원가는 직접재료원가(DM), 직접노무원가(DL), 변동제조간접원가(VOH)로 구성되며, 변동판매비와관리비는 제품원가로 인식되지 않는다.(비용처리함.)

| 문제 99번 | 초변동원가계산 재료처리량공헌이익 | 출제구분 | 재출제 | 난이도 | ★ ★ ☆ | 정답 | ③ |

- 초변동원가계산 재료처리량공헌이익 계산
  매출액 : 2,800개 × 250 = 700,000
  제품수준변동원가[직접재료원가(DM)] : 2,800개 × 80 = (224,000)
  재료처리량(현금창출)공헌이익 : 476,000

| 문제 100번 | 전부·변동원가계산과 FOH 추정 | 출제구분 | 재출제 | 난이도 | ★ ★ ★ | 정답 | ① |

- 전부원가계산 영업이익 $A + 24,000$
  (+) 기초에 포함된 고정제조간접원가(FOH)   400개 × 40
  (−) 기말에 포함된 고정제조간접원가(FOH)   800개 × B
  변동원가계산 영업이익 A

→ 400개 × 40 − 800개 × B = − 24,000, B(기말에 포함된 단위당FOH) = 50
→ 기초에 포함된 FOH : 400개 × 40 = 16,000, 기말에 포함된 FOH : 800개 × 50 = 40,000

- 생산량에 포함된 FOH(6월 고정제조간접원가)를 X라 하면,

기초재고	400개(FOH = 16,000)	판매량	1,200개(FOH = ?)
생산량	1,600개(FOH = X)	기말재고	800개(FOH = 40,000)

→ 단위당평균FOH : $\dfrac{16,000 + X}{400개 + 1,600개}$

∴ 800개 × $\dfrac{16,000 + X}{400개 + 1,600개}$ = 40,000 에서, X(6월 고정제조간접원가) = 84,000

Guide 전부·변동·초변동원가계산 영업이익 차이조정

전부원가계산에 의한 영업이익	전부원가계산에 의한 영업이익	변동원가계산에 의한 영업이익
(+) 기초재공품,제품에 포함된 FOH	(+) 기초재공품,제품에 포함된 DL,VOH,FOH	(+) 기초재공품,제품에 포함된 DL,VOH
(−) 기말재공품,제품에 포함된 FOH	(−) 기말재공품,제품에 포함된 DL,VOH,FOH	(−) 기말재공품,제품에 포함된 DL,VOH
변동원가계산에 의한 영업이익	초변동원가계산에 의한 영업이익	초변동원가계산에 의한 영업이익

| 문제 101번 | 활동기준원가계산의 효익 증가조건 | 출제구분 | 재출제 | 난이도 | ★ ★ ★ | 정답 | ② |

- ① 활동기준원가계산(ABC)은 원가를 활동별로 세분화하여 배부하여 원가왜곡을 방지하고 제조간접원가의 추적가능성을 향상시켜 정확한 원가자료를 산출해 내는 장점으로 인해 제조간접원가의 비중이 큰 기업에 매우 적합하다. 따라서, 아주 큰 비중의 간접원가가 한 두 개의 원가집합을 사용해서 배부되는 경우에는 효익이 크게 나타날 수 있다.
  ② 활동기준원가계산(ABC)은 고객의 다양한 소비욕구로 인한 현대의 다품종 소량생산체제에 적합하므로, 제품의 종류가 크게 감소하고 있는 경우에는 효익이 크게 나타날 수 없다.
  ③ 활동기준원가계산(ABC)은 원가계산의 정확성이 의심되는 경우에 그 효과를 크게 볼 수 있다. 즉, 복잡한 제품은 수익성이 높게 나타나고 간단한 제품에서는 손실이 발생되는 것처럼 보이는 경우와 같이 원가왜곡이 존재할 가능성이 있는 기업은, 활동기준원가계산(ABC)을 도입하면 원가왜곡이 감소되므로 그 효과를 크게 볼 수 있다.
  ④ 전통적 원가계산은 제품이 직접 자원을 소비하여 생산된다고 보지만, 활동기준원가계산(ABC)은 기업이 제조과정에서 수행하는 개별활동들이 자원을 소비하게 되고 개별제품은 이러한 활동들을 소비함으로써 생산된다고 본다. 따라서, 제품의 자원소비가 다양한 경우 활동별로 세분화하여 배부하는 활동기준원가계산(ABC)을 도입하면 효익이 크게 나타날 수 있다.

* **저자주** 이따금 지문을 변경하여 출제되고 있는 문제이긴 하나, 회계사·세무사 시험용에 해당되며 재경관리사 시험수준을 고려할 때 다소 무리한 출제로 사료됩니다. 출제가 되고 있는 만큼 문구 정도 숙지 바랍니다.

| 문제 102번 | 준변동원가 원가함수 분석 | 출제구분 | 신유형 | 난이도 | ★ ★ ☆ | 정답 | ① |

- ① 200,000은 기계시간당 고정제조간접원가를 의미하는 것이 아니라 총고정제조간접원가를 의미한다.
  → 조업도수준에 관계없이[조업도(x)=0인 경우에도] 일정액이 발생하는 고정원가

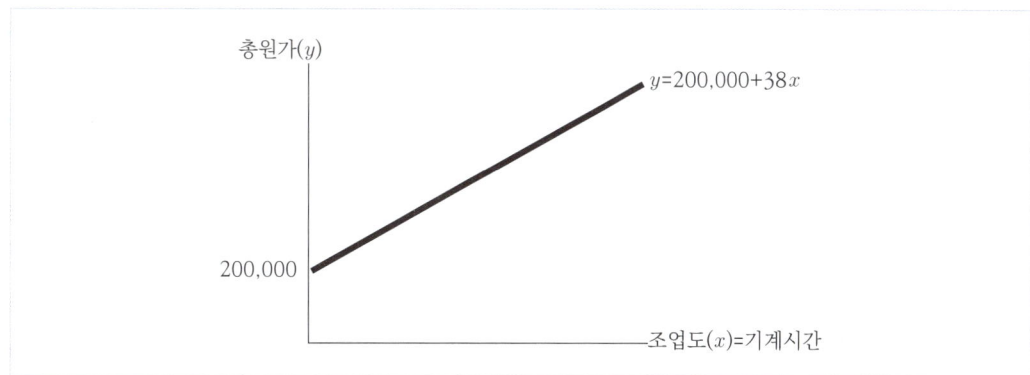

② x는 조업도로서, 독립변수(원가동인)인 기계시간을 의미한다.
③ 38은 원가함수(1차함수)의 기울기로서, 조업도단위당(=기계시간당) 변동제조간접원가를 의미한다.
④ $y=200,000+38x$ 에서, x(조업도)에 1,000을 대입하면 y(총원가=총제조간접원가)는 238,000이 된다.

| 문제 103번 | CVP도표의 이해 | 출제구분 | 재출제 | 난이도 | ★ ★ ☆ | 정답 | ④ |

- C부분 : '총비용〉총수익'이므로 회사의 손실을 나타내는 부분이다.
  → 이 부분에서 회사는 제품 1단위를 판매할 때마다 손실이 감소한다.
  [즉, 조업도가 증가시 손실폭(C부분의 세로폭)이 감소]

| 문제 104번 | 손익분기점(BEP) 매출액 | 출제구분 | 기출변형 | 난이도 | ★ ★ ☆ | 정답 | ③ |

- 단위당변동원가 : 500(단위당변동제조원가)+200(단위당변동판매비와관리비) = 700
- 단위당공헌이익 : 2,000(단위당판매가격) - 700(단위당변동원가) = 1,300
- 공헌이익률 : $\frac{1,300(단위당공헌이익)}{2,000(단위당판매가격)} = 65\%$
- 고정원가 : 1,350,000(고정제조간접원가)+1,250,000(고정판매비와관리비) = 2,600,000
- 손익분기점(BEP) 매출액 : $\frac{2,600,000(고정원가)}{65\%(공헌이익률)} = 4,000,000$

Guide 영업이익·공헌이익률·손익분기점(BEP) 산식

이익방정식	□ 영업이익 = 매출액 - 변동원가[1] - 고정원가[2] = 단위당판매가격×판매량 - 단위당변동원가×판매량 - 고정원가 [1]변동원가 = 변동제조원가 + 변동판매관리비 [2]고정원가 = 고정제조간접원가 + 고정판매관리비
공헌이익률	□ 공헌이익률 = $\frac{총공헌이익}{매출액}$ = $\frac{단위당공헌이익}{단위당판매가격}$ • 총공헌이익 = 매출액 - 변동원가 = 단위당공헌이익×판매량 = 공헌이익률×매출액
BEP산식	㉠ BEP판매량 : $\frac{고정비(=FOH+고정관판비)}{단위당공헌이익}$ ㉡ BEP매출액 : $\frac{고정비(=FOH+고정관판비)}{공헌이익률}$

| 문제 105번 | 영업레버리지 일반사항 | 출제구분 | 재출제 | 난이도 | ★ ★ ☆ | 정답 | ③ |

- 어떤 기업의 DOL = 7일 경우 경기불황으로 매출액이 20% 감소하면 영업이익은 140%(= 20%×7) 감소한다.

Guide 영업레버리지 주요사항

의의	• 영업레버리지란 고정비가 지렛대의 작용을 함으로써 총원가 중 고정비 비중이 클수록 매출액변화율보다 영업이익의 변화율이 확대되는 것을 말함.
영업레버리지도 (DOL)	□ $DOL = \dfrac{\text{영업이익변화율}}{\text{매출액변화율}} = \dfrac{\text{공헌이익}}{\text{영업이익}} = \dfrac{\text{매출액}-\text{변동비}}{\text{매출액}-\text{변동비}-\text{고정비}} = \dfrac{1}{\text{안전한계율}}$ 🔍주의 DOL이 크다함은 영업성과가 좋은게 아니라 단순히 비율이 크다는 것임. 예) DOL=6일 때 매출이 20%증가하면 영업이익은 120%증가, 매출이 20%감소하면 영업이익은 120% 감소 → 즉, 고정비의 비중이 큰 원가구조를 가지고 있는 기업일수록 레버리지효과가 커서 불경기에는 큰 타격을 입고 반면에 호경기에는 막대한 이익을 얻음.
DOL의 증감	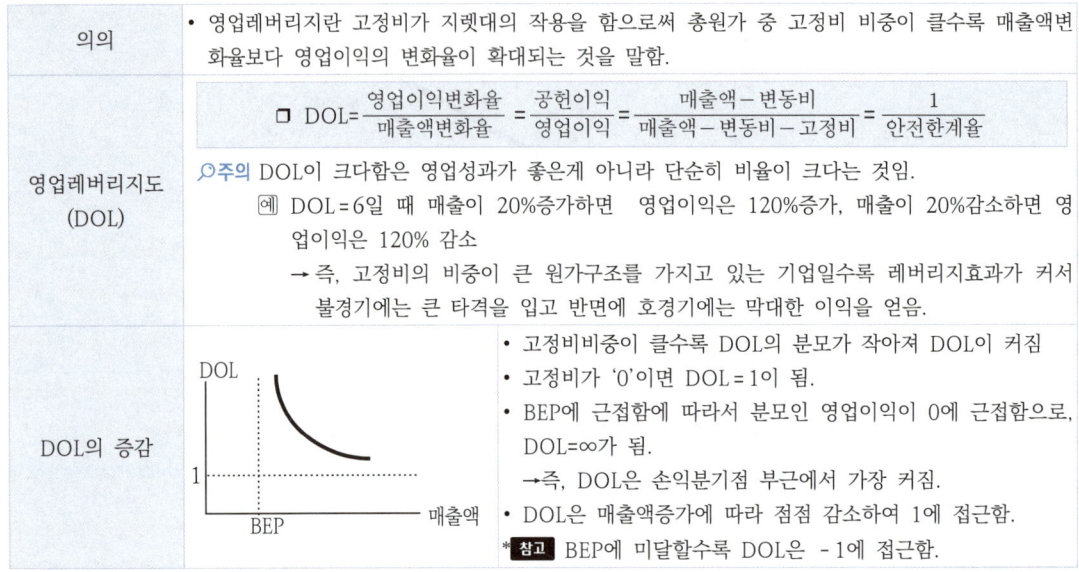 • 고정비비중이 클수록 DOL의 분모가 작아져 DOL이 커짐 • 고정비가 '0'이면 DOL = 1이 됨. • BEP에 근접함에 따라서 분모인 영업이익이 0에 근접함으로, DOL=∞가 됨. →즉, DOL은 손익분기점 부근에서 가장 커짐. • DOL은 매출액증가에 따라 점점 감소하여 1에 접근함. *참고 BEP에 미달할수록 DOL은 -1에 접근함.

| 문제 106번 | 책임회계제도 의의와 기본조건 | 출제구분 | 재출제 | 난이도 | ★ ★ ☆ | 정답 | ① |

- 책임회계제도가 그 기능을 효율적으로 수행하기 위해서는 다음의 조건을 충족해야 한다.
  ㉠ 특정원가의 발생에 대한 책임소재가 명확해야 한다.
  ㉡ 각 책임중심점의 경영자가 권한을 위임받은 원가항목들에 대해 통제권을 행사할 수 있어야 한다.
  ㉢ 경영자의 성과를 표준과 비교하여 평가할 수 있는 예산자료가 존재해야 한다.

| 문제 107번 | 사업부별 성과평가측정치 | 출제구분 | 기출변형 | 난이도 ★★★ | 정답 ③ |

- 사업부공헌이익은 사업부경영자공헌이익에서 사업부가 단기적으로 통제할 수 없으나 사업부에 직접 추적 또는 배분 가능한 고정원가를 차감한 것으로 사업부의 성과평가목적에 가장 적합한 이익개념이다.
- *비교* 사업부 경영자 개인의 성과평가목적에 가장 적합한 이익개념 : 사업부경영자공헌이익

Guide 성과평가측정치로서의 이익 분류

공헌이익	• 매출액에서 변동원가를 차감한 금액으로, 목표이익달성을 위한 조업도 선택, 제품배합의 결정 등 단기적 계획설정에 유용한 이익개념 →그러나 고정원가 중 일부는 통제가능원가이고 고정원가와 변동원가의 비율을 어느 정도 조절할 수 있기 때문에 사업부경영자의 성과평가에는 유용하지 못함.
사업부경영자공헌이익	• 공헌이익에서 사업부경영자가 통제할 수 있는 고정원가를 차감한 것으로 사업부경영자의 성과평가목적에 가장 적합한 이익개념 →왜냐하면, 부문경영자가 통제가능한 모든 활동이 여기에 포함되어 있기 때문임.
사업부공헌이익	• 사업부경영자공헌이익에서 사업부가 단기적으로 통제할 수 없으나 사업부에 직접 추적 또는 배분가능한 고정원가를 차감한 것으로 사업부의 성과평가목적에 가장 적합한 이익개념 →'사업부마진'이라고도 하며, 특정사업부에서 발생한 모든 수익과 원가가 포함되기 때문에 사업부 자체의 수익성을 평가하는 데 유용함. 특히 특정사업부의 설비대체, 투자안 분석, 투자수익률분석 등 장기적 의사결정에 중요한 정보를 제공함.
순이익	• 사업부공헌이익에서 공통고정원가(추적불능/통제불능)와 법인세비용을 차감한 이익

| 문제 108번 | 직접재료원가 배합차이와 수율차이 | 출제구분 | 신유형 | 난이도 ★★★ | 정답 ① |

- 직접재료원가 배합차이와 수율차이 분석

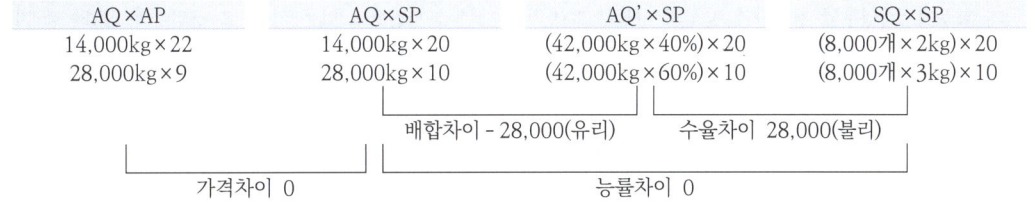

Guide 직접재료원가 차이분해[복수원재료]

기호정의	• AQ : 실제사용량, AP : 실제가격, SQ : 실제생산량에 허용된 표준사용량, SP : 표준가격 AQ' : 표준배합으로 표시한 실제수량
DM 차이분해	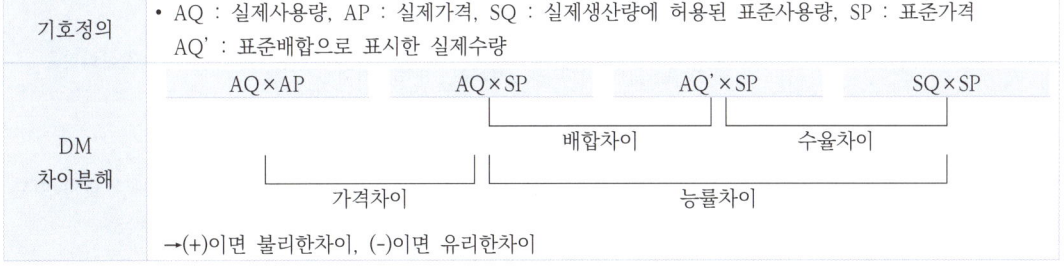 →(+)이면 불리한차이, (-)이면 유리한차이

| 문제 109번 | 잔여이익 계산 기초사항 | 출제구분 | 재출제 | 난이도 ★☆☆ | 정답 ② |

- 잔여이익(RI) = 영업이익 − 영업자산(투자액) × 최저필수수익률
- ∴ 80,000 − 300,000 × 10% = 50,000

문제 110번 | 경제적부가가치(EVA) 증대방안 | 출제구분: 신유형 | 난이도: ★★☆ | 정답: ④

- EVA = 세후영업이익 - 투하자본(투자액) × 가중평균자본비용
- ① 타인자본을 축소하고 자기자본(일반적으로 자기자본이자율이 타인자본이자율보다 큼)을 증가시키면 가중평균자본비용이 증가하므로 일반적으로 EVA는 감소한다.
  ② 투자의 중단을 검토하여야 한다. 그러나 투자를 계속 진행함으로 인해 EVA의 증가를 가져오지 못한다.
  ③ 유휴설비 등 비효율적으로 관리되고 있는 자산을 매각해야 투하자본이 감소하여 EVA가 증대된다.
  ④ 재고자산 보유기간을 줄이거나(=재고자산회전율이 높아짐), 매출채권 회수기간을 줄이면(=매출채권회전율이 높아짐) 투하자본 감소로 EVA가 증대된다.

Guide ▶ 경제적부가가치(EVA) 증대방안

증대방안	세후영업이익 증대	• 매출증대, 제조원가·판관비 절감
	투하자본 감소	• 재고·고정자산 매출채권의 적정유지나 감소 • 유휴설비 처분 • 매출채권회전율을 높임(매출채권 회수기일단축) • 재고자산회전율을 높임(재고자산 보유기간을 줄임)
	가중평균자본비용 개선	• 고율의 차입금 상환

문제 111번 | 투자수익률(ROI)의 단점 | 출제구분: 재출제 | 난이도: ★★☆ | 정답: ④

- ① 투자수익률은 비율로 표시되므로 투자규모가 서로 다른 투자중심점간의 성과평가 및 비교에 유용하다.
  ② 투자수익률[= 영업이익 ÷ 영업자산(투자액)]은 사업부의 이익뿐만 아니라 투자액(각 사업부 경영자에게 배부되는 통제가능한 투자액)도 함께 고려하는 성과평가 기준이다.
  ③ 투자수익률[= 영업이익 ÷ 영업자산(투자액)]은 사업부의 이익뿐만 아니라 투자액도 함께 고려하는 성과평가 기준이기 때문에, 사업부의 경영자가 자신의 사업부 투자액에 대한 통제권한이 있는 경우 그 경영자의 성과측정 지표로 더욱 유용하게 사용될 수 있다.
  ④ 투자수익률은 개별투자중심점의 현재 투자수익률보다 낮은 투자안이긴 하나 회사전체 최저필수수익률을 상회하는 좋은 투자안인 경우에도 동 사업에 대한 투자를 기피하게 된다는 단점이 있다.
  → 준최적화현상(회사전체 최저필수수익률을 상회하는 좋은 투자안이 개별 투자중심점의 투자수익률 보다 낮기 때문에 투자가 포기되어 회사 전체이익에 불리한 의사결정이 이루어짐.)의 발생은 투자수익률의 가장 큰 단점(문제점) 중의 하나이다.

Guide ▶ 투자수익률(ROI) 주요사항

ROI 계산	□ 투자수익률(ROI) = $\dfrac{\text{영업이익}}{\text{영업자산(투자액)}} = \dfrac{\text{영업이익}}{\text{매출액}} \times \dfrac{\text{매출액}}{\text{영업자산}}$ = 매출액영업이익률 × 자산회전율
장점	• 비율로 표시되므로 투자규모가 서로 다른 투자중심점간의 성과평가 및 비교에 유용
단점	• 준최적화현상이 발생함. → 회사전체 최저필수수익률을 상회하는 좋은 투자안이 개별투자중심점의 투자수익률 보다 낮기 때문에 투자가 포기되어 회사전체이익에 불리한 의사결정이 이루어짐.('잔여이익'으로 해결가능) • 회계적이익에 기초하므로 성과평가와 의사결정(현금흐름에 기초)의 일관성이 결여 • 화폐의 시간가치를 고려하지 않음.(단기적 성과 강조)
증대방안	• 매출액증대와 원가의 감소, 진부화된 투자자산의 처분(감소)

| 문제 112번 | 제품라인 유지·폐지 의사결정 | 출제구분 | 재출제 | 난이도 | ★★☆ | 정답 | ③ |

- 사업부 갑을 폐지하는 경우
  - 증분수익 － 감소 : 공헌이익 = (300,000)
  - 증분비용 － 감소 : 공통원가배분액 100,000 - 30,000 = 70,000
  - 증분손익 (230,000)

∴ 당기순이익 : 1,000,000 - 230,000(증분손실) = 770,000

Guide 제품라인 유지·폐지 의사결정

고려사항	• 회사전체의 이익에 미치는 영향을 기준으로 폐지여부를 결정함. →제품라인의 유지·폐지 문제에서는 제품라인 자체의 이익을 고려하여 결정하는 것이 아니라, 기업 전체적인 입장(goal congruence)에서 전체 이익에 미치는 영향을 분석해야 함. • 폐지로 인한 회피가능고정비 존재시 이 또한 고려함. →제품라인을 폐지할 경우 매출액과 변동원가는 사라지지만 고정원가는 회피가능고정원가와 회피불가능고정원가로 나눌 수 있기 때문임.
제품라인폐지 의사결정	□ 제품라인의 공헌이익 < (회피가능고정원가 + 기회원가)

| 문제 113번 | 외부구입과 지불가능 최대가격 | 출제구분 | 재출제 | 난이도 | ★★★ | 정답 | ③ |

- 외부구입의 경우
  - 증분비용 － 증가 : 구입액 = (10,000단위 × A)
  - － 감소 : 원가감소 10,000단위 × (200+80+120) + 600,000 × 1/3 = 4,200,000
  - 증분손익 4,200,000 - 10,000단위 × A

→ 4,200,000 - 10,000단위 × A ≧ 0 에서, A ≦ 420

Guide 자가제조·외부구입 의사결정

고려사항	• 자가제조시 관련원가와 외부구입가격을 고려 ○주의 자가제조시 증감하는 고정원가도 관련원가이므로 이도 고려함. → 예 자가제조시 추가 고용 감독자급료 • 외부구입시 다음을 고려함. ㉠ 기존설비 임대가 가능한 경우 : 임대수익을 고려 ㉡ 기존설비로 다른 제품 생산시 : 관련수익과 변동원가를 고려(=다른 제품 공헌이익) ㉢ 회피가능고정원가는 관련원가, 회피불가능고정원가는 비관련원가임.
외부구입 의사결정	㉠ 기존설비의 대체용도가 있는 경우 □ 증분수익(변동원가+회피가능고정원가+기회원가) > 증분비용(외부구입원가) ㉡ 기존설비의 대체용도가 없는 경우 □ 증분수익(변동원가+회피가능고정원가) > 증분비용(외부구입원가)

문제 114번 | 매몰원가 | 출제구분: 기출변형 | 난이도: ★☆☆ | 정답 ①

- 매몰원가는 과거 의사결정의 결과로 이미 발생한 원가(역사적원가)로 현재 또는 미래에 회수할 수 없는 원가를 의미하며 새로운 의사결정에 영향을 미치지 않는 비관련원가를 말한다.
  → ∴데이트비용, 시간 등은 매몰원가가 된다.

Guide 매몰원가와 기회원가

매몰원가
(sunk cost)
	• 과거 의사결정의 결과로 이미 발생한 원가로, 의사결정에 영향을 미치지 않는 비관련원가
	  예시 구기계 취득원가 100(감가상각누계액 30), 신기계구입 고려중
	    → 매몰원가 : 취득원가 100 또는 장부금액 70
	    → 의사결정 : 신기계로 인한 수익창출액이 구입가보다 크면 구입함.

기회원가
(opportunity cost)
	• 특정대안의 선택으로 포기해야 하는 가장 큰 효익
	  예시 CU편의점과 GS편의점의 시간당 알바수익이 각각 3,000원과 5,000원일 때, 여친과 수다를 떨며 즐겁게 1시간 보내는 경우의 기회원가는 5,000원임
	  주의 기회원가는 관리적 차원에서 사용되는 원가개념이며, 회계장부에는 실제원가만이 기재되므로 기회원가는 회계장부에 기록되지 않음.

문제 115번 | 추가가공여부 의사결정 | 출제구분: 재출제 | 난이도: ★★☆ | 정답 ③

- 개조한 후 판매의 경우
  증분수익 - 증가 : 300단위×(@250 - @200) = 15,000
  증분비용 - 증가 :   추가공원가 = (12,000)
  증분손익   3,000

  → ∴개조하여 판매하는 경우(추가가공하는 경우) 3,000원의 증분이익이 발생하므로 개조하여 판매한다.

참고 총액접근법

그대로 처분하는 경우	개조한 후 판매의 경우	
매출 : 300단위×200 = 60,000 원가 : 200,000 △140,000	매출 : 300단위×250 = 75,000 원가 : 200,000 + 12,000 = 212,000 △137,000	→증분수익 15,000 →증분비용 12,000 →증분이익 3,000

- ① 개조하여 판매하면 137,000원의 손실이 발생한다.
  ② 12,000원의 추가비용을 지출하여 단위당 250원에 판매하는 것이 가장 유리하다.
  ④ 그대로 제품단위당 200원에 처분하면 140,000원의 손실이 발생하긴 하나, 제품을 그대로 보유하고 있는 선택의 경우는 제조원가(200,000원)만큼 손실을 보므로 처분이나 개조후 판매를 통해 손실을 줄이는게 낫다.

문제 116번   현금흐름추정의 기본원칙   출제구분 재출제   난이도 ★ ☆ ☆   정답 ④

- 이자비용은 현금유출이지만 현재가치를 계산할 때 사용되는 할인율(자본비용)을 통해 반영되는 항목이다. 따라서, 현금흐름의 계산에서 이자비용을 계산하고 다시 할인율을 적용하는 것은 이중계산이 되므로, 이자비용이 전혀 없는 상황을 가정하여 현금흐름을 추정해야 한다.

Guide ▶ 자본예산시 현금흐름추정의 기본원칙

증분기준	• 투자안의 채택시와 비채택시의 증분현금흐름(대안간에 차이가 나는 현금흐름)을 사용함.
세후기준	• 현금흐름을 파악할 때에는 법인세를 차감한 후의 금액을 기준으로 함.
감가상각비	• 감가상각비는 현금유출이 아니나, 감가상각비의 감세효과(절세효과)는 현금유입 처리함.
이자비용	• 자본비용(할인율)에 반영되어 있으므로 이자비용은 고려하지 않음. → 현금흐름의 계산에서 이자비용을 계산하고 다시 할인율을 적용하는 것은 이중계산이 되므로, 이자비용이 전혀 없는 상황을 가정하여 현금흐름을 추정해야 함.
인플레이션	• 명목현금흐름은 명목할인율로, 실질현금흐름은 실질할인율로 할인해야 함.

문제 117번   자본예산모형의 장·단점   출제구분 재출제   난이도 ★ ☆ ☆   정답 ②

- 회계적이익률법 : 비할인모형 - 화폐의 시간가치를 고려하지 않는다.
                비현금모형 - 손익계산서상 순이익(회계이익)에 기초한다.
- 순현재가치법 : 할인모형 - 화폐의 시간가치를 고려한다.
                현금모형 - 실제 현금흐름에 기초한다.

Guide ▶ 회계적이익률법(ARR법)

	최초투자액기준 APR	평균투자액기준 APR
회계적이익률	$\dfrac{\text{연평균순이익}}{\text{최초투자액}}$	$\dfrac{\text{연평균순이익}}{\text{연평균투자액}\left(=\dfrac{\text{최초투자액}+\text{잔존가치}}{2}\right)}$
	○주의 현금흐름표에서 '영업현금흐름 = 순이익 + 감가상각비'이므로 → ∴순이익 = 영업현금흐름 − 감가상각비	
의사결정	상호독립적 투자안	• '투자안의 ARR > 목표ARR'이면 채택
	상호배타적 투자안	• ARR이 가장 큰 투자안 채택
장점	• ㉠ 계산이 간편하고 이해하기가 용이하며, 회수기간법과는 달리 수익성을 고려함. ㉡ 투자안 분석의 기초자료가 재무제표이기 때문에 자료확보가 용이함.	
단점	• ㉠ 화폐의 시간가치가 무시되며, 현금흐름이 아닌 회계적 이익에 기초하고 있음. ㉡ 목표수익률을 설정하는데 자의적인 판단이 개입됨.	

| 문제 118번 | 순현재가치법과 NPV 계산 | 출제구분 | 재출제 | 난이도 | ★ ☆ ☆ | 정답 | ① |

- 현금흐름 추정

x1년초	x1년말	x2년말	x3년말	x4년말	x5년말
(800,000)	300,000	300,000	300,000	300,000	300,000

- NPV(순현재가치) : (300,000 × 3.60) - 800,000 = 280,000

*저자주 문제의 명확한 성립을 위해 누락된 단서인 '단, 법인세는 없다고 가정한다.'를 추가하기 바랍니다.

Guide 순현재가치법(NPV법)

의의	□ NPV(순현재가치) = 현금유입의 현재가치 - 현금유출의 현재가치
	🔍주의 할인율 : 자본비용(=최저필수수익률=최저요구수익률)
의사결정	상호독립적 투자안	• 'NPV > 0'인 투자안 채택
	상호배타적 투자안	• NPV가 가장 큰 투자안 채택
장점	• ㉠ 자본비용으로 재투자된다고 가정하므로 현실적임. ㉡ 비할인모형에서 무시되고 있는 화폐의 시간적 가치를 고려함. ㉢ 현금흐름과 기대치와 자본비용만이 고려되고 회계적 수치와는 무관하므로 자의적 요인을 제거할 수 있음. ㉣ 가치가산원칙[NPV(A+B)=NPV(A)+NPV(B)]이 성립함. ㉤ 기업의 가치를 극대화할 수 있는 투자안을 선택할 수 있음. →즉, 채택된 모든 투자안의 순현재가치는 곧 그 기업의 가치가 됨.
단점	• ㉠ 투자안의 할인율(자본비용)을 정하기가 어려움. ㉡ 확실성하에서만 성립하는 모형이므로, 불확실성하에서 적용하기 어려움.

| 문제 119번 | 목표원가계산의 절차 | 출제구분 | 신유형 | 난이도 | ★ ★ ★ | 정답 | ② |

- 목표원가계산(Target Costing, 원가기획)은 목표가격으로부터 목표원가를 도출하고, 제조이전단계에서 가치공학 등을 수행하여 목표원가를 달성하고자 하는 원가관리기법으로 제조단계가 아닌 제조이전단계(설계·개발단계)에서의 원가절감을 강조한다.
- 목표원가계산의 절차

【1단계】	• 잠재 고객의 요구를 충족하는 제품의 개발한다.
【2단계】	• 고객이 인지하는 가치와 경쟁기업의 가격 등을 고려하여 목표가격을 선택한다.
【3단계】	• 목표가격에서 목표이익을 고려하여 목표원가를 산출한다.
【4단계】	• 목표원가 달성을 위한 가치공학(value engineering)을 수행한다. **보론** 가치공학 : R&D, 설계, 제조, 마케팅, 유통 및 고객서비스에 이르는 모든 면을 체계적으로 평가, 개선하여 고객의 요구를 충족하면서 원가를 절감하는 것

| 문제 120번 | 수명주기원가계산(LCC)의 유용성 | 출제구분 | 기출변형 | 난이도 ★ ★ ☆ | 정답 ④ |

• 수명주기원가계산(LCC)은 장기적 관점의 원가절감 및 원가관리에 유용하다.

Guide 수명주기원가계산(LCC) 주요사항

의의	• 수명주기원가계산(LCC)은 제품수명주기 동안 상위활동(=제조이전단계=초기단계 : 연구개발, 설계), 제조, 하위활동(=제조이후단계 : 마케팅, 유통, 고객서비스)에서 발생하는 모든 원가를 제품별로 집계하는 원가계산제도임. • 수명주기원가계산(LCC)은 연구개발에서 고객서비스에 이르기까지 제품수명주기의 각 단계별 수익과 비용을 추정함과 동시에 각 단계별로 수익창출 및 원가절감을 위해 취해진 제반 활동의 결과를 평가하기 위한 장기적 관점의 원가계산제도임. →단기적 관점의 원가절감을 유도하는 것이 아님.
특징	• 제조이전단계(=초기단계)에서 대부분의 제품원가가 결정된다는 인식을 토대로 연구개발단계와 제품 설계단계에서부터 원가절감을 위한 노력을 기울여야 한다는 것을 강조함. • 제품 또는 서비스의 수명주기 매 단계마다 모든 가치사슬단계에서 발생하는 수익과 비용에 대한 집계를 가능하게 하여 프로젝트 전체에 대한 이해가 향상됨.

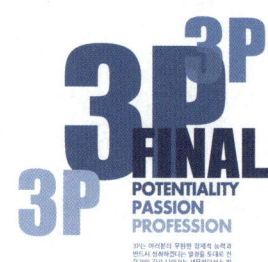

재경관리사 공개기출해설 [원가]

Certified Accounting Manager

2020년 11월에 시행된 기출문제에 대한 완벽한 해설을 관련이론(가이드)과 함께 제시하였습니다. 해당 문제는 합본부록을 참고바랍니다.

원가관리회계 공개기출문제해설
[2020년 11월 시행]

SEMOOLICENCE

| 문제 81번 | 당기총제조원가 계산 | 출제구분 | 신유형 | 난이도 ★★☆ | 정답 ③ |

- 직접재료원가(DM) : 8,000(기초재고액)+36,000(당기매입액)-12,000(기말재고액)=32,000
- 노무원가 관련 당기지급액(66,000)의 구성 : 전기말미지급액(7,000)+당기분지급액+차기선급액(0)
  → 당기분지급액 = 59,000
- 직접노무원가(DL) : 59,000(당기분지급액)+5,000(당기말미지급액)=64,000
- 직접노무원가(64,000) = [직접노무원가(64,000)+제조간접원가]×80% → 제조간접원가(OH)=16,000
∴ 당기총제조원가 : 32,000(DM)+64,000(DL)+16,000(OH)=112,000

Guide 당기총제조원가의 구성(기초원가와 가공원가 계산)

직접재료원가(DM)	• 기초원재료+당기매입-기말원재료
직접노무원가(DL)	• 지급임금+미지급임금 **예시** 당월지급 100(전월미지급분 10, 당월분 60, 차월선급분 30), 당월분미지급 50일 때 → DL : 60+50=110
제조간접원가(OH)	• 제조간접원가(OH)=변동제조간접원가(VOH)+고정제조간접원가(FOH) 예 간접재료비, 간접노무비, 공장건물 감가상각비와 보험료
기초원가(기본원가)	• 직접재료원가(DM)+직접노무원가(DL)
가공원가(전환원가)	• 직접노무원가(DL)+제조간접원가(OH)

| 문제 82번 | 원가의 분류와 원가종류 | 출제구분 | 신유형 | 난이도 ★☆☆ | 정답 ③ |

- ㄱ. 원가행태에 따른 분류 : 변동원가와 고정원가(B)
- ㄴ. 추적가능성에 따른 분류 : 직접원가와 간접원가(A)
- ㄷ. 의사결정과의 관련성에 따른 분류 : 관련원가와 매몰원가(C)
- ㄹ. 통제가능성에 따른 분류 : 통제가능원가와 통제불능원가

*보론 미소멸원가와 소멸원가

미소멸원가	• 과거의 거래나 사건의 결과로 획득되어 미래에 경제적효익을 제공할 수 있는, 즉 용역잠재력이 소멸되지 않은 원가를 미소멸원가라고 하며 재무상태표에 자산으로 계상된다.		
소멸원가	• 미래에 더 이상 경제적 효익을 제공할 수 없는, 즉 용역잠재력이 소멸된 원가를 소멸원가라고 하며 수익획득에의 공헌 여부에 따라 비용 또는 손실로 계상된다.		
	미소멸원가	자산	• 수익획득에 아직 사용되지 않은 부분(예 재고자산)
	소멸원가	비용	• 수익획득에 사용된 부분(예 매출원가)
		손실	• 수익획득에 기여하지 못하고 소멸된 부분(예 화재손실)

문제 83번 | 원가흐름과 기초재공품 계산 | 출제구분: 기출변형 | 난이도: ★☆☆ | 정답: ④

- 당기총제조원가 : 30,000(직접재료원가) + 10,000(직접노무원가) + 20,000(제조간접원가) = 60,000
- 기초재공품 + 60,000(당기총제조원가) - 70,000(당기제품제조원가) = 5,000(기말재공품)
  → 기초재공품 = 15,000

Guide 제조기업의 원가흐름

계정흐름	원재료		재공품		제품	
	기초원재료 당기매입	사용액(DM) 기말원재료	기초재공품 당기총제조원가	당기제품제조원가 기말재공품	기초제품 당기제품제조원가	제품매출원가 기말제품
당기총제조원가	• 직접재료원가(DM) + 직접노무원가(DL) + 제조간접원가(OH)					
당기제품제조원가	• 기초재공품 + 당기총제조원가 - 기말재공품					
제품매출원가	• 기초제품 + 당기제품제조원가 - 기말제품					

문제 84번 | 보조부문원가 배분방법 일반사항 | 출제구분: 기출변형 | 난이도: ★☆☆ | 정답: ③

- 직접배분법의 경우 각 제조부문이 사용한 용역의 상대적인 비율에 따라 각 보조부문 원가가 제조부문에만 배분된다.(즉, 각 제조부문이 사용한 용역의 상대적인 비율에 따라 각 제조부문에 직접 배분하는 방법이다.)

Guide 보조부문원가 배분방법별 특징

직접배분법 (direct method)	• 보조부문 상호간에 행해지는 용역의 수수를 완전히 무시하고 보조부문원가를 각 제조부문이 사용한 용역의 상대적 비율에 따라 제조부문에 직접 배분하는 방법 → 보조부문원가는 다른 보조부문에 전혀 배분되지 않게 됨.
단계배분법 (step method)	• 보조부문원가의 배분순서를 정하여 그 순서에 따라 단계적으로 보조부문원가를 다른 보조부문과 제조부문에 배분하는 방법 → 한 보조부문원가를 다른 보조부문에도 배분하게 되나, 먼저 배분된 보조부문에는 다른 보조부문원가가 배분되지 않음.(보조부문간의 용역수수관계를 일부 인식)
상호배분법 (reciprocal method)	• 보조부문간의 상호 관련성을 모두 고려하는 배분방법으로 가장 논리적인 방법임. → 각 보조부문간의 용역수수관계를 방정식을 통해 계산하여 보조부문원가를 배분하게 됨. (보조부문간의 용역수수관계를 완전히 인식)

문제 85번 | 개별원가계산의 장점·단점 | 출제구분: 재출제 | 난이도: ★★☆ | 정답: ②

- ① 개별원가계산은 제품별로 정확한 원가계산이 가능하다. 즉, 작업원가표를 통해서 집계한 제조원가를 제품수량으로 나누어 단위당 제품원가를 산출하기 때문에 원가를 정확히 계산할 수 있다.
- ② 개별원가계산은 제조간접가 배부가 핵심과제이며, 각 작업별로 원가가 계산되기 때문에 비용과 시간이 많이 발생하고 기장절차가 복잡하다.

Guide 개별원가계산의 장점과 단점

장점	단점
• 제품별로 정확한 원가계산이 가능함. • 제품별 손익분석 및 계산이 용이함. • 개별제품별로 효율성을 통제할 수 있고, 개별작업별 실제를 예산과 비교하여 미래예측에 이용가능	• 비용·시간이 많이 발생함. (∵각 작업별로 원가가 계산되기 때문) • 원가계산자료가 상세하고 복잡해짐에 따라 오류가 발생할 가능성이 많아짐.

문제 86번 | 제조간접원가 실제배부 | 출제구분: 재출제 | 난이도: ★★☆ | 정답: ②

- 직접추적이 가능한 직접재료원가·직접노무원가는 일반형자전거와 고급형자전거 각각에 집계하며, 직접 추적이 불가능한 제조간접원가는 직접노동시간을 기준으로 배분한다.
- 제조간접원가(OH)배부율 : $\dfrac{1{,}000{,}000(총제조간접원가)}{1{,}000시간(일반형의 직접노동시간)+4{,}000시간(고급형의 직접노동시간)}$ = @200/시간
- 제조원가 계산

	일반형자전거	고급형자전거
직접재료원가	300,000원	600,000원
직접노무원가	1,000시간×@100(시간당임률)=100,000원	4,000시간×@200(시간당임률)=800,000원
제조간접원가 배분액	1,000시간×@200(OH배부율)=200,000원	4,000시간×@200(OH배부율)=800,000원
계	600,000원	2,200,000

문제 87번 | 완성품환산량단위당원가 계산 | 출제구분: 재출제 | 난이도: ★★☆ | 정답: ③

- 평균법(기초재공품이 없으므로 선입선출법에 의한 결과와 동일하다.)

[1단계] 물량흐름		[2단계] 완성품환산량	
		재료비	가공비
완성	320,000	320,000	320,000
기말	80,000(50%)	80,000	80,000×50%=40,000
	400,000	400,000	360,000
[3단계] 총원가요약			
기초		0	0
당기발생		4,000,000	1,800,000
		4,000,000	1,800,000
[4단계] 환산량단위당원가(cost/unit)		÷400,000	÷360,000
		∥	∥
		@10	@5

[5단계] 원가배분
   완성품원가   : 320,000×@10+320,000×@5 = 4,800,000
   기말재공품원가 : 80,000×@10+ 40,000×@5 = 1,000,000

문제 88번 | 종합원가계산 기말재공품원가 계산 | 출제구분: 신유형 | 난이도: ★☆☆ | 정답: ③

- 기말재공품 완성품환산량

[1단계] 물량흐름		[2단계] 완성품환산량	
		재료비	가공비
완성	?	?	?
기말	250(30%)	250	250×30%=75
	?	?	?

- 기말재공품원가 = 완성품환산량 × 완성품환산량단위당원가
  → ∴ 250×@130+75×@90 = 39,250

| 문제 89번 | 평균법·선입선출법 종합원가계산 차이점 | 출제구분 | 재출제 | 난이도 ★ ★ ☆ | 정답 ① |

- ① 평균법은 완성품환산량 산출시 기초재공품은 당기에 착수한 것으로 간주한다. 따라서, 기초재공품의 기완성도를 고려하지 않는다.
- ② 평균법은 기초재공품원가와 당기발생원가의 합계액을 완성품환산량으로 나누어 완성품환산량단위당원가(cost/unit)를 계산하므로, 평균법의 완성품환산량단위당원가(cost/unit)에는 전기의 원가가 포함되어 있다.

Guide 종합원가계산 방법별 특징

평균법(WAM)	• 기초재공품의 제조를 당기 이전에 착수하였음에도 불구하고 당기에 착수한 것으로 가정하여, 기초재공품원가와 당기발생원가를 구분치 않고 합한 금액을 완성품과 기말재공품에 안분계산함. • 완성품환산량단위당원가가 기초재공품에 의해 영향받으므로 당기원가를 왜곡시킴.
선입선출법(FIFO)	• 기초재공품을 우선적으로 완성시킨 후 당기착수물량을 가공한다고 가정하므로 기말재공품원가는 당기발생원가로만 구성되고, 기초재공품원가는 전액이 완성품원가를 구성하며, 당기발생원가만 완성품과 기말재공품에 안분계산함. →당기업적·능률·원가통제에 유용한 정보를 제공함. • 완성품원가 = 기초재공품원가 + 완성품환산량 × 환산량단위당원가 • 기초재공품이 '0'이면 평균법과 선입선출법은 동일함.

| 문제 90번 | 기말재공품 완성도 과소평가의 영향 | 출제구분 | 재출제 | 난이도 ★ ★ ★ | 정답 ② |

- 기말재공품 완성도를 과소평가할 경우
  ㉠ 기말재공품 완성품환산량 과소
  ㉡ 완성품환산량이 과소해지면 투입된 원가는 일정하므로 완성품환산량단위당원가가 과대
  ㉢ 완성품의 완성품환산량은 변화가 없으므로 완성품환산량단위당원가의 과대로 완성품원가(당기제품제조원가)는 과대
  ㉣ 상대적으로 기말재공품(재공품계정)의 원가는 과소(재고자산 과소)
  ㉤ '기초제품 + 당기제품제조원가 - 기말제품 = 매출원가'에서 제품계정에는 영향이 없으나, 당기제품제조원가의 과대로 인해 매출원가가 과대평가되고 영업이익(당기순이익)이 과소평가된다.
  ㉥ 영업이익(당기순이익)이 과소평가되므로 이익잉여금이 과소계상된다.

* **비교** 기말재공품 완성도를 과대평가할 경우〈위와 반대의 결과〉
  ㉠ 기말재공품 완성품환산량 과대
  ㉡ 완성품환산량이 과대해지면 투입된 원가는 일정하므로 완성품환산량단위당원가가 과소
  ㉢ 완성품의 완성품환산량은 변화가 없으므로 완성품환산량단위당원가의 과소로 완성품원가(당기제품제조원가)는 과소
  ㉣ 상대적으로 기말재공품(재공품계정)의 원가는 과대(재고자산 과대)
  ㉤ '기초제품 + 당기제품제조원가 - 기말제품 = 매출원가'에서 제품계정에는 영향이 없으나, 당기제품제조원가의 과소로 인해 매출원가가 과소평가되고 영업이익(당기순이익)이 과대평가된다.
  ㉥ 영업이익(당기순이익)이 과대평가되므로 이익잉여금이 과대계상된다.

문제 91번 — 표준원가계산 일반사항
출제구분: 신유형 | **난이도**: ★★☆ | **정답**: ①

- 가(옳은설명) : 표준원가를 설정할 때 경영의 실제활동에서 열심히 노력하면 달성할 수 있는 현실적 표준을 설정해야 하며, 표준원가계산제도에서의 표준원가라 하면 일반적으로 현실적 표준원가를 의미한다.
- 나(틀린설명) : 이상적 표준(최선의 조건하에서만 달성 가능한 이상적인 목표하의 최저목표원가)은 이를 달성하는 경우가 거의 없기 때문에 항상 불리한 차이가 발생되며, 이에 따라 종업원의 동기부여에 역효과를 초래한다.
- 다(틀린설명) : 표준원가계산제도에서는 달성목표인 표준원가와 실제원가를 비교하여 실제원가가 표준원가 범위 내에서 발생하고 있는지를 파악함으로써 원가통제를 보다 효과적으로 수행할 수 있다. 따라서, 표준원가계산제도를 통제의 도구로 사용하는 것이 바람직하다.

Guide ▶ 이상적 표준

의의	• 표준원가의 종류는 이상적 표준, 정상적 표준, 현실적 표준으로 나눌 수 있음. →표준원가계산제도에서의 표준원가라 하면 일반적으로 현실적 표준원가를 의미함.
이상적 표준	• 기존설비·제조공정에서 정상적 기계고장, 정상감손 및 근로자 휴식시간 등을 고려하지 않고 최선의 조건하에서만 달성할 수 있는 이상적인 목표하의 최저목표원가임. • 이상적 표준은 이를 달성하는 경우가 거의 없기 때문에 항상 불리한 차이가 발생되며, 이에 따라 종업원의 동기부여에 역효과를 초래함. • 실제원가와의 차이가 크게 발생하므로 재고자산평가나 매출원가산정에 적합하지 않음. →그러나 전혀 의미없는 것은 아니고 현실적 표준 설정을 위한 출발점으로서의 의미를 갖음.

문제 92번 — 표준원가계산제도 도입 고려사항
출제구분: 재출제 | **난이도**: ★★☆ | **정답**: ①

- 표준원가를 도입하면 차이분석을 실시하는데 차이분석의 결과는 경영자에게 보고되며, 그것은 차기의 표준이나 예산설정에 피드백되어 유용한 정보를 제공해 준다.

Guide ▶ 표준원가계산의 한계점

산정의 객관성 문제	• 표준원가는 사전에 과학적·통계적 방법으로 적정원가를 산정하는 것이 필수적이나, 적정원가 산정에 객관성이 보장되기 힘들고 많은 비용이 소요됨.
수시 수정 필요	• 표준원가는 한번 설정된 영구불변의 원가가 아니라 내적요소·외부환경 변화에 따라 수시로 수정을 필요로 하는 원가임. 만약, 이러한 표준원가의 적정성을 사후 관리하지 않을 경우 미래원가 계산을 왜곡할 소지가 있음.
비계량정보 무시	• 표준원가계산제도를 채택할 경우 비계량적인 정보를 무시할 가능성이 있음. 예 표준원가달성을 지나치게 강조할 경우 제품의 품질을 희생시킬 수 있고, 납품업체에 표준원가를 기초로 지나친 원가절감을 요구할 경우 관계가 악화될 수도 있음.
질적 예외사항 무시	• 예외에 의한 관리기법을 사용할 때에는 어느 정도의 예외사항을 중요한 예외사항으로 판단하여 관리할 것인가를 결정해야 하나, 이러한 예외사항에 대해서 객관적인 기준이 없을 경우 대개 양적인 정보만으로 판단하기 때문에 질적인 예외사항을 무시하기 쉬움. 또한, 중요한 예외사항에 대해서만 관심을 집중하게 되면 허용범위 내에서 발생하는 실제원가의 증감추세와 같은 중요한 정보를 간과할 수 있음.
동기부여 문제	• 예외에 의한 관리는 근로자에게 동기부여 측면에서 문제가 발생할 수 있음. 만일 성과평가가 중요한 예외사항에 의해서만 결정된다면 근로자는 자신에게 불리한 예외사항을 숨기려고 할 것이고, 원가가 크게 절감된 예외사항에 대해서 보상을 받지 못한다면 이에 대한 불만이 누적되고 동기부여가 되지 않을 수 있기 때문임.

| 문제 93번 | 표준원가계산 차이분석의 상호관계 | 출제구분 | 재출제 | 난이도 | ★★★ | 정답 | ② |

- 변동제조간접원가 배부율이 노동시간과 관련된 경우, 노동의 비능률적 사용 등으로 인한 실제노동시간(AQ)의 증가로 직접노무원가 불리한 능률차이(AQ>SQ)가 발생하면 이는 변동제조간접원가 불리한 능률차이(vA)vS) 발생의 원인이 된다.

★저자주 문제에 제시된 직접노무원가 가격차이와 직접재료원가 능률차이는 현혹자료에 해당합니다.

Guide 변동제조간접원가(VOH)와 직접노무원가(DL) 차이분석의 상호관계

- 변동제조간접원가 배부율이 노동시간과 관련된 경우 변동제조간접원가 능률차이가 발생하는 원인은 다음과 같이 직접노무원가 능률차이가 발생하는 원인과 동일함.

  ㉠ 노동의 비능률적 사용으로 인해 DL은 물론 VOH에서도 능률차이가 발생할 수 있음.
  ㉡ 생산에 투입되는 원재료의 품질정도에 따라 투입되는 노동시간이 영향을 받으므로 이에 의해서도 VOH 능률차이가 발생할 수 있음.
  ㉢ 생산부문 책임자의 감독소홀이나 일정계획 등의 차질로 인하여 VOH 능률차이가 발생할 수 있음.

| 문제 94번 | 직접노무원가 차이분석과 항목별 추정 | 출제구분 | 재출제 | 난이도 | ★★☆ | 정답 | ① |

- SQ(표준직접노무시간) = 11,000시간, AQ(실제직접노무시간) = 10,000시간, AQ×AP = 150,000원

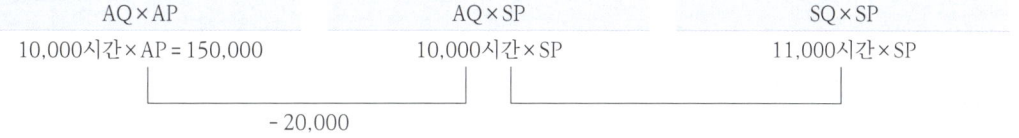

- ③ 150,000 - (10,000시간 × SP) = - 20,000 에서, SP(시간당 표준임률) = 17
- ① 직접노무원가 표준원가 : 11,000시간 × SP(17) = 187,000
- ② 10,000시간 × AP = 150,000 에서, AP(시간당 실제임률) = 15
- ④ 10,000시간 × SP(17) - 11,000시간 × SP(17) = - 17,000(유리)

Guide 직접노무원가 차이분석 구조

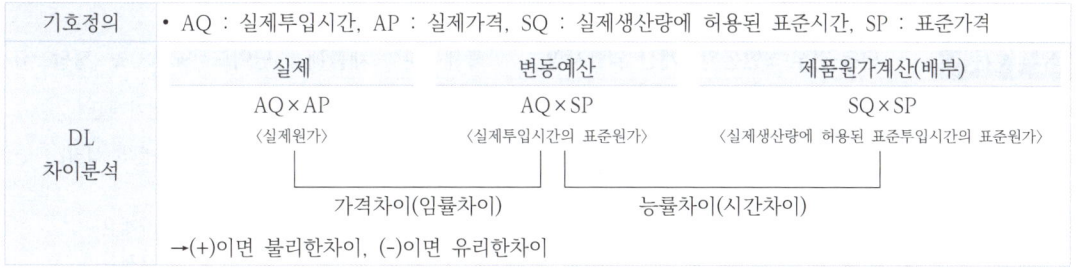

문제 95번 — 직접재료원가 차이분석과 AP 계산 (출제구분: 재출제, 난이도: ★☆☆, 정답: ④)

- AQ = 10,000kg, SP = 400
- 직접재료원가 차이분석

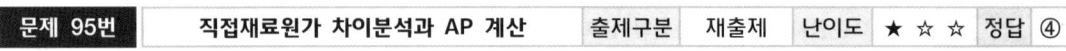

→ (10,000kg × AP) - (10,000kg × 400) = 1,000,000 에서, AP(kg당 실제가격) = 500

Guide 직접재료원가 차이분석 구조[사용시점분리의 경우]

기호정의	• AQ : 실제사용량, AP : 실제가격, SQ : 실제생산량에 허용된 표준사용량, SP : 표준가격
DM 차이분석	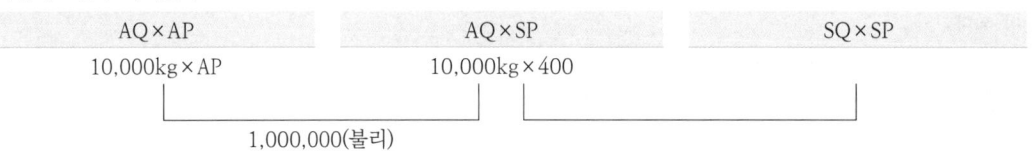

→ (+)이면 불리한차이, (-)이면 유리한차이

문제 96번 — 변동원가계산의 원가개념 (출제구분: 기출변형, 난이도: ★☆☆, 정답: ③)

- 변동원가계산제도는 원가회피개념(cost avoidance concept)에 근거를 두고 있으며, 원가회피개념이란 발생한 원가가 미래에 동일한 원가의 발생을 방지할 수 없다면 그 원가는 자산성을 인정할 수 없다는 것이다. 즉, 고정제조간접원가의 경우 제품의 생산량과 관련이 있다기 보다는 설비능력과 밀접한 관련이 있으며, 조업도 변동에 따라 원가가 변동하지 않고 시간이 경과함에 따라 회피할 수 없는 원가이기 때문에 재고자산의 가액에 포함시켜서는 안되며 기간원가로 처리해야 한다는 것이다.

문제 97번 — 변동·전부·초변동원가계산 일반사항 (출제구분: 재출제, 난이도: ★☆☆, 정답: ①)

- ① 원가계산방법은 다음과 같이 결합되어 다양한 방법이 가능하다.(예 표준전부원가계산, 표준변동원가계산)

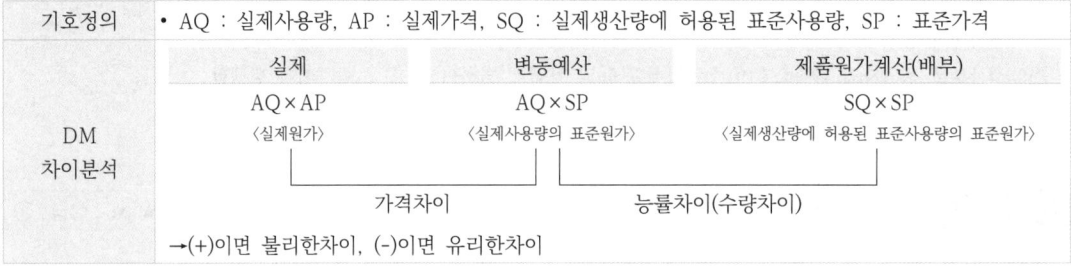

② 전부원가계산은 생산량증감에 따라 고정제조간접원가배부액이 증감하여 이익이 증감하므로 영업이익이 판매량뿐만 아니라 생산량의 변화에도 영향을 받는다.
→ 반면, 변동원가계산은 제품 판매량만이 영업이익에 영향을 미친다.
③ 전부원가계산은 원가부착 개념에 근거하여 고정제조간접원가를 제품원가로 인식한다.
→ 반면, 변동원가계산은 원가회피 개념에 근거하여 고정제조간접원가를 전액 기간비용 처리한다.
④ 초변동원가계산은 생산관련 직접노무원가, 변동제조간접원가, 고정제조간접원가를 모두 기간비용 처리한다.
→ 반면, 변동원가계산은 고정제조간접원가만 비용화한다.

| 문제 98번 | 전부원가계산 기말제품재고액 | 출제구분 | 재출제 | 난이도 | ★ ★ ☆ | 정답 | ③ |

- 전부원가계산에서는 고정제조간접원가(FOH)도 제조원가로 처리한다.
  → 반면, 변동원가계산에서는 고정제조간접원가(FOH)를 기간비용으로 처리한다.
- 물량흐름(제품계정) : 당기 초에 영업활동을 시작하였으므로 기초제품재고는 없다.

| 기초제품재고 | 0단위 | 판매량 | 800단위 |
| 생산량 | 900단위 | 기말제품재고 | 100단위 |

- 단위당FOH : 180,000(FOH) ÷ 900단위(생산량) = 200
- 단위당제조원가 : 600(단위당DM) + 400(단위당DL) + 200(단위당VOH) + 200(단위당FOH) = 1,400
- 기말제품재고액 : 100단위 × 1,400 = 140,000

※ 비교 변동원가계산에 의한 기말제품재고액 계산
  - 단위당제조원가 : 600(단위당DM) + 400(단위당DL) + 200(단위당VOH) = 1,200
  - 기말제품재고액 : 100단위 × 1,200 = 120,000

| 문제 99번 | 변동원가계산 영업이익 계산 | 출제구분 | 기출변형 | 난이도 | ★ ☆ ☆ | 정답 | ① |

- 영업이익 : 매출액(4,500개 × 3,500) - 변동원가[4,500개 × (2,300 + 300)] - 고정원가(2,000,000 + 500,000) = 1,550,000

Guide 전부원가계산·변동원가계산·초변동원가계산 영업이익 계산 비교

전부원가계산	변동원가계산	초변동원가계산
• 매출액 (-)매출원가(DM+DL+VOH+FOH) 매출총이익 (-)판관비(변동+고정) 영업이익	• 매출액 (-)매출원가(DM+DL+VOH) (-)변동판관비 공헌이익 (-)FOH+고정판관비 영업이익	• 매출액 (-)제품수준변동원가(DM) 재료처리량(현금창출)공헌이익 (-)운영비용(DL+VOH+FOH+판관비) 영업이익

문제 100번 | 전부·변동원가계산과 FOH 추정 | 출제구분: 신유형 | 난이도: ★★★ | 정답: ③

• 계정흐름(3월에 영업을 시작하였으므로 3월 기초재고는 없다.)

3월				4월			
기초	0단위	판매량	7,000단위	기초	1,000단위	판매량	10,000단위
생산량	8,000단위	기말	1,000단위	생산량	9,000단위	기말	0단위

• 전부원가계산 영업이익(4월)　　　　　　　　　　　　A
  (+) 기초에 포함된 고정제조간접원가(FOH)　　1,000단위 × B
  (−) 기말에 포함된 고정제조간접원가(FOH)　　　　　0
  변동원가계산 영업이익(4월)　　　　　　　　　$A + 200,000$

→ $A + (1,000단위 \times B) - 0 = A + 200,000$ 에서, B(기초에 포함된 단위당FOH) = 200

∴ 3월 고정제조간접원가 : 8,000단위(생산량) × 200 = 1,600,000

Guide 전부·변동·초변동원가계산 영업이익 차이조정

전부원가계산에 의한 영업이익	전부원가계산에 의한 영업이익	변동원가계산에 의한 영업이익
(+) 기초재공품,제품에 포함된 FOH	(+) 기초재공품,제품에 포함된 DL,VOH,FOH	(+) 기초재공품,제품에 포함된 DL,VOH
(−) 기말재공품,제품에 포함된 FOH	(−) 기말재공품,제품에 포함된 DL,VOH,FOH	(−) 기말재공품,제품에 포함된 DL,VOH
변동원가계산에 의한 영업이익	초변동원가계산에 의한 영업이익	초변동원가계산에 의한 영업이익

문제 101번 | ABC에 의한 단위당제조원가 | 출제구분: 재출제 | 난이도: ★★☆ | 정답: ④

• 활동별 가공원가배부율
  - 운반 : $\dfrac{200,000}{50,000리터} = 4/리터$, 압착 : $\dfrac{900,000}{45,000시간} = 20/압착기계시간$, 분쇄 : $\dfrac{500,000}{20,000시간} = 25/분쇄기계시간$

• 단위당 직접재료원가 : 500
  단위당 가공원가 : 200리터 × 4 + 30압착기계시간 × 20 + 10분쇄기계시간 × 25 = 1,650

∴ 단위당제조원가 : 500 + 1,650 = 2,150

문제 102번 | CVP분석의 기본가정과 일반사항 | 출제구분: 재출제 | 난이도: ★☆☆ | 정답: ②

• '공헌이익 − 총고정원가 = 이익' 이므로 공헌이익이 총고정원가보다 큰 경우에는 손실이 아니라 이익이 발생한다.

Guide CVP분석의 기본가정

원가행태의 구분	• 모든 원가를 변동원가와 고정원가로 분리할 수 있다고 가정
선형성	• 수익과 원가의 행태가 확실히 결정되어 있고 관련범위 내에서 선형으로 가정 → 단위당판매가격과 단위당변동원가는 일정
생산량·판매량의 일치성	• 생산량과 판매량은 일치하는 것으로 가정하여 생산량이 모두 판매된 것으로 가정 → 즉, 재고수준이 일정, 동일하거나 하나도 없다고 가정
독립변수의 유일성	• 원가와 수익은 유일한 독립변수인 조업도에 의하여 결정된다고 가정
화폐의 시간가치 무시	• 화폐의 시간가치가 중요하지 않을 정도의 단기간이라고 가정 → ∴ 단기투자의사결정에 유용한 분석방법임. → 인플레이션을 무시한다는 한계점을 갖음.
일정한 매출배합	• 복수제품인 경우에는 매출배합이 일정하다고 가정
수익원천의 단일성	• 수익은 오직 매출로부터만 발생한다고 가정

| 문제 103번 | 공헌이익 계산 | 출제구분 | 재출제 | 난이도 | ★ ☆ ☆ | 정답 | ③ |

- 단위당변동원가 : 2,000(단위당변동제조원가) + 300(단위당변동판매비) = 2,300
- 단위당공헌이익 : 3,500(단위당판매가격) - 2,300(단위당변동원가) = 1,200
- 공헌이익 : 2,000개(판매량) × 1,200(단위당공헌이익) = 2,400,000

Guide 이익방정식과 공헌이익 산식 정리

이익방정식	□ 영업이익 = 매출액 - 변동원가[1] - 고정원가[2] 　　　　　 = 단위당판매가격 × 판매량 - 단위당변동원가 × 판매량 - 고정원가 [1]변동원가 = 변동제조원가 + 변동판매관리비　　[2]고정원가 = 고정제조간접원가 + 고정판매관리비
공헌이익	□ 총공헌이익 = 매출액 - 변동원가 = 단위당판매가격 × 판매량 - 단위당변동원가 × 판매량 □ 단위당공헌이익 = $\dfrac{총공헌이익}{판매량}$ = 단위당판매가격 - 단위당변동원가 • 총공헌이익 = 단위당공헌이익 × 판매량 • 영업이익 = 총공헌이익 - 고정원가 = 단위당공헌이익 × 판매량 - 고정원가

| 문제 104번 | 손익분기점(BEP) 판매량 계산 | 출제구분 | 재출제 | 난이도 | ★ ☆ ☆ | 정답 | ③ |

- 단위당공헌이익 : 4,000(단위당판매가격) - [1,500(단위당변동제조원가) + 1,200(단위당변동판관비)] = 1,300
- 손익분기점(BEP)판매량 : $\dfrac{2,340,000(총고정원가)}{1,300(단위당공헌이익)}$ = 1,800단위

*저자주 문제의 명확한 성립을 위해 선지 ①,②,③,④의 '개'를 '단위'로 수정바랍니다.

*참고 손익분기점(BEP)매출액 : $\dfrac{총고정원가(2,340,000)}{공헌이익률(1,300 \div 4,000)}$ = 7,200,000원

Guide 손익분기점분석 기본산식

손익분기점	• 손익분기점(BEP)은 이익을 0으로 만드는 판매량 또는 매출액을 의미함.
기본산식	• 매출액 - 변동비(변동제조원가와 변동판관비) - 고정비(고정제조간접원가와 고정판관비) = 0 → 매출액 - 변동비 = 고정비, 공헌이익 = 고정비 → 단위당공헌이익 × 판매량 = 고정비, 공헌이익률 × 매출액 = 고정비
BEP산식	• ㉠ BEP판매량 : $\dfrac{고정비(=FOH+고정판관비)}{단위당공헌이익}$　㉡ BEP매출액 : $\dfrac{고정비(=FOH+고정판관비)}{공헌이익률}$

| 문제 105번 | 안전한계와 영업레버리지 | 출제구분 | 재출제 | 난이도 | ★ ★ ☆ | 정답 | ④ |

- ① 안전한계(=매출액 – 손익분기점매출액)는 손실을 발생시키지 않으면서 허용할 수 있는 매출액의 최대 감소액을 의미하므로 기업의 안전성을 측정하는 지표로 많이 사용된다.
  → 예 안전한계가 400이라 함은 매출액이 400 감소해도 안전하다는 의미이다.(∵손실을 보지 않으므로)
- ② 안전한계가 위 ①과 같이 안전성을 측정하는 지표로 많이 사용되므로 안전한계가 높을수록 기업의 안전성이 높다고 말할 수 있으며, 안전한계가 낮을수록 기업의 안전성에 문제가 있다고 판단할 수 있다.
  → 경영자가 좀 더 높은 안전한계수준을 원한다면 손익분기점을 낮추거나 회사의 전반적인 매출수준을 늘리기 위한 노력을 해야 한다.
- ③ 영업레버리지도(DOL)는 다음과 같이 다양하게 계산할 수 있다.
  → $DOL = \dfrac{\text{영업이익변화율}}{\text{매출액변화율}} = \dfrac{\text{공헌이익}}{\text{영업이익}} = \dfrac{\text{매출액} - \text{변동비}}{\text{매출액} - \text{변동비} - \text{고정비}} = \dfrac{1}{\text{안전한계율}}$
- ④ 영업레버리지는 고정원가로 인하여 매출액의 변화율보다 영업이익의 변화율이 더 커지는 현상을 말한다.
  → 즉, 변화액이 아니라 변화율로 측정한다.

| 문제 106번 | 판매부서 성과평가 | 출제구분 | 재출제 | 난이도 | ★ ★ ☆ | 정답 | ① |

- 판매부서는 목표매출의 달성에 책임이 있으므로 수익중심점(revenue center) 또는 이익중심점(profit center)으로 운영될 수 있다. 그러나, 수익중심점으로 판매부서를 운영하는 것보다 이익중심점으로 판매부서를 운영하는 것이 보다 바람직하다고 할 수 있다. 왜냐하면 수익에 대해서만 책임을 지는 수익중심점보다는 매출에 따른 수익뿐만 아니라 수익을 창출하는데 부수적으로 발생하는 비용에 대하여도 책임을 지게 함으로써 수익과 그에 관련된 비용을 함께 고려하는 이익중심점으로 판매부서를 운영하는 것이 보다 정확한 판매부서의 성과평가가 가능할 것이기 때문이다.

Guide 원가중심점과 수익중심점 차이분해

원가중심점(DM/DL)	• 가격차이		
	• 능률차이	배합차이	
		수율차이	
수익중심점(판매부서)	• 매출가격차이		
	• 매출조업도차이	매출배합차이	
		매출수량차이	시장점유율차이
			시장규모차이

| 문제 107번 | 매출배합차이와 매출수량차이 | 출제구분 | 재출제 | 난이도 | ★ ★ ★ | 정답 | ① |

- 매출조업도차이 분해

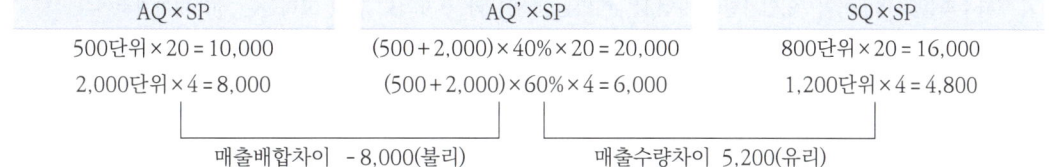

AQ×SP	AQ'×SP	SQ×SP
500단위 × 20 = 10,000	(500 + 2,000) × 40% × 20 = 20,000	800단위 × 20 = 16,000
2,000단위 × 4 = 8,000	(500 + 2,000) × 60% × 4 = 6,000	1,200단위 × 4 = 4,800

매출배합차이 −8,000(불리)   매출수량차이 5,200(유리)

Guide 매출배합차이와 매출수량차이 계산

기호정의	• AQ : 실제판매량, AP : 단위당실제판매가격, SQ : 예산판매량, SP : 단위당예산공헌이익
매출조업도차이 분해	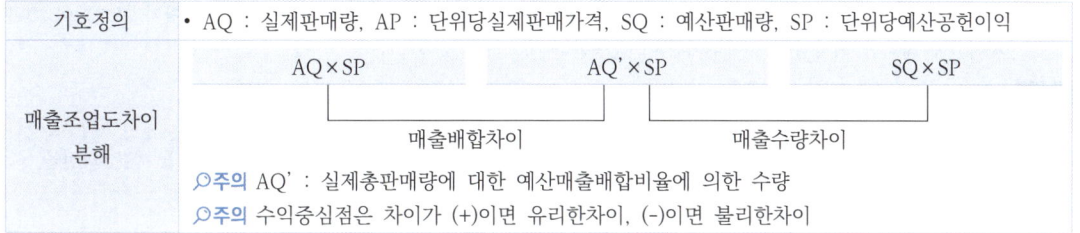 AQ×SP ─ 매출배합차이 ─ AQ'×SP ─ 매출수량차이 ─ SQ×SP 🔍주의 AQ' : 실제총판매량에 대한 예산매출배합비율에 의한 수량 🔍주의 수익중심점은 차이가 (+)이면 유리한차이, (−)이면 불리한차이

| 문제 108번 | 시장점유율차이 계산 | 출제구분 | 재출제 | 난이도 | ★ ☆ ☆ | 정답 | ③ |

- 매출수량차이의 분해

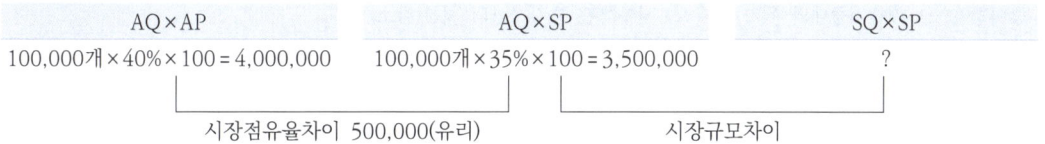

AQ×AP	AQ×SP	SQ×SP
100,000개 × 40% × 100 = 4,000,000	100,000개 × 35% × 100 = 3,500,000	?

시장점유율차이 500,000(유리)   시장규모차이

Guide 시장점유율차이와 시장규모차이 계산

매출수량차이 분해	AQ×AP ─ 시장점유율차이 ─ AQ×SP ─ 시장규모차이 ─ SQ×SP 🔍주의 수익중심점은 차이가 (+)이면 유리한차이, (−)이면 불리한차이
AQ×AP	• 실제규모 × 실제점유율 × 단위당가중평균예산공헌이익(BACM)
AQ×SP	• 실제규모 × 예산점유율 × 단위당가중평균예산공헌이익(BACM)
SQ×SP	• 예산규모 × 예산점유율 × 단위당가중평균예산공헌이익(BACM)

*참고 단위당가중평균예산공헌이익(BACM)의 계산 사례

	제품	단위당판매가격	단위당변동원가	단위당공헌이익	판매량
예산자료	A	100원	30원	70원	600단위
	B	40원	20원	20원	400단위

→ 단위당가중평균예산공헌이익(BACM) : $70 \times \dfrac{600}{1,000} + 20 \times \dfrac{400}{1,000} = 50$

문제 109번 | 투자수익률(ROI) 일반사항 | 출제구분: 기출변형 | 난이도: ★★☆ | 정답: ④

- ① 투자수익률은 비율로 표시되므로 투자규모가 서로 다른 투자중심점간의 성과평가 및 비교에 유용하다.
- ② 투자수익률[= 영업이익÷영업자산(투자액)]은 이익뿐만 아니라 투자액도 함께 고려하는 성과평가기준이다.
  → 따라서, 사업부의 경영자가 자신의 사업부 투자액에 대한 통제권한이 있는 경우 그 경영자의 성과측정 지표로 더욱 유용하게 사용될 수 있다.
- ③ 투자수익률[= 영업이익÷영업자산(투자액) = 매출액이익률×자산회전율]은 매출액이익률과 자산회전율로 구분하여 분석이 가능하다.
- ④ 투자수익률은 개별투자중심점의 현재 투자수익률보다 낮은 투자안이긴 하나 회사전체 최저필수수익률을 상회하는 좋은 투자안인 경우에도 동 사업에 대한 투자를 기피하게 된다는 단점이 있으므로, 준최적화현상(회사전체 최저필수수익률을 상회하는 좋은 투자안이 개별 투자중심점의 투자수익률 보다 낮기 때문에 투자가 포기되어 회사전체이익에 불리한 의사결정이 이루어짐)이 발생한다.

Guide 투자수익률(ROI) 주요사항

ROI 계산	□ 투자수익률(ROI) = $\dfrac{\text{영업이익}}{\text{영업자산(투자액)}}$ = $\dfrac{\text{영업이익}}{\text{매출액}}$ × $\dfrac{\text{매출액}}{\text{영업자산}}$ = 매출액영업이익률×자산회전율
장점	• 비율로 표시되므로 투자규모가 서로 다른 투자중심점간의 성과평가 및 비교에 유용
단점	• 준최적화현상이 발생함. → 회사전체 최저필수수익률을 상회하는 좋은 투자안이 개별투자중심점의 투자수익률 보다 낮기 때문에 투자가 포기되어 회사전체이익에 불리한 의사결정이 이루어짐.('잔여이익'으로 해결가능) • 회계적이익에 기초하므로 성과평가와 의사결정(현금흐름에 기초)의 일관성이 결여 • 화폐의 시간가치를 고려하지 않음.(단기적 성과 강조)
증대방안	• 매출액증대와 원가의 감소, 진부화된 투자자산의 처분(감소)

문제 110번 | 경제적부가가치(EVA)의 특징 | 출제구분: 신유형 | 난이도: ★★★ | 정답: ①

- 경제적부가가치(EVA)는 기업의 영업활동만을 반영한 이익개념이다.
  → 당기순이익은 기업의 영업, 투자, 재무활동을 모두 반영한 이익개념이다.
- 경제적부가가치(EVA)는 잔여이익(RI)과 마찬가지로 투자중심점과 회사전체의 목표일치성을 충족시킬 수 있다.

Guide 당기순이익과 경제적부가가치 비교

당기순이익	경제적부가가치
• 기업의 영업, 투자, 재무활동을 모두 반영한 이익개념	• 고유의 영업활동만을 반영한 이익개념 → ∴기업 고유의 경영성과를 측정하는데 보다 유용함.
• 자기자본에 대한 자본비용(배당금)을 고려하지 않은 이익개념	• 자기자본에 대한 자본비용(배당금)도 비용으로 고려하는 이익개념(성과지표) → ∴주주관점에서 기업의 경영성과를 보다 정확히 측정할 수 있음.

문제 111번 | 경제적부가가치(EVA) 계산 | 출제구분: 신유형 | 난이도: ★★★ | 정답: ①

- 세후영업이익 : 4,000×(1 - 30%) = 2,800
- 투하자본 : 총자산(영업자산) - 유동부채(영업부채가 아닌 이자발생부채인 단기차입금 제외)
  → (12,000 + 8,000) - (8,000 - 2,000) = 14,000
- 경제적부가가치(EVA) : 2,800 - 14,000 × 10% = 1,400

Guide 경제적부가가치(EVA) 계산

특징	• 타인자본비용(이자비용)뿐 아니라 자기자본비용(배당금)도 비용으로 고려하는 성과지표임. 주의 ∴EVA는 I/S상 순이익보다 낮음. 주의 EVA는 비재무적측정치는 고려하지 않음.
계산	□ EVA = 세후영업이익 - 투하자본(투자액) × 가중평균자본비용 • 가중평균자본비용 = $\dfrac{\text{부채의시장가치} \times \text{부채이자율}(1-t) + \text{자본의시장가치} \times \text{자기자본비용}(\%)}{\text{부채의시장가치} + \text{자본의시장가치}}$ • 투하자본 = (총자산 - 유동부채) → 투하자본 계산시 비영업자산은 제외 → 유동부채 계산시 영업부채가 아닌 이자발생부채인 단기차입금·유동성장기차입금 제외

문제 112번 | 특별주문과 관련·비관련원가 항목 | 출제구분: 재출제 | 난이도: ★☆☆ | 정답: ②

- 고정원가(고정제조간접원가)는 특별주문에 대한 의사결정을 함에 있어 비관련원가이다.
  → 그러나, 고정원가가 특별주문으로 증감하는 경우에는 의사결정에 고려한다.

Guide 특별주문 수락·거부 의사결정

고려사항	• 특별주문으로 증가되는 수익(특별주문가격)과 변동원가 • 유휴설비능력이 있는 경우 유휴설비의 대체용도를 통한 이익상실분(기회원가) • 유휴설비능력이 없는 경우 기존 정규매출감소로 인한 공헌이익상실분 • 유휴설비능력이 없는 경우 설비능력 확충시 추가적 설비원가 주의 고정원가(FOH,고정판관비)는 특별주문의 수락여부와 관계없이 일정하게 발생하므로 일반적으로 분석에서 제외하나, 조업도 수준에 따라 증감하는 경우에는 고려함.
주문수락 의사결정	⊙ 유휴설비능력이 존재하는 경우 □ 증분수익 > 증분원가 ⓒ 유휴설비능력이 존재하고 대체적 용도가 있는 경우 □ 증분수익 > 증분원가 + 기회원가 ⓒ 유휴설비능력이 존재하지 않는 경우 □ 증분수익 > 증분원가 + 추가설비원가 + 기존판매량 감소분의 공헌이익

| 문제 113번 | 자가제조·외부구입시 비재무적정보 | 출제구분 | 재출제 | 난이도 | ★ ★ ☆ | 정답 | ④ |

- 외부구입의 경우 부품의 품질유지를 외부공급업자에게 의존하는 위험이 존재하나, 자가제조의 경우는 부품 공급업자에 대한 의존도를 줄일 수 있어 품질관리를 보다 쉽게 할 수 있다는 장점이 있다.

Guide 자가제조·외부구입 의사결정

고려사항	• 자가제조시 관련원가와 외부구입가격을 고려 　**주의** 자가제조시 증감하는 고정원가도 관련원가이므로 이도 고려함. 　　→ 예 자가제조시 추가 고용 감독자급료 • 외부구입시 다음을 고려함. 　㉠ 기존설비 임대가 가능한 경우 : 임대수익을 고려 　㉡ 기존설비로 다른 제품 생산시 : 관련수익과 변동원가를 고려(=다른 제품 공헌이익) 　㉢ 회피가능고정원가는 관련원가, 회피불능고정원가는 비관련원가임.
고려해야할 비재무적 정보	• 자가제조의 경우는 부품 공급업자에 대한 의존도를 줄일 수 있으며, 품질관리를 보다 쉽게 할 수 있다는 장점이 있음. • 자가제조의 경우는 공급업자에 대한 의존도를 줄임으로써 공급업자와의 관계를 상실하여 향후에 급격한 주문의 증가로 회사의 생산능력이 초과할 때 제품을 외부구입하기가 쉽지 않을 수 있음. (별도의 추가적 시설투자가 필요하므로 많은 비용이 발생하는 단점이 있음.) • 제품에 특별한 지식·기술이 요구될 때 자가제조를 하며 품질을 유지하기가 쉽지 않을 수 있음.
외부구입 의사결정	㉠ 기존설비의 대체용도가 있는 경우 　　□ 증분수익(변동원가+회피가능고정원가+기회원가) > 증분비용(외부구입원가) ㉡ 기존설비의 대체용도가 없는 경우 　　□ 증분수익(변동원가+회피가능고정원가) > 증분비용(외부구입원가)

| 문제 114번 | 자가제조·외부구입 의사결정 | 출제구분 | 재출제 | 난이도 | ★ ☆ ☆ | 정답 | ③ |

- 외부구입의 경우
　증분비용 - 증가 :　　　　　　외부구입액 250단위×500 = (125,000)
　　　　　 - 감소 : 변동원가감소 43,000+17,000+13,000 =　73,000
　증분손익　　　　　　　　　　　　　　　　　　　　　　　(52,000)

→ ∴ 외부구입시 자가제조보다 52,000원 불리하다.

문제 115번   현금흐름추정의 기본원칙   출제구분 재출제   난이도 ★ ☆ ☆   정답 ④

- 이자비용은 현금유출이지만 현재가치를 계산할 때 사용되는 할인율(자본비용)을 통해 반영되는 항목이다. 따라서, 현금흐름의 계산에서 이자비용을 계산하고 다시 할인율을 적용하는 것은 이중계산이 되므로, 이자비용이 전혀 없는 상황을 가정하여 현금흐름을 추정해야 한다.

Guide 자본예산시 현금흐름추정의 기본원칙

증분기준	투자안의 채택시와 비채택시의 증분현금흐름(대안간에 차이가 나는 현금흐름)을 사용함.
세후기준	현금흐름을 파악할 때에는 법인세를 차감한 후의 금액을 기준으로 함.
감가상각비	감가상각비는 현금유출이 아니나, 감가상각비의 감세효과(절세효과)는 현금유입 처리함.
이자비용	자본비용(할인율)에 반영되어 있으므로 이자비용은 고려하지 않음. →현금흐름의 계산에서 이자비용을 계산하고 다시 할인율을 적용하는 것은 이중계산이 되므로, 이자비용이 전혀 없는 상황을 가정하여 현금흐름을 추정해야 함.
인플레이션	명목현금흐름은 명목할인율로, 실질현금흐름은 실질할인율로 할인해야 함.

문제 116번   회수기간법 선호 이유   출제구분 재출제   난이도 ★ ☆ ☆   정답 ①

- ① 회수기간법은 비현금자료가 반영되지 않는다.
  ② 투자자금을 빨리 회수하는 투자안을 선택하여 기업의 유동성확보에 도움을 줄 수 있으므로, 기업의 유동성 확보와 관련된 의사결정에 유용하다.
  ③ 회수기간법은 화폐의 시간가치를 고려하지 않는다. 즉, 현금흐름의 할인을 고려하지 않고 계산한다. 따라서, 계산이 간단하므로 순현재가치법, 내부수익률법에 비해서 적용하기가 쉽다.
  ④ 회수기간법은 회수기간 이후의 현금흐름을 고려하지 않는다. 따라서, 투자후반기의 현금흐름이 불확실한 경우에는 유용한 평가방법이 될 수 있다.

Guide 회수기간법(비할인모형,비현금모형)

의의	회수기간법은 현금유입으로 투자비용을 회수시 소요기간으로 평가함. □ 회수기간 = 투자액 ÷ 연간현금유입액	
의사결정	상호독립적 투자안	'회수기간<목표(기준)회수기간'이면 채택
	상호배타적 투자안	회수기간이 가장 짧은 투자안 채택
장점	㉠ 계산이 간단하고 쉽기 때문에 이해하기 쉽고 많은 투자안 평가시는 시간·비용을 절약 가능함. ㉡ 위험지표로서의 정보를 제공함.(즉, 회수기간이 짧은 투자안일수록 안전한 투자안임) ㉢ 회수기간이 짧을수록 빨리 회수하므로, 기업의 유동성확보와 관련된 의사결정에 유용함.	
단점	㉠ 회수기간 이후의 현금흐름을 무시함(즉, 수익성을 고려하지 않음) ㉡ 화폐의 시간가치를 무시함. ㉢ 목표회수기간을 설정하는데 자의적인 판단이 개입됨.	

| 문제 117번 | 순현재가치법(NPV법) 일반사항 | 출제구분 | 신유형 | 난이도 ★★☆ | 정답 ② |

- 순현재가치법(NPV법)은 투자안의 할인율(자본비용)을 정하기가 어렵다는 단점이 있다.
  →즉, 내부수익률법과 순현재가치법 모두 화폐의 시간가치를 고려하여 복리계산을 적용하므로 정확한 자본비용의 추정에 어려움이 있다.
- *참고* 가치가산의 원칙(value additivity principle) : 상호 독립적인 투자안 A와 B가 있을 때, 두 투자안의 결합순현재가치는 각 투자안의 순현재가치의 합과 같은 것을 말한다. →NPV(A+B) = NPV(A) + NPV(B)

Guide 순현재가치법(NPV법)

의의	□ NPV(순현재가치) = 현금유입의 현재가치 - 현금유출의 현재가치	
	○주의 할인율 : 자본비용(= 최저필수수익률 = 최저요구수익률)	
의사결정	상호독립적 투자안	• 'NPV > 0'인 투자안 채택
	상호배타적 투자안	• NPV가 가장 큰 투자안 채택
장점	• ⊙ 자본비용으로 재투자된다고 가정하므로 현실적임. ⓒ 비할인모형에서 무시되고 있는 화폐의 시간적 가치를 고려함. ⓒ 현금흐름과 기대치와 자본비용만이 고려되고 회계적 수치와는 무관하므로 자의적 요인을 제거할 수 있음. ㉣ 가치가산원칙[NPV(A+B)=NPV(A)+NPV(B)]이 성립함. ㉤ 기업의 가치를 극대화할 수 있는 투자안을 선택할 수 있음. →즉, 채택된 모든 투자안의 순현재가치는 곧 그 기업의 가치가 됨.	
단점	• ⊙ 투자안의 할인율(자본비용)을 정하기가 어려움. ⓒ 확실성하에서만 성립하는 모형이므로, 불확실성하에서 적용하기 어려움.	

| 문제 118번 | 유휴시설 여부와 내부대체 결정 | 출제구분 | 재출제 | 난이도 | ★ ★ ★ | 정답 | ① |

- 수요사업부(B사업부)의 최대대체가격 : 외부구매시장이 있음 → 최대TP = 180
- 공급사업부(A사업부) 최소대체가격 : 외부판매시장이 있음
  ㉠ 유휴생산시설이 없는 경우 : 100 + (170 - 100) = 170

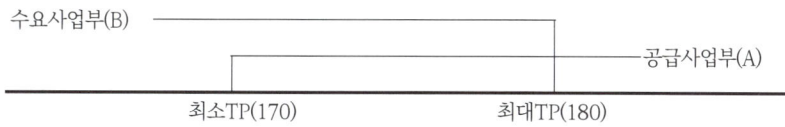

→ A : '대체가격 - 170'만큼 이익, B : '180 - 대체가격'만큼 이익, 회사전체 : '180 - 170'만큼 이익
   따라서, 대체(A사업부에서 구입)

  ㉡ 유휴생산시설이 있는 경우 : 100

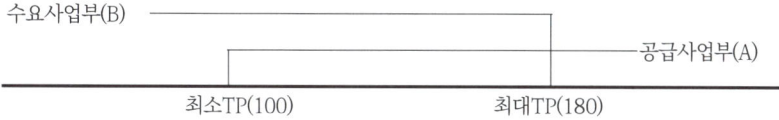

→ A : '대체가격 - 100'만큼 이익, B : '180 - 대체가격'만큼 이익, 회사전체 : '180 - 100'만큼 이익
   따라서, 대체(A사업부에서 구입)

∴ 회사전체의 이익극대화를 위해 어떤 경우이든 B사업부는 A사업부에서 구입하여야 한다.

Guide 최대·최소대체가격(TP) 계산

최대대체가격 [수요사업부]	외부구매시장 없는 경우	☐ 판매가격 - 대체후단위당지출원가
		→ 대체후단위당지출원가 = 추가가공원가 + 증분단위당고정비 + 단위당추가판매비
	외부구매시장 있는 경우	☐ Min[① 외부구입가격 ② 판매가격 - 대체후단위당지출원가]
		🔍주의 대체후지출없이 판매시 일반적으로 판매가>외부구입가, 즉, 최대TP=외부구입가
최소대체가격 [공급사업부]	외부판매시장 없는 경우	☐ 대체시단위당지출원가 - 대체시절감원가
		→ 대체시단위당지출원가 = 단위당변동비 + 증분단위당고정비
	외부판매시장 있는 경우	㉠ 유휴시설이 없는 경우
		☐ 대체시단위당지출원가 + 정규매출상실공헌이익 - 대체시절감원가
		㉡ 유휴시설이 있는 경우
		☐ 대체시단위당지출원가 + 타용도사용포기이익 - 대체시절감원가

| 문제 119번 | 품질원가 | 출제구분 | 재출제 | 난이도 | ★ ★ ☆ | 정답 | ④ |

- 일반적으로 통제원가(예방원가와 평가원가)가 증가하면 불량률이 감소하므로, 실패원가(내부실패원가와 외부실패원가)도 감소한다.

Guide 품질원가(COQ)

의의	• 품질원가(COQ)란 불량품이 생산되지 않도록 하거나, 생산된 결과로 발생하는 모든 원가를 말함.	
품질원가 종류	❖ 통제원가(사전품질원가) ▶ 통제원가가 증가할수록 불량률은 감소함(∴역관계)	
	예방원가	평가원가
	• 불량품 생산을 예방키 위해 발생하는 원가 ㉠ 품질관리시스템 기획원가, 예방설비 유지 ㉡ 공급업체 평가원가, 품질·생산직원교육원가 ㉢ 설계·공정·품질 엔지니어링원가	• 불량품을 적발키 위해 발생하는 원가 ㉠ 원재료나 제품의 검사·시험원가 ㉡ 검사설비 유지원가 ㉢ 현장·생산라인검사원가
	❖ 실패원가(사후품질원가) ▶ 불량률이 증가할수록 실패원가는 증가함(∴정관계)	
	내부실패원가	외부실패원가
	• 불량품이 고객에게 인도되기 전에 발견됨으로써 발생하는 원가 ㉠ 공손품원가, 작업폐물원가 ㉡ 재작업원가, 재검사원가 ㉢ 작업중단원가	• 불량품이 고객에게 인도된 후에 발견됨으로써 발생하는 원가 ㉠ 고객지원원가(소비자 고충처리비), 보증수리원가, 교환원가 ㉡ 반품원가(반품운송,재작업,재검사 포함) ㉢ 손해배상원가, 판매기회상실에 따른 기회비용
품질원가 최소점	• 전통적 관점 : 허용가능품질수준(AQL) • 최근의 관점 : 불량률이 0인 무결함수준	

| 문제 120번 | 균형성과표의 적용 | 출제구분 | 재출제 | 난이도 | ★ ★ ☆ | 정답 | ② |

- 기업의 목표는 궁극적으로 재무적 성과를 향상시키는 것이므로 재무적 관점의 성과측정치는 여전히 중요한 성과지표이다. 균형성과표는 4가지 관점의 성과지표 중에서 재무적 관점의 성과지표를 가장 중시한다.

Guide 균형성과표(BSC) 주요사항

도입배경	• 전통적인 성과평가시스템이 영업실적, 이익 등과 같은 단기적 성과에만 치중함으로써 준최적화를 초래하고 있고 기업에게 정보나 지식 같은 무형자산의 중요성이 증가하고 있으나 기존의 재무적 성과지표로는 준최적화를 해결할 수 없을 뿐만 아니라 무형자산의 가치를 반영할 수 없어 새로운 성과측정치의 필요성이 대두됨. • 위의 문제점을 해결하고 기업의 전략목표를 효과적으로 달성할 수 있도록 주요 성공요소 및 성과측정치 0.간의 균형있는 관리를 도모하고자 개발된 것이 BSC임. • 균형성과표는 전통적인 재무적 지표와 비재무적 지표들을 균형있게 반영하여 하나로 통합한 종합적인 측정, 관리시스템이라고 할 수 있음.

균형요소	• 균형성과표는 성과평가를 할 때 다음의 항목들이 균형을 이루도록 함.
	    ㉠ 재무적 측정치와 비재무적 측정치
	    ㉡ 외부적 측정치(재무적 관점, 고객관점)와 내부적 측정치(내부프로세스관점, 학습과 성장관점)
	    ㉢ 과거의 노력에 의한 측정치와 미래성과를 향상시키는 측정치
	    ㉣ 계량화된 객관적 측정치와 주관적 측정치
	    ㉤ 단기적 성과관점(재무적 관점)와 장기적 성과관점(고객관점, 내부프로세스관점, 학습과 성장관점)

구성요소	• ㉠ 재무적 관점(가장 중시사항) ㉡ 고객관점 ㉢ 내부프로세스관점 ㉣ 학습과 성장관점
단점	• 비재무적 측정치에 대해서는 여전히 객관적인 측정이 어렵다는 문제점이 있음. • 정형화된 측정수단을 제공해주지 못한다는 단점을 지님.

재경관리사 공개기출해설[원가]

2021년 1월에 시행된 기출문제에 대한 완벽한
해설을 관련이론(가이드)과 함께 제시하였습니다.
해당 문제는 합본부록을 참고바랍니다.

원가관리회계
공개기출문제해설
[2021년 1월 시행]

SEMOOLICENCE

| 문제 81번 | 원가의 일반적인 특성 | 출제구분 | 재출제 | 난이도 | ★ ★ ☆ | 정답 | ③ |

- 물품이나 서비스를 단순히 구입하는 것만으로는 원가가 되지 않으며, 이를 소비해야 비로소 원가가 된다.
  →예 구입한 공장용 토지는 소비되어 없어지는 것이 아니기 때문에 원가가 아니라 자산이 되는 것이다.

Guide 원가의 특성

경제적 가치	• 경제적 가치를 가지고 있는 요소만이 원가가 될 수 있음. →예 제조에 사용된 공기·바람 : 원가X(∵경제적 가치 없음)
정상적인 소비액	• 비정상적인 상황에서 발생한 가치의 감소분은 불포함. →예 정상감모분은 원가에 산입, 비정상감모분은 원가에 불산입
물품·서비스의 소비액	• 단순히 구입하는 것 만으로는 원가가 될 수 없음.(이를 소비해야 비로소 원가가 됨) →예 구입한 공장용 토지는 소비되어 없어지는 것이 아니므로 원가가 아니라 자산임.
경제활동에서 발생	• 제조·판매활동과 관계없이 발생되는 물품·서비스의 소비는 원가가 되지 않음. →예 자금조달과 관련하여 발생하는 이자비용은 원가에 불산입

| 문제 82번 | 원가행태별 원가구분 | 출제구분 | 재출제 | 난이도 | ★ ☆ ☆ | 정답 | ④ |

- 준고정원가 : 일정범위의 조업도 내에서는 총원가가 일정하지만 조업도가 일정범위를 벗어나면 총원가가 증가 또는 감소하는 원가를 말한다. 준고정원가는 계단형태를 보이기 때문에 계단원가(step costs)라고도 한다.
  →예 병원의 급료를 분석해 보니 간호사의 급료는 월 20일 근무기준으로 지급되며, 월 20일 초과 근무하는 경우에는 초과 근무일수에 관계없이 기본급에 1,000,000원이 추가적으로 지급된다. 이 경우 간호사 급료의 원가행태는 준고정원가이다.
  (㉠ 근무일수 20일이하 : A(기본급) ⇒고정액 ㉡ 근무일수 20일초과 : B(기본급+1,000,000) ⇒고정액

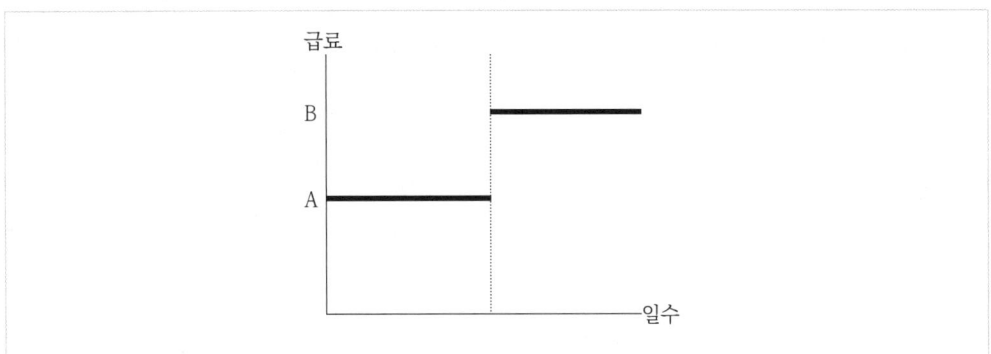

*참고 통화료는 조업도의 변동에 관계없이 총원가가 일정한 고정원가(예: 기본요금 15,000원)와 조업도의 변동에 따라 총원가가 비례하여 변동하는 변동원가(예 : 10초당 18원)가 혼합된 준변동원가(=혼합원가)이다.

문제 83번 | 원가가산이익률을 통한 기말재공품 추정 | 출제구분: 재출제 | 난이도: ★★★ | 정답: ②

- 원가가산이익률을 A라 하면, '매출원가 = $\dfrac{매출액}{1+A}$' → 매출원가 : $\dfrac{220,000}{1+10\%} = 200,000$

매출총이익률이 주어진 경우 매출원가 계산	매출원가 = 매출액 × (1 − 매출총이익률)
원가가산이익률이 주어진 경우 매출원가 계산	매출원가 = $\dfrac{매출액}{1+원가가산이익률}$

- 직접재료원가(DM) : 10,000(기초원재료) + 100,000(당기매입원재료) − 30,000(기말원재료) = 80,000
- 당기총제조원가 : 80,000(DM) + 60,000(DL) + 100,000(OH) = 240,000
- 당기제품제조원가 : 200,000(매출원가) + 40,000(기말제품) − 60,000(기초제품) = 180,000
- 기말재공품 : 30,000(기초재공품) + 240,000(당기총제조원가) − 180,000(당기제품제조원가) = 90,000

※ 고속철 실전에서는 다음의 계정에 해당액을 직접 기입하여 대차차액으로 구한다.

기초재공품	30,000	매출원가	220,000 ÷ (1+10%) = 200,000
기초제품	60,000		
직접재료원가	80,000		
직접노무원가	60,000	기말재공품	?
제조간접원가	100,000	기말제품	40,000

Guide 제조기업의 원가흐름

계정흐름	원재료		재공품		제품	
	기초원재료 당기매입	사용액(DM) 기말원재료	기초재공품 당기총제조원가	당기제품제조원가 기말재공품	기초제품 당기제품제조원가	제품매출원가 기말제품
당기총제조원가	직접재료원가(DM) + 직접노무원가(DL) + 제조간접원가(OH)					
당기제품제조원가	기초재공품 + 당기총제조원가 − 기말재공품					
제품매출원가	기초제품 + 당기제품제조원가 − 기말제품					

문제 84번 | 보조부문원가배분 : 단계배분법 | 출제구분: 재출제 | 난이도: ★★☆ | 정답: ④

- 단계배분법에서는 먼저 배분된 보조부문에는 다른 보조부문원가가 배분되지 않는다.
  → 즉, 보조부문A에는 보조부문B가 배분되지 않는다.
- 제조부문 C에 배분되는 보조부문A의 원가 : 200,000 × 20% = 40,000

  제조부문 C에 배분되는 보조부문B의 원가 : $(300,000 + 200,000 \times 40\%) \times \dfrac{60\%}{60\% + 20\%} = 285,000$

∴ 제조부문 C에 배분되는 보조부문의 원가 : 40,000 + 285,000 = 325,000

	A	B	C	D
배분전원가	200,000	300,000	450,000	600,000
A	(200,000)	200,000 × 40% = 80,000	200,000 × 20% = 40,000	200,000 × 40% = 80,000
B	−	(380,000)	$380,000 \times \dfrac{60\%}{60\%+20\%} = 285,000$	$380,000 \times \dfrac{20\%}{60\%+20\%} = 95,000$
배분후원가	0	0	775,000	775,000

문제 85번 | 제조간접원가 실제배부와 총제조원가 | 출제구분: 재출제 | 난이도: ★☆☆ | 정답: ③

- 제조간접원가실제배부율 : $\frac{2,400,000}{200시간} = 12,000/시간$
- 작업지시서 #03 제조간접원가 : 180시간 × 12,000 = 2,160,000
- 작업지시서 #03 총제조원가 : 1,340,000(DM) + 760,000(DL) + 2,160,000(OH) = 4,260,000

Guide 실제개별원가계산 실제배부

제조간접원가실제배부율	• 제조간접원가실제배부율 = $\frac{실제제조간접원가}{실제배부기준(실제조업도)}$
실제배부액	• 실제조업도(배부기준의 실제발생량) × 제조간접원가실제배부율

문제 86번 | 직접재료의 업무흐름(원가흐름) | 출제구분: 재출제 | 난이도: ★★☆ | 정답: ④

- 직접재료의 원가흐름

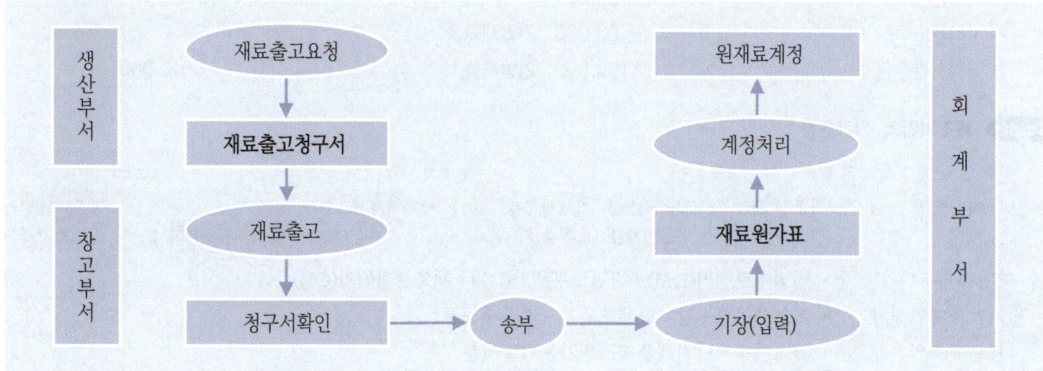

→재료출고청구서에 의해 재료출고가 이루어지고 출고된 재료는 재료원가표를 거쳐 계정처리된다.

| 문제 87번 | 종합원가계산 일반사항 | 출제구분 | 재출제 | 난이도 | ★ ☆ ☆ | 정답 | ① |

- 평균법은 기초재공품원가와 당기제조원가를 구별하지 않고 이를 가중평균하여 당기완성품과 기말재공품원가를 계산하는 방법이다. 즉, 당기 이전의 기초재공품 작업분도 마치 당기에 작업이 이루어진 것으로 간주하는 방법이다.
- 선입선출법은 기초재공품을 먼저 가공하여 완성시킨 후에 당기착수량을 가공한다는 가정에 따라 당기완성품과 기말재공품원가를 계산하는 방법이다. 즉, 당기 이전의 기초재공품 작업분과 당기 작업분을 별도로 구분하는 방법이다.
- 평균법과 선입선출법의 가장 큰 차이점은 원가계산시 기초재공품원가와 당기투입원가를 구분하느냐의 여부에 있다고 할 수 있다. 따라서, 기초재공품이 없을 경우 양 방법에 의한 계산결과는 동일해진다.

Guide 종합원가계산의 장점과 단점

장점	• 개별원가계산에 비하여 기장절차가 간단하므로 시간과 비용이 절약됨. • 원가관리·통제가 제품별이 아닌 공정이나 부문별로 수행되므로 원가에 대한 책임중심점이 명확해짐.
단점	• 개별작업별로 원가집계가 되지 않고 전공정을 대상으로 원가정보를 요약하기 때문에 기장절차가 단순화되는 반면, 지나친 단순화로 인하여 상세한 정보를 상실할 가능성이 있음. • 각 공정에서 실제 발생한 원가를 기초로 종합원가계산을 하게 되면 원가계산기간의 종료시점까지 원가를 결정할 수 없으므로 이미 완성된 제품이라 하더라도 원가계산을 할 수 없게 됨. • 특정공정에서 생산된 제품은 원가측면에서 서로가 동일하다고 가정하고 있지만 항상 이런 가정이 성립하는 것은 아님. →또한 산출물들이 동질적이라 하더라도 원가계산을 위해서는 기말재공품의 완성도 측정이 요구되나, 이러한 완성도 측정에는 회계담당자의 주관적 판단이 개입되게 됨. • 다양한 제품을 생산하는 경우에는 필연적으로 원가의 배분이 필요하게 되며, 이 경우 정확한 평균원가의 계산이 더욱 어렵게 됨.

| 문제 88번 | 기말재공품 완성도 추정 | 출제구분 | 신유형 | 난이도 | ★ ★ ☆ | 정답 | ④ |

- 평균법〈완성도를 A라고 가정〉

[1단계] 물량흐름

		[2단계] 완성품환산량	
		재료비	가공비
완성	1,600	1,600	1,600
기말	400(A)	400	400×A
	2,000	2,000	1,600+400×A

∴ $1,600 + 400 \times A = 1,900$ 에서, $A = 75\%$

Guide 종합원가계산 평균법 계산절차

【1단계】	• 물량흐름을 파악 →완성품수량, 기말수량과 완성도
【2단계】	• 원가요소별(전공정비, 재료비, 가공비)로 완성품환산량 계산
【3단계】	• 원가요소별로 기초재공품원가와 당기발생원가를 합한 총원가 계산
【4단계】	• 원가요소별로 완성품환산량단위당원가를 계산 →완성품환산량단위당원가 = 원가요소별총원가 ÷ 원가요소별완성품환산량
【5단계】	• 완성품원가와 기말재공품원가 계산 →완성품원가 = 원가요소별완성품환산량 × 원가요소별환산량단위당원가

| 문제 89번 | 선입선출법 기말재공품원가 | 출제구분 | 신유형 | 난이도 | ★ ★ ☆ | 정답 | ② |

- 선입선출법

[1단계] 물량흐름

		[2단계] 완성품환산량	
		재료비	가공비
기초완성	400(50%)	0	400 × (1 - 50%) = 200
당기완성	1,000 - 400 = 600	600	600
기 말	200(80%)	200	200 × 80% = 160
	1,200	800	960

[3단계] 총원가요약

	재료비	가공비
당기발생	2,000,000	3,000,000
	2,000,000	3,000,000

[4단계] 환산량단위당원가(cost/unit)

÷800   ÷960
‖   ‖
@2,500   @3,125

[5단계] 원가배분

완성품원가   : (200,000 + 500,000) + 600 × @2,500 + 800 × @3,125 = 4,700,000
기말재공품원가 : 200 × @2,500 + 160 × @3,125 = 1,000,000

| 문제 90번 | 평균법·선입선출법 종합원가계산 비교 | 출제구분 | 기출변형 | 난이도 | ★ ★ ☆ | 정답 | ① |

- 선입선출법의 경우 완성품원가는 기초재공품원가와 당기투입원가 중 완성분으로 구분되지만, 평균법의 경우 당기완성량에 완성품환산량 단위당 원가를 곱한 금액이다.

Guide 종합원가계산 방법별 특징

평균법(WAM)	• 기초재공품의 제조를 당기 이전에 착수하였음에도 불구하고 당기에 착수한 것으로 가정하여, 기초재공품원가와 당기발생원가를 구분치 않고 합한 금액을 완성품과 기말재공품에 안분계산함. • 완성품환산량단위당원가가 기초재공품에 의해 영향받으므로 당기원가를 왜곡시킴.
선입선출법(FIFO)	• 기초재공품을 우선적으로 완성시킨 후 당기착수물량을 가공한다고 가정하므로 기말재공품원가는 당기발생원가로만 구성되고, 기초재공품원가는 전액이 완성품원가를 구성하며, 당기발생원가만 완성품과 기말재공품에 안분계산함. →당기업적·능률·원가통제에 유용한 정보를 제공함. • 완성품원가 = 기초재공품원가 + 완성품환산량 × 환산량단위당원가 • 기초재공품이 '0'이면 평균법과 선입선출법은 동일함.

| 문제 91번 | 표준원가계산제도 특징과 적용 | 출제구분 | 재출제 | 난이도 ★★☆ | 정답 ④ |

- ① 표준원가시스템은 책임을 명확히 하여 종업원의 동기를 유발시키는 방법이다.
  - →**참고** 그러나 예외에 의한 관리는 근로자에게 동기부여 측면에서 문제가 발생할 수 있다. 만일 성과평가가 중요한 예외사항에 의해서만 결정된다면 근로자는 자신에게 불리한 예외사항을 숨기려고 할 것이고, 원가가 크게 절감된 예외사항에 대해서 보상을 받지 못한다면 이에 대한 불만이 누적되고 동기부여가 되지 않을 수 있기 때문이다.
- ② 표준원가에 근접하는 항목보다 표준원가에서 크게 벗어나는 항목을 중점적으로 관리해야 한다.
- ③ 효율적 달성치인 표준원가를 설정하여 실제 발생원가와 비교함으로써 원가통제를 통한 원가절감을 유도할수 있다. 즉, 표준원가계산제도는 성격상 원가절감을 위한 원가통제를 포함한다.
- ④ 예외에 의한 관리를 통해 표준원가와 실제원가의 차이 중 중요한 부분에 대해서만 관심을 가지게 된다. 다만, 중요한 불리한 차이든지 중요한 유리한 차이든지 중요한 차이는 모두 검토한다.

| 문제 92번 | 표준원가의 특징과 적용 | 출제구분 | 재출제 | 난이도 ★★☆ | 정답 ① |

- 표준원가계산제도를 채택할 경우 비계량적인 정보를 무시할 가능성이 있다. 예를 들어 표준원가달성을 지나치게 강조할 경우 제품의 품질을 희생시킬 수 있고, 납품업체에 표준원가를 기초로 지나친 원가절감을 요구할 경우 관계가 악화될 수도 있다.
  →한편, 표준원가계산제도는 계량적 정보에 의해서만 성과평가가 이루어진다.

Guide 현실적 표준

의의	• 표준원가의 종류는 이상적 표준, 정상적 표준, 현실적 표준으로 나눌 수 있음. →표준원가계산제도에서의 표준원가라 하면 일반적으로 현실적 표준원가를 의미함.
현실적 표준	• 경영의 실제활동에서 열심히 노력하면 달성될 것으로 기대되는 표준원가임. →이는 정상적인 기계고장과 근로자 휴식시간을 허용하며, 작업에 참여하는 평균적인 근로자들이 합리적이면서 매우 효율적으로 노력을 하면 달성될 수 있는 표준임. • 현실적 표준과 실제원가와의 차이는 정상에서 벗어난 비효율로서 차이발생에 대해 경영자의 주의를 환기시키는 신호가 된다는 점에서 경영자에게 매우 유용함. • 현실적 표준은 설정내용에 따라서 원가관리에 더욱 적합할 수 있고 예산관리에도 유용하게 이용될 수 있음.

| 문제 93번 | 직접노무원가 가격차이 계산식 | 출제구분 | 재출제 | 난이도 ★☆☆ | 정답 ② |

- 가격차이 : 실제직접노무시간(AQ)에 실제임률(AP)을 곱한 금액과 실제직접노무시간(AQ)에 표준임률(SP)을 곱한 금액의 차이이다.[(실제임률 – 표준임률)×실제직접노무시간]
  →즉, 가격차이는 실제원가와 실제직접노무시간에 대한 표준원가와의 차이이다.
- 능률차이 : 실제직접노무시간(AQ)에 표준임률(SP)을 곱한 금액과 표준직접노무시간(SQ)에 표준임률(SP)을 곱한 금액의 차이이다.[(실제직접노무시간 – 표준직접노무시간)×표준임률]
  →즉, 능률차이는 실제직접노무시간에 대한 표준원가와 표준직접노무시간에 대한 표준원가와의 차이이다.

문제 94번 | 직접재료원가 구입가격차이와 SP추정 | 출제구분: 재출제 | 난이도: ★★★ | 정답: ②

- AP(단위당 실제구입가격) = 200
- AQ'(구입량) 추정[원재료계정]

| 기초원재료 | 160,000 | 투입액(사용액) | 400,000 |
| 구입액(AQ'×AP) | ? | 기말원재료 | 145,000 |

→ 구입액(AQ'×AP) = 385,000
→ AP = 200이므로, 구입량(AQ') = 1,925단위

- SP(단위당 표준원가) 계산

```
        AQ'×AP                                AQ'×SP
1,925단위(실제구입량)×200          1,925단위(실제구입량)×SP
                    구입가격차이 61,600(불리)
```

→ SP(단위당 표준가격) = 168

비교 사용가격차이 계산구조

```
       AQ×AP                              AQ×SP
   실제사용량×AP                      실제사용량×SP
                    사용가격차이
```


문제 95번 | 표준원가계산 원가차이 조정 | 출제구분: 재출제 | 난이도: ★★★ | 정답: ①

- 원가차이가 매출원가에 가감되므로 모든 원가차이를 당기손익에 반영하게 되며 이에 따라 불리한 차이의 경우는 비례배분법보다 순이익이 감소, 유리한 차이의 경우는 비례배분법보다 순이익이 증가한다.

저자주 문제의 명확한 성립을 위해 선지 ①의 '~ 당기순이익이 크게 나타난다.'를 '~ 당기순이익이 항상 크게 나타난다.'로 수정바랍니다.

Guide 표준원가계산 원가차이 배분(조정)방법

매출원가조정법	• 모든 원가차이를 매출원가에 가감하는 방법(원가차이가 중요치 않은 경우 적용) → ㉠ 불리한 차이 : 매출원가에 가산 ㉡ 유리한 차이 : 매출원가에서 차감 원가차이 분석: (차) 재공품(SQ×SP) 70,000 (대) 원재료(AQ×AP) 100,000 　　　　　　　　가격차이(불리) 40,000 　　능률차이(유리) 10,000 원가차이 배분: (차) 매출원가 40,000 (대) 가격차이(불리) 40,000 　　　　　　　　(차) 능률차이(유리) 10,000 (대) 매출원가 10,000 • 모두 매출원가에서 조정되므로 재공품과 제품계정은 모두 표준원가로 계속 기록됨.
총원가비례배분법	• 재고자산(재공품, 제품)과 매출원가의 총원가를 기준으로 원가차이를 배분하는 방법
원가요소별비례배분법	• 재고자산(재공품, 제품)과 매출원가의 원가요소(DM,DL,OH)를 기준으로 각 해당하는 원가요소의 원가차이를 배분하는 방법
기타손익법 (영업외손익법)	• 모든 원가차이를 기타손익으로 처리하는 방법 → ㉠ 불리한 차이 : 기타비용 ㉡ 유리한 차이 : 기타수익 • 이론적 근거는 표준은 정상적인 공손이나 비능률을 감안하여 설정되므로 이를 벗어난 차이는 원가성이 없다고 보아 별도항목인 기타손익으로 표시해야 한다는 것임.

| 문제 96번 | 전부·변동·초변동원가계산 이익 계산 | 출제구분 | 재출제 | 난이도 | ★ ★ ★ | 정답 | ③ |

- 전부원가계산 매출총이익 계산
  - 매출액 : 20,000개 × 500 = 10,000,000
  - 매출원가[DM+DL+VOH+FOH] : 20,000개 × (150 + 120 + 50) + 200,000 = (6,600,000)
  - 매출총이익 : 3,400,000

- 변동원가계산 공헌이익 계산
  - 매출액 : 20,000개 × 500 = 10,000,000
  - 매출원가[DM+DL+VOH] : 20,000개 × (150 + 120 + 50) = (6,400,000)
  - 변동판관비 : 20,000개 × 30 = (600,000)
  - 공헌이익 : 3,000,000

- 초변동원가계산 재료처리량공헌이익 계산
  - 매출액 : 20,000개 × 500 = 10,000,000
  - 제품수준변동원가[직접재료원가(DM)] : 20,000개 × 150 = (3,000,000)
  - 재료처리량(현금창출)공헌이익 : 7,000,000

Guide 전부원가계산·변동원가계산·초변동원가계산 영업이익 계산 비교

전부원가계산	변동원가계산	초변동원가계산
• 매출액 (-)매출원가(DM+DL+VOH+FOH) 매출총이익 (-)판관비(변동+고정) 영업이익	• 매출액 (-)매출원가(DM+DL+VOH) (-)변동판관비 공헌이익 (-)FOH+고정판관비 영업이익	• 매출액 (-)제품수준변동원가(DM) 재료처리량(현금창출)공헌이익 (-)운영비용(DL+VOH+FOH+판관비) 영업이익

| 문제 97번 | 변동·전부원가계산의 기말재고 차이 | 출제구분 | 재출제 | 난이도 | ★ ☆ ☆ | 정답 | ④ |

- ㉠ 변동원가계산의 기말재고 구성항목 : 직접재료원가, 직접노무원가, 변동제조간접원가
  ㉡ 전부원가계산의 기말재고 구성항목 : 직접재료원가, 직접노무원가, 변동제조간접원가, 고정제조간접원가
- 변동원가계산의 경우 고정제조간접원가(FOH)가 전액 비용처리되므로, 변동원가계산방법을 적용한다면 전부원가계산에 의한 기말재고에 포함되어 있는 고정제조간접원가(FOH)만큼 기말재고가 감소한다.
  → 전부원가계산에 의한 기말재고에 포함되어 있는 고정제조간접원가(FOH) : 300단위 × @10 = 3,000

문제 98번 | 변동원가계산의 유용성 | 출제구분: 기출변형 | 난이도: ★★☆ | 정답: ③

- ② 변동원가계산은 공통적인 고정원가를 부문이나 제품별로 배분하지 않기 때문에 부문별, 제품별 의사결정 문제에 왜곡을 초래하지 않는다.(즉, 변동원가와 고정원가가 분리되고 공헌이익도 제시되므로 증분이익 분석이 용이해져 의사결정에 유용함.)
   → 반면, 전부원가계산은 공통적인 고정원가를 부문이나 제품별로 배부하기 때문에 부문별, 제품별 의사결정 문제에 왜곡을 초래할 가능성이 존재한다.
- ③ 변동원가계산은 판매량만이 영업이익에 영향을 미친다. 따라서, 이익이 생산량에 의해 영향을 받지 않으므로 바람직하지 못한 재고의 누적을 방지할 수 있다.
   → 반면, 전부원가계산은 생산량증감에 따라 고정제조간접원가배부액이 증감하여 이익이 증감하므로 판매량량뿐만 아니라 생산량도 영업이익에 영향을 미친다. 따라서, 생산량을 증가시켜 손실을 줄이거나 이익을 증가시킬 수 있으므로 생산과잉으로 인한 바람직하지 못한 불필요한 재고의 누적을 유발할 수 있다.

Guide 변동원가계산의 유용성

CVP자료 확보 용이	이익계획과 예산편성에 필요한 CVP(원가 - 조업도 - 이익)에 관련된 자료를 변동원가계산제도에 의한 공헌손익계산서로부터 쉽게 얻을 수 있음.
이익은 판매량의 함수	특정기간의 이익이 생산량에 의해 영향을 받지 않음. → 즉, 제품의 판매가격, 원가, 매출배합 등이 일정하다면 이익은 오직 판매량에 의해 결정되기 때문에 매출액의 변동과 동일한 방향으로 변화하게 됨.
높은 이해가능성	이익은 매출액과 동일한 방향으로 움직이므로 경영자의 입장에서 이해하기 쉬움.
의사결정 왜곡차단	공통적인 고정원가를 부문이나 제품별로 배분하지 않기 때문에 부문별, 제품별 의사결정 문제에 왜곡을 초래하지 않음.
고정원가 영향파악 용이	특정기간의 고정원가가 손익계산서에 총액으로 표시되기 때문에 고정원가가 이익에 미치는 영향을 쉽게 알 수 있음.
원가통제·성과평가에 유용	변동원가계산을 표준원가 및 변동예산과 같이 사용하면 원가통제와 성과평가에 유용하게 활용할 수 있다.

문제 99번 | 전부·변동원가계산의 차이점 | 출제구분: 재출제 | 난이도: ★☆☆ | 정답: ④

- 변동원가계산 : 판매량만이 영업이익에 영향을 미친다. → π(이익) = f(판매량)
- 전부원가계산 : 판매량뿐만 아니라 생산량도 영업이익에 영향을 미친다. → π(이익) = f(판매량 & 생산량)

Guide 전부원가계산과 변동원가계산의 기본적 차이점

구분	전부원가계산	변동원가계산
근본적 차이	원가부착개념 → FOH도 제조원가	원가회피개념 → FOH는 비용처리
제조원가	DM+DL+VOH+FOH	DM+DL+VOH
손익계산서	전통적 손익계산서(기능별I/S) → 매출액/매출총이익/영업이익	공헌이익 손익계산서(행태별I/S) → 매출액/공헌이익/영업이익
이익함수	π(이익) = f(판매량 & 생산량) → 이익이 생산량에 의해서도 영향 받으므로(생산량을 증가시키면 FOH배부액이 감소하고 이익이 증가) 생산량조절에 따른 이익조작가능성이 존재함.	π(이익) = f(판매량) → 이익이 판매량 변화에만 영향을 받으므로 생산량조절에 따른 이익조작 방지 가능
보고	외부보고용(기업회계기준 인정O)	내부관리용(기업회계기준 인정X)

| 문제 100번 | 변동원가계산 기말제품·영업이익 | 출제구분 | 재출제 | 난이도 | ★ ★ ☆ | 정답 | ② |

- 변동원가계산에서는 고정제조간접원가(FOH)를 기간비용으로 처리한다.
- 물량흐름(제품계정)

기초제품재고	0단위	판매량	70,000단위
생산량	90,000단위	기말제품재고	20,000단위

- 기말제품재고, 영업이익

	변동원가계산
기말제품	변동제조원가(1,350,000) × $\dfrac{20,000단위}{90,000단위}$ = 300,000
영업이익	순매출액(5,000,000) - 변동원가 (1,350,000 × $\dfrac{70,000단위}{90,000단위}$ + 260,000) - 고정원가(550,000 + 500,000) = 2,640,000

Guide ▶ 전부원가계산·변동원가계산·초변동원가계산 영업이익 계산 비교

전부원가계산	변동원가계산	초변동원가계산
• 매출액 (-)매출원가(DM+DL+VOH+FOH) 매출총이익 (-)판관비(변동+고정) 영업이익	• 매출액 (-)매출원가(DM+DL+VOH) (-)변동판관비 공헌이익 (-)FOH+고정판관비 영업이익	• 매출액 (-)제품수준변동원가(DM) 재료처리량(현금창출)공헌이익 (-)운영비용(DL+VOH+FOH+판관비) 영업이익

문제 101번   활동기준원가계산(ABC) 활동의 구분   출제구분: 신유형   난이도: ★★★   정답: ①

- 제품종류에 따라 특정제품을 회사의 생산품목으로 유지하는 활동(예 특정제품 설계와 연구개발 및 A/S활동)
  → 제품유지활동에 대한 설명이다.
- **저자주** 본 문제는 회계사·세무사 시험에서는 빈출되고 있는 활동원가계층구조에 대한 문제로서, 재경관리사 시험수준을 고려할 때 다소 무리한 출제로 사료됩니다. 출제가 된 만큼 가볍게 숙지 바랍니다.

Guide 활동의 구분

활동중심점(활동원가계층구조)	원가동인	추적가능한 원가
단위수준활동 〈제품생산량에 따라 비례하는 활동〉 예 직접재료원가투입활동, 동력소비활동, 직접노동활동, 기계활동 등	기계시간 노동시간 생산량	노무원가 동력원가 공장소모품
배치수준활동(묶음수준활동) 〈일정량(batch : 묶음)에 대한 생산이 이루어질 때마다 수행되는 활동〉 예 구매주문활동, 작업준비활동, 품질검사활동, 금형교환활동 등	주문횟수 검사시간 작업준비횟수	주문원가 품질검사원가 작업준비노무원가 재료취급원가
제품유지활동 〈제품종류에 따라 특정제품을 회사의 생산 품목으로 유지하는 활동〉 예 특정제품의 설계와 연구개발 및 A/S활동 등	시험횟수 시험시간 부품종류수	제품설계원가 설비시험원가 부품관리원가
설비유지활동(설비유지수준활동) 〈다양한 제품생산을 위하여 기본적인 설비유지를 위한 활동〉 예 공장관리활동, 건물임차활동, 안전유지활동 등	기계시간 노동시간 종업원수	공장감독자급여 공장감가상각비 종업원훈련원가

문제 102번   고저점법에 의한 총제조원가 추정   출제구분: 신유형   난이도: ★★☆   정답: ③

- 고저점법은 최고조업도와 최저조업도의 원가자료를 이용하여 원가함수를 추정하는 방법이다.
- 고저점법에 의한 원가함수($y = a + bx$) 추정
  - b(시간당변동원가) = $\dfrac{1,400,000 - 600,000}{12,000시간 - 4,000시간}$ = 100

    → 따라서, 추정함수는 $y = a + 100x$
  - 임의의 점(x = 4,000시간, y = 600,000)을 '$y = a + 100x$'에 대입하면 a = 200,000

    → 따라서, 추정함수는 $y = 200,000 + 100x$

∴5월달 총제조원가 추정액 : 200,000 + 100 × 9,500시간 = 1,150,000

저자주 저자는 1차함수를 추정하는 본 내용을 이해할 수 없다고 호소하는 수험생을 종종 보며 난감해지곤 합니다. 중학교 1학년 수학을 다시 검토해 주시기 바랍니다.

Guide 고저점법에 의한 원가함수 추정

의의	• 최고조업도와 최저조업도의 원가자료로 원가함수($y = a + bx$)를 추정
단위당변동원가 추정	• 단위당변동원가 = $\dfrac{최고조업도원가 - 최저조업도원가}{최고조업도 - 최저조업도}$
최고·최저점 선택	• 조업도를 기준으로 최고조업도, 최저조업도인 점을 선택함. 🔍주의 최고원가, 최저원가를 기준으로 선택하는 것이 아님.

| 문제 103번 | 손익분기점(BEP) 판매량 계산 | 출제구분 | 기출변형 | 난이도 | ★ ☆ ☆ | 정답 | ③ |

- 단위당공헌이익 : 5,000(단위당판매가격) - 3,000(단위당변동원가) = 2,000
- 손익분기점(BEP)판매량 : $\dfrac{200,000,000(고정원가)}{2,000(단위당공헌이익)}$ = 100,000개

참고 손익분기점(BEP)매출액 : $\dfrac{고정원가(200,000,000)}{공헌이익률(2,000 \div 5,000)}$ = 500,000,000원

Guide 손익분기점분석 기본산식

손익분기점	• 손익분기점(BEP)은 이익을 0으로 만드는 판매량 또는 매출액을 의미함.
기본산식	• 매출액 - 변동비(변동제조원가와 변동판관비) - 고정비(고정제조간접원가와 고정판관비) = 0 →매출액 - 변동비 = 고정비, 공헌이익 = 고정비 →단위당공헌이익 × 판매량 = 고정비, 공헌이익률 × 매출액 = 고정비
BEP산식	• ㉠ BEP판매량 : $\dfrac{고정비(=FOH+고정판관비)}{단위당공헌이익}$ ㉡ BEP매출액 : $\dfrac{고정비(=FOH+고정판관비)}{공헌이익률}$

| 문제 104번 | 영업레버리지 일반사항 | 출제구분 | 기출변형 | 난이도 | ★ ★ ☆ | 정답 | ① |

- 일반적으로 한 기업의 영업레버리지도는 손익분기점 부근에서 가장 크며, 매출액이 증가함에 따라 점점 작아진다.

Guide 영업레버리지 주요사항

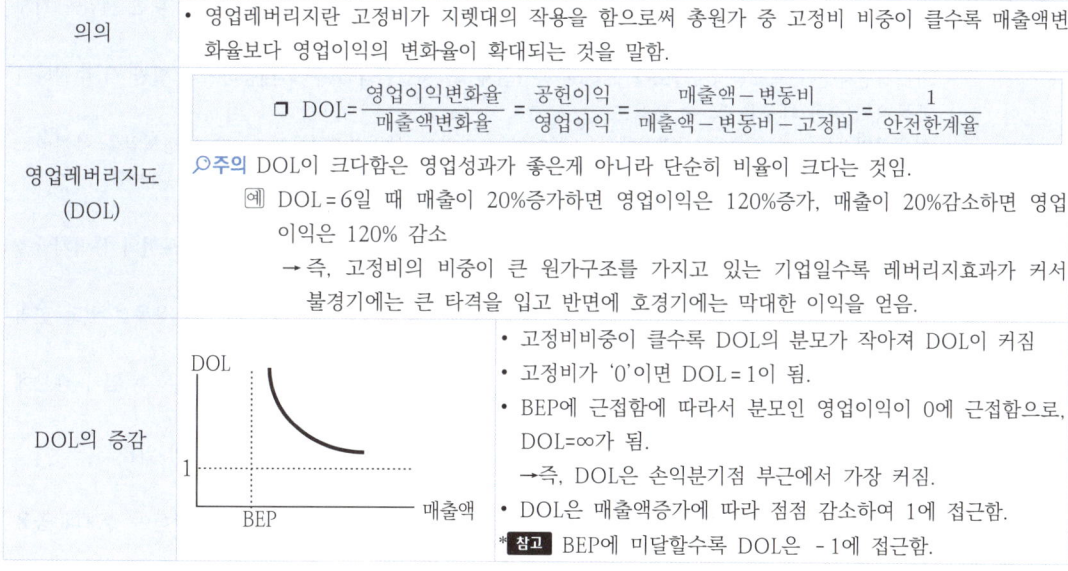

문제 105번 | 손익분기점을 통한 이익증가액 추정 | 출제구분: 신유형 | 난이도: ★★☆ | 정답: ①

- 단위당변동원가 : $\dfrac{60{,}000}{500단위} = 120$

- 손익분기점 판매량(500단위) = $\dfrac{고정원가(5{,}000{,}000)}{단위당판매가격 - 단위당변동원가(120)}$ → 단위당판매가격 = 10,120

- 판매량을 x, 이익을 y라 하면, $y = 10{,}120x - 120x - 5{,}000{,}000 \Rightarrow y = 10{,}000x - 5{,}000{,}000$
  → ∴ x가 1단위 증가시 y증가액은 1차함수의 기울기 10,000과 동일

*[별해] 이해를 돕기 위해 다음과 같이 풀이할 수도 있다.

판매량	이익	이익증가액
500단위(BEP)	10,000 × 500단위 - 5,000,000 = 0	10,000
501단위	10,000 × 501단위 - 5,000,000 = 10,000	

문제 106번 | 분권화의 장점과 단점 | 출제구분: 재출제 | 난이도: ★★☆ | 정답: ①

- 분권화의 경우 각 사업부에서 동일한 활동이 개별적으로 중복되어 수행될 가능성이 존재한다.

Guide 분권화 정리

실시단계	• ㉠ 권한의 부여 : 상위경영자가 하위경영자에게 특정업무를 수행할 수 있는 권한을 부여 • ㉡ 의무의 양도 : 상위경영자는 하위경영자에게 권한을 부여함과 동시에 관련된 의무도 부과 • ㉢ 책임의 발생 : 하위경영자는 권한을 상위경영자로부터 부여 받음으로써 이 권한에 대한 책임을 지게 되며, 성과평가도 받게 됨.
효익	• 하위경영자들이 최고경영자들보다 고객과 공급업체 및 종업원의 요구에 대응하기가 훨씬 더 수월하기 때문에 신속한 대응을 할 수 있음. • 하위경영자들에게 빠른 의사결정책임을 부여하는 기업이 상위경영자들에게 의사결정책임을 부여하고자 시간을 소비하는 기업보다 경쟁적 우위를 점할 수 있어 보다 신속한 의사결정이 가능함. • 하위경영자들에게 보다 큰 재량권이 주어지면 보다 많은 동기부여가 됨. • 분권화를 시행하게 되면 경영자에게 많은 책임이 주어지게 되고, 이에 따라 경영자로서의 능력개발을 촉진시킬 수 있으며 학습효과 측면에서도 유용함. • 분권화된 환경에서 소규모 하위단위 경영자들은 대규모 하위단위 경영자들보다 더 융통성 있고 민첩하게 시장 기회에 적응할 수 있음. • 분권화를 통하여 최고경영자들은 하위단위의 일상적인 의사결정의 부담에서 벗어날 수 있기 때문에 조직전체의 전략적 계획에 보다 많은 시간과 노력을 집중시킬 수 있음.
문제점	• 분권화사업부는 기업전체의 관점에서 최적이 아닌 의사결정(준최적화)을 할 가능성이 있음. • 각 사업부에서 동일한 활동이 개별적으로 중복되어 수행될 수 있음. • 분권화된 각 사업부의 경영자들이 동일한 기업의 다른 사업부를 외부집단으로 간주하여 정보의 공유 등을 꺼려함에 따라 각 사업부간 협력이 저해될 수 있음.

| 문제 107번 | 시장점유율차이 계산 | 출제구분 | 재출제 | 난이도 | ★ ☆ ☆ | 정답 | ④ |

- 매출수량차이의 분해

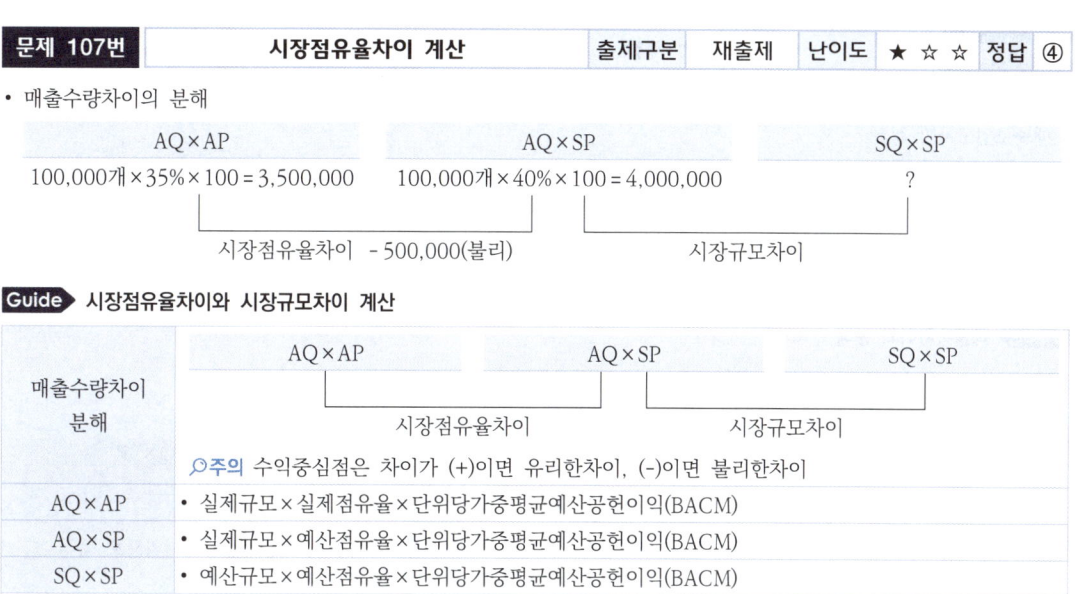

Guide 시장점유율차이와 시장규모차이 계산

매출수량차이 분해	$AQ \times AP$ ——— 시장점유율차이 ——— $AQ \times SP$ ——— 시장규모차이 ——— $SQ \times SP$
	주의 수익중심점은 차이가 (+)이면 유리한차이, (−)이면 불리한차이
$AQ \times AP$	실제규모 × 실제점유율 × 단위당가중평균예산공헌이익(BACM)
$AQ \times SP$	실제규모 × 예산점유율 × 단위당가중평균예산공헌이익(BACM)
$SQ \times SP$	예산규모 × 예산점유율 × 단위당가중평균예산공헌이익(BACM)

*참고 단위당가중평균예산공헌이익(BACM)의 계산 사례

예산자료	제품	단위당판매가격	단위당변동원가	단위당공헌이익	판매량
	A	100원	30원	70원	600단위
	B	40원	20원	20원	400단위

→ 단위당가중평균예산공헌이익(BACM) : $70 \times \dfrac{600}{1,000} + 20 \times \dfrac{400}{1,000} = 50$

| 문제 108번 | 매출배합차이 계산 | 출제구분 | 재출제 | 난이도 | ★ ★ ★ | 정답 | ① |

- 예산매출배합비율 : 예산매출수량 1,000단위 중 제품A(700단위) 비율은 70%, 제품B(300단위) 비율은 30%
- 매출조업도차이 분해

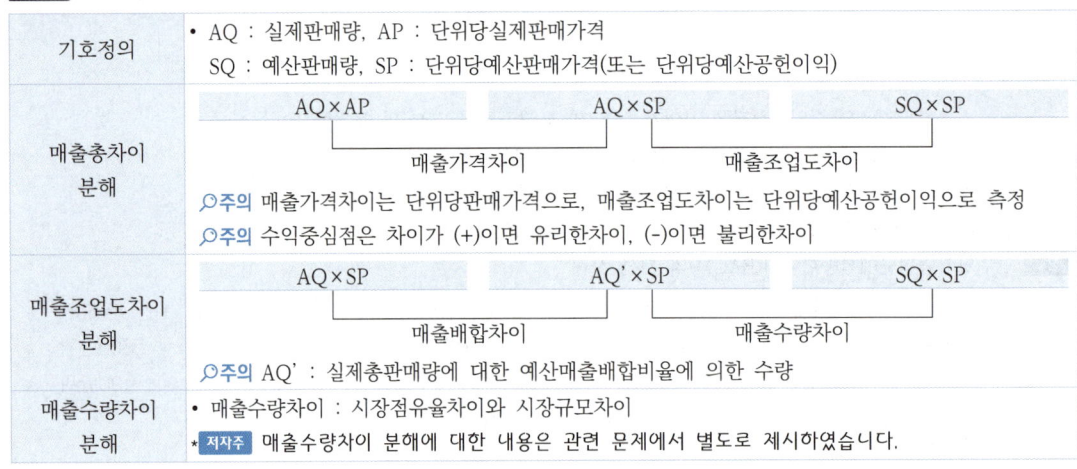

Guide 매출총차이의 분해

기호정의	• AQ : 실제판매량, AP : 단위당실제판매가격 SQ : 예산판매량, SP : 단위당예산판매가격(또는 단위당예산공헌이익)
매출총차이 분해	AQ×AP ─ 매출가격차이 ─ AQ×SP ─ 매출조업도차이 ─ SQ×SP 주의 매출가격차이는 단위당판매가격으로, 매출조업도차이는 단위당예산공헌이익으로 측정 주의 수익중심점은 차이가 (+)이면 유리한차이, (-)이면 불리한차이
매출조업도차이 분해	AQ×SP ─ 매출배합차이 ─ AQ'×SP ─ 매출수량차이 ─ SQ×SP 주의 AQ' : 실제총판매량에 대한 예산매출배합비율에 의한 수량
매출수량차이 분해	• 매출수량차이 : 시장점유율차이와 시장규모차이 저자주 매출수량차이 분해에 대한 내용은 관련 문제에서 별도로 제시하였습니다.

문제 109번 | 책임중심점과 책임범위 | 출제구분: 신유형 | 난이도 ★★☆ | 정답 ②

- 수익중심점은 매출액에 대해서만 통제책임을 진다.
  → 수익중심점은 산출물만을 화폐로 측정하여 통제할 뿐 투입물과 산출물 모두에 의해 결정되는 이익(매출액 - 매출원가)에 대해서는 책임을 지지 않는다.

Guide 책임중심점의 분류

원가중심점	• 통제가능한 원가의 발생만 책임을 지는 가장 작은 활동단위로서의 책임중심점(예 제조부문)
수익중심점	• 매출액에 대해서만 통제책임을 지는 책임중심점(예 판매부서 및 영업소) → 수익중심점은 산출물만을 화폐로 측정하여 통제할 뿐 투입물과 산출물 모두에 의해 결정되는 이익에 대해서는 책임을 지지 않음. → 그러나 매출액만으로 성과평가를 하게 되면 기업전체적으로 잘못된 의사결정을 야기 가능함.(불량채권의 발생, 원가절감의 경시 등 여러 가지 문제점에 노출될 수 있기 때문임.)
이익중심점	• 원가와 수익 모두에 대해서 통제책임을 지는 책임중심점 → 이익중심점은 전체 조직이 될 수도 있지만 조직의 한 부분, 즉 판매부서, 각 지역(점포)단위 등으로 설정될 수도 있는데 이 경우 책임중심점이란 이익중심점을 뜻하는 것이 일반적임. → 이익중심점은 수익중심점에 비해 유용한 성과평가기준이 됨. 성과평가의 기준을 이익으로 할 경우 해당 경영자는 공헌이익 개념에 의해서 관리를 수행할 것이고 이로 인해 회사전체적 입장에서 최적의 의사결정에 근접할 수 있음.
투자중심점	• 원가·수익 및 투자의사결정도 책임지는 책임중심점으로 가장 포괄적 개념임. → 기업이 제품별 또는 지역별로 별도의 독립적인 조직으로 분리될 정도로 규모가 커져 제품별 또는 지역별 사업부로 분권화된 경우, 이 분권화조직이 투자중심점에 해당함.

문제 110번 | 잔여이익법의 특징 | 출제구분: 재출제 | 난이도 ★☆☆ | 정답 ③

- 잔여이익법은 금액, 투자수익률법은 비율에 의하므로 채택(수락)되는 투자안이 상이할 수 있다.
  ㉠ 투자수익률(ROI) = $\dfrac{\text{영업이익}}{\text{영업자산(투자액)}}$
  ㉡ 잔여이익(RI) = 영업이익 - 영업자산(투자액) × 최저필수수익률

Guide 잔여이익(RI) 주요사항

RI 계산	□ 잔여이익(RI) = 영업이익 - 영업자산(투자액) × 최저필수수익률 ◎주의 투자수익률(ROI)에 의한 의사결정과 잔여이익(RI)에 의한 의사결정은 일치하지 않음. → 즉, 투자수익률(ROI)에서는 채택되어도 잔여이익(RI)에서는 기각 가능
장점	• 준최적화현상이 발생하지 않음. → 각 사업부의 경영자는 최저필수수익률을 초과하는 모든 투자안을 수락하게 되므로 투자중심점과 회사전체의 이익을 동시에 극대화 가능
단점	• 금액으로 표시하므로 각 사업부의 투자규모가 상이할 경우 사업부간 성과 비교에 한계가 있음. • 투자수익률(ROI)과 마찬가지로 회계적이익에 기초하므로 성과평가와 의사결정의 일관성이 결여

문제 111번 | 투자수익률 일반사항 | 출제구분: 신유형 | 난이도: ★★☆ | 정답: ④

- ① 투자수익률[= 영업이익 ÷ 영업자산(투자액)]은 이익뿐만 아니라 투자액도 함께 고려하는 성과평가기준이다.
  → 따라서, 사업부의 경영자가 자신의 사업부 투자액에 대한 통제권한이 있는 경우 그 경영자의 성과측정 지표로 더욱 유용하게 사용될 수 있다.
- ② 경제적부가가치(EVA)에 대한 설명이다. 즉, 경제적부가가치(EVA)는 영업이익과 투하자본을 경제적 의미로 재조정하기 위한 수정사항이 많고 명확하지 않다는 문제점이 있다.
  → 저자주 본 내용은 회계사·세무사 시험에서 언급되는 내용이므로 가볍게 문구정도 참고바랍니다.
- ③ 투자수익률은 비율로 표시되므로 투자규모가 서로 다른 투자중심점간의 성과평가 및 비교에 유용하다.
  → 반면, 잔여이익[= 영업이익 - 영업자산(투자액) × 최저필수수익률]은 금액으로 표시하므로 투자수익률이 동일한 경우 규모가 작은 소규모 투자중심점보다 규모가 큰 대규모 투자중심점의 잔여이익이 크게 나와 상대적으로 유리한 성과평가를 받는다.
- ④ 투자수익률은 개별투자중심점의 현재 투자수익률보다 낮은 투자안이긴 하나 회사전체 최저필수수익률을 상회하는 좋은 투자안인 경우에도 동 사업에 대한 투자를 기피(부당하게 기각)하게 된다는 문제점이 있으므로, 준최적화현상(회사전체 최저필수수익률을 상회하는 좋은 투자안이 개별 투자중심점의 투자수익률 보다 낮기 때문에 투자가 포기되어 회사 전체이익에 불리한 의사결정이 이루어짐)이 발생한다.

Guide 투자수익률(ROI) 주요사항

ROI 계산	□ 투자수익률(ROI) = $\frac{영업이익}{영업자산(투자액)} = \frac{영업이익}{매출액} \times \frac{매출액}{영업자산}$ = 매출액영업이익률 × 자산회전율
장점	• 비율로 표시되므로 투자규모가 서로 다른 투자중심점간의 성과평가 및 비교에 유용
단점	• 준최적화현상이 발생함. → 회사전체 최저필수수익률을 상회하는 좋은 투자안이 개별투자중심점의 투자수익률 보다 낮기 때문에 투자가 포기되어 회사전체이익에 불리한 의사결정이 이루어짐.('잔여이익'으로 해결가능) • 회계적이익에 기초하므로 성과평가와 의사결정(현금흐름에 기초)의 일관성이 결여 • 화폐의 시간가치를 고려하지 않음.(단기적 성과 강조)
증대방안	• 매출액증대와 원가의 감소, 진부화된 투자자산의 처분(감소)

문제 112번 | 제품라인 유지·폐지 의사결정 | 출제구분: 재출제 | 난이도: ★★☆ | 정답: ②

- 사업부X를 폐지하는 경우
  증분수익 - 감소 : 공헌이익 500,000(매출액) - 280,000(변동원가) = (220,000)
  증분비용 - 감소 :   고정원가 100,000(회피가능) =   100,000
  증분손익   (120,000)

∴ 사업부X를 폐지한다면 회사전체 순이익은 120,000원 감소한다.

참고 총액접근법

사업부X의 현재 손익	사업부X 포기시 손익	
공헌이익 : 500,000 - 280,000 = 220,000	-	
고정원가 : 120,000	120,000 - 100,000 = 20,000(계속발생분)	
100,000	△20,000	→ 증분손실 120,000

문제 113번 | 특별주문 : 유휴능력 부족 | 출제구분: 신유형 | 난이도 ★★★ | 정답 ①

- 현재생산 50,000단위, 최대생산능력 70,000단위
  → ∴특별주문 25,000단위 수락시 현재생산 5,000단위의 정규매출을 감소시켜야 한다.

- 특별주문을 수락하는 경우

증분수익 - 증가 :	25,000단위 × 90 =	2,250,000
- 감소 : 정규매출감소 공헌이익상실액	5,000단위 × (100 - 60) =	(200,000)
증분비용 - 증가 :	25,000단위 × 60 =	(1,500,000)
증분손익		550,000

∴특별주문을 수락한다면 영업이익은 550,000원 증가한다.

Guide 특별주문 수락·거부 의사결정

고려사항	• 특별주문으로 증가되는 수익(특별주문가격)과 변동원가 • 유휴설비능력이 있는 경우 유휴설비의 대체용도를 통한 이익상실분(기회원가) • 유휴설비능력이 없는 경우 기존 정규매출감소로 인한 공헌이익상실분 • 유휴설비능력이 없는 경우 설비능력 확충시 추가적 설비원가 🔍주의 고정원가(FOH,고정판관비)는 특별주문의 수락여부와 관계없이 일정하게 발생하므로 일반적으로 분석에서 제외하나, 조업도 수준에 따라 증감하는 경우에는 고려함.

주문수락
의사결정
	㉠ 유휴설비능력이 존재하는 경우
	    □ 증분수익 > 증분원가
	㉡ 유휴설비능력이 존재하고 대체적 용도가 있는 경우
	    □ 증분수익 > 증분원가 + 기회원가
	㉢ 유휴설비능력이 존재하지 않는 경우
	    □ 증분수익 > 증분원가 + 추가설비원가 + 기존판매량 감소분의 공헌이익

문제 114번 | 특별주문과 관련·비관련원가 항목 | 출제구분: 재출제 | 난이도 ★☆☆ | 정답 ②

- 고정원가(고정제조간접원가)는 특별주문에 대한 의사결정을 함에 있어 비관련원가이다.
  → 그러나, 고정원가가 특별주문으로 증감하는 경우에는 의사결정에 고려한다.

문제 115번 | 회수기간법 회수기간 계산 | 출제구분: 재출제 | 난이도 ★★☆ | 정답 ④

- 회수기간 : $3년 + 1년 \times \dfrac{30,000 - (5,000 + 9,000 + 8,000)}{10,000} = 3.8년$

Guide 회수기간 계산

계산방법	□ 회수기간 = 기회수연수 + 1년 × $\dfrac{미회수액(= 투자액 - 기회수액)}{당해 회수액}$ 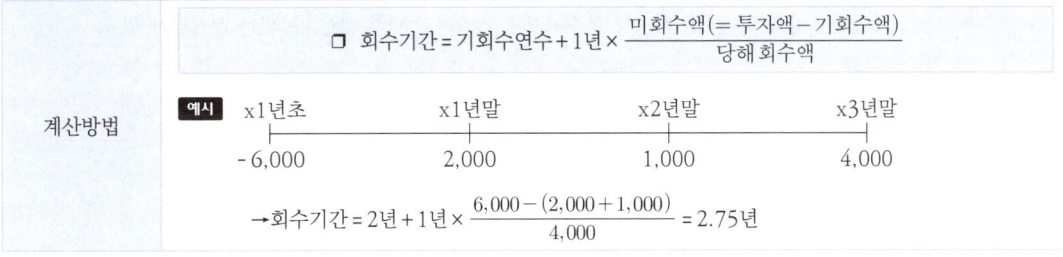

문제 116번 | 순현재가치법 일반사항 | 출제구분: 재출제 | 난이도: ★ ☆ ☆ | 정답: ②

- 순현재가치법은 할인모형이므로 화폐의 시간가치를 고려한다.
- **참고** 가치가산의 원칙(value additivity principle) : 상호 독립적인 투자안 A와 B가 있을 때, 두 투자안의 결합순현재가치는 각 투자안의 순현재가치의 합과 같은 것을 말한다. → NPV(A+B) = NPV(A) + NPV(B)

Guide 순현재가치법(NPV법)

의의	□ NPV(순현재가치) = 현금유입의 현재가치 - 현금유출의 현재가치
	○주의 할인율 : 자본비용(=최저필수수익률=최저요구수익률)
의사결정	상호독립적 투자안 • 'NPV > 0'인 투자안 채택
	상호배타적 투자안 • NPV가 가장 큰 투자안 채택
장점	• ㉠ 자본비용으로 재투자된다고 가정하므로 현실적임. ㉡ 비할인모형에서 무시되고 있는 화폐의 시간적 가치를 고려함. ㉢ 현금흐름과 기대치와 자본비용만이 고려되고 회계적 수치와는 무관하므로 자의적 요인을 제거할 수 있음. ㉣ 가치가산원칙[NPV(A+B)=NPV(A)+NPV(B)]이 성립함. ㉤ 기업의 가치를 극대화할 수 있는 투자안을 선택할 수 있음. →즉, 채택된 모든 투자안의 순현재가치는 곧 그 기업의 가치가 됨.
단점	• ㉠ 투자안의 할인율(자본비용)을 정하기가 어려움. ㉡ 확실성하에서만 성립하는 모형이므로, 불확실성하에서 적용하기 어려움.

문제 117번 | 자본예산모형의 구분 | 출제구분: 재출제 | 난이도: ★ ☆ ☆ | 정답: ②

- 내부수익률(IRR) : 현금유입액의 현재가치와 현금유출액의 현재가치를 같게 해주는 할인율
- **저자주** 신유형에 해당하는 문제이긴 하나 기초적인 문제이므로 절대 틀려서는 안되는 문제에 해당합니다.

Guide 내부수익률법(IRR법)

의의	□ IRR : '현금유입의 현재가치 = 현금유출의 현재가치'로 만드는 할인율
	○주의 결국, IRR은 'NPV=0'인 할인율임.
	보론 IRR은 자본비용의 손익분기점이라는 의미를 갖음.(즉, 자본비용보다 크면 이익)
의사결정	상호독립적 투자안 • 'IRR > 자본비용'이면 채택
	상호배타적 투자안 • IRR이 가장 큰 투자안 채택
장점	• ㉠ 현금흐름과 화폐의 시간가치를 고려함. ㉡ 회계적 수치와 무관하므로 자의적 요인을 제거 가능함.
단점	• ㉠ 내부수익률로 재투자된다고 가정하므로 지나치게 낙관적이라는 문제점이 있음. ㉡ IRR을 계산하기가 어려움.(∵보간법이나 시행착오법 사용) ㉢ IRR은 금액이 아닌 비율(투자규모 무시)이므로 가치가산원칙이 성립치 않음. ㉣ 현금흐름에 따라서는 IRR이 복수이거나, IRR이 존재치 않을 수 있는 문제점이 있음.

문제 118번 — 특별가격결정방법 [출제구분: 신유형] [난이도: ★☆☆] [정답: ④]

- 신제품출시 초기에 높은 시장점유율을 얻기 위한 가격정책으로 초기시장진입가격을 낮게 설정하는 가격정책
  → 시장침투가격에 대한 설명이다.

Guide 특별가격결정방법

신제품 가격결정	상층흡수가격	• 단기간의 이익을 극대화하기 위해서 초기시장진입가격은 높게 설정을 하고, 점진적으로 시장점유율을 높이기 위해 가격을 내리는 가격정책 → 제품 가격탄력성이 낮고 시장의 제품진입이 한정되어 있는 제품에 적합
	시장침투가격	• 초기에 높은 시장점유율을 얻기 위한 가격정책으로 초기시장진입가격을 낮게 설정하는 것 → 특히 제품의 가격탄력성이 높고, 고정원가의 비율이 높은 제품에 적합
입찰가격		• 공헌이익법이 사용되며, 결정시 경제상황, 경쟁자, 높은 이익률 및 회전율 등도 고려함.
약탈적 가격정책		• 경쟁자를 시장에서 축출하기 위해 일시적으로 가격을 인하하는 정책 → 경쟁자가 없어진 후 다시 가격을 인상하여 이익을 얻기 위한 가격정책임.

문제 119번 — 최대·최소대체가격과 회사전체이익 [출제구분: 신유형] [난이도: ★★★] [정답: ①]

- 수요사업부(B)의 최대TP(외부구매시장 있음) : 420(외부구입가)
- 공급사업부(A)의 최소TP(외부판매시장 있음 & 내부대체량이 최대생산능력 내에 있으므로 유휴생산시설이 있는 경우임) : 170(대체시단위당지출원가=단위당변동원가)

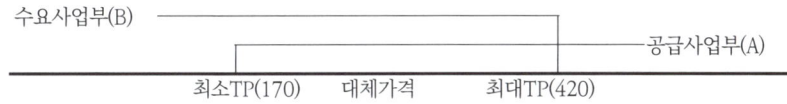

→ ∴ 회사 전체의 이익을 위해서 두 사업부는 내부대체를 하는 것이 유리하다.
  ㉠ 수요사업부(B) : (최대TP - 대체가격) 만큼 이익
  ㉡ 공급사업부(A) : (대체가격 - 최소TP) 만큼 이익
  ㉢ 회사전체 : 420 - 170 = 250 만큼 1개당 이익 증가

Guide 최대·최소대체가격(TP) 계산

최대대체가격 [수요사업부]	외부구매시장 없는 경우	▫ 판매가격 - 대체후단위당지출원가 → 대체후단위당지출원가 = 추가가공원가 + 증분단위당고정비 + 단위당추가판매비
	외부구매시장 있는 경우	▫ Min[① 외부구입가격 ② 판매가격 - 대체후단위당지출원가] ⚠주의 대체후지출없이 판매시 일반적으로 판매가〉외부구입가, 즉, 최대TP=외부구입가
최소대체가격 [공급사업부]	외부판매시장 없는 경우	▫ 대체시단위당지출원가 - 대체시절감원가 → 대체시단위당지출원가 = 단위당변동비 + 증분단위당고정비
	외부판매시장 있는 경우	㉠ 유휴시설이 없는 경우 ▫ 대체시단위당지출원가 + 정규매출상실공헌이익 - 대체시절감원가 ㉡ 유휴시설이 있는 경우 ▫ 대체시단위당지출원가 + 타용도사용포기이익 - 대체시절감원가

| 문제 120번 | 균형성과표(BSC) 구성요소(4가지 관점) | 출제구분 | 신유형 | 난이도 ★ ☆ ☆ | 정답 ③ |

- 균형성과표(BSC)의 구성요소(재무적 관점, 고객 관점, 내부프로세스 관점, 학습과 성장 관점) 중 내부프로세스 관점에 대한 설명이다.

내부프로세스 관점	• 균형성과표의 접근방법은 내부프로세스 성과에 대한 요구가 개별적인 외부 고객의 기대로부터 도출될 수 있도록 유도함. • 주요 3단계 프로세스 및 성과측정시 ㉠ 혁신프로세스 : 현재와 미래고객의 욕구를 충족시키기 위한 완전히 새로운 제품과 서비스의 창출 　→성과측정치 : 신제품 개발수, 신제품과 개발기간, 특허취득건수 ㉡ 운영프로세스 : 현재 고객에게 현재의 제품과 서비스를 효율적이고 신뢰성있게 생산 및 판매 　→성과측정치 : 수율, 능률차이, 불량률, 품질원가, 적시배송률(주문·배달기간) ㉢ 판매후서비스 프로세스 : 고객평가에 주의, A/S등을 통하여 고객을 만족시키는 과정 　→성과측정치 : 불량건수, 불량품 교체시간, 첫통과율, 서비스 대응시간

재경관리사 공개기출해설 [원가]

Certified Accounting Manager

2021년 3월에 시행된 기출문제에 대한 완벽한
해설을 관련이론(가이드)과 함께 제시하였습니다.
해당 문제는 합본부록을 참고바랍니다.

원가관리회계
공개기출문제해설
[2021년 03월 시행]

SEMOOLICENCE

| 문제 81번 | 제조원가의 구성 | 출제구분 | 재출제 | 난이도 | ★ ☆ ☆ | 정답 | ③ |

- 제조기업의 계정흐름

원재료		재공품		제품	
기초원재료	사용액(DM)	기초재공품	당기제품제조원가	기초제품	제품매출원가
당기매입	기말원재료	**당기총제조원가**	기말재공품	**당기제품제조원가**	기말제품

- 당기총제조원가 : 제조과정에 투입된 모든 제조원가
  ⇒ 직접재료원가(DM) + 직접노무원가(DL) + 제조간접원가(OH)
- 당기제품제조원가 : 당기에 완성되어 제품으로 대체된 완성품의 제조원가
  ⇒ 기초재공품 + 당기총제조원가 − 기말재공품
- 제품매출원가 : 당기에 판매된 제품의 제조원가
  ⇒ 기초제품 + 당기제품제조원가 − 기말제품

| 문제 82번 | 매출총이익률을 통한 기말제품 추정 | 출제구분 | 재출제 | 난이도 | ★ ★ ★ | 정답 | ④ |

- 매출총이익률을 A라 하면, '매출원가 = 매출액 × (1 − A)' → 매출원가 : 200,000 × (1 − 40%) = 120,000

매출총이익률이 주어진 경우 매출원가 계산	• 매출원가 = 매출액 × (1 − 매출총이익률)
원가가산이익률이 주어진 경우 매출원가 계산	• 매출원가 = $\dfrac{매출액}{1 + 원가가산이익률}$

- 직접노무원가(DL)는 가공원가(DL + OH)의 60%이므로, DL = (DL + 32,000) × 60% → DL = 48,000
- 직접재료원가(DM)는 기본원가(DM + DL)의 50%이므로, DM = (DM + 48,000) × 50% → DM = 48,000
- 당기총제조원가 : 48,000(DM) + 48,000(DL) + 32,000(OH) = 128,000
- 당기제품제조원가 : 25,000(기초재공품) + 128,000(당기총제조원가) − 8,000(기말재공품) = 145,000
- 기말제품 : 10,000(기초제품) + 145,000(당기제품제조원가) − 120,000(매출원가) = 35,000

고속철 실전에서는 다음의 계정에 해당액을 직접 기입하여 대차차액으로 구한다.

기초재공품	25,000	매출원가	200,000 × (1 − 40%) = 120,000
기초제품	10,000		
직접재료원가	48,000		
직접노무원가	48,000	기말재공품	8,000
제조간접원가	32,000	기말제품	?

Guide 제조기업의 원가흐름

계정흐름	원재료		재공품		제품	
	기초원재료	사용액(DM)	기초재공품	당기제품제조원가	기초제품	제품매출원가
	당기매입	기말원재료	당기총제조원가	기말재공품	당기제품제조원가	기말제품
당기총제조원가	• 직접재료원가(DM) + 직접노무원가(DL) + 제조간접원가(OH)					
당기제품제조원가	• 기초재공품 + 당기총제조원가 − 기말재공품					
제품매출원가	• 기초제품 + 당기제품제조원가 − 기말제품					

| 문제 83번 | 원가배분기준 | 출제구분 | 재출제 | 난이도 | ★ ★ ☆ | 정답 | ① |

- 품질검사원가를 품질검사시간을 기준으로 배분하는 경우는 부담능력기준이 아니라 인과관계기준의 대표적인 예이다.

Guide 원가배분기준

인과관계기준 (cause and effect criterion)	• 원가대상과 배분대상원가 간의 인과관계에 따라 원가를 배분하는 기준으로 가장 이상적인 원가배분기준임. →예 품질검사원가를 품질검사시간을 기준으로 배분 　　공장직원 회식비를 각 부문종업원수에 따라 배분
수혜기준 (benefits received criterion)	• 원가대상이 공통원가로부터 제공받는 경제적효익의 크기에 따라 원가를 배분하는 기준('수익자부담원칙'에 입각한 배분기준임.) →예 광고선전비를 사업부별 매출액이 아닌 매출증가액을 기준으로 배분
부담능력기준 (ability to bear criterion)	• 원가부담능력(수익창출능력)에 따라 원가를 배분하는 기준 →예 본사에서 발생하는 각 지점관리와 관련된 공통원가를 각 지점의 매출액을 기준으로 배분
공정성·공평성기준 (fairness and equity criterion)	• 공정성·공평성에 의하여 공통원가를 원가배분대상에 배분해야 한다는 원칙을 강조하는 포괄적인 기준 →정부와의 계약에서 상호 만족할만한 가격설정을 위한 수단으로 주로 사용

| 문제 84번 | 보조부문원가배분 : 직접배분법 | 출제구분 | 기출변형 | 난이도 | ★ ☆ ☆ | 정답 | ③ |

- 직접배분법은 보조부문 상호간에 행해지는 용역의 수수를 완전히 무시하고 보조부문원가를 각 제조부문이 사용한 용역의 상대적 비율에 따라 제조부문에 직접 배분한다.
  →보조부문원가는 다른 보조부문에 전혀 배분되지 않게 된다.

- 제조부문C가 배분받은 보조부문원가 : $400,000 \times \dfrac{30\%}{30\%+50\%} + 480,000 \times \dfrac{40\%}{40\%+20\%} = 470,000$

	A	B	C	D
배분전원가	400,000	480,000	?	?
A	(400,000)	-	$400,000 \times \dfrac{30\%}{30\%+50\%} = 150,000$	$400,000 \times \dfrac{50\%}{30\%+50\%} = 250,000$
B	-	(480,000)	$480,000 \times \dfrac{40\%}{40\%+20\%} = 320,000$	$480,000 \times \dfrac{20\%}{40\%+20\%} = 160,000$
배분후원가	0	0	?	?

| 문제 85번 | 제조간접원가 배부 일반사항 | 출제구분 | 신유형 | 난이도 ★ ☆ ☆ | 정답 ④ |

- 공장전체 제조간접원가 배부율은 공장전체 제조간접원가를 공장전체 배부기준으로 나눠서 구하며, 배부된 제조간접원가는 공장전체 배부기준을 공장전체배부율로 곱하여 구한다.

Guide 공장전체·부문별 제조간접원가배부

공장전체 제조간접원가배부	• 공장전체제조간접원가배부율 = $\dfrac{\text{공장전체제조간접원가}}{\text{공장전체배부기준}}$ 🔍주의 공장전체제조간접원가배부율을 사용시는 보조부문원가를 배분할 필요가 없음.
부문별 제조간접원가배부	• 부문별제조간접원가배부율 = $\dfrac{\text{부문별제조간접원가}}{\text{부문별배부기준}}$ →공장전체제조간접원가배부에 비하여 보다 정확한 제조간접원가 배부가 이루어짐.

| 문제 86번 | 직접노무원가 기준 제조간접원가 배부 | 출제구분 | 재출제 | 난이도 ★ ★ ☆ | 정답 ③ |

- 기말재공품 : 미완성인 작업지시서 #113의 총원가
- #112 직접노무원가(5,200) × A = 제조간접원가(9,100) 에서, A = 1.75
  →즉, 제조간접원가 배부액은 직접노무원가의 1.75배
- 기말재공품원가(#113) : 직접재료원가(20,000) + 직접노무원가(10,800) + 제조간접원가(10,800 × 1.75) = 49,700

참고 총제조간접원가(OH) 계산 : $5,200 \times \text{OH배부율}(\dfrac{OH}{40,000}) = 9,100$ 에서, OH = 70,000

Guide 제조간접원가 배부

의의	• 제조간접원가의 발생과 높은 상관관계를 가진 배부기준을 정하여 각 제품에 배부
배부기준	• ㉠ 복리후생비 : 각 부문의 종업원수 ㉡ 임차료 : 각 부문의 점유면적
배부율	• 제조간접비배부율 = 제조간접원가 ÷ 배부기준(조업도)

| 문제 87번 | 종합원가계산 선입선출법 기말재공품 계산 | 출제구분 | 재출제 | 난이도 ★ ☆ ☆ | 정답 ④ |

- 선입선출법

  기말재공품원가 : 당기발생원가 × $\dfrac{\text{기말재공품의 완성품환산량}}{\text{당기완성품수량 + 기말재공품의 완성품환산량 − 기초재공품의 완성품환산량}}$

  →당기발생투입분의 완성품환산량(당기완성품수량 + 기말재공품의 완성품환산량 − 기초재공품의 완성품환산량)에서 기말재공품의 완성품환산량이 차지하는 비율에 의해 계산한다.

비교 평균법

  기말재공품원가 : (기초재공품원가 + 당기발생원가) × $\dfrac{\text{기말재공품의 완성품환산량}}{\text{완성품수량 + 기말재공품의 완성품환산량}}$

  →총완성품환산량(완성품수량 + 기말재공품의 완성품환산량)에서 기말재공품의 완성품환산량이 차지하는 비율에 의해 계산한다.

| 문제 88번 | 기말재공품완성도 : 모든 원가 균등발생 | 출제구분 | 신유형 | 난이도 | ★ ★ ★ | 정답 | ② |

- 평균법(기초재공품이 없으므로 선입선출법에 의한 결과와 동일하다.) : 기말재공품 완성도를 A라고 가정
  주의 모든 제조원가가 공정 진척정도에 따라 투입되므로, 재료비도 공정 진척정도에 따라 투입된다.

[1단계] 물량흐름		[2단계] 완성품환산량	
		재료비	가공비
완성	1,000	1,000	1,000
기말	500(A)	500 × A	500 × A
	1,500	1,000 + 500 × A	1,000 + 500 × A

∴ 당기발생재료비를 X, 당기발생가공비를 Y라 하면, $X + Y = 240,000$이므로,

$$\frac{X}{1,000+500\times A} + \frac{Y}{1,000+500\times A} = \frac{X+Y}{1,000+500\times A} = \frac{240,000}{1,000+500\times A} = 200 \text{ 에서, } A = 40\%$$

| 문제 89번 | 종합원가계산 계산절차 | 출제구분 | 재출제 | 난이도 | ★ ☆ ☆ | 정답 | ① |

- 종합원가계산 계산절차

일반절차	평균법	선입선출법
①=ㄱ : 물량흐름 파악	• 완성품수량, 기말수량과 완성도	• 기초수량과 완성도, 완성품수량, 기말수량과 완성도
②=ㄹ : 완성품환산량 계산	• 원가요소별 완성품환산량	• 원가요소별 당기분 완성품환산량
③=ㄷ : 배분할 원가 파악	• 기초재공품원가+당기발생원가	• 당기발생원가
④=ㄴ : 완성품환산량단위당원가 계산	• $\dfrac{\text{총원가}}{\text{완성품환산량}}$	• $\dfrac{\text{당기발생원가}}{\text{당기분완성품환산량}}$
⑤=ㅁ : 완성품·기말재공품에 원가배분	-	• 완성품에 기초재공품 별도 가산

| 문제 90번 | 종합원가계산 회계처리 | 출제구분 | 재출제 | 난이도 | ★ ★ ☆ | 정답 | ④ |

- 종합원가계산에서는 제조과정에서 발생한 원가를 회계처리하기 위하여 재공품계정을 설정하며, 이 경우 공정이 단순할 경우에는 하나의 재공품계정만 설정하여도 되지만 공정이 많을 경우에는 공정별로 재공품계정을 설정하여 회계처리하여야 한다.
- 제조공정이 2개인 경우 완성품원가는 다음과 같이 회계처리한다.

제2공정에서 완성품원가의 대체시	(차) 제품	xxx	(대) 재공품(2공정)	xxx
제품의 매출시	(차) 매출원가	xxx	(대) 제품	xxx

문제 91번 | 표준원가계산의 장점과 단점 | 출제구분: 재출제 | 난이도: ★★☆ | 정답: ④

- ① 원가계산방법은 다음과 같이 결합되어 다양한 방법이 가능하다.(예 표준전부원가계산, 표준변동원가계산)

제품원가의 구성요소(원가구성)	원가요소의 실제성여부(원가측정)	생산형태(제품의 성격)
전부원가계산 변동원가계산	실제원가계산 정상원가계산 표준원가계산	개별원가계산 종합원가계산

- ② 표준원가계산에서는 단위당표준원가가 설정되어 있기 때문에 원가흐름에 대한 가정(평균법, 선입선출법, 후입선출법 등)이 필요 없으며 단지 물량만 파악하면 되므로 원가계산이 신속하고 간편해 진다.
  → 비교 실제원가계산에서는 제품이 완성되었어도 실제원가가 집계되어야만 제품원가계산을 할 수 있다.
- ③ 표준원가계산제도에서 일반적으로 표준은 원가발생의 기대치를 표현하는 것이기 때문에 경영자는 표준원가와 실제원가의 차이 중 중요한 부분에 대해서만 관심을 가지고 개선책을 강구하는 예외에 의한 관리(management by exception)를 할 수 있게 되며, 표준원가와 실제원가의 차이를 원가통제의 책임과 관련시켜 효과적인 원가통제를 수행할 수 있다.
  → 예외에 의한 관리를 통해 표준원가와 실제원가의 차이 중 중요한 부분에 대해서만 관심을 가지게 된다. 다만, 중요한 불리한 차이든지 중요한 유리한 차이든지 중요한 차이는 모두 검토한다.
- ④ 표준원가계산제도를 채택할 경우 비계량적인 정보를 무시할 가능성이 있다. 예를 들어 표준원가달성을 지나치게 강조할 경우 제품의 품질을 희생시킬 수 있고, 납품업체에 표준원가를 기초로 지나친 원가절감을 요구할 경우 관계가 악화될 수도 있다.
  → 한편, 표준원가계산제도는 계량적 정보에 의해서만 성과평가가 이루어진다.

문제 92번 | 표준원가계산의 적용 | 출제구분: 재출제 | 난이도: ★☆☆ | 정답: ①

- ① 표준원가계산제도에서의 표준원가라 하면 일반적으로 이상적 표준이 아니라 현실적 표준(경영의 실제활동에서 열심히 노력하면 달성될 것으로 기대되는 표준원가)을 의미한다.
- ④ 표준원가계산제도는 변동예산 및 책임회계제도와 결합함으로써 성과평가 및 보상을 위한 자료로 사용된다.

Guide 현실적 표준

의의	• 표준원가의 종류는 이상적 표준, 정상적 표준, 현실적 표준으로 나눌 수 있음. → 표준원가계산제도에서의 표준원가라 하면 일반적으로 현실적 표준원가를 의미함.
현실적 표준	• 경영의 실제활동에서 열심히 노력하면 달성될 것으로 기대되는 표준원가임. → 이는 정상적인 기계고장과 근로자 휴식시간을 허용하며, 작업에 참여하는 평균적인 근로자들이 합리적이면서 매우 효율적으로 노력을 하면 달성될 수 있는 표준임. • 현실적 표준과 실제원가와의 차이는 정상에서 벗어난 비효율로서 차이발생에 대해 경영자의 주의를 환기시키는 신호가 된다는 점에서 경영자에게 매우 유용함. • 현실적 표준은 설정내용에 따라서 원가관리에 더욱 적합할 수 있고 예산관리에도 유용하게 이용될 수 있음.

| 문제 93번 | 직접노무원가 차이분석과 SQ 계산 | 출제구분 | 재출제 | 난이도 | ★ ★ ☆ | 정답 | ② |

- AQ×AP = 7,500, AQ = 2,500시간
- 직접노무원가 차이분석

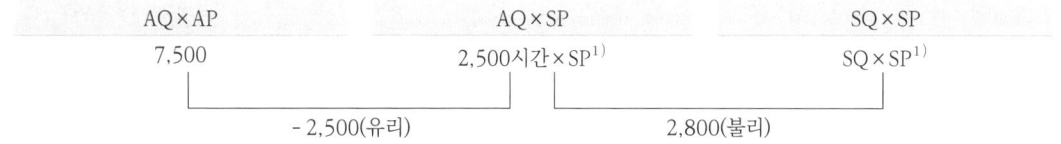

$\rightarrow$ [1] 7,500 − 2,500시간 × SP = − 2,500 에서, SP = 4

∴ (2,500시간 × 4) − (SQ × 4) = 2,800 에서, SQ(실제생산량에 허용된 표준직접노무시간) = 1,800시간

Guide 직접노무원가 차이분석 구조

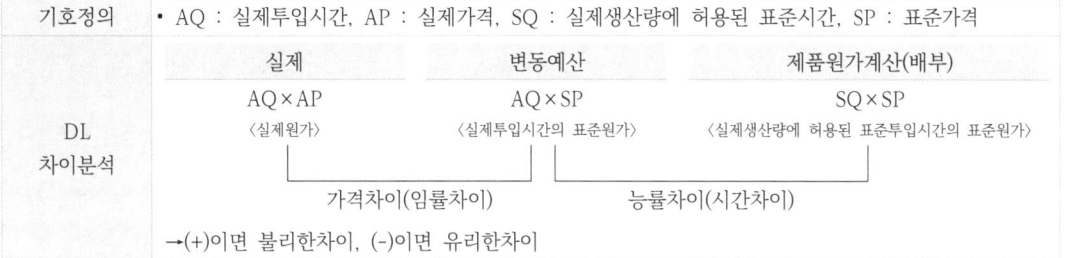

| 문제 94번 | 변동제조간접원가 소비차이 계산 | 출제구분 | 재출제 | 난이도 | ★ ☆ ☆ | 정답 | ③ |

- 변동제조간접원가 차이분석

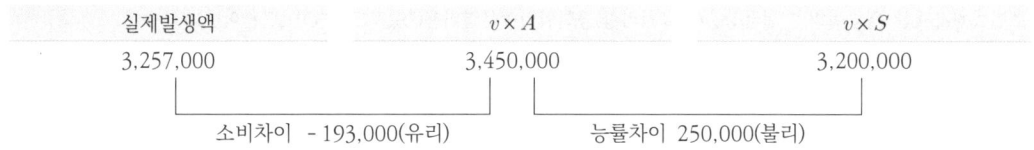

Guide 변동제조간접원가 차이분석 구조

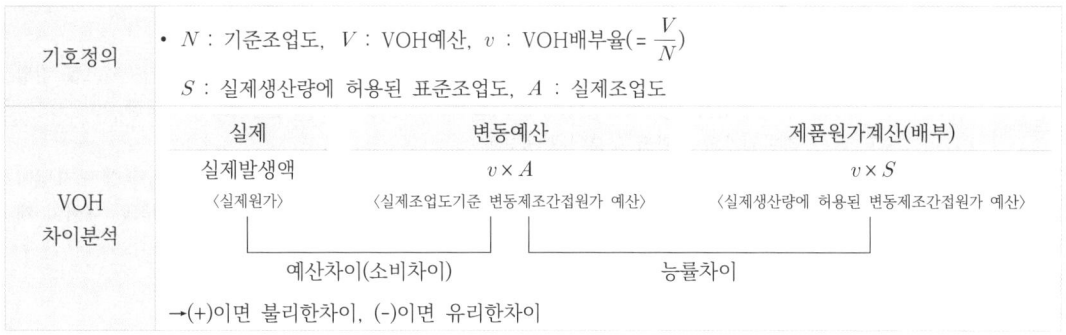

문제 95번 | 직접노무원가 능률차이 | 출제구분: 기출변형 | 난이도: ★★☆ | 정답: ④

- AQ × AP = 126,000, AQ = 40,000시간, SQ = 41,000시간
- 직접노무원가 차이분석

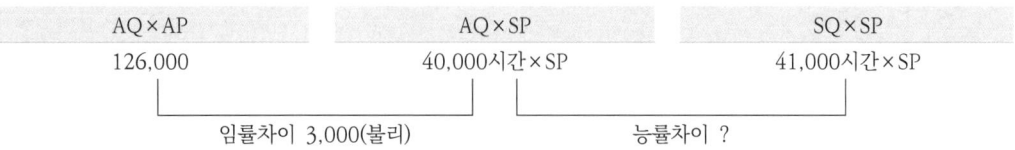

→ 126,000 − 40,000시간 × SP = 3,000 에서, SP = 3.075

∴ (40,000시간 × 3.075) − 41,000시간 × 3.075 = − 3,075(유리)

Guide 직접노무원가 차이분석 구조[위 93번과 동일]

기호정의	• AQ : 실제투입시간, AP : 실제가격, SQ : 실제생산량에 허용된 표준시간, SP : 표준가격
DL 차이분석	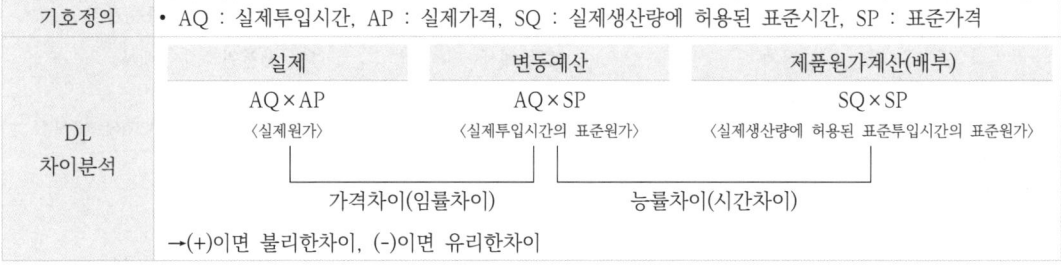 →(+)이면 불리한차이, (−)이면 유리한차이

문제 96번 | 초변동원가계산의 의의와 유용성 | 출제구분: 재출제 | 난이도: ★★☆ | 정답: ④

- 초변동원가계산 현금창출(재료처리량)공헌이익 : 매출액 − 직접재료원가(DM)
  초변동원가계산 영업이익 : 현금창출(재료처리량)공헌이익 − 운영비용(DL,VOH,FOH,판관비)
- 초변동원가계산은 직접노무원가(DL), 변동제조간접원가(VOH), 고정제조간접원가(FOH)를 모두 비용(운영비용) 처리하므로, 변동원가계산과 마찬가지로 원가회피개념에 근거를 두고 있다.
  → 따라서, 생산관련 직접노무원가(DL), 변동제조간접원가(VOH), 고정제조간접원가(FOH)가 모두 비용화되어 생산량 증가시 이익감소를 초래하므로 생산량을 감소시켜 재고를 최소화하려는 유인이 발생한다.

Guide 초변동원가계산의 유용성

재고보유 최소화	• 재고자산보유를 최소화하도록 유인을 제공함. → DL/VOH/FOH가 모두 비용화되어 생산량이 증가할수록 영업이익이 감소되므로 경영자가 불필요한 제품 생산량을 최소화하고 판매에 보다 집중하도록 유도함.
혼합원가 구분 불필요	• 혼합원가의 주관적 구분이 불필요함. → 제조간접원가에 포함되는 혼합원가를 임의로 고정원가와 변동원가로 구분할 필요없이 모두 기간비용으로 처리하기에 변동원가계산에서 발생할 수 있는 자의적인 해석이 개입될 여지가 없음.

| 문제 97번 | 전부·변동원가계산과 FOH 추정 | 출제구분 | 재출제 | 난이도 | ★★★ | 정답 | ① |

- 전부원가계산 영업이익　　　　　　　　　　　$A + 16,000$
  (+) 기초에 포함된 고정제조간접원가(FOH)　　400개 × 50
  (-) 기말에 포함된 고정제조간접원가(FOH)　　1,200개 × B
  변동원가계산 영업이익　　　　　　　　　　　A

→ 400개 × 50 - 1,200개 × B = -16,000, B(기말에 포함된 단위당FOH) = 30

→ 기초에 포함된 FOH : 400개 × 50 = 20,000, 기말에 포함된 FOH : 1,200개 × 30 = 36,000

- 생산량에 포함된 FOH(6월 고정제조간접원가)를 X라 하면,

| 기초재고 | 400개(FOH = 20,000) | 판매량 | 1,200개(FOH = ?) |
| 생산량 | 2,000개(FOH = X) | 기말재고 | 1,200개(FOH = 36,000) |

→ 단위당평균FOH : $\dfrac{20,000 + X}{400개 + 2,000개}$

∴ 1,200개 × $\dfrac{20,000 + X}{400개 + 2,000개}$ = 36,000 에서, X(6월 고정제조간접원가) = 52,000

Guide 전부·변동·초변동원가계산 영업이익 차이조정

전부원가계산에 의한 영업이익	전부원가계산에 의한 영업이익	변동원가계산에 의한 영업이익
(+) 기초재공품,제품에 포함된 FOH	(+) 기초재공품,제품에 포함된 DL,VOH,FOH	(+) 기초재공품,제품에 포함된 DL,VOH
(-) 기말재공품,제품에 포함된 FOH	(-) 기말재공품,제품에 포함된 DL,VOH,FOH	(-) 기말재공품,제품에 포함된 DL,VOH
변동원가계산에 의한 영업이익	초변동원가계산에 의한 영업이익	초변동원가계산에 의한 영업이익

문제 98번 — 전부원가계산 영업이익 계산
출제구분: 재출제 | **난이도**: ★★☆ | **정답**: ③

- 전부원가계산에서는 고정제조간접원가(FOH)도 제조원가로 처리한다.
  → 반면, 변동원가계산에서는 고정제조간접원가(FOH)를 기간비용으로 처리한다.
- 물량흐름(제품계정) : 당기 초에 영업활동을 시작하였으므로 기초제품재고는 없다.

기초제품재고	0	판매량	800단위
생산량	1,000단위	기말제품재고	200단위

- 단위당FOH : 20,000(FOH) ÷ 1,000단위(생산량) = 20
- 단위당제조원가 : 25(단위당DM) + 20(단위당DL) + 6(단위당VOH) + 20(단위당FOH) = 71
- 영업이익 : 매출총이익(800단위×100 - 800단위×71) - 판관비(800단위×5) = 19,200

※비교 변동원가계산에 의한 영업이익 계산
- 단위당제조원가 : 25(단위당DM) + 20(단위당DL) + 6(단위당VOH) = 51
- 공헌이익 : 800단위×100 - 800단위×(25+20+6+5) = 35,200
- 영업이익 : 35,200 - 20,000 = 15,200

※참고 영업이이익 차이조정

전부원가계산 영업이익	19,200
(+) 기초에 포함된 고정제조간접원가(FOH)	0
(-) 기말에 포함된 고정제조간접원가(FOH)	200단위×20=4,000
변동원가계산 영업이익	15,200

Guide 전부원가계산·변동원가계산·초변동원가계산 영업이익 계산 비교

전부원가계산	변동원가계산	초변동원가계산
• 매출액 (-)매출원가(DM+DL+VOH+FOH) 매출총이익 (-)판관비(변동+고정) 영업이익	• 매출액 (-)매출원가(DM+DL+VOH) (-)변동판관비 공헌이익 (-)FOH+고정판관비 영업이익	• 매출액 (-)제품수준변동원가(DM) 재료처리량(현금창출)공헌이익 (-)운영비용(DL+VOH+FOH+판관비) 영업이익

문제 99번 — 변동원가계산의 원가개념
출제구분: 재출제 | **난이도**: ★☆☆ | **정답**: ①

- 변동원가계산제도는 원가회피개념(cost avoidance concept)에 근거를 두고 있으며, 원가회피개념이란 발생한 원가가 미래에 동일한 원가의 발생을 방지할 수 없다면 그 원가는 자산성을 인정할 수 없다는 것이다. 즉, 고정제조간접원가의 경우 제품의 생산량과 관련이 있다기 보다는 설비능력과 밀접한 관련이 있으며, 조업도 변동에 따라 원가가 변동하지 않고 시간이 경과함에 따라 회피할 수 없는 원가이기 때문에 재고자산의 가액에 포함시켜서는 안되며 기간원가로 처리해야 한다는 것이다.

문제 100번 | 변동·전부원가계산 영업이익 차이조정 | 출제구분: 신유형 | 난이도: ★★★ | 정답: ②

- 고정제조간접원가배부율(단위당FOH) : $\dfrac{1,500,000}{300,000단위} = 5$

  → 문제 단서에 의해 기초제품과 당기생산량의 고정제조간접원가배부율(단위당FOH)은 동일하다.

- 물량흐름(제품계정)

기초제품재고	20,000단위(단위당FOH=5)	판매량	210,000단위(단위당FOH=5)
생산량	200,000단위(단위당FOH=5)	기말제품재고	10,000단위(단위당FOH=5)

- 전부원가계산 영업이익 X
  (+) 기초에 포함된 고정제조간접원가(FOH)   20,000단위 × 5 = 100,000
  (−) 기말에 포함된 고정제조간접원가(FOH)   10,000단위 × 5 = 50,000
  변동원가계산 영업이익   500,000

  → ∴ $X = 450,000$

저자주 정상원가계산과 표준원가계산인 경우에도 실제원가계산하의 차이조정과 동일하게 접근하면 됩니다. 그 이유와 구체적 내용은 저자의 'FINAL'세무사 · 회계사 회계학(강경석 저, 도서출판 탐진)'교재를 참고바랍니다.

Guide 전부·변동·초변동원가계산 영업이익 차이조정

전부원가계산에 의한 영업이익	전부원가계산에 의한 영업이익	변동원가계산에 의한 영업이익
(+) 기초재공품,제품에 포함된 FOH	(+) 기초재공품,제품에 포함된 DL,VOH,FOH	(+) 기초재공품,제품에 포함된 DL,VOH
(−) 기말재공품,제품에 포함된 FOH	(−) 기말재공품,제품에 포함된 DL,VOH,FOH	(−) 기말재공품,제품에 포함된 DL,VOH
변동원가계산에 의한 영업이익	초변동원가계산에 의한 영업이익	초변동원가계산에 의한 영업이익

문제 101번 | 활동기준원가계산(ABC)의 절차 | 출제구분: 재출제 | 난이도: ★☆☆ | 정답: ③

- 활동기준원가계산의 절차

[1단계] 활동분석	• 기업의 기능을 여러 가지 활동으로 구분하여 분석함. → 활동이란 자원을 사용하여 가치를 창출하는 작업으로서 ABC에서는 크게 4가지(단위수준활동, 배치수준활동, 제품유지활동, 설비유지활동)로 나눔.
[2단계] 제조간접원가 집계	• 각 활동별로 제조간접원가를 집계함.
[3단계] 원가동인(배부기준) 결정	• 활동별 원가동인(배부기준)을 결정함 → 원가를 가장 직접적으로 변동시키는 것이 무엇인가를 파악
[4단계] 제조간접원가배부율 결정	• 활동별 제조간접원가 배부율을 결정함. → 활동별 제조간접원가 배부율 = $\dfrac{\text{활동별 제조간접원가}}{\text{활동별 배부기준(원가동인)}}$
[5단계] 원가계산	• 원가대상(제품, 고객, 서비스 등)별로 원가계산함. → 원가대상(제품, 고객, 서비스 등)별 배부액 = Σ(소비된 활동수 × 활동별 제조간접원가배부율)

| 문제 102번 | 민감도분석 : 고정원가증감 | 출제구분 | 재출제 | 난이도 | ★ ★ ☆ | 정답 | ④ |

- 총공헌이익 = (단위당판매가격 - 단위당변동원가) × 판매량
  → 단위당판매가격과 단위당변동원가가 불변이므로 총공헌이익도 불변이다.
- 공헌이익률 = $\dfrac{단위당판매가격 - 단위당변동원가}{단위당판매가격}$
  → 단위당판매가격과 단위당변동원가가 불변이므로 공헌이익률도 불변이다.
- 손익분기점(BEP)매출액 = $\dfrac{고정원가}{공헌이익률}$
  → 공헌이익률은 불변이나, 고정원가가 감소하여 손익분기점(BEP)매출액은 감소한다.

Guide 공헌이익률과 손익분기점(BEP) 산식

공헌이익률	□ 공헌이익률 = $\dfrac{총공헌이익}{매출액}$ = $\dfrac{단위당공헌이익}{단위당판매가격}$
	• 총공헌이익 = 매출액 - 변동원가 = 단위당공헌이익 × 판매량 = 공헌이익률 × 매출액
BEP산식	• ⊙ BEP판매량 : $\dfrac{고정비(=FOH+고정판관비)}{단위당공헌이익}$ ⓒ BEP매출액 : $\dfrac{고정비(=FOH+고정판관비)}{공헌이익률}$

| 문제 103번 | 원가추정방법과 장·단점 | 출제구분 | 신유형 | 난이도 | ★ ★ ★ | 정답 | ② |

- 계정분석법과 산포도법은 분석자의 주관적 판단이 개입될 수 있다는 단점이 있다.
- **저자주** 원가추정방법에 대한 내용은 고저점법을 제외하고는 재경관리사 시험수준에 비추어 매우 지엽적인 사항에 해당합니다. 그러나 출제가 된 만큼 이하 '가이드' 정도 참고로 숙지 바랍니다.

Guide 원가추정방법

공학적 방법	개요	• 투입과 산출 사이의 관계를 계량적으로 분석하여 원가함수를 추정하는 방법 • 과거자료를 이용할 수 없는 경우에도 이용 가능한 유일한 방법임. (이하 방법은 과거자료를 이용하여 추정하는 방법임)
	장점	• 정확성이 높고, 과거의 원가자료를 이용할 수 없는 경우에도 사용가능함.
	단점	• 제조간접원가의 추정에는 적용이 어렵고, 시간과 비용이 많이 소요됨.
계정분석법	개요	• 분석자의 전문적인 판단에 따라 각 계정과목에 기록된 원가를 변동원가와 고정원가로 분석하여 추정하는 방법
	장점	• 시간과 비용이 적게 소요됨.
	단점	• 단일기간 원가자료를 이용하므로 비정상적인 상황이 반영될 수 있고, 분석자의 주관적 판단이 개입될 수 있음.
산포도법	개요	• 조업도와 원가의 실제치를 도표에 점으로 표시하고 눈대중으로 이러한 점들을 대표하는 원가추정선을 도출하여 원가함수를 추정하는 방법
	장점	• 적용이 간단하고 이해하기 쉽고, 시간과 비용이 적게 소요되며, 예비적 검토시 많이 활용될 수 있음.
	단점	• 분석자의 주관적 판단이 개입될 수 있음.
회귀분석법	개요	• 독립변수가 한 단위 변화함에 따른 종속변수의 평균적 변화량을 측정하는 통계적 방법에 의하여 원가함수를 추정하는 방법
	장점	• 객관적이고, 정상적인 원가자료를 모두 이용하며, 다양한 통계자료를 제공함.
	단점	• 통계적 가정이 충족되지 않을 경우에는 무의미한 결과가 산출될 수 있으며, 적용이 어려움.
고저점법	개요	• 최고조업도와 최저조업도의 원가자료를 이용하여 원가함수를 추정하는 방법
	장점	• 객관적이고, 시간과 비용이 적게 소요됨.
	단점	• 비정상적인 결과가 도출될 수 있으며, 원가함수가 모든 원가자료를 대표하지 못함.

| 문제 104번 | 민감도분석 | 출제구분 | 신유형 | 난이도 | ★ ★ ★ | 정답 | ③ |

- 손익분기점매출액(1,000,000) = $\dfrac{\text{고정원가}}{\text{공헌이익률(40\%)}}$ → 고정원가 = 400,000
- 공헌이익률(40%) = $\dfrac{\text{단위당판매가격} - \text{단위당변동원가(60)}}{\text{단위당판매가격}}$ → 단위당판매가격 = 100
- 단위당공헌이익 : 단위당판매가격(100) - 단위당변동원가(60) = 40
- 판매량 증가 : 5,000단위 ⇒ 공헌이익 증가 : 5,000단위 × 40 = 200,000 ⇒ ∴ 고정원가 200,000 증가 가능

*[별해] 판매량을 Q라 하면, 영업이익은 '단위당공헌이익 × Q - 고정원가', 이하 '㉠ = ㉡'이 되는 X를 구한다.
　　㉠ 현재의 영업이익 : 40 × Q - 400,000
　　㉡ 판매량 5,000단위 증가시 고정원가증가액(X) 반영 영업이익 : 40 × (Q + 5,000단위) - (400,000 + X)
　→ 40 × Q - 400,000 = 40 × (Q + 5,000단위) - (400,000 + X) 에서, X = 200,000

| 문제 105번 | 종합예산 : 판매예산 | 출제구분 | 신유형 | 난이도 | ★ ★ ★ | 정답 | ② |

- 판매예산(= 예산매출액) : (1,000개 × 110%) × (10,000원 × 110%) = 12,100,000
  → 자료 '(2)'는 판매예산의 다음 단계인 생산량예산(제조예산, 기말재고예산)에 필요한 자료이므로, 판매예산을 계산시에는 현혹자료에 해당한다.
- **저자주** 종합예산의 편성 및 계산과 관련된 내용은 세무사·회계사 시험에서는 빈출되고 있는 문제에 해당하나, 재경관리사 시험수준을 고려할 때 난이도와는 별개로 다소 어울리지 않는 어색한 출제로 사료됩니다.

Guide 예산의 종류

예산편성대상	종합예산	기업전체를 대상으로 작성되는 예산으로서, 모든 부문예산을 종합한 것
	부문예산	기업내의 특정부문을 대상으로 작성되는 예산
예산편성성격	운영예산	구매·생산·판매 등의 영업활동에 대한 예산
	재무예산	설비투자·자본조달 등의 투자와 재무활동에 대한 예산
예산편성방법	고정예산	조업도의 변동을 고려하지 않고 특정조업도를 기준으로 작성되는 예산
	변동예산	조업도의 변동에 따라 조정되어 작성되는 예산

| 문제 106번 | 자본예산 분석기법별 특징 | 출제구분 | 신유형 | 난이도 | ★ ★ ☆ | 정답 | ① |

- ① 회계적이익률법(연평균순이익 ÷ 연평균투자액)은 현금흐름이 아니라 회계적이익을 투자액으로 나누어 계산하여 투자안을 평가하는 방법이다.
- ② 순현재가치법(현금유입의 현재가치 - 현금유출의 현재가치)은 가치가산의 원칙이 성립한다는 장점이 있다.
  → 가치가산의 원칙(value additivity principle) : 상호 독립적인 투자안 A와 B가 있을 때, 두 투자안의 결합순현재가치는 각 투자안의 순현재가치의 합과 같은 것을 말한다. → NPV(A + B) = NPV(A) + NPV(B)
- ③ 회수기간법(투자액 ÷ 연간현금유입액)은 현금유입으로 투자비용을 회수시 소요기간으로 평가하기 때문에 일반적으로(상호배타적 투자안) 회수기간이 가장 짧은 투자안을 선택하는 의사결정을 한다.
- ④ 일반적으로 내부수익률('현금유입의 현재가치 = 현금유출의 현재가치'로 만드는 할인율)은 하나만 존재하지만 투자기간 동안 현금의 유입과 유출이 반복되는 등의 특수한 경우에는 내부수익률이 복수가 존재하게 되어 정확한 투자안 평가가 어렵다는 단점이 있다.
  예) 최초투자액이 1,600원이며 투자시점에서 1년 후에는 10,000원의 현금유입을 얻을 수 있고 2년 후에는 10,000원의 현금유출이 있을 것으로 예측되는 경우
  → '$\dfrac{10,000}{(1+r)} = 1,600 + \dfrac{10,000}{(1+r)^2}$'로 만드는 할인율(내부수익률) r은 25%와 400% 2개이다.

문제 107번 — 판매부서 성과평가 | 출제구분: 기출변형 | 난이도: ★★☆ | 정답: ①

- ② 생산부서의 성과보고서에 표시되는 실제변동원가는 제조과정에서 실제로 발생된 변동원가인 반면, 판매부서의 성과보고서에 포함되는 실제변동원가는 제조부서의 능률 또는 비능률에 의한 원가차이를 배제하기 위해 판매활동과 관련된 것만 실제변동원가이고 제조활동과 관련된 것은 표준변동원가로 기록된다.
- ③ 매출총차이는 매출가격차이와 매출조업도차이로 구분된다.
  → 매출조업도차이는 매출배합차이와 매출수량차이로 구분된다.
  → 매출수량차이는 시장점유율차이와 시장규모차이로 구분된다.
- ④ 판매부서는 목표매출의 달성에 책임이 있으므로 수익중심점(revenue center) 또는 이익중심점(profit center)으로 운영될 수 있다. 그러나, 수익중심점으로 판매부서를 운영하는 것보다 이익중심점으로 판매부서를 운영하는 것이 보다 바람직하다고 할 수 있다. 왜냐하면 수익에 대해서만 책임을 지는 수익중심점보다는 매출에 따른 수익뿐만 아니라 수익을 창출하는데 부수적으로 발생하는 비용에 대하여도 책임을 지게 함으로써 수익과 그에 관련된 비용을 함께 고려하는 이익중심점으로 판매부서를 운영하는 것이 보다 정확한 판매부서의 성과평가가 가능할 것이기 때문이다.

Guide 원가중심점과 수익중심점 차이분해

원가중심점(DM/DL)	· 가격차이		
	· 능률차이	배합차이	
		수율차이	
수익중심점(판매부서)	· 매출가격차이		
	· 매출조업도차이	매출배합차이	
		매출수량차이	시장점유율차이
			시장규모차이

문제 108번 — 책임회계와 성과보고서 | 출제구분: 기출변형 | 난이도: ★★☆ | 정답: ②

- ① 성과보고서에 통제불가능원가는 제외되거나 통제가능원가와 구분하여 표시되어야 한다. 왜냐하면 각 책임중심점은 통제가능항목에 의해 규정된 책임범위에 대해서만 책임을 지며, 각 책임중심점의 책임범위를 벗어나는 통제불가능항목에 대해서는 책임이 없기 때문에 통제불가능항목은 각 책임중심점의 성과평가시 제외되는 것이 원칙이기 때문이다.
- ② 책임회계에 의한 성과평가를 위해서는 조직 전체적으로 예산(표준)과 실적(실제발생액)간의 차이를 발견하고 그 차이의 원인이 어떤 부문에서 어떠한 이유에 의해 발생하였는지 분석해야 하며, 이러한 목적을 달성하기 위하여 실적(실제발생액)과 예산과의 차이를 포함시켜 비교하여 작성한 표가 성과보고서(performance report)이다.
- ③ 해당 책임중심점에 배분된 고정제조간접원가는 통제불가능원가이다.
- ④ 회사의 공식적인 조직상의 권한과 책임에 따라 보고서를 작성하는 것이 바람직하다.

문제 109번 | 매출조업도차이 계산 | 출제구분: 기출변형 | 난이도: ★★☆ | 정답: ①

- 단위당예산공헌이익 : 88 - 35 = 53
- 매출조업도차이 분석(단위당예산공헌이익으로 분석)

AQ × SP	SQ × SP
2,000단위 × 53 = 106,000	2,200단위 × 53 = 116,600

매출조업도차이 - 10,600(불리)

참고 매출가격차이 분석(단위당판매가격으로 분석)

AQ × AP	AQ × SP
2,000단위 × 90 = 180,000	2,000단위 × 88 = 176,000

매출가격차이 4,000(유리)

Guide 매출가격차이와 매출조업도차이 계산

기호정의	• AQ : 실제판매량, AP : 단위당실제판매가격 SQ : 예산판매량, SP : 단위당예산판매가격(또는 단위당예산공헌이익)
매출총차이 분해	AQ×AP ──── AQ×SP ──── SQ×SP 매출가격차이 매출조업도차이 🔍주의 매출가격차이는 단위당판매가격으로, 매출조업도차이는 단위당예산공헌이익으로 측정 🔍주의 수익중심점은 차이가 (+)이면 유리한차이, (-)이면 불리한차이

문제 110번 | 투자중심점 성과평가 : 잔여이익 | 출제구분: 기출변형 | 난이도: ★★☆ | 정답: ③

- 사업부별 잔여이익 계산
  - A사업부 : 500,000(영업이익) - 1,000,000(영업자산) × 10%(최저필수수익률) = 400,000
  - B사업부 : 1,000,000(영업이익) - 2,000,000(영업자산) × 20%(최저필수수익률) = 600,000
  - C사업부 : 1,000,000(영업이익) - 3,000,000(영업자산) × 30%(최저필수수익률) = 100,000
- 잔여이익이 높은 순서 : B사업부(600,000) > A사업부(400,000) > C사업부(100,000)

Guide 잔여이익(RI) 주요사항

잔여이익 계산	□ 잔여이익(RI) = 영업이익 - 영업자산(투자액) × 최저필수수익률 🔍주의 투자수익률(ROI)에 의한 의사결정과 잔여이익(RI)에 의한 의사결정은 일치하지 않음. → 즉, 투자수익률(ROI)에서는 채택되어도 잔여이익(RI)에서는 기각 가능
장점	• 준최적화현상이 발생하지 않음. → 각 사업부의 경영자는 최저필수수익률을 초과하는 모든 투자안을 수락하게 되므로 투자중심점과 회사전체의 이익을 동시에 극대화 가능
단점	• 금액으로 표시하므로 각 사업부의 투자규모가 상이할 경우 사업부간 성과 비교에 한계가 있음. • 투자수익률(ROI)과 마찬가지로 회계적이익에 기초하므로 성과평가와 의사결정의 일관성이 결여

| 문제 111번 | 직접재료원가 수율차이 | 출제구분 | 신유형 | 난이도 ★★★ | 정답 ④ |

- AQ'(표준배합으로 표시한 실제수량)
  - 직접재료(가) : $(4,500개 + 2,400개) \times \dfrac{10개}{10개+5개} = 4,600개$
  - 직접재료(나) : $(4,500개 + 2,400개) \times \dfrac{5개}{10개+5개} = 2,300개$

- 직접재료원가 배합차이와 수율차이 분석

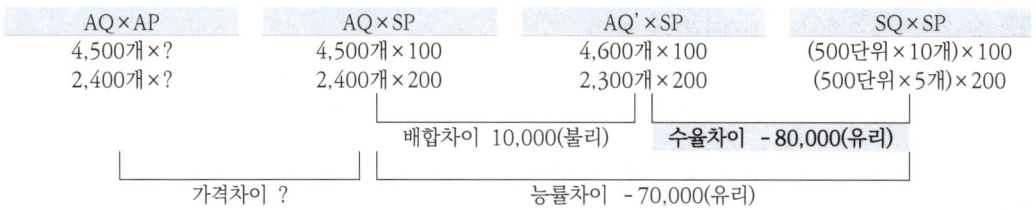

```
     AQ×AP           AQ×SP           AQ'×SP              SQ×SP
   4,500개×?        4,500개×100      4,600개×100      (500단위×10개)×100
   2,400개×?        2,400개×200      2,300개×200      (500단위×5개)×200

                          배합차이 10,000(불리)    수율차이 -80,000(유리)
         가격차이 ?                    능률차이 -70,000(유리)
```

★ 저자주 문제의 명확한 성립을 위해 제품생산량 '500개'를 '500단위'로 수정바랍니다.

Guide 직접재료원가 차이분해[복수원재료]

기호정의	• AQ : 실제사용량, AP : 실제가격, SQ : 실제생산량에 허용된 표준사용량, SP : 표준가격 AQ' : 표준배합으로 표시한 실제수량
DM 차이분해	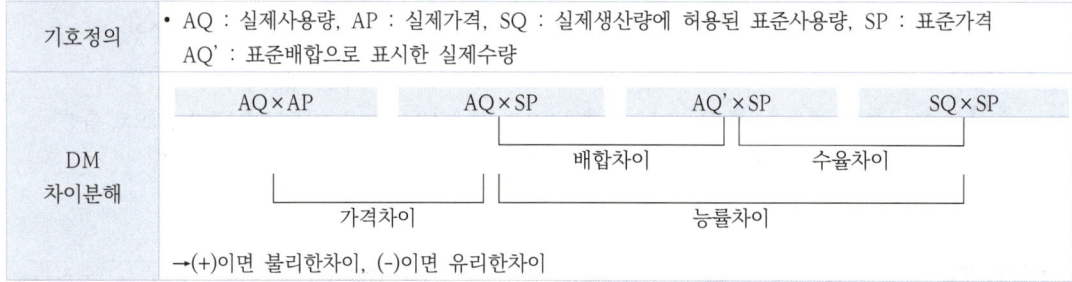

→ (+)이면 불리한차이, (-)이면 유리한차이

| 문제 112번 | 관련원가 해당항목 집계 | 출제구분 | 신유형 | 난이도 ★☆☆ | 정답 ② |

- 관련원가 : 10,000(기회원가) + 15,000(회피가능원가) = 25,000
  → 매몰원가와 회피불능원가는 의사결정과 무관한 대표적인 비관련원가에 해당한다.

Guide 의사결정시 필요한 원가용어와 정의

의사결정 관련성	관련원가	• 대안간에 차이가 나는 미래원가〈의사결정과 관련O〉
	비관련원가	• 과거원가이거나 대안 간에 차이가 나지 않는 미래원가〈의사결정과 관련X〉
실제지출유무	지출원가	• 미래에 현금 등의 지출을 수반하는 원가(실제지출O)
	기회원가	• 자원을 현재 용도 이외의 다른 용도에 사용할 경우 얻을 수 있는 최대금액(실제지출X)〈관련원가〉
발생시점	매몰원가	• 과거 발생한 역사적 원가로서 현재·미래에 회수불가한 원가〈비관련원가〉
	미래원가	• 미래에 발생할 원가
회피가능성	회피가능원가	• 의사결정에 따라 절약할 수 있는(피할 수 있는) 원가〈관련원가〉
	회피불능원가	• 특정대안을 선택하는 것과 관계없이 동일하게 발생하는 원가〈비관련원가〉

문제 113번 | 추가가공여부 의사결정 | 출제구분 재출제 | 난이도 ★★☆ | 정답 ②

- 개조한 후 판매의 경우
  증분수익 - 증가: 300벌×(@50,000 - @30,000) = 6,000,000
  증분비용 - 증가: 추가공원가 = (3,000,000)
  증분손익   3,000,000

→∴개조하여 판매하는 경우(추가가공하는 경우) 3,000,000원의 증분이익이 발생하므로 개조하여 판매한다.

*참고 총액접근법

그대로 처분하는 경우	개조한 후 판매의 경우	
매출: 300벌×30,000 = 9,000,000	매출: 300벌×50,000 = 15,000,000	→증분수익 6,000,000
원가: 21,000,000	원가: 21,000,000 + 3,000,000 = 24,000,000	→증분비용 3,000,000
△12,000,000	△9,000,000	→증분이익 3,000,000

- ① 그대로 한 벌당 30,000원에 처분하면 12,000,000원의 손실이 발생하긴 하나, 제품을 그대로 보유하고 있는 선택의 경우는 총제조원가(21,000,000원)만큼 손실을 보므로 처분이나 개조후 판매를 통해 손실을 줄이는게 낫다.
- ③ 개조하여 판매하면 그대로 처분하는 경우에 비해 3,000,000원의 추가적인 이익이 발생한다.
- ④ 3,000,000원의 추가비용을 지출하여 의류 한 벌당 30,000원에 판매하는 것이 가장 유리하다.

*저자주 문제의 명확한 성립을 위해 선지 ④의 '5,000,000원'을 '3,000,000원'으로 수정바랍니다. 숫자만 바꿔 다시 출제한 문제에서 누락 오류가 발생하였습니다. 충분한 검토과정과 신중한 출제가 필요하다고 사료됩니다.

문제 114번 | 제품라인 유지·폐지 의사결정 | 출제구분 재출제 | 난이도 ★★☆ | 정답 ③

- 프로젝트A를 포기하는 경우
  증분수익 - 감소: 공헌이익 1,000,000(매출액) - 300,000(변동원가) = (700,000)
  증분비용 - 감소: 고정원가 500,000(총고정원가) - 100,000(계속발생분) = 400,000
  증분손익   (300,000)

∴프로젝트A를 포기한다면 회사전체 순이익은 300,000원 감소한다.

*참고 총액접근법

프로젝트A의 현재 손익	프로젝트A 포기시 손익	
공헌이익: 1,000,000 - 300,000 = 700,000	-	
고정원가: 500,000	100,000(계속발생분)	
200,000	△100,000	→증분손실 300,000

Guide ▶ 제품라인 유지·폐지 의사결정

고려사항	• 회사전체의 이익에 미치는 영향을 기준으로 폐지여부를 결정함. →제품라인의 유지·폐지 문제에서는 제품라인 자체의 이익을 고려하여 결정하는 것이 아니라, 기업 전체적인 입장(goal congruence)에서 전체 이익에 미치는 영향을 분석해야 함. • 폐지로 인한 회피가능고정비 존재시 이 또한 고려함. →제품라인을 폐지할 경우 매출액과 변동원가는 사라지지만 고정원가는 회피가능고정원가와 회피불가능고정원가로 나눌 수 있기 때문임.
제품라인폐지 의사결정	☐ 제품라인의 공헌이익 < (회피가능고정원가 + 기회원가)

문제 115번 — 현금흐름추정의 기본원칙 | 출제구분: 기출변형 | 난이도: ★☆☆ | 정답: ①

- ① 감가상각비는 현금유출이 아니나, 기업이 납부하는 법인세를 감소시키는 감세효과를 가진다. 감가상각비의 감세효과(절세효과)는 현금유입 처리한다.
- ② 법인세는 현금유출에 해당하므로 현금흐름을 추정할 때 고려하여야 한다. 단, 현금흐름을 파악할 때에는 법인세 차감후의 금액을 기준으로 한다.(세후기준)
- ③ 증분현금흐름을 측정할 때 과거의 투자결정을 통해서 이미 현금유출이 이루어진 매몰원가는 투자안의 채택여부에 따라 변동되는 것이 아니기 때문에 현금흐름추정에 있어서는 제외해야 한다.
- ④ 이자비용은 현금유출이지만 현재가치를 계산할 때 사용되는 할인율(자본비용)을 통해 반영되는 항목이다. 따라서, 현금흐름의 계산에서 이자비용을 계산하고 다시 할인율을 적용하는 것은 이중계산이 되므로, 이자비용이 전혀 없는 상황을 가정하여 현금흐름을 추정해야 한다.

Guide ▶ 자본예산시 현금흐름추정의 기본원칙

증분기준	• 투자안의 증분현금흐름(대안간에 차이가 나는 현금흐름)을 사용함. →∴매몰원가 제외
세후기준	• 현금흐름을 파악할 때에는 법인세를 차감한 후의 금액을 기준으로 함.
감가상각비	• 감가상각비는 현금유출이 아니나, 감가상각비의 감세효과(절세효과)는 현금유입 처리함.
이자비용	• 자본비용(할인율)에 반영되어 있으므로 이자비용은 고려하지 않음. →현금흐름의 계산에서 이자비용을 계산하고 다시 할인율을 적용하는 것은 이중계산이 되므로, 이자비용이 전혀 없는 상황을 가정하여 현금흐름을 추정해야 함.
인플레이션	• 명목현금흐름은 명목할인율로, 실질현금흐름은 실질할인율로 할인해야 함.

문제 116번 — 순현재가치법과 NPV 계산 | 출제구분: 재출제 | 난이도: ★☆☆ | 정답: ④

- 현금흐름 추정

x1년초	x1년말	x2년말	x3년말	x4년말	x5년말
(600,000)	300,000	300,000	300,000	300,000	300,000

- NPV(순현재가치) : (300,000 × 3.60) − 600,000 = 480,000

* **저자주** 문제의 명확한 성립을 위해 누락된 단서인 '단, 법인세는 없다고 가정한다.'를 추가하기 바랍니다.

Guide ▶ 순현재가치법(NPV법)

의의	□ NPV(순현재가치) = 현금유입의 현재가치 − 현금유출의 현재가치	
	◎주의 할인율 : 자본비용(= 최저필수수익률 = 최저요구수익률)	
의사결정	상호독립적 투자안	• 'NPV > 0'인 투자안 채택
	상호배타적 투자안	• NPV가 가장 큰 투자안 채택
장점	• ㉠ 자본비용으로 재투자된다고 가정하므로 현실적임. ㉡ 비할인모형에서 무시되고 있는 화폐의 시간적 가치를 고려함. ㉢ 현금흐름과 기대치와 자본비용만이 고려되고 회계적 수치와는 무관하므로 자의적 요인을 제거할 수 있음. ㉣ 가치가산원칙[NPV(A+B)=NPV(A)+NPV(B)]이 성립함. ㉤ 기업의 가치를 극대화할 수 있는 투자안을 선택할 수 있음. →즉, 채택된 모든 투자안의 순현재가치는 곧 그 기업의 가치가 됨.	
단점	• ㉠ 투자안의 할인율(자본비용)을 정하기가 어려움. ㉡ 확실성하에서만 성립하는 모형이므로, 불확실성하에서 적용하기 어려움.	

| 문제 117번 | 순현재가치법의 경제성분석 오류 | 출제구분 | 기출변형 | 난이도 ★★★ | 정답 ③ |

- 경영진은 NPV를 과대계상한 오류를 범한 상황이다. 따라서, NPV값이 커지는 상황을 고르면 된다.
  → 즉, 현금유입의 현재가치가 커지거나, 현금유출의 현재가치가 작아지는 상황을 고르면 된다.
- ① 자본비용을 너무 높게 추정하였다.
  → 높은 할인율(자본비용)로 현금흐름을 할인하면 주된 현금흐름인 현금유입의 현재가치는 작아지므로 NPV(순현재가치)가 작아진다.
  → 즉, 현금유입 현재가치 = $\dfrac{C_1}{1+r} + \dfrac{C_2}{(1+r)^2} \cdots \dfrac{C_n}{(1+r)^n}$ 에서, r(할인율)이 커지면 현재가치는 작아진다.
- ② 투자종료시점의 투자안의 처분가치를 너무 낮게 추정하였다.
  → 투자종료시점의 잔존가치 처분은 자산처분손익의 법인세 효과를 고려하여 현금유입 처리하므로 이를 너무 낮게 추정한 경우 현금유입의 현재가치는 작아지므로 NPV(순현재가치)가 작아진다.
- ③ 현금영업비용을 너무 낮게 추정하였다.
  → 현금영업비용을 너무 낮게 추정한 경우 현금유출의 현재가치가 작아지므로 NPV(순현재가치)가 커진다.
- ④ 투자시점의 투자세액공제액을 현금흐름에 포함시키지 않았다.
  → 투자세액공제에 따른 법인세 공제액은 투자시점의 현금유입 처리하므로 이를 현금흐름에 포함시키지 않은 경우 현금유입의 현재가치는 작아지므로 NPV(순현재가치)가 작아진다.

| 문제 118번 | 순현재가치법(NPV법)과 내부수익률법(IRR법) | 출제구분 | 재출제 | 난이도 ★☆☆ | 정답 ① |

- 내부수익률이란 현금유입의 현재가치와 현금유출의 현재가치를 같게 하는 할인율을 말하며, 이는 순현재가치를 0으로 하는 할인율이므로, 단일투자안을 대상으로 평가할 때에는 순현재가치법이나 내부수익률법 모두 동일한 결론을 얻는다. 그러나 둘 이상의 상호 독립적인 투자안의 우선순위를 결정하거나 상호 배타적인 투자안을 평가할 때 순현재가치법과 내부수익률법은 경우에 따라 서로 다른 결과를 가져올 수 있다.

Guide 순현재가치법(NPV법)의 우월성

순현재가치법(NPV법)	내부수익률법(IRR법)
• 계산이 간단 - NPV = 현금유입현가 − 현금유출현가 • 자본비용으로 재투자된다고 가정하므로 현실적임. • 금액으로 투자결정 - 독립적 : 'NPV 〉 0'인 투자안 채택 - 배타적 : NPV가 가장 큰 투자안 채택 • 가치가산원칙(value additivity principle)이 성립	• 계산이 복잡(IRR이 2개이상도 존재 가능) - IRR : '현금유입현가 = 현금유출현가'가 되는 할인율 • 내부수익률로 재투자된다고 가정하므로 지나치게 낙관적임. • 비율로 투자결정(자본비용=최저필수수익률) - 독립적 : '내부수익률(IRR) 〉 자본비용'이면 채택 - 배타적 : 내부수익률(IRR)이 가장 큰 투자안 채택 • 가치가산원칙(value additivity principle)이 불성립

문제 119번 — 최소대체가격 계산 | 출제구분: 기출변형 | 난이도: ★★★ | 정답: ③

- 공급사업부(엔진사업부)의 최소대체가격(최소TP) : 외부판매시장이 있음 & 유휴시설이 없음
  - 최소TP = 대체시단위당지출원가 + 정규매출상실공헌이익 - 대체시절감원가
- ㉠ 대체시단위당지출원가(= 단위당변동비 + 증분단위당고정비) : 270 + 0 = 270
  → 사내대체시 변동판관비는 발생하지 않으므로 단위당변동비에 포함시키지 않는다.
- ㉡ 정규매출상실공헌이익 : 500(단위당외부판매가) - 280(단위당변동원가) = 220
  → 전량을 외부에 판매가능하므로 이를 대체시 외부판매를 포기해야 한다.
- ㉢ 대체시절감원가 : 0
- 최소대체가격(최소TP) : 270 + 220 - 0 = 490

> **저자주** 문제의 명확한 성립을 위해 '단, 사내대체시 변동판매비는 발생하지 않음'을 '단, 사내대체시 변동판매관리비는 발생하지 않음'으로 수정바랍니다.

Guide 최대·최소대체가격(TP) 계산

최대대체가격 [수요사업부]	외부구매시장 없는 경우	□ 판매가격 - 대체후단위당지출원가 → 대체후단위당지출원가 = 추가가공원가 + 증분단위당고정비 + 단위당추가판매비
	외부구매시장 있는 경우	□ Min[① 외부구입가격 ② 판매가격 - 대체후단위당지출원가] 🔍 주의 대체후지출없이 판매시 일반적으로 판매가>외부구입가, 즉, 최대TP=외부구입가
최소대체가격 [공급사업부]	외부판매시장 없는 경우	□ 대체시단위당지출원가 - 대체시절감원가 → 대체시단위당지출원가 = 단위당변동비 + 증분단위당고정비
	외부판매시장 있는 경우	㉠ 유휴시설이 없는 경우 □ 대체시단위당지출원가 + 정규매출상실공헌이익 - 대체시절감원가 ㉡ 유휴시설이 있는 경우 □ 대체시단위당지출원가 + 타용도사용포기이익 - 대체시절감원가

문제 120번 — 목표원가계산의 절차 | 출제구분: 재출제 | 난이도: ★★★ | 정답: ②

- 목표원가계산(Target Costing, 원가기획)은 목표가격으로부터 목표원가를 도출하고, 제조이전단계에서 가치공학 등을 수행하여 목표원가를 달성하고자 하는 원가관리기법으로 제조단계가 아닌 제조이전단계(설계·개발단계)에서의 원가절감을 강조한다.
- 목표원가계산의 절차

【1단계】	잠재 고객의 요구를 충족하는 제품의 개발한다.
【2단계】	고객이 인지하는 가치와 경쟁기업의 가격 등을 고려하여 목표가격을 선택한다.
【3단계】	목표가격에서 목표이익을 고려하여 목표원가를 산출한다.
【4단계】	목표원가 달성을 위한 가치공학(value engineering)을 수행한다. **보론** 가치공학 : R&D, 설계, 제조, 마케팅, 유통 및 고객서비스에 이르는 모든 면을 체계적으로 평가, 개선하여 고객의 요구를 충족하면서 원가를 절감하는 것

재경관리사 공개기출해설[원가]

Certified Accounting Manager

2021년 5월에 시행된 기출문제에 대한 완벽한 해설을 관련이론(가이드)과 함께 제시하였습니다. 해당 문제는 합본부록을 참고바랍니다.

원가관리회계 공개기출문제해설
[2021년 05월 시행]

SEMOOLICENCE

| 문제 81번 | 기초원가와 가공원가 | 출제구분 | 재출제 | 난이도 | ★ ☆ ☆ | 정답 | ③ |

- 기초원가 : 직접재료원가(300,000) + 직접노무원가(500,000) = 800,000
- 가공원가 : 직접노무원가(500,000) + 제조간접원가(60,000 + 70,000) = 630,000

Guide 당기총제조원가의 구성(기초원가와 가공원가 계산)

직접재료원가(DM)	• 기초원재료 + 당기매입 - 기말원재료
직접노무원가(DL)	• 지급임금 + 미지급임금 **예시** 당월지급 100(전월미지급분 10, 당월분 60, 차월선급분 30), 당월분미지급 50일 때 → DL : 60 + 50 = 110
제조간접원가(OH)	• 제조간접원가(OH) = 변동제조간접원가(VOH) + 고정제조간접원가(FOH) 예 간접재료비, 간접노무비, 공장건물 감가상각비와 보험료
기초원가(기본원가)	• 직접재료원가(DM) + 직접노무원가(DL)
가공원가(전환원가)	• 직접노무원가(DL) + 제조간접원가(OH)

| 문제 82번 | 의사결정과의 관련성에 따른 원가분류 | 출제구분 | 재출제 | 난이도 | ★ ☆ ☆ | 정답 | ② |

- 매몰원가 : 과거 의사결정의 결과로 이미 발생한 원가(역사적원가)로 현재 또는 미래에 회수할 수 없는 원가를 의미하며 새로운 의사결정에 영향을 미치지 않는 비관련원가를 말한다.
  →즉, 이미 투자된 개발자금은 매몰원가로, 개발중지여부 의사결정에 영향을 미치지 않는 원가이다.

Guide 매몰원가와 기회원가

매몰원가 (sunk cost)	• 과거 의사결정의 결과로 이미 발생한 원가로, 의사결정에 영향을 미치지 않는 비관련원가 **예시** 구기계 취득원가 100(감가상각누계액 30), 신기계구입 고려중 → 매몰원가 : 취득원가 100 또는 장부금액 70 → 의사결정 : 신기계로 인한 수익창출액이 구입가보다 크면 구입함.
기회원가 (opportunity cost)	• 특정대안의 선택으로 포기해야 하는 가장 큰 효익 **예시** CU편의점과 GS편의점의 시간당 알바수익이 각각 3,000원과 5,000원일 때, 여친과 수다를 떨며 즐겁게 1시간 보내는 경우의 기회원가는 5,000원임 주의 기회원가는 관리적 차원에서 사용되는 원가개념이며, 회계장부에는 실제원가만이 기재되므로 기회원가는 회계장부에 기록되지 않음.

문제 83번 — 준변동원가의 특징
출제구분: 재출제 | 난이도: ★ ☆ ☆ | 정답: ③

- 준변동원가($y=a+bx$) : 조업도의 변동에 관계없이 총원가가 일정한 고정원가(a)와 조업도의 변동에 따라 총원가가 비례하여 변동하는 변동원가(bx)의 두 가지 요소를 모두 가지고 있는 원가를 말한다.(혼합원가)
  → 예) 통신요금 : 월 기본요금 50,000원에 100시간 초과사용시 초과시간당 5,000원 추가 납부

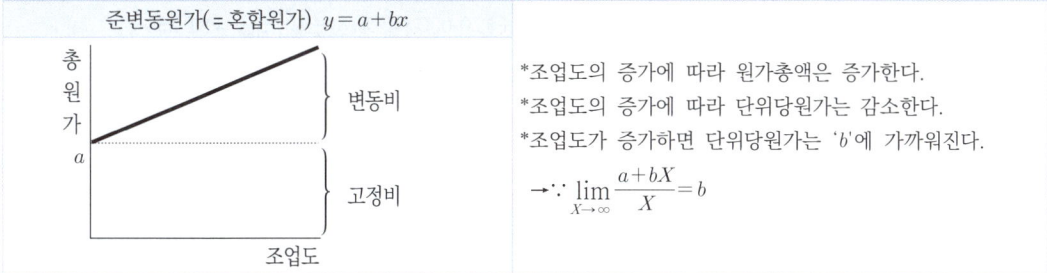

*조업도의 증가에 따라 원가총액은 증가한다.
*조업도의 증가에 따라 단위당원가는 감소한다.
*조업도가 증가하면 단위당원가는 'b'에 가까워진다.
$$\therefore \lim_{X \to \infty} \frac{a+bX}{X} = b$$

- ② 조업도의 변동과 무관하게 원가총액이 일정하다. ⇒ 고정원가에 대한 설명이다.
  ④ 조업도가 특정범위를 벗어나면 일정액만큼 증가 또는 감소한다. ⇒ 준고정원가에 대한 설명이다.

문제 84번 — 제조기업의 원가흐름
출제구분: 재출제 | 난이도: ★ ★ ☆ | 정답: ②

- 당기제품제조원가 : 당기총제조원가 + 기초재공품(10,000) - 기말재공품(0)
  매출원가 : 당기제품제조원가 + 기초제품(20,000) - 기말제품(0)
  ∴매출원가 〉 당기제품제조원가 〉 당기총제조원가

★저자주 본 문제는 회계사 기출문제로서, 재경관리사 시험에 그대로 출제되었습니다.

Guide 제조기업의 원가흐름

계정흐름	원재료		재공품		제품	
	기초원재료 당기매입	사용액(DM) 기말원재료	기초재공품 당기총제조원가	당기제품제조원가 기말재공품	기초제품 당기제품제조원가	제품매출원가 기말제품
당기총제조원가	• 직접재료원가(DM) + 직접노무원가(DL) + 제조간접원가(OH)					
당기제품제조원가	• 기초재공품 + 당기총제조원가 - 기말재공품					
제품매출원가	• 기초제품 + 당기제품제조원가 - 기말제품					

| 문제 85번 | 보조부문원가배분 : 단계배분법 | 출제구분 | 재출제 | 난이도 | ★ ★ ☆ | 정답 | ③ |

- 단계배분법에서는 먼저 배분된 보조부문에는 다른 보조부문원가가 배분되지 않는다.
  → 즉, 보조부문 S1에는 보조부문 S2가 배분되지 않는다.
- 제조부문 P2에 배분되는 보조부문 S1의 원가 : $120,000 \times 25\% = 30,000$

  제조부문 P2에 배분되는 보조부문 S2의 원가 : $(100,000 + 120,000 \times 25\%) \times \dfrac{50\%}{30\% + 50\%} = 81,250$

∴ 제조부문 P2에 배분되는 보조부문의 원가 : $30,000 + 81,250 = 111,250$

	S1	S2	P1	P1
배분전원가	120,000	100,000	?	?
S1	(120,000)	$120,000 \times 25\% = 30,000$	$120,000 \times 50\% = 60,000$	$120,000 \times 25\% = 30,000$
S2	-	(130,000)	$130,000 \times \dfrac{30\%}{30\% + 50\%} = 48,750$	$130,000 \times \dfrac{50\%}{30\% + 50\%} = 81,250$
배분후원가	0	0	?	?

| 문제 86번 | 개별원가계산과 종합원가계산 비교 | 출제구분 | 재출제 | 난이도 | ★ ☆ ☆ | 정답 | ③ |

- 개별원가계산 : 주문받은 개별 제품별로 작성된 작업원가표에 집계하여 계산

  종합원가계산 : 발생한 총원가를 총생산량으로 나누어 단위당 평균제조원가 계산

Guide 개별원가계산과 종합원가계산 비교

	개별원가계산	종합원가계산
생산형태	• 주문에 따른 다품종 소량생산방식 →예 조선업, 기계제작업, 건설업	• 동종제품의 대량 연속생산방식 →예 제분업, 섬유업, 시멘트업, 정유업
원가집계	• 제조원가는 각 작업별로 집계	• 제조원가는 각 공정별로 집계
기말재공품평가	• 평가문제 발생치 않음(∴정확함.)	• 평가문제 발생함(∴부정확함.)
핵심과제	• 제조간접원가배부(작업원가표)	• 완성품환산량계산(제조원가보고서)
기타사항	• 제품단위당 원가는 작업원가표에 집계된 제조원가를 작업한 수량으로 나누어 계산함. • 재고자산 평가에 있어서 작업이 완성된 것은 제품계정으로 대체되고, 미완성된 작업은 재공품이 됨.	• 일정기간에 발생한 총원가를 총생산량으로 나누어 단위당 평균제조원가를 계산함. • 제품은 완성수량에, 재공품은 기말재공품완성품환산량에 단위당 평균제조원가를 곱하여 계산함.

문제 87번 | 작업원가표에 의한 당기제품제조원가 | 출제구분 재출제 | 난이도 ★★☆ | 정답 ④

- 당기총제조원가: (290,000 + 300,000) + (85,000 + 92,000) + 150,000 = 917,000
- 당기제품제조원가: 53,000(기초재공품) + 917,000(당기총제조원가) − 0(기말재공품) = 970,000

재공품계정

기초재공품	53,000	당기제품제조원가	970,000
당기총제조원가(DM+DL+OH)	917,000	기말재공품	0

Guide 제조기업의 원가흐름[위 문제 84번과 동일]

계정흐름	원재료			재공품		제품	
	기초원재료	사용액(DM)	기초재공품	당기제품제조원가	기초제품	제품매출원가	
	당기매입	기말원재료	당기총제조원가	기말재공품	당기제품제조원가	기말제품	
당기총제조원가	• 직접재료원가(DM) + 직접노무원가(DL) + 제조간접원가(OH)						
당기제품제조원가	• 기초재공품 + 당기총제조원가 − 기말재공품						
제품매출원가	• 기초제품 + 당기제품제조원가 − 기말제품						

문제 88번 | 평균법 완성품원가·기말재공품원가 계산 | 출제구분 재출제 | 난이도 ★★☆ | 정답 ①

- 평균법 종합원가계산

[1단계] 물량흐름

		[2단계] 완성품환산량	
		재료비	가공비
완성	400	400	400
기말	100(20%)	100	100 × 20% = 20
	500	500	420

[3단계] 총원가요약

	재료비	가공비
기초	8,000,000	6,000,000
당기발생	32,000,000	24,240,000
	40,000,000	30,240,000

[4단계] 환산량단위당원가(cost/unit)
÷500 ÷420
‖ ‖
@80,000 @72,000

[5단계] 원가배분
완성품원가 : 400 × @80,000 + 400 × @72,000 = 60,800,000
기말재공품원가 : 100 × @80,000 + 20 × @72,000 = 9,440,000

문제 89번 | 종합원가계산 기말재공품원가 계산 | 출제구분 재출제 | 난이도 ★☆☆ | 정답 ③

- 기말재공품 완성품환산량

[1단계] 물량흐름

		[2단계] 완성품환산량	
		재료비	가공비
완성	?	?	?
기말	400(60%)	400	400 × 60% = 240
	?	?	?

- 기말재공품원가 = 완성품환산량 × 완성품환산량단위당원가
  → ∴ 400 × @1,500 + 240 × @500 = 720,000

문제 90번 — 기초재공품 완성도 추정 | 출제구분: 신유형 | 난이도: ★★★ | 정답: ④

- ㉠ 기초재공품수량 계산 : 2,000단위 - 1,500단위 = 500단위
- ㉡ 기초재공품 완성도(A) 계산 : 1,800단위 - 1,400단위 = 500단위 × A → ∴A = 80%

고속철 재료가 공정초에 전량 투입되는 경우
  ㉠ WAM재료비완성품환산량 - FIFO재료비완성품환산량 = 기초재공품수량
  ㉡ WAM가공비완성품환산량 - FIFO가공비완성품환산량 = 기초재공품수량 × 기초완성도

저자주 본 문제는 세무사 기출문제로서, 재경관리사 시험에 그대로 출제되었습니다. 실전 문제에서는 반드시 위 '고속철' 풀이법에 의해 계산하여야 합니다. 반드시 숙지 바랍니다.

문제 91번 — 표준원가계산의 유용성 | 출제구분: 기출변형 | 난이도: ★★☆ | 정답: ④

- 표준원가는 정상적이고 효율적인 영업상태에서 특정제품을 생산하는데 발생할 것으로 예상되는 원가이다.
  →기업의 활동과 성과를 실제 발생한 수치로 표시할 수 있는 것은 실제원가계산에 대한 설명이다.

Guide 표준원가계산의 유용성(목적)

원가관리와 통제	• 표준원가와 실제원가를 비교하여 실제원가가 표준원가 범위 내에서 발생하는지를 파악함으로써 원가통제를 보다 효과적으로 수행할 수 있음. →예외에 의한 관리가 가능 • 차이분석 결과는 경영자에게 보고되며, 그것은 차기 표준·예산설정에 피드백됨.
예산편성(계획)	• 표준원가가 설정되어 있으면 예산을 설정하는데 용이할 수 있음.
재무제표작성	• 표준원가는 과학적이고 통계적인 수치를 이용하기 때문에 재고자산가액과 매출원가 산출시 근거가 되는 보다 진실한 원가정보를 제공할 수 있다는 장점이 있음.
업무간소화와 신속성	• 표준원가계산에서는 단위당표준원가가 설정되어 있기 때문에 원가흐름에 대한 가정이 필요 없으며 단지 물량만 파악하면 되므로 원가계산이 신속하고 간편해 짐. →제품완성과 동시에 원가를 계산할 수 있음.

문제 92번 | 직접재료원가 차이분석 | 출제구분: 기출변형 | 난이도: ★★☆ | 정답: ③

- AQ = 10,000kg, AP = 100

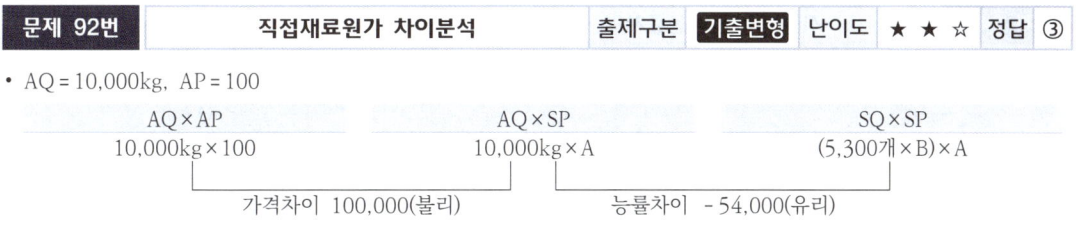

→ 10,000kg × 100 − 10,000kg × A = 100,000 에서, A = 90
→ 10,000kg × 90 − (5,300개 × B) × 90 = − 54,000 에서, B = 2kg

★**저자주** 문제 오류에 해당합니다. 문제의 성립을 위해 표의 문구를 다음과 같이 수정바랍니다.
- 단위당 실제원가 → kg당 실제원가, 단위당 표준원가 → kg당 표준원가
- 단위당 표준수량 → 개당 표준수량

Guide 직접재료원가 차이분석 구조[사용시점분리의 경우]

기호정의	• AQ : 실제사용량, AP : 실제가격, SQ : 실제생산량에 허용된 표준사용량, SP : 표준가격
DM 차이분석	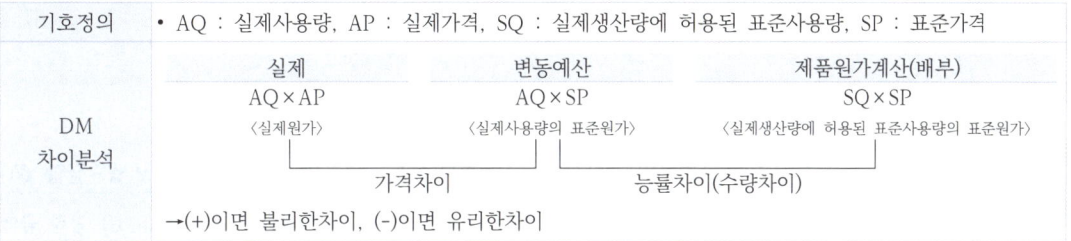 →(+)이면 불리한차이, (−)이면 유리한차이

문제 93번 | 고정제조간접원가 조업도차이 계산 | 출제구분: 재출제 | 난이도: ★★☆ | 정답: ③

- N = 20,000시간, S(실제생산량에 허용된 표준조업도) = 2,100단위 × 10시간 = 21,000시간, 실제발생액 = 2,300,000
- 고정제조간접원가 차이분석

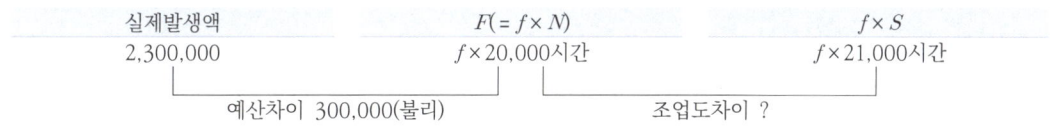

→ 2,300,000 − f × 20,000시간 = 300,000 에서, f = 100
∴ 100 × 20,000시간 − 100 × 21,000시간 = − 100,000(유리)

Guide 고정제조간접원가 차이분석 구조

기호정의	• N : 기준조업도, F : FOH예산, f : FOH배부율($= \dfrac{F}{N}$), S : 실제생산량에 허용된 표준조업도
FOH 차이분석	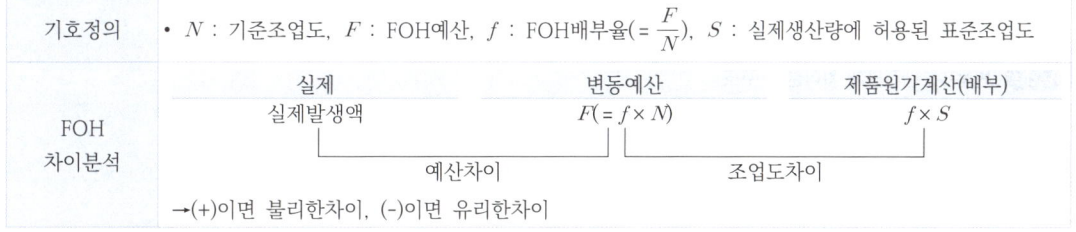 →(+)이면 불리한차이, (−)이면 유리한차이

| 문제 94번 | 직접재료원가 능률차이 | 출제구분 | 재출제 | 난이도 | ★ ☆ ☆ | 정답 | ④ |

- 직접재료원가 차이분석

$$\underbrace{\underset{(2,000개 \times 5kg) \times 400}{AQ \times AP}}_{\text{가격차이 1,000,000(불리)}} \quad \underbrace{\underset{(2,000개 \times 5kg) \times 300}{AQ \times SP}}_{\text{능률차이 600,000(불리)}} \quad \underset{(2,000개 \times 4kg) \times 300}{SQ \times SP}$$

Guide 직접재료원가 차이분석 구조[사용시점분리의 경우]〈위 문제 92번과 동일〉

기호정의	• AQ : 실제사용량, AP : 실제가격, SQ : 실제생산량에 허용된 표준사용량, SP : 표준가격
DM 차이분석	실제　　　　　　　　　　변동예산　　　　　　　　　제품원가계산(배부) AQ×AP　　　　　　　　AQ×SP　　　　　　　　　SQ×SP 〈실제원가〉　　　　　〈실제사용량의 표준원가〉　　〈실제생산량에 허용된 표준사용량의 표준원가〉 　　　　└─ 가격차이 ─┘　　　　└─ 능률차이(수량차이) ─┘ →(+)이면 불리한차이, (-)이면 유리한차이

| 문제 95번 | 직접노무원가 가격차이 계산식 | 출제구분 | 재출제 | 난이도 | ★ ☆ ☆ | 정답 | ② |

- 가격차이 : 실제직접노무시간(AQ)에 실제임률(AP)을 곱한 금액과 실제직접노무시간(AQ)에 표준임률(SP)을 곱한 금액의 차이이다.[(실제임률 - 표준임률)×실제직접노무시간]
  →즉, 가격차이는 실제원가와 실제직접노무시간에 대한 표준원가와의 차이이다.
- 능률차이 : 실제직접노무시간(AQ)에 표준임률(SP)을 곱한 금액과 표준직접노무시간(SQ)에 표준임률(SP)을 곱한 금액의 차이이다.[(실제직접노무시간 - 표준직접노무시간)×표준임률]
  →즉, 능률차이는 실제직접노무시간에 대한 표준원가와 표준직접노무시간에 대한 표준원가와의 차이이다.

| 문제 96번 | 변동제조간접원가 차이분석 | 출제구분 | 재출제 | 난이도 | ★ ★ ☆ | 정답 | ④ |

- 변동제조간접원가(VOH) 실제발생액 : 15,000(OH실제발생액) - 7,200(FOH실제발생액) = 7,800
- A = 3,500시간, v = 2.5

$$\underbrace{\underset{7,800}{\text{실제발생액}}}_{\text{예산차이(소비차이) - 950(유리)}} \quad \underset{2.5 \times 3,500시간}{v \times A}$$

Guide 변동제조간접원가 차이분석 구조

기호정의	• N : 기준조업도, V : VOH예산, v : VOH배부율($= \dfrac{V}{N}$) S : 실제생산량에 허용된 표준조업도, A : 실제조업도
VOH 차이분석	실제　　　　　　　　변동예산　　　　　　　　제품원가계산(배부) 실제발생액　　　　　　$v \times A$　　　　　　　　$v \times S$ 〈실제원가〉　〈실제조업도기준 변동제조간접원가 예산〉　〈실제생산량에 허용된 변동제조간접원가 예산〉 　　└─ 예산차이(소비차이) ─┘　　└─ 능률차이 ─┘ →(+)이면 불리한차이, (-)이면 유리한차이

| 문제 97번 | 전부·변동원가계산 일반사항 | 출제구분 | 기출변형 | 난이도 ★ ★ ☆ | 정답 ① |

- ① 당기 생산량이 판매량보다 많은 경우, 전부원가계산 영업이익이 항상 크려면 전기·당기의 단위당FOH(단위당고정제조간접원가)가 불변해야 한다.(매기 동일) 따라서, 당기 생산량의 단위당FOH보다 전기 단위당FOH(기초재고에 포함된 단위당FOH)가 더 큰 경우에는 변동원가계산의 영업이익이 더 클 수도 있다.
- ② 변동원가계산의 영업이익은 판매량에 따라 달라진다. 생산량은 이익에 영향을 주지 않는다.
- ③ 변동원가계산은 원가회피 개념에 근거하여 고정제조간접원가를 기간비용 처리한다.
- ④ 전부원가계산은 생산량증감에 따라 FOH배부액이 증감하여 이익이 증감하므로 영업이익이 판매량뿐만 아니라 생산량의 변화에도 영향을 받는다. 따라서, 생산량을 증가시켜 손실을 줄이거나 이익을 증가시킬 수 있으므로 생산과잉으로 인한 바람직하지 못한 불필요한 재고의 누적을 유발할 수 있다.

Guide 변동·전부원가계산의 재고수준과 영업이익 크기[단위당FOH 불변 가정시]

재고불변 (기초재고 = 기말재고) (생산량 = 판매량)	• 전부원가계산 이익 = 변동원가계산 이익			
	기초재고	100	판매량	300
	생산량	300	기말재고	100
재고증가 (기초재고<기말재고) (생산량>판매량)	• 전부원가계산 이익 > 변동원가계산 이익			
	기초재고	100	판매량	200
	생산량	300	기말재고	200
재고감소 (기초재고>기말재고) (생산량<판매량)	• 전부원가계산 이익 < 변동원가계산 이익			
	기초재고	200	판매량	300
	생산량	200	기말재고	100

| 문제 98번 | 변동원가계산 총매출액 추정 | 출제구분 | 재출제 | 난이도 ★ ☆ ☆ | 정답 ② |

- 판매량을 Q라 하면, 매출액(Q×7,000) - 변동원가(Q×4,500) - 고정원가(2,300,000) = 영업이익(8,750,000)
  →Q(판매량) = 4,420단위
- 총매출액 : 4,420단위(판매량)×7,000(단위당판매가격) = 30,940,000

Guide 전부원가계산·변동원가계산·초변동원가계산 영업이익 계산 비교

전부원가계산	변동원가계산	초변동원가계산
• 매출액 (-)매출원가(DM+DL+VOH+FOH) 매출총이익 (-)판관비(변동+고정) 영업이익	• 매출액 (-)매출원가(DM+DL+VOH) (-)변동판관비 공헌이익 (-)FOH+고정판관비 영업이익	• 매출액 (-)제품수준변동원가(DM) 재료처리량(현금창출)공헌이익 (-)운영비용(DL+VOH+FOH+판관비) 영업이익

| 문제 99번 | 변동원가계산 특징 | 출제구분 | 재출제 | 난이도 | ★ ☆ ☆ | 정답 | ③ |

- 가(틀린설명) : 변동원가계산제도는 기업회계기준에서 인정하는 원가계산제도가 아니며, 외부공시용(외부보고용) 재무제표 작성을 위해서는 전부원가계산제도에 의하여야 한다.
- 나(옳은설명) : 전부원가계산은 생산량증감에 따라 고정제조간접원가배부액이 증감하여 이익이 증감하므로 이익이 판매량뿐만 아니라 생산량의 변화에도 영향을 받는다. 반면, 변동원가계산은 제품 판매량만이 이익에 영향을 미치므로 이익이 재고자산 수량의 변동(생산량의 변화)에 영향을 받지 않는다.
- 다(옳은설명) : 변동원가계산은 원가회피 개념에 근거하여 고정제조간접원가를 기간비용 처리한다.

| 문제 100번 | 전부·변동원가계산과 판매량 추정 | 출제구분 | **기출변형** | 난이도 | ★ ★ ★ | 정답 | ① |

- 당기 생산량의 단위당FOH : $\dfrac{300,000}{2,000개} = 150$

- 계정흐름

기초	0개	판매량	X
생산량	2,000개	기말	$(2,000 - X)$개

- 전부원가계산 영업이익 　　　　　　　　　　　　　　$A + 75,000$
  (+) 기초에 포함된 고정제조간접원가(FOH) 　　　　　　0
  (−) 기말에 포함된 고정제조간접원가(FOH) 　　$(2,000 - X)개 \times 150$
  변동원가계산 영업이익 　　　　　　　　　　　　　　A

→ $(A + 75,000) + 0 - (2,000 - X)개 \times 150 = A$ 에서, $X = 1,500$개

Guide 전부·변동·초변동원가계산 영업이익 차이조정

전부원가계산에 의한 영업이익	전부원가계산에 의한 영업이익	변동원가계산에 의한 영업이익
(+) 기초재공품,제품에 포함된 FOH	(+) 기초재공품,제품에 포함된 DL,VOH,FOH	(+) 기초재공품,제품에 포함된 DL,VOH
(−) 기말재공품,제품에 포함된 FOH	(−) 기말재공품,제품에 포함된 DL,VOH,FOH	(−) 기말재공품,제품에 포함된 DL,VOH
변동원가계산에 의한 영업이익	초변동원가계산에 의한 영업이익	초변동원가계산에 의한 영업이익

| 문제 101번 | ABC에 의한 단위당공헌이익 | 출제구분 | 재출제 | 난이도 | ★ ★ ☆ | 정답 | ③ |

- 활동별 변동가공원가배부율
  - 세척 : $\dfrac{200,000}{100,000리터} = 2/리터$, 압착 : $\dfrac{900,000}{45,000시간} = 20/압착기계시간$, 분쇄 : $\dfrac{546,000}{21,000시간} = 26/분쇄기계시간$
- 단위당 직접재료원가 : 400
  단위당 변동가공원가 : 30리터 × 2 + 10압착기계시간 × 20 + 5분쇄기계시간 × 26 = 390
∴단위당공헌이익 : 2,000 − (400 + 390) = 1,210

저자주 문제의 명확한 성립을 위해 누락된 단서인 '단, 판매비와관리비는 없다.'를 추가하기 바랍니다.

| 문제 102번 | 준변동원가 원가함수 분석 | 출제구분 | 재출제 | 난이도 | ★ ★ ☆ | 정답 | ① |

- ① 200,000은 기계시간당 고정제조간접원가를 의미하는 것이 아니라 총고정제조간접원가를 의미한다.
  → 조업도수준에 관계없이[조업도(x)=0인 경우에도] 일정액이 발생하는 고정원가

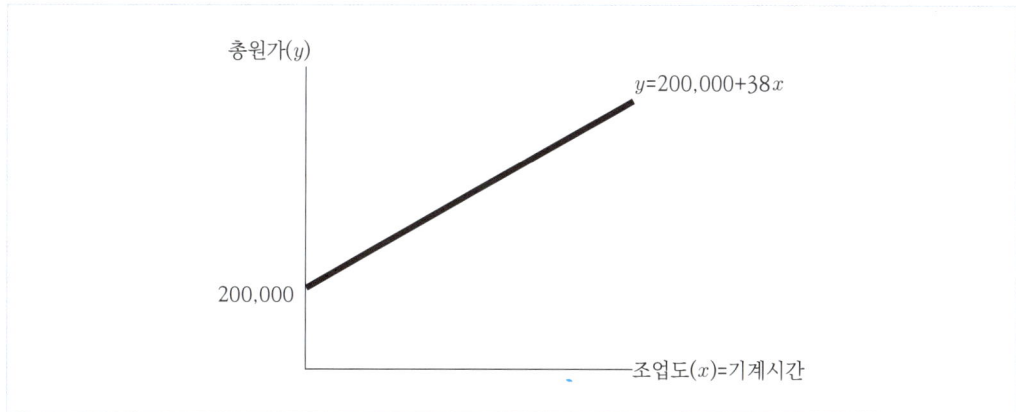

② x는 조업도로서, 독립변수(원가동인)인 기계시간을 의미한다.
③ 38은 원가함수(1차함수)의 기울기로서, 조업도단위당(=기계시간당) 변동제조간접원가를 의미한다.
④ $y=200,000+38x$ 에서, x(조업도)에 1,000을 대입하면 y(총원가=총제조간접원가)는 238,000이 된다.

| 문제 103번 | 영업레버리지 일반사항 | 출제구분 | 기출변형 | 난이도 | ★ ★ ☆ | 정답 | ① |

- 영업레버리지도가 높다는 것이 그 기업의 영업이익이 많다는 것을 나타내는 것은 아니며, 또한 기업운영이 좋다는 것을 나타내는 것도 아니다. 단지 매출액이 증가하거나 감소함에 따라 영업이익이 좀 더 민감하게 반응한다는 것을 의미한다.
  예 DOL=6일 때 매출이 20%증가하면 영업이익은 120%증가, 매출이 20%감소하면 영업이익은 120%감소함.
  → 즉, 고정비의 비중이 큰 원가구조를 가지고 있는 기업일수록 레버리지 효과가 커서 불경기에는 큰 타격을 입고 반면에 호경기에는 막대한 이익을 얻음.

Guide 영업레버리지 주요사항

의의	영업레버리지란 고정비가 지렛대의 작용을 함으로써 총원가 중 고정비 비중이 클수록 매출액 변화율보다 영업이익의 변화율이 확대되는 것을 말함.
영업레버리지도 (DOL)	□ DOL= $\dfrac{\text{영업이익변화율}}{\text{매출액변화율}}$ = $\dfrac{\text{공헌이익}}{\text{영업이익}}$ = $\dfrac{\text{매출액}-\text{변동비}}{\text{매출액}-\text{변동비}-\text{고정비}}$ = $\dfrac{1}{\text{안전한계율}}$
DOL의 증감	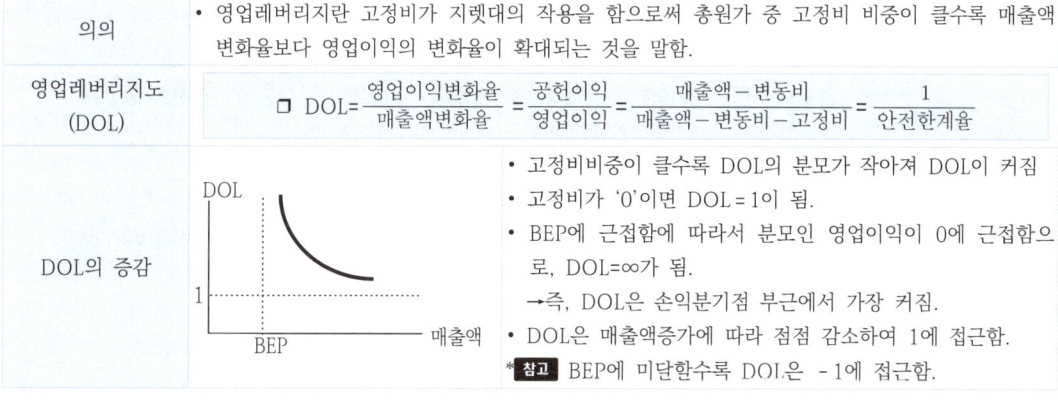 • 고정비비중이 클수록 DOL의 분모가 작아져 DOL이 커짐 • 고정비가 '0'이면 DOL=1이 됨. • BEP에 근접함에 따라서 분모인 영업이익이 0에 근접함으로, DOL=∞가 됨. → 즉, DOL은 손익분기점 부근에서 가장 커짐. • DOL은 매출액증가에 따라 점점 감소하여 1에 접근함. *참고 BEP에 미달할수록 DOL은 −1에 접근함.

문제 104번 — CVP분석 기본가정
출제구분: 기출변형 | **난이도:** ★ ☆ ☆ | **정답:** ③

- CVP분석은 화폐의 시간가치를 고려하지 않는 분석이다.
  → 즉, 현재가치개념을 사용하지 않고 명목가치로만 수익과 비용을 평가하여 의사결정을 한다. 따라서 화폐의 시간가치를 배제하는 단기모델이라는 점과 화폐가치가 변할 수 있는 인플레이션을 무시한다는 제반 한계점을 갖는다.

Guide ▶ CVP분석의 기본가정

원가행태의 구분	• 모든 원가를 변동원가와 고정원가로 분리할 수 있다고 가정
선형성	• 수익과 원가의 행태가 확실히 결정되어 있고 관련범위 내에서 선형으로 가정 → 단위당판매가격과 단위당변동원가는 일정
생산량·판매량의 일치성	• 생산량과 판매량은 일치하는 것으로 가정하여 생산량이 모두 판매된 것으로 가정 → 즉, 재고수준이 일정, 동일하거나 하나도 없다고 가정
독립변수의 유일성	• 원가와 수익은 유일한 독립변수인 조업도에 의하여 결정된다고 가정
화폐의 시간가치 무시	• 화폐의 시간가치가 중요하지 않을 정도의 단기간이라고 가정 → ∴단기투자의사결정에 유용한 분석방법임. → 인플레이션을 무시한다는 한계점을 갖음.
일정한 매출배합	• 복수제품인 경우에는 매출배합이 일정하다고 가정
수익원천의 단일성	• 수익은 오직 매출로부터만 발생한다고 가정

문제 105번 — 예산의 종류
출제구분: 재출제 | **난이도:** ★ ☆ ☆ | **정답:** ①

- 조업도의 변동에 따라 조정되어 작성되는 예산은 변동예산이다.
  → 즉, 변동예산은 일정 범위의 조업도 변동에 따라 사후에 조정되어 작성되는 예산이다.

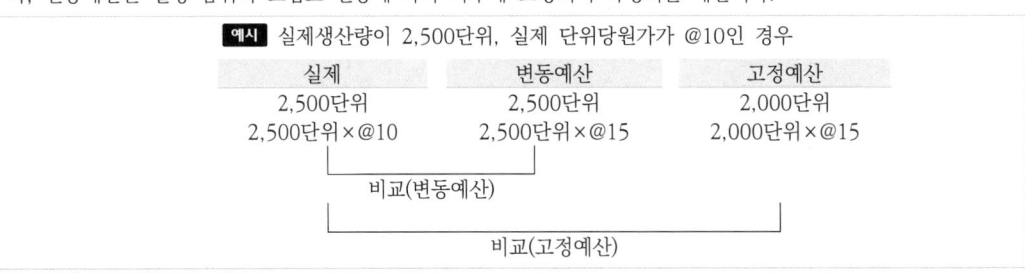

Guide ▶ 예산의 종류

예산편성대상	종합예산	• 기업전체를 대상으로 작성되는 예산으로서, 모든 부문예산을 종합한 것
	부문예산	• 기업내의 특정부문을 대상으로 작성되는 예산
예산편성성격	운영예산	• 구매·생산·판매 등의 영업활동에 대한 예산
	재무예산	• 설비투자·자본조달 등의 투자와 재무활동에 대한 예산
예산편성방법	고정예산	• 조업도의 변동을 고려하지 않고 특정조업도를 기준으로 작성되는 예산
	변동예산	• 조업도의 변동에 따라 조정되어 작성되는 예산

문제 106번 | 투자중심점 성과평가 : 투자수익률 | 출제구분: 재출제 | 난이도: ★★☆ | 정답: ④

- 사업부별 투자수익률(ROI) 계산
  - 휴대폰사업부 : 50,000(영업이익) ÷ 500,000(영업자산) = 10%
  - 청소기사업부 : 230,000(영업이익) ÷ 1,000,000(영업자산) = 23%
  - 냉장고사업부 : 220,000(영업이익) ÷ 2,000,000(영업자산) = 11%
- 투자수익률이 높은 순서 : 청소기사업부(23%) 〉 냉장고사업부(11%) 〉 휴대폰사업부(10%)

Guide ▶ 투자수익률(ROI) 주요사항

구분	내용
ROI 계산	$\square$ 투자수익률(ROI) = $\dfrac{영업이익}{영업자산(투자액)}$ = $\dfrac{영업이익}{매출액} \times \dfrac{매출액}{영업자산}$ = 매출액영업이익률 × 자산회전율
장점	• 비율로 표시되므로 투자규모가 서로 다른 투자중심점간의 성과평가 및 비교에 유용
단점	• 준최적화현상이 발생함. → 회사전체 최저필수수익률을 상회하는 좋은 투자안이 개별투자중심점의 투자수익률 보다 낮기 때문에 투자가 포기되어 회사전체이익에 불리한 의사결정이 이루어짐.('잔여이익'으로 해결가능) • 회계적이익에 기초하므로 성과평가와 의사결정(현금흐름에 기초)의 일관성이 결여 • 화폐의 시간가치를 고려하지 않음.(단기적 성과 강조)
증대방안	• 매출액증대와 원가의 감소, 진부화된 투자자산의 처분(감소)

문제 107번 | 책임중심점별 특징 | 출제구분: 신유형 | 난이도: ★★☆ | 정답: ②

- 수익중심점 : 매출액에 대해서만 통제책임을 지는 책임중심점(예 판매부서 및 영업소)
  → 수익중심점은 산출물만을 화폐로 측정하여 통제할 뿐 투입물과 산출물 모두에 의해 결정되는 이익에 대해서는 책임을 지지 않는다.

Guide ▶ 책임중심점의 분류

구분	내용
원가중심점	• 통제가능한 원가의 발생만 책임을 지는 가장 작은 활동단위로서의 책임중심점(예 제조부문)
수익중심점	• 매출액에 대해서만 통제책임을 지는 책임중심점(예 판매부서 및 영업소) → 수익중심점은 산출물만을 화폐로 측정하여 통제할 뿐 투입물과 산출물 모두에 의해 결정되는 이익에 대해서는 책임을 지지 않음. → 그러나 매출액만으로 성과평가를 하게 되면 기업전체적으로 잘못된 의사결정을 야기 가능.(불량채권의 발생, 원가절감의 경시 등 여러 가지 문제점에 노출될 수 있기 때문임.)
이익중심점	• 원가와 수익 모두에 대해서 통제책임을 지는 책임중심점 → 이익중심점은 전체 조직이 될 수도 있지만 조직의 한 부분, 즉 판매부서, 각 지역(점포)단위 등으로 설정될 수도 있는데 이 경우 책임중심점이란 이익중심점을 뜻하는 것이 일반적임. → 이익중심점은 수익중심점에 비해 유용한 성과평가기준이 됨. 성과평가의 기준을 이익으로 할 경우 해당 경영자는 공헌이익 개념에 의해서 관리를 수행할 것이고 이로 인해 회사전체적 입장에서 최적의 의사결정에 근접할 수 있음.
투자중심점	• 원가·수익 및 투자의사결정도 책임지는 책임중심점으로 가장 포괄적 개념임. → 기업이 제품별 또는 지역별로 별도의 독립적인 조직으로 분리될 정도로 규모가 커져 제품별 또는 지역별 사업부로 분권화된 경우, 이 분권화조직이 투자중심점에 해당함.

| 문제 108번 | 잔여이익에 의한 신규투자 | 출제구분 | 재출제 | 난이도 | ★ ★ ★ | 정답 | ③ |

- 마포사업부 : 자본비용(16%)에 미달하는 수익률(15%)이 기대된다.
  → 따라서, '영업이익〈투자액×자본비용'이며 잔여이익이 (-)이므로 기각
- 용산사업부 : 자본비용(14%)을 초과하는 수익률(17%)이 기대된다.
  → 따라서, '영업이익〉투자액×자본비용'이며 잔여이익이 (+)이므로 채택

참고 결국, 잔여이익에 의해 성과평가가 이루어질 경우 각 사업부는 자본비용(최저필수수익률)을 초과하는 신규투자안은 채택하지만 자본비용(최저필수수익률)에 미달하는 신규투자안은 기각하게 된다.

| 문제 109번 | 투자수익률(ROI) 증대방안 | 출제구분 | 신유형 | 난이도 | ★ ★ ★ | 정답 | ④ |

- $ROI = \dfrac{영업이익(매출액-매출원가,판관비,기타비용)}{영업자산(현금,매출채권,재고자산,유형자산,기타자산)} = 매출액이익률\left(\dfrac{영업이익}{매출액}\right) \times 자산회전율\left(\dfrac{매출액}{영업자산}\right)$

- ① 매출액의 증가 : 분자 증가 → ROI 증가

  참고 매출액은 매출액이익률의 분모와 자산회전율의 분자에 모두 표시된다. 따라서 매출액의 증가와 감소가 매출액이익률과 자산회전율에 동일한 증가와 감소 효과를 가져올 것이므로 투자수익률과 매출액은 아무런 상관이 없다고 생각하는 것은 잘못이다. 왜냐하면 분권화된 특정사업부가 투자액의 증가없이 판매활동에 노력을 많이 기울인 결과로 매출액을 증대시킬 경우, 이로 인한 영업이익의 증가율이 매출액의 증가율보다 커질 수 있기 때문이다.

- ② 판매비와관리비의 감소 : 분자 증가 → ROI 증가
- ③ 매출채권회전기간의 감소 : 매출채권회전(회수)기간 = $\dfrac{365일}{매출채권회전율}$

  매출채권회전기간 감소 → 매출채권회전율 증가 → 보유 매출채권 감소 → 분모 감소 → ROI 증가
- ④ 자산회전율 감소 → ROI 감소

| 문제 110번 | 경제적부가가치(EVA) 일반사항 | 출제구분 | 신유형 | 난이도 | ★ ★ ☆ | 정답 | ③ |

- 당기순이익이 자기자본에 대한 자본비용(배당금)을 고려하지 않는 이익개념인 반면에, 경제적부가가치(EVA)는 그동안 무시해 왔던 자기자본에 대한 자본비용(배당금)도 비용으로 고려하는 이익개념 및 성과평가지표이다.(∴주주관점에서 기업의 경영성과를 보다 정확히 측정할 수 있다.)
  → **참고** 따라서, 경제적부가가치(EVA)는 손익계산서상 순이익보다 낮다.

Guide 경제적부가가치(EVA)의 특징

- ㉠ 경제적부가가치(EVA)는 투자중심점이 고유의 영업활동에서 세금, 타인자본과 자기자본에 대한 자본비용을 초과하여 벌어들인 이익을 의미함.
  ㉡ 경제적부가가치(EVA)는 고유의 영업활동에서 창출된 순가치의 증가분을 의미함.
  ㉢ 경제적부가가치(EVA)는 그동안 무시해 왔던 자기자본에 대한 자본비용 고려하므로 주주관점에서의 이익개념임.
  ㉣ 경제적부가가치(EVA)는 발생주의 회계수치를 성과측정목적에 맞게 수정하여 계산함.

| 문제 111번 | 분권화의 문제점 | 출제구분 | 기출변형 | 난이도 ★★☆ | 정답 ① |

- 분권화의 경우 하위경영자들이 최고경영자들보다 고객과 공급업체 및 종업원의 요구에 대응하기가 훨씬 더 수월하기 때문에 신속한 대응을 할 수 있다는 장점이 있다.

Guide 분권화 정리

실시단계	• ㉠ 권한의 부여 : 상위경영자가 하위경영자에게 특정업무를 수행할 수 있는 권한을 부여 • ㉡ 의무의 양도 : 상위경영자는 하위경영자에게 권한을 부여함과 동시에 관련된 의무도 부과 • ㉢ 책임의 발생 : 하위경영자는 권한을 상위경영자로부터 부여 받음으로써 이 권한에 대한 책임을 지게 되며, 성과평가도 받게 됨.
효익	• 하위경영자들이 최고경영자들보다 고객과 공급업체 및 종업원의 요구에 대응하기가 훨씬 더 수월하기 때문에 신속한 대응을 할 수 있음. • 하위경영자들에게 빠른 의사결정책임을 부여하는 기업이 상위경영자들에게 의사결정책임을 부여하고자 시간을 소비하는 기업보다 경쟁적 우위를 점할 수 있어 보다 신속한 의사결정이 가능함. • 하위경영자들에게 보다 큰 재량권이 주어지면 보다 많은 동기부여가 됨. • 분권화를 시행하게 되면 경영자에게 많은 책임이 주어지게 되고, 이에 따라 경영자로서의 능력개발을 촉진시킬 수 있으며 학습효과 측면에서도 유용함. • 분권화된 환경에서 소규모 하위단위 경영자들은 대규모 하위단위 경영자들보다 더 융통성 있고 민첩하게 시장 기회에 적응할 수 있음. • 분권화를 통하여 최고경영자들은 하위단위의 일상적인 의사결정의 부담에서 벗어날 수 있기 때문에 조직전체의 전략적 계획에 보다 많은 시간과 노력을 집중시킬 수 있음.
문제점	• 분권화사업부는 기업전체의 관점에서 최적이 아닌 의사결정(준최적화)을 할 가능성이 있음. • 각 사업부에서 동일한 활동이 개별적으로 중복되어 수행될 수 있음. • 분권화된 각 사업부의 경영자들이 동일한 기업의 다른 사업부를 외부집단으로 간주하여 정보의 공유 등을 꺼려함에 따라 각 사업부간 협력이 저해될 수 있음.

문제 112번 — 외부구입과 지불가능 최대가격 | 출제구분: 재출제 | 난이도: ★★★ | 정답: ②

- 외부구입의 경우
  - 증분비용 - 증가 : 구입액 = (20,000단위 × A)
  - 감소 : 원가감소 20,000단위 × (200 + 50 + 50) + 600,000 × 1/3 = 6,200,000
  - 증분손익 = 6,200,000 - 20,000단위 × A

→ 6,200,000 - 20,000단위 × A ≧ 0 에서, A ≦ 310

Guide 자가제조·외부구입 의사결정

고려사항	• 자가제조시 관련원가와 외부구입가격을 고려 　주의 자가제조시 증감하는 고정원가도 관련원가이므로 이도 고려함. 　　→ 예 자가제조시 추가 고용 감독자급료 • 외부구입시 다음을 고려함. 　㉠ 기존설비 임대가 가능한 경우 : 임대수익을 고려 　㉡ 기존설비로 다른 제품 생산시 : 관련수익과 변동원가를 고려(= 다른 제품 공헌이익) 　㉢ 회피가능고정원가는 관련원가, 회피불능고정원가는 비관련원가임.
고려해야할 비재무적 정보	• 자가제조의 경우는 부품 공급업자에 대한 의존도를 줄일 수 있으며, 품질관리를 보다 쉽게 할 수 있다는 장점이 있음. • 자가제조의 경우는 공급업자에 대한 의존도를 줄임으로써 공급업자와의 관계를 상실하여 향후에 급격한 주문의 증가로 회사의 생산능력이 초과할 때 제품을 외부구입하기가 쉽지 않을 수 있음. (별도의 추가적 시설투자가 필요하므로 많은 비용이 발생하는 단점이 있음.) • 제품에 특별한 지식·기술이 요구될 때 자가제조를 하며 품질을 유지하기가 쉽지 않을 수 있음.
외부구입 의사결정	㉠ 기존설비의 대체용도가 있는 경우 　□ 증분수익(변동원가 + 회피가능고정원가 + 기회원가) > 증분비용(외부구입원가) ㉡ 기존설비의 대체용도가 없는 경우 　□ 증분수익(변동원가 + 회피가능고정원가) > 증분비용(외부구입원가)

문제 113번 — 의사결정과 관련원가 | 출제구분: 재출제 | 난이도: ★★☆ | 정답: ②

- ① 회피가능고정원가(고정원가가 당해 의사결정으로 감소)만이 관련원가이며, 회피불능고정원가(고정원가가 당해 의사결정과 관계없이 계속 발생)는 비관련원가이다.
- ② 유휴생산능력이 없거나 부족한 때에는 특별주문을 수락할 경우 기존 설비능력이 부족하기 때문에 설비능력을 확충하게 된다. 따라서, 이 경우에는 특별주문의 수락으로 인한 설비원가 및 추가 시설 임차료 등을 모두 고려해야 된다. 추가 시설 임차료는 의사결정시 고려해야 할 관련원가이다.
- ③ 제품라인을 폐지함에 따라 유휴생산시설이 발생하는데 기업은 그러한 유휴생산시설을 임대를 주거나 다른 제품 생산에 이용하게 되며 그에 따라 발생하는 수익은 제품라인의 폐지여부 의사결정에 있어서 관련원가가 되므로 의사결정시 고려해야 한다.
- ④ 일반적인 경우 '회피가능원가(변동원가 + 회피가능고정원가)>외부구입원가'인 경우에는 외부구입하는 것이 바람직하다.
  → 단, 유휴시설의 활용이 가능한 경우에는 '(회피가능원가 + 유휴시설 활용 이익증가)>외부구입원가'인 경우에 외부구입하는 것이 바람직하다.

문제 114번 | 특별주문과 영업이익 증감 : 유휴능력 충분 | 출제구분 재출제 | 난이도 ★★★ | 정답 ①

- 판매수량 : 7,200,000(매출액) ÷ 1,200(단위당판매가격) = 6,000단위

  단위당변동매출원가 : $(3,200,000 \times \frac{3}{4}) \div 6,000$단위 = 400

  단위당변동판매비와관리비 : $(2,700,000 \times \frac{1}{3}) \div 6,000$단위 = 150

- 추가주문을 받아들이는 경우
  증분수익 - 증가 :   주문액 500단위 × 700 =   350,000
  증분비용 - 증가 : 변동원가 500단위 × (400 + 150) = (275,000)
  증분손익   75,000

문제 115번 | 특별주문 수락·거부 의사결정 | 출제구분 재출제 | 난이도 ★☆☆ | 정답 ②

- 특별주문 수락의 경우
  증분수익 - 증가 :   300단위 × @20,000 = 6,000,000
  증분비용 - 증가 : 300단위 × (11,000 + 4,000 + 2,500 + 500) = (5,400,000)
  증분손익   600,000

  → ∴ 특별주문을 수락할 경우(제안을 받아들일 경우) 600,000원의 증분이익이 발생하므로 주문을 수락한다.

저자주 문제의 명확한 성립을 위해 누락된 단서인 '유휴생산능력은 충분하다'를 추가하기 바랍니다.

Guide 특별주문 수락·거부 의사결정

고려사항	• 특별주문으로 증가되는 수익(특별주문가격)과 변동원가 • 유휴설비능력이 있는 경우 유휴설비의 대체용도를 통한 이익상실분(기회원가) • 유휴설비능력이 없는 경우 기존 정규매출감소로 인한 공헌이익상실분 • 유휴설비능력이 없는 경우 설비능력 확충시 추가적 설비원가 **주의** 고정원가(FOH,고정판관비)는 특별주문의 수락여부와 관계없이 일정하게 발생하므로 일반적으로 분석에서 제외하나, 조업도 수준에 따라 증감하는 경우에는 고려함.
주문수락 의사결정	ⓐ 유휴설비능력이 존재하는 경우 　　　　　　ㅁ 증분수익 > 증분원가 ⓑ 유휴설비능력이 존재하고 대체적 용도가 있는 경우 　　　　　　ㅁ 증분수익 > 증분원가 + 기회원가 ⓒ 유휴설비능력이 존재하지 않는 경우 　　　ㅁ 증분수익 > 증분원가 + 추가설비원가 + 기존판매량 감소분의 공헌이익

문제 116번 | 순현재가치법과 NPV 계산 | 출제구분: 재출제 | 난이도: ★☆☆ | 정답: ①

- 현금흐름 추정

x1년초	x1년말	x2년말	x3년말
(8,000,000)	5,000,000	4,000,000	3,000,000

- NPV(순현재가치) : $(5,000,000 \times 0.9 + 4,000,000 \times 0.8 + 3,000,000 \times 0.7) - 8,000,000 = 1,800,000$

★ **저자주** 문제의 명확한 성립을 위해 '단, 현금지출운용비 감소효과는 매년 말에 발생한다'를 추가바랍니다.

Guide ▶ 순현재가치법(NPV법)

의의	□ NPV(순현재가치) = 현금유입의 현재가치 - 현금유출의 현재가치
	♀주의 할인율 : 자본비용(= 최저필수수익률 = 최저요구수익률)
의사결정	상호독립적 투자안 • 'NPV 〉 0'인 투자안 채택
	상호배타적 투자안 • NPV가 가장 큰 투자안 채택

문제 117번 | 현금흐름추정의 기본원칙 | 출제구분: **기출변형** | 난이도: ★☆☆ | 정답: ④

- ① 증분현금흐름을 측정할 때 과거의 투자결정을 통해서 이미 현금유출이 이루어진 매몰원가는 투자안의 채택여부에 따라 변동되는 것이 아니기 때문에 현금흐름 추정에 있어서는 제외해야 한다.(고려하지 않는다.)
- ② 법인세는 명백한 현금의 유출에 해당하므로 현금흐름 추정시 현금의 유출로 반영해야 한다.
  →단, 현금흐름을 파악할 때에는 법인세 차감후의 금액을 기준으로 해야 한다.(세후기준)
- ③ 감가상각비는 현금유출에 해당하지 않으므로 현금흐름 추정시 현금의 유출로 보지 않는다.
  →그러나, 기업이 납부하는 법인세를 감소시키는 감세효과를 가진다. 감가상각비의 감세효과(절세효과)는 현금유입 처리한다.
- ④ 이자비용은 명백한 현금유출이지만 현재가치를 계산할 때 사용되는 할인율(자본비용)을 통해 반영되는 항목이다. 따라서, 현금흐름의 계산에서 이자비용을 계산하고 다시 할인율을 적용하는 것은 이중계산이 되므로, 이자비용이 전혀 없는 상황을 가정하여 현금흐름을 추정해야 한다.

Guide ▶ 자본예산시 현금흐름추정의 기본원칙

증분기준	• 투자안의 증분현금흐름(대안간에 차이가 나는 현금흐름)을 사용함. → ∴매몰원가 제외
세후기준	• 현금흐름을 파악할 때에는 법인세를 차감한 후의 금액을 기준으로 함.
감가상각비	• 감가상각비는 현금유출이 아니나, 감가상각비의 감세효과(절세효과)는 현금유입 처리함.
이자비용	• 자본비용(할인율)에 반영되어 있으므로 이자비용은 고려하지 않음. →현금흐름의 계산에서 이자비용을 계산하고 다시 할인율을 적용하는 것은 이중계산이 되므로, 이자비용이 전혀 없는 상황을 가정하여 현금흐름을 추정해야 함.
인플레이션	• 명목현금흐름은 명목할인율로, 실질현금흐름은 실질할인율로 할인해야 함.

문제 118번 | 순현재가치법(NPV법)과 내부수익률법(IRR법) | 출제구분 재출제 | 난이도 ★☆☆ | 정답 ②

- 가치가산의 원칙(value additivity principle) : 상호 독립적인 투자안 A와 B가 있을 때, 두 투자안의 결합순현재가치는 각 투자안의 순현재가치의 합과 같은 것을 말한다. →NPV(A+B)=NPV(A)+NPV(B)
- 가치가산의 원칙이 성립하는 것은 내부수익률법이 아니라 순현재가치법이다.

Guide 순현재가치법(NPV법)의 우월성

순현재가치법(NPV법)	내부수익률법(IRR법)

• 계산이 간단
  - NPV = 현금유입현가 - 현금유출현가
• 자본비용으로 재투자된다고 가정하므로 현실적임.
• 금액으로 투자결정
  - 독립적 : 'NPV 〉 0'인 투자안 채택
  - 배타적 : NPV가 가장 큰 투자안 채택
• 가치가산원칙(value additivity principle)이 성립
	• 계산이 복잡(IRR이 2개이상도 존재 가능)
	  - IRR : '현금유입현가 = 현금유출현가'가 되는 할인율
	• 내부수익률로 재투자된다고 가정하므로 지나치게 낙관적임.
	• 비율로 투자결정(자본비용=최저필수수익률)
	  - 독립적 : '내부수익률(IRR) 〉 자본비용'이면 채택
	  - 배타적 : 내부수익률(IRR)이 가장 큰 투자안 채택
	• 가치가산원칙(value additivity principle)이 불성립

문제 119번 | 수요사업부 최대대체가격 | 출제구분 재출제 | 난이도 ★★☆ | 정답 ①

- 최대대체가격(B사업부)〈외부구매시장O〉 : Min[㉠ 외부구입가격 ㉡ 판매가격 - 대체후단위당지출원가]
  →Min[㉠ 550 ㉡ 1,100 - 500 = 600] = 550

Guide 최대·최소대체가격(TP) 계산

최대대체가격 [수요사업부]	외부구매시장 없는 경우	□ 판매가격 - 대체후단위당지출원가 →대체후단위당지출원가 = 추가가공원가 + 증분단위당고정비 + 단위당추가판매비
	외부구매시장 있는 경우	□ Min[① 외부구입가격 ② 판매가격 - 대체후단위당지출원가] ♀주의 대체후지출없이 판매시 일반적으로 판매가〉외부구입가, 즉, 최대TP=외부구입가
최소대체가격 [공급사업부]	외부판매시장 없는 경우	□ 대체시단위당지출원가 - 대체시절감원가 →대체시단위당지출원가 = 단위당변동비 + 증분단위당고정비
	외부판매시장 있는 경우	㉠ 유휴시설이 없는 경우 □ 대체시단위당지출원가 + 정규매출상실공헌이익 - 대체시절감원가 ㉡ 유휴시설이 있는 경우 □ 대체시단위당지출원가 + 타용도사용포기이익 - 대체시절감원가

| 문제 120번 | 수명주기원가계산(LCC) 일반사항 | 출제구분 | 재출제 | 난이도 | ★ ★ ☆ | 정답 | ④ |

- 수명주기원가계산(LCC)은 제조이전단계에서 대부분의 제품원가가 결정된다는 인식을 토대로 연구개발단계와 제품설계단계에서부터 원가절감을 위한 노력을 기울여야 한다는 것을 강조한다.

Guide 수명주기원가계산(LCC) 주요사항

의의	• 수명주기원가계산(LCC)은 연구개발에서 고객서비스에 이르기까지 제품수명주기의 각 단계별 수익과 비용을 추정함과 동시에 각 단계별로 수익창출 및 원가절감을 위해 취해진 제반 활동의 결과를 평가하기 위한 장기적 관점의 원가계산제도임. →단기적 관점의 원가절감을 유도하는 것이 아님.
특징	• 제조 이전단계에서 대부분의 제품원가가 결정된다는 인식을 토대로 연구개발단계와 제품 설계단계에서부터 원가절감을 위한 노력을 기울여야 한다는 것을 강조함. • 제품 또는 서비스의 수명주기 매 단계마다 모든 가치사슬단계에서 발생하는 수익과 비용에 대한 집계를 가능하게 하여 프로젝트 전체에 대한 이해가 향상됨.

2021년 6월에 시행된 기출문제에 대한 완벽한 해설을 관련이론(가이드)과 함께 제시하였습니다. 해당 문제는 합본부록을 참고바랍니다.

재경관리사 공개기출해설[원가]

Certified Accounting Manager

원가관리회계 공개기출문제해설
[2021년 06월 시행]

SEMOOLICENCE

| 문제 81번 | 원가의 식별 | 출제구분 | 재출제 | 난이도 | ★ ★ ☆ | 정답 | ① |

- 사례별 해당원가

	직접원가〈직접추적가능O〉	간접원가〈직접추적가능X〉
변동원가〈조업도비례 총원가증가〉	승용차용 타이어 원가	식당 운영비
고정원가〈조업도무관 총원가일정〉	-	공장 감가상각비, 공장관리자 급여

Guide 추적가능성·원가행태에 따른 원가의 분류

추적가능성	직접원가	• 특정원가대상에 직접 추적할 수 있는 원가 예 직접재료원가, 직접노무원가
	간접원가 (공통원가)	• 특정원가대상에 직접 추적이 어려운 원가(여러 원가대상과 관련하여 발생) 예 제조간접원가
원가행태	변동원가	• 조업도의 변동에 따라 총원가가 비례하여 변동하는 원가 예 직접재료원가, 직접노무원가, 동력비(전기요금)
	고정원가	• 조업도의 변동에 관계없이 총원가가 일정한 원가 예 공장 임차료·보험료·재산세·감가상각비

| 문제 82번 | 기회원가의 적용 | 출제구분 | 재출제 | 난이도 | ★ ☆ ☆ | 정답 | ② |

- 기회비용 : 특정대안(300,000원의 비용을 투입하여 수선한 후 처분하는 경우-)의 선택으로 포기해야 하는 효익
  ⇒ 수선하지 않고 손상된 상태에서 처분하는 경우의 처분가 200,000원
- *비교* 과거의 의사결정으로 인하여 이미 발생한 원가로서 의사결정에 영향을 미치지 않는 제품 5,000,000원은 매몰원가(sunk cost)이다.

Guide 매몰원가와 기회원가

매몰원가 (sunk cost)	• 과거 의사결정의 결과로 이미 발생한 원가로, 의사결정에 영향을 미치지 않는 비관련원가 예시 구기계 취득원가 100(감가상각누계액 30), 신기계구입 고려중 → 매몰가 : 취득원가 100 또는 장부금액 70 → 의사결정 : 신기계로 인한 수익창출액이 구입가보다 크면 구입함.
기회원가 (opportunity cost)	• 특정대안의 선택으로 포기해야 하는 가장 큰 효익 예시 CU편의점과 GS편의점의 시간당 알바수익이 각각 3,000원과 5,000원일 때, 여친과 수다를 떨며 즐겁게 1시간 보내는 경우의 기회원가는 5,000원임 주의 기회원가는 관리적 차원에서 사용되는 원가개념이며, 회계장부에는 실제원가만이 기재되므로 기회원가는 회계장부에 기록되지 않음.

| 문제 83번 | 원가가산이익률을 통한 기말재공품 추정 | 출제구분 | 재출제 | 난이도 | ★ ★ ★ | 정답 | ② |

- 원가가산이익률을 A라 하면, '매출원가 = $\frac{매출액}{1+A}$' → 매출원가 : $\frac{220,000}{1+10\%}$ = 200,000

매출총이익률이 주어진 경우 매출원가 계산	• 매출원가 = 매출액 × (1 - 매출총이익률)
원가가산이익률이 주어진 경우 매출원가 계산	• 매출원가 = $\frac{매출액}{1+원가가산이익률}$

- 직접재료원가(DM) : 10,000(기초원재료) + 100,000(당기매입원재료) - 30,000(기말원재료) = 80,000
- 당기총제조원가 : 80,000(DM) + 60,000(DL) + 100,000(OH) = 240,000
- 당기제품제조원가 : 200,000(매출원가) + 40,000(기말제품) - 60,000(기초제품) = 180,000
- 기말재공품 : 30,000(기초재공품) + 240,000(당기총제조원가) - 180,000(당기제품제조원가) = 90,000

*고속철 실전에서는 다음의 계정에 해당액을 직접 기입하여 대차차액으로 구한다.

기초재공품	30,000	매출원가	220,000÷(1+10%) = 200,000
기초제품	60,000		
직접재료원가	80,000		
직접노무원가	60,000	기말재공품	?
제조간접원가	100,000	기말제품	40,000

Guide 제조기업의 원가흐름

계정흐름	원재료		재공품		제품	
	기초원재료 당기매입	사용액(DM) 기말원재료	기초재공품 당기총제조원가	당기제품제조원가 기말재공품	기초제품 당기제품제조원가	제품매출원가 기말제품
당기총제조원가	• 직접재료원가(DM) + 직접노무원가(DL) + 제조간접원가(OH)					
당기제품제조원가	• 기초재공품 + 당기총제조원가 - 기말재공품					
제품매출원가	• 기초제품 + 당기제품제조원가 - 기말제품					

문제 84번 — 보조부문원가와 단일·이중배분율법
출제구분: 신유형 | **난이도**: ★★★ | **정답**: ③

- 보조부문이 1개인 경우에는 직접배분법, 단계배분법, 상호배분법의 계산 결과는 동일하다.
  → ∵ 직접배분법, 단계배분법, 상호배분법은 보조부문간 용역수수의 인식정도에 따른 구분이며, 보조부문이 1개인 경우에는 보조부문간 용역수수가 발생하지 않기 때문이다.
- 단일배분율법에 의해 제조부문 A에 배부되는 수선부문원가〈실제사용시간 기준〉
  - $(6,000,000 + 4,000,000) \times \dfrac{4,000시간}{4,000시간 + 4,000시간} = 5,000,000$
- 이중배분율법에 의해 제조부문 A에 배부되는 수선부문원가
  - ㉠ 고정원가 배부액〈최대사용시간 기준〉: $6,000,000 \times \dfrac{4,000시간}{4,000시간 + 6,000시간} = 2,400,000$
  - ㉡ 변동원가 배부액〈실제사용시간 기준〉: $4,000,000 \times \dfrac{4,000시간}{4,000시간 + 4,000시간} = 2,000,000$
  → $2,400,000 + 2,000,000 = 4,400,000$

∴ 단일배분율법과 이중배분율법의 차이금액: $5,000,000 - 4,400,000 = 600,000$

Guide ▶ 단일배분율법·이중배분율법

단일배분율법	• 고정원가와 변동원가 구분없이 하나의 배부기준(실제사용량)으로 배분 🔍주의 보조부문이 1개인 경우에는 직접배분법, 단계배분법, 상호배분법의 계산 결과는 동일함.
이중배분율법	• 고정원가: 최대사용가능량을 기준으로 배분 • 변동원가: 실제사용량을 기준으로 배분 🔍주의 이중배분율법인 경우에도 직접배분법·단계배분법·상호배분법이 동일하게 적용됨.

문제 85번 — 개별원가계산 일반사항
출제구분: 신유형 | **난이도**: ★☆☆ | **정답**: ①

- 개별원가계산은 개별제품별 또는 개별작업별로 원가가 집계되기 때문에 직접원가와 간접원가의 구분이 중요하다.(즉, 제조간접원가의 배부절차가 반드시 필요하다.) 직접원가에 해당하는 직접재료원가와 직접노무원가는 해당 제품이나 공정으로 직접 추적할 수 있기 때문에 발생된 원가를 그대로 집계하면 되지만, 간접원가에 해당하는 제조간접원가는 개별제품이나 공정에 직접적인 대응이 불가능하므로 원가계산 기말에 일정한 기준을 사용하여 배부해야 한다.

Guide ▶ 개별원가계산과 종합원가계산 비교

	개별원가계산	종합원가계산
생산형태	• 주문에 따른 다품종 소량생산방식 → 예 조선업, 기계제작업, 건설업	• 동종제품의 대량 연속생산방식 → 예 제분업, 섬유업, 시멘트업, 정유업
원가집계	• 제조원가는 각 작업별로 집계	• 제조원가는 각 공정별로 집계
기말재공품평가	• 평가문제 발생치 않음(∴정확함.)	• 평가문제 발생함(∴부정확함.)
핵심과제	• 제조간접원가배부(작업원가표)	• 완성품환산량계산(제조원가보고서)
기타사항	• 제품단위당 원가는 작업원가표에 집계된 제조원가를 작업한 수량으로 나누어 계산함. • 재고자산 평가에 있어서 작업이 완성된 것은 제품계정으로 대체되고, 미완성된 작업은 재공품이 됨.	• 일정기간에 발생한 총원가를 총생산량으로 나누어 단위당 평균제조원가를 계산함. • 제품은 완성수량에, 재공품은 기말재공품완성품환산량에 단위당 평균제조원가를 곱하여 계산함.

| 문제 86번 | 직접노동시간 기준 제조간접원가 배부 | 출제구분 | 재출제 | 난이도 | ★ ☆ ☆ | 정답 | ④ |

- 기말재공품 : 미완성인 작업지시서 #248의 총원가
- 제조간접원가배부율 : $\frac{2,000,000}{40,000시간} = 50$
- 기말재공품원가(#248) : 직접재료원가(90,000) + 직접노무원가(30,000) + 제조간접원가(1,600시간×50) = 200,000

Guide 제조간접원가 배부

의의	• 제조간접원가의 발생과 높은 상관관계를 가진 배부기준을 정하여 각 제품에 배부
배부기준	• ㉠ 복리후생비 : 각 부문의 종업원수 ㉡ 임차료 : 각 부문의 점유면적
배부율	• 제조간접비배부율 = 제조간접원가 ÷ 배부기준(조업도)

| 문제 87번 | 제조간접원가 배부 | 출제구분 | 기출변형 | 난이도 | ★ ☆ ☆ | 정답 | ① |

- (A) : 작업 #401 직접노무원가 계산
  - 직접노무원가 × 120% = 529,200(제조간접원가) 에서, 직접노무원가 = 441,000
- (B) : 작업 #501 제조간접원가(OH) 계산
  - 367,500(직접노무원가) × 120% = 441,000(제조간접원가)

| 문제 88번 | 선입선출법 실제발생가공원가 추정 | 출제구분 | 재출제 | 난이도 | ★ ★ ☆ | 정답 | ③ |

- 가공비 완성품환산량의 계산

[1단계] 물량흐름

		[2단계] 완성품환산량	
		재료비	가공비
기초완성	500(40%)	0	500×(1 - 40%) = 300
당기완성	4,200 - 500 = 3,700	3,700	3,700
기 말	800(50%)	800	800×50% = 400
	5,000	4,500	4,400

- 가공비의 완성품환산량 단위당원가가 10으로 주어져 있으므로, 실제 발생 가공비를 x라 하면
  → $\frac{x}{4,400} = 10$ 에서, x(실제 발생한 가공비) = 44,000

Guide 종합원가계산 선입선출법 계산절차

【1단계】	• 물량흐름을 파악 → 기초수량과 완성도, 완성품수량, 기말수량과 완성도
【2단계】	• 원가요소별(전공정비, 재료비, 가공비)로 당기분 완성품환산량 계산
【3단계】	• 원가요소별로 당기발생원가를 계산
【4단계】	• 원가요소별로 완성품환산량단위당원가를 계산 → 완성품환산량단위당원가 = 원가요소별당기발생원가 ÷ 원가요소별당기분완성품환산량
【5단계】	• 완성품원가와 기말재공품원가 계산 → 완성품원가 = 기초재공품원가 + 원가요소별완성품환산량 × 원가요소별환산량단위당원가

문제 89번 | 평균법 완성품원가·기말재공품원가 계산 | 출제구분: 재출제 | 난이도: ★★☆ | 정답: ②

• 평균법 종합원가계산

[1단계] 물량흐름		[2단계] 완성품환산량	
		재료비	가공비
완성	800	800	800
기말	200(20%)	200	200 × 20% = 40
	1,000	1,000	840
[3단계] 총원가요약			
기초		200,000	150,000
당기발생		800,000	606,000
		1,000,000	756,000
[4단계] 환산량단위당원가(cost/unit)		÷1,000	÷840
		‖	‖
		@1,000	@900

[5단계] 원가배분
 완성품원가   : 800×@1,000 + 800×@900 = 1,520,000
 기말재공품원가 : 200×@1,000 + 40×@900 = 236,000

문제 90번 | 기초재공품 수량 추정 | 출제구분: 기출변형 | 난이도: ★★★ | 정답: ④

• 85,000단위(WAM가공비완성품환산량) − 73,000단위(FIFO가공비완성품환산량) = 기초재공품수량 × 30%
 → ∴ 기초재공품수량 = 40,000단위

고속철 재료가 공정초에 전량 투입되는 경우
 ㉠ WAM재료비완성품환산량 − FIFO재료비완성품환산량 = 기초재공품수량
 ㉡ WAM가공비완성품환산량 − FIFO가공비완성품환산량 = 기초재공품수량×기초완성도

저자주 실전 문제에서는 반드시 위 '고속철'풀이법에 의해 계산하여야 합니다. 반드시 숙지 바랍니다.

문제 91번 | 정상개별원가계산 제조간접원가 배부차이 | 출제구분: 기출변형 | 난이도: ★☆☆ | 정답: ①

• 제조간접원가예정배부율 : $\frac{255,000}{100,000시간}$ = 2.55/시간

예정배부액	실제발생액
105,000시간 × 2.55 = 267,750	270,000

− 2,250(과소배부)

Guide ▶ 정상개별원가계산 예정배부

제조간접원가예정배부율	• 제조간접원가예정배부율 = $\frac{\text{제조간접원가 예산}}{\text{예정조업도}}$
예정배부액	• 실제조업도(배부기준의 실제발생량) × 제조간접원가예정배부율

문제 92번 | 표준원가 차이분석 상호관계 | 출제구분: 기출변형 | 난이도: ★★★ | 정답: ④

- ① 원재료의 효율적 이용으로 투입량이 절감된 경우 직접재료원가에 있어 유리한 능률차이가 발생할 것이다.
  → 'AQ〈SQ'이므로 직접재료원가 유리한 능률차이가 발생한다.
- ② 품질이 떨어지는 원재료를 매우 저렴한 가격으로 구매한 경우 직접재료원가에 있어 유리한 가격차이가 발생할 것이나, 이로 인하여 불리한 능률차이가 발생할 수 있다.
  → 저가 구매('AP〈SP')로 직접재료원가 유리한 가격차이가 발생하지만, 반대로 투입되는 재료의 수량이나 작업시간이 많아져('AQ〉SQ') 불리한 능률차이가 발생한다.
- ③ 공장노무자의 비능률적 업무수행으로 인해 직접노무원가에 있어 불리한 능률차이가 발생할 수 있다.
  → 투입시간이 증가하여('AQ〉SQ') 직접노무원가 불리한 능률차이가 발생한다.

  > **보론** 노사협상 등에 의해 임금이 상승한다면 실제임률이 상승하여 불리한 직접노무원가 가격차이가 발생하며, 표준을 결정할 때와 다른 경기 변동으로 인해 당초보다 물가가 하락하면 구매가격 하락으로 유리한 차이가 발생하고 당초보다 물가가 상승하면 구매가격 상승으로 불리한 차이가 일반적으로 발생한다.

- ④ 노동의 능률적 혹은 비능률적 사용은 변동제조간접원가 능률차이에 전혀 영향을 미치지 않는다.
  → 변동제조간접원가 배부율이 노동시간과 관련된 경우 변동제조간접원가 능률차이가 발생하는 원인은 직접노무원가 능률차이가 발생하는 원인과 동일하다. 즉, 노동의 비능률적 사용으로 인해 직접노무원가는 물론 변동제조간접원가에서도 능률차이가 발생할 수 있다.

Guide 변동제조간접원가(VOH)와 직접노무원가(DL) 차이분석의 상호관계

- 변동제조간접원가 배부율이 노동시간과 관련된 경우 변동제조간접원가 능률차이가 발생하는 원인은 다음과 같이 직접노무원가 능률차이가 발생하는 원인과 동일함.

  > ㉠ 노동의 비능률적 사용으로 인해 DL은 물론 VOH에서도 능률차이가 발생할 수 있음.
  > ㉡ 생산에 투입되는 원재료의 품질정도에 따라 투입되는 노동시간이 영향을 받으므로 이에 의해서도 VOH 능률차이가 발생할 수 있음.
  > ㉢ 생산부문 책임자의 감독소홀이나 일정계획 등의 차질로 인하여 VOH 능률차이가 발생할 수 있음.

문제 93번 | 직접재료원가 기본적 차이분석 | 출제구분: 재출제 | 난이도: ★☆☆ | 정답: ②

- 직접재료원가 차이분석

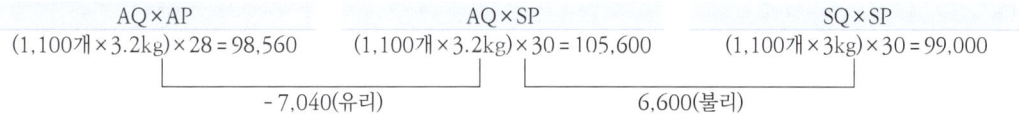

- ① 직접재료원가 표준원가 = SQ × SP ⇒ 99,000   ② 직접재료원가 실제원가 = AQ × AP ⇒ 98,560

Guide 직접재료원가 차이분석 구조[사용시점분리의 경우]

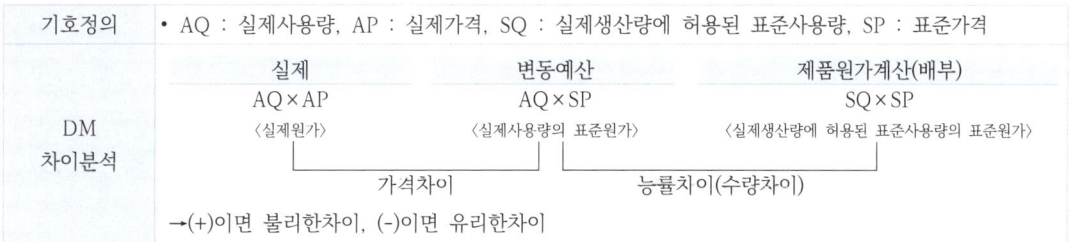

문제 94번 — 직접노무원가 능률차이 계산식 | 출제구분: 기출변형 | 난이도: ★☆☆ | 정답: ②

- 가격차이 : 실제직접노무시간(AQ)에 실제임률(AP)을 곱한 금액과 실제직접노무시간(AQ)에 표준임률(SP)을 곱한 금액의 차이이다. [(실제임률 - 표준임률) × 실제직접노무시간]
  → 즉, 가격차이는 실제원가와 실제직접노무시간에 대한 표준원가와의 차이이다.
- 능률차이 : 실제직접노무시간(AQ)에 표준임률(SP)을 곱한 금액과 표준직접노무시간(SQ)에 표준임률(SP)을 곱한 금액의 차이이다. [(실제직접노무시간 - 표준직접노무시간) × 표준임률]
  → 즉, 능률차이는 실제직접노무시간에 대한 표준원가와 표준직접노무시간에 대한 표준원가와의 차이이다.

문제 95번 — 변동제조간접원가 차이분석과 실제DL 계산 | 출제구분: 재출제 | 난이도: ★★☆ | 정답: ①

- 실제발생한 총직접노무원가 : 실제직접노동시간(A) × 직접노무원가실제임률(100)
  → ∴이하 VOH차이분석에서 A = 1,000시간이므로, 실제발생한 총직접노무원가 = 1,000시간 × 100 = 100,000

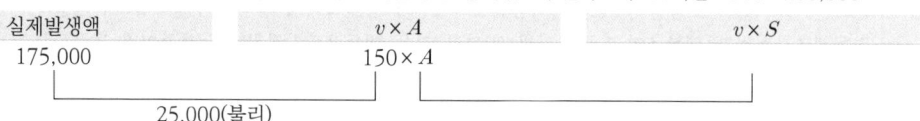

Guide ▶ 변동제조간접원가 차이분석 구조

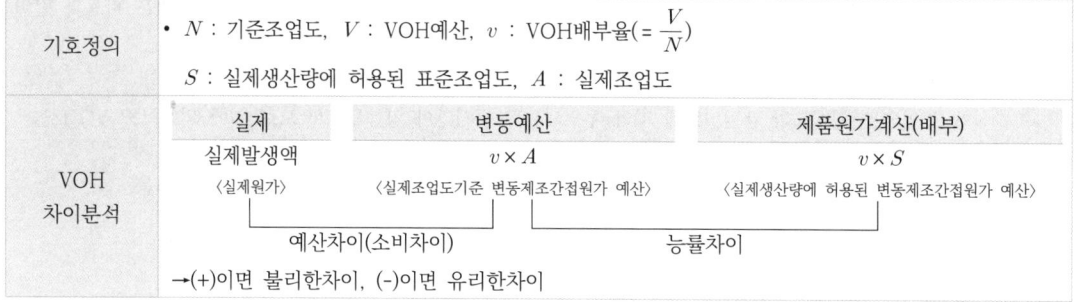

| 문제 96번 | 2분법과 제조간접원가배부액 | 출제구분 | 신유형 | 난이도 ★★★ | 정답 ① |

- 변동제조간접원가(VOH), 고정제조간접원가(FOH) 차이분석

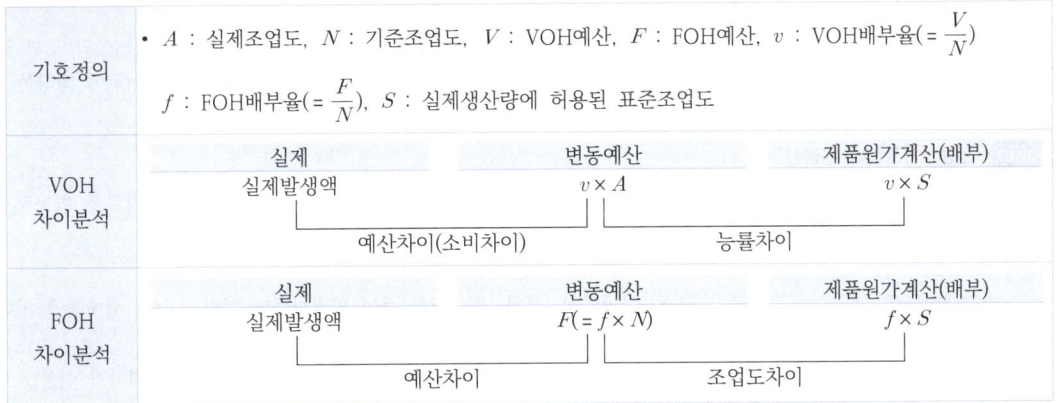

→ 제조간접원가 2분법의 예산차이·조업도차이
  ㉠ 예산차이 : VOH소비차이(VOH실제 - $v \times A$) + VOH능률차이($v \times A - v \times S$) + FOH예산차이(FOH실제 - F)
       ⇒ OH실제 - $v \times S - F$
  ㉡ 조업도차이 : $F - f \times S$
→ 제조간접원가 배부액 : VOH배부액($v \times S$) + FOH배부액($f \times S$)

- 문제자료에 의해, $F = 600{,}000$, $v = 10$, $S = 15{,}000$시간
- VOH배부액 : $v(10) \times S(15{,}000시간) = 150{,}000$
  FOH배부액 : $F(600{,}000) - f \times S = -100{,}000$(유리한 조업도차이) → $f \times S = 700{,}000$
∴ 제조간접원가 배부액 : $150{,}000(v \times S) + 700{,}000(f \times S) = 850{,}000$

| 문제 97번 | 전부·변동원가계산 제조원가/기말재고/이익 | 출제구분 | 재출제 | 난이도 ★★★ | 정답 ④ |

- 전부원가계산에서는 고정제조간접원가(FOH)도 제조원가로 처리한다. → 변동원가계산은 기간비용으로 처리
- 물량흐름(제품계정) : 당기에 영업을 개시하였으므로 기초제품재고는 없다.

| 기초제품재고 | 0단위 | 판매량 | 9,500단위 |
| 생산량 | 10,000단위 | 기말제품재고 | 500단위 |

- 단위당제조원가, 기말제품재고, 영업이익(당기순이익) 비교

	전부원가계산	변동원가계산
단위당제조원가	$1{,}000 + 400 + 200 + \dfrac{1{,}200{,}000}{10{,}000단위} = @1{,}720$	$1{,}000 + 400 + 200 = @1{,}600$
기말제품재고	500단위 × 1,720 = 860,000	500단위 × 1,600 = 800,000
영업이익 (당기순이익)	9,500단위 × (@2,000 − @1,720 − @100) − 400,000 = 1,310,000	9,500단위 × (@2,000 − @1,600 − @100) − 400,000 − 1,200,000 = 1,250,000

| 문제 98번 | 변동원가계산 특징 | 출제구분 | 재출제 | 난이도 | ★ ★ ☆ | 정답 | ① |

- 가 : 변동원가계산제도는 기업회계기준에서 인정하는 원가계산제도가 아니며, 외부공시용(외부보고용) 재무제표 작성을 위해서는 전부원가계산제도에 의하여야 한다.
- 나 : 전부원가계산은 생산량증감에 따라 고정제조간접원가배부액이 증감하여 이익이 증감하므로 영업이익이 판매량뿐만 아니라 생산량의 변화에도 영향을 받는다. 반면, 변동원가계산은 제품 판매량만이 영업이익에 영향을 미친다.

Guide ▶ 변동원가계산의 유용성

CVP자료 확보 용이	• 이익계획과 예산편성에 필요한 CVP(원가 - 조업도 - 이익)에 관련된 자료를 변동원가계산제도에 의한 공헌손익계산서로부터 쉽게 얻을 수 있음.
이익은 판매량의 함수	• 특정기간의 이익이 생산량에 의해 영향을 받지 않음. →즉, 제품의 판매가격, 원가, 매출배합 등이 일정하다면 이익은 오직 판매량에 의해 결정되기 때문에 매출액의 변동과 동일한 방향으로 변화하게 됨.
높은 이해가능성	• 이익은 매출액과 동일한 방향으로 움직이므로 경영자의 입장에서 이해하기 쉬움.
의사결정 왜곡차단	• 공통적인 고정원가를 부문이나 제품별로 배분하지 않기 때문에 부문별, 제품별 의사결정 문제에 왜곡을 초래하지 않음.
고정원가 영향파악 용이	• 특정기간의 고정원가가 손익계산서에 총액으로 표시되기 때문에 고정원가가 이익에 미치는 영향을 쉽게 알 수 있음.
원가통제·성과평가에 유용	• 변동원가계산을 표준원가 및 변동예산과 같이 사용하면 원가통제와 성과평가에 유용하게 활용할 수 있다.

| 문제 99번 | 전부·변동원가계산 차이조정 | 출제구분 | 신유형 | 난이도 | ★ ★ ☆ | 정답 | ② |

- 계정흐름(3월에 영업을 시작하였으므로 3월 기초재고는 없다.)

3월				4월			
기초	0단위	판매량	7,000단위	기초	1,000단위	판매량	10,000단위
생산량	8,000단위	기말	1,000단위	생산량	9,000단위	기말	0단위

→ ㉠ 3월 생산량과 4월 기초재고의 단위당FOH : $\frac{1,600,000}{8,000단위} = @200$

㉡ 4월 생산량의 단위당FOH : $\frac{1,620,000}{9,000단위} = @180$

- 전부원가계산 영업이익(4월)　　　　　　　　　　A
　(+) 기초에 포함된 고정제조간접원가(FOH)　　1,000단위×@200
　(-) 기말에 포함된 고정제조간접원가(FOH)　　　　　　　0
　변동원가계산 영업이익(4월)　　　　　　　　1,200,000

∴ A + (1,000단위 × @200) - 0 = 1,200,000 에서, A(전부원가계산 영업이익) = 1,000,000

Guide ▶ 전부·변동·초변동원가계산 영업이익 차이조정

전부원가계산에 의한 영업이익	전부원가계산에 의한 영업이익	변동원가계산에 의한 영업이익
(+) 기초재공품,제품에 포함된 FOH	(+) 기초재공품,제품에 포함된 DL,VOH,FOH	(+) 기초재공품,제품에 포함된 DL,VOH
(-) 기말재공품,제품에 포함된 FOH	(-) 기말재공품,제품에 포함된 DL,VOH,FOH	(-) 기말재공품,제품에 포함된 DL,VOH
변동원가계산에 의한 영업이익	초변동원가계산에 의한 영업이익	초변동원가계산에 의한 영업이익

문제 100번 | 초변동원가계산의 특징 | 출제구분: 재출제 | 난이도: ★☆☆ | 정답: ③

- ① 초변동원가계산 현금창출(재료처리량)공헌이익 : 매출액 - 직접재료원가(DM)
- ② 초변동원가계산 영업이익 : 현금창출(재료처리량)공헌이익 - 운영비용(DL,VOH,FOH,판관비)
  → 초변동원가계산은 직접노무원가(DL), 변동제조간접원가(VOH), 고정제조간접원가(FOH)를 모두 기간비용(운영비용) 처리한다.
- ③ 외부보고목적의 재무제표 작성에 이용되는 방법은 전부원가계산방법이다.
- ④ 변동원가계산은 고정제조간접원가만 비용화하나, 초변동원가계산은 생산관련 직접노무원가, 변동제조간접원가, 고정제조간접원가가 모두 비용화되어 생산량 증가시 더 큰 이익감소를 초래하므로 생산량을 감소시켜 재고를 최소화하려는 유인이 더 크게 발생한다.(불필요한 재고누적 방지효과가 변동원가계산보다 크다.)
  → 즉, 생산량이 증가할수록 영업이익 감소되므로 경영자가 불필요한 제품 생산을 최소화하고 판매에 보다 집중하도록 유도한다.

문제 101번 | 활동기준원가계산(ABC) 일반사항 | 출제구분: 기출변형 | 난이도: ★★☆ | 정답: ④

- ② 활동기준원가계산(ABC)은 제품원가를 계산하기 위해 활동을 분석하는 과정에서 부가가치활동(value added activity)과 비부가가치활동(non-value added activity)을 구분하여 비부가가치활동을 제거하거나 감소시킴으로써 생산시간을 단축할 수도 있고 활동별로 원가를 관리함으로써 상대적으로 많은 원가를 발생시키는 활동들을 줄여나갈 수 있기 때문에 원가절감이 가능하므로 원가통제를 보다 효과적으로 수행할 수 있다.
- ④ 활동기준원가계산(ABC)은 제조간접원가를 활동별로 배부하는 것일 뿐 개별원가계산, 종합원가계산과 독립된 원가계산 방법이 아니다. 즉, ABC는 개별원가계산, 종합원가계산에 모두 사용가능하다. 한편, 활동기준원가계산(ABC)은 제조업뿐만 아니라 서비스업도 적용가능하다.

문제 102번 | 공헌이익 계산 | 출제구분: 재출제 | 난이도: ★☆☆ | 정답: ③

- 단위당변동원가 : 150(단위당변동제조원가) + 45(단위당변동판매비) = 195
- 단위당공헌이익 : 400(단위당판매가격) - 195(단위당변동원가) = 205
- 공헌이익 : 30,000개(판매량) × 205(단위당공헌이익) = 6,150,000

Guide 이익방정식과 공헌이익 산식 정리

이익방정식	▢ 영업이익 = 매출액 - 변동원가[1] - 고정원가[2] 　　　　　= 단위당판매가격 × 판매량 - 단위당변동원가 × 판매량 - 고정원가 [1] 변동원가 = 변동제조원가 + 변동판매관리비　[2] 고정원가 = 고정제조간접원가 + 고정판매관리비
공헌이익	▢ 총공헌이익 = 매출액 - 변동원가 = 단위당판매가격 × 판매량 - 단위당변동원가 × 판매량 ▢ 단위당공헌이익 = $\dfrac{\text{총공헌이익}}{\text{판매량}}$ = 단위당판매가격 - 단위당변동원가 • 총공헌이익 = 단위당공헌이익 × 판매량 • 영업이익 = 총공헌이익 - 고정원가 = 단위당공헌이익 × 판매량 - 고정원가

| 문제 103번 | 손익분기점(BEP) 판매량 계산 | 출제구분 | 재출제 | 난이도 | ★ ☆ ☆ | 정답 | ③ |

- 단위당공헌이익 : 4,000(단위당판매가격) − [1,500(단위당변동제조원가) + 1,200(단위당변동판관비)] = 1,300
- 손익분기점(BEP)판매량 : $\dfrac{2,340,000(총고정원가)}{1,300(단위당공헌이익)} = 1,800$단위

*저자주 문제의 명확한 성립을 위해 선지 ①,②,③,④의 '개'를 '단위'로 수정바랍니다.

*참고 손익분기점(BEP)매출액 : $\dfrac{총고정원가(2,340,000)}{공헌이익률(1,300 \div 4,000)} = 7,200,000$원

Guide 손익분기점분석 기본산식

손익분기점	• 손익분기점(BEP)은 이익을 0으로 만드는 판매량 또는 매출액을 의미함.
기본산식	• 매출액 − 변동비(변동제조원가와 변동판관비) − 고정비(고정제조간접원가와 고정판관비) = 0 →매출액 − 변동비 = 고정비, 공헌이익 = 고정비 →단위당공헌이익 × 판매량 = 고정비, 공헌이익률 × 매출액 = 고정비
BEP산식	• ㉠ BEP판매량 : $\dfrac{고정비(=FOH+고정판관비)}{단위당공헌이익}$ ㉡ BEP매출액 : $\dfrac{고정비(=FOH+고정판관비)}{공헌이익률}$

| 문제 104번 | CVP도표의 이해 | 출제구분 | 재출제 | 난이도 | ★ ★ ☆ | 정답 | ③ |

- d : 총비용 − 고정원가(a) = 변동원가
- c : 매출액(총수익) − 변동원가(d) − 고정원가(a) = 영업이익
  → ∴c는 공헌이익이 아니라 영업이익을 의미한다.

| 문제 105번 | 목표이익 분석 | 출제구분 | 신유형 | 난이도 | ★ ★ ☆ | 정답 | ④ |

- 전기 자료 분석
  - 공헌이익률(20%) = $\dfrac{단위당공헌이익}{단위당판매가격(20,000)}$ →단위당공헌이익 = 4,000
  - 5,000단위(판매량) × 4,000(단위당공헌이익) − 고정원가 = 8,000,000(이익) →고정원가 = 12,000,000
- 당기 목표이익 : 8,000,000 × 2배 = 16,000,000
- 목표이익 1,600,000원을 위한 판매량 : $\dfrac{12,000,000(고정원가) + 16,000,000(목표이익)}{4,000(단위당공헌이익)} = 7,000$단위

Guide 목표이익분석 산식 정리[법인세를 고려하지 않는 경우]

판매량	매출액
• 단위당공헌이익 × 판매량 = 고정원가 + 목표이익	• 공헌이익률 × 매출액 = 고정원가 + 목표이익
☐ 목표이익을 위한 판매량 = $\dfrac{고정원가 + 목표이익}{단위당공헌이익}$	☐ 목표이익을 위한 매출액 = $\dfrac{고정원가 + 목표이익}{공헌이익률}$

| 문제 106번 | 변동예산 사용 목적 | 출제구분 | 신유형 | 난이도 | ★★☆ | 정답 | ② |

- 고정예산·변동예산의 기본적인 사용 목적
  ㉠ 고정예산 : 실제원가와 기준조업도 수준에서 예산원가를 비교평가
  ㉡ 변동예산 : 실제조업도 수준에서 실제원가와 예산원가를 비교평가

Guide 고정예산과 변동예산

고정예산 (static budget)	• 특정조업도를 기준으로 하여 사전에 수립되는 단일 예산 →특정기간동안의 조업도(생산량)의 변화여부를 고려하지 않고 하나의 조업도수준을 기준으로 편성하는 예산 →실제 결과는 사전에 수립된 조업도 수준에서의 예산과 비교됨. • 예산설정 기간에 예상된 특정조업도의 목표달성 정도에 대한 정보만 제공할 뿐 특정산출량에 대하여 사용된 투입량의 정도에 대한 정보를 제공하지 못함. • 통제를 위한 정보로서는 부적합하며, 경영관리적 측면에서도 큰 의미를 갖지 못함.
변동예산 (flexible budget)	• 일정 범위의 조업도 변동에 따라 사후에 조정되어 작성되는 예산 →실제원가를 실제조업도수준의 예산원가와 비교함. • 사전에 계획된 목표의 달성정도는 물론 특정산출량에 대하여 사용된 투입량 정도에 관한 정보도 제공함. • 경영관리적 측면에서 성과평가 및 통제에 유용함. • 고정예산은 총액 개념이고, 변동예산은 단위당 개념으로 구분할 수 있음. • 변동예산과 고정예산은 동일하게 변동원가와 고정원가 모두를 고려하여 편성함. **예시** 실제생산량이 2,500단위, 실제 단위당원가가 @10인 경우 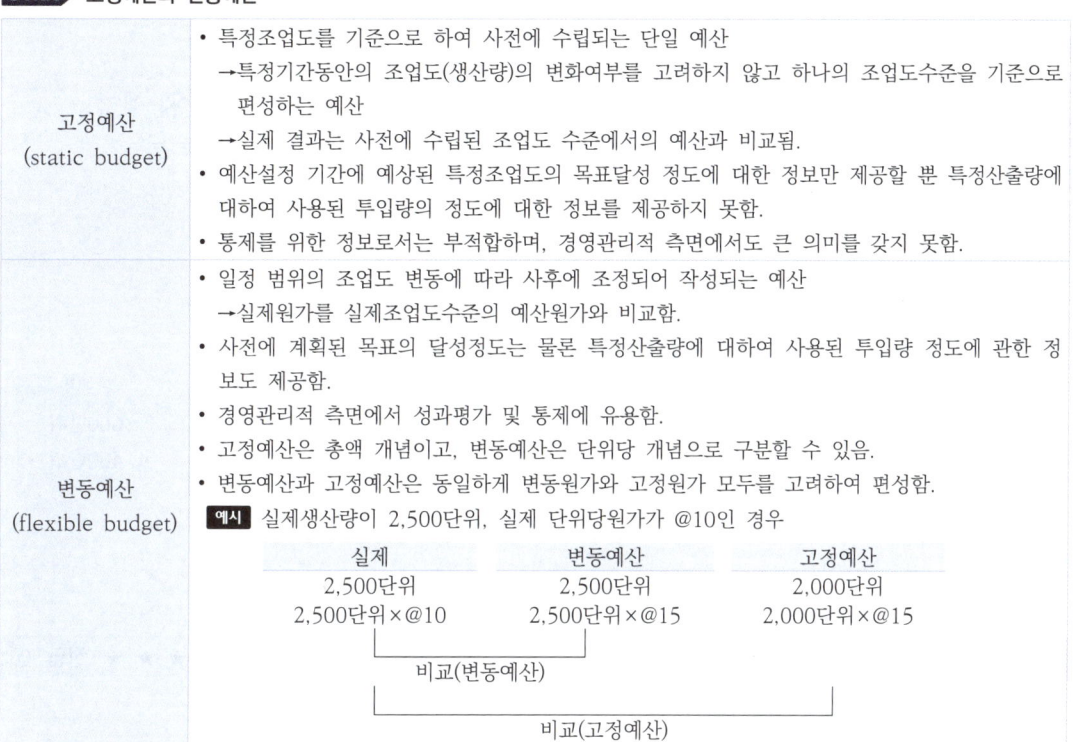

| 문제 107번 | 책임중심점과 통제책임부분 | 출제구분 | 재출제 | 난이도 | ★☆☆ | 정답 | ② |

- ① 원가중심점-제조부문
  ② 수익중심점-판매부서 및 영업소
  ③ 이익중심점-판매부서
  ④ 투자중심점-분권화된 조직
- 판매부서는 목표매출의 달성에 책임이 있으므로 수익중심점(revenue center) 또는 이익중심점(profit center)으로 운영될 수 있다.
  →[참고] 그러나, 수익중심점으로 판매부서를 운영하는 것보다 이익중심점으로 판매부서를 운영하는 것이 일반적으로 보다 바람직하다고 할 수 있다. 왜냐하면 수익에 대해서만 책임을 지는 수익중심점보다는 매출에 따른 수익뿐만 아니라 수익을 창출하는 데 부수적으로 발생하는 비용에 대하여도 책임을 지게 함으로써 수익과 그에 관련된 비용을 함께 고려하는 이익중심점으로 판매부서를 운영하는 것이 보다 정확한 판매부서의 성과평가가 가능할 것이기 때문이다.

| 문제 108번 | 시장점유율차이와 시장규모차이 | 출제구분 | 재출제 | 난이도 | ★ ☆ ☆ | 정답 | ④ |

- 매출수량차이의 분해

$$\underbrace{\underset{100,000개 \times 35\% \times 100 = 3,500,000}{AQ \times AP}}_{\text{시장점유율차이 } -500,000(불리)} \underbrace{\underset{100,000개 \times 40\% \times 100 = 4,000,000}{AQ \times SP}}_{\text{시장규모차이 } -800,000(불리)} \underset{120,000개 \times 40\% \times 100 = 4,800,000}{SQ \times SP}$$

Guide 시장점유율차이와 시장규모차이 계산

매출수량차이 분해	$\underbrace{\qquad AQ \times AP \qquad}_{\text{시장점유율차이}} \underbrace{\qquad AQ \times SP \qquad}_{\text{시장규모차이}} \qquad SQ \times SP$
	🔍주의 수익중심점은 차이가 (+)이면 유리한차이, (-)이면 불리한차이
AQ×AP	• 실제규모 × 실제점유율 × 단위당가중평균예산공헌이익(BACM)
AQ×SP	• 실제규모 × 예산점유율 × 단위당가중평균예산공헌이익(BACM)
SQ×SP	• 예산규모 × 예산점유율 × 단위당가중평균예산공헌이익(BACM)

*참고 단위당가중평균예산공헌이익(BACM)의 계산 사례

예산자료	제품	단위당판매가격	단위당변동원가	단위당공헌이익	판매량
	A	100원	30원	70원	600단위
	B	40원	20원	20원	400단위

→단위당가중평균예산공헌이익(BACM): $70 \times \dfrac{600}{1,000} + 20 \times \dfrac{400}{1,000} = 50$

| 문제 109번 | 잔여이익에 의한 신규투자 | 출제구분 | 재출제 | 난이도 | ★ ★ ★ | 정답 | ① |

- X사업부 : 최저필수수익률에 미달하는 수익률이 기대된다.
  →따라서, '영업이익〈투자액 × 최저필수수익률'이며 잔여이익이 (-)이므로 기각
- Y사업부 : 최저필수수익률을 초과하는 수익률이 기대된다.
  →따라서, '영업이익〉투자액 × 최저필수수익률'이며 잔여이익이 (+)이므로 채택

*참고 결국, 잔여이익에 의해 성과평가가 이루어질 경우 각 사업부는 최저필수수익률을 초과하는 신규투자안은 채택하지만 최저필수수익률에 미달하는 신규투자안은 기각하게 된다.

| 문제 110번 | 성과평가제도 고려사항 | 출제구분 | 기출변형 | 난이도 ★★☆ | 정답 ② |

- 효율적인 성과평가제도는 적시성과 경제성을 적절히 고려해야 한다.
  → 성과평가 결과가 신속하게 보고되고 조정될 때 적시성이 있다고 한다. 따라서 성과평가를 수행하는 경우 많은 시간과 비용을 투입하면 더욱 정확한 평가는 가능할지 몰라도, 적시성과 경제성(비용 대 효익) 측면에서는 문제가 있을 수 있다. 반대로 적은 시간과 비용을 투입하면 적시성과 경제성은 얻을 수 있겠지만 정확한 성과평가는 어려울 것이다.

Guide 효율적인 성과평가제도 설계를 위해 고려해야 할 사항

목표일치성	• 각 책임중심점들의 이익극대화가 기업전체적인 이익극대화와 같을 때 목표가 일치한다고 말할 수 있음. 즉, 효율적인 성과평가제도는 구성원들의 성과극대화 노력이 기업전체목표의 극대화로 연결될 수 있도록 설계되어야 함.
성과평가의 오차	• 각 책임중심점의 성과평가 수행과정에서 성과측정 오류가 발생하는 것이 일반적인데, 효율적 성과평가제도는 성과평가치의 성과측정오류가 최소화되도록 설계되어야 함.
적시성과 경제성	• 성과평가 결과가 신속하게 보고되고 조정될 때 적시성이 있다고 함. 따라서 성과평가를 수행하는 경우 많은 시간·비용을 투입하면 더욱 정확한 평가는 가능할지 몰라도 적시성과 경제성(비용 대 효익) 측면에서는 문제가 있을 수 있음. 반대로 적은 시간·비용을 투입하면 적시성과 경제성은 얻을 수 있겠지만 정확한 성과평가는 어려울 것임. 따라서 효율적인 성과평가제도는 적시성과 경제성을 적절히 고려해야 함.
행동에 미치는 영향	• 성과평가를 한다는 사실 자체가 각 책임중심점의 행동에 영향을 미치게 됨. 예를 들어, 매출액을 성과평가의 측정치로 설정한다면 각 책임중심점은 매출액을 다른 어떤 요소들보다도 중요시하게 될 것임. 이에 따라 매출액 순이익률이나 채권의 안전성 등의 요인들이 무시되어 오히려 순이익이 감소할 수도 있음. • 이와 같이 성과를 측정한다는 사실 자체가 피평가자의 행위에 영향을 미치는 현상을 하이젠버그 불확실성원칙이라 함. 따라서, 효율적인 성과평가제도는 각 책임중심점의 행동에 미치는 영향을 적절히 고려해야만 함.

| 문제 111번 | 경제적부가가치(EVA) 일반사항 | 출제구분 | 기출변형 | 난이도 ★☆☆ | 정답 ① |

- 경제적부가가치(EVA)는 타인자본비용(이자비용)뿐 아니라 자기자본비용(배당금)도 비용으로 고려하는 성과지표이다. (반면, 당기순이익은 타인자본비용만을 고려한다.)
  → 경제적부가가치(EVA)는 타인자본비용 뿐만 아니라 자기자본비용까지 보전한 후의 유보이익이므로 진정한 기업가치를 측정하는 수익성 지표이다.

Guide 경제적부가가치(EVA) 계산

특징	• 타인자본비용(이자비용)뿐 아니라 자기자본비용(배당금)도 비용으로 고려하는 성과지표임. 　○주의 ∴EVA는 I/S상 순이익보다 낮음. 　○주의 EVA는 비재무적측정치는 고려하지 않음.
계산	▫ EVA = 세후영업이익 - 투하자본(투자액) × 가중평균자본비용 • 가중평균자본비용 = $\dfrac{\text{부채의시장가치} \times \text{부채이자율}(1-t) + \text{자본의시장가치} \times \text{자기자본비용}(\%)}{\text{부채의시장가치} + \text{자본의시장가치}}$ • 투하자본 = (총자산 - 유동부채) 　→ 투하자본 계산시 비영업자산은 제외 　→ 유동부채 계산시 영업부채가 아닌 이자발생부채인 단기차입금·유동성장기차입금 제외

문제 112번   추가가공여부 의사결정   출제구분 재출제   난이도 ★★☆   정답 ③

- 개조한 후 판매의 경우
  증분수익 - 증가 : 700단위 × (@700 - @200) = 350,000
  증분비용 - 증가 :   추가공원가 = (200,000)
  증분손익   150,000

  →∴개조하여 판매하는 경우(추가가공하는 경우) 150,000원의 증분이익이 발생하므로 개조하여 판매한다.

참고 총액접근법

그대로 처분하는 경우	개조한 후 판매의 경우	
매출 : 700단위 × 200 = 140,000	매출 : 700단위 × 700 = 490,000	→증분수익 350,000
원가 : 200,000	원가 : 200,000 + 200,000 = 400,000	→증분비용 200,000
△60,000	90,000	→증분이익 150,000

- ① 200,000원의 추가비용을 지출하여 단위당 700원에 판매하는 것이 가장 유리하다.
  ② 개조하여 판매하는 것이 그대로 처분하는 것보다 150,000원만큼 유리하다.
  ④ 그대로 제품단위당 200원에 처분하면 60,000원의 손실이 발생하긴 하나, 제품을 그대로 보유하고 있는 선택의 경우는 제조원가(200,000원)만큼 손실을 보므로 처분이나 개조후 판매를 통해 손실을 줄이는게 낫다.

문제 113번   특별주문 수락·거부 의사결정   출제구분 재출제   난이도 ★☆☆   정답 ②

- 특별주문 수락의 경우
  증분수익 - 증가 :   2,000단위 × @5,000 = 10,000,000
  증분비용 - 증가 : 2,000단위 × (2,000 + 1,000 + 800 + 200) = (8,000,000)
  증분손익   2,000,000

  →∴특별주문을 수락할 경우(제안을 받아들일 경우) 2,000,000원의 증분이익이 발생하므로 주문을 수락한다.

Guide 특별주문 수락·거부 의사결정

고려사항	• 특별주문으로 증가되는 수익(특별주문가격)과 변동원가 • 유휴설비능력이 있는 경우 유휴설비의 대체용도를 통한 이익상실분(기회원가) • 유휴설비능력이 없는 경우 기존 정규매출감소로 인한 공헌이익상실분 • 유휴설비능력이 없는 경우 설비능력 확충시 추가적 설비원가 ○주의 고정원가(FOH,고정판관비)는 특별주문의 수락여부와 관계없이 일정하게 발생하므로 일반적으로 분석에서 제외하나, 조업도 수준에 따라 증감하는 경우에는 고려함.

주문수락
의사결정
	㉠ 유휴설비능력이 존재하는 경우
	     □ 증분수익 > 증분원가
	㉡ 유휴설비능력이 존재하고 대체적 용도가 있는 경우
	     □ 증분수익 > 증분원가 + 기회원가
	㉢ 유휴설비능력이 존재하지 않는 경우
	     □ 증분수익 > 증분원가 + 추가설비원가 + 기존판매량 감소분의 공헌이익

| 문제 114번 | 자가제조·외부구입 의사결정시 고려사항 | 출제구분 | 재출제 | 난이도 | ★ ★ ☆ | 정답 | ④ |

- ① 변동원가는 의사결정에 영향을 미치는 관련원가에 해당하는 항목이다.
- ② 회피가능고정원가는 관련원가이므로 의사결정을 하는데 반드시 고려하여야 하나, 회피불능고정원가는 비관련원가 이므로 의사결정을 하는데 고려하지 않는다.
- ③ 외부구입원가가 회피가능원가(변동원가, 회피가능공정원가 등)보다 작은 경우에 외부구입한다.

Guide 자가제조·외부구입 의사결정

고려사항	• 자가제조시 관련원가와 외부구입가격을 고려 　🔎주의 자가제조시 증감하는 고정원가도 관련원가이므로 이도 고려함. 　　　→ 예 자가제조시 추가 고용 감독자급료 • 외부구입시 다음을 고려함. 　㉠ 기존설비 임대가 가능한 경우 : 임대수익을 고려 　㉡ 기존설비로 다른 제품 생산시 : 관련수익과 변동원가를 고려(= 다른 제품 공헌이익) 　㉢ 회피가능고정원가는 관련원가, 회피불능고정원가는 비관련원가임.
고려해야할 비재무적 정보	• 자가제조의 경우는 부품 공급업자에 대한 의존도를 줄일 수 있으며, 품질관리를 보다 쉽게 할 수 있다는 장점이 있음. • 자가제조의 경우는 공급업자에 대한 의존도를 줄임으로써 공급업자와의 관계를 상실하여 향후에 급격한 주문의 증가로 회사의 생산능력이 초과할 때 제품을 외부구입하기가 쉽지 않을 수 있음. (별도의 추가적 시설투자가 필요하므로 많은 비용이 발생하는 단점이 있음.) • 제품에 특별한 지식·기술이 요구될 때 자가제조를 하며 품질을 유지하기가 쉽지 않을 수 있음.
외부구입 의사결정	㉠ 기존설비의 대체용도가 있는 경우 　　▫ 증분수익(변동원가 + 회피가능고정원가 + 기회원가) > 증분비용(외부구입원가) ㉡ 기존설비의 대체용도가 없는 경우 　　▫ 증분수익(변동원가 + 회피가능고정원가) > 증분비용(외부구입원가)

| 문제 115번 | 제품라인 유지·폐지와 회사전체 이익 영향 | 출제구분 | 재출제 | 난이도 | ★ ★ ☆ | 정답 | ④ |

- 사업부문이 폐쇄되더라도 회피불능고정원가는 계속 발생하므로 이를 그 금액만큼 손실로 고려하여야 한다.
- ① A,B를 폐쇄시 전체손익 : C의 손익(400) - A,B의 회피불능고정원가(1,900 + 1,200) = △2,700

　　[별해] A,B를 폐쇄하는 경우
　　　증분수익 - 감소 : 공헌이익 1,600 + 1,000 = (2,600)
　　　증분비용 - 없음 :　　　　　　　　　　　　 0
　　　증분손익　　　　　　　　　　　　　　　　(2,600)
　　　→ ∴전체손익 : -100 - 2,600 = △2,700

- ② B,C를 폐쇄시 전체손익 : A의 손익(△300) - B,C의 회피불능고정원가(1,200 + 400) = △1,900
- ③ A,C를 폐쇄시 전체손익 : B의 손익(△200) - A,C의 회피불능고정원가(1,900 + 400) = △2,500
- ④ A,B,C를 모두 폐쇄하면 회피불능고정원가(1,900 + 1,200 + 400 = 3,500)만큼 손실이 커진다.

　　[별해] A,B,C를 폐쇄하는 경우
　　　증분수익 - 감소 : 공헌이익 1,600 + 1,000 + 800 = (3,400)
　　　증분비용 - 없음 :　　　　　　　　　　　　　　　 0
　　　증분손익　　　　　　　　　　　　　　　　　　(3,400)
　　　→ ∴전체손익 : -100 - 3,400 = △3,500

| 문제 116번 | 순현재가치법의 경제성분석 오류 | 출제구분 | 기출변형 | 난이도 ★★★ | 정답 ① |

- 경영진은 NPV를 과대계산한 오류를 범한 상황이다. 따라서, NPV값이 커지는 상황을 고르면 된다.
  → 즉, 현금유입의 현재가치가 커지거나, 현금유출의 현재가치가 작아지는 상황을 고르면 된다.
- ① 세금을 차감하기 전의 금액으로 계산하였다.
  → 세금을 차감하기 전의 금액으로 현금흐름을 할인하면 주된 현금흐름인 현금유입의 현재가치는 커지므로 NPV(순현재가치)가 커진다.
- ② 투자종료시점의 투자안의 처분가치를 너무 낮게 추정하였다.
  → 투자종료시점의 잔존가치 처분은 자산처분손익의 법인세 효과를 고려하여 현금유입 처리하므로 이를 너무 낮게 추정한 경우 현금유입의 현재가치는 작아지므로 NPV(순현재가치)가 작아진다.
- ③ 자본비용을 너무 높게 추정하였다.
  → 높은 할인율(자본비용)로 현금흐름을 할인하면 주된 현금흐름인 현금유입의 현재가치는 작아지므로 NPV(순현재가치)가 작아진다.
  → 즉, 현금유입 현재가치 = $\dfrac{C_1}{1+r} + \dfrac{C_2}{(1+r)^2} \cdots\cdots \dfrac{C_n}{(1+r)^n}$ 에서, r(할인율)이 커지면 현재가치는 작아진다.
- ④ 투자시점의 투자세액공제액을 현금흐름에 포함시키지 않았다.
  → 투자세액공제에 따른 법인세 공제액은 투자시점의 현금유입 처리하므로 이를 현금흐름에 포함시키지 않은 경우 현금유입의 현재가치는 작아지므로 NPV(순현재가치)가 작아진다.

| 문제 117번 | 순현재가치법과 NPV 계산 | 출제구분 | 재출제 | 난이도 ★★☆ | 정답 ③ |

- 매년 감가상각비 : 2,200,000÷5년 = 440,000
- 매년 현금흐름 : ㉠+㉡ = 762,000
  ㉠ 법인세비용차감후 현금유입 : 900,000×(1 - 30%) = 630,000
  ㉡ 감가상각비 절세효과 : 440,000×30% = 132,000
- 현금흐름 추정

x1년초	x1년말	x2년말	x3년말	x4년말	x5년말
(2,200,000)	762,000	762,000	762,000	762,000	762,000

- NPV(순현재가치) : (762,000×3.61) - 2,200,000 = 550,820

Guide 자본예산시 투자기간현금흐름(순영업현금흐름)

영업현금흐름	• 매출증가액, 현금비용증가액 등 → 법인세차감후금액을 현금유입·유출 처리
감가상각비 절세효과	• 현금유입 처리 □ 감가상각비 절세효과 : 감가상각비×세율
원가절감액	• 투자로 인한 원가절감액을 현금유입 처리 • 원가절감액(비용감소액)으로 인한 증세효과를 현금유출 처리 □ 원가절감액 증세효과 : 원가절감액×세율

| 문제 118번 | 대체가격 계산 | 출제구분 | 재출제 | 난이도 | ★ ★ ★ | 정답 | ③ |

- 수요사업부(B사업부)의 최대대체가격(최대TP) : 외부구매시장이 있음
  - 최대TP = 285(외부구입가격)
- 공급사업부(A사업부)의 최소대체가격(최소TP) : 외부판매시장이 있음 & 유휴시설이 없음
  - 최소TP = 대체시단위당지출원가 + 정규매출상실공헌이익 - 대체시절감원가
    → ㉠ 대체시단위당지출원가(= 단위당변동비 + 증분단위당고정비) : 150 + 0 = 150
      ㉡ 정규매출상실공헌이익 : 300(단위당외부판매가격) - 150(단위당변동원가) = 150
         (전량을 외부에 판매가능하므로 이를 대체시 외부판매를 포기해야 한다.)
      ㉢ 대체시절감원가 : 20
  - 최소대체가격(최소TP) : 150 + 150 - 20 = 280
- 대체가격 범위

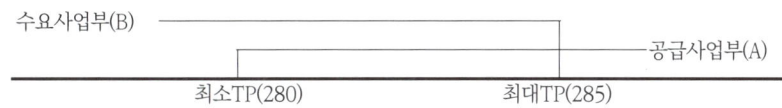

Guide 최대·최소대체가격(TP) 계산

최대대체가격 [수요사업부]	외부구매시장 없는 경우	□ 판매가격 - 대체후단위당지출원가 →대체후단위당지출원가 = 추가가공원가 + 증분단위당고정비 + 단위당추가판매비
	외부구매시장 있는 경우	□ Min[① 외부구입가격 ② 판매가격 - 대체후단위당지출원가] 🔍주의 대체후지출없이 판매시 일반적으로 판매가>외부구입가, 즉, 최대TP=외부구입가
최소대체가격 [공급사업부]	외부판매시장 없는 경우	□ 대체시단위당지출원가 - 대체시절감원가 →대체시단위당지출원가 = 단위당변동비 + 증분단위당고정비
	외부판매시장 있는 경우	㉠ 유휴시설이 없는 경우 □ 대체시단위당지출원가 + 정규매출상실공헌이익 - 대체시절감원가 ㉡ 유휴시설이 있는 경우 □ 대체시단위당지출원가 + 타용도사용포기이익 - 대체시절감원가

| 문제 119번 | 대체가격(TP) 결정시 고려사항 | 출제구분 | 재출제 | 난이도 | ★ ★ ☆ | 정답 | ④ |

- 목표일치성기준에 따라 각 사업부의 이익극대화뿐만 아니라 기업전체의 이익도 극대화 할 수 있는 방향으로 대체가격을 결정하여야 한다.

Guide 대체가격(transfer price) 결정시 고려할 기준

목표일치성기준	• 각 사업부목표뿐 아니라 기업전체목표도 극대화할 수 있는 방향으로 결정해야 한다는 기준 →개별사업부 관점에서는 최적이지만 기업전체의 관점에서는 최적이 되지 않는 상황을 준최적화 현상이라고 하며, 대체가격결정시 준최적화 현상이 발생하지 않도록 해야 함.
성과평가기준	• 각 사업부의 성과를 공정하게 평가할 수 있는 방법으로 대체가격이 결정되어야 한다는 기준 →대체가격이 합리적으로 결정되지 않으면 성과평가는 공정성을 상실하고 각 사업부 관리자의 이익창출 의욕을 감퇴시킴으로써 분권화의 목적을 달성하지 못할 가능성이 있음.
자율성기준	• 각 사업부의 경영자가 자율적으로 의사결정을 하고 대체가격을 결정해야 한다는 기준 →자율성으로 인하여 준최적화가 발생가능하므로, 다른 기준보다는 중요성이 떨어짐.

| 문제 120번 | 수명주기원가계산(LCC)의 유용성 | 출제구분 | 재출제 | 난이도 | ★ ★ ☆ | 정답 | ④ |

- 수명주기원가계산(LCC)은 장기적 관점의 원가절감 및 원가관리에 유용하다.

Guide 수명주기원가계산(LCC) 주요사항

의의	• 수명주기원가계산(LCC)은 연구개발에서 고객서비스에 이르기까지 제품수명주기의 각 단계별 수익과 비용을 추정함과 동시에 각 단계별로 수익창출 및 원가절감을 위해 취해진 제반 활동의 결과를 평가하기 위한 장기적 관점의 원가계산제도임. →단기적 관점의 원가절감을 유도하는 것이 아님.
특징	• 제조 이전단계에서 대부분의 제품원가가 결정된다는 인식을 토대로 연구개발단계와 제품 설계단계에서부터 원가절감을 위한 노력을 기울여야 한다는 것을 강조함. • 제품 또는 서비스의 수명주기 매 단계마다 모든 가치사슬단계에서 발생하는 수익과 비용에 대한 집계를 가능하게 하여 프로젝트 전체에 대한 이해가 향상됨.

재경관리사 공개기출해설[원가]

Certified Accounting Manager

2021년 7월에 시행된 기출문제에 대한 완벽한
해설을 관련이론(가이드)과 함께 제시하였습니다.
해당 문제는 합본부록을 참고바랍니다.

원가관리회계
공개기출문제해설
[2021년 07월 시행]

SEMOOLICENCE

문제 81번 — 원가의 개념적 분류 〈출제구분: 재출제〉 〈난이도 ★☆☆〉 〈정답 ②〉

• 원가란 특정목적을 달성하기 위해 소멸된 경제적 자원의 희생을 화폐가치로 측정한 것으로 다음과 같이 분류한다.

미소멸원가	(a) 자산	• 수익획득에 아직 사용되지 않은 부분(예 재고자산)
소멸원가	(b) 비용	• 수익획득에 사용된 부분(예 매출원가)
	(c) 손실	• 수익획득에 기여하지 못하고 소멸된 부분(예 화재손실)

문제 82번 — 원가의 분류 〈출제구분: 신유형〉 〈난이도 ★★☆〉 〈정답 ①〉

• ② 추적가능성이 있는지에 따라 직접원가와 간접원가로 분류한다.
  ③ 수익과의 대응관계에 따라 제품원가(생산원가)와 기간원가로 분류한다.
  ④ 선택된 대안 이외의 다른 대안 중 최선의 대안을 선택했더라면 얻을 수 있었던 최대이익 혹은 최소비용을 기회원가(opportunity costs)라 한다.

Guide ▶ 원가의 분류

제조원가	직접재료원가	• 특정제품에 직접추적가능한 원재료 사용액
	직접노무원가	• 특정제품에 직접추적가능한 노동력 사용액
	제조간접원가	• 직접재료비와 직접노무비를 제외한 제조활동에 사용한 모든 요소 ♀주의 따라서, 간접재료비와 간접노무비는 제조간접원가임.
제조활동관련 (수익대응)	제품원가 (생산원가)	• 판매시 매출원가로 비용화됨. →예 제조원가, 공장직원인건비, 공장건물감가상각비
	기간원가	• 발생시 비용처리함. →예 판관비(광고선전비, 본사직원 인건비, 본사사옥감가상각비) ♀주의 제품 광고선전비 : 상품이든 제품이든 모두 판관비임.
추적가능성	직접원가	• 특정원가대상에 직접적으로 추적할 수 있는 원가 →예 직접재료원가(주요재료비, 부품비), 직접노무원가(임금)
	간접원가	• 특정원가대상에 직접적으로 추적할 수 없는 원가 →예 제조간접원가 : 간접재료비(보조재료비), 간접노무비(공장감독자급여)
원가행태	변동원가	• 조업도에 비례하여 총원가가 증가하는 원가 →예 직접재료원가, 직접노무원가, 동력비(전기요금)
	고정원가	• 조업도와 무관하게 총원가가 일정한 원가 →예 공장 임차료·보험료·재산세·감가상각비
의사결정관련	관련원가	• 대안간에 차이가 나는 미래원가(의사결정에 영향을 미치는 원가)
	매몰원가	• 과거 의사결정 결과로 이미 발생한 원가(의사결정에 영향을 미치지 않는 원가)
	기회원가	• 특정대안의 선택으로 포기해야 하는 가장 큰 효익〈관련원가〉
	회피가능원가	• 의사결정에 따라 절약할 수 있는(피할 수 있는) 원가〈관련원가〉 →회피불능원가 : 특정대안 선택과 관계없이 계속 발생하는 원가〈비관련원가〉
통제가능성	통제가능원가	• 관리자가 원가발생에 영향을 미칠 수 있는 원가〈성과평가시 고려해야함.〉
	통제불능원가	• 관리자가 원가발생에 영향을 미칠수 없는 원가〈성과평가시는 배제해야함.〉

| 문제 83번 | 원가흐름과 가공원가 계산 | 출제구분 | 기출변형 | 난이도 ★ ★ ☆ | 정답 ① |

- 직접재료원가 : 100,000(기초직접재료) + 1,200,000(직접재료구입액) − 300,000(기말직접재료) = 1,000,000
- 당기제품제조원가 : 3,000,000(매출원가) + 1,300,000(기말제품) − 1,200,000(기초제품) = 3,100,000
- 당기총제조원가 : 3,100,000(당기제품제조원가) + 200,000(기말재공품) − 300,000(기초재공품) = 3,000,000
- ∴ 당기총제조원가(3,000,000) = 직접재료원가(1,000,000) + 가공원가(직접노무원가 + 제조간접원가)
  → 가공원가(직접노무원가 + 제조간접원가) = 2,000,000

고속철 실전에서는 다음의 계정에 해당액을 직접 기입하여 대차차액으로 (A+B)를 구한다.

기초재공품	300,000	매출원가	3,000,000
기초제품	1,200,000		
직접재료원가	1,000,000		
직접노무원가	A	기말재공품	200,000
제조간접원가	B	기말제품	1,300,000

Guide 제조기업의 원가흐름

계정흐름	원재료		재공품		제품	
	기초원재료 당기매입	사용액(DM) 기말원재료	기초재공품 당기총제조원가	당기제품제조원가 기말재공품	기초제품 당기제품제조원가	제품매출원가 기말제품
당기총제조원가	• 직접재료원가(DM) + 직접노무원가(DL) + 제조간접원가(OH)					
당기제품제조원가	• 기초재공품 + 당기총제조원가 − 기말재공품					
제품매출원가	• 기초제품 + 당기제품제조원가 − 기말제품					

| 문제 84번 | 보조부문원가배분 : 직접배분법 | 출제구분 | 재출제 | 난이도 ★ ☆ ☆ | 정답 ③ |

- 직접배분법은 보조부문 상호간에 행해지는 용역의 수수를 완전히 무시하고 보조부문원가를 각 제조부문이 사용한 용역의 상대적 비율에 따라 제조부문에 직접 배분한다.
  → 보조부문원가는 다른 보조부문에 전혀 배분되지 않게 된다.
- 제조부문B에 배부되는 보조부문원가 : $800,000 \times \dfrac{30\%}{50\% + 30\%} + 400,000 \times \dfrac{60\%}{20\% + 60\%} = 600,000$

	X	Y	A	B
배분전원가	800,000	400,000	?	?
X	(800,000)	−	$800,000 \times \dfrac{50\%}{50\% + 30\%} = 500,000$	$800,000 \times \dfrac{30\%}{50\% + 30\%} = 300,000$
Y	−	(400,000)	$400,000 \times \dfrac{20\%}{20\% + 60\%} = 100,000$	$400,000 \times \dfrac{60\%}{20\% + 60\%} = 300,000$
배분후원가	0	0	?	?

| 문제 85번 | 개별원가계산 일반사항 | 출제구분: 신유형 | 난이도 ★★☆ | 정답 ④ |

- ① 개별원가계산은 일반적으로 종류를 달리하는 제품 또는 프로젝트를 개별적으로 생산 혹은 제작하는 형태에 적용하는 원가계산방법이다. 따라서 개별원가계산은 조선업, 기계제작업, 플랜트건설업 등과 같이 수요자의 주문에 기초하여 수요자의 요구에 따라 개별적으로 제품을 생산하는 업종에서 주로 사용하고 있다.
- ② 개별원가계산은 개별제품별 또는 개별작업별로 원가가 집계되기 때문에 직접원가와 간접원가의 구분이 중요하다.(즉, 제조간접원가의 배부절차가 반드시 필요하다.) 직접원가에 해당하는 직접재료원가와 직접노무원가는 해당 제품이나 공정으로 직접 추적할 수 있기 때문에 발생된 원가를 그대로 집계하면 되지만, 간접원가에 해당하는 제조간접원가는 개별제품이나 공정에 직접적인 대응이 불가능하므로 원가계산 기말에 일정한 기준을 사용하여 배부해야 한다.
- ③ 개별원가계산은 작업원가표에 의해 개별제품별로 효율성을 통제할 수 있으므로 개별작업에 집계되는 실제원가를 예산액과 비교하여 미래예측에 이용할 수 있다.
- ④ 개별원가계산은 각 작업별로 원가가 계산되기 때문에 비용과 시간이 많이 발생한다는 단점이 있다.

Guide 개별원가계산의 장점과 단점

장점	단점
• 제품별로 정확한 원가계산이 가능함. • 제품별 손익분석 및 계산이 용이함. • 개별제품별로 효율성을 통제할 수 있고, 개별작업별 실제를 예산과 비교하여 미래예측에 이용가능	• 비용·시간이 많이 발생함. (∵각 작업별로 원가가 계산되기 때문) • 원가계산자료가 상세하고 복잡해짐에 따라 오류가 발생할 가능성이 많아짐.

| 문제 86번 | 제조간접원가 실제배부 | 출제구분: 기출변형 | 난이도 ★★☆ | 정답 ③ |

- 직접추적이 가능한 직접재료원가·직접노무원가는 일반형전화기와 프리미엄전화기 각각에 집계하며, 직접 추적이 불가능한 제조간접원가는 직접노무원가를 기준으로 배분한다.
- 직접노무원가 - ㉠ 일반형전화기 : 100시간 × 1,000 = 100,000 ㉡ 프리미엄전화기 : 200시간 × 2,000 = 400,000
- 제조간접원가(OH)배부율 : $\dfrac{3,000,000(총제조간접원가)}{100,000(일반형의\ DL) + 400,000(프리미엄의\ DL)}$ = @6
- 제조원가 계산

	일반형전화기	프리미엄전화기
직접재료원가	400,000원	600,000원
직접노무원가	100,000원	400,000원
제조간접원가 배분액	100,000 × @6(OH배부율) = 600,000원	400,000 × @6(OH배부율) = 2,400,000원
계	1,100,000원	3,400,000

∴일반형전화기와 프리미엄전화기 총제조원가 차이 : 3,400,000 - 1,100,000 = 2,300,000

| 문제 87번 | 평균법 완성품환산량단위당원가 계산 | 출제구분 | 재출제 | 난이도 ★★☆ | 정답 ③ |

• 평균법

[1단계] 물량흐름

완성	1,200
기말	800(50%)
	2,000

[2단계] 완성품환산량

	재료비	가공비
	1,200	1,200
	800	800 × 50% = 400
	2,000	1,600

[3단계] 총원가요약
  기초   0   0
  당기발생   1,000,000   800,000
              1,000,000   800,000

[4단계] 환산량단위당원가(cost/unit)   ÷2,000   ÷1,600
                    ‖   ‖
                    @500   @500

[5단계] 원가배분
  완성품원가 : 1,200 × @500 + 1,200 × @500 = 1,200,000
  기말재공품원가 : 800 × @500 + 400 × @500 = 600,000

| 문제 88번 | 기말재공품 완성도 과대평가의 영향 | 출제구분 | 재출제 | 난이도 ★★★ | 정답 ④ |

• 기말재공품 완성도를 과대평가할 경우
 ㉠ 기말재공품 완성품환산량 과대
 ㉡ 완성품환산량이 과대해지면 투입된 원가는 일정하므로 완성품환산량단위당원가가 과소
 ㉢ 완성품의 완성품환산량은 변화가 없으므로 완성품환산량단위당원가의 과소로 완성품원가(당기제품제조원가)는 과소
 ㉣ 상대적으로 기말재공품(재공품계정)의 원가는 과대(재고자산 과대)
 ㉤ '기초제품+당기제품제조원가 − 기말제품 = 매출원가'에서 제품계정에는 영향이 없으나, 당기제품제조원가의 과소로 인해 매출원가가 과소평가되고 영업이익(당기순이익)이 과대평가된다.
 ㉥ 영업이익(당기순이익)이 과대평가되므로 이익잉여금이 과대계상된다.

비교 기말재공품 완성도를 과소평가할 경우〈위와 반대의 결과〉
 ㉠ 기말재공품 완성품환산량 과소
 ㉡ 완성품환산량이 과소해지면 투입된 원가는 일정하므로 완성품환산량단위당원가가 과대
 ㉢ 완성품의 완성품환산량은 변화가 없으므로 완성품환산량단위당원가의 과대로 완성품원가(당기제품제조원가)는 과대
 ㉣ 상대적으로 기말재공품(재공품계정)의 원가는 과소(재고자산 과소)
 ㉤ '기초제품+당기제품제조원가 − 기말제품 = 매출원가'에서 제품계정에는 영향이 없으나, 당기제품제조원가의 과대로 인해 매출원가가 과대평가되고 영업이익(당기순이익)이 과소평가된다.
 ㉥ 영업이익(당기순이익)이 과소평가되므로 이익잉여금이 과소계상된다.

문제 89번 — 평균법 종합원가계산 | 출제구분: 기출변형 | 난이도: ★☆☆ | 정답: ④

- 기초재공품원가와 당기제조원가를 구별하여 계산하는 방법은 선입선출법이다.
  → 평균법은 기초재공품원가와 당기제조원가를 구별하지 않고 이를 가중평균하여 당기완성품과 기말재공품원가를 계산하는 방법이다. 즉, 당기 이전의 기초재공품 작업분도 마치 당기에 작업이 이루어진 것으로 간주하는 방법이다. 선입선출법은 기초재공품을 먼저 가공하여 완성시킨 후에 당기착수량을 가공한다는 가정에 따라 당기완성품과 기말재공품원가를 계산하는 방법이다. 즉, 당기 이전의 기초재공품 작업분과 당기 작업분을 별도로 구분하는 방법이다. 평균법과 선입선출법의 가장 큰 차이점은 원가계산시 기초재공품원가와 당기투입원가를 구분하느냐의 여부에 있다고 할 수 있다. 따라서, 기초재공품이 없을 경우 양 방법에 의한 계산결과는 동일해진다.

Guide ▶ 종합원가계산 방법별 특징

평균법(WAM)	• 기초재공품의 제조를 당기 이전에 착수하였음에도 불구하고 당기에 착수한 것으로 가정하여, 기초재공품원가와 당기발생원가를 구분치 않고 합한 금액을 완성품과 기말재공품에 안분계산함. • 완성품환산량단위당원가가 기초재공품에 의해 영향받으므로 당기원가를 왜곡시킴.
선입선출법(FIFO)	• 기초재공품을 우선적으로 완성시킨 후 당기착수물량을 가공한다고 가정하므로 기말재공품원가는 당기발생원가로만 구성되고, 기초재공품원가는 전액이 완성품원가를 구성하며, 당기발생원가만 완성품과 기말재공품에 안분계산함. → 당기업적·능률·원가통제에 유용한 정보를 제공함. • 완성품원가 = 기초재공품원가 + 완성품환산량 × 환산량단위당원가 • 기초재공품이 '0'이면 평균법과 선입선출법은 동일함.

문제 90번 — 선입선출법 기말재공품원가 | 출제구분: 재출제 | 난이도: ★★☆ | 정답: ②

- 선입선출법

[1단계] 물량흐름

		[2단계] 완성품환산량	
		재료비	가공비
기초완성	400(50%)	0	400 × (1 − 50%) = 200
당기완성	1,000 − 400 = 600	600	600
기 말	200(80%)	200	200 × 80% = 160
	1,200	800	960

[3단계] 총원가요약

		재료비	가공비
당기발생		2,000,000	3,000,000
		2,000,000	3,000,000

[4단계] 환산량단위당원가(cost/unit)

	÷800	÷960
	‖	‖
	@2,500	@3,125

[5단계] 원가배분

완성품원가 : (200,000 + 500,000) + 600 × @2,500 + 800 × @3,125 = 4,700,000
기말재공품원가 : 200 × @2,500 + 160 × @3,125 = 1,000,000

| 문제 91번 | 표준원가계산의 유용성과 한계 | 출제구분 | 재출제 | 난이도 | ★ ☆ ☆ | 정답 | ④ |

- 표준원가계산제도를 채택할 경우 비계량적인 정보를 무시할 가능성이 있다. 예를 들어 표준원가달성을 지나치게 강조할 경우 제품의 품질을 희생시킬 수 있고, 납품업체에 표준원가를 기초로 지나친 원가절감을 요구할 경우 관계가 악화될 수도 있다.
  → 한편, 표준원가계산제도는 계량적 정보에 의해서만 성과평가가 이루어진다.

Guide 표준원가계산의 한계점

산정의 객관성 문제	• 표준원가는 사전에 과학적·통계적 방법으로 적정원가를 산정하는 것이 필수적이나, 적정원가 산정에 객관성이 보장되기 힘들고 많은 비용이 소요됨.
수시 수정 필요	• 표준원가는 한번 설정된 영구불변의 원가가 아니라 내적요소·외부환경 변화에 따라 수시로 수정을 필요로 하는 원가임. 만약, 이러한 표준원가의 적정성을 사후 관리하지 않을 경우 미래원가 계산을 왜곡할 소지가 있음.
비계량정보 무시	• 표준원가계산제도를 채택할 경우 비계량적인 정보를 무시할 가능성이 있음. 예 표준원가달성을 지나치게 강조할 경우 제품의 품질을 희생시킬 수 있고, 납품업체에 표준원가를 기초로 지나친 원가절감을 요구할 경우 관계가 악화될 수도 있음.
질적 예외사항 무시	• 예외에 의한 관리기법을 사용할 때에는 어느 정도의 예외사항을 중요한 예외사항으로 판단하여 관리할 것인가를 결정해야 하나, 이러한 예외사항에 대해서 객관적인 기준이 없을 경우 대개 양적인 정보만으로 판단하기 때문에 질적인 예외사항을 무시하기 쉬움. 또한, 중요한 예외사항에 대해서만 관심을 집중하게 되면 허용범위 내에서 발생하는 실제원가의 증감추세와 같은 중요한 정보를 간과할 수 있음.
동기부여 문제	• 예외에 의한 관리는 근로자에게 동기부여 측면에서 문제가 발생할 수 있음. 만일 성과평가가 중요한 예외사항에 의해서만 결정된다면 근로자는 자신에게 불리한 예외사항을 숨기려고 할 것이고, 원가가 크게 절감된 예외사항에 대해서 보상을 받지 못한다면 이에 대한 불만이 누적되고 동기부여가 되지 않을 수 있기 때문임.

문제 92번 | 표준원가의 종류와 특징 | 출제구분: 기출변형 | 난이도: ★★★ | 정답: ①

• 표준원가와 실제원가와의 차이가 가장 적게 발생하여 매출원가 산정에 가장 적합한 것은 정상적 표준이다.

Guide 표준원가의 종류별 특징

이상적 표준 (ideal)	• 기존설비·제조공정에서 정상적 기계고장, 정상감손 및 근로자 휴식시간 등을 고려하지 않고 최선의 조건하에서만 달성할 수 있는 이상적인 목표하의 최저목표원가임. • 이상적 표준은 이를 달성하는 경우가 거의 없기 때문에 항상 불리한 차이가 발생되며, 이에 따라 종업원의 동기부여에 역효과를 초래함. • 실제원가와의 차이가 크게 발생하므로 재고자산평가나 매출원가산정에 적합하지 않음. →그러나 전혀 의미없는 것은 아니고 현실적 표준 설정을 위한 출발점으로서의 의미를 갖음.
정상적 표준 (normal)	• 정상적인 조업수준이나 능률수준에 대하여 설정된 표준원가임. →여기서 정상이란 경영활동에서 이상 또는 우발적인 상황을 제거한 것을 의미함. • 정상적 표준은 경영에 있어 비교적 장기간에 이르는 과거의 실적치를 통계적으로 평균화하고 여기에 미래의 예상추세를 감안하여 결정됨. →따라서, 경제상태가 비교적 안정된 경우에는 재고자산가액 산정과 매출원가계산에 가장 적합하며 원가관리를 위한 성과평가의 척도가 될 수 있음.
현실적 표준 (practical)	• 경영의 실제활동에서 열심히 노력하면 달성될 것으로 기대되는 표준원가임. →이는 정상적인 기계고장과 근로자 휴식시간을 허용하며, 작업에 참여하는 평균적인 근로자들이 합리적이면서 매우 효율적으로 노력을 하면 달성될 수 있는 표준임. • 현실적 표준과 실제원가와의 차이는 정상에서 벗어난 비효율로서 차이발생에 대해 경영자의 주의를 환기시키는 신호가 된다는 점에서 경영자에게 매우 유용함. • 현실적 표준은 설정내용에 따라서 원가관리에 더욱 적합할 수 있고 예산관리에도 유용하게 이용될 수 있음. • 표준원가계산제도에서의 표준원가라 하면 일반적으로 현실적 표준원가를 의미함.

문제 93번 | 직접재료원가 가격차이·능률차이 | 출제구분: 신유형 | 난이도: ★★☆ | 정답: ①

• SP : 100,000÷50,000단위(원재료) = 2
• 직접재료원가 차이분석

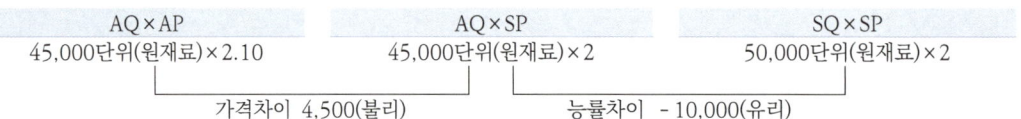

★ 저자주 문제에서 능률차이를 묻고 있으므로 용어 일관성 오류에 해당하는 선지의 '사용차이'를 '능률차이'로 수정바랍니다. 한편, 능률차이는 수량차이라고도 하며 사용차이는 일반적 용어가 아닙니다.

Guide 직접재료원가 차이분석 구조[사용시점분리의 경우]

기호정의	• AQ : 실제사용량, AP : 실제가격, SQ : 실제생산량에 허용된 표준사용량, SP : 표준가격
DM 차이분석	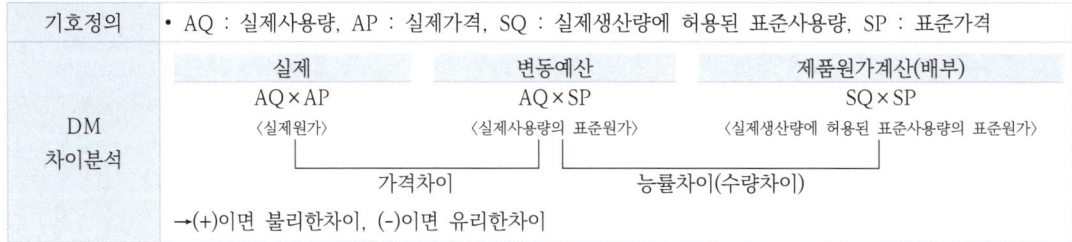

→(+)이면 불리한차이, (-)이면 유리한차이

문제 94번   변동제조간접원가 능률차이   출제구분: 신유형   난이도: ★★☆   정답: ③

- $A = 3,500$시간, $S = 3,800$시간, $v = 2.5$
- 변동제조간접원가 차이분석

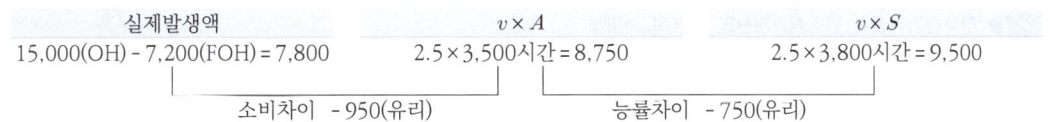

실제발생액	$v \times A$	$v \times S$
15,000(OH) − 7,200(FOH) = 7,800	2.5 × 3,500시간 = 8,750	2.5 × 3,800시간 = 9,500

소비차이 −950(유리)   능률차이 −750(유리)

Guide ▶ 변동제조간접원가 차이분석 구조

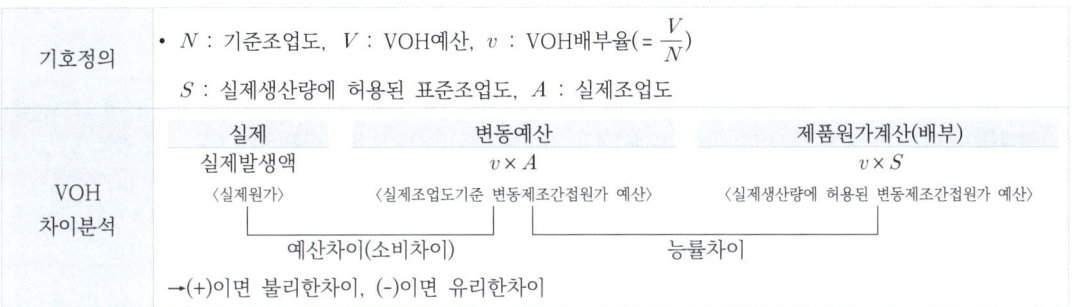

기호정의	N : 기준조업도, V : VOH예산, v : VOH배부율($= \dfrac{V}{N}$) S : 실제생산량에 허용된 표준조업도, A : 실제조업도
VOH 차이분석	실제 / 변동예산 / 제품원가계산(배부) 실제발생액 $v \times A$ $v \times S$ 〈실제원가〉 〈실제조업도기준 변동제조간접원가 예산〉 〈실제생산량에 허용된 변동제조간접원가 예산〉 예산차이(소비차이) 능률차이 → (+)이면 불리한차이, (−)이면 유리한차이

문제 95번   고정제조간접원가 조업도차이   출제구분: 신유형   난이도: ★★☆   정답: ②

- $S = 15,000$시간, $F = 54,000$, $N = 12,000$시간 → $\therefore f = \dfrac{F(54,000)}{N(12,000시간)} = 4.5$
- 고정제조간접원가 차이분석

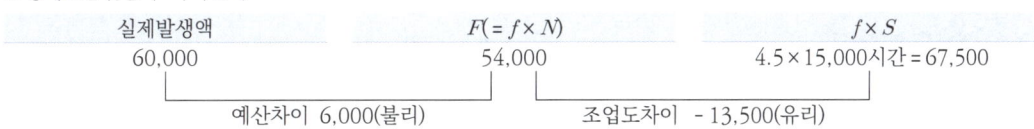

실제발생액	$F(= f \times N)$	$f \times S$
60,000	54,000	4.5 × 15,000시간 = 67,500

예산차이 6,000(불리)   조업도차이 −13,500(유리)

Guide ▶ 고정제조간접원가 차이분석 구조

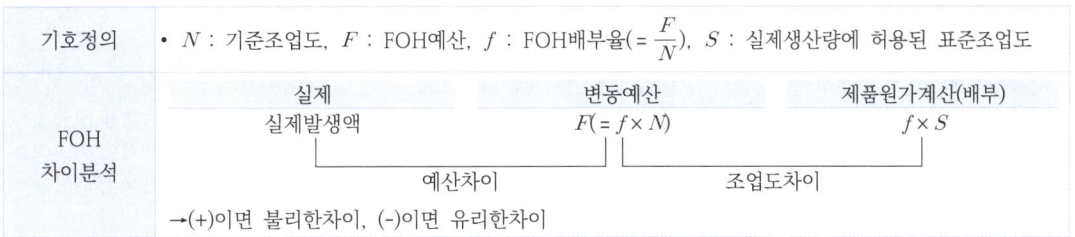

기호정의	N : 기준조업도, F : FOH예산, f : FOH배부율($= \dfrac{F}{N}$), S : 실제생산량에 허용된 표준조업도
FOH 차이분석	실제 / 변동예산 / 제품원가계산(배부) 실제발생액 $F(= f \times N)$ $f \times S$ 예산차이 조업도차이 → (+)이면 불리한차이, (−)이면 유리한차이

문제 96번   변동원가계산 총매출액 추정   출제구분: 재출제   난이도: ★☆☆   정답: ③

- 판매량을 Q라 하면, 매출액(Q × 9,000) − 변동원가(Q × 4,700) − 고정원가(2,150,000) = 영업이익(10,750,000)
  → Q(판매량) = 3,000단위
- 총매출액 : 3,000단위(판매량) × 9,000(단위당판매가격) = 27,000,000

| 문제 97번 | 전부·변동원가계산의 차이점 | 출제구분 | 재출제 | 난이도 | ★ ☆ ☆ | 정답 | ④ |

- 변동원가계산을 적용하여 원가산정을 하게 되면 고정제조간접원가가 모두 당기비용으로 처리되어 고정제조간접원가가 기말재공품에 포함되지 않는다.

Guide 전부원가계산과 변동원가계산의 기본적 차이점

구분	전부원가계산	변동원가계산
근본적 차이	• 원가부착개념 →FOH도 제조원가	• 원가회피개념 →FOH는 비용처리
제조원가	• DM+DL+VOH+FOH	• DM+DL+VOH
손익계산서	• 전통적 손익계산서(기능별I/S) →매출액/매출총이익/영업이익	• 공헌이익 손익계산서(행태별I/S) →매출액/공헌이익/영업이익
이익함수	• π(이익) = f(판매량 & 생산량) →이익이 생산량에 의해서도 영향 받으므로(생산량을 증가시키면 FOH배부액이 감소하고 이익이 증가) 생산량조절에 따른 이익조작 가능성이 존재함.	• π(이익) = f(판매량) →이익이 판매량 변화에만 영향을 받으므로 생산량조절에 따른 이익조작 방지 가능
보고	• 외부보고용(기업회계기준 인정O)	• 내부관리용(기업회계기준 인정X)

| 문제 98번 | 전부·변동원가계산과 생산량 추정 | 출제구분 | 신유형 | 난이도 | ★ ★ ★ | 정답 | ① |

- 단위당FOH : 12(단위당제조원가) - 8(단위당변동제조원가) = 4
- 계정흐름

기초	0개	판매량	3,500개
생산량	X	기말	$(X-3,500)$개

- 전부원가계산 영업이익 $A+2,000$
  (+) 기초에 포함된 고정제조간접원가(FOH)   0
  (-) 기말에 포함된 고정제조간접원가(FOH) $(X-3,500)\times 4$
  변동원가계산 영업이익 A

→$(A+2,000)+0-(X-3,500)\times 4 = A$ 에서, $X=4,000$개

Guide 전부·변동·초변동원가계산 영업이익 차이조정

전부원가계산에 의한 영업이익	전부원가계산에 의한 영업이익	변동원가계산에 의한 영업이익
(+) 기초재공품,제품에 포함된 FOH (-) 기말재공품,제품에 포함된 FOH	(+) 기초재공품,제품에 포함된 DL,VOH,FOH (-) 기말재공품,제품에 포함된 DL,VOH,FOH	(+) 기초재공품,제품에 포함된 DL,VOH (-) 기말재공품,제품에 포함된 DL,VOH
변동원가계산에 의한 영업이익	초변동원가계산에 의한 영업이익	초변동원가계산에 의한 영업이익

| 문제 99번 | 초변동원가계산의 의의와 유용성 | 출제구분 | 재출제 | 난이도 | ★ ★ ☆ | 정답 | ④ |

- 초변동원가계산 현금창출(재료처리량)공헌이익 : 매출액 - 직접재료원가(DM)
  초변동원가계산 영업이익 : 현금창출(재료처리량)공헌이익 - 운영비용(DL,VOH,FOH,판관비)
- 초변동원가계산은 직접노무원가(DL), 변동제조간접원가(VOH), 고정제조간접원가(FOH)를 모두 비용(운영비용) 처리하므로, 변동원가계산과 마찬가지로 원가회피개념에 근거를 두고 있다.
  → 따라서, 생산관련 직접노무원가(DL), 변동제조간접원가(VOH), 고정제조간접원가(FOH)가 모두 비용화되어 생산량 증가시 이익감소를 초래하므로 생산량을 감소시켜 재고를 최소화하려는 유인이 발생한다.

Guide 초변동원가계산의 유용성

재고보유 최소화	• 재고자산보유를 최소화하도록 유인을 제공함. → DL/VOH/FOH가 모두 비용화되어 생산량이 증가할수록 영업이익이 감소되므로 경영자가 불필요한 제품 생산량을 최소화하고 판매에 보다 집중하도록 유도함.
혼합원가 구분 불필요	• 혼합원가의 주관적 구분이 불필요함. → 제조간접원가에 포함되는 혼합원가를 임의로 고정원가와 변동원가로 구분할 필요없이 모두 기간비용으로 처리하기에 변동원가계산에서 발생할 수 있는 자의적인 해석이 개입될 여지가 없음.

| 문제 100번 | 전부·변동·초변동원가계산 이익 계산 | 출제구분 | 재출제 | 난이도 | ★ ★ ★ | 정답 | ③ |

- 전부원가계산 매출총이익 계산
  매출액   :   20,000개×500 = 10,000,000
  매출원가[DM+DL+VOH+FOH]   : 20,000개×(150+120+50)+200,000 = (6,600,000)
  매출총이익   :   3,400,000

- 변동원가계산 공헌이익 계산
  매출액   :   20,000개×500 = 10,000,000
  매출원가[DM+DL+VOH] :   20,000개×(150+120+50) = (6,400,000)
  변동판관비   :   20,000개×30 =   (600,000)
  공헌이익   :   3,000,000

- 초변동원가계산 재료처리량공헌이익 계산
  매출액   :   20,000개×500 = 10,000,000
  제품수준변동원가[직접재료원가(DM)] :   20,000개×150 = (3,000,000)
  재료처리량(현금창출)공헌이익   :   7,000,000

Guide 전부원가계산·변동원가계산·초변동원가계산 영업이익 계산 비교

전부원가계산	변동원가계산	초변동원가계산
• 매출액 (-)매출원가(DM+DL+VOH+FOH) 매출총이익 (-)판관비(변동+고정) 영업이익	• 매출액 (-)매출원가(DM+DL+VOH) (-)변동판관비 공헌이익 (-)FOH+고정판관비 영업이익	• 매출액 (-)제품수준변동원가(DM) 재료처리량(현금창출)공헌이익 (-)운영비용(DL+VOH+FOH+판관비) 영업이익

문제 101번 | 활동기준원가계산(ABC)의 절차 | 출제구분: 재출제 | 난이도: ★ ☆ ☆ | 정답: ②

- 활동기준원가계산의 절차

[1단계] 활동분석	• 기업의 기능을 여러 가지 활동으로 구분하여 분석함. → 활동이란 자원을 사용하여 가치를 창출하는 작업으로서 ABC에서는 크게 4가지(단위수준활동, 배치수준활동, 제품유지활동, 설비유지활동)로 나눔.
[2단계] 제조간접원가 집계	• 각 활동별로 제조간접원가를 집계함.
[3단계] 원가동인(배부기준) 결정	• 활동별 원가동인(배부기준)을 결정함 → 원가를 가장 직접적으로 변동시키는 것이 무엇인가를 파악
[4단계] 제조간접원가배부율 결정	• 활동별 제조간접원가 배부율을 결정함. → 활동별 제조간접원가 배부율 = $\dfrac{\text{활동별 제조간접원가}}{\text{활동별 배부기준(원가동인)}}$
[5단계] 원가계산	• 원가대상(제품, 고객, 서비스 등)별로 원가계산함. → 원가대상(제품, 고객, 서비스 등)별 배부액 = Σ(소비된 활동수 × 활동별 제조간접원가배부율)

문제 102번 | 공헌이익 계산 | 출제구분: 재출제 | 난이도: ★ ☆ ☆ | 정답: ④

- 단위당변동원가 : 150(단위당변동제조원가) + 75(단위당변동판매비) = 225
- 단위당공헌이익 : 400(단위당판매가격) - 225(단위당변동원가) = 175
- 공헌이익 : 30,000개(판매량) × 175(단위당공헌이익) = 5,250,000

Guide 이익방정식과 공헌이익 산식 정리

이익방정식	▫ 영업이익 = 매출액 - 변동원가$^{1)}$ - 고정원가$^{2)}$ = 단위당판매가격 × 판매량 - 단위당변동원가 × 판매량 - 고정원가 $^{1)}$변동원가 = 변동제조원가 + 변동판매관리비 $^{2)}$고정원가 = 고정제조간접원가 + 고정판매관리비
공헌이익	▫ 총공헌이익 = 매출액 - 변동원가 = 단위당판매가격 × 판매량 - 단위당변동원가 × 판매량 ▫ 단위당공헌이익 = $\dfrac{\text{총공헌이익}}{\text{판매량}}$ = 단위당판매가격 - 단위당변동원가 • 총공헌이익 = 단위당공헌이익 × 판매량 • 영업이익 = 총공헌이익 - 고정원가 = 단위당공헌이익 × 판매량 - 고정원가

문제 103번 | 공헌이익률을 통한 영업이익 추정 | 출제구분: 재출제 | 난이도: ★ ★ ☆ | 정답: ①

- 손익분기점(BEP)매출액(350,000) = $\dfrac{\text{고정원가}}{\text{공헌이익률(30\%)}}$ → 고정원가 = 105,000
- 공헌이익 : 매출액(500,000) × 공헌이익률(30%) = 150,000
- 순이익(영업이익) : 공헌이익(150,000) - 고정원가(105,000) = 45,000

Guide 공헌이익률 산식 정리

공헌이익률	▫ 공헌이익률 = $\dfrac{\text{총공헌이익}}{\text{매출액}}$ = $\dfrac{\text{단위당공헌이익}}{\text{단위당판매가격}}$ • 총공헌이익 = 단위당공헌이익 × 판매량 = 공헌이익률 × 매출액 • 영업이익 = 단위당공헌이익 × 판매량 - 고정비 = 공헌이익률 × 매출액 - 고정비

| 문제 104번 | CVP분석 일반사항 | 출제구분 | 기출변형 | 난이도 ★ ☆ ☆ | 정답 ① |

- ② CVP분석은 다양한 조업도 수준에서 원가와 이익의 관계를 분석하는데 유용한 기법이며, 제품원가를 최소화하는 조업도를 파악하기 위한 분석기법은 아니다.
- ③ 수익과 원가의 행태가 확실히 결정되어 있고 관련범위 내에서 모두 선형으로 가정한다.
- ④ 공헌이익률 = $\dfrac{\text{매출액} - \text{변동원가}}{\text{매출액}}$ 이므로, 변동원가 비중이 높으면(증가하면) 공헌이익률이 낮게 나타난다.
  → 또는, '변동비율 + 공헌이익률 = 1'에서 변동원가 비율이 높으면 공헌이익률은 낮게 나타난다.

Guide 변동비율 산식 정리

변동비율	□ 변동비율 = $\dfrac{\text{변동비}}{\text{매출액}}$ = $\dfrac{\text{단위당변동비}}{\text{단위당판매가격}}$
	• 변동비 = 단위당변동비 × 판매량 = 변동비율 × 매출액
	• 공헌이익률 + 변동비율 = $\dfrac{\text{총공헌이익}}{\text{매출액}} + \dfrac{\text{변동비}}{\text{매출액}} = \dfrac{\text{매출액} - \text{변동비}}{\text{매출액}} + \dfrac{\text{변동비}}{\text{매출액}} = 1$

| 문제 105번 | CVP도표의 이해 | 출제구분 | 재출제 | 난이도 ★ ★ ☆ | 정답 ③ |

- C부분 : '총비용 〉 총수익'이므로 회사의 손실을 나타내는 부분이다.
  → 이 부분에서 회사는 제품 1단위를 판매할 때마다 손실이 감소한다.
    [즉, 조업도가 증가시 손실폭(C부분의 세로폭)이 감소]

| 문제 106번 | 손익분기점(BEP) 판매량 계산 | 출제구분 | 재출제 | 난이도 ★ ☆ ☆ | 정답 ④ |

- 단위당공헌이익 : 4,000(단위당판매가격) − 4,000 × 80%(단위당변동원가) = 800
- 손익분기점(BEP)판매량 : $\dfrac{5{,}000{,}000(\text{고정원가})}{800(\text{단위당공헌이익})}$ = 6,250단위

참고 손익분기점(BEP)매출액 : $\dfrac{\text{고정원가}(5{,}000{,}000)}{\text{공헌이익률}(800 \div 4{,}000)}$ = 250,000,000원

Guide 손익분기점분석 기본산식

손익분기점	• 손익분기점(BEP)은 이익을 0으로 만드는 판매량 또는 매출액을 의미함.
기본산식	• 매출액 − 변동비(변동제조원가와 변동판관비) − 고정비(고정제조간접원가와 고정판관비) = 0 → 매출액 − 변동비 = 고정비, 공헌이익 = 고정비 → 단위당공헌이익 × 판매량 = 고정비, 공헌이익률 × 매출액 = 고정비
BEP산식	• ㉠ BEP판매량 : $\dfrac{\text{고정비}(= FOH + \text{고정판관비})}{\text{단위당공헌이익}}$ ㉡ BEP매출액 : $\dfrac{\text{고정비}(= FOH + \text{고정판관비})}{\text{공헌이익률}}$

문제 107번 | 고정예산과 변동예산의 차이 | 출제구분: 신유형 | 난이도: ★★☆ | 정답: ①

- ② 변동예산과 고정예산은 동일하게 변동원가와 고정원가 모두를 고려하여 편성한다.
- ③ 고정예산은 목표달성도(효과성) 측정에 이용할 수 있으므로 이익중심점(판매부문)을 범위로 하며, 변동예산은 실제조업도에 허용된 변동예산과 실제결과를 비교하여 원가통제를 할 수 있으므로 원가중심점(생산부문)을 범위로 한다.
- ④ 고정예산은 분권적 조직에서 분권화의 이점을 최대한 활용할 수 있는 책임중심점인 이익중심점을 범위로 하므로 권한이 하부 경영자들에게 위양된다. 그러나 변동예산은 그렇지 않다.

*저자주 문제의 선지 ③,④는 재경관리사 시험내용에서 벗아나므로 참고만 하기 바랍니다.

Guide 고정예산과 변동예산

고정예산 (static budget)	• 특정조업도를 기준으로 하여 사전에 수립되는 단일 예산 →특정기간동안의 조업도(생산량)의 변화여부를 고려하지 않고 하나의 조업도수준을 기준으로 편성하는 예산 →실제 결과는 사전에 수립된 조업도 수준에서의 예산과 비교됨. • 예산설정 기간에 예상된 특정조업도의 목표달성 정도에 대한 정보만 제공할 뿐 특정산출량에 대하여 사용된 투입량의 정도에 대한 정보를 제공하지 못함. • 통제를 위한 정보로서는 부적합하며, 경영관리적 측면에서도 큰 의미를 갖지 못함.

변동예산
(flexible budget)
	• 일정 범위의 조업도 변동에 따라 사후에 조정되어 작성되는 예산
	→실제원가를 실제조업도수준의 예산원가와 비교함.
	• 사전에 계획된 목표의 달성정도는 물론 특정산출량에 대하여 사용된 투입량 정도에 관한 정보도 제공함.
	• 경영관리적 측면에서 성과평가 및 통제에 유용함.
	• 고정예산은 총액 개념이고, 변동예산은 단위당 개념으로 구분할 수 있음.
	• 변동예산과 고정예산은 동일하게 변동원가와 고정원가 모두를 고려하여 편성함.
	예시 실제생산량이 2,500단위, 실제 단위당원가가 @10인 경우
	
	    실제 변동예산 고정예산
	  2,500단위 2,500단위 2,000단위
	2,500단위×@10 2,500단위×@15 2,000단위×@15
	      └─── 비교(변동예산) ───┘
	      └──────── 비교(고정예산) ────────┘

| 문제 108번 | 투자중심점 성과평가 : 잔여이익 | 출제구분 | 재출제 | 난이도 | ★ ★ ☆ | 정답 | ① |

- 사업부별 잔여이익 계산
  - 군 함사업부 : 150,000(영업이익) - 500,000(영업자산) × 20%(최저필수수익률) = 50,000
  - 여객선사업부 : 270,000(영업이익) - 1,000,000(영업자산) × 20%(최저필수수익률) = 70,000
  - 화물선사업부 : 460,000(영업이익) - 2,000,000(영업자산) × 20%(최저필수수익률) = 60,000
- 잔여이익이 높은 순서 : 여객선사업부(70,000) 〉 화물선사업부(60,000) 〉 군함사업부(50,000)

Guide 잔여이익(RI) 주요사항

잔여이익 계산	□ 잔여이익(RI) = 영업이익 - 영업자산(투자액) × 최저필수수익률 **주의** 투자수익률(ROI)에 의한 의사결정과 잔여이익(RI)에 의한 의사결정은 일치하지 않음. → 즉, 투자수익률(ROI)에서는 채택되어도 잔여이익(RI)에서는 기각 가능
장점	• 준최적화현상이 발생하지 않음. →각 사업부의 경영자는 최저필수수익률을 초과하는 모든 투자안을 수락하게 되므로 투자중심점과 회사전체의 이익을 동시에 극대화 가능
단점	• 금액으로 표시하므로 각 사업부의 투자규모가 상이할 경우 사업부간 성과 비교에 한계가 있음. • 투자수익률(ROI)과 마찬가지로 회계적이익에 기초하므로 성과평가와 의사결정의 일관성이 결여

| 문제 109번 | 책임중심점의 구분 | 출제구분 | 신유형 | 난이도 | ★ ☆ ☆ | 정답 | ④ |

- 투자중심점(investment center)이란 원가 및 수익뿐만 아니라 투자의사결정에 대해서도 책임을 지는 책임중심점으로서 가장 포괄적인 개념이다. 기업이 제품별 또는 지역별로 별도의 독립적인 조직으로 분리될 정도로 규모가 커져 제품별 또는 지역별 사업부로 분권화된 경우, 이 분권화조직이 투자중심점에 해당한다.
  →수익중심점이나 이익중심점을 성과평가할 때는 매출액이나 공헌이익 등을 고려하나, 투자중심점의 성과평가는 투자수익률(ROI)이나 잔여이익(RI) 등 기타의 성과평가기법에 의해 결정된다. 그 이유는 투자중심점은 이익뿐만 아니라 투자의사결정, 즉 자산의 활용도까지도 책임을 져야하기 때문이다.

Guide 책임중심점의 분류

원가중심점	• 통제가능한 원가의 발생만 책임을 지는 가장 작은 활동단위로서의 책임중심점(예 제조부문)
수익중심점	• 매출액에 대해서만 통제책임을 지는 책임중심점(예 판매부서 및 영업소) →수익중심점은 산출물만을 화폐로 측정하여 통제할 뿐 투입물과 산출물 모두에 의해 결정되는 이익에 대해서는 책임을 지지 않음. →그러나 매출액만으로 성과평가를 하게 되면 기업전체적으로 잘못된 의사결정을 야기 가능함.(불량채권의 발생, 원가절감의 경시 등 여러 가지 문제점에 노출될 수 있기 때문임.)
이익중심점	• 원가와 수익 모두에 대해서 통제책임을 지는 책임중심점 →이익중심점은 전체 조직이 될 수도 있지만 조직의 한 부분, 즉 판매부서, 각 지역(점포)단위 등으로 설정될 수도 있는데 이 경우 책임중심점이란 이익중심점을 뜻하는 것이 일반적임. →이익중심점은 수익중심점에 비해 유용한 성과평가기준이 됨. 성과평가의 기준을 이익으로 할 경우 해당 경영자는 공헌이익 개념에 의해서 관리를 수행할 것이고 이로 인해 회사전체적 입장에서 최적의 의사결정에 근접할 수 있음.
투자중심점	• 원가·수익 및 투자의사결정도 책임지는 책임중심점으로 가장 포괄적 개념임. →기업이 제품별 또는 지역별로 별도의 독립적인 조직으로 분리될 정도로 규모가 커져 제품별 또는 지역별 사업부로 분권화된 경우, 이 분권화조직이 투자중심점에 해당함.

문제 110번 | 경제적부가가치(EVA) 계산 | 출제구분 재출제 | 난이도 ★☆☆ | 정답 ②

- 세후영업이익(법인세 무시) : 80억 - 50억 - 20억 = 10억
- 가중평균자본비용 : $\dfrac{25억 \times 10\% + 25억 \times 14\%}{25억 + 25억} = 12\%$
- 경제적부가가치(EVA) : 10억(세후영업이익) - 50억(투하자본) × 12% = 4억

Guide ▶ 경제적부가가치(EVA) 계산

특징	• 타인자본비용(이자비용)뿐 아니라 자기자본비용(배당금)도 비용으로 고려하는 성과지표임. ⊙주의 ∴EVA는 I/S상 순이익보다 낮음. ⊙주의 EVA는 비재무적측정치는 고려하지 않음.
계산	☐ EVA = 세후영업이익 - 투하자본(투자액) × 가중평균자본비용 • 가중평균자본비용 = $\dfrac{부채의시장가치 \times 부채이자율(1-t) + 자본의시장가치 \times 자기자본비용(\%)}{부채의시장가치 + 자본의시장가치}$ • 투하자본 = (총자산 - 유동부채) →투하자본 계산시 비영업자산은 제외 →유동부채 계산시 영업부채가 아닌 이자발생부채인 단기차입금·유동성장기차입금 제외

문제 111번 | 매출가격차이와 매출조업도차이 | 출제구분 재출제 | 난이도 ★★★ | 정답 ③

- 단위당예산공헌이익 : 180 - (120+30) = 30
- 매출가격차이 분석(단위당판매가격으로 분석)

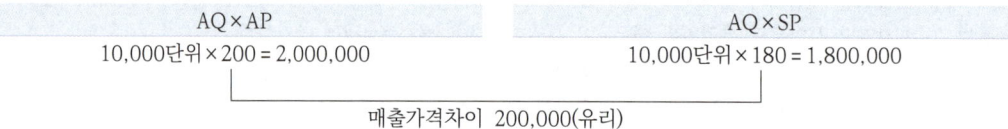

```
        AQ×AP                              AQ×SP
10,000단위 × 200 = 2,000,000      10,000단위 × 180 = 1,800,000
                   매출가격차이 200,000(유리)
```

- 매출조업도차이 분석(단위당예산공헌이익으로 분석)

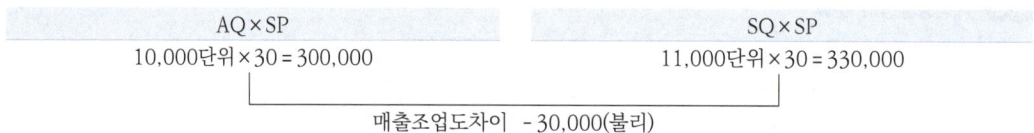

```
        AQ×SP                              SQ×SP
10,000단위 × 30 = 300,000          11,000단위 × 30 = 330,000
                   매출조업도차이 -30,000(불리)
```

*저자주 문제의 명확한 성립을 위해 '예산판매가격'을 '단위당 예산판매가격'으로 수정바랍니다.

Guide ▶ 매출가격차이와 매출조업도차이 계산

기호정의	• AQ : 실제판매량, AP : 단위당실제판매가격 SQ : 예산판매량, SP : 단위당예산판매가격(또는 단위당예산공헌이익)
매출총차이 분해	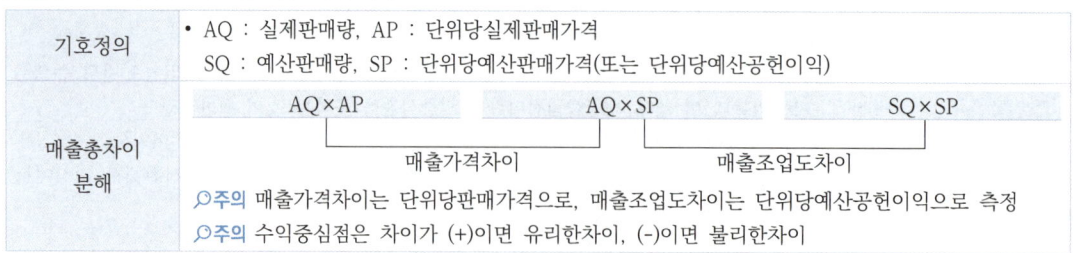 ⊙주의 매출가격차이는 단위당판매가격으로, 매출조업도차이는 단위당예산공헌이익으로 측정 ⊙주의 수익중심점은 차이가 (+)이면 유리한차이, (-)이면 불리한차이

문제 112번 | 특별주문과 관련·비관련원가 항목 | 출제구분: 재출제 | 난이도: ★ ☆ ☆ | 정답: ④

- 특별주문의 수락으로 인해 변동하는 증분손익[증분지출원가(증분비용 증가), 포기된 임대수익(증분수익 감소)] 등은 기본적으로 모두 고려하여야 하며, 추가적으로 유휴생산능력이 없는 경우 특별주문의 수락으로 기존판매를 감소시켜야 하므로 이로 인한 기존판매량 감소분의 공헌이익도 증분수익 감소로 고려하여야 한다.

- 특별주문을 수락하는 경우

증분수익	- 증가 : 특별주문가	=	xxx
	- 감소 : 포기된 임대수익	=	(xxx)
	- 감소 : 기존판매량 감소분의 공헌이익	=	(xxx)
증분비용	- 증가 : 증분지출원가(변동원가 등)	=	(xxx)
증분손익			xxx or (xxx)

Guide ▶ 특별주문 수락·거부 의사결정

고려사항	• 특별주문으로 증가되는 수익(특별주문가격)과 변동원가 • 유휴설비능력이 있는 경우 유휴설비의 대체용도를 통한 이익상실분(기회원가) • 유휴설비능력이 없는 경우 기존 정규매출감소로 인한 공헌이익상실분 • 유휴설비능력이 없는 경우 설비능력 확충시 추가적 설비원가 ▶주의 고정원가(FOH, 고정판관비)는 특별주문의 수락여부와 관계없이 일정하게 발생하므로 일반적으로 분석에서 제외하나, 조업도 수준에 따라 증감하는 경우에는 고려함.
주문수락 의사결정	㉠ 유휴설비능력이 존재하는 경우 　　　　□ 증분수익 > 증분원가 ㉡ 유휴설비능력이 존재하고 대체적 용도가 있는 경우 　　　　□ 증분수익 > 증분원가 + 기회원가 ㉢ 유휴설비능력이 존재하지 않는 경우 　　　　□ 증분수익 > 증분원가 + 추가설비원가 + 기존판매량 감소분의 공헌이익

문제 113번 | 의사결정과의 관련성에 따른 원가분류 | 출제구분: 재출제 | 난이도: ★ ☆ ☆ | 정답: ③

- (ㄱ) 기회원가 : 기회원가는 다른 대안의 선택으로 포기해야 하는 가장 큰 효익을 말한다.
  → 즉, 가수가 되기 위해 현재 직장을 포기해야 하므로, 포기해야 하는 현재 직장은 기회원가가 된다.
- (ㄴ) 매몰원가 : 과거 의사결정의 결과로 이미 발생한 원가(역사적원가)로 현재 또는 미래에 회수할 수 없는 원가를 의미하며 새로운 의사결정에 영향을 미치지 않는 비관련원가를 말한다.
  → 즉, 과거 취업을 위한 노력은 매몰원가가 되며, 가수가 되는 의사결정에 영향을 미치지 않는 원가이다.

Guide ▶ 매몰원가와 기회원가

매몰원가 (sunk cost)	• 과거 의사결정의 결과로 이미 발생한 원가로, 의사결정에 영향을 미치지 않는 비관련원가 　예시 구기계 취득원가 100(감가상각누계액 30), 신기계구입 고려중 　　→ 매몰원가 : 취득원가 100 또는 장부금액 70 　　→ 의사결정 : 신기계로 인한 수익창출액이 구입가보다 크면 구입함.
기회원가 (opportunity cost)	• 특정대안의 선택으로 포기해야 하는 가장 큰 효익 　예시 CU편의점과 GS편의점의 시간당 알바수익이 각각 3,000원과 5,000원일 때, 여친과 수다를 떨며 즐겁게 1시간 보내는 경우의 기회원가는 5,000원임 　▶주의 기회원가는 관리적 차원에서 사용되는 원가개념이며, 회계장부에는 실제원가만이 기재되므로 기회원가는 회계장부에 기록되지 않음.

| 문제 114번 | 기회원가의 적용 | 출제구분 | 재출제 | 난이도 | ★ ☆ ☆ | 정답 | ② |

- 기회원가 : 특정대안(200,000원을 들여 재작업한 후 판매하는 경우)의 선택으로 포기해야 하는 효익
  ⇒ 재작업하지 않고 파손된 상태에서 판매하는 경우의 판매가 2,700,000원
- *비교* 과거의 의사결정으로 인하여 이미 발생한 원가로서 의사결정에 영향을 미치지 않는 파손된 제품원가는 매몰원가(sunk cost)이다.

| 문제 115번 | 회수기간법 의사결정 | 출제구분 | 신유형 | 난이도 | ★ ★ ☆ | 정답 | ② |

- 5년이내 210,000원 회수조건 충족여부 검토
  ㉠ 기계A : 5년이내 원가절감액(=회수액)이 220,000(=100,000+50,000+30,000+20,000+20,000)이므로 충족O
  ㉡ 기계B : 5년이내 원가절감액(=회수액)이 250,000(=50,000+50,000+50,000+50,000+50,000)이므로 충족O
- 회수기간 계산

  ㉠ 기계A : $4년 + 1년 \times \dfrac{210,000 - (100,000+50,000+30,000+20,000)}{20,000} = 4.5년$

  ㉡ 기계B : $4년 + 1년 \times \dfrac{210,000 - (50,000+50,000+50,000+50,000)}{50,000} = 4.2년$

∴ 회수기간이 짧은 기계B를 구입하는 의사결정을 한다.

Guide 회수기간법과 회수기간 계산

회수기간법 의의	• 회수기간법은 현금유입으로 투자비용을 회수시 소요기간으로 평가함. □ 회수기간 = 투자액 ÷ 연간현금유입(회수)액
회수기간 계산방법	□ 회수기간 = 기회수연수 + 1년 × $\dfrac{미회수액(=투자액-기회수액)}{당해 회수액}$ 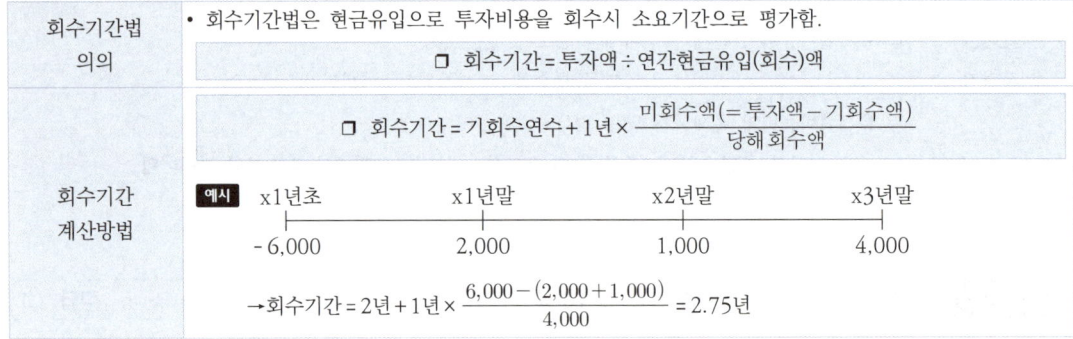 → 회수기간 = $2년 + 1년 \times \dfrac{6,000 - (2,000+1,000)}{4,000} = 2.75년$

| 문제 116번 | 자본예산과 순영업현금흐름 | 출제구분 | 신유형 | 난이도 | ★ ★ ★ | 정답 | ② |

- 순영업현금흐름에 고려할 사항 : 매출액, 현금비용, 감가상각비절세효과, 원가절감액
- 매년 감가상각비 : (50,000,000 - 5,000,000) ÷ 5년 = 9,000,000
- 매년 순영업현금흐름
  - 세후 매출액   : 35,000,000 × (1 - 30%) = 24,500,000
  - 세후 현금영업비용 : 17,000,000 × (1 - 30%) = (11,900,000)
  - 감가상각비 절세효과 :   9,000,000 × 30% = 2,700,000
  -   15,300,000

Guide 자본예산시 투자기간현금흐름(순영업현금흐름)

영업현금흐름	• 매출증가액, 현금비용증가액 등 → 법인세차감후금액을 현금유입·유출 처리
감가상각비 절세효과	• 현금유입 처리 □ 감가상각비 절세효과 : 감가상각비 × 세율
원가절감액	• 투자로 인한 원가절감액을 현금유입 처리 • 원가절감액(비용감소액)으로 인한 증세효과를 현금유출 처리 □ 원가절감액 증세효과 : 원가절감액 × 세율

| 문제 117번 | 현금흐름추정의 기본원칙 | 출제구분 | 재출제 | 난이도 | ★ ☆ ☆ | 정답 | ④ |

- 이자비용은 현금유출이지만 현재가치를 계산할 때 사용되는 할인율(자본비용)을 통해 반영되는 항목이다. 따라서, 현금흐름의 계산에서 이자비용을 계산하고 다시 할인율을 적용하는 것은 이중계산이 되므로, 이자비용이 전혀 없는 상황을 가정하여 현금흐름을 추정해야 한다.

Guide 자본예산시 현금흐름추정의 기본원칙

증분기준	• 투자안의 증분현금흐름(대안간에 차이가 나는 현금흐름)을 사용함. → ∴ 매몰원가 제외
세후기준	• 현금흐름을 파악할 때에는 법인세를 차감한 후의 금액을 기준으로 함.
감가상각비	• 감가상각비는 현금유출이 아니나, 감가상각비의 감세효과(절세효과)는 현금유입 처리함.
이자비용	• 자본비용(할인율)에 반영되어 있으므로 이자비용은 고려하지 않음. → 현금흐름의 계산에서 이자비용을 계산하고 다시 할인율을 적용하는 것은 이중계산이 되므로, 이자비용이 전혀 없는 상황을 가정하여 현금흐름을 추정해야 함.
인플레이션	• 명목현금흐름은 명목할인율로, 실질현금흐름은 실질할인율로 할인해야 함.

문제 118번 | 순현가치법(NPV법)과 내부수익률법(IRR법) | 출제구분: 재출제 | 난이도: ★☆☆ | 정답: ②

- 가치가산의 원칙(value additivity principle) : 상호 독립적인 투자안 A와 B가 있을 때, 두 투자안의 결합순현재가치는 각 투자안의 순현재가치의 합과 같은 것을 말한다. → NPV(A+B) = NPV(A) + NPV(B)
- 가치가산의 원칙이 성립하는 것은 내부수익률법이 아니라 순현재가치법이다.

Guide 순현재가치법(NPV법)의 우월성

순현재가치법(NPV법)	내부수익률법(IRR법)

• 계산이 간단
  - NPV = 현금유입현가 - 현금유출현가
• 자본비용으로 재투자된다고 가정하므로 현실적임.
• 금액으로 투자결정
  - 독립적 : 'NPV > 0'인 투자안 채택
  - 배타적 : NPV가 가장 큰 투자안 채택
• 가치가산원칙(value additivity principle)이 성립
	• 계산이 복잡(IRR이 2개이상도 존재 가능)
	  - IRR : '현금유입현가 = 현금유출현가'가 되는 할인율
	• 내부수익률로 재투자된다고 가정하므로 지나치게 낙관적임.
	• 비율로 투자결정(자본비용=최저필수수익률)
	  - 독립적 : '내부수익률(IRR) > 자본비용'이면 채택
	  - 배타적 : 내부수익률(IRR)이 가장 큰 투자안 채택
	• 가치가산원칙(value additivity principle)이 불성립

문제 119번 | 특별가격결정방법 | 출제구분: 신유형 | 난이도: ★☆☆ | 정답: ③

- 단기간의 이익을 극대화하기 위해서 초기시장진입가격은 높게 설정을 하고, 점진적으로 시장점유율(market share)을 높이기 위해 가격을 내리는 가격정책으로 제품의 가격탄력성이 낮고 시장의 제품생산능력이 한정되어 있는 제품에 적합한 가격정책
  → 상층흡수가격에 대한 설명이다.

Guide 특별가격결정방법

신제품 가격결정	상층흡수가격	• 단기간의 이익을 극대화하기 위해서 초기시장진입가격은 높게 설정을 하고, 점진적으로 시장점유율을 높이기 위해 가격을 내리는 가격정책 → 제품 가격탄력성이 낮고 시장의 제품진입이 한정되어 있는 제품에 적합
	시장침투가격	• 초기에 높은 시장점유율을 얻기 위한 가격정책으로 초기시장진입가격을 낮게 설정하는 것 → 특히 제품의 가격탄력성이 높고, 고정원가의 비율이 높은 제품에 적합
입찰가격		• 공헌이익법이 사용되며, 결정시 경제상황, 경쟁자, 높은 이익률 및 회전율 등도 고려함.
약탈적 가격정책		• 경쟁자를 시장에서 축출하기 위해 일시적으로 가격을 인하하는 정책 → 경쟁자가 없어진 후 다시 가격을 인상하여 이익을 얻기 위한 가격정책임.

| 문제 120번 | 균형성과표의 장점 | 출제구분 | 재출제 | 난이도 | ★ ★ ★ | 정답 | ③ |

• 균형성과표(BSC)는 비재무적 측정치에 대해서는 여전히 객관적인 측정이 어려우며, 정형화된 측정수단을 제공해 주지 못한다는 단점이 있다.

Guide 균형성과표(BSC)의 장점과 단점

장점	• ㉠ 재무적관점에 의한 단기성과와 나머지 세 관점(고객, 기업내부프로세스, 학습과성장)에 의한 장기성과 간의 균형을 이룰 수 있음. ㉡ 기존의 재무적측정치와 고객, 기업내부프로세스, 학습과성장 등의 관점에 의한 비재무적측정치 간의 균형있는 성과평가를 달성할 수 있음. ㉢ 투자수익률 등의 과거노력에 의한 결과측정치와 종업원 교육시간 등과 같이 미래성과를 유발하는 성과동인 간의 균형을 이룰 수 있음. ㉣ 투자수익률, 시장점유율과 같은 재무적관점, 고객관점에 의한 외부적 측정치와 수율, 종업원 만족도 등과 같은 기업내부프로세스관점, 학습과성장관점에 의한 내부측정치 간의 균형을 이룰 수 있음. ㉤ 시장점유율 등의 계량화된 객관적 측정치와 종업원의 능력 등과 같은 주관적 측정치 간의 균형을 이룰 수 있음.
단점	• ㉠ 비재무적 측정치에 대해서는 여전히 객관적인 측정이 어렵다는 단점이 있음. ㉡ 정형화된 측정수단을 제공해 주지 못한다는 단점이 있음.

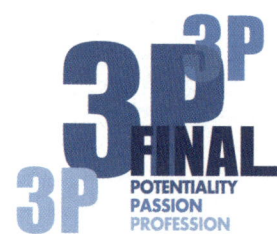

재경관리사 공개기출해설[원가]

Certified Accounting Manager

2021년 9월에 시행된 기출문제에 대한 완벽한 해설을 관련이론(가이드)과 함께 제시하였습니다. 해당 문제는 합본부록을 참고바랍니다.

원가관리회계
공개기출문제해설
[2021년 09월 시행]

SEMOOLICENCE

| 문제 81번 | 원가의 분류방법과 내용 | 출제구분 | 재출제 | 난이도 | ★ ☆ ☆ | 정답 | ③ |

- 원가의 분류

①	원가행태	변동원가	• 조업도의 변동에 따라 총원가가 비례하여 변동하는 원가 예 직접재료원가, 직접노무원가, 동력비(전기요금)
		고정원가	• 조업도의 변동에 관계없이 총원가가 일정한 원가 예 공장 임차료·보험료·재산세·감가상각비
②	추적가능성	직접원가	• 특정원가대상에 직접 추적할 수 있는 원가 예 직접재료원가, 직접노무원가
		간접원가 (공통원가)	• 특정원가대상에 직접 추적이 어려운 원가(여러 원가대상과 관련하여 발생) 예 제조간접원가
③	통제가능성	통제가능원가	• 관리자가 원가발생에 영향을 미칠 수 있는 원가〈성과평가시 고려해야함.〉
		통제불능원가	• 관리자가 원가발생에 영향을 미칠수 없는 원가〈성과평가시는 배제해야함.〉
④	수익대응	제품원가	• 판매시 매출원가로 비용화됨. → 예 제조원가, 공장직원인건비, 공장건물감가상각비
		기간원가	• 발생시 비용처리함. → 예 판관비(광고선전비, 본사직원 인건비, 본사사옥감가상각비) 🔍주의 제품 광고선전비 : 상품이든 제품이든 모두 판관비임.

| 문제 82번 | 기말재공품 추정 | 출제구분 | 기출변형 | 난이도 | ★ ★ ☆ | 정답 | ① |

- 직접재료원가(DM) : 100,000(기초원재료)+1,200,000(당기매입원재료)-300,000(기말원재료)=1,000,000
- 당기총제조원가 : 1,000,000(DM)+2,000,000(DL)+3,800,000(OH)=6,800,000
- 당기제품제조원가 : 6,500,000(매출원가)+900,000(기말제품)-400,000(기초제품)=7,000,000
- 기말재공품 : 600,000(기초재공품)+6,800,000(당기총제조원가)-7,000,000(당기제품제조원가)=400,000

*고속철 실전에서는 다음의 계정에 해당액을 직접 기입하여 대차차액으로 구한다.

기초재공품	600,000	매출원가	6,500,000
기초제품	400,000		
직접재료원가	1,000,000		
직접노무원가	2,000,000	기말재공품	?
제조간접원가	3,800,000	기말제품	900,000

Guide 제조기업의 원가흐름

계정흐름	원재료		재공품		제품	
	기초원재료 당기매입	사용액(DM) 기말원재료	기초재공품 당기총제조원가	당기제품제조원가 기말재공품	기초제품 당기제품제조원가	제품매출원가 기말제품
당기총제조원가	• 직접재료원가(DM)+직접노무원가(DL)+제조간접원가(OH)					
당기제품제조원가	• 기초재공품+당기총제조원가-기말재공품					
제품매출원가	• 기초제품+당기제품제조원가-기말제품					

문제 83번 — 원가배분기준 | 출제구분: 재출제 | 난이도: ★★☆ | 정답: ①

- 품질검사원가를 품질검사시간을 기준으로 배분하는 경우는 부담능력기준이 아니라 인과관계기준의 대표적인 예이다.

Guide 원가배분기준

기준	설명
인과관계기준 (cause and effect criterion)	• 원가대상과 배분대상원가 간의 인과관계에 따라 원가를 배분하는 기준으로 가장 이상적인 원가배분기준임. →예) 품질검사원가를 품질검사시간을 기준으로 배분 　　　공장직원 회식비를 각 부문종업원수에 따라 배분
수혜기준 (benefits received criterion)	• 원가대상이 공통원가로부터 제공받는 경제적효익의 크기에 따라 원가를 배분하는 기준('수익자부담원칙'에 입각한 배분기준임.) →예) 광고선전비를 사업부별 매출액이 아닌 매출증가액을 기준으로 배분
부담능력기준 (ability to bear criterion)	• 원가부담능력(수익창출능력)에 따라 원가를 배분하는 기준 →예) 본사에서 발생하는 각 지점관리와 관련된 공통원가를 각 지점의 매출액을 기준으로 배분
공정성·공평성기준 (fairness and equity criterion)	• 공정성·공평성에 의하여 공통원가를 원가배분대상에 배분해야 한다는 원칙을 강조하는 포괄적인 기준 →예) 정부와의 계약에서 상호 만족할만한 가격설정을 위한 수단으로 주로 사용

문제 84번 — 보조부문원가배분: 단계배분법 | 출제구분: 기출변형 | 난이도: ★★☆ | 정답: ③

- 단계배분법에서는 먼저 배분된 보조부문에는 다른 보조부문원가가 배분되지 않는다.
  →즉, 보조부문 창고부에는 보조부문 전력부가 배분되지 않는다.

	조각부	도료부	창고부	전력부
배분전원가	800,000	400,000	200,000	600,000
창고부	200,000×40%=80,000	200,000×50%=100,000	(200,000)	200,000×10%=20,000
전력부	$620,000 \times \dfrac{30\%}{30\%+50\%} = 232,500$	$620,000 \times \dfrac{50\%}{30\%+50\%} = 387,500$	-	(620,000)
배분후원가	1,112,500	887,500	0	0

- 직접배분법의 경우 보조부문 상호간에 행해지는 용역의 수수를 완전히 무시하고 각 제조부문이 사용한 용역의 상대적인 비율에 따라 각 보조부문 원가가 제조부문에만 배분된다.

→직접배분법을 사용할 경우 괄호4: $600,000 \times \dfrac{50\%}{30\%+50\%} = 375,000$

문제 85번 | 직접재료의 업무흐름(원가흐름) | 출제구분 재출제 | 난이도 ★★☆ | 정답 ④

- 직접재료의 원가흐름

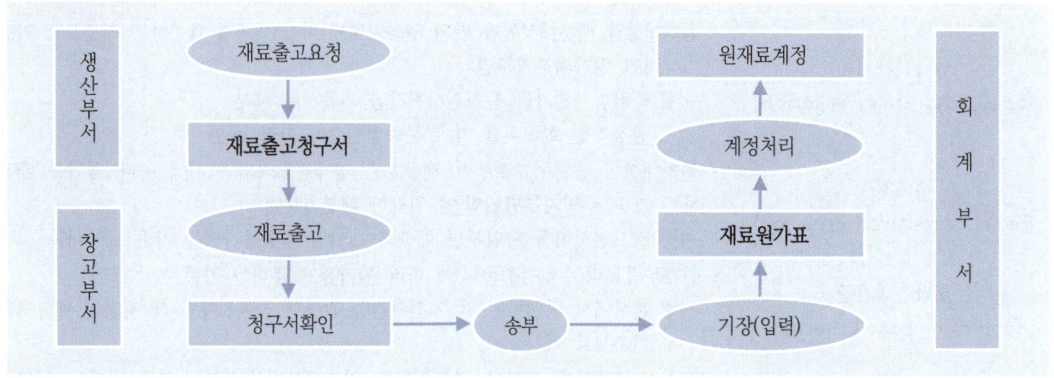

→ 재료출고청구서에 의해 재료출고가 이루어지고 출고된 재료는 재료원가표를 거쳐 계정처리된다.

문제 86번 | 부문별 제조간접원가 배부 | 출제구분 재출제 | 난이도 ★★☆ | 정답 ③

- 제조간접원가배부율(A부문) : $\frac{400,000}{2,000시간} = 200/시간$

  제조간접원가배부율(B부문) : $\frac{800,000}{8,000시간} = 100/시간$

- #1B의 가공원가(DL+OH) : $(20,000+40,000)+(120시간 \times 200 + 240시간 \times 100) = 108,000$

Guide 부문별 제조간접원가 배부방법

공장전체배부	• 공장전체제조간접원가 배부율을 산정하여 배부하는 방법 주의 공장전체제조간접원가 배부율을 사용시는 보조부문원가를 배분할 필요가 없음.
부문별배부	• 각 제조부문별로 배부율을 산정하여 배부하는 방법 →공장전체배부보다 더 정확함.

문제 87번 | 정상개별원가계산 제조간접원가 배부차이 | 출제구분 재출제 | 난이도 ★☆☆ | 정답 ②

- 제조간접원가예정배부율 : $\frac{1,020,000}{400,000시간} = 2.55/시간$

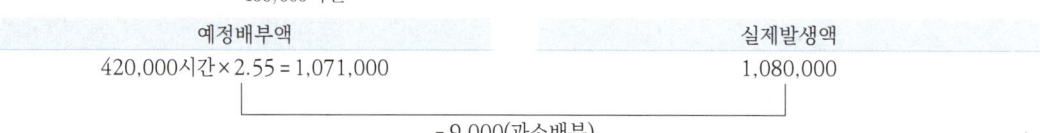

예정배부액: 420,000시간 × 2.55 = 1,071,000   실제발생액: 1,080,000

−9,000(과소배부)

Guide 정상개별원가계산 예정배부

제조간접원가예정배부율	• 제조간접원가예정배부율 = $\frac{제조간접원가\ 예산}{예정조업도}$
예정배부액	• 실제조업도(배부기준의 실제발생량) × 제조간접원가예정배부율

| 문제 88번 | 종합원가계산 특징과 장점 | 출제구분 | 재출제 | 난이도 | ★ ★ ☆ | 정답 | ② |

- ㄴ : 원가의 집계가 개별작업별로 이루어지는 것이 아니라 공정별로 이루어지기 때문에 개별작업별로 작업지시서를 작성할 필요는 없다.
- ㄹ : 원가통제와 성과평가가 개별작업별로 이루어지는 것이 아니라 공정별로 이루어진다.

Guide 종합원가계산 특징과 장점

특징	• 특정기간 동안 특정공정에서 생산된 제품은 원가측면에서 서로가 동일하다고 가정함 → 즉, 제품원가를 평균개념에 의해서 산출함. • 원가의 집계가 개별작업별로 이루어지는 것이 아니라 공정별로 이루어지기 때문에 개별작업별로 작업지시서를 작성할 필요는 없음. • 동일제품을 연속적으로 대량생산하지만 모든 생산공정이 원가계산기간말에 종료되는 것은 아니므로 어떤 공정에 있어서든지 기말시점에는 부분적으로 가공이 완료되지 않은 재공품이 존재하게 됨. • 원가통제와 성과평가가 개별작업별로 이루어지는 것이 아니라 공정별로 이루어 짐.
장점	• 개별원가계산에 비하여 기장절차가 간단하므로 시간과 비용이 절약됨. • 원가관리·통제가 제품별이 아닌 공정이나 부문별로 수행되므로 원가에 대한 책임중심점이 명확해짐.

| 문제 89번 | 종합원가계산과 기말재공품 원가증가 요인 | 출제구분 | 재출제 | 난이도 | ★ ★ ★ | 정답 | ① |

- 기말재공품원가 : <u>완성품환산량</u> × <u>완성품환산량단위당원가</u>
  ⇩　　　　　　⇩
  '물량×완성도'　'$\frac{원가}{총완성품환산량}$'

→ 따라서, 물량이 동일한 경우 ㉠ 완성도가 증가되거나 ㉡ 원가가 증가되면, 기말재공품원가가 증가한다.

- ① 전년도에 비해 노무임률이 상승　　→원가증가
  ② 전년도에 비해 제조간접원가 감소　→원가감소
  ③ 기초보다 기말의 재공품 완성도가 감소　→완성도감소
  ④ 전년도에 비해 판매량이 감소　　→판매량은 원가의 상승요소가 아님.

Guide 종합원가계산 평균법 계산절차

【1단계】	• 물량흐름을 파악 →완성품수량, 기말수량과 완성도
【2단계】	• 원가요소별(전공정비, 재료비, 가공비)로 완성품환산량 계산
【3단계】	• 원가요소별로 기초재공품원가와 당기발생원가를 합한 총원가 계산
【4단계】	• 원가요소별로 완성품환산량단위당원가를 계산 →완성품환산량단위당원가 = 원가요소별총원가÷원가요소별완성품환산량
【5단계】	• 완성품원가와 기말재공품원가 계산 →완성품원가 = 원가요소별완성품환산량×원가요소별환산량단위당원가

| 문제 90번 | 선입선출법 완성품환산량단위당원가 계산 | 출제구분 | 재출제 | 난이도 | ★ ★ ☆ | 정답 | ② |

- 선입선출법

[1단계] 물량흐름   [2단계] 완성품환산량

		재료비	가공비
기초완성	400(50%)	0	400 × (1 - 50%) = 200
당기완성	1,000 - 400 = 600	600	600
기 말	200(80%)	200	200 × 80% = 160
	1,200	800	960

[3단계] 총원가요약

	재료비	가공비
당기발생	2,000,000	3,000,000
	2,000,000	3,000,000

[4단계] 환산량단위당원가(cost/unit)   ÷800   ÷960
                                                        ‖   ‖
                                                      @2,500   @3,125

[5단계] 원가배분
    완성품원가   : 700,000 + 600 × @2,500 + 800 × @3,125 = 4,700,000
    기말재공품원가 : 200 × @2,500 + 160 × @3,125 = 1,000,000

| 문제 91번 | 표준원가계산 일반사항 | 출제구분 | 기출변형 | 난이도 | ★ ☆ ☆ | 정답 | ④ |

- 표준원가는 제품 제조와 관련된 예상원가를 가격표준과 수량표준을 사용하여 사전에 결정한 것이다.
  → 표준원가는 사전에 결정하며, 사후에 결정하지 않는다.

Guide ▶ 표준원가계산의 유용성(목적)

원가관리와 통제	• 표준원가와 실제원가를 비교하여 실제원가가 표준원가 범위 내에서 발생하는지를 파악함으로써 원가통제를 보다 효과적으로 수행할 수 있음. →예외에 의한 관리가 가능 • 차이분석 결과는 경영자에게 보고되며, 그것은 차기 표준·예산설정에 피드백됨.
예산편성(계획)	• 표준원가가 설정되어 있으면 예산을 설정하는데 용이할 수 있음.
재무제표작성	• 표준원가는 과학적이고 통계적인 수치를 이용하기 때문에 재고자산가액과 매출원가 산출 시 근거가 되는 보다 진실한 원가정보를 제공할 수 있다는 장점이 있음.
업무간소화와 신속성	• 표준원가계산에서는 단위당표준원가가 설정되어 있기 때문에 원가흐름에 대한 가정이 필요 없으며 단지 물량만 파악하면 되므로 원가계산이 신속하고 간편해 짐. →제품완성과 동시에 원가를 계산할 수 있음.

문제 92번 | 직접재료원가 구입가격차이와 SP추정 | 출제구분: 재출제 | 난이도: ★★★ | 정답: ③

- AP(단위당 실제구입가격) = 200
- AQ'(구입량) 추정[원재료계정]

기초원재료	145,000	투입액(사용액)	400,000
구입액(AQ'×AP)	?	기말원재료	160,000

→ 구입액(AQ'×AP) = 415,000
→ AP = 200이므로, 구입량(AQ') = 2,075단위

- SP(단위당 표준원가) 계산

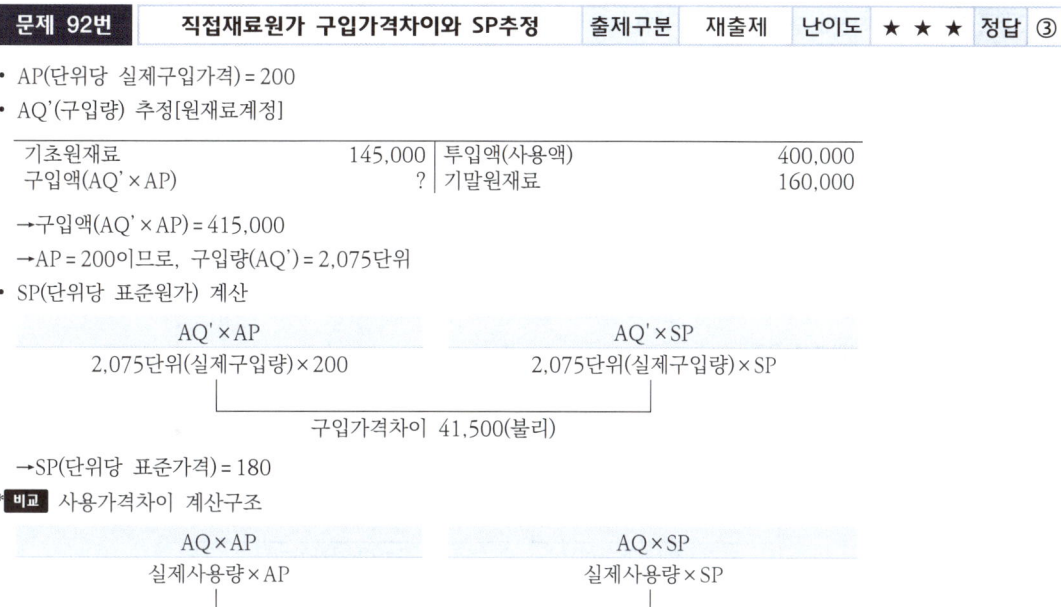

→ SP(단위당 표준가격) = 180

* 비교 사용가격차이 계산구조

```
       AQ×AP                    AQ×SP
   실제사용량×AP             실제사용량×SP
       └──────── 사용가격차이 ────────┘
```

문제 93번 | 직접노무원가 능률차이 발생원인 | 출제구분: 신유형 | 난이도: ★★★ | 정답: ④

- 작업량 증가에 따른 초과근무 수당이 지급될 경우 시간당임률이 증가되어('AP>SP') 직접노무원가 가격차이가 발생할 수 있다.

Guide 직접노무원가 차이의 발생원인

가격차이 발생원인	• ㉠ 생산에 투입되는 노동력의 질에 따라 발생할 수 있음. →㈎ 저임률의 비숙련노동자가 투입되어도 될 작업에 고임률의 숙련노동자를 투입할 경우 ㉡ 생산부문에서 작업량의 증가에 따라 초과근무수당을 지급할 경우 ㉢ 노사협상 등에 의하여 임금이 상승할 경우
능률차이 발생원인	• ㉠ 노동의 비능률적인 사용으로 인하여 발생할 수 있음. →㈎ 기술수준이 높은 근로자에 비해 기술수준이 낮은 근로자는 작업수행에 보다 많은 시간을 필요로 할 것이므로 능률차이가 발생하게 됨. ㉡ 생산에 투입되는 원재료의 품질정도에 따라 투입되는 노동시간이 영향을 받으므로 이에 의해서도 발생할 수 있음. ㉢ 생산부문 책임자의 감독소홀이나 일정계획 등의 차질로 인하여 발생할 수 있음.

문제 94번 | 직접노무원가 차이분석과 AQ 추정 | 출제구분: 재출제 | 난이도: ★★★ | 정답: ②

- 직접노무원가 차이분석

AQ×AP	AQ×SP	SQ×SP
5,000,000	X	(10,000단위×10시간)×SP

가격차이 −720,000(유리) 능률차이 520,000(불리)

- 5,000,000 − X = −720,000 에서, X = 5,720,000
- 5,720,000 − (10,000단위×10시간)×SP = 520,000 에서, SP = 52
- AQ×52 = 5,720,000 에서, AQ = 110,000시간

Guide ▶ 직접노무원가 차이분석 구조

기호정의	• AQ : 실제투입시간, AP : 실제가격, SQ : 실제생산량에 허용된 표준시간, SP : 표준가격
DL 차이분석	실제 / 변동예산 / 제품원가계산(배부) AQ×AP　　　AQ×SP　　　SQ×SP 〈실제원가〉　〈실제투입시간의 표준원가〉　〈실제생산량에 허용된 표준투입시간의 표준원가〉 　　　가격차이(임률차이)　　　능률차이(시간차이) → (+)이면 불리한차이, (−)이면 유리한차이

문제 95번 | 변동제조간접원가 차이분석 | 출제구분: 재출제 | 난이도: ★★☆ | 정답: ④

- 변동제조간접원가(VOH) 실제발생액 : 15,000(OH실제발생액) − 7,200(FOH실제발생액) = 7,800
- A = 3,500시간, v = 2.5

실제발생액	$v×A$
7,800	2.5×3,500시간

예산차이(소비차이) −950(유리)

Guide ▶ 변동제조간접원가 차이분석 구조

기호정의	• N : 기준조업도, V : VOH예산, v : VOH배부율($=\dfrac{V}{N}$) 　S : 실제생산량에 허용된 표준조업도, A : 실제조업도
VOH 차이분석	실제　　　　　　　변동예산　　　　　　　제품원가계산(배부) 실제발생액　　　　$v×A$　　　　　　　　$v×S$ 〈실제원가〉　〈실제조업도기준 변동제조간접원가 예산〉　〈실제생산량에 허용된 변동제조간접원가 예산〉 　　　예산차이(소비차이)　　　능률차이 → (+)이면 불리한차이, (−)이면 유리한차이

| 문제 96번 | 초변동원가계산 제조원가(재고자산가액) | 출제구분 | **기출변형** | 난이도 | ★ ☆ ☆ | 정답 | ① |

- 초변동원가계산 현금창출(재료처리량)공헌이익 : 매출액 - 직접재료원가(DM)
  초변동원가계산 영업이익 : 현금창출(재료처리량)공헌이익 - 운영비용(DL,VOH,FOH,판관비)
- 초변동원가계산은 직접노무원가(DL), 변동제조간접원가(VOH), 고정제조간접원가(FOH)를 모두 비용(운영비용) 처리하므로, 변동원가계산과 마찬가지로 원가회피개념에 근거를 두고 있다.

| 문제 97번 | 전부·변동원가계산 제조원가/기말재고/이익 | 출제구분 | 재출제 | 난이도 | ★ ★ ★ | 정답 | ④ |

- 전부원가계산에서는 고정제조간접원가(FOH)도 제조원가로 처리한다. →변동원가계산은 기간비용으로 처리
- 물량흐름(제품계정) : 당기에 영업을 개시하였으므로 기초제품재고는 없다.

| 기초제품재고 | 0단위 | 판매량 | 9,500단위 |
| 생산량 | 10,000단위 | 기말제품재고 | 500단위 |

- 단위당제조원가, 기말제품재고, 영업이익(당기순이익) 비교

	전부원가계산	변동원가계산
단위당제조원가	$1,000+400+200+\dfrac{1,200,000}{10,000단위}=@1,720$	$1,000+400+200=@1,600$
기말제품재고	500단위×1,720=860,000	500단위×1,600=800,000
영업이익(당기순이익)	9,500단위×(@2,000-@1,720-@100)-400,000 =1,310,000	9,500단위×(@2,000-@1,600-@100)-400,000 -1,200,000=1,250,000

| 문제 98번 | 전부·변동원가계산 일반사항 | 출제구분 | 재출제 | 난이도 | ★ ★ ☆ | 정답 | ② |

- ① 기업회계기준은 외부보고용으로 전부원가계산을 인정한다.
  ② 기초재고자산이 없고 생산량과 판매량이 동일하다면, 변동원가계산과 전부원가계산 모두 고정제조간접원가(FOH)가 전액 비용화되므로 순이익은 같게 된다.

전부원가계산	변동원가계산
• 매출액 (-)매출원가(DM+DL+VOH+FOH) 매출총이익 (-)판관비(변동+고정) 영업이익	• 매출액 (-)매출원가(DM+DL+VOH) (-)변동판관비 공헌이익 (-)FOH+고정판관비 영업이익

③ 원가계산방법은 다음과 같이 결합되어 다양한 방법이 가능하다.(예) 표준전부원가계산, 표준변동원가계산)

제품원가의 구성요소(원가구성)	원가요소의 실제성여부(원가측정)	생산형태(제품의 성격)
전부원가계산 변동원가계산	실제원가계산 정상원가계산 표준원가계산	개별원가계산 종합원가계산

④ 변동원가계산에서의 제품원가는 직접재료원가(DM), 직접노무원가(DL), 변동제조간접원가(VOH)로 구성되며, 변동판매비와관리비는 제품원가로 인식되지 않는다.(비용처리함.)

문제 99번 | 변동원가계산 영업이익 계산 | 출제구분: 기출변형 | 난이도: ★☆☆ | 정답: ②

- 영업이익 : 매출액(1,500단위×1,800) - 변동원가[1,500단위×(300+250+150+200)] - 고정원가(300,000+200,000) = 850,000

Guide 전부원가계산·변동원가계산·초변동원가계산 영업이익 계산 비교

전부원가계산	변동원가계산	초변동원가계산
• 매출액 (-)매출원가(DM+DL+VOH+FOH) 매출총이익 (-)판관비(변동+고정) 영업이익	• 매출액 (-)매출원가(DM+DL+VOH) (-)변동판관비 공헌이익 (-)FOH+고정판관비 영업이익	• 매출액 (-)제품수준변동원가(DM) 재료처리량(현금창출)공헌이익 (-)운영비용(DL+VOH+FOH+판관비) 영업이익

문제 100번 | 전부·변동원가계산 차이조정 | 출제구분: 재출제 | 난이도: ★★☆ | 정답: ④

- 계정흐름(3월에 영업을 시작하였으므로 3월 기초재고는 없다.)

3월				4월			
기초	0단위	판매량	7,000단위	기초	1,000단위	판매량	10,000단위
생산량	8,000단위	기말	1,000단위	생산량	9,000단위	기말	0단위

→ ㉠ 3월 생산량과 4월 기초재고의 단위당 FOH : $\frac{1,600,000}{8,000단위}$ = @200

㉡ 4월 생산량의 단위당 FOH : $\frac{1,620,000}{9,000단위}$ = @180

- 전부원가계산 영업이익(4월)　　　　　　　　　　1,200,000
  (+) 기초에 포함된 고정제조간접원가(FOH)　1,000단위×@200
  (-) 기말에 포함된 고정제조간접원가(FOH)　　　　　　　0
  변동원가계산 영업이익(4월)　　　　　　　　　　　　　A

∴ A(변동원가계산 영업이익) : 1,200,000 + 1,000단위×@200 - 0 = 1,400,000

Guide 전부·변동·초변동원가계산 영업이익 차이조정

전부원가계산에 의한 영업이익	전부원가계산에 의한 영업이익	변동원가계산에 의한 영업이익
(+) 기초재공품,제품에 포함된 FOH (-) 기말재공품,제품에 포함된 FOH	(+) 기초재공품,제품에 포함된 DL,VOH,FOH (-) 기말재공품,제품에 포함된 DL,VOH,FOH	(+) 기초재공품,제품에 포함된 DL,VOH (-) 기말재공품,제품에 포함된 DL,VOH
변동원가계산에 의한 영업이익	초변동원가계산에 의한 영업이익	초변동원가계산에 의한 영업이익

| 문제 101번 | 활동기준원가계산(ABC)의 특징 | 출제구분 | 재출제 | 난이도 | ★ ☆ ☆ | 정답 | ④ |

- ① 활동기준원가계산(ABC)은 기업의 기능을 여러 가지 활동으로 구분하여 분석하며 각 활동별로 제조간접원가를 집계하고 활동별 원가동인(배부기준)을 결정하므로 전통적인 원가계산제도 보다 더 다양한 원가동인 요소를 고려한다.
- ② 활동기준원가계산(ABC)은 제품원가를 계산하기 위해 활동을 분석하는 과정에서 부가가치활동(value added activity)과 비부가가치활동(non-value added activity)을 구분하여 비부가가치활동을 제거하거나 감소시킴으로써 생산시간을 단축할 수도 있고 활동별로 원가를 관리함으로써 상대적으로 많은 원가를 발생시키는 활동들을 줄여나갈 수 있기 때문에 원가절감이 가능하므로 원가통제를 보다 효과적으로 수행할 수 있다.
- ③ 현대의 다품종 소량생산체제하에서는 빈번한 구매주문, 작업준비, 품질검사 등으로 인한 제조간접원가의 발생이 점점 증가하고 있으나 전통적 원가계산제도는 이들 활동이 원가에 미치는 영향을 무시하고 단순히 직접노무원가, 직접노동시간, 기계시간 등 단일조업도(배부기준)를 기준으로 제조간접원가를 제품에 배부함으로써 원가왜곡현상이 발생하는 문제점이 있다. 활동기준원가계산(ABC)은 이러한 원가왜곡현상을 극복함으로써 적정한 가격설정을 가능하게 한다.
- ④ 활동기준원가계산(ABC)은 제조간접원가를 활동별로 배부하는 것일 뿐 개별원가계산, 종합원가계산과 독립된 원가계산 방법이 아니다. 즉, ABC는 개별원가계산, 종합원가계산에 모두 사용가능하다.

| 문제 102번 | 공헌이익률 계산 | 출제구분 | 재출제 | 난이도 | ★ ☆ ☆ | 정답 | ③ |

- 단위당공헌이익 : 400(단위당판매가격) - [150(단위당변동제조원가) + 130(단위당변동판매비)] = 120
- 공헌이익률 : $\dfrac{120(단위당공헌이익)}{400(단위당판매가격)}$ = 30%

Guide 공헌이익률과 변동비율 산식 정리

공헌이익률	☐ 공헌이익률 = $\dfrac{총공헌이익}{매출액}$ = $\dfrac{단위당공헌이익}{단위당판매가격}$ • 총공헌이익 = 단위당공헌이익 × 판매량 = 공헌이익률 × 매출액 • 영업이익 = 단위당공헌이익 × 판매량 - 고정비 = 공헌이익률 × 매출액 - 고정비
변동비율	☐ 변동비율 = $\dfrac{변동비}{매출액}$ = $\dfrac{단위당변동비}{단위당판매가격}$ • 변동비 = 단위당변동비 × 판매량 = 변동비율 × 매출액 • 공헌이익률 + 변동비율 = $\dfrac{총공헌이익}{매출액}$ + $\dfrac{변동비}{매출액}$ = $\dfrac{매출액 - 변동비}{매출액}$ + $\dfrac{변동비}{매출액}$ = 1

문제 103번 — 증분분석과 의사결정 (출제구분: 신유형, 난이도: ★★☆, 정답: ①)

- 직영운영시 연간 변동원가 : 50,000,000(매출액)×60%(변동비율) = 30,000,000
- 임대운영하는 경우
  - 증분수익 - 증가 : 임대수익 1,200,000×12개월 = 14,400,000
  - 증분수익 - 감소 : 공헌이익 50,000,000(매출액) - 30,000,000(변동원가) = (20,000,000)
  - 증분비용 - 감소 : 회피가능고정원가 10,000,000×(1 - 50%) = 5,000,000
  - 증분손익 (600,000)

∴ 임대운영의 경우 증분손실 600,000원이 발생한다.
→ 역으로, 직영운영시 증분이익 600,000원이 발생한다.(즉, 직영운영시 600,000원 유리하다.)

문제 104번 — CVP도표의 비용선 분석 (출제구분: 신유형, 난이도: ★★★, 정답: ③)

- 비용선의 원가함수 : $Y(\text{총원가}) = a(\text{고정원가}) + b \times X(\text{판매량})$

  → 비용선의 기울기(b) = 단위당변동원가 ($\frac{\text{변동원가}}{\text{판매량}}$)

- ㉠ 단위당변동원가 : 비용선의 어느 점에서든 b(비용선의 기울기)로 동일하다.
- ㉡ 단위당고정원가 : '$\frac{\text{고정원가}}{\text{판매량}}$', 이며, 고정원가는 일정하므로 판매량이 작은 A가 더 크다.

Guide ▶ CVP도표의 기울기

	수익선의 기울기	매출액÷판매량 ⇒ 단위당판매가격
X축이 판매량(조업도)인 경우	비용선의 기울기	변동원가÷판매량 ⇒ 단위당변동원가
X축이 매출액인 경우	수익선의 기울기	매출액÷매출액 ⇒ 1
	비용선의 기울기	변동원가÷매출액 ⇒ 변동비율

문제 105번 — 목표이익을 위한 판매량 (출제구분: 재출제, 난이도: ★★☆, 정답: ③)

- 단위당변동원가 : 90(단위당DM)+60(단위당DL)+70(단위당VOH)+30(단위당변동판관비) = 250
- 단위당공헌이익 : 500(단위당판매가격) - 250(단위당변동원가) = 250
- 목표이익 700,000원을 위한 판매량 : $\frac{800,000(\text{고정원가}) + 700,000(\text{목표이익})}{250(\text{단위당공헌이익})}$ = 6,000단위

★**저자주** 문제의 명확한 성립을 위해 누락된 단서인 '단, 법인세는 없다고 가정한다.'를 추가하기 바랍니다.

Guide ▶ 목표이익분석 산식 정리[법인세를 고려하지 않는 경우]

판매량	매출액
• 단위당공헌이익 × 판매량 = 고정원가 + 목표이익	• 공헌이익률 × 매출액 = 고정원가 + 목표이익
□ 목표이익을 위한 판매량 = $\frac{\text{고정원가} + \text{목표이익}}{\text{단위당공헌이익}}$	□ 목표이익을 위한 매출액 = $\frac{\text{고정원가} + \text{목표이익}}{\text{공헌이익률}}$

| 문제 106번 | 고정예산의 특징 | 출제구분 신유형 | 난이도 ★★☆ | 정답 ① |

- ① 고정예산은 특정조업도를 기준으로 하여 사전에 수립되는 단일 예산이다.
  → 변동예산은 일정 범위의 조업도 변동에 따라 사후에 조정되어 작성되는 예산이다.
- ② 고정예산은 특정기간 동안의 조업도의 변화여부를 고려하지 않고 하나의 조업도수준을 기준으로 편성하는 예산이다.
- ③ 고정예산은 예산설정 기간에 예상된 특정조업도의 목표달성 정도에 대한 정보만 제공할 뿐 특정산출량에 대하여 사용된 투입량의 정도에 대한 정보를 제공하지 못한다.
- ④ 사전에 계획된 목표의 달성정도는 물론 특정산출량에 대하여 사용된 투입량 정도에 관한 정보도 제공하므로 경영관리적 측면에서 성과평가 및 통제에 유용한 것은 변동예산이다.

Guide 고정예산과 변동예산

고정예산 (static budget)	• 특정조업도를 기준으로 하여 사전에 수립되는 단일 예산 → 특정기간 동안의 조업도(생산량)의 변화여부를 고려하지 않고 하나의 조업도수준을 기준으로 편성하는 예산 → 실제 결과는 사전에 수립된 조업도 수준에서의 예산과 비교됨. • 예산설정 기간에 예상된 특정조업도의 목표달성 정도에 대한 정보만 제공할 뿐 특정산출량에 대하여 사용된 투입량의 정도에 대한 정보를 제공하지 못함. • 통제를 위한 정보로서는 부적합하며, 경영관리적 측면에서도 큰 의미를 갖지 못함.
변동예산 (flexible budget)	• 일정 범위의 조업도 변동에 따라 사후에 조정되어 작성되는 예산 → 실제원가를 실제조업도수준의 예산원가와 비교함. • 사전에 계획된 목표의 달성정도는 물론 특정산출량에 대하여 사용된 투입량 정도에 관한 정보도 제공함. • 경영관리적 측면에서 성과평가 및 통제에 유용함. • 고정예산은 총액 개념이고, 변동예산은 단위당 개념으로 구분할 수 있음. • 변동예산과 고정예산은 동일하게 변동원가와 고정원가 모두를 고려하여 편성함. 예시 실제생산량이 2,500단위, 실제 단위당원가가 @10인 경우 　　　　실제　　　　　　변동예산　　　　　고정예산 　　　2,500단위　　　　 2,500단위　　　　 2,000단위 　　2,500단위×@10　 2,500단위×@15　 2,000단위×@15 　　　　└──비교(변동예산)──┘ 　　　　└─────────비교(고정예산)─────────┘

문제 107번 | 투자수익률(ROI)와 잔여이익(RI)의 비교 | 출제구분: 재출제 | 난이도: ★★☆ | 정답: ③

- ① 잔여이익[= 영업이익 - 영업자산(투자액) × 최저필수수익률]은 금액, 투자수익률[= 영업이익÷영업자산(투자액)]은 비율에 의하므로 채택되는 투자안이 상이할 수 있다.
  → 즉, 투자수익률(ROI)에서는 채택되어도 잔여이익(RI)에서는 기각 가능
- ② 투자수익률이 갖고 있는 준최적화(= 회사전체 최저필수수익률을 상회하는 좋은 투자안이 개별투자중심점의 투자수익률 보다 낮기 때문에 투자가 포기되어 회사전체이익에 불리한 의사결정이 이루어지는 것)의 문제점은 잔여이익으로 해결 가능하다.
  → 즉, 투자수익률이 갖는 준최적화의 문제점을 극복하기 위해 잔여이익이 출현하였다.
- ④ 투자수익률법은 비율에 의하므로 투자규모가 서로 다른 투자안에 대한 성과평가 및 비교에 유용하다는 장점이 있는 반면, 잔여이익은 투자규모가 서로 다른 투자안에 대한 성과평가시 상호 비교하기가 어렵다는 문제점이 있다.

문제 108번 | 변동예산의 편성과 총원가 | 출제구분: 신유형 | 난이도: ★★★ | 정답: ②

- 변동예산은 실제조업도를 기준으로 사후에 편성되는 예산이다.
  → 주의 고정원가(FOH,고정판관비)는 변동예산·고정예산이 동일한 금액으로 작성된다.
- 20x1년 연간예산(고정예산)의 단위당원가 계산
  - 직접재료비 : 36,000,000÷12,000개 = @3,000
  - 직접노무비 : 12,000,000÷12,000개 = @1,000
  - 변동제조간접비 : 36,000,000÷12,000개 = @3,000
- 성과보고서(관리적 목적을 위한 변동원가계산 손익계산서)

		실제	변동예산	고정예산
	매출액	?	?	?
변동비	직접재료비	32,000,000	10,000개×@3,000 = 30,000,000	12,000개×@3,000 = 36,000,000
	직접노무비	10,000,000	10,000개×@1,000 = 10,000,000	12,000개×@1,000 = 12,000,000
	변동제조간접비	31,000,000	10,000개×@3,000 = 30,000,000	12,000개×@3,000 = 36,000,000
	변동판매관리비	-	-	-
	공헌이익	?	?	?
고정비	고정제조간접비	5,500,000	6,000,000	6,000,000
	고정판매관리비	-	-	-
	영업이익	?	?	?

→실제와 변동예산 비교 : 실제원가를 실제조업도수준의 예산원가와 비교하여 관리한다.
→실제와 고정예산 비교 : 실제결과를 사전수립된 조업도수준의 예산과 비교하여 목표달성 여부를 판단한다.
∴변동예산제도를 사용할 때 총원가 합계 : 30,000,000 + 10,000,000 + 30,000,000 + 6,000,000 = 76,000,000

문제 109번 | 매출배합차이와 매출수량차이 | 출제구분 재출제 | 난이도 ★★★ | 정답 ①

- 매출조업도차이 분해

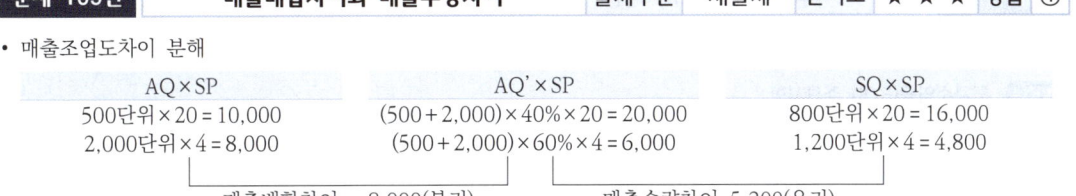

AQ×SP	AQ'×SP	SQ×SP
500단위 × 20 = 10,000	(500+2,000) × 40% × 20 = 20,000	800단위 × 20 = 16,000
2,000단위 × 4 = 8,000	(500+2,000) × 60% × 4 = 6,000	1,200단위 × 4 = 4,800

매출배합차이 −8,000(불리)   매출수량차이 5,200(유리)

Guide 매출배합차이와 매출수량차이 계산

기호정의	• AQ : 실제판매량, AP : 단위당실제판매가격, SQ : 예산판매량, SP : 단위당예산공헌이익
매출조업도차이 분해	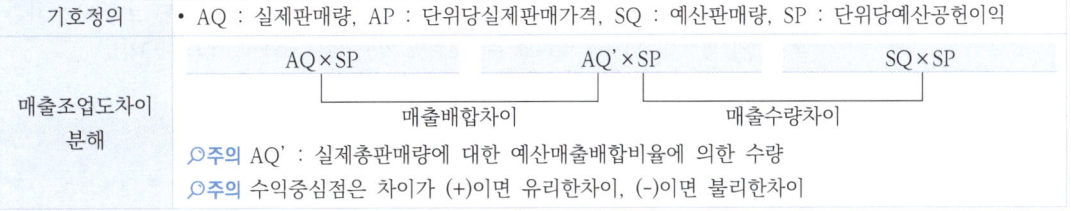 ○주의 AQ' : 실제총판매량에 대한 예산매출배합비율에 의한 수량 ○주의 수익중심점은 차이가 (+)이면 유리한차이, (−)이면 불리한차이

문제 110번 | 가중평균자본비용 계산 | 출제구분 재출제 | 난이도 ★☆☆ | 정답 ③

- 법인세를 고려하지 않으므로, 가중평균자본비용 = $\dfrac{20억원 \times 8\% + 30억원 \times 15\%}{20억원 + 30억원}$ = 12.2%

Guide 경제적부가가치(EVA) 계산

특징	• 타인자본비용(이자비용)뿐 아니라 자기자본비용(배당금)도 비용으로 고려하는 성과지표임. ○주의 ∴EVA는 I/S상 순이익보다 낮음. ○주의 EVA는 비재무적측정치는 고려하지 않음.
계산	☐ EVA = 세후영업이익 − 투하자본(투자액) × 가중평균자본비용 • 가중평균자본비용 = $\dfrac{부채의시장가치 \times 부채이자율(1-t) + 자본의시장가치 \times 자기자본비용(\%)}{부채의시장가치 + 자본의시장가치}$ • 투하자본 = (총자산 − 유동부채) →투하자본 계산시 비영업자산은 제외 →유동부채 계산시 영업부채가 아닌 이자발생부채인 단기차입금·유동성장기차입금 제외

문제 111번   투자수익률(ROI) 계산   출제구분: 기출변형   난이도: ★☆☆   정답: ②

- 투자수익률(ROI) : 영업이익(100,000,000 × 20% - 10,000,000) ÷ 투자액(50,000,000) = 20%

Guide ▶ 투자수익률(ROI) 주요사항

ROI 계산	□ 투자수익률(ROI) = $\dfrac{\text{영업이익}}{\text{영업자산(투자액)}}$ = $\dfrac{\text{영업이익}}{\text{매출액}} \times \dfrac{\text{매출액}}{\text{영업자산}}$ = 매출액영업이익률 × 자산회전율
장점	• 비율로 표시되므로 투자규모가 서로 다른 투자중심점간의 성과평가 및 비교에 유용
단점	• 준최적화현상이 발생함. →회사전체 최저필수수익률을 상회하는 좋은 투자안이 개별투자중심점의 투자수익률 보다 낮기 때문에 투자가 포기되어 회사전체이익에 불리한 의사결정이 이루어짐.('잔여이익'으로 해결가능) • 회계적이익에 기초하므로 성과평가와 의사결정(현금흐름에 기초)의 일관성이 결여 • 화폐의 시간가치를 고려하지 않음.(단기적 성과 강조)
증대방안	• 매출액증대와 원가의 감소, 진부화된 투자자산의 처분(감소)

문제 112번   의사결정시 원가용어   출제구분: 재출제   난이도: ★☆☆   정답: ①

- 과거원가이거나 대안 간에 차이가 나지 않는 미래원가는 관련원가가 아니라 비관련원가의 정의이다.

Guide ▶ 의사결정시 필요한 원가용어와 정의

의사결정 관련성	관련원가	• 대안간에 차이가 나는 미래원가〈의사결정과 관련O〉
	비관련원가	• 과거원가이거나 대안 간에 차이가 나지 않는 미래원가〈의사결정과 관련X〉
실제지출유무	지출원가	• 미래에 현금 등의 지출을 수반하는 원가(실제지출O)
	기회원가	• 자원을 현재 용도 이외의 다른 용도에 사용할 경우 얻을 수 있는 최대금액(실제지출X)〈관련원가〉
발생시점	매몰원가	• 과거 발생한 역사적 원가로서 현재·미래에 회수불가한 원가〈비관련원가〉
	미래원가	• 미래에 발생할 원가
회피가능성	회피가능원가	• 의사결정에 따라 절약할 수 있는(피할 수 있는) 원가〈관련원가〉
	회피불능원가	• 특정대안을 선택하는 것과 관계없이 동일하게 발생하는 원가〈비관련원가〉

문제 113번   자가제조·외부구입시 비재무적정보   출제구분: 기출변형   난이도: ★★☆   정답: ④

- 부품을 자가제조 할 경우 제품에 특별한 지식이나 기술이 요구될 때 품질을 유지하기 위한 관리가 별도로 필요하게 되는 단점이 있다.

Guide ▶ 자가제조·외부구입시 비재무적 정보

고려해야할 비재무적 정보	• 자가제조의 경우는 부품 공급업자에 대한 의존도를 줄일 수 있으며, 품질관리를 보다 쉽게 할 수 있다는 장점이 있음. • 자가제조의 경우는 공급업자에 대한 의존도를 줄임으로써 공급업자와의 관계를 상실하여 향후에 급격한 주문의 증가로 회사의 생산능력이 초과할 때 제품을 외부구입하기가 쉽지 않을 수 있음. (별도의 추가적 시설투자가 필요하므로 많은 비용이 발생하는 단점이 있음.) • 제품에 특별한 지식·기술이 요구될 때 자가제조를 하며 품질을 유지하기가 쉽지 않을 수 있음.

문제 114번 | 추가가공여부 의사결정 | 출제구분 재출제 | 난이도 ★★☆ | 정답 ③

- 개조한 후 판매의 경우
  증분수익 - 증가 : 500벌 × (@50,000 - @25,000) = 12,500,000
  증분비용 - 증가 : 추가공원가 = (11,000,000)
  증분손익   1,500,000
  → ∴ 개조하여 판매하는 경우(추가가공하는 경우) 1,500,000원의 증분이익이 발생하므로 개조하여 판매한다.

참고 총액접근법

그대로 처분하는 경우	개조한 후 판매의 경우	
매출 : 500벌 × 25,000 = 12,500,000	매출 : 500벌 × 50,000 = 25,000,000	→ 증분수익 12,500,000
원가 : 45,000,000	원가 : 45,000,000 + 11,000,000 = 56,000,000	→ 증분비용 11,000,000
△32,500,000	△31,000,000	→ 증분이익 1,500,000

- ① 그대로 한 벌당 25,000원에 처분하면 32,500,000원의 손실이 발생하긴 하나, 제품을 그대로 보유하고 있는 선택의 경우는 총제조원가(45,000,000원)만큼 손실을 보므로 처분이나 개조후 판매를 통해 손실을 줄이는게 낫다.
- ② 개조하여 판매하면 그대로 처분하는 경우에 비해 1,500,000원의 추가적인 이익이 발생한다.
- ④ 11,000,000원의 추가비용을 지출하여 의류 한 벌당 50,000원에 판매하는 것이 가장 유리하다.

문제 115번 | 자가제조·외부구입 의사결정시 고려사항 | 출제구분 재출제 | 난이도 ★★☆ | 정답 ②

- ① 당해 의사결정에 따라 회피가능한 고정원가는 관련원가이다.
- ③ 고정원가가 당해 의사결정과 관계없이 계속 발생한다면 고정원가는 비관련원가이다.
- ④ 회피가능원가(변동원가, 회피가능고정원가 등)가 외부구입원가보다 큰 경우에는 외부구입하는 것이 바람직하다.

Guide 자가제조·외부구입 의사결정

고려사항	• 자가제조시 관련원가와 외부구입가격을 고려 　**주의** 자가제조시 증감하는 고정원가도 관련원가이므로 이도 고려함. 　　→ 예 자가제조시 추가 고용 감독자급료 • 외부구입시 다음을 고려함. 　㉠ 기존설비 임대가 가능한 경우 : 임대수익을 고려 　㉡ 기존설비로 다른 제품 생산시 : 관련수익과 변동원가를 고려(=다른 제품 공헌이익) 　㉢ 회피가능고정원가는 관련원가, 회피불능고정원가는 비관련원가임.
외부구입 의사결정	㉠ 기존설비의 대체용도가 있는 경우 　□ 증분수익(변동원가 + 회피가능고정원가 + 기회원가) > 증분비용(외부구입원가) ㉡ 기존설비의 대체용도가 없는 경우 　□ 증분수익(변동원가 + 회피가능고정원가) > 증분비용(외부구입원가)

문제 116번 | 제품라인 유지·폐지 의사결정 | 출제구분: 신유형 | 난이도: ★★☆ | 정답: ③

- A제품라인을 폐지하는 경우

증분수익	- 증가 : 임대수익	= 300,000
	- 감소 : 공헌이익	= (400,000)
증분비용	- 감소 : 회피가능고정원가	= 400,000
증분손익		300,000

Guide 제품라인 유지·폐지 의사결정

고려사항	• 회사전체의 이익에 미치는 영향을 기준으로 폐지여부를 결정함. →제품라인의 유지·폐지 문제에서는 제품라인 자체의 이익을 고려하여 결정하는 것이 아니라, 기업 전체적인 입장(goal congruence)에서 전체 이익에 미치는 영향을 분석해야 함. • 폐지로 인한 회피가능고정비 존재시 이 또한 고려함. →제품라인을 폐지할 경우 매출액과 변동원가는 사라지지만 고정원가는 회피가능고정원가와 회피불가능고정원가로 나눌 수 있기 때문임.
제품라인폐지 의사결정	☐ 제품라인의 공헌이익 < (회피가능고정원가 + 기회원가)

문제 117번 | 회계적이익률법(ARR)의 장·단점 | 출제구분: 신유형 | 난이도: ★☆☆ | 정답: ②

- ① 화폐의 시간가치가 무시된다.
  ③ 목표수익률을 설정하는 데 자의적인 판단이 개입된다.
  ④ 투자안에 대한 현금흐름이 아닌 회계적 이익에 기초하고 있다.

Guide 회계적이익률법(ARR법)

회계적이익률	최초투자액기준 APR	평균투자액기준 APR
	$\dfrac{\text{연평균순이익}}{\text{최초투자액}}$	$\dfrac{\text{연평균순이익}}{\text{연평균투자액}\left(=\dfrac{\text{최초투자액}+\text{잔존가치}}{2}\right)}$

🔍주의 현금흐름표에서 '영업현금흐름 = 순이익 + 감가상각비'이므로
→ ∴순이익 = 영업현금흐름 - 감가상각비

의사결정	상호독립적 투자안	• '투자안의 ARR > 목표ARR'이면 채택
	상호배타적 투자안	• ARR이 가장 큰 투자안 채택
장점	• ㉠ 계산이 간편하고 이해하기가 용이하며, 회수기간법과는 달리 수익성을 고려함. ㉡ 투자안 분석의 기초자료가 재무제표이기 때문에 자료확보가 용이함.	
단점	• ㉠ 화폐의 시간가치가 무시됨. ㉡ 현금흐름이 아닌 회계적 이익에 기초하고 있음. ㉢ 목표수익률을 설정하는데 자의적인 판단이 개입됨.	

문제 118번 | 회수기간법 선호 이유 | 출제구분: 재출제 | 난이도: ★☆☆ | 정답: ①

- ① 회수기간법은 비현금자료가 반영되지 않는다.
- ② 투자자금을 빨리 회수하는 투자안을 선택하여 기업의 유동성확보에 도움을 줄 수 있으므로, 기업의 유동성 확보와 관련된 의사결정에 유용하다.
- ③ 회수기간법은 화폐의 시간가치를 고려하지 않는다. 즉, 현금흐름의 할인을 고려하지 않고 계산한다. 따라서, 계산이 간단하므로 순현재가치법, 내부수익률법에 비해서 적용하기가 쉽다.
- ④ 회수기간법은 회수기간 이후의 현금흐름을 고려하지 않는다. 따라서, 투자후반기의 현금흐름이 불확실한 경우에는 유용한 평가방법이 될 수 있다.

Guide 회수기간법(비할인모형, 비현금모형)

의의	회수기간법은 현금유입으로 투자비용을 회수시 소요기간으로 평가함.
	□ 회수기간 = 투자액 ÷ 연간현금유입액
의사결정	상호독립적 투자안 · '회수기간 < 목표(기준)회수기간'이면 채택
	상호배타적 투자안 · 회수기간이 가장 짧은 투자안 채택
장점	· ㉠ 계산이 간단하고 쉽기 때문에 이해하기 쉽고 많은 투자안 평가시 시간·비용을 절약 가능함. ㉡ 위험지표로서의 정보를 제공함.(즉, 회수기간이 짧은 투자안일수록 안전한 투자안임) ㉢ 회수기간이 짧을수록 빨리 회수하므로, 기업의 유동성확보와 관련된 의사결정에 유용함.
단점	· ㉠ 회수기간 이후의 현금흐름을 무시함(즉, 수익성을 고려하지 않음) ㉡ 화폐의 시간가치를 무시함. ㉢ 목표회수기간을 설정하는데 자의적인 판단이 개입됨.

문제 119번 | 수요사업부 최대대체가격 | 출제구분: 재출제 | 난이도: ★★☆ | 정답: ①

- 최대대체가격(B사업부)〈외부구매시장O〉: Min[㉠ 외부구입가격 ㉡ 판매가격 - 대체후단위당지출원가]
  → Min[㉠ 550 ㉡ 1,100 - 500 = 600] = 550

Guide 최대·최소대체가격(TP) 계산

최대대체가격 [수요사업부]	외부구매시장 없는 경우	□ 판매가격 - 대체후단위당지출원가 →대체후단위당지출원가 = 추가가공원가 + 증분단위당고정비 + 단위당추가판매비
	외부구매시장 있는 경우	□ Min[① 외부구입가격 ② 판매가격 - 대체후단위당지출원가] 🔍주의 대체후지출없이 판매시 일반적으로 판매가 > 외부구입가, 즉, 최대TP = 외부구입가
최소대체가격 [공급사업부]	외부판매시장 없는 경우	□ 대체시단위당지출원가 - 대체시절감원가 →대체시단위당지출원가 = 단위당변동비 + 증분단위당고정비
	외부판매시장 있는 경우	㉠ 유휴시설이 없는 경우 □ 대체시단위당지출원가 + 정규매출상실공헌이익 - 대체시절감원가 ㉡ 유휴시설이 있는 경우 □ 대체시단위당지출원가 + 타용도사용포기이익 - 대체시절감원가

| 문제 120번 | 수명주기원가계산(LCC)의 유용성 | 출제구분 | 재출제 | 난이도 | ★ ★ ☆ | 정답 | ④ |

- 수명주기원가계산(LCC)은 장기적 관점의 원가절감 및 원가관리에 유용하다.

Guide 수명주기원가계산(LCC) 주요사항

의의	• 수명주기원가계산(LCC)은 연구개발에서 고객서비스에 이르기까지 제품수명주기의 각 단계별 수익과 비용을 추정함과 동시에 각 단계별로 수익창출 및 원가절감을 위해 취해진 제반 활동의 결과를 평가하기 위한 장기적 관점의 원가계산제도임. →단기적 관점의 원가절감을 유도하는 것이 아님.
특징	• 제조 이전단계에서 대부분의 제품원가가 결정된다는 인식을 토대로 연구개발단계와 제품 설계단계에서부터 원가절감을 위한 노력을 기울여야 한다는 것을 강조함. • 제품 또는 서비스의 수명주기 매 단계마다 모든 가치사슬단계에서 발생하는 수익과 비용에 대한 집계를 가능하게 하여 프로젝트 전체에 대한 이해가 향상됨.

재경관리사 공개기출해설[원가]

2021년 11월에 시행된 기출문제에 대한 완벽한
해설을 관련이론(가이드)과 함께 제시하였습니다.
해당 문제는 합본부록을 참고바랍니다.

원가관리회계
공개기출문제해설
[2021년 11월 시행]

SEMOOLICENCE

문제 81번 | 단위당기초원가와 단위당가공원가 | 출제구분: 재출제 | 난이도: ★ ☆ ☆ | 정답: ②

- 단위당고정제조간접원가(단위당FOH) : 1,125,000 ÷ 100단위 = 11,250
- 단위당제조간접원가(단위당OH) : 84,500(단위당VOH) + 11,250(단위당FOH) = 95,750
- 단위당기초원가 : 27,000(단위당DM) + 13,500(단위당DL) = 40,500
- 단위당가공원가 : 13,500(단위당DL) + 95,750(단위당OH) = 109,250

Guide 당기총제조원가의 구성(기초원가와 가공원가 계산)

직접재료원가(DM)	• 기초원재료 + 당기매입 - 기말원재료
직접노무원가(DL)	• 지급임금 + 미지급임금 **예시** 당월지급 100(전월미지급분 10, 당월분 60, 차월선급분 30), 당월분미지급 50일 때 → DL : 60 + 50 = 110
제조간접원가(OH)	• 제조간접원가(OH) = 변동제조간접원가(VOH) + 고정제조간접원가(FOH) 예 간접재료비, 간접노무비, 공장건물 감가상각비와 보험료
기초원가(기본원가)	• 직접재료원가(DM) + 직접노무원가(DL)
가공원가(전환원가)	• 직접노무원가(DL) + 제조간접원가(OH)

문제 82번 | 원가의 개념적 분류 | 출제구분: 재출제 | 난이도: ★ ☆ ☆ | 정답: ④

- 원가란 특정목적을 달성하기 위해 소멸된 경제적 자원의 희생을 화폐가치로 측정한 것으로 다음과 같이 분류한다.

미소멸원가		(a) 자산	• 수익획득에 아직 사용되지 않은 부분(예 재고자산)
소멸원가		(b) 비용	• 수익획득에 사용된 부분(예 매출원가)
		(c) 손실	• 수익획득에 기여하지 못하고 소멸된 부분(예 화재손실)

문제 83번 | 원가흐름과 당기제품제조원가 | 출제구분: 재출제 | 난이도: ★ ★ ☆ | 정답: ②

- 직접재료원가(DM) : 5,000(기초원재료) + 45,000(당기매입원재료) - 7,000(기말원재료) = 43,000
- 기초원가(50,00) = 43,000(직접재료원가) + 직접노무원가(DL) → 직접노무원가(DL) = 7,000
- 가공원가(35,00) = 7,000(직접노무원가) + 제조간접원가(OH) → 제조간접원가(OH) = 28,000
- 당기총제조원가 : 43,000(DM) + 7,000(DL) + 28,000(OH) = 78,000
- 당기제품제조원가 : 10,000(기초재공품) + 78,000(당기총제조원가) - 8,000(기말재공품) = 80,000

재공품계정			
기초재공품	10,000	당기제품제조원가	80,000
당기총제조원가(DM+DL+OH)	78,000	기말재공품	8,000

Guide 제조기업의 원가흐름

계정흐름	원재료		재공품		제품	
	기초원재료 당기매입	사용액(DM) 기말원재료	기초재공품 당기총제조원가	당기제품제조원가 기말재공품	기초제품 당기제품제조원가	제품매출원가 기말제품
당기총제조원가	• 직접재료원가(DM) + 직접노무원가(DL) + 제조간접원가(OH)					
당기제품제조원가	• 기초재공품 + 당기총제조원가 - 기말재공품					
제품매출원가	• 기초제품 + 당기제품제조원가 - 기말제품					

문제 84번 | 원가배분 일반사항 | 출제구분: 신유형 | 난이도: ★☆☆ | 정답 ③

- 제조간접원가의 배부는 개별제품(개별작업)에 직접대응되지 않는 제조간접원가를 배부기준에 따라 개별제품 또는 개별작업에 배부하는 과정이다.

Guide 원가배분의 유형

보조부문원가 배분	• 보조부문원가를 제조부문(또는 제조공정)에 배분하는 것
제조간접원가 배분	• 제조간접원가를 개별제품(또는 개별작업)에 배분하는 것(개별원가계산의 핵심)
완성품·기말재공품에 배분	• 제조공정에 집계된 제조원가를 그 제조공정에서 완성된 완성품과 아직 미완성 상태인 기말재공품에 배분하는 것(종합원가계산의 핵심)

문제 85번 | 보조부문원가배분: 단계배분법 | 출제구분: 재출제 | 난이도: ★★☆ | 정답 ④

- 단계배분법에서는 먼저 배분된 보조부문에는 다른 보조부문원가가 배분되지 않는다.
  → 즉, 보조부문A에는 보조부문B가 배분되지 않는다.
- 제조부문 C에 배분되는 보조부문A의 원가: $200,000 \times 20\% = 40,000$

  제조부문 C에 배분되는 보조부문B의 원가: $(300,000 + 200,000 \times 40\%) \times \dfrac{50\%}{50\% + 30\%} = 237,500$

∴ 제조부문 C에 배분되는 보조부문의 원가: $40,000 + 237,500 = 277,500$

	A	B	C	D
배분전원가	200,000	300,000	450,000	600,000
A	(200,000)	200,000 × 40% = 80,000	200,000 × 20% = 40,000	200,000 × 40% = 80,000
B	-	(380,000)	$380,000 \times \dfrac{50\%}{50\% + 30\%} = 237,500$	$380,000 \times \dfrac{30\%}{50\% + 30\%} = 142,500$
배분후원가	0	0	727,500	822,500

문제 86번 | 개별원가계산 일반사항 | 출제구분: 재출제 | 난이도: ★☆☆ | 정답 ③

- 각 제품의 원가요소별 단위당 원가를 완성품환산량에 기초하여 계산하는 방법은 종합원가계산에 대한 설명이다. 개별원가계산의 제품단위당 원가는 작업원가표에 집계된 제조원가를 작업한 수량으로 나누어 계산한다.

Guide 개별원가계산과 종합원가계산 비교

	개별원가계산	종합원가계산
생산형태	• 주문에 따른 다품종 소량생산방식 →예 조선업, 기계제작업, 건설업	• 동종제품의 대량 연속생산방식 →예 제분업, 섬유업, 시멘트업, 정유업
원가집계	• 제조원가는 각 작업별로 집계	• 제조원가는 각 공정별로 집계
기말재공품평가	• 평가문제 발생치 않음(∴정확함.)	• 평가문제 발생함(∴부정확함.)
핵심과제	• 제조간접원가배부(작업원가표)	• 완성품환산량계산(제조원가보고서)
기타사항	• 제품단위당 원가는 작업원가표에 집계된 제조원가를 작업한 수량으로 나누어 계산함. • 재고자산 평가에 있어서 작업이 완성된 것은 제품계정으로 대체되고, 미완성된 작업은 재공품이 됨.	• 일정기간에 발생한 총원가를 총생산량으로 나누어 단위당 평균제조원가를 계산함. • 제품은 완성수량에, 재공품은 기말재공품완성품환산량에 단위당 평균제조원가를 곱하여 계산함.

| 문제 87번 | 직접노동시간 기준 제조간접원가 배부 | 출제구분 | 재출제 | 난이도 | ★ ☆ ☆ | 정답 | ① |

- 제품제조원가 : 완성된 작업지시서 #A의 총원가
  재공품원가 : 미완성인 작업지시서 #B의 총원가
- 제조간접원가배부율 : $\frac{2,000,000}{40,000시간} = 50$
- 제품제조원가(#A) : 직접재료원가(150,000) + 직접노무원가(60,000) + 제조간접원가(2,400시간 × 50) = 330,000
  재공품원가(#B) : 직접재료원가(90,000) + 직접노무원가(30,000) + 제조간접원가(1,600시간 × 50) = 200,000

Guide 제조간접원가 배부

의의	• 제조간접원가의 발생과 높은 상관관계를 가진 배부기준을 정하여 각 제품에 배부
배부기준	• ㉠ 복리후생비 : 각 부문의 종업원수 ㉡ 임차료 : 각 부문의 점유면적
배부율	• 제조간접비배부율 = 제조간접원가 ÷ 배부기준(조업도)

| 문제 88번 | 기초재공품 완성도 추정 | 출제구분 | **기출변형** | 난이도 | ★ ★ ☆ | 정답 | ② |

- 선입선출법〈완성도를 A라고 가정〉

[1단계] 물량흐름		[2단계] 완성품환산량	
		재료비	가공비
기초완성	200(A)	0	200 × (1 - A)
당기완성	1,600 - 200 = 1,400	1,400	1,400
기 말	400(70%)	400	400 × 70% = 280
	2,000	1,800	1,800

∴ 200 × (1 - A) + 1,400 + 280 = 1,800 에서, A = 40%

Guide 종합원가계산 선입선출법 계산절차

【1단계】	• 물량흐름을 파악 → 기초수량과 완성도, 완성품수량, 기말수량과 완성도
【2단계】	• 원가요소별(전공정비, 재료비, 가공비)로 당기분 완성품환산량 계산
【3단계】	• 원가요소별로 당기발생원가를 계산
【4단계】	• 원가요소별로 완성품환산량단위당원가를 계산 → 완성품환산량단위당원가 = 원가요소별당기발생원가 ÷ 원가요소별당기분완성품환산량
【5단계】	• 완성품원가와 기말재공품원가 계산 → 완성품원가 = 기초재공품원가 + 원가요소별완성품환산량 × 원가요소별환산량단위당원가

문제 89번 | 선입선출법 완성품원가 | 출제구분: 기출변형 | 난이도: ★★☆ | 정답: ④

- 선입선출법

[1단계] 물량흐름

		[2단계] 완성품환산량	
		재료비	가공비
기초완성	2,000(50%)	0	2,000 × (1 - 50%) = 1,000
당기완성	28,000 - 2,000 = 26,000	26,000	26,000
기 말	4,000(25%)	4,000	4,000 × 25% = 1,000
	32,000	30,000	28,000

[3단계] 총원가요약
  당기발생   120,000   280,000
                                              120,000   280,000

[4단계] 환산량단위당원가(cost/unit)   ÷30,000   ÷28,000
                                                ‖   ‖
                                               @4   @10

[5단계] 원가배분
  완성품원가   : (8,000 + 10,000) + 26,000 × @4 + 27,000 × @10 = 392,000
  기말재공품원가 : 4,000 × @4 + 1,000 × @10 = 26,000

문제 90번 | WAM·FIFO 가공비완성품환산량 차이 | 출제구분: 재출제 | 난이도: ★★★ | 정답: ③

- 평균법(WAM) 완성품환산량의 계산

[1단계] 물량흐름

		[2단계] 완성품환산량	
		재료비	가공비
완성	2,300	2,300	2,300
기말	800(40%)	800	800 × 40% = 320
	3,100	3,100	**2,620**

- 선입선출법(FIFO) 완성품환산량의 계산

[1단계] 물량흐름

		[2단계] 완성품환산량	
		재료비	가공비
기초완성	600(80%)	0	600 × (1 - 80%) = 120
당기완성	2,300 - 600 = 1,700	1,700	1,700
기 말	800(40%)	800	800 × 40% = 320
	3,100	2,500	**2,140**

∴ 2,620(평균법) - 2,140(선입선출법) = 480 → 평균법이 480개 더 크다.

[고속철] 재료가 공정초에 전량 투입되는 경우
  ㉠ WAM재료비완성품환산량 − FIFO재료비완성품환산량 = 기초재공품수량(600개)
  ㉡ WAM가공비완성품환산량 − FIFO가공비완성품환산량 = 기초재공품수량(600개)×기초완성도(80%)

[저자주] 실전 문제에서는 반드시 위 '고속철' 풀이법에 의해 계산하여야 합니다. 반드시 숙지 바랍니다.

문제 91번 | 기준조업도의 개념 | 출제구분: 재출제 | 난이도: ★★★ | 정답: ②

- ② 기준조업도는 될 수 있으면 금액보다는 물량기준으로 설정해야 한다.
  → 왜냐하면 금액을 기준조업도로 사용할 경우에는 물가변동의 영향을 받기 때문이다.
- ④ 고정제조간접원가배부율$(f) = \dfrac{F(FOH예산)}{N(기준조업도)}$, 변동제조간접원가배부율$(v) = \dfrac{V(VOH예산)}{N(기준조업도)}$

참고 기준조업도란 기준조업도에서 설정한 예산투입량 단위당 표준고정제조간접원배부액을 산출하기 위하여 사용되는 조업도이다. 다시 말하면 제품에 대한 원가계산을 하기 위한 목적으로 선정되는 것이 기준조업도이다. 제품원가계산을 위한 기준조업도의 선택은 최고경영자가 내리는 판단의 문제로서 제품원가가 제품가격결정 등과 같은 경영의사결정에 크게 영향을 미치는 경우에는 기준조업도 선정에 의해 제품원가(배부액)가 달라지므로 기준조업도의 선택 문제는 대단히 중요해 진다. 최근의 추세에 의하면 이론적 최대조업도, 실제적 최대조업도 보다는 정상조업도나 종합예산조업도(연간기대조업도)가 많이 선택되어 지고 있다.

Guide 기준조업도 선정시 주의사항

인과관계	• 기준조업도와 제조간접원가의 발생간에 인과관계가 존재해야 함.
물량기준	• 기준조업도는 될 수 있으면 금액보다는 물량기준으로 설정해야 한다. → 왜냐하면 금액을 기준조업도로 사용할 경우에는 물가변동의 영향을 받기 때문임.
단순성	• 기준조업도는 단순하고 이해하기 쉬워야 함.

문제 92번 | 직접재료원가 능률차이 | 출제구분: 기출변형 | 난이도: ★★☆ | 정답: ①

- 직접재료원가 차이분석

AQ×AP	AQ×SP	SQ×SP
(2,500개 × $x$kg) × 400	(2,500개 × $x$kg) × 300	(2,500개 × 4kg) × 300

               가격차이 900,000(불리)   능률차이 ?

→ (2,500개 × $x$kg) × 400 − (2,500개 × $x$kg) × 300 = 900,000 에서, $x = 3.6$

∴ 직접재료원가 능률차이 : (2,500개 × 3.6kg) × 300 − (2,500개 × 4kg) × 300 = −300,000(유리)

Guide 직접재료원가 차이분석 구조[사용시점분리의 경우]

기호정의	• AQ : 실제사용량, AP : 실제가격, SQ : 실제생산량에 허용된 표준사용량, SP : 표준가격
DM 차이분석	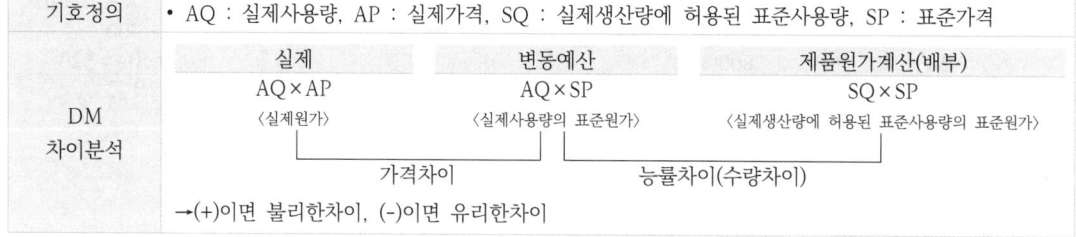

→ (+)이면 불리한차이, (−)이면 유리한차이

문제 93번 — 직접노무원가 차이분석과 단위당AQ 추정 (출제구분: 기출변형, 난이도: ★★★, 정답: ③)

- 직접노무원가 차이분석

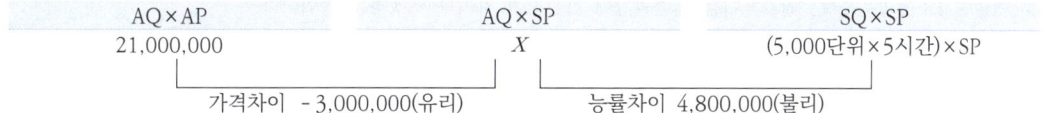

- $21{,}000{,}000 - X = -3{,}000{,}000$ 에서, $X = 24{,}000{,}000$
- $24{,}000{,}000 - (5{,}000단위 \times 5시간) \times SP = 4{,}800{,}000$ 에서, $SP = 768$
- $AQ \times 768 = 24{,}000{,}000$ 에서, $AQ = 31{,}250$시간
- ∴ 제품단위당 실제직접노무시간 : $31{,}250$시간 ÷ $5{,}000$단위 = 6.25시간

저자주 문제의 명확한 성립을 위해 실제제품생산량 '5,000개'를 '5,000단위'로 수정바랍니다.

Guide 직접노무원가 차이분석 구조

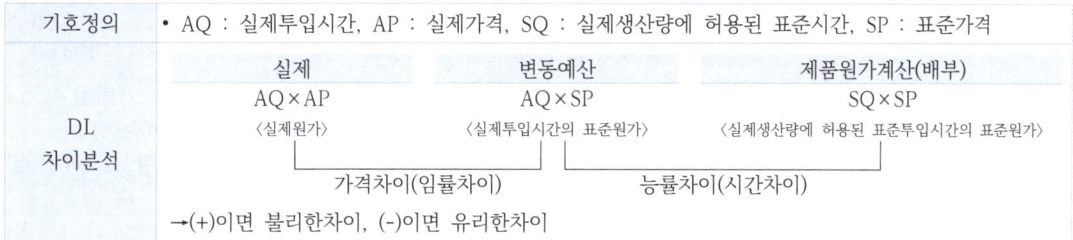

문제 94번 — 변동제조간접원가 능률차이 계산 (출제구분: 재출제, 난이도: ★☆☆, 정답: ③)

- 변동제조간접원가 차이분석

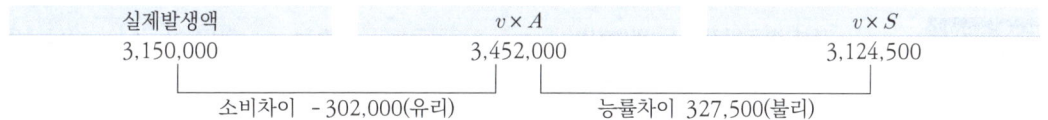

Guide 변동제조간접원가 차이분석 구조

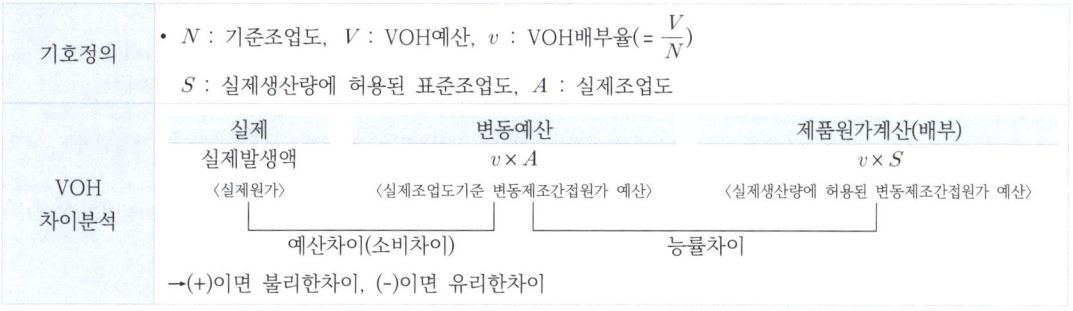

문제 95번 | 표준원가계산 원가차이 조정 | 출제구분: 재출제 | 난이도: ★★★ | 정답: ①

- ② 유리한 원가차이는 매출원가에서 차감하며 불리한 원가차이는 매출원가에 가산한다.
  ③ 매출원가조정법은 모든 원가차이를 매출원가에 가감하여 차이를 조정하는 방법이다.
  ④ 원가차이가 매출원가에 가감되므로 모든 원가차이를 당기손익에 반영하게 되며 이에 따라 불리한 차이의 경우는 비례배분법보다 순이익이 감소, 유리한 차이의 경우는 비례배분법보다 순이익이 증가한다.
- **저자주** 문제의 명확한 성립을 위해 선지 ④의 '~ 당기순이익이 크게 나타난다.'를 '~ 당기순이익이 항상 크게 나타난다.'로 수정바랍니다.

Guide ▶ 표준원가계산 원가차이 배분(조정)방법

매출원가조정법	• 모든 원가차이를 매출원가에 가감하는 방법(원가차이가 중요치 않은 경우 적용) → ㉠ 불리한 차이 : 매출원가에 가산 ㉡ 유리한 차이 : 매출원가에서 차감 원가차이 분석 (차) 재공품(SQ×SP) 70,000 (대) 원재료(AQ×AP) 100,000 　　　　　　　　　가격차이(불리)　　40,000　　　능률차이(유리)　　10,000 원가차이 배분 (차) 매출원가　　　　40,000 (대) 가격차이(불리)　 40,000 　　　　　　　　　(차) 능률차이(유리)　10,000 (대) 매출원가　　　　10,000 • 모두 매출원가에서 조정되므로 재공품과 제품계정은 모두 표준원가로 계속 기록됨.
총원가비례배분법	• 재고자산(재공품, 제품)과 매출원가의 총원가를 기준으로 원가차이를 배분하는 방법
원가요소별비례배분법	• 재고자산(재공품, 제품)과 매출원가의 원가요소(DM,DL,OH)를 기준으로 각 해당하는 원가요소의 원가차이를 배분하는 방법
기타손익법 (영업외손익법)	• 모든 원가차이를 기타손익으로 처리하는 방법 → ㉠ 불리한 차이 : 기타비용 ㉡ 유리한 차이 : 기타수익 • 이론적 근거는 표준은 정상적인 공손이나 비능률을 감안하여 설정되므로 이를 벗어난 차이는 원가성이 없다고 보아 별도항목인 기타손익으로 표시해야 한다는 것임.

문제 96번 | 전부·변동원가계산 일반사항 | 출제구분: 재출제 | 난이도: ★★☆ | 정답: ④

- ① 고정판매비와관리비는 변동원가계산과 전부원가계산의 처리방법이 동일하다.(모두 기간비용 처리)
  ② 원가계산방법은 다음과 같이 결합되어 다양한 방법이 가능하다.(예 표준전부원가계산, 표준변동원가계산)

제품원가의 구성요소(원가구성)	원가요소의 실제성여부(원가측정)	생산형태(제품의 성격)
전부원가계산 변동원가계산	실제원가계산 정상원가계산 표준원가계산	개별원가계산 종합원가계산

- ③ 변동원가계산은 고정제조간접원가를 기간비용(기간원가)으로 인식하고 전부원가계산은 고정제조간접원가를 제품원가로 인식한다.
- ④ 기초재고자산이 없고 생산량과 판매량이 동일하다면, 변동원가계산과 전부원가계산 모두 고정제조간접원가(FOH)가 전액 비용화되므로 순이익은 같게 된다.

전부원가계산	변동원가계산
• 매출액 　(-)매출원가(DM+DL+VOH+FOH) 　매출총이익 　(-)판관비(변동+고정) 　영업이익	• 매출액 　(-)매출원가(DM+DL+VOH) 　(-)변동판관비 　공헌이익 　(-)FOH+고정판관비 　영업이익

| 문제 97번 | 전부·변동원가계산의 원가개념 | 출제구분 | 재출제 | 난이도 | ★ ☆ ☆ | 정답 | ① |

- 전부원가계산 : 원가부착개념에 입각[고정제조간접원가(FOH)도 제조원가]

내용	• 전부원가계산은 제조원가 전부 즉, 직접재료원가, 직접노무원가, 변동제조간접원가, 고정제조간접원가를 제품원가로 보는 원가계산방법이다. → 전부원가계산제도는 원가부착개념(cost attach concept)에 근거를 두고 있으며, 원가부착개념이란 제품생산과 관련한 원가는 원가의 행태에 관계없이 모두 제품의 원가로 보는 것이다. 즉, 고정제조간접원가도 당연히 제품생산에 필수적으로 수반되는 원가이기 때문에 자산성을 인정하여 재고자산의 가액에 포함시키는 것이다.

- 변동원가계산 : 원가회피개념에 입각[고정제조간접원가(FOH)는 비용처리]

내용	• 변동원가계산은 제조원가를 변동원가와 고정원가로 구분하여 변동제조원가만을 제품원가에 포함시키고, 고정제조원가는 기간원가로 처리하는 원가계산방법이다. → 변동원가계산제도는 원가회피개념(cost avoidance concept)에 근거를 두고 있으며, 원가회피개념이란 발생한 원가가 미래에 동일한 원가의 발생을 방지할 수 없다면 그 원가는 자산성을 인정할 수 없다는 것이다. 즉, 고정제조간접원가의 경우 제품의 생산량과 관련이 있다기 보다는 설비능력과 밀접한 관련이 있으며, 조업도 변동에 따라 원가가 변동하지 않고 시간이 경과함에 따라 회피할 수 없는 원가이기 때문에 재고자산의 가액에 포함시켜서는 안되며 기간원가로 처리해야 한다는 것이다.

*비교 초변동원가계산 : 초원가회피개념(직접노무원가/변동제조간접원가/고정제조간접원가를 운영비용처리)

| 문제 98번 | 변동원가계산 영업이익 계산 | 출제구분 | 재출제 | 난이도 | ★ ☆ ☆ | 정답 | ② |

- 공헌이익 : 매출액(4,500개×3,500) - 변동원가[4,500개×(2,300+300)] = 4,050,000

Guide 전부원가계산·변동원가계산·초변동원가계산 영업이익 계산 비교

전부원가계산	변동원가계산	초변동원가계산
• 매출액 (-)매출원가(DM+DL+VOH+FOH) 매출총이익 (-)판관비(변동+고정) 영업이익	• 매출액 (-)매출원가(DM+DL+VOH) (-)변동판관비 공헌이익 (-)FOH+고정판관비 영업이익	• 매출액 (-)제품수준변동원가(DM) 재료처리량(현금창출)공헌이익 (-)운영비용(DL+VOH+FOH+판관비) 영업이익

문제 99번 | 변동·초변동원가계산 영업이익 차이조정 | 출제구분: 신유형 | 난이도: ★★☆ | 정답: ①

- 변동원가계산 영업이익 X
  (+) 기초에 포함된 고정제조간접원가(DL,VOH)   (3,000단위×200)+(3,000단위×400) = 1,800,000
  (−) 기말에 포함된 고정제조간접원가(DL,VOH)   (2,000단위×200)+(2,000단위×400) = 1,200,000
  초변동원가계산 영업이익   5,000,000

  → ∴ $X = 4,400,000$

- **저자주** 문제의 명확한 성립을 위해 기초제품재고수량 '3,000개'를 '3,000단위'로, 기말제품재고수량 '2,000개'를 '2,000단위'로 수정바랍니다.

Guide ▶ 전부·변동·초변동원가계산 영업이익 차이조정

전부원가계산에 의한 영업이익	전부원가계산에 의한 영업이익	변동원가계산에 의한 영업이익
(+) 기초재공품,제품에 포함된 FOH	(+) 기초재공품,제품에 포함된 DL,VOH,FOH	(+) 기초재공품,제품에 포함된 DL,VOH
(−) 기말재공품,제품에 포함된 FOH	(−) 기말재공품,제품에 포함된 DL,VOH,FOH	(−) 기말재공품,제품에 포함된 DL,VOH
변동원가계산에 의한 영업이익	초변동원가계산에 의한 영업이익	초변동원가계산에 의한 영업이익

문제 100번 | 전부·변동원가계산과 FOH 추정 | 출제구분: 재출제 | 난이도: ★★★ | 정답: ③

- 전부원가계산 영업이익 $A + 31,000$
  (+) 기초에 포함된 고정제조간접원가(FOH)   500개 × 50
  (−) 기말에 포함된 고정제조간접원가(FOH)   700개 × B
  변동원가계산 영업이익 A

  → 500개 × 50 − 700개 × B = −31,000, B(기말에 포함된 단위당FOH) = 80
  → 기초에 포함된 FOH : 500개 × 50 = 25,000, 기말에 포함된 FOH : 700개 × 80 = 56,000

- 생산량에 포함된 FOH(6월 고정제조간접원가)를 X라 하면,

기초재고	500개(FOH = 25,000)	판매량	1,800개(FOH = ?)
생산량	2,000개(FOH = X)	기말재고	700개(FOH = 56,000)

  → 단위당평균FOH : $\dfrac{25,000 + X}{500개 + 2,000개}$

  ∴ 700개 × $\dfrac{25,000 + X}{500개 + 2,000개}$ = 56,000 에서, X(6월 고정제조간접원가) = 175,000

문제 101번 | 활동기준원가계산(ABC) 단위당제조원가 | 출제구분: 재출제 | 난이도: ★★☆ | 정답: ④

- 제조간접원가 : 배부기준 × 활동별배부율(배부기준당 예정원가)
  - 포장(5,000개 × 300) + 재료처리(90,000개 × 15) + 절삭(90,000개 × 20) + 조립(6,000시간 × 150) = 5,550,000
- 총제조원가
  - 8,000,000(직접재료원가) + 7,000,000(직접노무원가) + 5,550,000(제조간접원가) = 20,550,000
- 단위당제조원가
  - 20,550,000(총제조원가) ÷ 5,000개(보급형제품 생산수량) = 4,110

문제 102번 | CVP분석의 기본가정과 특징 | 출제구분 기출변형 | 난이도 ★ ☆ ☆ | 정답 ①

- ① CVP분석은 1년 이내의 단기투자의사결정에 유용한 분석방법이다.(화폐의 시간가치가 중요하지 않을 정도의 단기간이라고 가정한다.)
  → '자본예산'은 장기적인 의사결정 방법이다.
- ② CVP분석은 복수제품인 경우 매출배합은 일정하다고 가정한다.
  → 매출배합이 일정하다는 것은 결국 한 종류의 제품만을 생산한다는 것과 동일한 개념이 된다. 만일 매출배합이 일정하지 않고 수시로 변경된다면 각기 다른 공헌이익을 가지는 여러 가지 제품의 판매량의 변화 때문에 하나의 손익분기점이 아닌 여러 개의 손익분기점이 도출되기 때문이다.
- ③ CVP분석은 모든 원가는 변동원가와 고정원가로 분류할 수 있다고 가정한다.
  → 그러므로 조업도의 변동과 관련된 원가행태에 대한 정확한 정보가 필수적이다.
- ④ CVP분석은 화폐의 시간가치를 고려하지 않는 분석이다.
  → 즉, 현재가치개념을 사용하지 않고 명목가치로만 수익과 비용을 평가하여 의사결정을 한다. 따라서 화폐의 시간가치를 배제하는 단기모델이라는 점과 화폐가치가 변할 수 있는 인플레이션을 무시한다는 제반 한계점을 갖는다.

Guide CVP분석의 기본가정

원가행태의 구분	• 모든 원가를 변동원가와 고정원가로 분리할 수 있다고 가정
선형성	• 수익과 원가의 행태가 확실히 결정되어 있고 관련범위 내에서 선형으로 가정 → 단위당판매가격과 단위당변동원가는 일정
생산량·판매량의 일치성	• 생산량과 판매량은 일치하는 것으로 가정하여 생산량이 모두 판매된 것으로 가정 → 즉, 재고수준이 일정, 동일하거나 하나도 없다고 가정
독립변수의 유일성	• 원가와 수익은 유일한 독립변수인 조업도에 의하여 결정된다고 가정
화폐의 시간가치 무시	• 화폐의 시간가치가 중요하지 않을 정도의 단기간이라고 가정 → ∴단기투자의사결정에 유용한 분석방법임. → 인플레이션을 무시한다는 한계점을 갖음.
일정한 매출배합	• 복수제품인 경우에는 매출배합이 일정하다고 가정
수익원천의 단일성	• 수익은 오직 매출로부터만 발생한다고 가정

문제 103번 | CVP 항목별 분석 | 출제구분 재출제 | 난이도 ★ ★ ☆ | 정답 ③

- ① 공헌이익률 : $\dfrac{\text{단위당판매가격}(40) - \text{단위당변동원가}(30)}{\text{단위당판매가격}(40)} = 25\%$
- ② 단위당공헌이익 : 단위당판매가격(40) - 단위당변동원가(30) = 10
- ③ 목표이익 10,000원을 위한 매출액 : $\dfrac{\text{고정원가}(30,000) + \text{목표이익}(10,000)}{\text{공헌이익률}(25\%)} = 160,000$
- ④ 손익분기점(BEP) 판매량 : $\dfrac{\text{고정원가}(30,000)}{\text{단위당공헌이익}(10)} = 3,000단위$

***저자주** 문제의 명확한 성립을 위해 누락된 단서인 '단, 법인세는 고려하지 않는다.'를 추가하기 바랍니다.

| 문제 104번 | 안전한계의 개념 | 출제구분 | 재출제 | 난이도 ★ ☆ ☆ | 정답 ① |

- 안전한계(= 매출액 – 손익분기점 매출액)는 손익분기점(BEP) 매출액을 초과하는 매출액을 말한다.
  → 즉, 이익달성의 위험정도를 나타내는 일종의 민감도분석 형태의 지표이다.
- 안전한계는 손실을 발생시키지 않으면서 허용할 수 있는 매출액의 최대 감소액을 의미하므로 기업의 안정성을 측정하는 지표로 많이 사용된다.
  → 즉, 안전한계가 높을수록 기업의 안정성이 높다고 말할 수 있으며, 안전한계가 낮을수록 기업의 안정성에 문제가 있다고 판단할 수 있다. 경영자가 좀 더 높은 안전한계수준을 원한다면 손익분기점을 낮추거나 회사의 전반적인 매출수준을 늘리기 위한 노력을 해야 한다.

| 문제 105번 | 손익분기점을 통한 단위당판매가격 추정 | 출제구분 | 기출변형 | 난이도 ★ ☆ ☆ | 정답 ② |

- 손익분기점(BEP)판매량 : $\dfrac{\text{고정원가}(5,000,000)}{\text{단위당공헌이익}[=\text{단위당판매가격}-\text{변동원가}(30,000)]} = 500\text{단위}$

  → ∴ 단위당판매가격 = 40,000

Guide 손익분기점분석 기본산식

손익분기점	• 손익분기점(BEP)은 이익을 0으로 만드는 판매량 또는 매출액을 의미함.
기본산식	• 매출액 – 변동비(변동제조원가와 변동판관비) – 고정비(고정제조간접원가와 고정판관비) = 0 → 매출액 – 변동비 = 고정비, 공헌이익 = 고정비 → 단위당공헌이익 × 판매량 = 고정비, 공헌이익률 × 매출액 = 고정비
BEP산식	• ㉠ BEP판매량 : $\dfrac{\text{고정비}(=FOH+\text{고정판관비})}{\text{단위당공헌이익}}$ ㉡ BEP매출액 : $\dfrac{\text{고정비}(=FOH+\text{고정판관비})}{\text{공헌이익률}}$

| 문제 106번 | 책임회계제도 의의와 기본조건 | 출제구분 | 재출제 | 난이도 ★ ★ ☆ | 정답 ① |

- 책임회계제도가 그 기능을 효율적으로 수행하기 위해서는 다음의 조건을 충족해야 한다.
  ㉠ 특정원가의 발생에 대한 책임소재가 명확해야 한다.
  ㉡ 각 책임중심점의 경영자가 권한을 위임받은 원가항목들에 대해 통제권을 행사할 수 있어야 한다.
  ㉢ 경영자의 성과를 표준과 비교하여 평가할 수 있는 예산자료가 존재해야 한다.

| 문제 107번 | 고정예산과 변동예산의 차이 | 출제구분 | 재출제 | 난이도 | ★ ★ ☆ | 정답 | ③ |

- ① 고정예산은 목표달성도(효과성) 측정에 이용할 수 있으므로 이익중심점(판매부문)을 범위로 하며, 변동예산은 실제조업도에 허용된 변동예산과 실제결과를 비교하여 원가통제를 할 수 있으므로 원가중심점(생산부문)을 범위로 한다.
- ② 변동예산과 고정예산은 동일하게 변동원가와 고정원가 모두를 고려하여 편성한다.
- ④ 고정예산은 분권적 조직에서 분권화의 이점을 최대한 활용할 수 있는 책임중심점인 이익중심점을 범위로 하므로 권한이 하부 경영자들에게 위양된다. 그러나 변동예산은 그렇지 않다.

저자주 문제의 선지 ①,④는 재경관리사 시험내용에서 벗아나므로 참고만 하기 바랍니다.

Guide 고정예산과 변동예산

고정예산 (static budget)	• 특정조업도를 기준으로 하여 사전에 수립되는 단일 예산 →특정기간동안의 조업도(생산량)의 변화여부를 고려하지 않고 하나의 조업도수준을 기준으로 편성하는 예산 →실제 결과는 사전에 수립된 조업도 수준에서의 예산과 비교됨. • 예산설정 기간에 예상된 특정조업도의 목표달성 정도에 대한 정보만 제공할 뿐 특정산출량에 대하여 사용된 투입량의 정도에 대한 정보를 제공하지 못함. • 통제를 위한 정보로서는 부적합하며, 경영관리적 측면에서도 큰 의미를 갖지 못함.
변동예산 (flexible budget)	• 일정 범위의 조업도 변동에 따라 사후에 조정되어 작성되는 예산 →실제원가를 실제조업도수준의 예산원가와 비교함. • 사전에 계획된 목표의 달성정도는 물론 특정산출량에 대하여 사용된 투입량 정도에 관한 정보도 제공함. • 경영관리적 측면에서 성과평가 및 통제에 유용함. • 고정예산은 총액 개념이고, 변동예산은 단위당 개념으로 구분할 수 있음. • 변동예산과 고정예산은 동일하게 변동원가와 고정원가 모두를 고려하여 편성함. 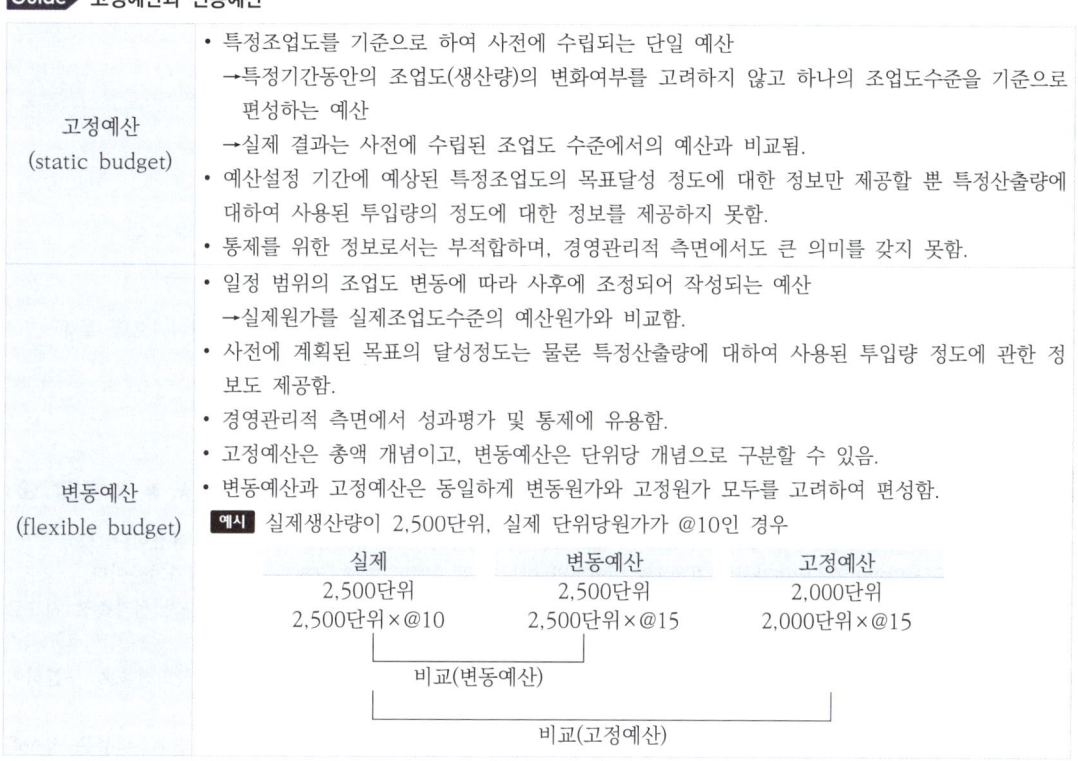

문제 108번 | 매출가격차이와 매출조업도차이 계산 | 출제구분 **기출변형** 난이도 ★★☆ 정답 ②

- 단위당예산공헌이익 : 22 - 10 = 12 〈자료에 주어짐〉
- 매출가격차이 분석(단위당판매가격으로 분석)

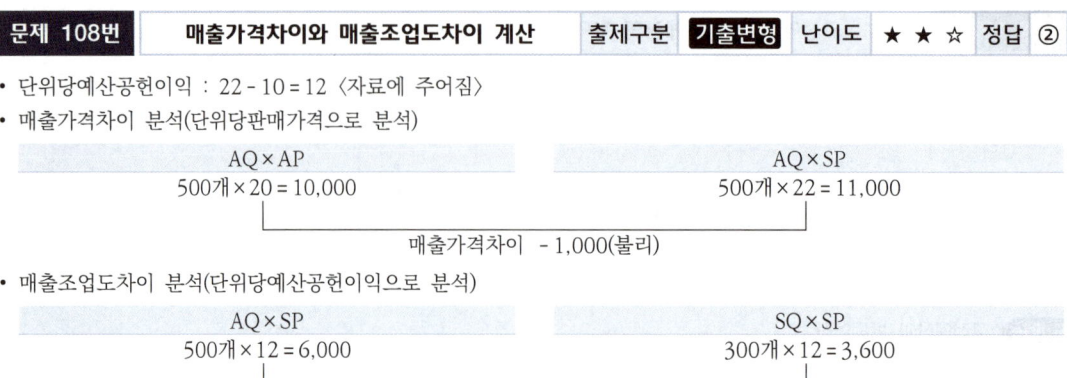

- 매출조업도차이 분석(단위당예산공헌이익으로 분석)

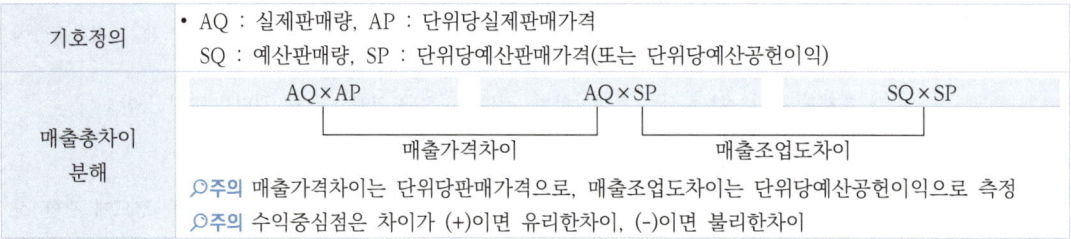

Guide ▶ 매출가격차이와 매출조업도차이 계산

기호정의	• AQ : 실제판매량, AP : 단위당실제판매가격 　SQ : 예산판매량, SP : 단위당예산판매가격(또는 단위당예산공헌이익)
매출총차이 분해	AQ×AP ─── AQ×SP ─── SQ×SP 　　　　매출가격차이　　　매출조업도차이 🔍주의 매출가격차이는 단위당판매가격으로, 매출조업도차이는 단위당예산공헌이익으로 측정 🔍주의 수익중심점은 차이가 (+)이면 유리한차이, (-)이면 불리한차이

문제 109번 | 투자수익률(ROI) 일반사항 | 출제구분 재출제 난이도 ★★☆ 정답 ④

- ① 투자수익률은 비율로 표시되므로 투자규모가 서로 다른 투자중심점간의 성과평가 및 비교에 유용하다.
  ② 투자수익률[= 영업이익÷영업자산(투자액)]은 이익뿐만 아니라 투자액도 함께 고려하는 성과평가기준이다.
  →따라서, 사업부의 경영자가 자신의 사업부 투자액에 대한 통제권한이 있는 경우 그 경영자의 성과측정 지표로 더욱 유용하게 사용될 수 있다.
  ③ 투자수익률[= 영업이익÷영업자산(투자액) = 매출액이익률×자산회전율]은 매출액이익률과 자산회전율로 구분하여 분석이 가능하다.
  ④ 투자수익률은 개별투자중심점의 현재 투자수익률보다 낮은 투자안이긴 하나 회사전체 최저필수수익률을 상회하는 좋은 투자안인 경우에도 동 사업에 대한 투자를 기피하게 된다는 단점이 있으므로, 준최적화현상(회사전체 최저필수수익률을 상회하는 좋은 투자안이 개별 투자중심점의 투자수익률 보다 낮기 때문에 투자가 포기되어 회사전체이익에 불리한 의사결정이 이루어짐)이 발생한다.

Guide ▶ 투자수익률(ROI) 주요사항

ROI 계산	□ 투자수익률(ROI) = $\dfrac{\text{영업이익}}{\text{영업자산(투자액)}}$ = $\dfrac{\text{영업이익}}{\text{매출액}} \times \dfrac{\text{매출액}}{\text{영업자산}}$ = 매출액영업이익률×자산회전율
장점	• 비율로 표시되므로 투자규모가 서로 다른 투자중심점간의 성과평가 및 비교에 유용
단점	• 준최적화현상이 발생함. 　→회사전체 최저필수수익률을 상회하는 좋은 투자안이 개별투자중심점의 투자수익률 보다 낮기 때문에 투자가 포기되어 회사전체이익에 불리한 의사결정이 이루어짐.('잔여이익'으로 해결가능) • 회계적이익에 기초하므로 성과평가와 의사결정(현금흐름에 기초)의 일관성이 결여 • 화폐의 시간가치를 고려하지 않음.(단기적 성과 강조)
증대방안	• 매출액증대와 원가의 감소, 진부화된 투자자산의 처분(감소)

| 문제 110번 | 법인세고려 가중평균자본비용 | 출제구분 | 신유형 | 난이도 ★★☆ | 정답 ② |

- 가중평균자본비용 = $\dfrac{\text{부채의시장가치} \times \text{부채이자율}(1-t) + \text{자본의시장가치} \times \text{자기자본비용}(\%)}{\text{부채의시장가치} + \text{자본의시장가치}}$

→ $\dfrac{150{,}000{,}000 \times 12\% \times (1-20\%) + 350{,}000{,}000 \times 15\%}{150{,}000{,}000 + 350{,}000{,}000} = 13.38\%$

| 문제 111번 | 법인세고려 경제적부가가치(EVA) | 출제구분 | 신유형 | 난이도 ★★★ | 정답 ② |

- 경제적부가가치(EVA) = 세후영업이익 - (비유동부채 + 자기자본) × 가중평균자본비용
  → $100{,}000{,}000 \times (1-20\%) - (150{,}000{,}000 + 350{,}000{,}000) \times 13.38\% = 13{,}100{,}000$

Guide 경제적부가가치(EVA) 계산 세부고찰

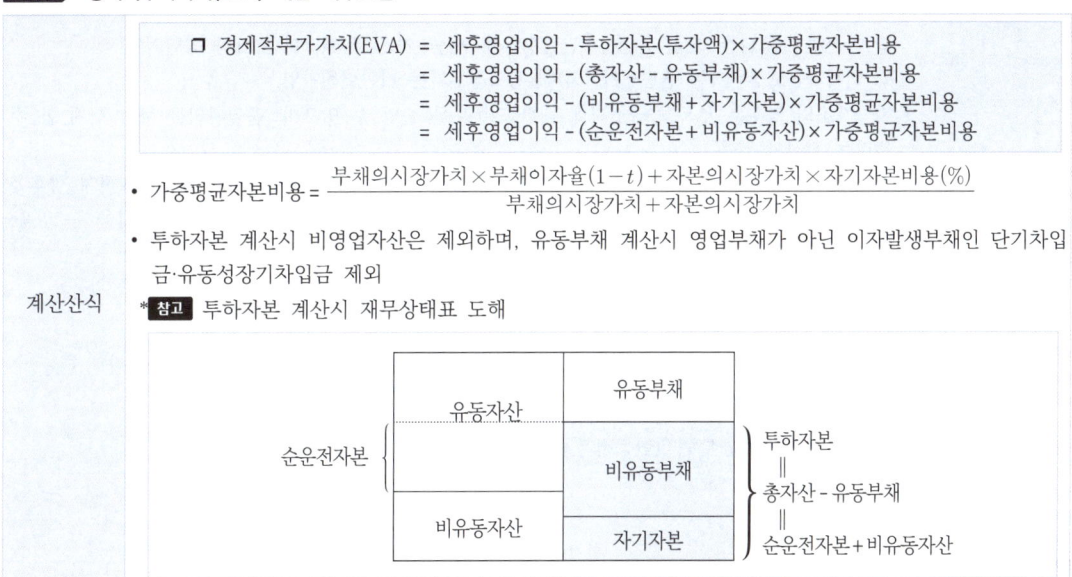

문제 112번 — 외부구입과 지불가능 최대가격　|　출제구분: 재출제　|　난이도: ★★☆　|　정답: ②

- 외부구입의 경우
  증분비용 - 증가 : 　　　　　　　　　　　　　구입액 = (5,000단위 × A)
  　　　　　- 감소 : 원가감소 5,000단위 × (500 + 100 + 200) = 4,000,000
  증분손익　　　　　　　　　　　　　　　　　　4,000,000 - 5,000단위 × A

  → 4,000,000 - 5,000단위 × A ≧ 0 에서, A ≦ 800

Guide 자가제조·외부구입 의사결정

고려사항	• 자가제조시 관련원가와 외부구입가격을 고려 　◎주의 자가제조시 증감하는 고정원가도 관련원가이므로 이도 고려함. 　　→ 예 자가제조시 추가 고용 감독자급료 • 외부구입시 다음을 고려함. 　㉠ 기존설비 임대가 가능한 경우 : 임대수익을 고려 　㉡ 기존설비로 다른 제품 생산시 : 관련수익과 변동원가를 고려(= 다른 제품 공헌이익) 　㉢ 회피가능고정원가는 관련원가, 회피불능고정원가는 비관련원가임.
고려해야할 비재무적 정보	• 자가제조의 경우는 부품 공급업자에 대한 의존도를 줄일 수 있으며, 품질관리를 보다 쉽게 할 수 있다는 장점이 있음. • 자가제조의 경우는 공급업자에 대한 의존도를 줄임으로써 공급업자와의 관계를 상실하여 향후에 급격한 주문의 증가로 회사의 생산능력이 초과할 때 제품을 외부구입하기가 쉽지 않을 수 있음. (별도의 추가적 시설투자가 필요하므로 많은 비용이 발생하는 단점이 있음.) • 제품에 특별한 지식·기술이 요구될 때 자가제조를 하며 품질을 유지하기가 쉽지 않을 수 있음.
외부구입 의사결정	㉠ 기존설비의 대체용도가 있는 경우 　　□ 증분수익(변동원가 + 회피가능고정원가 + 기회원가) > 증분비용(외부구입원가) ㉡ 기존설비의 대체용도가 없는 경우 　　□ 증분수익(변동원가 + 회피가능고정원가) > 증분비용(외부구입원가)

문제 113번 — 자가제조·외부구입 의사결정　|　출제구분: 재출제　|　난이도: ★★★　|　정답: ④

- 유휴설비를 다른 제품의 생산에 이용할 수 있는 경우에는 변동제조원가 절감액과 다른 제품 공헌이익의 합계액에서 외부부품 구입대금을 차감한 금액이 0(영)보다 큰 경우 외부 구입 대안을 선택한다.

- 위 'Guide 자가제조·외부구입 의사결정' 참조!

문제 114번   제품라인 유지·폐지 의사결정   출제구분: 재출제   난이도: ★★☆   정답: ③

- 사업부 갑을 폐지하는 경우
  - 증분수익 − 감소: 공헌이익 = (300,000)
  - 증분비용 − 감소: 공통원가배분액 200,000 − 70,000 = 130,000
  - 증분손익   (170,000)

∴ 당기순이익 : 1,000,000 − 170,000(증분손실) = 830,000

Guide ▶ 제품라인 유지·폐지 의사결정

고려사항	• 회사전체의 이익에 미치는 영향을 기준으로 폐지여부를 결정함. → 제품라인의 유지·폐지 문제에서는 제품라인 자체의 이익을 고려하여 결정하는 것이 아니라, 기업 전체적인 입장(goal congruence)에서 전체 이익에 미치는 영향을 분석해야 함. • 폐지로 인한 회피가능고정비 존재시 이 또한 고려함. → 제품라인을 폐지할 경우 매출액과 변동원가는 사라지지만 고정원가는 회피가능고정원가와 회피불가능고정원가로 나눌 수 있기 때문임.
제품라인폐지 의사결정	☐ 제품라인의 공헌이익 < (회피가능고정원가 + 기회원가)

문제 115번   자가제조·외부구입 의사결정   출제구분: 기출변형   난이도: ★★☆   정답: ③

- 외부구입의 경우
  - 증분비용 − 증가: 구입액 = (10,000개 × 18)
  - − 감소: 원가감소 10,000단위 × (7 + 3 + 2) + (10,000개 × 5) × 40% = 140,000
  - 증분손익   (40,000)

→ ∴ 외부구입의 경우 증분손실 40,000원이 발생한다.(즉, 자가제조보다 40,000원 불리하다.)

Guide ▶ 자가제조·외부구입 의사결정

고려사항	• 자가제조시 관련원가와 외부구입가격을 고려 🔍주의 자가제조시 증감하는 고정원가도 관련원가이므로 이도 고려함. → 예 자가제조시 추가 고용 감독자급료 • 외부구입시 다음을 고려함. ㉠ 기존설비 임대가 가능한 경우 : 임대수익을 고려 ㉡ 기존설비로 다른 제품 생산시 : 관련수익과 변동원가를 고려(= 다른 제품 공헌이익) ㉢ 회피가능고정원가는 관련원가, 회피불능고정원가는 비관련원가임.

외부구입 의사결정	㉠ 기존설비의 대체용도가 있는 경우
	    ☐ 증분수익(변동원가 + 회피가능고정원가 + 기회원가) > 증분비용(외부구입원가)
	㉡ 기존설비의 대체용도가 없는 경우
	    ☐ 증분수익(변동원가 + 회피가능고정원가) > 증분비용(외부구입원가)

| 문제 116번 | 자본예산 일반사항 | 출제구분 | 신유형 | 난이도 | ★ ☆ ☆ | 정답 | ④ |

- 할인모형(화폐의 시간가치를 고려하는 모형) : 순현재가치법(NPV법), 내부수익률법(IRR법)
- 비할인모형(화폐의 시간가치를 고려하지 않는 모형) : 회수기간법, 회계적이익률법(ARR법)

Guide 자본예산 모형의 분류

비할인모형 〈화폐의 시간가치 고려X〉	• 회계적이익률법(ARR법)	비현금모형 〈손익계산서상 순이익에 기초〉
	• 회수기간법	
할인모형 〈화폐의 시간가치 고려O〉	• 순현재가치법(NPV법) • 내부수익률법(IRR법) • 수익성지수법(PI법)	현금모형 〈실제 현금흐름에 기초〉

| 문제 117번 | 순현재가치법의 경제성분석 오류 | 출제구분 | 재출제 | 난이도 | ★ ★ ★ | 정답 | ③ |

- 경영진은 NPV를 과대계상한 오류를 범한 상황이다. 따라서, NPV값이 커지는 상황을 고르면 된다.
  →즉, 현금유입의 현재가치가 커지거나, 현금유출의 현재가치가 작아지는 상황을 고르면 된다.
- ① 자본비용을 너무 높게 추정하였다.
  →높은 할인율(자본비용)로 현금흐름을 할인하면 주된 현금흐름인 현금유입의 현재가치는 작아지므로 NPV(순현재가치)가 작아진다.
  →즉, 현금유입 현재가치 = $\dfrac{C_1}{1+r} + \dfrac{C_2}{(1+r)^2} \cdots\cdots \dfrac{C_n}{(1+r)^n}$ 에서, r(할인율)이 커지면 현재가치는 작아진다.
  ② 투자종료시점의 투자안의 처분가치를 너무 낮게 추정하였다.
  →투자종료시점의 잔존가치 처분은 자산처분손익의 법인세 효과를 고려하여 현금유입 처리하므로 이를 너무 낮게 추정한 경우 현금유입의 현재가치는 작아지므로 NPV(순현재가치)가 작아진다.
  ③ 현금영업비용을 너무 낮게 추정하였다.
  →현금영업비용을 너무 낮게 추정한 경우 현금유출의 현재가치가 작아지므로 NPV(순현재가치)가 커진다.
  ④ 투자시점의 투자세액공제액을 현금흐름에 포함시키지 않았다.
  →투자세액공제에 따른 법인세 공제액은 투자시점의 현금유입 처리하므로 이를 현금흐름에 포함시키지 않은 경우 현금유입의 현재가치는 작아지므로 NPV(순현재가치)가 작아진다.

| 문제 118번 | 자본예산과 현재가치 계산 | 출제구분 | 재출제 | 난이도 | ★ ☆ ☆ | 정답 | ① |

- 현금흐름

```
   x1년초        x1년말        x2년말        x3년말
   ├─────────────┼─────────────┼─────────────┤
   ( ? )         500,000       500,000       900,000
```

- 운용비용 절감액의 현재가치 : $500,000 \times 0.91 + 500,000 \times 0.83 + 900,000 \times 0.75 = 1,545,000$

* **저자주** 문제의 명확한 성립을 위해 누락된 단서인 '단, 운용비용 감소효과는 매년 말에 발생하며 법인세는 없다고 가정한다.'를 추가하기 바랍니다.

| 문제 119번 | 특별가격결정방법 | 출제구분 | 재출제 | 난이도 | ★ ☆ ☆ | 정답 | ④ |

- 신제품출시 초기에 높은 시장점유율을 얻기 위한 가격정책으로 초기시장진입가격을 낮게 설정하는 가격정책
  →시장침투가격에 대한 설명이다.

Guide 특별가격결정방법

신제품 가격결정	상층흡수가격	• 단기간의 이익을 극대화하기 위해서 초기시장진입가격은 높게 설정을 하고, 점진적으로 시장점유율을 높이기 위해 가격을 내리는 가격정책 →제품 가격탄력성이 낮고 시장의 제품진입이 한정되어 있는 제품에 적합
	시장침투가격	• 초기에 높은 시장점유율을 얻기 위한 가격정책으로 초기시장진입가격을 낮게 설정하는 것 →특히 제품의 가격탄력성이 높고, 고정원가의 비율이 높은 제품에 적합
입찰가격		• 공헌이익법이 사용되며, 결정시 경제상황, 경쟁자, 높은 이익률 및 회전율 등도 고려함.
약탈적 가격정책		• 경쟁자를 시장에서 축출하기 위해 일시적으로 가격을 인하하는 정책 →경쟁자가 없어진 후 다시 가격을 인상하여 이익을 얻기 위한 가격정책임.

| 문제 120번 | 균형성과표의 적용 | 출제구분 | 기출변형 | 난이도 | ★ ★ ☆ | 정답 | ② |

- 기업의 목표는 궁극적으로 재무적 성과를 향상시키는 것이므로 재무적 관점의 성과측정치는 여전히 중요한 성과지표이다. 균형성과표는 4가지 관점의 성과지표 중에서 재무적 관점의 성과지표를 가장 중시한다.

Guide 균형성과표(BSC) 주요사항

도입배경	• 전통적인 성과평가시스템이 영업실적, 이익 등과 같은 단기적 성과에만 치중함으로써 준최적화를 초래하고 있고 기업에게 정보나 지식 같은 무형자산의 중요성이 증가하고 있으나 기존의 재무적 성과지표로는 준최적화를 해결할 수 없을 뿐만 아니라 무형자산의 가치를 반영할 수 없어 새로운 성과측정치의 필요성이 대두됨. • 위의 문제점을 해결하고 기업의 전략목표를 효과적으로 달성할 수 있도록 주요 성공요소 및 성과측정치 0.간의 균형있는 관리를 도모하고자 개발된 것이 BSC임. • 균형성과표는 전통적인 재무적 지표와 비재무적 지표들을 균형있게 반영하여 하나로 통합한 종합적인 측정, 관리시스템이라고 할 수 있음.

균형요소	• 균형성과표는 성과평가를 할 때 다음의 항목들이 균형을 이루도록 함.
	  ㉠ 재무적 측정치와 비재무적 측정치
	  ㉡ 외부적 측정치(재무적 관점, 고객관점)와 내부적 측정치(내부프로세스관점, 학습과 성장관점)
	  ㉢ 과거의 노력에 의한 측정치와 미래성과를 향상시키는 측정치
	  ㉣ 계량화된 객관적 측정치와 주관적 측정치
	  ㉤ 단기적 성과관점(재무적 관점)와 장기적 성과관점(고객관점, 내부프로세스관점, 학습과 성장관점)

구성요소	• ㉠ 재무적 관점(가장 중시사항) ㉡ 고객관점 ㉢ 내부프로세스관점 ㉣ 학습과 성장관점
단점	• 비재무적 측정치에 대해서는 여전히 객관적인 측정이 어렵다는 문제점이 있음. • 정형화된 측정수단을 제공해주지 못한다는 단점을 지님.

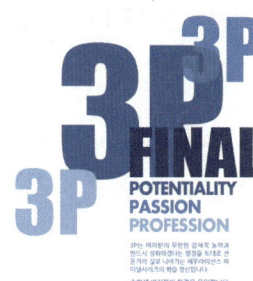

재경관리사 공개기출해설 [원가]

Certified Accounting Manager

2021년 12월에 시행된 기출문제에 대한 완벽한 해설을 관련이론(가이드)과 함께 제시하였습니다. 해당 문제는 합본부록을 참고바랍니다.

원가관리회계 공개기출문제해설
[2021년 12월 시행]

SEMOOLICENCE

문제 81번 — 기초원가와 가공원가 | 출제구분: 재출제 | 난이도: ★☆☆ | 정답: ④

- 기초원가 : 직접재료원가(300,000) + 직접노무원가(200,000) = 500,000
- 가공원가 : 직접노무원가(200,000) + 제조간접원가(150,000 + 250,000) = 600,000

Guide 당기총제조원가의 구성(기초원가와 가공원가 계산)

직접재료원가(DM)	• 기초원재료 + 당기매입 − 기말원재료
직접노무원가(DL)	• 지급임금 + 미지급임금 **예시** 당월지급 100(전월미지급분 10, 당월분 60, 차월선급분 30), 당월분미지급 50일 때 → DL : 60 + 50 = 110
제조간접원가(OH)	• 제조간접원가(OH) = 변동제조간접원가(VOH) + 고정제조간접원가(FOH) 예 간접재료비, 간접노무비, 공장건물 감가상각비와 보험료
기초원가(기본원가)	• 직접재료원가(DM) + 직접노무원가(DL)
가공원가(전환원가)	• 직접노무원가(DL) + 제조간접원가(OH)

문제 82번 — 제조원가 포함 항목 | 출제구분: 재출제 | 난이도: ★☆☆ | 정답: ①

- ① 공장관련 제비용(화재보험료·감가상각비·임차료·감독자급료·수도광열비)은 제조원가(제조간접원가)이다.
  ② 광고선전비는 상품이든 제품이든 모두 판관비(영업비용)이다.
  ③ 유형자산처분손실은 영업외비용이다.
  ④ 본사건물에 대한 감가상각비, 제품판매목적으로 구입한 매장 건물(=직매장)의 감가상각비는 판관비이다.

Guide 제조원가

직접재료원가(DM)	• 특정제품에 직접추적가능한 원재료 사용액
직접노무원가(DL)	• 특정제품에 직접추적가능한 노동력 사용액
제조간접원가(OH)	• 직접재료비와 직접노무비를 제외한 제조활동에 사용한 모든 요소 🔍주의 따라서, 간접재료원가와 간접노무원가는 제조간접원가임.

문제 83번 | 원가행태별 원가구분 | 출제구분 재출제 | 난이도 ★☆☆ | 정답 ①

- 준고정원가 : 일정범위의 조업도 내에서는 총원가가 일정하지만 조업도가 일정범위를 벗어나면 총원가가 증가 또는 감소하는 원가를 말한다. 준고정원가는 계단형태를 보이기 때문에 계단원가(step costs)라고도 한다.
  → 예 병원의 급료를 분석해 보니 간호사의 급료는 월 20일 근무기준으로 지급되며, 월 20일 초과 근무하는 경우에는 초과 근무일수에 관계없이 기본급에 1,000,000원이 추가적으로 지급된다. 이 경우 간호사 급료의 원가행태는 준고정원가이다.
    (㉠ 근무일수 20일이하 : A(기본급) ⇒ 고정액 ㉡ 근무일수 20일초과 : B(기본급+1,000,000) ⇒ 고정액

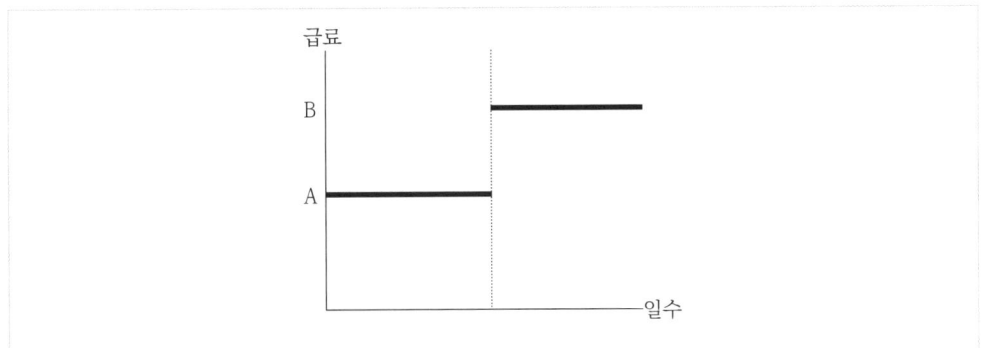

* 참고 통화료는 조업도의 변동에 관계없이 총원가가 일정한 고정원가(예: 기본요금 15,000원)와 조업도의 변동에 따라 총원가가 비례하여 변동하는 변동원가(예 : 10초당 18원)가 혼합된 준변동가(= 혼합원가)이다.

문제 84번 | 원가흐름과 당기제품제조원가 | 출제구분 재출제 | 난이도 ★★☆ | 정답 ③

- 직접재료원가(DM) : 5,000(기초원재료) + 24,000(당기매입원재료) - 12,000(기말원재료) = 17,000
- 당기총제조원가 : 17,000(DM) + 35,000(가공원가) = 52,000
- 당기제품제조원가 : 10,000(기초재공품) + 52,000(당기총제조원가) - 8,000(기말재공품) = 54,000

<table>
<tr><td colspan="4" align="center">재공품계정</td></tr>
<tr><td>기초재공품</td><td>10,000</td><td>당기제품제조원가</td><td>54,000</td></tr>
<tr><td>당기총제조원가(DM+DL+OH)</td><td>52,000</td><td>기말재공품</td><td>8,000</td></tr>
</table>

Guide 제조기업의 원가흐름

계정흐름	원재료		재공품		제품	
	기초원재료 당기매입	사용액(DM) 기말원재료	기초재공품 당기총제조원가	당기제품제조원가 기말재공품	기초제품 당기제품제조원가	제품매출원가 기말제품
당기총제조원가	직접재료원가(DM) + 직접노무원가(DL) + 제조간접원가(OH)					
당기제품제조원가	기초재공품 + 당기총제조원가 - 기말재공품					
제품매출원가	기초제품 + 당기제품제조원가 - 기말제품					

문제 85번 | 제조간접원가 실제배부와 총제조원가 | 출제구분: 재출제 | 난이도: ★ ☆ ☆ | 정답: ③

- 제조간접원가실제배부율 : $\dfrac{2,400,000}{200시간} = 12,000/시간$
- 작업지시서 #03 제조간접원가 : 180시간 × 12,000 = 2,160,000
- 작업지시서 #03 총제조원가 : 1,340,000(DM) + 760,000(DL) + 2,160,000(OH) = 4,260,000

Guide 실제개별원가계산 실제배부

제조간접원가실제배부율	• 제조간접원가실제배부율 = $\dfrac{실제제조간접원가}{실제배부기준(실제조업도)}$
실제배부액	• 실제조업도(배부기준의 실제발생량) × 제조간접원가실제배부율

문제 86번 | 원재료 투입시점과 완성품환산량 | 출제구분: 재출제 | 난이도: ★ ★ ☆ | 정답: ②

- 완성품환산량

[1단계] 물량흐름   [2단계] 완성품환산량

		전공정비	재료비(60%에 투입)	가공비(균등발생)
완성	?	?	?	?
기말	A(50%)	A	0	A×50%

→ ∴ 재료원가는 아직 투입되지 않았다.(불포함) / 가공원가는 50% 투입되었다.(포함)

문제 87번 | 재료원가·가공원가 cost/unit | 출제구분: 기출변형 | 난이도: ★ ★ ☆ | 정답: ③

- 종합원가계산을 적용하는 경우 평균법과 선입선출법의 가장 큰 차이점은 원가계산시 기초재공품원가와 당기투입원가를 구분하느냐의 여부에 있다고 할 수 있다. 따라서, 기초재공품이 없을 경우 양 방법에 의한 계산결과는 동일해진다. 즉, 기초재공품이 없는 경우 선입선출법과 평균법에 의한 완성품환산량이 동일하다.
- 완성품환산량단위당원가 계산

[1단계] 물량흐름		[2단계] 완성품환산량	
		재료비	가공비
완성	320,000	320,000	320,000
기말	80,000(50%)	80,000	80,000 × 50% = 40,000
	400,000	400,000	360,000
[3단계] 총원가요약			
기초		0	0
당기발생		4,000,000	1,800,000
		4,000,000	1,800,000
[4단계] 환산량단위당원가(cost/unit)		÷400,000	÷360,000
		‖	‖
		@10	@5

[5단계] 원가배분
    완성품원가   : 320,000 × @10 + 320,000 × @5 = 4,800,000
    기말재공품원가 : 80,000 × @10 + 40,000 × @5 = 1,000,000

| 문제 88번 | 종합원가계산 평균법과 선입선출법 | 출제구분 | 기출변형 | 난이도 ★ ★ ☆ | 정답 ④ |

- ① 평균법은 기초재공품원가와 당기제조원가를 구별하지 않고 이를 가중평균하여 당기완성품과 기말재공품원가를 계산하는 방법이다. 즉, 당기 이전의 기초재공품 작업분도 마치 당기에 작업이 이루어진 것으로 간주하는 방법이다.(∴완성품환산량 계산시 기초재공품의 완성도는 고려할 필요가 없다.)
  → 반면, 선입선출법은 기초재공품을 먼저 가공하여 완성시킨 후에 당기착수량을 가공한다는 가정에 따라 당기완성품과 기말재공품원가를 계산하는 방법이다. 즉, 당기 이전의 기초재공품 작업분과 당기 작업분을 별도로 구분하는 방법이다.
- ② 선입선출법은 기초재공품을 우선적으로 완성시킨 후 당기착수물량을 가공한다고 가정하므로 기말재공품원가는 당기발생원가로만 구성되고, 기초재공품원가는 전액이 완성품원가를 구성하며, 당기발생원가만 완성품과 기말재공품에 안분계산한다. 따라서, 완성품환산량의 단위당 원가를 계산하는 경우 기초재공품에 포함된 원가를 고려하지 않는다.
- ③ 평균법과 선입선출법의 가장 큰 차이점은 원가계산시 기초재공품원가와 당기투입원가를 구분하느냐의 여부에 있다고 할 수 있다. 따라서, 기초재공품이 없을 경우 양 방법에 의한 계산결과는 동일해진다.
- ④ 기말재공품 완성도를 과소평가할 경우
  ㉠ 기말재공품 완성품환산량 과소
  ㉡ 완성품환산량이 과소해지면 투입된 원가는 일정하므로 완성품환산량단위당원가가 과대
  ㉢ 완성품의 완성품환산량은 변화가 없으므로 완성품환산량단위당원가의 과대로 완성품원가(당기제품제조원가)는 과대
  ㉣ 상대적으로 기말재공품(재공품계정)의 원가는 과소(재고자산 과소)
  ㉤ '기초제품 + 당기제품제조원가 - 기말제품 = 매출원가'에서 제품계정에는 영향이 없으나, 당기제품제조원가의 과대로 인해 매출원가가 과대평가되고 영업이익(당기순이익)이 과소평가된다.
  ㉥ 영업이익(당기순이익)이 과소평가되므로 이익잉여금이 과소계상된다.

| 문제 89번 | 기말재공품 완성도 추정 | 출제구분 | 기출변형 | 난이도 ★ ★ ☆ | 정답 ④ |

- 선입선출법〈완성도를 A라고 가정〉

[1단계] 물량흐름			[2단계] 완성품환산량	
			재료비	가공비
기초완성	400(60%)		0	400 × (1 - 60%) = 160
당기완성	1,400 - 400 = 1,000		1,000	1,000
기 말	600(A)		600	600 × A
	2,000		1,600	1,160 + 600 × A

∴ 1,160 + 600 × A = 1,640 에서, A = 80%

Guide 종합원가계산 선입선출법 계산절차

【1단계】	• 물량흐름을 파악 → 기초수량과 완성도, 완성품수량, 기말수량과 완성도
【2단계】	• 원가요소별(전공정비, 재료비, 가공비)로 당기분 완성품환산량 계산
【3단계】	• 원가요소별로 당기발생원가를 계산
【4단계】	• 원가요소별로 완성품환산량단위당원가를 계산 → 완성품환산량단위당원가 = 원가요소별당기발생원가 ÷ 원가요소별당기분완성품환산량
【5단계】	• 완성품원가와 기말재공품원가 계산 → 완성품원가 = 기초재공품원가 + 원가요소별완성품환산량 × 원가요소별환산량단위당원가

문제 90번 | 평균법 완성품원가·기말재공품원가 계산 | 출제구분 재출제 | 난이도 ★★☆ | 정답 ③

- 평균법 종합원가계산

[1단계] 물량흐름

		[2단계] 완성품환산량	
		재료비	가공비
완성	400	400	400
기말	100(40%)	100	100×40% = 40
	500	500	440

[3단계] 총원가요약

	재료비	가공비
기초	8,000,000	6,000,000
당기발생	32,000,000	27,000,000
	40,000,000	33,000,000

[4단계] 환산량단위당원가(cost/unit)

$$\div 500 \quad\quad \div 440$$
$$\| \quad\quad \|$$
$$@80,000 \quad\quad @75,000$$

[5단계] 원가배분

완성품원가 : 400×@80,000 + 400×@75,000 = 62,000,000
기말재공품원가 : 100×@80,000 + 40×@75,000 = 11,000,000

문제 91번 | 직접노무원가 차이분석과 SQ 계산 | 출제구분 재출제 | 난이도 ★★☆ | 정답 ③

- AQ×AP = 20,000, AQ = 2,000시간
- 직접노무원가 차이분석

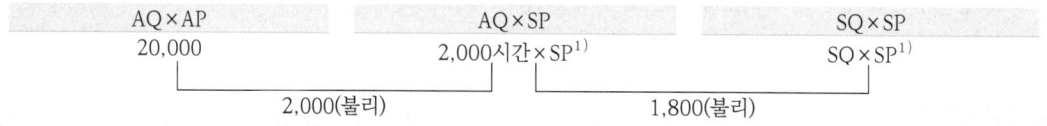

→ [1)] 20,000 - 2,000시간×SP = 2,000 에서, SP = 9
∴ (2,000시간×9) - (SQ×9) = 1,800 에서, SQ(실제생산량에 허용된 표준직접노무시간) = 1,800시간

Guide ▶ 직접노무원가 차이분석 구조

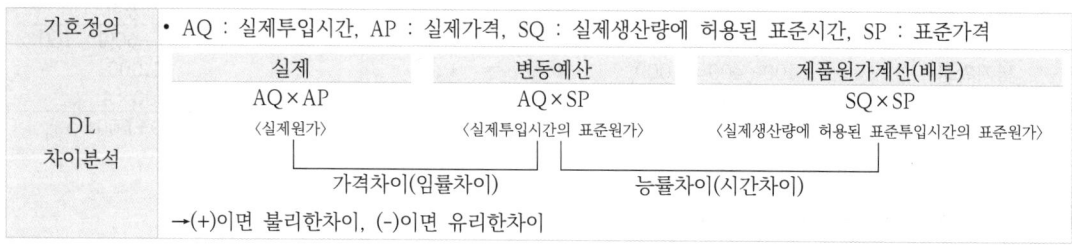

문제 92번 — 직접노무원가 차이분석과 AQ 추정 | 출제구분: 재출제 | 난이도: ★★★ | 정답: ②

- 직접노무원가 차이분석

```
      AQ×AP              AQ×SP              SQ×SP
     5,000,000              X           30,000시간×SP
            가격차이 360,000(불리)    능률차이 -160,000(유리)
```

- $5,000,000 - X = 360,000$ 에서, $X = 4,640,000$
- $4,640,000 - 30,000시간 \times SP = -160,000$ 에서, $SP = 160$
- $AQ \times 160 = 4,640,000$ 에서, $AQ = 29,000$시간

문제 93번 — 직접재료원가 기본적 차이분석 | 출제구분: 재출제 | 난이도: ★☆☆ | 정답: ②

- 직접재료원가 차이분석

```
         AQ×AP                         AQ×SP                           SQ×SP
(1,100개×3.2kg)×28 = 98,560   (1,100개×3.2kg)×30 = 105,600   (1,100개×3kg)×30 = 99,000
              -7,040(유리)                     6,600(불리)
```

- ① 직접재료원가 표준원가 = SQ×SP ⇒ 99,000   ② 직접재료원가 실제원가 = AQ×AP ⇒ 98,560

Guide 직접재료원가 차이분석 구조[사용시점분리의 경우]

기호정의	• AQ : 실제사용량, AP : 실제가격, SQ : 실제생산량에 허용된 표준사용량, SP : 표준가격
DM 차이분석	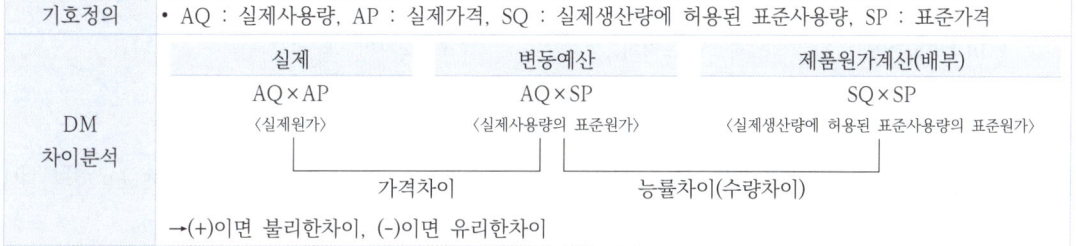 →(+)이면 불리한차이, (-)이면 유리한차이

문제 94번 — 고정제조간접원가 차이분석 기본사항 | 출제구분: 신유형 | 난이도: ★☆☆ | 정답: ④

- 고정제조간접원가 예산은 기준조업도(N)에 조업도 단위당 표준배부율(f)을 곱하여 계산한 금액을 의미한다.
- 고정제조간접원가 배부액은 실제산출량에 허용된 표준조업도(S)에 조업도 단위당 표준배부율(f)을 곱하여 계산한 금액이다.

Guide 고정제조간접원가 차이분석 구조

기호정의	• N : 기준조업도, F : FOH예산, f : FOH배부율($= \dfrac{F}{N}$), S : 실제생산량에 허용된 표준조업도
FOH 차이분석	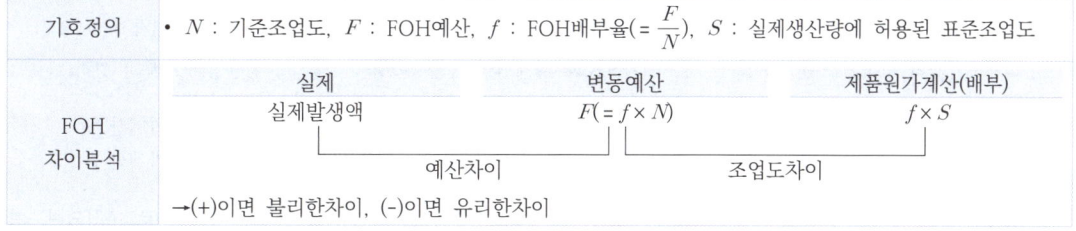 →(+)이면 불리한차이, (-)이면 유리한차이

| 문제 95번 | 표준직접노동시간의 개념 | 출제구분 | 신유형 | 난이도 | ★ ☆ ☆ | 정답 | ③ |

- SQ(또는 S) : 실제산출량(생산량)에 허용된 표준직접노동시간(표준조업도)

  예시 직접노무원가 차이분석 : 실제생산량 1,000단위, 단위당 표준시간 2시간인 경우
  → SQ(표준직접노동시간) : 1,000단위 × 2시간 = 2,000시간

| 문제 96번 | 2분법 차이분석 구조 | 출제구분 | 신유형 | 난이도 | ★ ★ ☆ | 정답 | ② |

- ① 예산차이에는 고정제조간접원가차이(FOH예산차이)도 포함된다.
- ② 예산차이에는 변동제조간접원가차이(VOH소비차이/VOH능률차이)와 고정제조간접원가차이의 일부(FOH예산차이)가 포함되며, 조업도차이에는 고정제조간접원가차이의 일부(FOH조업도차이)만이 포함된다.
- ③ 예산차이에는 변동제조간접원가차이의 모두(VOH소비차이/VOH능률차이)가 포함되며, 조업도차이에는 변동제조간접원가차이는 포함되지 않는다.
- ④ 예산차이에는 모두 변동제조간접원가차이와 고정제조간접원가차이가 포함되나, 조업도차이에는 변동제조간접원가차이가 포함되지 않는다.

Guide 제조간접원가(OH) 차이분석방법〈변동제조간접원가(VOH)와 고정제조간접원가(FOH)〉

4분법	3분법	2분법	1분법
VOH소비차이	소비차이	예산차이	OH배부차이(총차이)
FOH예산차이			
VOH능률차이	능률차이		
FOH조업도차이	조업도차이	조업도차이	

| 문제 97번 | 전부·변동원가계산 일반사항 | 출제구분 | 재출제 | 난이도 | ★ ★ ☆ | 정답 | ③ |

- ① 기업회계기준은 외부보고용으로 전부원가계산을 인정한다.
- ② 기초재고자산이 없고 생산량과 판매량이 동일하다면, 변동원가계산과 전부원가계산 모두 고정제조간접원가(FOH)가 전액 비용화되므로 순이익은 같게 된다.

전부원가계산	변동원가계산
• 매출액 (-)매출원가(DM+DL+VOH+FOH) 매출총이익 (-)판관비(변동+고정) 영업이익	• 매출액 (-)매출원가(DM+DL+VOH) (-)변동판관비 공헌이익 (-)FOH+고정판관비 영업이익

- ③ 원가계산방법은 다음과 같이 결합되어 다양한 방법이 가능하다.(예 표준전부원가계산, 표준변동원가계산)

제품원가의 구성요소(원가구성)	원가요소의 실제성여부(원가측정)	생산형태(제품의 성격)
전부원가계산 변동원가계산	실제원가계산 정상원가계산 표준원가계산	개별원가계산 종합원가계산

- ④ 변동원가계산에서의 제품원가는 직접재료원가(DM), 직접노무원가(DL), 변동제조간접원가(VOH)로 구성되며, 변동판매비와관리비는 제품원가로 인식되지 않는다.(비용처리함.)

| 문제 98번 | 변동원가계산 영업이익 계산 | 출제구분 | 재출제 | 난이도 | ★ ☆ ☆ | 정답 | ① |

- 영업이익 : 매출액(4,500개×3,500) - 변동원가[4,500개×(2,300+300)] - 고정원가(2,000,000+500,000) = 1,550,000

Guide 전부원가계산·변동원가계산·초변동원가계산 영업이익 계산 비교

전부원가계산	변동원가계산	초변동원가계산
• 매출액 (-)매출원가(DM+DL+VOH+FOH) 매출총이익 (-)판관비(변동+고정) 영업이익	• 매출액 (-)매출원가(DM+DL+VOH) (-)변동판관비 공헌이익 (-)FOH+고정판관비 영업이익	• 매출액 (-)제품수준변동원가(DM) 재료처리량(현금창출)공헌이익 (-)운영비용(DL+VOH+FOH+판관비) 영업이익

| 문제 99번 | 전부원가계산 제조원가(재고자산가액) | 출제구분 | 재출제 | 난이도 | ★ ☆ ☆ | 정답 | ③ |

- 전부원가계산은 고정제조간접원가(FOH)를 제조원가(재고자산가액)에 포함시킨다.
  → 반면, 변동원가계산은 고정제조간접원가(FOH)를 기간비용으로 처리한다.

Guide 전부원가계산과 변동원가계산의 기본적 차이점

구분	전부원가계산	변동원가계산
근본적 차이	• 원가부착개념 → FOH도 제조원가	• 원가회피개념 → FOH는 비용처리
제조원가	• DM+DL+VOH+FOH	• DM+DL+VOH
손익계산서	• 전통적I/S(기능별I/S) →매출액/매출총이익/영업이익	• 공헌이익I/S(행태별I/S) →매출액/공헌이익/영업이익
이익함수	• π(이익) = f(판매량 & 생산량) →이익이 생산량에 의해서도 영향 받으므로(생산량을 증가시키면 FOH배부액이 감소하고 이익이 증가) 생산량조절에 따른 이익조작가능성이 존재함.	• π(이익) = f(판매량) →이익이 판매량 변화에만 영향을 받으므로 생산량조절에 따른 이익조작 방지 가능
보고	• 외부보고용(기업회계기준 인정O)	• 내부관리용(기업회계기준 인정X)

| 문제 100번 | 변동원가계산 기말제품재고액 | 출제구분 | 재출제 | 난이도 | ★ ★ ☆ | 정답 | ① |

- 변동원가계산에서는 고정제조간접원가(FOH)를 기간비용으로 처리한다.
- 물량흐름(제품계정)

기초제품재고	0단위	판매량	60,000단위
생산량	80,000단위	기말제품재고	20,000단위

- 기말제품재고, 영업이익

	변동원가계산
기말제품	변동제조원가$(1,120,000) \times \dfrac{20,000단위}{80,000단위} = 280,000$
영업이익	순매출액(4,000,000) - 변동원가 $(1,120,000 \times \dfrac{60,000단위}{80,000단위} + 240,000)$ - 고정원가(320,000+700,000) = 1,900,000

문제 101번 | ABC에 의한 단위당공헌이익 | 출제구분: 재출제 | 난이도: ★★☆ | 정답: ④

- 활동별 변동가공원가배부율
  - 세척: $\dfrac{200,000}{100,000리터}$ = 2/리터, 압착: $\dfrac{900,000}{45,000시간}$ = 20/압착기계시간, 분쇄: $\dfrac{546,000}{21,000시간}$ = 26/분쇄기계시간
- 단위당 직접재료원가: 300
  단위당 변동가공원가: 20리터×2 + 30압착기계시간×20 + 10분쇄기계시간×26 = 900
∴ 단위당공헌이익: 2,000 − (300 + 900) = 800

문제 102번 | CVP분석의 목적 | 출제구분: 신유형 | 난이도: ★☆☆ | 정답: ③

- ① 품질원가(cost of quality) 분석은 품질관리에서 발생하는 낭비요소를 파악하는데 유용하다.
  →즉, 품질원가 분석의 목적은 기업의 경영활동에서 발생하는 품질원가를 식별하고 측정함으로써 낭비를 없애고 적극적인 이익개선을 위한 방안을 모색하기 위한 것이다.
- ② 원가행태(cost behavior) 분석은 변동원가와 고정원가의 상관관계를 파악하는데 유용하다.
  →즉, 원가행태 분석의 목적은 조업도의 변동에 따라 원가발생액이 일정한 양상으로 변화할 때 그 변화행태(변동원가/고정원가)를 파악하는데 있다.
- ③ CVP(cost-volume-profit) 분석은 다양한 조업도 수준에서 원가와 이익의 관계를 분석하는데 유용하다.
  →즉, CVP분석의 목적은 조업도의 변화가 원가(비용), 수익 및 이익에 어떠한 영향을 미치는가를 분석하는데 있다.
- ④ 균형성과표(balanced scorecard)는 기업의 비재무적 성과를 파악하는데 유용하다.
  →즉, 균형성과표의 목적은 재무적 측정치뿐만 아니라 비재무적 측정치(고객, 내부프로세스, 학습과 성장)까지 포함한 전략적 성과평가를 하는데 있다.

| 문제 103번 | 회귀분석법의 장·단점 | 출제구분 | 신유형 | 난이도 | ★ ★ ★ | 정답 | ④ |

- 회귀분석법은 적용이 어렵다는 단점이 있으며, 분석자의 주관적 판단이 개입될 수 있다는 단점이 있는 것은 원가추정방법 중 계정분석법과 산포도법에 대한 설명이다.

★ **저자주** 원가추정방법에 대한 내용은 고저점법을 제외하고는 재경관리사 시험수준에 비추어 매우 지엽적인 사항에 해당합니다. 그러나 출제가 된 만큼 이하 '가이드' 정도 참고로 숙지 바랍니다.

Guide 원가추정방법

공학적 방법	개요	• 투입과 산출 사이의 관계를 계량적으로 분석하여 원가함수를 추정하는 방법 • 과거자료를 이용할 수 없는 경우에도 이용 가능한 유일한 방법임. (이하 방법은 과거자료를 이용하여 추정하는 방법임)
	장점	• 정확성이 높고, 과거의 원가자료를 이용할 수 없는 경우에도 사용가능함.
	단점	• 제조간접원가의 추정에는 적용이 어렵고, 시간과 비용이 많이 소요됨.
계정분석법	개요	• 분석자의 전문적인 판단에 따라 각 계정과목에 기록된 원가를 변동원가와 고정원가로 분석하여 추정하는 방법
	장점	• 시간과 비용이 적게 소요됨.
	단점	• 단일기간 원가자료를 이용하므로 비정상적인 상황이 반영될 수 있고, 분석자의 주관적 판단이 개입될 수 있음.
산포도법	개요	• 조업도와 원가의 실제치를 도표에 점으로 표시하고 눈대중으로 이러한 점들을 대표하는 원가추정선을 도출하여 원가함수를 추정하는 방법
	장점	• 적용이 간단하고 이해하기 쉽고, 시간과 비용이 적게 소요되며, 예비적 검토시 많이 활용될 수 있음.
	단점	• 분석자의 주관적 판단이 개입될 수 있음.
회귀분석법	개요	• 독립변수가 한 단위 변화함에 따른 종속변수의 평균적 변화량을 측정하는 통계적 방법에 의하여 원가함수를 추정하는 방법
	장점	• 객관적이고, 정상적인 원가자료를 모두 이용하며, 다양한 통계자료를 제공함.
	단점	• 통계적 가정이 충족되지 않을 경우에는 무의미한 결과가 산출될 수 있으며, 적용이 어려움.
고저점법	개요	• 최고조업도와 최저조업도의 원가자료를 이용하여 원가함수를 추정하는 방법
	장점	• 객관적이고, 시간과 비용이 적게 소요됨.
	단점	• 비정상적인 결과가 도출될 수 있으며, 원가함수가 모든 원가자료를 대표하지 못함.

문제 104번 — 영업레버리지 일반사항 | 출제구분: 기출변형 | 난이도: ★★☆ | 정답: ①

- ② 영업레버리지도(DOL) = $\dfrac{\text{영업이익변화율}}{\text{매출액변화율}} = \dfrac{\text{공헌이익}}{\text{영업이익}} = \dfrac{\text{매출액} - \text{변동비}}{\text{매출액} - \text{변동비} - \text{고정비}}$

  → 고정비가 감소하면 분모가 커져 영업레버리지도는 낮아진다.
- ③ 매출액이 증가하면 영업레버리지도는 낮아진다.
  → 단, 매출액이 증가함에 따라 점점 감소하여 1에 접근한다.
- ④ 영업레버리지도는 손익분기점 부근에서 가장 크다.

Guide 영업레버리지 주요사항

의의	영업레버리지란 고정비가 지렛대의 작용을 함으로써 총원가 중 고정비 비중이 클수록 매출액변화율보다 영업이익의 변화율이 확대되는 것을 말한다.
영업레버리지도 (DOL)	□ DOL = $\dfrac{\text{영업이익변화율}}{\text{매출액변화율}} = \dfrac{\text{공헌이익}}{\text{영업이익}} = \dfrac{\text{매출액} - \text{변동비}}{\text{매출액} - \text{변동비} - \text{고정비}} = \dfrac{1}{\text{안전한계율}}$
DOL의 증감	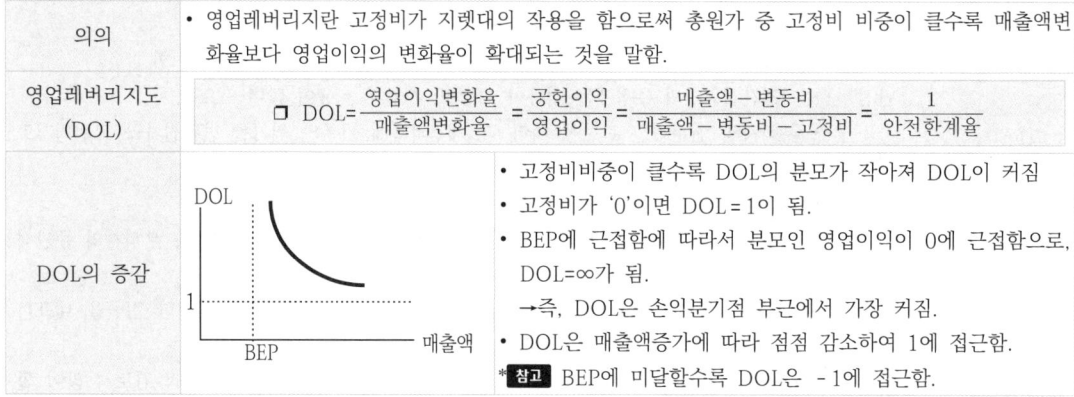 • 고정비비중이 클수록 DOL의 분모가 작아져 DOL이 커짐 • 고정비가 '0'이면 DOL = 1이 됨. • BEP에 근접함에 따라서 분모인 영업이익이 0에 근접함으로, DOL = ∞가 됨. → 즉, DOL은 손익분기점 부근에서 가장 커짐. • DOL은 매출액증가에 따라 점점 감소하여 1에 접근함. *참고 BEP에 미달할수록 DOL은 −1에 접근함.

문제 105번 — 손익분기점매출액과 안전한계율 계산 | 출제구분: 기출변형 | 난이도: ★★☆ | 정답: ②

- 단위당판매가격 1,000, 단위당변동원가 600, 고정원가 300,000

  − 손익분기점매출액 : $\dfrac{\text{고정원가}(300,000)}{\text{공헌이익률}(400 \div 1,000)} = 750,000$

- 단위당판매가격 1,000, 단위당변동원가 600, 고정원가 300,000, 목표매출수량 1,000단위

  − 안전한계율 = $\dfrac{\text{영업이익}}{\text{공헌이익}} = \dfrac{1,000\text{단위} \times 1,000 - 1,000\text{단위} \times 600 - 300,000}{1,000\text{단위} \times 1,000 - 1,000\text{단위} \times 600} = 25\%$

  *[별해] 안전한계율 = $\dfrac{\text{매출액} - BEP\text{매출액}}{\text{매출액}} = \dfrac{1,000\text{단위} \times 1,000 - 750,000}{1,000\text{단위} \times 1,000} = 25\%$

Guide 손익분기점(BEP)·안전한계율 산식 정리

BEP산식	⊙ BEP판매량 : $\dfrac{\text{고정비}(=FOH + \text{고정판관비})}{\text{단위당공헌이익}}$ ⓒ BEP매출액 : $\dfrac{\text{고정비}(=FOH + \text{고정판관비})}{\text{공헌이익률}}$
안전한계율	□ 안전한계율 = $\dfrac{\text{안전한계}}{\text{매출액}} = \dfrac{\text{매출액} - \text{손익분기점매출액}}{\text{매출액}} = \dfrac{\text{판매량} - \text{손익분기점판매량}}{\text{판매량}}$ • 안전한계율 = $\dfrac{\text{영업이익}}{\text{공헌이익}} = \dfrac{1}{\text{영업레버리지도}}$ • 안전한계율 × 공헌이익률 = $\dfrac{\text{공헌이익} - \text{고정비}}{\text{매출액}} = \dfrac{\text{이익}}{\text{매출액}} = \text{매출액이익률}$

| 문제 106번 | 책임회계제도 의의와 기본조건 | 출제구분 | 재출제 | 난이도 | ★ ★ ☆ | 정답 | ② |

- 책임회계제도가 그 기능을 효율적으로 수행하기 위해서는 다음의 조건을 충족해야 한다.
  ㉠ 특정원가의 발생에 대한 책임소재가 명확해야 한다.
  ㉡ 각 책임중심점의 경영자가 권한을 위임받은 원가항목들에 대해 통제권을 행사할 수 있어야 한다.
  ㉢ 경영자의 성과를 표준과 비교하여 평가할 수 있는 예산자료가 존재해야 한다.

| 문제 107번 | 성과평가제도 도입시 고려사항 | 출제구분 | 재출제 | 난이도 | ★ ★ ☆ | 정답 | ③ |

- 적시성 및 경제성이 떨어지는 성과평가제도는 그 자체로 제 역할을 할 수 없다.
- 성과평가를 수행하는 경우 많은 시간과 비용을 투입하면 더욱 정확한 평가는 가능할지 몰라도 적시성과 경제성(비용 대 효익) 측면에서는 문제가 있을 수 있다. 반대로 적은 시간과 비용을 투입하면 적시성과 경제성은 얻을 수 있겠지만 정확한 성과평가는 어려울 것이다. 따라서 효율적인 성과평가제도는 적시성과 경제성을 적절히 고려해야 한다.

Guide 효율적인 성과평가제도 설계를 위해 고려해야 할 사항

목표일치성	• 각 책임중심점들의 이익극대화가 기업전체적인 이익극대화와 같을 때 목표가 일치한다고 말할 수 있음. 즉, 효율적인 성과평가제도는 구성원들의 성과극대화 노력이 기업전체목표의 극대화로 연결될 수 있도록 설계되어야 함.
성과평가의 오차	• 각 책임중심점의 성과평가 수행과정에서 성과측정 오류가 발생하는 것이 일반적인데, 효율적 성과평가제도는 성과평가치의 성과측정오류가 최소화되도록 설계되어야 함.
적시성과 경제성	• 성과평가 결과가 신속하게 보고되고 조정될 때 적시성이 있다고 함. 따라서 성과평가를 수행하는 경우 많은 시간·비용을 투입하면 더욱 정확한 평가는 가능할지 몰라도 적시성과 경제성(비용 대 효익) 측면에서는 문제가 있을 수 있음. 반대로 적은 시간· 비용을 투입하면 적시성과 경제성은 얻을 수 있겠지만 정확한 성과평가는 어려울 것임. 따라서 효율적인 성과평가제도는 적시성과 경제성을 적절히 고려해야 함.
행동에 미치는 영향	• 성과평가를 한다는 사실 자체가 각 책임중심점의 행동에 영향을 미치게 됨. 예를 들어, 매출액을 성과평가의 측정치로 설정한다면 각 책임중심점은 매출액을 다른 어떤 요소들보다도 중요시하게 될 것임. 이에 따라 매출액 순이익률이나 채권의 안전성 등의 요인들이 무시되어 오히려 순이익이 감소할 수도 있음. • 이와 같이 성과를 측정한다는 사실 자체가 피평가자의 행위에 영향을 미치는 현상을 하이젠버그 불확실성원칙이라 함. 따라서, 효율적인 성과평가제도는 각 책임중심점의 행동에 미치는 영향을 적절히 고려해야만 함.

문제 108번 | 투자중심점 성과평가 : 잔여이익 | 출제구분: 재출제 | 난이도: ★★☆ | 정답: ②

- 사업부별 잔여이익 계산
  - 군 함사업부 : 100,000(영업이익) − 500,000(영업자산) × 12%(최저필수수익률) = 40,000
  - 여객선사업부 : 170,000(영업이익) − 1,000,000(영업자산) × 12%(최저필수수익률) = 50,000
  - 화물선사업부 : 230,000(영업이익) − 2,000,000(영업자산) × 12%(최저필수수익률) = −10,000
- 잔여이익이 높은 순서 : 여객선사업부(50,000) 〉 군함사업부(40,000) 〉 화물선사업부(−10,000)

Guide 잔여이익(RI) 주요사항

잔여이익 계산	□ 잔여이익(RI) = 영업이익 − 영업자산(투자액) × 최저필수수익률 🔍주의 투자수익률(ROI)에 의한 의사결정과 잔여이익(RI)에 의한 의사결정은 일치하지 않음. → 즉, 투자수익률(ROI)에서는 채택되어도 잔여이익(RI)에서는 기각 가능
장점	• 준최적화현상이 발생하지 않음. →각 사업부의 경영자는 최저필수수익률을 초과하는 모든 투자안을 수락하게 되므로 투자중심점과 회사전체의 이익을 동시에 극대화 가능
단점	• 금액으로 표시하므로 각 사업부의 투자규모가 상이할 경우 사업부간 성과 비교에 한계가 있음. • 투자수익률(ROI)과 마찬가지로 회계적이익에 기초하므로 성과평가와 의사결정의 일관성이 결여

문제 109번 | 투자수익률(ROI)의 특징 | 출제구분: 신유형 | 난이도: ★★☆ | 정답: ①

- ① 투자수익률은 화폐의 시간가치를 고려하지 않기 때문에 자본예산기법(순현재가치법, 내부수익률법)에 의한 성과평가에 비하여 단기적인 성과를 강조한다.
  ② 투자수익률은 현금의 흐름이 아닌 회계이익을 기준으로 성과를 평가하므로 업종에 따라 각 투자중심점에 서로 다른 회계원칙이 적용되는 경우 이로 인한 영향을 고려해야 한다.
  ③ 투자수익률[영업이익÷영업자산(투자액)])은 사업부의 이익뿐만 아니라 투자액도 함께 고려하는 성과평가 기준이기 때문에, 사업부의 경영자가 자신의 사업부 투자액에 대한 통제권한이 있는 경우 그 경영자의 성과측정 지표로 더욱 유용하게 사용될 수 있다.
  ④ 투자수익률은 준최적화(= 회사전체 최저필수수익률을 상회하는 좋은 투자안이 개별투자중심점의 투자수익률 보다 낮기 때문에 투자가 포기되어 회사전체이익에 불리한 의사결정이 이루어지는 것)가 발생할 수 있는 문제점을 갖고 있다.

| 문제 110번 | 경제적부가가치(EVA) 증대방안 | 출제구분 | 재출제 | 난이도 | ★ ★ ☆ | 정답 | ④ |

- EVA = 세후영업이익 - 투하자본(투자액) × 가중평균자본비용
- ① 타인자본을 축소하고 자기자본(일반적으로 자기자본이자율이 타인자본이자율보다 큼)을 증가시키면 가중평균자본비용이 증가하므로 일반적으로 EVA는 감소한다.
  ② 투자의 중단을 검토하여야 한다. 그러나 투자를 계속 진행함으로 인해 EVA의 증가를 가져오지 못한다.
  ③ 유휴설비 등 비효율적으로 관리되고 있는 자산을 매각해야 투하자본이 감소하여 EVA가 증대된다.
  ④ 재고자산 보유기간을 줄이거나(=재고자산회전율이 높아짐), 매출채권 회수기간을 줄이면(=매출채권회전율이 높아짐) 투하자본 감소로 EVA가 증대된다.

Guide 경제적부가가치(EVA) 증대방안

증대방안	세후영업이익 증대	• 매출증대, 제조원가·판관비 절감
	투하자본 감소	• 재고·고정자산 매출채권의 적정유지나 감소 • 유휴설비 처분 • 매출채권회전율을 높임(매출채권 회수기일단축) • 재고자산회전율을 높임(재고자산 보유기간을 줄임)
	가중평균자본비용 개선	• 고율의 차입금 상환

| 문제 111번 | 경제적부가가치(EVA) 계산 | 출제구분 | 재출제 | 난이도 | ★ ★ ★ | 정답 | ④ |

- 세후영업이익 : $4,000 \times (1 - 30\%) = 2,800$
- 투하자본 : 총자산(영업자산) - 유동부채 → $(12,000 + 8,000) - 6,000 = 14,000$
- 가중평균자본비용 : $\dfrac{20,000 \times 10\% (1-30\%) + 20,000 \times 13\%}{20,000 + 20,000} = 10\%$
- 경제적부가가치(EVA) : $2,800 - 14,000 \times 10\% = 1,400$

Guide 경제적부가가치(EVA) 계산

특징	• 타인자본비용(이자비용)뿐 아니라 자기자본비용(배당금)도 비용으로 고려하는 성과지표임. 　주의 ∴EVA는 I/S상 순이익보다 낮음. 　주의 EVA는 비재무적측정치는 고려하지 않음.
계산	□ EVA = 세후영업이익 - 투하자본(투자액) × 가중평균자본비용 • 가중평균자본비용 = $\dfrac{\text{부채의시장가치} \times \text{부채이자율}(1-t) + \text{자본의시장가치} \times \text{자기자본비용}(\%)}{\text{부채의시장가치} + \text{자본의시장가치}}$ • 투하자본 = (총자산 - 유동부채) →투하자본 계산시 비영업자산은 제외 →유동부채 계산시 영업부채가 아닌 이자발생부채인 단기차입금·유동성장기차입금 제외

| 문제 112번 | 관련원가 해당항목 | 출제구분 | 재출제 | 난이도 | ★ ★ ☆ | 정답 | ② |

- 정상판매가 불가능한 제품을 그대로 보유할지, 비정상적 판매가격(헐값)에라도 외부판매할지의 의사결정에서 동 의사결정에 영향을 미치는 관련원가는 처분시 단위당 판매관리비가 된다.(①,③ : 매몰원가로 비관련원가)
- 제품A를 처분하는 경우
  증분수익 - 증가 :　　　매출액　 4개×150 =　600
  증분비용 - 증가 : 변동판매관리비　 4개×15 =　(60)
  증분손익　　　　　　　　　　　　　　　　　540

문제 113번 — 자가제조·외부구입 의사결정 [출제구분: 재출제, 난이도: ★☆☆, 정답: ①]

- 외부구입의 경우
  - 증분비용 − 증가 : 외부구입액 250단위×500 = (125,000)
  - − 감소 : 원가감소 43,000+17,000+13,000+30,000×50% = 88,000
  - 증분손익   (37,000)

→ ∴외부구입시 자가제조보다 37,000원 불리하다.

Guide 자가제조·외부구입 의사결정

고려사항	• 자가제조시 관련원가와 외부구입가격을 고려 　주의 자가제조시 증감하는 고정원가도 관련원가이므로 이도 고려함. 　　　→ 예 자가제조시 추가 고용 감독자급료 • 외부구입시 다음을 고려함. 　㉠ 기존설비 임대가 가능한 경우 : 임대수익을 고려 　㉡ 기존설비로 다른 제품 생산시 : 관련수익과 변동원가를 고려(= 다른 제품 공헌이익) 　㉢ 회피가능고정원가는 관련원가, 회피불능고정원가는 비관련가임.
고려해야할 비재무적 정보	• 자가제조의 경우는 부품 공급업자에 대한 의존도를 줄일 수 있으며, 품질관리를 보다 쉽게 할 수 있다는 장점이 있음. • 자가제조의 경우는 공급업자에 대한 의존도를 줄임으로써 공급업자와의 관계를 상실하여 향후에 급격한 주문의 증가로 회사의 생산능력이 초과할 때 제품을 외부구입하기가 쉽지 않을 수 있음. (별도의 추가적 시설투자가 필요하므로 많은 비용이 발생하는 단점이 있음.) • 제품에 특별한 지식·기술이 요구될 때 자가제조를 하며 품질을 유지하기가 쉽지 않을 수 있음.
외부구입 의사결정	㉠ 기존설비의 대체용도가 있는 경우 　□ 증분수익(변동원가+회피가능고정원가+기회원가) > 증분비용(외부구입원가) ㉡ 기존설비의 대체용도가 없는 경우 　□ 증분수익(변동원가+회피가능고정원가) > 증분비용(외부구입원가)

문제 114번 — 의사결정과의 관련성에 따른 원가분류 [출제구분: 재출제, 난이도: ★☆☆, 정답: ③]

- (ㄱ) 기회원가 : 기회원가는 다른 대안의 선택으로 포기해야 하는 가장 큰 효익을 말한다.
  → 즉, 가수가 되기 위해 현재 직장을 포기해야 하므로, 포기해야 하는 현재 직장은 기회원가가 된다.
- (ㄴ) 매몰원가 : 과거 의사결정의 결과로 이미 발생한 원가(역사적원가)로 현재 또는 미래에 회수할 수 없는 원가를 의미하며 새로운 의사결정에 영향을 미치지 않는 비관련원가를 말한다.
  → 즉, 과거 취업을 위한 노력은 매몰원가가 되며, 가수가 되는 의사결정에 영향을 미치지 않는 원가이다.

Guide 매몰원가와 기회원가

매몰원가 (sunk cost)	• 과거 의사결정의 결과로 이미 발생한 원가로, 의사결정에 영향을 미치지 않는 비관련원가 　예시 구기계 취득원가 100(감가상각누계액 30), 신기계구입 고려중 　→ 매몰원가 : 취득원가 100 또는 장부금액 70 　→ 의사결정 : 신기계로 인한 수익창출액이 구입가보다 크면 구입함.
기회원가 (opportunity cost)	• 특정대안의 선택으로 포기해야 하는 가장 큰 효익 　예시 CU편의점과 GS편의점의 시간당 알바수익이 각각 3,000원과 5,000원일 때, 여친과 수다를 떨며 즐겁게 1시간 보내는 경우의 기회원가는 5,000원임 　주의 기회원가는 관리적 차원에서 사용되는 원가개념이며, 회계장부에는 실제원가만이 기재되므로 기회원가는 회계장부에 기록되지 않음.

문제 115번 | 외부구입과 지불가능 최대가격 | 출제구분: 재출제 | 난이도: ★★★ | 정답: ②

- 외부구입의 경우
  증분비용 - 증가 : 구입액 = (50,000단위×A)
  　　　　　- 감소 : 원가감소 50,000단위×(1,200+800+400)+10,000,000×30% = 123,000,000
  증분손익　　　　　　　　　　　　　　　　　　　　　　　　　　　　　　　123,000,000 - 50,000단위×A

  →123,000,000 - 50,000단위×A ≥ 0 에서, A ≤ 2,460

문제 116번 | 회수기간법 의사결정 | 출제구분: 재출제 | 난이도: ★★☆ | 정답: ②

- 5년이내 210,000원 회수조건 충족여부 검토
  ㉠ 기계A : 5년이내 원가절감액(=회수액)이 220,000(=100,000+50,000+30,000+20,000+20,000)이므로 충족O
  ㉡ 기계B : 5년이내 원가절감액(=회수액)이 250,000(=50,000+50,000+50,000+50,000+50,000)이므로 충족O
- 회수기간 계산

  ㉠ 기계A : $4년 + 1년 \times \dfrac{210,000 - (100,000+50,000+30,000+20,000)}{20,000} = 4.5년$

  ㉡ 기계B : $4년 + 1년 \times \dfrac{210,000 - (50,000+50,000+50,000+50,000)}{50,000} = 4.2년$

∴ 회수기간이 짧은 기계B를 구입하는 의사결정을 한다.

Guide ▶ 회수기간법과 회수기간 계산

회수기간법 의의	• 회수기간법은 현금유입으로 투자비용을 회수시 소요기간으로 평가함. □ 회수기간 = 투자액 ÷ 연간현금유입(회수)액
회수기간 계산방법	□ 회수기간 = 기회수연수 + 1년 × $\dfrac{미회수액(= 투자액 - 기회수액)}{당해 회수액}$ **예시**　x1년초　　x1년말　　x2년말　　x3년말 　　　　　-6,000　　2,000　　1,000　　4,000 →회수기간 = $2년 + 1년 \times \dfrac{6,000 - (2,000+1,000)}{4,000} = 2.75년$

문제 117번 | 순현재가치법과 NPV 계산 | 출제구분: 재출제 | 난이도: ★★☆ | 정답: ②

- 현가계수 - ㉠ 1년 : 0.89 ㉡ 2년 : 1.69 - 0.89 = 0.8 ㉢ 3년 : 2.40 - 1.69 = 0.71
- 현금흐름 추정

```
        x1년초            x1년말            x2년말            x3년말
    ┠─────────────┠─────────────┠─────────────┨
    (8,000,000)       4,000,000         4,000,000         6,000,000
```

- NPV(순현재가치) : (4,000,000 × 0.89 + 4,000,000 × 0.8 + 6,000,000 × 0.71) - 8,000,000 = 3,020,000

저자주 문제의 명확한 성립을 위해 누락된 단서인 '현금지출운용비 감소효과는 매년 말에 발생한다.'를 추가하기 바랍니다.

Guide 순현재가치법(NPV법)

의의	▫ NPV(순현재가치) = 현금유입의 현재가치 - 현금유출의 현재가치
	○주의 할인율 : 자본비용(= 최저필수수익률 = 최저요구수익률)
의사결정	상호독립적 투자안 • 'NPV > 0'인 투자안 채택
	상호배타적 투자안 • NPV가 가장 큰 투자안 채택
장점	• ㉠ 자본비용으로 재투자된다고 가정하므로 현실적임. ㉡ 비할인모형에서 무시되고 있는 화폐의 시간적 가치를 고려함. ㉢ 현금흐름과 기대치와 자본비용만이 고려되고 회계적 수치와는 무관하므로 자의적 요인을 제거할 수 있음. ㉣ 가치가산원칙[NPV(A+B)=NPV(A)+NPV(B)]이 성립함. ㉤ 기업의 가치를 극대화할 수 있는 투자안을 선택할 수 있음. → 즉, 채택된 모든 투자안의 순현재가치는 곧 그 기업의 가치가 됨.
단점	• ㉠ 투자안의 할인율(자본비용)을 정하기가 어려움. ㉡ 확실성하에서만 성립하는 모형이므로, 불확실성하에서 적용하기 어려움.

문제 118번 | 순현재가치법(NPV법)과 내부수익률법(IRR법) | 출제구분: 재출제 | 난이도: ★☆☆ | 정답: ①

- 내부수익률이란 현금유입의 현재가치와 현금유출의 현재가치를 같게 하는 할인율을 말하며, 이는 순현재가치를 0으로 하는 할인율이므로, 단일투자안을 대상으로 평가할 때에는 순현재가치법이나 내부수익률법 모두 동일한 결론을 얻는다. 그러나 둘 이상의 상호 독립적인 투자안의 우선순위를 결정하거나 상호 배타적인 투자안을 평가할 때 순현재가치법과 내부수익률법은 경우에 따라 서로 다른 결과를 가져올 수 있다.

Guide 순현재가치법(NPV법)의 우월성

순현재가치법(NPV법)	내부수익률법(IRR법)
• 계산이 간단 - NPV = 현금유입현가 - 현금유출현가 • 자본비용으로 재투자된다고 가정하므로 현실적임. • 금액으로 투자결정 - 독립적 : 'NPV > 0'인 투자안 채택 - 배타적 : NPV가 가장 큰 투자안 채택 • 가치가산원칙(value additivity principle)이 성립	• 계산이 복잡(IRR이 2개이상도 존재 가능) - IRR : '현금유입현가 = 현금유출현가'가 되는 할인율 • 내부수익률로 재투자된다고 가정하므로 지나치게 낙관적임. • 비율로 투자결정(자본비용=최저필수수익률) - 독립적 : '내부수익률(IRR) > 자본비용'이면 채택 - 배타적 : 내부수익률(IRR)이 가장 큰 투자안 채택 • 가치가산원칙(value additivity principle)이 불성립

| 문제 119번 | 수요사업부 최대대체가격 | 출제구분 | 재출제 | 난이도 | ★ ★ ☆ | 정답 | ② |

- 최대대체가격(B사업부)〈외부구매시장O〉: Min[㉠ 외부구입가격 ㉡ 판매가격 - 대체후단위당지출원가]
  → Min[㉠ 600 ㉡ 1,150 - 500 = 650] = 600

Guide 최대·최소대체가격(TP) 계산

최대대체가격 [수요사업부]	외부구매시장 없는 경우	□ 판매가격 - 대체후단위당지출원가 →대체후단위당지출원가 = 추가가공원가 + 증분단위당고정비 + 단위당추가판매비
	외부구매시장 있는 경우	□ Min[① 외부구입가격 ② 판매가격 - 대체후단위당지출원가] ⚠주의 대체후지출없이 판매시 일반적으로 판매가>외부구입가, 즉, 최대TP=외부구입가
최소대체가격 [공급사업부]	외부판매시장 없는 경우	□ 대체시단위당지출원가 - 대체시절감원가 →대체시단위당지출원가 = 단위당변동비 + 증분단위당고정비
	외부판매시장 있는 경우	㉠ 유휴시설이 없는 경우 □ 대체시단위당지출원가 + 정규매출상실공헌이익 - 대체시절감원가 ㉡ 유휴시설이 있는 경우 □ 대체시단위당지출원가 + 타용도사용포기이익 - 대체시절감원가

| 문제 120번 | 품질원가 종류 | 출제구분 | 재출제 | 난이도 | ★ ☆ ☆ | 정답 | ④ |

- 불량품이 고객에게 인도되기 전에 발견됨으로써 발생하는 원가 : 내부실패원가

Guide 품질원가 종류

통제원가 (사전품질원가)	예방원가	• 불량품 생산을 예방하기 위해 발생하는 원가
	평가원가	• 불량품을 적발하기 위해 발생하는 원가
실패원가 (사후품질원가)	내부실패원가	• 불량품이 고객에게 인도되기 전에 발견됨으로써 발생하는 원가
	외부실패원가	• 불량품이 고객에게 인도된 후에 발견됨으로써 발생하는 원가

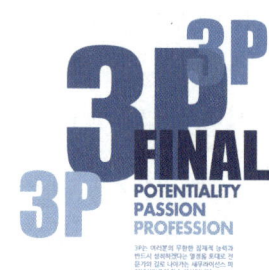

재경관리사 공개기출해설[원가]

Certified Accounting Manager

2022년 1월에 시행된 기출문제에 대한 완벽한 해설을 관련이론(가이드)과 함께 제시하였습니다. 해당 문제는 합본부록을 참고바랍니다.

원가관리회계
공개기출문제해설
[2022년 01월 시행]

SEMOOLICENCE

문제 81번 | 원가회계의 한계점 | 출제구분: 재출제 | 난이도: ★★☆ | 정답: ②

- 재무회계는 객관적으로 측정가능한 회계자료를 기초로 수익과 비용을 인식하며 정해진 회계절차를 적용한다. 그러나 원가회계는 경영자의 목적에 따라 다양한 회계절차를 적용해야 하는 어려움이 있다.

Guide 원가회계의 한계점

계량적 정보	• 원가회계가 제공하는 정보는 화폐단위로 표시되는 계량적 자료이나, 경영자가 계획을 수립하고 통제를 수행할 때는 질적인 정보와 함께 기업의 외부정보도 필요함. → 원가회계는 비화폐성 정보와 질적인 정보는 제공하지 못함.
다양한 회계절차	• 재무회계는 객관적으로 측정가능한 회계자료를 기초로 수익과 비용을 인식함. → 원가회계는 경영자의 목적에 따라 다양한 회계절차를 적용해야 하는 어려움이 있음.
목적적합성 불충족	• 제품의 원가는 기업이 채택하고 있는 원가회계방법에 의하여 자동적으로 계산되는 것이기 때문에 특정한 시점에서 원가회계가 모든 의사결정에 목적적합한 원가정보를 제공할 수는 없음. → 따라서 경영자는 어떤 의사결정을 할 때 원가회계가 제공하는 정보가 그 의사결정에 부합되는 정보인지를 사전에 충분히 검토해야 함.
비경제적 정보생산	• 경영자는 비용과 효익을 분석하여 원가정보의 양을 적절히 정해야 하며, 특히 원가회계책임자는 비경제적인 정보생산이 일어나지 않도록 항상 유의해야 함.

문제 82번 | 원가의 분류방법과 내용 | 출제구분: 재출제 | 난이도: ★☆☆ | 정답: ③

- 원가의 분류

①	원가행태	변동원가	• 조업도의 변동에 따라 총원가가 비례하여 변동하는 원가 예 직접재료원가, 직접노무원가, 동력비(전기요금)
		고정원가	• 조업도의 변동에 관계없이 총원가가 일정한 원가 예 공장 임차료·보험료·재산세·감가상각비
②	추적가능성	직접원가	• 특정원가대상에 직접 추적할 수 있는 원가 예 직접재료원가, 직접노무원가
		간접원가 (공통원가)	• 특정원가대상에 직접 추적이 어려운 원가(여러 원가대상과 관련하여 발생) 예 제조간접원가
③	통제가능성	통제가능원가	• 관리자가 원가발생에 영향을 미칠 수 있는 원가〈성과평가시 고려해야함.〉
		통제불능원가	• 관리자가 원가발생에 영향을 미칠수 없는 원가〈성과평가시는 배제해야함.〉
④	수익대응	제품원가	• 판매시 매출원가로 비용화됨. →예 제조원가, 공장직원인건비, 공장건물감가상각비
		기간원가	• 발생시 비용처리함. →예 판관비(광고선전비, 본사직원 인건비, 본사사옥감가상각비) 주의 제품 광고선전비 : 상품이든 제품이든 모두 판관비임.

| 문제 83번 | 원가흐름과 당기제품제조원가 | 출제구분 | 재출제 | 난이도 | ★ ★ ☆ | 정답 | ② |

- 직접재료원가(DM) : 5,000(기초원재료) + 25,000(당기매입원재료) − 7,000(기말원재료) = 23,000
- 기초원가(50,00) = 23,000(직접재료원가) + 직접노무원가(DL) → 직접노무원가(DL) = 27,000
- 가공원가(35,00) = 27,000(직접노무원가) + 제조간접원가(OH) → 제조간접원가(OH) = 8,000
- 당기총제조원가 : 23,000(DM) + 27,000(DL) + 8,000(OH) = 58,000
- 당기제품제조원가 : 10,000(기초재공품) + 58,000(당기총제조원가) − 8,000(기말재공품) = 60,000

재공품계정			
기초재공품	10,000	당기제품제조원가	60,000
당기총제조원가(DM+DL+OH)	58,000	기말재공품	8,000

Guide 제조기업의 원가흐름

계정흐름	원재료		재공품		제품	
	기초원재료 당기매입	사용액(DM) 기말원재료	기초재공품 당기총제조원가	당기제품제조원가 기말재공품	기초제품 당기제품제조원가	제품매출원가 기말제품
당기총제조원가	• 직접재료원가(DM) + 직접노무원가(DL) + 제조간접원가(OH)					
당기제품제조원가	• 기초재공품 + 당기총제조원가 − 기말재공품					
제품매출원가	• 기초제품 + 당기제품제조원가 − 기말제품					

문제 84번 | 보조부문원가 단계배부법과 직접배부법 | 출제구분: 신유형 | 난이도: ★★★ | 정답: ④

- 공장관리부문은 공장면적, 동력부문은 전력량에 따라 배분한다.

  주의 자가부문소비가 있는 경우 자신의 사용비율은 제외시키고 나머지 부문 사용비율로 배분한다.
  〈그 이유에 대하여는 저자의 FINAL세무사·회계사 회계학(강경석 저, 도서출판 탐진) 참조!〉

- 직접배부법

	동력부문	공장관리부문	기계가공부문	조립부문
배분전원가	69,000	48,000	64,000	73,000
동력부문	(69,000)	-	$69,000 \times \dfrac{1,200}{1,200+800} = 41,400$	$69,000 \times \dfrac{800}{1,200+800} = 27,600$
공장관리부문	-	(48,000)	$48,000 \times \dfrac{2,400}{2,400+1,600} = 28,800$	$48,000 \times \dfrac{1,600}{2,400+1,600} = 19,200$
배분후원가	0	0	134,200	119,800

- 단계배부법

	동력부문	공장관리부문	기계가공부문	조립부문
배분전원가	69,000	48,000	64,000	73,000
동력부문	(69,000)	$69,000 \times \dfrac{300}{1,200+800+300}$ $=9,000$	$69,000 \times \dfrac{1,200}{1,200+800+300}$ $=36,000$	$69,000 \times \dfrac{800}{1,200+800+300}$ $=24,000$
공장관리부문	-	(57,000)	$57,000 \times \dfrac{2,400}{2,400+1,600}$ $=34,200$	$57,000 \times \dfrac{1,600}{2,400+1,600}$ $=22,800$
배분후원가	0	0	134,200	119,800

- ① 기계가공부문에 대체된 동력부문 대체액은 단계배부법(36,000)이 직접배부법(41,400)보다 작다.
  ② 기계가공부문에 대체된 공장관리부문 대체액은 직접배부법(28,800)이 단계배부법(34,200)보다 작다.
  ③ 조립부문에 대체된 동력부문 대체액은 두 방법 간에 3,600원(=27,600 - 24,000)의 차이가 있다.
  ④ 조립부문에 대체된 공장관리부문 대체액은 두 방법 간에 3,600원(=22,800 - 19,200)의 차이가 있다.

저자주 본 문제는 회계사·세무사 시험에서 출제되는 '자가부문소비용역'을 포함시킨 문제로, 출제자가 재경관리사 시험 내용에 대한 검토없이 시험수준을 간과하고 출제한 것으로서 충분한 검토과정과 신중한 출제가 필요하다고 사료됩니다.

| 문제 85번 | 개별원가계산 일반사항 | 출제구분 | **기출변형** | 난이도 | ★ ☆ ☆ | 정답 | ③ |

- ① 개별원가계산은 수요자의 요구에 따라 개별적으로 제품을 생산하는 업종에 적합한 원가계산제도이다.
  ② 개별원가계산은 개별제품별 또는 개별작업별로 원가가 집계되기 때문에 직접원가와 간접원가의 구분이 중요하다.(즉, 제조간접원가의 배부절차가 반드시 필요하다.) 직접원가에 해당하는 직접재료원가와 직접노무원가는 해당 제품이나 공정으로 직접 추적할 수 있기 때문에 발생된 원가를 그대로 집계하면 되지만, 간접원가에 해당하는 제조간접원가는 개별제품이나 공정에 직접적인 대응이 불가능하므로 원가계산 기말에 일정한 기준을 사용하여 배부해야 한다.
  ④ 개별원가계산 적합 업종 : 주문에 따른 다품종 소량생산 →예 조선업, 기계제작업, 건설업
  (종합원가계산 적합 업종 : 동종제품의 대량 연속생산 →예 식료품업, 화학산업, 제분·섬유·시멘트·정유업)

Guide 개별원가계산의 장점과 단점

장점	단점
• 제품별로 정확한 원가계산이 가능함. • 제품별 손익분석 및 계산이 용이함. • 개별제품별로 효율성을 통제할 수 있고, 개별작업별 실제를 예산과 비교하여 미래예측에 이용가능	• 비용·시간이 많이 발생함. (∵각 작업별로 원가가 계산되기 때문) • 원가계산자료가 상세하고 복잡해짐에 따라 오류가 발생할 가능성이 많아짐.

| 문제 86번 | 부문별 제조간접원가 배부 | 출제구분 | 재출제 | 난이도 | ★ ★ ☆ | 정답 | ② |

- 제조간접원가배부율(조립부문) : $\dfrac{200,000}{1,000시간}$ = 200/시간

  제조간접원가배부율(도장부문) : $\dfrac{400,000}{4,000시간}$ = 100/시간

- #10의 가공원가(DL+OH) : (10,000 + 15,000) + (60시간 × 200 + 120시간 × 100) = 49,000

Guide 부문별 제조간접원가 배부방법

공장전체배부	• 공장전체제조간접원가 배부율을 산정하여 배부하는 방법 주의 공장전체제조간접원가 배부율을 사용시는 보조부문원가를 배분할 필요가 없음.
부문별배부	• 각 제조부문별로 배부율을 산정하여 배부하는 방법 →공장전체배부보다 더 정확함.

| 문제 87번 | 종합원가계산 특징과 장점 | 출제구분 | 재출제 | 난이도 | ★ ★ ☆ | 정답 | ② |

- ㄴ : 원가의 집계가 개별작업별로 이루어지는 것이 아니라 공정별로 이루어지기 때문에 개별작업별로 작업지시서를 작성할 필요는 없다.
- ㄹ : 원가통제와 성과평가가 개별작업별로 이루어지는 것이 아니라 공정별로 이루어진다.

Guide | 종합원가계산 특징과 장점

특징	• 특정기간 동안 특정공정에서 생산된 제품은 원가측면에서 서로가 동일하다고 가정함 →즉, 제품원가를 평균개념에 의해서 산출함. • 원가의 집계가 개별작업별로 이루어지는 것이 아니라 공정별로 이루어지기 때문에 개별작업별로 작업지시서를 작성할 필요는 없음. • 동일제품을 연속적으로 대량생산하지만 모든 생산공정이 원가계산기간말에 종료되는 것은 아니므로 어떤 공정에 있어서든지 기말시점에는 부분적으로 가공이 완료되지 않은 재공품이 존재하게 됨. • 원가통제와 성과평가가 개별작업별로 이루어지는 것이 아니라 공정별로 이루어 짐.
장점	• 개별원가계산에 비하여 기장절차가 간단하므로 시간과 비용이 절약됨. • 원가관리·통제가 제품별이 아닌 공정이나 부문별로 수행되므로 원가에 대한 책임중심점이 명확해짐.

| 문제 88번 | 평균법 완성품환산량단위당원가 계산 | 출제구분 | 재출제 | 난이도 | ★ ★ ☆ | 정답 | ③ |

- 평균법

[1단계] 물량흐름

		[2단계] 완성품환산량	
		재료비	가공비
완성	1,200	1,200	1,200
기말	800(50%)	800	800×50% = 400
	2,000	2,000	1,600

[3단계] 총원가요약

		재료비	가공비
기초		0	0
당기발생		1,000,000	800,000
		1,000,000	800,000

[4단계] 환산량단위당원가(cost/unit)　　　÷2,000　　　÷1,600
　　　　　　　　　　　　　　　　　　　　　 ‖　　　　　‖
　　　　　　　　　　　　　　　　　　　　　@500　　　@500

[5단계] 원가배분
　　완성품원가　　　: 1,200×@500+1,200×@500 = 1,200,000
　　기말재공품원가 : 800×@500+400×@500 = 600,000

| 문제 89번 | 기말재공품 완성도 과대평가의 영향 | 출제구분 | 재출제 | 난이도 | ★ ★ ★ | 정답 | ④ |

- 기말재공품 완성도를 과대평가할 경우
  ㉠ 기말재공품 완성품환산량 과대
  ㉡ 완성품환산량이 과대해지면 투입된 원가는 일정하므로 완성품환산량단위당원가가 과소
  ㉢ 완성품의 완성품환산량은 변화가 없으므로 완성품환산량단위당원가의 과소로 완성품원가(당기제품제조원가)는 과소
  ㉣ 상대적으로 기말재공품(재공품계정)의 원가는 과대(재고자산 과대)
  ㉤ '기초제품＋당기제품제조원가 － 기말제품 ＝ 매출원가'에서 제품계정에는 영향이 없으나, 당기제품제조원가의 과소로 인해 매출원가가 과소평가되고 영업이익(당기순이익)이 과대평가된다.
  ㉥ 영업이익(당기순이익)이 과대평가되므로 이익잉여금이 과대계상된다.

*비교 기말재공품 완성도를 과소평가할 경우〈위와 반대의 결과〉
  ㉠ 기말재공품 완성품환산량 과소
  ㉡ 완성품환산량이 과소해지면 투입된 원가는 일정하므로 완성품환산량단위당원가가 과대
  ㉢ 완성품의 완성품환산량은 변화가 없으므로 완성품환산량단위당원가의 과대로 완성품원가(당기제품제조원가)는 과대
  ㉣ 상대적으로 기말재공품(재공품계정)의 원가는 과소(재고자산 과소)
  ㉤ '기초제품＋당기제품제조원가 － 기말제품 ＝ 매출원가'에서 제품계정에는 영향이 없으나, 당기제품제조원가의 과대로 인해 매출원가가 과대평가되고 영업이익(당기순이익)이 과소평가된다.
  ㉥ 영업이익(당기순이익)이 과소평가되므로 이익잉여금이 과소계상된다.

| 문제 90번 | 종합원가계산 평균법 기말재공품 가공비 | 출제구분 | 재출제 | 난이도 | ★ ★ ☆ | 정답 | ① |

- 완성품수량 : (5,000단위＋21,000단위) － 2,000단위 ＝ 24,000단위
- 가공비 완성품환산량 : 완성(24,000)＋기말(2,000×40%＝800) ＝ 24,800
- 가공비 완성품환산량단위당원가 : $\dfrac{33,200 + 190,000 = 223,200}{24,800}$ ＝ @9
- 기말재공품에 포함된 가공원가 : 800×@9 ＝ 7,200

*저자주 실전에서는 무조건 이하와 같이 제조원가명세서 틀로 풀이할 것을 권장합니다.

- 평균법

[1단계] 물량흐름

완성	24,000
기말	2,000(40%)
	26,000

[2단계] 완성품환산량

재료비	가공비
	24,000
	2,000×40%＝800
	24,800

[3단계] 총원가요약
  기초   33,200
  당기발생 190,000
         223,200

[4단계] 환산량단위당원가(cost/unit)
         ÷24,800
         ‖
         @9

→기말재공품에 포함된 가공원가 : 800×@9 ＝ 7,200

문제 91번 — 표준원가계산 일반사항 [출제구분: 기출변형] [난이도: ★☆☆] [정답: ①]

- ① 표준원가계산제도는 계량적 정보에 의해서만 성과평가가 이루어진다. 따라서, 표준원가계산제도를 채택할 경우 비계량적인 정보를 무시할 가능성이 있다. 예를 들어 표준원가달성을 지나치게 강조할 경우 제품의 품질을 희생시킬 수 있고, 납품업체에 표준원가를 기초로 지나친 원가절감을 요구할 경우 관계가 악화될 수도 있다.
- ② 표준원가계산은 단위당표준원가를 사전에 설정하여 원가계산을 하는 제도이다.
- ③ 표준원가계산제도에서 일반적으로 표준은 원가발생의 기대치를 표현하는 것이기 때문에 경영자는 표준원가와 실제원가의 차이 중 중요한 부분에 대해서만 관심을 가지고 개선책을 강구하는 예외에 의한 관리(management by exception)를 할 수 있게 되며, 표준원가와 실제원가의 차이를 원가통제의 책임과 관련시켜 효과적인 원가통제를 수행할 수 있다.
  → 예외에 의한 관리를 통해 표준원가와 실제원가의 차이 중 중요한 부분에 대해서만 관심을 가지게 된다. 다만, 중요한 불리한 차이든지 중요한 유리한 차이든지 중요한 차이는 모두 검토한다.
- ④ 표준원가계산은 단위당표준원가가 설정되어 있기 때문에 원가흐름에 대한 가정(평균법, 선입선출법, 후입선출법 등)이 필요 없으며 단지 물량만 파악하면 되므로 원가계산이 신속하고 간편해 진다.
  → [비교] 실제원가계산에서는 제품이 완성되었어도 실제원가가 집계되어야만 제품원가계산을 할 수 있다.

문제 92번 — 이상적표준 설정의 영향 [출제구분: 재출제] [난이도: ★★☆] [정답: ②]

- ① 표준의 달성이 어려우므로 종업원의 동기부여에 역효과를 초래한다.
- ③ 실제원가와의 차이가 크게 발생하므로 재고자산평가와 매출원가산정에 적합하지 않다.
- ④ 불리한 차이 발생으로 인한 저조한 성과평가로 근로자들의 임금이 삭감될 가능성이 높다.

Guide 이상적 표준

의의	• 표준원가의 종류는 이상적 표준, 정상적 표준, 현실적 표준으로 나눌 수 있음. → 표준원가계산제도에서의 표준원가라 하면 일반적으로 현실적 표준원가를 의미함.
이상적 표준	• 기존설비·제조공정에서 정상적 기계고장, 정상감손 및 근로자 휴식시간 등을 고려하지 않고 최선의 조건하에서만 달성할 수 있는 이상적인 목표하의 최저목표원가임. • 이상적 표준은 이를 달성하는 경우가 거의 없기 때문에 항상 불리한 차이가 발생되며, 이에 따라 종업원의 동기부여에 역효과를 초래함. • 실제원가와의 차이가 크게 발생하므로 재고자산평가나 매출원가산정에 적합하지 않음. → 그러나 전혀 의미없는 것은 아니고 현실적 표준 설정을 위한 출발점으로서의 의미를 갖음.

문제 93번 — 표준원가 차이분석 방법 [출제구분: 재출제] [난이도: ★☆☆] [정답: ①]

- ① 가격차이(AQ×AP - AQ×SP)는 '(AP - SP)×AQ'와 동일하다.
  → 즉, 가격차이는 실제단가(AP)와 표준단가(SP)의 차액에 실제 사용한 수량(AQ)을 곱한 것이다.
- ② 능률차이(AQ×SP - SQ×SP)는 'SP×(AQ - SQ)'와 동일하다.
  → 즉, 능률차이는 사전에 정해진 표준단가(SP)에 실제수량(AQ)과 표준수량(SQ)의 차액을 곱한 것이다.
- ③ 직접재료원가 가격차이는 재료를 구입하는 시점에 구입수량에 대하여 분리하는 방법과 재료를 사용하는 시점에 실제투입수량(실제사용량)에 대하여 분리하는 2가지 방법이 있다.
- ④ 불리한 직접노무원가 가격차이가 발생하였다면 'AQ×AP - AQ×SP'가 (+)인 경우로서 AP〉SP가 된다.
  → 즉, 실제임률(AP)이 표준임률(SP)보다 높다는 의미이다.(=표준임률이 실제임률에 비하여 저렴)

문제 94번 | 직접재료원가 차이분석과 실제생산량 추정 | 출제구분: 재출제 | 난이도: ★★☆ | 정답: ③

- AQ×AP = 28,000원, AP(실제구입원가) = 35 → AQ×35 = 28,000원 에서, AQ = 800개

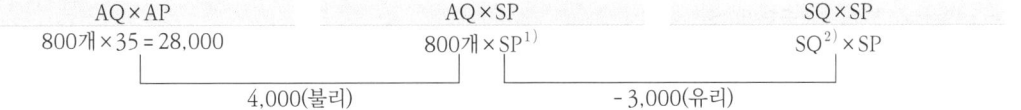

$^{1)}$ 28,000 − 800개 × SP = 4,000 에서, SP = 30
$^{2)}$ 800개 × SP(30) − SQ × SP(30) = −3,000 에서, SQ = 900개

- 900개(SQ) = 실제제품생산량 × 9개(제품단위당 표준재료투입량) 에서, 실제제품생산량 = 100단위

Guide ▶ 직접재료원가 차이분석 구조[사용시점분리의 경우]

기호정의	• AQ : 실제사용량, AP : 실제가격, SQ : 실제생산량에 허용된 표준사용량, SP : 표준가격
DM 차이분석	(도표: 실제 AQ×AP〈실제원가〉 — 변동예산 AQ×SP〈실제사용량의 표준원가〉 — 제품원가계산(배부) SQ×SP〈실제생산량에 허용된 표준사용량의 표준원가〉 / 가격차이, 능률차이(수량차이)) → (+)이면 불리한차이, (−)이면 유리한차이

문제 95번 | 변동제조간접원가 차이분석 | 출제구분: 재출제 | 난이도: ★★☆ | 정답: ①

- 변동제조간접원가(VOH) 실제발생액 : 15,000(OH실제발생액) − 7,800(FOH실제발생액) = 7,200
- A = 3,000시간, v = 2.5

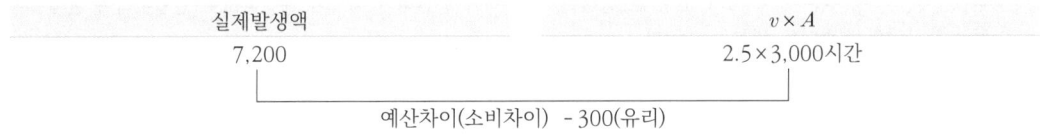

Guide ▶ 변동제조간접원가 차이분석 구조

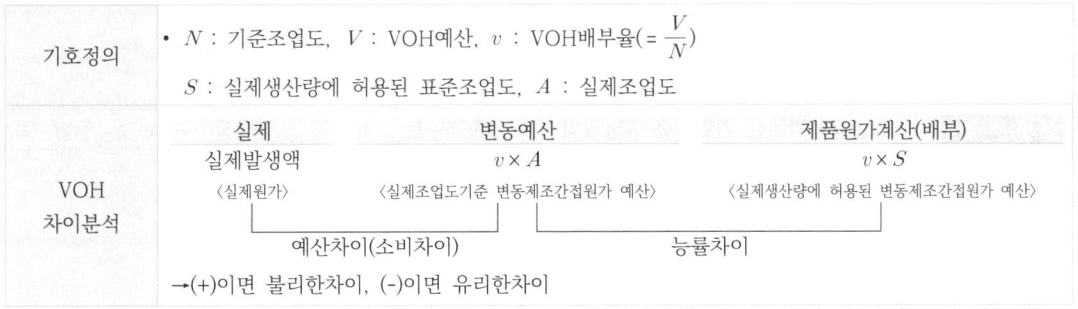

| 문제 96번 | 변동원가계산 특징 | 출제구분 | 재출제 | 난이도 | ★ ☆ ☆ | 정답 | ② |

- 변동원가계산 손익계산서

공헌이익손익계산서	
매출액	xxx
(-)매출원가[직접재료원가 + 직접노무원가 + 변동제조간접원가]	(xxx)
(-)변동판매비와관리비	(xxx)
공헌이익	xxx
(-)고정제조간접원가	(xxx)
(-)고정판매비와관리비	(xxx)
영업이익	

- ㄴ : 변동원가계산은 변동제조간접원가가 아니라 고정제조간접원가를 기간비용으로 처리한다.
  ㄹ : 변동원가계산은 제품판매량만이 영업이익에 영향을 미친다.(생산량은 이익에 영향을 미치지 않는다.)
     →반면, 전부원가계산은 생산량증감에 따라 FOH배부액이 증감하여 이익이 증감하므로 판매량뿐만 아니라 생산량도 영업이익에 영향을 미친다.

| 문제 97번 | 변동·전부·초변동원가계산 일반사항 | 출제구분 | 재출제 | 난이도 | ★ ☆ ☆ | 정답 | ① |

- ① 원가계산방법은 다음과 같이 결합되어 다양한 방법이 가능하다.(예 표준전부원가계산, 표준변동원가계산)

제품원가의 구성요소(원가구성)	원가요소의 실제성여부(원가측정)	생산형태(제품의 성격)
전부원가계산 변동원가계산	실제원가계산 정상원가계산 표준원가계산	개별원가계산 종합원가계산

- ② 전부원가계산은 생산량증감에 따라 고정제조간접원가배부액이 증감하여 이익이 증감하므로 영업이익이 판매량뿐만 아니라 생산량의 변화에도 영향을 받는다.
     →반면, 변동원가계산은 제품 판매량만이 영업이익에 영향을 미친다.
- ③ 전부원가계산은 원가부착 개념에 근거하여 고정제조간접원가를 제품원가로 인식한다.
     →반면, 변동원가계산은 원가회피 개념에 근거하여 고정제조간접원가를 전액 기간비용 처리한다.
- ④ 초변동원가계산은 생산관련 직접노무원가, 변동제조간접원가, 고정제조간접원가를 모두 기간비용 처리한다.
     →반면, 변동원가계산은 고정제조간접원가만 비용화한다.

| 문제 98번 | 변동원가계산 기말제품·영업이익 | 출제구분 | 재출제 | 난이도 | ★ ★ ☆ | 정답 | ② |

- 변동원가계산에서는 고정제조간접원가(FOH)를 기간비용으로 처리한다.
- 물량흐름(제품계정)

기초제품재고	0단위	판매량	70,000단위
생산량	90,000단위	기말제품재고	20,000단위

- 기말제품재고, 영업이익

	변동원가계산
기말제품	변동제조원가(1,350,000) × $\frac{20,000단위}{90,000단위}$ = 300,000
영업이익	순매출액(5,000,000) - 변동원가 (1,350,000 × $\frac{70,000단위}{90,000단위}$ + 260,000) - 고정원가(550,000 + 500,000) = 2,640,000

| 문제 99번 | 전부·변동·초변동원가계산 이익 계산 | 출제구분 | 재출제 | 난이도 | ★ ★ ★ | 정답 | ④ |

- 전부원가계산 매출총이익 계산 → 단위당FOH : 200,000 ÷ 25,000개 = 8

  매출액 : 20,000개 × 500 = 10,000,000
  매출원가[DM+DL+VOH+FOH] : 20,000개 × (130 + 100 + 70 + 8) = (6,160,000)
  매출총이익 : 3,840,000

- 변동원가계산 공헌이익 계산

  매출액 : 20,000개 × 500 = 10,000,000
  매출원가[DM+DL+VOH] : 20,000개 × (130 + 100 + 70) = (6,000,000)
  변동판관비 : 20,000개 × 30 = (600,000)
  공헌이익 : 3,400,000

- 초변동원가계산 재료처리량공헌이익 계산

  매출액 : 20,000개 × 500 = 10,000,000
  제품수준변동원가[직접재료원가(DM)] : 20,000개 × 130 = (2,600,000)
  재료처리량(현금창출)공헌이익 : 7,400,000

Guide 전부원가계산·변동원가계산·초변동원가계산 영업이익 계산 비교

전부원가계산	변동원가계산	초변동원가계산
• 매출액 (-)매출원가(DM+DL+VOH+FOH) 매출총이익 (-)판관비(변동+고정) 영업이익	• 매출액 (-)매출원가(DM+DL+VOH) (-)변동판관비 공헌이익 (-)FOH+고정판관비 영업이익	• 매출액 (-)제품수준변동원가(DM) 재료처리량(현금창출)공헌이익 (-)운영비용(DL+VOH+FOH+판관비) 영업이익

문제 100번 — 전부·변동원가계산과 FOH 추정 | 출제구분: 재출제 | 난이도: ★★★ | 정답: ④

- 전부원가계산 영업이익 $A + 40{,}000$
  (+) 기초에 포함된 고정제조간접원가(FOH)   400개 × 50
  (-) 기말에 포함된 고정제조간접원가(FOH)   1,000개 × B
  변동원가계산 영업이익 A

  → 400개 × 50 − 1,000개 × B = −40,000, B(기말에 포함된 단위당FOH) = 60
  → 기초에 포함된 FOH : 400개 × 50 = 20,000, 기말에 포함된 FOH : 1,000개 × 60 = 60,000

- 생산량에 포함된 FOH(6월 고정제조간접원가)를 X라 하면,

기초재고	400개(FOH = 20,000)	판매량	1,400개(FOH = ?)
생산량	2,000개(FOH = X)	기말재고	1,000개(FOH = 60,000)

→ 단위당평균FOH : $\dfrac{20{,}000 + X}{400개 + 2{,}000개}$

∴ 1,000개 × $\dfrac{20{,}000 + X}{400개 + 2{,}000개}$ = 60,000 에서, X(6월 고정제조간접원가) = 124,000

Guide ▶ 전부·변동·초변동원가계산 영업이익 차이조정

전부원가계산에 의한 영업이익	전부원가계산에 의한 영업이익	변동원가계산에 의한 영업이익
(+) 기초재공품,제품에 포함된 FOH	(+) 기초재공품,제품에 포함된 DL,VOH,FOH	(+) 기초재공품,제품에 포함된 DL,VOH
(−) 기말재공품,제품에 포함된 FOH	(−) 기말재공품,제품에 포함된 DL,VOH,FOH	(−) 기말재공품,제품에 포함된 DL,VOH
변동원가계산에 의한 영업이익	초변동원가계산에 의한 영업이익	초변동원가계산에 의한 영업이익

문제 101번 — ABC에 의한 총제조원가 | 출제구분: 재출제 | 난이도: ★★☆ | 정답: ③

- 단위당 직접재료원가 : 50,000
  단위당 가공원가 : 5시간 × 400 + 10개 × 10,000 + 1단위 × 5,000 = 107,000
- 총제조원가 : 20단위 × (50,000 + 107,000) = 3,140,000

| 문제 102번 | 원가추정방법과 특징 | 출제구분 신유형 | 난이도 ★★☆ | 정답 ③ |

- 고저점법은 최고조업도와 최저조업도의 원가자료를 이용하여 원가함수를 추정하는 방법이다.

사례 고저점법에 의한 원가함수 추정

월별	직접노동시간	제조간접원가
7월	1,050시간	21,000원
8월	850시간	14,000원
9월	1,100시간	20,000원
10월	600시간	15,000원

- 최고원가(21,000원)와 최저원가(14,000원)인 7월/8월을 이용하는 것이 아니라, 최고조업도(1,050시간)와 최저조업도(600시간)인 7월/10월을 이용하여 원가함수를 추정함.
- 추정한 1차 원가함수 : $y = 9,000 + 10x$ 〈중1 수학 참조!〉

Guide 원가추정방법

공학적 방법	개요	• 투입과 산출 사이의 관계를 계량적으로 분석하여 원가함수를 추정하는 방법 • 과거자료를 이용할 수 없는 경우에도 이용 가능한 유일한 방법임. (이하 방법은 과거자료를 이용하여 추정하는 방법임)
	장점	• 정확성이 높고, 과거의 원가자료를 이용할 수 없는 경우에도 사용가능함.
	단점	• 제조간접원가의 추정에는 적용이 어렵고, 시간과 비용이 많이 소요됨.
계정분석법	개요	• 분석자의 전문적인 판단에 따라 각 계정과목에 기록된 원가를 변동원가와 고정원가로 분석하여 추정하는 방법
	장점	• 시간과 비용이 적게 소요됨.
	단점	• 단일기간 원가자료를 이용하므로 비정상적인 상황이 반영될 수 있고, 분석자의 주관적 판단이 개입될 수 있음.
산포도법	개요	• 조업도와 원가의 실제치를 도표에 점으로 표시하고 눈대중으로 이러한 점들을 대표하는 원가추정선을 도출하여 원가함수를 추정하는 방법
	장점	• 적용이 간단하고 이해하기 쉽고, 시간과 비용이 적게 소요되며, 예비적 검토시 많이 활용될 수 있음.
	단점	• 분석자의 주관적 판단이 개입될 수 있음.
회귀분석법	개요	• 독립변수가 한 단위 변화함에 따른 종속변수의 평균적 변화량을 측정하는 통계적 방법에 의하여 원가함수를 추정하는 방법
	장점	• 객관적이고, 정상적인 원가자료를 모두 이용하며, 다양한 통계자료를 제공함.
	단점	• 통계적 가정이 충족되지 않을 경우에는 무의미한 결과가 산출될 수 있으며, 적용이 어려움.
고저점법	개요	• 최고조업도와 최저조업도의 원가자료를 이용하여 원가함수를 추정하는 방법
	장점	• 객관적이고, 시간과 비용이 적게 소요됨.
	단점	• 비정상적인 결과가 도출될 수 있으며, 원가함수가 모든 원가자료를 대표하지 못함.

문제 103번 | 목표이익을 위한 판매량 | 출제구분 기출변형 | 난이도 ★☆☆ | 정답 ④

- 단위당공헌이익 : 10,000(단위당판매가격) - 5,000(단위당변동원가) = 5,000
- 목표이익 1,500,000원을 위한 판매량 : $\dfrac{2,000,000(\text{고정원가}) + 1,500,000(\text{목표이익})}{5,000(\text{단위당공헌이익})}$ = 700단위(개)

*저자주 문제의 명확한 성립을 위해 누락된 단서인 '단, 법인세는 없다고 가정한다.'를 추가하기 바랍니다.

Guide 목표이익분석 산식 정리[법인세를 고려하지 않는 경우]

판매량	매출액
• 단위당공헌이익 × 판매량 = 고정원가 + 목표이익 □ 목표이익을 위한 판매량 = $\dfrac{\text{고정원가} + \text{목표이익}}{\text{단위당공헌이익}}$	• 공헌이익률 × 매출액 = 고정원가 + 목표이익 □ 목표이익을 위한 매출액 = $\dfrac{\text{고정원가} + \text{목표이익}}{\text{공헌이익률}}$

문제 104번 | 안전한계와 영업레버리지 | 출제구분 재출제 | 난이도 ★★☆ | 정답 ④

- ① 안전한계(=매출액 - 손익분기점매출액)는 손실을 발생시키지 않으면서 허용할 수 있는 매출액의 최대 감소액을 의미하므로 기업의 안전성을 측정하는 지표로 많이 사용된다.
  → 예 안전한계가 400이라 함은 매출액이 400 감소해도 안전하다는 의미이다.(∵손실을 보지 않으므로)
- ② 안전한계가 위 ①과 같이 안전성을 측정하는 지표로 많이 사용되므로 안전한계가 높을수록 기업의 안전성이 높다고 말할 수 있으며, 안전한계가 낮을수록 기업의 안전성에 문제가 있다고 판단할 수 있다.
  → 경영자가 좀 더 높은 안전한계수준을 원한다면 손익분기점을 낮추거나 회사의 전반적인 매출수준을 늘리기 위한 노력을 해야 한다.
- ③ 영업레버리지도(DOL= $\dfrac{\text{영업이익변화율}}{\text{매출액변화율}}$ = $\dfrac{\text{공헌이익}}{\text{영업이익}}$ = $\dfrac{\text{매출액} - \text{변동비}}{\text{매출액} - \text{변동비} - \text{고정비}}$)의 증감은 다음과 같다.

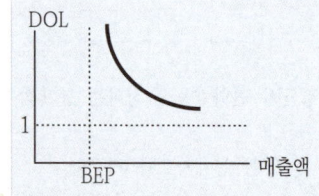

- 고정비비중이 클수록 DOL의 분모가 작아져 DOL이 커짐
- 고정비가 '0'이면 DOL = 1이 됨.
- BEP에 근접함에 따라서 분모인 영업이익이 0에 근접함으로, DOL=∞가 됨. → 즉, DOL은 손익분기점 부근에서 가장 커짐.
- DOL은 매출액증가에 따라 점점 감소하여 1에 접근함.
참고 BEP에 미달할수록 DOL은 -1에 접근함.

- ④ 영업레버리지는 고정원가로 인하여 매출액의 변화율보다 영업이익의 변화율이 더 커지는 현상을 말한다.
  → 즉, 변동원가가 아니라 고정원가이며, 변화액이 아니라 변화율로 측정한다.

문제 105번 | 민감도분석 : 판매가증가시 영업이익증가율 | 출제구분 신유형 | 난이도 ★★★ | 정답 ④

- 공헌이익(400,000) - 고정원가 = 영업이익(100,000) → 총고정원가 = 300,000
- **예시** 단위당판매가격 100원, 단위당변동원가 60원, 20x1년 판매량 10,000개인 경우로 가정
  - 단위당판매가격, 단위당변동원가, 총고정원가가 동일하다고 하였으므로 연도별 영업이익은 다음과 같다.
    ㉠ 20x1년 영업이익 : 매출(10,000개×100) - 변동원가(10,000개×60) - 300,000 = 100,000
    ㉡ 20x2년 영업이익 : 매출[(10,000개×140%)×100] - 변동원가[(10,000개×140%)×60] - 300,000 = 260,000

∴20x1년 대비 20x2년도의 영업이익증가율 : $\dfrac{260,000 - 100,000}{100,000}$ = 160%

[별해] 영업레버리지도 = $\dfrac{\text{영업이익변화율}(X)}{\text{매출액변화율}(40\%)}$ = $\dfrac{\text{공헌이익}(400,000)}{\text{영업이익}(100,000)}$ → X = 1.6(160%)

*저자주 민감도분석은 다양한 case를 고려할 때 수험용으로는 위와 같이 임의 가정치로 접근하기 바랍니다.

| 문제 106번 | 사업부별 성과평가 | 출제구분 | 재출제 | 난이도 | ★ ★ ★ | 정답 | ① |

- ① 공통고정원가란 여러 사업부에서 공통적으로 사용되는 고정원가로서 특정사업부에 추적이 불가능한 원가이다. 예를 들면 본사건물의 감가상각비, 회사전체적인 광고선전비, 최고경영자의 급료 등이 포함된다. 이러한 공통고정원가는 여러 사업부에서 공통적으로 사용되는 고정원가이므로 특정사업부에 부과시키거나 임의로 배분해서는 안 되며 총액으로 관리해야 한다.
- ② 특정 사업부문의 추적가능성에 따라 사업부별 추적가능고정원가와 공통고정원가로 구분하는 것이 바람직하다.

고정원가의 분류		
원가의 종류	추적가능성	통제가능성
통제가능고정원가	**추적가능**	**통제가능**
통제불능고정원가	추적가능	통제불능
공통고정원가	추적불능	통제불능

- ③ 통제가능원가와 통제불능원가를 반드시 구분하여야 하며, 통제불가능항목은 성과평가시 제외되어야 한다.
- ④ 특정사업부의 경영자에 대한 성과평가시 추적가능하고 통제가능한 원가만을 포함하는 것이 바람직하다.

| 문제 107번 | 사업부별 성과평가측정치 | 출제구분 | 재출제 | 난이도 | ★ ★ ★ | 정답 | ② |

- 사업부공헌이익은 사업부경영자공헌이익에서 사업부가 단기적으로 통제할 수 없으나 사업부에 직접 추적 또는 배분 가능한 고정원가를 차감한 것으로 사업부의 성과평가목적에 가장 적합한 이익개념이다.

* 비교 사업부 경영자 개인의 성과평가목적에 가장 적합한 이익개념 : 사업부경영자공헌이익

Guide 성과평가측정치로서의 이익 분류

공헌이익	• 매출액에서 변동원가를 차감한 금액으로, 목표이익달성을 위한 조업도 선택, 제품배합의 결정 등 단기적 계획설정에 유용한 이익개념 →그러나 고정원가 중 일부는 통제가능원가이고 고정원가와 변동원가의 비율을 어느 정도 조절할 수 있기 때문에 사업부경영자의 성과평가에는 유용하지 못함.
사업부경영자공헌이익	• 공헌이익에서 사업부경영자가 통제할 수 있는 고정원가를 차감한 것으로 사업부경영자의 성과평가목적에 가장 적합한 이익개념 →왜냐하면, 부문경영자가 통제가능한 모든 활동이 여기에 포함되어 있기 때문임.
사업부공헌이익	• 사업부경영자공헌이익에서 사업부가 단기적으로 통제할 수 없으나 사업부에 직접 추적 또는 배분가능한 고정원가를 차감한 것으로 사업부의 성과평가목적에 가장 적합한 이익개념 →'사업부마진'이라고도 하며, 특정사업부에서 발생한 모든 수익과 원가가 포함되기 때문에 사업부 자체의 수익성을 평가하는 데 유용함. 특히 특정사업부의 설비대체, 투자안분석, 투자수익률분석 등 장기적 의사결정에 중요한 정보를 제공함.
순이익	• 사업부공헌이익에서 공통고정원가(추적불능/통제불능)와 법인세비용을 차감한 이익

문제 108번 | 매출배합차이와 매출수량차이 | 출제구분 재출제 | 난이도 ★★★ | 정답 ①

- 단위당예산공헌이익 - ㉠ 제품A : 800 - 500 = 300 ㉡ 제품B : 600 - 400 = 200
- 매출조업도차이 분해

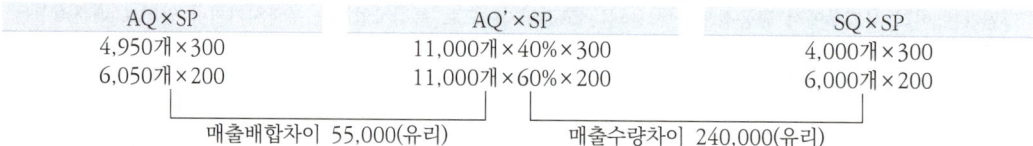

Guide 매출배합차이와 매출수량차이 계산

기호정의	• AQ : 실제판매량, AP : 단위당실제판매가격, SQ : 예산판매량, SP : 단위당예산공헌이익
매출조업도차이 분해	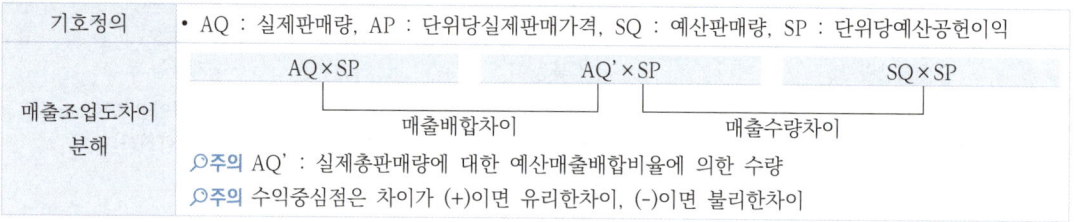 🔍주의 AQ' : 실제총판매량에 대한 예산매출배합비율에 의한 수량 🔍주의 수익중심점은 차이가 (+)이면 유리한차이, (-)이면 불리한차이

문제 109번 | 잔여이익에 의한 신규투자 | 출제구분 재출제 | 난이도 ★★★ | 정답 ②

- A사업부 : 최저필수수익률을 초과하는 수익률이 기대된다.
    → 따라서, '영업이익〉투자액 × 최저필수수익률'이며 잔여이익이 (+)이므로 수락(채택)
- B사업부 : 최저필수수익률에 미달하는 수익률이 기대된다.
    → 따라서, '영업이익〈투자액 × 최저필수수익률'이며 잔여이익이 (-)이므로 거절(기각)
- *참고 결국, 잔여이익에 의해 성과평가가 이루어질 경우 각 사업부는 최저필수수익률을 초과하는 신규투자안은 수락(채택)하지만 최저필수수익률에 미달하는 신규투자안은 거절(기각)하게 된다.

문제 110번 | 투자수익률(ROI)와 잔여이익(RI)의 비교 | 출제구분 재출제 | 난이도 ★★☆ | 정답 ③

- ① 잔여이익[= 영업이익 - 영업자산(투자액) × 최저필수수익률]은 금액, 투자수익률[= 영업이익 ÷ 영업자산(투자액)]은 비율에 의하므로 채택되는 투자안이 상이할 수 있다.
    → 즉, 투자수익률(ROI)에서는 채택되어도 잔여이익(RI)에서는 기각 가능
- ② 투자수익률이 갖고 있는 준최적화(= 회사전체 최저필수수익률을 상회하는 좋은 투자안이 개별투자중심점의 투자수익률 보다 낮기 때문에 투자가 포기되어 회사전체이익에 불리한 의사결정이 이루어지는 것)의 문제점은 잔여이익으로 해결 가능하다.
    → 즉, 투자수익률이 갖는 준최적화의 문제점을 극복하기 위해 잔여이익이 출현하였다.
- ④ 투자수익률법은 비율에 의하므로 투자규모가 서로 다른 투자안에 대한 성과평가 및 비교에 유용하다는 장점이 있는 반면, 잔여이익은 투자규모가 서로 다른 투자안에 대한 성과평가시 상호 비교하기가 어렵다는 문제점이 있다.

문제 111번 | 투자중심점 성과평가 : 잔여이익 | 출제구분 재출제 | 난이도 ★★☆ | 정답 ①

- 사업부별 잔여이익 계산
  - A사업부 : 500,000(영업이익) - 1,000,000(영업자산) × 10%(최저필수수익률) = 400,000
  - B사업부 : 1,000,000(영업이익) - 2,000,000(영업자산) × 40%(최저필수수익률) = 200,000
  - C사업부 : 1,000,000(영업이익) - 3,000,000(영업자산) × 30%(최저필수수익률) = 100,000
- 잔여이익이 높은 순서 : A사업부(400,000) > B사업부(200,000) > C사업부(100,000)

Guide 잔여이익(RI) 주요사항

잔여이익 계산	□ 잔여이익(RI) = 영업이익 - 영업자산(투자액) × 최저필수수익률 🔍주의 투자수익률(ROI)에 의한 의사결정과 잔여이익(RI)에 의한 의사결정은 일치하지 않음. → 즉, 투자수익률(ROI)에서는 채택되어도 잔여이익(RI)에서는 기각 가능
장점	• 준최적화현상이 발생하지 않음. →각 사업부의 경영자는 최저필수수익률을 초과하는 모든 투자안을 수락하게 되므로 투자중심점과 회사전체의 이익을 동시에 극대화 가능
단점	• 금액으로 표시하므로 각 사업부의 투자규모가 상이할 경우 사업부간 성과 비교에 한계가 있음. • 투자수익률(ROI)과 마찬가지로 회계적이익에 기초하므로 성과평가와 의사결정의 일관성이 결여

문제 112번 | 제품라인 유지·폐지 의사결정 | 출제구분 재출제 | 난이도 ★★☆ | 정답 ②

- 사업부 X를 폐지하는 경우
  - 증분수익 - 감소 : 공헌이익 500,000 - 280,000 = (220,000)
  - 증분비용 - 감소 : 회피가능고정원가 = 100,000
  - 증분손익 (120,000)

∴ 사업부 X를 폐지한다면 순이익은 증분손실 120,000원 만큼 감소한다.

Guide 제품라인 유지·폐지 의사결정

고려사항	• 회사전체의 이익에 미치는 영향을 기준으로 폐지여부를 결정함. →제품라인의 유지·폐지 문제에서는 제품라인 자체의 이익을 고려하여 결정하는 것이 아니라, 기업 전체적인 입장(goal congruence)에서 전체 이익에 미치는 영향을 분석해야 함. • 폐지로 인한 회피가능고정비 존재시 이 또한 고려함. →제품라인을 폐지할 경우 매출액과 변동원가는 사라지지만 고정원가는 회피가능고정원가와 회피불가능고정원가로 나눌 수 있기 때문임.
제품라인폐지 의사결정	□ 제품라인의 공헌이익 < (회피가능고정원가 + 기회원가)

문제 113번 | 특별주문 수락·거부 의사결정 | 출제구분: 재출제 | 난이도: ★☆☆ | 정답: ①

- 특별주문 수락의 경우
  증분수익 - 증가: 200단위 × @10,000 = 2,000,000
  증분비용 - 증가: 200단위 × (3,000 + 3,000 + 3,500) = (1,900,000)
  증분손익   100,000

  → ∴ 특별주문을 수락할 경우 100,000원의 추가이익(증분이익)이 발생하므로 주문을 수락한다.

Guide ▶ 특별주문 수락·거부 의사결정

고려사항	• 특별주문으로 증가되는 수익(특별주문가격)과 변동원가 • 유휴설비능력이 있는 경우 유휴설비의 대체용도를 통한 이익상실분(기회원가) • 유휴설비능력이 없는 경우 기존 정규매출감소로 인한 공헌이익상실분 • 유휴설비능력이 없는 경우 설비능력 확충시 추가적 설비원가 　🔍주의 고정원가(FOH, 고정판관비)는 특별주문의 수락여부와 관계없이 일정하게 발생하므로 일반적으로 분석에서 제외하나, 조업도 수준에 따라 증감하는 경우에는 고려함.
주문수락 의사결정	㉠ 유휴설비능력이 존재하는 경우 　　　□ 증분수익 > 증분원가 ㉡ 유휴설비능력이 존재하고 대체적 용도가 있는 경우 　　　□ 증분수익 > 증분원가 + 기회원가 ㉢ 유휴설비능력이 존재하지 않는 경우 　　　□ 증분수익 > 증분원가 + 추가설비원가 + 기존판매량 감소분의 공헌이익

| 문제 114번 | 자가제조·외부구입 의사결정 | 출제구분 | 재출제 | 난이도 | ★ ★ ★ | 정답 | ④ |

- 유휴설비를 다른 제품의 생산에 이용할 수 있는 경우에는 변동제조원가 절감액과 다른 제품 공헌이익의 합계액에서 외부부품 구입대금을 차감한 금액이 0(영)보다 큰 경우 외부 구입 대안을 선택한다.

Guide 자가제조·외부구입 의사결정

고려사항	• 자가제조시 관련원가와 외부구입가격을 고려 　○주의 자가제조시 증감하는 고정원가도 관련원가이므로 이도 고려함. 　　→ 예 자가제조시 추가 고용 감독자급료 • 외부구입시 다음을 고려함. 　㉠ 기존설비 임대가 가능한 경우 : 임대수익을 고려 　㉡ 기존설비로 다른 제품 생산시 : 관련수익과 변동원가를 고려(=다른 제품 공헌이익) 　㉢ 회피가능고정원가는 관련원가, 회피불능고정원가는 비관련원가임.
고려해야할 비재무적 정보	• 자가제조의 경우는 부품 공급업자에 대한 의존도를 줄일 수 있으며, 품질관리를 보다 쉽게 할 수 있다는 장점이 있음. • 자가제조의 경우는 공급업자에 대한 의존도를 줄임으로써 공급업자와의 관계를 상실하여 향후에 급격한 주문의 증가로 회사의 생산능력이 초과할 때 제품을 외부구입하기가 쉽지 않을 수 있음. (별도의 추가적 시설투자가 필요하므로 많은 비용이 발생하는 단점이 있음.) • 제품에 특별한 지식·기술이 요구될 때 자가제조를 하며 품질을 유지하기가 쉽지 않을 수 있음.
외부구입 의사결정	㉠ 기존설비의 대체용도가 있는 경우 　□ 증분수익(변동원가+회피가능고정원가+기회원가) > 증분비용(외부구입원가) ㉡ 기존설비의 대체용도가 없는 경우 　□ 증분수익(변동원가+회피가능고정원가) > 증분비용(외부구입원가)

| 문제 115번 | 외부구입과 지불가능 최대가격 | 출제구분 | 재출제 | 난이도 | ★ ★ ★ | 정답 | ③ |

- 외부구입의 경우
  증분비용 - 증가 : 구입액　　　　　　　　　　　　　　　　　= (20,000단위×A)
  　　　　 - 감소 : 원가감소 20,000단위×(200+50+50)+600,000×2/3 = 6,400,000
  　증분손익　　　　　　　　　　　　　　　　　　　　　　　　　6,400,000 − 20,000단위×A

  → 6,400,000 − 20,000단위×A ≧ 0 에서, A ≦ 320

문제 116번 | 자본예산모형의 구분 | 출제구분: 재출제 | 난이도: ★☆☆ | 정답: ③

- 내부수익률(IRR) : 현금유입액의 현재가치와 현금유출액의 현재가치를 같게 해주는 할인율

Guide 내부수익률법(IRR법)

의의	☐ IRR : '현금유입의 현재가치 = 현금유출의 현재가치'로 만드는 할인율	
	🔍주의 결국, IRR은 'NPV=0'인 할인율임.	
	보론 IRR은 자본비용의 손익분기점이라는 의미를 갖음.(즉, 자본비용보다 크면 이익)	
의사결정	상호독립적 투자안	• 'IRR 〉 자본비용'이면 채택
	상호배타적 투자안	• IRR이 가장 큰 투자안 채택
장점	• ⊙ 현금흐름과 화폐의 시간가치를 고려함. ⓒ 회계적 수치와 무관하므로 자의적 요인을 제거 가능함.	
단점	• ⊙ 내부수익률로 재투자된다고 가정하므로 지나치게 낙관적이라는 문제점이 있음. ⓒ IRR을 계산하기가 어려움.(∵보간법이나 시행착오법 사용) ⓒ IRR은 금액이 아닌 비율(투자규모 무시)이므로 가치가산원칙이 성립치 않음. ② 현금흐름에 따라서는 IRR이 복수이거나, IRR이 존재치 않을 수 있는 문제점이 있음.	

문제 117번 | 회수기간법 회수기간 계산 | 출제구분: 재출제 | 난이도: ★★☆ | 정답: ④

- $3년 + 1년 \times \dfrac{30,000 - (5,000 + 9,000 + 8,000)}{10,000} = 3.8년$

Guide 회수기간 계산

계산방법	☐ 회수기간 = 기회수연수 + 1년 × $\dfrac{미회수액(= 투자액 - 기회수액)}{당해 회수액}$
	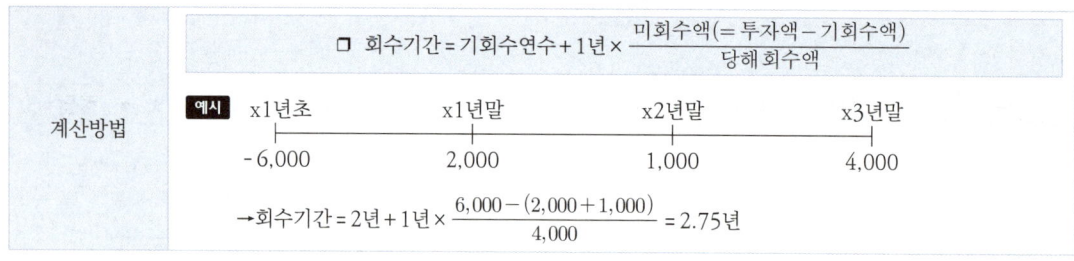
	→ 회수기간 = $2년 + 1년 \times \dfrac{6,000 - (2,000 + 1,000)}{4,000} = 2.75년$

문제 118번 | 자본예산과 순영업현금흐름 | 출제구분 재출제 | 난이도 ★★★ | 정답 ②

- 순영업현금흐름에 고려할 사항 : 매출액, 현금비용, 감가상각비절세효과, 원가절감액
- 매년 감가상각비 : (50,000,000 - 5,000,000) ÷ 5년 = 9,000,000
- 매년 순영업현금흐름
  - 세후 매출액   : 35,000,000 × (1 - 30%) = 24,500,000
  - 세후 현금영업비용 : 17,000,000 × (1 - 30%) = (11,900,000)
  - 감가상각비 절세효과 :   9,000,000 × 30% =   2,700,000
  - 　　　　　　　　　　　　　　　　　　　　　　 15,300,000

Guide 자본예산시 투자기간현금흐름(순영업현금흐름)

영업현금흐름	• 매출증가액, 현금비용증가액 등 → 법인세차감후금액을 현금유입·유출 처리
감가상각비 절세효과	• 현금유입 처리 　　　　　□ 감가상각비 절세효과 : 감가상각비 × 세율
원가절감액	• 투자로 인한 원가절감액을 현금유입 처리 • 원가절감액(비용감소액)으로 인한 증세효과를 현금유출 처리 　　　　　□ 원가절감액 증세효과 : 원가절감액 × 세율

문제 119번 | 수요사업부 최대대체가격 | 출제구분 재출제 | 난이도 ★★☆ | 정답 ②

- 최대대체가격(B사업부)〈외부구매시장O〉: Min[㉠ 외부구입가격 ㉡ 판매가격 - 대체후단위당지출원가]
  → Min[㉠ 550 ㉡ 1,100 - 500 = 600] = 550

Guide 최대·최소대체가격(TP) 계산

최대대체가격 [수요사업부]	외부구매시장 없는 경우	□ 판매가격 - 대체후단위당지출원가 → 대체후단위당지출원가 = 추가가공원가 + 증분단위당고정비 + 단위당추가판매비
	외부구매시장 있는 경우	□ Min[① 외부구입가격 ② 판매가격 - 대체후단위당지출원가] 💡주의 대체후지출없이 판매시 일반적으로 판매가>외부구입가, 즉, 최대TP=외부구입가
최소대체가격 [공급사업부]	외부판매시장 없는 경우	□ 대체시단위당지출원가 - 대체시절감원가 → 대체시단위당지출원가 = 단위당변동비 + 증분단위당고정비
	외부판매시장 있는 경우	㉠ 유휴시설이 없는 경우 　□ 대체시단위당지출원가 + 정규매출상실공헌이익 - 대체시절감원가 ㉡ 유휴시설이 있는 경우 　□ 대체시단위당지출원가 + 타용도사용포기이익 - 대체시절감원가

| 문제 120번 | 외부실패원가 집계 | 출제구분 | 재출제 | 난이도 | ★ ★ ☆ | 정답 | ③ |

- 외부실패원가 : 2,500(반품원가) + 5,000(소비자 고충처리비) = 7,500
  → 생산직원 교육원가 : 예방원가
  → 생산라인 검사원가, 제품 검사원가, 구입재료 검사원가 : 평가원가

Guide 품질원가(COQ)

의의	• 품질원가(COQ)란 불량품이 생산되지 않도록 하거나, 생산된 결과로 발생하는 모든 원가를 말함.
품질원가 종류	❖ 통제원가(사전품질원가) ▶ 통제원가가 증가할수록 불량률은 감소함(∴역관계) <table><tr><th>예방원가</th><th>평가원가</th></tr><tr><td>• 불량품 생산을 예방키 위해 발생하는 원가 ㉠ 품질관리시스템 기획원가, 예방설비 유지 ㉡ 공급업체 평가원가, 품질·생산직원교육원가 ㉢ 설계·공정·품질 엔지니어링원가</td><td>• 불량품을 적발키 위해 발생하는 원가 ㉠ 원재료나 제품의 검사·시험원가 ㉡ 검사설비 유지원가 ㉢ 현장·생산라인검사원가</td></tr></table> ❖ 실패원가(사후품질원가) ▶ 불량률이 증가할수록 실패원가는 증가함(∴정관계) <table><tr><th>내부실패원가</th><th>외부실패원가</th></tr><tr><td>• 불량품이 고객에게 인도되기 전에 발견됨으로써 발생하는 원가 ㉠ 공손품원가, 작업폐물원가 ㉡ 재작업원가, 재검사원가 ㉢ 작업중단원가</td><td>• 불량품이 고객에게 인도된 후에 발견됨으로써 발생하는 원가 ㉠ 고객지원원가(소비자 고충처리비), 보증수리원가, 교환원가 ㉡ 반품원가(반품운송,재작업,재검사 포함) ㉢ 손해배상원가, 판매기회상실에 따른 기회비용</td></tr></table>
품질원가 최소점	• 전통적 관점 : 허용가능품질수준(AQL) • 최근의 관점 : 불량률이 0인 무결함수준

재경관리사 공개기출해설 [원가]

2022년 3월에 시행된 기출문제에 대한 완벽한
해설을 관련이론(가이드)과 함께 제시하였습니다.
해당 문제는 합본부록을 참고바랍니다.

Certified Accounting Manager

원가관리회계
공개기출문제해설
[2022년 03월 시행]

SEMOOLICENCE

문제 81번   기초원가와 가공원가   출제구분: 재출제   난이도: ★ ☆ ☆   정답: ④

- 기초원가 : 직접재료원가(400,000) + 직접노무원가(500,000) = 900,000
- 가공원가 : 직접노무원가(500,000) + 제조간접원가(240,000) = 740,000

Guide 당기총제조원가의 구성(기초원가와 가공원가 계산)

직접재료원가(DM)	• 기초원재료 + 당기매입 - 기말원재료
직접노무원가(DL)	• 지급임금 + 미지급임금 **예시** 당월지급 100(전월미지급분 10, 당월분 60, 차월선급분 30), 당월분미지급 50일 때 → DL : 60 + 50 = 110
제조간접원가(OH)	• 제조간접원가(OH) = 변동제조간접원가(VOH) + 고정제조간접원가(FOH) 예 간접재료비, 간접노무비, 공장건물 감가상각비와 보험료
기초원가(기본원가)	• 직접재료원가(DM) + 직접노무원가(DL)
가공원가(전환원가)	• 직접노무원가(DL) + 제조간접원가(OH)

문제 82번   원가회계 용어의 정의   출제구분: 재출제   난이도: ★ ☆ ☆   정답: ④

- 원가집합 : 특정원가대상에 속하지 않는 간접원가(원가대상에 직접 추적불가한 원가)를 모아둔 것
- 원가동인 : 원가대상의 총원가에 변화를 유발시키는 요인(작업시간, 생산량 등으로 원가대상에 따라 다양함)

Guide 원가회계 용어 주요사항

원가대상 (원가집적대상)	• 직접대응이나 간접적 원가배분에 의한 원가측정을 통해 원가집계가 되는 활동, 항목, 단위 예 제품, 부문, 공정, 활동, 작업, 서비스, 프로젝트, 프로그램, 공장전체 →구체적인 원가대상은 경영자의 의사결정 목적에 따라 선택됨.
원가집합	• 원가대상에 직접적으로 추적할 수 없는 간접원가(배분되어야 할 공통원가)들을 모아둔 것
원가배분	• 원가집합에 집계된 간접원가를 일정한 배부기준에 따라 원가대상에 배분하는 과정 **저자주** 원가배부 : 엄밀히 말해 원가대상이 제품으로 한정될 때 사용하는 용어이나, 수험목적상으로는 원가배분과 혼용되어 사용되고 있습니다.
조업도	• 협의 : 일정기간 동안 생산설비의 이용정도 • 광의 : 일정기간 동안 원가대상의 원가변동에 가장 큰 영향을 주는 원가동인(예 생산량, 판매량)
원가동인	• 원가대상의 총원가에 변화를 유발시키는 요인 →**주의** 매우 다양함.(예 제품 : 생산량, 작업시간)
원가행태	• 조업도(원가동인)의 변동에 따른 원가발생액의 변동양상(예 변동원가, 고정원가)
관련범위	• 원가·조업도간 일정관계가 유지되는 조업도 범위로, 변동·고정원가 구분이 타당한 조업도 구간

| 문제 83번 | 제조원가명세서 기말원재료·기말재공품 | 출제구분 | 재출제 | 난이도 | ★ ☆ ☆ | 정답 | ② |

- 500,000(기초원재료) + 6,300,0000(당기매입원재료) − A(기말원재료) = 3,800,000(DM) →A = 3,000,000
- 1,000,000(기초재공품) + 8,800,000(당기총제조원가) − B(기말재공품) = 9,000,000(당기제품제조원가) →B = 800,000
- ∴A(3,000,000) + B(800,000) = 3,800,000

Guide 제조기업의 원가흐름

계정흐름	원재료		재공품		제품	
	기초원재료	사용액(DM)	기초재공품	당기제품제조원가	기초제품	제품매출원가
	당기매입	기말원재료	당기총제조원가	기말재공품	당기제품제조원가	기말제품
당기총제조원가	• 직접재료원가(DM) + 직접노무원가(DL) + 제조간접원가(OH)					
당기제품제조원가	• 기초재공품 + 당기총제조원가 − 기말재공품					
제품매출원가	• 기초제품 + 당기제품제조원가 − 기말제품					

| 문제 84번 | 보조부문원가배분 : 직접배분법 | 출제구분 | 재출제 | 난이도 | ★ ☆ ☆ | 정답 | ③ |

- 직접배분법은 보조부문 상호간에 행해지는 용역의 수수를 완전히 무시하고 보조부문원가를 각 제조부문이 사용한 용역의 상대적 비율에 따라 제조부문에 직접 배분한다.
  →보조부문원가는 다른 보조부문에 전혀 배분되지 않게 된다.

- 제조부문C가 배분받은 보조부문원가 : $400,000 \times \dfrac{30\%}{30\% + 50\%} + 480,000 \times \dfrac{40\%}{40\% + 20\%} = 470,000$

	A	B	C	D
배분전원가	400,000	480,000	?	?
A	(400,000)	−	$400,000 \times \dfrac{30\%}{30\% + 50\%} = 150,000$	$400,000 \times \dfrac{50\%}{30\% + 50\%} = 250,000$
B	−	(480,000)	$480,000 \times \dfrac{40\%}{40\% + 20\%} = 320,000$	$480,000 \times \dfrac{20\%}{40\% + 20\%} = 160,000$
배분후원가	0	0	?	?

| 문제 85번 | 개별원가계산과 종합원가계산 비교 | 출제구분 | 재출제 | 난이도 | ★ ☆ ☆ | 정답 | ④ |

- 개별원가계산 : 주문받은 개별 제품별로 작성된 작업원가표에 집계하여 계산
- 종합원가계산 : 발생한 총원가를 총생산량으로 나누어 단위당 평균제조원가 계산

Guide 개별원가계산과 종합원가계산 비교

	개별원가계산	종합원가계산
생산형태	• 주문에 따른 다품종 소량생산방식 →예 조선업, 기계제작업, 건설업	• 동종제품의 대량 연속생산방식 →예 제분업, 섬유업, 시멘트업, 정유업
원가집계	• 제조원가는 각 작업별로 집계	• 제조원가는 각 공정별로 집계
기말재공품평가	• 평가문제 발생치 않음(∴정확함.)	• 평가문제 발생함(∴부정확함.)
핵심과제	• 제조간접원가배부(작업원가표)	• 완성품환산량계산(제조원가보고서)
기타사항	• 제품단위당 원가는 작업원가표에 집계된 제조원가를 작업한 수량으로 나누어 계산함. • 재고자산 평가에 있어서 작업이 완성된 것은 제품계정으로 대체되고, 미완성된 작업은 재공품이 됨.	• 일정기간에 발생한 총원가를 총생산량으로 나누어 단위당 평균제조원가를 계산함. • 제품은 완성수량에, 재공품은 기말재공품완성품환산량에 단위당 평균제조원가를 곱하여 계산함.

| 문제 86번 | 제조간접원가배부액 추정 | 출제구분 | 기출변형 | 난이도 | ★ ★ ☆ | 정답 | ③ |

- 총제조원가(210,000) = (40,000 + 30,000 + 60,000) + (20,000 + B부문 직접노무원가 + B부문 직접노무원가×200%)
  → B부문 직접노무원가 = 20,000
- ∴ B부문 제조간접원가 배부액 : B부문 직접노무원가×200% ⇒ 20,000×200% = 40,000

Guide 제조간접원가 배부

의의	• 제조간접원가의 발생과 높은 상관관계를 가진 배부기준을 정하여 각 제품에 배부
배부기준	• ㉠ 복리후생비 : 각 부문의 종업원수 ㉡ 임차료 : 각 부문의 점유면적
배부율	• 제조간접비배부율 = 제조간접원가 ÷ 배부기준(조업도)

| 문제 87번 | 개별원가계산의 일반적 절차 | 출제구분 | 재출제 | 난이도 | ★ ★ ☆ | 정답 | ④ |

- 일반적인 개별원가계산절차는 다음과 같으며, 직접원가와 간접원가를 구분하는 것이 중요하다.

【1단계】	• 원가집적대상이 되는 개별작업을 파악한다.
【2단계】	• 개별작업에 대한 제조직접원가를 계산하여 개별작업에 직접 추적한다.
【3단계】	• 개별작업에 직접 대응되지 않는 제조간접원가를 파악한다. →제조간접원가는 공장전체를 하나의 원가집합으로 보아 집계할 수도 있고 각 부문별로 집계할 수도 있다.
【4단계】	• 제3단계에서 집계된 제조간접원가를 배부하기 위한 배부기준을 설정한다.
【5단계】	• 원가배부기준에 따라 제조간접원가 배부율을 계산하여 개별작업에 배부한다.

| 문제 88번 | 기말재공품완성도 : 모든 원가 균등발생 | 출제구분 | 재출제 | 난이도 | ★ ★ ★ | 정답 | ② |

- 평균법(기초재공품이 없으므로 선입선출법에 의한 결과와 동일하다.) : 기말재공품 완성도를 A라고 가정
  ⓘ주의 모든 제조원가가 공정 진척정도에 따라 투입되므로, 재료비도 공정 진척정도에 따라 투입된다.

  [1단계] 물량흐름

		[2단계] 완성품환산량	
		재료비	가공비
완성	1,000	1,000	1,000
기말	500(A)	500×A	500×A
	1,500	1,000+500×A	1,000+500×A

∴ 당기발생재료비를 X, 당기발생가공비를 Y라하면, $X+Y=240,000$이므로,

$$\frac{X}{1,000+500\times A} + \frac{Y}{1,000+500\times A} = \frac{X+Y}{1,000+500\times A} = \frac{240,000}{1,000+500\times A} = 200 \text{ 에서, } A=40\%$$

| 문제 89번 | 평균법 완성품원가·기말재공품원가 계산 | 출제구분 | 재출제 | 난이도 | ★ ★ ☆ | 정답 | ① |

- 평균법 종합원가계산

  [1단계] 물량흐름

		[2단계] 완성품환산량	
		재료비	가공비
완성	400	400	400
기말	100(20%)	100	100×20% = 20
	500	500	420

  [3단계] 총원가요약
	재료비	가공비
기초	8,000,000	6,000,000
당기발생	32,000,000	24,240,000
	40,000,000	30,240,000

  [4단계] 환산량단위당원가(cost/unit) ÷500   ÷420
  ‖   ‖
  @80,000   @72,000

  [5단계] 원가배분
  완성품원가   : 400×@80,000 + 400×@72,000 = 60,800,000
  기말재공품원가 : 100×@80,000 + 20×@72,000 = 9,440,000

| 문제 90번 | 평균법·선입선출법 완성품환산량 | 출제구분 | 재출제 | 난이도 | ★ ☆ ☆ | 정답 | ③ |

- 평균법 완성품환산량의 계산

  [1단계] 물량흐름

		[2단계] 완성품환산량	
		재료비	가공비
완성	2,000	2,000	2,000
기말	500(70%)	500	500×70% = 350
	2,500	2,500	**2,350**

- 선입선출법 완성품환산량의 계산

  [1단계] 물량흐름

		[2단계] 완성품환산량	
		재료비	가공비
기초완성	600(60%)	0	600×(1 - 60%) = 240
당기완성	2,000 - 600 = 1,400	1,400	1,400
기 말	500(70%)	500	500×70% = 350
	2,500	1,900	**1,990**

| 문제 91번 | 표준원가계산 일반사항 | 출제구분 | 재출제 | 난이도 | ★ ☆ ☆ | 정답 | ④ |

- 가 : 표준원가란 현실적으로 달성가능한 상황에서 설정된 목표원가이다. 표준원가계산제도에서의 표준원가라 하면 일반적으로 이상적 표준이 아니라 현실적 표준(경영의 실제활동에서 열심히 노력하면 달성될 것으로 기대되는 표준원가)을 의미한다.
- 다 : 표준에서 벗어나는 차이 중 사전에 설정된 허용범위를 벗어나는 경우에만 검토하면 되며, 이를 '예외에 의한 관리'라고 한다. 표준원가계산은 예외에 의한 관리를 통해 표준원가와 실제원가의 차이 중 중요한 부분에 대해서만 관심을 가지게 된다. 다만, 중요한 불리한 차이든지 중요한 유리한 차이든지 중요한 차이는 모두 검토한다.

| 문제 92번 | 정상개별원가계산 제조간접원가 배부차이 | 출제구분 | 재출제 | 난이도 | ★ ☆ ☆ | 정답 | ① |

- 제조간접원가예정배부율 : $\dfrac{255,000}{100,000시간}$ = 2.55/시간

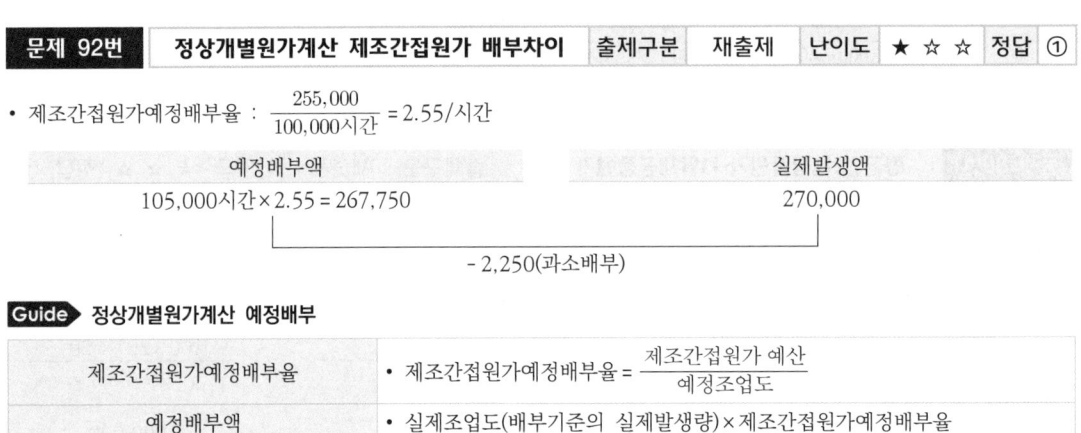

Guide 정상개별원가계산 예정배부

제조간접원가예정배부율	• 제조간접원가예정배부율 = $\dfrac{제조간접원가\ 예산}{예정조업도}$
예정배부액	• 실제조업도(배부기준의 실제발생량) × 제조간접원가예정배부율

| 문제 93번 | 직접재료원가 구입가격차이와 SP추정 | 출제구분 | 재출제 | 난이도 | ★ ★ ★ | 정답 | ③ |

- AP(단위당 실제구입가격) = 200
- AQ'(구입량) 추정[원재료계정]

| 기초원재료 | 145,000 | 투입액(사용액) | 400,000 |
| 구입액(AQ' × AP) | ? | 기말원재료 | 160,000 |

→ 구입액(AQ' × AP) = 415,000
→ AP = 200이므로, 구입량(AQ') = 2,075단위

- SP(단위당 표준원가) 계산

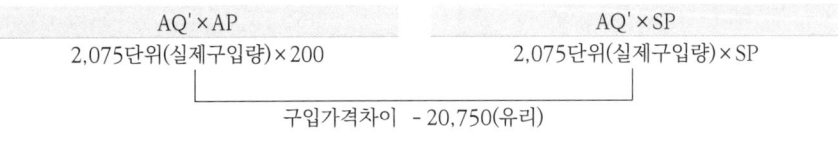

→ SP(단위당 표준가격) = 210

비교 사용가격차이 계산구조

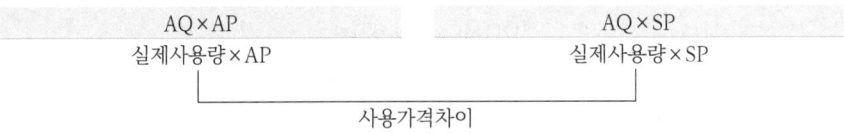

| 문제 94번 | VOH차이분석과 실제생산량 추정 | 출제구분 | 재출제 | 난이도 | ★★★ | 정답 | ④ |

- S = 실제생산량 × 3시간, A = 28,000시간, 실제발생액 = 37,800
- 변동제조간접원가 차이분석

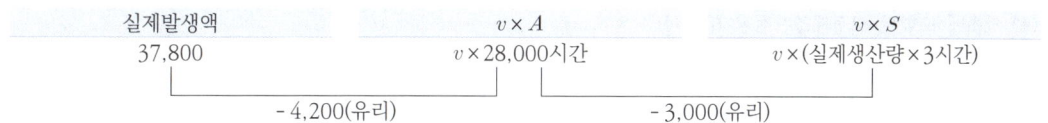

→ 37,800 - v × 28,000시간 = -4,200 에서, v = 1.5
→ (1.5 × 28,000시간) - 1.5 × (실제생산량 × 3시간) = -3,000 에서, 실제생산량 = 10,000단위

Guide 변동제조간접원가 차이분석 구조

기호정의	N : 기준조업도, V : VOH예산, v : VOH배부율(= $\frac{V}{N}$) S : 실제생산량에 허용된 표준조업도, A : 실제조업도
VOH 차이분석	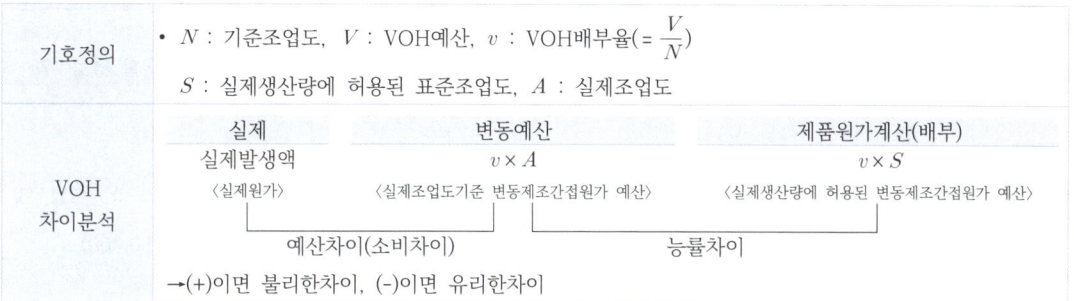 →(+)이면 불리한차이, (-)이면 유리한차이

| 문제 95번 | 표준원가계산 원가차이 조정 | 출제구분 | 기출변형 | 난이도 | ★★★ | 정답 | ① |

- ① 원가차이가 매출원가에 가감되므로 모든 원가차이를 당기손익에 반영하게 되며 이에 따라 불리한 차이의 경우는 비례배분법보다 순이익이 감소, 유리한 차이의 경우는 비례배분법보다 순이익이 증가한다.
- ④ 원가차이가 모두 매출원가에서 조정되므로 재공품과 제품 계정은 모두 표준원가로 기록된다.

저자주 선지 ④번은 정상원가계산의 배부차이 처리방법인 매출원가조정법에 대한 내용입니다. 출제오류에 해당하며 정답은 ①번과 ④번 복수정답으로 처리되어야 합니다. 충분한 검토과정과 신중한 출제가 필요하다고 사료됩니다.

Guide 표준원가계산 원가차이 배분(조정)방법

매출원가조정법	• 모든 원가차이를 매출원가에 가감하는 방법(원가차이가 중요치 않은 경우 적용) → ㉠ 불리한 차이 : 매출원가에 가산 ㉡ 유리한 차이 : 매출원가에서 차감 원가차이 분석: (차) 재공품(SQ×SP) 70,000 (대) 원재료(AQ×AP) 100,000 가격차이(불리) 40,000 능률차이(유리) 10,000 원가차이 배분: (차) 매출원가 40,000 (대) 가격차이(불리) 40,000 (차) 능률차이(유리) 10,000 (대) 매출원가 10,000 • 모두 매출원가에서 조정되므로 재공품과 제품계정은 모두 표준원가로 계속 기록됨.
총원가비례배분법	• 재고자산(재공품, 제품)과 매출원가의 총원가를 기준으로 원가차이를 배분하는 방법
원가요소별비례배분법	• 재고자산(재공품, 제품)과 매출원가의 원가요소(DM,DL,OH)를 기준으로 각 해당하는 원가요소의 원가차이를 배분하는 방법
기타손익법 (영업외손익법)	• 모든 원가차이를 기타손익으로 처리하는 방법 → ㉠ 불리한 차이 : 기타비용 ㉡ 유리한 차이 : 기타수익 • 이론적 근거는 표준은 정상적인 공손이나 비능률을 감안하여 설정되므로 이를 벗어난 차이는 원가성이 없다고 보아 별도항목인 기타손익으로 표시해야 한다는 것임.

문제 96번 | 변동·전부원가계산 영업이익 차이조정 | 출제구분: 재출제 | 난이도: ★★☆ | 정답: ③

- 당기에 사업을 개시하였으므로 기초재고는 없다.(기초에 포함된 고정제조간접원가도 없다.)

- 전부원가계산 영업이익 X
  (+) 기초에 포함된 고정제조간접원가(FOH)   0
  (-) 기말에 포함된 고정제조간접원가(FOH)   40,000 + 60,000 = 100,000
  변동원가계산 영업이익   370,000

  → ∴ X = 470,000

Guide 전부·변동·초변동원가계산 영업이익 차이조정

전부원가계산에 의한 영업이익	전부원가계산에 의한 영업이익	변동원가계산에 의한 영업이익
(+) 기초재공품,제품에 포함된 FOH (-) 기말재공품,제품에 포함된 FOH	(+) 기초재공품,제품에 포함된 DL,VOH,FOH (-) 기말재공품,제품에 포함된 DL,VOH,FOH	(+) 기초재공품,제품에 포함된 DL,VOH (-) 기말재공품,제품에 포함된 DL,VOH
변동원가계산에 의한 영업이익	초변동원가계산에 의한 영업이익	초변동원가계산에 의한 영업이익

문제 97번 | 변동원가계산 총매출액 추정 | 출제구분: 재출제 | 난이도: ★☆☆ | 정답: ③

- 판매량을 Q라 하면, 매출액(Q×9,000) - 변동원가(Q×4,700) - 고정원가(2,150,000) = 영업이익(10,750,000)
  → Q(판매량) = 3,000단위

- 총매출액 : 3,000단위(판매량) × 9,000(단위당판매가격) = 27,000,000

Guide 전부원가계산·변동원가계산·초변동원가계산 영업이익 계산 비교

전부원가계산	변동원가계산	초변동원가계산
• 매출액 (-)매출원가(DM+DL+VOH+FOH) 매출총이익 (-)판관비(변동+고정) 영업이익	• 매출액 (-)매출원가(DM+DL+VOH) (-)변동판관비 공헌이익 (-)FOH+고정판관비 영업이익	• 매출액 (-)제품수준변동원가(DM) 재료처리량(현금창출)공헌이익 (-)운영비용(DL+VOH+FOH+판관비) 영업이익

| 문제 98번 | 변동원가계산의 유용성 | 출제구분 | 재출제 | 난이도 | ★ ☆ ☆ | 정답 | ① |

- ① 변동원가계산은 판매량만이 영업이익에 영향을 미친다. 따라서, 이익이 생산량에 의해 영향을 받지 않으므로 바람직하지 못한 재고의 누적을 방지할 수 있다.
  → 반면, 전부원가계산은 생산량증감에 따라 고정제조간접원가배부액이 증감하여 이익이 증감하므로 판매량량뿐만 아니라 생산량도 영업이익에 영향을 미친다. 따라서, 생산량을 증가시켜 손실을 줄이거나 이익을 증가시킬 수 있으므로 생산과잉으로 인한 바람직하지 못한 불필요한 재고의 누적을 유발할 수 있다.
- ② 변동원가계산은 공통적인 고정원가를 부문이나 제품별로 배분하지 않기 때문에 부문별, 제품별 의사결정 문제에 왜곡을 초래하지 않는다.(즉, 변동원가와 고정원가가 분리되고 공헌이익도 제시되므로 증분이익 분석이 용이해져 의사결정에 유용함.)
  → 반면, 전부원가계산은 공통적인 고정원가를 부문이나 제품별로 배부하기 때문에 부문별, 제품별 의사결정 문제에 왜곡을 초래할 가능성이 존재한다.

Guide 변동원가계산의 유용성

CVP자료 확보 용이	• 이익계획과 예산편성에 필요한 CVP(원가 - 조업도 - 이익)에 관련된 자료를 변동원가계산제도에 의한 공헌손익계산서로부터 쉽게 얻을 수 있음.
이익은 판매량의 함수	• 특정기간의 이익이 생산량에 의해 영향을 받지 않음. → 즉, 제품의 판매가격, 원가, 매출배합 등이 일정하다면 이익은 오직 판매량에 의해 결정되기 때문에 매출액의 변동과 동일한 방향으로 변화하게 됨.
높은 이해가능성	• 이익은 매출액과 동일한 방향으로 움직이므로 경영자의 입장에서 이해하기 쉬움.
의사결정 왜곡차단	• 공통적인 고정원가를 부문이나 제품별로 배분하지 않기 때문에 부문별, 제품별 의사결정 문제에 왜곡을 초래하지 않음.
고정원가 영향파악 용이	• 특정기간의 고정원가가 손익계산서에 총액으로 표시되기 때문에 고정원가가 이익에 미치는 영향을 쉽게 알 수 있음.
원가통제·성과평가에 유용	• 변동원가계산을 표준원가 및 변동예산과 같이 사용하면 원가통제와 성과평가에 유용하게 활용할 수 있다.

| 문제 99번 | 초변동원가계산의 의의와 유용성 | 출제구분 | 재출제 | 난이도 | ★ ★ ☆ | 정답 | ② |

- ① 초변동원가계산 현금창출(재료처리량)공헌이익 : 매출액 - 직접재료원가(DM)
  초변동원가계산 영업이익 : 현금창출(재료처리량)공헌이익 - 운영비용(DL,VOH,FOH,판관비)
- ② 제조간접원가에 포함되는 혼합원가를 임의로 고정원가와 변동원가로 구분할 필요없이 모두 기간비용으로 처리하기에 혼합원가의 주관적 구분이 불필요하다.
- ③ 생산관련 직접노무원가(DL), 변동제조간접원가(VOH), 고정제조간접원가(FOH)가 모두 비용화되어 생산량 증가시 이익감소를 초래하므로 생산량을 감소시켜 재고를 최소화하려는 유인이 발생한다.
- ④ 초변동원가계산은 직접노무원가(DL), 변동제조간접원가(VOH), 고정제조간접원가(FOH)를 모두 비용(운영비용) 처리하므로, 변동원가계산과 마찬가지로 원가회피개념에 근거를 두고 있다.

Guide 초변동원가계산의 유용성

재고보유 최소화	• 재고자산보유를 최소화하도록 유인을 제공함. → DL/VOH/FOH가 모두 비용화되어 생산량이 증가할수록 영업이익이 감소되므로 경영자가 불필요한 제품 생산량을 최소화하고 판매에 보다 집중하도록 유도함.
혼합원가 구분 불필요	• 혼합원가의 주관적 구분이 불필요함. → 제조간접원가에 포함되는 혼합원가를 임의로 고정원가와 변동원가로 구분할 필요없이 모두 기간비용으로 처리하기에 변동원가계산에서 발생할 수 있는 자의적인 해석이 개입될 여지가 없음.

| 문제 100번 | 전부·변동원가계산과 생산량 추정 | 출제구분 | 재출제 | 난이도 | ★ ★ ★ | 정답 | ④ |

- 계정흐름이 다음과 같으므로 → 단위당FOH = $\dfrac{30,000}{X}$

기초	0개	판매량	1,000개
생산량	X개	기말	$(X-1,000)$개

- 전부원가계산 영업이익 $A + 10,000$
  (+) 기초에 포함된 고정제조간접원가(FOH)   0
  (−) 기말에 포함된 고정제조간접원가(FOH) $(X-1,000)$개 × $\dfrac{30,000}{X}$
  변동원가계산 영업이익 A

→ $(X-1,000)$개 × $\dfrac{30,000}{X}$ = 10,000 에서, X(생산량) = 1,500개

| 문제 101번 | 활동기준원가계산(ABC)의 장·단점 | 출제구분 | 신유형 | 난이도 | ★ ★ ☆ | 정답 | ② |

- 활동기준원가계산(ABC)은 활동분석과 원가동인의 파악에 소요되는 비용과 시간이 크다는 단점이 있다.

Guide 활동기준원가계산의 장점과 단점

장점	• ㉠ 제조간접원가를 활동을 기준으로 배부함으로써 원가계산이 정확해짐. ㉡ 활동기준원가계산으로 인한 원가절감이 가능함. ㉢ 활동기준원가계산은 의사결정과 성과평가에 유용함. ㉣ 활동기준원가계산은 장기적으로 회사 전체의 효율성을 향상시킴. ㉤ 종전 제조간접원가 배부방법은 재무회계 목적의 원가정보만을 제공하였으나, 활동기준원가계산은 활동에 대한 정보를 제공함으로써 관리회계 목적의 정보도 제공할 수 있음.
단점	• ㉠ 활동분석과 원가동인의 파악에 소요되는 비용과 시간이 큼. ㉡ 제조간접원가 중 원가동인을 파악할 수 없는 설비유지활동(예 공장의 감독자급료, 공장 감가상각비)에 대해서는 직접노무원가, 직접노동시간, 기계시간 등과 같은 전통적 배부기준을 사용하여 배부할 수밖에 없음. ㉢ 제조간접원가를 발생시키는 기업의 활동을 명확하게 정의하고 구분하는 기준이 존재하지 않음. ㉣ 새로운 체제로 전환하게 되면 기존 체제에 익숙한 구성원들이 반발할 수 있음.

| 문제 102번 | 고저점법에 의한 제조간접원가 추정 | 출제구분 | 재출제 | 난이도 | ★ ★ ☆ | 정답 | ① |

- 고저점법은 최고조업도와 최저조업도의 원가자료를 이용하여 원가함수를 추정하는 방법이다.
- 고저점법에 의한 원가함수($y = a + bx$) 추정
  - b(시간당변동제조간접원가) = $\dfrac{90,000 - 70,000}{600시간 - 400시간}$ = 100
    →따라서, 추정함수는 $y = a + 100x$
  - 임의의 점(x = 400시간, y = 70,000)을 '$y = a + 100x$'에 대입하면 a = 30,000
    →따라서, 추정함수는 $y = 300,000 + 100x$
- ∴5월달 총제조원가 추정액 : $30,000 + 100 \times 700시간 = 100,000$

*저자주 저자는 1차함수를 추정하는 본 내용을 이해할 수 없다고 호소하는 수험생을 종종 보며 난감해지곤 합니다. 중학교 1학년 수학을 다시 검토해 주시기 바랍니다.

Guide 고저점법에 의한 원가함수 추정

의의	• 최고조업도와 최저조업도의 원가자료로 원가함수($y = a + bx$)를 추정
단위당변동원가 추정	• 단위당변동원가 = $\dfrac{최고조업도원가 - 최저조업도원가}{최고조업도 - 최저조업도}$
최고·최저점 선택	• 조업도를 기준으로 최고조업도, 최저조업도인 점을 선택함. 🔍주의 최고원가, 최저원가를 기준으로 선택하는 것이 아님.

| 문제 103번 | 손익분기점(BEP) 판매량 계산 | 출제구분 | 재출제 | 난이도 | ★ ☆ ☆ | 정답 | ③ |

- 단위당공헌이익 : 5,000(단위당판매가격) - 3,000(단위당변동원가) = 2,000
- 손익분기점(BEP)판매량 : $\dfrac{200,000,000(고정원가)}{2,000(단위당공헌이익)}$ = 100,000개

*참고 손익분기점(BEP)매출액 : $\dfrac{고정원가(200,000,000)}{공헌이익률(2,000 \div 5,000)}$ = 500,000,000원

Guide 손익분기점분석 기본산식

손익분기점	• 손익분기점(BEP)은 이익을 0으로 만드는 판매량 또는 매출액을 의미함.
기본산식	• 매출액 - 변동비(변동제조원가와 변동판관비) - 고정비(고정제조간접원가와 고정판관비) = 0 →매출액 - 변동비 = 고정비, 공헌이익 = 고정비 →단위당공헌이익 × 판매량 = 고정비, 공헌이익률 × 매출액 = 고정비
BEP산식	• ⊙ BEP판매량 : $\dfrac{고정비(= FOH + 고정판관비)}{단위당공헌이익}$ ⓒ BEP매출액 : $\dfrac{고정비(= FOH + 고정판관비)}{공헌이익률}$

| 문제 104번 | 목표이익을 위한 매출액 | 출제구분 | 재출제 | 난이도 | ★ ★ ☆ | 정답 | ① |

- 손익분기점 매출액(500,000) = $\dfrac{\text{고정원가}}{\text{공헌이익률}(40\%)}$ → 고정원가 = 200,000

- 목표이익 100,000원을 위한 매출액 : $\dfrac{\text{고정원가}(200,000)+\text{목표이익}(100,000)}{\text{공헌이익률}(40\%)}$ = 750,000

Guide 목표이익분석 산식 정리[법인세를 고려하지 않는 경우]

판매량	매출액
• 단위당공헌이익 × 판매량 = 고정원가 + 목표이익	• 공헌이익률 × 매출액 = 고정원가 + 목표이익
▫ 목표이익을 위한 판매량 = $\dfrac{\text{고정원가}+\text{목표이익}}{\text{단위당공헌이익}}$	▫ 목표이익을 위한 매출액 = $\dfrac{\text{고정원가}+\text{목표이익}}{\text{공헌이익률}}$

| 문제 105번 | 예산의 종류 | 출제구분 | 재출제 | 난이도 | ★ ☆ ☆ | 정답 | ③ |

- 조업도의 변동에 따라 조정되어 작성되는 예산은 변동예산이다.
  → 즉, 변동예산은 일정 범위의 조업도 변동에 따라 사후에 조정되어 작성되는 예산이다.

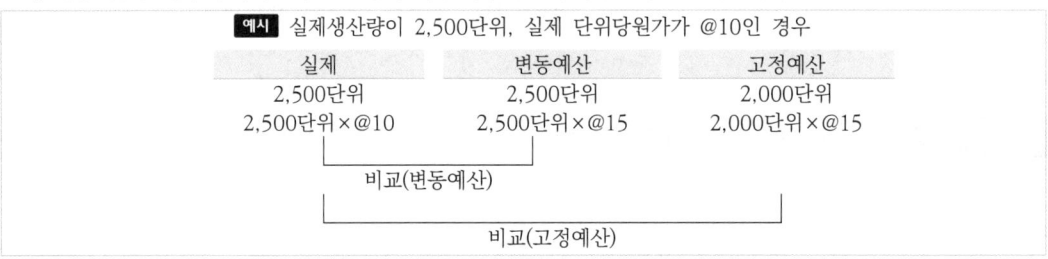

Guide 예산의 종류

예산편성대상	종합예산	• 기업전체를 대상으로 작성되는 예산으로서, 모든 부문예산을 종합한 것
	부문예산	• 기업내의 특정부문을 대상으로 작성되는 예산
예산편성성격	운영예산	• 구매·생산·판매 등의 영업활동에 대한 예산
	재무예산	• 설비투자·자본조달 등의 투자와 재무활동에 대한 예산
예산편성방법	고정예산	• 조업도의 변동을 고려하지 않고 특정조업도를 기준으로 작성되는 예산
	변동예산	• 조업도의 변동에 따라 조정되어 작성되는 예산

| 문제 106번 | 책임회계와 성과보고서 | 출제구분 | 재출제 | 난이도 | ★ ★ ☆ | 정답 | ② |

- ① 책임회계에 의한 성과평가를 위해서는 조직 전체적으로 예산(표준)과 실적(실제발생액)간의 차이를 발견하고 그 차이의 원인이 어떤 부문에서 어떠한 이유에 의해 발생하였는지 분석해야 하며, 이러한 목적을 달성하기 위하여 실적(실제발생액)과 예산과의 차이를 포함시켜 비교하여 작성한 표가 성과보고서(performance report)이다.
- ② 책임회계제도에 근거한 성과보고서는 실제 성과와 예산과의 차이를 쉽게 파악할 수 있게 해줌으로써 경영자가 각 개인 및 조직단위별로 발생한 차이 중 어떤 부분에 더 많은 관심과 노력을 투입해야 하는지를 쉽게 알 수 있어 예외에 의한 관리(management by exceptions)가 가능하다.
- ③ 성과보고서가 예산과 실적치 간의 차이 원인에 관한 추가정보와 더불어 해당 관리자에게 전달되면 관리자들은 현행 운영활동을 개선하기 위한 조치를 강구하거나 미래 계획을 수정하여 이를 새로운 예산에 반영하며, 새로이 마련된 예산은 다시금 당기 운영예산이 되는 순환주기가 계속되는 것이므로 성과보고서는 해당 관리자에게 전달되는 것이 바람직하다.
- ④ 성과보고서에 통제불가능원가는 제외되거나 통제가능원가와 구분하여 표시되어야 한다. 왜냐하면 각 책임중심점은 통제가능항목에 의해 규정된 책임범위에 대해서만 책임을 지며, 각 책임중심점의 책임범위를 벗어나는 통제불가능항목에 대해서는 책임이 없기 때문에 통제불가능항목은 각 책임중심점의 성과평가시 제외되는 것이 원칙이기 때문이다.

| 문제 107번 | 책임중심점과 통제책임 | 출제구분 | 재출제 | 난이도 | ★ ☆ ☆ | 정답 | ④ |

- 판매부서 및 영업소는 원가중심점이 아니라 수익중심점의 예에 해당한다.
  → 제조부문 등이 원가중심점의 예가 될 수 있다.

Guide 책임중심점의 분류

원가중심점	• 통제가능한 원가의 발생만 책임을 지는 가장 작은 활동단위로서의 책임중심점(예 제조부문)
수익중심점	• 매출액에 대해서만 통제책임을 지는 책임중심점(예 판매부서 및 영업소) → 수익중심점은 산출물만을 화폐로 측정하여 통제할 뿐 투입물과 산출물 모두에 의해 결정되는 이익에 대해서는 책임을 지지 않음. → 그러나 매출액만으로 성과평가를 하게 되면 기업전체적으로 잘못된 의사결정을 야기 가능.(불량채권의 발생, 원가절감의 경시 등 여러 가지 문제점에 노출될 수 있기 때문임.)
이익중심점	• 원가와 수익 모두에 대해서 통제책임을 지는 책임중심점 → 이익중심점은 전체 조직이 될 수도 있지만 조직의 한 부분, 즉 판매부서, 각 지역(점포)단위 등으로 설정될 수도 있는데 이 경우 책임중심점이란 이익중심점을 뜻하는 것이 일반적임. → 이익중심점은 수익중심점에 비해 유용한 성과평가기준이 됨. 성과평가의 기준을 이익으로 할 경우 해당 경영자는 공헌이익 개념에 의해서 관리를 수행할 것이고 이로 인해 회사전체적 입장에서 최적의 의사결정에 근접할 수 있음.
투자중심점	• 원가·수익 및 투자의사결정도 책임지는 책임중심점으로 가장 포괄적 개념임. → 기업이 제품별 또는 지역별로 별도의 독립적인 조직으로 분리될 정도로 규모가 커져 제품별 또는 지역별 사업부로 분권화된 경우, 이 분권화조직이 투자중심점에 해당함.

| 문제 108번 | 투자수익률(ROI)과 잔여이익(RI) 계산 | 출제구분 | 기출변형 | 난이도 | ★ ★ ☆ | 정답 | ③ |

- 사업부별 투자수익률(ROI)과 잔여이익(RI) 계산

구분	A사업부	B사업부
투자수익률	$\dfrac{20억원(영업이익)}{100억원(영업자산)} = 20\%$	$\dfrac{35억원(영업이익)}{200억원(영업자산)} = 17.5\%$
잔여이익	20억원 - 100억원(영업자산) × 4% = 16억원	35억원 - 200억원(영업자산) × 4% = 27억원

| 문제 109번 | 경제적부가가치(EVA) 계산 | 출제구분 | 재출제 | 난이도 | ★ ★ ☆ | 정답 | ② |

- 세후영업이익 : 10,000(∵법인세는 고려하지 않음.)
- 투하자본 : 총자산(영업자산) - 유동부채 → 100,000 - 20,000 = 80,000
- 가중평균자본비용 : $\dfrac{80,000 \times 5\% + 120,000 \times 15\%}{80,000 + 120,000} = 11\%$
- 경제적부가가치(EVA) : 10,000 - 80,000 × 11% = 1,200

Guide 경제적부가가치(EVA) 계산

특징	• 타인자본비용(이자비용)뿐 아니라 자기자본비용(배당금)도 비용으로 고려하는 성과지표임. 🔍주의 ∴EVA는 I/S상 순이익보다 낮음. 🔍주의 EVA는 비재무적측정치는 고려하지 않음.
계산	☐ EVA = 세후영업이익 - 투하자본(투자액) × 가중평균자본비용 • 가중평균자본비용 = $\dfrac{부채의시장가치 \times 부채이자율(1-t) + 자본의시장가치 \times 자기자본비용(\%)}{부채의시장가치 + 자본의시장가치}$ • 투하자본 = (총자산 - 유동부채) →투하자본 계산시 비영업자산은 제외 →유동부채 계산시 영업부채가 아닌 이자발생부채인 단기차입금·유동성장기차입금 제외

문제 110번 — 시장점유율차이 계산 | 출제구분: 기출변형 | 난이도: ★★☆ | 정답: ①

- ㉠ 실제점유율: $\frac{8,400대(실제판매량)}{70,000대(실제시장규모)} = 12\%$ ㉡ 예산점유율: $\frac{8,000대(예산판매량)}{80,000대(예산시장규모)} = 10\%$

- 매출수량차이의 분해

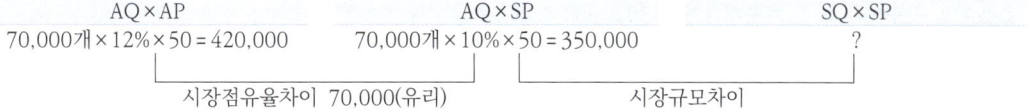

```
          AQ×AP                    AQ×SP                    SQ×SP
70,000개×12%×50=420,000   70,000개×10%×50=350,000              ?
         └──시장점유율차이 70,000(유리)──┘└────시장규모차이────┘
```

Guide 시장점유율차이와 시장규모차이 계산

매출수량차이 분해	AQ×AP / AQ×SP / SQ×SP └──시장점유율차이──┘└──시장규모차이──┘ 🔍주의 수익중심점은 차이가 (+)이면 유리한차이, (-)이면 불리한차이
AQ×AP	• 실제규모 × 실제점유율 × 단위당가중평균예산공헌이익(BACM)
AQ×SP	• 실제규모 × 예산점유율 × 단위당가중평균예산공헌이익(BACM)
SQ×SP	• 예산규모 × 예산점유율 × 단위당가중평균예산공헌이익(BACM)

참고 단위당가중평균예산공헌이익(BACM)의 계산 사례

예산자료	제품	단위당판매가격	단위당변동원가	단위당공헌이익	판매량
	A	100원	30원	70원	600단위
	B	40원	20원	20원	400단위

→단위당가중평균예산공헌이익(BACM): $70 \times \frac{600}{1,000} + 20 \times \frac{400}{1,000} = 50$

문제 111번 — 투자중심점 성과평가 일반사항 | 출제구분: 기출변형 | 난이도: ★☆☆ | 정답: ②

- ② 투자수익률법은 비율에 의하므로 투자규모가 서로 다른 투자안에 대한 성과평가 및 비교에 유용하다는 장점이 있는 반면, 잔여이익은 투자규모가 서로 다른 투자안에 대한 성과평가시 상호 비교하기가 어렵다는 문제점이 있다.
- ④ 투자수익률은 개별투자중심점의 현재 투자수익률보다 낮은 투자안이긴 하나 회사전체 최저필수수익률을 상회하는 좋은 투자안인 경우에도 동 사업에 대한 투자를 기피하게 된다는 단점이 있다.
  → 즉, 준최적화현상(회사전체 최저필수수익률을 상회하는 좋은 투자안이 개별 투자중심점의 투자수익률 보다 낮기 때문에 투자가 포기되어 회사 전체이익에 불리한 의사결정이 이루어짐.)의 발생은 투자수익률의 가장 큰 단점(문제점) 중의 하나이다.

문제 112번 — 특별주문: 유휴능력 부족 | 출제구분: 재출제 | 난이도: ★★★ | 정답: ①

- 현재생산 50,000단위, 최대생산능력 70,000단위
  →∴특별주문 30,000단위 수락시 현재생산 10,000단위의 정규매출을 감소시켜야 한다.

- 특별주문을 수락하는 경우

```
증분수익 - 증가:                          30,000단위×90 =   2,700,000
        - 감소: 정규매출감소 공헌이익상실액 10,000단위×(100-60) = (400,000)
증분비용 - 증가:                          30,000단위×60 =  (1,800,000)
증분손익                                                    500,000
```

∴특별주문을 수락한다면 영업이익은 500,000원 증가한다.

문제 113번 | 관련원가 해당항목 | 출제구분: 재출제 | 난이도: ★★☆ | 정답: ④

- 정상판매가 불가능한 제품을 그대로 보유할지, 비정상적 판매가격(헐값)에라도 외부판매할지의 의사결정에서 동 의사결정에 영향을 미치는 관련원가는 처분시 단위당 판매관리비가 된다.(①,③ : 매몰원가로 비관련원가)

- 제품A를 처분하는 경우
  증분수익 - 증가 :   매출액 4개×150 = 600
  증분비용 - 증가 : 변동판매관리비 4개×15 = (60)
  증분손익   540

문제 114번 | 특별주문과 관련·비관련원가 항목 | 출제구분: 재출제 | 난이도: ★☆☆ | 정답: ②

- 고정원가(고정제조간접원가)는 특별주문에 대한 의사결정을 함에 있어 비관련원가이다.
  →그러나, 고정원가가 특별주문으로 증감하는 경우에는 의사결정에 고려한다.

Guide 특별주문 수락·거부 의사결정

고려사항	• 특별주문으로 증가되는 수익(특별주문가격)과 변동원가 • 유휴설비능력이 있는 경우 유휴설비의 대체용도를 통한 이익상실분(기회원가) • 유휴설비능력이 없는 경우 기존 정규매출감소로 인한 공헌이익상실분 • 유휴설비능력이 없는 경우 설비능력 확충시 추가적 설비원가 🔍주의 고정원가(FOH,고정판관비)는 특별주문의 수락여부와 관계없이 일정하게 발생하므로 일반적으로 분석에서 제외하나, 조업도 수준에 따라 증감하는 경우에는 고려함.
주문수락 의사결정	⊙ 유휴설비능력이 존재하는 경우 　　　　　□ 증분수익 > 증분원가 ⓒ 유휴설비능력이 존재하고 대체적 용도가 있는 경우 　　　　　□ 증분수익 > 증분원가+기회원가 ⓒ 유휴설비능력이 존재하지 않는 경우 　　　　　□ 증분수익 > 증분원가+추가설비원가+기존판매량 감소분의 공헌이익

문제 115번 추가가공여부 의사결정   출제구분: 재출제   난이도: ★★☆   정답: ②

- 개조한 후 판매의 경우
  증분수익 - 증가 : 500단위 × (@700 - @300) = 200,000
  증분비용 - 증가 :   추가공원가 = (100,000)
  증분손익   100,000

  → ∴개조하여 판매하는 경우(추가가공하는 경우) 100,000원의 증분이익이 발생하므로 개조하여 판매한다.

참고 총액접근법

그대로 처분하는 경우	개조한 후 판매의 경우	
매출 : 500단위 × 300 = 150,000	매출 : 500단위 × 700 = 350,000	→증분수익 200,000
원가 : 200,000	원가 : 200,000 + 100,000 = 300,000	→증분비용 100,000
△50,000	50,000	→증분이익 100,000

- ① 100,000원의 추가비용을 지출하여 단위당 700원에 처분하는 것이 가장 유리하다.
  ③ 개조하여 판매하면 50,000원의 이익이 발생한다.
  ④ 그대로 제품단위당 300원에 처분하면 50,000원의 손실이 발생하긴 하나, 제품을 그대로 보유하고 있는 선택의 경우는 제조원가(200,000원)만큼 손실을 보므로 처분이나 개조후 판매를 통해 손실을 줄이는게 낫다.

문제 116번 순현재가치법과 NPV 계산   출제구분: 재출제   난이도: ★☆☆   정답: ③

- 현금흐름 추정

x1년초	x1년말	x2년말	x3년말
(10,000,000)	6,000,000	5,000,000	4,000,000

- NPV(순현재가치) : (6,000,000 × 0.9 + 5,000,000 × 0.8 + 4,000,000 × 0.7) - 10,000,000 = 2,200,000

저자주 문제의 명확한 성립을 위해 '단, 현금지출운용비 감소효과는 매년 말에 발생한다'를 추가바랍니다.

Guide 순현재가치법(NPV법)

의의	□ NPV(순현재가치) = 현금유입의 현재가치 - 현금유출의 현재가치	
	○주의 할인율 : 자본비용(= 최저필수수익률 = 최저요구수익률)	
의사결정	상호독립적 투자안	• 'NPV 〉 0'인 투자안 채택
	상호배타적 투자안	• NPV가 가장 큰 투자안 채택

문제 117번 — 매몰원가 | 출제구분: 재출제 | 난이도: ★☆☆ | 정답 ④

- 매몰원가는 과거 의사결정의 결과로 이미 발생한 원가(역사적원가)로 현재 또는 미래에 회수할 수 없는 원가를 의미하며 새로운 의사결정에 영향을 미치지 않는 비관련원가를 말한다.
  → ∴ 기계장치의 취득원가 4,000,000원이 매몰원가가 된다.

Guide 매몰원가와 기회원가

매몰원가 (sunk cost)	• 과거 의사결정의 결과로 이미 발생한 원가로, 의사결정에 영향을 미치지 않는 비관련원가 **예시** 구기계 취득원가 100(감가상각누계액 30), 신기계구입 고려중 → 매몰원가 : 취득원가 100 또는 장부금액 70 → 의사결정 : 신기계로 인한 수익창출이 구입가보다 크면 구입함.
기회원가 (opportunity cost)	• 특정대안의 선택으로 포기해야 하는 가장 큰 효익 **예시** CU편의점과 GS편의점의 시간당 알바수익이 각각 3,000원과 5,000원일 때, 여친과 수다를 떨며 즐겁게 1시간 보내는 경우의 기회원가는 5,000원임 **주의** 기회원가는 관리적 차원에서 사용되는 원가개념이며, 회계장부에는 실제원가만이 기재되므로 기회원가는 회계장부에 기록되지 않음.

문제 118번 — 최대·최소대체가격과 회사전체이익 | 출제구분: 재출제 | 난이도: ★★★ | 정답 ③

- 수요사업부(B)의 최대TP(외부구매시장 있음) : 470(외부구입가)
- 공급사업부(A)의 최소TP(외부판매시장 있음 & 내부대체량이 최대생산능력 내에 있으므로 유휴생산시설이 있는 경우임) : 250(대체시단위당지출원가=단위당변동원가)

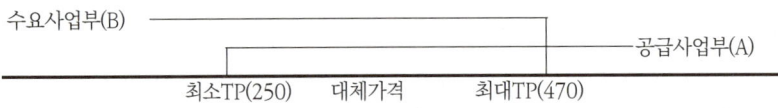

→ ∴ 회사 전체의 이익을 위해서 두 사업부는 내부대체를 하는 것이 유리하다.
  ㉠ 수요사업부(B) : (최대TP - 대체가격) 만큼 이익
  ㉡ 공급사업부(A) : (대체가격 - 최소TP) 만큼 이익
  ㉢ 회사전체 : 470 - 250 = 220 만큼 1개당 이익 증가

Guide 최대·최소대체가격(TP) 계산

최대대체가격 [수요사업부]	외부구매시장 없는 경우	□ 판매가격 - 대체후단위당지출원가 →대체후단위당지출원가 = 추가가공원가 + 증분단위당고정비 + 단위당추가판매비
	외부구매시장 있는 경우	□ Min[① 외부구입가격 ② 판매가격 - 대체후단위당지출원가] **주의** 대체후지출없이 판매시 일반적으로 판매가>외부구입가, 즉, 최대TP=외부구입가
최소대체가격 [공급사업부]	외부판매시장 없는 경우	□ 대체시단위당지출원가 - 대체시절감원가 →대체시단위당지출원가 = 단위당변동비 + 증분단위당고정비
	외부판매시장 있는 경우	㉠ 유휴시설이 없는 경우 □ 대체시단위당지출원가 + 정규매출상실공헌이익 - 대체시절감원가 ㉡ 유휴시설이 있는 경우 □ 대체시단위당지출원가 + 타용도사용포기이익 - 대체시절감원가

문제 119번   특별가격결정방법   출제구분: 재출제   난이도: ★☆☆   정답: ②

- 단기간의 이익을 극대화하기 위해서 초기시장진입가격은 높게 설정을 하고, 점진적으로 시장점유율(market share)을 높이기 위해 가격을 내리는 가격정책으로 제품의 가격탄력성이 낮고 시장의 제품생산능력이 한정되어 있는 제품에 적합한 가격정책
  →상층흡수가격에 대한 설명이다.

Guide ▶ 특별가격결정방법

신제품 가격결정	상층흡수가격	• 단기간의 이익을 극대화하기 위해서 초기시장진입가격은 높게 설정을 하고, 점진적으로 시장점유율을 높이기 위해 가격을 내리는 가격정책 →제품 가격탄력성이 낮고 시장의 제품진입이 한정되어 있는 제품에 적합
	시장침투가격	• 초기에 높은 시장점유율을 얻기 위한 가격정책으로 초기시장진입가격을 낮게 설정하는 것 →특히 제품의 가격탄력성이 높고, 고정원가의 비율이 높은 제품에 적합
입찰가격		• 공헌이익법이 사용되며, 결정시 경제상황, 경쟁자, 높은 이익률 및 회전율 등도 고려함.
약탈적 가격정책		• 경쟁자를 시장에서 축출하기 위해 일시적으로 가격을 인하하는 정책 →경쟁자가 없어진 후 다시 가격을 인상하여 이익을 얻기 위한 가격정책임.

문제 120번   수명주기원가계산(LCC)의 유용성   출제구분: 재출제   난이도: ★★☆   정답: ④

- 수명주기원가계산(LCC)은 장기적 관점의 원가절감 및 원가관리에 유용하다.

Guide ▶ 수명주기원가계산(LCC) 주요사항

의의	• 수명주기원가계산(LCC)은 연구개발에서 고객서비스에 이르기까지 제품수명주기의 각 단계별 수익과 비용을 추정함과 동시에 각 단계별로 수익창출 및 원가절감을 위해 취해진 제반 활동의 결과를 평가하기 위한 장기적 관점의 원가계산제도임. →단기적 관점의 원가절감을 유도하는 것이 아님.
특징	• 제조 이전단계에서 대부분의 제품원가가 결정된다는 인식을 토대로 연구개발단계와 제품 설계단계에서부터 원가절감을 위한 노력을 기울여야 한다는 것을 강조함. • 제품 또는 서비스의 수명주기 매 단계마다 모든 가치사슬단계에서 발생하는 수익과 비용에 대한 집계를 가능하게 하여 프로젝트 전체에 대한 이해가 향상됨.

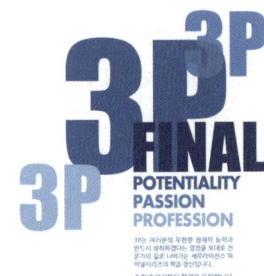

재경관리사 공개기출해설 [원가]

Certified Accounting Manager

2022년 5월에 시행된 기출문제에 대한 완벽한 해설을 관련이론(가이드)과 함께 제시하였습니다. 해당 문제는 합본부록을 참고바랍니다.

원가관리회계 공개기출문제해설
[2022년 05월 시행]

SEMOOLICENCE

| 문제 81번 | 원가행태별 원가구분 | 출제구분 | 재출제 | 난이도 | ★ ☆ ☆ | 정답 | ③ |

- 매월 통화료는 조업도의 변동에 관계없이 총원가가 일정한 고정원가(기본요금 15,000원)와 조업도의 변동에 따라 총원가가 비례하여 변동하는 변동원가(10초당 18원)가 혼합된 준변동원가(=혼합원가)이다.

Guide 원가행태 주요사항

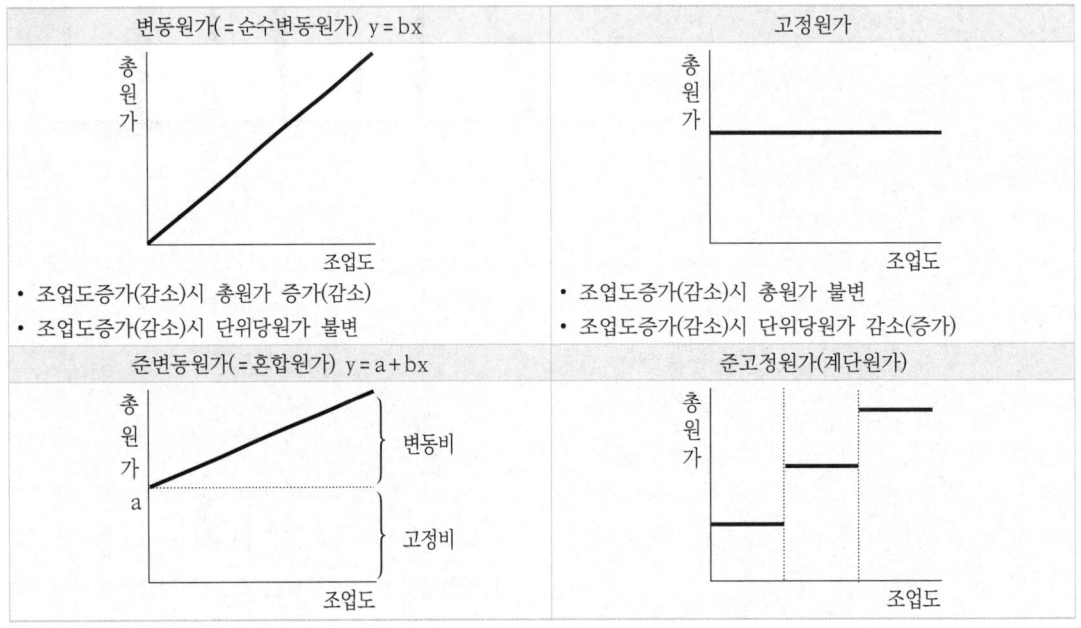

문제 82번 | 원가가산이익률을 통한 기말재공품 추정 | 출제구분: 재출제 | 난이도: ★★★ | 정답: ②

- 원가가산이익률을 A라 하면, '매출원가 $= \dfrac{매출액}{1+A}$' → 매출원가: $\dfrac{300{,}000}{1+20\%} = 250{,}000$

매출총이익률이 주어진 경우 매출원가 계산	• 매출원가 = 매출액 × (1 − 매출총이익률)
원가가산이익률이 주어진 경우 매출원가 계산	• 매출원가 = 매출액 ÷ (1 + 원가가산이익률)

- 당기총제조원가 : 90,000(DM) + 100,000(DL) + 80,000(OH) = 270,000
- 당기제품제조원가 : 250,000(매출원가) + 50,000(기말제품) − 20,000(기초제품) = 280,000
- 기말재공품 : 50,000(기초재공품) + 270,000(당기총제조원가) − 280,000(당기제품제조원가) = 40,000

고속철 실전에서는 다음의 계정에 해당액을 직접 기입하여 대차차액으로 구한다.

기초재공품	50,000	매출원가	300,000 ÷ (1+20%) = 250,000
기초제품	20,000		
직접재료원가	90,000		
직접노무원가	100,000	기말재공품	?
제조간접원가	80,000	기말제품	50,000

Guide 제조기업의 원가흐름

계정흐름	원재료		재공품		제품	
	기초원재료 당기매입	사용액(DM) 기말원재료	기초재공품 당기총제조원가	당기제품제조원가 기말재공품	기초제품 당기제품제조원가	제품매출원가 기말제품
당기총제조원가	• 직접재료원가(DM) + 직접노무원가(DL) + 제조간접원가(OH)					
당기제품제조원가	• 기초재공품 + 당기총제조원가 − 기말재공품					
제품매출원가	• 기초제품 + 당기제품제조원가 − 기말제품					

문제 83번 | 보조부문원가 배분방법의 특징 | 출제구분: 재출제 | 난이도: ★☆☆ | 정답: ②

- 보조부문원가 배분방법(직접배분법, 단계배분법, 상호배분법)에 관계없이 어떤 방법에 의하더라도 보조부문원가 총액은 모두 제조부문에 배분되므로 공장전체의 제조간접원가는 달라지지 않는다.

Guide 보조부문원가 배분방법별 특징

직접배분법 (direct method)	• 보조부문 상호간에 행해지는 용역의 수수를 완전히 무시하고 보조부문원가를 각 제조부문이 사용한 용역의 상대적 비율에 따라 제조부문에 직접 배분하는 방법 →보조부문원가는 다른 보조부문에 전혀 배분되지 않게 됨.
단계배분법 (step method)	• 보조부문원가의 배분순서를 정하여 그 순서에 따라 단계적으로 보조부문원가를 다른 보조부문과 제조부문에 배분하는 방법 →한 보조부문원가를 다른 보조부문에도 배분하게 되나, 먼저 배분된 보조부문에는 다른 보조부문원가가 배분되지 않음.(보조부문간의 용역수수관계를 일부 인식)
상호배분법 (reciprocal method)	• 보조부문간의 상호 관련성을 모두 고려하는 배분방법으로 가장 논리적인 방법임. →각 보조부문간의 용역수수관계를 방정식을 통해 계산하여 보조부문원가를 배분하게 됨. (보조부문간의 용역수수관계를 완전히 인식)

문제 84번 | 보조부문원가배분 : 단계배분법 | 출제구분: 재출제 | 난이도: ★★☆ | 정답: ④

- 단계배분법에서는 먼저 배분된 보조부문에는 다른 보조부문원가가 배분되지 않는다.
  → 즉, 보조부문A에는 보조부문B가 배분되지 않는다.
- 제조부문 C에 배분되는 보조부문A의 원가 : 200,000 × 20% = 40,000

  제조부문 C에 배분되는 보조부문B의 원가 : $(300,000 + 200,000 \times 40\%) \times \dfrac{60\%}{60\% + 20\%} = 285,000$

∴ 제조부문 C에 배분되는 보조부문의 원가 : 40,000 + 285,000 = 325,000

	A	B	C	D
배분전원가	200,000	300,000	450,000	600,000
A	(200,000)	200,000 × 40% = 80,000	200,000 × 20% = 40,000	200,000 × 40% = 80,000
B	-	(380,000)	$380,000 \times \dfrac{60\%}{60\% + 20\%} = 285,000$	$380,000 \times \dfrac{20\%}{60\% + 20\%} = 95,000$
배분후원가	0	0	775,000	775,000

문제 85번 | 제조간접원가 실제배부 | 출제구분: 재출제 | 난이도: ★★☆ | 정답: ④

- 직접추적이 가능한 직접재료원가·직접노무원가는 일반형자전거와 고급형자전거 각각에 집계하며, 직접 추적이 불가능한 제조간접원가는 직접노동시간을 기준으로 배분한다.
- 제조간접원가(OH)배부율 : $\dfrac{1,000,000(총제조간접원가)}{2,000시간(일반형의 직접노동시간) + 3,000시간(고급형의 직접노동시간)} = @200/시간$
- 제조원가 계산

	일반형자전거	고급형자전거
직접재료원가	300,000원	600,000원
직접노무원가	2,000시간 × @50(시간당임률) = 100,000원	3,000시간 × @200(시간당임률) = 600,000원
제조간접원가 배분액	2,000시간 × @200(OH배부율) = 400,000원	3,000시간 × @200(OH배부율) = 600,000원
계	800,000원	1,800,000원

문제 86번 | 부문별 제조간접원가 배부 | 출제구분: 기출변형 | 난이도: ★★☆ | 정답: ④

- 제조지시서 #105 총제조원가 : ㉠ + ㉡ = 3,300,000

  ㉠ 800,000 + 1,000,000 + 1,000,000 × 30% = 2,100,000

  ㉡ $500,000 + \dfrac{200,000}{40\%} + 200,000 = 1,200,000$

Guide ▶ 부문별 제조간접원가 배부방법

공장전체배부	• 공장전체제조간접원가 배부율을 산정하여 배부하는 방법 🔍주의 공장전체제조간접원가 배부율을 사용시는 보조부문원가를 배분할 필요가 없음.
부문별배부	• 각 제조부문별로 배부율을 산정하여 배부하는 방법 → 공장전체배부보다 더 정확함.

문제 87번 | 기말재공품 완성도 과대평가의 영향 | 출제구분 재출제 | 난이도 ★★★ | 정답 ①

- 기말재공품 완성도를 과대평가할 경우
  - ㉠ 기말재공품 완성품환산량 과대
  - ㉡ 완성품환산량이 과대해지면 투입된 원가는 일정하므로 완성품환산량단위당원가 과소
  - ㉢ 완성품의 완성품환산량은 변화가 없으므로 완성품환산량단위당원가의 과소로 완성품원가(당기제품제조원가)는 과소
  - ㉣ 상대적으로 기말재공품(재공품계정)의 원가는 과대(재고자산 과대)
  - ㉤ '기초제품+당기제품제조원가-기말제품=매출원가'에서 제품계정에는 영향이 없으나, 당기제품제조원가의 과소로 인해 매출원가가 과소평가되고 영업이익(당기순이익)이 과대평가된다.
  - ㉥ 영업이익(당기순이익)이 과대평가되므로 이익잉여금이 과대계상된다.

*비교 기말재공품 완성도를 과소평가할 경우〈위와 반대의 결과〉
  - ㉠ 기말재공품 완성품환산량 과소
  - ㉡ 완성품환산량이 과소해지면 투입된 원가는 일정하므로 완성품환산량단위당원가 과대
  - ㉢ 완성품의 완성품환산량은 변화가 없으므로 완성품환산량단위당원가의 과대로 완성품원가(당기제품제조원가)는 과대
  - ㉣ 상대적으로 기말재공품(재공품계정)의 원가는 과소(재고자산 과소)
  - ㉤ '기초제품+당기제품제조원가-기말제품=매출원가'에서 제품계정에는 영향이 없으나, 당기제품제조원가의 과대로 인해 매출원가가 과대평가되고 영업이익(당기순이익)이 과소평가된다.
  - ㉥ 영업이익(당기순이익)이 과소평가되므로 이익잉여금이 과소계상된다.

문제 88번 | 평균법 완성품원가·기말재공품원가 계산 | 출제구분 재출제 | 난이도 ★★☆ | 정답 ②

- 평균법 종합원가계산

[1단계] 물량흐름		[2단계] 완성품환산량	
		재료비	가공비
완성	800	800	800
기말	200(20%)	200	200×20%=40
	1,000	1,000	840

[3단계] 총원가요약
  기초   200,000   150,000
  당기발생   800,000   606,000
               1,000,000   756,000

[4단계] 환산량단위당원가(cost/unit)   ÷1,000   ÷840
                                        ‖   ‖
                                      @1,000   @900

[5단계] 원가배분
  완성품원가   : 800×@1,000+800×@900 = 1,520,000
  기말재공품원가 : 200×@1,000+40×@900 = 236,000

| 문제 89번 | 선입선출법 당기재료원가 추정 | 출제구분 | 재출제 | 난이도 | ★ ★ ☆ | 정답 | ③ |

- 선입선출법

[1단계] 물량흐름		[2단계] 완성품환산량	
		재료비	가공비
기초완성	500(40%)	0	500 × (1 - 40%) = 300
당기완성	4,200 - 500 = 3,700	3,700	3,700
기 말	800(50%)	800	800 × 50% = 400
	5,000	4,500	4,400

- 재료원가 완성품환산량단위당원가 : $\dfrac{X}{4{,}500} = 5$

  → ∴ X(당월에 실제 발생한 재료원가) = 22,500

| 문제 90번 | 선입선출법과 평균법 특징 | 출제구분 | **기출변형** | 난이도 | ★ ★ ☆ | 정답 | ② |

- ① 평균법은 완성품환산량 산출시 기초재공품은 당기에 착수한 것으로 간주하므로 기초재공품의 기완성도(전기완성도)를 고려하지 않는다. 반면, 선입선출법은 기초재공품과 당기투입량을 구분하여 완성품환산량 계산시 기초재공품의 기완성도(전기완성도)를 차감한다. 따라서, 평균법 적용하의 완성품환산량은 선입선출법 적용하의 완성품환산량보다 크다.(기초재공품이 없는 경우는 같아진다.)
  ② 평균법은 완성품환산량 계산시 기초재공품을 당기에 착수한 것으로 간주한다.
  → 즉, 기초재공품의 제조를 당기 이전에 착수하였음에도 불구하고 당기에 착수한 것으로 가정하여, 기초재공품원가와 당기발생원가를 구분치 않고 합한 금액을 완성품과 기말재공품에 안분계산한다.
  ③ 원재료의 단가산정방법(서로 다른 가격에 원재료를 구입한 경우)과 원가계산방법(종합원가계산)은 별개의 문제이므로 원재료 단가 산정시 선입선출법을 사용하는 기업이라 할지라도 종합원가계산제도 적용시 평균법을 사용할 수 있다.
  ④ 평균법과 선입선출법의 가장 큰 차이점은 원가계산시 기초재공품원가와 당기투입원가를 구분하느냐의 여부에 있다고 할 수 있다. 따라서, 기초재공품이 없을 경우 양 방법에 의한 계산결과는 동일해진다.
  → 즉, 기초재공품이 없는 경우 평균법과 선입선출법의 완성품환산량, 완성품환산량단위당원가, 완성원가, 기말재공품원가 등이 모두 동일하다.

| 문제 91번 | 표준원가계산 일반사항 | 출제구분 | 재출제 | 난이도 | ★ ☆ ☆ | 정답 | ① |

- ① 표준원가계산제도는 계량적 정보에 의해서만 성과평가가 이루어진다. 따라서, 표준원가계산제도를 채택할 경우 비계량적인 정보를 무시할 가능성이 있다. 예를 들어 표준원가달성을 지나치게 강조할 경우 제품의 품질을 희생시킬 수 있고, 납품업체에 표준원가를 기초로 지나친 원가절감을 요구할 경우 관계가 악화될 수도 있다.
- ② 표준원가계산은 단위당표준원가를 사전에 설정하여 원가계산을 하는 제도이다.
- ③ 표준원가계산제도에서 일반적으로 표준은 원가발생의 기대치를 표현하는 것이기 때문에 경영자는 표준원가와 실제원가의 차이 중 중요한 부분에 대해서만 관심을 가지고 개선책을 강구하는 예외에 의한 관리(management by exception)를 할 수 있게 되며, 표준원가와 실제원가의 차이를 원가통제의 책임과 관련시켜 효과적인 원가통제를 수행할 수 있다.
  →예외에 의한 관리를 통해 표준원가와 실제원가의 차이 중 중요한 부분에 대해서만 관심을 가지게 된다. 다만, 중요한 불리한 차이든지 중요한 유리한 차이든지 중요한 차이는 모두 검토한다.
- ④ 표준원가를 기준으로 제품원가계산을 하게 되면 원가흐름의 가정없이 재고자산의 수량만 파악되면 원가계산을 할 수 있으므로 적시에 유용한 정보를 얻을 수 있고 기장업무가 간소해진다. 예를 들면, 실제개별원가계산에서는 제품완성시점과 각 작업지시서별 작업내역 및 단가기입완료시점간에 차이가 있을 수 있다. 즉, 제품이 완성되어도 이러한 자료들의 입력이 끝나기 전까지는 제품별 원가계산을 할 수 없다. 그러나 표준원가계산에서는 미리 각 작업지시서별로 표준재료원가, 표준노무원가, 표준간접원가 등이 기입되기 때문에 출고량과 사용량만 파악하면 제품완성과 동시에 원가를 계산할 수 있다.

| 문제 92번 | 기준조업도의 개념 | 출제구분 | 재출제 | 난이도 | ★ ★ ★ | 정답 | ② |

- ② 기준조업도는 될 수 있으면 금액보다는 물량기준으로 설정해야 한다.
  →왜냐하면 금액을 기준조업도로 사용할 경우에는 물가변동의 영향을 받기 때문이다.
- ④ 고정제조간접원가배부율$(f) = \dfrac{F(FOH예산)}{N(기준조업도)}$, 변동제조간접원가배부율$(v) = \dfrac{V(VOH예산)}{N(기준조업도)}$

참고 기준조업도란 기준조업도에서 설정한 예산투입량 단위당 표준고정제조간접배부액을 산출하기 위하여 사용되는 조업도이다. 다시 말하면 제품에 대한 원가계산을 하기 위한 목적으로 선정되는 것이 기준조업도이다. 제품원가계산을 위한 기준조업도의 선택은 최고경영자가 내리는 판단의 문제로서 제품원가가 제품가격결정 등과 같은 경영의사결정에 크게 영향을 미치는 경우에는 기준조업도 선정에 의해 제품원가(배부액)가 달라지므로 기준조업도의 선택 문제는 대단히 중요해 진다. 최근의 추세에 의하면 이론적 최대조업도, 실제적 최대조업도 보다는 정상조업도나 종합예산조업도(연간기대조업도)가 많이 선택되어 지고 있다.

Guide 기준조업도 선정시 주의사항

인과관계	• 기준조업도와 제조간접원가의 발생간에 인과관계가 존재해야 함.
물량기준	• 기준조업도는 될 수 있으면 금액보다는 물량기준으로 설정해야 한다. →왜냐하면 금액을 기준조업도로 사용할 경우에는 물가변동의 영향을 받기 때문임.
단순성	• 기준조업도는 단순하고 이해하기 쉬워야 함.

| 문제 93번 | 직접노무원가 능률차이 | 출제구분 | 재출제 | 난이도 | ★ ★ ☆ | 정답 | ④ |

- AQ×AP = 126,000, AQ = 40,000시간, SQ = 41,000시간
- 직접노무원가 차이분석

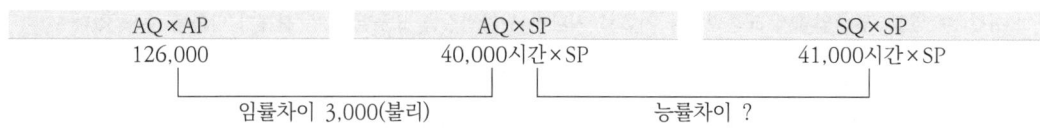

→126,000 - 40,000시간×SP = 3,000 에서, SP = 3.075
∴(40,000시간×3.075) - 41,000시간×3.075 = - 3,075(유리)

Guide 직접노무원가 차이분석 구조[위 93번과 동일]

기호정의	• AQ : 실제투입시간, AP : 실제가격, SQ : 실제생산량에 허용된 표준시간, SP : 표준가격
DL 차이분석	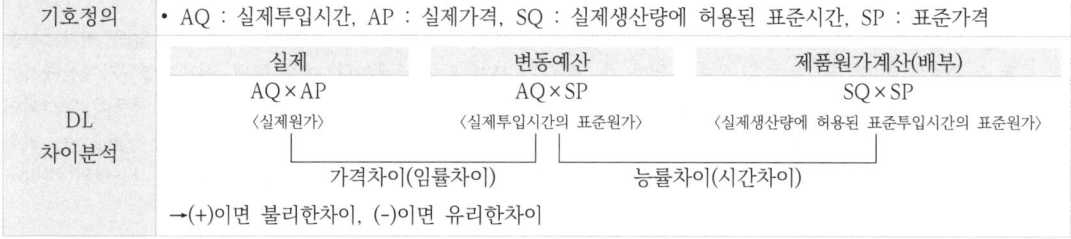 →(+)이면 불리한차이, (-)이면 유리한차이

| 문제 94번 | 직접노무원가 능률차이 발생원인 | 출제구분 | 기출변형 | 난이도 | ★ ★ ★ | 정답 | ① |

- 저임률의 비숙련노동자가 투입되어도 될 작업(단순한 작업)에 고임률의 숙련된 노동자를 투입할 경우에는 직접노무원가 가격차이(AP>SP)의 발생원인이 된다.

Guide 직접노무원가 차이의 발생원인

가격차이 발생원인	• ㉠ 생산에 투입되는 노동력의 질에 따라 발생할 수 있음. 　　→㉮ 저임률의 비숙련노동자가 투입되어도 될 작업에 고임률의 숙련노동자를 투입할 경우 ㉡ 생산부문에서 작업량의 증가에 따라 초과근무수당을 지급할 경우 ㉢ 노사협상 등에 의하여 임금이 상승할 경우
능률차이 발생원인	• ㉠ 노동의 비능률적인 사용으로 인하여 발생할 수 있음. 　　→㉮ 기술수준이 높은 근로자에 비해 기술수준이 낮은 근로자는 작업수행에 보다 많은 시간을 필요로 할 것이므로 능률차이가 발생하게 됨. ㉡ 생산에 투입되는 원재료의 품질정도에 따라 투입되는 노동시간이 영향을 받으므로 이에 의해서도 발생할 수 있음. ㉢ 생산부문 책임자의 감독소홀이나 일정계획 등의 차질로 인하여 발생할 수 있음.

| 문제 95번 | 고정제조간접원가 항목별 차이분석 | 출제구분 | 재출제 | 난이도 | ★ ★ ★ | 정답 | ② |

- N = 10,000시간, S(실제생산량에 허용된 표준노동시간) = 1,200단위 × 9시간 = 10,800시간, 실제발생액 = 1,870,000
- 고정제조간접원가 차이분석

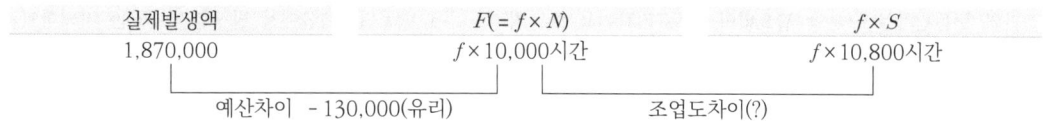

→ 1,870,000 - (f × 10,000시간) = - 130,000 에서, f = 200

- ① 고정제조간접원가 표준원가(f × S) : 200 × 10,800시간 = 2,160,000
- ② 실제생산량에 허용된 표준조업도(실제생산량에 허용된 표준노동시간) : 10,800시간
- ③ 고정제조간접원가 총차이 : 1,870,000 - (200 × 10,800시간) = - 290,000(유리)
- ④ 고정제조간접원가 조업도차이 : (200 × 10,000시간) - (200 × 10,800시간) = - 160,000(유리)

Guide 고정제조간접원가 차이분석 구조

기호정의	• N : 기준조업도, F : FOH예산, f : FOH배부율(= $\frac{F}{N}$), S : 실제생산량에 허용된 표준조업도
FOH 차이분석	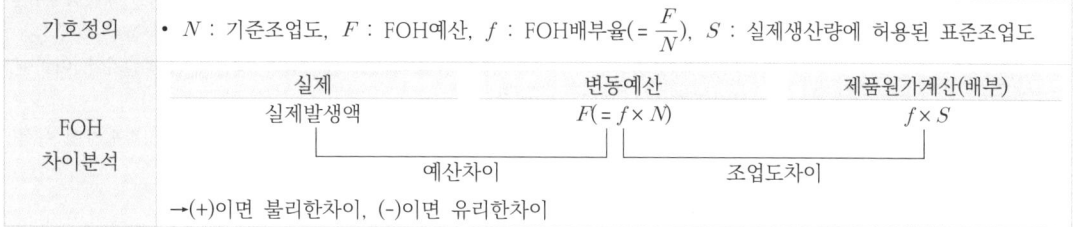 →(+)이면 불리한차이, (-)이면 유리한차이

| 문제 96번 | 변동원가계산 특징 | 출제구분 | 재출제 | 난이도 | ★ ☆ ☆ | 정답 | ② |

- 변동원가계산 손익계산서

```
                       공헌이익손익계산서
매출액                                               xxx
(-)매출원가[직접재료원가 + 직접노무원가 + 변동제조간접원가]  (xxx)
(-)변동판매비와관리비                                   (xxx)
공헌이익                                              xxx
(-)고정제조간접원가                                    (xxx)
(-)고정판매비와관리비                                   (xxx)
영업이익
```

- ㄴ : 변동원가계산은 변동제조간접원가가 아니라 고정제조간접원가를 기간비용으로 처리한다.
- ㄹ : 변동원가계산은 제품판매량만이 영업이익에 영향을 미친다.(생산량은 이익에 영향을 미치지 않는다.)
    → 반면, 전부원가계산은 생산량증감에 따라 FOH배부액이 증감하여 이익이 증감하므로 판매량뿐만 아니라 생산량도 영업이익에 영향을 미친다.

| 문제 97번 | 변동원가계산의 유용성 | 출제구분 | 기출변형 | 난이도 | ★ ★ ☆ | 정답 | ④ |

- ④는 초변동원가계산의 유용성에 대한 설명이다.
    → 즉, 초변동원가계산은 혼합원가의 주관적 구분이 불필요하다. 제조간접원가에 포함되는 혼합원가를 임의로 고정원가와 변동원가로 구분할 필요없이 모두 기간비용으로 처리하기에 변동원가계산에서 발생할 수 있는 자의적인 해석이 개입될 여지가 없다.

Guide 변동원가계산의 유용성

CVP자료 확보 용이	• 이익계획과 예산편성에 필요한 CVP(원가 - 조업도 - 이익)에 관련된 자료를 변동원가계산제도에 의한 공헌손익계산서로부터 쉽게 얻을 수 있음.
이익은 판매량의 함수	• 특정기간의 이익이 생산량에 의해 영향을 받지 않음. → 즉, 제품의 판매가격, 원가, 매출배합 등이 일정하다면 이익은 오직 판매량에 의해 결정되기 때문에 매출액의 변동과 동일한 방향으로 변화하게 됨.
높은 이해가능성	• 이익은 매출액과 동일한 방향으로 움직이므로 경영자의 입장에서 이해하기 쉬움.
의사결정 왜곡차단	• 공통적인 고정원가를 부문이나 제품별로 배분하지 않기 때문에 부문별, 제품별 의사결정 문제에 왜곡을 초래하지 않음.
고정원가 영향파악 용이	• 특정기간의 고정원가가 손익계산서에 총액으로 표시되기 때문에 고정원가가 이익에 미치는 영향을 쉽게 알 수 있음.
원가통제·성과평가에 유용	• 변동원가계산을 표준원가 및 변동예산과 같이 사용하면 원가통제와 성과평가에 유용하게 활용할 수 있다.

| 문제 98번 | 초변동원가계산의 특징 | 출제구분 | 재출제 | 난이도 | ★ ☆ ☆ | 정답 | ④ |

- ① 초변동원가계산 현금창출(재료처리량)공헌이익 : 매출액 - 직접재료원가(DM)
  ② 초변동원가계산 영업이익 : 현금창출(재료처리량)공헌이익 - 운영비용(DL,VOH,FOH,판관비)
    → 초변동원가계산은 직접노무원가(DL), 변동제조간접원가(VOH), 고정제조간접원가(FOH)를 모두 기간비용(운영비용) 처리한다.
  ③ 변동원가계산은 고정제조간접원가만 비용화하나, 초변동원가계산은 생산관련 직접노무원가, 변동제조간접원가, 고정제조간접원가가 모두 비용화되어 생산량 증가시 더 큰 이익감소를 초래하므로 생산량을 감소시켜 재고를 최소화하려는 유인이 더 크게 발생한다.(불필요한 재고누적 방지효과가 변동원가계산보다 크다.)
    → 즉, 생산량이 증가할수록 영업이익 감소되므로 경영자가 불필요한 제품 생산을 최소화하고 판매에 보다 집중하도록 유도한다.
  ④ 외부보고목적의 재무제표 작성에 이용되는 방법은 전부원가계산방법이다.

| 문제 99번 | 전부·변동원가계산 기말제품재고액 | 출제구분 | 재출제 | 난이도 | ★ ★ ☆ | 정답 | ③ |

- 전부원가계산에서는 고정제조간접원가(FOH)도 제조원가로 처리한다.
  → 반면, 변동원가계산에서는 고정제조간접원가(FOH)를 기간비용으로 처리한다.
- 물량흐름(제품계정) : 당기 초에 영업활동을 시작하였으므로 기초제품재고는 없다.

| 기초제품재고 | 0 | 판매량 | 200단위 |
| 생산량 | 500단위 | 기말제품재고 | 300단위 |

- ㉠ 전부원가계산에 의한 기말제품재고액 계산
  - 단위당FOH : 100,000(FOH) ÷ 500단위(생산량) = 200
  - 단위당제조원가 : 300(단위당DM) + 200(단위당DL) + 100(단위당VOH) + 200(단위당FOH) = 800
  - 기말제품재고액 : 300단위 × 800 = 240,000
- ㉡ 변동원가계산에 의한 기말제품재고액 계산
  - 단위당제조원가 : 300(단위당DM) + 200(단위당DL) + 100(단위당VOH) = 600
  - 기말제품재고액 : 300단위 × 600 = 180,000

∴ 양 방법에 의한 기말제품재고액 차이 : 240,000(전부) - 180,000(변동) = 60,000

고속철 기초제품재고가 없으므로 기말제품재고에 포함된 FOH만큼 차이가 난다.
  → 전부원가계산(300단위 × 200) - 변동원가계산(0) = 60,000

| 문제 100번 | 전부·변동·초변동원가계산 이익 계산 | 출제구분 | 재출제 | 난이도 | ★ ★ ★ | 정답 | ③ |

- 전부원가계산 매출총이익 계산
  매출액   :   20,000개 × 800 = 16,000,000
  매출원가[DM+DL+VOH+FOH] : 20,000개 × (250 + 170 + 80) + 400,000 = (10,400,000)
  매출총이익   :   5,600,000

- 변동원가계산 공헌이익 계산
  매출액   :   20,000개 × 800 = 16,000,000
  매출원가[DM+DL+VOH] : 20,000개 × (250 + 170 + 80) = (10,000,000)
  변동판관비   :   20,000개 × 50 = (1,000,000)
  공헌이익   :   5,000,000

- 초변동원가계산 재료처리량공헌이익 계산
  매출액   : 20,000개 × 800 = 16,000,000
  제품수준변동원가[직접재료원가(DM)] : 20,000개 × 250 = (5,000,000)
  재료처리량(현금창출)공헌이익   :   11,000,000

Guide 전부원가계산·변동원가계산·초변동원가계산 영업이익 계산 비교

전부원가계산	변동원가계산	초변동원가계산
• 매출액 (-)매출원가(DM+DL+VOH+FOH) 매출총이익 (-)판관비(변동+고정) 영업이익	• 매출액 (-)매출원가(DM+DL+VOH) (-)변동판관비 공헌이익 (-)FOH+고정판관비 영업이익	• 매출액 (-)제품수준변동원가(DM) 재료처리량(현금창출)공헌이익 (-)운영비용(DL+VOH+FOH+판관비) 영업이익

| 문제 101번 | ABC에 의한 총제조원가 | 출제구분 | 재출제 | 난이도 | ★★☆ | 정답 | ① |

- 단위당 직접재료원가 : 60,000
  단위당 가공원가 : 2시간×500+7개×800+1단위×3,000=9,600
- 총제조원가 : 30단위×(60,000+9,600)=2,088,000

| 문제 102번 | 원가추정 일반사항 | 출제구분 | 신유형 | 난이도 | ★★☆ | 정답 | ④ |

- 원가행태는 관련범위 내에서 선형(직선)이라고 가정한다. 즉, 관련범위 내에서 단위당변동원가와 총고정원가가 일정하다고 가정한다.
  → 여기서 관련범위는 원가행태의 회계적 추정치가 타당한 조업도의 범위(현실적으로 달성할 수 있는 최대조업도와 최저조업도)를 말하며, 관련범위를 벗어나는 경우 실제로는 비선형(곡선)원가함수가 될수도 있으므로 전 범위가 아니라 관련범위 내에서는 선형이라고 가정하는 것이다.
- *저자주* 실제로 독립변수와 종속변수간의 관계는 선형이 아닌 경우가 일반적이며, 이러한 비선형원가함수의 대표적인 예가 '학습곡선'입니다. 이는 세무사·회계사 시험수준에 해당하므로 설명은 생략합니다.

Guide 원가추정 개괄

의의	• 조업도(독립변수 x)와 원가(종속변수 y) 사이의 관계를 규명하여 원가함수($y=a+bx$)를 추정하는 것
목적	• 계획과 통제 및 의사결정에 유용한 미래원가를 추정하기 위함. → 예 원가함수($y=a+bx$)를 추정하여, 만약 x(조업도)=1,000시간일 경우 y(원가)의 계산
가정	㉠ 원가에 영향을 미치는 요인은 조업도뿐임. → 즉, 조업도만이 유일한 독립변수임. ㉡ 원가행태는 관련범위 내에서 선형임. → 즉, 관련범위 내에서 단위당변동원가와 총고정원가가 일정

| 문제 103번 | CVP분석 기본가정 | 출제구분 | 기출변형 | 난이도 | ★☆☆ | 정답 | ③ |

- 복수제품인 경우에는 매출배합이 일정하다고 가정한다.

Guide CVP분석의 기본가정

원가행태의 구분	• 모든 원가를 변동원가와 고정원가로 분리할 수 있다고 가정
선형성	• 수익과 원가의 행태가 확실히 결정되어 있고 관련범위 내에서 선형으로 가정 → 단위당판매가격과 단위당변동원가는 일정
생산량·판매량의 일치성	• 생산량과 판매량은 일치하는 것으로 가정하여 생산량이 모두 판매된 것으로 가정 → 즉, 재고수준이 일정, 동일하거나 하나도 없다고 가정
독립변수의 유일성	• 원가와 수익은 유일한 독립변수인 조업도에 의하여 결정된다고 가정
화폐의 시간가치 무시	• 화폐의 시간가치가 중요하지 않을 정도의 단기간이라고 가정 → ∴ 단기투자의사결정에 유용한 분석방법임. → 인플레이션을 무시한다는 한계점을 갖음.
일정한 매출배합	• 복수제품인 경우에는 매출배합이 일정하다고 가정
수익원천의 단일성	• 수익은 오직 매출로부터만 발생한다고 가정

| 문제 104번 | 영업레버리지 일반사항 | 출제구분 | 재출제 | 난이도 | ★★☆ | 정답 ① |

- 일반적으로 한 기업의 영업레버리지도는 손익분기점 부근에서 가장 크며, 매출액이 증가함에 따라 점점 작아진다.

Guide 영업레버리지 주요사항

의의	• 영업레버리지란 고정비가 지렛대의 작용을 함으로써 총원가 중 고정비 비중이 클수록 매출액변화율보다 영업이익의 변화율이 확대되는 것을 말함.
영업레버리지도 (DOL)	$DOL = \dfrac{영업이익변화율}{매출액변화율} = \dfrac{공헌이익}{영업이익} = \dfrac{매출액-변동비}{매출액-변동비-고정비} = \dfrac{1}{안전한계율}$ **주의** DOL이 크다함은 영업성과가 좋은게 아니라 단순히 비율이 크다는 것임. 예 DOL=6일 때 매출이 20%증가하면 영업이익은 120%증가, 매출이 20%감소하면 영업이익은 120% 감소 → 즉, 고정비의 비중이 큰 원가구조를 가지고 있는 기업일수록 레버리지효과가 커서 불경기에는 큰 타격을 입고 반면에 호경기에는 막대한 이익을 얻음.
DOL의 증감	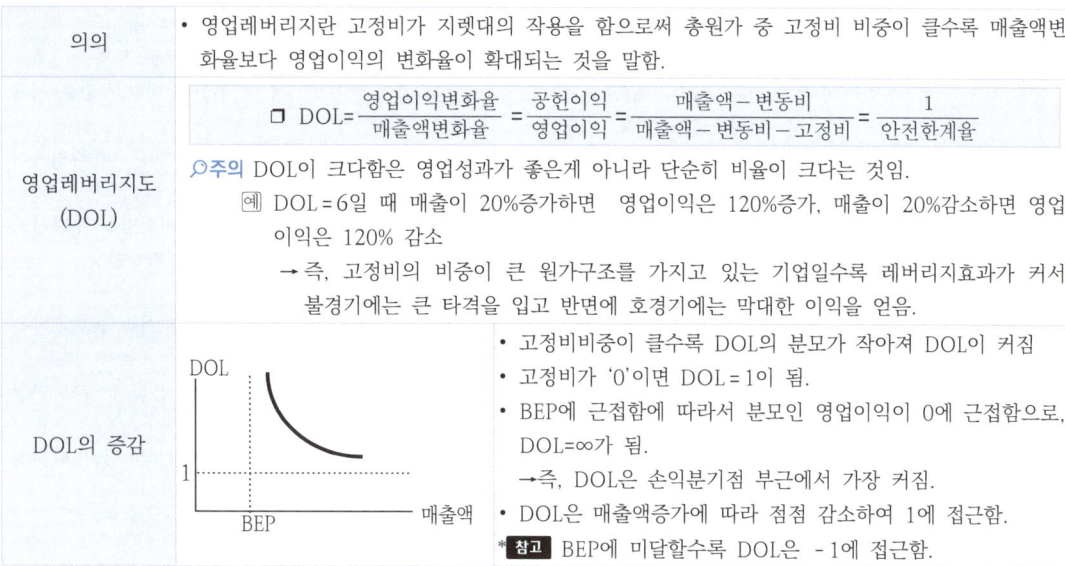 • 고정비비중이 클수록 DOL의 분모가 작아져 DOL이 커짐 • 고정비가 '0'이면 DOL = 1이 됨. • BEP에 근접함에 따라서 분모인 영업이익이 0에 근접함으로, DOL=∞가 됨. → 즉, DOL은 손익분기점 부근에서 가장 커짐. • DOL은 매출액증가에 따라 점점 감소하여 1에 접근함. *참고 BEP에 미달할수록 DOL은 -1에 접근함.

| 문제 105번 | CVP도표의 이해 | 출제구분 | 재출제 | 난이도 | ★★☆ | 정답 ③ |

- d : 총비용 - 고정원가(a) = 변동원가
- c : 매출액(총수익) - 변동원가(d) - 고정원가(a) = 영업이익
  → ∴c는 공헌이익이 아니라 영업이익을 의미한다.

| 문제 106번 | 성과평가 사례의 적절성 판단 | 출제구분 | 재출제 | 난이도 | ★★☆ | 정답 ④ |

- 관리자의 책임범위를 벗어나는 통제불가능항목에 대해서는 책임이 없으므로 통제불가능항목은 성과평가시 제외되는 것이 원칙이다.
- ① 원유가격 하락은 통제불가능항목에 해당하므로 성과평가기준으로 부적절하다.
  ② 밀어내기식 매출로 인한 매출증가에 대한 긍정적 성과평가는 성과측정의 오류에 해당하며 공정성과 합리성에 문제가 있으므로 성과평가기준으로 부적절하다.
  ③ 태풍 피해로 인한 손실은 통제불가능항목에 해당하므로 성과평가기준으로 부적절하다.
  ④ 채권회수율과 고객관계에 의한 성과평가는 관리자의 통제가능항목에 대한 평가로서 목표일치성과 부합되는 적절한 성과평가에 해당한다.

문제 107번 | 분권화의 장점과 단점 | 출제구분: 재출제 | 난이도: ★★☆ | 정답: ①

- 분권화의 경우 각 사업부에서 동일한 활동이 개별적으로 중복되어 수행될 가능성이 존재한다.

Guide ▶ 분권화 정리

실시단계	• ㉠ 권한의 부여 : 상위경영자가 하위경영자에게 특정업무를 수행할 수 있는 권한을 부여 • ㉡ 의무의 양도 : 상위경영자는 하위경영자에게 권한을 부여함과 동시에 관련된 의무도 부과 • ㉢ 책임의 발생 : 하위경영자는 권한을 상위경영자로부터 부여 받음으로써 이 권한에 대한 책임을 지게 되며, 성과평가도 받게 됨.
효익	• 하위경영자들이 최고경영자들보다 고객과 공급업체 및 종업원의 요구에 대응하기가 훨씬 더 수월하기 때문에 신속한 대응을 할 수 있음. • 하위경영자들에게 빠른 의사결정책임을 부여하는 기업이 상위경영자들에게 의사결정책임을 부여하고자 시간을 소비하는 기업보다 경쟁적 우위를 점할 수 있어 보다 신속한 의사결정이 가능함. • 하위경영자들에게 보다 큰 재량권이 주어지면 보다 많은 동기부여가 됨. • 분권화를 시행하게 되면 경영자에게 많은 책임이 주어지게 되고, 이에 따라 경영자로서의 능력개발을 촉진시킬 수 있으며 학습효과 측면에서도 유용함. • 분권화된 환경에서 소규모 하위단위 경영자들은 대규모 하위단위 경영자들보다 더 융통성 있고 민첩하게 시장 기회에 적응할 수 있음. • 분권화를 통하여 최고경영자들은 하위단위의 일상적인 의사결정의 부담에서 벗어날 수 있기 때문에 조직전체의 전략적 계획에 보다 많은 시간과 노력을 집중시킬 수 있음.
문제점	• 분권화사업부는 기업전체의 관점에서 최적이 아닌 의사결정(준최적화)을 할 가능성이 있음. • 각 사업부에서 동일한 활동이 개별적으로 중복되어 수행될 수 있음. • 분권화된 각 사업부의 경영자들이 동일한 기업의 다른 사업부를 외부집단으로 간주하여 정보의 공유 등을 꺼려함에 따라 각 사업부간 협력이 저해될 수 있음.

문제 108번 | 책임중심점과 책임범위 | 출제구분: 기출변형 | 난이도: ★☆☆ | 정답: ①

- 원가중심점(cost center)은 통제가능한 원가의 발생에 대해서만 책임을 지는 가장 작은 활동단위로서의 책임중심점이다. 가장 대표적인 원가중심점은 제조부문이라고 할 수 있다.

Guide ▶ 책임중심점의 분류

원가중심점	• 통제가능한 원가의 발생만 책임을 지는 가장 작은 활동단위로서의 책임중심점(예 제조부문)
수익중심점	• 매출액에 대해서만 통제책임을 지는 책임중심점(예 판매부서 및 영업소) →수익중심점은 산출물만을 화폐로 측정하여 통제할 뿐 투입물과 산출물 모두에 의해 결정되는 이익에 대해서는 책임을 지지 않음. →그러나 매출액만으로 성과평가를 하게 되면 기업전체적으로 잘못된 의사결정을 야기 가능함.(불량채권의 발생, 원가절감의 경시 등 여러 가지 문제점에 노출될 수 있기 때문임.)
이익중심점	• 원가와 수익 모두에 대해서 통제책임을 지는 책임중심점 →이익중심점은 전체 조직이 될 수도 있지만 조직의 한 부분, 즉 판매부서, 각 지역(점포)단위 등으로 설정될 수도 있는데 이 경우 책임중심점이란 이익중심점을 뜻하는 것이 일반적임. →이익중심점은 수익중심점에 비해 유용한 성과평가기준이 됨. 성과평가의 기준을 이익으로 할 경우 해당 경영자는 공헌이익 개념에 의해서 관리를 수행할 것이고 이로 인해 회사전체적 입장에서 최적의 의사결정에 근접할 수 있음.
투자중심점	• 원가·수익 및 투자의사결정도 책임지는 책임중심점으로 가장 포괄적 개념임. →기업이 제품별 또는 지역별로 별도의 독립적인 조직으로 분리될 정도로 규모가 커져 제품별 또는 지역별 사업부로 분권화된 경우, 이 분권화조직이 투자중심점에 해당함.

| 문제 109번 | 매출가격차이와 매출조업도차이 | 출제구분 | 재출제 | 난이도 | ★★★ | 정답 | ③ |

- 단위당예산공헌이익 : 180 - (120+30) = 30
- 매출가격차이 분석(단위당판매가격으로 분석)

```
         AQ×AP                              AQ×SP
   10,000단위×200 = 2,000,000        10,000단위×180 = 1,800,000
                    매출가격차이 200,000(유리)
```

- 매출조업도차이 분석(단위당예산공헌이익으로 분석)

```
         AQ×SP                              SQ×SP
   10,000단위×30 = 300,000           11,000단위×30 = 330,000
                    매출조업도차이 - 30,000(불리)
```

Guide 매출가격차이와 매출조업도차이 계산

기호정의	• AQ : 실제판매량, AP : 단위당실제판매가격 　SQ : 예산판매량, SP : 단위당예산판매가격(또는 단위당예산공헌이익)
매출총차이 분해	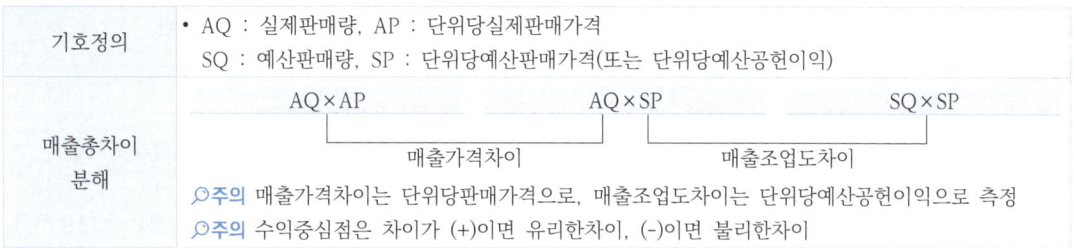 🔍주의 매출가격차이는 단위당판매가격으로, 매출조업도차이는 단위당예산공헌이익으로 측정 🔍주의 수익중심점은 차이가 (+)이면 유리한차이, (-)이면 불리한차이

| 문제 110번 | 투자수익률(ROI)의 특징 | 출제구분 | 재출제 | 난이도 | ★★☆ | 정답 | ④ |

- ① 투자수익률은 준최적화(= 회사전체 최저필수수익률을 상회하는 좋은 투자안이 개별투자중심점의 투자수익률 보다 낮기 때문에 투자가 포기되어 회사전체이익에 불리한 의사결정이 이루어지는 것)가 발생할 수 있는 문제점을 갖고 있다.
- ② 투자수익률은 현금의 흐름이 아닌 회계이익을 기준으로 성과를 평가하므로 업종에 따라 각 투자중심점에 서로 다른 회계원칙이 적용되는 경우 이로 인한 영향을 고려해야 한다.
- ③ 투자수익률[영업이익÷영업자산(투자액)]은 사업부의 이익뿐만 아니라 투자액도 함께 고려하는 성과평가 기준이기 때문에, 사업부의 경영자가 자신의 사업부 투자액에 대한 통제권한이 있는 경우 그 경영자의 성과측정 지표로 더욱 유용하게 사용될 수 있다.
- ④ 투자수익률은 화폐의 시간가치를 고려하지 않기 때문에 자본예산기법(순현재가치법, 내부수익률법)에 의한 성과평가에 비하여 단기적인 성과를 강조한다.

| 문제 111번 | 경제적부가가치(EVA) 일반사항 | 출제구분 | 재출제 | 난이도 | ★ ☆ ☆ | 정답 | ① |

- ① 경제적부가가치는 타인자본비용(이자비용)뿐 아니라 자기자본비용(배당금)도 비용으로 고려하는 성과지표이다.(반면, 당기순이익은 타인자본비용만을 고려한다.)
  → 경제적부가가치는 타인자본비용 뿐만 아니라 자기자본비용까지 보전한 후의 유보이익이므로 진정한 기업가치를 측정하는 수익성 지표이다.
- ② 경제적부가가치는 기업의 영업활동만을 반영한 이익개념이다.
  → 당기순이익은 기업의 영업, 투자, 재무활동을 모두 반영한 이익개념이다.
- ③ 경제적부가가치는 자기자본에 대한 자본비용(배당금)도 비용으로 고려하는 이익개념(성과지표)이므로 주주관점에서 기업의 경영성과를 보다 정확히 측정할 수 있다.
- ④ 경제적부가가치는 잔여이익(RI)과 마찬가지로 투자중심점과 회사전체의 목표일치성을 충족시킬 수 있다.

| 문제 112번 | 의사결정시 원가용어 | 출제구분 | 재출제 | 난이도 | ★ ☆ ☆ | 정답 | ① |

- 과거원가이거나 대안 간에 차이가 나지 않는 미래원가는 관련원가가 아니라 비관련원가의 정의이다.

Guide 의사결정시 필요한 원가용어와 정의

의사결정 관련성	관련원가	• 대안간에 차이가 나는 미래원가〈의사결정과 관련O〉
	비관련원가	• 과거원가이거나 대안 간에 차이가 나지 않는 미래원가〈의사결정과 관련X〉
실제지출유무	지출원가	• 미래에 현금 등의 지출을 수반하는 원가(실제지출O)
	기회원가	• 자원을 현재 용도 이외의 다른 용도에 사용할 경우 얻을 수 있는 최대금액(실제지출X)〈관련원가〉
발생시점	매몰원가	• 과거 발생한 역사적 원가로서 현재·미래에 회수불가한 원가〈비관련원가〉
	미래원가	• 미래에 발생할 원가
회피가능성	회피가능원가	• 의사결정에 따라 절약할 수 있는(피할 수 있는) 원가〈관련원가〉
	회피불능원가	• 특정대안을 선택하는 것과 관계없이 동일하게 발생하는 원가〈비관련원가〉

| 문제 113번 | 외부구입과 지불가능 최대가격 | 출제구분 | 재출제 | 난이도 | ★ ★ ★ | 정답 | ③ |

- 외부구입의 경우
  증분비용 - 증가 : 구입액 = (800단위 × A)
  　　　　 - 감소 : 원가감소 $800단위 \times (1,200 + 700 + 350) + 480,000 \times 1/4$ = 1,920,000
  증분손익 　　　　　　　　　　　　　　　　　　　　　　　　　　　　　　　　 1,920,000 - 800단위 × A

  → 1,920,000 - 800단위 × A ≧ 0 에서, A ≦ 2,400

Guide 자가제조·외부구입 의사결정

고려사항	• 자가제조시 관련원가와 외부구입가격을 고려 　○주의 자가제조시 증감하는 고정원가도 관련원가이므로 이도 고려함. 　　　→ 예 자가제조시 추가 고용 감독자급료 • 외부구입시 다음을 고려함. 　㉠ 기존설비 임대가 가능한 경우 : 임대수익을 고려 　㉡ 기존설비로 다른 제품 생산시 : 관련수익과 변동원가를 고려(= 다른 제품 공헌이익) 　㉢ 회피가능고정원가는 관련원가, 회피불능고정원가는 비관련원가임.
고려해야할 비재무적 정보	• 자가제조의 경우는 부품 공급업자에 대한 의존도를 줄일 수 있으며, 품질관리를 보다 쉽게 할 수 있다는 장점이 있음. • 자가제조의 경우는 공급업자에 대한 의존도를 줄임으로써 공급업자와의 관계를 상실하여 향후에 급격한 주문의 증가로 회사의 생산능력이 초과할 때 제품을 외부구입하기가 쉽지 않을 수 있음. (별도의 추가적 시설투자가 필요하므로 많은 비용이 발생하는 단점이 있음.) • 제품에 특별한 지식·기술이 요구될 때 자가제조를 하며 품질을 유지하기가 쉽지 않을 수 있음.
외부구입 의사결정	㉠ 기존설비의 대체용도가 있는 경우 　□ 증분수익(변동원가 + 회피가능고정원가 + 기회원가) > 증분비용(외부구입원가) ㉡ 기존설비의 대체용도가 없는 경우 　□ 증분수익(변동원가 + 회피가능고정원가) > 증분비용(외부구입원가)

문제 114번 | 특별주문 수락·거부 의사결정 | 출제구분: 재출제 | 난이도: ★ ☆ ☆ | 정답: ②

- 특별주문 수락의 경우
  증분수익 - 증가: 2,000단위×@5,000 = 10,000,000
  증분비용 - 증가: 2,000단위×(2,000+1,000+800+200) = (8,000,000)
  증분손익   2,000,000

  → ∴특별주문을 수락할 경우(제안을 받아들일 경우) 2,000,000원의 증분이익이 발생하므로 주문을 수락한다.

Guide 특별주문 수락·거부 의사결정

고려사항	• 특별주문으로 증가되는 수익(특별주문가격)과 변동원가 • 유휴설비능력이 있는 경우 유휴설비의 대체용도를 통한 이익상실분(기회원가) • 유휴설비능력이 없는 경우 기존 정규매출감소로 인한 공헌이익상실분 • 유휴설비능력이 없는 경우 설비능력 확충시 추가적 설비원가 🔍주의 고정원가(FOH,고정판관비)는 특별주문의 수락여부와 관계없이 일정하게 발생하므로 일반적으로 분석에서 제외하나, 조업도 수준에 따라 증감하는 경우에는 고려함.

주문수락
의사결정
	ⓐ 유휴설비능력이 존재하는 경우
	  □ 증분수익 > 증분원가
	ⓑ 유휴설비능력이 존재하고 대체적 용도가 있는 경우
	  □ 증분수익 > 증분원가+기회원가
	ⓒ 유휴설비능력이 존재하지 않는 경우
	  □ 증분수익 > 증분원가+추가설비원가+기존판매량 감소분의 공헌이익

문제 115번 | 추가가공여부 의사결정 | 출제구분: 재출제 | 난이도: ★ ★ ☆ | 정답: ②

- 개조한 후 판매의 경우
  증분수익 - 증가: 500단위×(@500 - @200) = 150,000
  증분비용 - 증가: 추가공원가 = (100,000)
  증분손익   50,000

  → ∴개조하여 판매하는 경우(추가가공하는 경우) 50,000원의 증분이익이 발생하므로 개조하여 판매한다.

*참고 총액접근법

그대로 처분하는 경우	개조한 후 판매의 경우	
매출 : 500단위×200 = 100,000 원가 : 200,000 △100,000	매출 : 500단위×500 = 250,000 원가 : 200,000+100,000 = 300,000 △50,000	→증분수익 150,000 →증분비용 100,000 →증분이익 50,000

- ① 100,000원의 추가비용을 지출하여 단위당 500원에 처분하는 것이 가장 유리하다.
  ③ 개조하여 판매하면 50,000원의 손실이 발생한다.
  ④ 그대로 제품단위당 200원에 처분하면 100,000원의 손실이 발생하긴 하나, 제품을 그대로 보유하고 있는 선택의 경우는 제조원가(200,000원)만큼 손실을 보므로 처분이나 개조후 판매를 통해 손실을 줄이는게 낫다.

| 문제 116번 | 자본예산시 투자시점현금흐름 | 출제구분 | 재출제 | 난이도 | ★ ★ ☆ | 정답 | ③ |

- 현금지출[구입가(매입가)] : 2,000,000
- 현금유입[구자산처분] : 1,000,000 - (1,000,000 - 500,000) × 20% = 900,000
  → 즉, 자산처분이익에 대한 법인세[(1,000,000 - 500,000) × 20%]는 현금유출이므로 처분가에서 차감한다.
- 순현금지출액 : 2,000,000(현금지출) - 900,000(현금유입) = 1,100,000

Guide 자본예산시 투자시점현금흐름

투자금액	• 구입원가와 구입과 관련된 부대비용을 포함하며 투자시점의 현금유출 처리함.
투자세액공제	• 투자세액공제에 따른 법인세 공제액은 투자시점의 현금유입 처리함.
구자산 처분	• 설비대체의 경우 신설비를 구입하면서 구설비를 처분하게 되며, 이 경우 구설비 처분으로 인한 유입이 발생함. • 자산처분손익의 법인세효과를 고려하여 현금유입 처리함.⟨t=세율⟩ 　□ 처분가 - (처분가 - 장부가) × 세율 ⇒ $S - (S - B) \times t$

| 문제 117번 | 순현재가치법과 NPV 계산 | 출제구분 | 재출제 | 난이도 | ★ ☆ ☆ | 정답 | ① |

- 현금흐름 추정

```
    x1년초         x1년말         x2년말         x3년말
    ├─────────────┼─────────────┼─────────────┤
  (8,000,000)    5,000,000     4,000,000     3,000,000
```

- NPV(순현재가치) : (5,000,000 × 0.9 + 4,000,000 × 0.8 + 3,000,000 × 0.7) - 8,000,000 = 1,800,000

★저자주 문제의 명확한 성립을 위해 '단, 현금지출운용비 감소효과는 매년 말에 발생한다'를 추가바랍니다.

Guide 순현재가치법(NPV법)

의의	□ NPV(순현재가치) = 현금유입의 현재가치 - 현금유출의 현재가치
	♀주의 할인율 : 자본비용(= 최저필수수익률 = 최저요구수익률)
의사결정	상호독립적 투자안 • 'NPV > 0'인 투자안 채택
	상호배타적 투자안 • NPV가 가장 큰 투자안 채택

| 문제 118번 | 현금흐름추정의 기본원칙 | 출제구분 | 재출제 | 난이도 | ★ ☆ ☆ | 정답 | ② |

- 법인세는 현금유출에 해당하므로 현금흐름을 추정할 때 고려하여야 한다.
  → 단, 현금흐름을 파악할 때에는 법인세를 차감한 후의 금액을 기준으로 해야 한다.(세후기준)

Guide 자본예산시 현금흐름추정의 기본원칙

증분기준	• 투자안의 증분현금흐름(대안간에 차이가 나는 현금흐름)을 사용함. → ∴매몰원가 제외
세후기준	• 현금흐름을 파악할 때에는 법인세를 차감한 후의 금액을 기준으로 함.
감가상각비	• 감가상각비는 현금유출이 아니나, 감가상각비의 감세효과(절세효과)는 현금유입 처리함.
이자비용	• 자본비용(할인율)에 반영되어 있으므로 이자비용은 고려하지 않음. 　→ 현금흐름의 계산에서 이자비용을 계산하고 다시 할인율을 적용하는 것은 이중계산이 되므로, 이자비용이 전혀 없는 상황을 가정하여 현금흐름을 추정해야 함.
인플레이션	• 명목현금흐름은 명목할인율로, 실질현금흐름은 실질할인율로 할인해야 함.

| 문제 119번 | 특별가격결정방법 | 출제구분 | 재출제 | 난이도 | ★ ☆ ☆ | 정답 | ④ |

- 신제품출시 초기에 높은 시장점유율을 얻기 위한 가격정책으로 초기시장진입가격을 낮게 설정하는 가격정책
  → 시장침투가격에 대한 설명이다.

Guide 특별가격결정방법

신제품 가격결정	상층흡수가격	• 단기간의 이익을 극대화하기 위해서 초기시장진입가격은 높게 설정을 하고, 점진적으로 시장점유율을 높이기 위해 가격을 내리는 가격정책 → 제품 가격탄력성이 낮고 시장의 제품진입이 한정되어 있는 제품에 적합
	시장침투가격	• 초기에 높은 시장점유율을 얻기 위한 가격정책으로 초기시장진입가격을 낮게 설정하는 것 → 특히 제품의 가격탄력성이 높고, 고정원가의 비율이 높은 제품에 적합
입찰가격		• 공헌이익법이 사용되며, 결정시 경제상황, 경쟁자, 높은 이익률 및 회전율 등도 고려함.
약탈적 가격정책		• 경쟁자를 시장에서 축출하기 위해 일시적으로 가격을 인하하는 정책 → 경쟁자가 없어진 후 다시 가격을 인상하여 이익을 얻기 위한 가격정책임.

| 문제 120번 | 외부실패원가 집계 | 출제구분 | 재출제 | 난이도 | ★ ★ ☆ | 정답 | ② |

- 외부실패원가 : 3,000(반품원가)+4,000(소비자 고충처리비) = 7,000
  → 생산직원 교육원가 : 예방원가
  → 생산라인 검사원가, 제품 검사원가, 구입재료 검사원가 : 평가원가

Guide 품질원가(COQ)

의의	• 품질원가(COQ)란 불량품이 생산되지 않도록 하거나, 생산된 결과로 발생하는 모든 원가를 말함.	
품질원가 종류	❖ 통제원가(사전품질원가) ▶ 통제원가 증가할수록 불량률은 감소함(∴역관계)	
	예방원가	평가원가
	• 불량품 생산을 예방키 위해 발생하는 원가 ㉠ 품질관리시스템 기획원가, 예방설비 유지 ㉡ 공급업체 평가원가, 품질·생산직원교육원가 ㉢ 설계·공정·품질 엔지니어링원가	• 불량품을 적발키 위해 발생하는 원가 ㉠ 원재료나 제품의 검사·시험원가 ㉡ 검사설비 유지원가 ㉢ 현장·생산라인검사원가
	❖ 실패원가(사후품질원가) ▶ 불량률이 증가할수록 실패원가는 증가함(∴정관계)	
	내부실패원가	외부실패원가
	• 불량품이 고객에게 인도되기 전에 발견됨으로써 발생하는 원가 ㉠ 공손품원가, 작업폐물원가 ㉡ 재작업원가, 재검사원가 ㉢ 작업중단원가	• 불량품이 고객에게 인도된 후에 발견됨으로써 발생하는 원가 ㉠ 고객지원원가(소비자 고충처리비), 보증수리원가, 교환원가 ㉡ 반품원가(반품운송,재작업,재검사 포함) ㉢ 손해배상원가, 판매기회상실에 따른 기회비용
품질원가 최소점	• 전통적 관점 : 허용가능품질수준(AQL) • 최근의 관점 : 불량률이 0인 무결함수준	

재경관리사 공개기출해설 [원가]

Certified Accounting Manager

원가관리회계
공개기출문제해설
[2022년 06월 시행]

SEMOOLICENCE

| 문제 81번 | 원가회계 용어의 개념 | 출제구분 | 재출제 | 난이도 | ★ ☆ ☆ | 정답 | ① |

- 원가대상(=원가집적대상)의 의의와 사례

원가대상의 의의		• 원가대상은 직접적인 대응이나 간접적인 원가배분방법에 의한 원가측정을 통하여 원가가 집계되는 활동이나 항목을 말함. →구체적인 원가대상은 경영자의 의사결정 목적에 따라 선택된다. →원가대상이 결정되어야 원가측정이 가능하고 원가측정에 의하여 원가가 집계된다.
원가대상의 사례	전통적 원가대상	• 제품, 부문
	다양한 원가대상	• 활동, 작업, 서비스, 프로젝트, 프로그램, 공장전체

*저자주 신유형에 해당하는 문제이긴 하나 기초적인 문제이므로 절대 틀려서는 안되는 문제에 해당합니다.

Guide 원가회계 용어 주요사항

원가대상 (원가집적대상)	• 직접대응이나 간접적 원가배분에 의한 원가측정을 통해 원가집계가 되는 활동, 항목, 단위 예 제품, 부문, 공정, 활동, 작업, 서비스, 프로젝트, 프로그램, 공장전체 →구체적인 원가대상은 경영자의 의사결정 목적에 따라 선택됨.
원가집합	• 원가대상에 직접적으로 추적할 수 없는 간접원가(배분되어야 할 공통원가)들을 모아둔 것
원가배분	• 원가집합에 집계된 간접원가를 일정한 배부기준에 따라 원가대상에 배분하는 과정 저자주 원가배부 : 엄밀히 말해 원가대상이 제품으로 한정될 때 사용하는 용어이나, 수험목적상으로는 원가배분과 혼용되어 사용되고 있습니다.
조업도	• 협의 : 일정기간 동안 생산설비의 이용정도 • 광의 : 일정기간 동안 원가대상의 원가변동에 가장 큰 영향을 주는 원가동인(예 생산량, 판매량)
원가동인	• 원가대상의 총원가에 변화를 유발시키는 요인 →주의 매우 다양함.(예 제품 : 생산량, 작업시간)
원가행태	• 조업도(원가동인)의 변동에 따른 원가발생액의 변동양상(예 변동원가, 고정원가)
관련범위	• 원가·조업도간 일정관계가 유지되는 조업도 범위로, 변동·고정원가 구분이 타당한 조업도 구간

| 문제 82번 | 원가행태별 원가구분 | 출제구분 | 재출제 | 난이도 | ★ ☆ ☆ | 정답 | ① |

- 준고정원가 : 일정범위의 조업도 내에서는 총원가가 일정하지만 조업도가 일정범위를 벗어나면 총원가가 증가 또는 감소하는 원가를 말한다. 준고정원가는 계단형태를 보이기 때문에 계단원가(step costs)라고도 한다.
  →예 병원의 급료를 분석해 보니 간호사의 급료는 월 20일 근무기준으로 지급되며, 월 20일 초과 근무하는 경우에는 초과 근무일수에 관계없이 기본급에 1,000,000원이 추가적으로 지급된다. 이 경우 간호사 급료의 원가행태는 준고정원가이다.
  (㉠ 근무일수 20일이하 : A(기본급) ⇒고정액 ㉡ 근무일수 20일초과 : B(기본급+1,000,000) ⇒고정액

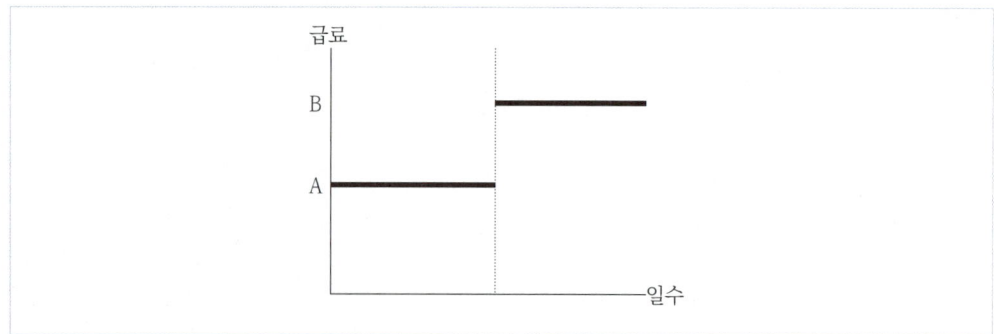

*참고 통화료는 조업도의 변동에 관계없이 총원가가 일정한 고정원가(예: 기본요금 15,000원)와 조업도의 변동에 따라 총원가가 비례하여 변동하는 변동원가(예 : 10초당 18원)가 혼합된 준변동원가(=혼합원가)이다.

| 문제 83번 | 매출총이익률을 통한 기말재공품 추정 | 출제구분 | 재출제 | 난이도 | ★ ★ ☆ | 정답 | ④ |

- 매출총이익률을 A라 하면, '매출원가 = 매출액 × (1 − A)' → 매출원가 : 8,000,000 × (1 − 25%) = 6,000,000
- 당기총제조원가 : 1,500,000(DM) + 900,000(DL) + 1,100,000(OH) = 3,500,000
- 매출원가(6,000,000) = 기초제품(4,000,000) + 당기제품제조원가(x) − 기말제품(1,200,000) → x = 3,200,000
- 당기제품제조원가(3,200,000) = 기초재공품(1,250,000) + 당기총제조원가(3,500,000) − 기말재공품(y) → y = 1,550,000

고속철 실전에서는 다음의 계정에 해당액을 직접 기입하여 대차차액으로 구한다.

기초재공품	1,250,000	매출원가	8,000,000 × (1 − 25%) = 6,000,000
기초제품	4,000,000		
직접재료원가	1,500,000		
직접노무원가	900,000	기말재공품	?
제조간접원가	1,100,000	기말제품	1,200,000

Guide 매출총이익률·원가가산이익률이 주어진 경우 매출원가 계산

매출총이익률이 주어진 경우 매출원가 계산	• 매출원가 = 매출액 × (1 − 매출총이익률)
원가가산이익률이 주어진 경우 매출원가 계산	• 매출원가 = $\dfrac{매출액}{1 + 원가가산이익률}$

| 문제 84번 | 보조부문원가배분 : 단계배분법 | 출제구분 | 재출제 | 난이도 | ★ ★ ☆ | 정답 | ③ |

- 단계배분법에서는 먼저 배분된 보조부문에는 다른 보조부문원가가 배분되지 않는다.
  → 즉, 보조부문 창고부에는 보조부문 전력부가 배분되지 않는다.

	조각부	도료부	창고부	전력부
배분전원가	800,000	400,000	200,000	600,000
창고부	200,000 × 40% = **80,000**	200,000 × 50% = **100,000**	(200,000)	200,000 × 10% = 20,000
전력부	$620,000 \times \dfrac{30\%}{30\% + 50\%}$ = **232,500**	$620,000 \times \dfrac{50\%}{30\% + 50\%}$ = **387,500**	−	(620,000)
배분후원가	1,112,500	887,500	0	0

- 직접배분법의 경우 보조부문 상호간에 행해지는 용역의 수수를 완전히 무시하고 각 제조부문이 사용한 용역의 상대적인 비율에 따라 각 보조부문 원가가 제조부문에만 배분된다.
  → 직접배분법을 사용할 경우 괄호4 : $600,000 \times \dfrac{50\%}{30\% + 50\%}$ = 375,000

문제 85번 | 개별원가계산 일반사항 | 출제구분: 기출변형 | 난이도: ★★☆ | 정답: ③

- ② 개별원가계산은 개별제품별 또는 개별작업별로 원가가 집계되기 때문에 직접원가와 간접원가의 구분이 중요하다.(즉, 제조간접원가의 배부절차가 반드시 필요하다.) 직접원가에 해당하는 직접재료원가와 직접노무원가는 해당 제품이나 공정으로 직접 추적할 수 있기 때문에 발생된 원가를 그대로 집계하면 되지만, 간접원가에 해당하는 제조간접원가는 개별제품이나 공정에 직접적인 대응이 불가능하므로 원가계산 기말에 일정한 기준을 사용하여 배부해야 한다.
- ③ 원가계산방법은 다음과 같이 결합되어 다양한 방법이 가능하다.

제품원가의 구성요소(원가구성)	원가요소의 실제성여부(원가측정)	생산형태(제품의 성격)
전부원가계산 변동원가계산	실제원가계산 정상원가계산 표준원가계산	개별원가계산 종합원가계산

문제 86번 | 정상개별원가계산 제조간접원가 배부차이 | 출제구분: 재출제 | 난이도: ★★☆ | 정답: ②

- ⊙ 제조간접원가예정배부율 : $\frac{2,000,000}{5,000시간} = 400/시간$ ⓒ 제조간접원가실제배부율 : $\frac{2,000,000}{4,000시간} = 500/시간$

- 배부차이 분석

예정배부액	실제배부액
2,500시간(#B 실제직접노동시간) × 400(예정배부율)	2,500시간(#B 실제직접노동시간) × 500(실제배부율)

차이금액 : 250,000

Guide 실제개별원가계산 실제배부

제조간접원가실제배부율	• 제조간접원가실제배부율 = $\frac{실제제조간접원가}{실제배부기준(실제조업도)}$
실제배부액	• 실제조업도(배부기준의 실제발생량) × 제조간접원가실제배부율

Guide 정상개별원가계산 예정배부

제조간접원가예정배부율	• 제조간접원가예정배부율 = $\frac{제조간접원가 예산}{예정조업도}$
예정배부액	• 실제조업도(배부기준의 실제발생량) × 제조간접원가예정배부율

문제 87번 | 종합원가계산 선입선출법 기말재공품 계산 | 출제구분: 재출제 | 난이도: ★☆☆ | 정답: ②

- 선입선출법

  기말재공품원가 : 당기발생원가 × $\frac{기말재공품의 완성품환산량}{당기완성품수량 + 기말재공품의 완성품환산량 - 기초재공품의 완성품환산량}$

  → 당기발생투입분의 완성품환산량(당기완성품수량 + 기말재공품의 완성품환산량 - 기초재공품의 완성품환산량)에서 기말재공품의 완성품환산량이 차지하는 비율에 의해 계산한다.

- *비교 평균법

  기말재공품원가 : (기초재공품원가 + 당기발생원가) × $\frac{기말재공품의 완성품환산량}{완성품수량 + 기말재공품의 완성품환산량}$

  → 총완성품환산량(완성품수량 + 기말재공품의 완성품환산량)에서 기말재공품의 완성품환산량이 차지하는 비율에 의해 계산한다.

문제 88번 | 기말재공품 완성도 과대평가의 영향 | 출제구분 재출제 | 난이도 ★★★ | 정답 ④

- 기말재공품 완성도를 과대평가할 경우
  ㉠ 기말재공품 완성품환산량 과대
  ㉡ 완성품환산량이 과대해지면 투입된 원가는 일정하므로 완성품환산량단위당원가가 과소
  ㉢ 완성품의 완성품환산량은 변화가 없으므로 완성품환산량단위당원가의 과소로 완성품원가(당기제품제조원가)는 과소
  ㉣ 상대적으로 기말재공품(재공품계정)의 원가는 과대(재고자산 과대)
  ㉤ '기초제품+당기제품제조원가 - 기말제품 = 매출원가'에서 제품계정에는 영향이 없으나, 당기제품제조원가의 과소로 인해 매출원가가 과소평가되고 영업이익(당기순이익)이 과대평가된다.
  ㉥ 영업이익(당기순이익)이 과대평가되므로 이익잉여금이 과대계상된다.

*비교 기말재공품 완성도를 과소평가할 경우〈위와 반대의 결과〉
  ㉠ 기말재공품 완성품환산량 과소
  ㉡ 완성품환산량이 과소해지면 투입된 원가는 일정하므로 완성품환산량단위당원가가 과대
  ㉢ 완성품의 완성품환산량은 변화가 없으므로 완성품환산량단위당원가의 과대로 완성품원가(당기제품제조원가)는 과대
  ㉣ 상대적으로 기말재공품(재공품계정)의 원가는 과소(재고자산 과소)
  ㉤ '기초제품+당기제품제조원가 - 기말제품 = 매출원가'에서 제품계정에는 영향이 없으나, 당기제품제조원가의 과대로 인해 매출원가가 과대평가되고 영업이익(당기순이익)이 과소평가된다.
  ㉥ 영업이익(당기순이익)이 과소평가되므로 이익잉여금이 과소계상된다.

문제 89번 | 평균법 완성품원가·기말재공품원가 계산 | 출제구분 재출제 | 난이도 ★★☆ | 정답 ③

- 평균법 종합원가계산

[1단계] 물량흐름		[2단계] 완성품환산량	
		재료비	가공비
완성	400	400	400
기말	100(40%)	100	100×40% = 40
	500	500	440
[3단계] 총원가요약			
기초		8,000,000	6,000,000
당기발생		32,000,000	27,000,000
		40,000,000	33,000,000
[4단계] 환산량단위당원가(cost/unit)		÷500	÷440
		‖	‖
		@80,000	@75,000

[5단계] 원가배분
완성품원가   : 400×@80,000+400×@75,000 = 62,000,000
기말재공품원가 : 100×@80,000+40×@75,000 = 11,000,000

| 문제 90번 | WAM·FIFO 가공비완성품환산량 차이 | 출제구분 | 재출제 | 난이도 ★★★ | 정답 ④ |

- 평균법(WAM) 완성품환산량의 계산

  [1단계] 물량흐름

완성	2,000	
기말	500(70%)	
	2,500	

  [2단계] 완성품환산량

재료비	가공비
2,000	2,000
500	500 × 70% = 350
2,500	**2,350**

- 선입선출법(FIFO) 완성품환산량의 계산

  [1단계] 물량흐름

기초완성	600(40%)	
당기완성	2,000 - 600 = 1,400	
기 말	500(70%)	
	2,500	

  [2단계] 완성품환산량

재료비	가공비
0	600 × (1 - 40%) = 360
1,400	1,400
500	500 × 70% = 350
1,900	**2,110**

∴ 2,350(평균법) - 2,110(선입선출법) = 240 → 평균법이 240개 더 크다.(= 선입선출법이 240개 더 작다)

고속철 재료가 공정초에 전량 투입되는 경우
  ㉠ WAM재료비완성품환산량 - FIFO재료비완성품환산량 = 기초재공품수량(600개)
  ㉡ WAM가공비완성품환산량 - FIFO가공비완성품환산량 = 기초재공품수량(600개) × 기초완성도(40%)

저자주 실전 문제에서는 반드시 위 '고속철' 풀이법에 의해 계산하여야 합니다. 반드시 숙지 바랍니다.

| 문제 91번 | 원가계산제도 일반사항 | 출제구분 | 신유형 | 난이도 ★★☆ | 정답 ① |

- ① 정상원가계산은 직접재료원가와 직접노무원가를 실제원가로 측정하고 제조간접원가는 사전에 정해 놓은 제조간접원가 예정배부율에 의해 배부된 원가로 측정하는 방법이다.

	실제원가계산	정상원가계산	표준원가계산
직접재료원가	실제원가	실제원가	표준원가
직접노무원가	실제원가	실제원가	표준원가
제조간접원가	**실제원가**	**예정배부액**	**표준배부액**

② 표준원가계산제도는 계량적 정보에 의해서만 성과평가가 이루어진다. 표준원가계산제도를 채택할 경우 비계량적인 정보를 무시할 가능성이 있다.
  → 예를 들어, 표준원가달성을 지나치게 강조할 경우 제품의 품질을 희생시킬 수 있고, 납품업체에 표준원가를 기초로 지나친 원가절감을 요구할 경우 관계가 악화될 수도 있다.

③ 정상원가계산은 예정원가계산 또는 평준화원가계산이라고도 한다.
  → 제조간접원가 예정배부율(=제조간접원가예산÷예정조업도)은 1년동안 계속 적용한다. 따라서, 제조간접원가 예정배부율은 실제원가계산에서의 월별로 상이한 제조간접원가 실제배부율을 평준화한 것으로 생각할 수 있다. 다시 말하면, 동일제품에 배부되는 투입량(조업도) 단위당 제조간접원가배부액은 같아야 한다는 관점에서 일정 기간내에 생산되는 동종제품의 투입량 단위당 제조간접원가부담액을 균등하게 해준다.

④ 제조간접원가는 직접재료원가나 직접노무원가와 달리 개별제품에 직접 추적할 수 없으므로 일정한 배부기준에 의하여 배부하는 과정이 필요하다. 실제원가계산에 의할 경우 기말이 되어서야 제조간접원가 실제발생액과 배부기준의 총계가 확정된다. 따라서 제조간접원가의 배부가 기말까지 지연되고 그 결과 제품원가계산이 지연된다는 문제점이 있다.
  → 즉, 실제발생원가와 실제조업도는 기말이 되어야 확정되므로 제조간접원가 실제배부율은 기말이 되기까지 계산되지 않는다. 따라서, 기말이 될 때까지 제조간접원가를 배부할 수 없어 결과적으로 제품원가계산이 지연된다.

| 문제 92번 | 표준원가 차이분석보고서 세부고찰 | 출제구분 | 신유형 | 난이도 | ★ ★ ★ | 정답 | ③ |

- 분석내용 총괄〈원가(수량)발생액이 작으면 더 효율적〉

구분	효율성기준	수원공장	평택공장	분석내용
① 원가절감측면	제품단위당실제원가	1,578원	1,928원	수원공장이 더 효율적
② 직접재료원가 수량측면	직접재료원가 실제수량	9kg	12kg	수원공장이 더 효율적
③ 직접노무원가 수량측면	직접노무원가 실제수량	10시간	11시간	수원공장이 더 효율적
④ 제조간접원가 측면	제조간접원가 실제원가	720원	900원	수원공장이 더 효율적

| 문제 93번 | 직접노무원가 가격차이 | 출제구분 | 재출제 | 난이도 | ★ ★ ☆ | 정답 | ② |

- SP = 9,000, AP = 10,000, SQ = 10,000시간
- 직접노무원가 차이분석

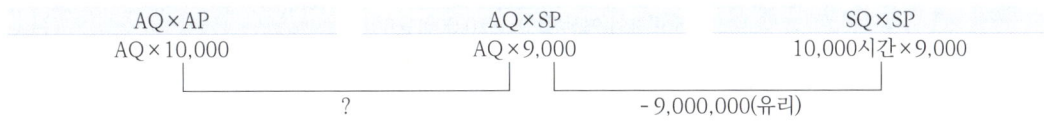

→ (AQ × 9,000) − (10,000시간 × 9,000) = − 9,000,000 에서, AQ = 9,000시간

∴ 가격차이(임률차이) : (9,000시간 × 10,000) − (9,000시간 × 9,000) = 9,000,000(불리)

Guide 직접노무원가 차이분석 구조

기호정의	• AQ : 실제투입시간, AP : 실제가격, SQ : 실제생산량에 허용된 표준시간, SP : 표준가격
DL 차이분석	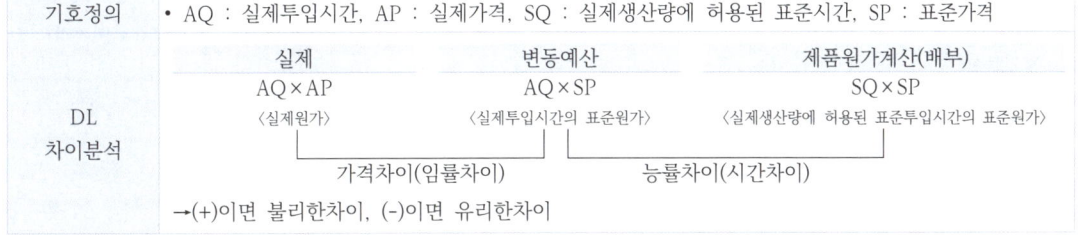 →(+)이면 불리한차이, (−)이면 유리한차이

문제 94번 — 변동제조간접원가 차이분석 (재출제, 난이도 ★★★, 정답 ①)

- AQ(= A) : 1,000단위 × 10시간 = 10,000시간, SP(노동시간당 표준임률) = 50, $v(=\frac{V}{N})=20$
- 직접노무원가 차이분석

AQ × AP	AQ × SP
10,000시간 × AP	10,000시간 × 50

임률차이 −50,000(유리)

→ (10,000시간 × AP) − (10,000시간 × 50) = −50,000 에서, AP = 45
→ 직접노무원가 실제발생액(AQ × AP) : 10,000시간 × 45 = 450,000

- 변동제조간접원가 차이분석

실제발생액	$v \times A$
450,000 × 40% = 180,000	20 × 10,000시간

소비차이(예산차이) −20,000(유리)

Guide ▶ 변동제조간접원가 차이분석 구조

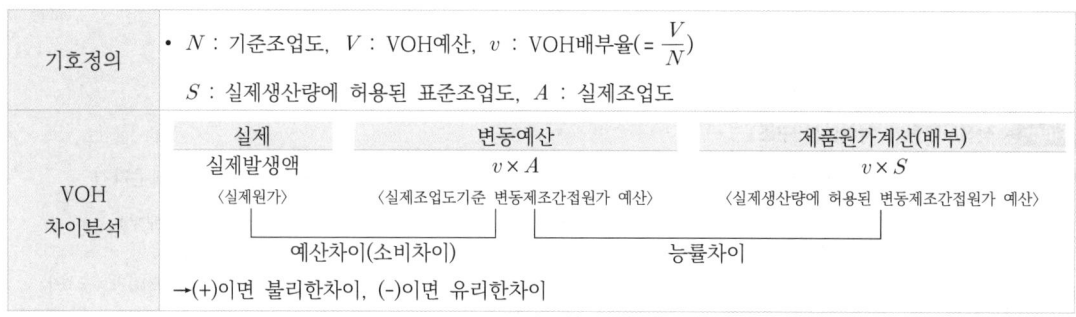

→ (+)이면 불리한차이, (−)이면 유리한차이

| 문제 95번 | 표준원가계산 원가차이 조정 | 출제구분 | 재출제 | 난이도 | ★ ★ ★ | 정답 | ① |

• 원가차이가 매출원가에 가감되므로 모든 원가차이를 당기손익에 반영하게 되며 이에 따라 불리한 차이의 경우는 비례배분법보다 순이익이 감소, 유리한 차이의 경우는 비례배분법보다 순이익이 증가한다.

Guide 표준원가계산 원가차이 배분(조정)방법

매출원가조정법	• 모든 원가차이를 매출원가에 가감하는 방법(원가차이가 중요치 않은 경우 적용) →㉠ 불리한 차이 : 매출원가에 가산 ㉡ 유리한 차이 : 매출원가에서 차감 원가차이 분석 (차) 재공품(SQ×SP) 70,000 (대) 원재료(AQ×AP) 100,000 　　　　　　　　　　가격차이(불리) 40,000 능률차이(유리) 10,000 원가차이 배분 (차) 매출원가 40,000 (대) 가격차이(불리) 40,000 　　　　　　　　(차) 능률차이(유리) 10,000 (대) 매출원가 10,000 • 모두 매출원가에서 조정되므로 재공품과 제품계정은 모두 표준원가로 계속 기록됨.
총원가비례배분법	• 재고자산(재공품, 제품)과 매출원가의 총원가를 기준으로 원가차이를 배분하는 방법
원가요소별비례배분법	• 재고자산(재공품, 제품)과 매출원가의 원가요소(DM,DL,OH)를 기준으로 각 해당하는 원가요소의 원가차이를 배분하는 방법
기타손익법 (영업외손익법)	• 모든 원가차이를 기타손익으로 처리하는 방법 →㉠ 불리한 차이 : 기타비용 ㉡ 유리한 차이 : 기타수익 • 이론적 근거는 표준은 정상적인 공손이나 비능률을 감안하여 설정되므로 이를 벗어난 차이는 원가성이 없다고 보아 별도항목인 기타손익으로 표시해야 한다는 것임.

| 문제 96번 | 전부·변동원가계산 비교 | 출제구분 | 신유형 | 난이도 | ★ ☆ ☆ | 정답 | ② |

• 변동원가계산 : 변동제조간접원가는 제조원가, 고정제조간접원가는 기간원가(기간비용)로 처리한다.

Guide 전부원가계산·변동원가계산·초변동원가계산의 기본적 차이점

구분	전부원가계산	변동원가계산	초변동원가계산
근본적 차이	• 원가부착개념 →FOH도 제조원가	• 원가회피개념 →FOH는 비용처리	• 초원가회피개념 →DL,VOH,FOH를 운영비용처리
제조(제품)원가	• DM+DL+VOH+FOH	• DM+DL+VOH	• DM
기간비용	• 판관비	• FOH,판관비	• DL,OH,판관비
손익계산서	• 전통적I/S(기능별I/S)	• 공헌이익I/S(행태별I/S)	• 초변동원가I/S
의사결정	• 장기의사결정에 유리	• 단기의사결정에 유리	• 단기의사결정에 유리
보고	• 외부보고용	• 내부관리용	• 내부관리용

문제 97번 | 전부원가계산 영업이익 계산 | 출제구분: 재출제 | 난이도: ★★☆ | 정답: ②

- 전부원가계산에서는 고정제조간접원가(FOH)도 제조원가로 처리한다.
  → 반면, 변동원가계산에서는 고정제조간접원가(FOH)를 기간비용으로 처리한다.
- 물량흐름(제품계정) : 당기 초에 영업활동을 시작하였으므로 기초제품재고는 없다.

| 기초제품재고 | 0 | 판매량 | 800단위 |
| 생산량 | 1,000단위 | 기말제품재고 | 200단위 |

- 단위당FOH : 16,000(FOH) ÷ 1,000단위(생산량) = 16
- 단위당제조원가 : 25(단위당DM) + 20(단위당DL) + 6(단위당VOH) + 16(단위당FOH) = 67
- 영업이익 : 매출총이익(800단위 × 100 - 800단위 × 67) - 판관비(800단위 × 10) = 18,400

* **비교** 변동원가계산에 의한 영업이익 계산
  - 단위당제조원가 : 25(단위당DM) + 20(단위당DL) + 6(단위당VOH) = 51
  - 공헌이익 : 800단위 × 100 - 800단위 × (25 + 20 + 6 + 10) = 31,200
  - 영업이익 : 31,200 - 16,000 = 15,200

* **참고** 영업이익 차이조정

전부원가계산 영업이익	18,400
(+) 기초에 포함된 고정제조간접원가(FOH)	0
(-) 기말에 포함된 고정제조간접원가(FOH)	200단위 × 16 = 3,200
변동원가계산 영업이익	15,200

Guide 전부원가계산·변동원가계산·초변동원가계산 영업이익 계산 비교

전부원가계산	변동원가계산	초변동원가계산
• 매출액 (-)매출원가(DM+DL+VOH+FOH) 매출총이익 (-)판관비(변동+고정) 영업이익	• 매출액 (-)매출원가(DM+DL+VOH) (-)변동판관비 공헌이익 (-)FOH+고정판관비 영업이익	• 매출액 (-)제품수준변동원가(DM) 재료처리량(현금창출)공헌이익 (-)운영비용(DL+VOH+FOH+판관비) 영업이익

문제 98번 | 초변동원가계산 재료처리량공헌이익 | 출제구분: 재출제 | 난이도: ★★☆ | 정답: ③

- 초변동원가계산 재료처리량공헌이익 계산
  매출액   : 2,800개 × 250 = 700,000
  제품수준변동원가[직접재료원가(DM)]   : 2,800개 × 80 = (224,000)
  재료처리량(현금창출)공헌이익   :   476,000

* **저자주** 문제의 성립을 위해 누락된 단서인 '단, 판매가격, 직접재료원가, 직접노무원가, 변동제조간접원가 금액은 개당 단가이다.'를 추가하기 바랍니다.

| 문제 99번 | 재고수준과 전부·변동 영업이익 | 출제구분 | 신유형 | 난이도 | ★ ★ ★ | 정답 | ② |

- '생산량〉판매량'인 경우 재고증가량에 포함된 고정제조간접원가만큼 전부원가계산의 영업이익이 더 크다.
  → '생산량〉판매량'인 경우 '기말재고〉기초재고'이므로 영업이익 차이조정 논리로 설명하면 다음과 같다.

전부원가계산 영업이익	X
(+) 기초에 포함된 고정제조간접원가(FOH)	A
(-) 기말에 포함된 고정제조간접원가(FOH)	$A + \alpha$
변동원가계산 영업이익	$X - \alpha$

Guide ▶ 변동·전부원가계산의 재고수준과 영업이익 크기[단위당FOH 불변 가정시]

재고불변 (기초재고 = 기말재고) (생산량 = 판매량)	• 전부원가계산 이익 = 변동원가계산 이익				
	기초재고	100	판매량		300
	생산량	300	기말재고		100
재고증가 (기초재고〈기말재고) (생산량〉판매량)	• 전부원가계산 이익〉변동원가계산 이익				
	기초재고	100	판매량		200
	생산량	300	기말재고		200
재고감소 (기초재고〉기말재고) (생산량〈판매량)	• 전부원가계산 이익〈변동원가계산 이익				
	기초재고	200	판매량		300
	생산량	200	기말재고		100

| 문제 100번 | 전부·변동원가계산의 차이점 | 출제구분 | 재출제 | 난이도 | ★ ☆ ☆ | 정답 | ④ |

- 변동원가계산 : 판매량만이 영업이익에 영향을 미친다. → π(이익) = f(판매량)
- 전부원가계산 : 판매량뿐만 아니라 생산량도 영업이익에 영향을 미친다. → π(이익) = f(판매량 & 생산량)

Guide ▶ 전부원가계산과 변동원가계산의 기본적 차이점

구분	전부원가계산	변동원가계산
근본적 차이	• 원가부착개념 →FOH도 제조원가	• 원가회피개념 →FOH는 비용처리
제조원가	• DM+DL+VOH+FOH	• DM+DL+VOH
손익계산서	• 전통적 손익계산서(기능별I/S) →매출액/매출총이익/영업이익	• 공헌이익 손익계산서(행태별I/S) →매출액/공헌이익/영업이익
이익함수	• π(이익) = f(판매량 & 생산량) →이익이 생산량에 의해서도 영향 받으므로(생산량을 증가시키면 FOH배부액이 감소하고 이익이 증가) 생산량조절에 따른 이익조작가능성이 존재함.	• π(이익) = f(판매량) →이익이 판매량 변화에만 영향을 받으므로 생산량조절에 따른 이익조작 방지 가능
보고	• 외부보고용(기업회계기준 인정O)	• 내부관리용(기업회계기준 인정X)

| 문제 101번 | 활동기준원가계산(ABC)의 특징 | 출제구분 | 재출제 | 난이도 | ★ ☆ ☆ | 정답 | ② |

- ① 활동기준원가계산(ABC)은 기업의 기능을 여러 가지 활동으로 구분하여 분석하며 각 활동별로 제조간접원가를 집계하고 활동별 원가동인(배부기준)을 결정하므로 전통적인 원가계산제도 보다 더 다양한 원가동인 요소를 고려한다.
- ② 활동기준원가계산(ABC)은 제품원가를 계산하기 위해 활동을 분석하는 과정에서 부가가치활동과 비부가가치활동(non-value added activity)을 구분하여 비부가가치활동을 제거하거나 감소시킴으로써 생산시간을 단축할 수도 있고 활동별로 원가를 관리함으로써 상대적으로 많은 원가를 발생시키는 활동들을 줄여나갈 수 있기 때문에 원가절감이 가능하므로 원가통제를 보다 효과적으로 수행할 수 있다.
- ③ 현대의 다품종 소량생산체제하에서는 빈번한 구매주문, 작업준비, 품질검사 등으로 인한 제조간접원가의 발생이 점점 증가하고 있으나 전통적 원가계산제도는 이들 활동이 원가에 미치는 영향을 무시하고 단순히 직접노무원가, 직접노동시간, 기계시간 등 단일조업도(배부기준)를 기준으로 제조간접원가를 제품에 배부함으로써 원가왜곡현상이 발생하는 문제점이 있다. 활동기준원가계산(ABC)은 이러한 원가왜곡현상을 극복함으로써 적정한 가격설정을 가능하게 한다.
- ④ 활동기준원가계산(ABC)은 제조간접원가를 활동별로 배부하는 것일 뿐 개별원가계산, 종합원가계산과 독립된 원가계산 방법이 아니다. 즉, ABC는 개별원가계산, 종합원가계산에 모두 사용가능하다.

| 문제 102번 | CVP분석 기본가정 | 출제구분 | 재출제 | 난이도 | ★ ☆ ☆ | 정답 | ② |

- 수익과 원가행태는 관련범위 내에서 곡선적이 아니라 선형(직선)이다.

Guide CVP분석의 기본가정

원가행태의 구분	• 모든 원가를 변동원가와 고정원가로 분리할 수 있다고 가정
선형성	• 수익과 원가의 행태가 확실히 결정되어 있고 관련범위 내에서 선형으로 가정 →단위당판매가격과 단위당변동원가는 일정
생산량·판매량의 일치성	• 생산량과 판매량은 일치하는 것으로 가정하여 생산량이 모두 판매된 것으로 가정 →즉, 재고수준이 일정, 동일하거나 하나도 없다고 가정
독립변수의 유일성	• 원가와 수익은 유일한 독립변수인 조업도에 의하여 결정된다고 가정
화폐의 시간가치 무시	• 화폐의 시간가치가 중요하지 않을 정도의 단기간이라고 가정 →∴단기투자의사결정에 유용한 분석방법임. →인플레이션을 무시한다는 한계점을 갖음.
일정한 매출배합	• 복수제품인 경우에는 매출배합이 일정하다고 가정
수익원천의 단일성	• 수익은 오직 매출로부터만 발생한다고 가정

| 문제 103번 | 고저점법의 적용 | 출제구분 | 신유형 | 난이도 | ★ ☆ ☆ | 정답 | ① |

- 고저점법은 최고조업도와 최저조업도의 원가자료를 이용하여 원가함수를 추정하는 방법이다.

  사례 고저점법에 의한 원가함수 추정

월별	직접노동시간	제조간접원가
7월	1,050시간	21,000원
8월	850시간	14,000원
9월	1,100시간	20,000원
10월	600시간	15,000원

  - 최고원가(21,000원)와 최저원가(14,000원)인 7월/8월을 이용하는 것이 아니라, 최고조업도(1,050시간)와 최저조업도(600시간)인 7월/10월을 이용하여 원가함수를 추정함.
  - 추정한 1차 원가함수 : $y = 9,000 + 10x$ 〈중1 수학 참조!〉

Guide 고저점법의 장·단점

장점	• 객관적이고, 시간과 비용이 적게 소요됨.
단점	• 비정상적인 결과가 도출될 수 있으며, 원가함수가 모든 원가자료를 대표하지 못함.

| 문제 104번 | 손익분기점판매량과 목표이익 달성 판매량 | 출제구분 | 기출변형 | 난이도 | ★ ★ ☆ | 정답 | ④ |

- 단위당변동원가 : 1,500(단위당변동제조원가) + 1,200(단위당변동판매비와관리비) = 2,700
- 단위당공헌이익 : 4,000(단위당판매가격) - 2,700(단위당변동원가) = 1,300
- 손익분기점(BEP) 판매량 : $\dfrac{2,340,000(\text{고정원가})}{1,300(\text{단위당공헌이익})} = 1,800$단위
- 목표이익 1,300,000원을 위한 판매량 : $\dfrac{2,340,000(\text{고정원가}) + 1,300,000(\text{목표이익})}{1,300(\text{단위당공헌이익})} = 2,800$단위

★저자주 문제의 명확한 성립을 위해 누락된 단서인 '단, 법인세는 없다고 가정한다.'를 추가하기 바랍니다. 한편, 통일성에 오류가 있는 선지 ①,②,③,④의 '~개'를 '~단위'로 수정바랍니다.

Guide 목표이익분석 산식 정리[법인세를 고려하지 않는 경우]

판매량	매출액
• 단위당공헌이익 × 판매량 = 고정원가 + 목표이익	• 공헌이익률 × 매출액 = 고정원가 + 목표이익
□ 목표이익을 위한 판매량 = $\dfrac{\text{고정원가} + \text{목표이익}}{\text{단위당공헌이익}}$	□ 목표이익을 위한 매출액 = $\dfrac{\text{고정원가} + \text{목표이익}}{\text{공헌이익률}}$

| 문제 105번 | 종합예산 : 판매예산 | 출제구분 | 재출제 | 난이도 | ★ ★ ★ | 정답 | ② |

- 판매예산(=예산매출액) : (1,000개×110%)×(10,000원×110%) = 12,100,000
  → 자료 '(2)'는 판매예산의 다음 단계인 생산량예산(제조예산, 기말재고예산)에 필요한 자료이므로, 판매예산을 계산 시에는 현혹자료에 해당한다.
- *저자주* 종합예산의 편성 및 계산과 관련된 내용은 세무사·회계사 시험에서는 빈출되고 있는 문제에 해당하나, 재경관리사 시험수준을 고려할 때 난이도와는 별개로 다소 어울리지 않는 어색한 출제로 사료됩니다.

Guide 예산의 종류

예산편성대상	종합예산	• 기업전체를 대상으로 작성되는 예산으로서, 모든 부문예산을 종합한 것
	부문예산	• 기업내의 특정부문을 대상으로 작성되는 예산
예산편성성격	운영예산	• 구매·생산·판매 등의 영업활동에 대한 예산
	재무예산	• 설비투자·자본조달 등의 투자와 재무활동에 대한 예산
예산편성방법	고정예산	• 조업도의 변동을 고려하지 않고 특정조업도를 기준으로 작성되는 예산
	변동예산	• 조업도의 변동에 따라 조정되어 작성되는 예산

| 문제 106번 | 예산의 종류 | 출제구분 | 재출제 | 난이도 | ★ ☆ ☆ | 정답 | ④ |

- 조업도의 변동에 따라 조정되어 작성되는 예산은 변동예산이다.
  → 즉, 변동예산은 일정 범위의 조업도 변동에 따라 사후에 조정되어 작성되는 예산이다.

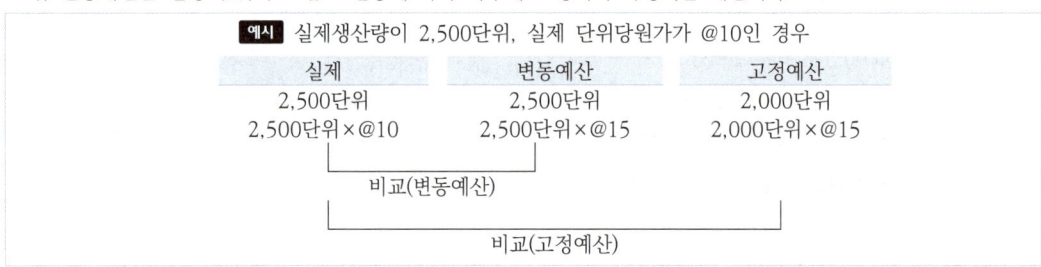

문제 107번 | 사업부별 성과평가시 포함할 고정원가 | 출제구분: 재출제 | 난이도: ★★☆ | 정답: ①

- 특정사업부의 경영자에 대한 성과평가시 추적가능하고 통제가능한 원가만을 포함하는 것이 바람직하다.

Guide 사업부별 성과평가 고려사항

원가구분	
	• 통제가능원가·통제불능원가를 반드시 구분해야 하며, 통제불능항목은 성과평가시 제외되어야 함. • 추적가능성에 따라 사업부별 추적가능고정원가와 공통고정원가로 구분하는 것이 바람직함. **고정원가의 분류** | 원가의 종류 | 추적가능성 | 통제가능성 | |---|---|---| | 통제가능고정원가 | **추적가능** | **통제가능** | | 통제불능고정원가 | 추적가능 | 통제불능 | | 공통고정원가 | 추적불능 | 통제불능 | → 사업부 경영자에 대한 성과평가시 추적가능하고 통제가능한 원가만을 포함하는 것이 바람직함.
공통 고정원가	• 공통고정원가란 여러 사업부에서 공통적으로 사용되는 고정원가로서 특정사업부에 추적이 불가능한 원가임.(예 본사건물 감가상각비, 회사전체적인 광고선전비, 최고경영자의 급료) → 이러한 공통고정원가는 여러 사업부에서 공통적으로 사용되는 고정원가이므로 특정사업부에 부과시키거나 임의로 배분해서는 안되며 총액으로 관리해야 함.

문제 108번 | 투자중심점 성과평가 : 잔여이익 | 출제구분: 재출제 | 난이도: ★★☆ | 정답: ④

- 사업부별 잔여이익 계산
  - 군 함사업부 : 100,000(영업이익) - 500,000(영업자산) × 10%(최저필수수익률) = 50,000
  - 여객선사업부 : 170,000(영업이익) - 1,000,000(영업자산) × 10%(최저필수수익률) = 70,000
  - 화물선사업부 : 260,000(영업이익) - 2,000,000(영업자산) × 10%(최저필수수익률) = 60,000
- 잔여이익이 높은 순서 : 여객선사업부(70,000) > 화물선사업부(60,000) > 군함사업부(50,000)

Guide 잔여이익(RI) 주요사항

잔여이익 계산	□ 잔여이익(RI) = 영업이익 - 영업자산(투자액) × 최저필수수익률 🔍**주의** 투자수익률(ROI)에 의한 의사결정과 잔여이익(RI)에 의한 의사결정은 일치하지 않음. → 즉, 투자수익률(ROI)에서는 채택되어도 잔여이익(RI)에서는 기각 가능
장점	• 준최적화현상이 발생하지 않음. → 각 사업부의 경영자는 최저필수수익률을 초과하는 모든 투자안을 수락하게 되므로 투자중심점과 회사전체의 이익을 동시에 극대화 가능
단점	• 금액으로 표시하므로 각 사업부의 투자규모가 상이할 경우 사업부간 성과 비교에 한계가 있음. • 투자수익률(ROI)과 마찬가지로 회계적이익에 기초하므로 성과평가와 의사결정의 일관성이 결여

| 문제 109번 | 투자중심점 성과평가 | 출제구분 | 신유형 | 난이도 | ★ ★ ☆ | 정답 | ③ |

- ① 수익 또는 이익중심점으로서 판매부문의 성과를 평가할 때는 매출액이나 공헌이익 등의 지표를 사용한다. 그러나 일반적으로 이러한 지표들은 단순한 수익의 크기만을 나타내기 때문에 투자중심점의 성과평가 기준으로는 부적절하다. 따라서 투자중심점의 성과를 평가할 때는 각 사업부 경영자에게 배부되는 통제가능한 투자액까지 고려하는 투자수익률, 잔여이익, 경제적부가가치 등을 기준으로 삼는다. 왜냐하면 투자중심점은 이익뿐만 아니라 투자의 사결정, 즉 자산의 활용도까지도 책임을 져야 하기 때문이다.
- ② 투자수익률은 화폐의 시간가치를 고려하지 않기 때문에 순현재가치법이나 내부수익률법과 같은 자본예산기법에 의한 성과평가에 비하여 단기적인 성과를 강조한다.
- ③ 잔여이익에서 각 사업부의 경영자는 최저필수수익률을 초과하는 모든 투자안을 수락하게 되므로 투자중심점과 회사전체의 이익을 동시에 극대화할 수 있다. 따라서 준최적화현상이 발생하지 않는다.
  →반면, 투자수익률은 회사전체 최저필수수익률을 상회하는 좋은 투자안이 개별투자중심점의 투자수익률 보다 낮기 때문에 투자가 포기되어 회사전체이익에 불리한 의사결정이 이루어지는 준최적화현상이 발생한다.('잔여이익'으로 해결가능)
- ④ 투자수익률법은 비율로 표시되므로 투자규모가 다른 투자중심점간의 성과평가 및 비교에 유용하다는 장점이 있다. 반면에, 잔여이익은 금액에 의하므로 투자규모가 서로 다른 투자안에 대한 성과평가시 상호 비교하기가 어렵다는 문제점이 있다.

| 문제 110번 | 투자수익률(ROI) 증감분석 | 출제구분 | 재출제 | 난이도 | ★ ★ ★ | 정답 | ① |

- 투자수익률(ROI) 25%를 달성하기 위한 영업자산을 A라 하면,

$$\rightarrow \frac{1,200,000}{A} \times \frac{200,000}{1,200,000} = 25\% \text{ 에서, } A = 800,000$$

∴영업자산 감소액 : 1,000,000 - 800,000 = 200,000

Guide 투자수익률(ROI) 주요사항

ROI 계산	□ 투자수익률(ROI) = $\frac{\text{영업이익}}{\text{영업자산(투자액)}}$ = $\frac{\text{영업이익}}{\text{매출액}} \times \frac{\text{매출액}}{\text{영업자산}}$ = 매출액영업이익률×자산회전율
장점	• 비율로 표시되므로 투자규모가 서로 다른 투자중심점간의 성과평가 및 비교에 유용
단점	• 준최적화현상이 발생함. →회사전체 최저필수수익률을 상회하는 좋은 투자안이 개별투자중심점의 투자수익률 보다 낮기 때문에 투자가 포기되어 회사전체이익에 불리한 의사결정이 이루어짐.('잔여이익'으로 해결가능) • 회계적이익에 기초하므로 성과평가와 의사결정(현금흐름에 기초)의 일관성이 결여 • 화폐의 시간가치를 고려하지 않음.(단기적 성과 강조)
증대방안	• 매출액증대와 원가의 감소, 진부화된 투자자산의 처분(감소)

문제 111번 | 경제적부가가치와 영업이익 추정 | 출제구분: 신유형 | 난이도: ★★★ | 정답: ②

- 투하자본을 A라 하면, 가중평균자본비용 : $\dfrac{0.4A \times 15\% + 0.6A \times 20\%}{0.4A + 0.6A} = 18\%$
- 경제적부가가치(30,000) = 영업이익 - (2,000,000 - 500,000) × 18% → ∴영업이익 = 300,000

Guide 경제적부가가치(EVA) 계산 세부고찰

계산산식	
	□ 경제적부가가치(EVA) = 세후영업이익 - 투하자본(투자액) × 가중평균자본비용 　　　　　　　　　　　= 세후영업이익 - (총자산 - 유동부채) × 가중평균자본비용 　　　　　　　　　　　= 세후영업이익 - (비유동부채 + 자기자본) × 가중평균자본비용 　　　　　　　　　　　= 세후영업이익 - (순운전자본 + 비유동자산) × 가중평균자본비용
	• 가중평균자본비용 = $\dfrac{\text{부채의시장가치} \times \text{부채이자율}(1-t) + \text{자본의시장가치} \times \text{자기자본비용}(\%)}{\text{부채의시장가치} + \text{자본의시장가치}}$
	• 투하자본 계산시 비영업자산은 제외하며, 유동부채 계산시 영업부채가 아닌 이자발생부채인 단기차입금·유동성장기차입금 제외
	*참고 투하자본 계산시 재무상태표 도해 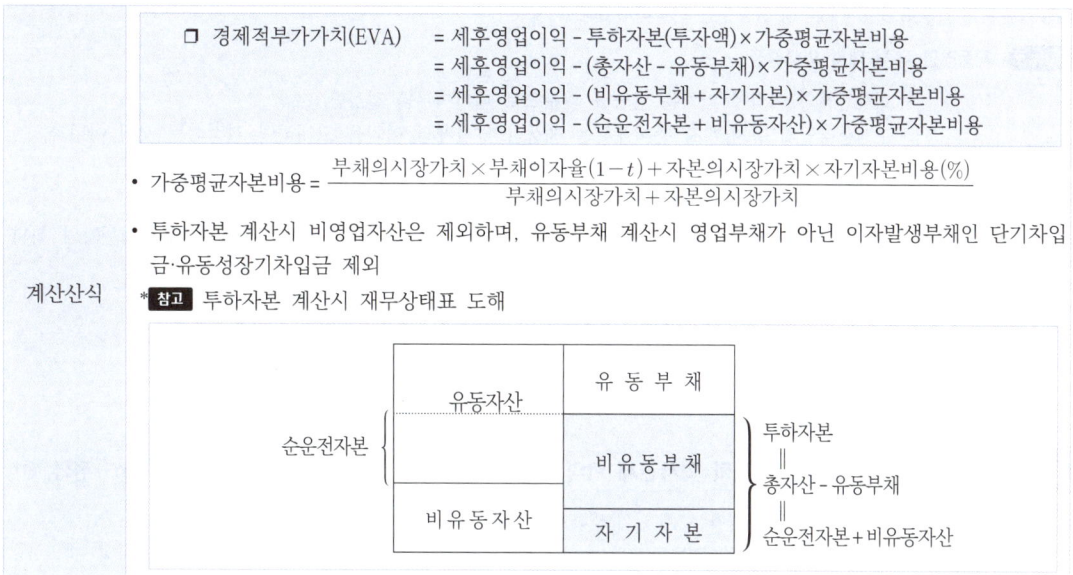

문제 112번 | 원가의 분류와 원가종류 | 출제구분: 신유형 | 난이도: ★☆☆ | 정답: ③

- ㄱ. 의사결정과의 관련성에 따른 분류 : 관련원가와 비관련원가(D)
- ㄴ. 실제지출유무에 따른 분류 : 지출원가와 기회원가(A)
- ㄷ. 원가 발생시점에 따른 분류 : 매몰원가와 미래원가(C)
- ㄹ. 원가의 회피가능성에 따른 분류 : 회피가능원가와 회피불가능원가(B)

Guide 의사결정시 필요한 원가용어와 정의

의사결정 관련성	관련원가	• 대안간에 차이가 나는 미래원가〈의사결정과 관련O〉
	비관련원가	• 과거원가이거나 대안 간에 차이가 나지 않는 미래원가〈의사결정과 관련X〉
실제지출유무	지출원가	• 미래에 현금 등의 지출을 수반하는 원가(실제지출O)
	기회원가	• 자원을 현재 용도 이외의 다른 용도에 사용할 경우 얻을 수 있는 최대금액(실제지출X)〈관련원가〉
발생시점	매몰원가	• 과거 발생한 역사적 원가로서 현재·미래에 회수불가한 원가〈비관련원가〉
	미래원가	• 미래에 발생할 원가
회피가능성	회피가능원가	• 의사결정에 따라 절약할 수 있는(피할 수 있는) 원가〈관련원가〉
	회피불능원가	• 특정대안을 선택하는 것과 관계없이 동일하게 발생하는 원가〈비관련원가〉

문제 113번 | 제품라인 유지·폐지 의사결정 | 출제구분: 재출제 | 난이도: ★★☆ | 정답: ④

• 사업부 갑을 폐지하는 경우
  증분수익 - 감소: 공헌이익 = (150,000)
  증분비용 - 감소: 공통원가배분액 70,000 - 30,000 = 40,000
  증분손익   (110,000)

∴ 당기순이익: 600,000 - 110,000(증분손실) = 490,000

Guide 제품라인 유지·폐지 의사결정

고려사항	• 회사전체의 이익에 미치는 영향을 기준으로 폐지여부를 결정함. →제품라인의 유지·폐지 문제에서는 제품라인 자체의 이익을 고려하여 결정하는 것이 아니라, 기업 전체적인 입장(goal congruence)에서 전체 이익에 미치는 영향을 분석해야 함. • 폐지로 인한 회피가능고정비 존재시 이 또한 고려함. →제품라인을 폐지할 경우 매출액과 변동원가는 사라지지만 고정원가는 회피가능고정원가와 회피불가능고정원가로 나눌 수 있기 때문임.
제품라인폐지 의사결정	☐ 제품라인의 공헌이익 < (회피가능고정원가 + 기회원가)

문제 114번 | 제품라인 유지·폐지와 회사전체 이익 영향 | 출제구분: 재출제 | 난이도: ★★☆ | 정답: ①

• 사업부문이 폐쇄되더라도 회피불능원가는 계속 발생하므로 이를 그 금액만큼 손실로 고려하여야 한다.
• ① A를 폐쇄시 전체손익: B의 손익(△200) + C의 손익(400) - A의 회피불능원가(900) = △700

  [별해] A를 폐쇄하는 경우
    증분수익 - 감소: 공헌이익 600 = (600)
    증분비용 - 없음: 0
    증분손익   (600)
    →∴전체손익: -100 - 600 = △700

② B,C를 폐쇄시 전체손익: A의 손익(△300) - B,C의 회피불능원가(1,200 + 900) = △2,400

  [별해] B,C를 폐쇄하는 경우
    증분수익 - 감소: 공헌이익 1,000 + 1,300 = (2,300)
    증분비용 - 없음: 0
    증분손익   (2,300)
    →∴전체손익: -100 - 2,300 = △2,400

③ A,C를 폐쇄시 전체손익: B의 손익(△200) - A,C의 회피불능원가(900 + 900) = △2,000
④ A,B,C를 모두 폐쇄하면 회피불능원가(900 + 1,200 + 900 = 3,000)만큼 손실이 커진다.

  [별해] A,B,C를 폐쇄하는 경우
    증분수익 - 감소: 공헌이익 600 + 1,000 + 1,300 = (2,900)
    증분비용 - 없음: 0
    증분손익   (2,900)
    →∴전체손익: -100 - 2,900 = △3,000

| 문제 115번 | 특별주문과 관련·비관련원가 항목 | 출제구분 | 재출제 | 난이도 | ★ ☆ ☆ | 정답 | ④ |

- 고정원가(고정제조간접원가)는 특별주문에 대한 의사결정을 함에 있어 비관련원가이다.
  → 그러나, 고정원가가 특별주문으로 증감하는 경우에는 의사결정에 고려한다.

Guide 특별주문 수락·거부 의사결정

고려사항	• 특별주문으로 증가되는 수익(특별주문가격)과 변동원가 • 유휴설비능력이 있는 경우 유휴설비의 대체용도를 통한 이익상실분(기회원가) • 유휴설비능력이 없는 경우 기존 정규매출감소로 인한 공헌이익상실분 • 유휴설비능력이 없는 경우 설비능력 확충시 추가적 설비원가 　○주의 고정원가(FOH,고정판관비)는 특별주문의 수락여부와 관계없이 일정하게 발생하므로 일반적으로 분석에서 제외하나, 조업도 수준에 따라 증감하는 경우에는 고려함.
주문수락 의사결정	㉠ 유휴설비능력이 존재하는 경우 　　　　□ 증분수익 > 증분원가 ㉡ 유휴설비능력이 존재하고 대체적 용도가 있는 경우 　　　　□ 증분수익 > 증분원가+기회원가 ㉢ 유휴설비능력이 존재하지 않는 경우 　　　　□ 증분수익 > 증분원가+추가설비원가+기존판매량 감소분의 공헌이익

| 문제 116번 | 자가제조·외부구입 의사결정 | 출제구분 | 재출제 | 난이도 | ★ ☆ ☆ | 정답 | ① |

- 외부구입의 경우
  증분비용 - 증가 :　　　　　　　 외부구입액 250단위×500 = (125,000)
  　　　　　- 감소 : 43,000+17,000+13,000+30,000×50% = ＿88,000＿
  증분손익　　　　　　　　　　　　　　　　　　　　　　　　　　(37,000)

  →∴외부구입시 자가제조보다 37,000원 불리하다.

Guide 자가제조·외부구입 의사결정

고려사항	• 자가제조시 관련원가와 외부구입가격을 고려 　○주의 자가제조시 증감하는 고정원가도 관련원가이므로 이도 고려함. 　　　→ 예 자가제조시 추가 고용 감독자급료 • 외부구입시 다음을 고려함. ㉠ 기존설비 임대가 가능한 경우 : 임대수익을 고려 ㉡ 기존설비로 다른 제품 생산시 : 관련수익과 변동원가를 고려(=다른 제품 공헌이익) ㉢ 회피가능고정원가는 관련원가, 회피불능고정원가는 비관련원가임.
고려해야할 비재무적 정보	• 자가제조의 경우는 부품 공급업자에 대한 의존도를 줄일 수 있으며, 품질관리를 보다 쉽게 할 수 있다는 장점이 있음. • 자가제조의 경우는 공급업자에 대한 의존도를 줄임으로써 공급업자와의 관계를 상실하여 향후에 급격한 주문의 증가로 회사의 생산능력이 초과할 때 제품을 외부구입하기 쉽지 않을 수 있음. (별도의 추가적 시설투자가 필요하므로 많은 비용이 발생하는 단점이 있음.) • 제품에 특별한 지식·기술이 요구될 때 자가제조를 하며 품질을 유지하기가 쉽지 않을 수 있음.
외부구입 의사결정	㉠ 기존설비의 대체용도가 있는 경우 　　　□ 증분수익(변동원가+회피가능고정원가+기회원가) > 증분비용(외부구입원가) ㉡ 기존설비의 대체용도가 없는 경우 　　　□ 증분수익(변동원가+회피가능고정원가) > 증분비용(외부구입원가)

| 문제 117번 | 순현재가치법(NPV법) 일반사항 | 출제구분 | 재출제 | 난이도 ★★☆ | 정답 ② |

• 순현재가치법(NPV법)은 투자안의 할인율(자본비용)을 정하기가 어렵다는 단점이 있다.
  →즉, 내부수익률법과 순현재가치법 모두 화폐의 시간가치를 고려하여 복리계산을 적용하므로 정확한 자본비용의 추정에 어려움이 있다.

참고 가치가산의 원칙(value additivity principle) : 상호 독립적인 투자안 A와 B가 있을 때, 두 투자안의 결합순현재가치는 각 투자안의 순현재가치의 합과 같은 것을 말한다. →NPV(A+B) = NPV(A) + NPV(B)

Guide 순현재가치법(NPV법)

의의	□ NPV(순현재가치) = 현금유입의 현재가치 - 현금유출의 현재가치
	주의 할인율 : 자본비용(= 최저필수수익률 = 최저요구수익률)
의사결정	상호독립적 투자안 • 'NPV > 0'인 투자안 채택
	상호배타적 투자안 • NPV가 가장 큰 투자안 채택
장점	• ㉠ 자본비용으로 재투자된다고 가정하므로 현실적임. ㉡ 비할인모형에서 무시되고 있는 화폐의 시간적 가치를 고려함. ㉢ 현금흐름과 기대치와 자본비용만이 고려되고 회계적 수치와는 무관하므로 자의적 요인을 제거할 수 있음. ㉣ 가치가산원칙[NPV(A+B)=NPV(A)+NPV(B)]이 성립함. ㉤ 기업의 가치를 극대화할 수 있는 투자안을 선택할 수 있음. →즉, 채택된 모든 투자안의 순현재가치는 곧 그 기업의 가치가 됨.
단점	• ㉠ 투자안의 할인율(자본비용)을 정하기가 어려움. ㉡ 확실성하에서만 성립하는 모형이므로, 불확실성하에서 적용하기 어려움.

| 문제 118번 | 순현재가치법과 NPV 계산 | 출제구분 | 재출제 | 난이도 ★★☆ | 정답 ③ |

• 매년 감가상각비 : 2,200,000÷5년 = 440,000
• 매년 현금흐름 : ㉠+㉡ = 762,000
  ㉠ 법인세비용차감후 현금유입 : 900,000×(1 - 30%) = 630,000
  ㉡ 감가상각비 절세효과 : 440,000×30% = 132,000
• 현금흐름 추정

x1년초	x1년말	x2년말	x3년말	x4년말	x5년말
(2,200,000)	762,000	762,000	762,000	762,000	762,000

• NPV(순현재가치) : (762,000×3.61) - 2,200,000 = 550,820

Guide 자본예산시 투자기간현금흐름(순영업현금흐름)

영업현금흐름	• 매출증가액, 현금비용증가액 등 →법인세차감후금액을 현금유입·유출 처리
감가상각비 절세효과	• 현금유입 처리
	□ 감가상각비 절세효과 : 감가상각비×세율
원가절감액	• 투자로 인한 원가감액을 현금유입 처리 • 원가절감액(비용감소액)으로 인한 증세효과를 현금유출 처리
	□ 원가절감액 증세효과 : 원가절감액×세율

| 문제 119번 | 최소대체가격 계산 | 출제구분 | 재출제 | 난이도 | ★★★ | 정답 | ③ |

- 수요사업부(B사업부)의 최대대체가격(최대TP) : 외부구매시장이 있음
  - 최대TP = 680(외부구입가격)
- 공급사업부(A사업부)의 최소대체가격(최소TP) : 외부판매시장이 있음 & 유휴시설이 없음
  - 최소TP = 대체시단위당지출원가 + 정규매출상실공헌이익 - 대체시절감원가
    → ㉠ 대체시단위당지출원가(= 단위당변동비 + 증분단위당고정비) : 670 + 0 = 670
       ㉡ 정규매출상실공헌이익 : 900(단위당외부판매가격) - 670(단위당변동원가) = 230
          (전량을 외부에 판매가능하므로 이를 대체시 외부판매를 포기해야 한다.)
       ㉢ 대체시절감원가 : 130
  - 최소대체가격(최소TP) : 670 + 230 - 130 = 770
- 대체가격 범위

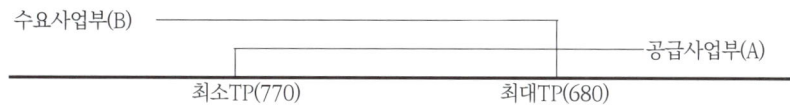

수요사업부(B)　　　　　　　　　　　　　　　　공급사업부(A)
　　　　　　　최소TP(770)　　　　최대TP(680)

저자주 문제의 명확한 성립을 위해 '회사가 생산하는 제품 전량을 외부시장에 판매할 수 있고~'를 'A사업부가 생산하는 제품 전량을 외부시장에 판매할 수 있고~'로 수정바랍니다.

Guide 최대·최소대체가격(TP) 계산

최대대체가격 [수요사업부]	외부구매시장 없는 경우	□ 판매가격 - 대체후단위당지출원가 →대체후단위당지출원가 = 추가가공원가 + 증분단위당고정비 + 단위당추가판매비
	외부구매시장 있는 경우	□ Min[① 외부구입가격　② 판매가격 - 대체후단위당지출원가] ◎주의 대체후지출없이 판매시 일반적으로 판매가>외부구입가, 즉, 최대TP=외부구입가
최소대체가격 [공급사업부]	외부판매시장 없는 경우	□ 대체시단위당지출원가 - 대체시절감원가 →대체시단위당지출원가 = 단위당변동비 + 증분단위당고정비
	외부판매시장 있는 경우	㉠ 유휴시설이 없는 경우 □ 대체시단위당지출원가 + 정규매출상실공헌이익 - 대체시절감원가 ㉡ 유휴시설이 있는 경우 □ 대체시단위당지출원가 + 타용도사용포기이익 - 대체시절감원가

| 문제 120번 | 목표원가계산의 절차 | 출제구분 | 재출제 | 난이도 | ★★★ | 정답 | ② |

- 목표원가계산(Target Costing, 원가기획)은 목표가격으로부터 목표원가를 도출하고, 제조이전단계에서 가치공학 등을 수행하여 목표원가를 달성하고자 하는 원가관리기법으로 제조단계가 아닌 제조이전단계(설계·개발단계)에서의 원가절감을 강조한다.
- 목표원가계산의 절차

【1단계】	• 잠재 고객의 요구를 충족하는 제품의 개발한다.
【2단계】	• 고객이 인지하는 가치와 경쟁기업의 가격 등을 고려하여 목표가격을 선택한다.
【3단계】	• 목표가격에서 목표이익을 고려하여 목표원가를 산출한다.
【4단계】	• 목표원가 달성을 위한 가치공학(value engineering)을 수행한다. 　보론　가치공학 : R&D, 설계, 제조, 마케팅, 유통 및 고객서비스에 이르는 모든 면을 체계적으로 평가, 개선하여 고객의 요구를 충족하면서 원가를 절감하는 것

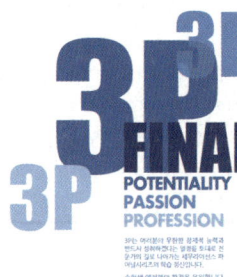

재경관리사 공개기출해설 [원가]

2022년 7월에 시행된 기출문제에 대한 완벽한
해설을 관련이론(가이드)과 함께 제시하였습니다.
해당 문제는 합본부록을 참고바랍니다.

Certified Accounting Manager

원가관리회계
공개기출문제해설
[2022년 07월 시행]

Semoolicence

| 문제 81번 | 제품제조원가 분류 항목 | 출제구분 | 재출제 | 난이도 ★ ☆ ☆ | 정답 ② |

- ① 당기 투입한 원재료 구입시 발생한 운송비용 : 매입운임은 원재료(재고자산)의 원가를 구성한다.
  ② 직매장 건물의 감가상각비 : 제품판매목적으로 구입한 매장 건물(=직매장)의 감가상각비와 본사건물에 대한 감가상각비는 판관비이다.(공장건물 감가상각비는 제조원가이다.)
  ③ 공장 종업원의 복리후생을 위한 식비 : 공장관련 제비용(식비와 같은 복리후생비·화재보험료·감가상각비·임차료·감독자급료·수도광열비)은 제조원가(제조간접원가)이다.
  ④ 공장에 대한 감가상각비 : 공장관련 제비용이므로 제조원가(제조간접원가)이다.

Guide 제조원가

직접재료원가(DM)	• 특정제품에 직접추적가능한 원재료 사용액
직접노무원가(DL)	• 특정제품에 직접추적가능한 노동력 사용액
제조간접원가(OH)	• 직접재료비와 직접노무비를 제외한 제조활동에 사용한 모든 요소 주의 따라서, 간접재료원가와 간접노무원가는 제조간접원가임.

| 문제 82번 | 원가의 개념 | 출제구분 | 재출제 | 난이도 ★ ☆ ☆ | 정답 ④ |

- 원가란 특정목적을 달성하기 위해 소멸된 경제적 자원의 희생을 화폐가치로 측정한 것으로 다음과 같이 분류한다.

미소멸원가		자산	• 수익획득에 아직 사용되지 않은 부분(예 재고자산)
소멸원가		비용	• 수익획득에 사용된 부분(예 매출원가)
		손실	• 수익획득에 기여하지 못하고 소멸된 부분(예 화재손실)

→ 회사가 생산 또는 매입하여 보유하고 있는 재고자산의 원가는 보유하고 있는 동안에는 **미소멸원가**이다. 그러나 판매되면 **매출원가**라는 비용이 되고 화재 등으로 소실되면 경제적 효익을 상실한 것이므로 손실이 된다.

| 문제 83번 | 고저점법에 의한 총제조원가 추정 | 출제구분 | 기출변형 | 난이도 ★ ★ ☆ | 정답 ② |

- 고저점법은 최고조업도와 최저조업도의 원가자료를 이용하여 원가함수를 추정하는 방법이다.
- 고저점법에 의한 원가함수($y = a + bx$) 추정
  - b(시간당변동원가) = $\dfrac{70,000,000 - 50,000,000}{2,000개 - 1,000개}$ = 20,000
    → 따라서, 추정함수는 $y = a + 20,000x$
  - 임의의 점($x = 1,000개$ $y = 50,000,000$)을 '$y = a + 20,000x$'에 대입하면 $a = 30,000,000$
    → 따라서, 추정함수는 $y = 30,000,000 + 20,000x$
∴ 20x3년 총제조원가 추정액 : 30,000,000 + 20,000 × 3,000개 = 90,000,000

★ 저자주 저자는 1차함수를 추정하는 본 내용을 이해할 수 없다고 호소하는 수험생을 종종 보며 난감해지곤 합니다. 중학교 1학년 수학을 다시 검토해 주시기 바랍니다.

Guide 고저점법에 의한 원가함수 추정

의의	• 최고조업도와 최저조업도의 원가자료로 원가함수($y = a + bx$)를 추정
단위당변동원가 추정	• 단위당변동원가 = $\dfrac{\text{최고조업도원가} - \text{최저조업도원가}}{\text{최고조업도} - \text{최저조업도}}$
최고·최저점 선택	• 조업도를 기준으로 최고조업도, 최저조업도인 점을 선택함. 주의 최고원가, 최저원가를 기준으로 선택하는 것이 아님.

문제 84번 | 보조부문원가와 단일·이중배분율법 | 출제구분: 재출제 | 난이도: ★★☆ | 정답: ①

- 보조부문이 1개인 경우에는 직접배분법, 단계배분법, 상호배분법의 계산 결과는 동일하다.
  → ∵ 직접배분법, 단계배분법, 상호배분법은 보조부문간 용역수수의 인식정도에 따른 구분이며, 보조부문이 1개인 경우에는 보조부문간 용역수수가 발생하지 않기 때문이다.
- 이중배분율법에 의해 제조#2부문에 배분되는 보조부문원가

  ㉠ 고정원가 배분액〈최대사용시간 기준〉: $600,000 \times \dfrac{700시간}{800시간 + 700시간} = 280,000$

  ㉡ 변동원가 배분액〈실제사용시간 기준〉: $1,000,000 \times \dfrac{400시간}{400시간 + 400시간} = 500,000$

  ∴ $280,000 + 500,000 = 780,000$

* **비교** 단일배분율법에 의해 제조#2부문에 배분되는 보조부문원가〈실제사용시간 기준〉

  - $(1,000,000 + 600,000) \times \dfrac{400시간}{400시간 + 400시간} = 800,000$

Guide ▶ 단일배분율법·이중배분율법

단일배분율법	• 고정원가와 변동원가 구분없이 하나의 배부기준(실제사용량)으로 배분 ⊙주의 보조부문이 1개인 경우에는 직접배분법, 단계배분법, 상호배분법의 계산 결과는 동일함.
이중배분율법	• 고정원가 : 최대사용가능량을 기준으로 배분 • 변동원가 : 실제사용량을 기준으로 배분 ⊙주의 이중배분율법인 경우에도 직접배분법·단계배분법·상호배분법이 동일하게 적용됨.

문제 85번 | 개별원가계산 일반사항 | 출제구분: 재출제 | 난이도: ★☆☆ | 정답: ①

- 개별원가계산은 개별제품별 또는 개별작업별로 원가가 집계되기 때문에 직접원가와 간접원가의 구분이 중요하다.(즉, 제조간접원가의 배부절차가 반드시 필요하다.) 직접원가에 해당하는 직접재료원가와 직접노무원가는 해당 제품이나 공정으로 직접 추적할 수 있기 때문에 발생된 원가를 그대로 집계하면 되지만, 간접원가에 해당하는 제조간접원가는 개별제품이나 공정에 직접적인 대응이 불가능하므로 원가계산 기말에 일정한 기준을 사용하여 배부해야 한다.

Guide ▶ 개별원가계산과 종합원가계산 비교

	개별원가계산	종합원가계산
생산형태	• 주문에 따른 다품종 소량생산방식 →예 조선업, 기계제작업, 건설업	• 동종제품의 대량 연속생산방식 →예 제분업, 섬유업, 시멘트업, 정유업
원가집계	• 제조원가는 각 작업별로 집계	• 제조원가는 각 공정별로 집계
기말재공품평가	• 평가문제 발생치 않음(∴정확함.)	• 평가문제 발생함(∴부정확함.)
핵심과제	• 제조간접원가배부(작업원가표)	• 완성품환산량계산(제조원가보고서)
기타사항	• 제품단위당 원가는 작업원가표에 집계된 제조원가를 작업한 수량으로 나누어 계산함. • 재고자산 평가에 있어서 작업이 완성된 것은 제품계정으로 대체되고, 미완성된 작업은 재공품이 됨.	• 일정기간에 발생한 총원가를 총생산량으로 나누어 단위당 평균제조원가를 계산함. • 제품은 완성수량에, 재공품은 기말재공품완성품환산량에 단위당 평균제조원가를 곱하여 계산함.

| 문제 86번 | 제조간접원가 실제배부 | 출제구분 | 재출제 | 난이도 | ★ ★ ☆ | 정답 | ③ |

- 직접추적이 가능한 직접재료원가·직접노무원가는 일반형전화기와 프리미엄전화기 각각에 집계하며, 직접 추적이 불가능한 제조간접원가는 직접노무원가를 기준으로 배분한다.
- 제조간접원가(OH)배부율 : $\dfrac{3,000,000(총제조간접원가)}{100시간 \times 1,000(일반형의\ DL) + 200시간 \times 2,000(프리미엄의\ DL)} = @6$
- 제조원가 계산

	일반형전화기	프리미엄전화기
직접재료원가	400,000원	600,000원
직접노무원가	100시간×@1,000(시간당임률) = 100,000원	200시간×@2,000(시간당임률) = 400,000원
제조간접원가 배분액	100,000원×@6(OH배부율) = 600,000원	400,000원×@6(OH배부율) = 2,400,000원
계	1,100,000원	3,400,000

∴ 일반형전화기와 프리미엄전화기의 총제조원가 차이 : 3,400,000 - 1,100,000 = 2,300,000

| 문제 87번 | 종합원가계산 일반사항 | 출제구분 | 재출제 | 난이도 | ★ ☆ ☆ | 정답 | ② |

- 원가의 집계가 개별작업별로 이루어지는 것이 아니라 공정별로 이루어지기 때문에 개별작업별로 작업지시서를 작성할 필요는 없다.

Guide 종합원가계산 특징과 장점

특징	• 특정기간 동안 특정공정에서 생산된 제품은 원가측면에서 서로가 동일하다고 가정함 → 즉, 제품원가를 평균개념에 의해서 산출함 • 원가의 집계가 개별작업별로 이루어지는 것이 아니라 공정별로 이루어지기 때문에 개별작업별로 작업지시서를 작성할 필요는 없음. • 동일제품을 연속적으로 대량생산하지만 모든 생산공정이 원가계산기간말에 종료되는 것은 아니므로 어떤 공정에 있어서든지 기말시점에는 부분적으로 가공이 완료되지 않은 재공품이 존재하게 됨. • 원가통제와 성과평가가 개별작업별로 이루어지는 것이 아니라 공정별로 이루어 짐.
장점	• 개별원가계산에 비하여 기장절차가 간단하므로 시간과 비용이 절약됨. • 원가관리·통제가 제품별이 아닌 공정이나 부문별로 수행되므로 원가에 대한 책임중심점이 명확해짐.

| 문제 88번 | 선입선출법 실제발생가공원가 추정 | 출제구분 | 재출제 | 난이도 | ★ ★ ☆ | 정답 | ③ |

- 가공비 완성품환산량의 계산

[1단계] 물량흐름

기초완성	500(40%)
당기완성	4,200 - 500 = 3,700
기　말	800(50%)
	5,000

[2단계] 완성품환산량

	재료비	가공비
	0	500 × (1 - 40%) = 300
	3,700	3,700
	800	800 × 50% = 400
	4,500	4,400

- 가공비의 완성품환산량 단위당원가가 10으로 주어져 있으므로, 실제 발생 가공비를 x라 하면

→ $\frac{x}{4,400} = 10$ 에서, x(실제 발생한 가공비) = 44,000

Guide 종합원가계산 선입선출법 계산절차

【1단계】	• 물량흐름을 파악 → 기초수량과 완성도, 완성품수량, 기말수량과 완성도
【2단계】	• 원가요소별(전공정비, 재료비, 가공비)로 당기분 완성품환산량 계산
【3단계】	• 원가요소별로 당기발생원가를 계산
【4단계】	• 원가요소별로 완성품환산량단위당원가를 계산 →완성품환산량단위당원가 = 원가요소별당기발생원가 ÷ 원가요소별당기분완성품환산량
【5단계】	• 완성품원가와 기말재공품원가 계산 →완성품원가 = 기초재공품원가 + 원가요소별완성품환산량 × 원가요소별환산량단위당원가

| 문제 89번 | 종합원가계산 계산절차 | 출제구분 | 재출제 | 난이도 | ★ ☆ ☆ | 정답 | ① |

- 종합원가계산 계산절차

일반절차	평균법	선입선출법
①=ㄱ : 물량흐름 파악	• 완성품수량, 기말수량과 완성도	• 기초수량과 완성도, 완성품수량, 기말수량과 완성도
②=ㄹ : 완성품환산량 계산	• 원가요소별 완성품환산량	• 원가요소별 당기분 완성품환산량
③=ㄷ : 배분할 원가 파악	• 기초재공품원가 + 당기발생원가	• 당기발생원가
④=ㄴ : 완성품환산량단위당원가 계산	• $\frac{총원가}{완성품환산량}$	• $\frac{당기발생원가}{당기분완성품환산량}$
⑤=ㅁ : 완성품·기말재공품에 원가배분	-	• 완성품에 기초재공품 별도 가산

| 문제 90번 | 종합원가계산 기말재공품원가 계산 | 출제구분 | 재출제 | 난이도 | ★ ☆ ☆ | 정답 | ③ |

- 기말재공품 완성품환산량

[1단계] 물량흐름

완성	?
기말	250(30%)
	?

[2단계] 완성품환산량

	재료비	가공비
	?	?
	250	250 × 30% = 75
	?	?

- 기말재공품원가 = 완성품환산량 × 완성품환산량단위당원가
  → ∴ 250 × @130 + 75 × @90 = 39,250

| 문제 91번 | 표준원가계산제도 고려사항 | 출제구분 | 기출변형 | 난이도 ★★☆ | 정답 ④ |

- 일반적으로 표준은 원가발생의 기대치를 표현하는 것이기 때문에 경영자는 표준원가와 실제원가의 차이 중 중요한 부분에 대해서만 관심을 가지고 개선책을 강구하는 예외에 의한 관리(management by exception)를 하게 되며, 표준원가계산에서 예외에 의한 관리기법을 사용할 때에는 어느 정도의 예외사항을 중요한 예외사항으로 판단하여 관리할 것인가를 결정해야 한다.

Guide 표준원가계산의 한계점

산정의 객관성 문제	• 표준원가는 사전에 과학적·통계적 방법으로 적정원가를 산정하는 것이 필수적이나, 적정 원가 산정에 객관성이 보장되기 힘들고 많은 비용이 소요됨.
수시 수정 필요	• 표준원가는 한번 설정된 영구불변의 원가가 아니라 내적요소·외부환경 변화에 따라 수시로 수정을 필요로 하는 원가임. 만약, 이러한 표준원가의 적정성을 사후 관리하지 않을 경우 미래원가 계산을 왜곡할 소지가 있음.
비계량정보 무시	• 표준원가계산제도를 채택할 경우 비계량적인 정보를 무시할 가능성이 있음. 예 표준원가달성을 지나치게 강조할 경우 제품의 품질을 희생시킬 수 있고, 납품업체에 표준원가를 기초로 지나친 원가절감을 요구할 경우 관계가 악화될 수도 있음.
질적 예외사항 무시	• 예외에 의한 관리기법을 사용할 때에는 어느 정도의 예외사항을 중요한 예외사항으로 판단하여 관리할 것인가를 결정해야 하나, 이러한 예외사항에 대해서 객관적인 기준이 없을 경우 대개 양적인 정보만으로 판단하기 때문에 질적인 예외사항을 무시하기 쉬움. 또한, 중요한 예외사항에 대해서만 관심을 집중하게 되면 허용범위 내에서 발생하는 실제원가의 증감추세와 같은 중요한 정보를 간과할 수 있음.
동기부여 문제	• 예외에 의한 관리는 근로자에게 동기부여 측면에서 문제가 발생할 수 있음. 만일 성과평가가 중요한 예외사항에 의해서만 결정된다면 근로자는 자신에게 불리한 예외사항을 숨기려고 할 것이고, 원가가 크게 절감된 예외사항에 대해서 보상을 받지 못한다면 이에 대한 불만이 누적되고 동기부여가 되지 않을 수 있기 때문임.

| 문제 92번 | 차이분석 일반사항 | 출제구분 | 재출제 | 난이도 ★★☆ | 정답 ② |

- 가(옳은설명) : 차이분석이란 표준원가와 실제원가를 비교하여 그 차이를 분석하는 것으로서 일종의 투입 - 산출 분석이다.
  → 여기서 투입은 실제로 투입된 원가이며, 산출은 실제산출량의 생산에 허용된 표준원가이다. 즉, 특정기간 동안에 발생한 실제투입원가와 실제생산량에 허용된 표준원가를 비교하여 차이를 구하며, 이렇게 계산된 차이를 총차이라고 한다.
- 나(틀린설명) : 표준투입량(SQ)은 최대조업도에 대한 표준투입량이 아니라, 실제산출량의 생산에 허용된 투입량을 말한다.
- 다(옳은설명) : 가격차이는 실제원가(AQ×AP)와 실제투입량에 대한 표준원가(AQ×SP)와의 차이이다. 즉, 실제가격에 실제투입량을 곱한 금액과 표준가격에 실제투입량을 곱한 금액의 차이이다.
- 라(옳은설명) : 능률차이는 실제투입량에 대한 표준원가(AQ×SP)와 표준투입량에 대한 표준원가(SQ×SP)와의 차이이다. 즉, 표준가격에 실제투입량을 곱한 금액과 표준가격에 표준투입량을 곱한 금액의 차이이다.

문제 93번 | 직접재료원가 차이분석과 AP 계산 | 출제구분: 재출제 | 난이도: ★★★ | 정답: ②

- AQ = 3,200kg, AP = 11
- 직접재료원가 차이분석〈제품 1단위당 직접재료 표준투입량을 A라고 가정〉

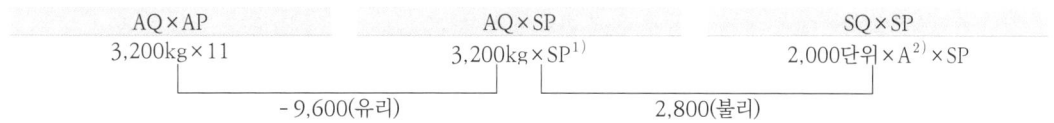

[1] (3,200kg × 11) − (3,200kg × SP) = − 9,600(유리) 에서, SP(kg당 표준가격) = 14
[2] (3,200kg × 14) − (2,000단위 × A × 14) = 2,800(불리) 에서, A = 1.5kg

Guide 직접재료원가 차이분석 구조[사용시점분리의 경우]

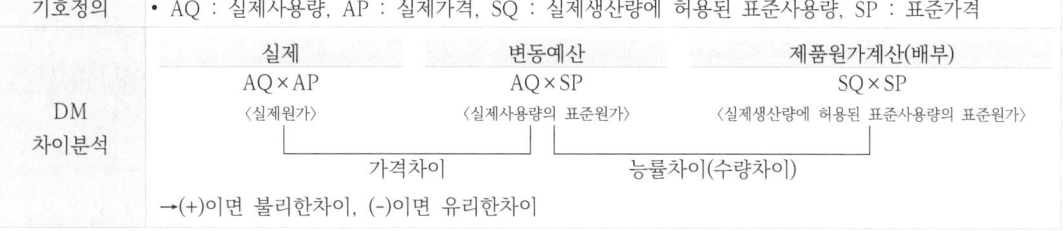

문제 94번 | 직접노무원가 능률차이 | 출제구분: 기출변형 | 난이도: ★☆☆ | 정답: ③

- SQ = 3시간, SP = 20, AQ = 4,600시간
- 직접노무원가 차이분석

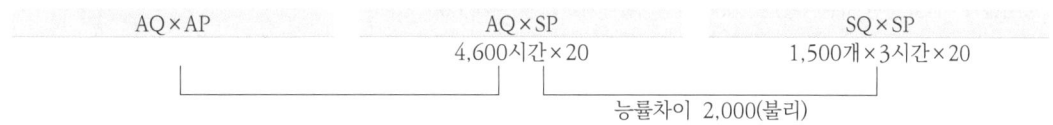

Guide 직접노무원가 차이분석 구조

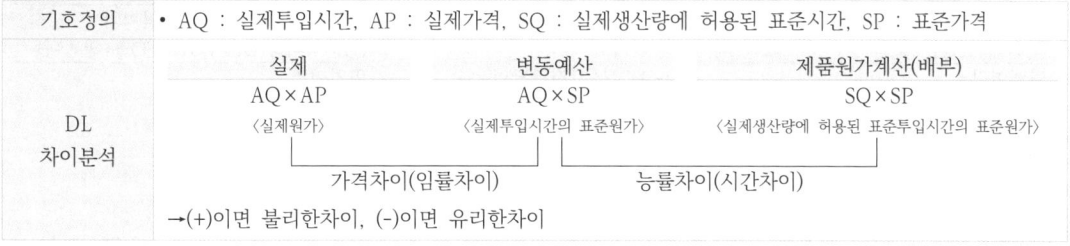

문제 95번 — 고정제조간접원가 조업도차이 계산 (출제구분: 재출제, 난이도: ★★☆, 정답: ①)

- S(실제생산량에 허용된 표준조업도) = 2,200단위 × 5시간 = 11,000시간, 실제발생액 = 24,920,000, N = 10,000시간
- 고정제조간접원가 차이분석

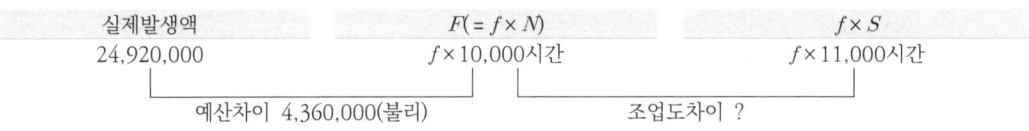

→ 24,920,000 - f × 10,000시간 = 4,360,000 에서, f = 2,056

∴ 2,056 × 10,000시간 - 2,056 × 11,000시간 = -2,056,000(유리)

Guide 고정제조간접원가 차이분석 구조

기호정의	N : 기준조업도, F : FOH예산, f : FOH배부율(= $\frac{F}{N}$), S : 실제생산량에 허용된 표준조업도
FOH 차이분석	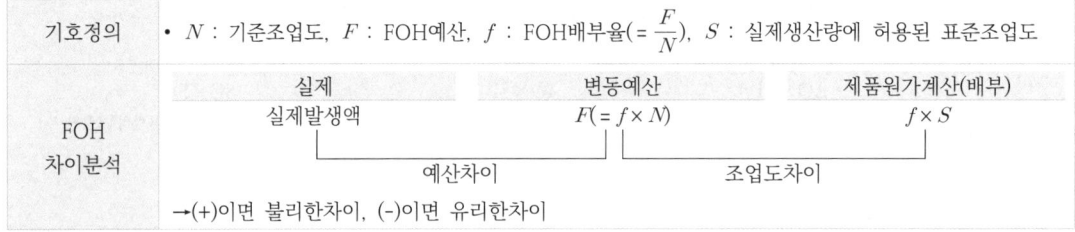 →(+)이면 불리한차이, (-)이면 유리한차이

문제 96번 — 변동원가계산 총매출액 추정 (출제구분: 재출제, 난이도: ★☆☆, 정답: ②)

- 판매량을 Q라 하면, 매출액(Q × 7,000) - 변동원가(Q × 4,500) - 고정원가(2,300,000) = 영업이익(8,750,000)
  → Q(판매량) = 4,420단위
- 총매출액 : 4,420단위(판매량) × 7,000(단위당판매가격) = 30,940,000

Guide 전부원가계산·변동원가계산·초변동원가계산 영업이익 계산 비교

전부원가계산	변동원가계산	초변동원가계산
• 매출액 (-)매출원가(DM+DL+VOH+FOH) 매출총이익 (-)판매비(변동+고정) 영업이익	• 매출액 (-)매출원가(DM+DL+VOH) (-)변동판관비 공헌이익 (-)FOH+고정판관비 영업이익	• 매출액 (-)제품수준변동가(DM) 재료처리량(현금창출)공헌이익 (-)운영비용(DL+VOH+FOH+판관비) 영업이익

문제 97번 — 초변동원가계산 제조원가(재고자산가액) (출제구분: 재출제, 난이도: ★☆☆, 정답: ①)

- 초변동원가계산 현금창출(재료처리량)공헌이익 : 매출액 - 직접재료원가(DM)
  초변동원가계산 영업이익 : 현금창출(재료처리량)공헌이익 - 운영비용(DL,VOH,FOH,판관비)
- 초변동원가계산은 직접노무원가(DL), 변동제조간접원가(VOH), 고정제조간접원가(FOH)를 모두 비용(운영비용) 처리하므로, 변동원가계산과 마찬가지로 원가회피개념에 근거를 두고 있다.

| 문제 98번 | 변동원가계산의 한계점 | 출제구분 | 신유형 | 난이도 ★★☆ | 정답 ④ |

- 변동원가계산은 공통적인 고정원가를 부문이나 제품별로 배분하지 않기 때문에 부문별, 제품별 의사결정 문제에 왜곡을 초래하지 않는다.(즉, 변동원가와 고정원가가 분리되고 공헌이익도 제시되므로 증분이익 분석이 용이해져 의사결정에 유용함.)
  →반면, 전부원가계산은 공통적인 고정원가를 부문이나 제품별로 배부하기 때문에 부문별, 제품별 의사결정 문제에 왜곡을 초래할 가능성이 존재한다.

Guide 변동원가계산의 한계점

고정원가 중요성 간과	• 변동원가계산만을 의사결정에 사용하면 고정원가의 중요성을 간과하기 쉬워 잘못된 의사결정을 할 수 있음. →즉, 제품의 가격은 고정원가를 회수할 수 있도록 결정되어야 하나 변동원가만을 이용하면 장기적인 가격결정에 왜곡이 생길 수 있음.
외부보고자료로 이용불가	• GAAP가 아니므로 기업회계측면의 외부보고자료로서 이용될 수 없음.
원가행태 구분의 어려움	• 변동원가계산의 기초가 되는 원가행태구분이 쉽지 않음. →즉, 전체원가 중에서 변동·고정원가를 구분해내기가 현실적으로 어려움.
비용의 변동원가화	• 장기계획에서는 거의 모든 비용들을 변동원가로 간주할 수 있음. →왜냐하면 단기적으로는 고정원가라 하더라도 장기적인 관점에서는 계획생산량에 필요한 수준으로 고정원가를 조정할 수 있기 때문임.

| 문제 99번 | 변동원가계산 기말제품·영업이익 | 출제구분 | 재출제 | 난이도 ★★☆ | 정답 ① |

- 변동원가계산에서는 고정제조간접원가(FOH)를 기간비용으로 처리한다.
- 물량흐름(제품계정)

| 기초제품재고 | 0단위 | 판매량 | 70,000단위 |
| 생산량 | 90,000단위 | 기말제품재고 | 20,000단위 |

- 기말제품재고, 영업이익

	변동원가계산
기말제품	변동제조원가(1,350,000) × $\frac{20,000단위}{90,000단위}$ = 300,000
영업이익	순매출액(5,000,000) - 변동원가 (1,350,000 × $\frac{70,000단위}{90,000단위}$ + 260,000) - 고정원가(550,000 + 500,000) = 2,640,000

Guide 전부원가계산·변동원가계산·초변동원가계산 영업이익 계산 비교

전부원가계산	변동원가계산	초변동원가계산
• 매출액 (-)매출원가(DM+DL+VOH+FOH) 매출총이익 (-)판관비(변동+고정) 영업이익	• 매출액 (-)매출원가(DM+DL+VOH) (-)변동판관비 공헌이익 (-)FOH+고정판관비 영업이익	• 매출액 (-)제품수준변동원가(DM) 재료처리량(현금창출)공헌이익 (-)운영비용(DL+VOH+FOH+판관비) 영업이익

문제 100번 | 전부·변동원가계산 기말제품재고액 | 출제구분: 재출제 | 난이도: ★★☆ | 정답: ③

- 전부원가계산에서는 고정제조간접원가(FOH)도 제조원가로 처리한다.
  → 반면, 변동원가계산에서는 고정제조간접원가(FOH)를 기간비용으로 처리한다.
- 물량흐름(제품계정) : 당기 초에 영업활동을 시작하였으므로 기초제품재고는 없다.

기초제품재고	0	판매량	200단위
생산량	500단위	기말제품재고	300단위

- ㉠ 전부원가계산에 의한 기말제품재고액 계산
  - 단위당FOH : 100,000(FOH) ÷ 500단위(생산량) = 200
  - 단위당제조원가 : 300(단위당DM) + 200(단위당DL) + 100(단위당VOH) + 200(단위당FOH) = 800
  - 기말제품재고액 : 300단위 × 800 = 240,000
- ㉡ 변동원가계산에 의한 기말제품재고액 계산
  - 단위당제조원가 : 300(단위당DM) + 200(단위당DL) + 100(단위당VOH) = 600
  - 기말제품재고액 : 300단위 × 600 = 180,000

∴ 양 방법에 의한 기말제품재고액 차이 : 240,000(전부) - 180,000(변동) = 60,000

고속철 기초제품재고가 없으므로 기말제품재고에 포함된 FOH만큼 차이가 난다.
 → 전부원가계산(300단위×200) - 변동원가계산(0) = 60,000

문제 101번 | 활동기준원가계산(ABC)의 절차 | 출제구분: 재출제 | 난이도: ★☆☆ | 정답: ②

- 활동기준원가계산의 절차

[1단계] 활동분석	• 기업의 기능을 여러 가지 활동으로 구분하여 분석함. → 활동이란 자원을 사용하여 가치를 창출하는 작업으로서 ABC에서는 크게 4가지(단위수준활동, 배치수준활동, 제품유지활동, 설비유지활동)로 나눔.
[2단계] 제조간접원가 집계	• 각 활동별로 제조간접원가를 집계함.
[3단계] 원가동인(배부기준) 결정	• 활동별 원가동인(배부기준)을 결정함 → 원가를 가장 직접적으로 변동시키는 것이 무엇인가를 파악
[4단계] 제조간접원가배부율 결정	• 활동별 제조간접원가 배부율을 결정함. → 활동별 제조간접원가 배부율 = $\dfrac{\text{활동별 제조간접원가}}{\text{활동별 배부기준(원가동인)}}$
[5단계] 원가계산	• 원가대상(제품, 고객, 서비스 등)별로 원가계산함. → 원가대상(제품, 고객, 서비스 등)별 배부액 = Σ(소비된 활동수 × 활동별 제조간접원가배부율)

| 문제 102번 | 공헌이익률 계산 | 출제구분 | 재출제 | 난이도 | ★ ☆ ☆ | 정답 | ③ |

- 단위당공헌이익 : 400(단위당판매가격) - [150(단위당변동제조원가) + 130(단위당변동판매비)] = 120
- 공헌이익률 : $\dfrac{120(\text{단위당공헌이익})}{400(\text{단위당판매가격})} = 30\%$

Guide 공헌이익률과 변동비율 산식 정리

공헌이익률	□ 공헌이익률 = $\dfrac{\text{총공헌이익}}{\text{매출액}} = \dfrac{\text{단위당공헌이익}}{\text{단위당판매가격}}$	
	• 총공헌이익 = 단위당공헌이익 × 판매량 = 공헌이익률 × 매출액	
	• 영업이익 = 단위당공헌이익 × 판매량 - 고정비 = 공헌이익률 × 매출액 - 고정비	
변동비율	□ 변동비율 = $\dfrac{\text{변동비}}{\text{매출액}} = \dfrac{\text{단위당변동비}}{\text{단위당판매가격}}$	
	• 변동비 = 단위당변동비 × 판매량 = 변동비율 × 매출액	
	• 공헌이익률 + 변동비율 = $\dfrac{\text{총공헌이익}}{\text{매출액}} + \dfrac{\text{변동비}}{\text{매출액}} = \dfrac{\text{매출액} - \text{변동비}}{\text{매출액}} + \dfrac{\text{변동비}}{\text{매출액}} = 1$	

| 문제 103번 | 목표이익분석 | 출제구분 | 재출제 | 난이도 | ★ ★ ★ | 정답 | ④ |

- 공헌이익률 : 1 - 변동비율(70%) = 30%
- 목표이익을 위한 매출액을 S라고 하면, $S = \dfrac{\text{고정원가}(30{,}000) + \text{목표이익}(S \times 20\%)}{\text{공헌이익률}(30\%)}$ 에서, $S = 300{,}000$

고속철 다음 산식에 의해 바로 계산할 수 있다. 가능한 산식을 암기할 것을 권장한다.

목표이익률(20%)을 위한 매출액 = $\dfrac{\text{고정원가}}{\text{공헌이익률} - \text{목표이익률}}$ → $\dfrac{30{,}000}{30\% - 20\%} = 300{,}000$

Guide 목표이익분석 산식 정리[법인세를 고려하지 않는 경우]

판매량	매출액
• 단위당공헌이익 × 판매량 = 고정원가 + 목표이익	• 공헌이익률 × 매출액 = 고정원가 + 목표이익
□ 목표이익을 위한 판매량 = $\dfrac{\text{고정원가} + \text{목표이익}}{\text{단위당공헌이익}}$	□ 목표이익을 위한 매출액 = $\dfrac{\text{고정원가} + \text{목표이익}}{\text{공헌이익률}}$

| 문제 104번 | CVP 항목별 분석 | 출제구분 | 신유형 | 난이도 | ★ ★ ☆ | 정답 | ③ |

- ① 공헌이익률 : $\dfrac{\text{공헌이익}(20{,}000)}{\text{매출액}(50{,}000)} = 40\%$

  ② 손익분기점(BEP) 매출 : $\dfrac{\text{고정원가}(15{,}000)}{\text{공헌이익률}(40\%)} = 37{,}500$

  ③ 안전한계율 : $\dfrac{\text{매출액}(50{,}000) - BEP\text{매출액}(37{,}500)}{\text{매출액}(50{,}000)} = 25\%$

  ④ 영업레버리지도(DOL) : $\dfrac{\text{공헌이익}(20{,}000)}{\text{영업이익}(5{,}000)} = 4$ 또는 $\dfrac{1}{\text{안전한계율}(25\%)} = 4$

문제 105번 — CVP분석 일반사항 | 출제구분: 신유형 | 난이도: ★★☆ | 정답: ④

- ① CVP도표의 수평축(X축)이 조업도(판매량)일 경우 수익선의 기울기는 '$\frac{매출액}{판매량}$'이므로 단위당판매가격을 나타낸다.

- ② CVP도표의 수평축(X축)이 조업도(판매량)일 경우 비용선의 기울기는 '$\frac{변동원가}{판매량}$'이므로 단위당변동원가를 나타낸다.

- ③ 안전한계(=매출액 - 손익분기점매출액)는 손실을 발생시키지 않으면서 허용할 수 있는 매출액의 최대 감소액을 의미하므로 기업의 안전성을 측정하는 지표로 많이 사용된다.
  → 예 안전한계가 400이라 함은 매출액이 400 감소해도 안전하다는 의미이다.(∵손실을 보지 않으므로)

- ④ 영업레버리지도가 높다는 것이 그 기업의 영업이익이 많다는 것을 나타내는 것은 아니며, 또한 기업운영이 좋다는 것을 나타내는 것도 아니다. 단지 매출액이 증가하거나 감소함에 따라 영업이익이 좀 더 민감하게 반응한다는 것을 의미한다.
  예시 영업레버리지도(DOL)=6인 경우, 매출이 20%증가하면 영업이익은 120%증가, 매출이 20%감소하면 영업이익은 120% 감소한다.
  → 즉, 고정원가의 비중이 큰 원가구조를 가지고 있는 기업일수록 레버리지효과가 커서 불경기에는 큰 타격을 입고 반면에 호경기에는 막대한 이익을 얻는다.

Guide CVP도표의 기울기

X축이 판매량(조업도)인 경우	수익선의 기울기	• 매출액÷판매량 ⇒단위당판매가격
	비용선의 기울기	• 변동원가÷판매량 ⇒단위당변동원가
X축이 매출액인 경우	수익선의 기울기	• 매출액÷매출액 ⇒1
	비용선의 기울기	• 변동원가÷매출액 ⇒변동비율

문제 106번 — 책임회계제도하의 성과보고서 | 출제구분: 기출변형 | 난이도: ★★★ | 정답: ③

- ① 성과보고서에 통제불가능원가는 제외되거나 통제가능원가와 구분하여 표시되어야 한다. 왜냐하면 각 책임중심점은 통제가능항목에 의해 규정된 책임범위에 대해서만 책임을 지며, 각 책임중심점의 책임범위를 벗어나는 통제불가능항목에 대해서는 책임이 없기 때문에 통제불가능항목은 각 책임중심점의 성과평가시 제외되는 것이 원칙이기 때문이다.

- ② 책임중심점으로의 추적가능성에 따라 책임중심점별 원가와 공통원가로 구분하는 것이 바람직하다.

- ③ 공통고정원가란 여러 책임중심점에서 공통적으로 사용되는 고정원가로서 특정 책임중심점에 추적이 불가능한 원가이다. 예를 들면 본사건물의 감가상각비, 회사전체적인 광고선전비, 최고경영자의 급료 등이 포함된다. 이러한 공통고정원가는 여러 책임중심점에서 공통적으로 사용되는 고정원가이므로 특정 책임중심점에 부과시키거나 임의로 배분해서는 안되며 총액으로 관리해야 한다.

- ④ 특정 책임중심점의 경영자에 대한 성과평가시 추적가능하고 통제가능한 원가만을 포함하는 것이 바람직하다.(통제불가능원가는 제외하는 것이 바람직하다.)

| 문제 107번 | 책임중심점의 책임범위 | 출제구분 | 재출제 | 난이도 | ★ ☆ ☆ | 정답 | ① |

- 이익중심점(profit center)이란 원가와 수익 모두에 대해서 통제책임을 지는 책임중심점을 말하며, 성과평가의 기준을 이익으로 할 경우 해당 경영자는 공헌이익 개념에 의해서 관리를 수행할 것이고 이로 인해 회사전체적 입장에서 최적의 의사결정에 근접할 수 있다.

Guide ▶ 책임중심점의 분류

원가중심점	• 통제가능한 원가의 발생만 책임을 지는 가장 작은 활동단위로서의 책임중심점(예 제조부문)
수익중심점	• 매출액에 대해서만 통제책임을 지는 책임중심점(예 판매부서 및 영업소) → 수익중심점은 산출물만을 화폐로 측정하여 통제할 뿐 투입물과 산출물 모두에 의해 결정되는 이익에 대해서는 책임을 지지 않음. → 그러나 매출액만으로 성과평가를 하게 되면 기업전체적으로 잘못된 의사결정을 야기 가능함.(불량채권의 발생, 원가절감의 경시 등 여러 가지 문제점에 노출될 수 있기 때문임.)
이익중심점	• 원가와 수익 모두에 대해서 통제책임을 지는 책임중심점 → 이익중심점은 전체 조직이 될 수도 있지만 조직의 한 부분, 즉 판매부서, 각 지역(점포)단위 등으로 설정될 수도 있는데 이 경우 책임중심점이란 이익중심점을 뜻하는 것이 일반적임. → 이익중심점은 수익중심점에 비해 유용한 성과평가기준이 됨. 성과평가의 기준을 이익으로 할 경우 해당 경영자는 공헌이익 개념에 의해서 관리를 수행할 것이고 이로 인해 회사전체적 입장에서 최적의 의사결정에 근접할 수 있음.
투자중심점	• 원가·수익 및 투자의사결정도 책임지는 책임중심점으로 가장 포괄적 개념임. → 기업이 제품별 또는 지역별로 별도의 독립적인 조직으로 분리될 정도로 규모가 커져 제품별 또는 지역별 사업부로 분권화된 경우, 이 분권화조직이 투자중심점에 해당함.

| 문제 108번 | 고정예산과 매출조업도차이 | 출제구분 | 재출제 | 난이도 | ★ ★ ☆ | 정답 | ① |

- 단위당예산공헌이익 : 20 - 10 = 10 〈자료에 주어짐〉
- 매출조업도차이 분석(단위당예산공헌이익으로 분석)

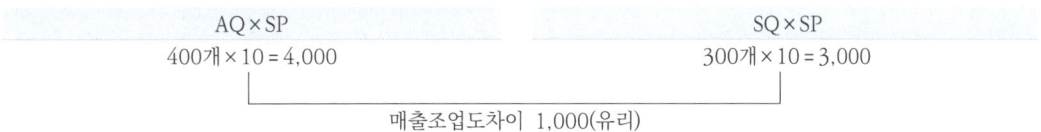

AQ × SP   SQ × SP
400개 × 10 = 4,000   300개 × 10 = 3,000
매출조업도차이 1,000(유리)

*참고 매출가격차이 분석(단위당판매가격으로 분석)

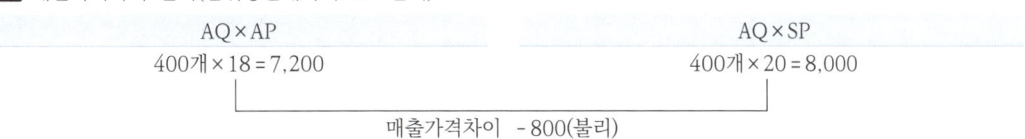

AQ × AP   AQ × SP
400개 × 18 = 7,200   400개 × 20 = 8,000
매출가격차이 -800(불리)

Guide ▶ 매출가격차이와 매출조업도차이 계산

기호정의	• AQ : 실제판매량, AP : 단위당실제판매가격 SQ : 예산판매량, SP : 단위당예산판매가격(또는 단위당예산공헌이익)
매출총차이 분해	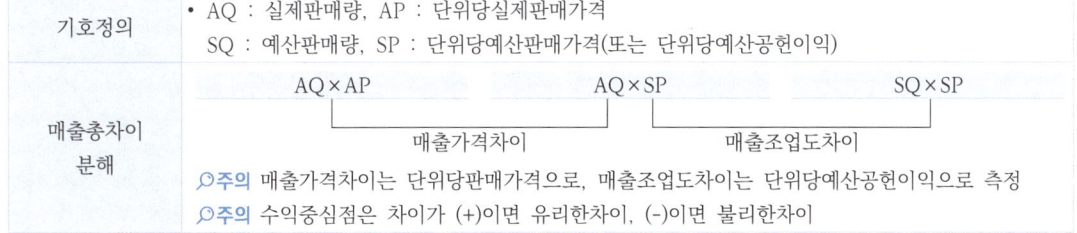 AQ × AP AQ × SP SQ × SP 매출가격차이 매출조업도차이 ○주의 매출가격차이는 단위당판매가격으로, 매출조업도차이는 단위당예산공헌이익으로 측정 ○주의 수익중심점은 차이가 (+)이면 유리한차이, (-)이면 불리한차이

문제 109번 | 투자중심점 성과평가 : 잔여이익 | 출제구분: 재출제 | 난이도: ★★☆ | 정답: ①

- 사업부별 잔여이익 계산
  - A사업부 : 150,000(영업이익) - 500,000(영업자산) × 20%(최저필수수익률) = 50,000
  - B사업부 : 270,000(영업이익) - 1,000,000(영업자산) × 20%(최저필수수익률) = 70,000
  - C사업부 : 460,000(영업이익) - 2,000,000(영업자산) × 20%(최저필수수익률) = 60,000
- 잔여이익이 높은 순서 : B사업부(70,000) 〉 C사업부(60,000) 〉 A사업부(50,000)

Guide 잔여이익(RI) 주요사항

잔여이익 계산	☐ 잔여이익(RI) = 영업이익 - 영업자산(투자액) × 최저필수수익률
	🔍주의 투자수익률(ROI)에 의한 의사결정과 잔여이익(RI)에 의한 의사결정은 일치하지 않음. → 즉, 투자수익률(ROI)에서는 채택되어도 잔여이익(RI)에서는 기각 가능
장점	• 준최적화현상이 발생하지 않음. →각 사업부의 경영자는 최저필수수익률을 초과하는 모든 투자안을 수락하게 되므로 투자중심점과 회사전체의 이익을 동시에 극대화 가능
단점	• 금액으로 표시하므로 각 사업부의 투자규모가 상이할 경우 사업부간 성과 비교에 한계가 있음. • 투자수익률(ROI)과 마찬가지로 회계적이익에 기초하므로 성과평가와 의사결정의 일관성이 결여

문제 110번 | 판매부서 성과평가와 통제불가능차이 | 출제구분: 신유형 | 난이도: ★☆☆ | 정답: ④

- 판매부서 차이분해

판매부서 (수익중심점 or 이익중심점)	• 매출가격차이〈통제가능차이〉		
	• 매출조업도차이	매출배합차이〈통제가능차이〉	
		매출수량차이	시장점유율차이〈통제가능차이〉
			시장규모차이〈통제불가능차이〉

→기업의 입장에서 볼 때 시장의 총수요를 나타내는 시장규모는 통제불가능요소이다.

문제 111번 | 경제적부가가치(EVA) 계산 | 출제구분: 신유형 | 난이도: ★★★ | 정답: ②

- 경제적부가가치(EVA) = 세후영업이익 - (총자산 - 유동부채) × 가중평균자본비용
- 세후영업이익(Y사업부) : $80,000 \times (1 - 20\%) = 64,000$
- 가중평균자본비용 : $\dfrac{750,000 \times 10\% \times (1-20\%) + 250,000 \times 20\%}{750,000 + 250,000} = 11\%$
- 경제적부가가치(EVA) : $64,000 - (400,000 - 100,000) \times 11\% = 31,000$

저자주 본 문제는 회계사 기출문제로서, 재경관리사 시험에 그대로 출제되었습니다.

Guide 경제적부가가치(EVA) 계산 세부고찰

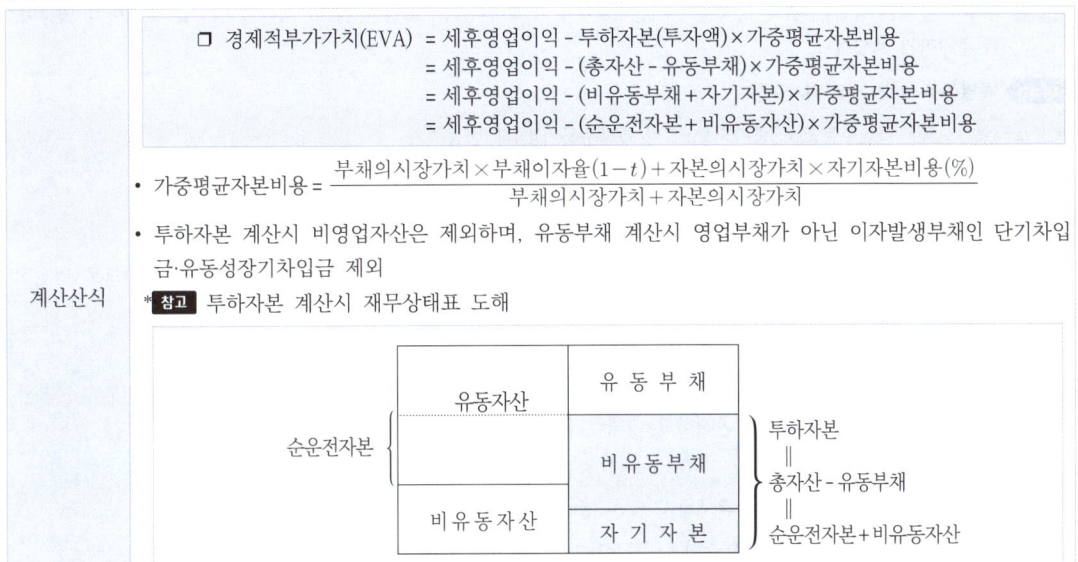

- 가중평균자본비용 = $\dfrac{\text{부채의시장가치} \times \text{부채이자율}(1-t) + \text{자본의시장가치} \times \text{자기자본비용}(\%)}{\text{부채의시장가치} + \text{자본의시장가치}}$
- 투하자본 계산시 비영업자산은 제외하며, 유동부채 계산시 영업부채가 아닌 이자발생부채인 단기차입금·유동성장기차입금 제외

참고 투하자본 계산시 재무상태표 도해

| 문제 112번 | 특별주문 수락·거부 의사결정 | 출제구분 | 재출제 | 난이도 | ★ ☆ ☆ | 정답 | ② |

- 현재 예산생산량 1,000단위, 최대생산능력 1,400단위
  → ∴특별주문 400단위 수락시 유휴생산능력이 충분하므로 정규매출 감소는 발생하지 않는다.

- 특별주문 수락의 경우
  증분수익 - 증가 :   400단위 × @100 = 40,000
  증분비용 - 증가 : 400단위 × (20+10+10+20) = (24,000)
  증분손익   16,000

  → ∴특별주문을 수락할 경우(제안을 받아들일 경우) 16,000원의 증분이익이 발생하므로 주문을 수락한다.

* 저자주 문제의 명확한 성립을 위해 누락된 단서인 '주문을 수락하더라도 고정원가에는 아무런 영향을 초래하지 않는다.' 를 추가하기 바랍니다.

Guide 특별주문 수락·거부 의사결정

고려사항	• 특별주문으로 증가되는 수익(특별주문가격)과 변동원가 • 유휴설비능력이 있는 경우 유휴설비의 대체용도를 통한 이익상실분(기회원가) • 유휴설비능력이 없는 경우 기존 정규매출감소로 인한 공헌이익상실분 • 유휴설비능력이 없는 경우 설비능력 확충시 추가적 설비원가 주의 고정원가(FOH,고정판관비)는 특별주문의 수락여부와 관계없이 일정하게 발생하므로 일반적으로 분석에서 제외하나, 조업도 수준에 따라 증감하는 경우에는 고려함.
주문수락 의사결정	⊙ 유휴설비능력이 존재하는 경우 □ 증분수익 > 증분원가 ⓒ 유휴설비능력이 존재하고 대체적 용도가 있는 경우 □ 증분수익 > 증분원가+기회원가 ⓒ 유휴설비능력이 존재하지 않는 경우 □ 증분수익 > 증분원가+추가설비원가+기존판매량 감소분의 공헌이익

| 문제 113번 | 외부구입과 지불가능 최대가격 | 출제구분 | 재출제 | 난이도 | ★★★ | 정답 | ③ |

- 외부구입의 경우
  증분비용 - 증가 : 구입액   = (800단위×A)
          - 감소 : 원가감소 800단위×(1,200+700+350)+480,000×1/4 = 1,920,000
  증분손익   1,920,000 - 800단위×A

→ 1,920,000 - 800단위×A ≧ 0 에서, A ≦ 2,400

Guide 자가제조·외부구입 의사결정

고려사항	• 자가제조시 관련원가와 외부구입가격을 고려 　🔍주의 자가제조시 증감하는 고정원가도 관련원가이므로 이도 고려함. 　　　→ 예 자가제조시 추가 고용 감독자급료 • 외부구입시 다음을 고려함. 　㉠ 기존설비 임대가 가능한 경우 : 임대수익을 고려 　㉡ 기존설비로 다른 제품 생산시 : 관련수익과 변동원가를 고려(= 다른 제품 공헌이익) 　㉢ 회피가능고정원가는 관련원가, 회피불능고정원가는 비관련원가임.
고려해야할 비재무적 정보	• 자가제조의 경우는 부품 공급업자에 대한 의존도를 줄일 수 있으며, 품질관리를 보다 쉽게 할 수 있다는 장점이 있음. • 자가제조의 경우는 공급업자에 대한 의존도를 줄임으로써 공급업자와의 관계를 상실하여 향후에 급격한 주문의 증가로 회사의 생산능력이 초과할 때 제품을 외부구입하기가 쉽지 않을 수 있음. (별도의 추가적 시설투자가 필요하므로 많은 비용이 발생하는 단점이 있음.) • 제품에 특별한 지식·기술이 요구될 때 자가제조를 하며 품질을 유지하기가 쉽지 않을 수 있음.
외부구입 의사결정	㉠ 기존설비의 대체용도가 있는 경우 　　□ 증분수익(변동원가+회피가능고정원가+기회원가) > 증분비용(외부구입원가) ㉡ 기존설비의 대체용도가 없는 경우 　　□ 증분수익(변동원가+회피가능고정원가) > 증분비용(외부구입원가)

| 문제 114번 | 특별주문 수락·거부 의사결정 | 출제구분 | 신유형 | 난이도 | ★★★ | 정답 | ① |

- 판매량 : 7,200,000(매출액)÷1,200(단위당판매가격) = 6,000단위
- 단위당 변동매출원가 : (3,200,000×3/4)÷6,000단위 = 400
  단위당 변동판매비와관리비 : (2,700,000×1/3)÷6,000단위 = 150
- 특별주문 수락의 경우
  증분수익 - 증가 :   500단위×@700 = 350,000
  증분비용 - 증가 : 500단위×(400+150) = (275,000)
  증분손익   75,000

→ ∴특별주문을 수락할 경우(제안을 받아들일 경우) 75,000원의 증분이익이 발생한다.

* **저자주** 문제의 명확한 성립을 위해 누락된 단서인 '주문을 수락하더라도 고정원가에는 아무런 영향을 초래하지 않는다.'를 추가하기 바랍니다.

문제 115번 — 자본예산 일반사항
출제구분: 신유형 | **난이도:** ★★☆ | **정답:** ③

- 자본예산은 기업의 장기적 경영계획에 바탕을 둔 장기투자에 관한 의사결정이다.

Guide ▶ 자본예산의 의의와 특징

의의	• 자본예산(capital budgeting)이란 고정자산에 대한 효율적인 투자 수행을 위해 투자안의 타당성을 평가하고 투자안의 현금흐름이나 이익에 미치는 영향을 평가하는 기법임. • 자본예산은 기업의 장기적 경영계획에 바탕을 둔 장기투자에 관한 의사결정으로서 건물 또는 생산시설에 대한 투자 등 투자에 의한 영향이 1년 이상에 걸쳐 나타남.
특징	• ㉠ 자본예산에 의한 투자는 거액의 자금이 동원되므로, 투자의 성패가 기업운명을 좌우할 수 있음. ㉡ 자본예산에 의한 투자는 장기간이 소요되므로 투자된 자금이 장기간 고정됨. ㉢ 자본예산에 의한 투자는 기업의 장기 예측에 따른 의사결정이므로 불확실성(경제상황, 소비자 선호, 기술진보 등)으로 인한 위험이 큼.

문제 116번 — 회수기간법의 장·단점
출제구분: 기출변형 | **난이도:** ★★☆ | **정답:** ③

- 회수기간법은 투자원금이 빨리 회수될수록 더 바람직한 투자라는 기본전제를 바탕으로 한 투자안 평가기법으로서, 회수기간 이후의 현금흐름을 무시하므로 수익성 자체를 고려하지 않는 평가기법이다.

Guide ▶ 회수기간법(비할인모형, 비현금모형)

의의		• 회수기간법은 현금유입으로 투자비용을 회수시 소요기간으로 평가함. □ 회수기간 = 투자액 ÷ 연간현금유입액
의사결정	상호독립적 투자안	• '회수기간 < 목표(기준)회수기간'이면 채택
	상호배타적 투자안	• 회수기간이 가장 짧은 투자안 채택
장점		• ㉠ 계산이 간단하고 쉽기 때문에 이해하기 쉽고 많은 투자안 평가시는 시간·비용을 절약 가능함. ㉡ 위험지표로서의 정보를 제공함.(즉, 회수기간이 짧은 투자안일수록 안전한 투자안임) ㉢ 회수기간이 짧을수록 빨리 회수하므로, 기업의 유동성확보와 관련된 의사결정에 유용함.
단점		• ㉠ 회수기간 이후의 현금흐름을 무시함(즉, 수익성을 고려하지 않음) ㉡ 화폐의 시간가치를 무시함. ㉢ 목표회수기간을 설정하는데 자의적인 판단이 개입됨.

| 문제 117번 | 자본예산과 순영업현금흐름 | 출제구분 | 재출제 | 난이도 | ★ ★ ★ | 정답 | ② |

- 순영업현금흐름에 고려할 사항 : 매출액, 현금비용, 감가상각비절세효과, 원가절감액
- 매년 감가상각비 : (50,000,000 - 5,000,000) ÷ 5년 = 9,000,000
- 매년 순영업현금흐름
세후 매출액	: 35,000,000 × (1 - 30%) =	24,500,000
세후 현금영업비용	: 17,000,000 × (1 - 30%) =	(11,900,000)
감가상각비 절세효과	: 9,000,000 × 30% =	2,700,000
		15,300,000

Guide 자본예산시 투자기간현금흐름(순영업현금흐름)

영업현금흐름	• 매출증가액, 현금비용증가액 등 → 법인세차감후금액을 현금유입·유출 처리
감가상각비 절세효과	• 현금유입 처리 　　　　　　　▫ 감가상각비 절세효과 : 감가상각비 × 세율
원가절감액	• 투자로 인한 원가절감액을 현금유입 처리 • 원가절감액(비용감소액)으로 인한 증세효과를 현금유출 처리 　　　　　　　▫ 원가절감액 증세효과 : 원가절감액 × 세율

문제 118번 — 대체가격(TP)결정 | 출제구분: 재출제 | 난이도: ★★★ | 정답: ④

- ① 공급사업부(A)의 최소대체가격(최소TP)은 유휴시설 유무에 따라 다음과 같이 달라진다.
    - ㉠ 유휴시설이 없는 경우 최소TP : 7,000+(11,000 - 7,000) - 0 = 11,000
    - ㉡ 유휴시설이 있는 경우 최소TP : 7,000+0 - 0 = 7,000 →∴11,000이하도 가능
- ② 수요사업부(B)의 최대TP(외부구매시장 있음) : Min[㉠ 외부구입가 ㉡ 25,000 - 10,000] = ?
    공급사업부(A)의 최소TP(외부판매시장 있음) : 위 ①과 같이 11,000(or 7,000)

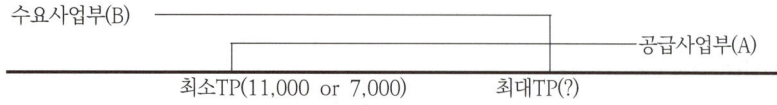

최소TP(11,000 or 7,000)　　　최대TP(?)

→∴최대TP를 확정할 수 없으므로 대체가격을 11,000원 이하로 결정하면 된다고 단정지을 수 없다.

- ③ 수요사업부(B)의 최대TP(외부구매시장 있음) : Min[㉠ 10,000 ㉡ 25,000 - 10,000] = 10,000
    공급사업부(A)의 최소TP(외부판매시장 있음 & 유휴시설이 없음) : 7,000+(11,000 - 7,000) - 0 = 11,000

최대TP(10,000)　　　최소TP(11,000)

→∴회사 전체의 이익을 위해서 두 사업부는 내부대체를 하지 않는 것이 유리하다.

- ④ 수요사업부(B)의 최대TP(외부구매시장 없음) : 25,000 - 10,000 = 15,000
    공급사업부(A)의 최소TP(외부판매시장 있음 & 유휴시설이 없음) : 7,000+(11,000 - 7,000) - 0 = 11,000

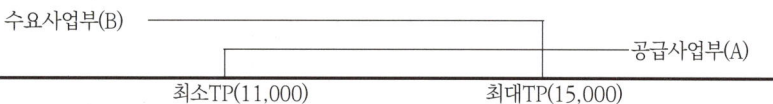

최소TP(11,000)　　　최대TP(15,000)

→∴회사 전체의 이익을 위해서 두 사업부는 내부대체를 하는 것이 유리하다.

저자주 본 문제는 세무사 기출문제로서, 금액만 일부 바꿔 재경관리사 시험에 그대로 출제되었습니다. 본 문제의 난이도는 별개로 하더라도 재경관리사 시험에는 다소 어울리지 않는 무리한 출제로 사료됩니다.

Guide ▶ 최대·최소대체가격(TP) 계산

구분		내용
최대대체가격 [수요사업부]	외부구매시장 없는 경우	▫ 판매가격 - 대체후단위당지출원가 →대체후단위당지출원가 = 추가가공원가+증분단위당고정비+단위당추가판매비
	외부구매시장 있는 경우	▫ Min[① 외부구입가격 ② 판매가격 - 대체후단위당지출원가] 🔍주의 대체후지출없이 판매시 일반적으로 판매가>외부구입가, 즉, 최대TP=외부구입가
최소대체가격 [공급사업부]	외부판매시장 없는 경우	▫ 대체시단위당지출원가 - 대체시절감원가 →대체시단위당지출원가 = 단위당변동비+증분단위당고정비
	외부판매시장 있는 경우	㉠ 유휴시설이 없는 경우 ▫ 대체시단위당지출원가+정규매출상실공헌이익 - 대체시절감원가 ㉡ 유휴시설이 있는 경우 ▫ 대체시단위당지출원가+타용도사용포기이익 - 대체시절감원가

| 문제 119번 | 최소대체가격(최소TP) 계산 | 출제구분 | 기출변형 | 난이도 | ★★☆ | 정답 | ④ |

- 공급사업부(부품생산부문)의 최소TP 계산 : 외부판매시장 있음 & 유휴시설이 없음
  - 최소TP : 대체시단위당지출원가 + 정규매출상실공헌이익 - 대체시절감원가
- ㉠ 대체시단위당지출원가 : 58(단위당변동제조원가)
  → '내부대체에 대해서는 변동판매비가 발생하지 않는다.'고 하였으므로 단위당변동판매비는 제외시킨다.
- ㉡ 정규매출상실공헌이익 : 100(단위당외부판매가격) - 58(단위당변동제조원가) - 8(단위당변동판매비) = 34
- ㉢ 대체시절감원가 : 0

∴ 최소TP : 58 + 34 - 0 = 92

| 문제 120번 | 외부실패원가 해당항목 | 출제구분 | 기출변형 | 난이도 | ★☆☆ | 정답 | ④ |

- 외부실패원가 : 불량품이 고객에게 인도된 후에 발견됨으로써 발생하는 원가
- ① 공급업체 평가 : 예방원가
  ② 재작업 : 내부실패원가
  ③ 공손품 : 내부실패원가
  ④ 보증수리 : 외부실패원가

Guide 품질원가(COQ)

의의	• 품질원가(COQ)란 불량품이 생산되지 않도록 하거나, 생산된 결과로 발생하는 모든 원가를 말함.
품질원가 종류	❖ 통제원가(사전품질원가) ▶ 통제원가가 증가할수록 불량률은 감소함(∴역관계) <table><tr><th>예방원가</th><th>평가원가</th></tr><tr><td>• 불량품 생산을 예방키 위해 발생하는 원가 ㉠ 품질관리시스템 기획원가, 예방설비 유지 ㉡ 공급업체 평가원가, 품질·생산직원교육원가 ㉢ 설계·공정·품질 엔지니어링원가</td><td>• 불량품을 적발키 위해 발생하는 원가 ㉠ 원재료나 제품의 검사·시험원가 ㉡ 검사설비 유지원가 ㉢ 현장·생산라인검사원가</td></tr></table> ❖ 실패원가(사후품질원가) ▶ 불량률이 증가할수록 실패원가는 증가함(∴정관계) <table><tr><th>내부실패원가</th><th>외부실패원가</th></tr><tr><td>• 불량품이 고객에게 인도되기 전에 발견됨으로써 발생하는 원가 ㉠ 공손품원가, 작업폐물원가 ㉡ 재작업원가, 재검사원가 ㉢ 작업중단원가</td><td>• 불량품이 고객에게 인도된 후에 발견됨으로써 발생하는 원가 ㉠ 고객지원가(소비자 고충처리비), 보증수리원가, 교환원가 ㉡ 반품원가(반품운송,재작업,재검사 포함) ㉢ 손해배상원가, 판매기회상실에 따른 기회비용</td></tr></table>
품질원가 최소점	• 전통적 관점 : 허용가능품질수준(AQL) • 최근의 관점 : 불량률이 0인 무결함수준

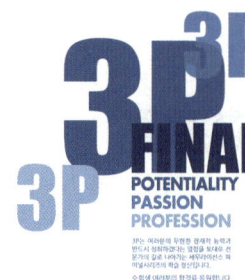

재경관리사 공개기출해설 [원가]

Certified Accounting Manager

2022년 9월에 시행된 기출문제에 대한 완벽한
해설을 관련이론(가이드)과 함께 제시하였습니다.
해당 문제는 합본부록을 참고바랍니다.

원가관리회계
공개기출문제해설
[2022년 09월 시행]

SEMOOLICENCE

문제 81번 — 원가의 일반적인 특성
출제구분: **기출변형** | 난이도: ★★☆ | 정답: ②

- 원가는 정상적인 경제활동 과정에서 소비된 가치만을 포함하고 비정상적인 상황에서 발생한 가치의 감소분은 포함하지 않는다.
  → 예) 제품의 제조과정에서 정상적으로 발생하는 감모분은 원가에 산입되지만 비정상적으로 발생하는 감모분은 원가에 산입되지 않는다.

Guide ▶ 원가의 특성

경제적 가치	• 경제적 가치를 가지고 있는 요소만이 원가가 될 수 있음. → 예) 제조에 사용된 공기·바람 : 원가X(∵경제적 가치 없음)
정상적인 소비액	• 비정상적인 상황에서 발생한 가치의 감소분은 불포함. → 예) 정상감모분은 원가에 산입, 비정상감모분은 원가에 불산입
물품·서비스의 소비액	• 단순히 구입하는 것 만으로는 원가가 될 수 없음.(이를 소비해야 비로소 원가가 됨) → 예) 구입한 공장용 토지는 소비되어 없어지는 것이 아니므로 원가가 아니라 자산임.
경제활동에서 발생	• 제조·판매활동과 관계없이 발생되는 물품·서비스의 소비는 원가가 되지 않음. → 예) 자금조달과 관련하여 발생하는 이자비용은 원가에 불산입

문제 82번 — 기초원가와 가공원가
출제구분: 재출제 | 난이도: ★☆☆ | 정답: ④

- 직접재료원가 : 기초원재료(30,000) + 당기원재료매입액(300,000) − 기말원재료(20,000) = 310,000
- 기초원가 : 직접재료원가(310,000) + 직접노무원가(90,000) = 400,000
- 가공원가 : 직접노무원가(90,000) + 제조간접원가(150,000) = 240,000

Guide ▶ 당기총제조원가의 구성(기초원가와 가공원가 계산)

직접재료원가(DM)	• 기초원재료 + 당기매입 − 기말원재료
직접노무원가(DL)	• 지급임금 + 미지급임금 **예시** 당월지급 100(전월미지급분 10, 당월분 60, 차월선급분 30), 당월분미지급 50일 때 → DL : 60 + 50 = 110
제조간접원가(OH)	• 제조간접원가(OH) = 변동제조간접원가(VOH) + 고정제조간접원가(FOH) 예) 간접재료비, 간접노무비, 공장건물 감가상각비와 보험료
기초원가(기본원가)	• 직접재료원가(DM) + 직접노무원가(DL)
가공원가(전환원가)	• 직접노무원가(DL) + 제조간접원가(OH)

| 문제 83번 | 원가의 분류 | 출제구분 | 재출제 | 난이도 ★ ☆ ☆ | 정답 ④ |

- ① 원가의 추적가능성에 따라 직접원가와 간접원가로 분류할 수 있다.
  ② 원가의 행태에 따라 변동원가와 고정원가로 분류할 수 있다.
  ③ 수익과의 대응관계에 따라 제품원가와 기간원가로 분류할 수 있다.

Guide 원가의 분류

구분	항목	설명
제조원가	직접재료원가	• 특정제품에 직접추적가능한 원재료 사용액
	직접노무원가	• 특정제품에 직접추적가능한 노동력 사용액
	제조간접원가	• 직접재료비와 직접노무비를 제외한 제조활동에 사용한 모든 요소 ○주의 따라서, 간접재료비와 간접노무비는 제조간접원가임.
제조활동관련 (수익대응)	제품원가 (생산원가)	• 판매시 매출원가로 비용화됨. →예 제조원가, 공장직원인건비, 공장건물감가상각비
	기간원가	• 발생시 비용처리함. →예 판관비(광고선전비, 본사직원 인건비, 본사사옥감가상각비) ○주의 제품 광고선전비 : 상품이든 제품이든 모두 판관비임.
추적가능성	직접원가	• 특정원가대상에 직접적으로 추적할 수 있는 원가 →예 직접재료원가(주요재료비, 부품비), 직접노무원가(임금)
	간접원가	• 특정원가대상에 직접적으로 추적할 수 없는 원가 →예 제조간접원가 : 간접재료비(보조재료비), 간접노무비(공장감독자급여)
원가행태	변동원가	• 조업도에 비례하여 총원가가 증가하는 원가 →예 직접재료원가, 직접노무원가, 동력비(전기요금)
	고정원가	• 조업도와 무관하게 총원가가 일정한 원가 →예 공장 임차료·보험료·재산세·감가상각비
의사결정관련	관련원가	• 대안간에 차이가 나는 미래원가(의사결정에 영향을 미치는 원가)
	매몰원가	• 과거 의사결정 결과로 이미 발생한 원가(의사결정에 영향을 미치지 않는 원가)
	기회원가	• 특정대안의 선택으로 포기해야 하는 가장 큰 효익〈관련원가〉
	회피가능원가	• 의사결정에 따라 절약할 수 있는(피할 수 있는) 원가〈관련원가〉 →회피불능원가 : 특정대안 선택과 관계없이 계속 발생하는 원가〈비관련원가〉
통제가능성	통제가능원가	• 관리자가 원가발생에 영향을 미칠 수 있는 원가〈성과평가시 고려해야함.〉
	통제불능원가	• 관리자가 원가발생에 영향을 미칠수 없는 원가〈성과평가시는 배제해야함.〉

| 문제 84번 | 보조부문원가배분 : 단계배분법 | 출제구분 | 재출제 | 난이도 ★ ★ ☆ | 정답 ④ |

- 단계배분법에서는 먼저 배분된 보조부문에는 다른 보조부문원가가 배분되지 않는다.
  →즉, 보조부문A에는 보조부문B가 배분되지 않는다.
- 제조부문 C에 배분되는 보조부문A의 원가 : $200,000 \times 20\% = 40,000$

  제조부문 C에 배분되는 보조부문B의 원가 : $(300,000 + 200,000 \times 40\%) \times \dfrac{50\%}{50\% + 30\%} = 237,500$

∴제조부문 C에 배분되는 보조부문의 원가 : $40,000 + 237,500 = 277,500$

	A	B	C	D
배분전원가	200,000	300,000	450,000	600,000
A	(200,000)	$200,000 \times 40\% = 80,000$	$200,000 \times 20\% = 40,000$	$200,000 \times 40\% = 80,000$
B	-	(380,000)	$380,000 \times \dfrac{50\%}{50\% + 30\%} = 237,500$	$380,000 \times \dfrac{30\%}{50\% + 30\%} = 142,500$
배분후원가	0	0	727,500	822,500

| 문제 85번 | 개별원가계산의 절차 | 출제구분 | 신유형 | 난이도 | ★ ★ ★ | 정답 | ① |

- ① 개별원가계산에서 재공품계정은 통제계정이 되고 각각의 작업원가표는 보조계정이 된다.
  → 즉, 작업원가표는 재공품계정에 의해서 통제되는 보조기록인 것이다. 진행 중인 모든 작업에 대한 작업원가표는 하나의 독립된 보조원장이 되고 진행 중인 모든 작업의 작업원가표상 원가잔액의 합계액은 재공품계정의 잔액과 일치하게 된다.
- ② 원가가 작업원가표에 기재되면 동일한 금액이 재공품계정의 차변에 기록되며, 제품이 완성되면 그에 해당하는 작업원가가 재공품계정에서 제품계정으로 대체된다.
- ③ 제조원가 중 직접원가에 해당하는 재료원가와 노무원가는 발생시점에 작업원가표에 기록된다.
  → 그러나, 제조간접원가는 개별작업별로 직접 대응이 불가능하기 때문에 원가계산 기말에 일정한 배부기준에 의한 배부율에 의해 작업원가표에 기록된다.
- ④ 직접재료는 재료출고청구서에 의해 생산부서로 출고된다. 이 재료출고청구서에는 출고되는 재료의 종류, 수량, 단위당 원가 등이 기록되며, 출고된 재료가 어떤 작업지시서와 관련이 있는지 명시된다. 출고된 재료가 직접원가를 구성할 경우에는 해당 작업의 재공품계정에 바로 기입하고 간접원가일 경우에는 제조간접원가 통제계정에 기입한다.

  (차) 재공품(직접재료원가)   xxx (대) 원재료   xxx
  　　 제조간접원가(간접재료원가) xxx

| 문제 86번 | 부문별 제조간접원가 배부 | 출제구분 | 재출제 | 난이도 | ★ ★ ☆ | 정답 | ③ |

- 제조지시서 #105 총제조원가 : ㉠+㉡ = 3,300,000
  ㉠ 800,000 + 1,000,000 + 1,000,000 × 30% = 2,100,000
  ㉡ $500,000 + \frac{200,000}{40\%} + 200,000 = 1,200,000$

Guide	부문별 제조간접원가 배부방법
공장전체배부	• 공장전체제조간접원가 배부율을 산정하여 배부하는 방법 🔍주의 공장전체제조간접원가 배부율을 사용시는 보조부문원가를 배분할 필요가 없음.
부문별배부	• 각 제조부문별로 배부율을 산정하여 배부하는 방법 → 공장전체배부보다 더 정확함.

문제 87번 — 종합원가계산 방법 비교 — 출제구분: 기출변형 — 난이도: ★★☆ — 정답: ③

- ① 평균법은 기초재공품이 당기에 착수되어 생산된 것처럼 취급한다.
  → 즉, 기초재공품의 제조를 당기 이전에 착수하였음에도 불구하고 당기에 착수한 것으로 가정하여, 기초재공품원가와 당기발생원가를 구분치 않고 합한 금액을 완성품과 기말재공품에 안분계산한다.
- ② 평균법에서는 전기에 투입한 기초재공품원가와 당기투입원가의 합계액을 완성품원가와 기말재공품원가로 배분하는 반면에, 선입선출법에서는 기초재공품원가는 전부 완성품원가에 포함시키고 당기투입원가는 완성품원가와 기말재공품원가로 배분한다.
- ③ 평균법과 선입선출법의 가장 큰 차이점은 원가계산시 기초재공품원가와 당기투입원가를 구분하느냐의 여부에 있다고 할 수 있다. 따라서, 기초재공품이 없을 경우 양 방법에 의한 계산결과는 동일해진다.
- ④ 선입선출법은 기초재공품과 당기투입량을 구분하여 완성품환산량 계산시 기초재공품의 전기완성도를 차감한다. 따라서, 선입선출법의 완성품환산량은 당기 작업량을 의미한다.

★ 저자주 선지 ②번도 옳은 설명이므로 복수정답(②,③)으로 처리하여야 합니다.

Guide ▶ 종합원가계산 방법별 특징

평균법(WAM)	• 기초재공품의 제조를 당기 이전에 착수하였음에도 불구하고 당기에 착수한 것으로 가정하여, 기초재공품원가와 당기발생원가를 구분치 않고 합한 금액을 완성품과 기말재공품에 안분계산함. • 완성품환산량단위당원가가 기초재공품에 의해 영향받으므로 당기원가를 왜곡시킴.
선입선출법(FIFO)	• 기초재공품을 우선적으로 완성시킨 후 당기착수물량을 가공한다고 가정하므로 기말재공품원가는 당기발생원가로만 구성되고, 기초재공품원가는 전액이 완성품원가를 구성하며, 당기발생원가만 완성품과 기말재공품에 안분계산함. → 당기업적·능률·원가통제에 유용한 정보를 제공함. • 완성품원가 = 기초재공품원가 + 완성품환산량 × 환산량단위당원가 • 기초재공품이 '0'이면 평균법과 선입선출법은 동일함.

문제 88번 — 평균법 완성품원가·기말재공품원가 계산 — 출제구분: 재출제 — 난이도: ★★☆ — 정답: ②

- 평균법 종합원가계산

[1단계] 물량흐름

		[2단계] 완성품환산량	
		재료비	가공비
완성	800	800	800
기말	200(20%)	200	200 × 20% = 40
	500	1,000	840

[3단계] 총원가요약

기초		200,000	150,000
당기발생		800,000	606,000
		1,000,000	756,000

[4단계] 환산량단위당원가(cost/unit) ÷1,000 ÷840
                                      ‖   ‖
                                      @1,000 @900

[5단계] 원가배분
  완성품원가   : 800 × @1,000 + 800 × @900 = 1,520,000
  기말재공품원가 : 200 × @1,000 + 40 × @900 = 236,000

| 문제 89번 | WAM·FIFO 가공비완성품환산량 차이 | 출제구분 | 재출제 | 난이도 ★★★ | 정답 ④ |

- 평균법(WAM) 완성품환산량의 계산

  [1단계] 물량흐름

완성	2,000
기말	500(70%)
	2,500

  [2단계] 완성품환산량

	재료비	가공비
	2,000	2,000
	500	500×70% = 350
	2,500	**2,350**

- 선입선출법(FIFO) 완성품환산량의 계산

  [1단계] 물량흐름

기초완성	600(40%)
당기완성	2,000 - 600 = 1,400
기 말	500(70%)
	2,500

  [2단계] 완성품환산량

	재료비	가공비
	0	600×(1 - 40%) = 360
	1,400	1,400
	500	500×70% = 350
	1,900	**2,110**

∴2,350(평균법) - 2,110(선입선출법) = 240 →평균법이 240개 더 크다.(= 선입선출법이 240개 더 작다)

고속철 재료가 공정초에 전량 투입되는 경우
  ㉠ WAM재료비완성품환산량 – FIFO재료비완성품환산량 = 기초재공품수량(600개)
  ㉡ WAM가공비완성품환산량 – FIFO가공비완성품환산량 = 기초재공품수량(600개)×기초완성도(40%)

저자주 실전 문제에서는 반드시 위 '고속철' 풀이법에 의해 계산하여야 합니다. 반드시 숙지 바랍니다.

| 문제 90번 | 기초재공품 수량 추정 | 출제구분 | 재출제 | 난이도 ★★★ | 정답 ② |

- 65,000개(WAM가공비완성품환산량) - 53,000개(FIFO가공비완성품환산량) = 기초재공품수량×60%
  → ∴기초재공품수량 = 20,000개

고속철 재료가 공정초에 전량 투입되는 경우
  ㉠ WAM재료비완성품환산량 – FIFO재료비완성품환산량 = 기초재공품수량
  ㉡ WAM가공비완성품환산량 – FIFO가공비완성품환산량 = 기초재공품수량×기초완성도

저자주 실전 문제에서는 반드시 위 '고속철' 풀이법에 의해 계산하여야 합니다. 반드시 숙지 바랍니다. 한편, 용어 일관성 오류에 해당하는 문제 말미의 '~몇 단위인가?'를 '~몇 개인가?'로 수정바랍니다.

| 문제 91번 | 표준원가계산제도 특징과 적용 | 출제구분 | 재출제 | 난이도 ★★☆ | 정답 ④ |

- ① 표준원가시스템은 책임을 명확히 하여 종업원의 동기를 유발시키는 방법이다. 그러나 예외에 의한 관리는 근로자에게 동기부여 측면에서 문제가 발생할 수 있다. 만일 성과평가가 중요한 예외사항에 의해서만 결정된다면 근로자는 자신에게 불리한 예외사항을 숨기려고 할 것이고, 원가가 크게 절감된 예외사항에 대해서 보상을 받지 못한다면 이에 대한 불만이 누적되고 동기부여가 되지 않을 수 있기 때문이다.
  ② 표준원가에 근접하는 항목보다 표준원가에서 크게 벗어나는 항목을 중점적으로 관리해야 한다.
  ③ 효율적 달성치인 표준원가를 설정하여 실제 발생원가와 비교함으로써 원가통제를 통한 원가절감을 유도할 수 있다. 즉, 표준원가계산제도는 성격상 원가절감을 위한 원가통제를 포함한다.
  ④ 예외에 의한 관리를 통해 표준원가와 실제원가의 차이 중 중요한 부분에 대해서만 관심을 가지게 된다. 다만, 중요한 불리한 차이든지 중요한 유리한 차이든지 중요한 차이는 모두 검토한다.

문제 92번 — 차이분석 일반사항 (출제구분: 기출변형, 난이도: ★★☆, 정답: ④)

- ① 유리한 차이의 경우 매출원가조정법·비례배분법에서는 매출원가에서 차감하며, 기타손익법에서는 기타수익으로 처리하므로 영업이익을 증가시키는 차이를 의미한다.

  〈매출원가조정법의 경우 – 금액은 임의 가정치임〉

원가차이분석	(차) 재공품(SQ×SP)
	     가격차이(불리)
		70,000
		40,000
			(대) 원재료(AQ×AP)
			     능률차이(유리)
				100,000
				10,000

원가차이배분	(차) 매출원가 (차) 능률차이(유리)	40,000 10,000	(대) 가격차이(불리) (대) 매출원가	40,000 10,000

- ② 능률차이는 실제투입량에 대한 표준원가〈AQ×SP〉와 표준투입량에 대한 표준원가〈SQ×SP〉와의 차이를 의미한다.
- ③ 가격차이는 실제발생원가〈AQ×AP〉와 실제투입량에 대한 표준원가〈AQ×SP〉와의 차이를 의미한다.
- ④ 총차이는 실제발생원가〈〈AQ×AP〉와 실제산출량에 허용된 표준원가〈SQ×SP〉와의 차이를 의미한다.
  (또는 실제발생원가〈〈AQ×AP〉와 표준투입량에 대한 표준원가〈SQ×SP〉와의 차이)

문제 93번 — 직접노무원가 차이분석과 AQ 추정 (출제구분: 재출제, 난이도: ★★★, 정답: ④)

- 직접노무원가 차이분석

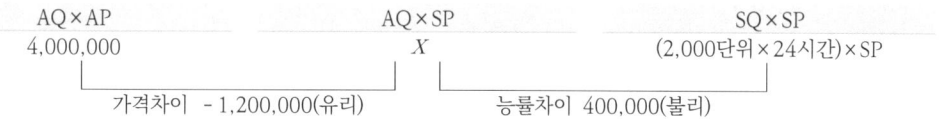

- $4,000,000 - X = -1,200,000$ 에서, $X = 5,200,000$
- $5,200,000 - (2,000단위 \times 24시간) \times SP = 400,000$ 에서, $SP = 100$
- $AQ \times 100 = 5,200,000$ 에서, $AQ = 52,000$시간

Guide 직접노무원가 차이분석 구조

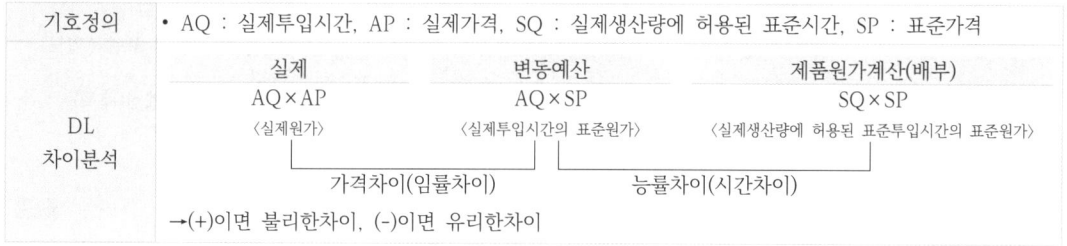

문제 94번 | 변동제조간접원가 능률차이 | 출제구분 재출제 | 난이도 ★★☆ | 정답 ③

- $A = 3,500$시간, $S = 3,800$시간, $v = 2.5$
- 변동제조간접원가 차이분석

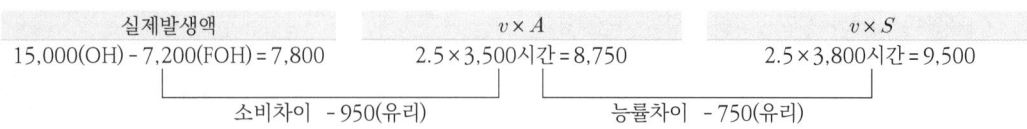

실제발생액	$v \times A$	$v \times S$
15,000(OH) − 7,200(FOH) = 7,800	2.5 × 3,500시간 = 8,750	2.5 × 3,800시간 = 9,500

소비차이 −950(유리)   능률차이 −750(유리)

Guide 변동제조간접원가 차이분석 구조

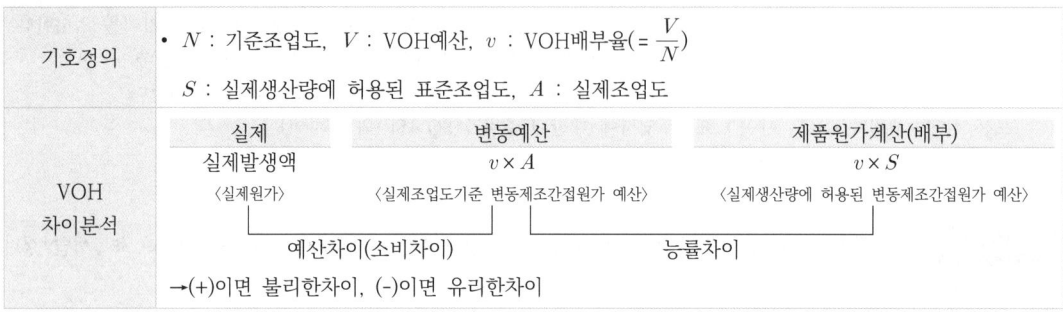

기호정의	• N : 기준조업도, V : VOH예산, v : VOH배부율($= \dfrac{V}{N}$) S : 실제생산량에 허용된 표준조업도, A : 실제조업도
VOH 차이분석	실제 / 변동예산 / 제품원가계산(배부) 실제발생액 / $v \times A$ / $v \times S$ 〈실제원가〉 / 〈실제조업도기준 변동제조간접원가 예산〉 / 〈실제생산량에 허용된 변동제조간접원가 예산〉 예산차이(소비차이) 능률차이 → (+)이면 불리한차이, (−)이면 유리한차이

문제 95번 | 고정제조간접원가 차이분석 기본사항 | 출제구분 재출제 | 난이도 ★☆☆ | 정답 ④

- 고정제조간접원가 예산은 기준조업도(N)에 조업도 단위당 표준배부율(f)을 곱하여 계산한 금액을 의미한다.
- 고정제조간접원가 배부액은 실제산출량에 허용된 표준조업도(S)에 조업도 단위당 표준배부율(f)을 곱하여 계산한 금액을 의미한다.

Guide 고정제조간접원가 차이분석 구조

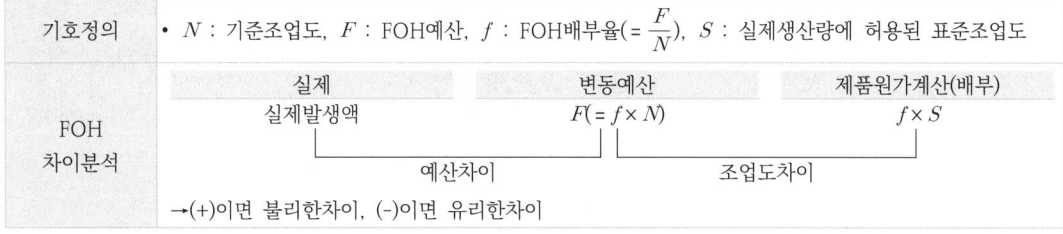

기호정의	• N : 기준조업도, F : FOH예산, f : FOH배부율($= \dfrac{F}{N}$), S : 실제생산량에 허용된 표준조업도
FOH 차이분석	실제 / 변동예산 / 제품원가계산(배부) 실제발생액 / $F(= f \times N)$ / $f \times S$ 예산차이 조업도차이 → (+)이면 불리한차이, (−)이면 유리한차이

문제 96번 | 전부·변동원가계산 일반사항 | 출제구분: 재출제 | 난이도: ★★☆ | 정답: ④

- ① 고정판매비와관리비는 변동원가계산과 전부원가계산의 처리방법이 동일하다.(모두 기간비용 처리)
- ② 원가계산방법은 다음과 같이 결합되어 다양한 방법이 가능하다.(예 표준전부원가계산, 표준변동원가계산)

제품원가의 구성요소(원가구성)	원가요소의 실제성여부(원가측정)	생산형태(제품의 성격)
전부원가계산 변동원가계산	실제원가계산 정상원가계산 표준원가계산	개별원가계산 종합원가계산

- ③ 변동원가계산은 고정제조간접원가를 기간비용(기간원가)으로 인식하고 전부원가계산은 고정제조간접원가를 제품원가로 인식한다.
- ④ 기초재고자산이 없고 생산량과 판매량이 동일하다면, 변동원가계산과 전부원가계산 모두 고정제조간접원가(FOH)가 전액 비용화되므로 순이익은 같게 된다.

전부원가계산	변동원가계산
• 매출액 (-)매출원가(DM+DL+VOH+FOH) 매출총이익 (-)판관비(변동+고정) 영업이익	• 매출액 (-)매출원가(DM+DL+VOH) (-)변동판관비 공헌이익 (-)FOH+고정판관비 영업이익

문제 97번 | 변동·전부원가계산의 기말재고 차이 | 출제구분: 재출제 | 난이도: ★☆☆ | 정답: ②

- ㉠ 변동원가계산의 기말재고 구성항목 : 직접재료원가, 직접노무원가, 변동제조간접원가
- ㉡ 전부원가계산의 기말재고 구성항목 : 직접재료원가, 직접노무원가, 변동제조간접원가, 고정제조간접원가
- 변동원가계산의 경우 고정제조간접원가(FOH)가 전액 비용처리되므로, 변동원가계산방법을 적용한다면 전부원가계산에 의한 기말재고에 포함되어 있는 고정제조간접원가(FOH)만큼 기말재고가 감소한다.
  → 전부원가계산에 의한 기말재고에 포함되어 있는 고정제조간접원가(FOH) : 300단위×@3 = 900

문제 98번 | 초변동원가계산 재료처리량공헌이익 | 출제구분: 재출제 | 난이도: ★★☆ | 정답: ④

- 초변동원가계산 재료처리량공헌이익 계산
  매출액 : 4,500개 × 350 = 1,575,000
  제품수준변동원가[직접재료원가(DM)] : 4,500개 × 80 = (360,000)
  재료처리량(현금창출)공헌이익 : 1,215,000

저자주 문제의 성립을 위해 누락된 단서인 '단, 금액은 개당 단가이다.'를 추가하기 바랍니다.

Guide 전부원가계산·변동원가계산·초변동원가계산 영업이익 계산 비교

전부원가계산	변동원가계산	초변동원가계산
• 매출액 (-)매출원가(DM+DL+VOH+FOH) 매출총이익 (-)판관비(변동+고정) 영업이익	• 매출액 (-)매출원가(DM+DL+VOH) (-)변동판관비 공헌이익 (-)FOH+고정판관비 영업이익	• 매출액 (-)제품수준변동원가(DM) 재료처리량(현금창출)공헌이익 (-)운영비용(DL+VOH+FOH+판관비) 영업이익

문제 99번 | 전부·변동원가계산과 생산량 추정 | 출제구분: 재출제 | 난이도: ★★★ | 정답: ③

- 계정흐름이 다음과 같으므로 → 단위당 FOH = $\dfrac{24,000}{X}$

기초	0개	판매량	800개
생산량	X개	기말	(X - 800)개

- 전부원가계산 영업이익   A + 8,000
  (+) 기초에 포함된 고정제조간접원가(FOH)   0
  (-) 기말에 포함된 고정제조간접원가(FOH)   (X - 800)개 × $\dfrac{24,000}{X}$
  변동원가계산 영업이익   A

→ (X - 800)개 × $\dfrac{24,000}{X}$ = 8,000 에서, X(생산량) = 1,200개

Guide 전부·변동·초변동원가계산 영업이익 차이조정

전부원가계산에 의한 영업이익	전부원가계산에 의한 영업이익	변동원가계산에 의한 영업이익
(+) 기초재공품,제품에 포함된 FOH (-) 기말재공품,제품에 포함된 FOH	(+) 기초재공품,제품에 포함된 DL,VOH,FOH (-) 기말재공품,제품에 포함된 DL,VOH,FOH	(+) 기초재공품,제품에 포함된 DL,VOH (-) 기말재공품,제품에 포함된 DL,VOH
변동원가계산에 의한 영업이익	초변동원가계산에 의한 영업이익	초변동원가계산에 의한 영업이익

| 문제 100번 | 전부·변동·초변동원가계산 이익 계산 | 출제구분 | 재출제 | 난이도 | ★ ★ ★ | 정답 | ① |

- 전부원가계산 매출총이익 계산 → 단위당 FOH : 200,000 ÷ 20,000개 = 10

  매출액   :   10,000개 × 500 = 5,000,000
  매출원가[DM+DL+VOH+FOH]   : 10,000개 × (150+120+50+10) = (3,300,000)
  매출총이익   :   1,700,000

- 변동원가계산 공헌이익 계산

  매출액   :   10,000개 × 500 = 5,000,000
  매출원가[DM+DL+VOH] : 10,000개 × (150+120+50) = (3,200,000)
  변동판관비   :   10,000개 × 30 =   (300,000)
  공헌이익   :   1,500,000

- 초변동원가계산 재료처리량공헌이익 계산

  매출액   :   10,000개 × 500 = 5,000,000
  제품수준변동원가[직접재료원가(DM)] : 10,000개 × 150 = (1,500,000)
  재료처리량(현금창출)공헌이익   :   3,500,000

Guide 전부원가계산·변동원가계산·초변동원가계산 영업이익 계산 비교[위 문제 98번과 동일]

전부원가계산	변동원가계산	초변동원가계산
• 매출액 (-)매출원가(DM+DL+VOH+FOH) 매출총이익 (-)판관비(변동+고정) 영업이익	• 매출액 (-)매출원가(DM+DL+VOH) (-)변동판관비 공헌이익 (-)FOH+고정판관비 영업이익	• 매출액 (-)제품수준변동원가(DM) 재료처리량(현금창출)공헌이익 (-)운영비용(DL+VOH+FOH+판관비) 영업이익

| 문제 101번 | ABC에 의한 단위당공헌이익 | 출제구분 | 재출제 | 난이도 | ★ ★ ☆ | 정답 | ③ |

- 활동별 변동가공원가배부율

  - 세척 : $\dfrac{200,000}{100,000리터}$ = 2/리터, 압착 : $\dfrac{900,000}{45,000시간}$ = 20/압착기계시간, 분쇄 : $\dfrac{546,000}{21,000시간}$ = 26/분쇄기계시간

- 단위당 직접재료원가 : 400

  단위당 변동가공원가 : 30리터 × 2 + 10압착기계시간 × 20 + 5분쇄기계시간 × 26 = 390

∴ 단위당공헌이익 : 2,000 - (400 + 390) = 1,210

★ **저자주** 문제의 명확한 성립을 위해 누락된 단서인 '단, 판매비와관리비는 없다.'를 추가하기 바랍니다.

| 문제 102번 | 준변동원가 원가함수 분석 | 출제구분 | 재출제 | 난이도 | ★ ★ ☆ | 정답 | ① |

- ① 200,000은 기계시간당 고정제조간접원가를 의미하는 것이 아니라 총고정제조간접원가를 의미한다.
  → 조업도수준에 관계없이[조업도(x)=0인 경우에도] 일정액이 발생하는 고정원가

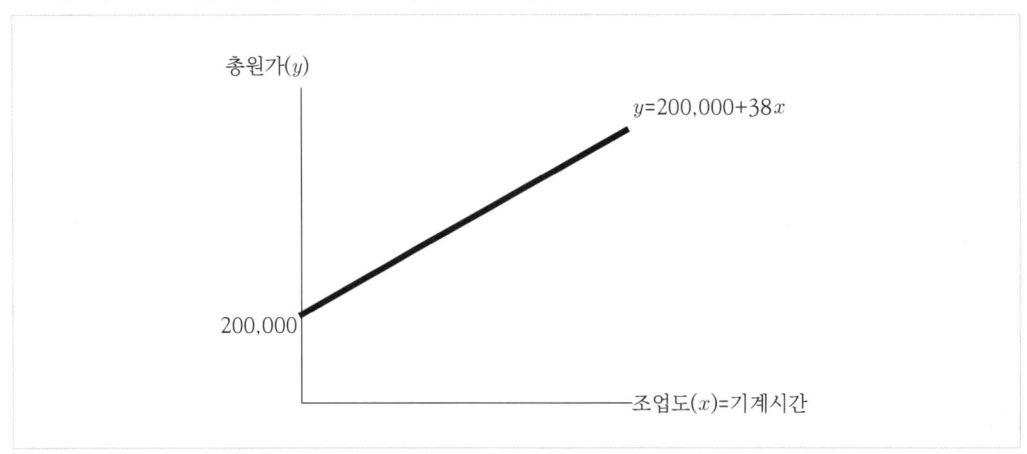

- ② x는 조업도로서, 독립변수(원가동인)인 기계시간을 의미한다.
- ③ 38은 원가함수(1차함수)의 기울기로서, 조업도단위당(=기계시간당) 변동제조간접원가를 의미한다.
- ④ $y=200,000+38x$ 에서, x(조업도)에 1,000을 대입하면 y(총원가=총제조간접원가)는 238,000이 된다.

| 문제 103번 | 안전한계율 계산 | 출제구분 | 재출제 | 난이도 | ★ ☆ ☆ | 정답 | ① |

- 손익분기점(BEP) 매출액 : $\dfrac{600,000(\text{고정원가})}{25\%(\text{공헌이익률})} = 2,400,000$

- 안전한계율 : $\dfrac{3,000,000(\text{매출액}) - 2,400,000(BEP\text{매출액})}{3,000,000(\text{매출액})} = 20\%$

Guide 안전한계 산식 정리

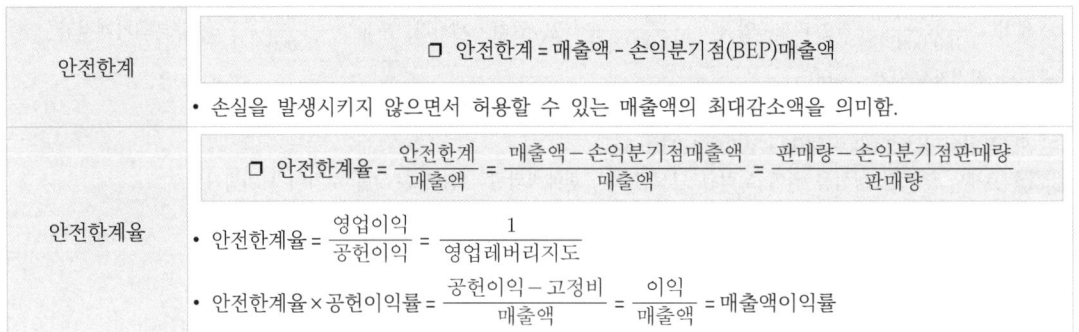

| 문제 104번 | CVP도표의 이해 | 출제구분 | 재출제 | 난이도 | ★ ★ ☆ | 정답 | ③ |

- d : 총비용 - 고정원가(a) = 변동원가
- c : 매출액(총수익) - 변동원가(d) - 고정원가(a) = 영업이익
  → ∴c는 공헌이익이 아니라 영업이익을 의미한다.

| 문제 105번 | 목표이익을 위한 매출액 | 출제구분 | 재출제 | 난이도 | ★ ★ ☆ | 정답 | ② |

- 공헌이익률 : 1 - 변동원가율(60%) = 40%
- 손익분기점 매출액(15,000) = $\dfrac{고정원가}{공헌이익률(40\%)}$ → 고정원가 = 6,000
- 목표이익 2,000원을 위한 매출액 : $\dfrac{고정원가(6,000) + 목표이익(2,000)}{공헌이익률(40\%)}$ = 20,000

Guide 목표이익분석 산식 정리[법인세를 고려하지 않는 경우]

판매량	매출액
• 단위당공헌이익 × 판매량 = 고정원가 + 목표이익 □ 목표이익을 위한 판매량 = $\dfrac{고정원가 + 목표이익}{단위당공헌이익}$	• 공헌이익률 × 매출액 = 고정원가 + 목표이익 □ 목표이익을 위한 매출액 = $\dfrac{고정원가 + 목표이익}{공헌이익률}$

| 문제 106번 | 성과평가제도 도입시 고려사항 | 출제구분 | 재출제 | 난이도 | ★ ★ ☆ | 정답 | ③ |

- 적시성 및 경제성이 떨어지는 성과평가제도는 그 자체로 제 역할을 할 수 없다.
- 성과평가를 수행하는 경우 많은 시간과 비용을 투입하면 더욱 정확한 평가는 가능할지 몰라도 적시성과 경제성(비용 대 효익) 측면에서는 문제가 있을 수 있다. 반대로 적은 시간과 비용을 투입하면 적시성과 경제성은 얻을 수 있겠지만 정확한 성과평가는 어려울 것이다. 따라서 효율적인 성과평가제도는 적시성과 경제성을 적절히 고려해야 한다.

Guide 효율적인 성과평가제도 설계를 위해 고려해야 할 사항

목표일치성	• 각 책임중심점들의 이익극대화가 기업전체적인 이익극대화와 같을 때 목표가 일치한다고 말할 수 있음. 즉, 효율적인 성과평가제도는 구성원들의 성과극대화 노력이 기업전체목표의 극대화로 연결될 수 있도록 설계되어야 함.
성과평가의 오차	• 각 책임중심점의 성과평가 수행과정에서 성과측정 오류가 발생하는 것이 일반적인데, 효율적 성과평가제도는 성과평가치의 성과측정오류가 최소화되도록 설계되어야 함.
적시성과 경제성	• 성과평가 결과가 신속하게 보고되고 조정될 때 적시성이 있다고 함. 따라서 성과평가를 수행하는 경우 많은 시간·비용을 투입하면 더욱 정확한 평가는 가능할지 몰라도 적시성과 경제성(비용 대 효익) 측면에서는 문제가 있을 수 있음. 반대로 적은 시간· 비용을 투입하면 적시성과 경제성은 얻을 수 있겠지만 정확한 성과평가는 어려울 것임. 따라서 효율적인 성과평가제도는 적시성과 경제성을 적절히 고려해야 함.
행동에 미치는 영향	• 성과평가를 한다는 사실 자체가 각 책임중심점의 행동에 영향을 미치게 됨. 예를 들어, 매출액을 성과평가의 측정치로 설정한다면 각 책임중심점은 매출액을 다른 어떤 요소들 보다도 중시하게 될 것임. 이에 따라 매출액 순이익률이나 채권의 안전성 등의 요인들이 무시되어 오히려 순이익이 감소할 수도 있음. • 이와 같이 성과를 측정한다는 사실 자체가 피평가자의 행위에 영향을 미치는 현상을 하이젠버그 불확실성원칙이라 함. 따라서, 효율적인 성과평가제도는 각 책임중심점의 행동에 미치는 영향을 적절히 고려해야만 함.

| 문제 107번 | 사업부별 성과평가측정치 | 출제구분 | 재출제 | 난이도 | ★★★ | 정답 | ② |

- 사업부공헌이익은 사업부경영자공헌이익에서 사업부가 단기적으로 통제할 수 없으나 사업부에 직접 추적 또는 배분가능한 고정원가를 차감한 것으로 사업부의 성과평가목적에 가장 적합한 이익개념이다.
- ※비교 사업부 경영자 개인의 성과평가목적에 가장 적합한 이익개념 : 사업부경영자공헌이익

Guide 성과평가측정치로서의 이익 분류

공헌이익	• 매출액에서 변동원가를 차감한 금액으로, 목표이익달성을 위한 조업도 선택, 제품배합의 결정 등 단기적 계획설정에 유용한 이익개념 →그러나 고정원가 중 일부는 통제가능원가이고 고정원가와 변동원가의 비율을 어느 정도 조절할 수 있기 때문에 사업부경영자의 성과평가에는 유용하지 못함.
사업부경영자공헌이익	• 공헌이익에서 사업부경영자가 통제할 수 있는 고정원가를 차감한 것으로 사업부경영자의 성과평가목적에 가장 적합한 이익개념 →왜냐하면, 부문경영자가 통제가능한 모든 활동이 여기에 포함되어 있기 때문임.
사업부공헌이익	• 사업부경영자공헌이익에서 사업부가 단기적으로 통제할 수 없으나 사업부에 직접 추적 또는 배분가능한 고정원가를 차감한 것으로 사업부의 성과평가목적에 가장 적합한 이익개념 →'사업부마진'이라고도 하며, 특정사업부에서 발생한 모든 수익과 원가가 포함되기 때문에 사업부 자체의 수익성을 평가하는 데 유용함. 특히 특정사업부의 설비대체, 투자안분석, 투자수익률분석 등 장기적 의사결정에 중요한 정보를 제공함.
순이익	• 사업부공헌이익에서 공통고정원가(추적불능/통제불능)와 법인세비용을 차감한 이익

| 문제 108번 | 매출배합차이와 매출수량차이 | 출제구분 | 재출제 | 난이도 | ★★★ | 정답 | ② |

- 매출조업도차이 분해

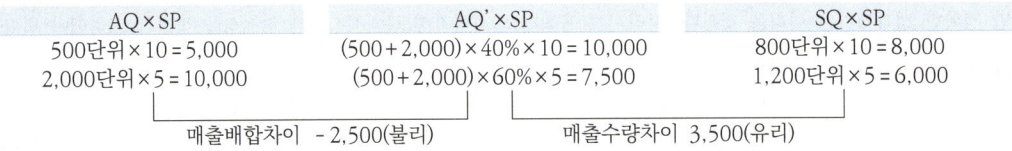

AQ×SP
500단위×10 = 5,000
2,000단위×5 = 10,000

AQ'×SP
(500+2,000)×40%×10 = 10,000
(500+2,000)×60%×5 = 7,500

SQ×SP
800단위×10 = 8,000
1,200단위×5 = 6,000

매출배합차이 -2,500(불리)   매출수량차이 3,500(유리)

Guide 매출배합차이와 매출수량차이 계산

기호정의	• AQ : 실제판매량, AP : 단위당실제판매가격, SQ : 예산판매량, SP : 단위당예산공헌이익
매출조업도차이 분해	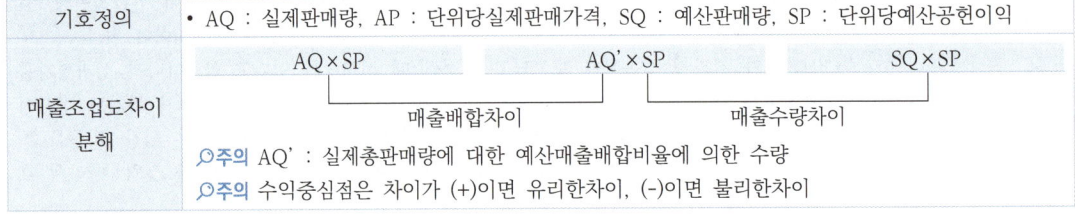 🔍주의 AQ' : 실제총판매량에 대한 예산매출배합비율에 의한 수량 🔍주의 수익중심점은 차이가 (+)이면 유리한차이, (-)이면 불리한차이

문제 109번 — 투자수익률(ROI)의 단점 | 출제구분: 재출제 | 난이도: ★★☆ | 정답: ④

- ① 투자수익률은 비율로 표시되므로 투자규모가 서로 다른 투자중심점간의 성과평가 및 비교에 유용하다.
- ② 투자수익률[= 영업이익÷영업자산(투자액)]은 사업부의 이익뿐만 아니라 투자액(각 사업부 경영자에게 배부되는 통제가능한 투자액)도 함께 고려하는 성과평가 기준이다.
- ③ 투자수익률[= 영업이익÷영업자산(투자액)]은 사업부의 이익뿐만 아니라 투자액도 함께 고려하는 성과평가 기준이기 때문에, 사업부의 경영자가 자신의 사업부 투자액에 대한 통제권한이 있는 경우 그 경영자의 성과측정 지표로 더욱 유용하게 사용될 수 있다.
- ④ 투자수익률은 개별투자중심의 현재 투자수익률보다 낮은 투자안이긴 하나 회사전체 최저필수수익률을 상회하는 좋은 투자안인 경우에도 동 사업에 대한 투자를 기피하게 된다는 단점이 있다.
  → 준최적화현상(회사전체 최저필수수익률을 상회하는 좋은 투자안이 개별 투자중심점의 투자수익률 보다 낮기 때문에 투자가 포기되어 회사 전체이익에 불리한 의사결정이 이루어짐.)의 발생은 투자수익률의 가장 큰 단점(문제점) 중의 하나이다.

Guide ▶ 투자수익률(ROI) 주요사항

ROI 계산	□ 투자수익률(ROI) = $\dfrac{\text{영업이익}}{\text{영업자산(투자액)}}$ = $\dfrac{\text{영업이익}}{\text{매출액}} \times \dfrac{\text{매출액}}{\text{영업자산}}$ = 매출액영업이익률 × 자산회전율
장점	• 비율로 표시되므로 투자규모가 서로 다른 투자중심점간의 성과평가 및 비교에 유용
단점	• 준최적화현상이 발생함. → 회사전체 최저필수수익률을 상회하는 좋은 투자안이 개별투자중심점의 투자수익률 보다 낮기 때문에 투자가 포기되어 회사전체이익에 불리한 의사결정이 이루어짐.('잔여이익'으로 해결가능) • 회계적이익에 기초하므로 성과평가와 의사결정(현금흐름에 기초)의 일관성이 결여 • 화폐의 시간가치를 고려하지 않음.(단기적 성과 강조)
증대방안	• 매출액증대와 원가의 감소, 진부화된 투자자산의 처분(감소)

문제 110번 — 경제적부가가치(EVA) 계산 | 출제구분: 재출제 | 난이도: ★★☆ | 정답: ④

- $\dfrac{\text{타인자본}(=\text{부채의시장가치})}{\text{자기자본}(=\text{자본의시장가치})}$ = 100% 이므로, 자기자본을 A라 가정하면 타인자본도 A가 된다.
- 가중평균자본비용 : $\dfrac{\text{부채의시장가치} \times \text{부채이자율}(1-t) + \text{자본의시장가치} \times \text{자기자본비용}(\%)}{\text{부채의시장가치} + \text{자본의시장가치}}$

  = $\dfrac{A \times 6.25\% \times (1-20\%) + A \times 15\%}{A+A}$ = 10%

- 경제적부가가치(EVA) : 110억원 - 500억원 × 10% = 60억원

Guide ▶ 경제적부가가치(EVA) 계산

특징	• 타인자본비용(이자비용)뿐 아니라 자기자본비용(배당금)도 비용으로 고려하는 성과지표임. 🔍주의 ∴EVA는 I/S상 순이익보다 낮음. 🔍주의 EVA는 비재무적측정치는 고려하지 않음.
계산	□ EVA = 세후영업이익 - 투하자본(투자액) × 가중평균자본비용 • 가중평균자본비용 = $\dfrac{\text{부채의시장가치} \times \text{부채이자율}(1-t) + \text{자본의시장가치} \times \text{자기자본비용}(\%)}{\text{부채의시장가치} + \text{자본의시장가치}}$ • 투하자본 = (총자산 - 유동부채) → 투하자본 계산시 비영업자산은 제외 → 유동부채 계산시 영업부채가 아닌 이자발생부채인 단기차입금·유동성장기차입금 제외

| 문제 111번 | 판매부서 성과평가와 차이분석 | 출제구분 | 신유형 | 난이도 ★★☆ | 정답 ② |

- 매출배합차이는 실제판매수량하에서 실제와 예산매출배합의 차이가 공헌이익에 미치는 영향을 나타내는 것으로, 서로 다른 공헌이익을 가지고 있는 복수제품들의 상대적 비율에 의해 영향을 받는 차이이다. 따라서, 판매부서의 성과평가시 복수제품을 판매하는 경우에만 나타나는 차이이다.

*참고 ㉠ DM 배합차이 발생원인 : 투입재료의 대체성 때문임.(예 원재료P를 많이 원재료Q를 적게 투입가능)
　　　 ㉡ DL 배합차이 발생원인 : 투입노동의 대체성 때문임.(예 숙련공, 미숙련공을 서로 대체하여 생산가능)
　　　 ㉢ 매출배합차이 발생원인 : 제품 상호간의 수요의 이전가능성이 존재하기 때문임.

Guide 원가중심점과 수익중심점 차이분해

원가중심점(DM/DL)	• 가격차이	
	• 능률차이	배합차이
		수율차이
수익중심점(판매부서)	• 매출가격차이	
	• 매출조업도차이	매출배합차이
		매출수량차이	시장점유율차이
			시장규모차이

| 문제 112번 | 매몰원가 | 출제구분 | 재출제 | 난이도 ★☆☆ | 정답 ④ |

- 매몰원가는 과거 의사결정의 결과로 이미 발생한 원가(역사적원가)로 현재 또는 미래에 회수할 수 없는 원가를 의미하며 새로운 의사결정에 영향을 미치지 않는 비관련원가를 말한다.
→ ∴ 기계장치의 취득원가 10억원이 매몰원가가 된다.

Guide 매몰원가와 기회원가

매몰원가 (sunk cost)	• 과거 의사결정의 결과로 이미 발생한 원가로, 의사결정에 영향을 미치지 않는 비관련원가 예시 구기계 취득원가 100(감가상각누계액 30), 신기계구입 고려중 → 매몰원가 : 취득원가 100 또는 장부금액 70 → 의사결정 : 신기계로 인한 수익창출액이 구입가보다 크면 구입함.
기회원가 (opportunity cost)	• 특정대안의 선택으로 포기해야 하는 가장 큰 효익 예시 CU편의점과 GS편의점의 시간당 알바수익이 각각 3,000원과 5,000원일 때, 여친과 수다를 떨며 즐겁게 1시간 보내는 경우의 기회원가는 5,000원임 주의 기회원가는 관리적 차원에서 사용되는 원가개념이며, 회계장부에는 실제원가만이 기재되므로 기회원가는 회계장부에 기록되지 않음.

| 문제 113번 | 제품라인 유지·폐지 의사결정 | 출제구분 | 신유형 | 난이도 | ★ ★ ☆ | 정답 | ③ |

- A제품라인을 폐지하는 경우
  증분수익 - 감소 : 공헌이익　　　　　　　　　　　　= (30,000)
  증분비용 - 감소 : 회피가능고정원가 32,000 - 7,000 = 25,000
  증분손익　　　　　　　　　　　　　　　　　　　　 (5,000)

∴A제품 생산라인을 폐지하는 경우 5,000원의 증분손실이 발생한다.
⇒A 제품 생산라인을 유지하는 것이 폐지하는 것보다 순이익이 5,000원 증가한다.

Guide 제품라인 유지·폐지 의사결정

고려사항	• 회사전체의 이익에 미치는 영향을 기준으로 폐지여부를 결정함. →제품라인의 유지·폐지 문제에서는 제품라인 자체의 이익을 고려하여 결정하는 것이 아니라, 기업 전체적인 입장(goal congruence)에서 전체 이익에 미치는 영향을 분석해야 함. • 폐지로 인한 회피가능고정비 존재시 이 또한 고려함. →제품라인을 폐지할 경우 매출액과 변동원가는 사라지지만 고정원가는 회피가능고정원가와 회피불가능고정원가로 나눌 수 있기 때문임.
제품라인폐지 의사결정	▫ 제품라인의 공헌이익 < (회피가능고정원가 + 기회원가)

| 문제 114번 | 자가제조·외부구입 의사결정시 고려사항 | 출제구분 | 재출제 | 난이도 | ★ ★ ☆ | 정답 | ② |

- ① 당해 의사결정에 따라 회피가능한 고정원가는 관련원이다.
  ③ 고정원가가 당해 의사결정과 관계없이 계속 발생한다면 고정원가는 비관련원가이다.
  ④ 회피가능고정원가가 외부구입원가보다 큰 경우에는 외부구입하는 것이 바람직하다.
  →즉, 외부구입가가 회피가능원가(변동원가, 회피가능고정원가 등)보다 작은 경우에는 외부구입한다.

Guide 자가제조·외부구입 의사결정

고려사항	• 자가제조시 관련원가와 외부구입가격을 고려 　🔍주의 자가제조시 증감하는 고정원가도 관련원가이므로 이도 고려함. 　　　→예 자가제조시 추가 고용 감독자급료 • 외부구입시 다음을 고려함. 　㉠ 기존설비 임대가 가능한 경우 : 임대수익을 고려 　㉡ 기존설비로 다른 제품 생산시 : 관련수익과 변동원가를 고려(=다른 제품 공헌이익) 　㉢ 회피가능고정원가는 관련원가, 회피불능고정원가는 비관련원가임.
고려해야할 비재무적 정보	• 자가제조의 경우는 부품 공급업자에 대한 의존도를 줄일 수 있으며, 품질관리를 보다 쉽게 할 수 있다는 장점이 있음. • 자가제조의 경우는 공급업자에 대한 의존도를 줄임으로써 공급업자와의 관계를 상실하여 향후에 급격한 주문의 증가로 회사의 생산능력이 초과할 때 제품을 외부구입하기가 쉽지 않을 수 있음. (별도의 추가적 시설투자가 필요하므로 많은 비용이 발생하는 단점이 있음.) • 제품에 특별한 지식·기술이 요구될 때 자가제조를 하며 품질을 유지하기가 쉽지 않을 수 있음.
외부구입 의사결정	㉠ 기존설비의 대체용도가 있는 경우 　　▫ 증분수익(변동원가+회피가능고정원가+기회원가) > 증분비용(외부구입원가) ㉡ 기존설비의 대체용도가 없는 경우 　　▫ 증분수익(변동원가+회피가능고정원가) > 증분비용(외부구입원가)

| 문제 115번 | 기회원가의 적용 | 출제구분 | 재출제 | 난이도 | ★ ☆ ☆ | 정답 | ③ |

- 기회원가 : 특정대안(300,000원을 들여 재작업한 후 판매하는 경우)의 선택으로 포기해야 하는 효익
  ⇒ 재작업하지 않고 파손된 상태에서 판매하는 경우의 판매가 2,800,000원
- *비교* 과거의 의사결정으로 인하여 이미 발생한 원가로서 의사결정에 영향을 미치지 않는 파손된 제품원가는 매몰원가(sunk cost)이다.

Guide 매몰원가와 기회원가

매몰원가
(sunk cost)
	• 과거 의사결정의 결과로 이미 발생한 원가로, 의사결정에 영향을 미치지 않는 비관련원가
	  예시 구기계 취득원가 100(감가상각누계액 30), 신기계구입 고려중
	  → 매몰원가 : 취득원가 100 또는 장부금액 70
	  → 의사결정 : 신기계로 인한 수익창출액이 구입가보다 크면 구입함.

기회원가
(opportunity cost)
	• 특정대안의 선택으로 포기해야 하는 가장 큰 효익
	  예시 CU편의점과 GS편의점의 시간당 알바수익이 각각 3,000원과 5,000원일 때, 여친과 수다를 떨며 즐겁게 1시간 보내는 경우의 기회원가는 5,000원임
	  주의 기회원가는 관리적 차원에서 사용되는 원가개념이며, 회계장부에는 실제원가만이 기재되므로 기회원가는 회계장부에 기록되지 않음.

| 문제 116번 | 현금흐름추정의 기본원칙 | 출제구분 | 재출제 | 난이도 | ★ ☆ ☆ | 정답 | ④ |

- 이자비용은 현금유출이지만 현재가치를 계산할 때 사용되는 할인율(자본비용)을 통해 반영되는 항목이다. 따라서, 현금흐름의 계산에서 이자비용을 계산하고 다시 할인율을 적용하는 것은 이중계산이 되므로, 이자비용이 전혀 없는 상황을 가정하여 현금흐름을 추정해야 한다.

Guide 자본예산시 현금흐름추정의 기본원칙

증분기준	• 투자안의 증분현금흐름(대안간에 차이가 나는 현금흐름)을 사용함. → ∴매몰원가 제외
세후기준	• 현금흐름을 파악할 때에는 법인세를 차감한 후의 금액을 기준으로 함.
감가상각비	• 감가상각비는 현금유출이 아니나, 감가상각비의 감세효과(절세효과)는 현금유입 처리함.
이자비용	• 자본비용(할인율)에 반영되어 있으므로 이자비용은 고려하지 않음. → 현금흐름의 계산에서 이자비용을 계산하고 다시 할인율을 적용하는 것은 이중계산이 되므로, 이자비용이 전혀 없는 상황을 가정하여 현금흐름을 추정해야 함.
인플레이션	• 명목현금흐름은 명목할인율로, 실질현금흐름은 실질할인율로 할인해야 함.

| 문제 117번 | 자본예산모형의 장·단점 | 출제구분 | 재출제 | 난이도 | ★ ☆ ☆ | 정답 | ② |

- 회계적이익률법 : 비할인모형 - 화폐의 시간가치를 고려하지 않는다.
  비현금모형 - 손익계산서상 순이익(회계이익)에 기초한다.
- 순현재가치법 : 할인모형 - 화폐의 시간가치를 고려한다.
  현금모형 - 실제 현금흐름에 기초한다.

Guide 회계적이익률법(ARR법)

	최초투자액기준APR	평균투자액기준 APR
회계적이익률	$\dfrac{\text{연평균순이익}}{\text{최초투자액}}$	$\dfrac{\text{연평균순이익}}{\text{연평균투자액}}(=\dfrac{\text{최초투자액}+\text{잔존가치}}{2})$
	○주의 현금흐름표에서 '영업현금흐름 = 순이익 + 감가상각비'이므로 →∴순이익 = 영업현금흐름 - 감가상각비	
의사결정	상호독립적 투자안	• '투자안의 ARR > 목표ARR'이면 채택
	상호배타적 투자안	• ARR이 가장 큰 투자안 채택
장점	• ㉠ 계산이 간편하고 이해하기가 용이하며, 회수기간법과는 달리 수익성을 고려함. ㉡ 투자안 분석의 기초자료가 재무제표이기 때문에 자료확보가 용이함.	
단점	• ㉠ 화폐의 시간가치가 무시되며, 현금흐름이 아닌 회계적 이익에 기초하고 있음. ㉡ 목표수익률을 설정하는데 자의적인 판단이 개입됨.	

| 문제 118번 | 대체가격(이전가격)제도 도입검토 | 출제구분 | 신유형 | 난이도 | ★ ★ ★ | 정답 | ③ |

- 대체가격을 결정하는 것은 사업부 간의 이해관계가 대립되므로 목표일치성기준, 성과평가기준, 자율성기준을 고려하여 결정하여야 하며, 일반적으로 사용되는 대체가격의 결정방법에는 시장가격기준, 원가기준, 협상가격기준이 있다.
- 고정원가를 포함한 단위당 제품원가를 사내대체가격으로 채택하면 중간사업부(공급사업부)가 대체로 인하여 발생하는 원가를 전부 보상받게 되므로 공정개선 및 기술혁신을 통한 원가절감 노력을 기울이지 않는 문제점이 생긴다.
  → 즉, 원가기준의 경우 중간사업부가 원가절감을 이루도록 동기를 부여하지 못한다. 중간사업부에서 발생한 원가가 모두 최종사업부로 대체되므로 중간사업부의 비능률이 그대로 최종사업부에 전가되기 때문이다.

*저자주 본 문제는 회계사 기출문제로서, 재경관리사 시험에 그대로 출제되었습니다.

Guide 원가기준 대체가격 결정방법 개요

의의	• 원가기준은 대체되는 재화나 용역의 원가를 기준으로 대체가격을 결정하는 방법임.
문제점	• ㉠ 준최적화현상이 나타날 가능성이 항상 존재함. →∵공급부서는 대체를 통한 이익이 없을 수 있어 비대체 가능하므로 회사전체의 최적의사결정과 각 사업부의 최적의사결정이 다르게 나타날 가능성 존재함. ㉡ 각 사업부의 성과평가를 공정하게 할 수 없음. →∵원가를 기준으로 대체가격을 결정할 경우 공급사업부에서는 이익이 발생하지 않고 대체로 인한 모든 이익은 수요사업부가 차지하기 때문임. ㉢ 공급사업부가 원가통제를 수행하도록 동기부여를 하지 못함. →∵공급사업부에서 발생한 원가가 모두 수요사업부로 대체되며 결과적으로 공급사업부의 비능률이 그대로 수요사업부에 전가되기 때문임.

문제 119번 — 최소대체가격 계산 | 출제구분: 재출제 | 난이도: ★★★ | 정답: ③

- 수요사업부(B사업부)의 최대대체가격(최대TP) : 외부구매시장이 있음
  - 최대TP = 680(외부구입가격)
- 공급사업부(A사업부)의 최소대체가격(최소TP) : 외부판매시장이 있음 & 유휴시설이 없음
  - 최소TP = 대체시단위당지출원가 + 정규매출상실공헌이익 − 대체시절감원가
    → ㉠ 대체시단위당지출원가(= 단위당변동비 + 증분단위당고정비) : 570 + 0 = 570
      ㉡ 정규매출상실공헌이익 : 700(단위당외부판매가격) − 570(단위당변동원가) = 130
         (전량을 외부에 판매가능하므로 이를 대체시 외부판매를 포기해야 한다.)
      ㉢ 대체시절감원가 : 30
  - 최소대체가격(최소TP) : 570 + 130 − 30 = 670
- 대체가격 범위

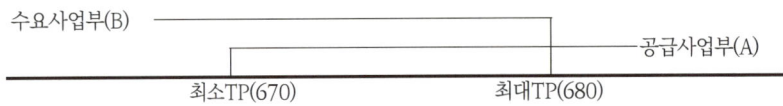

*저자주 문제의 명확한 성립을 위해 '회사가 생산하는 제품 전량을 외부시장에 판매할 수 있고~'를 'A사업부가 생산하는 제품 전량을 외부시장에 판매할 수 있고~'로 수정바랍니다.

문제 120번 — 목표원가계산의 절차 | 출제구분: 재출제 | 난이도: ★★★ | 정답: ②

- 목표원가계산(Target Costing, 원가기획)은 목표가격으로부터 목표원가를 도출하고, 제조이전단계에서 가치공학 등을 수행하여 목표원가를 달성하고자 하는 원가관리기법으로 제조단계가 아닌 제조이전단계(설계·개발단계)에서의 원가절감을 강조한다.
- 목표원가계산의 절차

【1단계】	• 잠재 고객의 요구를 충족하는 제품의 개발한다.
【2단계】	• 고객이 인지하는 가치와 경쟁기업의 가격 등을 고려하여 목표가격을 선택한다.
【3단계】	• 목표가격에서 목표이익을 고려하여 목표원가를 산출한다.
【4단계】	• 목표원가 달성을 위한 가치공학(value engineering)을 수행한다. 보론 가치공학 : R&D, 설계, 제조, 마케팅, 유통 및 고객서비스에 이르는 모든 면을 체계적으로 평가, 개선하여 고객의 요구를 충족하면서 원가를 절감하는 것

재경관리사 공개기출해설 [원가]

2022년 11월에 시행된 기출문제에 대한 완벽한
해설을 관련이론(가이드)과 함께 제시하였습니다.
해당 문제는 합본부록을 참고바랍니다.

Certified Accounting Manager

원가관리회계 공개기출문제해설
[2022년 11월 시행]

SEMOOLICENCE

| 문제 81번 | 원가행태별 원가구분 | 출제구분 | 기출변형 | 난이도 | ★ ☆ ☆ | 정답 | ③ |

- 고정원가 : 조업도의 변동에 관계없이 총원가가 일정한 원가를 말하며, 조업도의 증감에 따라 총원가는 일정하나 단위당 원가는 조업도의 증가(감소)에 따라 감소(증가)한다.
  → 예) 고정원가가 90,000원인 경우 고정원가의 총원가와 단위당원가

조업도(판매량)	0단위	1단위	2단위	3단위
총원가(총비용)	90,000	90,000	90,000	90,000
단위당원가(단위당비용)	-	90,000	45,000	30,000

Guide 원가행태 주요사항

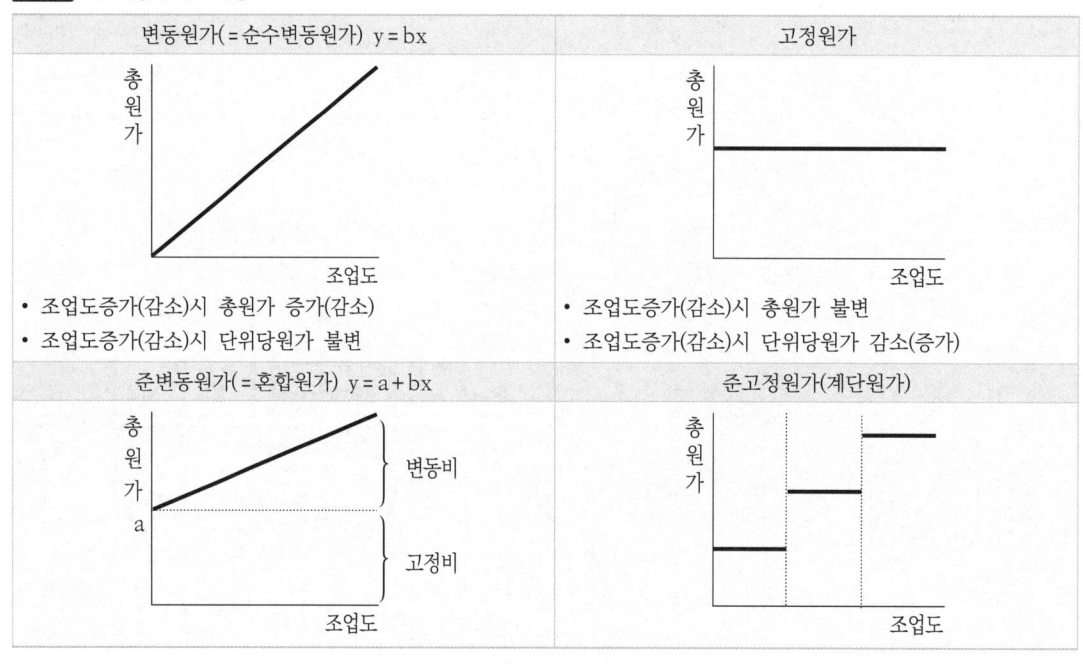

| 문제 82번 | 매출총이익률을 통한 제조간접원가 추정 | 출제구분 | 기출변형 | 난이도 ★★☆ | 정답 ② |

- 매출총이익률을 A라 하면, '매출원가 = 매출액×(1 - A)' → 매출원가 : 500,000×(1 - 30%) = 350,000
- 당기제품제조원가 : 매출원가(350,000) + 기말제품(100,000) - 기초제품(70,000) = 380,000
- 당기총제조원가 : 당기제품제조원가(380,000) + 기말재공품(60,000) - 기초재공품(50,000) = 390,000
- 당기총제조원가(390,000) = 직접재료원가(60,000) + 직접노무원가(200,000) + 제조간접원가
  → ∴ 제조간접원가 = 130,000

고속철 실전에서는 다음의 계정에 해당액을 직접 기입하여 대차차액으로 구한다.

기초재공품	50,000	매출원가	500,000×(1 - 30%) = 350,000
기초제품	70,000		
직접재료원가	60,000		
직접노무원가	200,000	기말재공품	60,000
제조간접원가	?	기말제품	100,000

Guide 매출총이익률·원가가산이익률이 주어진 경우 매출원가 계산

| 매출총이익률이 주어진 경우 매출원가 계산 | • 매출원가 = 매출액×(1 - 매출총이익률) |
| 원가가산이익률이 주어진 경우 매출원가 계산 | • 매출원가 = $\dfrac{매출액}{1 + 원가가산이익률}$ |

| 문제 83번 | 제조원가명세서 작성목적 | 출제구분 | 재출제 | 난이도 ★★☆ | 정답 ① |

- 제조원가명세서의 최종결과금액 = 당기제품제조원가
  ⇒ 당기에 완성되어 제품으로 대체된 완성품의 총제조원가 ⇒ 당기에 완성된 산출물에 대해 투입된 원가
  ○주의 당기제품제조원가에는 기초재공품의 원가와 당기에 투입된 원가가 혼합되어 있으므로 ③과 같이 '당기에 투입된 원가'로 표현하면 틀린 설명이다.

Guide 제조원가명세서 양식[금액은 임의 가정치임]

제조원가명세서
20x1년 1월 1일부터 20x1년 3월 31일까지

Ⅰ. 직접재료원가		3,000,000원
기초원재료재고액	300,000원	
당기원재료매입액	6,000,000원	
기말원재료재고액	(3,300,000원)	
Ⅱ. 직접노무원가		2,000,000원
Ⅲ. 제조간접원가		3,000,000원
Ⅳ. 당기총제조원가		8,000,000원
Ⅴ. 기초재공품		1,000,000원
Ⅵ. 기말재공품		(500,000원)
Ⅶ. 당기제품제조원가		8,500,000원

문제 84번 — 보조부문원가배분 : 상호배분법 (출제구분: 신유형, 난이도: ★★★, 정답: ③)

- 상호배분법은 보조부문간의 상호 관련성을 모두 고려하는 배분방법으로 각 보조부문간의 용역수수관계를 방정식을 통해 계산하여 보조부문원가를 배분하게 된다.(보조부문간의 용역수수관계를 완전히 인식)
  → 배분될 총원가 = 자가부문원가 + 다른 보조부문으로부터 배분된 원가
- 창고부문의 배분될 총원가를 A, 전력부문의 배분될 총원가를 B라 하면,
  ㉠ A = 200,000 + 0.2B   ㉡ B = 800,000 + 0.4A
  → 연립하면, A = 391,304, B = 956,520

∴ 조각부문에 배분되는 보조부문원가 : (391,304 × 30%) + (956,520 × 50%) = 595,651 ≒ 595,652

	창고부문(보조)	전력부문(보조)	조각부문(제조)	도료부문(제조)
배분전원가	200,000	800,000	?	?
창고부문(보조)	(391,304)	391,304 × 40% = 156,522	391,304 × 30% = 117,391	391,304 × 30% = 117,391
전력부문(보조)	956,520 × 20% = 191,304	(956,520)	956,520 × 50% = 478,260	956,520 × 30% = 286,956
배분후원가	0	0	?	?

★저자주 출제경험이 적은 출제위원이 출제한 것으로 보입니다. 단수차이가 발생하지 않게 문제를 구성하는게 일반적인 출제원칙입니다. 또한 단수차이가 발생하더라도 단서를 제시하는 것이 일반화되어 있습니다. 문제의 명확한 성립을 위해 '단, 소수점 첫째자리에서 반올림한다'에 추가하여, 누락된 단서인 '단수차이로 인해 오차가 있는 경우 가장 근사치를 선택한다'를 추가바랍니다.

문제 85번 — 개별원가계산의 특징 (출제구분: 재출제, 난이도: ★★☆, 정답: ③)

- ① 개별원가계산은 원가요소의 실제성(원가측정방법)에 따라 실제개별원가계산, 정상개별원가계산, 표준개별원가계산 모두 가능하다.
- ② 개별원가계산은 개별제품별 또는 개별작업별로 원가가 집계되기 때문에 직접원가와 간접원가의 구분이 중요하다.(즉, 제조간접원가의 배부절차가 반드시 필요하다.) 직접원가에 해당하는 직접재료원가와 직접노무원가는 해당제품이나 공정으로 직접 추적할 수 있기 때문에 발생된 원가를 그대로 집계하면 되지만, 간접원가에 해당하는 제조간접원가는 개별제품이나 공정에 직접적인 대응이 불가능하므로 원가계산 기말에 일정한 기준을 사용하여 배부해야 한다.
- ③ 개별원가계산은 다음과 같은 장점과 단점이 있다.

장점	단점
• 제품별로 정확한 원가계산이 가능함. • 제품별 손익분석 및 계산이 용이함. • 개별제품별로 효율성을 통제할 수 있고, 개별작업별 실제를 예산과 비교하여 미래예측에 이용가능	• 비용·시간이 많이 발생함. (∵ 각 작업별로 원가가 계산되기 때문) • 원가계산자료가 상세하고 복잡해짐에 따라 오류가 발생할 가능성이 많아짐.

- ④ 제조간접원가는 개별작업과 관련하여 직접적으로 추적할 수 없으므로 이를 배부하는 절차가 필요하다.

| 문제 86번 | 제조간접원가 실제배부 | 출제구분 | 재출제 | 난이도 | ★ ★ ☆ | 정답 | ③ |

- 직접추적이 가능한 직접재료원가·직접노무원가는 일반형전화기와 프리미엄전화기 각각에 집계하며, 직접 추적이 불가능한 제조간접원가는 직접노무원가를 기준으로 배분한다.
- 제조간접원가(OH)배부율 : $\dfrac{3,000,000(총제조간접원가)}{100시간 \times 1,000(일반형의\,DL) + 200시간 \times 2,000(프리미엄의\,DL)}$ = @6
- 제조원가 계산

	일반형전화기	프리미엄전화기
직접재료원가	400,000원	800,000원
직접노무원가	100시간×@1,000(시간당임률) = 100,000원	200시간×@2,000(시간당임률) = 400,000원
제조간접원가 배분액	100,000원×@6(OH배부율) = 600,000원	400,000원×@6(OH배부율) = 2,400,000원
계	1,100,000원	3,600,000

∴일반형전화기와 프리미엄전화기의 제조원가 차이 : 3,600,000 - 1,100,000 = 2,500,000

| 문제 87번 | 개별원가계산의 일반적 절차 | 출제구분 | 재출제 | 난이도 | ★ ★ ☆ | 정답 | ④ |

- 일반적인 개별원가계산절차는 다음과 같으며, 직접원가와 간접원가를 구분하는 것이 중요하다.

【1단계】	• 원가집적대상이 되는 개별작업을 파악한다.
【2단계】	• 개별작업에 대한 제조직접원가를 계산하여 개별작업에 직접 추적한다.
【3단계】	• 개별작업에 직접 대응되지 않는 제조간접원가를 파악한다. →제조간접원가는 공장전체를 하나의 원가집합으로 보아 집계할 수도 있고 각 부문별로 집계할 수도 있다.
【4단계】	• 제3단계에서 집계된 제조간접원가를 배부하기 위한 배부기준을 설정한다.
【5단계】	• 원가배부기준에 따라 제조간접원가 배부율을 계산하여 개별작업에 배부한다.

| 문제 88번 | 평균법·선입선출법 완성품환산량 | 출제구분 | 재출제 | 난이도 | ★ ☆ ☆ | 정답 | ② |

- 평균법 완성품환산량의 계산

[1단계] 물량흐름

완성	2,800
기말	700(80%)
	3,500

[2단계] 완성품환산량

	재료비	가공비
	2,800	2,800
	700	700×80% = 560
	3,500	**3,360**

- 선입선출법 완성품환산량의 계산

[1단계] 물량흐름

기초완성	1,000(40%)
당기완성	2,800 - 1,000 = 1,800
기 말	700(80%)
	3,500

[2단계] 완성품환산량

	재료비	가공비
	0	1,000×(1 - 40%) = 600
	1,800	1,800
	700	700×80% = 560
	1,900	**2,960**

| 문제 89번 | 선입선출법 완성품원가 | 출제구분 | 재출제 | 난이도 ★ ★ ☆ | 정답 ④ |

- 선입선출법

  [1단계] 물량흐름   [2단계] 완성품환산량
                                                      재료비   가공비
  기초완성   3,000(60%)   0   3,000 × (1 − 60%) = 1,200
  당기완성   27,000 − 3,000 = 24,000   24,000   24,000
  기   말   6,000(25%)   6,000   6,000 × 25% = 1,500
              32,000   30,000   26,700

  [3단계] 총원가요약
    당기발생   150,000   320,400
                                                      150,000   320,400
  [4단계] 환산량단위당원가(cost/unit)   ÷30,000   ÷26,700
                                                      ‖   ‖
                                                      @5   @12

  [5단계] 원가배분
    완성품원가   : (8,000 + 10,000) + 24,000 × @5 + 25,200 × @12 = 440,400
    기말재공품원가 : 6,000 × @5 + 1,500 × @12 = 48,000

| 문제 90번 | 종합원가계산 방법 비교 | 출제구분 | 기출변형 | 난이도 ★ ★ ☆ | 정답 ② |

- ① 평균법은 완성품환산량 산출시 기초재공품은 당기에 투입(착수)한 것으로 간주한다. 즉, 기초재공품의 제조를 당기 이전에 착수하였음에도 불구하고 당기에 착수한 것으로 가정하여, 기초재공품원가와 당기발생원가를 구분치 않고 합한 금액을 완성품과 기말재공품에 안분계산한다.
- ② 평균법은 당기에 계산된 단위당 원가가 당기에 투입된 제조원가뿐만 아니라, 기초재공품에 포함되어 있던 당기 이전에 발생한 원가에 의해서도 영향을 받기 때문에 전기의 작업능률과 당기의 작업능률이 혼합되어 원가통제상으로 유용한 정보를 제공하지 못한다.
- ③ 선입선출법은 기초재공품을 우선적으로 완성시킨 후 당기착수물량을 가공한다고 가정하므로 기초재공품원가는 전액이 완성품원가를 구성하며, 당기발생원가(당기투입원가)만 완성품과 기말재공품에 안분계산한다.
- ④ 선입선출법은 기초재공품을 우선적으로 완성시킨 후 당기착수물량을 가공한다고 가정하므로 기말재공품원가는 당기발생원가(당기투입원가)로만 구성된다.

| 문제 91번 | 이상적표준 설정의 영향 | 출제구분 | 재출제 | 난이도 | ★ ★ ☆ | 정답 | ② |

- ① 표준의 달성이 어려우므로 종업원의 동기부여에 역효과를 초래한다.
- ③ 실제원가와의 차이가 크게 발생하므로 재고자산평가와 매출원가산정에 적합하지 않다.
- ④ 불리한 차이 발생으로 인한 저조한 성과평가로 근로자들의 임금이 삭감될 가능성이 높다.

Guide 이상적 표준

의의	· 표준원가의 종류는 이상적 표준, 정상적 표준, 현실적 표준으로 나눌 수 있음. →표준원가계산제도에서의 표준원가라 하면 일반적으로 현실적 표준원가를 의미함.
이상적 표준	· 기존설비·제조공정에서 정상적 기계고장, 정상감손 및 근로자 휴식시간 등을 고려하지 않고 최선의 조건하에서만 달성할 수 있는 이상적인 목표하의 최저목표원가임. · 이상적 표준은 이를 달성하는 경우가 거의 없기 때문에 항상 불리한 차이가 발생되며, 이에 따라 종업원의 동기부여에 역효과를 초래함. · 실제원가와의 차이가 크게 발생하므로 재고자산평가나 매출원가산정에 적합하지 않음. →그러나 전혀 의미없는 것은 아니고 현실적 표준 설정을 위한 출발점으로서의 의미를 갖음.

| 문제 92번 | 직접노무원가 차이분석과 SQ 계산 | 출제구분 | 재출제 | 난이도 | ★ ★ ☆ | 정답 | ③ |

- AQ = 1,800시간, AQ×AP = 4,500
- 직접노무원가 차이분석

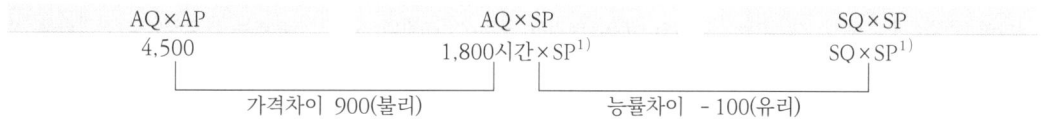

→ [1] 4,500 - 1,800시간 × SP = 900 에서, SP = 2
∴ (1,800시간 × 2) - (SQ × 2) = - 100 에서, SQ(실제생산량에 허용된 표준직접노무시간) = 1,850시간

Guide 직접노무원가 차이분석 구조

기호정의	· AQ : 실제투입시간, AP : 실제가격, SQ : 실제생산량에 허용된 표준시간, SP : 표준가격
DL 차이분석	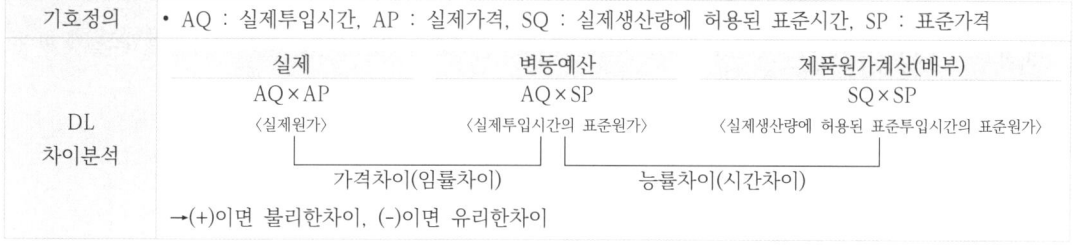 →(+)이면 불리한차이, (-)이면 유리한차이

| 문제 93번 | 표준원가계산의 장점 | 출제구분 | 기출변형 | 난이도 ★★☆ | 정답 ③ |

- 표준원가는 사전에 과학적이고 통계적인 방법으로 적정원가를 산정하는 것이 필수적이나, 이러한 적정원가의 산정에 객관성이 보장되기 힘들고 많은 비용이 소요된다는 한계점을 가지고 있다.

Guide 표준원가계산의 유용성(목적, 장점)

원가관리와 통제	• 표준원가와 실제원가를 비교하여 실제원가가 표준원가 범위 내에서 발생하는지를 파악함으로써 원가통제를 보다 효과적으로 수행할 수 있음. →예외에 의한 관리가 가능 • 차이분석 결과는 경영자에게 보고되며, 그것은 차기 표준·예산설정에 피드백됨.
예산편성(계획)	• 표준원가 설정되어 있으면 예산을 설정하는데 용이할 수 있음.
재무제표작성	• 표준원가는 과학적이고 통계적인 수치를 이용하기 때문에 재고자산가액과 매출원가 산출시 근거가 되는 보다 진실한 원가정보를 제공할 수 있다는 장점이 있음.
업무간소화와 신속성	• 표준원가계산에서는 단위당표준원가가 설정되어 있기 때문에 원가흐름에 대한 가정이 필요 없으며 단지 물량만 파악하면 되므로 원가계산이 신속하고 간편해 짐. →제품완성과 동시에 원가를 계산할 수 있음.

| 문제 94번 | 가격차이와 능률차이 분리 이유 | 출제구분 | 신유형 | 난이도 ★★★ | 정답 ④ |

- 직접재료원가 가격차이는 직접재료를 구입시점분리와 사용시점분리의 두 가지 방법이 있다. 직접재료원가 가격차이를 구입시점에서 분리하는 경우에는 원가차이의 발생 원인을 신속하게 규명할 수 있어 구매담당자가 이를 즉시 인식하여 수정조치를 취할 수 있다는 장점이 있다. 이러한 구입시점분리와 사용시점분리는 가격차이를 산정하는 방법일 뿐, 원가차이를 가격차이와 능률차이로 분리하는 이유와는 전혀 무관한 설명이다.

Guide 가격차이와 능률차이를 분리하는 이유

통제시점 차이	• 구입(구입가격) 통제와 사용(사용량) 통제는 각각 다른 시점에서 이루어져야 하기 때문임. →즉, 구입가격에 대한 통제는 구입시점에서 이루어져야 하고 사용(량)에 대한 통제는 사용시점에서 이루어져야 함.
책임부서 차이	• 구입가격에 대한 책임을 지는 부서와 사용량에 대한 책임을 지는 부서가 서로 다르기 때문임. →즉, 관리자는 자신이 통제 가능한 범위 내에서만 책임을 져야 하기 때문에 차이의 책임소재에 따라 분리하는 것이 필요함.

| 문제 95번 | 직접재료원가 가격차이·능률차이 | 출제구분 | 신유형 | 난이도 | ★ ★ ☆ | 정답 | ③ |

- AP : 1,950억÷25,000톤 = 7,800,000, AQ = 24,000톤, SQ : 15,000단위×1.8톤 = 27,000톤, SP = 8,000,000
- 직접재료원가 차이분석

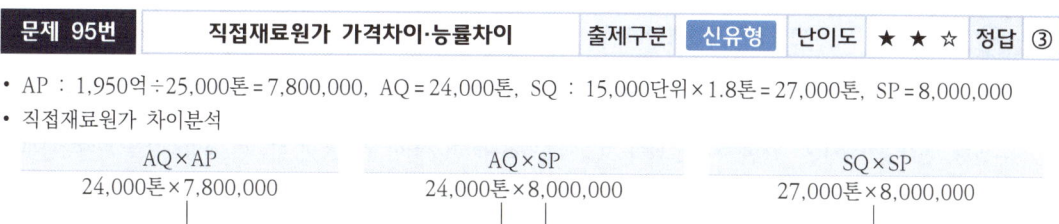

Guide 직접재료원가 차이분석 구조[사용시점분리의 경우]

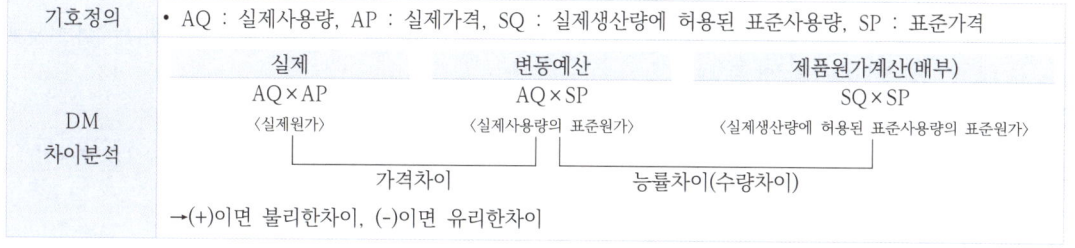

| 문제 96번 | 정상원가계산 개념 | 출제구분 | 신유형 | 난이도 | ★ ☆ ☆ | 정답 | ③ |

- 원가계산방법은 원가요소의 실제성에 따라(원가측정에 따라) 다음과 같이 분류된다.

	실제원가계산	정상원가계산	표준원가계산
직접재료원가	실제원가	실제원가	표준원가
직접노무원가	실제원가	실제원가	표준원가
제조간접원가	**실제원가**	**예정배부액**	**표준배부액**

| 문제 97번 | 변동원가계산의 유용성 | 출제구분 | 재출제 | 난이도 | ★★☆ | 정답 | ① |

- ① 변동원가계산은 판매량만이 영업이익에 영향을 미친다. 따라서, 이익이 생산량에 의해 영향을 받지 않으므로 바람직하지 못한 재고의 누적을 방지할 수 있다.
  → 반면, 전부원가계산은 생산량증감에 따라 고정제조간접원가배부액이 증감하여 이익이 증감하므로 판매량량뿐만 아니라 생산량도 영업이익에 영향을 미친다. 따라서, 생산량을 증가시켜 손실을 줄이거나 이익을 증가시킬 수 있으므로 생산과잉으로 인한 바람직하지 못한 불필요한 재고의 누적을 유발할 수 있다.
- ② 변동원가계산은 공통적인 고정원가를 부문이나 제품별로 배분하지 않기 때문에 부문별, 제품별 의사결정 문제에 왜곡을 초래하지 않는다.(즉, 변동원가와 고정원가가 분리되고 공헌이익도 제시되므로 증분이익 분석이 용이해져 의사결정에 유용함.)
  → 반면, 전부원가계산은 공통적인 고정원가를 부문이나 제품별로 배부하기 때문에 부문별, 제품별 의사결정 문제에 왜곡을 초래할 가능성이 존재한다.

Guide 변동원가계산의 유용성

CVP자료 확보 용이	• 이익계획과 예산편성에 필요한 CVP(원가 - 조업도 - 이익)에 관련된 자료를 변동원가계산제도에 의한 공헌손익계산서로부터 쉽게 얻을 수 있음.
이익은 판매량의 함수	• 특정기간의 이익이 생산량에 의해 영향을 받지 않음. → 즉, 제품의 판매가격, 원가, 매출배합 등이 일정하다면 이익은 오직 판매량에 의해 결정되기 때문에 매출액의 변동과 동일한 방향으로 변화하게 됨.
높은 이해가능성	• 이익은 매출액과 동일한 방향으로 움직이므로 경영자의 입장에서 이해하기 쉬움.
의사결정 왜곡차단	• 공통적인 고정원가를 부문이나 제품별로 배분하지 않기 때문에 부문별, 제품별 의사결정 문제에 왜곡을 초래하지 않음.
고정원가 영향파악 용이	• 특정기간의 고정원가가 손익계산서에 총액으로 표시되기 때문에 고정원가가 이익에 미치는 영향을 쉽게 알 수 있음.
원가통제·성과평가에 유용	• 변동원가계산을 표준원가 및 변동예산과 같이 사용하면 원가통제와 성과평가에 유용하게 활용할 수 있다.

| 문제 98번 | 초변동원가계산 영업이익 계산 | 출제구분 | 재출제 | 난이도 | ★★☆ | 정답 | ② |

- 초변동원가계산 영업이익 계산

매출액	:	50,000개 × 1,200 = 60,000,000
제품수준변동원가(DM)	:	50,000개 × 450 = (22,500,000)
재료처리량(현금창출)공헌이익	:	37,500,000
운영비용(DL+VOH+변동판관비+FOH+고정판관비)	: 50,000개 × (85+135+200)+1,800,000+9,000,000 =	(31,800,000)
영업이익	:	5,700,000

★ **저자주** 문제의 명확한 성립을 위해 누락된 단서인 '단, 기초 제품재고는 없다.'를 추가하기 바랍니다.

Guide 전부원가계산·변동원가계산·초변동원가계산 영업이익 계산 비교

전부원가계산	변동원가계산	초변동원가계산
• 매출액 (-)매출원가(DM+DL+VOH+FOH) 매출총이익 (-)판관비(변동+고정) 영업이익	• 매출액 (-)매출원가(DM+DL+VOH) (-)변동판관비 공헌이익 (-)FOH+고정판관비 영업이익	• 매출액 (-)제품수준변동원가(DM) 재료처리량(현금창출)공헌이익 (-)운영비용(DL+VOH+FOH+판관비) 영업이익

| 문제 99번 | 전부·변동원가계산 영업이익 차이조정 | 출제구분 | 기출변형 | 난이도 | ★ ☆ ☆ | 정답 | ② |

- 전부원가계산 영업이익   260,000
  (+) 기초에 포함된 고정제조간접원가(FOH)   0
  (-) 기말에 포함된 고정제조간접원가(FOH)   500개×@5 = 2,500
  변동원가계산 영업이익   257,500

Guide 전부·변동·초변동원가계산 영업이익 차이조정

전부원가계산에 의한 영업이익	전부원가계산에 의한 영업이익	변동원가계산에 의한 영업이익
(+) 기초재공품,제품에 포함된 FOH	(+) 기초재공품,제품에 포함된 DL,VOH,FOH	(+) 기초재공품,제품에 포함된 DL,VOH
(-) 기말재공품,제품에 포함된 FOH	(-) 기말재공품,제품에 포함된 DL,VOH,FOH	(-) 기말재공품,제품에 포함된 DL,VOH
변동원가계산에 의한 영업이익	초변동원가계산에 의한 영업이익	초변동원가계산에 의한 영업이익

| 문제 100번 | 변동원가계산 일반사항 | 출제구분 | 기출변형 | 난이도 | ★ ☆ ☆ | 정답 | ② |

- ① 변동원가계산은 원가회피개념에 근거를 두고 고정제조간접원가를 비용 처리한다.
  →반면, 전부원가계산은 원가부착개념에 근거를 두고 고정제조간접원가도 제조원가 처리한다.
  ② 변동원가계산은 GAAP(기업회계기준)에서 인정하지 않으며 내부 의사결정 목적으로 이용된다.
  →반면, GAAP(기업회계기준)는 외부보고 목적으로 전부원가계산을 인정한다.
  ③ 변동원가계산은 판매량만이 영업이익에 영향을 미친다.(이익이 생산량에 영향을 받지 않는다.)
  →반면, 전부원가계산은 생산량증감에 따라 고정제조간접원가배부액이 증감하여 이익이 증감하므로 판매량뿐만 아니라 생산량도 영업이익에 영향을 미친다.
  ④ 변동원가계산은 공통적인 고정원가를 부문이나 제품별로 배분하지 않기 때문에 부문별, 제품별 의사결정 문제에 왜곡을 초래하지 않는다.(즉, 변동원가와 고정원가가 분리되고 공헌이익도 제시되므로 증분이익 분석이 용이해져 의사결정에 유용함.)
  →반면, 전부원가계산은 공통적인 고정원가를 부문이나 제품별로 배부하기 때문에 부문별, 제품별 의사결정 문제에 왜곡을 초래할 가능성이 존재한다.

| 문제 101번 | ABC에 의한 단위당공헌이익 | 출제구분 | 재출제 | 난이도 | ★ ★ ☆ | 정답 | ② |

- 활동별 가공원가배부율
  - 세척 : $\frac{300,000}{100,000리터}$ = 3/리터, 압착 : $\frac{1,800,000}{90,000시간}$ = 20/압착기계시간, 분쇄 : $\frac{600,000}{24,000시간}$ = 25/분쇄기계시간
- 단위당 직접재료원가 : 500
  단위당 가공원가 : 100리터×3 + 30압착기계시간×20 + 8분쇄기계시간×25 = 1,100
∴단위당공헌이익 : 2,400 - (500 + 1,100) = 800

문제 102번 | CVP분석 일반사항 | 출제구분: 기출변형 | 난이도: ★★☆ | 정답: ④

① CVP분석은 수익과 원가의 행태는 관련범위 내에서 선형이라고 가정한다. 즉, 단위당 판매단가는 판매량의 변동과 관계없이 일정하고, 단위당 변동원가 역시 조업도의 변동과 관계없이 항상 일정하다고 가정한다.

② CVP분석은 화폐의 시간가치를 고려하지 않는 분석이다. 즉, 현재가치개념을 사용하지 않고 명목가치로만 수익과 비용을 평가하여 의사결정을 한다. 따라서 화폐의 시간가치를 배제하는 단기모델이라는 점과 화폐가치가 변할 수 있는 인플레이션을 무시한다는 제반 한계점을 갖는다. 한편, CVP분석은 1년 이내의 단기투자의사결정에 유용한 분석방법(화폐의 시간가치가 중요하지 않을 정도의 단기간이라고 가정한다.)인 반면에 '자본예산'은 장기적인 의사결정 방법이다.

③ CVP(cost-volume-profit) 분석은 다양한 조업도 수준에서 원가와 이익의 관계를 분석하는데 유용하다. 즉, CVP분석의 목적은 조업도의 변화가 원가(비용), 수익 및 이익에 어떠한 영향을 미치는가를 분석하는데 있다.

④ 공헌이익률(= $\frac{공헌이익}{매출액}$)은 공헌이익의 개념을 비율개념으로 나타낸 것이다. 공헌이익률은 매출액 중 몇 퍼센트가 고정원가의 회수 및 이익창출에 공헌하였는가를 나타내는 것으로 매출액의 변화가 기업의 순이익에 미치는 영향을 분석할 때 공헌이익보다 유용하게 사용된다.

→예) 공헌이익이 ₩10으로 동일한 A, B 두 제품이 있을 경우 어느 제품을 집중관리해야 하는지에 대한 의사결정시 공헌이익률은 합리적인 판단기준을 제공한다. 즉, A의 가격은 ₩50, B의 가격은 ₩40일 때 공헌이익률 개념을 도입하면 A의 공헌이익률은 20%, B의 공헌이익률은 25%로서 B를 집중관리하는 것이 필요하다는 판단을 할 수 있다.

문제 103번 | CVP분석 항목별 계산 | 출제구분: 신유형 | 난이도: ★★☆ | 정답: ③

① 공헌이익률 : $\frac{단위당공헌이익(4,000)}{단위당판매가격(6,000)} ≒ 67\%$

② 손익분기점(BEP)판매량 : $\frac{고정원가(5,000,000)}{단위당공헌이익(4,000)} = 1,250그릇$

③ 목표이익 10,000,000원을 위한 판매량 : $\frac{고정원가(5,000,000) + 목표이익(10,000,000)}{단위당공헌이익(4,000)} = 3,750그릇$

→목표이익이 10,000,000원이라면 BEP판매량보다 2,500그릇(=3,750그릇 - 1,250그릇)을 더 팔아야 한다.

④ 만약 법인세율이 20%라고 가정하면,

세후목표이익 10,000,000원을 위한 판매량 : $\frac{고정원가(5,000,000) + \frac{세후목표이익(10,000,000)}{1-20\%}}{단위당공헌이익(4,000)} = 4,375그릇$

→세금을 고려하면 판매량은 더 많아져야 한다.

| 문제 104번 | 목표이익분석 | 출제구분 | 재출제 | 난이도 | ★★★ | 정답 | ② |

- 공헌이익률 : 1 - 변동비율(60%) = 40%
- 목표이익을 위한 매출액을 S라고 하면, $S = \dfrac{\text{고정원가}(30{,}000) + \text{목표이익}(S \times 25\%)}{\text{공헌이익률}(40\%)}$ 에서, $S = 200{,}000$

*고속철 다음 산식에 의해 바로 계산할 수 있다. 가능한 산식을 암기할 것을 권장한다.

$$\text{목표이익률}(25\%)\text{을 위한 매출액} = \dfrac{\text{고정원가}}{\text{공헌이익률} - \text{목표이익률}} \rightarrow \dfrac{30{,}000}{40\% - 25\%} = 200{,}000$$

Guide 목표이익분석 산식 정리[법인세를 고려하지 않는 경우]

판매량	매출액
• 단위당공헌이익 × 판매량 = 고정원가 + 목표이익 □ 목표이익을 위한 판매량 = $\dfrac{\text{고정원가} + \text{목표이익}}{\text{단위당공헌이익}}$	• 공헌이익률 × 매출액 = 고정원가 + 목표이익 □ 목표이익을 위한 매출액 = $\dfrac{\text{고정원가} + \text{목표이익}}{\text{공헌이익률}}$

| 문제 105번 | 안전한계율 계산 | 출제구분 | 재출제 | 난이도 | ★☆☆ | 정답 | ③ |

- 안전한계율 = $\dfrac{\text{영업이익}}{\text{공헌이익}} = \dfrac{10{,}000{,}000 - 6{,}000{,}000 - 2{,}800{,}000}{10{,}000{,}000 - 6{,}000{,}000} = 30\%$

*[별해] 안전한계율 = $\dfrac{\text{매출액} - BEP\text{매출액}}{\text{매출액}} = \dfrac{10{,}000{,}000 - \dfrac{2{,}800{,}000}{4{,}000{,}000 \div 10{,}000{,}000}}{10{,}000{,}000} = 30\%$

Guide 안전한계 산식 정리

안전한계	□ 안전한계 = 매출액 - 손익분기점(BEP)매출액 • 손실을 발생시키지 않으면서 허용할 수 있는 매출액의 최대감소액을 의미함.
안전한계율	□ 안전한계율 = $\dfrac{\text{안전한계}}{\text{매출액}} = \dfrac{\text{매출액} - \text{손익분기점매출액}}{\text{매출액}} = \dfrac{\text{판매량} - \text{손익분기점판매량}}{\text{판매량}}$ • 안전한계율 = $\dfrac{\text{영업이익}}{\text{공헌이익}} = \dfrac{1}{\text{영업레버리지도}}$ • 안전한계율 × 공헌이익률 = $\dfrac{\text{공헌이익} - \text{고정비}}{\text{매출액}} = \dfrac{\text{이익}}{\text{매출액}}$ = 매출액이익률

| 문제 106번 | 예산 일반사항 | 출제구분 | 신유형 | 난이도 | ★★☆ | 정답 | ③ |

- 예산 편성성격에 따라 운영예산과 재무예산으로 분류된다.

Guide 예산의 종류

예산편성대상	종합예산	• 기업전체를 대상으로 작성되는 예산으로서, 모든 부문예산을 종합한 것
	부문예산	• 기업내의 특정부문을 대상으로 작성되는 예산
예산편성성격	운영예산	• 구매·생산·판매 등의 영업활동에 대한 예산
	재무예산	• 설비투자·자본조달 등의 투자와 재무활동에 대한 예산
예산편성방법	고정예산	• 조업도의 변동을 고려하지 않고 특정조업도를 기준으로 작성되는 예산
	변동예산	• 조업도의 변동에 따라 조정되어 작성되는 예산

문제 107번 | 책임회계와 성과보고서 | 출제구분: 재출제 | 난이도: ★★☆ | 정답: ③

- ① 성과보고서에 통제불가능원가는 제외되거나 통제가능원가와 구분하여 표시되어야 한다. 왜냐하면 각 책임중심점은 통제가능항목에 의해 규정된 책임범위에 대해서만 책임을 지며, 각 책임중심점의 책임범위를 벗어나는 통제불가능항목에 대해서는 책임이 없기 때문에 통제불가능항목은 각 책임중심점의 성과평가시 제외되는 것이 원칙이기 때문이다.
- ② 책임회계에 의한 성과평가를 위해서는 조직 전체적으로 예산(표준)과 실적(실제발생액)간의 차이를 발견하고 그 차이의 원인이 어떤 부문에서 어떠한 이유에 의해 발생하였는지 분석해야 하며, 이러한 목적을 달성하기 위하여 실적(실제발생액)과 예산과의 차이를 포함시켜 비교하여 작성한 표가 성과보고서(performance report)이다.
- ③ 해당 책임중심점에 배분된 고정제조간접원가는 통제불가능원가이다.
- ④ 책임회계제도에 근거한 성과보고서는 실제 성과와 예산과의 차이를 쉽게 파악할 수 있게 해줌으로써 경영자가 각 개인 및 조직단위별로 발생한 차이 중 어떤 부분에 더 많은 관심과 노력을 투입해야 하는지를 쉽게 알 수 있어 예외에 의한 관리(management by exceptions)가 가능하다.

문제 108번 | 성과평가제도 고려사항 | 출제구분: 재출제 | 난이도: ★★☆ | 정답: ③

- 효율적인 성과평가제도는 적시성과 경제성을 적절히 고려해야 한다.
  → 성과평가 결과가 신속하게 보고되고 조정될 때 적시성이 있다고 한다. 따라서 성과평가를 수행하는 경우 많은 시간과 비용을 투입하면 더욱 정확한 평가는 가능할지 몰라도, 적시성과 경제성(비용 대 효익) 측면에서는 문제가 있을 수 있다. 반대로 적은 시간과 비용을 투입하면 적시성과 경제성은 얻을 수 있겠지만 정확한 성과평가는 어려울 것이다.

Guide 효율적인 성과평가제도 설계를 위해 고려해야 할 사항

목표일치성	• 각 책임중심점들의 이익극대화가 기업전체적인 이익극대화와 같을 때 목표가 일치한다고 말할 수 있음. 즉, 효율적인 성과평가제도는 구성원들의 성과극대화 노력이 기업전체목표의 극대화로 연결될 수 있도록 설계되어야 함.
성과평가의 오차	• 각 책임중심점의 성과평가 수행과정에서 성과측정 오류가 발생하는 것이 일반적인데, 효율적 성과평가제도는 성과평가치의 성과측정오류가 최소화되도록 설계되어야 함.
적시성과 경제성	• 성과평가 결과가 신속하게 보고되고 조정될 때 적시성이 있다고 함. 따라서 성과평가를 수행하는 경우 많은 시간·비용을 투입하면 더욱 정확한 평가는 가능할지 몰라도 적시성과 경제성(비용 대 효익) 측면에서는 문제가 있을 수 있음. 반대로 적은 시간·비용을 투입하면 적시성과 경제성은 얻을 수 있겠지만 정확한 성과평가는 어려울 것. 따라서 효율적인 성과평가제도는 적시성과 경제성을 적절히 고려해야 함.
행동에 미치는 영향	• 성과평가를 한다는 사실 자체가 각 책임중심점의 행동에 영향을 미치게 됨. 예를 들어, 매출액을 성과평가의 측정치로 설정한다면 각 책임중심점은 매출액을 다른 어떤 요소들보다도 중요시하게 될 것임. 이에 따라 매출액 순이익률이나 채권의 안전성 등의 요인들이 무시되어 오히려 순이익이 감소할 수도 있음. • 이와 같이 성과를 측정한다는 사실 자체가 피평가자의 행위에 영향을 미치는 현상을 하이젠버그 불확실성원칙이라 함. 따라서, 효율적인 성과평가제도는 각 책임중심점의 행동에 미치는 영향을 적절히 고려해야만 함.

| 문제 109번 | 투자중심점 성과평가 : 잔여이익 | 출제구분 | 재출제 | 난이도 | ★ ★ ☆ | 정답 | ① |

- 사업부별 잔여이익 계산
  - A사업부 : 900,000(영업이익) - 1,000,000(영업자산) × 10%(최저필수수익률) = 800,000
  - B사업부 : 1,500,000(영업이익) - 4,000,000(영업자산) × 20%(최저필수수익률) = 700,000
  - C사업부 : 1,500,000(영업이익) - 3,000,000(영업자산) × 30%(최저필수수익률) = 600,000
- 잔여이익이 높은 순서 : A사업부(800,000) 〉 B사업부(700,000) 〉 C사업부(600,000)

Guide 잔여이익(RI) 주요사항

잔여이익 계산	□ 잔여이익(RI) = 영업이익 - 영업자산(투자액) × 최저필수수익률 ○주의 투자수익률(ROI)에 의한 의사결정과 잔여이익(RI)에 의한 의사결정은 일치하지 않음. → 즉, 투자수익률(ROI)에서는 채택되어도 잔여이익(RI)에서는 기각 가능
장점	• 준최적화현상이 발생하지 않음. →각 사업부의 경영자는 최저필수수익률을 초과하는 모든 투자안을 수락하게 되므로 투자중심점과 회사전체의 이익을 동시에 극대화 가능
단점	• 금액으로 표시하므로 각 사업부의 투자규모가 상이할 경우 사업부간 성과 비교에 한계가 있음. • 투자수익률(ROI)과 마찬가지로 회계적이익에 기초하므로 성과평가와 의사결정의 일관성이 결여

| 문제 110번 | 경제적부가가치(EVA) 일반사항 | 출제구분 | 기출변형 | 난이도 | ★ ★ ★ | 정답 | ③ |

- ① 경제적부가가치(EVA)는 투자중심점이 고유의 영업활동에서 세금, 타인자본과 자기자본에 대한 자본비용을 초과하여 벌어들인 이익을 의미하며, 경제적부가가치(EVA)는 고유의 영업활동에서 창출된 순가치의 증가분을 의미한다.
- ② 투하자본(=총자산 - 유동부채)은 영업관련 총자산에서 영업관련 유동부채를 차감하여 계산한다. 영업관련 유동부채는 무이자유동부채(매입채무, 미지급비용 등)를 의미한다. 단기차입금 등과 같은 이자비용이 지급되는 유동부채는 투하자본 측정시 차감하지 않는다.(즉, 차감하는 유동부채 항목에서 제외)
- ③ 부채에 대한 이자비용이 발생하면 법인세의 절감효과가 있으므로 타인자본비용은 '타인자본비용 × (1 - 법인세율)'로 계산한다. 즉, 가중평균자본비용의 측정에 있어 법인세 효과를 별도로 고려한다.
- ④ 투하자본의 회전율을 높이면 투하자본이 감소하여 경제적부가가치(세후영업이익 - 투하자본 × 가중평균자본비용)는 높아진다.

Guide 경제적부가가치(EVA) 계산

특징	• 타인자본비용(이자비용)뿐 아니라 자기자본비용(배당금)도 비용으로 고려하는 성과지표임. ○주의 ∴EVA는 I/S상 순이익보다 낮음. ○주의 EVA는 비재무적측정치는 고려하지 않음.
계산	□ EVA = 세후영업이익 - 투하자본(투자액) × 가중평균자본비용 • 가중평균자본비용 = $\dfrac{부채의시장가치 \times 부채이자율(1-t) + 자본의시장가치 \times 자기자본비용(\%)}{부채의시장가치 + 자본의시장가치}$ • 투하자본 = (총자산 - 유동부채) →투하자본 계산시 비영업자산은 제외 →유동부채 계산시 영업부채가 아닌 이자발생부채인 단기차입금·유동성장기차입금 제외

| 문제 111번 | 투자중심점 성과평가 | 출제구분 | 신유형 | 난이도 | ★ ★ ☆ | 정답 | ③ |

- ① 투자수익률은 비율로 표시되므로 투자규모가 다른 투자중심점간의 성과평가 및 비교에 유용하다는 장점이 있다. (반면에, 잔여이익은 금액에 의하므로 투자규모가 서로 다른 투자안에 대한 성과평가시 상호 비교하기가 어렵다는 문제점이 있다.)
- ② 투자중심점의 이익극대화가 기업전체적인 이익극대화와 같을 때 목표일치성을 충족한다고 말할 수 있다. 투자수익률의 경우는 준최적화(투자중심점의 성과극대화가 회사 전체의 성과극대화를 가져오지 못하는 현상으로 회사전체 최저필수수익률을 상회하는 좋은 투자안이 개별 투자중심점의 투자수익률 보다 낮기 때문에 투자가 포기되는 현상)가 발생할 수 있으므로 목표일치성을 충족시킬 수 없으나, 잔여이익의 경우는 투자자금에 여유가 있는 한 최저필수수익률을 초과하는 투자안을 모두 채택하게 되어 준최적화가 발생하지 않으므로 목표일치성을 충족시킬 수 있다.
- ③ 잔여이익을 기준으로 성과평가를 하는 경우에는 산업간 위험의 차이에 대해서 쉽게 조정할 수 있다. 위험이 매우 높은 투자를 하는 투자중심점에 대해서는 최저필수수익률을 약간 높이고 비교적 안정적인 투자를 하는 투자중심점에 대해서는 최저필수수익률을 약간 낮추면 된다.
- ④ 경제적부가가치는 타인자본비용(이자비용)뿐 아니라 자기자본비용(배당금)도 비용으로 고려하는 성과지표이다.[즉, 당기순이익이 자기자본에 대한 자본비용(배당금)을 고려하지 않는 이익개념인 반면에, 경제적부가가치(EVA)는 자기자본에 대한 자본비용을 고려한 이익개념이다.]

Guide 투자수익률(ROI)·잔여이익(RI)·경제적부가가치(EVA)의 장점

ROI 장점	• ㉠ 사업부의 이익뿐만 아니라 투자액도 함께 고려하는 성과평가 기준임. →따라서, 사업부의 경영자가 자신의 사업부 투자액에 대한 통제권한이 있는 경우 그 경영자의 성과측정 지표로 더욱 유용하게 사용될 수 있음. ㉡ 투자규모가 다른 투자중심점을 상호 비교하기가 용이함.
RI 장점	• ㉠ 투자중심점과 회사전체의 목표일치성을 충족시킬 수 있음. →즉, 투자자금에 여유가 있는 한 최저필수수익률을 초과하는 투자안을 경영자가 모두 채택하게 되므로 투자중심점과 회사전체의 잔여이익을 동시에 극대화시킬 수 있음. ㉡ 잔여이익으로 성과평가시는 산업간 위험의 차이에 대해서 쉽게 조정할 수 있음. →위험이 매우 높은 투자를 하는 투자중심점에 대해서는 최저필수수익률을 약간 높이고, 비교적 안정적인 투자를 하는 투자중심점에 대해서는 최저필수수익률을 약간 낮추면 됨.
EVA 장점	• ㉠ 잔여이익과 마찬가지로 투자중심점과 회사전체의 목표일치성을 충족시킬 수 있음. ㉡ 투자중심점의 자본조달비용이 다를 경우 서로 다른 가중평균자본비용을 사용하여 성과평가를 할 수 있음. ㉢ 고유의 영업활동만을 반영하여 성과평가를 하므로 투자중심점 고유의 경영성과를 측정하는데 보다 유용함. ㉣ 자기자본에 대한 자본비용을 고려하여 성과평가를 할 수 있음.(즉, 배당금도 비용처리함.)

문제 112번 | 의사결정시 원가용어 | 출제구분: 재출제 | 난이도: ★ ☆ ☆ | 정답: ②

- 회피가능원가[의사결정에 따라 절약할 수 있는(피할 수 있는) 원가]는 대표적인 관련원가이다.
  → 회피불능원가[특정대안을 선택하는 것과 관계없이 동일하게 발생하는 원가]는 대표적인 비관련원가이다.

Guide 의사결정시 필요한 원가용어와 정의

의사결정 관련성	관련원가	• 대안간에 차이가 나는 미래원가〈의사결정과 관련O〉
	비관련원가	• 과거원가이거나 대안 간에 차이가 나지 않는 미래원가〈의사결정과 관련X〉
실제지출유무	지출원가	• 미래에 현금 등의 지출을 수반하는 원가(실제지출O)
	기회원가	• 자원을 현재 용도 이외의 다른 용도에 사용할 경우 얻을 수 있는 최대금액(실제지출X)〈관련원가〉
발생시점	매몰원가	• 과거 발생한 역사적 원가로서 현재·미래에 회수불가한 원가〈비관련원가〉
	미래원가	• 미래에 발생할 원가
회피가능성	회피가능원가	• 의사결정에 따라 절약할 수 있는(피할 수 있는) 원가〈관련원가〉
	회피불능원가	• 특정대안을 선택하는 것과 관계없이 동일하게 발생하는 원가〈비관련원가〉

문제 113번 | 제품라인 유지·폐지 의사결정 | 출제구분: 재출제 | 난이도: ★ ★ ☆ | 정답: ①

- 사업부 X를 폐지하는 경우
  증분수익 - 감소 : 공헌이익 300,000 - 280,000 = (20,000)
  증분비용 - 감소 : 회피가능고정원가 120,000 - 70,000 = 50,000
  증분손익   30,000

∴ 사업부 X를 폐지한다면 순이익은 증분이익 30,000원 만큼 증가한다.

Guide 제품라인 유지·폐지 의사결정

고려사항	• 회사전체의 이익에 미치는 영향을 기준으로 폐지여부를 결정함. → 제품라인의 유지·폐지 문제에서는 제품라인 자체의 이익을 고려하여 결정하는 것이 아니라, 기업 전체적인 입장(goal congruence)에서 전체 이익에 미치는 영향을 분석해야 함. • 폐지로 인한 회피가능고정비 존재시 이 또한 고려함. → 제품라인을 폐지할 경우 매출액과 변동원가는 사라지지만 고정원가는 회피가능고정원가와 회피불가능고정원가로 나눌 수 있기 때문임.
제품라인폐지 의사결정	▫ 제품라인의 공헌이익 < (회피가능고정원가 + 기회원가)

문제 114번   외부구입과 지불가능 최대가격   출제구분 재출제   난이도 ★★★   정답 ④

- 외부구입의 경우
  증분비용 - 증가 : 구입액   =   (10,000단위 × A)
          - 감소 : 원가감소 10,000단위 × (200 + 80 + 120) + 600,000 × 2/3 =   4,400,000
  증분손익   4,400,000 - 10,000단위 × A

  → 4,400,000 - 10,000단위 × A ≧ 0 에서, A ≦ 440

Guide   자가제조·외부구입 의사결정

고려사항	• 자가제조시 관련원가와 외부구입가격을 고려
	   ◎주의 자가제조시 증감하는 고정원가도 관련원가이므로 이도 고려함.
	       → 예 자가제조시 추가 고용 감독자급료
	• 외부구입시 다음을 고려함.
	   ⊙ 기존설비 임대가 가능한 경우 : 임대수익을 고려
	   ⊙ 기존설비로 다른 제품 생산시 : 관련수익과 변동원가를 고려(= 다른 제품 공헌이익)
	   ⊙ 회피가능고정원가는 관련원가, 회피불능고정원가는 비관련원가임.

고려해야할 비재무적 정보	• 자가제조의 경우는 부품 공급업자에 대한 의존도를 줄일 수 있으며, 품질관리를 보다 쉽게 할 수 있다는 장점이 있음. • 자가제조의 경우는 공급업자에 대한 의존도를 줄임으로써 공급업자와의 관계를 상실하여 향후에 급격한 주문의 증가로 회사의 생산능력이 초과할 때 제품을 외부구입하기가 쉽지 않을 수 있음. (별도의 추가적 시설투자가 필요하므로 많은 비용이 발생하는 단점이 있음.) • 제품에 특별한 지식·기술이 요구될 때 자가제조를 하며 품질을 유지하기가 쉽지 않을 수 있음.

외부구입
의사결정
	⊙ 기존설비의 대체용도가 있는 경우
	      □ 증분수익(변동원가 + 회피가능고정원가 + 기회원가) > 증분비용(외부구입원가)
	⊙ 기존설비의 대체용도가 없는 경우
	      □ 증분수익(변동원가 + 회피가능고정원가) > 증분비용(외부구입원가)

문제 115번   자가제조·외부구입 의사결정시 고려사항   출제구분 재출제   난이도 ★★☆   정답 ②

- ① 매몰원가는 과거 의사결정의 결과로 이미 발생한 원가로, 의사결정에 영향을 미치지 않는 비관련원가이다.
  ② 회피가능고정원가는 관련원가이므로 의사결정을 하는데 반드시 고려하여야 한다.
      →회피불능고정원가는 비관련원가이므로 의사결정을 하는데 고려하지 않는다.
  ③ 외부구입원가가 회피가능원가(변동원가, 회피가능고정원가 등)보다 큰 경우에는 자가제조한다.
      →외부구입원가가 회피가능원가(변동원가, 회피가능고정원가 등)보다 작은 경우에는 외부구입한다.
  ④ 외부구입시 기존설비의 임대가 가능한 경우 발생할 임대수익과 같은 기회비용도 증분수익으로 고려한다.

| 문제 116번 | 현금흐름추정의 기본원칙 | 출제구분 | 재출제 | 난이도 | ★ ☆ ☆ | 정답 | ③ |

- 이자비용은 현금유출이지만 현재가치를 계산할 때 사용되는 할인율(자본비용)을 통해 반영되는 항목이다. 따라서, 현금흐름의 계산에서 이자비용을 계산하고 다시 할인율을 적용하는 것은 이중계산이 되므로, 이자비용이 전혀 없는 상황을 가정하여 현금흐름을 추정해야 한다.

Guide 자본예산시 현금흐름추정의 기본원칙

증분기준	• 투자안의 증분현금흐름(대안간에 차이가 나는 현금흐름)을 사용함. →∴매몰원가 제외
세후기준	• 현금흐름을 파악할 때에는 법인세를 차감한 후의 금액을 기준으로 함.
감가상각비	• 감가상각비는 현금유출이 아니나, 감가상각비의 감세효과(절세효과)는 현금유입 처리함.
이자비용	• 자본비용(할인율)에 반영되어 있으므로 이자비용은 고려하지 않음. →현금흐름의 계산에서 이자비용을 계산하고 다시 할인율을 적용하는 것은 이중계산이 되므로, 이자비용이 전혀 없는 상황을 가정하여 현금흐름을 추정해야 함.
인플레이션	• 명목현금흐름은 명목할인율로, 실질현금흐름은 실질할인율로 할인해야 함.

| 문제 117번 | 순현재가치법과 NPV 계산 | 출제구분 | 재출제 | 난이도 | ★ ☆ ☆ | 정답 | ③ |

- 현금흐름 추정

x1년초	x1년말	x2년말	x3년말	x4년말	x5년말
(950,000)	300,000	300,000	300,000	300,000	300,000

- NPV(순현재가치) : (300,000×3.79) - 950,000 = 187,000

저자주 문제의 명확한 성립을 위해 누락된 단서인 '단, 법인세는 없다고 가정한다.'를 추가하기 바랍니다.

Guide 순현재가치법(NPV법)

의의	□ NPV(순현재가치) = 현금유입의 현재가치 - 현금유출의 현재가치
	○주의 할인율 : 자본비용(= 최저필수수익률 = 최저요구수익률)
의사결정	상호독립적 투자안 • 'NPV > 0'인 투자안 채택 상호배타적 투자안 • NPV가 가장 큰 투자안 채택
장점	• ㉠ 자본비용으로 재투자된다고 가정하므로 현실적임. ㉡ 비할인모형에서 무시되고 있는 화폐의 시간적 가치를 고려함. ㉢ 현금흐름과 기대치와 자본비용만이 고려되고 회계적 수치와는 무관하므로 자의적 요인을 제거할 수 있음. ㉣ 가치가산원칙[NPV(A+B)=NPV(A)+NPV(B)]이 성립함. ㉤ 기업의 가치를 극대화할 수 있는 투자안을 선택할 수 있음. →즉, 채택된 모든 투자안의 순현재가치는 곧 그 기업의 가치가 됨.
단점	• ㉠ 투자안의 할인율(자본비용)을 정하기가 어려움. ㉡ 확실성하에서만 성립하는 모형이므로, 불확실성하에서 적용하기 어려움.

문제 118번   자본예산 일반사항   출제구분: 기출변형   난이도: ★ ☆ ☆   정답: ④

- 현금모형(실제 현금흐름에 기초) : 순현재가치법(NPV법), 내부수익률법(IRR법)
- 비현금모형(손익계산서상 순이익에 기초) : 회수기간법, 회계적이익률법(ARR법)

Guide 자본예산 모형의 분류

비할인모형 〈화폐의 시간가치 고려X〉	• 회계적이익률법(ARR법)	비현금모형 〈손익계산서상 순이익에 기초〉
	• 회수기간법	
할인모형 〈화폐의 시간가치 고려O〉	• 순현재가치법(NPV법) • 내부수익률법(IRR법) • 수익성지수법(PI법)	현금모형 〈실제 현금흐름에 기초〉

문제 119번   유휴시설 여부와 내부대체 결정   출제구분: 기출변형   난이도: ★ ★ ★   정답: ④

- 수요사업부(B사업부)의 최대대체가격 : 외부구매시장이 있음 → 최대TP = 160
- 공급사업부(A사업부) 최소대체가격 : 외부판매시장이 있음
  ㉠ 유휴생산시설이 없는 경우 : 100 + (170 - 100) = 170

→ 따라서, 회사전체의 이익극대화를 위해 대체하지 않는다.(외부에서 구입한다.)
  ㉡ 유휴생산시설이 있는 경우 : 100

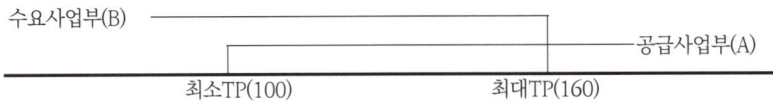

→ A : '대체가격 - 100'만큼 이익, B : '180 - 대체가격'만큼 이익, 회사전체 : '180 - 100'만큼 이익
  따라서, 회사전체의 이익극대화를 위해 대체한다.(A사업부에서 구입)

Guide 최대·최소대체가격(TP) 계산

최대대체가격 [수요사업부]	외부구매시장 없는 경우	☐ 판매가격 - 대체후단위당지출원가
		→ 대체후단위당지출원가 = 추가가공원가 + 증분단위당고정비 + 단위당추가판매비
	외부구매시장 있는 경우	☐ Min[① 외부구입가격 ② 판매가격 - 대체후단위당지출원가]
		🔍주의 대체후지출없이 판매시 일반적으로 판매가>외부구입가, 즉, 최대TP=외부구입가
최소대체가격 [공급사업부]	외부판매시장 없는 경우	☐ 대체시단위당지출원가 - 대체시절감원가
		→ 대체시단위당지출원가 = 단위당변동비 + 증분단위당고정비
	외부판매시장 있는 경우	㉠ 유휴시설이 없는 경우
		☐ 대체시단위당지출원가 + 정규매출상실공헌이익 - 대체시절감원가
		㉡ 유휴시설이 있는 경우
		☐ 대체시단위당지출원가 + 타용도사용포기이익 - 대체시절감원가

| 문제 120번 | 수명주기원가계산(LCC) 일반사항 | 출제구분 기출변형 난이도 ★★☆ 정답 ② |

- 수명주기원가계산(LCC)은 제품수명주기 동안 상위활동(=제조이전단계=초기단계 : 연구개발, 설계), 제조, 하위활동(=제조이후단계 : 마케팅, 유통, 고객서비스)에서 발생하는 모든 원가를 제품별로 집계하는 원가계산제도이다. 따라서, 제조활동 이후의 하위활동(마케팅, 유통, 고객서비스) 원가가 원가계산에 포함된다.

Guide 수명주기원가계산(LCC) 주요사항

의의	• 수명주기원가계산(LCC)은 제품수명주기 동안 상위활동(=제조이전단계=초기단계 : 연구개발, 설계), 제조, 하위활동(=제조이후단계 : 마케팅, 유통, 고객서비스)에서 발생하는 모든 원가를 제품별로 집계하는 원가계산제도임. • 수명주기원가계산(LCC)은 연구개발에서 고객서비스에 이르기까지 제품수명주기의 각 단계별 수익과 비용을 추정함과 동시에 각 단계별로 수익창출 및 원가절감을 위해 취해진 제반 활동의 결과를 평가하기 위한 장기적 관점의 원가계산제도임. →단기적 관점의 원가절감을 유도하는 것이 아님.
특징	• 제조이전단계(=초기단계)에서 대부분의 제품원가가 결정된다는 인식을 토대로 연구개발단계와 제품 설계단계에서부터 원가절감을 위한 노력을 기울여야 한다는 것을 강조함. • 제품 또는 서비스의 수명주기 매 단계마다 모든 가치사슬단계에서 발생하는 수익과 비용에 대한 집계를 가능하게 하여 프로젝트 전체에 대한 이해가 향상됨.

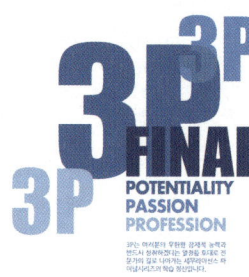

재경관리사 공개기출해설 [원가]

2022년 12월에 시행된 기출문제에 대한 완벽한
해설을 관련이론(가이드)과 함께 제시하였습니다.
해당 문제는 합본부록을 참고바랍니다.

Certified Accounting Manager

원가관리회계
공개기출문제해설
[2022년 12월 시행]

SEMOOLICENCE

| 문제 81번 | 원가의 일반적인 특성 | 출제구분 | 재출제 | 난이도 | ★ ★ ☆ | 정답 | ② |

- 원가는 정상적인 경제활동 과정에서 소비된 가치만을 포함하고 비정상적인 상황에서 발생한 가치의 감소분은 포함하지 않는다.
  - → 예 제품의 제조과정에서 정상적으로 발생하는 감모분은 원가에 산입되지만 비정상적으로 발생하는 감모분은 원가에 산입되지 않는다.

Guide 원가의 특성

경제적 가치	• 경제적 가치를 가지고 있는 요소만이 원가가 될 수 있음. → 예 제조에 사용된 공기·바람 : 원가X(∵경제적 가치 없음)
정상적인 소비액	• 비정상적인 상황에서 발생한 가치의 감소분은 불포함. → 예 정상감모분은 원가에 산입, 비정상감모분은 원가에 불산입
물품·서비스의 소비액	• 단순히 구입하는 것 만으로는 원가가 될 수 없음.(이를 소비해야 비로소 원가가 됨) → 예 구입한 공장용 토지는 소비되어 없어지는 것이 아니므로 원가가 아니라 자산임.
경제활동에서 발생	• 제조·판매활동과 관계없이 발생되는 물품·서비스의 소비는 원가가 되지 않음. → 예 자금조달과 관련하여 발생하는 이자비용은 원가에 불산입

| 문제 82번 | 기초원가와 가공원가 | 출제구분 | 재출제 | 난이도 | ★ ☆ ☆ | 정답 | ② |

- 직접재료원가 : 기초원재료(30,000)+당기원재료매입액(300,000)-기말원재료(20,000)=310,000
- 기초원가 : 직접재료원가(310,000)+직접노무원가(100,000)=410,000
- 가공원가 : 직접노무원가(100,000)+제조간접원가(350,000)=450,000

Guide 당기총제조원가의 구성(기초원가와 가공원가 계산)

직접재료원가(DM)	• 기초원재료+당기매입-기말원재료
직접노무원가(DL)	• 지급임금+미지급임금 예시 당월지급 100(전월미지급분 10, 당월분 60, 차월선급분 30), 당월분미지급 50일 때 → DL : 60+50=110
제조간접원가(OH)	• 제조간접원가(OH)=변동제조간접원가(VOH)+고정제조간접원가(FOH) 예 간접재료비, 간접노무비, 공장건물 감가상각비와 보험료
기초원가(기본원가)	• 직접재료원가(DM)+직접노무원가(DL)
가공원가(전환원가)	• 직접노무원가(DL)+제조간접원가(OH)

| 문제 83번 | 원가의 개념 등 일반사항 | 출제구분 | 재출제 | 난이도 | ★ ★ ☆ | 정답 | ② |

- ㄴ : 당기제품제조원가란 당기 중에 완성된 제품의 제조원가이며, 당기총제조원가에 기초재공품재고액은 가산하고, 기말재공품재고액은 차감하여 구한다.
- ㄹ : 원가는 미래에 경제적 효익을 제공할 수 있는 용역잠재력을 갖는지 여부에 따라 다음과 같이 미소멸원가와 소멸원가로 분류한다.(이는 자산과의 관련성에 따른 분류이다.)

미소멸원가	• 과거의 거래나 사건의 결과로 획득되어 미래에 경제적효익을 제공할 수 있는, 즉 용역잠재력이 소멸되지 않은 원가를 미소멸원가라고 하며 재무상태표에 자산으로 계상된다.		
소멸원가	• 미래에 더 이상 경제적 효익을 제공할 수 없는, 즉 용역잠재력이 소멸된 원가를 소멸원가라고 하며 수익획득에의 공헌 여부에 따라 비용 또는 손실로 계상된다.		
	미소멸원가	자산	• 수익획득에 아직 사용되지 않은 부분(예 재고자산)
	소멸원가	비용	• 수익획득에 사용된 부분(예 매출원가)
		손실	• 수익획득에 기여하지 못하고 소멸된 부분(예 화재손실)

| 문제 84번 | 보조부문원가 배분방법 | 출제구분 | 기출변형 | 난이도 | ★ ☆ ☆ | 정답 | ② |

- ① 보조부문 간의 용역수수관계를 고려하는 가장 합리적인 보조부문원가의 배분방법은 보조부문간의 상호 관련성을 모두 고려하는 상호배분법이다.
- ③ 용역의 수수관계를 완전히 무시하고 보조부문의 원가를 각 제조부문이 사용한 용역의 상대적 비율에 따라 각 제조부문에 직접 배분하는 방법은 직접배분법이다.
- ④ 보조부문원가 배분방법(직접배분법, 단계배분법, 상호배분법)에 관계없이 어떤 방법에 의하더라도 보조부문원가 총액은 모두 제조부문에 배분되므로 공장전체의 제조간접원가는 달라지지 않는다.

Guide 보조부문원가 배분방법별 특징

직접배분법 (direct method)	• 보조부문 상호간에 행해지는 용역의 수수를 완전히 무시하고 보조부문원가를 각 제조부문이 사용한 용역의 상대적 비율에 따라 제조부문에 직접 배분하는 방법 →보조부문원가는 다른 보조부문에 전혀 배분되지 않게 됨.
단계배분법 (step method)	• 보조부문원가의 배분순서를 정하여 그 순서에 따라 단계적으로 보조부문원가를 다른 보조부문과 제조부문에 배분하는 방법 →한 보조부문원가를 다른 보조부문에도 배분하게 되나, 먼저 배분된 보조부문에는 다른 보조부문원가가 배분되지 않음.(보조부문간의 용역수수관계를 일부 인식)
상호배분법 (reciprocal method)	• 보조부문간의 상호 관련성을 모두 고려하는 배분방법으로 가장 논리적인 방법임. →각 보조부문간의 용역수수관계를 방정식을 통해 계산하여 보조부문원가를 배분하게 됨. (보조부문간의 용역수수관계를 완전히 인식)

문제 85번 — 개별원가계산의 절차
출제구분: 재출제 | **난이도**: ★★★ | **정답**: ①

- ① 개별원가계산에서 재공품계정은 통제계정이 되고 각각의 작업원가표는 보조계정이 된다.
  → 즉, 작업원가표는 재공품계정에 의해서 통제되는 보조기록인 것이다. 진행 중인 모든 작업에 대한 작업원가표는 하나의 독립된 보조원장이 되고 진행 중인 모든 작업의 작업원가표상 원가잔액의 합계액은 재공품계정의 잔액과 일치하게 된다.
- ② 원가가 작업원가표에 기재되면 동일한 금액이 재공품계정의 차변에 기록되며, 제품이 완성되면 그에 해당하는 작업원가가 재공품계정에서 제품계정으로 대체된다.
- ③ 제조원가 중 직접원가에 해당하는 재료원가와 노무원가는 발생시점에 작업원가표에 기록된다.
  → 그러나, 제조간접원가는 개별작업별로 직접 대응이 불가능하기 때문에 원가계산 기말에 일정한 배부기준에 의한 배부율에 의해 작업원가표에 기록된다.
- ④ 직접재료는 재료출고청구서에 의해 생산부서로 출고된다. 이 재료출고청구서에는 출고되는 재료의 종류, 수량, 단위당 원가 등이 기록되며, 출고된 재료가 어떤 작업지시서와 관련이 있는지 명시된다. 출고된 재료가 직접원가를 구성할 경우에는 해당 작업의 재공품계정에 바로 기입하고 간접원가일 경우에는 제조간접원가 통제계정에 기입한다.

(차) 재공품(직접재료원가)	xxx	(대) 원재료	xxx
제조간접원가(간접재료원가)	xxx		

문제 86번 — 부문별 제조간접원가 배부
출제구분: 재출제 | **난이도**: ★★☆ | **정답**: ②

- 제조지시서 #105 총제조원가 : ㉠+㉡ = 3,000,000
  - ㉠ 700,000 + 1,000,000 + 1,000,000 × 20% = 1,900,000
  - ㉡ $500,000 + \dfrac{200,000}{50\%} + 200,000 = 1,100,000$

Guide 부문별 제조간접원가 배부방법

공장전체배부	• 공장전체제조간접원가 배부율을 산정하여 배부하는 방법 주의 공장전체제조간접원가 배부율을 사용시는 보조부문원가를 배분할 필요가 없음.
부문별배부	• 각 제조부문별로 배부율을 산정하여 배부하는 방법 →공장전체배부보다 더 정확함.

| 문제 87번 | 기말재공품 완성도 과대평가의 영향 | 출제구분 | 재출제 | 난이도 | ★★★ | 정답 | ① |

- 기말재공품 완성도를 과대평가할 경우
  ㉠ 기말재공품 완성품환산량 과대
  ㉡ 완성품환산량이 과대해지면 투입된 원가는 일정하므로 완성품환산량단위당원가 과소
  ㉢ 완성품의 완성품환산량은 변화가 없으므로 완성품환산량단위당원가의 과소로 완성품원가(당기제품제조원가)는 과소
  ㉣ 상대적으로 기말재공품(재공품계정)의 원가는 과대(재고자산 과대)
  ㉤ '기초제품 + 당기제품제조원가 − 기말제품 = 매출원가'에서 제품계정에는 영향이 없으나, 당기제품제조원가의 과소로 인해 매출원가 과소평가되고 영업이익(당기순이익)이 과대평가된다.
  ㉥ 영업이익(당기순이익)이 과대평가되므로 이익잉여금이 과대계상된다.

비교 기말재공품 완성도를 과소평가할 경우〈위와 반대의 결과〉
  ㉠ 기말재공품 완성품환산량 과소
  ㉡ 완성품환산량이 과소해지면 투입된 원가는 일정하므로 완성품환산량단위당원가 과대
  ㉢ 완성품의 완성품환산량은 변화가 없으므로 완성품환산량단위당원가의 과대로 완성품원가(당기제품제조원가)는 과대
  ㉣상대적으로 기말재공품(재공품계정)의 원가는 과소(재고자산 과소)
  ㉤ '기초제품 + 당기제품제조원가 − 기말제품 = 매출원가'에서 제품계정에는 영향이 없으나, 당기제품제조원가의 과대로 인해 매출원가 과대평가되고 영업이익(당기순이익)이 과소평가된다.
  ㉥ 영업이익(당기순이익)이 과소평가되므로 이익잉여금이 과소계상된다.

| 문제 88번 | 기초재공품 완성도 추정 | 출제구분 | 재출제 | 난이도 | ★★★ | 정답 | ② |

- ㉠ 기초재공품수량 계산 : 20,000단위 − 18,000단위 = 2,000단위
  ㉡ 기초재공품 완성도(A) 계산 : 20,000단위 − 19,600단위 = 2,000단위 × A → ∴ A = 20%

고속철 재료가 공정초에 전량 투입되는 경우
  ㉠ WAM재료비완성품환산량 − FIFO재료비완성품환산량 = 기초재공품수량
  ㉡ WAM가공비완성품환산량 − FIFO가공비완성품환산량 = 기초재공품수량 × 기초완성도

저자주 본 문제는 세무사 기출문제로서, 재경관리사 시험에 그대로 출제되었습니다. 실전 문제에서는 반드시 위 '고속철' 풀이법에 의해 계산하여야 합니다. 반드시 숙지 바랍니다.

| 문제 89번 | 평균법 완성품환산량 | 출제구분 | 재출제 | 난이도 | ★☆☆ | 정답 | ② |

- 평균법 완성품환산량의 계산

[1단계] 물량흐름

완성	2,200
기말	400(30%)
	2,600

[2단계] 완성품환산량

	재료비	가공비
	2,200	2,200
	400	400 × 30% = 120
	2,600	**2,320**

문제 90번 | 평균법·선입선출법 금액계산 비교 | 출제구분: 신유형 | 난이도: ★★★ | 정답: ④

- 평균법

[1단계] 물량흐름

		재료비	가공비
완성	200	200	200
기말	100(40%)	100	100×40% = 40
	300	300	240

[2단계] 완성품환산량 (재료비 / 가공비)

[3단계] 총원가요약
- 기초: 20,000 / 9,000
- 당기발생: 52,000 / 34,200
- 합계: 72,000 / 43,200

[4단계] 환산량단위당원가(cost/unit): ÷300 / ÷240 = @240 / @180

- 선입선출법

[1단계] 물량흐름

		재료비	가공비
기초완성	100(60%)	0	100×(1−60%) = 40
당기완성	200−100 = 100	100	100
기말	100(40%)	100	100×40% = 40
	300	200	180

[3단계] 총원가요약
- 당기발생: 52,000 / 34,200
- 합계: 52,000 / 34,200

[4단계] 환산량단위당원가(cost/unit): ÷200 / ÷180 = @260 / @190

- ① 기초재공품(전기작업분) 100개(60%) 자체의 완성품환산량은 재료원가 100개, 가공원가 100×60%=60개이다.
  - ㉠ 재료원가 : 200(선입선출법완성품환산량) + 100(기초재공품완성품환산량) = 300(평균법완성품환산량)
  - ㉡ 가공원가 : 180(선입선출법완성품환산량) + 60(기초재공품완성품환산량) = 240(평균법완성품환산량)
- ② 선입선출법 전기 완성품환산량단위당원가
  - ㉠ 재료원가 : 20,000 ÷ 100개 = 200
  - ㉡ 가공원가 : 9,000 ÷ 60개 = 150
- ③ 선입선출법의 완성품에 포함된 재료원가
  - ㉠ 평균법 : 200개 × @240 = 48,000
  - ㉡ 선입선출법 : 20,000 + 100개 × @260 = 46,000
- ④ 평균법의 완성품에 포함된 가공원가
  - ㉠ 평균법 : 200개 × @180 = 36,000
  - ㉡ 선입선출법 : 9,000 + 140개 × @190 = 35,600

문제 91번 | 표준원가시스템의 특징 | 출제구분 기출변형 | 난이도 ★★☆ | 정답 ③

- ① 표준원가시스템(예외에 의한 관리 제외)은 책임을 명확히 하여 종업원의 동기를 유발시키는 방법이다.
  → **참고** 다만, 예외에 의한 관리는 근로자에게 동기부여 측면에서 문제가 발생할 수 있다. 만일 성과평가가 중요한 예외사항에 의해서만 결정된다면 근로자는 자신에게 불리한 예외사항을 숨기려고 할 것이고, 원가가 크게 절감된 예외사항에 대해서 보상을 받지 못한다면 이에 대한 불만이 누적되고 동기부여가 되지 않을 수 있기 때문이다.
- ② 표준원가에 일치하는(근접하는) 원가항목보다 표준원가에서 크게 벗어나는 항목을 중점적으로 관리해야 한다.
- ③ 효율적 달성치인 표준원가를 설정하여 실제 발생원가와 비교함으로써 원가통제를 통한 원가절감을 유도할 수 있다. 즉, 표준원가계산제도는 성격상 원가절감을 위한 원가통제를 포함한다.
- ④ 표준에서 벗어나는 차이 중 사전에 설정된 허용범위를 벗어나는 경우에만 검토하면 되며, 이를 '예외에 의한 관리'라고 한다. 표준원가계산은 예외에 의한 관리를 통해 표준원가와 실제원가의 차이 중 중요한 부분에 대해서만 관심을 가지게 된다. 다만, 중요한 불리한 차이든지 중요한 유리한 차이든지 중요한 차이는 모두 검토한다.

문제 92번 | 직접재료원가 구입가격차이와 SP추정 | 출제구분 재출제 | 난이도 ★★★ | 정답 ③

- AP(단위당 실제구입가격) = 250
- AQ'(구입량) 추정[원재료계정]

| 기초원재료 | 160,000 | 투입액(사용액) | 325,000 |
| 구입액(AQ'×AP) | ? | 기말원재료 | 200,000 |

→ 구입액(AQ'×AP) = 365,000
→ AP = 250이므로, 구입량(AQ') = 1,460단위
- SP(단위당 표준원가) 계산

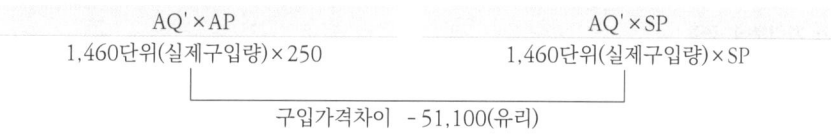

→ SP(단위당 표준가격) = 285

* **비교** 사용가격차이 계산구조

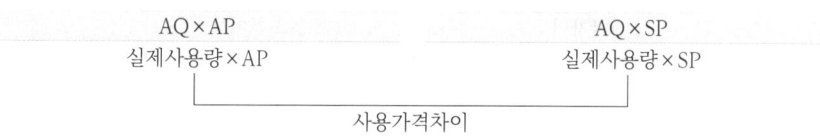

문제 93번 | 직접노무원가 가격·능률차이 | 출제구분: **기출변형** | 난이도: ★ ☆ ☆ | 정답: ④

- 직접노무원가 차이분석

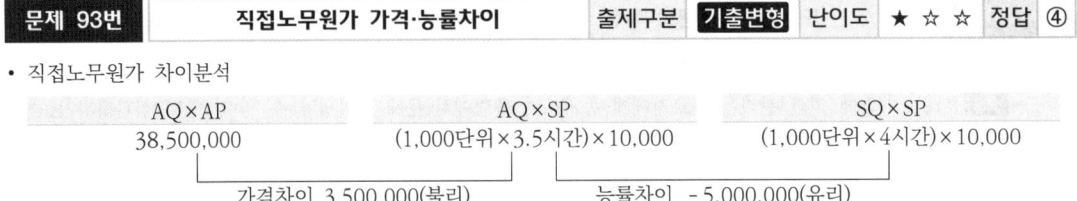

AQ×AP	AQ×SP	SQ×SP
38,500,000	(1,000단위×3.5시간)×10,000	(1,000단위×4시간)×10,000

가격차이 3,500,000(불리)   능률차이 −5,000,000(유리)

Guide 직접노무원가 차이분석 구조

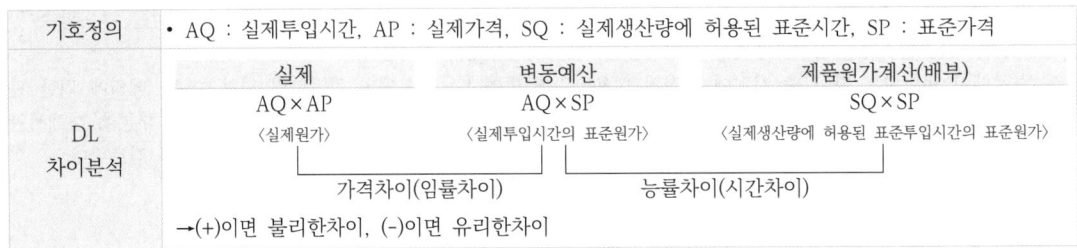

기호정의	AQ : 실제투입시간, AP : 실제가격, SQ : 실제생산량에 허용된 표준시간, SP : 표준가격
DL 차이분석	실제 / 변동예산 / 제품원가계산(배부) AQ×AP 〈실제원가〉 / AQ×SP 〈실제투입시간의 표준원가〉 / SQ×SP 〈실제생산량에 허용된 표준투입시간의 표준원가〉 가격차이(임률차이) 능률차이(시간차이) →(+)이면 불리한차이, (−)이면 유리한차이

문제 94번 | 고정제조간접원가 차이분석 기본사항 | 출제구분: **재출제** | 난이도: ★ ☆ ☆ | 정답: ④

① 고정제조간접원가 실제발생액과 고정제조간접원가 예산(F)과의 차이를 고정제조간접원가 예산차이라고 한다.
② 고정제조간접원가 예산은 기준조업도(N)에 조업도 단위당 표준배부율(f)을 곱하여 계산한 금액을 의미한다.
→고정제조간접원가 배부액은 실제산출량에 허용된 표준조업도(S)에 조업도 단위당 표준배부율(f)을 곱하여 계산한 금액이다.
③ 고정제조간접원가 실제발생액과 고정제조간접원가 배부액과의 차이를 고정제조간접원가 총차이라고 한다.

Guide 고정제조간접원가 차이분석 구조

기호정의	N : 기준조업도, F : FOH예산, f : FOH배부율($=\dfrac{F}{N}$), S : 실제생산량에 허용된 표준조업도
FOH 차이분석	실제 / 변동예산 / 제품원가계산(배부) 실제발생액 / $F(=f \times N)$ / $f \times S$ 예산차이 조업도차이 →(+)이면 불리한차이, (−)이면 유리한차이

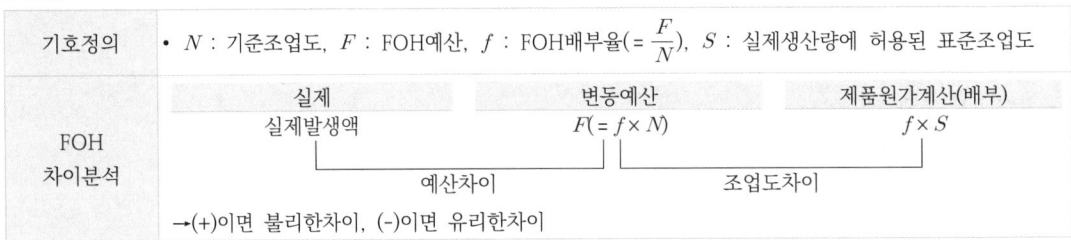

| 문제 95번 | 표준원가계산 원가차이 조정 | 출제구분 | 재출제 | 난이도 | ★ ★ ★ | 정답 | ④ |

- ① 모두 매출원가에서 조정되므로 재공품과 제품계정은 모두 표준원가로 계속 기록된다.
- ② 원가차이가 매출원가에 가감되므로 모든 원가차이를 당기손익에 반영하게 되며 이에 따라 불리한 차이의 경우는 비례배분법보다 순이익이 감소, 유리한 차이의 경우는 비례배분법보다 순이익이 증가한다.
- ③ 비례배분법은 제조간접원가 배부차이를 매출원가, 제품 및 재공품에 배분하여 차이를 조정한다.
- ④ 불리한 원가차이는 매출원가에 가산하고 유리한 원가차이는 매출원가에서 차감한다.

*저자주 문제의 명확한 성립을 위해 선지 ②의 '~ 당기순이익이 작게 나타난다.'를 '~ 당기순이익이 항상 작게 나타난다.'로 수정바랍니다.

*저자주 선지 ④번은 정상원가계산의 배부차이 처리방법인 매출원가조정법에 대한 내용입니다. 출제오류에 해당하며 '정답 없음'으로 처리되어야 합니다. 충분한 검토과정과 신중한 출제가 필요하다고 사료됩니다.

Guide 표준원가계산 원가차이 배분(조정)방법

매출원가조정법	• 모든 원가차이를 매출원가에 가감하는 방법(원가차이가 중요치 않은 경우 적용)
	→ ㉠ 불리한 차이 : 매출원가에 가산 ㉡ 유리한 차이 : 매출원가에서 차감
	
	원가차이 분석 (차) 재공품(SQ×SP) 70,000 (대) 원재료(AQ×AP) 100,000
	                 가격차이(불리) 40,000 능률차이(유리) 10,000
	원가차이 배분 (차) 매출원가 40,000 (대) 가격차이(불리) 40,000
	                 (차) 능률차이(유리) 10,000 (대) 매출원가 10,000
	
	• 모두 매출원가에서 조정되므로 재공품과 제품계정은 모두 표준원가로 계속 기록됨.

총원가비례배분법	• 재고자산(재공품, 제품)과 매출원가의 총원가를 기준으로 원가차이를 배분하는 방법
원가요소별비례배분법	• 재고자산(재공품, 제품)과 매출원가의 원가요소(DM,DL,OH)를 기준으로 각 해당하는 원가요소의 원가차이를 배분하는 방법
기타손익법 (영업외손익법)	• 모든 원가차이를 기타손익으로 처리하는 방법 → ㉠ 불리한 차이 : 기타비용 ㉡ 유리한 차이 : 기타수익 • 이론적 근거는 표준은 정상적인 공손이나 비능률을 감안하여 설정되므로 이를 벗어난 차이는 원가성이 없다고 보아 별도항목인 기타손익으로 표시해야 한다는 것임.

| 문제 96번 | 변동원가계산 총매출액 추정 | 출제구분 | 재출제 | 난이도 | ★ ☆ ☆ | 정답 | ④ |

- 판매량을 Q라 하면, 매출액(Q×12,000) - 변동원가(Q×7,500) - 고정원가(4,800,000) = 영업이익(20,040,000)
  → Q(판매량) = 5,520단위
- 총매출액 : 5,520단위(판매량) × 12,000(단위당판매가격) = 66,240,000

Guide 전부원가계산·변동원가계산·초변동원가계산 영업이익 계산 비교

전부원가계산	변동원가계산	초변동원가계산
• 매출액 (-)매출원가(DM+DL+VOH+FOH) 매출총이익 (-)판관비(변동+고정) 영업이익	• 매출액 (-)매출원가(DM+DL+VOH) (-)변동판관비 공헌이익 (-)FOH+고정판관비 영업이익	• 매출액 (-)제품수준변동원가(DM) 재료처리량(현금창출)공헌이익 (-)운영비용(DL+VOH+FOH+판관비) 영업이익

문제 97번 — 초변동원가계산 일반사항 | 출제구분: 신유형 | 난이도: ★☆☆ | 정답: ③

- 초변동원가계산의 제품원가(제조원가)는 직접재료원가만으로 구성된다.

Guide 전부원가계산·변동원가계산·초변동원가계산의 기본적 차이점

구분	전부원가계산	변동원가계산	초변동원가계산
근본적 차이	• 원가부착개념 →FOH도 제조원가	• 원가회피개념 →FOH는 비용처리	• 초원가회피개념 →DL,VOH,FOH를 운영비용처리
제조(제품)원가	• DM+DL+VOH+FOH	• DM+DL+VOH	• DM
기간비용	• 판관비	• FOH,판관비	• DL,OH,판관비
손익계산서	• 전통적I/S(기능별I/S)	• 공헌이익I/S(행태별I/S)	• 초변동원가I/S
의사결정	• 장기의사결정에 유리	• 단기의사결정에 유리	• 단기의사결정에 유리
보고	• 외부보고용	• 내부관리용	• 내부관리용

문제 98번 — 전부원가계산 기말제품재고액 | 출제구분: 재출제 | 난이도: ★★☆ | 정답: ②

- 전부원가계산에서는 고정제조간접원가(FOH)도 제조원가로 처리한다.
  →반면, 변동원가계산에서는 고정제조간접원가(FOH)를 기간비용으로 처리한다.
- 물량흐름(제품계정) : 당기 초에 영업활동을 시작하였으므로 기초제품재고는 없다.

기초제품재고	0단위	판매량	800단위
생산량	1,100단위	기말제품재고	300단위

- 단위당FOH : 220,000(FOH)÷1,100단위(생산량) = 200
- 단위당제조원가 : 800(단위당DM)+300(단위당DL)+100(단위당VOH)+200(단위당FOH) = 1,400
- 기말제품재고액 : 300단위×1,400 = 420,000

*비교 변동원가계산에 의한 기말제품재고액 계산
  - 단위당제조원가 : 800(단위당DM)+300(단위당DL)+100(단위당VOH) = 1,200
  - 기말제품재고액 : 300단위×1,200 = 360,000

| 문제 99번 | 전부·변동원가계산과 기말제품수량 추정 | 출제구분 | 기출변형 | 난이도 | ★ ★ ★ | 정답 | ② |

- 당기 생산량의 단위당 FOH : $\dfrac{500,000}{2,500단위} = 200$

- 계정흐름

기초	0단위	판매량	$(2,500 - X)$단위
생산량	2,500단위	기말	X단위

- 전부원가계산 영업이익 $A + 120,000$
  (+) 기초에 포함된 고정제조간접원가(FOH)   0
  (-) 기말에 포함된 고정제조간접원가(FOH) $X \times 200$
  변동원가계산 영업이익 A

→ $(A + 120,000) + 0 - X \times 200 = A$ 에서, $X = 600$단위

Guide 전부·변동·초변동원가계산 영업이익 차이조정

전부원가계산에 의한 영업이익	전부원가계산에 의한 영업이익	변동원가계산에 의한 영업이익
(+) 기초재공품,제품에 포함된 FOH	(+) 기초재공품,제품에 포함된 DL,VOH,FOH	(+) 기초재공품,제품에 포함된 DL,VOH
(-) 기말재공품,제품에 포함된 FOH	(-) 기말재공품,제품에 포함된 DL,VOH,FOH	(-) 기말재공품,제품에 포함된 DL,VOH
변동원가계산에 의한 영업이익	초변동원가계산에 의한 영업이익	초변동원가계산에 의한 영업이익

| 문제 100번 | 전부·변동·초변동원가계산 영업이익 | 출제구분 | 신유형 | 난이도 | ★ ★ ★ | 정답 | ① |

- 계정흐름 : '생산량〈판매량' ⇒ '기초재고〉기말재고'

기초	10,000개	판매량	25,000개
생산량	20,000개	기말	5,000개

- 전부원가계산과 변동원가계산 영업이익 차이조정 : 변동원가계산영업이익〉전부원가계산영업이익

전부원가계산 영업이익	X
(+) 기초에 포함된 고정제조간접원가(FOH)	A
(-) 기말에 포함된 고정제조간접원가(FOH)	$A - \alpha$
변동원가계산 영업이익	$X + \alpha$

- 변동원가계산과 변동원가계산 영업이익 차이조정 : 변동원가계산영업이익〈초변동원가계산영업이익

변동원가계산 영업이익	X
(+) 기초에 포함된 직접노무원가,변동제조간접원가(DL,VOH)	B
(-) 기말에 포함된 직접노무원가,변동제조간접원가(DL,VOH)	$B - \beta$
초변동원가계산 영업이익	$X + \beta$

∴ 초변동원가계산영업이익〉변동원가계산영업이익〉전부원가계산영업이익

저자주 문제의 명확한 성립을 위해 누락된 단서인 '단, 기초제품의 단위당변동제조원가와 고정제조간접원가는 당기와 같으며, 재공품은 없다'를 추가하기 바랍니다.

Guide 전부·변동·초변동원가계산 영업이익 차이조정[위 99번과 동일]

전부원가계산에 의한 영업이익	전부원가계산에 의한 영업이익	변동원가계산에 의한 영업이익
(+) 기초재공품,제품에 포함된 FOH	(+) 기초재공품,제품에 포함된 DL,VOH,FOH	(+) 기초재공품,제품에 포함된 DL,VOH
(-) 기말재공품,제품에 포함된 FOH	(-) 기말재공품,제품에 포함된 DL,VOH,FOH	(-) 기말재공품,제품에 포함된 DL,VOH
변동원가계산에 의한 영업이익	초변동원가계산에 의한 영업이익	초변동원가계산에 의한 영업이익

| 문제 101번 | 활동기준원가계산(ABC)의 절차 | 출제구분 | 재출제 | 난이도 | ★ ☆ ☆ | 정답 | ① |

- 활동기준원가계산의 절차

[1단계] 활동분석	• 기업의 기능을 여러 가지 활동으로 구분하여 분석함. →활동이란 자원을 사용하여 가치를 창출하는 작업으로서 ABC에서는 크게 4가지(단위수준활동, 배치수준활동, 제품유지활동, 설비유지활동)로 나눔.
[2단계] 제조간접원가 집계	• 각 활동별로 제조간접원가를 집계함.
[3단계] 원가동인(배부기준) 결정	• 활동별 원가동인(배부기준)을 결정함 →원가를 가장 직접적으로 변동시키는 것이 무엇인가를 파악
[4단계] 제조간접원가배부율 결정	• 활동별 제조간접원가 배부율을 결정함. →활동별 제조간접원가 배부율 = $\dfrac{활동별 제조간접원가}{활동별 배부기준(원가동인)}$
[5단계] 원가계산	• 원가대상(제품, 고객, 서비스 등)별로 원가계산함. →원가대상(제품, 고객, 서비스 등)별 배부액 = Σ(소비된 활동수×활동별 제조간접원가배부율)

| 문제 102번 | CVP분석 일반사항 | 출제구분 | 기출변형 | 난이도 | ★ ☆ ☆ | 정답 | ④ |

- 공헌이익률 = $\dfrac{매출액 - 변동원가}{매출액}$ 이므로, 변동원가 비중이 높으면(증가하면) 공헌이익률이 낮게 나타난다.
  →또는, '변동비율+공헌이익률 = 1'에서 변동원가 비율이 높으면 공헌이익률은 낮게 나타난다.

Guide 변동비율 산식 정리

변동비율	▫ 변동비율 = $\dfrac{변동비}{매출액} = \dfrac{단위당변동비}{단위당판매가격}$ • 변동비 = 단위당변동비×판매량 = 변동비율×매출액 • 공헌이익률+변동비율 = $\dfrac{총공헌이익}{매출액} + \dfrac{변동비}{매출액} = \dfrac{매출액-변동비}{매출액} + \dfrac{변동비}{매출액} = 1$

| 문제 103번 | 민감도분석 | 출제구분 | 신유형 | 난이도 | ★ ★ ☆ | 정답 | ① |

- 판매가격 인하 전 예상판매량 : 5,000,000(예상매출액)÷1,000(제품단위당판매가격) = 5,000단위
  판매가격 인하 후 예상판매량 : 5,000단위×130% = 6,500단위
∴판매가격 인하 후 영업이익 : 6,500단위×(1,000×80%) - 6,500단위×600 - 1,000,000 = 300,000

Guide 이익방정식 산식 정리

이익방정식	▫ 영업이익 = 매출액 - 변동원가[1] - 고정원가[2] 　　　　 = 단위당판매가격×판매량 - 단위당변동원가×판매량 - 고정원가 [1] 변동원가 = 변동제조원가+변동판매관리비　　[2] 고정원가 = 고정제조간접원가+고정판매관리비

| 문제 104번 | 손익분기점을 통한 단위당판매가격 추정 | 출제구분 | 재출제 | 난이도 | ★ ☆ ☆ | 정답 | ③ |

• 손익분기점(BEP)판매량 : $\dfrac{\text{고정원가}(28{,}000{,}000)}{\text{단위당공헌이익}[=\text{단위당판매가격}-\text{변동원가}(20{,}000)]} = 700\text{단위}$

 →∴ 단위당판매가격 = 60,000

Guide 손익분기점분석 기본산식

손익분기점	• 손익분기점(BEP)은 이익을 0으로 만드는 판매량 또는 매출액을 의미함.
기본산식	• 매출액 – 변동비(변동제조원가와 변동판관비) – 고정비(고정제조간접원가와 고정판관비) = 0 →매출액 – 변동비 = 고정비, 공헌이익 = 고정비 →단위당공헌이익 × 판매량 = 고정비, 공헌이익률 × 매출액 = 고정비
BEP산식	• ㉠ BEP판매량 : $\dfrac{\text{고정비}(=FOH+\text{고정판관비})}{\text{단위당공헌이익}}$ ㉡ BEP매출액 : $\dfrac{\text{고정비}(=FOH+\text{고정판관비})}{\text{공헌이익률}}$

| 문제 105번 | 예산편성 대상에 따른 분류 | 출제구분 | 신유형 | 난이도 | ★ ★ ☆ | 정답 | ① |

• 예산 편성대상에 따라 종합예산과 부문예산으로 분류된다.

Guide 예산의 종류

예산편성대상	종합예산	• 기업전체를 대상으로 작성되는 예산으로서, 모든 부문예산을 종합한 것
	부문예산	• 기업내의 특정부문을 대상으로 작성되는 예산
예산편성성격	운영예산	• 구매·생산·판매 등의 영업활동에 대한 예산
	재무예산	• 설비투자·자본조달 등의 투자와 재무활동에 대한 예산
예산편성방법	고정예산	• 조업도의 변동을 고려하지 않고 특정조업도를 기준으로 작성되는 예산
	변동예산	• 조업도의 변동에 따라 조정되어 작성되는 예산

| 문제 106번 | 성과평가제도 고려사항 | 출제구분 | 재출제 | 난이도 ★★☆ | 정답 ① |

- 각 책임중심점들의 이익극대화가 기업전체적인 이익극대화와 같을 때 목표가 일치한다고 말할 수 있다. 즉, 효율적인 성과평가제도는 기업 구성원들의 성과극대화 노력이 기업전체목표의 극대화로 연결될 수 있도록 설계되어야 한다.

Guide 효율적인 성과평가제도 설계를 위해 고려해야 할 사항

목표일치성	• 각 책임중심점들의 이익극대화가 기업전체적인 이익극대화와 같을 때 목표가 일치한다고 말할 수 있음. 즉, 효율적인 성과평가제도는 구성원들의 성과극대화 노력이 기업전체목표의 극대화로 연결될 수 있도록 설계되어야 함.
성과평가의 오차	• 각 책임중심점의 성과평가 수행과정에서 성과측정 오류가 발생하는 것이 일반적인데, 효율적 성과평가제도는 성과평가치의 성과측정오류가 최소화되도록 설계되어야 함.
적시성과 경제성	• 성과평가 결과가 신속하게 보고되고 조정될 때 적시성이 있다고 함. 따라서 성과평가를 수행하는 경우 많은 시간·비용을 투입하면 더욱 정확한 평가는 가능할지 몰라도 적시성과 경제성(비용 대 효익) 측면에서는 문제가 있을 수 있음. 반대로 적은 시간·비용을 투입하면 적시성과 경제성은 얻을 수 있겠지만 정확한 성과평가는 어려울 것임. 따라서 효율적인 성과평가제도는 적시성과 경제성을 적절히 고려해야 함.
행동에 미치는 영향	• 성과평가를 한다는 사실 자체가 각 책임중심점의 행동에 영향을 미치게 됨. 예를 들어, 매출액을 성과평가의 측정치로 설정한다면 각 책임중심점은 매출액을 다른 어떤 요소들 보다도 중시하게 될 것임. 이에 따라 매출액 순이익률이나 채권의 안전성 등의 요인들이 무시되어 오히려 순이익이 감소할 수도 있음. • 이와 같이 성과를 측정한다는 사실 자체가 피평가자의 행위에 영향을 미치는 현상을 하이젠버그 불확실성원칙이라 함. 따라서, 효율적인 성과평가제도는 각 책임중심점의 행동에 미치는 영향을 적절히 고려해야만 함.

| 문제 107번 | 책임회계제도의 장점 | 출제구분 | 신유형 | 난이도 ★★★ | 정답 ③ |

- 제품원가계산과 재무보고 목적을 위해 원가정보를 제공하는 것은 책임회계가 아니라 전통적 회계이다.

Guide 책임회계제도의 장점

분권화의 장점 공유	• 책임회계제도실시는 곧 권한과 책임의 위임을 의미함. 따라서 책임회계는 분권화된 조직형태로 이루어지기 쉬운데 이 경우 신속한 의사결정 및 대응, 부문관리자에의 동기부여 등 분권화 경영이 갖는 제반 장점도 갖게 됨.
관리통제의 최종단계	• 책임회계는 각 개인 및 조직단위별로 경영계획과 통제가 이루어지는 관리통제시스템의 최종단계임. 따라서 책임회계단계에서는 책임회계 이전의 단계에서 적용된 공헌이익접근법, 변동원가·표준원가계산 등의 모든 관리기법이 적용될 수 있음.
원가·수익관리의 효율성	• 전통적 회계에서는 제품원가계산과 재무보고목적을 위해 원가정보를 제공하였으나, 책임회계제도에서는 특정원가나 수익에 대해서 누가 책임져야 할 것인가를 명확히 규정하기 때문에 그 책임자로 하여금 원가와 수익의 관리를 효율적으로 수행할 수 있게 해줌.
예외에 의한 관리 가능	• 책임회계제도는 실제성과와 예산과의 차이를 쉽게 파악할 수 있게 해줌으로써 경영자가 각 개인 및 조직단위별로 발생한 차이 중 어떤 부분에 더 많은 관심과 노력을 투입해야 하는지를 쉽게 알 수 있어 예외에 의한 관리가 가능함.

| 문제 108번 | 투자수익률(ROI) 단순 산식 적용 | 출제구분 | 재출제 | 난이도 | ★ ☆ ☆ | 정답 | ① |

- 투자수익률(ROI) : $\dfrac{영업이익(80,000)}{영업자산(400,000)}$ = 20%

  → **참고** 투자액(영업자산)은 기초나 기말가액을 사용할 수도 있으나, 기중의 투자액 변동을 반영할 수 있어 보다 바람직하므로 기초와 기말의 가중평균가액[일반적으로 간편하게 '(기초+기말)÷2'로 계산하여 사용]을 사용한다.

| 문제 109번 | 투자중심점 성과평가 : 잔여이익 | 출제구분 | 재출제 | 난이도 | ★ ★ ☆ | 정답 | ① |

- 사업부별 잔여이익 계산
  - A사업부 : 100,000(영업이익) - 500,000(영업자산)×15%(최저필수수익률) = 25,000
  - B사업부 : 170,000(영업이익) - 1,000,000(영업자산)×15%(최저필수수익률) = 20,000
  - C사업부 : 230,000(영업이익) - 2,000,000(영업자산)×15%(최저필수수익률) = -70,000
- 잔여이익이 높은 순서 : A사업부(25,000) 〉 B사업부(20,000) 〉 C사업부(-70,000)

Guide 잔여이익(RI) 주요사항

잔여이익 계산	□ 잔여이익(RI) = 영업이익 - 영업자산(투자액)×최저필수수익률
	주의 투자수익률(ROI)에 의한 의사결정과 잔여이익(RI)에 의한 의사결정은 일치하지 않음. → 즉, 투자수익률(ROI)에서는 채택되어도 잔여이익(RI)에서는 기각 가능
장점	• 준최적화현상이 발생하지 않음. →각 사업부의 경영자는 최저필수수익률을 초과하는 모든 투자안을 수락하게 되므로 투자중심점과 회사전체의 이익을 동시에 극대화 가능
단점	• 금액으로 표시하므로 각 사업부의 투자규모가 상이할 경우 사업부간 성과 비교에 한계가 있음. • 투자수익률(ROI)과 마찬가지로 회계적이익에 기초하므로 성과평가와 의사결정의 일관성이 결여

| 문제 110번 | 배합·수율차이와 생산량 추정 | 출제구분 | 신유형 | 난이도 ★★★ | 정답 ② |

- AQ'(표준배합으로 표시한 실제수량)

  ㉠ 직접재료A : $(88,000개 + 32,000개) \times \dfrac{30개}{30개 + 10개} = 90,000개$

  ㉡ 직접재료B : $(88,000개 + 32,000개) \times \dfrac{10개}{30개 + 10개} = 30,000개$

- 직접재료원가 차이분석〈실제 제품생산량을 X라고 가정〉

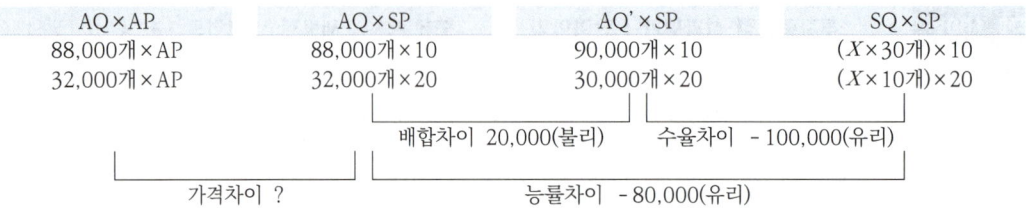

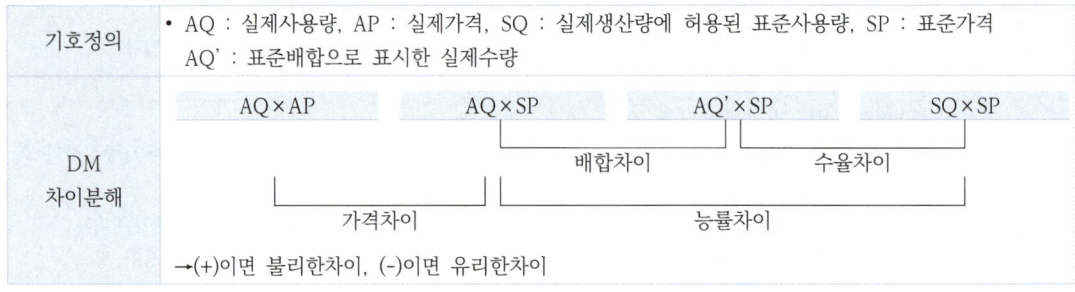

→ $(90,000개 \times 10 + 30,000개 \times 20) - [(X \times 30개) \times 10 + (X \times 10개) \times 20] = -100,000$ 에서, $X = 3,200$단위

Guide 직접재료원가 차이분해[복수원재료]

기호정의	• AQ : 실제사용량, AP : 실제가격, SQ : 실제생산량에 허용된 표준사용량, SP : 표준가격 AQ' : 표준배합으로 표시한 실제수량
DM 차이분해	(도식: AQ×AP — AQ×SP — AQ'×SP — SQ×SP, 배합차이, 수율차이, 가격차이, 능률차이) →(+)이면 불리한차이, (-)이면 유리한차이

문제 111번 | 경제적부가가치(EVA) 계산 | 출제구분 재출제 | 난이도 ★★☆ | 정답 ③

- 타인자본비용(세후) ⇒ 부채이자율$(1-t)$
- $\dfrac{\text{타인자본}(=\text{부채의시장가치})}{\text{자기자본}(=\text{자본의시장가치})} = 200\%$ 이므로, 자기자본을 A라 가정하면 타인자본은 $2A$가 된다.
- 가중평균자본비용 : $\dfrac{\text{부채의시장가치}\times\text{부채이자율}(1-t) + \text{자본의시장가치}\times\text{자기자본비용}(\%)}{\text{부채의시장가치} + \text{자본의시장가치}}$

$$= \dfrac{2A \times 9\% + A \times 15\%}{2A + A} = 11\%$$

- 경제적부가가치(EVA) : 150억원 − 400억원 × 11% = 106억원

Guide ▶ 경제적부가가치(EVA) 계산

특징	• 타인자본비용(이자비용)뿐 아니라 자기자본비용(배당금)도 비용으로 고려하는 성과지표임. 　🔎주의 ∴EVA는 I/S상 순이익보다 낮음. 　🔎주의 EVA는 비재무적측정치는 고려하지 않음.
계산	▫ EVA = 세후영업이익 − 투하자본(투자액) × 가중평균자본비용 • 가중평균자본비용 = $\dfrac{\text{부채의시장가치}\times\text{부채이자율}(1-t) + \text{자본의시장가치}\times\text{자기자본비용}\cdot(\%)}{\text{부채의시장가치} + \text{자본의시장가치}}$ • 투하자본 = (총자산 − 유동부채) 　→투하자본 계산시 비영업자산은 제외 　→유동부채 계산시 영업부채가 아닌 이자발생부채인 단기차입금·유동성장기차입금 제외

문제 112번 | 제품라인 유지·폐지 의사결정 | 출제구분 재출제 | 난이도 ★★☆ | 정답 ④

- 사업부 갑을 폐지하는 경우
  증분수익 − 감소 : 　　　　　　　공헌이익 = (60,000)
  증분비용 − 감소 : 공통원가배분액 70,000 − 30,000 = 　40,000
  증분손익　　　　　　　　　　　　　　　　　　　　　(20,000)

∴당기순이익 : 500,000 − 20,000(증분손실) = 480,000

Guide ▶ 제품라인 유지·폐지 의사결정

고려사항	• 회사전체의 이익에 미치는 영향을 기준으로 폐지여부를 결정함. 　→제품라인의 유지·폐지 문제에서는 제품라인 자체의 이익을 고려하여 결정하는 것이 아니라, 기업 전체적인 입장(goal congruence)에서 전체 이익에 미치는 영향을 분석해야 함. • 폐지로 인한 회피가능고정비 존재시 이 또한 고려함. 　→제품라인을 폐지할 경우 매출액과 변동원가는 사라지지만 고정원가는 회피가능고정원가와 회피불가능고정원가로 나눌 수 있기 때문임.
제품라인폐지 의사결정	▫ 제품라인의 공헌이익 < (회피가능고정원가 + 기회원가)

문제 113번 | 외부구입과 지불가능 최대가격 | 출제구분: 재출제 | 난이도: ★★★ | 정답: ③

- 외부구입의 경우
  - 증분비용 - 증가 : 구입액   = (5,000단위 × A)
  - 감소 : 원가감소 5,000단위 × (500+300+200) + 500,000 × 20% = 5,100,000
  - 증분손익   5,100,000 - 5,000단위 × A

  → 5,100,000 - 5,000단위 × A ≧ 0 에서, A ≦ 1,020

Guide 자가제조·외부구입 의사결정

고려사항	• 자가제조시 관련원가와 외부구입가격을 고려 　🔍주의 자가제조시 증감하는 고정원가도 관련원가이므로 이도 고려함. 　　→ ⓔ 자가제조시 추가 고용 감독자급료 • 외부구입시 다음을 고려함. 　㉠ 기존설비 임대가 가능한 경우 : 임대수익을 고려 　㉡ 기존설비로 다른 제품 생산시 : 관련수익과 변동원가를 고려(=다른 제품 공헌이익) 　㉢ 회피가능고정원가는 관련원가, 회피불능고정원가는 비관련원가임.
고려해야할 비재무적 정보	• 자가제조의 경우는 부품 공급업자에 대한 의존도를 줄일 수 있으며, 품질관리를 보다 쉽게 할 수 있다는 장점이 있음. • 자가제조의 경우는 공급업자에 대한 의존도를 줄임으로써 공급업자와의 관계를 상실하여 향후에 급격한 주문의 증가로 회사의 생산능력이 초과할 때 제품을 외부구입하기가 쉽지 않을 수 있음. (별도의 추가적 시설투자가 필요하므로 많은 비용이 발생하는 단점이 있음.) • 제품에 특별한 지식·기술이 요구될 때 자가제조를 하며 품질을 유지하기가 쉽지 않을 수 있음.
외부구입 의사결정	㉠ 기존설비의 대체용도가 있는 경우 　　□ 증분수익(변동원가+회피가능고정원가+기회원가) > 증분비용(외부구입원가) ㉡ 기존설비의 대체용도가 없는 경우 　　□ 증분수익(변동원가+회피가능고정원가) > 증분비용(외부구입원가)

문제 114번 | 추가가공여부 의사결정 | 출제구분: 재출제 | 난이도: ★★☆ | 정답: ④

- 개조한 후 판매의 경우
  - 증분수익 - 증가 : 300벌 × (@50,000 - @30,000) = 6,000,000
  - 증분비용 - 증가 :   추가공원가 = (3,000,000)
  - 증분손익   3,000,000

  → ∴개조하여 판매하는 경우(추가가공하는 경우) 3,000,000원의 증분이익이 발생하므로 개조하여 판매한다.

참고 총액접근법

그대로 처분하는 경우	개조한 후 판매의 경우	
매출 : 300벌 × 30,000 = 9,000,000	매출 : 300벌 × 50,000 = 15,000,000	→ 증분수익 6,000,000
원가 : 21,000,000	원가 : 21,000,000 + 3,000,000 = 24,000,000	→ 증분비용 3,000,000
△12,000,000	△9,000,000	→ 증분이익 3,000,000

- ① 그대로 한 벌당 30,000원에 처분하면 12,000,000원의 손실이 발생하긴 하나, 제품을 그대로 보유하고 있는 선택의 경우는 총제조원가(21,000,000원)만큼 손실을 보므로 처분이나 개조후 판매를 통해 손실을 줄이는게 낫다.
- ② 3,000,000원의 추가비용을 지출하여 의류 한 벌당 50,000원에 판매하는 것이 가장 유리하다.
- ③ 개조하여 판매하면 그대로 처분하는 경우에 비해 3,000,000원의 추가적인 이익이 발생한다.

문제 115번 | 자가제조·외부구입시 비재무적정보 | 출제구분: 재출제 | 난이도: ★★☆ | 정답: ②

- 부품을 자가제조 할 경우 제품에 특별한 지식이나 기술이 요구될 때 품질을 유지하기 위한 관리가 별도로 필요하게 되는 단점이 있다.

Guide ▶ 자가제조·외부구입시 비재무적 정보

고려해야할 비재무적 정보	• 자가제조의 경우는 부품 공급업자에 대한 의존도를 줄일 수 있으며, 품질관리를 보다 쉽게 할 수 있다는 장점이 있음. • 자가제조의 경우는 공급업자에 대한 의존도를 줄임으로써 공급업자와의 관계를 상실하여 향후에 급격한 주문의 증가로 회사의 생산능력이 초과할 때 제품을 외부구입하기가 쉽지 않을 수 있음. (별도의 추가적 시설투자가 필요하므로 많은 비용이 발생하는 단점이 있음.) • 제품에 특별한 지식·기술이 요구될 때 자가제조를 하며 품질을 유지하기 쉽지 않을 수 있음.

문제 116번 | 순현재가치법과 NPV 계산 | 출제구분: 재출제 | 난이도: ★★☆ | 정답: ②

- 매년 감가상각비 : 9,000,000 ÷ 3년 = 3,000,000
- 매년 현금흐름 : ㉠ + ㉡ = 5,100,000
  ㉠ 법인세비용차감후 현금지출영업비용절감액 : 6,000,000 × (1 - 30%) = 4,200,000
  ㉡ 감가상각비 절세효과 : 3,000,000 × 30% = 900,000
- 현금흐름 추정

```
    x1년초          x1년말        x2년말        x3년말
    ├──────────────┼─────────────┼─────────────┤
  (9,000,000)    5,100,000     5,100,000    5,100,000
```

- NPV(순현재가치) : (5,100,000 × 2.40) - 9,000,000 = 3,240,000

저자주 문제의 명확한 성립을 위해 누락된 단서인 '단, 감가상각비 외의 항목은 모두 현금으로 거래된다.'를 추가하기 바랍니다.

Guide ▶ 자본예산시 투자기간현금흐름(순영업현금흐름)

영업현금흐름	• 매출증가액, 현금비용증가액 등 → 법인세차감후금액을 현금유입·유출 처리
감가상각비 절세효과	• 현금유입 처리 □ 감가상각비 절세효과 : 감가상각비 × 세율
원가절감액	• 투자로 인한 원가절감액을 현금유입 처리 • 원가절감액(비용감소액)으로 인한 증세효과를 현금유출 처리 □ 원가절감액 증세효과 : 원가절감액 × 세율

| 문제 117번 | 회수기간법의 장점·단점 | 출제구분 | 재출제 | 난이도 ★★☆ | 정답 ① |

- 회수기간의 장단은 위험지표(안전성여부)로서의 정보를 제공할 뿐이며 수익률 여부와는 무관하다. 회수기간법은 투자원금이 빨리 회수될수록 더 바람직한 투자라는 기본전제를 바탕으로 한 투자안 평가기법으로서, 회수기간 이후의 현금흐름을 무시하므로 수익성 자체를 고려하지 않는 평가기법이다.

Guide 회수기간법(비할인모형,비현금모형)

의의	• 회수기간법은 현금유입으로 투자비용을 회수시 소요기간으로 평가함. □ 회수기간 = 투자액 ÷ 연간현금유입액
의사결정	상호독립적 투자안 • '회수기간<목표(기준)회수기간'이면 채택 상호배타적 투자안 • 회수기간이 가장 짧은 투자안 채택
장점	• ⊙ 계산이 간단하고 쉽기 때문에 이해하기 쉽고 많은 투자안 평가시는 시간·비용을 절약 가능함. ⓒ 위험지표로서의 정보를 제공함.(즉, 회수기간이 짧은 투자안일수록 안전한 투자안임) ⓒ 회수기간이 짧을수록 빨리 회수하므로, 기업의 유동성확보와 관련된 의사결정에 유용함.
단점	• ⊙ 회수기간 이후의 현금흐름을 무시함(즉, 수익성을 고려하지 않음) ⓒ 화폐의 시간가치를 무시함. ⓒ 목표회수기간을 설정하는데 자의적인 판단이 개입됨.

| 문제 118번 | 제한된 자원과 생산의 우선순위 | 출제구분 | 신유형 | 난이도 ★★★ | 정답 ③ |

- 제한된 자원이 존재할 때 제한된 자원단위당 공헌이익이 가장 큰 것을 먼저 생산해야 하므로, 제한된 자원인 기계시간당 공헌이익이 가장 큰 것을 우선적으로 생산하여야 한다.

	제품A [최대수요량 50단위]	제품B [최대수요량 100단위]	제품C [최대수요량 50단위]
단위당공헌이익	200	150	300
단위당기계시간	4시간	2시간	5시간
기계시간당 단위당공헌이익	$\frac{200}{4시간}=50$	$\frac{150}{2시간}=75$	$\frac{300}{5시간}=60$
생산우선순위	【3순위】	【1순위】	【2순위】

- 이익극대화 생산량 〈제한된 자원 : 300기계시간〉

제품	생산량	소요기계시간	공헌이익
제품B	100단위	100단위×2시간 = 200시간	100단위×150 = 15,000
제품C	20단위	20단위×5시간 = 100시간	20단위×300 = 6,000
제품A	0단위	-	-
계		300시간	21,000

★저자주 회계사·세무사 시험에서는 일반적으로 '달성가능한 최대공헌이익'을 묻습니다.(정답 : 21,000)

Guide 제한된 자원의 사용

제한된 자원(제약조건)이 없을 때	• 단위당 공헌이익이 큰 제품을 생산
제한된 자원이 하나 있을 때	• 제한된 자원단위당 공헌이익이 큰 제품을 생산 →즉, 제한된 자원 한단위로 얻을 수 있는 공헌이익이 큰 제품을 생산

| 문제 119번 | 최소대체가격 계산 | 출제구분 | 재출제 | 난이도 | ★ ★ ★ | 정답 | ③ |

- 수요사업부(B사업부)의 최대대체가격(최대TP) : 외부구매시장이 있음
  - 최대TP = 380(외부구입가격)
- 공급사업부(A사업부)의 최소대체가격(최소TP) : 외부판매시장이 있음 & 유휴시설이 없음
  - 최소TP = 대체시단위당지출원가 + 정규매출상실공헌이익 - 대체시절감원가
    - ㉠ 대체시단위당지출원가(= 단위당변동비 + 증분단위당고정비) : 230 + 0 = 230
    - ㉡ 정규매출상실공헌이익 : 400(단위당외부판매가격) - 230(단위당변동원가) = 170
      (전량을 외부에 판매가능하므로 이를 대체시 외부판매를 포기해야 한다.)
    - ㉢ 대체시절감원가 : 30
  - 최소대체가격(최소TP) : 230 + 170 - 30 = 370
- 대체가격 범위

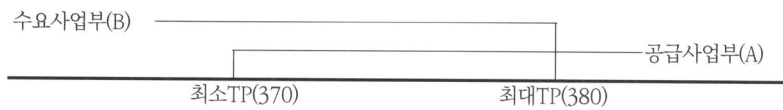

| 문제 120번 | 품질원가 종류 | 출제구분 | 재출제 | 난이도 | ★ ☆ ☆ | 정답 | ③ |

- 불량품이 고객에게 인도되기 전에 발견됨으로써 발생하는 원가 : 내부실패원가

Guide 품질원가 종류

통제원가 (사전품질원가)	예방원가	• 불량품 생산을 예방하기 위해 발생하는 원가
	평가원가	• 불량품을 적발하기 위해 발생하는 원가
실패원가 (사후품질원가)	내부실패원가	• 불량품이 고객에게 인도되기 전에 발견됨으로써 발생하는 원가
	외부실패원가	• 불량품이 고객에게 인도된 후에 발견됨으로써 발생하는 원가

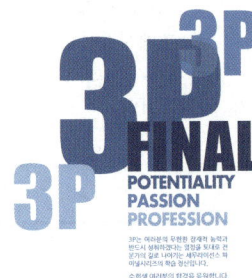

기출문제오답노트

서술형 기출문제에서 답으로 등장하는 오답 문구를 빠짐없이 정리하여 제시함으로써 수험생들의 오답노트 작성의 수고로움을 덜도록 하였으며, 혼동할 수 있는 문구를 다시 한번 확인 및 최종 점검할 수 있도록 하였습니다.

재경관리사 공개기출해설 [원가]

FINAL

Certified Accounting Manager

제2편.
기출문제오답노트

NOTICE /

SEMOOLICENCE

본 내용과 형식 및 구성의 저작권은 도서출판 세무라이선스와 저자에게 있습니다. 무단 복제 및 인용을 금하며, 다른 매체에 옮겨 실을 수 없습니다.

SEMOOLICENCE

원가관리회계 기출문제오답노트

- 원가회계는 회사의 모든 자산과 부채에 대한 평가 자료를 제공한다.

  [X] : 자산과 부채에 대한 평가 자료를 제공하는 것은 재무회계가 제공하는 정보이다.

- 원가회계는 객관적으로 측정가능한 회계자료를 기초로 수익과 비용을 인식한다. 그러나 재무회계는 경영자의 목적에 따라 다양한 회계절차를 적용해야 하는 어려움이 있다.

  [X] : 재무회계는 객관적으로 측정가능한 회계자료를 기초로 수익과 비용을 인식하며 정해진 회계절차를 적용한다. 그러나 원가회계는 경영자의 목적에 따라 다양한 회계절차를 적용해야 하는 어려움이 있다.

- 원가회계는 객관적으로 측정가능한 회계자료를 기초로 수익과 비용을 인식하므로 정해진 회계절차를 적용해야 하는 어려움이 있다.

  [X] : 재무회계는 객관적으로 측정가능한 회계자료를 기초로 수익과 비용을 인식하며 정해진 회계절차를 적용한다. 그러나 원가회계는 경영자의 목적에 따라 다양한 회계절차를 적용해야 하는 어려움이 있다.

- 원가는 정상적인 경제활동 과정에서 소비된 가치와 비정상적인 상황에서 발생한 가치의 감소분을 모두 포함한다.

  [X] : 원가는 정상적인 경제활동 과정에서 소비된 가치만을 포함하고 비정상적인 상황에서 발생한 가치의 감소분은 포함하지 않는다.
  →예 제품의 제조과정에서 정상적으로 발생하는 감모분은 원가에 산입되지만 비정상적으로 발생하는 감모분은 원가에 산입되지 않는다.

- 수익획득 활동에 필요한 물품·서비스를 단순히 구입하는 것만으로도 원가가 될 수 있다.

  [X] : 기업의 수익획득 활동에 필요한 물품이나 서비스를 단순히 구입하는 것만으로는 원가가 되지 않으며 이를 소비해야 비로소 원가가 된다.
  →예 기업이 구입한 공장용 토지는 소비되어 없어지는 것이 아니므로 원가가 아니라 자산이다.

- 원가집합이란 원가대상에 직접적으로 추적할 수 있는 원가를 모아둔 것을 의미한다.

  [X] : 원가집합이란 원가대상에 직접적으로 추적할 수 없는 간접원가를 모아둔 것을 의미한다.

- 원가집합(cost pool)이란 원가대상의 총원가에 변화를 유발시키는 요인으로 작업시간, 생산량 등 원가대상에 따라 매우 다양하다.

  [X] : 원가동인에 대한 설명이다.
  →원가집합은 특정원가대상에 속하지 않는 간접원가(원가대상에 직접 추적 불가한 원가)를 모아둔 것을 의미한다.

● 관련범위는 의사결정과 관련된 개념이므로 원가함수를 추정함에 있어서는 고려대상이 아니다.

> [X] : 관련범위는 원가행태(일정기간동안 조업도 수준의 변화에 따른 총원가발생액의 변동양상)의 회계적 추정치가 타당한 조업도의 범위를 말하므로 원가함수를 추정함에 있어 반드시 고려되어야 한다.

● 원가는 수익과의 대응관계에 따라 역사적원가와 기간원가로 분류한다.

> [X] : 수익과의 대응관계에 따라 제품원가(생산원가)와 기간원가로 분류한다.

● 원가는 수익과의 대응관계에 따라 제품원가와 제조원가로 분류한다.

> [X] : 수익과의 대응관계에 따라 제품원가(생산원가)와 기간원가로 분류한다.

● 수익과의 대응관계에 따라 직접원가와 간접원가로 분류한다. 즉, 어떤 원가가 직접원가 또는 간접원가로 분류되느냐에 따라 기간손익이 크게 영향을 받기 때문에 특히 중요한 의미를 갖는다.

> [X] : 수익과의 대응관계에 따라 제품원가(생산원가)와 기간원가로 분류한다.

● 원가는 추적가능성에 따라 직접원가와 고정원가로 분류할 수 있다.

> [X] : 추적가능성에 따라 직접원가와 간접원가로 분류할 수 있다.

● 원가가 발생한 경로를 최종 제품까지 추적하여 해당 제품별로 추적가능성이 있는지에 따라 제품원가와 기간원가로 분류한다.

> [X] : 추적가능성이 있는지에 따라 직접원가와 간접원가로 분류한다.

● 원가는 원가의 행태에 따라 변동원가와 기간원가로 분류할 수 있다.

> [X] : 원가의 행태에 따라 변동원가와 고정원가로 분류할 수 있다.

● 관련원가는 과거원가이거나 대안 간에 차이가 나지 않는 미래원가이다.

> [X] : 과거원가이거나 대안 간에 차이가 나지 않는 미래원가는 관련원가가 아니라 비관련원가의 정의이다.

● 선택된 대안 이외의 다른 대안 중 최선의 대안을 선택했더라면 얻을 수 있었던 최대이익 혹은 최소비용을 매몰원가(sunk costs)라 한다.

> [X] : 선택된 대안 이외의 다른 대안 중 최선의 대안을 선택했더라면 얻을 수 있었던 최대이익 혹은 최소비용을 기회원가(opportunity costs)라 한다.

● 회피가능원가는 대표적인 비관련원가에 해당한다.

　[X] : 회피가능원가(의사결정에 따라 절약할 수 있는(피할 수 있는) 원가)는 대표적인 관련원가이다.
　　→ 회피불능원가(특정대안 선택과 관계없이 계속 발생하는 원가)는 대표적인 비관련원가이다.

● 원가는 통제가능성에 따라 통제가능원가와 예정원가로 분류된다.

　[X] : 통제가능원가와 통제불능원가로 분류된다.

● 원가배분은 가장 합리적인 배분기준인 인과관계기준만을 사용해야 한다.

　[X] : 인과관계기준, 수혜기준, 부담능력기준, 공정성·공평성기준 등을 사용한다.

● 부담능력기준은 원가배분대상의 원가부담능력에 비례하여 공통원가를 배분하는 기준으로, 품질검사원가를 품질검사시간을 기준으로 배분하는 경우가 대표적인 예이다.

　[X] : 품질검사원가를 품질검사시간을 기준으로 배분하는 경우는 부담능력기준이 아니라 인과관계기준의 대표적인 예이다.

● 제조과정은 구매과정에서 구입한 생산요소들을 결합하여 제품을 제조하는 과정으로 기업의 외부에서 이루어지는 활동이다.

　[X] : 제조과정은 기업의 외부에서 이루어지는 활동이 아니라 기업의 내부에서 이루어지는 활동이다.

● 제조원가는 기초원가와 가공원가의 합으로 구성된다.

　[X] : '제조원가=직접재료비+직접노무비+제조간접비'이므로, 기초원가와 가공원가를 합하면 직접노무비가 중복되게 된다.

● 당기총제조원가란 당기 중에 완성된 제품의 제조원가이며, 당기제품제조원가에 기초재공품재고액은 가산하고, 기말재공품재고액은 차감하여 구한다.

　[X] : 당기제품제조원가란 당기 중에 완성된 제품의 제조원가이며, 당기총제조원가에 기초재공품재고액은 가산하고, 기말재공품재고액은 차감하여 구한다.

● 단위당 변동원가는 생산량이 증가함에 따라 증가한다.

　[X] : 일정하다.

● 준변동원가는 조업도의 증가에 따라 원가총액과 단위당원가가 증가한다.

　[X] : 단위당원가는 감소한다.

● 준변동원가는 조업도의 변동과 무관하게 원가총액이 일정하다.

[X] : 고정원가에 대한 설명이다.

● 준변동원가는 조업도가 특정범위를 벗어나면 일정액만큼 증가 또는 감소한다.

[X] : 준고정원가에 대한 설명이다.

● 원가추정시 전 범위에서 단위당 변동원가와 총고정원가가 일정하다고 가정한다.

[X] : 원가행태는 관련범위 내에서 선형(직선)이라고 가정한다. 즉, 관련범위 내에서 단위당변동원가와 총고정원가가 일정하다고 가정한다.
→여기서 관련범위는 원가행태의 회계적 추정치가 타당한 조업도의 범위(현실적으로 달성할 수 있는 최대조업도와 최저조업도)를 말하며, 관련범위를 벗어나는 경우 실제로는 비선형(곡선)원가함수가 될 수도 있으므로 전 범위가 아니라 관련범위 내에서는 선형이라고 가정하는 것이다.

● 원가추정을 위한 방법 중 회귀분석법은 상대적으로 적용이 간단하나 분석자의 주관적 판단이 개입될 수 있다는 단점이 있다.

[X] : 회귀분석법은 적용이 어렵다는 단점이 있으며, 분석자의 주관적 판단이 개입될 수 있다는 단점이 있는 것은 원가추정방법 중 계정분석법과 산포도법에 대한 설명이다.
원가추정방법을 개괄하면 다음과 같다.

공학적 방법	개요	• 투입과 산출 사이의 관계를 계량적으로 분석하여 원가함수를 추정하는 방법 • 과거자료를 이용할 수 없는 경우에도 이용 가능한 유일한 방법임. (이하 방법은 과거자료를 이용하여 추정하는 방법임)
	장점	• 정확성이 높고, 과거의 원가자료를 이용할 수 없는 경우에도 사용가능함.
	단점	• 제조간접원가의 추정에는 적용이 어렵고, 시간과 비용이 많이 소요됨.
계정분석법	개요	• 분석자의 전문적인 판단에 따라 각 계정과목에 기록된 원가를 변동원가와 고정원가로 분석하여 추정하는 방법
	장점	• 시간과 비용이 적게 소요됨.
	단점	• 단일기간 원가자료를 이용하므로 비정상적인 상황이 반영될 수 있고, 분석자의 주관적 판단이 개입될 수 있음.
산포도법	개요	• 조업도와 원가의 실제치를 도표에 점으로 표시하고 눈대중으로 이러한 점들을 대표하는 원가추정선을 도출하여 원가함수를 추정하는 방법
	장점	• 적용이 간단하고 이해하기 쉽고, 시간과 비용이 적게 소요되며, 예비적 검토시 많이 활용될 수 있음.
	단점	• 분석자의 주관적 판단이 개입될 수 있음.
회귀분석법	개요	• 독립변수가 한 단위 변화함에 따른 종속변수의 평균적 변화량을 측정하는 통계적 방법에 의하여 원가함수를 추정하는 방법
	장점	• 객관적이고, 정상적인 원가자료를 모두 이용하며, 다양한 통계자료를 제공함.
	단점	• 통계적 가정이 충족되지 않을 경우에는 무의미한 결과가 산출될 수 있으며, 적용이 어려움.
고저점법	개요	• 최고조업도와 최저조업도의 원가자료를 이용하여 원가함수를 추정하는 방법
	장점	• 객관적이고, 시간과 비용이 적게 소요됨.
	단점	• 비정상적인 결과가 도출될 수 있으며, 원가함수가 모든 원가자료를 대표하지 못함.

● 원가추정을 위한 방법 중 고저점법은 최고원가와 최저원가의 조업도자료를 이용하여 원가함수를 추정하는 방법이다.

  [X] : 고저점법은 최고조업도와 최저조업도의 원가자료를 이용하여 원가함수를 추정하는 방법이다.

  사례 고저점법에 의한 원가함수 추정

월별	직접노동시간	제조간접원가
7월	1,050시간	21,000원
8월	850시간	14,000원
9월	1,100시간	20,000원
10월	600시간	15,000원

  • 최고원가(21,000원)와 최저원가(14,000원)인 7월/8월을 이용하는 것이 아니라, 최고조업도(1,050시간)와 최저조업도(600시간)인 7월/10월을 이용하여 원가함수를 추정함.
  • 추정한 1차 원가함수 : $y = 9{,}000 + 10x$ 〈중1 수학 참조!〉

● 개별원가계산에서 작업원가표는 통제계정이며 재공품 계정은 보조계정이 된다.

  [X] : 개별원가계산에서 재공품계정은 통제계정이 되고 각각의 작업원가표는 보조계정이 된다.
  → 즉, 작업원가표는 재공품계정에 의해서 통제되는 보조기록인 것이다. 진행 중인 모든 작업에 대한 작업원가표는 하나의 독립된 보조원장이 되고 진행 중인 모든 작업의 작업원가표상 원가잔액의 합계액은 재공품계정의 잔액과 일치하게 된다.

● 개별원가계산은 소수의 제품을 대량생산하는 회사에 적합한 원가계산방법이다.

  [X] : 소수의 제품을 대량생산(동종제품의 대량 연속생산방식)은 종합원가계산이 적합하다.

● 개별원가계산은 제품을 반복적으로 생산하는 업종에 적합한 원가계산제도이다.

  [X] : 개별원가계산은 수요자의 요구에 따라 개별적으로 제품을 생산하는 업종에 적합한 원가계산제도이다.

● 개별원가계산은 식료품업, 화학산업, 조선업 등에 적합하다.

  [X] : 개별원가계산에 적합한 업종은 주문에 따른 다품종 소량생산방식인 조선업, 기계제작업, 건설업 등이다.(종합원가계산 적합 업종 - 동종제품 대량연속생산 → 예 식료품업, 화학산업, 제분·섬유·시멘트·정유업)

● 제조간접원가의 배부는 제조부문에 집계된 원가를 제품제조원가와 판매관리비로 배부하는 과정이다.

  [X] : 제조간접원가의 배부는 개별제품(개별작업)에 직접대응되지 않는 제조간접원가를 배부기준에 따라 개별제품 또는 개별작업에 배부하는 과정이다.

● 개별원가계산은 해당 제품이나 공정으로 직접 추적할 수 있기 때문에 실제원가계산만 가능하다.

  [X] : 개별원가계산은 원가요소의 실제성(원가측정방법)에 따라 실제개별원가계산, 정상개별원가계산, 표준개별원가계산 모두 가능하다.

●— 개별원가계산에서 제조간접원가는 개별작업과 관련하여 직접적으로 추적 가능하므로 이를 배부하는 절차가 불필요하다.

[X] : 제조간접원가는 개별작업과 관련하여 직접적으로 추적할 수 없으므로 이를 배부하는 절차가 필요하다.

●— 개별원가계산은 제조간접원가의 배부절차가 반드시 필요하므로, 개별원가계산을 사용하면서 변동원가계산제도를 채택할 수 없다.

[X] : 원가계산방법은 다음과 같이 결합되어 다양한 방법이 가능하다.

제품원가의 구성요소 (원가구성)	원가요소의 실제성여부 (원가측정)	생산형태 (제품의 성격)
전부원가계산 변동원가계산	실제원가계산 정상원가계산 표준원가계산	개별원가계산 종합원가계산

●— 개별원가계산은 주문받은 작업별로 원가를 집계하기 때문에 직접원가와 간접원가의 구분이 중요하지 않다.

[X] : 개별원가계산은 개별제품별 또는 개별작업별로 원가가 집계되기 때문에 직접원가와 간접원가의 구분이 중요하다. (즉, 제조간접원가의 배부절차가 반드시 필요하다.) 직접원가에 해당하는 직접재료원가와 직접노무원가는 해당 제품이나 공정으로 직접 추적할 수 있기 때문에 발생된 원가를 그대로 집계하면 되지만, 간접원가에 해당하는 제조간접원가는 개별제품이나 공정에 직접적인 대응이 불가능하므로 원가계산 기말에 일정한 기준을 사용하여 배부해야 한다.

●— 개별원가계산은 각 작업별로 원가가 계산되기 때문에 원가계산자료가 상세하고 복잡하며 오류가 발생할 가능성이 적어진다.

[X] : 개별원가계산은 원가계산자료가 상세하고 복잡해짐에 따라 오류가 발생할 가능성이 많아진다.
개별원가계산은 다음과 같은 장점과 단점이 있다.

장점	단점
• 제품별로 정확한 원가계산이 가능함. • 제품별 손익분석 및 계산이 용이함. • 개별제품별로 효율성을 통제할 수 있고, 개별작업별 실제를 예산과 비교하여 미래예측에 이용가능	• 비용·시간이 많이 발생함. (∵각 작업별로 원가가 계산되기 때문) • 원가계산자료가 상세하고 복잡해짐에 따라 오류가 발생할 가능성이 많아짐.

●— 개별원가계산은 각 작업별로 원가가 계산되기 때문에 비용과 시간이 절약된다.

[X] : 개별원가계산은 각 작업별로 원가가 계산되기 때문에 비용과 시간이 많이 발생한다는 단점이 있다.

●— 개별원가계산은 종합원가계산에 비하여 제조간접원가의 배부문제가 없고 기장절차가 간단하므로 시간과 비용이 절약된다.

[X] : 개별원가계산은 제조간접원가 배부가 핵심과제이며, 각 작업별로 원가가 계산되기 때문에 비용과 시간이 많이 발생하고 기장절차가 복잡하다.

- 개별원가계산은 각 제품의 원가요소별 단위당 원가를 완성품환산량에 기초하여 계산한다.

    [X] : 완성품환산량에 기초하여 계산하는 방법은 종합원가계산제도이다.

- 개별원가계산은 제조간접원가의 배부절차가 반드시 필요하므로, 개별원가계산을 사용하면서 변동원가계산제도를 채택하는 것은 불가능하다.

    [X] : 개별원가계산은 생산형태 종류에 따른 원가계산방법이고 변동원가계산은 원가의 범위에 따른 원가계산방법이므로 두 원가계산방법은 양립가능한 방법이다.

- 공장전체 제조간접원가 배부율은 공장전체 제조간접원가를 부문별 배부기준으로 나눠서 구하며, 배부된 제조간접원가는 부문별 배부기준을 공장전체배부율로 곱하여 구한다

    [X] : 공장전체 제조간접원가 배부율은 공장전체 제조간접원가를 공장전체 배부기준으로 나눠서 구하며, 배부된 제조간접원가는 공장전체 배부기준을 공장전체배부율로 곱하여 구한다.

- 보조부문원가는 제조부문에 배부하지 않고 기간원가로 처리해야 한다.

    [X] : 보조부문원가는 제조부문에 배부해야 한다.

- 보조부문은 제조활동에 직접 기여하지 않으므로 원가배분대상에 해당하지 않는다.

    [X] : 보조부문은 직접적인 제조활동이 일어나지는 않으나 제조부문을 지원하는 부문이므로 인과관계를 반영하여 제조부문에 배분한 후 다시 최종적으로 제품에 배분한다.(즉, 기간원가로 처리하지 않는다.)

- 보조부문의 원가를 배부할 때에는 항상 수혜기준을 우선적으로 고려해야 한다.

    [X] : 보조부문의 원가를 배부할 때에는 인과관계기준을 고려해야 한다.

- 보조부문원가를 제조부문에 배분하는 목적은 보조부문원가를 제품원가에 포함시킴으로써 이익을 크게 보고하기 위함이다.

    [X] : 보조부문의 활동은 제조활동을 보조하기 위한 것이므로 보조부문에서 발생한 원가는 당연히 제조원가이다. 따라서, 보조부문원가를 최종제품의 원가에 포함시켜(보조부문원가를 제조부문에 배분한 후 다시 최종적으로 제품에 배분) 보다 정확한 제조원가를 산정하기 위한 목적으로 보조부문의 원가를 제조부문에 배분하는 것이다.
    →보조부문원가의 배분이 이익의 조작목적으로 이루어지는 것은 아니다.

- 직접배분법의 경우 각 제조부문이 사용한 용역의 상대적인 비율에 따라 각 보조부문 원가가 다른 보조부문에 배분된다.

    [X] : 직접배분법의 경우 각 제조부문이 사용한 용역의 상대적인 비율에 따라 각 보조부문 원가가 제조부문에만 배분된다.(즉, 각 제조부문이 사용한 용역의 상대적인 비율에 따라 각 제조부문에 직접 배분하는 방법이다.)

●— 직접배분법, 단계배분법, 상호배분법은 보조부문 상호간의 용역수수를 고려하는 원가배분방법이다.

   [X] : 직접배분법은 고려하지 않는다.

●— 보조부문 간의 용역수수관계를 고려하는 가장 합리적인 보조부문원가의 배분방법은 직접배분법이다.

   [X] : 보조부문 간의 용역수수관계를 고려하는 가장 합리적인 보조부문원가의 배분방법은 보조부문간의 상호 관련성을 모두 고려하는 상호배분법이다.

●— 용역의 수수관계를 완전히 무시하고 보조부문의 원가를 각 제조부문이 사용한 용역의 상대적 비율에 따라 각 제조부문에 직접 배분하는 방법은 상호배분법이다.

   [X] : 용역의 수수관계를 완전히 무시하고 보조부문의 원가를 각 제조부문이 사용한 용역의 상대적 비율에 따라 각 제조부문에 직접 배분하는 방법은 직접배분법이다.

●— 원가배분방법 중 상호배분법은 보조부문원가의 배분순서를 고려해야 한다.

   [X] : 보조부문원가의 배분순서를 고려하는 것은 단계배분법이다.

●— 단계배분법과 상호배분법에서는 배분순서와 관계없이 배분 후의 결과는 일정하게 계산된다.

   [X] : 단계배분법은 배분순서에 따라 배분 후의 결과가 달라진다. 따라서, 배분순서의 결정이 중요하다.

●— 상호배분법은 단계배분법에 비해 순이익을 높게 계상하도록 하는 배분방법이다.

   [X] : 재고가 존재하지 않는다면 제품의 총원가는 어떤 방법으로 배분한다 하더라도 같기 때문에 회사의 총이익 역시 배분방법에 따라 달라지지 않는다.

●— 부문별 제조간접원가 배부율을 사용하는 경우에는 보조부문원가 배분방법에 의해 제조간접원가 배부율이 영향을 받지 않는다.

   [X] : 부문별 제조간접원가배부율을 사용하는 경우에는 보조부문원가 배분방법(직접배분법, 단계배분법, 상호배분법)에 따라 부문별(제조부문별) 제조간접원가가 달라지고, 이에 따라 부문별 제조간접원가배부율이 상이해 진다.

●— 보조부문원가를 어떤 배분방법으로 제조부문에 배분하느냐에 따라 공장전체의 제조간접원가가 달라진다.

   [X] : 보조부문원가 배분방법(직접배분법, 단계배분법, 상호배분법)에 관계없이 어떤 방법에 의하더라도 보조부문원가 총액은 모두 제조부문에 배분되므로 공장전체의 제조간접원가는 달라지지 않는다.

● 공장전체 제조간접원가 배부율을 사용하는 경우에는 보조부문원가 배분방법에 의해 제조간접원가 배부율이 영향을 받는다.

  [X] : 공장전체 제조간접원가배부율을 사용하는 경우에는 보조부문원가 배분방법(직접배분법, 단계배분법, 상호배분법)에 관계없이 어떤 방법에 의하더라도 보조부문원가 총액이 동일하게 제조부문에 집계되므로 공장전체 제조간접원가배부율이 영향을 받지 않는다.

● 이중배분율법은 변동원가와 고정원가를 구분해서 변동원가는 최대사용가능량을 기준으로 배분하고 고정원가는 서비스의 실제 사용량을 기준으로 배분한다.

  [X] : 이중배분율법은 변동원가와 고정원가를 구분해서 변동원가는 실제사용량을 기준으로 배분하고 고정원가는 서비스의 최대사용가능량을 기준으로 배분한다.

● 보조부문원가 배분방법인 이중배분율법은 단일배분율법에 비해 사용하기가 간편하지만 부문의 최적의사결정이 조직전체의 차원에서는 최적의사결정이 되지 않을 수 있다는 문제점이 있다.

  [X] : 이중배분율법(dual rate method)이란 보조부문의 원가를 원가행태에 따라 고정원가와 변동원가로 분류하여 각각 다른 배분기준(최대사용가능량/실제사용량)을 적용하는 방법이다.
  → 단일배분율법(single rate method)이란 보조부문원가를 변동원가와 고정원가로 구분하지 않고 전체 보조부문원가를 단일 기준인 용역의 실제사용량에 따라 배분하는 방법이다. 이 방법은 이중배분율법에 비해서 사용하기가 간편하지만 원가행태에 따른 정확한 배분이 되지 않기 때문에 부문의 최적의사결정이 조직전체의 차원에서는 최적의사결정이 되지 않을 수 있다는 문제점이 있다.

● 정상원가계산에서는 직접재료원가만을 실제원가로 측정하고 노무원가와 제조간접원가는 사전에 정해 놓은 배부율에 의해 배부한다.

  [X] : 정상원가계산은 직접재료원가와 직접노무원가를 실제원가로 측정하고 제조간접원가는 사전에 정해 놓은 제조간접원가 예정배부율에 의해 배부된 원가로 측정하는 방법이다.

	실제원가계산	정상원가계산	표준원가계산
직접재료원가	실제원가	실제원가	표준원가
직접노무원가	실제원가	실제원가	표준원가
제조간접원가	**실제원가**	**예정배부액**	**표준배부액**

● 종합원가계산은 작업원가표에 집계된 제조원가를 작업한 수량으로 나누어 계산하는 방법이다.

  [X] : 개별원가계산에 대한 설명이다.

● 종합원가계산은 원가의 집계가 공정별로 이루어지는 것이 아니기 때문에 개별작업별로 작업지시서를 작성해야 한다.

  [X] : 종합원가계산은 원가의 집계가 개별작업별로 이루어지는 것이 아니라 공정별로 이루어지기 때문에 개별작업별로 작업지시서를 작성할 필요는 없다.

- 종합원가계산은 원가통제와 성과평가가 공정별로 이루어지는 것이 아니라 개별작업별로 이루어진다.

    [X] : 종합원가계산은 원가통제와 성과평가가 개별작업별로 이루어지는 것이 아니라 공정별로 이루어진다.

- 종합원가계산은 원가관리 및 통제가 제품별이나 작업별로 수행되므로 개별원가계산에 비해 책임회계 및 통제가 용이하다.

    [X] : 종합원가계산은 원가관리 및 통제가 제품별이나 작업별이 아닌 공정이나 부문별로 수행되므로 원가에 대한 책임중심점이 명확해진다.

- 개별원가계산에서 제품은 완성수량에 단위당 평균제조원가를 곱하여 계산하고, 종합원가계산에서 재고자산의 평가는 작업이 완성된 것은 제품계정으로 대체되고 미완성된 작업은 재공품이 된다.

    [X] : 종합원가계산에서 제품은 완성수량에 단위당 평균제조원가를 곱하여 계산하고, 개별원가계산에서 재고자산의 평가는 작업이 완성된 것은 제품계정으로 대체되고 미완성된 작업은 재공품이 된다.

- 평균법 종합원가계산은 완성품환산량 산출시 기초재공품의 기완성도를 고려한다.

    [X] : 평균법은 완성품환산량 산출시 기초재공품은 당기에 착수한 것으로 간주한다. 따라서, 기초재공품의 기완성도를 고려하지 않는다.

- 평균법 종합원가계산은 기초재공품원가와 당기제조원가를 구별하여 계산하는 방법이다.

    [X] : 기초재공품원가와 당기제조원가를 구별하여 계산하는 방법은 선입선출법이다.

- 종합원가계산에서 물량은 환산량보다 항상 작거나 같다.

    [X] : 종합원가계산에서 환산량(완성품환산량)은 물량에 완성도를 곱하여 계산하므로, 물량은 환산량보다 항상 크거나 같다.

- 종합원가계산에서 평균법은 원가 통제의 관점에서 상대적으로 유용한 정보를 제공한다.

    [X] : 평균법은 당기에 계산된 단위당 원가가 당기에 투입된 제조원가뿐만 아니라, 기초재공품에 포함되어 있던 당기 이전에 발생한 원가에 의해서도 영향을 받기 때문에 전기의 작업능률과 당기의 작업능률이 혼합되어 원가통제상으로 유용한 정보를 제공하지 못한다.

●— 종합원가계산하에서 기초재공품이 없을 경우, 선입선출법에 의한 제품제조원가가 평균법에 의한 제품제조원가보다 적게 나타난다.

[X] : 평균법은 기초재공품원가와 당기제조원가를 구별하지 않고 이를 가중평균하여 당기완성품과 기말재공품원가를 계산하는 방법이다. 즉, 당기 이전의 기초재공품 작업분도 마치 당기에 작업이 이루어진 것으로 간주하는 방법이다. 선입선출법은 기초재공품을 먼저 가공하여 완성시킨 후에 당기착수량을 가공한다는 가정에 따라 당기완성품과 기말재공품원가를 계산하는 방법이다. 즉, 당기 이전의 기초재공품 작업분과 당기 작업분을 별도로 구분하는 방법이다. 평균법과 선입선출법의 가장 큰 차이점은 원가계산시 기초재공품원가와 당기투입원가를 구분하느냐의 여부에 있다고 할 수 있다. 따라서, 기초재공품이 없을 경우 양 방법에 의한 계산결과는 동일해진다.

●— 종합원가계산하에서 기초재공품이 없다고 하더라도 평균법과 선입선출법의 완성품환산량 단위당 원가를 구하는 방법이 상이하기 때문에 두 방법의 결과는 달라지게 된다.

[X] : 기초재공품이 없다면 평균법과 선입선출법하의 결과치는 동일하다.

●— 종합원가계산에서 선입선출법은 완성품환산량 계산시 기초재공품을 당기에 착수한 것으로 간주한다.

[X] : 평균법은 완성품환산량 계산시 기초재공품을 당기에 착수한 것으로 간주한다.
→즉, 기초재공품의 제조를 당기 이전에 착수하였음에도 불구하고 당기에 착수한 것으로 가정하여, 기초재공품원가와 당기발생원가를 구분치 않고 합한 금액을 완성품과 기말재공품에 안분계산한다.

●— 종합원가계산에서 평균법의 경우 완성품원가는 기초재공품원가와 당기투입원가 중 완성분으로 구분되지만, 선입선출법의 경우 당기완성량에 완성품환산량 단위당 원가를 곱한 금액이다.

[X] : 선입선출법의 경우 완성품원가는 기초재공품원가와 당기투입원가 중 완성분으로 구분되지만, 평균법의 경우 당기완성량에 완성품환산량 단위당 원가를 곱한 금액이다.

●— 종합원가계산하에서 선입선출법의 완성품환산량 단위당 원가에는 전기의 원가가 포함되어 있다.

[X] : 선입선출법은 당기발생원가를 당기완성품환산량으로 나누어 완성품환산량 단위당 원가를 계산하므로, 선입선출법의 완성품환산량 단위당 원가에는 전기의 원가가 포함되어 있지 않다.

●— 종합원가계산에서 완성품환산량 계산시 기말재공품의 완성도를 실제보다 높게 계상했다면 매출원가가 과대계상된다.

[X] : 기말재공품 완성도를 과대평가할 경우
→기말재공품 완성품환산량 과대
→완성품환산량이 과대해지면 투입된 원가는 일정하므로 완성품환산량단위당원가가 과소
→완성품의 완성품환산량은 변화가 없으므로 완성품환산량단위당원가의 과소로 완성품원가(당기제품제조원가)는 과소
→상대적으로 기말재공품(재공품계정)의 원가는 과대
→'기초제품+당기제품제조원가-기말제품=매출원가'에서 제품계정에는 영향이 없으나, 당기제품제조원가의 과소로 인해 매출원가가 과소평가되고 당기순이익이 과대평가된다.

● 선입선출법을 이용하여 종합원가계산을 수행시 기말재공품 완성도가 실제보다 과소평가된 경우 손익계산서상 당기순이익은 과대평가된다.

  [X] : 기말재공품 완성도를 과소평가할 경우
  → 기말재공품 완성품환산량 과소
  → 완성품환산량이 과소해지면 투입된 원가는 일정하므로 완성품환산량단위당원가가 과대
  → 완성품의 완성품환산량은 변화가 없으므로 완성품환산량단위당원가의 과대로 완성품원가(당기제품제조원가)는 과대
  → 상대적으로 기말재공품(재공품계정)의 원가는 과소
  → '기초제품+당기제품제조원가-기말제품=매출원가'에서 제품계정에는 영향이 없으나, 당기 제품제조원가의 과대로 인해 매출원가가 과대평가되고 당기순이익이 과소평가된다.

● 표준원가는 제품 제조와 관련된 예상원가를 가격표준과 수량표준을 사용하여 사전 또는 사후에 결정한 것이다.

  [X] : 표준원가는 제품 제조와 관련된 예상원가를 가격표준과 수량표준을 사용하여 사전에 결정한 것이다.
  → 표준원가는 사전에 결정하며, 사후에 결정하지 않는다.

● 표준원가계산제도의 정보는 예산수립 등의 계획에만 사용하고, 통제 도구로는 사용하지 않는 것이 바람직하다.

  [X] : 표준원가계산제도에서는 달성목표인 표준원가와 실제원가를 비교하여 실제원가가 표준원가 범위 내에서 발생하고 있는지를 파악함으로써 원가통제를 보다 효과적으로 수행할 수 있다. 따라서, 표준원가계산제도를 통제의 도구로 사용하는 것이 바람직하다.

● 표준원가는 기업의 활동과 성과를 실제 발생한 수치로 표시할 수 있다.

  [X] : 표준원가는 정상적이고 효율적인 영업상태에서 특정제품을 생산하는데 발생할 것으로 예상되는 원가이다.
  → 기업의 활동과 성과를 실제 발생한 수치로 표시할 수 있는 것은 실제원가계산에 대한 설명이다.

● 표준원가시스템(예외에 의한 관리 제외)은 책임을 명확히 하여 종업원의 동기를 유발시키는 방법으로는 적절하지 않다.

  [X] : 표준원가시스템은 책임을 명확히 하여 종업원의 동기를 유발시키는 방법이다.

● 예외에 의한 관리는 책임을 명확히 하여 종업원의 동기를 유발시키는 방법으로는 적절하다.

  [X] : 표준원가시스템은 책임을 명확히 하여 종업원의 동기를 유발시키는 방법이다. 그러나 예외에 의한 관리는 근로자에게 동기부여 측면에서 문제가 발생할 수 있다. 만일 성과평가가 중요한 예외사항에 의해서만 결정된다면 근로자는 자신에게 불리한 예외사항을 숨기려고 할 것이고, 원가가 크게 절감된 예외사항에 대해서 보상을 받지 못한다면 이에 대한 불만이 누적되고 동기부여가 되지 않을 수 있기 때문이다.

● 표준원가는 일단 사전에 한번 결정되면 가능한 변경 또는 조정해서는 안된다.

　　[X] : 표준원가는 한번 설정된 영구불변의 원가가 아니라 기업 내적인 요소나 기업 외부환경의 변화에 따라 수시로 수정을 필요로 하는 원가이다. 만약, 이러한 표준원가의 적정성을 사후 관리하지 않을 경우 미래 원가계산을 왜곡할 소지가 있다.

● 표준원가계산제도는 종합원가계산제도와 결합하여 사용할 수 없다.

　　[X] : 종합원가계산제도와 결합하여 표준종합원가계산제도를 적용할 수 있다.

● 표준원가란 현실적으로 달성가능한 상황에서 설정된 목표원가가 아니라 가장 이상적인 상황에서만 달성가능한 추정치이다.

　　[X] : 표준원가란 현실적으로 달성가능한 상황에서 설정된 목표원가이다. 표준원가계산제도에서의 표준원가라 하면 일반적으로 이상적 표준이 아니라 현실적 표준(경영의 실제활동에서 열심히 노력하면 달성될 것으로 기대되는 표준원가)을 의미한다.

● 이상적 표준을 기준으로 표준원가를 설정할 경우 재고자산가액과 매출원가가 항상 적절하게 계상된다.

　　[X] : 실제원가와의 차이가 크게 발생하므로 재고자산평가와 매출원가산정에 적합하지 않다.

● 표준원가와 실제원가와의 차이가 가장 적게 발생하여 매출원가 산정에 가장 적합한 것은 이상적 표준이다.

　　[X] : 표준원가와 실제원가와의 차이가 가장 적게 발생하여 매출원가 산정에 가장 적합한 것은 정상적 표준이다.

정상적 표준 (normal)	• 정상적인 조업수준이나 능률수준에 대하여 설정된 표준원가임. 　→여기서 정상이란 경영활동에서 이상 또는 우발적인 상황을 제거한 것을 의미함. • 정상적 표준은 경영에 있어 비교적 장기간에 이르는 과거의 실적치를 통계적으로 평균화하고 여기에 미래의 예상추세를 감안하여 결정됨. 　→따라서, 경제상태가 비교적 안정된 경우에는 재고자산가액 산정과 매출원가계산에 가장 적합하며 원가관리를 위한 성과평가의 척도가 될 수 있음.

- 표준의 내용을 어떻게 설정하는가에 따라 원가관리에 더 적합할 수 있고 예산관리에 유용하게 이용될 수 있는 것은 이상적 표준이다.

    [X] : 이상적 표준(X) → 현실적 표준(O)

현실적 표준 (practical)	• 현실적 표준(practical standards)이란 경영의 실제활동에서 열심히 노력하면 달성될 것으로 기대되는 표준원가임. →이는 정상적인 기계고장과 근로자의 휴식시간을 허용하며, 작업에 참여하는 평균적인 근로자들이 합리적이면서 매우 효율적으로 노력을 하면 달성될 수 있는 표준임. • 현실적 표준과 실제원가와의 차이는 정상에서 벗어난 비효율로서 차이발생에 대해 경영자의 주의를 환기시키는 신호가 된다는 점에서 경영자에게 매우 유용함. • 현실적 표준은 설정내용에 따라서 원가관리에 더욱 적합할 수 있고 예산관리에도 유용하게 이용될 수 있음. • 표준원가계산제도에서의 표준원가라 하면 일반적으로 현실적 표준원가를 의미함.

- 표준원가계산제도에서는 비계량적인 정보를 활용하여 의사결정에 사용할 수 있다.

    [X] : 표준원가계산제도는 계량적 정보에 의해서만 성과평가가 이루어진다. 따라서, 표준원가계산제도를 채택할 경우 비계량적인 정보를 무시할 가능성이 있다. 예를 들어 표준원가달성을 지나치게 강조할 경우 제품의 품질을 희생시킬 수 있고, 납품업체에 표준원가를 기초로 지나친 원가절감을 요구할 경우 관계가 악화될 수도 있다.

- 표준원가계산제도는 계량정보와 비계량정보를 모두 포함하는 종합적인 원가계산제도이다.

    [X] : 표준원가계산제도를 채택할 경우 비계량적인 정보를 무시할 가능성이 있다. 예를 들어 표준원가달성을 지나치게 강조할 경우 제품의 품질을 희생시킬 수 있고, 납품업체에 표준원가를 기초로 지나친 원가절감을 요구할 경우 관계가 악화될 수도 있다.
    →한편, 표준원가계산제도는 계량적 정보에 의해서만 성과평가가 이루어진다.

- 표준원가계산제도를 채택할 경우 계량적인 정보를 무시할 가능성이 있다.

    [X] : 표준원가계산제도를 채택할 경우 비계량적인 정보를 무시할 가능성이 있다.

- 원가통제를 포함한 표준원가시스템을 잘 활용하여도 원가절감를 유도 할 수는 없다.

    [X] : 효율적 달성치인 표준원가를 설정하여 실제 발생원가와 비교함으로써 원가통제를 통한 원가절감을 유도할수 있다. 즉, 표준원가계산제도는 성격상 원가절감을 위한 원가통제를 포함한다.

- 이상적 표준을 기준으로 표준원가를 설정할 경우 근로자들의 임금상승 효과를 가져온다.

    [X] : 불리한 차이 발생으로 인한 저조한 성과평가로 근로자들의 임금이 삭감될 가능성이 높다.

● 표준원가계산제도에서는 표준에서 벗어나는 차이는 모두 검토하여야 한다.

　[X] : 표준에서 벗어나는 차이 중 사전에 설정된 허용범위를 벗어나는 경우에만 검토하면 되며, 이를 '예외에 의한 관리'라고 한다.

● 표준원가계산제도에서는 관리목적상 표준원가에 근접하는 원가항목을 보다 중점적으로 관리해야 한다.

　[X] : 표준원가에 근접하는 원가항목보다 표준원가에서 크게 벗어나는 항목을 중점적으로 관리해야 한다.

● 이상적 표준을 표준원가로 설정하면 종업원들에게 강한 동기부여 효과를 일으키므로 가장 적합한 표준설정이라고 할 수 있다.

　[X] : 이상적 표준은 이를 달성하는 경우가 거의 없기 때문에 항상 불리한 차이가 발생되며, 이에 따라 종업원의 동기부여에 역효과를 초래한다.

● 표준원가 도입시 차이분석의 결과는 당기에만 유용하며 차기의 표준이나 예산 설정에 유용한 정보를 제공하지 않는다.

　[X] : 표준원가계산제도는 달성하고자 하는 목표로서의 합리적인 원가표준을 설정하고 원가의 실제발생액을 집계하여 이를 표준과 비교하여 차이를 산출하고 구체적인 원인별로 차이를 분석하므로 원가관리를 수행하는 담당자에게 적절한 정보를 제공하여 줌으로써 원가능률의 향상을 도모하게 되며, 이러한 차이분석의 결과는 경영자에게 보고되어 차기의 표준이나 예산설정에 피드백되어 유용한 정보를 제공해 준다.

● 표준원가계산은 적정원가의 산정에 있어 객관성의 확보가 용이하다는 장점이 있다.

　[X] : 표준원가는 사전에 과학적이고 통계적인 방법으로 적정원가를 산정하는 것이 필수적이나, 이러한 적정원가의 산정에 객관성이 보장되기 힘들고 많은 비용이 소요된다는 한계점을 가지고 있다.

● 표준원가계산에서는 생산활동의 비능률을 찾아낼 수 없다.

　[X] : 표준원가계산에서는 표준과 실제의 차이를 분석하여 생산활동의 비능률을 찾아낼 수 있다.

● 표준원가와 실제발생원가의 차이분석에 있어 중요한 불리한 차이들은 모두 조사하여야 하나 중요한 유리한 차이들은 조사할 필요가 없다.

　[X] : 표준에서 벗어나는 차이 중 사전에 설정된 허용범위를 벗어나는 경우에만 검토하면 되며, 이를 '예외에 의한 관리'라고 한다. 표준원가계산은 예외에 의한 관리를 통해 표준원가와 실제원가의 차이 중 중요한 부분에 대해서만 관심을 가지게 된다. 다만, 중요한 불리한 차이든지 중요한 유리한 차이든지 중요한 차이는 모두 검토한다.

●— 경영자는 금액의 중요성과 상관없이 표준원가와 실제원가의 모든 차이에 대해 반드시 관심을 가지고 개선책을 강구해야 한다.

　　[X] : 일반적으로 표준은 원가발생의 기대치를 표현하는 것이기 때문에 경영자는 표준원가와 실제원가의 차이 중 중요한 부분에 대해서만 관심을 가지고 개선책을 강구하는 예외에 의한 관리(management by exception)를 하게 되며, 표준원가계산에서 예외에 의한 관리기법을 사용할 때에는 어느 정도의 예외사항을 중요한 예외사항으로 판단하여 관리할 것인가를 결정해야 한다.

●— 가격차이는 실제단가와 표준단가의 차이에 정해진 표준수량을 곱하여 산출된다.

　　[X] : 가격차이(AQ×AP - AQ×SP)는 '(AP - SP)×AQ'와 동일하다.
　　　→ 즉, 가격차이는 실제단가(AP)와 표준단가(SP)의 차액에 실제 사용한 수량(AQ)을 곱한 것이다.

●— 표준원가계산제도 차이분석의 경우 가격차이는 실제투입량에 대한 표준원가와 표준투입량에 대한 표준원가와의 차이를 의미한다.

　　[X] : 가격차이는 실제원가(AQ×AP)와 실제투입량에 대한 표준원가(AQ×SP)와의 차이를 의미한다.
　　　→ 실제투입량에 대한 표준원가(AQ×SP)와 표준투입량에 대한 표준원가(SQ×SP)와의 차이는 능률차이를 의미한다.

●— 표준원가계산제도 차이분석의 경우 총차이란 실제발생원가에서 목표산출량에 허용된 표준원가를 차감한 차이를 의미한다.

　　[X] : 총차이는 실제발생원가(AQ×AP)와 실제산출량에 허용된 표준원가(SQ×SP)와의 차이를 의미한다.
　　　(또는 실제발생원가(AQ×AP)와 표준투입량에 대한 표준원가(SQ×SP)와의 차이)

●— 직접재료원가 총차이가 유리한 경우 가격차이와 능률차이로 구분할 필요가 없다.

　　[X] : 총차이가 유리한 경우에도 원인파악을 위해 가격차이와 능률차이의 구분이 필요하다.

●— 직접재료원가 차이분석시 표준투입량은 사전에 미리 설정해 놓은 최대조업도에 대한 표준투입량이다.

　　[X] : 표준투입량(SQ)은 최대조업도에 대한 표준투입량이 아니라, 실제산출량의 생산에 허용된 투입량을 말한다.

●— 직접재료원가 가격차이에 대한 책임은 생산담당자가 지는 것이 바람직하다.

　　[X] : 직접재료원가 가격차이는 원재료의 구매가격과 관련하여 발생하므로 구매담당자가 책임을 진다.
　　　→ 한편, 직접재료원가 능률차이는 생산과정에서 원재료의 효율적 사용여부와 관련하여 발생하므로 생산담당자가 책임을 진다.

●— 직접재료원가 가격차이를 재료 사용시점에 분리한다면 직접재료원가 가격차이에 대한 책임은 생산담당자가 지는 것이 바람직하다.

> [X] : 직접재료원가 가격차이(사용가격차이 또는 구입가격차이)는 원재료의 구매가격과 관련하여 발생하므로 구매담당자가 책임을 진다.
> →한편, 직접재료원가 능률차이는 생산과정에서 원재료의 효율적 사용여부와 관련하여 발생하므로 생산담당자가 책임을 진다.

●— 유리한 직접재료원가차이에 대하여는 재료원가 구매담당자가 책임을 지며, 불리한 직접재료 원가차이에 대하여는 생산담당자가 책임을 진다.

> [X] : 구입가격차이는 구매담당자가, 능률차이는 생산담당자가 책임을 진다.

●— 직접재료원가 가격차이와 능률차이를 구분해야 일반적으로 인정되는 회계원칙과 부합한다.

> [X] : 기업회계에서는 원가차이를 외부공시하지 않는다.

●— 직접재료원가 가격차이는 생산과정에서 원재료를 효율적으로 사용하지 못함으로써 발생할 수 있다.

> [X] : 원재료를 효율적으로 소량 사용시는 유리한 능률차이가, 비효율적으로 낭비하여 대량 사용시는 불리한 능률차이가 발생한다. 즉, 가격차이가 아닌 능률차이 발생에 대한 설명이다.

●— 기술혁신에 따라 직접재료원가 가격차이가 발생할 수 있다.

> [X] : 기술혁신에 의해 원재료 투입량이 감소하여 유리한 능률차이가 발생한다. 즉, 가격차이가 아닌 능률차이가 발생할 수 있다.

●— 생산부문 책임자의 생산 관리소홀로 인하여 일정계획에 차질이 있을 경우 직접노무원가 불리한 가격차이가 발생한다.

> [X] : 생산부문 책임자의 관리소홀로 인하여 일정계획에 차질이 있을 경우에는 시간투입이 증가하여(AQ〉SQ) 불리한 능률차이가 발생한다.

●— 단순한 작업에 고임률의 숙련된 노동자를 투입할 경우는 직접노무원가 능률차이의 발생원인이 된다.

[X] : 저임률의 비숙련노동자가 투입되어도 될 작업(단순한 작업)에 고임률의 숙련된 노동자를 투입할 경우에는 직접노무원가 가격차이(AP〉SP)의 발생원인이 된다.

DL가격차이 발생원인	• ㉠ 생산에 투입되는 노동력의 질에 따라 발생할 수 있음. 　→예 저임률의 비숙련노동자가 투입되어도 될 작업에 고임률의 숙련노동자를 투입할 경우 ㉡ 생산부문에서 작업량의 증가에 따라 초과근무수당을 지급할 경우 ㉢ 노사협상 등에 의하여 임금이 상승할 경우
DL능률차이 발생원인	• ㉠ 노동의 비능률적인 사용으로 인하여 발생할 수 있음. 　→예 기술수준이 높은 근로자에 비해 기술수준이 낮은 근로자는 작업수행에 보다 많은 시간을 필요로 할 것이므로 능률차이가 발생하게 됨. ㉡ 생산에 투입되는 원재료의 품질정도에 따라 투입되는 노동시간이 영향을 받으므로 이에 의해서도 발생할 수 있음. ㉢ 생산부문 책임자의 감독소홀이나 일정계획 등의 차질로 인하여 발생할 수 있음.

●— 일반적으로 생산부문 책임자의 감독소홀이나 일정계획의 차질은 직접노무원가 능률차이를 발생시키나 변동제조간접원가 능률차이에는 영향을 주지 않는다.

[X] : 변동제조간접원가 배부율이 노동시간과 관련된 경우 변동제조간접원가(VOH) 능률차이가 발생하는 원인은 다음과 같이 직접노무원가(DL) 능률차이가 발생하는 원인과 동일하다.

> ㉠ 노동의 비능률적 사용으로 인해 DL은 물론 VOH에서도 능률차이가 발생할 수 있다.
> ㉡ 생산에 투입되는 원재료의 품질정도에 따라 투입되는 노동시간이 영향을 받으므로 이에 의해서도 변동제조간접원가 능률차이가 발생할 수 있다.
> ㉢ 생산부문 책임자의 감독소홀이나 일정계획 등의 차질로 인하여 변동제조간접원가 능률차이가 발생할 수 있다.

●— 노동의 능률적 혹은 비능률적 사용은 변동제조간접원가 능률차이에 전혀 영향을 미치지 않는다.

[X] : 변동제조간접원가 배부율이 노동시간과 관련된 경우 변동제조간접원가 능률차이가 발생하는 원인은 직접노무원가 능률차이가 발생하는 원인과 동일하다. 즉, 노동의 비능률적 사용으로 인해 직접노무원가는 물론 변동제조간접원가에서도 능률차이가 발생할 수 있다.

●— 기준조업도는 물량 기준보다는 금액 기준으로 설정하는 것이 바람직하다.

[X] : 기준조업도는 될 수 있으면 금액보다는 물량기준으로 설정해야 한다. 왜냐하면 금액을 기준조업도로 사용할 경우에는 물가변동의 영향을 받기 때문이다.

●— 고정제조간접원가 예산은 실제산출량에 허용된 표준조업도에 조업도 단위당 표준배부율을 곱하여 계산한 금액을 의미한다.

[X] : 고정제조간접원가 예산은 기준조업도(N)에 조업도 단위당 표준배부율(f)을 곱하여 계산한 금액을 의미한다.
　→고정제조간접원가 배부액은 실제산출량에 허용된 표준조업도(S)에 조업도 단위당 표준배부율(f)을 곱하여 계산한 금액을 의미한다.

●─ 고정제조간접원가 실제발생액이 고정제조간접원가 예산에 비하여 과소하게 발생하였다면 불리한 예산차이가 발생하게 된다.

    [X] : 고정제조간접원가 실제발생액이 예산에 비하여 과소하게 발생하였다면, '실제발생액 - F'가 (-)인 경우이므로 유리한 예산차이가 발생하게 된다.

●─ 고정제조간접원가 예산의 기준조업도를 최대 생산가능조업도로 할 경우 불리한 고정제조간접원가 조업도차이는 발생하지 않는다.

    [X] : 기준조업도를 최대 생산가능조업도로 할 경우 일반적으로 불리한 FOH 조업도차이가 발생하게 된다. 왜냐하면, 기준조업도(최대 생산가능조업도) 이하로 조업한 경우가 대부분 발생할 것이므로(즉, 생산시설의 이용정도가 기대에 못미침) 조업도차이('fN-fS')는 불리한 차이가 발생한다.

●─ 표준원가계산제도에서 원가차이의 처리방법인 매출원가조정법은 원가차이를 매출원가와 재고자산에 가감하여 차이를 조정하는 방법이다.

    [X] : 매출원가조정법은 모든 원가차이를 매출원가에 가감하여 차이를 조정하는 방법이다.

●─ 표준원가계산제도에서 기말에 원가차이를 매출원가에서 조정할 경우 불리한 차이는 매출원가에서 차감하고 유리한 차이는 매출원가에 가산한다.

    [X] : 매출원가조정법의 경우 다음과 같이 불리한 차이는 매출원가에 가산하고 유리한 차이는 매출원가에서 차감한다.

- 매출원가조정법 : 모든 원가차이를 매출원가에 가감하는 방법
  → ㉠ 불리한 차이 : 매출원가에 가산   ㉡ 유리한 차이 : 매출원가에서 차감

원가차이 분석	(차) 재공품(SQ×SP) 70,000 　　　가격차이(불리) 40,000	(대) 원재료(AQ×AP) 100,000 　　　능률차이(유리) 10,000
원가차이 배분	(차) 매출원가 40,000 (차) 능률차이(유리) 10,000	(대) 가격차이(불리) 40,000 (대) 매출원가 10,000

- 모두 매출원가에서 조정되므로 재공품과 제품계정은 모두 표준원가로 계속 기록됨.

●─ 표준원가계산에서 원가차이의 배분방법인 매출원가조정법을 사용하면 비례배분법을 사용하는 경우보다 당기순이익이 항상 크게 나타난다.

    [X] : 원가차이가 매출원가에 가감되므로 모든 원가차이를 당기손익에 반영하게 되며 이에 따라 불리한 차이의 경우는 비례배분법보다 순이익이 감소, 유리한 차이의 경우는 비례배분법보다 순이익이 증가한다.

● 2분법에 의한 제조간접원가 분석의 경우 예산차이에는 변동제조간접원가차이만이 포함되며, 조업도차이에는 고정제조간접원가차이만이 포함된다.

   [X] : 예산차이에는 고정제조간접원가차이(FOH예산차이)도 포함된다.

4분법	3분법	2분법	1분법
VOH소비차이	소비차이	예산차이	OH배부차이(총차이)
FOH예산차이			
VOH능률차이	능률차이		
FOH조업도차이	조업도차이	조업도차이	

● 2분법에 의한 제조간접원가 분석의 경우 예산차이에는 변동제조간접원가차이의 일부만이 포함되며, 조업도차이에는 변동제조간접원가차이의 일부와 고정제조간접원가차이가 포함된다.

   [X] : 예산차이에는 변동제조간접원가차이의 모두(VOH소비차이/VOH능률차이)가 포함되며, 조업도차이에는 변동제조간접원가차이는 포함되지 않는다.

● 2분법에 의한 제조간접원가 분석의 경우 예산차이와 조업도차이에는 모두 변동제조간접원가차이와 고정제조간접원가차이가 포함된다.

   [X] : 예산차이에는 모두 변동제조간접원가차이와 고정제조간접원가차이가 포함되나, 조업도차이에는 변동제조간접원가차이가 포함되지 않는다.

● 변동원가계산제도에서는 표준원가계산제도를 적용할 수 없다.

   [X] : 표준변동원가계산제도를 적용할 수 있다.

● 변동원가계산은 표준원가를 사용할 수 있으나 전부원가계산은 표준원가를 사용할 수 없다.

   [X] : 원가계산방법은 다음과 같이 결합되어 다양한 방법이 가능하다.(예 표준전부원가계산, 표준변동원가계산)

제품원가의 구성요소 (원가구성)	원가요소의 실제성여부 (원가측정)	생산형태 (제품의 성격)
전부원가계산 변동원가계산	실제원가계산 정상원가계산 표준원가계산	개별원가계산 종합원가계산

● 초변동원가계산은 전부원가계산제도와 마찬가지로 원가부착개념에 근거를 두고 있다.

   [X] : 초변동원가계산은 직접노무원가, 변동제조간접원가, 고정제조간접원가를 모두 비용(운영비용) 처리하므로, 변동원가계산과 마찬가지로 원가회피개념에 근거를 두고 있다.

● 초변동원가계산은 제조간접원가에 포함되는 혼합원가를 임의로 고정원가와 변동원가로 구분해야 하므로 혼합원가의 주관적 구분이 필요하다.

　[X] : 제조간접원가에 포함되는 혼합원가를 임의로 고정원가와 변동원가로 구분할 필요없이 모두 기간비용으로 처리하기에 혼합원가의 주관적 구분이 불필요하다.

● 변동원가계산은 제조간접원가에 포함되는 혼합원가의 주관적 구분이 불필요하다는 유용성을 갖고 있다.

　[X] : 초변동원가계산의 유용성에 대한 설명이다. 즉, 초변동원가계산은 혼합원가의 주관적 구분이 불필요하다. 제조간접원가에 포함되는 혼합원가를 임의로 고정원가와 변동원가로 구분할 필요없이 모두 기간비용으로 처리하기에 변동원가계산에서 발생 할 수 있는 자의적인 해석이 개입될 여지가 없다.

● 변동원가계산제도는 기업회계기준에서 인정하는 원가계산제도이다.

　[X] : 기업회계기준에서 인정하지 않으며 내부 의사결정 목적으로 이용된다.

● 변동원가계산은 의사결정에 유용하므로 전부원가계산에 비하여 외부보고용으로 적절한 원가계산방법이다.

　[X] : 기업회계기준은 외부보고용으로 전부원가계산을 인정한다.

● 초변동원가계산방법도 외부보고목적의 재무제표 작성에 이용될 수 있다.

　[X] : 외부보고목적의 재무제표 작성에 이용되는 방법은 전부원가계산방법이다.

● 변동원가계산은 변동판매비와관리비를 제품원가로 인식하고 전부원가계산은 고정제조간접원가를 제품원가로 인식한다.

　[X] : 변동원가계산에서의 제품원가는 DM(직접재료원가), DL(직접노무원가), VOH(변동제조간접원가)로 구성되며, 변동판매비와관리비는 제품원가로 인식되지 않는다.

● 변동원가계산은 변동제조간접원가를 기간비용으로 처리한다.

　[X] : 변동원가계산은 변동제조간접원가가 아니라 고정제조간접원가를 기간비용으로 처리한다.

● 변동원가계산은 고정제조간접원가를 제품원가로 처리한다.

　[X] : 변동원가계산은 고정제조간접원가를 기간비용으로 처리한다.

● 고정판매비와관리비 또한 고정제조간접원가와 마찬가지로 변동원가계산과 전부원가계산 간의 처리방법이 상이하다.

　[X] : 고정판매비와관리비는 변동원가계산과 전부원가계산의 처리방법이 동일하다.(모두 기간비용 처리)

●— 변동원가계산을 적용하여 원가계산을 하게 되면 모든 제조원가가 기말재공품에 포함된다.

[X] : 변동원가계산을 적용하여 원가산정을 하게 되면 고정제조간접원가가 모두 당기비용으로 처리되어 고정제조간접원가가 기말재공품에 포함되지 않는다.

●— 변동원가계산은 특정기간의 이익이 재고자산 수량의 변동에 영향을 받는다.

[X] : 전부원가계산의 설명이다.

●— 변동원가계산은 제품생산량이 영업이익에 영향을 미친다.

[X] : 변동원가계산은 제품판매량만이 영업이익에 영향을 미친다.(생산량은 이익에 영향을 미치지 않는다.)
→반면, 전부원가계산은 생산량증감에 따라 고정제조간접원가배부액이 증감하여 이익이 증감하므로 판매량뿐만 아니라 생산량도 영업이익에 영향을 미친다.

●— 변동원가계산은 이익이 생산량에 영향을 받으므로 불필요한 재고의 누적을 막을 수 있다.

[X] : 변동원가계산은 판매량만이 영업이익에 영향을 미친다. 따라서, 이익이 생산량에 의해 영향을 받지 않으므로 바람직하지 못한 재고의 누적을 방지할 수 있다.
→반면, 전부원가계산은 생산량증감에 따라 고정제조간접원가배부액이 증감하여 이익이 증감하므로 영업이익이 판매량뿐만 아니라 생산량의 변화에도 영향을 받는다. 따라서, 생산량을 증가시켜 손실을 줄이거나 이익을 증가시킬 수 있으므로 생산과잉으로 인한 바람직하지 못한 불필요한 재고의 누적을 유발할 수 있다.

●— 전부원가계산은 생산량이 이익에 아무런 영향을 미치지 않는다.

[X] : 전부원가계산은 생산량증감에 따라 고정제조간접원가배부액이 증감하여 이익이 증감하므로 판매량뿐만 아니라 생산량도 영업이익에 영향을 미친다.
→반면, 변동원가계산은 제품판매량만이 영업이익에 영향을 미친다.(생산량은 이익에 영향을 미치지 않는다.)

●— 변동원가계산은 고정원가를 부문이나 제품에 배분하지 않기 때문에 부문별, 제품별 의사결정 문제에 왜곡을 초래할 수 있다.

[X] : 변동원가계산은 공통적인 고정원가를 부문이나 제품별로 배분하지 않기 때문에 부문별, 제품별 의사결정 문제에 왜곡을 초래하지 않는다.(즉, 변동원가와 고정원가가 분리되고 공헌이익도 제시되므로 증분이익 분석이 용이해져 의사결정에 유용함.)
→반면, 전부원가계산은 공통적인 고정원가를 부문이나 제품별로 배부하기 때문에 부문별, 제품별 의사결정 문제에 왜곡을 초래할 가능성이 존재한다.

- 변동원가계산은 공통고정원가를 부문이나 제품별로 배부하기 때문에 부문별, 제품별 의사결정 문제에 왜곡을 초래할 가능성이 존재한다.

    [X] : 전부원가계산의 설명이다.

- 전부원가계산제도에서 매출액과 이익은 동일한 방향으로 움직이므로 경영자의 입장에서 이해하기 쉽다.

    [X] : 변동원가계산의 설명이다.

- 결합제품 생산시에는 변동원가계산 적용이 전부원가계산에 비해 용이하다는 장점이 있다.

    [X] : 제조원가 중에서 변동원가와 고정원가를 정확히 구분해내는 것은 현실적으로 어려우므로 결합제품을 생산할 경우에는 개별 결합제품별로 변동원가계산을 한다는 것이 사실상 불가능하다.

- 당기 생산량이 판매량보다 많으면, 전부원가계산의 영업이익이 변동원가계산의 영업이익보다 항상 크다.

    [X] : 당기 생산량이 판매량보다 많은 경우, 전부원가계산 영업이익이 항상 크려면 전기·당기의 단위당FOH(단위당고정제조간접원가)가 불변해야 한다.(매기 동일) 따라서, 당기 생산량의 단위당FOH보다 전기 단위당FOH(기초재고에 포함된 단위당FOH)가 더 큰 경우에는 변동원가계산의 영업이익이 더 클 수도 있다.

- CVP분석에서는 일반적으로 당기에 투입된 원가보다 적은 금액이 손익계산서상 비용으로 인식된다고 가정한다.

    [X] : CVP분석의 기본가정과 무관한 설명이다.

- 기초적인 CVP분석에 있어 원가함수는 선형이라는 가정이 필요하지만 수익함수는 선형이라는 가정이 필요하지 않다.

    [X] : 수익과 원가의 행태가 확실히 결정되어 있고 관련범위 내에서 모두 선형으로 가정한다.

- CVP분석은 수익과 원가행태는 관련범위 내에서 곡선적이라고 가정한다.

    [X] : 곡선적(X) → 선형(O)

- CVP분석에서는 제품의 종류가 복수인 경우에는 판매량 변화에 따라 매출의 배합이 변동한다고 가정한다.

    [X] : 복수제품인 경우에는 매출배합이 일정하다고 가정한다.

- CVP분석은 화폐의 시간가치를 고려하는 장기적인 손익기법이다.

    [X] : 화폐의 시간가치를 무시하며, 화폐의 시간가치가 중요하지 않을 정도의 단기간이라고 가정한다.

●— CVP분석은 제품원가를 최소화하는 조업도를 파악하는데 유용하며 장기투자의사결정에 유용한 분석방법이다.

[X] : CVP분석은 다양한 조업도 수준에서 원가와 이익의 관계를 분석하는데 유용한 기법이며, 제품원가를 최소화하는 조업도를 파악하기 위한 분석기법은 아니다. 또한, CVP분석은 1년 이내의 단기투자의사결정에 유용한 분석방법이다.

●— CVP분석은 장기투자의사결정에 유용한 분석방법이다.

[X] : CVP분석은 1년 이내의 단기투자의사결정에 유용한 분석방법이다.

●— CVP분석은 변동원가와 고정원가의 상관관계를 파악하며 변동원가를 보상하는데 필요한 매출액을 파악하는데 유용하다.

[X] : 변동원가가 아닌 고정원가를 보상하는데 필요한 매출액을 파악하는데 유용하다.

●— CVP분석에서 공헌이익이 총고정원가보다 큰 경우에는 손실이 발생한다.

[X] : '공헌이익 - 총고정원가 = 이익' 이므로 공헌이익이 총고정원가보다 큰 경우에는 손실이 아니라 이익이 발생한다.

●— CVP분석에서 공헌이익률은 원가구조와 밀접히 관련이 있으며 총원가 중 변동원가 비율이 높으면 공헌이익률도 높게 나타난다.

[X] : 공헌이익률 = $\frac{매출액 - 변동원가}{매출액}$ 이므로, 변동원가비중이 높으면(증가하면) 공헌이익률이 낮게 나타난다.

→또는, '변동비율 + 공헌이익률 = 1'에서 변동원가비율이 높으면 공헌이익률은 낮게 나타난다.

●— CVP분석에서 매출액의 변화가 기업의 순이익에 미치는 영향을 파악하는데 있어서는 공헌이익률보다 공헌이익 개념이 더 유용하다.

[X] : 공헌이익률(= $\frac{공헌이익}{매출액}$)은 공헌이익의 개념을 비율개념으로 나타낸 것이다. 공헌이익률은 매출액 중 몇 퍼센트가 고정원가의 회수 및 이익창출에 공헌하였는가를 나타내는 것으로 매출액의 변화가 기업의 순이익에 미치는 영향을 분석할 때 공헌이익보다 유용하게 사용된다.

→예 공헌이익이 ₩10으로 동일한 A, B 두 제품이 있을 경우 어느 제품을 집중관리해야 하는지에 대한 의사결정시 공헌이익률은 합리적인 판단기준을 제공한다. 즉, A의 가격은 ₩50, B의 가격은 ₩40일 때 공헌이익률 개념을 도입하면 A의 공헌이익률은 20%, B의 공헌이익률은 25%로서 B를 집중관리하는 것이 필요하다는 판단을 할 수 있다.

●— 법인세를 고려하는 경우 손익분기점 분석결과는 변화한다.

[X] : 손익분기점은 이익이 0인 판매량(매출액)이므로 이익이 0이면 법인세가 없다. 따라서, 손익분기점은 법인세가 존재하든 법인세가 존재하지 않든 영향없이 동일하다.

● 영업레버리지는 고정원가로 인하여 매출액의 변화액보다 영업이익의 변화액이 더 커지는 현상을 말한다.

  [X] : 변화액(X) → 변화율(O)

● 어떤 기업의 영업레버리지도가 7일 경우 경기불황으로 인하여 매출액이 20% 감소하면 영업이익은 40% 감소할 것이다.

  [X] : 영업레버리지도가 7일 경우 매출액이 20% 감소하면 영업이익은 140%(=20%×7) 감소한다.

● 고정원가가 감소하면 영업레버리지도는 높아진다.

  [X] : 영업레버리지도(DOL) = $\dfrac{\text{영업이익변화율}}{\text{매출액변화율}}$ = $\dfrac{\text{공헌이익}}{\text{영업이익}}$ = $\dfrac{\text{매출액} - \text{변동비}}{\text{매출액} - \text{변동비} - \text{고정비}}$

  →고정비가 감소하면 분모가 커져 영업레버리지도는 낮아진다.

● 고정원가가 없는 기업은 영업레버리지의 효과가 없기 때문에 영업레버리지도는 0(영)이다.

  [X] : 영업레버리지도(DOL) = $\dfrac{\text{공헌이익}(\text{매출액} - \text{변동비})}{\text{영업이익}(\text{매출액} - \text{변동비} - \text{고정비})}$ 에서, 고정비 = 0이면 DOL = 1

● 영업레버리지도(DOL)가 높을수록 영업이익이 많다는 의미이므로 기업 운영이 좋다고 할 수 있다.

  [X] : 영업레버리지도가 높다는 것이 그 기업의 영업이익이 많다는 것을 나타내는 것은 아니며, 또한 기업운영이 좋다는 것을 나타내는 것도 아니다. 단지 매출액이 증가하거나 감소함에 따라 영업이익이 좀 더 민감하게 반응한다는 것을 의미한다.
  예 DOL = 6일 때 매출이 20%증가하면 영업이익은 120%증가, 매출이 20%감소하면 영업이익은 120%감소함.
  →즉, 고정비의 비중이 큰 원가구조를 가지고 있는 기업일수록 레버리지 효과가 커서 불경기에는 큰 타격을 입고 반면에 호경기에는 막대한 이익을 얻음.

● 이익규모가 비슷한 경우 고정원가의 비중이 큰 원가구조를 가지고 있는 기업일수록 레버리지 효과가 크기 때문에 불경기에도 큰 타격을 입지 않을 것이다.

  [X] : 레버리지가 크면 호경기에는 막대한 이익을 얻으나 불경기에는 큰 타격을 입는다.

● 일반적으로 한 기업의 영업레버리지도는 손익분기점 부근에서 가장 작으며, 매출액이 증가함에 따라 점점 커진다.

  [X] : 일반적으로 한 기업의 영업레버리지도는 손익분기점 부근에서 가장 크며, 매출액이 증가함에 따라 점점 작아진다.

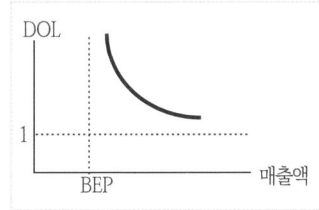

- 고정비비중이 클수록 DOL의 분모가 작아져 DOL이 커짐
- 고정비가 '0'이면 DOL = 1이 됨.
- BEP에 근접함에 따라서 분모인 영업이익이 0에 근접함으로, DOL = ∞가 됨.
  →즉, DOL은 손익분기점 부근에서 가장 커짐.
- DOL은 매출액증가에 따라 점점 감소하여 1에 접근함.

참고 BEP에 미달할수록 DOL은 -1에 접근함.

● 직접노무원가와 같은 직접원가의 증가로 인해 새로운 원가배부기준이 필요하게 되어 활동기준원가계산이 등장하였다.

[X] : 산업이 고도화되고 고객의 요구가 다양해짐에 따라 제조환경이 다품종 소량생산으로 바뀌고 있으며 생산기술이 발달하고 제조과정이 자동화됨으로 인하여 제조원가에서 직접노무원가가 차지하는 비중은 줄어든 반면 제조간접원가의 비중은 과거에 비해 훨씬 커졌다. 이와 같이 늘어난 제조간접원가를 전통적 원가배부기준인 직접노무원가, 직접노동시간 등을 기준으로 제품에 배부하는 방법으로는 제품원가를 정확히 계산하는 것이 힘들게 되어 새로운 원가계산제도가 필요하게 되었다.

● 제조간접가의 비중이 감소하는 반면 직접노동의 투입량이 증가됨에 따라 새로운 원가배부기준이 필요하게 되었다.

[X] : 산업이 고도화되고 고객의 요구가 다양해짐에 따라 제조환경이 다품종 소량생산으로 바뀌고 있으며 생산기술이 발달하고 제조과정이 자동화됨으로 인하여 제조원가에서 직접노무원가가 차지하는 비중은 줄어든 반면 제조간접원가의 비중은 과거에 비해 훨씬 커졌다. 이와 같이 늘어난 제조간접원가를 전통적 원가배부기준인 직접노무원가, 직접노동시간 등을 기준으로 제품에 배부하는 방법으로는 제품원가를 정확히 계산하는 것이 힘들게 되어 새로운 원가계산제도가 필요하게 되었다.

● 활동기준원가계산은 직접재료원가 이외의 모든 원가를 고정원가로 처리하여 원가계산의 간편성을 추구한다.

[X] : 초변동원가계산에 대한 설명으로 ABC(활동기준원가계산)와는 관련이 없다.

● 활동기준원가계산은 전통적인 원가배분방법과 비교하여 원가집합과 원가동인의 수가 감소되므로 보다 효율적으로 원가를 구할 수 있다.

[X] : 활동기준원가계산은 원가를 활동별로 구분하므로 전통적인 원가계산방법에 비해 더 많은 원가동인이 필요하다.

● 활동기준원가계산제도는 다양한 활동 및 활동원가의 분석이 필요하므로 원가통제에 어려움이 존재한다.

[X] : 활동기준원가계산(ABC)은 제품원가를 계산하기 위해 활동을 분석하는 과정에서 부가가치활동(value added activity)과 비부가가치활동(non-value added activity)을 구분하여 비부가가치활동을 제거하거나 감소시킴으로써 생산시간을 단축할 수도 있고 활동별로 원가를 관리함으로써 상대적으로 많은 원가를 발생시키는 활동들을 줄여나갈 수 있기 때문에 원가절감이 가능하므로 원가통제를 보다 효과적으로 수행할 수 있다.

● 활동기준원가계산제도는 전통적인 개별원가계산이나 종합원가계산과 독립적으로 사용해야만 하는 새로운 원가계산제도이다.

[X] : 활동기준원가계산(ABC)은 제조간접비를 활동별로 배부하는 것일 뿐 개별원가계산, 종합원가계산과 독립된 원가계산 방법이 아니다. 즉, ABC는 개별원가계산, 종합원가계산에 모두 사용가능하다.

●― 활동기준원가계산은 개별원가계산제도와는 결합되어 함께 사용될 수 있으나, 종합원가계산제도와는 함께 사용될 수 없다는 한계점이 존재한다.

  [X] : 활동기준원가계산(ABC)은 제조간접비를 활동별로 배부하는 것일 뿐 개별원가계산, 종합원가계산과 독립된 원가계산 방법이 아니다. 즉, ABC는 개별원가계산, 종합원가계산에 모두 사용가능하다.

●― 원가의 대부분을 단일의 활동으로 설명할 수 있는 경우 활동기준원가계산제도의 도입에 따른 효익이 크게 나타날 수 있다.

  [X] : 활동기준원가계산은 원가를 활동별로 세분화하여 배부하는 방법이므로 단일의 활동으로 설명할 수 있는 경우에는 효익이 크게 나타날 수 없다.

●― 기존의 원가시스템이 확립된 후에 제조하는 제품의 종류가 크게 감소하고 있는 경우 활동기준원가계산제도의 도입에 따른 효익이 크게 나타날 수 있다.

  [X] : 활동기준원가계산(ABC)은 고객의 다양한 소비욕구로 인한 현대의 다품종 소량생산체제에 적합하므로, 제품의 종류가 크게 감소하고 있는 경우에는 효익이 크게 나타날 수 없다.

●― 제품원가를 계산하기 위한 활동은 분석이 가능하나 고객이나 서비스 등의 원가대상에 대해서는 활동 분석이 불가능하여 활동기준원가계산을 적용할 수 없다.

  [X] : ABC는 제조업뿐만 아니라 서비스업에서도 적용이 가능하다는 특징이 있다.

●― 활동기준원가계산은 활동분석과 원가동인의 파악에 소요되는 비용과 시간이 거의 발생하지 않는다는 장점이 있다.

  [X] : 활동기준원가계산(ABC)은 활동분석과 원가동인의 파악에 소요되는 비용과 시간이 크다는 단점이 있다.

●― 수명주기원가계산은 제조이후 단계에서 대부분의 제품원가가 결정된다는 인식을 토대로 생산단계와 마케팅단계에서 원가절감을 위한 노력을 기울여야 한다는 것을 강조한다.

  [X] : LCC(수명주기원가계산)는 제조이전단계에서 대부분의 제품원가가 결정된다는 인식을 토대로 연구개발단계와 제품설계단계에서부터 원가절감을 위한 노력을 기울여야 한다는 것을 강조한다.

●― 수명주기원가계산은 제조활동 이후의 하위활동은 원가계산시 고려하지 않는다.

  [X] : 수명주기원가계산(LCC)은 제품수명주기 동안 상위활동(=제조이전단계=초기단계 : 연구개발, 설계), 제조, 하위활동(=제조이후단계 : 마케팅, 유통, 고객서비스)에서 발생하는 모든 원가를 제품별로 집계하는 원가계산제도이다. 따라서, 제조활동 이후의 하위활동(마케팅, 유통, 고객서비스) 원가가 원가계산에 포함된다.

● 수명주기원가계산은 제품수명주기원가의 대부분이 제조단계에서 확정되므로 제조단계에서 원가절감을 강조한다.

[X] : LCC(수명주기원가계산)는 제조이전단계에서 대부분의 제품원가가 결정된다는 인식을 토대로 연구개발단계와 제품 설계단계에서부터 원가절감을 위한 노력을 기울여야 한다는 것을 강조한다.

● 수명주기원가계산은 재무적 관점에 의한 단기적 성과 및 원가관리에 유용하다.

[X] : 수명주기원가계산(LCC)은 장기적 관점의 원가절감 및 원가관리에 유용하다.

● 품질원가(COQ)와 관련하여 품질관리시스템 기획, 공급업체 평가, 품질교육, 공정 엔지니어링 등에 소요되는 원가는 평가원가에 해당한다.

[X] : 품질관리시스템 기획, 공급업체 평가, 품질교육, 공정 엔지니어링 등에 소요되는 원가는 불량품 생산을 예방하기 위해 발생하는 원가로서 '예방원가'에 해당된다.

● 품질원가(COQ)와 관련하여 일반적으로 예방원가와 평가원가가 증가하면 실패원가도 증가하게 된다.

[X] : 일반적으로 통제원가(예방원가와 평가원가)가 증가하면 불량률이 감소하므로, 실패원가(내부실패원가와 외부실패원가)도 감소한다.

● 현재 시설능력을 100% 활용하고 있는 기업이 특별주문의 수락 여부를 고려할 때 동 주문생산에 따른 추가 시설 임차료는 비관련원가이다.

[X] : 유휴생산능력이 없거나 부족한 때에는 특별주문을 수락할 경우 기존 설비능력이 부족하기 때문에 설비능력을 확충하게 된다. 따라서, 이 경우에는 특별주문의 수락으로 인한 설비원가 및 추가 시설 임차료 등을 모두 고려해야 된다. 추가 시설 임차료는 의사결정시 고려해야 할 관련원가이다.

● 부품의 자가제조·외부구입 의사결정시는 변동원가만이 관련원가이다.

[X] : 자가제조 관련원가를 분석할 때는 자가제조와 관련된 변동원가뿐만 아니라 자가 제조를 중단하는 경우 회피 가능한 고정원가도 고려해야 한다.

● 부품의 자가제조·외부구입 의사결정시 변동원가는 모두 비관련원가로 보아, 의사결정을 하는데 영향을 미치지 않는다.

[X] : 변동원가는 의사결정에 영향을 미치는 관련원가에 해당하는 항목이다.

● 부품의 자가제조·외부구입 의사결정시 회피불가능한 고정원가는 관련원가로 의사결정을 하는데 반드시 고려하여야 한다.

[X] : 회피가능고정원가는 관련원가이므로 의사결정을 하는데 반드시 고려하여야 하나, 회피불능고정원가는 비관련원가이므로 의사결정을 하는데 고려하지 않는다.

- 부품의 자가제조·외부구입 의사결정시 회피가능원가가 외부구입원가보다 큰 경우에는 자가제조하는 것이 바람직하다.

  [X] : 회피가능원가가 외부구입원가보다 큰 경우에는 외부구입이 바람직하다.

- 부품의 자가제조·외부구입 의사결정시 외부구입원가가 회피가능원가 보다 큰 경우에는 외부구입하는 것이 바람직하다.

  [X] : 외부구입원가가 회피가능원가(변동원가, 회피가능공정원가 등)보다 작은 경우에 외부구입한다.

- 부품의 자가제조는 향후 급격한 주문증가시 별도 투자없이 대처할 수 있는 장점이 있다.

  [X] : 부품을 자가제조할 경우 향후 급격한 주문의 증가에 대해 별도의 추가적 시설투자가 필요하므로 많은 비용이 발생하는 단점이 있다.

- 부품을 자가제조할 경우 생산관리를 외부에 의존해야 하므로 품질관리가 매우 어렵다.

  [X] : 외부구입의 경우 부품의 품질유지를 외부공급업자에게 의존하는 위험이 존재하나, 자가제조의 경우는 부품 공급업자에 대한 의존도를 줄일 수 있어 품질관리를 보다 쉽게 할 수 있다는 장점이 있다.

- 부품을 외부구입 할 경우 외부공급업자를 통해 부품의 품질관리를 용이하게 할 수 있다는 장점이 있다.

  [X] : 부품을 자가제조 할 경우 외부공급업자에 대한 의존도를 줄일 수 있어 부품의 품질관리를 보다 용이하게 할 수 있다는 장점이 있다.

- 부품을 자가제조 할 경우 제품에 특별한 지식이나 기술이 요구될 때 품질을 유지하기 위한 관리가 별도로 필요하지 않다는 장점이 있다.

  [X] : 부품을 자가제조 할 경우 제품에 특별한 지식이나 기술이 요구될 때 품질을 유지하기 위한 관리가 별도로 필요하게 되는 단점이 있다.

- 부품을 외부구입 할 경우 제품에 특별한 지식이나 기술이 요구될 때 품질을 유지하기 위한 관리가 별도로 필요하게 되는 단점이 있다.

  [X] : 부품을 자가제조 할 경우 제품에 특별한 지식이나 기술이 요구될 때 품질을 유지하기 위한 관리가 별도로 필요하게 되는 단점이 있다.

- 부품의 자가제조나 외부구입 의사결정의 경우 당해 의사결정에 따라 회피가능한 고정원가는 관련원가가 아니다.

  [X] : 당해 의사결정에 따라 회피가능한 고정원가는 관련원가이다.

● 부품의 자가제조나 외부구입 의사결정의 경우 고정원가가 당해 의사결정과 관계없이 계속 발생한다면 고정원가도 관련원가이다.

[X] : 고정원가가 당해 의사결정과 관계없이 계속 발생한다면 비관련원가이다.

● 가격결정방식 중에서 원가가산가격결정방법은 한계수익과 한계비용이 일치하는 점에서 제품의 판매가격이 결정되므로 기업의 이익이 극대화된다.

[X] : 한계수익(MR)과 한계비용(MC)이 일치하는 점에서 제품의 판매가격이 결정되는 것은 경제학적 가격결정방법이다.

● 대체가격 결정시 준최적화 현상이 발생하더라도 각 사업부의 이익극대화가 이루어지도록 결정되어야 한다.

[X] : 목표일치성기준에 따라 각 사업부의 이익극대화뿐만 아니라 기업전체의 이익도 극대화 할 수 있는 방향으로 대체가격을 결정하여야 한다.

● 시장가격기준으로 대체가격을 결정하는 경우 많은 시간이 소요되며 사업부 관리자의 협상능력에 따라 영향을 받는다.

[X] : 많은 시간이 소요되며 사업부 관리자의 협상능력에 따라 영향을 받는 것은 시장 가격기준이 아니라 협상가격기준의 단점이다.

● 이익중심점인 중간사업부로 하여금 공정개선 및 기술혁신을 통한 원가절감을 이루도록 하기 위해서는 시장가격보다 고정원가를 포함한 단위당 제품원가를 사내대체가격으로 채택하는 것이 효과적이다.

[X] : 고정원가를 포함한 단위당 제품원가를 사내대체가격으로 채택하면 중간사업부(공급사업부)가 대체로 인하여 발생하는 원가를 전부 보상받게 되므로 공정개선 및 기술혁신을 통한 원가절감 노력을 기울이지 않는 문제점이 생긴다.
→즉, 원가기준의 경우 중간사업부가 원가절감을 이루도록 동기를 부여하지 못한다. 중간사업부에서 발생한 원가가 모두 최종사업부로 대체되므로 중간사업부의 비능률이 그대로 최종사업부에 전가되기 때문이다.

● 자본예산은 기업의 장·단기적 경영계획에 바탕을 둔 장·단기투자에 관한 의사결정이다.

[X] : 자본예산은 기업의 장기적 경영계획에 바탕을 둔 장기투자에 관한 의사결정이다.

● 자본예산의 현금흐름 추정원칙과 관련하여 증분현금흐름을 측정할 때 과거의 투자결정에 의한 매몰원가를 포함한다.

[X] : 증분현금흐름을 측정할 때 과거의 투자결정을 통해서 이미 현금유출이 이루어진 매몰원가는 투자안의 채택여부에 따라 변동되는 것이 아니기 때문에 현금흐름추정에 있어서는 제외해야 한다.

● 자본예산의 현금흐름추정의 기본원칙과 관련하여 법인세는 회사가 통제할 수 없기 때문에 현금흐름을 추정할 때 고려해서는 안된다.

[X] : 법인세는 현금유출에 해당하므로 현금흐름을 추정할 때 고려하여야 한다.

● 자본예산의 현금흐름추정시에 법인세는 회사가 통제할 수 없기 때문에 현금흐름은 세전기준으로 추정한다.

  [X] : 세금을 납부하는 것은 명백한 현금의 유출에 해당하며, 현금흐름을 파악할 때에는 법인세를 차감한 후의 금액을 기준으로 해야 한다.(세후기준)

● 이자비용은 자본예산 현금흐름 추정시 항상 할인율이 아닌 현금흐름에 반영해야 한다.

  [X] : 이자비용은 자본비용(할인율)에 반영되어 있으므로 고려하지 않는다.

● 자본예산의 경우 할인모형에는 회수기간법과 회계적이익률법이 있고 비할인모형에는 순현재가치법과 내부수익률법이 있다.

  [X] : ㉠ 할인모형(화폐의 시간가치를 고려하는 모형) : 순현재가치법(NPV법), 내부수익률법(IRR법)
       ㉡ 비할인모형(화폐의 시간가치를 고려하지 않는 모형) : 회수기간법, 회계적이익률법(ARR법)

비할인모형 〈화폐의 시간가치 고려X〉	• 회계적이익률법(ARR법)	비현금모형 〈손익계산서상 순이익에 기초〉
	• 회수기간법	
할인모형 〈화폐의 시간가치 고려O〉	• 순현재가치법(NPV법)	현금모형 〈실제 현금흐름에 기초〉
	• 내부수익률법(IRR법)	
	• 수익성지수법(PI법)	

● 자본예산모형 중 실제 현금흐름으로 자본예산을 실행하는 현금모형에는 회수기간법과 회계적이익률법이 있다.

  [X] : ㉠ 현금모형(실제 현금흐름에 기초) : 순현재가치법(NPV법), 내부수익률법(IRR법)
       ㉡ 비현금모형(손익계산서상 순이익에 기초) : 회수기간법, 회계적이익률법(ARR법)

● 회수기간법은 상호독립적인 투자에서 가치가산의 원칙이 성립한다.

  [X] : 가치가산의 원칙이 성립하는 것은 NPV법이다.

● 회수기간법은 목표회수기간을 설정하는 데 자의적인 판단을 배제한다.

  [X] : 목표회수기간을 설정하는 데 자의적인 판단이 개입된다.

● 회수기간법은 비현금자료도 반영되는 포괄적 분석기법이다.

  [X] : 회수기간법은 비현금자료가 반영되지 않는다.

●— 회수기간법은 회수기간 전후의 현금흐름을 파악하여 수익성을 고려한다.

[X] : 회수기간법은 투자원금이 빨리 회수될수록 더 바람직한 투자라는 기본전제를 바탕으로 한 투자안 평가기법으로서, 회수기간 이후의 현금흐름을 무시하므로 수익성 자체를 고려하지 않는 평가기법이다.

●— 회계적이익률법은 현금흐름을 투자액으로 나누어 계산하여 투자안을 평가하는 방법이다.

[X] : 회계적이익률법(연평균순이익÷연평균투자액)은 현금흐름이 아니라 회계적이익을 투자액으로 나누어 계산하여 투자안을 평가하는 방법이다.

●— 순현재가치법(NPV법)은 화폐의 시간가치를 고려하지 않는다.

[X] : 순현재가치법은 할인모형이므로 화폐의 시간가치를 고려한다.

●— 순현재가치법(NPV법)은 투자안에 대한 회계적이익을 고려하여 계산하기 간편하다.

[X] : NPV법은 회계적이익이 아니라 현금흐름을 고려한다.

●— 순현재가치법(NPV법)은 투자기간 동안의 현금흐름을 내부수익률로 재투자한다고 가정한다.

[X] : 자본비용으로 재투자한다고 가정한다.

●— 순현재가치법(NPV법)은 순현재가치를 계산할 때 사용하는 할인율인 자본비용의 산출이 간단하다.

[X] : 순현재가치법(NPV법)은 투자안의 할인율(자본비용)을 정하기가 어렵다는 단점이 있다.
→즉, 내부수익률법과 순현재가치법 모두 화폐의 시간가치를 고려하여 복리계산을 적용하므로 정확한 자본비용의 추정에 어려움이 있다.

●— 내부수익률은 가치가산의 원칙이 적용되나 순현재가치법은 그렇지 않다.

[X] : 가치가산의 원칙(value additivity principle)은 상호 독립적인 투자안 A와 B가 있을 때, 두 투자안의 결합순현재가치는 각 투자안의 순현재가치의 합과 같은 것을 말한다.
→NPV(A+B)=NPV(A)+NPV(B)
가치가산의 원칙이 성립하는 것은 내부수익률법이 아니라 순현재가치법이다.

● 순현재가치법과 내부수익률법에 따른 투자안 평가결과는 항상 동일하다.

[X] : 내부수익률이란 현금유입의 현재가치와 현금유출의 현재가치를 같게 하는 할인율을 말하며, 이는 순현재가치를 0으로 하는 할인율이므로, 단일투자안을 대상으로 평가할 때에는 순현재가치법이나 내부수익률법 모두 동일한 결론을 얻는다. 그러나 둘 이상의 상호 독립적인 투자안의 우선순위를 결정하거나 상호 배타적인 투자안을 평가할 때 순현재가치법과 내부수익률법은 경우에 따라 서로 다른 결과를 가져올 수 있다.

● 내부수익률법은 단일의 내부수익률만 존재하며 복수의 내부수익률이 존재할 수 없다.

[X] : 일반적으로 내부수익률('현금유입의 현재가치 = 현금유출의 현재가치'로 만드는 할인율)은 하나만 존재하지만 투자기간 동안 현금의 유입과 유출이 반복되는 등의 특수한 경우에는 내부수익률이 복수가 존재하게 되어 정확한 투자안 평가가 어렵다는 단점이 있다.

예 최초투자액이 1,600원이며 투자시점에서 1년 후에는 10,000원의 현금유입을 얻을 수 있고 2년 후에는 10,000원의 현금유출이 있을 것으로 예측되는 경우

→ '$\frac{10,000}{(1+r)} = 1,600 + \frac{10,000}{(1+r)^2}$'로 만드는 할인율(내부수익률)은 25%와 400% 2개이다.

● 예산 편성성격에 따라 종합예산과 부문예산으로 분류된다.

[X] : 예산 편성성격에 따라 운영예산과 재무예산으로 분류된다. 예산의 종류는 다음과 같다.

예산편성대상	종합예산	• 기업전체를 대상으로 작성되는 예산으로서, 모든 부문예산을 종합한 것
	부문예산	• 기업내의 특정부문을 대상으로 작성되는 예산
예산편성성격	운영예산	• 구매·생산판매 등의 영업활동에 대한 예산
	재무예산	• 설비투자·자본조달 등의 투자와 재무활동에 대한 예산
예산편성방법	고정예산	• 조업도의 변동을 고려하지 않고 특정조업도를 기준으로 작성되는 예산
	변동예산	• 조업도의 변동에 따라 조정되어 작성되는 예산

● 고정예산이란 원가행태 분류 상 고정원가로 분류된 원가항목에 대한 예산이며, 변동예산이란 변동원가로 분류된 원가항목에 대한 예산을 의미한다.

[X] : 고정예산은 특정조업도를 기준으로 하여 사전에 수립되는 예산이며, 변동예산은 실제조업도를 기준으로 하여 사후에 조정되는 예산이다.

● 특정기간의 조업도의 변화여부를 고려하여 고정예산을 조정할 필요가 있다.

[X] : 고정예산은 특정기간 동안의 조업도의 변화여부를 고려하지 않고 하나의 조업도수준을 기준으로 편성하는 예산이다.

● 고정예산은 특정산출량에 대하여 사용된 투입량의 정도에 대한 정보를 제공한다.

[X] : 고정예산은 예산설정 기간에 예상된 특정조업도의 목표달성 정도에 대한 정보만 제공할 뿐 특정산출량에 대하여 사용된 투입량의 정도에 대한 정보를 제공하지 못한다.

● 고정예산은 통제를 위한 정보로서 적합하며 경영관리적 측면에서 큰 의미를 갖는다.

[X] : 사전에 계획된 목표의 달성정도는 물론 특정산출량에 대하여 사용된 투입량 정도에 관한 정보도 제공하므로 경영관리적 측면에서 성과평가 및 통제에 유용한 것은 변동예산이다.

● 변동예산은 변동원가만을 고려하고, 고정예산은 변동원가와 고정원가 모두를 고려한다.

[X] : 변동예산과 고정예산은 동일하게 변동원가와 고정원가 모두를 고려하여 편성한다.

● 고정예산의 범위는 회사전체인 반면, 변동예산의 범위는 특정부서에 한정된다.

[X] : 고정예산은 목표달성도(효과성) 측정에 이용할 수 있으므로 이익중심점(판매부문)을 범위로 하며, 변동예산은 실제조업도에 허용된 변동예산과 실제결과를 비교하여 원가통제를 할 수 있으므로 원가중심점(생산부문)을 범위로 한다.

● 변동예산에서는 권한이 하부 경영자들에게 위양되나, 고정예산에서는 그렇지 않다.

[X] : 고정예산은 분권적 조직에서 분권화의 이점을 최대한 활용할 수 있는 책임중심점인 이익중심점을 범위로 하므로 권한이 하부 경영자들에게 위양된다. 그러나 변동예산은 그렇지 않다.

● 책임회계제도의 성과평가시 성과평가의 결과가 기업에 신속하게 보고될 수 있도록 경제성보다 적시성을 최우선적으로 고려하여야 한다.

[X] : 효율적인 성과평가제도는 적시성과 경제성을 적절히 고려해야 한다.
→성과평가 결과가 신속하게 보고되고 조정될 때 적시성이 있다고 한다. 따라서 성과평가를 수행하는 경우 많은 시간과 비용을 투입하면 더욱 정확한 평가는 가능할지 몰라도, 적시성과 경제성(비용 대 효익) 측면에서는 문제가 있을 수 있다. 반대로 적은 시간과 비용을 투입하면 적시성과 경제성은 얻을 수 있겠지만 정확한 성과평가는 어려울 것이다.

● 책임회계제도에서 책임중심점에 배분된 고정제조간접원가는 통제가능원가에 포함시켜야한다.

[X] : 고정제조간접원가는 통제불가능원가이다.

● 책임회계제도에서 원가중심점은 특정 원가의 발생에만 통제책임을 지는 책임중심점으로 판매부서 및 영업소 등이 원가중심점의 예가 될 수 있다.

[X] : 판매부서 및 영업소는 원가중심점이 아니라 수익중심점의 예에 해당한다.
→제조부문 등이 원가중심점의 예가 될 수 있다.

- 책임회계제도에서 원가중심점이란 통제 불가능한 원가의 발생에 대해서만 책임을 지는 가장 작은 활동단위로서의 책임중심점이다.

    [X] : 원가중심점(cost center)은 통제가능한 원가의 발생에 대해서만 책임을 지는 가장 작은 활동단위로서의 책임중심점이다.

- 책임중심점 중 수익중심점은 매출액과 매출원가에 대하여 통제책임을 진자.

    [X] : 수익중심점은 매출액에 대해서만 통제책임을 진다.
    →수익중심점은 산출물만을 화폐로 측정하여 통제할 뿐 투입물과 산출물 모두에 의해 결정되는 이익(매출액 – 매출원가)에 대해서는 책임을 지지 않는다.

- 책임회계제도가 그 기능을 효율적으로 수행하기 위해서는 각 책임중심점의 경영자가 권한을 위임받은 원가항목들에 대해 통제권을 행사할 수 없어야 한다.

    [X] : 통제권을 행사할 수 없어야 한다.(X) → 통제권을 행사할 수 있어야 한다.(O)

- 책임회계에 근거한 성과보고시 책임중심점으로의 추적가능성에 따라 책임중심점별 원가와 공통원가로 구분하지 않는 것이 바람직하다.

    [X] : 추적가능성에 따라 책임중심점별 원가와 공통원가로 구분하여야 한다.

- 책임회계에 근거한 성과보고시 통제가능원가의 실제발생액과 예산과의 차이를 하부 경영자에게 비밀로 하는 것이 바람직하다.

    [X] : 비밀로 하는 것이 바람직(X) → 공개하는 것이 바람직(O)

- 책임회계에 근거한 성과보고서 작성시 통제가능원가의 실제발생액과 예산과의 차이를 포함시키지 않는 것이 바람직하다.

    [X] : 책임회계에 의한 성과평가를 위해서는 조직 전체적으로 예산과 실적(실제발생액)간의 차이를 발견하고 그 차이의 원인이 어떤 부문에서 어떠한 이유에 의해 발생하였는지 분석해야 하며, 이러한 목적을 달성하기 위하여 실적(실제발생액)과 예산과의 차이를 포함시켜 비교하여 작성한 표가 성과보고서(performance report)이다.

- 책임회계에 근거한 성과보고서는 예산과 실적간의 차이 원인을 분석하기 위해 작성되며 해당 관리자에게 전달하지 않는 것이 바람직하다.

    [X] : 성과보고서가 예산과 실적치 간의 차이 원인에 관한 추가정보와 더불어 해당 관리자에게 전달되면 관리자들은 현행 운영활동을 개선하기 위한 조치를 강구하거나 미래 계획을 수정하여 이를 새로운 예산에 반영하며, 새로이 마련된 예산은 다시금 당기 운영예산이 되는 순환주기가 계속되는 것이므로 성과보고서는 해당 관리자에게 전달되는 것이 바람직하다.

- 책임회계에 근거한 성과보고시 회사의 비공식적인 조직상의 권한과 책임에 따라 보고서를 작성하는 것이 바람직하다.

    [X] : 비공식적인 조직(X) → 공식적인 조직(O)

- 책임회계에 근거한 성과보고시 통제가능원가와 통제불능원가를 반드시 구분할 필요는 없다.

    [X] : 통제불가능원가는 제외되거나 통제가능원가와 구분하여 표시되어야 한다. 왜냐하면 각 책임중심점은 통제가능항목에 의해 규정된 책임범위에 대해서만 책임을 지며, 각 책임중심점의 책임범위를 벗어나는 통제불가능항목에 대해서는 책임이 없기 때문에 통제불가능항목은 각 책임중심점의 성과평가시 제외되는 것이 원칙이기 때문이다.

- 책임회계에 근거한 성과보고시 해당 책임중심점에 배분된 고정제조간접원가는 통제가능원가에 포함시켜야 한다.

    [X] : 해당 책임중심점에 배분된 고정제조간접원가는 통제불가능원가이다.

- 책임회계제도하에서 작성되는 성과보고서에 원가는 통제가능원가와 통제불가능원가의 구분이 불가능하므로 통합하여 작성한다.

    [X] : 원가는 통제가능원가, 통제불가능원가로 구분하여야 한다.

- 책임회계에 근거한 성과보고시 특정 책임중심점의 경영자에 대한 성과평가는 통제불가능원가를 포함하는 것이 바람직하다.

    [X] : 책임범위를 벗어나는 통제불가능항목에 대해서는 책임이 없기 때문에 통제불가능항목은 각 책임중심점의 성과평가시 제외한다.

- 책임회계는 제품원가계산과 재무보고 목적을 위해 원가정보를 제공한다.

    [X] : 제품원가계산과 재무보고 목적을 위해 원가정보를 제공하는 것은 책임회계가 아니라 전통적 회계이다.

- 사업부별 성과평가시 통제가능원가와 통제불능원가의 구분은 불가능하므로 구분할 필요가 없다.

    [X] : 통제가능원가와 통제불능원가를 반드시 구분하여야 하며, 통제불가능항목은 성과평가시 제외되어야 한다.

- 사업부별 성과평가시 특정사업부로의 추적가능성에 따라 사업부별 추적가능고정원가와 공통고정원가로 구분하지 않는 것이 바람직하다.

    [X] : 특정 사업부문의 추적가능성에 따라 사업부별 추적가능고정원가와 공통고정원가로 구분하는 것이 바람직하다.

고정원가의 분류		
원가의 종류	추적가능성	통제가능성
통제가능고정원가	추적가능	통제가능
통제불능고정원가	추적가능	통제불능
공통고정원가	추적불능	통제불능

●─ 사업부별 성과평가와 관련하여 특정사업부의 경영자에 대한 성과평가시 통제불능원가를 포함하는 것이 바람직하다.

[X] : 특정사업부의 경영자에 대한 성과평가시 추적가능하고 통제가능한 원가만을 포함하는 것이 바람직하다.

●─ 많은 시간과 비용을 투입할수록 더욱 정확하고 공정한 성과평가가 가능하므로 성과평가제도의 운영을 적시성 및 경제성의 잣대로 바라보지 않도록 주의해야 한다.

[X] : 적시성 및 경제성이 떨어지는 성과평가제도는 그 자체로 제 역할을 할 수 없다. 성과평가를 수행하는 경우 많은 시간과 비용을 투입하면 더욱 정확한 평가는 가능할지 몰라도 적시성과 경제성(비용 대 효익) 측면에서는 문제가 있을 수 있다. 반대로 적은 시간과 비용을 투입하면 적시성과 경제성은 얻을 수 있겠지만 정확한 성과평가는 어려울 것이다. 따라서 효율적인 성과평가제도는 적시성과 경제성을 적절히 고려해야 한다.

●─ 효율적인 성과평가제도는 기업전체 목표의 극대화보다 기업 구성원들의 성과극대화가 달성될 수 있도록 설계되어야 한다.

[X] : 각 책임중심점들의 이익극대화가 기업전체적인 이익극대화와 같을 때 목표가 일치한다고 말할 수 있다. 즉, 효율적인 성과평가제도는 기업 구성원들의 성과극대화 노력이 기업전체목표의 극대화로 연결될 수 있도록 설계되어야 한다.

●─ 성과평가는 객관적인 결과에 기초하여야 하므로 종업원 만족도나 동기부여 등 주관적 요소는 성과평가시 냉정하게 배제되어야 한다.

[X] : 종업원 만족도나 동기부여 등 주관적 요소도 고려해야 한다.

●─ 판매부서의 성과평가시 매출총차이는 매출가격차이와 매출수량차이로 구분된다.

[X] : 매출총차이는 매출가격차이와 매출조업도차이로 구분된다.
→매출조업도차이는 매출배합차이와 매출수량차이로 구분된다.
→매출수량차이는 시장점유율차이와 시장규모차이로 구분된다.

원가중심점(DM/DL)	• 가격차이		
	• 능률차이	배합차이	
		수율차이	
수익중심점(판매부서)	• 매출가격차이		
	• 매출조업도차이	매출배합차이	
		매출수량차이	시장점유율차이
			시장규모차이

●─ 판매부서의 성과평가시 포함되는 변동원가는 제조부서의 능률차이를 배제하기 위하여 판매활동과 제조활동에 관련된 변동원가를 모두 표준원가로 기록한다.

[X] : 생산부서의 성과보고서에 표시되는 실제변동원가는 제조과정에서 실제로 발생된 변동원가인 반면, 판매부서의 성과보고서에 포함되는 실제변동원가는 제조부서의 능률 또는 비능률에 의한 원가차이를 배제하기 위해 판매활동과 관련된 것만 실제변동원가이고 제조활동과 관련된 것은 표준변동원가로 기록된다.

- 분권화의 경우 상위경영자가 하위경영자에게 권한을 부여하지만 이에 대한 의무는 부과하지 않는다.

    [X] : 상위경영자는 하위경영자에게 권한을 부여함과 동시에 이 권한과 관련된 의무도 부과한다.

- 분권화시에는 각 사업부에서 동일한 활동이 개별적으로 중복되어 수행될 가능성이 없다.

    [X] : 각 사업부에서 동일한 활동이 개별적으로 중복되어 수행될 가능성이 존재한다.

- 분권화란 의사결정 권한이 조직 전반에 걸쳐서 위임되어 있는 상태를 말하며, 분권화될 경우 각 사업부의 이익만 고려하는 준최적화 현상은 발생하지 않는다.

    [X] : 준최적화 현상이 발생할 수 있다.

- 분권화의 경우 고객, 공급업체 및 종업원의 요구에 대한 신속한 대응이 어려워진다는 문제점이 있다.

    [X] : 분권화의 경우 하위경영자들이 최고경영자들보다 고객과 공급업체 및 종업원의 요구에 대응하기가 훨씬 더 수월하기 때문에 신속한 대응을 할 수 있다는 장점이 있다.

- 투자중심점의 바람직한 성과지표는 매출액이나 공헌이익 등이 있다.

    [X] : 수익중심점이나 이익중심점을 성과평가할 때는 매출액이나 공헌이익 등을 고려하나, 투자중심점의 성과평가는 투자수익률(ROI)이나 잔여이익(RI), 경제적부가가치(EVA) 등의 성과지표(성과평가기법)에 의한다. 왜냐하면 투자중심점은 이익뿐만 아니라 투자의사결정, 즉 자산의 활용도까지도 책임을 져야 하기 때문이다.

- 투자중심점의 성과평가를 위해서는 각 사업부 경영자에게 배부되는 통제가능한 투자액을 고려하지 않고 매출액이나 공헌이익 등의 지표들만을 반영하는 것이 적절하다.

    [X] : 수익 또는 이익중심점으로서 판매부문의 성과를 평가할 때는 매출액이나 공헌이익 등의 지표를 사용한다. 그러나 일반적으로 이러한 지표들은 단순한 수익의 크기만을 나타내기 때문에 투자중심점의 성과평가 기준으로는 부적절하다. 따라서 투자중심점의 성과를 평가할 때는 각 사업부 경영자에게 배부되는 통제가능한 투자액까지 고려하는 투자수익률, 잔여이익, 경제적부가가치 등을 기준으로 삼는다. 왜냐하면 투자중심점은 이익뿐만 아니라 투자의사결정, 즉 자산의 활용도까지도 책임을 져야 하기 때문이다.

- 일반적으로 매출액이익률이 감소하는 경우 투자수익률(ROI)은 증가된다.

    [X] : '투자수익률 = 영업이익 ÷ 영업자산(투자액) = 매출액이익률 × 자산회전율'에서 매출액이익률이 증가하는 경우 투자수익률은 증가된다.

● 투자수익률(ROI)을 극대화하기 위해 매출액이익률은 증가시키고 자산회전율은 감소시킨다.

  [X] : '투자수익률 = 영업이익 ÷ 영업자산(투자액) = 매출액이익률 × 자산회전율'에서 매출액이익률과 자산회전율이 증가해야 투자수익률이 극대화된다.

● 투자수익률(ROI)은 투자규모의 차이를 고려하지 않고 이익 금액만을 비교하여 평가하므로 각기 다른 투자중심점의 성과를 직접적으로 비교하기가 어렵다는 점을 고려해야 한다.

  [X] : 투자수익률법은 비율에 의하므로 투자규모가 서로 다른 투자안에 대한 성과평가 및 비교에 유용하다는 장점이 있다.

● 투자수익률법(ROI)은 투자규모가 다른 투자중심점을 상호 비교하기가 어렵다는 문제점이 있는 반면에 잔여이익법에는 이런 문제점이 없다.

  [X] : 투자수익률법은 비율로 표시되므로 투자규모가 다른 투자중심점간의 성과평가 및 비교에 유용하다는 장점이 있다. 반면에, 잔여이익은 금액에 의하므로 투자규모가 서로 다른 투자안에 대한 성과평가시 상호 비교하기가 어렵다는 문제점이 있다.

● 투자수익률법(ROI)은 소규모 투자중심점보다 대규모 투자중심점이 상대적으로 유리한 성과평가를 받는다.

  [X] : 잔여이익[= 영업이익 – 영업자산(투자액) × 최저필수수익률]은 금액으로 표시하므로 투자수익률이 동일한 경우 규모가 작은 소규모 투자중심점보다 규모가 큰 대규모 투자중심점의 잔여이익이 크게 나와 상대적으로 유리한 성과평가를 받는다.

● 투자수익률법(ROI)은 회사전체의 최저필수수익률을 상회하는 투자안이 개별투자중심점의 투자수익률보다 낮기 때문에 투자가 포기되는 준최적화 현상이 발생하지 않는다.

  [X] : 투자수익률은 개별투자중심점의 현재 투자수익률보다 낮은 투자안이긴 하나 회사전체 최저필수수익률을 상회하는 좋은 투자안인 경우에도 동 사업에 대한 투자를 기피하게 된다는 단점이 있으므로, 준최적화현상(회사전체 최저필수수익률을 상회하는 좋은 투자안이 개별 투자중심점의 투자수익률 보다 낮기 때문에 투자가 포기되어 회사 전체 이익에 불리한 의사결정이 이루어짐)이 발생한다.

● 투자수익률법(ROI)은 회사전체의 최저필수수익률을 상회하는 투자안이 개별투자중심점의 투자수익률보다 낮기 때문에 투자가 포기되는 준최적화 현상이 발생한다는 장점이 있다.

  [X] : 투자수익률법(ROI)의 장점이 아니라 가장 큰 문제점에 대한 내용이다.

● 투자수익률법(ROI)은 사업부의 이익만을 고려하고 투자액은 고려하지 않으므로 투자중심점의 성과평가기준으로 적절하지 않다.

  [X] : 투자수익률[= 영업이익 ÷ 영업자산(투자액)]은 이익뿐만 아니라 투자액도 함께 고려하는 성과평가기준이다. 따라서, 사업부의 경영자가 자신의 사업부 투자액에 대한 통제권한이 있는 경우 그 경영자의 성과측정 지표로 더욱 유용하게 사용될 수 있다.

- 투자수익률법(ROI)은 사업부의 경영자가 자신의 사업부 투자액에 대한 통제권한이 있더라도 그 경영자의 성과측정 지표로 활용될 수 없다.

    [X] : 사업부의 이익뿐만 아니라 투자액도 함께 고려하는 성과평가 기준이기 때문에, 사업부의 경영자가 자신의 사업부 투자액에 대한 통제권한이 있는 경우 그 경영자의 성과측정 지표로 더욱 유용하게 사용될 수 있다.

- 투자수익률(ROI)은 현금의 흐름을 기준으로 성과를 평가하므로 적용되는 회계기준과 무관한 결과를 도출한다.

    [X] : 투자수익률은 현금의 흐름이 아닌 회계이익을 기준으로 성과를 평가하므로 업종에 따라 각 투자중심점에 서로 다른 회계원칙이 적용되는 경우 이로 인한 영향을 고려해야 한다.

- 성과평가에 투자수익률을 적용할 경우에는 현금의 흐름이 아닌 회계이익을 기준으로 성과를 평가하므로 업종에 따라 각 투자중심점에 서로 다른 회계원칙이 적용되더라도 이로 인한 영향은 고려하지 않아도 된다.

    [X] : 투자수익률은 현금의 흐름이 아닌 회계이익을 기준으로 성과를 평가하므로 업종에 따라 각 투자중심점에 서로 다른 회계원칙이 적용되는 경우 이로 인한 영향을 고려해야 한다.

- 투자수익률(ROI)은 화폐의 시간가치를 고려하기 때문에 장기적인 성과지표로 사용한다.

    [X] : 투자수익률은 화폐의 시간가치를 고려하지 않기 때문에 자본예산기법(순현재가치법, 내부수익률법)에 의한 성과평가에 비하여 단기적인 성과를 강조한다.

- 투자수익률(ROI)은 영업이익과 투자자본을 재조정하기 위한 수정사항이 많고 불명확하다.

    [X] : 경제적부가가치(EVA)에 대한 설명이다. 즉, 경제적부가가치(EVA)는 영업이익과 투하자본을 경제적 의미로 재조정하기 위한 수정사항이 많고 명확하지 않다는 문제점이 있다.

- 잔여이익(RI)은 투자액에 가중평균차입이자율을 곱한 금액을 회계상 당기순이익에서 차감하여 계산한다.

    [X] : 잔여이익 = 영업이익 - 영업자산(투자액) × 최저필수수익률

- 잔여이익법에 의하여 수락되는 투자안은 투자수익률법에 의해서도 수락되므로 두 방법은 상호보완적이다.

    [X] : 잔여이익은 금액, 투자수익률법은 비율에 의하므로 채택되는 투자안이 상이할 수 있다.

- 잔여이익(RI)에 의하여 채택되는 투자안은 투자수익률법에 의해서도 항상 채택된다.

    [X] : 잔여이익은 금액, 투자수익률법은 비율에 의하므로 채택되는 투자안이 상이할 수 있다.

- 잔여이익(RI)이 갖는 준최적화의 문제점을 극복하기 위하여 투자수익률이라는 개념이 출현하였으므로 투자수익률에 의한 성과평가기법이 잔여이익 보다 더 우월하다고 볼 수 있다.

    [X] : 투자수익률법이 갖는 준최적화의 문제점을 극복키 위해 잔여이익이 출현하였다.

- 잔여이익(RI)은 투자수익률법에 비해 투자규모가 서로 다른 투자안에 대한 성과평가시 더 합리적인 성과평가 결과를 도출할 수 있는 장점이 있다.

    [X] : 투자수익률법은 비율에 의하므로 투자규모가 서로 다른 투자안에 대한 성과평가 및 비교에 유용하다는 장점이 있다.

- 기존의 성과지표와 달리 균형성과표(BSC)는 과거의 재무자료와 객관적 측정치를 주로 활용하여 기업의 지속적인 개선과 혁신 활동을 창조한다.

    [X] : BSC는 영업이익과 같은 외부 성과지표와 신제품 개발과 같은 내부 성과지표 사이의 균형을 모색하며, 재무적 측정치와 비재무적 측정치의 균형을 강조한다.

- 균형성과표(BSC)는 비재무적 측정치에 대한 객관적인 측정이 가능하며, 업종을 불문하고 정형화된 측정수단까지도 제공한다.

    [X] : 균형성과표(BSC)는 비재무적 측정치에 대해서는 여전히 객관적인 측정이 어려우며, 정형화된 측정수단을 제공해 주지 못한다는 단점이 있다.

- 균형성과표(BSC)는 조직의 수익성을 최종적인 목표로 설정하기 때문에 성과지표 중에서 고객관점의 성과지표를 가장 중시한다.

    [X] : 기업의 목표는 궁극적으로 재무적 성과를 향상시키는 것이므로 재무적 관점의 성과측정치는 여전히 중요한 성과지표이다. 균형성과표는 4가지 관점의 성과지표 중에서 재무적 관점의 성과지표를 가장 중시한다.

- 균형성과표(BSC)는 재무적인 관점을 중시하여 이를 바탕으로 정형화된 측정수단을 제공한다.

    [X] : 재무적 관점 외에 고객, 내부프로세스, 학습과 성장이라는 비재무적 관점도 함께 고려하며, 정형화된 측정수단을 제공해 주지 못한다는 단점이 있다.

- 투자중심점 성과평가와 관련하여 경제적부가가치(EVA)를 기준으로 성과평가를 하는 경우에는 산업간 위험의 차이에 대해서 쉽게 조정할 수 있다.

    [X] : 잔여이익을 기준으로 성과평가를 하는 경우에는 산업간 위험의 차이에 대해서 쉽게 조정할 수 있다. 위험이 매우 높은 투자를 하는 투자중심점에 대해서는 최저필수수익률을 약간 높이고 비교적 안정적인 투자를 하는 투자중심점에 대해서는 최저필수수익률을 약간 낮추면 된다.

- 경제적부가가치(EVA)는 타인자본비용만을 비용으로 반영하는 당기순이익과 다르게 자기자본비용만을 비용으로 반영하는 성과평가기법이다.

    [X] : EVA는 타인자본비용 뿐만 아니라 자기자본비용까지 보전한 후의 유보이익이므로 진정한 기업가치를 측정하는 수익성 지표이다. 즉, 타인자본비용(이자) 뿐만 아니라 자기자본비용까지 반영하는 성과평가기법이다. 따라서, EVA는 손익계산서상 순이익보다 낮게 나타난다.

- 경제적부가가치(EVA)는 자기자본비용은 고려하나 타인자본비용은 고려하지 않는다.

    [X] : 경제적부가가치(EVA)는 타인자본비용(이자비용)뿐 아니라 자기자본비용(배당금)도 비용으로 고려하는 성과지표이다.(반면, 당기순이익은 타인자본비용만을 고려한다.)

- 경제적부가가치(EVA)는 당기순이익과 마찬가지로 타인자본비용은 고려하나 자기자본비용은 고려하지 않는다.

    [X] : 당기순이익이 자기자본에 대한 자본비용(배당금)을 고려하지 않는 이익개념인 반면에, 경제적부가가치(EVA)는 자기자본에 대한 자본비용을 고려한 이익개념이다.(따라서, 주주관점에서 기업의 경영성과를 보다 정확히 측정할 수 있다.)

- 경제적부가가치(EVA)는 손익계산서상의 당기순이익보다 항상 높다.

    [X] : EVA는 타인자본비용(이자비용)뿐만 아니라 자기자본비용(배당금)도 고려하는 성과지표이므로 손익계산서상의 순이익보다 낮다.

- 경제적부가가치(EVA)와 관련하여 가중평균자본비용의 측정에 있어 법인세 효과는 별도로 고려하지 않는다.

    [X] : 부채에 대한 이자비용이 발생하면 법인세의 절감효과가 있으므로 타인자본비용은 '타인자본비용×(1 - 법인세율)'로 계산한다. 즉, 가중평균자본비용의 측정에 있어 법인세 효과를 별도로 고려한다.

- 경제적부가가치(EVA)는 기업의 영업, 투자, 재무활동을 모두 반영한 이익개념이다.

    [X] : 경제적부가가치(EVA)는 기업의 영업활동만을 반영한 이익개념이다.
    →당기순이익은 기업의 영업, 투자, 재무활동을 모두 반영한 이익개념이다.

- 다른 조건이 동일한 경우 영업이익이 감소하면 경제적부가가치(EVA)는 증가한다.

    [X] : 'EVA=세후영업이익 - 투하자본×가중평균자본비용'에서 (세후)영업이익이 감소하면 EVA는 감소한다.

- 일반적으로 투하자본이 증가하면 경제적부가가치(EVA)가 증가한다.

    [X] : 'EVA=세후영업이익 - 투하자본×가중평균자본비용'에서 (가중평균)자본비용이 높아지면 EVA가 감소한다.

- 경제적부가가치와 관련하여 투하자본이 증가하면 반드시 실질 기업가치가 증가한다.

    [X] : 'EVA = 세후영업이익 - 투하자본 × 가중평균자본비용'에서 투하자본이 증가하면 EVA가 감소하므로 실질기업가치가 감소한다.

- 경제적부가가치(EVA) 증대방안 중의 하나는 재고수준을 높이는 것이다.

    [X] : 'EVA = 세후영업이익 - 투하자본 × 가중평균자본비용'이므로, 재고수준을 높이면 투하자본이 증가하여 EVA가 감소한다.

- 경제적부가가치(EVA)를 증대시키기 위한 방안으로 조직 분위기를 위해 적자사업부를 계속 유지한다.

    [X] : 'EVA = 세후영업이익 - 투하자본 × 가중평균자본비용'이므로, 적자사업부를 계속 유지할 경우 영업이익에 악영향을 미치므로 EVA가 감소될 수 있다.

- 매출채권회전율이 감소하면 일반적으로 경제적부가가치(EVA)는 증가한다.

    [X] : 매출채권회전율을 높이면(매출채권 회수기일 단축) 투하자본이 감소하여 EVA가 증가한다.

- 경제적부가가치를 증대시키기 위해서 유휴설비 등은 차기년도의 재투자를 위해 매각하지 않고 유지한다.

    [X] : 유휴설비 등 비효율적으로 관리되고 있는 자산을 매각해야 투하자본이 감소하여 EVA가 증대된다.

- 타인자본을 축소하고 자기자본을 증가시키면 경제적부가가치는 항상 증가한다.

    [X] : 타인자본을 축소하고 자기자본(일반적으로 자기자본이자율이 타인자본이자율보다 큼)을 증가시키면 가중평균자본비용이 증가하므로 일반적으로 EVA는 감소한다.

- 경제적부가가치를 증대시키기 위해서 자본비용보다 적은 수익을 달성하더라도 과거의 수익율을 초과하는 투자를 계속 진행한다.

    [X] : 투자의 중단을 검토하여야 한다. 그러나 투자를 계속 진행함으로 인해 EVA의 증가를 가져오지 못한다.

- 경제적부가가치와 관련하여 세후순영업이익계산시 감가상각비만큼 재투자된다고 간주하여 감가상각비는 별도로 차감하지 않으므로 운용리스자산의 감가상각비도 따로 고려해 줄 필요가 없다.

    [X] : NOPLAT(세후순영업이익)는 감가상각비를 차감하여 계산한 EBIT(세전영업이익)에서 법인세비용 등을 차감한 영업상의 이익이다.

●— 기업이 영업활동상의 모든 비용을 지불할 수만 있다면 최종적으로 자본에 대한 대가를 충분히 지불할 수 없는 경우에도 경제적부가가치는 0보다 크게 계산된다.

    [X] : EVA가 0보다 크다는 것은 영업활동상의 모든 비용은 물론 자본에 대한 대가(이자 및 배당)까지 지불하고도 유보되는 경제적이익이 있다는 것을 의미한다.(왜냐하면 EVA가 0보다 크다는 것은 세후순영업이익이 투하자본에 대한 자본비용보다 크다는 것이므로)

공개기출문제[2019년~2022년]

주관처 공개기출문제를 원형 그대로 편집하여 제시하였습니다. 다만, 기출문제의 출력량이 방대한 관계로 이를 다운사이즈로 편집하여 콤팩트하게 볼 수 있도록 편제하였습니다. 제한 시간을 체크하여 먼저 풀어 본 후 제1편의 해설을 통해 숙지바랍니다.

재경관리사 공개기출해설 [원가]

FINAL

Certified Accoounting Manager

합본부록.
원가관리회계 공개기출문제
[2019년~2022년]

SEMOOLICENCE

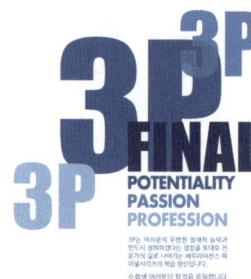

2019년 1월 시행 — 원가관리회계 공개기출문제

81. 다음은 ㈜삼일이 생산하는 제품에 대한 원가자료이다.

단위당 직접재료원가	13,500원
단위당 직접노무원가	27,000원
단위당 변동제조간접원가	84,500원
월간 총고정제조간접원가	1,125,000원
월간 총생산량은 10단위이다.	

㈜삼일의 제품 (a) 단위당 기초원가와 (b) 단위당 가공원가를 구하면?

① (a) 13,500원, (b) 84,500원
② (a) 40,500원, (b) 111,500원
③ (a) 13,500원, (b) 111,500원
④ (a) 40,500원, (b) 224,000원

82. 다음 중 원가회계 용어에 관한 설명으로 가장 올바르지 않은 것은?

① 원가대상(cost object)이란 원가가 집계되는 활동이나 항목을 의미한다.
② 간접원가를 일정한 배분기준에 따라 원가대상에 배분하는 과정을 원가배분(cost allocation)이라고 한다.
③ 원가행태(cost behavior)란 조업도 수준의 변동에 따라 일정한 양상으로 변화하는 원가발생액의 변동양상을 의미한다.
④ 원가집합(cost pool)이란 원가대상의 총원가에 변화를 유발시키는 요인으로 작업시간, 생산량 등으로 원가대상에 따라 매우 다양하다.

83. 다음은 ㈜삼일의 20X1년 2분기 제조원가명세서이다. 아래의 (A)와 (B)에 들어 갈 금액의 합계액은 얼마인가?

제조원가명세서
㈜삼일   20X1년 4월 1일-20X1년 6월 30일   (단위:원)

I. 재료비		3,800,000
기초재고액	500,000	
당기매입액	6,300,000	
기말재고액	(A)	
II. 노무비		2,000,000
III. 제조경비		3,000,000
IV. 당기총제조원가		8,800,000
V. 기초재공품		1,000,000
VI. 기말재공품		(B)
VII. 당기제품제조원가		9,000,000

① 3,600,000원
② 3,800,000원
③ 4,000,000원
④ 4,400,000원

84. 원가배분은 공통원가를 원가대상에 합리적으로 대응시키는 과정이다. 다음의 원가배분기준 선택 지침 중 합리적인 원가배분을 위하여 가장 우선적으로 고려해야 하는 것은?

① 원가집합과의 인과관계
② 모든 원가대상에 균등하게 배분
③ 비재무적 배부기준
④ 가장 쉽게 적용 가능한 배부기준

85. ㈜삼일은 일반형 자전거와 고급형 자전거 두 가지의 제품을 생산하고 있다. 12월 한 달 동안 생산한 두 제품의 작업원가표는 아래와 같다.

	일반형 자전거	고급형 자전거
직접재료 투입액	300,000원	600,000원
직접노동시간	1,000시간	4,000시간
직접노무원가 임률	100원/시간	200원/시간

동 기간 동안 발생한 회사의 총제조간접원가는 1,000,000원이며, 제조간접원가는 직접노동시간을 기준으로 배부하고 있다. ㈜삼일은 실제 발생한 제조간접원가를 실제조업도에 의해 배부하는 원가계산방식을 채택하고 있다. 12월 한 달 동안 생산한 일반형 자전거의 제조원가는 얼마인가?

① 500,000원 ② 600,000원 ③ 700,000원 ④ 800,000원

86. 다음 중 개별원가계산에 관한 설명으로 가장 옳은 것은?

① 제조간접원가는 개별작업과 관련하여 직접적으로 추적할 수 없으므로 이를 배부하는 절차가 필요하다.
② 개별원가계산은 해당 제품이나 공정으로 직접 추적할 수 있기 때문에 실제원가계산만 가능하다.
③ 개별원가계산은 제품원가를 개별작업별로 구분하여 집계하므로 제조직접비와 제조간접비의 구분이 중요하지 않다.
④ 각 작업별로 원가가 계산되기 때문에 원가계산자료가 상세하고 복잡하며 오류가 발생할 가능성이 적어진다.

87. ㈜삼일은 개별원가계산제도를 채택하고 있다. 제조간접원가는 직접노무원가의 150%이다. 작업 #101에서 발생한 직접재료원가는 300,000원이며, 제조간접원가는 450,000원이다. 또한 작업 #201에서 발생한 직접재료원가는 250,000원이며, 직접노무원가는 195,000원이다. 작업 #101과 작업 #201에서 발생한 총원가는 각각 얼마인가?

	#101총원가	#201총원가		#101총원가	#201총원가
①	975,000	542,500	②	1,050,000	737,500
③	975,000	737,500	④	1,050,000	542,500

88. ㈜삼일은 선입선출법을 이용한 종합원가계산제도를 채택하고 있다. 당월 완성품환산량 단위당 원가는 재료원가 5원, 가공원가 10원이며, 당월 중 생산과 관련된 자료는 다음과 같다.

기초재공품	500단위 (완성도 40%)
기말재공품	800단위 (완성도 50%)
당기완성품	4,200단위

이 회사의 당월에 실제 발생한 가공원가는 얼마인가(단, 재료원가는 공정초기에 전량투입되고 가공원가는 공정전반에 걸쳐 균등하게 발생한다고 가정한다)?

① 41,000원 ② 42,000원
③ 44,000원 ④ 45,000원

89. 종합원가계산의 회계처리에서 원가흐름을 2개의 공정을 가정하고 분개하였다. 다음 중 각 상황에 대한 분개의 예시가 가장 올바르지 않은 것은?

① 제1공정에서 원가 발생시
   (차)재공품(1공정)   xxx   (대)재료   xxx
                              미지급임금   xxx
                              제조간접원가   xxx
② 제1공정에서 제2공정으로 대체시
   (차)재공품(2공정)   xxx   (대)재공품(1공정) xxx
       (전공정대체원가)   (차공정대체원가)
③ 제2공정에서 원가발생시
   (차)재공품(2공정)   xxx   (대)재료   xxx
                              미지급임금   xxx
                              제조간접원가   xxx
④ 제2공정에서 완성품원가의 대체시
   (차)배분제조비   xxx   (대)재공품(2공정) xxx

90. 다음은 ㈜삼일의 원가자료이다. 원재료는 공정시작시점에서 전량 투입되고 가공원가는 공정전반에 걸쳐 균등하게 발생한다.

기초재공품수량	600개 (60%)
당기착수량	1,900개
당기완성량	2,000개
기말재공품수량	500개 (70%)

㈜삼일의 종합원가계산 방법에 따른 가공원가 완성품환산량이 올바른 것은?

① 평균법, 1,750개   ② 평균법, 1,990개
③ 선입선출법, 1,990개   ④ 선입선출법, 2,350개

91. 다음 중 표준원가계산제도하의 차이분석에 관한 설명으로 가장 올바르지 않은 것은?

① 직접재료원가 가격차이에 대한 책임은 생산담당자가 지는 것이 바람직하다.
② 고정제조간접원가 실제발생액이 고정제조간접원가 예산에 비하여 과다하게 발생하였다면 불리한 예산차이가 발생하게 된다.
③ 직접노무원가 임률차이가 유리하다면 실제임률이 표준임률에 비하여 저렴하다는 것이다.
④ 가격차이란 실제단가와 표준단가의 차액에 실제 사용한 재화의 수량을 곱한 것이다.

92. 다음 중 차이분석에 대한 설명으로 올바르지 않은 것은 모두 몇 개인가?

가. 차이분석이란 표준원가와 실제원가를 비교하여 그 차이를 분석하는 것으로서 일종의 투입-산출 분석이다.
나. 직접재료원가 차이분석시 표준투입량은 사전에 미리 설정해 놓은 최대 조업도에 대한 표준투입량이다.
다. 가격차이는 실제원가와 실제투입량에 대한 표준원가와의 차이이다.
라. 능률차이는 실제투입량에 대한 표준단가와 표준투입량에 대한 표준원가와의 차이이다.

① 0개   ② 1개
③ 2개   ④ 3개

93. 다음 표준제조간접원가를 결정하기 위한 기준조업도와 관련된 내용 중 가장 올바르지 않은 것은?

① 기준조업도는 단순하고 이해하기 쉬워야 한다.
② 기준조업도는 물량 기준보다는 금액 기준으로 설정하는 것이 바람직하다.
③ 기준조업도와 제조간접원가의 발생 사이에는 인과관계가 존재하여야 한다.
④ 사전에 설정된 제조간접원가 예산을 기준조업도로 나누어 표준배부율을 계산한다.

94. 기초재고액보다 기말재고액이 적은 경우에 변동원가계산에 의한 순이익과 전부원가계산에 의한 순이익을 비교한 결과로 가장 옳은 것은? 단, 단위당 고정제조간접원가는 매기 일정하다고 가정한다.

① 변동원가계산에 의한 순이익이 더 크다.
② 전부원가계산에 의한 순이익이 더 크다.
③ 순이익은 같다.
④ 상황에 따라 이익의 크기가 달라진다.

95. 다음 표준원가계산 자료에 의하여 당기 중의 실제 직접노동시간은 몇 시간인가?

ㄱ. 실제 생산량	2,000단위
ㄴ. 노무원가 발생액	4,000,000원
ㄷ. 단위당 표준직접노동시간	24시간
ㄹ. 유리한 임률차이	1,200,000원
ㅁ. 불리한 능률차이	400,000원

① 40,000시간   ② 44,000시간
③ 50,000시간   ④ 52,000시간

96. 다음 중 직접재료원가 가격차이가 발생하는 원인에 대한 설명으로 가장 올바르지 않은 것은?

① 원재료 시장의 수요 및 공급 상황에 따라 발생할 수 있다.
② 원재료 구매담당자의 업무능력에 따라 유리하거나 불리한 가격차이가 발생할 수 있다.
③ 표준을 설정할 때 고려한 품질수준과 상이한 품질의 원재료를 구입함에 따라 가격차이가 발생할 수 있다.
④ 생산과정에서 원재료를 효율적으로 사용하지 못함으로써 발생할 수 있다.

97. ㈜삼일의 생산 및 원가와 관련된 자료는 다음과 같다.

실제 생산량	1,100개
단위당 실제 직접재료 사용량	3.2kg
단위당 표준 직접재료 사용량	3kg
kg당 실제 직접재료원가	28원
kg당 표준 직접재료원가	30원

이와 관련된 설명으로 가장 올바르지 않은 것은?

① 직접재료원가 표준원가는 99,000원이다.
② 직접재료원가 실제원가는 92,400원이다.
③ 직접재료원가 가격차이는 7,040원 유리하게 나타난다.
④ 직접재료원가 능률차이는 6,600원 불리하게 나타난다.

98. ㈜삼일의 변동제조간접원가와 관련한 자료가 다음과 같을 때 실제생산량에 허용된 변동제조간접원가 예산은 얼마인가?

실제작업시간기준 변동제조간접원가 예산	2,400,000원
변동제조간접원가 능률차이	200,000원(불리)

① 2,000,000원　　② 2,200,000원
③ 2,400,000원　　④ 3,000,000원

99. 제품의 생산에는 원가의 모든 요소가 공헌하므로 변동원가는 물론 고정원가도 제품의 원가에 포함되어야 한다는 개념하에서 계산되는 원가계산방법은 무엇인가?

① 정상원가계산　　② 종합원가계산
③ 전부원가계산　　④ 변동원가계산

100. ㈜삼일은 당기 초에 영업활동을 시작하여 당기에 제품 500단위를 생산하였으며, 당기의 원가자료는 다음과 같다(단, 기말재공품은 없다).

단위당 직접재료원가	300원
단위당 직접노무원가	200원
단위당 변동제조간접원가	100원
단위당 변동판매비와관리비	150원
고정제조간접원가	100,000원
고정판매비와관리비	150,000원

당기 판매량이 400단위였다면, 전부원가계산에 의한 기말제품재고액은 얼마인가?

① 50,000원　② 60,000원　③ 70,000원　④ 80,000원

101. 다음 중 활동기준원가계산의 절차로 가장 옳은 것은?

ⓐ 각 활동별로 제조간접원가를 집계
ⓑ 활동별 원가동인(배부기준)의 결정
ⓒ 활동분석
ⓓ 제조간접원가 배부율의 결정
ⓔ 원가대상별 원가계산

① ⓐ - ⓓ - ⓑ - ⓒ - ⓔ
② ⓐ - ⓔ - ⓓ - ⓑ - ⓒ
③ ⓒ - ⓐ - ⓑ - ⓓ - ⓔ
④ ⓔ - ⓐ - ⓓ - ⓑ - ⓒ

102. ㈜삼일의 제품생산에 관한 자료는 다음과 같다. 이때 손익분기점 판매량은?

제품단위당 판매가격	1,000원
제품단위당 변동제조원가	600원
제품단위당 변동판매비와관리비	150원
고정제조간접원가	2,500,000원
고정판매비와관리비	1,250,000원

① 6,250개　　② 9,375개
③ 10,000개　　④ 15,000개

103. 다음 자료를 이용하여 공헌이익률을 계산하면 얼마인가?

제품단위당 판매가격	400원
제품단위당 변동제조원가	150원
제품단위당 변동판매비	130원
고정제조간접원가	500,000원
고정판매비와관리비	1,100,000원

① 10%　　② 20%
③ 30%　　④ 40%

104. ㈜삼일의 차기 예산자료는 다음과 같다. ㈜삼일의 안전한계율은 얼마인가?

매출액	3,000,000원
공헌이익률	25%
고정원가	600,000원

① 20%　　② 25%
③ 30%　　④ 35%

105. 다음은 신제품 도입과 관련한 ㈜삼일의 회의내용이다. 다음 중 괄호 안에 들어갈 수량으로 가장 옳은 것은(단, 세금은 없는 것으로 가정한다)?

> 사장 : 이전에 지시한 신제품 도입에 대한 타당성검토는 잘 이루어지고 있습니까?
> 상무 : 일단 원가·조업도·이익(CVP)분석으로 대략적인 윤곽은 드러났습니다.
> 생산부장 : 신제품 제조원가에 대한 내역이 다음과 같이 조사되었습니다.
>
> | 제품 단위당 예상 판매가격 | 5,000원 |
> |---|---|
> | 제품 단위당 예상 변동원가 | 3,000원 |
> | 예상 총 고정원가 | 1억원 |
>
> 영업부장 : 사장님께서 지시하신 목표이익 2억원을 달성하기 위해서는 (   )를 생산하여 판매하면 됩니다.
> 사장 : 좋습니다. 이것으로 오늘 회의는 마치겠습니다.

① 10,000개 ② 50,000개
③ 100,000개 ④ 150,000개

106. ㈜삼일에 새로 부임한 최이사는 올해 철저한 성과평가제도의 도입을 검토하고 있다. 성과평가제도의 도입과 관련하여 가장 올바르지 않은 주장을 펼치고 있는 실무담당자는 누구인가?

> 정부장 : 효과적인 성과평가제도는 기업 구성원들의 성과극대화 노력이 기업전체 목표의 극대화로 연결될 수 있도록 설계되어야 합니다.
> 유차장 : 각 책임중심점의 성과평가를 수행하는 과정에서 성과측정의 오류가 발생하는 것이 일반적인데, 효율적인 성과평가제도는 성과평가치의 성과측정오류가 최소화되도록 설계되어야 합니다.
> 황대리 : 많은 시간과 비용을 투입할수록 더욱 정확하고 공정한 성과평가가 가능하므로 성과평가제도의 운영을 적시성 및 경제성의 잣대로 바라보지 않도록 주의해야 합니다.
> 김사원 : 성과평가를 한다는 사실 자체가 피평가자의 행위에 영향을 미치는 현상도 고려하여 이를 적절히 반영해야 합니다.

① 정부장 ② 유차장
③ 황대리 ④ 김사원

107. ㈜삼일은 선박을 생산하여 판매하는 조선회사로서, 분권화된 세 개의 제품별 사업부를 운영하고 있다. 이들은 모두 투자중심점으로 설계되어 있으며, 회사의 최저필수수익률은 10%이다. 각 사업부의 영업자산, 영업이익 및 매출액에 관한 정보는 다음과 같다. 각 사업부를 잔여이익법으로 평가했을 경우 잔여이익이 높은 사업부의 순서로 알맞은 것은?

구분	군함사업부	여객선사업부	화물선사업부
평균영업자산	500,000원	1,000,000원	2,000,000원
영업이익	100,000원	170,000원	230,000원
매출액	1,000,000원	3,000,000원	2,000,000원

① 군함→여객선→화물선 ② 여객선→군함→화물선
③ 화물선→여객선→군함 ④ 여객선→화물선→군함

108. ㈜삼일이 판매하고 있는 제품 A와 제품 B에 관련된 자료는 다음과 같다.

	제품 A	제품 B
단위당 예산공헌이익	2,000원	3,000원
예산매출수량	700단위	300단위
실제매출수량	950단위	250단위

㈜삼일의 매출배합차이는 얼마인가?

① 110,000원 불리 ② 110,000원 유리
③ 460,000원 불리 ④ 460,000원 유리

109. 분권화란 의사결정권한이 조직 전반에 걸쳐서 위양되어 있는 상태를 의미한다. 다음 중 분권화에 관한설명으로 가장 올바르지 않은 것은?

① 분권화될 경우 각 사업부의 이익만 고려하는 준최적화 현상이 발생할 수 있다.
② 하위경영자들이 고객 등의 요구에 신속한 대응을 할 수 있다.
③ 하위 경영자들에게 보다 큰 재량권이 주어지므로 보다 많은 동기 부여가 된다.
④ 각 사업부에서 동일한 활동이 개별적으로 중복되어 수행될 가능성이 없다.

110. 다음 자료를 기초로 하여 경제적부가가치(EVA)를 계산하면 얼마인가?

세후순영업이익	110억원
투하자본	500억원
타인자본비용(세후)	5%
자기자본비용	15%
타인자본/자기자본	100%

① 20억원 ② 40억원
③ 60억원 ④ 80억원

111. 다음 중 경제적부가가치를 증대시키기 위한 방안으로 가장 올바르지 않은 것은?

① 자본구조 최적화를 통해 자본비용을 절감한다.
② 유휴설비 등 비효율적으로 관리되고 있는 자산을 매각한다.
③ 생산활동의 효율적 관리를 통해 적정수준의 재고자산을 유지한다.
④ 조직 분위기를 위해 적자사업부를 계속 유지한다.

112. ㈜삼일의 사장은 새로운 성과측정지표를 도입하고자 ㈜HE 컨설턴트의 컨설턴트와 협의 중이다. 다음 사장과 컨설턴트의 대화에서 괄호 안에 들어갈 말로 가장 올바르지 않은 것은?

> 사 장 : 우리 회사는 기존의 손익계산서상 순이익이 아닌 새로운 성과지표를 도입하고 싶습니다.
> 컨설턴트 : 사장님, 많은 기업들이 균형성과표(BSC)를 활용하고 있습니다.
> 사 장 : 균형성과표(BSC)는 어떤 성과지표입니까?
> 컨설턴트 : 균형성과표(BSC)는 (　　　　　)

① 재무적 관점 외에 고객, 내부프로세스, 학습과 성장이라는 비재무적 관점도 함께 고려하여 조직의 전략과 성과를 종합적, 균형적으로 관리, 평가할 수 있는 효과적인 가치중심 성과관리 기법입니다.
② 조직의 수익성을 최종적인 목표로 설정하기 때문에 4가지 관점의 성과지표 중에서 고객관점의 성과지표를 가장 중시합니다.
③ 기업이 추구하는 전략적 목표와 경쟁상황 등의 다양한 변수를 고려하여 측정 지표들을 개발합니다.
④ 매출액 등의 계량화된 객관적 측정치와 종업원의 능력 등과 같은 주관적 측정치 간의 균형을 이룰 수 있는 성과지표입니다.

113. ㈜삼일의 프로젝트 A에 대한 매출액은 200,000원, 변동원가는 100,000원이고, 고정원가는 200,000원이다. 고정원가 중 100,000원은 프로젝트 A를 포기하더라도 계속하여 발생하는 금액이다. 만약 ㈜삼일이 프로젝트 A를 포기한다면 회사의 순이익은 어떻게 변화하는가?

① 변화없음.
② 100,000원 감소
③ 100,000원 증가
④ 200,000원 감소

114. ㈜삼일이 자가제조하고 있는 부품의 원가자료는 다음과 같다.

부품단위당 직접재료원가	1,200원
부품단위당 직접노무원가(변동원가)	800원
부품단위당 변동제조간접원가	400원
고정제조간접원가	10,000,000원
생산량	50,000단위

부품을 자가제조하지 않는 경우 고정제조간접원가의 30%를 회피할 수 있다면 부품을 외부구입할 때 지불할 수 있는 최대가격은 얼마인가?

① 2,400원
② 2,460원
③ 2,540원
④ 2,600원

115. 다음은 ㈜삼일의 신규투자담당 팀장과의 인터뷰 내용이다. 괄호 안에 들어갈 말로 가장 올바르지 않은 것은?

> 기자 : 신규 투자 기획팀에서 15년 동안 팀장을 맡고 계신데 신규 투자에 대한 타당성 검토에는 어떠한 모형들이 사용됩니까?
> 팀장 : 여러 모형이 있지만 우리 회사에서는 회수기간법, 순현재가치법, 내부수익률법, 수익성지수법을 이용하여 타당성 검토를 합니다.
> 기자 : 그렇다면, 그 중에서 가장 중요시 하는 모형이 있습니까?
> 팀장 : 물론입니다. 투자안마다 약간 다르긴 하지만 우리 회사는 회수기간법을 가장 중요시 합니다. 왜냐하면 (　　　　　)

① 회수기간이 짧을수록 높은 수익률을 얻게되는 투자안이기 때문입니다.
② 투자자금을 빨리 회수하는 투자안을 선택하여 기업의 유동성 확보에 도움을 줄 수 있기 때문입니다.
③ 현금흐름의 할인을 고려하지 않고 계산할 수도 있는 장점이 있기 때문입니다.
④ 회수기간이 짧을수록 안전한 투자안이라는 위험지표로서의 정보를 제공하기 때문입니다.

116. 다음은 신인가수 발굴 오디션에서 일어난 심사위원과 지원자 김삼일의 인터뷰 내용이다. 의사결정 기초개념과 관련하여 밑줄 친 (ㄱ), (ㄴ)에 가장 적절하게 대응되는 용어는 무엇인가?

> 심사위원 : 오디션에 합격하면 (ㄱ) 현재의 직장을 포기해야 하는데도 가수를 하실 생각이신가요?
> 김 삼 일 : 과거에 (ㄴ) 직장에 들어가기 위해 많은 노력을 했습니다. 하지만, 오디션에 합격하여 어릴 적 꿈이었던 가수로서 제2의 인생을 살고 싶습니다.

① (ㄱ) 기회원가 (ㄴ) 간접원가
② (ㄱ) 지출원가 (ㄴ) 기회원가
③ (ㄱ) 기회원가 (ㄴ) 매몰원가
④ (ㄱ) 매몰원가 (ㄴ) 간접원가

117. 매월 1,000단위의 제품을 생산하는 ㈜삼일의 단위당 판매가격은 700원이고 단위당 변동원가는 500원이며 고정원가는 월 300,000원이다. ㈜삼일은 ㈜용산으로부터 400단위의 특별주문을 받았다. 현재 유휴설비능력은 특별주문 수량보다 부족한 상황이며, 특별주문을 수락할 경우 주문 처리를 위한 비용 900원이 추가로 발생한다. 다음 중 특별주문에 대한 의사결정을 함에 있어 관련항목으로만 구성된 것은 어느 것인가?

① 특별주문 수락 전의 단위당 고정원가, 단위당 변동원가
② 단위당 변동원가, 특별주문 처리비용, 기존판매량 감소분의 공헌이익
③ 특별주문 수락 후의 단위당 고정원가, 특별주문 처리비용
④ 특별주문가, 특별주문 수락 후의 단위당 고정원가

118. ㈜삼일은 내용연수가 3년인 기계장치에 5,000,000원을 투자할 예정이다. 기계장치를 구입하면, 아래의 표와 같이 현금운영비를 줄일 것으로 판단하고 있다. 회사의 자본비용은 12%라고 할 때 ㈜삼일의 신규 기계장치 투자에 대한 순현재가치(NPV)로 가장 올바른 금액은 얼마인가(단, 현금운영비의 감소효과는 매년 말에 발생하며 법인세 및 잔존가치는 없다고 가정한다)?

이자율 12%	1년	2년	3년
현재가치요소	0.89	0.80	0.71
현금운영비 감소액(원)	3,000,000	3,000,000	2,000,000

① 650,000원
② 990,000원
③ 1,490,000원
④ 2,090,000원

119. 다음 중 순현재가치(NPV)법과 내부수익률(IRR)법에 대한 설명으로 가장 올바르지 않은 것은?

① 내부수익률법은 가치가산의 원칙이 적용되나 순현재가치법은 그렇지 않다.
② 내부수익률법은 투자안의 내부수익률이 자본비용을 상회하면 그 투자안을 채택한다.
③ 두 방법 모두 화폐의 시간적 가치를 고려하는 방법이다.
④ 순현재가치법은 투자안의 순현재가치가 '0(영)'보다 크면 그 투자안을 채택한다.

120. ㈜삼일은 제조에 필요한 부품을 자가제조할 것인지 아니면 외부구입할 것인지의 여부에 대한 의사결정을 하려고 한다. 다음 설명 중 가장 옳은 것은?

① 변동원가는 모두 비관련원가로 보아 의사결정을 하는데 영향을 미치지 않는다.
② 회피불가능한 고정원가는 관련원가로 의사결정을 하는데 반드시 고려하여야 한다.
③ 외부구입원가가 회피가능원가보다 큰 경우에는 외부구입하는 것이 바람직하다.
④ 기존설비를 다른 용도로 사용함에 따라 발생할 수 있는 기회비용도 함께 고려해야 한다.

2019년 3월 시행 - 원가관리회계 공개기출문제

81. 다음 중 원가회계 영역이 아닌 것은?
① 제품원가계산
② 계획과 통제
③ 의사결정
④ 재무제표 작성

82. ㈜삼일은 공장의 화재로 창고에 보관중이던 제품 5,000,000원이 손상되었다. 이 제품을 손상된 상태에서 처분하면 200,000원에 처분가능하나 회사는 300,000원의 비용을 추가 투입하여 손상부분을 수선한 후 1,000,000원에 처분하기로 하였다. 이처럼 수선 후 처분하는 경우 기회비용은 얼마인가?
① 100,000원
② 200,000원
③ 300,000원
④ 500,000원

83. 다음 중 A, B 에 해당하는 용어로 가장 옳은 것은?

A : 당기에 완성되어 제품으로 대체된 완성품의 제조원가
B : 당기에 판매된 제품의 제조원가

① A : 당기총제조원가 B : 당기제품제조원가
② A : 당기총제조원가 B : 매출원가
③ A : 당기제품제조원가 B : 매출원가
④ A : 당기제품제조원가 B : 당기총제조원가

84. 다음 중 보조부문원가 배분방법인 이중배분율법에 관한 설명으로 가장 올바르지 않은 것은?
① 보조부문의 원가를 원가행태에 따라 고정원가와 변동원가로 분류하여 다른 배분기준을 적용하는 방법이다.
② 고정원가는 제조부문에서 사용할 수 있는 최대사용가능량을 기준으로 배분한다.
③ 변동원가는 실제 용역사용량을 기준으로 배분한다.
④ 단일배분율법에 비해 사용하기가 간편하지만 부문의 최적의사결정이 조직전체의 차원에서는 최적의사결정이 되지 않을 수 있다는 문제점이 있다.

85. 다음 중 개별원가계산과 종합원가계산에 관한 설명으로 가장 올바르지 않은 것은?

구분		개별원가계산	종합원가계산
①	특징	특정 제품이 다른 제품과 구분되어 생산됨	동일규격의 제품이 반복하여 생산됨
②	원가보고서	각 작업별로 보고서 작성	각 공정별로 보고서 작성
③	원가계산 방법	발생한 총원가를 총생산량으로 나누어 단위당 평균제조원가계산	주문받은 개별 제품별로 작성된 작업원가표에 집계하여 계산
④	적용적합한 업종	주문에 의해 각 제품을 별도로 제작, 판매하는 제조업종	동일한 규격의 제품을 대량생산하는 제조업종

86. ㈜삼일은 개별원가계산제도를 사용하고 있으며, 제조간접원가를 직접노무원가 발생액에 비례하여 배부한다. 다음의 원가자료에서 작업지시서 #111과 #112는 완성이 되었으나, #113은 미완성이다. 기초재공품이 없다면 기말재공품원가는 얼마인가?

	#111	#112	#113	합계
직접재료원가	30,000원	10,000원	20,000원	60,000원
직접노무원가	24,000원	5,200원	10,800원	40,000원
제조간접원가	( )	9,100원	( )	( )

① 38,900원
② 42,000원
③ 49,700원
④ 54,000원

87. 다음 중 종합원가계산에 관한 설명으로 가장 올바르지 않은 것은?
① 동일한 과정을 거쳐서 생산된 제품은 동질적이기 때문에 각 제품의 단위당 원가도 동일하다고 가정한다.
② 개별원가계산에 비하여 기장절차가 간단하므로 시간과 비용이 절약된다.
③ 원가관리 및 통제가 공정이나 부문별로 수행되므로 원가에 대한 책임중심점이 명확해진다.
④ 기초재공품이 없을 경우, 선입선출법에 의한 제품제조원가가 평균법에 의한 제품제조원가보다 적게 나타난다.

88. 다음은 평균법에 의한 기말재공품원가를 계산하는 식을 나타낸 것이다. 괄호 안에 들어갈 내용으로 적절한 것은?

$$(기초재공품원가 + 당기발생원가) \times \frac{기말재공품의\ 완성품환산량}{(\quad\quad)} = 기말재공품원가$$

① 기초재공품수량 + 당기투입수량 - 기말재공품수량
② 완성품수량 + 기말재공품의 완성품환산량
③ 기초재공품의 완성품환산량 + 완성품수량 - 기말재공품의 완성품환산량
④ 완성품수량 + 기말재공품의 완성품환산량 - 기초재공품의 완성품환산량

89. 종합원가계산에서는 완성품원가와 기말재공품원가는 일반적으로 다섯 단계를 거쳐 계산된다. 종합원가계산의 절차가 가장 옳은 것은?

   ㄱ. 각 공정의 물량흐름 파악
   ㄴ. 원가요소별 완성품환산량 단위당 원가계산
   ㄷ. 원가요소별 원가배분대상액 파악
   ㄹ. 원가요소별 완성품환산량 계산
   ㅁ. 완성품원가와 기말재공품원가 계산

   ① ㄱ→ㄹ→ㄷ→ㄴ→ㅁ   ② ㄱ→ㄷ→ㄹ→ㄴ→ㅁ
   ③ ㄱ→ㄹ→ㄷ→ㅁ→ㄴ   ④ ㄴ→ㄹ→ㄷ→ㄱ→ㅁ

90. ㈜삼일은 단일제품을 대량으로 생산하고 있으며, 평균법에 의한 종합원가계산을 채택하고 있다. 원재료는 공정초기에 모두 투입되고, 가공원가는 공정전반에 걸쳐 균등하게 발생하고 있다. 기초재공품은 5,000단위이고 당기착수량은 21,000단위이며 기말재공품은 2,000단위(진척도 40%)이다. 기초재공품에 포함된 가공원가가 33,200원이고 당기발생 가공원가가 190,000원이면 기말재공품에 포함된 가공원가는 얼마인가?

   ① 7,200원   ② 8,000원
   ③ 8,400원   ④ 9,200원

91. 다음 중 표준원가계산에 관한 설명으로 가장 올바르지 않은 것은?

   ① 표준원가제도는 전부원가계산 및 변동원가계산제도 모두에 적용할 수 있다.
   ② 표준원가를 기준으로 제품원가계산을 하게 되면 원가계산이 신속해진다.
   ③ 원가발생의 예외를 관리하여 통제하기에 적절한 원가계산방법이다.
   ④ 표준원가계산제도를 채택할 경우 계량적인 정보를 무시할 가능성이 있다.

92. 다음 중 차이분석에 관한 내용으로 가장 올바르지 않은 것은?

   ① 유리한 차이란 실제원가가 표준원가보다 작아 영업이익을 증가시키는 차이를 의미한다.
   ② 가격차이는 실제투입량에 대한 표준원가와 표준투입량에 대한 표준원가와의 차이를 의미한다.
   ③ 불리한 차이란 실제원가가 표준원가보다 커 영업이익을 감소시키는 차이를 의미한다.
   ④ 총차이란 실제원가와 표준투입량에 대한 표준원가와의 차이를 의미한다.

93. 다음 중 변동원가계산을 사용하는 목적으로 가장 올바르지 않은 것은?

   ① 판매부문성과의 정확한 평가
   ② 합리적인 제품제조 의사결정
   ③ 외부공시용 재무제표 작성
   ④ 이익계획의 효과적인 수립

94. 변동원가계산에 의한 손익계산서와 관련된 내용 중 옳은 것을 모두 나열한 것은?

   ㄱ. 공헌이익을 계산한다.
   ㄴ. 변동제조간접원가를 기간비용으로 처리한다.
   ㄷ. 고정제조간접원가는 공헌이익 산출에 포함되지 않는다.
   ㄹ. 제품생산량이 영업이익에 영향을 미친다.
   ㅁ. 판매비와관리비를 변동비와 고정비로 분리하여 보고한다.

   ① ㄱ, ㄴ, ㄷ   ② ㄱ, ㄷ, ㅁ
   ③ ㄴ, ㄷ, ㄹ   ④ ㄴ, ㄷ, ㅁ

95. ㈜삼일의 직접노무원가와 관련된 자료는 다음과 같다.

표준 직접노무시간	11,000시간
실제 직접노무시간	10,000시간
직접노무원가 가격차이	20,000원(유리)
직접노무원가 실제원가	150,000원

   이와 관련된 설명 중 가장 올바르지 않은 것은?

   ① 직접노무원가 표준원가는 180,000원이다.
   ② 직접노무원가 시간당 실제임률은 15원이다.
   ③ 직접노무원가 시간당 표준임률은 17원이다.
   ④ 직접노무원가 능률차이는 17,000원 유리하게 나타난다.

96. ㈜삼일은 표준원가계산제도를 채택하고 있다. 20X1년 직접재료원가와 관련된 표준 및 실제원가 자료가 다음과 같을 때, 20X1년의 실제 제품생산량은 몇 단위인가?

실제 발생 직접재료원가	28,000원
직접재료단위당 실제구입원가	35원
제품단위당 표준재료투입량	9개
직접재료원가 가격차이	4,000원 불리
직접재료원가 수량차이	3,000원 유리

   ① 80단위   ② 90단위
   ③ 100단위   ④ 110단위

97. 다음에서 설명하고 있는 표준원가의 종류는 무엇인가?

   기존의 설비와 제조공정에서 정상적인 기계고장, 정상감손 및 근로자의 휴식시간 등을 고려하지 않고 최선의 조건하에서만 달성할 수 있는 이상적인 목표하의 최저목표원가를 의미

   ① 현실적 표준   ② 정상적 표준
   ③ 중간적 표준   ④ 이상적 표준

98. ㈜삼일의 변동제조간접원가와 관련한 자료가 다음과 같을 때 변동제조간접원가 실제 발생액은 얼마인가?

실제작업시간기준 변동제조간접원가 예산	185,000원
변동제조간접원가 소비차이	14,000원(유리)

① 157,000원 ② 171,000원
③ 185,000원 ④ 199,000원

99. 올해 개업한 ㈜삼일의 원가자료이다. 전부원가계산하의 영업이익이 변동원가계산하의 영업이익보다 20,000원이 많다면, 생산수량은 몇 개인가?

매출액	350,000원
단위당 판매가격	1,000원
단위당 변동제조원가	300원
단위당 고정제조간접원가	250원

① 80개 ② 350개
③ 430개 ④ 520개

100. 다음 괄호 안에 들어갈 알맞은 용어를 고르면?

전부원가계산제도는 (A)개념에 근거를 두고 있다. (A)개념이란 제품생산과 관련한 원가는 원가의 행태에 관계없이 모두 제품의 원가로 보는 것이다. 변동원가계산제도는 (B)개념에 근거를 두고 있다. (B)개념이란 발생한 원가가 미래에 동일한 원가의 발생을 방지할 수 없다면 그 원가는 자산성을 인정할 수 없다는 것이다.

	A	B		A	B
①	원가부착	원가회피	②	원가회피	원가부착
③	원가부착	기간원가	④	원가회피	기간원가

101. 다음은 활동기준원가계산(ABC)에 관한 설명으로 가장 올바르지 않은 것은?

① 개별원가계산제도와는 결합되어 함께 사용될 수 있으나, 종합원가계산제도와는 함께 사용될 수 없다는 한계점이 존재한다.
② 일반적으로 활동기준원가계산은 전통적 원가계산제도보다 더 다양한 원가동인 요소를 고려한다.
③ 제조간접원가의 비중이 과거보다 커진 것이 활동기준원가계산제도를 도입하는 주된 배경이다.
④ 활동 및 활동원가의 분석을 통하여 원가통제를 보다 효과적으로 수행할 수 있다.

102. 단위당 판매단가와 단위당 변동원가는 변함이 없고 고정원가만 20% 증가하였을 경우 손익분기점 매출수량은 어떻게 변화하는가?

① 20% 증가한다.
② 20% 보다 많게 증가한다.
③ 20% 보다 적게 증가한다.
④ 상황에 따라 달라진다.

103. 다음은 원가·조업도·이익(CVP)분석과 관련된 신문기사이다. (ㄱ)와 (ㄴ)는 각각 얼마인가(단, 한 달은 30일로 가정한다)?

월세 1억원 내는 커피숍 하루 (ㄱ) 팔아야 남는다.

서울 강남역 인근에 위치한 커피전문점 OO 카페 강남역점의 인건비와 임차료 등의 월 평균 고정원가는 1억 9천 2백만원이다. 점포전문 포털 점포라인과 커피전문점 업계에 따르면 매장 면적에 따라 인건비 비중이 다르지만 최소 하루 매출이 (ㄴ)이 되어야 손익분기점을 맞출 수 있는 것으로 나타났다. 이는 4,000원짜리 커피를 하루 (ㄱ) 판매해야 달성할 수 있다는 의미이다. 커피 한 잔의 평균 변동원가는 잔당 800원이다.

	ㄱ	ㄴ		ㄱ	ㄴ
①	1,000잔	400만원	②	1,500잔	600만원
③	2,000잔	800만원	④	2,500잔	800만원

104. ㈜삼일은 단위당 판매가격이 800원, 단위당 변동원가가 600원 인 제품을 생산판매하고 있으며, 다음과 같이 4분기 예산자료를 작성하였다.

매출액	₩16,000,000
변동원가	12,000,000
공헌이익	₩4,000,000
고정원가	1,800,000
영업이익	₩2,200,000

위와 같은 예산 하에서 안전한계율을 계산하면 얼마인가?

① 45% ② 50%
③ 55% ④ 60%

105. ㈜삼일의 20X1 년도 매출액은 500,000원, 손익분기점 매출액은 350,000원, 공헌이익률은 30%이다. ㈜삼일의 20X1년도 순이익은 얼마인가?

① 45,000원 ② 50,000원 ③ 55,000원 ④ 60,000원

106. 다음 중 책임회계에 근거한 성과보고서에 관한 설명으로 가장 옳은 것은?

① 통제가능원가의 실제발생액과 예산과의 차이를 포함시키지 않는 것이 바람직하다
② 예외에 의한 관리가 가능하도록 작성하여야 한다.
③ 예산과 실적간의 차이 원인을 분석하기 위해 작성되며 해당 관리자에게 전달하지 않는 것이 바람직하다.
④ 통제가능원가와 통제불능원가를 구분할 필요는 없다.

107. 다음 중 원가와 수익 모두에 대해서 통제책임을 지는 책임중심점은 무엇인가?

① 이익중심점 ② 수익중심점
③ 원가중심점 ④ 생산중심점

108. 다음 자료를 이용하여 ㈜삼일의 시장점유율차이를 계산하면 얼마인가?

단위당 예산평균공헌이익	100원
실제시장점유율	35%
예산시장점유율	40%
실제시장규모	100,000개

① 800,000원(불리)   ② 800,000원(유리)
③ 500,000원(유리)   ④ 500,000원(불리)

109. ㈜삼일의 영업이익은 80,000원이며, 평균투자액은 200,000원이다. ㈜삼일의 투자수익률로 가장 옳은 것은?

① 30%   ② 40%
③ 50%   ④ 60%

110. 아래에 주어진 재무자료를 이용하여 경제적부가가치(EVA)를 계산하면 얼마인가(단, 아래의 자료에서 법인세효과는 무시한다)?

매출액	100억원
매출원가	60억원
판매비와관리비	10억원
영업외수익 중 영업관련수익	5억원
영업외비용 중 영업관련비용	8억원
투하자본	200억원
(타인자본 100억원, 자기자본 100억원)	
타인자본비용	6%
자기자본비용	8%

① 10억원   ② 11억원
③ 12억원   ④ 13억원

111. 다음 중 경제적부가가치(EVA)와 관련된 설명으로 가장 올바르지 않은 것은?

① 경제적부가가치 증대방안 중의 하나는 재고수준을 높이는 것이다.
② 경제적부가가치는 외부보고를 위한 목적보다는 진정한 사업부의 성과평가를 위한 내부 관리회계 필요성에서 대두된 개념이다.
③ 매출채권 회수기일을 단축할 경우 경제적부가가치가 높아진다.
④ 투하자본의 회전율을 높이면 매출액이익률이 동일하더라도 경제적부가가치는 높아진다.

112. 다음 중 분권화, 책임회계, 성과평가와 관련된 설명으로 가장 옳은 것은?

① 잔여이익에 의하여 채택되는 투자안은 투자수익률법에 의해서도 항상 채택된다.
② 잔여이익이 갖고 있는 준최적화의 문제점을 극복하기 위하여 투자수익률이라는 개념이 출현하였으므로 투자수익률에 의한 성과평가기법이 잔여이익보다 더 우월하다고 볼 수 있다.
③ 하부경영자가 자신의 성과측정치를 극대화할 때 기업의 목표도 동시에 극대화될 수 있도록 하부경영자의 성과측정치를 설정해야 하는데, 이를 목표일치성이라고 한다.
④ 투자수익률법은 투자규모가 다른 투자중심점을 상호 비교하기가 어렵다는 문제점이 있는 반면에 잔여이익법에는 이런 문제점이 없다.

113. ㈜삼일은 당기 초 새로운 투자안에 500,000원을 투자하였다. 회사는 이 투자안으로부터 앞으로 5년 동안 매년 말 200,000원의 현금유입을 예측하고 있다. 회사의 최저필수수익률이 연 12%일 경우 이 투자안의 순현재가치(NPV)는 얼마인가?

	연 12%
5년 현가계수	0.57
5년 연금현가계수	3.60

① 114,000원   ② 220,000원
③ 456,000원   ④ 500,000원

114. 장기의사결정을 위한 방법 중 회수기간법은 여러가지 이론적인 단점에도 불구하고 실무상 많이 사용되고 있다. 다음 중 회수기간법이 실무에서 많이 사용되는 이유로 가장 올바르지 않은 것은?

① 비현금자료도 반영되는 포괄적 분석기법이다.
② 기업의 유동성 확보와 관련된 의사결정에 유용하다.
③ 화폐의 시간적 가치를 고려하지 않으므로 순현재가치법, 내부수익률법에 비해서 적용하기가 쉽다.
④ 투자후반기의 현금흐름이 불확실한 경우에는 유용한 평가방법이 될 수 있다.

115. 다음 중 순현재가치(NPV)법과 내부수익률(IRR)법에 관한 설명으로 가장 올바르지 않은 것은?

① 내부수익률(IRR)법에서는 내부수익률이 자본비용을 상회하는 투자안을 채택한다.
② 내부수익률(IRR)법은 가치가산의 원칙이 적용되나 순현재가치(NPV)법은 그렇지 않다.
③ 두 방법 모두 화폐의 시간가치를 고려하는 방법이다.
④ 순현재가치(NPV)법에서는 순현재가치가 0(영)보다 큰 투자안을 채택한다.

116. ㈜삼일은 부품의 자가제조 또는 외부구입에 대한 의사결정을 하려고 한다. 이때 고려해야 하는 비재무적 정보에 관한 설명 중 가장 올바르지 않은 것은?

① 부품을 자가제조할 경우 부품의 공급업자에 대한 의존도를 줄일 수 있는 장점이 있다.
② 부품을 자가제조할 경우 기존 외부공급업자와의 유대관계를 상실하는 단점이 있다.
③ 부품을 자가제조할 경우 향후 급격한 주문의 증가로 회사의 생산능력을 초과할 때 제품을 외부구입하기 어려울 수 있다는 단점이 있다.
④ 부품을 자가제조할 경우 생산관리를 외부에 의존해야 하므로 품질관리가 매우 어렵다.

117. ㈜삼일의 생산 및 판매에 대한 자료는 다음과 같다.

제품단위당 판매가격	80원
제품단위당 변동제조원가	25원
고정제조간접원가	400,000원
고정판매비	200,000원
연간 생산능력	20,000단위
연간 판매량	15,000단위

최근 고객사로부터 제품 3,000단위를 단위당 40원에 공급해 달라는 특별주문을 받았다. 특별주문에 대하여 ㈜삼일이 취할 행동으로 가장 옳은 것은(단, 특별주문 수락으로 인한 기존 판매수량 및 판매가격에는 영향이 없다)?

① 특별주문의 가격이 시장가격보다 낮으므로 주문을 거절하여야 한다.
② 제품단위당 제조원가가 45원이므로 주문을 거절하여야 한다.
③ 제안을 받아들일 경우 15,000원의 이익이 추가로 발생하므로 주문을 수락하여야 한다.
④ 제안을 받아들일 경우 45,000원의 이익이 추가로 발생하므로 주문을 수락하여야 한다.

118. ㈜삼일은 진부화된 의류 500 벌을 보유하고 있다. 이 제품에 대한 총제조원가는 45,000,000원이었으나 현재로는 의류 한벌당 25,000원에 처분하거나, 11,000,000원을 투입하여 개조한 후 의류 한 벌당 50,000원에 판매할 수 있는 상황이다. 다음 설명 중 가장 옳은 것은?

① 그대로 의류 한벌당 25,000원에 처분하면 32,500,000원의 손실이 발생하므로 처분해서는 안된다.
② 개조하여 판매하면 11,000,000원의 추가적인 손실이 발생한다.
③ 개조하여 판매하는 것이 그대로 처분하는 것보다 1,500,000원 만큼 유리하다.
④ 11,000,000원의 추가비용을 지출하지 않고 의류 한벌당 25,000원에 판매하는 것이 유리하다.

119. 다음 중 대체가격 결정시 고려할 사항으로 가장 올바르지 않은 것은?

① 각 사업부의 성과를 공정하게 평가할 수 있는 방법으로 결정되어야 한다.
② 준최적화 현상이 발생하더라도 각 사업부의 이익극대화가 이루어지도록 결정되어야 한다.
③ 각 사업부의 경영자가 자율적으로 의사결정을 하여 대체가격을 결정해야 한다.
④ 각 사업부 관리자의 경영노력에 대한 동기부여가 가능하도록 결정되어야 한다.

120. ㈜삼일은 20X1년말 새로운 기계장치를 2,000,000원에 매입하고 기존의 기계장치를 1,000,000원에 처분하였다. 기존 기계장치의 순장부가액은 500,000원이고 법인세율이 20%라고 하면, 매입과 처분 거래로 인한 순현금지출액은 얼마인가(단, 감가상각비는 고려하지 않는다)?

① 900,000원
② 1,000,000원
③ 1,100,000원
④ 2,000,000원

2019년 5월 시행 — 원가관리회계 공개기출문제

81. 다음 중 원가회계의 한계점 등에 대한 설명으로 올바르지 않은 것은?

① 원가회계가 제공하는 정보는 화폐단위로 표시되는 계량적 자료로서, 비화폐성 정보와 질적인 정보는 제공하지 못한다.
② 원가회계는 객관적으로 측정가능한 회계자료를 기초로 수익과 비용을 인식한다. 그러나 재무회계는 경영자의 목적에 따라 다양한 회계절차를 적용해야 하는 어려움이 있다.
③ 제품의 원가는 기업이 채택하고 있는 원가회계방법에 의하여 자동적으로 계산되기 때문에 특정한 시점에서 원가회계가 모든 의사결정에 목적적합한 원가정보를 제공할 수는 없다.
④ 경영자는 어떤 의사결정을 할 때 원가회계가 제공하는 정보가 그 의사결정에 부합되는 정보인지 여부를 사전에 충분히 검토해야 한다.

82. 다음은 ㈜삼일이 생산하는 제품에 대한 원가자료이다.

단위당 직접재료원가	13,500원
단위당 직접노무원가	27,000원
단위당 변동제조간접원가	84,500원
월간 총고정제조간접원가	1,125,000원
월간 총생산량은 10단위이다.	

㈜삼일의 제품 (a) 단위당 기초원가와 (b) 단위당 가공원가를 구하면?

① (a) 13,500원, (b) 84,500원
② (a) 40,500원, (b) 111,500원
③ (a) 13,500원, (b) 111,500원
④ (a) 40,500원, (b) 224,000원

83. 다음 중 제조업을 영위하고 있는 ㈜삼일의 제조원가에 포함될 수 있는 항목으로 가장 적절한 것은?

① 인터넷을 이용한 제품 광고선전비
② 사용하던 기계의 처분으로 인한 유형자산처분손실
③ 공장설비에 대한 화재보험료
④ 본사건물에 대한 감가상각비

84. 다음 빈칸에서 설명하고 있는 원가배분방법은 무엇인가?

보조부문간의 상호 관련성을 모두 고려하는 배분방법으로서 보조부문 사이에 용역수수관계가 존재할 때 각 보조부문간의 용역수수관계를 방정식을 통해 계산한 다음 보조부문원가를 배부하는 방법

① 직접배분법   ② 단계배분법
③ 상호배분법   ④ 간접배분법

85. ㈜삼일은 직접노동시간을 기준으로 제조간접원가를 예정배부하고 있으며 연간 제조간접원가는 2,000,000원으로, 연간 직접노동시간은 40,000시간으로 예상하고 있다. 20X1년 12월 중 작업지시서 #369와 #248을 시작하여 #369만 완성되었다면 12월말 재공품 원가는 얼마인가 (단, 월초에 재공품은 없다고 가정한다)?

	#369(완성)	#248(미완성)	계
직접재료원가	150,000원	90,000원	240,000원
직접노무원가	60,000원	30,000원	90,000원
직접노동시간	2,400시간	1,600시간	4,000시간

① 190,000원   ② 195,000원
③ 198,000원   ④ 200,000원

86. ㈜삼일은 개별원가계산제도를 채택하고 있으며, 제품 A의 작업원가표가 아래와 같을 때 제품 A의 제조원가는 얼마인가?

ㄱ. 직접재료 투입액	100,000원
ㄴ. 직접노동시간	200시간
ㄷ. 직접노무원가 임률	500원/시간
ㄹ. 제조간접원가 배부율(직접노동시간당)	750원/시간

① 350,000원   ② 385,000원
③ 412,500원   ④ 435,000원

87. 종합원가계산의 특징 및 장단점에 대한 설명 중 올바른 것을 모두 고르시오.

ㄱ. 특정기간 동안 특정 공정에서 생산된 제품은 원가측면에서 서로가 동일하다고 가정한다. 즉 제품원가를 평균개념에 의해서 산출한다.
ㄴ. 원가의 집계가 공정별로 이루어지는 것이 아니기 때문에 개별작업별로 작업지시서를 작성해야 한다.
ㄷ. 동일제품을 연속적으로 대량생산하지만 일반적으로 어떤 공정에 있어서든지 기말시점에서는 부분적으로 가공이 완료되지 않은 재공품이 존재하게 된다.
ㄹ. 원가통제와 성과평가가 공정별로 이루어지는 것이 아니라 개별작업별로 이루어진다.
ㅁ. 기장절차가 간단한 편이므로 시간과 비용이 절약된다.

① ㄱ, ㄴ, ㄷ   ② ㄱ, ㄷ, ㅁ
③ ㄴ, ㄷ, ㄹ   ④ ㄷ, ㄹ, ㅁ

88. 다음은 ㈜삼일의 원가자료이다. ㈜삼일은 평균법을 이용하여 종합원가계산을 하며, 원재료는 공정시작시점에서 전량 투입되고 가공원가는 공정전반에 걸쳐 균등하게 발생한다.

〈수량〉
기초재공품수량   0개   완성수량   1,400개
착수수량   1,800개 기말재공품수량 400개(50%)

〈원가〉
                재료원가   가공원가
당기발생원가   990,000원   720,000원

㈜삼일의 (ㄱ) 재료원가와 (ㄴ) 가공원가의 완성품환산량 단위당 원가는 얼마인가?

	ㄱ	ㄴ		ㄱ	ㄴ
①	450원	350원	②	450원	400원
③	550원	450원	④	550원	400원

89. 종합원가계산의 회계처리에서 원가흐름을 2개의 공정을 가정하고 분개하였다. 다음 중 각 상황에 대한 분개의 예시가 가장 올바르지 않은 것은?

① 제1공정에서 원가 발생시
　(차)재공품(1공정)　xxx　(대)재료　　　　xxx
　　　　　　　　　　　　　　미지급임금　　xxx
　　　　　　　　　　　　　　제조간접원가　xxx
② 제1공정에서 제2공정으로 대체시
　(차)재공품(2공정)　xxx　(대)재공품(1공정)　xxx
　　(전공정대체원가)　　　　(차공정대체원가)
③ 제2공정에서 원가발생시
　(차)재공품(2공정)　xxx　(대)재료　　　　xxx
　　　　　　　　　　　　　　미지급임금　　xxx
　　　　　　　　　　　　　　제조간접원가　xxx
④ 제2공정에서 완성품원가의 대체시
　(차)배분제조비　　xxx　(대)재공품(2공정)　xxx

90. ㈜삼일은 단일의 생산공장에서 단일의 제품을 생산하고 있다. 결산시 원가계산을 실시함에 있어서 회계직원이 기말재공품에 대한 완성도를 실제 90%보다 낮은 70%로 평가하여 결산을 하였다. 당기에 생산된 제품은 모두 판매되어 기말에 제품재고액은 없으며, 당해 재공품과 관련되는 상황 이외에 다른 오류는 없다. 이러한 재공품의 환산 오류결과로 표시된 결산재무제표에 대하여 가장 옳은 것은?

① 이익잉여금 과소계상　② 영업이익 과대계상
③ 매출원가 과소계상　　④ 재고자산 과대계상

91. 다음 중 표준원가계산에 관한 설명으로 가장 올바르지 않은 것은?

① 표준원가는 일단 사전에 한번 결정되면 가능한 변경 또는 조정해서는 안 된다.
② 원가요소의 표준은 수량과 가격에 대하여 각각 설정한다.
③ 표준원가는 회사의 제반사정을 고려하여 현실적으로 달성 가능하도록 설정한다.
④ 표준원가계산은 사전에 객관적이고 합리적인 방법에 의하여 산정한 표준원가를 이용하여 제조원가를 계산하는 경우에 적용한다.

92. 다음 중 차이분석의 가격차이와 능률차이 계산방법으로 가장 옳은 것은?

① 가격차이=(표준가격-실제가격)×표준투입량
② 능률차이=(실제투입량-표준투입량)×표준가격
③ 가격차이=(표준가격-표준투입량)×실제가격
④ 능률차이=(표준가격-실제가격)×표준수량

93. 다음 중 변동원가계산의 유용성에 관한 설명으로 가장 올바르지 않은 것은?

① 원가통제와 성과평가에 유용하게 활용할 수 있다.
② 고정원가가 이익에 미치는 영향을 비교적 쉽게 파악할 수 있다.
③ 이익계획과 예산편성에 필요한 CVP 관련 자료를 쉽게 확보할 수 있다.
④ 고정원가를 부문이나 제품에 배분하지 않기 때문에 부문별, 제품별 의사결정 문제에 왜곡을 초래할 수 있다.

94. 다음 중 초변동원가계산에 관한 설명으로 가장 올바르지 않은 것은?

① 초변동원가계산에 의한 영업이익은 단위당 현금창출공헌이익에 판매수량을 곱하고 운영비용을 차감하여 계산한다.
② 생산량이 증가할수록 영업이익이 감소되므로 재고자산보유를 최소화하도록 유인을 제공한다.
③ 제조간접원가에 포함되는 혼합원가를 임의로 고정원가와 변동원가로 구분할 필요없이 모두 기간비용으로 처리하기에 혼합원가의 주관적 구분이 불필요하다.
④ 전부원가계산제도와 마찬가지로 원가부착개념에 근거를 두고 있다.

95. ㈜삼일은 직접노무원가와 변동제조간접원가의 표준원가 산정에 동일한 조업도를 적용하고 있다. 다음 자료에 의하여 실제 발생한 총 직접노무원가는 얼마인가?

변동제조간접원가 실제발생액	:	175,000원
변동제조간접원가 표준배부율	:	80원
변동제조간접원가 소비차이	:	25,000원(유리)
직접노무원가 실제임률	:	30원

① 70,000원　　② 72,500원
③ 75,000원　　④ 77,500원

96. 다음 중 직접재료원가 가격차이가 발생하는 원인에 대한 설명으로 가장 올바르지 않은 것은?

① 원재료 시장의 수요와 공급 상황에 따라 발생할 수 있다.
② 원재료 구매담당자의 업무능력에 따라 유리하거나 불리한 가격차이가 발생할 수 있다.
③ 표준을 설정할 때 고려한 품질수준과 상이한 품질의 원재료를 구입함에 따라 가격차이가 발생할 수 있다.
④ 생산과정에서 원재료를 효율적으로 사용하지 못함으로써 발생할 수 있다.

97. ㈜삼일의 생산 및 원가와 관련된 자료는 다음과 같다.

변동제조간접원가 실제 발생액	6,000,000원
실제 투입시간에 허용된 표준 변동제조간접원가	6,500,000원
실제 산출량에 허용된 표준 변동제조간접원가	6,200,000원

변동제조간접원가 소비차이는 얼마인가?

① 300,000원(유리)   ② 300,000원(불리)
③ 500,000원(유리)   ④ 500,000원(불리)

98. ㈜삼일의 직접재료원가에 대한 자료는 다음과 같다

직접재료 표준사용량	8,000kg
직접재료 실제사용량	10,000kg
직접재료원가 kg당 표준가격	400원
직접재료원가 kg당 실제가격	300원

㈜삼일의 직접재료원가 능률차이는 얼마인가?

① 800,000원(불리)   ② 800,000원(유리)
③ 1,000,000원(불리) ④ 1,000,000원(유리)

99. ㈜삼일의 7월 한달 간 변동원가계산에 대한 자료이다. 7월의 총매출액은 얼마인가?

제품 단위당 판매가격	7,000원
단위당 변동원가	4,500원
총고정원가	2,300,000원
영업이익	8,750,000원

① 19,890,000원   ② 30,940,000원
③ 38,590,000원   ④ 42,500,000원

100. ㈜삼일은 20X1년 1월 1일 영업을 개시하였으며, A제품을 50,000단위 생산하여 개당 800원에 판매하였다. 20X1년 A제품의 제조원가에 관한 자료는 다음과 같다. 변동원가계산방법에 의한 A제품의 영업이익은 얼마인가?

	변동비	고정비
직접재료비	단위당 200원	-
직접노무비	단위당 80원	-
제조간접비	단위당 40원	8,000,000원

① 8,000,000원   ② 16,000,000원
③ 18,000,000원 ④ 24,000,000원

101. 다음 중 활동기준원가계산제도에 대한 설명으로 가장 올바르지 않은 것은?

① 전통적 원가회계제도에 비하여 보다 다양한 원가동인 요소를 고려한다.
② 활동 및 활동원가의 분석을 통하여 원가통제를 보다 효과적으로 수행할 수 있다.
③ 활동기준원가계산제도는 전통적 원가회계에서 발생할 수 있는 문제점인 원가왜곡현상을 극복함으로써 적정한 가격 설정을 가능하게 한다.
④ 활동기준원가계산제도는 전통적인 개별원가계산이나 종합원가계산과 독립적으로 사용해야만 하는 새로운 원가계산제도이다.

102. 다음은 회의 중에 일어난 사장과 이사의 대화이다. 원가·조업도·이익(CVP) 분석과 관련하여 괄호 안에 들어갈 용어는 무엇인가?

사장 : 재무담당이사! 올해 우리 회사 매출은 손익분기점 매출액을 얼마나 초과하나? 이사 : 10억원만큼 초과합니다. 이것을 ( )(이)라고 합니다. 사장 : ( )? 처음 듣는 용어군. 이사 : ( )는(은) 손실을 발생시키지 않으면서 허용할 수 있는 매출액의 최대 감소액을 의미하며, 기업의 안정성을 측정하는 지표로 많이 사용됩니다.

① 안전한계   ② 공헌이익
③ 영업이익   ④ 목표이익

103. ㈜삼일의 식품사업부를 총괄하는 김철수 전무는 해외식품사업부의 김영수 부장에게 총 매출액의 20%의 이익 달성을 지시하였다. 김영수 부장의 분석 결과 해외식품사업부의 변동비는 매출액의 70%, 연간 고정비는 30,000원이다. 총 매출액의 20%의 이익을 달성하기 위한 목표매출액은 얼마인가?

① 150,000원   ② 200,000원
③ 250,000원   ④ 300,000원

104. 다음 영업레버리지에 관한 설명 중 옳지 않은 것은?

① 영업레버리지란 고정원가로 인하여 매출액의 변화율보다 영업이익의 변화율이 더 커지는 현상을 말한다.
② 영업레버리지는 영업레버리지도로 측정하는데, 영업레버리지도는 공헌이익을 영업이익으로 나누어 계산한다.
③ 어떤 기업의 영업레버리지도가 7일 경우 경기불황으로 인하여 매출액이 20% 감소하면 영업이익은 40% 감소할 것이다.
④ 영업레버리지도는 손익분기점 근처에서 가장 크고 매출액이 증가함에 따라 점점 작아진다.

105. ㈜삼일은 단위당 판매가격이 500원이고, 단위 당 변동원가가 400원이며, 총고정원가가 100,000원이다. ㈜삼일은 새로운 시설투자를 하려고 한다. 시설투자 후 고정원가는 20% 증가되는 반면에 변동원가가 25% 감소된다고 하면, 시설투자 전에 비하여 손익분기 판매량은 어떻게 될 것인가?

    ① 증가한다.
    ② 감소한다.
    ③ 변함없다.
    ④ 고정원가와 변동원가의 관계에 따라 달라진다.

106. 기업은 미래의 불확실성에 대처하기 위하여 계획을 수립하며, 이러한 계획의 일부분으로서 예산을 편성한다. 예산은 다양하게 분류할 수 있는데 조업도의 변동에 따라 조정되어 작성되는 예산을 무엇이라 하는가?

    ① 변동예산 ② 고정예산
    ③ 종합예산 ④ 운영예산

107. ㈜삼일은 A와 B의 두 제품을 생산·판매하고 있다. 예산에 의하면 제품 A의 단위당 공헌이익은 20원이고, 제품 B의 공헌이익은 4원이다. 20X1년의 예산매출수량은 제품 A가 800단위, 제품 B는 1,200단위로 총 2,000단위였다. 그러나 실제매출수량은 제품 A가 500단위, 제품 B가 2,000단위로 총 2,500단위였다. ㈜삼일의 20X1년 매출배합차이와 매출수량차이를 계산하면 각각 얼마인가?

	매출배합차이	매출수량차이
①	8,000원 불리	5,200원 유리
②	8,000원 유리	5,200원 불리
③	5,200원 불리	8,000원 유리
④	5,200원 유리	8,000원 불리

108. 다음 중 투자중심점의 성과지표로 투자수익률(return on investment, ROI)을 사용할 때의 단점으로 가장 옳은 것은?

    ① 규모가 다른 투자중심점의 성과비교가 곤란하다.
    ② 사전에 설정한 자본비용을 초과하는 이익이 기대되는 사업에 대한 투자를 유도한다.
    ③ 매출액이익률과 자산회전율로 구분하여 분석이 가능하다.
    ④ 현재의 투자수익률보다 낮은 투자수익률이 기대되는 사업에 대한 투자를 기피하게 된다.

109. ㈜삼일은 선박을 생산하여 판매하는 조선회사로서, 분권화된 세 개의 제품별 사업부를 운영하고 있다. 이들은 모두 투자중심점으로 설계되어 있으며, 회사의 최저필수 수익률은 10%이다. 각 사업부의 영업자산, 영업이익 및 매출액에 관한 정보는 다음과 같다. 각 사업부를 잔여이익법으로 평가했을 경우 잔여이익이 높은 사업부의 순서로 가장 옳은 것은?

구분	군함사업부	여객선사업부	화물선사업부
평균영업자산	500,000원	1,000,000원	2,000,000원
영업이익	100,000원	170,000원	230,000원
매출액	1,000,000원	3,000,000원	2,000,000원

    ① 군함〉여객선〉화물선 ② 여객선〉군함〉화물선
    ③ 화물선〉여객선〉군함 ④ 여객선〉화물선〉군함

110. 다음은 ㈜삼일의 재무상태표와 포괄손익계산서 자료의 일부이다.

항목	금액	항목	금액
유동자산 (영업자산)	12,000원	유동부채 (무이자부채)	6,000원
비유동자산 (영업자산)	8,000원	세전영업이익	4,000원

    ㈜삼일의 가중평균자본비용 계산에 관련된 자료가 다음과 같을 때 경제적부가가치(EVA)는?(단, 법인세율은 30%이다.)

    | 타인자본 | 14,000원 | 이자율 10% |
    | 자기자본 | 14,000원 | 자기자본비용 14% |

    ① 600원 ② 840원
    ③ 1,270원 ④ 1,330원

111. 다음 중 경제적부가가치와 관련한 설명으로 가장 옳은 것은?

    ① 투하자본에 대한 자본비용이 높아지고 세후순영업이익은 변동이 없다면 경제적부가가치는 일반적으로 감소한다.
    ② 당기순이익과 마찬가지로 타인자본비용은 고려하나 자기자본비용은 고려하지 않는다.
    ③ 일반적으로 투하자본이 증가하면 경제적부가가치가 증가한다.
    ④ 경제적부가가치는 손익계산서상의 당기순이익보다 항상 높다.

112. ㈜삼일의 A사업부는 LED를 생산하고 있으며, 연간 생산능력은 100,000단위이다. ㈜삼일의 A사업부 수익과 원가자료는 다음과 같다.

    | 단위당 외부판매가격 | 300원 |
    | 단위당 변동원가 | 150원 |
    | 단위당 고정원가(연간 100,000단위 기준) | 9원 |

    ㈜삼일은 텔레비전을 생산하는 B사업부도 보유하고 있다. B사업부는 현재 연간 10,000단위의 LED를 단위당 290원에 외부에서 조달하고 있다. A사업부가 생산하는 제품 전량을 외부시장에 판매할 수 있고 사내대체시 단위당 변동원가 20원을 절감할 수 있다면, 각 사업부 및 회사 전체의 이익극대화 입장에서 LED의 단위당 대체가격은 얼마인가?

    ① 150원 ② 159원
    ③ 280원 ④ 300원

113. ㈜삼일은 내용연수가 3년인 기계장치에 투자하려고 하고 있다. 기계장치를 구입하면, 처음 2년 동안은 500,000원을, 그리고 3년차에는 900,000원의 운용비용을 줄일 것으로 판단하고 있다. 10% 이자율의 1원에 대한 1년 현재가치계수는 0.91이고, 2년 현재가치계수는 0.83이며, 3년 현재가치계수는 0.75이다. ㈜삼일의 최저필수수익률이 10%라고 할 경우, 동 기계장치를 구입하면 ㈜삼일이 줄일 수 있는 운용비용 절감액의 현재가치는 얼마인가?

① 1,545,000원 ② 1,595,000원
③ 1,675,000원 ④ 1,741,000원

114. 다음은 세 사업부문(A, B, C)을 보유한 ㈜삼일의 손익자료이다. 다음 중 자료에 관한 분석으로 가장 올바르지 않은 것은? (단위 : 원)

	A사업부	B사업부	C사업부	전체
매출액	4,000	3,000	2,000	9,000
변동원가	2,400	2,000	1,200	5,600
공헌이익	1,600	1,000	800	3,400
회피불능 고정원가	1,900	1,200	400	3,500
이익(손실)	(300)	(200)	400	(100)

① 사업부 A, B를 폐쇄하면 회사의 전체손실은 2,700원이 된다.
② 사업부 B, C를 폐쇄하면 회사의 전체손실은 1,900원이 된다.
③ 사업부 A, C를 폐쇄하면 회사의 전체손실은 2,500원이 된다.
④ 사업부 A, B, C 모두를 폐쇄하면 이익(또는 손실)이 0원이 된다.

115. 다음 중 의사결정에 관한 설명으로 가장 올바르지 않은 것은?

① 고정원가가 당해 의사결정과 관계없이 계속 발생한다면 고정원가는 비관련원가이다.
② 현재 시설능력을 100% 활용하고 있는 기업이 특별주문의 수락여부를 고려할 때 동 주문생산에 따른 추가 시설 임차료는 고려할 필요가 없다.
③ 제품라인을 폐지한 후 유휴생산시설을 이용하여 발생시키는 수익은 의사결정 시 고려하여야 한다.
④ 부품의 자가제조 또는 외부구입 의사결정시 회피가능원가가 외부구입원가보다 큰 경우에는 외부구입하는 것이 바람직하다.

116. ㈜삼일은 부품 A를 자가제조하고 있으며, 이와 관련된 연간 생산 및 원가자료는 다음과 같다.

직접재료원가	20,000원
변동직접노무원가	13,000원
변동제조간접원가	2,000원
고정제조간접원가	30,000원
생산량	200단위

최근 외부업체로부터 부품 A 200단위를 단위당 400원에 공급하겠다는 제안을 받았다. 외부업체의 제안을 수용하면, 자가제조보다 연간 얼마나 유리(또는 불리)한가?

① 15,000원 유리 ② 15,000원 불리
③ 45,000원 유리 ④ 45,000원 불리

117. 장기의사결정시에는 미래 현금흐름을 추정하는 것이 중요하다. 다음 중 장기의사결정을 위한 현금흐름 추정의 기본원칙이 아닌 것은?

① 이자비용은 할인율을 통해 반영되므로 현금흐름 산정시 이자비용은 없는 것으로 가정한다.
② 법인세는 회사가 통제할 수 없기 때문에 현금흐름을 추정할 때 고려해서는 안 된다.
③ 명목현금흐름은 명목할인율로 할인해야 하며, 실질현금흐름은 실질할인율로 할인해야 한다.
④ 감가상각비 감세효과는 현금흐름을 추정할 때 고려해야 한다.

118. 다음은 투자안 타당성 평가와 관련한 담당이사들의 대화 내용이다. 각 담당이사 별로 선호하는 모형을 가장 올바르게 짝지은 것은?

> 최이사 : 저는 투자안 분석의 기초자료가 재무제표이기 때문에 자료확보가 용이한 (a)모형을 가장 선호합니다.
> 박이사 : (a)모형의 경우 현금흐름이 아닌 회계이익에 기초하고 있다는 단점이 있습니다. 그래서 저는 현금흐름을 기초로 화폐의 시간가치를 고려하는 (b)모형을 가장 선호합니다. 이 모형은 투자기간 동안 자본비용으로 재투자된다고 보기 때문에 가장 현실적인 가정을 하고 있습니다.

① (a) 내부수익률법,   (b) 순현재가치법
② (a) 회계적이익률법, (b) 순현재가치법
③ (a) 회수기간법,   (b) 내부수익률법
④ (a) 회계적이익률법, (b) 회수기간법

119. ㈜삼일은 20,000원에 기계를 구입할 예정이며, 기계를 사용할 때 연간 원가절감액은 아래의 표와 같다. 연중 현금흐름이 고르게 발생한다고 가정하고 이 투자안의 회수기간을 계산하면 얼마인가?

연도	1년	2년	3년	4년
연간 원가절감액	5,000원	9,000원	8,000원	6,000원

① 2.75년
② 2.95년
③ 3.05년
④ 3.45년

120. 다음 중 품질원가에 관한 설명으로 가장 올바르지 않은 것은?

① 품질원가란 불량품이 생산되지 않도록 하거나 불량품이 생산된 결과로 발생하는 모든 원가를 말한다.
② 예방원가란 불량품의 생산을 예방하기 위한 원가로 품질교육원가, 예방설비 유지원가 등이 있다.
③ 내부실패원가와 외부실패원가는 불량품이 생산된 결과로서 발생하는 원가이므로 실패원가라고 한다.
④ 일반적으로 예방원가와 평가원가가 증가하면 실패원가도 증가하게 된다.

2019년 7월 시행 — 원가관리회계 공개기출문제

81. ㈜삼일통신은 매월 기본요금 15,000원과 10초당 18원의 통화료를 사용자에게 부과하고 있다. 이 경우 사용자에게 부과되는 매월 통화료의 원가행태는?

① 준고정원가 ② 고정원가
③ 준변동원가 ④ 변동원가

82. ㈜삼일은 기계장치 A를 10,000,000원(추정내용연수 5년, 추정잔존가치 1,000,000원, 정액법 상각)에 취득하여 4년 동안 사용하다가 기계장치 B(취득원가 12,500,000원으로 추정)로 교체할 것인지를 의사결정하고자 한다. 이 경우 기계장치 A의 처분가액은 3,000,000원으로 추정된다. 다음 중 기계장치의 교체 의사결정시 관련원가(relevant cost)는 무엇인가?

① 기계장치 A의 취득원가, 기계장치 A의 추정잔존가치
② 기계장치 A의 취득원가, 기계장치 A의 장부가액
③ 기계장치 A의 처분가액, 기계장치 B의 취득원가
④ 기계장치 A의 장부가액, 기계장치 A의 처분가액

83. 다음 중 제조원가의 흐름에 관한 설명으로 가장 올바르지 않은 것은?

① 제조기업의 경영활동은 구매, 제조, 판매 및 재고과정의 세가지 과정으로 나누어진다.
② 노동력의 구입은 구매과정에서 발생하는 것으로 직접노무원가의 대상이 된다.
③ 제조과정은 구매과정에서 구입한 생산요소들을 결합하여 제품을 제조하는 과정으로 기업의 외부에서 이루어지는 활동이다.
④ 판매 및 재고과정은 제조과정에서 산출된 제품을 기업외부에 판매하는 활동과 아직 판매되지 않은 제품을 재고자산으로 관리하는 활동이다.

84. 공통원가를 일정한 배부기준에 따라 하나 또는 둘 이상의 원가대상에 합리적으로 대응시키는 원가배분(cost allocation)의 목적과 가장 거리가 먼 것은?

① 기업의 순이익 측정에 영향을 미치는 재고자산 가액과 매출원가를 측정하여 외부보고를 위한 재무제표를 작성하기 위하여
② 합리적 원가배분을 통하여 적정가격을 설정함으로써 제품가격의 정당성을 확보하기 위하여
③ 최적의 자원배분을 위한 경제적 의사결정과 관련된 원가정보 파악을 위하여
④ 보조부문원가를 제품원가에 포함시킴으로써 당기의 이익을 크게 보고하기 위하여

85. 다음 중 원가배부에 관한 설명으로 가장 옳은 것은?

① 부문별 제조간접원가 배부율을 사용하는 경우에는 보조부문원가 배분방법에 의해 제조간접원가 배부율이 영향을 받지 않는다.
② 이중배분율법은 변동원가와 고정원가를 구분해서 변동원가는 최대사용가능량을 기준으로 배분하고 고정원가는 서비스의 실제사용량을 기준으로 배분한다.
③ 공장전체 제조간접원가 배부율을 사용하는 경우에는 보조부문원가 배분방법에 의해 제조간접원가 배부율이 영향을 받지 않는다.
④ 단계배분법과 상호배분법에서는 배분순서와 관계없이 배분 후의 결과는 일정하게 계산된다.

86. 다음 중 개별원가계산에 관한 설명으로 가장 옳은 것은?

① 제조간접원가는 개별작업과 관련하여 직접적으로 추적할 수 없으므로 이를 배부하는 절차가 필요하다.
② 개별원가계산은 해당 제품이나 공정으로 직접 추적할 수 있기 때문에 실제원가계산만 가능하다.
③ 개별원가계산은 제품원가를 개별작업별로 구분하여 집계하므로 제조직접비와 제조간접비의 구분이 중요하지 않다.
④ 각 작업별로 원가가 계산되기 때문에 원가계산자료가 상세하고 복잡하며 오류가 발생할 가능성이 적어진다.

87. ㈜삼일은 직접노동시간을 기준으로 제조간접원가를 예정배부하고 있으며 연간 제조간접원가는 2,000,000원으로, 연간 직접노동시간은 5,000시간으로 예상하고 있으나 실제로는 4,000시간이 발생하였다. 실제 제조간접원가가 2,000,000원이 발생한 경우 #A의 예정배부와 실제배부의 제조간접원가 차이는 얼마인가?

	#A	#B	계
예정직접노동시간	3,000시간	2,000시간	5,000시간
실제직접노동시간	2,000시간	2,000시간	4,000시간

① 100,000원 ② 200,000원
③ 300,000원 ④ 400,000원

88. 다음 중 종합원가계산의 설명 중 옳은 것은?

ㄱ. 종합원가계산은 소품종 대량생산에 적합한 원가계산방법이다.
ㄴ. 종합원가계산에서 물량은 환산량보다 항상 작거나 같다.
ㄷ. 기초재공품이 없는 경우 선입선출법과 평균법에 의한 완성품환산량이 동일하다.
ㄹ. 평균법에 의한 종합원가계산에서는 기초재공품이 그 기간에 착수되어 생산된 것처럼 취급한다.

① ㄱ ② ㄱ, ㄴ
③ ㄱ, ㄹ ④ ㄱ, ㄷ, ㄹ

89. 다음은 ㈜삼일의 원가자료이다. ㈜삼일은 평균법을 이용하여 종합원가계산을 하며, 원재료는 공정시작시점에서 전량 투입되고 가공원가는 공정전반에 걸쳐 균등하게 발생한다.

    〈수량〉
    기초재공품수량   0개   완성수량   1,200개
    착수수량   2,000개   기말재공품수량   800개(50%)

    〈원가〉
	재료원가	가공원가
당기발생원가	1,000,000원	800,000원

    ㈜삼일의 (ㄱ) 재료원가와 (ㄴ) 가공원가의 완성품환산량 단위당 원가는 얼마인가?

	ㄱ	ㄴ		ㄱ	ㄴ
①	625원	500원	②	625원	400원
③	500원	500원	④	500원	400원

90. 다음은 선입선출법(FIFO)에 의한 기말재공품원가를 계산하는 식을 나타낸 것이다. 괄호 안에 들어갈 내용으로 적절한 것은?

    당기발생원가 × 기말재공품의 완성품환산량 / ( ) = 기말재공품원가

    ① 기초재공품수량 + 당기투입수량 - 기말재공품수량
    ② 당기완성품수량 + 기말재공품의 완성품환산량
    ③ 기초재공품의 완성품환산량 + 당기완성품수량 - 기말재공품의 완성품환산량
    ④ 당기완성품수량 + 기말재공품의 완성품환산량 - 기초재공품의 완성품환산량

91. 다음 중 차이분석에 대한 설명으로 올바르지 않은 것은 모두 몇 개인가?

    가. 차이분석이란 표준원가와 실제원가를 비교하여 그 차이를 분석하는 것으로서 일종의 투입-산출분석이다.
    나. 직접재료원가 차이분석 시 표준투입량은 사전에 미리 설정해 놓은 최대 조업도에 대한 표준투입량이다.
    다. 가격차이는 실제원가와 실제투입량에 대한 표준원가와의 차이이다.
    라. 능률차이는 실제투입량에 대한 표준원가와 표준투입량에 대한 표준원가와의 차이이다.

    ① 0개   ② 1개
    ③ 2개   ④ 3개

92. ㈜삼일은 표준원가계산제도를 채택하고 있으며, 당기의 예산생산량은 1,000개이나 실제생산량은 600개이다. 당기 중 직접재료 1,000kg를 300,000원에 외상으로 구입하여 800kg을 사용하였다. 직접재료의 기초재고는 없으며, 제품 단위당 표준직접재료원가는 아래와 같다. 직접재료원가 가격차이를 (a)사용시점에 분리했을 경우와 (b)구입시점에 분리했을 경우의 가격차이는 얼마인가?

    직접재료원가 : 2kg×200=400원

    ① (a) 80,000 유리 (b) 100,000 유리
    ② (a) 80,000 불리 (b) 100,000 불리
    ③ (a) 80,000 유리 (b) 100,000 불리
    ④ (a) 80,000 불리 (b) 100,000 유리

93. 다음 중 직접노무원가 가격차이의 계산식을 올바르게 나타낸 것은?

    ① (표준직접노무시간 - 실제직접노무시간)×표준임률
    ② (실제직접노무시간 - 표준직접노무시간)×실제임률
    ③ (표준임률 - 실제임률)×표준직접노무시간
    ④ (실제임률 - 표준임률)×실제직접노무시간

94. 다음 중 표준원가에 관한 설명으로 가장 올바르지 않은 것은?

    ① 유리한 직접노무원가 가격차이가 발생하였다면 실제임률이 표준임률에 비하여 저렴하였다는 의미이다.
    ② 직접재료원가 가격차이를 재료 사용시점에 분리한다면 직접재료원가 가격차이에 대한 책임은 생산담당자가 지는 것이 바람직하다.
    ③ 고정제조간접원가 실제발생액이 고정제조간접원가 예산에 비하여 과다하게 발생하였다면 불리한 예산차이가 발생하게 된다.
    ④ 가격차이는 실제단가와 예산단가의 차액에 실제 사용한 재화나 용역의 수량을 곱하여 산출된다.

95. 다음은 ㈜삼일의 20X1년 1월 직접노무원가에 관한 자료이다.

ㄱ. 실제 직접노무원가	7,500원
ㄴ. 직접노무원가 가격차이	2,500원(유리)
ㄷ. 직접노무원가 능률차이	2,800원(불리)

    1월의 실제직접노무시간이 2,500시간이었을때 실제 생산량에 허용된 표준직접노무시간은 얼마인가?

    ① 1,500시간   ② 1,800시간
    ③ 2,000시간   ④ 2,500시간

96. ㈜삼일은 표준원가제도를 사용하고 있다. 표준노무시간은 제품 한 단위당 5시간이다. 제품의 실제생산량은 2,120단위이고 고정제조간접원가 실제발생액은 24,920,000원이다. ㈜삼일의 고정제조간접원가는 노무시간을 기준으로 배부되며 기준조업도는 10,000노무시간이다. 고정제조간접원가 예산차이가 4,360,000원 유리하다면 조업도 차이는 얼마인가?

    ① 1,233,600원 유리   ② 1,233,600원 불리
    ③ 1,756,800원 유리   ④ 1,756,800원 불리

97. 다음 중 변동원가계산, 전부원가계산 및 초변동원가 계산에 대한 설명으로 가장 올바르지 않은 것은?

> 가. 전부원가계산에서는 표준원가를 사용할 수 없다.
> 나. 변동원가계산에서는 고정제조간접원가를 기간비용으로 인식한다.
> 다. 초변동원가계산은 판매가 수반되지 않는 상황에서 생산량이 많을수록 영업이익이 낮게 계산되므로 불필요한 재고 누적 방지효과가 변동원가계산보다 크다.
> 라. 전부원가계산은 생산량이 이익에 아무런 영향을 미치지 않는다.

① 가, 다　　② 가, 라
③ 나, 라　　④ 나, 다

98. 다음 괄호 안에 들어갈 알맞은 용어를 고르면?

> 전부원가계산제도는 (A)개념에 근거를 두고 있다. (A)개념이란 제품생산과 관련한 원가는 원가의 행태에 관계없이 모두 제품의 원가로 보는 것이다. 변동원가계산제도는 (B)개념에 근거를 두고 있다. (B)개념이란 발생한 원가가 미래에 동일한 원가의 발생을 방지할 수 없다면 그 원가는 자산성을 인정할 수 없다는 것이다.

	A	B		A	B
①	원가부착	원가회피	②	원가회피	원가부착
③	원가부착	기간원가	④	원가회피	기간원가

99. 다음 자료를 이용하여 초변동원가계산에 의한 영업이익을 계산하면 얼마인가?(단위 : 원)

판매수량=생산수량	20,000개
제품단위당 판매가격	400
제품단위당 직접재료가	50
제품단위당 직접노무가	30
제품단위당 변동제조간접원가	70
제품단위당 변동판매비	120
고정제조간접원가	500,000
고정판매비와관리비	1,100,000

① 1,000,000원　② 2,600,000원
③ 5,400,000원　④ 7,000,000원

100. 20X1년 ㈜삼일은 신제품 A를 500단위 생산하였는데 이에 대한 단위당 변동원가는 10원이고 단위당 고정원가는 3원이다. 20X1년에 신제품에 대한 기초재고액은 없었으며 기말재고 수량만이 100단위일 경우, 전부원가계산 방법 대신에 변동원가계산방법을 적용한다면 20X1년 12월 31일의 기말재고액은 전부원가계산방법에 비해 얼마나 변동할 것인가?

① 100원 증가　② 100원 감소
③ 300원 증가　④ 300원 감소

101. 다음 중 활동기준원가계산제도의 도입에 따른 효익이 크게 나타날 수 있는 기업의 조건이 아닌 것은?

① 아주 큰 비중의 간접원가가 한 두 개의 원가집합을 사용해서 배부되는 경우
② 기존의 원가시스템이 확립된 후에 제조하는 제품의 종류가 크게 감소하고 있는 경우
③ 복잡한 제품은 수익성이 높게 나타나고, 간단한 제품에서는 손실이 발생되는 것처럼 보이는 경우
④ 생산량, 작업량, 제조과정의 다양성 때문에 제품의 자원소비가 다양한 경우

102. 다음 중 CVP 분석에 관한 설명으로 가장 올바르지 않은 것은?

① 공헌이익률은 원가구조와 밀접한 관련이 있으며 변동원가비중이 높으면 공헌이익률이 낮게 나타난다.
② 영업레버리지도가 3이라는 의미는 매출액이 1% 변화할 때 영업이익이 3% 변화한다는 의미이다.
③ 법인세를 고려하는 경우 손익분기점 분석결과는 변화한다.
④ 복수제품인 경우 매출배합은 일정하다고 가정한다.

103. 다음 중 원가 - 조업도 - 이익분석에서 고려하지 않는 가정은?

① 수익과 원가행태는 관련범위 내에서 곡선적이다.
② 모든 원가는 변동원가와 고정원가로 나누어질 수 있다.
③ 단위당 판매가격과 단위당 변동원가는 일정하다.
④ 생산량과 판매량이 일치한다.

104. ㈜삼일의 제품 단위당 판매가격과 원가자료는 다음과 같다.

단위당 판매가격	500원
단위당 직접재료가	90원
단위당 직접노무가(변동원가)	60원
단위당 변동제조간접원가	70원
단위당 변동판매비와관리비	30원
연간 고정원가	800,000원

㈜삼일이 영업이익 700,000원을 달성하기 위한 판매량은 얼마인가?

① 4,000단위　② 5,000단위
③ 6,000단위　④ 7,000단위

105. ㈜삼일의 20X1년도 영업이익은 100,000원이고 영업레버리지도(DOL)는 7이다. 만일 경기호황으로 인하여 20X2년도 판매량이 20% 증가한다면 영업이익은 얼마가 될 것으로 예상되는가? (단, 20X1년과 20X2년의 단위당 판매가격, 단위당 변동원가, 총고정원가는 동일하다고 가정한다.)

① 120,000원　② 140,000원
③ 200,000원　④ 240,000원

106. 다음 중 책임을 지는 범위가 가장 넓은 책임중심점은 무엇인가?
   ① 원가중심점   ② 수익중심점
   ③ 이익중심점   ④ 투자중심점

107. ㈜삼일은 계산기를 생산하여 판매하고 있다. 올해 계산기의 예산매출수량 및 단위당 판매가격은 각각 10,000단위와 200원이며, 단위당 표준변동제조원가와 표준변동판매비는 각각 120원과 30원이다. 올해 실제 매출수량과 단위당 판매가격은 다음과 같다.

생산 및 매출수량	11,000단위
단위당 판매가격	180원

   이 경우 (a) 매출가격차이와 (b) 매출조업도차이는 각각 얼마인가?

	매출가격차이	매출조업도차이
①	50,000원 유리	220,000원 불리
②	50,000원 불리	220,000원 유리
③	220,000원 유리	50,000원 불리
④	220,000원 불리	50,000원 유리

108. 다음 중 잔여이익법에 관한 설명으로 가장 올바르지 않은 것은?
   ① 투자수익률법에 의하여 부당하게 거부되는 투자안이 잔여이익법에서 수락될 수도 있다.
   ② 투자규모가 다른 투자중심점을 상호 비교하기가 어렵다.
   ③ 잔여이익법에 의하여 수락되는 투자안은 투자수익률법에 의해서도 수락되므로 두 방법은 상호보완적이다.
   ④ 투자수익률법의 준최적화 현상을 유발하는 문제점을 극복하기 위하여 잔여이익의 개념이 출현하였다.

109. 다음은 ㈜삼일의 컨설팅부문 20X1년 재무자료이다. ㈜삼일의 컨설팅부문 20X1년 잔여이익은 얼마인가?

매출액	100,000,000원
영업이익	7,000,000원
평균 영업자산	20,000,000원
최저필수수익률	15%

   ① 900,000원   ② 3,000,000원
   ③ 4,000,000원   ④ 7,000,000원

110. ㈜삼일은 다음과 같은 방법을 사용하여 성과를 평가하고 있다.

   $$\frac{1,200,000원(매출액)}{1,000,000원(영업자산)} \times \frac{240,000원(영업이익)}{1,200,000원(매출액)} = 24\%(투자수익률)$$

   다른 조건이 일정할 때 ㈜삼일이 투자수익률(ROI) 30%를 달성하기 위한 영업자산 감소액은 얼마인가?
   ① 200,000원   ② 220,000원
   ③ 240,000원   ④ 250,000원

111. 다음 중 경제적부가가치를 구하는 방법으로 가장 옳은 것은?
   ① 세후순영업이익 - 투하자본×가중평균자본비용
   ② 세후순영업이익 - 투하자본×타인자본비용
   ③ 영업이익 - 투하자본×가중평균자본비용
   ④ 영업이익 - 영업자산×최저필수수익률

112. ㈜삼일의 손익계산서는 다음과 같다.

매출액	₩2,000,000
매출원가	1,000,000
매출총이익	1,000,000
판매비와관리비	500,000
영업이익	₩500,000

   제품의 단위당 판매가격은 200원이며, 매출원가와 판매비와관리비 중 50%는 고정원가로 구성되어 있을 때, 회사가 제품 단위당 90원에 500단위의 추가 주문을 받아들인다면 회사의 영업이익에 미치는 영향은 어떠한가? (단, 유휴 생산능력은 충분하다)
   ① 5,000원 감소   ② 30,000원 감소
   ③ 7,500원 증가   ④ 45,000원 증가

113. ㈜삼일은 진부화된 제품 500단위를 보유하고 있으며 이 제품의 제조원가는 200,000원이다. ㈜삼일은 이 제품을 제품단위당 200원에 즉시 처분할 수도 있고, 100,000원의 비용을 추가 투입하여 개조한 후 제품단위당 500원에 판매할 수 있는 상황이다. 다음 설명 중 옳은 것은?
   ① 100,000원의 추가비용을 지출하지 않고 단위당 200원에 처분하는 것이 가장 유리하다.
   ② 개조하여 판매하는 것이 그대로 처분하는 것보다 50,000원만큼 유리하다.
   ③ 개조하여 판매하면 250,000원의 이익이 발생한다.
   ④ 제품단위당 200원에 처분하면 100,000원의 손실이 발생하므로 제품을 보유하고 있는 것이 낫다.

114. 매월 1,000단위의 제품을 생산하는 ㈜삼일의 단위 당 판매가격은 700원이고 단위당 변동원가는 500원이며 고정원가는 월 300,000원이다. ㈜삼일은 ㈜용산으로부터 400단위의 특별주문을 받았다. 현재 유휴설비능력은 특별주문 수량보다 부족한 상황이며, 특별주문을 수락할 경우 주문 처리를 위한 비용 900원이 추가로 발생한다. 다음 중 특별주문에 대한 의사결정을 함에 있어 관련항목으로만 구성된 것은 어느 것인가?

① 특별주문 수락 전의 단위당 고정원가, 단위당 변동원가
② 단위당 변동원가, 특별주문 처리비용, 기존판매량 감소분의 공헌이익
③ 특별주문 수락 후의 단위당 고정원가, 특별주문 처리비용
④ 특별주문가, 특별주문 수락 후의 단위당 고정원가

115. ㈜삼일은 내용연수가 3년인 기계장치에 투자하려고 하고 있다. 기계장치를 구입하면, 1년째에는 5,000,000원, 2년째에는 4,000,000원, 그리고 3년째에는 3,000,000원의 현금지출운용비를 줄일 것으로 판단하고 있다. 회사의 최저필수수익률은 12%이고 기계장치에 대한 투자액의 현재가치는 8,000,000원 이라고 할 때, 기계장치에 대한 투자안의 순현재가치(NPV)는 얼마인가(단, 이자율 12%의 1원당 현재가치는 1년은 0.9, 2년은 0.8, 3년은 0.7이며 법인세는 없는 것으로 가정한다)?

① 1,800,000원   ② 1,900,000원
③ 2,000,000원   ④ 2,100,000원

116. 다음 중 자본예산을 편성하기 위해 현금흐름을 추정할 때 주의해야 할 사항으로 가장 올바르지 않은 것은?

① 현금유입과 현금유출의 차이를 순현금흐름이라 한다.
② 세금을 납부하는 것은 현금의 유출에 해당하므로 세금을 차감한 후의 현금흐름을 기준으로 추정하여야 한다.
③ 감가상각비를 계상함으로써 발생하는 세금의 절약분인 감가상각비 감세 효과는 현금흐름을 파악할 때 고려해야 한다.
④ 이자비용은 명백한 현금유출이므로 현금흐름 추정에 항상 반영해야 한다.

117. 다음 중 대체가격 결정시 고려할 사항으로 가장 올바르지 않은 것은?

① 준최적화 현상이 발생하더라도 각 사업부의 이익극대화가 이루어지도록 결정되어야 한다.
② 각 사업부의 성과를 공정하게 평가할 수 있는 방법으로 결정되어야 한다.
③ 각 사업부의 경영자가 자율적으로 의사결정을 하여 대체가격을 결정해야 한다.
④ 각 사업부 관리자의 경영노력에 대한 동기부여가 가능하도록 결정되어야 한다.

118. ㈜삼일은 여러 사업부를 운영하고 있는 기업이며, 20X1년의 당기순이익은 500,000원이다. 여러 사업부 중에서 사업부 갑의 공헌이익은 100,000원이고, 사업부 갑에 대한 공통원가 배분액은 50,000원이다. 공통원가배분액 중 30,000원은 사업부 갑을 폐지하더라도 계속하여 발생하는 것이다. 만약 회사가 사업부 갑을 폐지하였다면 20X1년 당기순이익은 얼마로 변하였겠는가?

① 400,000원   ② 420,000원
③ 450,000원   ④ 470,000원

119. 다음 중 투자안으로부터 얻어지는 현금유입액의 현재가치와 투자에 소요되는 현금유출액의 현재가치를 같게 해주는 할인율을 산출하는 자본예산모형으로 가장 옳은 것은?

① 수익성지수(PI)법   ② 내부수익률(IRR)법
③ 회계적이익률(ARR)법   ④ 순현재가치(NPV)법

120. 다음 중 균형성과표의 관점과 그에 대한 적절한 성과평가 지표를 연결한 것으로 가장 올바르지 않은 것은?

① 재무적 관점 - 총자산수익률, 시장점유율
② 고객 관점 - 고객만족도, 고객수익성
③ 내부프로세스 관점 - 서비스대응시간, 배송시간
④ 학습과 성장 관점 - 종업원만족도, 이직률

2019년 9월 시행 — 원가관리회계 공개기출문제

81. 다음 중 원가회계의 한계점 등에 대한 설명으로 가장 올바르지 않은 것은?

① 원가회계가 제공하는 정보는 화폐단위로 표시되는 계량적 자료로서, 비화폐성 정보와 질적인 정보는 제공하지 못한다.
② 원가회계는 객관적으로 측정가능한 회계자료를 기초로 수익과 비용을 인식하므로 정해진 회계절차를 적용해야 하는 어려움이 있다.
③ 제품의 원가는 기업이 채택하고 있는 원가회계방법에 의하여 자동적으로 계산되기 때문에 특정한 시점에서 원가회계가 모든 의사결정에 목적적합한 원가정보를 제공할 수는 없다.
④ 경영자는 어떤 의사결정을 할 때 원가회계가 제공하는 정보가 그 의사결정에 부합되는 정보인지 여부를 사전에 충분히 검토해야 한다.

82. 다음 중 우리나라 기업의 제조원가명세서에 포함되지 않는 항목은?

① 당기제품제조원가　② 당기총제조원가
③ 직접재료원가　　　④ 매출원가

83. 다음 중 원가배부에 관한 설명으로 가장 옳은 것은?

① 부문별 제조간접원가 배부율을 사용하는 경우에는 보조부문원가 배분방법에 의해 제조간접원가 배부율이 영향을 받지 않는다.
② 이중배분율법은 변동원가와 고정원가를 구분해서 변동원가는 최대사용가능량을 기준으로 배분하고 고정원가는 서비스의 실제사용량을 기준으로 배분한다.
③ 공장전체 제조간접원가 배부율을 사용하는 경우에는 보조부문원가 배분방법에 의해 제조간접원가 배부율이 영향을 받지 않는다.
④ 단계배분법과 상호배분법에서는 배분순서와 관계없이 배분 후의 결과는 일정하게 계산된다.

84. 다음 중 보조부문간의 용역수수를 부분적으로만 반영하는 방법은 무엇인가?

① 직접배부법　② 간접배부법
③ 상호배부법　④ 단계배부법

85. 다음 자료는 개별원가계산제도를 이용하여 원가계산을 하는 ㈜삼일의 작업 A101과 관련된 것이다.

〈당기의 작업 A101 관련 작업원가표〉

일자	직접재료원가 재료출고청구서 NO.	금액	직접노무원가 작업시간보고서 NO.	금액	제조간접원가 배부율	배부금액
3.1	#1	290,000원	#1	85,000원	800원/시간	150,000원
3.10	#2	300,000원	#2	92,000원		

당기에 완성된 작업 A101의 기초재공품원가는 53,000원이다. 작업 A101의 당기제품제조원가는 얼마인가(단, 기말재공품원가는 없다고 가정한다.)?

① 595,000원　② 767,000원
③ 820,000원　④ 970,000원

86. ㈜삼일은 일반형 전화기와 프리미엄 전화기 두 종류의 제품을 생산하고 있다. 4월 한 달 동안 생산한 두 제품의 작업원가표는 아래와 같다.

	일반형 전화기	프리미엄 전화기
직접재료 투입액	400,000원	600,000원
직접노동시간	100시간	200시간
직접노무원가 임률	1,000원/시간	2,000원/시간

㈜삼일은 실제 발생한 제조간접원가를 실제조업도에 의해 배부하는 원가계산방식을 채택하고 있다. 동 기간 동안 발생한 회사의 총제조간접원가는 3,000,000원이며, 제조간접원가를 직접노동시간 기준으로 배부할 경우와 직접노무원가 기준으로 배부할 경우 4월 한 달 동안 생산한 프리미엄 전화기의 제조원가 차이는 얼마인가?

① 0원　② 400,000원
③ 1,000,000원　④ 1,800,000원

87. 종합원가계산의 특징 및 장단점에 대한 설명 중 올바른 것을 모두 고르시오.

ㄱ. 특정기간 동안 특정 공정에서 생산된 제품은 원가측면에서 서로가 동일하다고 가정한다. 즉 제품원가를 평균개념에 의해서 산출한다.
ㄴ. 원가의 집계가 공정별로 이루어지는 것이 아니기 때문에 개별작업별로 작업지시서를 작성해야 한다.
ㄷ. 동일제품을 연속적으로 대량생산하지만 일반적으로 어떤 공정에 있어서든지 기말시점에서는 부분적으로 가공이 완료되지 않은 재공품이 존재하게 된다.
ㄹ. 원가통제와 성과평가가 공정별로 이루어지는 것이 아니라 개별작업별로 이루어진다.
ㅁ. 기장절차가 간단한 편이므로 시간과 비용이 절약된다.

① ㄱ, ㄴ, ㄷ　② ㄱ, ㄷ, ㅁ
③ ㄴ, ㄷ, ㄹ　④ ㄷ, ㄹ, ㅁ

88. ㈜삼일은 평균법에 의한 종합원가계산을 채택하고 있다. 기초와 기말의 재공품 물량은 동일하나 기초에 비하여 재공품 기말 잔액이 증가하였다. 다음 중 이 현상을 설명할 수 있는 것으로 가장 옳은 것은?

① 전년도에 비해 노무임률이 상승하였다.
② 전년도에 비해 제조간접원가 감소하였다
③ 기초보다 기말의 재공품 완성도가 감소하였다.
④ 전년도에 비해 판매량이 감소하였다.

89. 종합원가계산의 회계처리에서 원가흐름을 2개의 공정을 가정하고 분개하였다. 다음 중 각 상황에 대한 분개의 예시가 가장 올바르지 않은 것은?

① 제1공정에서 원가 발생시
(차)재공품(1공정)   xxx (대)재료   xxx
                              미지급임금   xxx
                              제조간접원가   xxx
② 제1공정에서 제2공정으로 대체시
(차)재공품(2공정)   xxx (대)재공품(1공정)   xxx
   (전공정대체원가)   (차공정대체원가)
③ 제2공정에서 원가발생시
(차)재공품(2공정)   xxx (대)재료   xxx
                              미지급임금   xxx
                              제조간접원가   xxx
④ 제2공정에서 완성품원가의 대체시
(차)배분제조비   xxx (대)재공품(2공정)   xxx

90. ㈜삼일은 당기 기말재공품의 완성도가 50%인데 이를 80%로 잘못 파악하였다. 기초재공품은 없다고 가정할 때 이 과대계상 오류가 완성품환산량 단위당 원가와 기말재공품원가에 어떠한 영향을 미치는가?

	완성품환산량단위당원가	기말재공품원가
①	과대평가	과대평가
②	과대평가	과소평가
③	과소평가	과대평가
④	과소평가	과소평가

91. 다음 중 표준원가계산의 목적과 가장 거리가 먼 것은?

① 제조기술의 향상 ② 원가통제
③ 기장사무의 신속화 ④ 제조원가 예산수립

92. 초과근무시간에 대한 할증임금지급으로 발생한 직접노무원가 초과지급액은 다음 중 어떤 형태의 원가차이에 가장 잘 반영되는가?

① 직접재료원가 가격차이
② 제조간접원가 능률차이
③ 직접노무원가 임률차이
④ 제조간접원가 조업도차이

93. 다음 표준원가의 종류에 관한 설명 중 가장 올바르지 않은 것은?

① 표준의 내용을 어떻게 설정하는가에 따라 원가관리에 더 적합할 수 있고 예산관리에 유용하게 이용될 수 있는 것은 이상적 표준이다.
② 차이분석 시 일반적으로 불리한 원가차이를 발생시켜 종업원의 동기부여에 역효과를 가져올 수 있는 것은 이상적 표준이다.
③ 기업 경영과 관련된 비교적 장기간의 과거 실적치를 통계적으로 평균화하고 미래 예상추세를 감안하여 결정되는 것은 정상적 표준이다.
④ 표준원가계산제도에서 표준원가는 일반적으로 현실적 표준원가를 의미하며 실제원가와 현실적 표준의 차이는 정상에서 벗어난 비효율을 의미한다.

94. 다음 자료는 구입시점에서 직접재료원가 가격차이를 분리하기 위한 자료이다. 직접재료의 단위당 표준가격은 얼마인가?

기초재고액(실제원가)	160,000원
기말재고액(실제원가)	145,000원
생산공정 투입액(실제원가)	400,000원
단위당 실제 구입가격	200원
불리한 가격차이	61,600원

① 150원 ② 168원
③ 175원 ④ 184원

95. ㈜삼일의 직접노무원가와 관련된 자료는 다음과 같다.

표준직접노무시간	4,000시간
실제직접노무시간	4,100시간
직접노무원가 가격차이	82,000원(불리)
표준임률	200/시간

이와 관련된 설명 중 가장 올바르지 않은 것은?

① 직접노무원가 실제원가는 902,000원 이다.
② 직접노무원가 표준원가는 820,000원 이다.
③ 직접노무원가 총차이는 102,000원 불리하게 나타난다.
④ 직접노무원가 능률차이는 20,000원 불리하게 나타난다.

96. ㈜삼일은 변동제조간접원가의 배부기준으로 직접노동시간을 사용하고 있다. 직접노무원가 가격차이가 50,000원(유리), 직접노무원가 능률차이가 30,000원(불리), 직접재료원가 능률차이가 10,000원(유리)이 발생하였다고 할 때, 다음 중 가장 옳은 것은?

① 직접재료원가 가격차이가 불리하게 나타난다.
② 변동제조간접원가 소비차이가 불리하게 나타난다.
③ 변동제조간접원가 능률차이가 불리하게 나타난다.
④ 고정제조간접원가 조업도차이가 유리하게 나타난다.

97. ㈜삼일의 표준원가계산제도는 제조간접원가의 배부에 있어서 직접작업시간을 배부기준으로 사용한다. 다음은 이 회사의 원가차이분석에 필요한 자료이다.

제조간접비 실제발생액	15,000원
고정제조간접비 실제발생액	7,200원
실제작업시간	3,500시간
표준작업시간	3,800시간
변동제조간접비 표준배부율	작업시간당 2.5원

변동제조간접비 소비차이는 얼마인가?

① 950원 불리 ② 750원 불리
③ 750원 유리 ④ 950원 유리

98. 다음 중 변동원가계산 하의 손익계산서와 관련된 설명으로 가장 올바르지 않은 것은?

① 매출액에서 모든 변동원가를 차감하여 공헌이익을 구한다.
② 고정제조간접원가는 공헌이익 산출에 포함되지 않는다.
③ 고정제조간접원가는 제품원가로 처리한다.
④ 판매비와 관리비는 변동원가와 고정원가로 분리하여 작성한다.

99. ㈜삼일은 20X1년에 사업을 개시하였다. 20X1년 변동원가계산에 의한 순이익이 200,000원일 때, 다음 자료를 이용하여 전부원가계산에 의한 순이익을 구하면?

구분	제조간접원가 배부액	
	변동제조간접원가	고정제조간접원가
재공품	20,000원	40,000원
제품	60,000원	60,000원
매출원가	200,000원	100,000원

① 300,000원 ② 430,000원
③ 470,000원 ④ 500,000원

100. 삼일전자의 20X1년 2월의 제품 생산 및 판매와 관련된 자료는 다음과 같다.

생산량	3,000개
판매량	2,800개
판매가격	250원
직접재료원가	80원
직접노무원가	20원
변동제조간접원가	30원
고정제조간접원가	25원
*단 기초 제품재고는 없다.	

초변동원가계산을 이용한 삼일전자의 20X1년 2월의 재료처리량 공헌이익은 얼마인가?

① 336,000원 ② 420,000원
③ 476,000원 ④ 510,000원

101. ㈜삼일은 다음과 같이 활동기준원가계산(ABC)제도를 운영하고 있다. 20X1년 9월에 제품 20단위가 생산되었으며, 각 단위에는 10개의 부품과 5시간의 기계시간이 소요된다. 완성된 단위당 직접재료원가는 50,000원이며, 다른 모든 원가는 가공원가로 분류된다.

제조관련활동	배분기준으로 사용되는 원가동인	배부기준 단위당 가공원가
기계	기계시간	400원
조립	부품의 수	10,000원
검사	완성단위의 수	5,000원

9월에 생산된 제품 20단위의 총제조원가는 얼마인가?

① 2,140,000원 ② 2,640,000원
③ 3,140,000원 ④ 3,640,000원

102. ㈜용산의 손익분기점 매출액은 4,500,000원이고, 공헌이익률은 30%이다. ㈜용산이 600,000원의 영업이익을 달성하고자 한다면 총매출액은 얼마이어야 하는가?

① 4,800,000원 ② 5,200,000원
③ 5,600,000원 ④ 6,500,000원

103. 20X1년도에 ㈜삼일의 변동원가는 매출액의 60%였다. 20X2년도에 경영자가 단위당 판매가격을 10% 인상하였을 경우, 20X1년 대비 20X2년도의 공헌이익증가율은?(단, 판매량과 단위당 변동원가 및 고정원가는 동일하다고 가정한다.)

① 10% ② 15%
③ 20% ④ 25%

104. ㈜삼일은 회계프로그램을 판매하는 회사로 단위당 판매가격은 40원이며, 단위당 변동원가는 30원이다. 연간 고정원가는 30,000원이며 당기에 10,000원의 이익을 목표로 하고 있다. 다음 설명 중 가장 올바르지 않은 것은?

① 공헌이익률은 25%이다.
② 단위당 공헌이익은 10원이다.
③ 목표이익을 달성하려면 150,000원의 매출을 하여야 한다.
④ 손익분기점 매출액은 120,000원이다.

105. 다음은 ㈜삼일의 차기 예산자료이다. ㈜삼일의 안전한계율은 얼마인가?

매출액	2,000,000원
공헌이익률	30%
고정원가	450,000원

① 20% ② 25%
③ 30% ④ 35%

106. 사업부별 성과평가시 사업부경영자의 성과를 평가 할 때 포함하여야 하는 원가는 무엇인가?

① 추적불가능한 고정원가
② 공통 고정원가
③ 통제불가능한 고정원가
④ 추적가능하고 통제가능한 고정원가

107. 다음 중 성과평가에 관한 설명으로 가장 올바르지 않은 것은?

① 투자중심점의 바람직한 성과지표는 매출액이나 공헌이익 등이다.
② 투자중심점은 다른 유형의 책임중심점보다 가장 분권화된 중심점이다.
③ 판매부서를 수익중심점으로 보기보다는 이익중심점으로 보는 것이 더 바람직하다.
④ 투자수익률은 매출액이익률과 자산회전율로 구분하여 분석할 수 있다.

108. ㈜삼일의 20X1년 고정예산 대비 실적자료는 다음과 같다. 동 자료를 토대로 당초 예상보다 영업이익이 차이가 나는 원인을 (ⅰ) 매출가격차이, (ⅱ) 변동원가차이, (ⅲ) 고정원가차이 이외에 중요한 차이항목인 매출조업도차이를 추가하여 경영진에게 의미 있게 요약·보고하고자 한다. 매출조업도차이의 금액은 얼마인가?

	실적	고정예산
판매량	400개	300개
단위당 판매가격	18원	20원
단위당 변동원가	12원	10원
단위당 공헌이익	6원	10원
고정원가	1,400원	1,800원

① 1,000원 유리
② 1,000원 불리
③ 1,800원 유리
④ 1,800원 불리

109. ㈜삼일의 사업부 X는 현재의 부문투자수익률보다는 높으나 최저필수수익률에 미달하는 투자계획을 고려하고 있는 반면 사업부 Y는 투자자본에 대한 최저필수수익률을 초과하는 수익률이 기대되나 현재의 부문투자수익률보다 낮은 투자계획을 고려하고 있다. 잔여이익을 극대화시키려고 한다면 각 부문은 어떤 의사결정을 하여야 하는가?

	사업부 X	사업부 Y
①	기각	채택
②	기각	기각
③	채택	채택
④	채택	기각

110. 20X1년도 ㈜삼일의 용산사업부에 대한 자료는 다음과 같다.

영업이익	10,000원
총자산(전액 영업자산)	100,000원
유동부채(전액 무이자부채)	20,000원

㈜삼일의 자금원천은 두 가지인데, 하나는 시장가치가 80,000원, 이자율이 5%인 타인자본이고 다른 하나는 시장가치가 120,000원, 자본비용이 15%인 자기자본이다. 용산사업부의 경제적부가가치는 얼마인가(단, 법인세는 고려하지 않는다.)?

① 800원
② 1,200원
③ 1,600원
④ 2,400원

111. 다음 중 경제적부가가치를 증대시키기 위한 방안으로 가장 올바르지 않은 것은?

① 자본구조 최적화를 통해 자본비용을 절감한다.
② 유휴설비 등 비효율적으로 관리되고 있는 자산을 매각한다.
③ 생산활동의 효율적 관리를 통해 적정수준의 재고자산을 유지한다.
④ 조직 분위기를 위해 적자사업부를 계속 유지한다.

112. 다음은 신인가수 발굴 오디션에서 일어난 심사위원과 지원자 김삼일의 인터뷰 내용이다. 의사결정 기초개념과 관련하여 밑줄 친 (ㄱ), (ㄴ)에 가장 적절하게 대응되는 용어는 무엇인가?

심사위원: 오디션에 합격하면 (ㄱ) 현재의 직장을 포기해야 하는데도 가수를 하실 생각이신가요?
김 삼 일: 과거에 (ㄴ) 직장에 들어가기 위해 많은 노력을 했습니다. 하지만, 오디션에 합격하여 어릴 적 꿈이었던 가수로서 제2의 인생을 살고 싶습니다.

① (ㄱ) 기회원가 (ㄴ) 간접원가
② (ㄱ) 지출원가 (ㄴ) 기회원가
③ (ㄱ) 기회원가 (ㄴ) 매몰원가
④ (ㄱ) 매몰원가 (ㄴ) 간접원가

113. ㈜삼일은 최근 고객사로부터 제품 300단위를 단위 당 20,000원에 구입하겠다는 제안을 받았다. 이 주문의 수락여부와 회사의 이익에 미치는 영향은 어떠한가?(단, 제품과 관련된 자료는 다음과 같으며 동 주문을 수락하더라도 고정원가에는 아무런 영향을 초래하지 않는다)?

	제품단위당 원가
직접재료원가	11,000원
직접노무원가(변동원가)	4,000원
변동제조간접원가	2,500원
고정제조간접원가	3,000원
변동판매비와관리비	500원
고정판매비와관리비	1,000원
	22,000원

① 수락, 150,000원의 이익 증가
② 수락, 600,000원의 이익 증가
③ 거절, 150,000원의 손실 증가
④ 거절, 600,000원의 손실 증가

114. ㈜삼일은 당기 말 순장부가액이 300,000원인 기존의 기계장치를 500,000원에 처분하고, 새로운 기계장치를 1,000,000원에 매입하였다. 법인세율이 20%라고 가정하면, 위 거래로 인한 순현금지출액은 얼마인가(단, 감가상각비는 고려하지 않는다)?

① 460,000원
② 500,000원
③ 520,000원
④ 540,000원

115. 다음 중 순현재가치법과 내부수익률법에 관한 설명으로 가장 올바르지 않은 것은?

① 순현재가치법과 내부수익률법에 따른 투자안 평가결과는 항상 동일하다.
② 순현재가치법은 투자기간동안 현금흐름을 자본비용으로 재투자한다고 가정한다.
③ 내부수익률법은 투자안의 내부수익률이 자본비용을 상회하면 그 투자안을 채택한다.
④ 두 방법 모두 화폐의 시간적 가치를 고려하는 방법이다.

116. ㈜삼일은 두 개의 사업부 A, B로 구성되어 있다. A사업부는 단위당 변동비가 100원인 부품을 제조하고 있는데 이를 170원에 외부에 판매할 수도 있고 B사업부에 대체할 수도 있다. B사업부가 이 부품을 외부에서 구입할 수 있는 가격은 180원이다. 회사전체의 이익극대화를 위한 B사업부의 의사결정으로 가장 옳은 것은?

① 외부에서 구입하는 경우와 A사업부에서 구입하는 경우 차이가 없다.
② 외부에서 구입하여야 한다.
③ A사업부에서 구입하여야 한다.
④ 유휴생산시설이 있으면 외부에서 구입한다.

117. ㈜삼일은 당기 초 새로운 투자안에 600,000원을 투자하였다. 회사는 이 투자안으로부터 앞으로 5년 동안 매년 말 200,000원의 현금유입을 예측하고 있다. 회사의 최저필수수익률이 연 12%일 경우 이 투자안의 순현재가치(NPV)는 얼마인가?

	연 12%
5년 현가계수	0.57
5년 연금현가계수	3.60

① 114,000원
② 120,000원
③ 378,000원
④ 400,000원

118. ㈜삼일은 3개의 사업부를 운용하고 있으며, 20X1년의 당기순이익은 500,000원이다. 이 중 A사업부의 공헌이익은 60,000원이고, A사업부에 대한 공통원가배분액은 50,000원이다. 공통원가배분액 중 30,000원은 A사업부를 폐지하더라도 계속하여 발생한다. A사업부를 폐지하는 경우 20X1년 당기순이익은 얼마인가?

① 450,000원
② 460,000원
③ 540,000원
④ 550,000원

119. 다음 중 불량품이 고객에게 인도되기 전에 발견됨으로써 발생하는 원가로 공손품, 작업폐물, 재작업 후 재검사, 작업중단 등으로 발생하는 품질원가로 가장 옳은 것은?

① 평가원가
② 예방원가
③ 외부실패원가
④ 내부실패원가

120. ㈜삼일의 사장은 새로운 성과측정지표를 도입하고 자 ㈜HE 컨설팅의 컨설턴트와 협의 중이다. 다음 사장과 컨설턴트의 대화에서 괄호 안에 들어갈 말로 가장 올바르지 않은 것은?

사 장: 우리 회사는 기존의 손익계산서상 순이익이 아닌 새로운 성과지표를 도입하고 싶습니다.
컨설턴트: 사장님, 많은 기업들이 균형성과표(BSC)를 활용하고 있습니다.
사 장: 균형성과표(BSC)는 어떤 성과지표입니까?
컨설턴트: 균형성과표(BSC)는 ( )

① 재무적 관점 외에 고객, 내부프로세스, 학습과 성장이라는 비재무적 관점도 함께 고려하여 조직의 전략과 성과를 종합적, 균형적으로 관리, 평가할 수 있는 효과적인 가치중심 성과관리 기법입니다.
② 조직의 수익성을 최종적인 목표로 설정하기 때문에 4가지 관점의 성과지표 중에서 고객관점의 성과지표를 가장 중시합니다.
③ 기업이 추구하는 전략적 목표와 경쟁상황 등의 다양한 변수를 고려하여 측정 지표들을 개발합니다.
④ 매출액 등의 계량화된 객관적 측정치와 종업원의 능력 등과 같은 주관적 측정치 간의 균형을 이룰 수 있는 성과지표입니다.

2019년 11월 시행 — 원가관리회계 공개기출문제

81. 다음 중 원가의 일반적인 특성에 관한 설명으로 가장 올바르지 않은 것은?

① 경제적 가치를 가지고 있는 요소만이 원가가 될 수 있다.
② 발생한 제조원가 중 기업의 수익획득에 아직 사용되지 않은 부분은 자산으로, 수익획득에 사용된 부분은 비용으로 재무제표에 계상된다.
③ 기업의 수익획득 활동에 필요한 물품이나 서비스를 단순히 구입하는 것만으로도 원가가 될 수 있다.
④ 원가란 특정목적을 달성하기 위해 소멸된 경제적 자원의 희생을 화폐가치로 측정한 것이다.

82. 다음은 ㈜삼일의 제조원가명세서(약식)와 관련된 자료이다. 아래 자료를 이용하여 ㈜삼일의 당기제품제조원가와 매출원가를 계산하면 얼마인가?(단, 기초제품원가 50,000원, 기말제품원가 100,000원)

제조원가명세서
(20X1년 1월 1일 ~ 20X1년 3월 31일)

ㄱ. 직접재료원가
   기초원재료재고액   30,000원
   당기원재료매입액 300,000원
   기말원재료재고액   20,000원
ㄴ. 직접노무원가   90,000원
ㄷ. 제조간접원가 150,000원
ㄹ. 기초재공품 100,000원
ㅁ. 기말재공품   50,000원

	당기제품제조원가	매출원가
①	550,000원	500,000원
②	600,000원	500,000원
③	600,000원	550,000원
④	610,000원	550,000원

83. 다음 중 보조부문원가의 배부방법인 직접배부법, 단계배부법, 상호배부법에 관한 설명으로 가장 올바르지 않은 것은?

① 가장 논리적인 보조부문원가의 배부방법은 상호배부법이다.
② 보조부문원가를 어떤 배부방법으로 제조부문에 배부하느냐에 따라 공장 전체의 제조간접원가가 달라진다.
③ 보조부문의 원가를 각 제조부문이 사용한 용역의 상대적 비율에 따라 각 제조부문에 직접 배부하는 방법은 직접배부법이다.
④ 배부순서가 중요한 계산방법은 단계배부법이다.

84. 다음 중 원가배분에 관한 설명으로 가장 올바르지 않은 것은?

① 원가배분이란 공통원가를 일정한 배부기준에 따라 원가대상에 합리적으로 대응시키는 과정이다.
② 보조부문은 제조활동에 직접 기여하지 않으므로 원가배분대상에 해당하지 않는다.
③ 원가배분기준 설정 시 가능하면 배분대상과 배분대상원가간의 인과관계를 고려하여 배분기준을 설정해야 한다.
④ 원가배분은 배분방법의 결정에 담당자의 임의성이 개입될 수 있는 문제점이 존재한다.

85. 다음 중 개별원가계산제도를 이용하는 것이 적합한 제품으로 가장 옳은 것은?

① 자동화된 공정에서 대량 생산하는 공구
② 동일한 공정에서 대량 생산하는 자동차
③ 특별주문에 의해 제작하는 군함
④ 특정디자인을 대량 생산하는 기성의류

86. ㈜삼일은 직접노동시간을 기준으로 제조간접원가를 예정배부하고 있으며 연간 제조간접원가는 2,000,000원으로, 연간 직접노동시간은 40,000시간으로 예상하고 있다. 20X1년 12월 중 작업지시서 #A와 #B를 시작하여 #A만 완성되었다면 제품제조원가(a)와 재공품원가(b)는 얼마인가(단, 월초에 재공품은 없다고 가정한다)?

	#A	#B	계
직접재료원가	230,000원	130,000원	360,000원
직접노무원가	100,000원	50,000원	150,000원
직접노동시간	3,000시간	2,000시간	5,000시간

① a : 330,000원, b : 180,000원
② a : 450,000원, b : 260,000원
③ a : 480,000원, b : 280,000원
④ a : 600,000원, b : 400,000원

87. 다음 중 종합원가계산에 관한 설명으로 올바른 것을 모두 고른 것은?

   ㄱ. 종합원가계산은 소품종 대량생산에 적합한 원가계산방법이다.
   ㄴ. 종합원가계산에서 물량은 환산량보다 항상 작거나 같다.
   ㄷ. 기말재공품이 300단위이고 완성도가 70%라면 완성품환산량은 210 단위이다.
   ㄹ. 선입선출법에 따른 종합원가계산은 먼저 제조착수된 것이 먼저 완성된다고 가정한다.
   ㅁ. 평균법에 의한 종합원가계산에서는 기초재공품이 마치 당기에 착수된 것처럼 취급한다.

   ① ㄱ, ㄴ, ㄷ
   ② ㄱ, ㄷ, ㄹ
   ③ ㄱ, ㄷ, ㅁ
   ④ ㄱ, ㄷ, ㄹ, ㅁ

88. 다음은 ㈜삼일의 원가자료이다. ㈜삼일은 평균법을 이용하여 종합원가계산을 하며, 원재료는 공정시작시점에서 전량 투입되고 가공원가는 공정전반에 걸쳐 균등하게 발생한다.

   〈수량〉
   기초재공품수량   0개   완성수량   1,200개
   착수수량   2,000개   기말재공품수량   800개(50%)

   〈원가〉
                재료원가   가공원가
   당기발생원가   1,000,000원   800,000원

   ㈜삼일의 (ㄱ) 재료원가와 (ㄴ) 가공원가의 완성품환산량 단위당 원가는 얼마인가?

	ㄱ	ㄴ		ㄱ	ㄴ
①	625원	500원	②	625원	400원
③	500원	500원	④	500원	400원

89. 다음은 선입선출법(FIFO)에 의한 기말재공품원가를 계산하는 식을 나타낸 것이다. 괄호 안에 들어갈 내용으로 적절한 것은?

   당기투입원가 × 기말재공품의 완성품환산량 / ( ) = 기말재공품원가

   ① 기초재공품수량 + 당기투입수량 - 기말재공품수량
   ② 완성품수량 + 기말재공품의 완성품환산량
   ③ 기말재공품의 완성품환산량 + 완성품수량 - 기말재공품의 완성품환산량
   ④ 완성품수량 + 기말재공품의 완성품환산량 - 기초재공품의 완성품환산량

90. ㈜삼일은 종합원가계산제도를 채택하고 있으며 원재료는 공정의 초기에 전량 투입된다. 가공원가는 공정 전반에 걸쳐서 진척도에 따라 균등하게 발생한다. 선입선출법과 평균법을 각각 적용한 종합원가계산시 각 방법에 의한 완성품환산량이 동일하게 산출되는 경우로 가장 옳은 것은?

   ① 기초제품이 전혀 없는 경우
   ② 기초재공품이 모두 완성품이 되는 경우
   ③ 기말제품이 모두 판매되는 경우
   ④ 기초재공품이 전혀 없는 경우

91. 다음 중 표준원가시스템에 관한 설명으로 가장 옳은 것은?

   ① 표준원가시스템은 책임을 명확히 하여 종업원의 동기를 유발시키는 방법으로는 적절하지 않다.
   ② 관리목적상 표준원가에 근접하는 원가항목을 보다 중점적으로 관리해야 한다.
   ③ 원가통제를 포함한 표준원가시스템을 잘 활용하여도 원가감소를 유도할 수는 없다.
   ④ 표준원가와 실제발생가의 차이분석 시 중요한 불리한 차이 뿐만 아니라 중요한 유리한 차이도 검토할 필요가 있다.

92. 다음 중 직접재료원가 가격차이에 대한 설명 중 가장 올바르지 않은 것은?

   ① 기술혁신에 따라 직접재료원가 가격차이가 발생할 수 있다.
   ② 재료의 품질수준 차이에 의해 직접재료원가 가격차이가 발생할 수 있다.
   ③ 재료 구매 담당자의 능력에 따라 직접재료원가 가격차이가 발생할 수 있다.
   ④ 재료 시장의 수요와 공급 상황에 따라 직접재료원가 가격차이가 발생할 수 있다.

93. ㈜삼일의 직접재료원가에 대한 자료는 다음과 같다.

직접재료실제투입수량	1,500kg
직접재료원가 kg 당 실제가격	15원
직접재료원가 가격차이	7,500원(불리)

   ㈜삼일이 가격차이를 사용시점에서 분류하는 경우, ㈜삼일의 직접재료원가 kg당 표준가격은 얼마인가?

   ① 5원
   ② 10원
   ③ 15원
   ④ 20원

94. 다음은 ㈜삼일의 20X1년 1월 직접노무원가에 관한 자료이다.

실제직접노무원가	20,000원
직접노무원가 임률(가격)차이	2,000원(유리)
직접노무원가 능률차이	2,750원(불리)

   1월의 실제직접노무시간이 2,000시간이었을 때 실제생산량에 허용된 표준작업시간은 얼마인가?

   ① 1,500시간
   ② 1,750시간
   ③ 1,800시간
   ④ 2,200시간

95. ㈜삼일의 변동제조간접원가와 관련한 자료가 다음과 같을 때 변동제조간접원가 능률차이는 얼마인가?

변동제조간접원가 실제 발생액	7,000,000원
실제작업시간기준 변동제조간접원가 예산	7,235,000원
실제생산량에 허용된 변동제조간접원가 예산	7,100,000원

① 135,000원(불리) ② 135,000원(유리)
③ 235,500원(불리) ④ 235,500원(유리)

96. ㈜삼일의 생산 및 원가와 관련된 자료는 다음과 같다.

기준조업도	:	10,000시간
제품 단위당 표준노동시간	:	9시간
제품의 실제 생산량	:	1,200단위
고정제조간접원가 실제발생액	:	1,870,000원
고정제조간접원가 예산차이	:	130,000원(유리)

이와 관련된 설명 중 가장 올바르지 않은 것은?

① 고정제조간접원가 표준원가는 2,160,000원이다.
② 실제생산량에 허용된 표준조업도는 10,000시간이다.
③ 고정제조간접원가 총차이는 290,000원 유리하게 나타난다.
④ 고정제조간접원가 조업도차이는 160,000원 유리하게 나타난다.

97. 다음 중 표준원가계산에서 원가차이의 처리방법인 매출원가조정법에 관한 설명으로 가장 올바르지 않은 것은?

① 매출원가조정법을 사용하면 비례배분법을 사용하는 경우보다 당기순이익이 크게 나타난다.
② 유리한 원가차이는 매출원가에서 차감하며 불리한 원가차이는 매출원가에 가산한다.
③ 매출원가조정법은 모든 원가차이를 매출원가에 가감하여 차이를 조정한다.
④ 매출원가조정법에서는 재공품과 제품 계정은 모두 표준원가로 기록된다.

98. 다음 중 초변동원가계산방법에 관한 설명으로 가장 올바르지 않은 것은?

① 매출액에서 판매된 제품의 직접재료원가를 차감하여 현금창출공헌이익을 계산한다.
② 직접노무원가와 제조간접원가도 운영비용에 포함하여 기간비용으로 처리한다.
③ 초변동원가계산방법도 외부보고목적의 재무제표 작성에 이용될 수 있다.
④ 초변동원가계산방법이 변동원가계산방법보다 불필요한 재고누적 방지효과가 크다.

99. ㈜삼일은 당기 초에 영업활동을 시작하여 당기에 제품 500단위를 생산하였으며, 당기의 원가자료는 다음과 같다(단, 기말재공품은 없다).

단위당 직접재료원가	300원
단위당 직접노무원가	200원
단위당 변동제조간접원가	100원
단위당 변동판매비와관리비	150원
고정제조간접원가	100,000원
고정판매비와관리비	150,000원

당기 판매량이 300단위였다면, 전부원가계산에 의한 기말제품재고액과 변동원가계산에 의한 기말제품재고액의 차이는 얼마인가?

① 40,000원 ② 60,000원
③ 80,000원 ④ 100,000원

100. 삼일전자의 다음 자료를 기초로 전부원가계산에 의한 영업이익을 계산하면?

기초재고자산에 포함된 가공원가	3,000,000원
기말재고자산에 포함된 가공원가	1,500,000원
초변동원가계산의 영업이익	5,000,000원

① 500,000원 ② 3,500,000원
③ 6,500,000원 ④ 9,500,000원

101. 다음 중 활동기준원가계산의 도입배경에 관한 설명으로 가장 올바르지 않은 것은?

① 제조환경의 변화로 단일배부기준에 의한 원가의 배부가 원가의 왜곡현상을 초래하였다.
② 최근에는 종전에 비해 원가개념이 확대되어 연구개발, 제품설계 등의 기타원가를 포함한 정확한 원가계산이 요구되었다.
③ 컴퓨터통합시스템의 도입으로 제조와 관련된 활동에 대한 원가를 수집하는 것이 용이해졌다.
④ 직접노무원가와 같은 직접원가의 증가로 인해 새로운 원가배부기준이 필요하게 되었다.

102. ㈜삼일의 20X1년도 매출액은 800,000원, 손익분기점매출액은 500,000원, 공헌이익률은 40%이다. ㈜삼일의 20X1년도 순이익은 얼마인가?

① 120,000원 ② 200,000원
③ 320,000원 ④ 400,000원

103. 다음 중 안전한계와 영업레버리지에 관한 설명으로 가장 올바르지 않은 것은?

① 안전한계는 손실을 발생시키지 않으면서 허용할 수 있는 매출액의 최대 감소액을 의미하므로 기업의 안전성을 측정하는 지표로 많이 사용된다.
② 안전한계가 높을수록 기업의 안전성이 높다고 말할 수 있으며, 안전한계가 낮을수록 기업의 안전성에 문제가 있다고 말할 수 있다.
③ 영업레버리지는 영업레버리지도(DOL)를 이용하여 측정할 수 있으며, 영업레버리지도(DOL)는 공헌이익을 영업이익으로 나누어 계산한다.
④ 영업레버리지는 고정원가로 인하여 매출액의 변화액보다 영업이익의 변화액이 더 커지는 현상을 말한다.

104. ㈜삼일의 제품 단위당 판매가격과 원가자료는 다음과 같다. 영업이익 400,000원을 달성하기 위한 판매량은 얼마인가(단, 법인세는 없다고 가정한다)?

단위당 판매가격	200원
단위당 직접재료원가	40원
단위당 직접노무원가(변동비)	30원
단위당 변동제조간접원가	50원
단위당 변동판매비와관리비	30원
연간 고정원가	500,000원

① 9,500개　② 10,000개
③ 18,000개　④ 20,000개

105. 다음 중 손익분기점에서의 공헌이익과 일치하는 항목은?

① 매출액
② 고정원가
③ 변동원가
④ 매출액 - 변동원가 - 고정원가

106. 다음 중 사업부별 성과평가에 관한 설명으로 가장 옳은 것은?

① 통제가능원가와 통제불능원가의 구분은 불가능하므로 구분할 필요가 없다.
② 특정사업부로의 추적가능성에 따라 사업부별 추적가능고정원가와 공통고정원가로 구분하지 않는 것이 바람직하다.
③ 여러 사업부에 공통으로 관련되는 공통고정원가를 특정사업부에 임의로 배분하는 경우 성과의 왜곡이 발생할 수 있다.
④ 특정사업부의 경영자에 대한 성과평가시 통제불능원가를 포함하는 것이 바람직하다.

107. 다음 중 이익중심점인 판매부서의 성과평가 시 나타나지 않는 차이는 무엇인가?

① 수율차이　② 매출조업도차이
③ 매출배합차이　④ 시장점유율차이

108. ㈜삼일은 A, B 두 개의 사업부만 두고 있다. 투자 수익률과 잔여이익을 이용하여 사업부를 평가할 때 관련 설명으로 가장 옳은 것은?(단, 최저필수수익률은 6%라고 가정한다.)

구분	A사업부	B사업부
투자금액	250,000,000원	300,000,000원
감가상각비	25,000,000원	28,000,000원
영업이익	20,000,000원	22,500,000원

① A사업부가 투자수익률로 평가하든 잔여이익으로 평가하든 더 우수하다.
② B사업부가 투자수익률로 평가하든 잔여이익으로 평가하든 더 우수하다.
③ 투자수익률로 평가하는 경우 B사업부, 잔여이익으로 평가하는 경우 A사업부가 각각 더 우수하다.
④ 투자수익률로 평가하는 경우 A사업부, 잔여이익으로 평가하는 경우 B사업부가 각각 더 우수하다.

109. 다음은 K프로젝트 도입에 대한 가전사업부의 강부장과 김과장의 회의 내용이다. 이와 관련하여 부문 성과평가에 투자수익률(ROI)을 적용할 경우 유의사항으로 가장 옳은 것은?

김과장 : 부장님, 사장님께서 도입하시려고 하는 K프로젝트의 투자수익률(ROI)을 검토한 결과 12%로, 현재 저희 가전사업부 투자수익률(ROI)인 15% 보다 낮습니다. 이를 저희 사업부에서 실시하게 될 경우 저희 사업부의 투자수익률(ROI)이 낮아지게 됩니다.
강부장 : 그렇다면 왜 사장님께서는 K프로젝트를 도입하시려고 하시는 것이지?
김과장 : 그것은 회사 전체의 투자수익률(ROI)은 10% 수준인데 K프로젝트의 투자수익률은 그보다 높기 때문입니다.
강부장 : 그렇군. 회사 전체적인 관점에서는 수익성을 높여주지만, 우리 사업부 입장에서는 그렇지 않다는 말이군. 그렇다면, K프로젝트 추진을 반대해야겠어..

① 투자수익률을 극대화하기 위해 매출액이익률은 증가시키고 자산회전율은 감소시키도록 해야 한다.
② 현금의 흐름이 아닌 회계이익을 기준으로 성과를 평가하므로 업종에 따라 각 투자중심점에 서로 다른 회계원칙이 적용되더라도 이로 인한 영향은 고려하지 않아도 된다.
③ 투자규모의 차이를 고려하지 않고 이익 금액만을 비교하여 평가하므로 각기 다른 투자중심점의 성과를 직접적으로 비교하기가 어렵다는 점을 고려해야 한다.
④ 투자중심점의 투자수익률 극대화 노력이 기업전체적으로는 이익의 감소를 초래하여 준최적화 현상이 발생하지 않도록 유의해야 한다.

110. 아래에 주어진 재무자료를 이용하여 경제적부가가치(EVA)를 산출하면 얼마인가(단, 법인세효과는 무시한다)?

매출액	80억원
매출원가	50억원
판매비와관리비	20억원
투하자본	50억원
(타인자본 25억원, 자기자본 25억원)	
타인자본비용	10%
자기자본비용	16%

① 3.5억원 ② 4억원
③ 4.5억원 ④ 5억원

111. 다음 중 경제적부가가치(EVA)와 관련된 설명으로 가장 올바르지 않은 것은?
① 재고자산회전율을 높이면 일반적으로 경제적부가가치(EVA)는 증가한다.
② 다른 조건이 동일한 경우 영업이익이 감소하면 경제적부가가치(EVA)는 증가한다.
③ 투하자본에 대한 자본비용이 높아지고, 세후순영업이익의 변동이 없다면 경제적부가가치(EVA)는 일반적으로 감소한다.
④ 경제적부가가치(EVA)를 증가시키기 위해서는 영업이익률을 높이거나, 투하자본의 회전율을 높이는 것이 바람직하다.

112. ㈜삼일은 3년 전 기계장치를 10억원에 구입하였으나 이 기계를 사용할 수 없게 되었다. 이에 따라 동 기계장치를 처리하고자 하는데 방안 A는 2억원을 지출하여 수리한 후 7억원에 판매하는 것이고, 방안 B는 4억원에 바로 처분하는 것이다. 이 경우 매몰원가는 얼마인가?

① 2억원 ② 4억원
③ 7억원 ④ 10억원

113. ㈜삼일의 프로젝트 A에 대한 매출액은 1,000,000원, 변동원가는 300,000원이고, 고정원가는 500,000원이다. 고정원 중 100,000원은 프로젝트 A를 포기하더라도 계속하여 발생하는 금액이다. 만약 ㈜삼일이 프로젝트 A를 포기한다면 회사의 순이익은 어떻게 변화하는가?

① 변화없음. ② 200,000원 감소
③ 300,000원 감소 ④ 700,000원 감소

114. ㈜삼일은 부품 A를 자가제조하고 있으며, 이와 관련된 연간 생산 및 원가자료는 다음과 같다.

직접재료원가	43,000원
직접노무원가	17,000원
변동제조간접원가	13,000원
고정제조간접원가	30,000원
생산량	250단위

최근 외부업체로부터 부품 A 250단위를 단위당 500원에 공급하겠다는 제안을 받았다. 외부업체의 제안을 수용하면, 자가제조보다 연간 얼마나 유리(또는 불리)한가?

① 22,000원 불리 ② 22,000원 유리
③ 52,000원 불리 ④ 52,000원 유리

115. ㈜삼일은 제품 제조에 사용되는 부품 10,000단위를 자체 생산하여 왔다. 10,000단위 생산수준에서 부품을 제조하는데 소요되는 단위당 원가는 다음과 같다.

	금액
직접재료원가	200원
직접노무원가	100원
변동제조간접원가	60원
고정제조간접원가	20원
제품단위당원가	380원

동일한 부품을 생산하고 있는 ㈜용산이 이 부품 10,000단위를 공급하겠다고 제안하였을 경우 ㈜삼일이 최대한 허용할 수 있는 부품의 단위당 구입가격은 얼마인가(단, 부품을 외부에서 구입할 경우 고정제조간접원가는 전혀 회피할 수 없다)?

① 300원 ② 360원
③ 370원 ④ 200원

116. 다음 중 자본예산을 편성하기 위해 현금흐름을 추정할 때 주의해야 할 사항으로 가장 올바르지 않은 것은?
① 명목현금흐름은 명목할인율로 할인해야 하며, 실질현금흐름은 실질할인율로 할인해야 한다.
② 세금을 납부하는 것은 현금의 유출에 해당하므로 세금을 차감한 후의 현금흐름을 기준으로 추정하여야 한다.
③ 감가상각비를 계상함으로써 발생하는 세금의 절약분인 감가상각비 감세 효과는 현금흐름을 파악할 때 반드시 고려해야 한다.
④ 이자비용은 명백한 현금유출이므로 현금흐름 추정에 반영해야 한다.

117. 다음 중 순현재가치(NPV)법과 내부수익률(IRR)법에 관한 설명으로 가장 올바르지 않은 것은?
   ① 내부수익률법은 가치가산의 원칙이 적용되나 순현재가치법은 그렇지 않다.
   ② 내부수익률법은 투자안의 내부수익률이 최저필수수익률을 상회하면 그 투자안을 채택한다.
   ③ 두 방법 모두 화폐의 시간적 가치를 고려하는 방법이다.
   ④ 순현재가치법은 투자안의 순현재가치가 '0(영)'보다 크면 그 투자안을 채택한다.

118. 다음 중 대체가격 결정시 고려할 사항으로 가장 올바르지 않은 것은?
   ① 각 사업부 관리자의 경영노력에 대한 동기부여가 가능하도록 결정되어야 한다.
   ② 각 사업부의 성과를 공정하게 평가할 수 있는 방법으로 결정되어야 한다.
   ③ 각 사업부의 경영자가 자율적으로 의사결정을 하여 대체가격을 결정해야 한다.
   ④ 준최적화 현상이 발생하더라도 각 사업부의 이익극대화가 이루어지도록 결정되어야 한다.

119. 품질원가는 예방원가, 평가원가, 내부실패원가, 외부실패원가로 분류한다. 다음 중 내부실패원가에 해당하는 것은?
   ① 공급업체 평가   ② 재작업
   ③ 반품   ④ 보증수리

120. 다음 중 수명주기원가계산에 관한 설명으로 올바르지 않은 것은?
   ① 최근에 제품의 수명이 짧아지면서 생산주기 이외의 주기에서 발생하는 원가가 기업 전체 입장에서 중요해지면서 대두된 관리회계기법이다.
   ② 프로젝트와 관련하여 언제 어떤 가치사슬단계에서 얼마만큼의 원가가 발생하는지를 알게 됨으로써 상이한 가치사슬단계에서의 원가발생의 상호관계 파악이 가능하다.
   ③ 제품 또는 서비스의 수명주기 매 단계마다 모든 가치사슬단계에서 발생하는 수익과 비용에 대한 집계를 가능하게 하여 프로젝트 전체에 대한 이해가 향상된다.
   ④ 제품수명주기원가의 대부분이 제조단계에서 확정되므로 제조단계에서의 원가절감을 강조한다.

2020년 1월 시행 — 원가관리회계 공개기출문제

81. 다음은 원가의 분류에 대한 설명이다. 괄호 안에 들어갈 용어로 가장 옳은 것은?

> 원가란 특정목적을 달성하기 위해 소멸된 경제적 자원의 희생을 화폐가치로 측정한 것으로 발생한 원가 중 기업의 수익획득에 아직 사용되지 않은 부분은 (a)(으)로, 수익획득에 사용된 부분은 (b)(으)로 재무제표에 계상되며 수익획득에 기여하지 못하고 소멸된 부분은 (c)(으)로 계상된다.

① (a) 자산, (b) 손실, (c) 비용
② (a) 자산, (b) 비용, (c) 손실
③ (a) 손실, (b) 비용, (c) 자산
④ (a) 비용, (b) 자산, (c) 손실

82. 다음 중 준변동원가에 관한 설명으로 가장 옳은 것은?
① 조업도의 증가에 따라 원가총액과 단위당 원가가 증가한다.
② 조업도의 변동과 무관하게 원가총액이 일정하다.
③ 조업도의 변동과 무관하게 원가총액이 일정한 원가와 조업도의 증가에 따라 원가총액이 비례하여 증가하는 원가를 모두 가지고 있다.
④ 조업도가 특정범위를 벗어나면 일정액만큼 증가 또는 감소한다.

83. 20X1년 1월 5일에 영업을 시작한 ㈜삼일은 20X1년 12월 31일에 직접재료재고 5,000원, 재공품재고 10,000원, 제품재고 20,000원을 가지고 있다. 그런데 20X2년 들어 영업실적이 부진하자 동년 6월에 재료와 재공품 재고를 남겨두지 않고 제품으로 생산한 뒤 싼 가격으로 제품을 모두 처분하고 공장을 폐쇄하였다. ㈜삼일의 20X2년의 원가를 큰 순서대로 정리하면?
① 매출원가 > 당기제품제조원가 > 당기총제조원가
② 매출원가 > 당기총제조원가 > 당기제품제조원가
③ 당기총제조원가 > 당기제품제조원가 > 매출원가
④ 모두 금액이 같다.

84. ㈜삼일은 매출총이익을 매출액의 25%로 설정하고있다. 다음의 자료에서 ㈜삼일의 기말재공품은 얼마인가?

직접재료원가	1,500,000원	직접노무원가	900,000원
제조간접원가	1,100,000원	당기매출액	8,000,000원
기초제품	4,000,000원	기말제품	1,200,000원
기초재공품	1,250,000원	기말재공품	?

① 1,250,000원
② 1,300,000원
③ 1,500,000원
④ 1,550,000원

85. ㈜삼일은 일반형 전화기와 프리미엄 전화기 두 종류의 제품을 생산하고 있다. 4월 한 달 동안 생산한 두 제품의 작업원가표는 아래와 같다.

	일반형 전화기	프리미엄 전화기
직접재료 투입액	400,000원	800,000원
직접노동시간	100시간	300시간
직접노무원가 임률	1,000원/시간	2,000원/시간

동 기간 동안 발생한 회사의 총제조간접원가는 4,000,000원이며, 제조간접원가는 직접노동시간을 기준으로 배부하고 있다. ㈜삼일은 실제 발생한 제조간접원가를 실제조업도에 의해 배부하는 원가계산방식을 채택하고 있다. 4월 한 달 동안 생산한 프리미엄 전화기의 제조원가는 얼마인가?

① 1,500,000원
② 1,600,000원
③ 4,400,000원
④ 5,900,000원

86. 다음 중 개별원가계산과 종합원가계산에 관한 설명으로 가장 올바르지 않은 것은?
① 소량주문생산의 경우에는 개별원가계산이 적합하며, 대량연속생산의 경우에는 종합원가계산이 적합하다.
② 종합원가계산은 원가관리 및 통제가 제품별이나 작업별로 수행되므로 개별원가계산에 비해 책임회계 및 통제가 용이하다.
③ 개별원가계산은 제품별로 손익분석 및 계산이 용이한 반면, 종합원가계산은 관리비용이 적다.
④ 조선업, 기계제작업 등에서는 개별원가계산을, 섬유업, 제분업 등에서는 종합원가계산을 사용한다.

87. 종합원가계산에서는 완성품원가와 기말재공품원가는 일반적으로 다섯 단계를 거쳐 계산된다. 종합원가계산의 절차가 가장 옳은 것은?

> ㄱ. 각 공정의 물량흐름 파악
> ㄴ. 원가요소별 완성품환산량 단위당 원가계산
> ㄷ. 원가요소별 원가배분대상액 파악
> ㄹ. 원가요소별 완성품환산량 계산
> ㅁ. 완성품원가와 기말재공품원가 계산

① ㄱ → ㄹ → ㄷ → ㄴ → ㅁ
② ㄱ → ㄷ → ㄹ → ㄴ → ㅁ
③ ㄱ → ㄹ → ㄷ → ㅁ → ㄴ
④ ㄴ → ㄹ → ㄷ → ㄱ → ㅁ

88. ㈜삼일은 선입선출법을 이용한 종합원가계산제도를 채택하고 있다. 당월 완성품환산량 단위당 원가는 재료원가 5원, 가공원가 10원이며, 당월 중 생산과 관련된 자료는 다음과 같다.

기초재공품	600단위(완성도 50%)
기말재공품	1,000단위(완성도 60%)
당기완성품	4,200단위

이 회사의 당월에 실제 발생한 가공원가는 얼마인가(단, 재료원가는 공정초기에 전량투입되고 가공원가는 공정전반에 걸쳐 균등하게 발생한다고 가정한다)?

① 41,000원 ② 42,000원 ③ 44,000원 ④ 45,000원

89. ㈜삼일은 평균법을 이용한 종합원가계산제도를 채택하고 있다. 재료는 공정초기에 전량 투입되며, 가공원가는 공정전반에 걸쳐 균등하게 발생한다. (a)완성품원가와 (b)기말재공품원가는 각각 얼마인가?

〈수량〉
기초재공품	50개(완성도 40%)
착수량	450개
완성품	400개
기말재공품	100개(완성도 20%)

〈원가〉
	재료원가	가공원가
기초재공품원가	8,000,000원	6,000,000원
당기발생원가	32,000,000원	24,240,000원

① (a) 60,800,000원, (b) 9,440,000원
② (a) 56,192,000원, (b) 56,192,000원
③ (a) 60,800,000원, (b) 56,192,000원
④ (a) 56,192,000원, (b) 9,440,000원

90. 다음은 ㈜삼일의 원가자료이다. 원재료는 공정시작시점에서 전량 투입되고 가공원가는 공정전반에 걸쳐 균등하게 발생한다.

기초재공품수량	600개(80%)
착수수량	2,500개
완성수량	2,300개
기말재공품수량	800개(40%)

평균법과 선입선출법을 적용하여 종합원가계산을 하는 경우 가공원가 완성품환산량 차이는 얼마인가?

① 선입선출법이 120개 더 크다.
② 선입선출법이 120개 더 작다.
③ 평균법이 480개 더 크다.
④ 평균법이 480개 더 작다.

91. 다음 중 표준원가와 표준원가계산제도에 관한 설명으로 가장 올바르지 않은 것은?
① 표준원가란 특정제품을 생산하는데 발생할 것으로 예상되는 원가를 사전에 결정한 것이다.
② 예산수립에 사용될 수 있다.
③ 표준원가와 실제원가의 차이를 분석함으로써 효과적인 원가통제를 수행할 수 있다.
④ 계량정보와 비계량정보를 모두 포함하는 종합적인 원가계산제도이다.

92. 다음에서 설명하고 있는 표준원가의 종류로 가장 옳은 것은?

기존의 설비와 제조공정에서 정상적인 기계고장, 정상감손 및 근로자의 휴식시간 등을 고려하지 않고 최선의 조건하에서만 달성할 수 있는 이상적인 목표하의 최저목표원가를 의미

① 현실적 표준 ② 이상적 표준
③ 중간적 표준 ④ 정상적 표준

93. ㈜삼일의 변동제조간접원가와 관련한 자료가 다음과 같을 때 실제생산량에 허용된 변동제조간접원가 예산은 얼마인가?

| 실제작업시간기준 변동제조간접원가 예산 | 2,400,000원 |
| 변동제조간접원가 능률차이 | 200,000원(유리) |

① 2,000,000원 ② 2,200,000원
③ 2,400,000원 ④ 2,600,000원

94. ㈜삼일은 직접노동시간을 기준으로 고정제조간접원가를 배부하고 있다. 당기 고정제조간접원가 예산과 실제자료는 다음과 같다.

	예산	실제
직접노동시간	8,000시간	9,000시간
고정제조간접원가	4,000원	5,000원

제품 단위당 표준직접노동시간은 4시간이고, 당기 실제생산량은 2,500개이다. 또한 회사는 기준조업도로 예산조업도를 사용한다. 이 경우 당기 고정제조간접원가 조업도차이는 얼마인가?

① 500원 유리 ② 500원 불리
③ 1,000원 유리 ④ 1,000원 불리

95. ㈜삼일은 변동제조간접원가의 배부기준으로 직접노무시간을 사용하고 있다. 직접노무원가 가격차이가 30,000원(유리), 직접노무원가 능률차이가 20,000원(불리)이 발생하였다고 할 때, 다음 내용 중 올바른 것을 모두 고른 것은?

가. 표준을 설정할 때보다 저임률의 미숙련 노동자가 투입되는 경우, 직접노무원가 가격차이가 유리하게 나타날 수 있다.
나. 생산부문 책임자의 감독소홀이나 일정계획 등의 차질이 있는 경우, 직접노무원가 능률차이가 불리하게 나타날 수 있다.
다. 변동제조간접원가 능률차이가 불리하게 나타난다.

① 가, 나 ② 가, 다
③ 나, 다 ④ 가, 나, 다

96. 다음 자료를 이용하여 초변동원가계산에 의한 영업이익을 계산하면 얼마인가?(단위 : 원)

판매수량=생산수량	20,000개
제품단위당 판매가격	400
제품단위당 직접재료원가	50
제품단위당 직접노무원가	30
제품단위당 변동제조간접원가	70
제품단위당 변동판매비	120
고정제조간접원가	500,000
고정판매비와관리비	1,100,000

① 1,000,000원 ② 2,600,000원
③ 5,400,000원 ④ 7,000,000원

97. 다음 중 변동원가계산과 전부원가계산의 차이점을 설명한 것으로 가장 올바르지 않은 것은?

① 변동원가계산을 적용하여 원가산정을 하게 되면 모든 제조원가가 기말재공품에 포함된다.
② 변동원가계산은 내부계획과 통제 등 경영관리를 하기 위한 목적이다.
③ 변동원가계산에 있어 고정원가는 원가회피가능성이 없으므로 기간비용으로 처리해야 한다.
④ 변동원가계산을 적용하게 되면 생산량은 이익에 영향을 주지 않는다.

98. 다음 중 변동원가계산을 사용하는 목적으로 가장 올바르지 않은 것은?

① 판매부문성과의 정확한 평가
② 합리적인 제품제조 의사결정
③ 외부공시용 재무제표 작성
④ 이익계획의 효과적인 수립

99. 다음은 ㈜삼일의 5월 전부원가계산과 변동원가계산에 의한 순이익을 비교한 자료이다.

생산량	?
판매량	800개
판매단가	100원
고정판매관리비	12,000원
고정제조원가	24,000원
단위당 변동판매관리비	15원
단위당 변동제조원가	30원
*단, 월초재고는 없음	

전부원가계산의 영업이익이 변동원가계산에 비해 8,000원 만큼 많다면 생산량은 몇 개인가?

① 800개 ② 1,000개
③ 1,200개 ④ 1,400개

100. ㈜삼일의 재고자산 및 매출원가의 구성이 다음과 같을 경우, 변동원가계산에 의한 영업이익과 전부원가계산에 의한 영업이익의 차이는 얼마인가?

	수량	변동원가	고정원가
기초제품	500단위	700,000원	500,000원
기말제품	200단위	300,000원	295,000원
매출원가	3,600단위	5,220,000원	2,268,000원

① 0원 ② 205,000원
③ 295,000원 ④ 500,000원

101. ㈜삼일은 현재 직접노무시간에 기초하여 제조간접비를 직접노무시간 1시간당 150,000원씩 배부하는 방법을 사용하고 있다. ㈜삼일은 보다 정확한 원가계산을 위해 활동기준원가계산을 도입하고자 하며, 이를 위해 파악된 활동중심점별 원가동인과 활동원가 배부율은 다음과 같다.

활동	원가동인	배부율
재료취급	부품의 수	부품당 1,000원
조립	직접노무시간	시간당 12,000원
검사	검사시간	분당 10,000원

500개의 부품, 직접노무시간 5시간, 검사시간 5분이 소요되는 1번의 작업(batch)으로 100대의 제품이 제조되었다면 활동기준원가계산방법을 적용하는 경우에는 전통적 원가계산방법에 비해 제품 단위당 제조간접비가 얼마나 증가 또는 감소하는가?

① 1,400원 감소 ② 1,600원 증가
③ 1,800원 감소 ④ 2,000원 증가

102. 다음 중 원가-조업도-이익(CVP) 분석에 관한 설명으로 가장 올바르지 않은 것은?

① 수익과 원가의 행태는 관련범위 내에서 선형이다.
② 공헌이익이 총고정원가보다 큰 경우에는 손실이 발생한다.
③ 기초재고자산과 기말재고자산이 손익에 영향을 미치지 않는다.
④ 손익분기점에서는 순이익이 0이므로 법인세가 없다.

103. 다음은 ㈜삼일의 예산자료이다. 안전한계율은 얼마인가?

매출액	5,000,000원
변동원가	2,000,000원
공헌이익	3,000,000원
고정원가	1,800,000원
영업이익	1,200,000원

① 15% ② 20%
③ 35% ④ 40%

104. ㈜삼일은 회계프로그램을 판매하는 회사로 단위당 판매가격은 100원이며, 단위당 변동원가는 50원이다. 연간 고정원가는 50,000원이며 당기에 10,000원의 영업이익을 목표로 할 경우, 다음 설명 중 가장 옳은 것은?

   ① 공헌이익률은 40%이다.
   ② 단위당 공헌이익은 60원이다.
   ③ 손익분기점 매출액은 100,000원이다.
   ④ 목표이익을 달성하려면 150,000원의 매출을 달성해야 한다.

105. ㈜삼일은 지난해에 제품 10,000단위를 판매하여 1,000,000원의 이익을 보고하였으며 손익분기점은 8,000단위였다. 만약 판매가격을 제품단위당 100원 감소시키면, 새로운 손익분기점은 몇 단위인가?

   ① 10,000단위   ② 13,000단위
   ③ 14,000단위   ④ 15,000단위

106. 다음 중 책임회계제도에 대한 설명으로 가장 올바르지 않은 것은?

   ① 책임회계제도가 그 기능을 효율적으로 수행하기 위해서는 각 책임중심점의 경영자가 권한을 위임받은 원가항목들에 대해 통제권을 행사할 수 없어야 한다.
   ② 책임중심점이란 경영관리자가 특정활동에 대해 통제할 책임을 지는 조직의 부문을 말한다.
   ③ 책임회계제도 하에서는 권한을 위임 받은 관리자가 책임범위 내에서 독자적인 의사결정을 내릴 수 있다.
   ④ 책임중심점은 책임의 성격 및 책임범위에 따라 원가중심점, 수익중심점, 이익중심점 및 투자중심점으로 분류할 수 있다.

107. 책임회계제도에 기반을 둔 경영체제가 운영되기 위해서는 책임중심점이 있어야 한다. 다음 중 책임중심점별로 통제책임을 지는 부문(부서)의 연결이 가장 옳은 것은?

   ① 원가중심점 - 분권화된 조직
   ② 수익중심점 - 구매부문
   ③ 이익중심점 - 판매부서
   ④ 투자중심점 - 제조부문

108. 다음 중 사업부별 성과평가에 관한 설명으로 가장 옳은 것은?

   ① 통제가능원가와 통제불능원가의 구분은 불가능하므로 구분할 필요가 없다.
   ② 특정사업부로의 추적가능성에 따라 사업부별 추적가능고정원가와 공통고정원가로 구분하지 않는 것이 바람직하다.
   ③ 여러 사업부에 공통으로 관련되는 공통고정원가를 특정사업부에 임의로 배분하는 경우 성과의 왜곡이 발생할 수 있다.
   ④ 특정사업부의 경영자에 대한 성과평가시 통제불능원가를 포함하는 것이 바람직하다.

109. ㈜삼일이 제조판매하고 있는 제품 A와 제품 B에 관련된 자료는 다음과 같다. 회사의 매출가격차이와 매출조업도차이에 대한 설명으로 가장 올바르지 않은 것은?

	제품 A	제품 B
단위당 예산판매가격	2,000원	3,000원
단위당 예산변동원가	1,200원	2,000원
단위당 실제판매가격	2,200원	2,900원
예산매출수량	200단위	150단위
실제매출수량	180단위	180단위

   ① 회사가 제품 A에 대해 예산보다 높은 가격으로 판매한 결과 유리한 매출가격차이가 발생하였다.
   ② 제품 A의 경우, 예산보다 실제판매가격은 높았으나 당초 예산매출수량을 달성하지 못하여 불리한 매출조업도차이가 발생하였다.
   ③ 제품 B의 경우, 실제판매가격이 예산에 미치지 못하므로 불리한 매출총차이가 발생하였다.
   ④ 제품 B의 경우, 매출수량의 증가로 유리한 매출조업도차이를 보이고 있다.

110. 다음 중 투자수익률(return on investment, ROI)에 근거한 성과평가의 특징으로 가장 올바르지 않은 것은?

   ① 일반적으로 매출액이익률이 감소하는 경우 투자수익률은 증가된다.
   ② 사업부의 이익뿐만 아니라 투자액도 함께 고려하는 성과평가기준이다.
   ③ 매출액이익률과 자산회전율로 구분하여 분석이 가능하다.
   ④ 회사전체의 최저필수수익률을 상회하는 투자안이 개별투자중심점의 투자수익률보다 낮기 때문에 투자가 포기되는 준최적화 현상이 발생하지 않도록 유의해야 한다.

111. 다음의 경제적부가가치(EVA)를 증대시키기 위한 방안 중 가장 올바르지 않은 것은?

   ① 다른 조건이 일정하다고 가정하면, 판매비와관리비를 줄여야 한다.
   ② 다른 조건이 일정하다고 가정하면, 비영업자산을 늘려야 한다.
   ③ 다른 조건이 일정하다고 가정하면, 매출액을 늘려야 한다.
   ④ 다른 조건이 일정하다고 가정하면, 자본비용을 줄여야 한다.

112. ㈜삼일은 흠집이 있는 제품 A를 4개 보유하고 있다. 흠집이 없는 정상적 제품 A의 판매가격은 300원이다. 제품 A의 생산에는 단위당 변동제조원가 80원과 단위당 고정제조원가 20원이 투입되었다. 흠집이 있는 제품 A를 외부에 단위당 150원에 처분하려면 단위당 판매관리비가 15원이 소요될 것으로 추정된다. 이 의사결정에 고려될 관련원가로 가장 옳은 것은?

① 단위당 변동제조원가 80원
② 단위당 판매관리비 15원
③ 단위당 고정제조원가 20원
④ 정상판매가격 300원

113. ㈜삼일의 부품제조에 대한 원가자료는 다음과 같다.

직접재료원가	200원/단위
직접노무원가	50원/단위
변동제조간접원가	50원/단위
총고정제조간접원가	600,000원
생산량	20,000단위

외부제조업자가 이 부품의 필요량 20,000단위를 전량 납품하겠다고 제의하였다. 부품을 외부에서 구입할 경우 고정제조간접원가의 1/3을 회피할 수 있다면, 다음 중 ㈜삼일이 최대한 허용할 수 있는 부품의 단위당 구입가격은 얼마인가?

① 340원 ② 330원
③ 320원 ④ 310원

114. ㈜삼일은 파손된 제품 500단위를 보유하고 있다. 이 제품을 200,000원을 들여 재작업하는 경우 3,000,000원에 판매할 수 있고, 재작업을 하지 않으면 2,700,000원에 판매할 수 있다. 재작업을 할 경우 기회원가는 얼마인가?

① 2,600,000원 ② 2,700,000원
③ 2,800,000원 ④ 3,000,000원

115. ㈜삼일은 특별주문요청을 받았다. 현재 여유생산시설이 있는 상황이라면 이 회사의 경영자가 특별주문의 수락여부 의사결정에서 고려하지 않아도 되는 원가는?

① 직접재료원가 ② 고정제조간접원가
③ 직접노무원가 ④ 변동제조간접원가

116. ㈜삼일은 당기 말 순장부가액이 300,000원인 기존의 기계장치를 500,000원에 처분하고, 새로운 기계장치를 1,000,000원에 매입하였다. 법인세율이 20%라고 가정하면, 위 거래로 인한 순현금지출액은 얼마인가(단, 감가상각비는 고려하지 않는다)?

① 460,000원 ② 500,000원
③ 520,000원 ④ 540,000원

117. ㈜삼일은 당기 초에 내용연수 5년에 잔존가치가 없는 새 기계를 1,000,000원에 구입했다. 이 기계는 정액법으로 감가상각될 것이며, 매년 500,000원의 법인세비용차감전 현금유입을 창출할 것으로 기대된다. ㈜삼일은 12%의 할인율을 사용하고, 법인세율이 매년 40%라고 가정한다. 12% 할인율의 1원에 대한 5년 후의 현재가치는 0.57이며, 12% 할인율의 1원에 대한 5년 연금의 현재가치는 3.61이다. 이 기계를 구입하는 투자안의 순현재가치는 얼마인가?

① 321,500원 ② 354,200원
③ 365,400원 ④ 371,800원

118. 다음 중 순현재가치법(NPV 법)에 관한 설명으로 가장 올바르지 않은 것은?

① 상호 독립적인 투자안의 경우에는 가치가산의 원칙이 성립한다.
② 순현재가치법은 화폐의 시간가치를 고려하지 않는다.
③ 순현재가치법에 의하면 기업의 가치를 극대화할 수 있는 투자안을 선택할 수 있다.
④ 독립적 투자안에 대한 의사결정시 순현재가치(NPV)가 0(영)보다 크면 투자안을 채택한다.

119. ㈜삼일은 A, B 두 개의 사업부를 갖고 있다. 사업부 A는 부품을 생산하여 사업부 B에 대체하거나 외부에 판매할 수 있다. 완제품을 생산하는 사업부 B는 부품을 사업부 A에서 매입하거나 외부시장에서 매입할 수 있다. 사업부 A와 B의 단위당 자료는 다음과 같다.

	사업부 A		사업부 B	
부품 외부판매가격	11,000원		최종제품 외부판매가격	25,000원
변동원가	7,000원		추가변동원가	10,000원
고정원가	3,000원		고정원가	3,000원

A, B 두 사업부 사이의 대체가격결정과 관련된 다음의 설명 중 가장 옳은 것은?

① 사업부 A는 부품을 외부에 단위당 11,000원에 팔 수 있으므로 사업부 B에 11,000원 이하로 공급해서는 안 된다.
② 사업부 B는 외부에서 부품을 단위당 11,000원에 매입할 수 있더라도 사업부 A로부터 부품을 단위당 12,000원 이하로 구입하면 이익을 올릴 수 있으므로 대체가격을 12,000원 이하로 결정하면 된다.
③ 사업부 A에 유휴생산시설이 없는 경우 사업부 B가 외부에서 부품을 단위당 10,000원에 매입할 수 있더라도 회사 전체의 이익을 위해서 두 사업부는 내부대체를 하여야 한다.
④ 사업부 B가 외부공급업체로부터 부품을 구입할 수 없다면 사업부 A는 유휴생산시설이 없더라도 외부판매를 줄이고 사업부 B에 부품을 공급하는 것이 회사전체의 이익에 도움이 된다.

120. 다음 중 균형성과표(BSC)의 장점으로 가장 올바르지 않은 것은?

① 재무적 관점에 의한 단기적 성과와 고객관점, 기업내부프로세스 관점, 학습과 성장 관점에 의한 장기적 성과 간의 균형을 이룰 수 있다.
② 기존의 재무적 측정치와 고객, 기업내부프로세스, 학습과 성장 등의 관점에 의한 비재무적 측정치 간의 균형 있는 성과평가를 달성할 수 있다.
③ 비재무적 측정치에 대해도 객관적인 측정이 가능하며, 업종을 불문하고 정형화된 측정수단까지도 제공한다.
④ 투자수익률 등의 과거 노력에 의한 결과측정치와 종업원 교육시간 등과 같이 미래 성과를 유발하는 성과동인 간의 균형을 이룰 수 있다.

2020년 5월 시행 원가관리회계 공개기출문제

81. 다음 설명과 관련된 원가회계 용어로 가장 옳은 것은?

> ㄱ. 직접적인 대응이나 간접적인 원가배분방법에 의한 원가측정을 통하여 원가가 집계되는 활동이나 항목
> ㄴ. 이것에 대한 전통적인 예로는 제품, 부문 등이 있으나 최근에는 활동(activity), 작업(operation) 등으로 다양화 되고 있음

① 원가대상 ② 원가집합
③ 원가동인 ④ 원가배분

82. 다음은 ㈜삼일의 20X1년 한 해 동안의 제조원가 자료이다.

	기초	기말
직접재료	5,000원	7,000원
재공품	10,000원	8,000원
제품	12,000원	10,000원
직접재료 매입액		25,000원
기초원가		50,000원
가공원가		35,000원

㈜삼일의 20X1년 제조원가명세서상의 당기제품제조원가는 얼마인가?

① 58,000원 ② 60,000원
③ 62,000원 ④ 68,000원

83. 원가배분에서 가장 중요한 문제는 원가배분 기준의 설정이다. 다음 중 원가배분 기준에 대한 설명으로 가장 올바르지 않은 것은?

① 부담능력기준은 원가배분대상의 원가부담능력에 비례하여 공통원가를 배분하는 기준으로, 품질검사원가를 품질검사시간을 기준으로 배분하는 경우가 대표적인 예이다.
② 수혜기준은 원가배분대상이 공통원가로부터 제공받은 경제적 효익의 정도에 따라 원가를 배분하는 기준으로 수익자 부담의 원칙에 입각한 배분기준이다.
③ 인과관계기준은 원가배분대상과 배분대상 원가간의 인과관계를 통하여 특정원가를 원가배분대상에 대응시키는 배분기준이다.
④ 공정성과 공평성기준은 공정성과 공평성에 따라 공통원가를 원가배분대상에 배분해야 한다는 원칙을 강조하는 포괄적인 기준이다.

84. 다음 중 원가의 개념과 관련된 설명으로 올바른 설명을 모두 고르시오.

> ㄱ. 경영자는 원가배분 대상과 배분대상 원가간의 인과관계에 의한 원가배분이 경제적으로 실현가능한 경우에는 인과관계기준에 의하여 원가를 배분하여야 한다.
> ㄴ. 당기제품제조원가란 당기 중에 완성된 제품의 제조원가이며, 당기총제조원가에 기초재공품재고액은 가산하고, 기말재공품재고액은 차감하여 구한다.
> ㄷ. 원가행태란 원가대상의 총원가에 변화를 유발시키는 요인을 말한다.
> ㄹ. 원가는 미래에 경제적 효익을 제공할 수 있는 용역잠재력을 갖는지에 따라 관련원가와 기회원가로 분류한다.
> ㅁ. 제품생산을 위해 구입한 공장 건물은 소비되어 없어지는 것이 아니기 때문에 원가가 아니라 자산에 해당된다.

① ㄱ, ㄴ, ㄷ ② ㄱ, ㄴ, ㄹ
③ ㄱ, ㄴ, ㅁ ④ ㄴ, ㄹ, ㅁ

85. 다음 중 종합원가계산에 대한 설명으로 올바른 것을 모두 고른 것은?

> ㄱ. 종합원가계산은 소품종 대량생산에 적합한 원가계산방법이다.
> ㄴ. 종합원가계산에서 물량은 환산량보다 항상 작거나 같다.
> ㄷ. 기초재공품이 없는 경우 선입선출법과 평균법에 의한 완성품환산량이 동일하다.
> ㄹ. 평균법에 의한 종합원가계산에서는 기초재공품이 마치 당기에 착수된 것처럼 취급한다.

① ㄱ ② ㄱ, ㄴ
③ ㄱ, ㄹ ④ ㄱ, ㄷ, ㄹ

86. 다음 중 개별원가계산의 장점에 대한 설명으로 가장 올바르지 않은 것은?

① 종합원가계산에 비해 상대적으로 보다 정확한 원가계산이 가능하다.
② 종합원가계산에 비하여 제조간접원가의 배부문제가 없고 기장 절차가 간단하므로 시간과 비용이 절약된다.
③ 제품별 손익분석 및 계산이 비교적 용이하다.
④ 작업원가표에 의해 개별 제품별로 효율성을 통제할 수 있고 개별 작업에 집계되는 실제원가를 예산액과 비교하여 미래예측에 이용할 수 있다.

87. 다음은 ㈜삼일의 제조부문과 관련하여 당기 발생한 원가에 대한 자료이다. 회사가 부문별 제조간접원가 배부율을 사용할 경우 #1B의 가공원가는 얼마인가?

ㄱ. ㈜삼일은 두 개의 제조부문(A, B)이 있다. 다음은 당기의 자료이다.

	A부문	B부문	합계
제조간접원가	400,000원	800,000원	1,200,000원
직접기계시간	2,000시간	8,000시간	10,000시간

ㄴ. 당기 중 착수하여 완성된 #1B 작업의 원가자료는 다음과 같다.

	A부문	B부문	합계
직접재료원가	30,000원	10,000원	40,000원
직접노무원가	20,000원	40,000원	60,000원
직접기계시간	120시간	240시간	360시간

ㄷ. 회사는 직접기계시간을 기준으로 제조간접원가를 배부하고 있다.

① 98,000원   ② 100,000원
③ 102,000원   ④ 108,000원

88. ㈜삼일은 개별원가계산제도를 채택하고 있으며, 제품 A의 작업원가표가 아래와 같을 때 제조간접원가배부율(직접노동시간당)은 얼마인가?

ㄱ. 직접재료 투입액	100,000원
ㄴ. 직접노동시간	200시간
ㄷ. 직접노무원가 임률	500원/시간
ㄹ. 제품 A의 제조원가	360,000원

① 500원   ② 750원
③ 800원   ④ 1,000원

89. ㈜삼일은 선입선출법을 이용한 종합원가계산제도를 채택하고 있다. 당월 완성품환산량 단위당 원가는 재료원가 5원, 가공원가 10원이며, 당월 중 생산과 관련된 자료는 다음과 같다.

기초재공품	500단위(완성도 40%)
기말재공품	800단위(완성도 50%)
당기완성품	4,200단위

이 회사의 당월에 실제 발생한 가공원가는 얼마인가(단, 재료원가는 공정초기에 전량투입되고 가공원가는 공정전반에 걸쳐 균등하게 발생한다고 가정한다)?

① 41,000원   ② 42,000원
③ 44,000원   ④ 45,000원

90. ㈜삼일은 평균법에 의한 종합원가계산을 채택하고 있다. 기초와 기말의 재공품 물량은 동일하나 기초에 비하여 재공품 기말 잔액이 증가하였다. 다음 중 이 현상을 설명할 수 있는 것으로 가장 옳은 것은?

① 전년도에 비해 노무임률이 상승하였다.
② 전년도에 비해 제조간접원가가 감소하였다.
③ 기초보다 기말의 재공품 완성도가 감소하였다.
④ 전년도에 비해 판매량이 감소하였다.

91. 다음 중 표준원가와 표준원가계산제도에 관한 설명으로 가장 올바르지 않은 것은?

① 표준원가는 가장 이상적인 상황에서 달성 가능한 추정치로 설정하는 것이 일반적이다.
② 표준원가는 기본적으로 제품단위당 원가 항목의 수량표준과 가격표준으로 이루어진다.
③ 표준원가와 실제발생원가의 차이 중 중요한 부분에 대해 관심을 가지고 관리하는 예외에 의한 관리가 가능하다.
④ 표준원가계산제도는 성과평가 및 보상을 위한 자료로 사용될 수 있다.

92. 다음은 ㈜삼일의 20X1년 1월 직접노무원가에 관한 자료이다.

실제 직접노무원가	20,000원
직접노무원가 임률(가격)차이	2,000원(유리)
직접노무원가 능률차이	2,750원(불리)

1월의 실제직접노무시간이 2,000시간이었을 때 실제생산량에 허용된 표준작업시간은 얼마인가?

① 1,500시간   ② 1,750시간
③ 1,800시간   ④ 2,000시간

93. ㈜삼일은 제조간접비를 직접노무시간에 따라 배부하며, 제품 1단위를 생산하는데 표준직접노무시간은 3시간이다. 20X1년 9월의 발생자료와 변동제조간접원가 차이분석은 다음과 같다.

실제발생액 (AQ×AP)	실제조업도×표준배부율 (AQ×SP)	표준조업도×표준배부율 (SQ×SP)
소비차이	능률차이	

실제 직접노무원가	28,000시간
변동제조간접원가 실제발생액	37,800원
소비차이	4,200원 유리
능률차이	3,000원 유리

㈜삼일의 20X1년 9월 실제 제품생산량은 몇 단위인가?

① 8,500단위   ② 9,000단위
③ 9,500단위   ④ 10,000단위

94. ㈜삼일의 직접재료원가에 대한 자료는 다음과 같다. ㈜삼일의 직접재료원가 kg당 실제가격은 얼마인가?

직접재료실제투입수량	10,000kg
직접재료원가 kg당 표준가격	400원
직접재료원가 가격차이 (사용시점에 분리)	1,000,000원(불리)

① 220원 ② 300원
③ 420원 ④ 500원

95. 다음 중 표준원가계산제도하의 차이분석에 관한 설명으로 가장 올바르지 않은 것은?

① 직접재료원가 가격차이에 대한 책임은 구매담당자가 지는 것이 바람직하다.
② 고정제조간접원가 실제발생액이 고정제조간접원가 예산에 비하여 과소하게 발생하였다면 불리한 예산차이가 발생하게 된다.
③ 직접노무원가 임률차이가 유리하다면 실제임률이 표준임률에 비하여 저렴하다는 것이다.
④ 가격차이란 실제단가와 표준단가의 차액에 실제 사용한 재화의 수량을 곱한 것이다.

96. 20X1년에 영업을 시작한 ㈜삼일은 당기에 1,000단위의 제품을 생산하여 800단위의 제품을 판매하였다. 당기의 판매가격 및 원가자료가 다음과 같을 때, 전부원가계산의 영업이익은 얼마인가?

판매가격	100원
제품단위당 직접재료원가	25원
제품단위당 직접노무원가	20원
제품단위당 변동제조간접원가	6원
제품단위당 변동판매비와관리비	5원
고정제조간접원가	20,000원
고정판매비와관리비	6,200원

① 9,000원 ② 13,000원
③ 19,200원 ④ 23,200원

97. 다음 중 변동원가계산, 전부원가계산 및 초변동원가계산에 관한 설명으로 가장 올바르지 않은 것은?

① 표준원가는 변동원가계산에는 사용될 수 없고 전부원가계산에서만 사용된다.
② 전부원가계산에서 계산된 영업이익은 판매량뿐만 아니라 생산량의 변화에도 영향을 받는다.
③ 전부원가계산에서는 고정제조간접원가를 제품원가로 인식한다.
④ 초변동원가계산은 직접재료원가만을 제품원가에 포함하고 나머지 제조원가는 모두 기간비용으로 처리한다.

98. 다음 설명 중 변동원가계산제도의 특징을 모두 고르시오.

가. 변동원가계산제도는 기업회계기준에서 인정하는 원가계산제도이다.
나. 특정기간의 이익이 생산량에 의해 영향을 받는다.
다. 고정원가가 손익계산서에 총액으로 표시되기 때문에 고정원가가 이익에 미치는 영향을 쉽게 알 수 있다.
라. 변동원가계산제도에서 매출액과 이익은 동일한 방향으로 움직이기 때문에 경영자의 입장에서 이해하기 쉽다.

① 가, 나 ② 다, 라
③ 가, 나, 다 ④ 나, 다, 라

99. ㈜삼일의 20X1년 2월의 제품 생산 및 판매와 관련된 자료는 다음과 같다.

생산량	3,000개
판매량	2,800개
단위당 판매가격	250원
단위당 직접재료원가	80원
단위당 직접노무원가	20원
단위당 변동제조간접원가	30원
고정제조간접원가	75,000원

*단 기초제품재고는 없다.

초변동원가계산을 이용한 ㈜삼일의 20X1년 2월 재료처리량 공헌이익은 얼마인가?

① 336,000원 ② 420,000원
③ 476,000원 ④ 510,000원

100. ㈜삼일은 20X1년에 사업을 개시하였다. 20X1년 변동원가에 의한 순이익이 200,000원일 때, 제조간접원가 배부액이 다음과 같을 경우 전부원가계산에 의한 순이익은 얼마인가?

	변동제조간접원가	고정제조간접원가
재공품	45,000원	20,000원
제품	30,000원	15,000원
매출원가	230,000원	110,000원

① 55,000원 ② 165,000원
③ 200,000원 ④ 235,000원

101. 다음 중 활동기준원가계산의 도입배경에 관한 설명으로 가장 올바르지 않은 것은?

① 다품종 소량생산체제로의 제조환경 변화로 단일배부기준에 의한 원가의 배부가 원가의 왜곡현상을 초래하였다.
② 제조간접원가의 비중이 감소하는 반면 직접노동의 투입량이 증가됨에 따라 새로운 원가배부기준이 필요하게 되었다.
③ 최근에는 제조원가뿐만 아니라 연구개발, 제품설계, 마케팅 등의 기타원가를 포함한 정확한 원가계산이 요구되었다.
④ 컴퓨터통합시스템의 도입으로 제조와 관련된 활동에 대한 정보과 관련 원가를 수집하는 것이 용이해졌다.

102. 다음 중 단위당 판매가격과 단위당 변동원가가 불변이고 총고정원가가 증가할 경우 가장 옳은 것은?

① 총공헌이익이 감소한다.
② 총공헌이익은 증가한다.
③ 손익분기점 총매출액이 증가한다.
④ 손익분기점 총매출액이 감소한다.

103. ㈜삼일의 제품생산에 관한 자료는 다음과 같다. 손익분기점 판매량은 얼마인가?

제품단위당 판매가격	1,000원
제품단위당 변동제조원가	600원
제품단위당 변동판매비와관리비	150원
고정제조간접원가	2,500,000원
고정판매비와관리비	1,250,000원

① 6,250개 ② 9,375개
③ 13,000개 ④ 15,000개

104. ㈜삼일은 단일제품을 생산·판매하고 있다. 단위당 판매가격은 48원, 단위당 변동원가는 36원, 연간 고정원가는 25,000원이다. 회사는 올해의 목표이익을 11,000원으로 책정하고 있다. 다음 설명 중 가장 올바르지 않은 것은?(단, 법인세는 고려하지 않는다)

① 공헌이익률은 25%이다.
② 손익분기점 매출액은 100,000원이다.
③ 목표이익을 달성한 경우 안전한계율은 약 30.6%이다.
④ 목표이익을 달성하기 위해서는 3,050단위의 제품을 팔아야 한다.

105. 기업은 미래의 불확실성에 대처하기 위하여 계획을 수립하며, 이러한 계획의 일부분으로서 예산을 편성한다. 예산은 다양하게 분류할 수 있는데 조업도의 변동에 따라 조정되어 작성되는 예산을 무엇이라 하는가?

① 변동예산 ② 재무예산
③ 종합예산 ④ 운영예산

106. 다음 중 책임회계제도에 대한 설명으로 가장 올바르지 않은 것은?

① 책임중심점이란 경영관리자가 특정활동에 대해 통제할 책임을 지는 조직의 부문을 말한다.
② 책임중심점은 책임의 성격 및 책임범위에 따라 원가중심점, 수익중심점, 이익중심점 및 투자중심점으로 분류할 수 있다.
③ 수익중심점은 매출액에 대해서만 통제책임을 지는 책임중심점으로 기업의 최종산출물인 제품 또는 서비스의 판매수익을 창출하는데 일차적인 책임을 진다.
④ 원가중심점은 특정 원가의 발생에만 통제책임을 지는 책임중심점으로 판매부서 및 영업소 등이 원가중심점의 예가 될 수 있다.

107. 다음은 ㈜삼일의 20X1년도 이익중심점으로 분류되는 A사업부의 요약손익계산서이다.

공헌이익	₩1,000,000
추적가능통제가능고정원가	100,000
사업부경영자공헌이익	₩900,000
추적가능통제불능고정원가	200,000
사업부공헌이익	₩700,000
공통고정원가배분액	300,000
순이익	₩400,000

A사업부 경영자의 성과평가목적에 가장 적합한 이익은 얼마인가?

① 공헌이익 1,000,000원
② 사업부경영자공헌이익 900,000원
③ 사업부공헌이익 700,000원
④ 순이익 400,000원

108. 현재 투자수익률이 각각 17%와 16%인 (a) 마포사업부와 (b) 용산사업부는 모두 신규투자안을 고려하고 있다. 마포사업부와 용산사업부가 고려하고 있는 신규투자안은 기대투자수익률이 각각 15%와 17%이고, 자본비용은 각각 14%와 18%이다. 이 경우 각 사업부가 잔여이익 극대화를 목표로 한다면 각 부문은 어떤 의사결정을 하여야 하는가?

① (a) 채택, (b) 채택 ② (a) 채택, (b) 기각
③ (a) 기각, (b) 채택 ④ (a) 기간, (b) 기각

109. ㈜삼일은 A, B 의 두 가지 제품을 생산하여 판매한다. 20X1년 예산과 실제자료는 다음과 같다.

⟨20X1년도 예산⟩

제품 종류	단위당 판매가격	단위당 변동원가	판매수량 및 비율	
			수량	비율
A	800원	500원	4,000개	40%
B	600원	400원	6,000개	60%
합계			10,000개	100%

⟨20X1년도 실제결과⟩

제품 종류	단위당 판매가격	단위당 변동원가	판매수량 및 비율	
			수량	비율
A	780원	510원	4,950개	45%
B	560원	390원	6,050개	55%
합계			11,000개	100%

20X1년도 매출배합차이와 매출수량차이는 얼마인가?

	매출배합차이	매출수량차이
①	55,000원 유리	240,000원 유리
②	55,000원 불리	240,000원 불리
③	60,000원 유리	235,000원 유리
④	60,000원 불리	235,000원 불리

110. ㈜삼일의 영업이익은 80,000원이며, 평균투자액은 200,000원이다. ㈜삼일의 투자수익률로 가장 옳은 것은?

① 30%   ② 40%
③ 50%   ④ 60%

111. 다음 중 경제적부가가치(EVA)와 관련된 설명으로 가장 올바르지 않은 것은?

① 다른 조건이 동일한 경우 영업이익이 감소하면 경제적부가가치(EVA)는 증가한다.
② 재고자산회전율을 높이면 일반적으로 경제적부가가치(EVA)는 증가한다.
③ 투하자본에 대한 자본비용이 높아지고, 세후순영업이익의 변동이 없다면 경제적부가가치(EVA)는 일반적으로 감소한다.
④ 경제적부가가치(EVA)를 증가시키기 위해서는 영업이익률을 높이거나, 투하자본의 회전율을 높이는 것이 바람직하다.

112. 다음 중 가격결정방식 중에서 원가가산가격결정방법에 대한 설명으로 가장 올바르지 않은 것은?

① 원가에 적정 이윤을 가산하여 결정하기 때문에 적정이윤을 확보할 수 있다.
② 장기적인 관점의 관련원가인 변동원가와 고정원가를 고려하여 가격을 결정한다.
③ 한계수익과 한계비용이 일치하는 점에서 제품의 판매가격이 결정되므로 기업의 이익이 극대화된다.
④ 원가를 계산하는 방법에 따라 공헌이익접근법, 전부원가접근법, 총원가접근법으로 분류된다.

113. ㈜삼일의 부품제조에 대한 원가자료는 다음과 같다.

부품단위당 직접재료원가	1,200원
부품단위당 직접노무원가	700원
부품단위당 변동제조간접원가	350원
고정제조간접원가	480,000원
생산량	800단위

외부의 제조업자가 이 부품을 납품하겠다고 제의하였다. 부품을 외부에서 구입할 경우 고정제조간접원가의 1/4을 회피할 수 있다고 한다면 ㈜삼일이 최대한 허용할 수 있는 부품의 단위당 구입가격은 얼마인가?

① 2,250원   ② 2,300원
③ 2,400원   ④ 2,900원

114. ㈜삼일은 부품의 자가제조 또는 외부구입에 대한 의사결정을 하려고 한다. 이 때 고려해야 하는 비재무적 정보에 대한 설명 중 가장 올바르지 않은 것은?

① 부품을 자가제조 할 경우 부품의 공급업자에 대한 의존도를 줄일 수 있는 장점이 있다.
② 부품을 자가제조 할 경우 기존 외부공급업자와의 유대관계를 상실하게 되는 단점이 있다.
③ 부품을 외부구입 할 경우 향후 주문량의 변동에 유연하게 대응할 수 있다는 장점이 있다.
④ 부품을 외부구입 할 경우 외부공급업자를 통해 부품의 품질관리를 용이하게 할 수 있다는 장점이 있다.

115. ㈜삼일은 3개의 사업부를 운용하고 있으며, 20X1년의 당기순이익은 500,000원이다. 이 중 A사업부의 공헌이익은 60,000원이고, A사업부에 대한 공통원가 배분액은 50,000원이다. 공통원가배분액 중 30,000원은 A사업부를 폐지하더라도 계속하여 발생한다. A사업부를 폐지하는 경우 20X1년 당기순이익은 얼마인가?

① 450,000원   ② 460,000원
③ 470,000원   ④ 480,000원

116. ㈜삼일은 내용연수가 3년인 기계장치에 투자하려고 하고 있다. 기계장치를 구입하면, 처음 2년 동안은 매년 6,000,000원을, 그리고 3년째에는 3,000,000원의 현금지출운용비를 줄일 것으로 판단하고 있다. 회사의 최저필수수익률은 12%이고 기계장치에 대한 투자액의 현재가치는 8,000,000원이라고 할 때, 기계장치에 대한 투자안의 순현재가치(NPV)는 얼마인가(단, 이자율 12%의 1원당 연금의 현재가치는 1년은 0.89, 2년은 1.69, 3년은 2.40이며 법인세는 없는 것으로 가정한다)?

① 2,580,000원   ② 3,650,000원
③ 4,270,000원   ④ 5,100,000원

117. ㈜삼일은 8개월 전에 기계장치를 4,000,000원에 구입하였으나 사업전환으로 인해 이 기계를 더 이상 사용할 수 없게 되었다. 회사는 동 기계에 대하여 수리비용 1,500,000원을 들여 2,500,000원에 판매할 수 있거나 현재 상태로 거래처에 2,000,000원에 판매할 수도 있다. 이 경우 매몰원가로 가장 옳은 것은?

① 예상수리비용 1,500,000원
② 현재 상태에서의 예상판매금액 2,000,000원
③ 수리된 상태에서의 예상판매금액 2,500,000원
④ 과거 구입금액 4,000,000원

118. ㈜삼일은 두 개의 사업부 A, B 로 구성되어 있다. A사업부는 단위당 변동비가 100원인 부품을 제조하고 있는데 이를 170원에 외부에 판매할 수도 있고 B사업부에 대체할 수도 있다. B사업부가 이 부품을 외부에서 구입할 수 있는 가격은 180이다. 회사전체의 이익극대화를 위한 B사업부의 의사결정으로 가장 옳은 것은?

① A사업부에서 구입하여야 한다.
② 외부에서 구입하여야 한다.
③ 외부에서 구입하는 경우와 A사업부에서 구입하는 경우 차이가 없다.
④ 유휴생산시설이 있으면 외부에서 구입한다.

119. ㈜삼일의 A사업부는 모터를 생산하고 있으며, 연간 생산능력은 300,000단위이다. ㈜삼일의 A사업부 수익과 원가자료는 다음과 같다.

단위당 외부판매가격	700원
단위당 변동원가	570원
단위당 고정원가(연간 300,000단위 기준)	350원

㈜삼일은 냉장고를 생산하는 B사업부도 보유하고 있다. B사업부는 현재 연간 10,000단위의 모터를 단위당 680원에 외부에서 조달하고 있다. 회사가 생산하는 제품 전량을 외부시장에 판매할 수 있고 사내대체시 단위당 변동원가 30원을 절감할 수 있다면, 회사 전체의 이익극대화 입장에서 모터의 단위당 최소대체가격은 얼마인가?

① 570원 ② 600원
③ 670원 ④ 700원

120. 프린터를 생산하여 판매하고 있는 ㈜삼일의 품질 원가와 관련한 정보이다. 외부실패원가는 얼마인가?

생산라인 검사원가	3,000원
생산직원 교육원가	1,000원
제품 검사원가	1,500원
반품원가	2,500원
구입재료 검사원가	2,000원
소비자 고충처리비	5,000원

① 1,000원 ② 1,500원
③ 7,500원 ④ 9,000원

2020년 7월 시행 — 원가관리회계 공개기출문제

81. ㈜삼일의 원가자료가 다음과 같을 때 기말제품재고액은 얼마인가?

매출액	200,000원
매출총이익률	30%
기초제품재고액	10,000원
제조간접원가	32,000원
기초재공품재고	25,000원
기말재공품재고	8,000원

*직접재료원가는 기본원가의 50%이고, 직접노무원가는 가공원가의 60%이다.

① 13,000원 ② 15,000원
③ 21,000원 ④ 28,000원

【82 ~ 83】 다음 자료를 이용하여 답하시오.

	기초	기말
재료	10,000원	8,000원
재공품	12,000원	15,000원
제품	15,000원	20,000원
재료매입액	20,000원	
직접노무원가	15,000원	
제조간접원가	15,500원	

82. 당기제품제조원가는 얼마인가?

① 25,000원 ② 34,500원
③ 42,500원 ④ 49,500원

83. 매출원가는 얼마인가?

① 35,500원 ② 40,500원
③ 44,500원 ④ 45,500원

84. 다음 중 원가배부에 관한 설명으로 가장 옳은 것은?

① 공장전체 제조간접원가 배부율을 사용하는 경우에는 보조부문원가 배분방법에 의해 제조간접원가 배부율이 영향을 받지 않는다.
② 이중배분율법은 변동원가와 고정원가를 구분해서 변동원가는 최대사용가능량을 기준으로 배분하고 고정원가는 서비스의 실제사용량을 기준으로 배분한다.
③ 부문별 제조간접원가 배부율을 사용하는 경우에는 보조부문원가 배분방법에 의해 제조간접원가 배부율이 영향을 받지 않는다.
④ 단계배분법과 상호배분법에서는 배분순서와 관계없이 배분 후의 결과는 일정하게 계산된다.

85. ㈜삼일은 제조간접원가를 직접노무시간에 비례하여 실제배부한다. 1월중 발생한 원가자료가 다음과 같을 경우, 작업지시서 #03와 관련된 총제조원가는 얼마인가?

1월중 발생한 제조간접원가 총액	: 2,400,000원
1월중 발생한 총 실제직접노무시간	: 200시간
작업지시서 #03에 투입된 직접노무시간	: 150시간
작업지시서 #03 직접재료원가	: 1,340,000원
작업지시서 #03 직접노무원가	: 760,000원

① 3,900,000원 ② 4,000,000원
③ 4,200,000원 ④ 4,500,000원

86. 다음 중 일반적인 개별원가계산절차를 나열한 것으로 가장 옳은 것은?

ㄱ. 집계된 제조간접원가를 배부하기 위한 배부기준을 설정한다.
ㄴ. 원가집적대상이 되는 개별작업을 파악한다.
ㄷ. 원가배부기준에 따라 제조간접원가 배부율을 계산하여 개별작업에 배부한다.
ㄹ. 개별작업에 대한 제조직접원가를 계산하여 개별작업에 직접 추적한다.
ㅁ. 개별작업에 직접 대응되지 않는 제조간접원가를 파악한다.

① ㄱ-ㄴ-ㄷ-ㄹ-ㅁ
② ㄴ-ㄱ-ㄹ-ㅁ-ㄷ
③ ㄴ-ㄱ-ㅁ-ㄷ-ㄹ
④ ㄴ-ㄹ-ㅁ-ㄱ-ㄷ

87. ㈜삼일은 직접노무비를 기준으로 제조간접비를 예정배부하고 있다. 다음은 ㈜삼일의 20X1년 12월 원가 자료이다. 다음 자료에 따라 12월에 완성된 제품 #101의 제조원가(정상원가)를 계산하면 얼마인가?

ㄱ. 당월 제조간접비 발생총액	5,000,000원
ㄴ. 당월 직접노무비 발생총액	12,500,000원
ㄷ. 제조간접비 예정배부율	직접노무비1원당 ₩0.5
ㄹ. 제품 #101 의 직접원가	직접재료비 800,000원 직접노무비 500,000원

① 1,300,000원 ② 1,550,000원
③ 3,800,000원 ④ 10,300,000원

88. 다음은 종합원가계산과 개별원가계산을 비교하여 설명한 것이다. 가장 올바르지 않은 것은?

① 개별원가계산은 고객의 주문에 따라 제품을 생산하는 주문생산에 적용되며, 종합원가계산은 표준규격제품을 연속적으로 대량생산하는 형태에 적용된다.
② 개별원가계산은 제조과정을 통하여 특정제품이 다른 제품과 구분되어 가공되며, 종합원가계산은 동일규격의 제품이 반복하여 생산된다.
③ 개별원가계산은 원가보고서를 각 작업별로 작성하며, 종합원가계산은 원가보고서를 각 공정별로 작성한다.
④ 개별원가계산에서 제품은 완성수량에 단위당 평균제조원가를 곱하여 계산하고, 종합원가계산에서 재고자산의 평가는 작업이 완성된 것은 제품계정으로 대체되고 미완성된 작업은 재공품이 된다.

89. ㈜삼일은 단일공정에서 단일제품을 대량으로 생산하고 있다. 재료는 공정의 착수시점에서 전액 투입하며, 가공원가는 공정 전반에 걸쳐 균일하게 발생한다.

ㄱ. 기초재공품	없음
ㄴ. 당기투입량	400,000개
ㄷ. 당기완성량	320,000개
ㄹ. 기말재공품 수량	80,000개
가공원가의 완성도	50%
ㅁ. 당기투입원가	재료원가 4,000,000원
	가공원가 1,800,000원

위의 자료를 이용하여 재료원가와 가공원가에 대한 완성품환산량을 구하면 얼마인가?

① 재료원가 400,000개 / 가공원가 400,000개
② 재료원가 400,000개 / 가공원가 360,000개
③ 재료원가 360,000개 / 가공원가 400,000개
④ 재료원가 400,000개 / 가공원가 320,000개

90. ㈜삼일은 당기 기말재공품의 완성도를 잘못 파악하여, 기말재공품에 대한 완성도가 실제보다 과대평가되어 있다. 기초재공품은 없다고 가정할 때 이 과대계상 오류가 미치는 영향으로 가장 옳은 것은?

① 기말재공품원가 : 과대평가
   완성품환산량 단위당 원가 : 과소평가
② 기말재공품원가 : 과소평가
   완성품환산량 단위당 원가 : 과소평가
③ 기말재공품원가 : 과대평가
   완성품환산량 단위당 원가 : 과대평가
④ 기말재공품원가 : 과소평가
   완성품환산량 단위당 원가 : 과대평가

91. 다음 중 표준원가계산제도에 관한 설명으로 올바르지 않은 것을 모두 고르면?

ㄱ. 변동원가계산제도에서 적용할 수 있다.
ㄴ. 직접재료원가 가격차이를 원재료 구입시점에서 분리하든 사용시점에서 분리하든 직접재료원가 능률차이에는 영향을 주지 않는다.
ㄷ. 원가통제를 포함한 표준원가시스템을 잘 활용하여도 원가 절감을 유도할 수는 없다.
ㄹ. 기말에 원가차이를 매출원가에서 조정할 경우 불리한 차이는 매출원가에서 차감하고 유리한 차이는 매출원가에 가산한다.

① ㄱ, ㄷ
② ㄱ, ㄹ
③ ㄴ, ㄷ
④ ㄷ, ㄹ

92. ㈜삼일은 표준원가계산제도를 채택하고 있으며, 당기의 예산생산량은 1,000개이나 실제생산량은 600개이다. 당기 중 직접재료 1,000kg를 300,000원에 외상으로 구입하여 800kg을 사용하였다. 직접재료의 기초재고는 없으며, 제품 단위당 표준직접재료원가는 아래와 같다. 직접재료원가 가격차이를 (a)사용시점에 분리했을 경우와 (b)구입시점에 분리했을 경우의 가격차이는 얼마인가?

직접재료원가 : 2kg×200=400원

① (a) 80,000 유리 (b) 100,000 유리
② (a) 80,000 불리 (b) 100,000 불리
③ (a) 80,000 유리 (b) 100,000 불리
④ (a) 80,000 불리 (b) 100,000 유리

93. 다음은 표준원가계산제도를 채택하고 있는 ㈜삼일의 12월 중 생산활동과 관련한 직접노무비에 대한 자료이다. 직접노무비 가격차이는 얼마인가?

직접노무비 표준임률	10,000원/시간
직접노무비 실제임률	9,000원/시간
허용표준 직접작업시간	8,500시간
직접노무비 유리한 능률차이	15,000,000원

① 5,000,000원 (유리)
② 5,000,000원 (불리)
③ 7,000,000원 (유리)
④ 7,000,000원 (불리)

94. 다음은 표준원가계산제도를 채택하고 있는 ㈜삼일의 직접재료원가 표준원가와 실제원가의 차이에 관한 자료이다.

실제원가	직접재료원가 실제사용량 3,200kg, @₩11/kg
	실제완성품 생산수량 2,000단위
원가차이	직접재료원가 가격차이 9,600원(유리한 차이)
	직접재료원가 능률차이 2,800원(불리한 차이)

㈜삼일의 제품 1단위당 직접재료 표준투입량은 얼마인가? 단, ㈜삼일은 직접재료원가 가격차이를 사용시점에서 분리하고 있다.

① 1.3kg
② 1.5kg
③ 2.0kg
④ 2.5kg

95. ㈜삼일은 제조간접원가를 직접노무시간을 기준으로 배부하고 있다. 총 제조간접원가 추정액은 1,500,000원이고, 추정 직접노무시간은 300,000시간이다. 전기 말 제조간접원가는 2,100,000원이고, 실제 사용 직접노무시간은 400,000시간이다. 전기 제조간접원가 과소 또는 과대 배부액은 얼마인가?

① 100,000원 과대배부 ② 100,000원 과소배부
③ 600,000원 과대배부 ④ 600,000원 과소배부

96. ㈜삼일은 당기에 영업을 개시하여 10,000단위의 제품을 생산하고 이 중에서 9,500단위의 제품을 단위당2,000원에 판매하였다. 회사의 경영자는 외부보고 목적으로는 전부원가계산제도를 사용하고 있으나, 관리목적으로는 변동원가계산제도를 사용하고 있다.

제품단위당 직접재료원가	1,000원
제품단위당 직접노무원가	400원
제품단위당 변동제조간접원가	200원
제품단위당 변동판매비와관리비	100원
고정제조간접원가	1,200,000원
고정판매비와관리비	400,000원

다음 설명 중 가장 올바르지 않은 것은?

① 전부원가계산에 의할 경우 제품단위당 제조원가는 1,720원이다.
② 변동원가계산에 의할 경우 제품단위당 제조원가는 1,600원이다.
③ 전부원가계산에 의할 경우 기말제품재고액은 860,000원이다.
④ 변동원가계산에 의한 당기순이익이 전부원가계산에 의한 당기 순이익보다 크다.

97. 다음 중 변동원가계산에 의한 손익계산서와 관련된 내용 중 옳은 것을 모두 나열한 것은?

ㄱ. 공헌이익을 계산한다.
ㄴ. 변동제조간접원가를 기간비용으로 처리한다.
ㄷ. 고정제조간접원가는 공헌이익 산출에 포함되지 않는다.
ㄹ. 제품생산량이 영업이익에 영향을 미친다.
ㅁ. 판매비와관리비를 변동비와 고정비로 분리하여 보고한다.

① ㄱ, ㄴ, ㄷ ② ㄱ, ㄷ, ㅁ
③ ㄴ, ㄷ, ㄹ ④ ㄴ, ㄷ, ㅁ

98. 다음 중 전부원가계산에서 재고자산가액에 포함되는 원가 항목을 모두 올바르게 나열한 것은?

① 직접재료원가
② 직접재료원가, 직접노무원가, 변동제조간접원가
③ 직접재료원가, 직접노무원가, 변동제조간접원가, 고정제조간접원가
④ 직접재료원가, 직접노무원가, 변동제조간접원가, 변동판매비와관리비

99. ㈜삼일의 20X1년 손익에 대한 자료가 다음과 같을 경우 (a) 전부원가계산에 따른 매출총이익, (b) 변동원가계산에 따른 공헌이익, (c) 초변동원가계산에 따른 재료처리량공헌이익은 각각 얼마인가?

단위당 판매가격	500원
단위당 직접재료원가	150원
단위당 직접노무원가(변동원가)	120원
단위당 변동제조간접원가	50원
단위당 변동판매비와관리비	30원
고정제조간접원가	200,000원
고정판매비와관리비	70,000원
기초제품	없음
생산량	20,000개
판매량	20,000개

① (a) 3,400,000원 (b) 3,600,000원 (c) 7,000,000원
② (a) 3,600,000원 (b) 3,600,000원 (c) 4,600,000원
③ (a) 3,400,000원 (b) 3,000,000원 (c) 7,000,000원
④ (a) 3,600,000원 (b) 3,000,000원 (c) 4,600,000원

100. 20X1년 1월에 영업을 시작한 삼일회사는 선입선출법에 의한 실제원가계산제도를 채택하고 있으며, 20X1년 1월의 생산과 판매에 관한 자료는 다음과 같다.

	1월
생산량	10,000단위
판매량	7,000단위

20X1년 1월 중 전부원가계산에 의한 영업이익이 변동원가계산에 의한 영업이익보다 300,000원이 크다고 할 때, 1월 고정제조간접원가는 얼마인가?

① 300,000원   ② 500,000원
③ 1,000,000원 ④ 2,000,000원

101. ㈜삼일은 활동기준원가계산제도(ABC)를 사용하며, 작업활동별 예산자료와 생산관련자료는 다음과 같다.

〈작업활동별 예산자료(제조간접원가)〉

작업활동	배부기준	배부기준당 예정원가
포장	생산수량	300원
재료처리	부품의 수	15원
절삭	부품의 수	20원
조립	직접작업시간	150원

〈생산관련자료〉

제품	보급형	특수형
생산수량	5,000개	4,000개
부품의 수	90,000개	80,000개
직접작업시간	6,000시간	4,000시간
직접재료원가	8,000,000원	8,000,000원
직접노무원가	7,000,000원	4,000,000원

㈜삼일이 생산하는 제품 중 보급형 제품의 단위당 제조원가는 얼마인가?

① 2,200원 ② 2,671원 ③ 3,310원 ④ 4,110원

102. ㈜삼일은 수제 피자를 단위당 판매가격 5,000원에 판매하고 있다. 수제 피자 단위당 변동원가는 3,000원이고 연간 고정원가는 180,000,000원이다. ㈜삼일의 연간 손익분기점 판매량은 몇 단위인가?

① 60,000단위 ② 75,000단위
③ 90,000단위 ④ 95,000단위

103. ㈜삼일은 단위당 판매가격이 500원, 단위당 변동원가가 200원인 제품을 생산하여 판매하고 있다. 당기의 판매량은 10,000개이고, 고정원가는 1,800,000원이다. ㈜삼일의 안전한계율을 계산하면 얼마인가?

① 10% ② 20%
③ 30% ④ 40%

104. ㈜삼일은 회계프로그램을 판매하는 회사로 단위당 판매가격은 100원이며, 단위당 변동원가는 50원이다. 연간 고정원가는 50,000원이며 당기에 10,000원의 영업이익을 목표로 할 경우, 다음 설명 중 가장 올바르지 않은 것은?

① 공헌이익률은 50%이다.
② 단위당 공헌이익은 50원이다.
③ 손익분기점 매출액은 100,000원이다.
④ 목표이익을 달성하려면 150,000원의 매출을 달성해야 한다.

105. 원가-조업도-이익 도표(CVP 도표)에 관한 다음 설명 중 가장 올바르지 않은 것은?

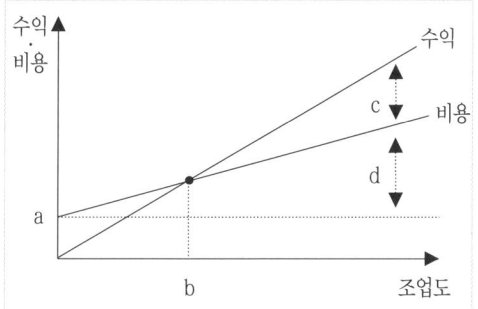

① a는 총고정원가를 의미한다.
② b는 손익분기점 판매량을 의미한다.
③ c는 공헌이익을 의미한다.
④ d는 총변동비를 의미한다.

106. 다음 중 사업부별 성과평가에 관한 설명으로 가장 옳은 것은?

① 여러 사업부에 공통으로 관련되는 공통고정원가를 특정사업부에 임의로 배분하는 경우 성과의 왜곡이 발생할 수 있다.
② 특정사업부로의 추적가능성에 따라 사업부별 추적가능고정원가와 공통고정원가로 구분하지 않는 것이 바람직하다.
③ 통제가능원가와 통제불능원가의 구분은 불가능하므로 구분할 필요가 없다.
④ 특정사업부의 경영자에 대한 성과평가시 통제불능원가를 포함하는 것이 바람직하다.

107. 다음 중 이익중심점인 판매부서의 성과평가 시 나타나지 않는 차이로 가장 옳은 것은?

① 수율차이 ② 매출조업도차이
③ 매출배합차이 ④ 시장점유율차이

108. 현재 투자수익률이 각각 17%와 16%인 (a) 마포사업부와 (b) 용산사업부는 모두 신규투자안을 고려하고 있다. 마포사업부와 용산사업부가 고려하고 있는 신규투자안은 기대투자수익률이 각각 15%와 17%이고, 자본비용은 각각 16%와 14%이다. 이 경우 각 사업부가 잔여이익 극대화를 목표로 한다면 각 부문은 어떤 의사결정을 하여야 하는가?

① (a) 채택, (b) 채택 ② (a) 채택, (b) 기각
③ (a) 기각, (b) 채택 ④ (a) 기각, (b) 기각

109. 다음은 K 프로젝트 도입에 대한 가전사업부의 강부장과 김과장의 회의 내용이다. 이와 관련하여 부문성과평가에 투자수익률(ROI)을 적용할 경우 유의사항으로 가장 옳은 것은?

> 김과장: 부장님, 사장님께서 도입하시려고 하는 K프로젝트의 투자수익률(ROI)을 검토한 결과 12%로, 현재 저희 가전사업부 투자수익률(ROI)인 15%보다 낮습니다. 이를 저희 사업부에서 실시하게 될 경우 저희 사업부의 투자수익률(ROI)이 낮아지게 됩니다.
> 강부장: 그렇다면 사장님께서는 왜 K프로젝트를 도입하시려고 하시는 것이지?
> 김과장: 그것은 회사 전체의 투자수익률(ROI)은 10% 수준인데 K프로젝트의 투자수익률은 그보다 높기 때문입니다.
> 강부장: 그렇군. 회사 전체적인 관점에서는 수익성을 높여주지만, 우리 사업부 입장에서는 그렇지 않다는 말이군. 그렇다면, K프로젝트 추진을 반대해야겠어..

① 투자수익률을 극대화하기 위해 매출액이익률은 증가시키고 자산회전율은 감소시키도록 해야 한다.
② 현금의 흐름이 아닌 회계이익을 기준으로 성과를 평가하므로 업종에 따라 각 투자중심점에 서로 다른 회계원칙이 적용되더라도 이로 인한 영향은 고려하지 않아도 된다.
③ 투자규모의 차이를 고려하지 않고 이익 금액만을 비교하여 평가하므로 각기 다른 투자중심점의 성과를 직접적으로 비교하기가 어렵다는 점을 고려해야 한다.
④ 투자중심점의 투자수익률 극대화 노력이 기업전체적으로는 이익의 감소를 초래하여 준최적화 현상이 발생하지 않도록 유의해야 한다.

110. 다음은 ㈜삼일의 컨설팅부문 20X1년 재무자료이다. ㈜삼일의 컨설팅부문 20X1년 잔여이익은 얼마인가?

매출액	100,000원
영업이익	7,000원
평균 영업자산	20,000원
최저필수수익률	15%

① 900원 ② 3,000원
③ 4,000원 ④ 7,000원

111. 아래에 주어진 재무자료를 이용하여 경제적부가가치(EVA)를 산출하면 얼마인가(단, 법인세효과는 무시한다)?

매출액	80억원
매출원가	50억원
판매비와관리비	20억원
투하자본	50억원
(타인자본 25억원, 자기자본 25억원)	
타인자본비용	10%
자기자본비용	14%

① 3.5억원 ② 4억원
③ 4.5억원 ④ 5억원

112. 다음 중 의사결정 시에 필요한 원가용어와 그에 대한 정의를 연결한 것으로 가장 올바르지 않은 것은?
① 관련원가는 과거원가이거나 대안 간에 차이가 나지 않는 미래원가이다.
② 지출원가는 미래에 현금 등의 지출을 수반하는 원가이다.
③ 기회원가는 자원을 현재 용도 이외의 다른 용도에 사용할 경우 얻을 수 있는 최대금액이다.
④ 매몰원가는 과거에 발생한 역사적 원가로서 현재 또는 미래에 회수할 수 없는 원가이다.

113. ㈜삼일의 부품제조에 대한 원가자료는 다음과 같다. 외부의 제조업자가 이 부품을 납품하겠다고 제의하였으며, 부품을 외부에서 구입할 경우 고정제조간접원가의 1/3를 회피할 수 있다면 ㈜삼일이 최대한 허용할 수 있는 부품의 단위당 구입가격은 얼마인가?

부품단위당 직접재료원가	200원
부품단위당 직접노무원가	80원
부품단위당 변동제조간접원가	120원
고정제조간접원가	600,000원
생산량	10,000단위

① 280원 ② 400원
③ 420원 ④ 440원

114. ㈜삼일은 최근 고객사로부터 제품 300단위를 단위 당 20,000원에 구입하겠다는 제안을 받았다. 이 주문의 수락여부와 회사의 이익에 미치는 영향은 어떠한가(단, 제품과 관련된 자료는 다음과 같으며 동 주문을 수락하더라도 고정원가에는 아무런 영향을 초래하지 않는다)?

	제품단위당 원가
직접재료원가	11,000원
직접노무원가(변동원가)	4,000원
변동제조간접원가	2,500원
고정제조간접원가	3,000원
변동판매비와관리비	500원
고정판매비와관리비	1,000원
	22,000원

① 수락, 150,000원의 이익 증가
② 수락, 600,000원의 이익 증가
③ 거절, 150,000원의 손실 증가
④ 거절, 600,000원의 손실 증가

115. 다음 중 부품을 자기제조하고 있는 어떤 기업이 외부에서 부품을 구입하는 대안을 고려하고 있다고 가정할 경우 가장 부적절한 의사결정은 무엇인가(단, 고정제조간접원가는 당해 부품 생산설비의 감가상각비만 존재한다고 가정한다)?
① 금액적인 증분수익과 증분원가 이외에 외부공급처의 지속적 확보 여부, 품질의 동질성 등 비재무적 요인도 고려하여야 한다.
② 유휴설비를 1년간 임대해 주고 임대료를 받을 수 있는 경우에는 변동제조원가 절감액과 임대료 수입액의 합계에서 외부 부품 구입대금을 차감한 금액이 0(영)보다 큰 경우 외부구입 대안을 선택한다.
③ 유휴설비의 다른 용도가 없는 경우에는 변동제조원가 절감액에서 외부부품 구입대금을 차감한 금액이 0(영)보다 큰 경우 외부구입 대안을 선택한다.
④ 유휴설비를 다른 제품의 생산에 이용할 수 있는 경우에는 변동제조원가 절감액에서 외부부품 구입대금을 차감한 금액이 0(영)보다 작은 경우 외부구입 대안을 선택한다.

116. ㈜삼일은 내용연수가 3년인 기계장치에 5,000,000원을 투자할 예정이다. 기계장치를 구입하면, 아래의 표와 같이 현금운영비를 줄일 것으로 판단하고 있다. 회사의 자본비용은 12%라고 할 때 ㈜삼일의 신규 기계장치 투자에 대한 순현재가치(NPV)로 가장 올바른 금액은 얼마인가(단, 현금운영비의 감소효과는 매년 말에 발생하며 법인세 및 잔존가치는 없다고 가정한다)?

이자율 12%	1년	2년	3년
현재가치요소	0.89	0.80	0.71
현금운영비 감소액(원)	3,000,000	3,000,000	2,000,000

① 650,000원　　② 990,000원
③ 1,490,000원　　④ 2,090,000원

117. 다음은 ㈜삼일의 신규투자담당 팀장과의 인터뷰 내용이다. 괄호 안에 들어갈 말로 가장 올바르지 않은 것은?

> 기자: 신규 투자 기획팀에서 15년 동안 팀장을 맡고 계신데 신규 투자에 대한 타당성 검토에는 어떠한 모형들이 사용됩니까?
> 팀장: 여러 모형이 있지만 우리 회사에서는 회수기간법, 순현재가치법, 내부수익률법, 회계적이익률법을 이용하여 타당성 검토를 합니다.
> 기자: 그렇다면, 그 중에서 가장 중요시 하는 모형이 있습니까?
> 팀장: 물론입니다. 투자안마다 약간 다르긴 하지만 우리 회사는 회수기간법을 가장 중요시 합니다. 왜냐하면 (　　　)

① 회수기간이 짧을수록 높은 수익률을 얻게되는 투자안이기 때문입니다.
② 투자자금을 빨리 회수하는 투자안을 선택하여 기업의 유동성 확보에 도움을 줄 수 있기 때문입니다.
③ 현금흐름의 할인을 고려하지 않고 계산할 수도 있는 장점이 있기 때문입니다.
④ 회수기간이 짧을수록 안전한 투자안이라는 위험지표로서의 정보를 제공하기 때문입니다.

118. 다음 중 순현재가치(NPV)법과 내부수익률(IRR)법에 관한 설명으로 가장 올바르지 않은 것은?

① 내부수익률법은 가치가산의 원칙이 적용되나 순현재가치법은 그렇지 않다.
② 내부수익률법은 투자안의 내부수익률이 최저필수수익률을 상회하면 그 투자안을 채택한다.
③ 두 방법 모두 화폐의 시간적 가치를 고려하는 방법이다.
④ 순현재가치법은 투자안의 순현재가치가 '0(영)'보다 크면 그 투자안을 채택한다.

119. ㈜삼일은 A사업부와 B사업부로 구성되어 있다. B 사업부는 A사업부에서 생산되는 부품을 가공하여 완제품을 제조한다. B사업부에서 부품 한 단위를 완제품으로 만드는 데 소요되는 추가가공원가는 500원이며, 완제품의 단위당 판매가격은 1,100원이다. 부품의 외부시장가격이 단위당 550원인 경우, B사업부가 받아들일 수 있는 최대대체가격은 얼마인가?

① 550원　　② 600원
③ 700원　　④ 1,100원

120. 노트북을 제조하여 판매하는 ㈜삼일의 20X1년도 품질과 관련된 재무적 자료는 아래와 같다.

품질교육 및 훈련	38,000원
원재료 검사 및 시험	5,000원
교환비용	3,000원
원자재 공급사 평가	2,000원
재작업품	1,500원
손해배상	3,000원

위의 자료에 근거하여 품질원가 중 예방원가금액은 얼마인가?

① 18,000원　　② 38,000원
③ 40,000원　　④ 45,000원

2020년 9월 시행 원가관리회계 공개기출문제

81. 다음에서 설명하고 있는 원가를 원가행태에 따라 분류하고자 할 때 가장 적절한 것은?

> 특정범위의 조업도 내에서는 총원가가 일정하지만 조업도가 특정범위를 벗어나면 일정액만큼 증감하는 원가

① 변동원가 ② 준변동원가
③ 고정원가 ④ 준고정원가

82. 1월중 22,000원의 직접재료를 매입하였다. 1월중 발생한 제조간접원가는 47,000원이었고 총제조원가는 96,000원이었다. 직접재료의 1월초 재고가 5,000원이었고 1월말 재고가 8,000원이었다. 또한 기초재공품은 9,000원이고, 기말재공품은 21,000원이다. 1월중 직접노무원가는 얼마인가?

① 13,000원 ② 28,000원
③ 30,000원 ④ 36,000원

83. 다음 중 상호배부법에 대한 설명으로 가장 올바르지 않은 것은?

① 특정보조부문의 배분할 총원가는 자기부문의 발생원가와 다른 부문으로부터 배분된 원가의 합으로 표시된다.
② 다른 보조부문에 대한 용역제공비율이 큰 보조부문부터 배부해야 원가배분 왜곡이 없다.
③ 보조부문과 제조부문의 배부전 원가 합계와 배부후 원가 합계는 같다.
④ 보조부문 상호간의 용역수수를 완전히 반영한다.

84. ㈜삼일은 단계배부법을 이용하여 보조부문원가를 배부하고 있다. 다음의 자료를 이용하여 물음에 답하시오. 단, 보조부문 A의 원가부터 배부한다(단위 : 원)

사용 제공	보조부문 A	보조부문 B	제조부문 갑	제조부문 을	합계
부문원가	6,000	7,000	12,000	15,000	40,000
A	-	30%	30%	40%	100%
B	25%	-	33%	42%	100%

위의 자료에서 보조부문 B가 제조부문 갑에 배부해야 하는 금액은 얼마인가?

① 2,450원 ② 3,080원
③ 3,744원 ④ 3,872원

85. 다음은 개별원가계산제도를 이용하고 있는 ㈜삼일의 원가계산 자료이다. 제조간접원가는 기초원가(prime costs)를 기준으로 배부한다.

원가항목	작업#1	작업#2	작업#3	합계
기초재공품	2,000원	4,000원	-	6,000원
직접재료원가	2,800원	3,000원	2,200원	8,000원
직접노무원가	4,000원	5,000원	3,000원	12,000원
제조간접원가	( )	( )	( )	6,000원

작업#1과 작업#3는 완성되었고, 작업#2는 미완성되었다. ㈜삼일이 기말재공품으로 계상할 금액은 얼마인가?

① 10,200원 ② 12,500원
③ 13,600원 ④ 14,400원

86. ㈜삼일은 개별원가계산제도를 채택하고 있다. "제품 Y"와 관련된 자료가 다음과 같은 경우 제조원가는 얼마인가?

ㄱ. 직접재료투입액	200,000원
ㄴ. 직접노동시간	100시간
ㄷ. 직접노무원가 임률	800원/시간
ㄹ. 전력사용시간	500시간
ㅁ. 제조간접원가배부율 (전력사용시간당)	700원

① 200,000원 ② 280,000원
③ 550,000원 ④ 630,000원

87. 다음 중 평균법과 선입선출법에 의한 종합원가계산의 차이점에 관한 설명으로 가장 올바르지 않은 것은?

① 평균법은 완성품환산량 산출시 기초재공품은 당기에 착수된 것으로 간주한다.
② 선입선출법의 완성품환산량 단위당 원가에는 전기의 원가가 포함되어 있다.
③ 평균법의 원가배분대상액은 기초재공품원가와 당기투입원가의 합계액이다.
④ 선입선출법은 완성품환산량 산출시 기초재공품과 당기투입량을 구분한다.

88. 다음 중 종합원가계산에 관한 설명으로 가장 올바르지 않은 것은?

① 종합원가계산의 원가요소별 단위당 원가는 완성품환산량에 기초하여 계산된다.
② 원가의 집계는 공정과 상관없이 개별작업별로 작업지시서를 통해 이루어진다.
③ 특정기간 동안 특정공정에서 가공된 제품은 원가측면에서 서로가 동일하다고 가정한다. 즉 제품원가를 평균개념에 의해서 산출한다.
④ 일반적으로 표준규격제품을 연속적으로 대량생산하는 형태에 적용된다.

89. 종합원가계산을 이용하는 ㈜삼일의 공정 X와 관련한 자료는 다음과 같다.

	수량
기초재공품	8,000단위 (완성도 60%)
당기착수	72,000단위
당기완성품	65,000단위
기말재공품	15,000단위 (완성도 20%)

재료는 공정착수시점에서 투입되며 가공비는 공정 전반에 걸쳐 균등하게 발생된다고 할 때 평균법으로 계산한 완성품환산량은 선입선출법으로 계산한 완성품환산량보다 (a) 재료비와 (b) 가공비가 얼마나 더 큰가?

① (a) 0단위, (b) 4,800단위
② (a) 0단위, (b) 3,200단위
③ (a) 8,000단위, (b) 4,800단위
④ (a) 8,000단위, (b) 3,200단위

90. 제조업을 영위하는 ㈜삼일은 선입선출법을 이용하여 종합원가계산을 하며 원재료는 공정의 55% 진행시점에서 전량 투입되고 가공원가는 공정전반에 걸쳐 균등하게 발생한다. 50%가 완료된 기말재공품의 완성품환산량에는 다음 중 어떤 원가가 포함되는가?

	재료원가	가공원가		재료원가	가공원가
①	불포함	불포함	②	포함	불포함
③	불포함	포함	④	포함	포함

91. 다음 중 표준원가와 표준원가계산제도에 관한 설명으로 가장 올바르지 않은 것은?

① 표준원가는 가장 이상적인 상황에서 달성 가능한 추정치로 설정하는 것이 일반적이다.
② 표준원가는 기본적으로 제품단위당 원가 항목의 수량표준과 가격표준으로 이루어진다.
③ 표준원가와 실제발생원가의 차이 중 중요한 부분에 대해 관심을 가지고 관리하는 예외에 의한 관리가 가능하다.
④ 표준원가계산제도는 성과평가 및 보상을 위한 자료로 사용될 수 있다.

92. 다음 중 차이분석에 대한 설명으로 올바르지 않은 것은 모두 몇 개인가?

가. 차이분석이란 표준원가와 실제원가를 비교하여 그 차이를 분석하는 것으로서, 일종의 투입-산출 분석이다.
나. 직접재료원가 차이분석시 표준투입량은 사전에 미리 설정해 놓은 최대 조업도에 대한 표준투입량이다.
다. 가격차이는 실제원가와 실제투입량에 대한 표준원가와의 차이이다.
라. 능률차이는 실제투입량에 대한 표준원가와 표준투입량에 대한 표준원가와의 차이이다.

① 0개 ② 1개
③ 2개 ④ 3개

93. ㈜삼일의 7월 제조활동과 관련된 자료이다. 변동제조간접원가 소비차이는 얼마인가?

- 제품의 생산량 1,000단위
- 생산량 단위당 실제노동시간 10시간, 단위당 표준노동시간 11시간
- 노동시간당 표준임률 @50원
- 변동제조간접원가 표준 노동시간당 @20원
- 실제 변동제조간접원가는 직접노무원가 실제발생액의 40%
- 직접노무원가 임률차이 50,000원(유리)

① 20,000원 유리 ② 20,000원 불리
③ 40,000원 불리 ④ 40,000원 유리

95. 다음 중 원가차이의 배분 방법에 관한 설명으로 가장 올바르지 않은 것은?

① 매출원가조정법이란 모든 원가차이를 매출원가에 가감하는 방법으로서, 불리한 원가차이는 매출원가에 차감하고 유리한 원가차이는 매출원가에서 가산한다.
② 기타손익법은 표준은 정상적 공손이나 비능률을 감안하여 설정한 것이기 때문에 이를 벗어난 차이에 대해서는 원가성이 없다고 보는 견해이다.
③ 총원가 비례배분법은 재고자산 계정과 매출채권 계정의 총원가(기말잔액)를 기준으로 원가차이를 배분하는 방법이다.
④ 원가요소별 비례배분법은 재고자산 계정과 매출원가 계정의 원가요소를 기준으로 각 해당되는 원가요소의 원가차이를 배분하는 방법이다.

95. 다음 중 표준원가 차이분석에 관한 설명으로 가장 올바르지 않은 것은?

① 능률차이는 사전에 정해진 표준단가에 실제수량과 표준수량의 차액을 곱하여 산출된다.
② 가격차이는 실제단가와 표준단가의 차액에 정해진 표준수량을 곱하여 산출된다.
③ 직접재료원가 가격차이는 재료를 구입하는 시점에 분리할 수도 있고, 재료를 사용하는 시점에 분리할 수도 있다.
④ 불리한 직접노무원가 가격차이가 발생하였다면 실제임률이 표준임률보다 높다는 의미이다.

96. 20X1년 ㈜삼일은 신제품 A를 700단위 생산하였는데 이에 대한 단위당 변동제조원가는 6원이고 단위당 고정제조간접원가는 2원이다. 20X1년에 신제품에 대한 기초재고액은 없었으며 기말재고 수량이 100단위일 경우, 전부원가계산방법 대신에 변동원가계산방법을 적용한다면 20X1년 12월 31일의 기말재고액은 전부원가계산방법에 비해 얼마나 변동할 것인가?

① 200원 감소 ② 100원 감소
③ 100원 증가 ④ 200원 증가

97. 다음 중 변동원가계산에서 재고자산가액에 포함되는 원가 항목으로 가장 올바르지 않은 것은?

① 직접재료원가　② 직접노무원가
③ 변동제조간접원가　④ 고정제조간접원가

98. 다음 중 변동원가계산과 전부원가계산에 관한 설명으로 가장 옳은 것은?

① 변동원가계산은 의사결정에 유용하므로 전부원가계산에 비하여 외부보고용으로 적절한 원가계산방법이다.
② 기초재고자산이 없고 당기 생산량과 판매량이 동일하다면 변동원가계산과 전부원가계산의 순이익은 같게 된다.
③ 변동원가계산은 표준원가를 사용할 수 있으나 전부원가계산은 표준원가를 사용할 수 없다.
④ 변동원가계산은 변동판매비와관리비를 제품원가로 인식하고 전부원가계산은 고정제조간접원가를 제품원가로 인식한다.

99. ㈜삼일의 20X1년 2월의 제품 생산 및 판매와 관련된 자료는 다음과 같다.

생산량	3,000개
판매량	2,800개
단위당 판매가격	250원
단위당 직접재료원가	80원
단위당 직접노무원가	20원
단위당 변동제조간접원가	30원
고정제조간접원가	75,000원
*단 기초제품재고는 없다.	

초변동원가계산을 이용한 ㈜삼일의 20X1년 2월 재료처리량 공헌이익은 얼마인가?

① 336,000원　② 420,000원
③ 476,000원　④ 510,000원

100. ㈜삼일의 6월 중 영업자료는 아래와 같다. 전부원가계산에 의한 영업이익이 변동원가계산에 의한 영업이익보다 24,000원 더 크다면 6월 발생한 고정제조간접원가는 얼마인가?(재고자산은 평균법으로 평가한다)

생산량	1,600개
판매량	1,200개
기초재고량	400개(단위당 고정제조간접원가 40원)

① 84,000원　② 92,000원
③ 100,000원　④ 108,000원

101. 다음 중 활동기준원가계산제도의 도입에 따른 효익이 크게 나타날 수 있는 기업의 조건이 아닌 것은?

① 아주 큰 비중의 간접원가가 한 두 개의 원가집합을 사용해서 배부되는 경우
② 기존의 원가시스템이 확립된 후에 제조하는 제품의 종류가 크게 감소하고 있는 경우
③ 복잡한 제품은 수익성이 높게 나타나고, 간단한 제품에서는 손실이 발생되는 것처럼 보이는 경우
④ 생산량, 작업량, 제조과정의 다양성 때문에 제품의 자원소비가 다양한 경우

102. ㈜삼일의 과거 원가자료를 바탕으로 총제조간접원가를 추정한 원가함수는 다음과 같다. 이에 관한 설명으로 가장 올바르지 않은 것은?(단, 조업도는 기계시간이다.)

$$y = 200,000 + 38x$$

① 200,000은 기계시간당 고정제조간접원가를 의미한다.
② x는 기계시간을 의미한다.
③ 38은 기계시간당 변동제조간접원가를 의미한다.
④ 조업도가 1,000기계시간일 경우 총제조간접원가는 238,000원으로 추정된다.

103. 다음은 ㈜삼일의 원가·조업도·이익(CVP) 도표이다. 이에 관한 설명으로 가장 올바르지 않은 것은?

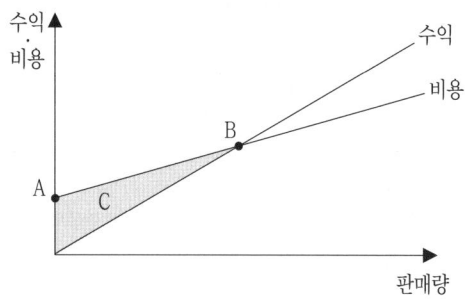

① 점 A는 회사의 총고정원가를 나타낸다.
② 점 B는 회사의 손익분기점을 나타낸다.
③ 회사의 생산량 단위당 판매가격은 생산량 단위당 변동원가보다 크다.
④ C부분은 회사의 손실을 나타내는 부분으로 이 부분에서 회사는 제품 1단위를 판매할 때마다 손실이 증가한다.

104. 다음 자료를 이용하여 계산한 ㈜삼일의 20X1년 손익분기점 매출액은?

단위당 판매가격	2,000원
단위당 변동제조원가	500원
단위당 변동판매비와관리비	200원
연간 고정제조간접원가	1,350,000원
연간 고정판매비와관리비	1,250,000원

① 2,000,000원　② 2,700,000원
③ 4,000,000원　④ 5,200,000원

105. 다음 중 영업레버리지에 관한 설명으로 가장 올바르지 않은 것은?

① 영업레버리지란 고정원가로 인하여 매출액의 변화율보다 영업이익의 변화율이 더 커지는 현상을 말한다.
② 영업레버리지는 영업레버리지도로 측정하는데, 영업레버리지도는 공헌이익을 영업이익으로 나누어 계산한다.
③ 어떤 기업의 영업레버리지도가 7일 경우 경기불황으로 인하여 매출액이 20% 감소하면 영업이익이 40% 감소할 것이다.
④ 영업레버리지도는 손익분기점 근처에서 가장 크고 매출액이 증가함에 따라 점점 작아진다.

106. 다음 중 책임회계제도에 대한 설명으로 가장 올바르지 않은 것은?

① 책임회계제도가 그 기능을 효율적으로 수행하기 위해서는 각 책임중심점의 경영자가 권한을 위임받은 원가항목들에 대해 통제권을 행사할 수 없어야 한다.
② 책임중심점이란 경영관리자가 특정활동에 대해 통제할 책임을 지는 조직의 부문을 말한다.
③ 책임회계제도 하에서는 권한을 위임 받은 관리자가 책임범위 내에서 독자적인 의사결정을 내릴 수 있다.
④ 책임중심점은 책임의 성격 및 책임범위에 따라 원가중심점, 수익중심점, 이익중심점 및 투자중심점으로 분류할 수 있다.

107. 다음은 ㈜삼일의 20X1년도 이익중심점의 통제책임이 있는 A사업부의 공헌이익 손익계산서이다.

매출액	5,000,000원
변동원가	2,000,000원
공헌이익	3,000,000원
추적가능·통제가능고정원가	500,000원
사업부경영자공헌이익	2,500,000원
추적가능·통제불능고정원가	500,000원
사업부공헌이익	2,000,000원
공통고정원가배분액	400,000원
법인세비용차감전순이익	1,600,000원
법인세비용	600,000원
순이익	1,000,000원

A사업부의 성과평가목적에 가장 적합한 이익은 얼마인가?

① 3,000,000원 ② 2,500,000원
③ 2,000,000원 ④ 1,000,000원

108. 다음은 ㈜삼일이 생산하는 제품에 대한 단위당 표준원가 중 원재료에 관한 자료이다.

	수량표준	가격표준
원재료 A	2kg	20원/kg
원재료 B	3kg	10원/kg

㈜삼일은 당기 중 8,000개의 제품을 완성하였고, 기초재공품과 기말재공품은 없었다. 원재료의 실제사용량이 A가 14,000kg(kg당 22원)이고 B가 28,000kg(kg당 9원)일 경우, 재료(a) 배합차이와 (b) 수율차이는 얼마인가?

① (a) 28,000 유리, (b) 28,000 불리
② (a) 28,000 불리, (b) 28,000 유리
③ (a) 36,400 유리, (b) 28,400 불리
④ (a) 36,400 불리, (b) 28,400 유리

109. ㈜삼일의 영업이익은 80,000원이며, 투자중심점의 영업자산은 300,000원이다. ㈜삼일의 최저필수수익률이 10%인 경우 잔여이익은 얼마인가?

① 40,000원 ② 50,000원 ③ 60,000원 ④ 70,000원

110. 다음 중 경제적 부가가치를 증대시키기 위한 방안으로 가장 옳은 것은?

① 타인자본을 축소하고 자기자본을 증가시키면 경제적부가가치는 항상 증가한다.
② 자본비용보다 적은 수익을 달성하더라도 과거의 수익율을 초과하는 투자를 계속 진행한다.
③ 유휴설비 등은 차기년도의 재투자를 위해 매각하지 않고 유지한다.
④ 재고자산의 보유기간과 매출채권의 회수기간을 줄인다.

111. 다음 중 투자중심점의 성과지표로 투자수익률(return on investment, ROI)을 사용할 때의 단점으로 가장 옳은 것은?

① 규모가 다른 투자중심점의 성과비교가 곤란하다.
② 사업부의 이익만을 고려하고 투자액은 고려하지 않는다.
③ 사업부의 경영자가 자신의 사업부 투자액에 대한 통제권한이 있더라도 그 경영자의 성과측정 지표로 활용될 수 없다.
④ 현재의 투자수익률보다 낮은 투자수익률이 기대되는 사업에 대한 투자를 기피하게 된다.

112. ㈜삼일은 여러 사업부를 운영하고 있는 기업이며, 20X1년의 당기순이익은 1,000,000원이다. 여러 사업부 중에서 사업부 갑의 공헌이익은 300,000원이고, 사업부 갑에 대한 공통원가 배분액은 100,000원이다. 공통원가배분액 중 30,000원은 사업부 갑을 폐지하더라도 계속하여 발생하는 것이다. 만약 회사가 사업부 갑을 폐지하였다면 20X1년 당기순이익은 얼마로 변하였겠는가?

① 700,000원 ② 730,000원
③ 770,000원 ④ 800,000원

113. ㈜삼일의 부품제조에 대한 원가자료는 다음과 같다. 외부의 제조업자가 이 부품을 납품하겠다고 제의하였으며, 부품을 외부에서 구입할 경우 고정제조간접원가의 1/3를 회피할 수 있다면 ㈜삼일이 최대한 허용할 수 있는 부품의 단위당 구입가격은 얼마인가?

부품단위당 직접재료원가	200원
부품단위당 직접노무원가	80원
부품단위당 변동제조간접원가	120원
고정제조간접원가	600,000원
생산량	10,000단위

① 280원　　② 400원
③ 420원　　④ 440원

114. 다음은 철수와 친구 동철이의 대화내용이다. 의사결정과 관련하여 괄호 안에 들어 갈 용어는 무엇인가?

> 철수 : 동철아, 아직 결혼 소식 없어?
> 동철 : 그러게 말야. 더 이상 나이 먹기 전에 결혼을 해야겠는데 영희는 결혼 생각이 없는 거 같아. 헤어져야 할지 말아야 할지 고민이야.
> 철수 : 잘 생각해서 판단해. 네가 영희와 사귀기 위해 쓴 데이트비용, 시간 등이 정말 많은데 헤어지면 너무 아깝지 않겠어?
> 동철 : 물론 아깝긴 하지. 그러나, 그런 것들은 전부 (　　)일 뿐이야. 이미 과거에 지출된 원가라서 내가 영희와 헤어질 것인가를 결정하는 것과는 관계가 없어. 하지만 알면서도 자꾸 미련이 남아.

① 매몰원가　　② 추적가능원가
③ 추적불능원가　　④ 기회원가

115. ㈜삼일은 진부화된 제품을 300단위 보유하고 있다. 이 제품의 총 제조원가는 200,000원이었으나 현재로는 제품 단위당 200원에 처분하거나 12,000원을 추가로 투입하여 개조한 후 제품 단위당 250원에 판매할 수 있는 상황이다. 다음 설명 중 가장 옳은 것은?

① 개조하여 판매하면 12,000원의 손실이 발생한다.
② 12,000원의 추가비용을 지출하지 않고 200원에 처분하는 것이 가장 유리하다.
③ 개조하여 판매하는 것이 그대로 처분하는 것보다 3,000원만큼 유리하다.
④ 그대로 200원에 처분하면 140,000원의 손실이 발생하므로 처분하지 않는다.

116. 다음 중 자본예산을 편성하기 위해 현금흐름을 추정할 때 주의해야 할 사항으로 가장 올바르지 않은 것은?

① 현금유입과 현금유출의 차이를 순현금흐름이라 한다.
② 세금을 납부하는 것은 현금의 유출에 해당하므로 세금을 차감한 후의 현금흐름을 기준으로 추정하여야 한다.
③ 감가상각비를 계상함으로써 발생하는 세금의 절약분인 감가상각비 감세 효과는 현금흐름을 파악할 때 고려해야 한다.
④ 이자비용은 명백한 현금유출이므로 현금흐름 추정에 항상 반영해야 한다.

117. 다음은 투자안 타당성 평가와 관련한 담당이사들의 대화내용이다. 각 담당이사 별로 선호하는 모형을 가장 올바르게 짝지은 것은?

> 최이사 : 저는 투자안 분석의 기초자료가 재무제표이기 때문에 자료확보가 용이한 (a)모형을 가장 선호합니다.
> 박이사 : (a)모형의 경우 현금흐름이 아닌 회계이익에 기초하고 있다는 단점이 있습니다. 그래서 저는 현금흐름을 기초로 화폐의 시간가치를 고려하는 (b)모형을 가장 선호합니다. 이 모형은 투자기간 동안 자본비용으로 재투자된다고 보기 때문에 가장 현실적인 가정을 하고 있습니다.

① (a) 내부수익률법,　(b) 순현재가치법
② (a) 회계적이익률법,　(b) 순현재가치법
③ (a) 회수기간법,　(b) 내부수익률법
④ (a) 회계적이익률법,　(b) 회수기간법

118. ㈜삼일은 당기 초 새로운 투자안에 800,000원을 투자하였다. 회사는 이 투자안으로부터 앞으로 5년 동안 매년 말 300,000원의 현금유입을 예측하고 있다. 회사의 최저필수수익률이 연 12%일 경우 이 투자안의 순현재가치(NPV)는 얼마인가?

	연 12%
5년 현가계수	0.57
5년 연금현가계수	3.60

① 280,000원　　② 285,000원
③ 456,000원　　④ 500,000원

119. 다음의 목표원가계산의 절차를 올바르게 나타낸 것은 무엇인가?

> ⓐ 목표원가 달성을 위한 가치공학을 수행
> ⓑ 잠재 고객의 요구를 충족하는 제품의 개발
> ⓒ 목표가격에서 목표이익을 고려하여 목표원가를 산출
> ⓓ 고객이 인지하는 가치와 경쟁기업의 가격 등을 고려하여 목표가격을 선택

① ⓐ → ⓑ → ⓒ → ⓓ
② ⓑ → ⓓ → ⓒ → ⓐ
③ ⓒ → ⓑ → ⓐ → ⓓ
④ ⓓ → ⓐ → ⓒ → ⓑ

120. 다음 중 수명주기원가계산의 유용성으로 가장 올바르지 않은 것은?

① 제품 또는 서비스의 수명주기 동안 모든 가치사슬단계에서 발생하는 수익과 비용에 대한 집계를 가능하게 하여 프로젝트 전체에 대한 이해가 향상된다.
② 제조이전단계에서 대부분의 제품원가가 결정된다는 인식을 토대로 연구개발단계와 설계단계에서부터 원가절감을 위한 노력을 기울여야 한다는 것을 강조한다.
③ 프로젝트와 관련하여 언제 어떤 가치사슬단계에서 얼마만큼의 원가가 발생하는지를(비율로) 알게됨으로써 상이한 가치사슬단계에서 원가발생의 상호관계 파악이 가능하다.
④ 재무적 관점에 의한 단기적 성과 및 원가관리에 유용하다.

2020년 11월 시행 - 원가관리회계 공개기출문제

81. 다음은 ㈜삼일의 원가관련 자료이다. 직접노무원가는 가공원가의 80%라고 할 때, ㈜삼일의 당기총제조원가는 얼마인가?

직접재료원가	기초재고액	8,000원
	당기매입액	36,000원
	기말재고액	12,000원
직접노무원가	전기말 미지급액	7,000원
	당기지급액	66,000원
	당기말 미지급액	5,000원

① 64,000원 ② 80,000원
③ 112,000원 ④ 134,000원

82. 원가는 경영자의 의사결정 목적에 따라 다음과 같이 여러 가지로 분류할 수 있다. 다음 중 원가 분류가 올바른 것으로 짝지어진 것은?

ㄱ. 원가행태에 따른 분류
ㄴ. 추적가능성에 따른 분류
ㄷ. 의사결정과의 관련성에 따른 분류
ㄹ. 통제가능성에 따른 분류

A. 직접원가와 간접원가
B. 변동원가와 고정원가
C. 관련원가와 매몰원가
D. 미소멸원가와 소멸원가

	원가의 분류	원가 종류
①	ㄱ	A
②	ㄴ	B
③	ㄷ	C
④	ㄹ	D

83. 다음은 ㈜삼일의 20X1년 제조원가와 관련된 자료이다. 기초재공품은 얼마인가?

직접재료원가	30,000원	직접노무원가	10,000원
제조간접원가	20,000원	기말재공품	5,000원
당기제품제조원가	70,000원	기말제품	4,000원

① 10,000원 ② 11,000원
③ 14,000원 ④ 15,000원

84. 다음 중 보조부문의 원가배부 방법에 관한 설명으로 가장 올바르지 않은 것은?

① 직접배분법이란 보조부문 상호간에 행해지는 용역의 수수를 완전히 무시하고 보조부문의 원가를 배분하는 방법이다.
② 단계배분법이란 보조부문원가의 배분순서를 정하여 그 순서에 따라 단계적으로 보조부문 원가를 다른 보조부문과 제조부문에 배분하는 방법이다.
③ 직접배분법의 경우 각 제조부문이 사용한 용역의 상대적인 비율에 따라 각 보조부문 원가가 다른 보조부문에 배분된다.
④ 단계배분법의 경우에도 보조부문간의 용역수수관계를 일부 인식하며, 보조부문간의 배분순위 결정이 부적절한 경우 원가가 왜곡될 수 있다.

85. 다음 중 개별원가계산의 장점에 대한 설명으로 가장 올바르지 않은 것은?

① 종합원가계산에 비해 상대적으로 보다 정확한 원가계산이 가능하다.
② 종합원가계산에 비하여 제조간접원가의 배부문제가 없고 기장절차가 간단하므로 시간과 비용이 절약된다.
③ 제품별 손익분석 및 계산이 비교적 용이하다.
④ 작업원가표에 의해 개별 제품별로 효율성을 통제할 수 있고 개별 작업에 집계되는 실제원가를 예산액과 비교하여 미래예측에 이용할 수 있다.

86. ㈜삼일은 일반형 자전거와 고급형 자전거 두 가지의 제품을 생산하고 있다. 12월 한 달 동안 생산한 두 제품의 작업원가표는 아래와 같다.

	일반형 자전거	고급형 자전거
직접재료 투입액	300,000원	600,000원
직접노동시간	1,000시간	4,000시간
직접노무원가 임률	100원/시간	200원/시간

동 기간 동안 발생한 회사의 총제조간접원가는 1,000,000원이며, 제조간접원가는 직접노동시간을 기준으로 배부하고 있다. ㈜삼일은 실제 발생한 제조간접원가를 실제조업도에 의해 배부하는 원가계산방식을 채택하고 있다. 12월 한 달 동안 생산한 일반형 자전거의 제조원가는 얼마인가?

① 500,000원 ② 600,000원
③ 700,000원 ④ 800,000원

87. ㈜삼일은 단일공정에서 단일제품을 대량으로 생산하고 있다. 재료는 공정의 착수시점에서 전액 투입하며, 가공원가는 공정 전반에 걸쳐 균등하게 발생한다. 공정에 대한 자료는 다음과 같다.

ㄱ. 기초재공품		없음
ㄴ. 당기투입량		400,000개
ㄷ. 당기완성량		320,000개
ㄹ. 기말재공품 수량		80,000개
가공원가의 완성도		50%
ㅁ. 당기투입원가	직접재료원가	4,000,000원
	가공원가	1,800,000원

직접재료원가와 가공원가에 대한 완성품환산량 단위당 원가는 각각 얼마인가?

① 직접재료원가 5원 / 가공원가 10원
② 직접재료원가 10원 / 가공원가 4.5원
③ 직접재료원가 10원 / 가공원가 5원
④ 직접재료원가 12.5원 / 가공원가 5.6원

88. ㈜삼일은 종합원가계산을 채택하고 있다. 원재료는 공정 시작시점에서 전량 투입되며 가공원가는 공정전반에 걸쳐서 균등하게 발생한다. 기말재공품 수량은 250개이며, 가공원가의 완성도는 30%이다. 완성품환산량 단위당 직접재료원가와 가공원가가 각각 130원, 90원이라면 기말재공품 원가는 얼마인가?

① 23,400원　　② 34,740원
③ 39,250원　　④ 39,600원

89. 다음 중 평균법과 선입선출법에 의한 종합원가계산의 차이점에 관한 설명으로 가장 올바르지 않은 것은?

① 평균법은 완성품환산량 산출시 기초재공품의 기완성도를 고려한다.
② 평균법의 완성품환산량 단위당 원가에는 전기의 원가가 포함되어 있다.
③ 평균법의 원가배분대상액은 기초재공품원가와 당기투입원가의 합계액이다.
④ 선입선출법은 완성품환산량 산출시 기초재공품과 당기투입량을 구분한다.

90. ㈜삼일은 당기 기말재공품의 완성도가 50%인데 이를 30%로 잘못 파악하였다. 기초재공품은 없다고 가정할 때 이 과소계상 오류가 완성품환산량 단위당 원가와 기말재공품원가에 어떠한 영향을 미치는가?

	완성품환산량단위당원가	기말재공품원가
①	과대평가	과대평가
②	과대평가	과소평가
③	과소평가	과대평가
④	과소평가	과소평가

91. 다음은 표준원가계산제도의 도입과 관련된 논의이다. 논의의 내용 중 올바른 것을 모두 고른 것은?

> 가. 표준원가를 설정할 때 경영의 실제활동에서 열심히 노력하면 달성할 수 있는 현실적 표준을 설정해야 합니다.
> 나. 현실적 표준을 설정하면 표준원가계산제도를 도입하는 의의가 없습니다. 표준은 최선의 조건하에서 달성 가능한 이상적인 목표하의 최적목표원가로 설정해야 종업원으로 하여금 최선을 다하도록 동기부여 할 수 있습니다.
> 다. 표준원가와 실제발생원가의 차이를 성과평가 및 보상과 연계하는 경우, 종업원은 자신에게 불리한 예외사항을 숨기려고 할 유인이 있습니다. 따라서 표준원가계산제도의 정보는 예산수립 등의 계획에만 사용하고, 통제 도구로는 사용하지 않는 것이 바람직합니다.

① 가　　② 나
③ 가, 나　　④ 나, 다

92. 실제원가계산을 사용하던 ㈜삼일은 새롭게 표준원가계산제도의 도입을 검토하고 있다. 이에 따라 원가관리부서의 실무담당자들은 표준원가계산제도에 대해 아래와 같이 주장하고 있다. 다음 중 올바르지 않은 주장을 펼치고 있는 실무담당자는 누구인가?

> 강부장 : 표준원가를 도입하면 차이분석을 실시하는데, 차이분석의 결과는 당기에만 유용하며 차기의 표준이나 예산 설정에 피드백되어 유용한 정보를 제공하지 않는다는 점을 고려해야 합니다.
> 황과장 : 표준원가의 달성을 지나치게 강조할 경우 제품의 품질을 희생시킬 수 있고, 납품업체에 표준원가를 기초로 지나친 원가절감을 요구할 경우 관계가 악화될 수 있으므로 신중을 기해야 합니다.
> 정대리 : 표준원가는 기업내적인 요소나 기업외부환경의 변화에 따라 수시로 수정을 필요로 하기 때문에, 사후 관리하지 않을 경우 향후 원가계산을 왜곡할 소지가 있습니다.
> 김사원 : 표준원가는 사전에 과학적이고 통계적인 방법으로 적정하게 산정되어야 하지만, 표준원가의 산정에 객관성이 보장되기 힘들고 많은 비용이 소요되는 단점이 있다는 것을 잊어서는 안됩니다.

① 강부장　　② 황과장
③ 정대리　　④ 김사원

93. ㈜삼일은 변동제조간접원가의 배부기준으로 직접노동시간을 사용하고 있다. 직접노무원가 가격차이가 50,000원(유리), 직접노무원가 능률차이가 30,000원(불리), 직접재료원가 능률차이가 10,000원(유리)이 발생하였다고 할 때, 다음 중 가장 옳은 것은?

    ① 직접재료원가 가격차이가 불리하게 나타난다.
    ② 변동제조간접원가 능률차이가 불리하게 나타난다.
    ③ 변동제조간접원가 소비차이(예산차이)가 불리하게 나타난다.
    ④ 고정제조간접원가 조업도차이가 유리하게 나타난다.

94. ㈜삼일의 직접노무원가와 관련된 자료는 다음과 같다.

표준 직접노무시간	11,000시간
실제 직접노무시간	10,000시간
직접노무원가 가격차이	20,000원(유리)
직접노무원가 실제원가	150,000원

    이와 관련된 설명 중 가장 올바르지 않은 것은?

    ① 직접노무원가 표준원가는 180,000원이다.
    ② 직접노무원가 시간당 실제임률은 15원이다.
    ③ 직접노무원가 시간당 표준임률은 17원이다.
    ④ 직접노무원가 능률차이는 17,000원 유리하게 나타난다.

95. ㈜삼일의 직접재료원가에 대한 자료는 다음과 같다. ㈜삼일의 직접재료원가 kg당 실제가격은 얼마인가?

직접재료실제투입수량	10,000kg
직접재료원가 kg당 표준가격	400원
직접재료원가 가격차이 (사용시점에 분리)	1,000,000원(불리)

    ① 220원 ② 300원
    ③ 420원 ④ 500원

96. 발생한 원가가 미래의 동일한 원가의 발생을 방지 할 수 없다면, 그 원가는 자산성을 인정할 수 없다는 원가회피개념에 근거를 두고 있는 원가계산방법은 무엇인가?

    ① 정상원가계산 ② 종합원가계산
    ③ 변동원가계산 ④ 전부원가계산

97. 다음 중 변동원가계산, 전부원가계산 및 초변동원가계산에 관한 설명으로 가장 올바르지 않은 것은?

    ① 표준원가는 변동원가계산에는 사용될 수 없고 전부원가계산에서만 사용된다.
    ② 전부원가계산에서 계산된 영업이익은 판매량뿐만 아니라 생산량의 변화에도 영향을 받는다.
    ③ 전부원가계산에서는 고정제조간접원가를 제품원가로 인식한다.
    ④ 초변동원가계산은 직접재료원가만을 제품원가에 포함하고 나머지 제조원가는 모두 기간비용으로 처리한다.

98. ㈜삼일은 당기 초에 영업활동을 시작하여 당기에 제품 900단위를 생산하였으며, 당기의 원가자료는 다음과 같다.

단위당 직접재료원가	600원
단위당 직접노무원가	400원
단위당 변동제조간접원가	200원
단위당 변동판매비와관리비	250원
고정제조간접원가	180,000원
고정판매비와관리비	150,000원

    당기 판매량이 800단위였다면, 전부원가계산에 의한 기말제품재고액은 얼마인가?

    ① 100,000원 ② 120,000원
    ③ 140,000원 ④ 145,000원

99. 변동원가계산에 의한 공헌이익 손익계산서 작성을 위한 자료가 아래와 같을 경우 변동원가계산에 의한 영업이익은 얼마인가?

판매수량	4,500개
단위당 판매가격	3,500원/개
단위당 변동제조원가	2,300원/개
단위당 변동판매비와관리비	300원/개
고정제조간접원가	2,000,000원
고정판매비와관리비	500,000원

    ① 1,550,000원 ② 2,050,000원
    ③ 3,400,000원 ④ 3,550,000원

100. 20X1년 3월에 영업을 시작한 서울회사는 선입선출법에 의한 실제원가계산제도를 채택하고 있으며, 20X1년 3월과 4월의 생산과 판매에 관한 자료는 다음과 같다.

	3월	4월
생산량	8,000단위	9,000단위
판매량	7,000단위	10,000단위

    20X1년 4월 중 전부원가계산에 의한 영업이익이 변동원가계산에 의한 영업이익보다 200,000원이 작다고 할 때, 3월 고정제조간접원가는 얼마인가?

    ① 1,000,000원 ② 1,200,000원
    ③ 1,600,000원 ④ 2,000,000원

101. ㈜삼일은 활동기준원가계산을 사용하며, 제조과정은 다음의 세가지 활동으로 구분된다.

활동	원가동인	연간 원가동인수	연간 가공원가총액
운반	재료의 부피	50,000리터	200,000원
압착	압착기계시간	45,000시간	900,000원
분쇄	분쇄기계시간	20,000시간	500,000원

X제품 한 단위당 재료부피는 200리터, 압착기계시간은 30시간, 분쇄기계시간은 10시간이다. X제품의 단위당 재료원가가 500원일 경우 제품의 단위당 제조원가는 얼마인가?(위 자료 이외에 추가로 발생하는 원가는 없다)

① 1,400원 ② 1,650원
③ 1,900원 ④ 2,150원

102. 다음 중 원가-조업도-이익(CVP) 분석에 관한 설명으로 가장 올바르지 않은 것은?

① 수익과 원가의 행태는 관련범위 내에서 선형이다.
② 공헌이익이 총고정원가보다 큰 경우에는 손실이 발생한다.
③ 화폐의 시간가치를 고려하지 않는다.
④ 모든 원가는 변동원가와 고정원가로 분류할 수 있다고 가정한다.

103. 다음 자료를 이용하여 공헌이익을 계산하면 얼마인가?

생산수량	2,500개
판매수량	2,000개
단위당 판매가격	3,500원
단위당 변동제조원가	2,000원
단위당 변동판매비	300원
고정제조간접가	400,000원

① 1,750,000원 ② 2,000,000원
③ 2,400,000원 ④ 3,000,000원

104. 다음 자료를 이용하여 손익분기점 판매량을 계산하면 얼마인가?

판매가격	4,000원/단위
변동제조원가	1,500원/단위
변동판매비와관리비	1,200원/단위
총고정원가	2,340,000원

① 600개 ② 1,200개
③ 1,800개 ④ 2,000개

105. 다음 중 안전한계와 영업레버리지에 관한 설명으로 가장 올바르지 않은 것은?

① 안전한계는 손실을 발생시키지 않으면서 허용할 수 있는 매출액의 최대 감소액을 의미하므로 기업의 안전성을 측정하는 지표로 많이 사용된다.
② 안전한계가 높을수록 기업의 안전성이 높다고 말할 수 있으며, 안전한계가 낮을수록 기업의 안전성에 문제가 있다고 말할 수 있다.
③ 영업레버리지는 영업레버리지도(DOL)를 이용하여 측정할 수 있으며, 영업레버리지도(DOL)는 공헌이익을 영업이익으로 나누어 계산한다.
④ 영업레버리지는 변동원가로 인하여 매출액의 변화액보다 영업이익의 변화액이 더 커지는 현상을 말한다.

106. 다음 중 판매부서의 성과평가에 대한 설명으로 가장 올바르지 않은 것은?

① 판매부서의 성과평가는 이익중심점보다 수익중심점으로 운영하는 것이 바람직하다.
② 판매부서의 성과평가는 예산매출액과 실제매출액의 비교를 통해 이뤄진다.
③ 매출총차이는 매출가격차이와 매출조업도차이로 구분될 수 있다.
④ 매출조업도차이는 매출배합차이와 매출수량차이로 구분될 수 있다.

107. ㈜삼일은 A와 B의 두 제품을 생산·판매하고 있다. 예산에 의하면 제품 A의 단위당 공헌이익은 20원이고, 제품 B의 공헌이익은 4원이다. 20X1년의 예산매출수량은 제품 A가 800단위, 제품 B는 1,200단위로 총 2,000단위였다. 그러나 실제매출수량은 제품 A가 500단위, 제품 B가 2,000단위로 총 2,500단위였다. ㈜대한의 20X1년 매출배합차이와 매출수량차이를 계산하면 각각 얼마인가?

	매출배합차이	매출수량차이
①	8,000원 불리	5,200원 유리
②	8,000원 유리	5,200원 불리
③	5,200원 불리	8,000원 유리
④	5,200원 유리	8,000원 불리

108. 다음 자료를 이용하여 ㈜삼일의 시장점유율차이를 계산하면 얼마인가?

단위당 예산평균공헌이익	100원
실제시장점유율	40%
예산시장점유율	35%
실제시장규모	100,000개

① 800,000원(불리) ② 800,000원(유리)
③ 500,000원(유리) ④ 500,000원(불리)

109. 다음 중 투자수익률법(return on investment, ROI)에 대한 설명으로 가장 올바르지 않은 것은?

① 투자규모가 다른 투자중심점을 상호 비교하기가 용이하다.
② 사업부의 이익뿐만 아니라 투자액도 함께 고려하는 성과평가 기준이다.
③ 매출액이익률과 자산회전율로 구분하여 분석이 가능하다.
④ 회사전체의 최저필수수익률을 상회하는 투자안이 개별투자중심점의 투자수익률보다 낮기 때문에 투자가 포기되는 준최적화 현상이 발생하지 않는다.

110. 다음 중 경제적부가가치(EVA)에 관한 설명으로 가장 올바르지 않은 것은?

① 경제적부가가치는 기업의 영업, 투자, 재무활동을 모두 반영한 이익개념이다.
② 경제적부가가치는 자기자본에 대한 자본비용을 고려한 이익개념이다.
③ 주주관점에서 기업의 경영성과를 보다 정확히 측정하는데 도움이 된다.
④ 투자중심점과 회사전체의 목표일치성을 충족시킬 수 있다.

111. 다음은 ㈜삼일의 재무상태표와 포괄손익계산서 자료의 일부이다.

항목	금액	항목	금액
유동자산(영업자산)	12,000원	유동부채	8,000원
비유동자산(영업자산)	8,000원	세전영업이익	4,000원

㈜삼일의 경제적부가가치(EVA)를 계산하면 얼마인가 (단, 유동부채 중 2,000원은 단기차입금이며, 가중평균자본비용은 10%, 법인세율은 30%이다.)?

① 1,400원
② 1,600원
③ 2,000원
④ 2,600원

112. 매월 1,000단위의 제품을 생산하는 ㈜삼일의 단위당 판매가격은 700원이고 단위당 변동원가는 500원이며 고정원가는 월 300,000원이다. ㈜삼일은 ㈜용산으로부터 400단위의 특별주문을 받았다. 현재 유휴설비능력은 특별주문 수량보다 부족한 상황이며, 특별주문을 수락할 경우 주문 처리를 위한 비용 900원이 추가로 발생한다. 다음 중 특별주문에 대한 의사결정을 함에 있어 관련항목으로만 구성된 것은 어느 것인가?

① 특별주문 수락 전의 단위당 고정원가, 단위당 변동원가, 특별주문 처리비용
② 특별주문가, 단위당 변동원가, 특별주문 처리비용, 기존판매량 감소분의 공헌이익
③ 특별주문 수락 후의 단위당 고정원가, 특별주문 처리비용, 기존판매량 감소분의 공헌이익
④ 특별주문가, 특별주문 처리비용, 특별주문 수락 후의 단위당 고정원가, 기존판매량 감소분의 공헌이익

113. ㈜삼일은 부품의 자기제조 또는 외부구입에 대한 의사결정을 하려고 한다. 이때 고려해야 하는 비재무적 정보에 관한 설명 중 가장 올바르지 않은 것은?

① 부품을 자기제조할 경우 부품의 공급업자에 대한 의존도를 줄일 수 있는 장점이 있다.
② 부품을 자기제조할 경우 기존 외부공급업자와의 유대관계를 상실하는 단점이 있다.
③ 부품을 자기제조할 경우 향후 급격한 주문의 증가로 회사의 생산능력을 초과할 때 제품을 외부구입하기 어려울 수 있다는 단점이 있다.
④ 부품을 자기제조할 경우 생산관리를 외부에 의존해야 하므로 품질관리가 매우 어렵다.

114. ㈜삼일은 부품 A를 자기제조하고 있으며, 이와 관련된 연간 생산 및 원가자료는 다음과 같다.

직접재료원가	43,000원
변동직접노무원가	17,000원
변동제조간접원가	13,000원
고정제조간접원가	30,000원
생산량	250단위

최근 외부업체로부터 부품 A 250단위를 단위당 500원에 공급하겠다는 제안을 받았다. 외부업체의 제안을 수용하면, 자기제조보다 연간 얼마나 유리(또는 불리)한가(단, 고정제조간접원가는 전액 회피 불가능하다.)?

① 22,000원 불리
② 22,000원 유리
③ 52,000원 불리
④ 52,000원 유리

115. 다음 중 자본예산을 편성하기 위해 현금흐름을 추정할 때 주의해야 할 사항으로 가장 올바르지 않은 것은?

① 명목현금흐름은 명목할인율로 할인해야 하며, 실질현금흐름은 실질할인율로 할인해야 한다.
② 세금을 납부하는 것은 현금의 유출에 해당하므로 세금을 차감한 후의 현금흐름을 기준으로 추정하여야 한다.
③ 감가상각비를 계상함으로써 발생하는 세금의 절약분인 감가상각비 감세 효과는 현금흐름을 파악할 때 반드시 고려해야 한다.
④ 이자비용은 명백한 현금유출이므로 현금흐름 추정에 반영해야 한다.

116. 장기의사결정을 위한 방법 중 회수기간법은 여러가지 이론적 단점에도 불구하고 실무상 많이 사용되고 있다. 다음 중 회수기간법이 실무에서 많이 사용되는 이유로 가장 올바르지 않은 것은?

① 비현금자료도 반영되는 포괄적 분석기법이다.
② 기업의 유동성 확보와 관련된 의사결정에 유용하다.
③ 화폐의 시간적 가치를 고려하지 않으므로 순현재가치법, 내부수익률법에 비해서 적용하기가 쉽다.
④ 투자후반기의 현금흐름이 불확실한 경우에는 유용한 평가방법이 될 수 있다.

117. 다음 중 순현재가치법(NPV 법)에 관한 설명으로 가장 올바르지 않은 것은?

① 투자기간 동안의 현금흐름을 자본비용으로 재투자한다고 가정한다.
② 순현재가치를 계산할 때 사용하는 할인율인 자본비용의 산출이 간단하다.
③ 독립적인 투자안에 대한 의사결정시 순현재가치가 0(영)보다 크면 수익성이 있는 것으로 판단되어 투자안을 채택한다.
④ 복수투자안의 순현재가치는 그 복수투자안을 구성하는 개별 투자안 각각의 순현재가치를 합산한 것과 같다.

118. ㈜삼일은 두 개의 사업부 A, B 로 구성되어 있다. A사업부는 단위당 변동비가 100원인 부품을 제조하고 있는데 이를 170원에 외부에 판매할 수도 있고 B사업부에 대체할 수도 있다. B사업부가 이 부품을 외부에서 구입할 수 있는 가격은 180원이다. 회사전체의 이익극대화를 위한 B사업부의 의사결정으로 가장 옳은 것은?

① A사업부에서 구입하여야 한다.
② 외부에서 구입하여야 한다.
③ 외부에서 구입하는 경우와 A사업부에서 구입하는 경우 차이가 없다.
④ 유휴생산시설이 있으면 외부에서 구입한다.

119. 다음 중 품질원가에 관한 설명으로 가장 올바르지 않은 것은?

① 품질원가란 불량품이 생산되지 않도록 하거나 불량품이 생산된 결과로 발생하는 모든 원가를 말한다.
② 예방원가란 불량품의 생산을 예방하기 위한 원가로 품질교육원가, 예방설비 유지원가 등이 있다.
③ 내부실패원가와 외부실패원가는 불량품이 생산된 결과로써 발생하는 원가이므로 실패원가라고 한다.
④ 일반적으로 예방원가와 평가원가가 증가하면 실패원가도 증가하게 된다.

120. ㈜삼일의 사장은 새로운 성과측정지표를 도입하고 자 ㈜HE 컨설팅의 컨설턴트와 협의 중이다. 다음 사장과 컨설턴트의 대화에서 괄호 안에 들어갈 말로 가장 올바르지 않은 것은?

① 재무적 관점 외에 고객, 내부프로세스, 학습과 성장이라는 비재무적 관점도 함께 고려하여 조직의 전략과 성과를 종합적, 균형적으로 관리, 평가할 수 있는 효과적인 가치중심 성과관리 기법입니다.
② 조직의 수익성을 최종적인 목표로 설정하기 때문에 4가지 관점의 성과지표 중에서 고객관점의 성과지표를 가장 중시합니다.
③ 기업이 추구하는 전략적 목표와 경쟁상황 등의 다양한 변수를 고려하여 측정 지표들을 개발합니다.
④ 매출액 등의 계량화된 객관적 측정치와 종업원의 능력 등과 같은 주관적 측정치 간의 균형을 이룰수 있는 성과지표입니다.

2021년 1월 시행 원가관리회계 공개기출문제

81. 다음 중 원가의 일반적인 특성에 관한 설명으로 가장 올바르지 않은 것은?
① 경제적 가치를 가지고 있는 요소만이 원가가 될 수 있다.
② 발생한 제조원가 중 기업의 수익획득에 아직 사용되지 않은 부분은 자산으로, 수익획득에 사용된 부분은 비용으로 재무제표에 계상된다.
③ 기업의 수익획득 활동에 필요한 물품이나 서비스를 단순히 구입하는 것만으로도 원가가 될 수 있다.
④ 원가란 특정목적을 달성하기 위해 소멸된 경제적 자원의 희생을 화폐가치로 측정한 것이다.

82. 다음에서 설명하고 있는 원가를 원가행태에 따라 분류하고자 할 때 가장 적절한 것은?

특정범위의 조업도 내에서는 총원가가 일정하지만 조업도가 특정범위를 벗어나면 일정액만큼 증감하는 원가

① 변동원가 ② 준변동원가
③ 고정원가 ④ 준고정원가

83. ㈜삼일은 매출원가에 10%의 이익을 가산하여 제품을 판매한다. 다음 자료를 이용하여 ㈜삼일의 기말재공품원가를 구하시오.

1. 기초 원재료 재고액	10,000원
2. 기말 원재료 재고액	30,000원
3. 당기 원재료 매입액	100,000원
4. 직접노무원가	60,000원
5. 제조간접원가	100,000원
6. 기초재공품원가	30,000원
7. 기초제품원가	60,000원
8. 기말제품원가	40,000원
9. 매출액	220,000원

① 60,000원 ② 90,000원
③ 120,000원 ④ 170,000원

84. 두 개의 제조부문과 두 개의 보조부문으로 이루어진 ㈜삼일의 부문간 용역수수에 관련된 자료는 다음과 같다.

	보조부문		제조부문	
	A	B	C	D
A부문 용역제공	-	40%	20%	40%
B부문 용역제공	20%	-	60%	20%
발생원가	200,000원	300,000원	450,000원	600,000원

단계배분법을 사용할 경우 제조부문 C에 배분되는 보조부문의 원가는 얼마인가(단, 보조부문원가는 A부문의 원가를 우선 배분한다)?

① 160,000원 ② 220,000원 ③ 268,000원 ④ 325,000원

85. ㈜삼일은 제조간접원가를 직접노무시간에 비례하여 실제배부한다. 1월 중 발생한 원가자료가 다음과 같을 경우, 작업지시서 #03와 관련된 총제조원가는 얼마인가?

1월 중 발생한 제조간접원가 총액	2,400,000원
1월 중 발생한 총 실제직접노무시간	200시간
작업지시서 #03에 투입된 직접노무시간	180시간
작업지시서 #03 직접재료원가	1,340,000원
작업지시서 #03 직접노무원가	760,000원

① 3,900,000원 ② 4,000,000원
③ 4,260,000원 ④ 4,500,000원

86. ㈜삼일의 박원가 회계팀장은 회사의 업무흐름을 더욱 투명하게 관리하고자 영업활동 flowchart를 작성하려 하고 있다. ㈜삼일이 개별원가계산을 채택하고 있을 때 (ㄱ)과 (ㄴ)에 각각 들어갈 내용은?

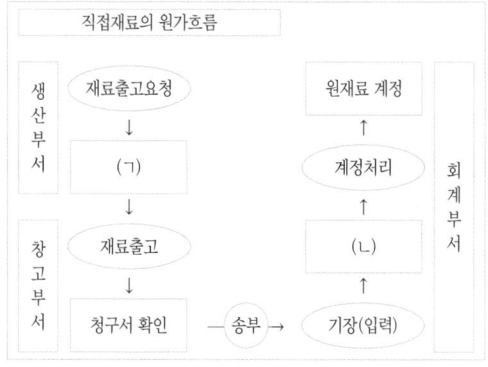

	ㄱ	ㄴ
①	재료출고청구서	작업시간표
②	재료원가표	작업시간표
③	작업시간표	재료원가표
④	재료출고청구서	재료원가표

87. 다음 중 종합원가계산에 관한 설명으로 가장 올바르지 않은 것은?
   ① 기초재공품이 없을 경우, 선입선출법에 의한 제품제조원가가 평균법에 의한 제품제조원가보다 적게 나타난다.
   ② 개별원가계산에 비하여 기장절차가 간단하므로 시간과 비용이 절약된다.
   ③ 원가관리 및 통제가 공정이나 부문별로 수행되므로 원가에 대한 책임중심점이 명확해진다.
   ④ 동일한 과정을 거쳐서 생산된 제품은 동질적이기 때문에 각 제품의 단위당 원가도 동일하다고 가정한다.

88. 다음은 ㈜삼일의 원가자료이다. ㈜삼일이 평균법을 사용한 가공원가의 완성품환산량이 1,900개일 경우 기말재공품의 완성도(%)는 얼마인가(단, 가공원가는 공정전반에 걸쳐 균등하게 발생한다)?

   〈수량〉

기초재공품수량	200개(60%)
착수수량	1,800개
완성수량	1,600개
기말재공품수량	400개(? %)

   ① 40% ② 50%
   ③ 60% ④ 75%

89. ㈜삼일은 종합원가계산을 채택하고 있으며, 선입선출법에 의하여 완성품환산량을 계산한다. 재료는 공정초기에 전량 투입되며 가공원가는 공정전반에 걸쳐 균등하게 발생한다.

수량	기초재공품 400개(완성도50%) 착수량 800개	완성품 1,000개 기말재공품 200개(완성도80%)
원가	재료원가	가공원가
기초재공품원가	200,000원	500,000원
당기발생원가	2,000,000원	3,000,000원

   ㈜삼일의 기말재공품 원가는 얼마인가?

   ① 900,000원 ② 1,000,000원
   ③ 1,050,000원 ④ 1,125,000원

90. 다음 중 종합원가계산의 평균법과 선입선출법에 대한 비교설명 중 가장 올바르지 않은 것은?
   ① 평균법의 경우 완성품원가는 기초재공품원가와 당기투입원가 중 완성분으로 구분되지만, 선입선출법의 경우 당기완성량에 완성품환산량 단위당 원가를 곱한 금액이다.
   ② 평균법의 경우 원가배분 대상액은 기초재공품원가와 당기투입원가의 합계액이지만, 선입선출법의 경우 기초재공품원가는 완성품원가의 일부가 되며, 당기투입원가는 완성품과 기말재공품에 배분한다.
   ③ 평균법의 경우 완성품환산량 단위당 원가에는 전기의 원가가 포함되어 있지만, 선입선출법의 경우 당기투입원가로만 구성된다.
   ④ 평균법의 경우 완성품환산량 산출시 기초재공품은 당기에 착수된 것으로 간주한다. 즉, 평균법은 기초재공품의 완성도를 무시하지만, 선입선출법은 기초재공품과 당기투입량을 구분한다.

91. 다음 중 표준원가시스템에 관한 설명으로 가장 옳은 것은?
   ① 표준원가시스템(예외에 의한 관리 제외)은 책임을 명확히 하여 종업원의 동기를 유발시키는 방법으로는 적절하지 않다.
   ② 관리목적상 표준원가에 근접하는 원가항목을 보다 중점적으로 관리해야 한다.
   ③ 원가통제를 포함한 표준원가시스템을 잘 활용하여도 원가감소를 유도할 수는 없다.
   ④ 표준원가와 실제발생원가의 차이분석 시 중요한 불리한 차이뿐만 아니라 중요한 유리한 차이도 검토할 필요가 있다.

92. 다음 중 표준원가계산에 관한 설명으로 가장 올바르지 않은 것은?
   ① 표준원가계산제도를 채택할 경우 계량적인 정보를 무시할 가능성이 있다.
   ② 원가요소의 표준은 수량과 가격에 대하여 각각 설정한다.
   ③ 표준원가는 회사의 제반사정을 고려하여 현실적으로 달성 가능하도록 설정한다.
   ④ 표준원가계산은 사전에 객관적이고 합리적인 방법에 의하여 산정한 표준원가를 이용하여 제조원가를 계산하는 경우에 적용한다.

93. 다음 중 직접노무원가 가격차이의 계산식을 올바르게 나타낸 것은?
   ① (표준임률 - 실제임률)×표준직접노동시간
   ② (실제임률 - 표준임률)×실제직접노동시간
   ③ (표준직접노동시간 - 실제직접노동시간)×표준임률
   ④ (실제직접노동시간 - 표준직접노동시간)×실제임률

94. 다음 자료는 구입시점에서 직접재료원가 가격차이를 분리하기 위한 자료이다. 직접재료의 단위당 표준가격은 얼마인가?

기초재고액(실제원가)	160,000원
기말재고액(실제원가)	145,000원
생산공정 투입액(실제원가)	400,000원
단위당 실제 구입가격	200원
불리한 가격차이	61,600원

   ① 150원 ② 168원
   ③ 175원 ④ 184원

95. 다음 중 표준원가계산에서 원가차이의 처리방법인 매출원가조정법에 관한 설명으로 가장 올바르지 않은 것은?

① 매출원가조정법을 사용하면 비례배분법을 사용하는 경우보다 당기순이익이 크게 나타난다.
② 유리한 원가차이는 매출원가에서 차감하며 불리한 원가차이는 매출원가에 가산한다.
③ 매출원가조정법은 모든 원가차이를 매출원가에 가감하여 차이를 조정한다.
④ 매출원가조정법에서는 재공품과 제품 계정은 모두 표준원가로 기록된다.

96. ㈜삼일의 20X1년 손익에 대한 자료가 다음과 같을 경우 (a) 전부원가계산에 따른 매출총이익, (b) 변동원가계산에 따른 공헌이익, (c) 초변동원가계산에 따른 재료처리량공헌이익은 각각 얼마인가?

단위당 판매가격	500원
단위당 직접재료원가	150원
단위당 직접노무원가(변동원가)	120원
단위당 변동제조간접원가	50원
단위당 변동판매비와관리비	30원
고정제조간접원가	200,000원
고정판매비와관리비	70,000원
기초제품	없음
생산량	20,000개
판매량	20,000개

① (a) 3,400,000원 (b) 3,600,000원 (c) 7,000,000원
② (a) 3,600,000원 (b) 3,600,000원 (c) 4,600,000원
③ (a) 3,400,000원 (b) 3,000,000원 (c) 7,000,000원
④ (a) 3,600,000원 (b) 3,000,000원 (c) 4,600,000원

97. 20X1년 ㈜삼일은 신제품 A를 500단위 생산하였는데 이에 대한 단위당 변동제조원가는 3원이고 단위당 고정제조간접원가는 10원이다. 20X1년에 신제품에 대한 기초재고액은 없었으며 기말재고 수량만이 300단위일 경우, 전부원가계산방법 대신에 변동원가계산방법을 적용한다면 20X1년 12월 31일의 기말재고액은 전부원가계산방법에 비해 얼마나 변동할 것인가?

① 300원 증가　　② 300원 감소
③ 3,000원 증가　　④ 3,000원 감소

98. 다음 중 변동원가계산의 유용성에 관한 설명으로 가장 올바르지 않은 것은?

① 예산편성에 필요한 원가, 조업도, 이익에 관련된 자료를 얻는데 유용하다.
② 공통부문의 고정원가를 사업부나 제품별로 배분하지 않으므로 사업부별 또는 제품별 의사결정문제에 왜곡을 초래하지 않는다.
③ 이익이 생산량에 영향을 받으므로 불필요한 재고의 누적을 막을 수 있다.
④ 표준원가와 변동예산과 같이 사용하면 원가통제와 성과평가에 유용하게 활용할 수 있다.

99. 다음 변동원가계산과 전부원가계산의 차이점을 정리한 내용 중 가장 올바르지 않은 것은?

구분	변동원가계산	전부원가계산
① 기본목적	내부계획과 통제 등 경영관리	외부보고목적
② 제품원가	직접재료원가 +직접노무원가 +변동제조간접원가	직접재료원가 +직접노무원가 +변동제조간접원가 +고정제조간접원가
③ 보고양식	공헌이익접근법의 손익계산서	전통적 손익계산서
④ 이익 결정 요인	생산량 및 판매량	생산량

100. 다음은 ㈜삼일의 20X1년 동안의 손익에 대한 자료이다.

순매출액	5,000,000원
변동제조원가	1,350,000원
변동판매관리비	260,000원
고정제조원가	500,000원
고정판매관리비	550,000원
생산량	90,000단위
판매량	70,000단위
기초제품재고	없음

변동원가계산에 의한 ㈜삼일의 기말제품재고액과 영업이익은 얼마인가?

	기말제품재고액	영업이익
①	300,000원	2,840,000원
②	300,000원	2,640,000원
③	350,000원	2,840,000원
④	350,000원	2,640,000원

101. 활동기준원가계산의 첫 번째 절차는 활동분석을 실시하여 활동을 4가지로 분류하는 것이다. 다음에서 설명하고 있는 활동중심점으로 가장 옳은 것은?

* 제품종류에 따라 특정제품을 회사의 생산품목으로 유지하는 활동
* (예)특정제품의 설계와 연구개발 및 A/S 활동

① 제품유지활동　　② 배치(batch)수준활동
③ 단위수준활동　　④ 설비유지활동

102. ㈜삼일의 월별 원가자료이다. 고저점법을 이용하여 5월 달 직접노동시간이 9,500시간으로 예상된다면 총제조원가를 추정하면 얼마인가?

월별	직접노동시간	총제조원가
1월	8,000시간	1,150,000원
2월	12,000시간	1,400,000원
3월	6,000시간	500,000원
4월	4,000시간	600,000원

    ① 950,000원 ② 1,025,000원
    ③ 1,150,000원 ④ 1,300,000원

103. 다음은 신제품 도입과 관련한 ㈜삼일의 회의내용이다. 다음 중 괄호 안에 들어갈 수량으로 가장 옳은 것은(단, 세금은 없는 것으로 가정한다)?

    사 장: 이전에 지시한 신제품 도입에 대한 타당성검토는 잘 이루어지고 있습니까?
    상 무: 일단 원가·조업도·이익(CVP)분석으로 대략적인 윤곽은 드러났습니다.
    생산부장: 신제품 제조원가에 대한 내역이 다음과 같이 조사되었습니다.

제품 단위당 예상 판매가격	5,000원
제품 단위당 예상 변동원가	3,000원
예상 총 고정원가	2억원

    영업부장: 사장님께서 지시하신 목표이익 1억원을 달성하기 위해 노력을 할 것이며, 우선 손익분기점을 달성하기 위해서는 (   )를 생산하여 판매하면 됩니다.
    사 장: 좋습니다. 이것으로 오늘 회의는 마치겠습니다.

    ① 10,000개 ② 50,000개
    ③ 100,000개 ④ 150,000개

104. 다음 중 영업레버리지에 관한 설명으로 옳은 것만 짝지은 것은?

    가. 영업레버리지란 영업고정비가 지렛대의 작용을 함으로써 매출액 변화율보다 영업이익 변화율이 확대되는 효과이다.
    나. 영업고정비의 비중이 큰 기업은 영업레버리지가 크고, 영업고정비의 비중이 작은 기업은 영업레버리지가 작다.
    다. 일반적으로 한 기업의 영업레버리지도는 손익분기점 부근에서 가장 작으며, 매출액이 증가함에 따라 점점 커진다.

    ① 가, 나 ② 나, 다
    ③ 가, 다 ④ 가, 나, 다

105. 제조업을 영위하는 ㈜삼일의 재무자료를 분석할 경우 변동원가 60,000원, 고정원가 5,000,000원일 때, 손익분기점 매출수량이 500단위이다. ㈜삼일이 손익분기점을 넘어 추가로 1 단위 판매 시 증가하는 이익은 얼마인가?

    ① 10,000원 ② 40,000원
    ③ 60,000원 ④ 70,000원

106. 분권화란 의사결정권한이 조직 전반에 걸쳐서 위양되어 있는 상태를 의미한다. 다음 중 분권화에 관한설명으로 가장 올바르지 않은 것은?

    ① 각 사업부에서 동일한 활동이 개별적으로 중복되어 수행될 가능성이 없다.
    ② 하위경영자들이 고객 등의 요구에 신속한 대응을 할 수 있다.
    ③ 하위 경영자들에게 보다 큰 재량권이 주어지므로 보다 많은 동기 부여가 된다.
    ④ 분권화될 경우 각 사업부의 이익만 고려하는 준최적화 현상이 발생할 수 있다.

107. 다음 자료를 이용하여 ㈜삼일의 시장점유율차이를 계산하면 얼마인가?

단위당 예산평균공헌이익	100원
실제시장점유율	35%
예산시장점유율	40%
실제시장규모	100,000개

    ① 800,000원(불리) ② 800,000원(유리)
    ③ 500,000원(유리) ④ 500,000원(불리)

108. ㈜삼일이 판매하고 있는 제품 A와 제품 B에 관련된 자료는 다음과 같다.

	제품 A	제품 B
단위당 예산공헌이익	2,000원	3,000원
예산매출수량	700단위	300단위
실제매출수량	950단위	250단위

    ㈜삼일의 매출배합차이는 얼마인가?

    ① 110,000원 불리 ② 110,000원 유리
    ③ 460,000원 불리 ④ 460,000원 유리

109. 다음 중 책임중심점과 책임범위에 대하여 잘못 짝지어진 것은?

    ① 원가중심점 - 통제가능한 원가
    ② 수익중심점 - 매출액, 매출원가
    ③ 이익중심점 - 수익, 원가
    ④ 투자중심점 - 수익, 원가, 투자 의사결정

110. 다음 중 잔여이익법에 관한 설명으로 가장 올바르지 않은 것은?
    ① 투자수익률법에 의하여 부당하게 거부되는 투자안이 잔여이익법에서 수락될 수도 있다.
    ② 투자규모가 다른 투자중심점을 상호 비교하기가 어렵다.
    ③ 잔여이익법에 의하여 수락되는 투자안은 투자수익률법에 의해서도 수락되므로 두 방법은 상호보완적이다.
    ④ 투자수익률법의 준최적화 현상을 유발하는 문제점을 극복하기 위하여 잔여이익의 개념이 출현하였다.

111. 사업부제에서 투자수익률을 이용하여 각 사업부의 성과를 평가할 때의 문제점으로 가장 옳은 것은?
    ① 사업부의 이익만을 고려하므로 투자중심점의 성과평가기준으로 적절하지 않다.
    ② 영업이익과 투자자본을 재조정하기 위한 수정사항이 많고 불명확하다.
    ③ 소규모 투자중심점보다 대규모 투자중심점이 상대적으로 유리한 성과평가를 받는다.
    ④ 투자중심점의 투자수익률 극대화 노력이 회사 전체적으로 채택하는 것이 유리한 투자안을 부당하게 기각할 가능성이 있다.

112. ㈜삼일의 사업부 X의 매출액은 500,000원, 변동원가는 280,000원이고 고정원가는 120,000원이다. 고정원가 중 100,000원은 사업부 X를 폐지한다면 회피가능한 원가이다. 만약 회사가 사업부 X를 폐지한다면 회사 전체 순이익은 어떻게 변화하겠는가?
    ① 120,000원 증가
    ② 120,000원 감소
    ③ 220,000원 증가
    ④ 220,000원 감소

113. ㈜삼일의 20X1년 수익과 원가 및 이익의 예산금액을 요약하면 다음과 같다.

매출액 (50,000단위, @100)	5,000,000원
변동원가(50,000단위, @60)	3,000,000원
공헌이익(50,000단위, @40)	2,000,000원
고정원가	1,500,000원
영업이익	500,000원

    ㈜삼일의 연간 최대생산능력은 70,000단위이다. 20X1년초에 ㈜마포가 단위당 90원에 25,000단위를 사겠다고 특별주문을 했다. 만약 ㈜삼일이 이 특별주문을 수락한다면, 20X1년 영업이익은 예산보다 얼마나 증가 또는 감소하겠는가?
    ① 550,000원 증가
    ② 550,000원 감소
    ③ 650,000원 감소
    ④ 750,000원 증가

114. ㈜삼일은 특별주문요청을 받았다. 현재 여유생산시설이 있는 상황이라면 이 회사의 경영자가 특별주문의 수락여부 의사결정에서 고려하지 않아도 되는 원가는?
    ① 직접재료원가
    ② 고정제조간접원가
    ③ 직접노무원가
    ④ 변동제조간접원가

115. ㈜삼일은 30,000원에 기계를 구입할 예정이며, 기계를 사용할 때 연간 원가절감은 아래의 표와 같다. 연중 현금흐름이 고르게 발생한다고 가정하고 이 투자안의 회수기간을 계산하면 얼마인가?

연도	1년	2년	3년	4년
연간 원가절감액	5,000원	9,000원	8,000원	10,000원

    ① 2.75년
    ② 2.95년
    ③ 3.75년
    ④ 3.80년

116. 다음 중 순현재가치법(NPV 법)에 관한 설명으로 가장 올바르지 않은 것은?
    ① 상호 독립적인 투자안의 경우에는 가치가산의 원칙이 성립한다.
    ② 순현재가치법은 화폐의 시간가치를 고려하지 않는다.
    ③ 순현재가치법에 의하면 기업의 가치를 극대화할 수 있는 투자안을 선택할 수 있다.
    ④ 독립적 투자안에 대한 의사결정시 순현재가치(NPV)가 0(영)보다 크면 투자안을 채택한다.

117. 다음 중 투자안으로부터 얻어지는 현금유입액의 현재가치와 투자에 소요되는 현금유출액의 현재가치를 같게 해주는 할인율을 산출하는 자본예산모형으로 가장 옳은 것은?
    ① 수익성지수(PI)법
    ② 내부수익률(IRR)법
    ③ 회계적이익률(ARR)법
    ④ 순현재가치(NPV)법

118. 신제품출시 초기에 높은 시장점유율을 얻기 위한 가격정책으로 초기시장진입가격을 낮게 설정하는 가격정책을 무엇이라 하는가?
    ① 약탈가격
    ② 입찰가격
    ③ 상층흡수가격
    ④ 시장침투가격

119. ㈜상일은 A, B 두 개의 사업부를 가지고 있다. A 사업부는 부품 갑을 생산하여 외부에 판매하거나 B사업부에 내부대체할 수 있다. A사업부의 연간 생산 및 판매자료는 다음과 같다.

최대생산능력	10,000개
외부수요량	7,000개
단위당 판매가격	400원
단위당 변동원가	170원

B사업부는 부품 갑을 필요한 수량만큼 외부시장에서 420원에 구입할 수 있다. 만약 A사업부가 2,000개의 부품을 B사업부에 내부대체한다면 대체수량 1개당 회사전체이익이 얼마만큼 증가 또는 감소하겠는가?

① 250원 증가 ② 250원 감소
③ 270원 증가 ④ 270원 감소

120. 다음에서 설명하는 균형성과표(BSC)의 관점으로 가장 옳은 것은?

- 혁신·운영·판매 후 서비스라는 3단계의 프로세스를 가진다.
- 평가수단으로는 서비스 대응시간, 주문-배달기간 등이 있다.
- 개별적인 외부 고객의 기대로부터 성과에 대한 요구를 도출할 수 있다.

① 재무적 관점 ② 고객 관점
③ 내부프로세스 관점 ④ 학습과 성장 관점

2021년 3월 시행 원가관리회계 공개기출문제

81. 다음 중 A, B에 해당하는 용어로 가장 옳은 것은?

> A : 당기에 완성되어 제품으로 대체된 완성품의 제조원가
> B : 당기에 판매된 제품의 제조원가

① A : 당기총제조원가 B : 당기제품제조원가
② A : 당기총제조원가 B : 매출원가
③ A : 당기제품제조원가 B : 매출원가
④ A : 당기제품제조원가 B : 당기총제조원가

82. ㈜삼일의 원가자료가 다음과 같을 때 기말제품재고액은 얼마인가?

매출액	200,000원
매출총이익률	40%
기초제품재고액	10,000원
제조간접원가	32,000원
기초재공품재고	25,000원
기말재공품재고	8,000원

*직접재료원가는 기본원가의 50%이고, 직접노무원가는 가공원가의 60%이다.

① 13,000원 ② 15,000원
③ 21,000원 ④ 35,000원

83. 원가배분에서 가장 중요한 문제는 원가배분 기준의 설정이다. 다음 중 원가배분 기준에 대한 설명으로 가장 올바르지 않은 것은?

① 부담능력기준은 원가대상이 원가를 부담할 수 있는 능력에 따라 원가를 배분하는 기준으로, 품질검사원가를 품질검사시간을 기준으로 배분하는 경우가 대표적인 예이다.
② 수혜기준은 원가배분대상이 공통원가로부터 제공받은 경제적 효익의 정도에 따라 원가를 배분하는 기준으로 수익자 부담의 원칙에 입각한 배분기준이다.
③ 인과관계기준은 원가대상과 배분대상 원가간의 인과관계에 따라 원가를 배분하는 기준이다.
④ 공정성과 공평성기준은 공정성과 공평성에 따라 공통원가를 원가배분대상에 배분해야 한다는 원칙을 강조하는 포괄적인 기준이다.

84. ㈜삼일은 두 개의 제조부문 C, D와 두 개의 보조부문 A, B를 두고 있다. 보조부문 A와 B의 발생원가는 각각 400,000원과 480,000원이며, 각 부문의 용역수수관계는 다음과 같다. 직접배분법을 사용할 경우 C가 배분받은 보조부문 원가는 얼마인가?

사용\제공	보조부문		제조부문	
	A	B	C	D
A	-	20%	30%	50%
B	40%	-	40%	20%

① 280,000원 ② 330,000원
③ 470,000원 ④ 675,000원

85. 다음 중 제조간접원가의 배부와 관련된 설명으로 가장 올바르지 않은 것은?

① 제조부문에서 발생하는 감독자의 급료, 공장 건물에 대한 재산세 및 감가상각비 등과 같이 제품과의 직접적인 관련성을 찾기가 어려운 제조간접원가는 제품원가로 부과하기 위한 배부절차가 필요하다.
② 모든 제조간접원가를 하나의 원가집합(공장전체)에 집계하고 단일의 배부기준을 사용하여 배부하는 방법을 "공장전체 제조간접원가 배부율"이라고 한다.
③ 제조간접원가를 복수의 원가집합(제조부문)에 집계하고, 제조부문별로 서로 다른 배부기준을 사용하여 각각 배부하는 방법을 "부문별 제조간접원가 배부율"이라고 한다.
④ 공장전체 제조간접원가 배부율은 공장전체 제조간접원가를 부문별 배부기준으로 나눠서 구하며, 배부된 제조간접원가는 부문별 배부기준을 공장전체배부율로 곱하여 구한다.

86. ㈜삼일은 개별원가계산제도를 사용하고 있으며, 제조간접원가를 직접노무원가 발생액에 비례하여 배부한다. 다음의 원가자료에서 작업지시서 #111과 #112는 완성이 되었으나, #113은 미완성이다. 기초재공품이 없다면 기말재공품원가는 얼마인가?

	#111	#112	#113	합계
직접재료원가	30,000원	10,000원	20,000원	60,000원
직접노무원가	24,000원	5,200원	10,800원	40,000원
제조간접원가	( )	9,100원	( )	( )

① 38,900원 ② 42,000원
③ 49,700원 ④ 54,000원

87. 다음은 선입선출법(FIFO)에 의한 기말재공품원가를 계산하는 식을 나타낸 것이다. 괄호 안에 들어갈 내용으로 가장 옳은 것은?

$$당기발생원가 \times \frac{기말재공품의\ 완성품환산량}{(\quad\quad)} = 기말재공품원가$$

① 기초재공품수량 + 당기투입수량 - 기말재공품수량
② 당기완성품수량 + 기말재공품의 완성품환산량
③ 기초재공품의 완성품환산량 + 당기완성품수량 - 기말재공품의 완성품환산량
④ 당기완성품수량 + 기말재공품의 완성품환산량 - 기초재공품의 완성품환산량

88. 다음은 ㈜삼일의 당기 생산활동과 관련된 자료이다.

- 기초재공품 : 없음, 완성품수량 : 1,000단위
- 당기착수량 : 1,500단위(당기투입원가 240,000원)

모든 제조원가는 공정 진척정도에 따라 투입되는 것으로 가정할 때 완성품환산량 단위당 원가가 200원이면 기말재공품의 완성도는 얼마인가?

① 30%   ② 40%   ③ 50%   ④ 60%

89. 종합원가계산에서는 완성품원가와 기말재공품원가는 일반적으로 다섯 단계를 거쳐 계산된다. 종합원가계산의 절차로 가장 옳은 것은?

ㄱ. 각 공정의 물량흐름 파악
ㄴ. 원가요소별 완성품환산량 단위당 원가계산
ㄷ. 원가요소별 원가배분대상액 파악
ㄹ. 원가요소별 완성품환산량 계산
ㅁ. 완성품원가와 기말재공품원가 계산

① ㄱ→ㄹ→ㄷ→ㄴ→ㅁ
② ㄱ→ㄷ→ㄹ→ㄴ→ㅁ
③ ㄱ→ㄹ→ㄷ→ㅁ→ㄴ
④ ㄴ→ㄹ→ㄷ→ㄱ→ㅁ

90. 종합원가계산의 회계처리에서 원가흐름을 2개의 공정을 가정하고 분개하였다. 다음 중 각 상황에 대한 분개의 예시가 가장 올바르지 않은 것은?

① 제1공정에서 원가 발생시
   (차)재공품(1공정) xxx (대)원재료   xxx
                              노무원가   xxx
                              제조간접원가 xxx
② 제1공정에서 제2공정으로 대체시
   (차)재공품(2공정) xxx (대)재공품(1공정) xxx
      (전공정대체원가)   (차공정대체원가)
③ 제2공정에서 원가발생시
   (차)재공품(2공정) xxx (대)원재료   xxx
                              노무원가   xxx
                              제조간접원가 xxx
④ 제2공정에서 완성품원가의 대체시
   (차)배분제조비   xxx (대)재공품(2공정) xxx

91. 다음 중 표준원가계산에 관한 설명으로 가장 올바르지 않은 것은?

① 표준원가제도는 전부원가계산 및 변동원가계산제도 모두에 적용할 수 있다.
② 표준원가를 기준으로 제품원가계산을 하게 되면 원가계산이 신속해진다.
③ 원가발생의 예외를 관리하여 통제하기에 적절한 원가계산방법이다.
④ 표준원가계산제도를 채택할 경우 계량적인 정보를 무시할 가능성이 있다.

92. 다음 중 표준원가와 표준원가계산제도에 관한 설명으로 가장 올바르지 않은 것은?

① 표준원가는 가장 이상적인 상황에서 달성 가능한 추정치로 설정하는 것이 일반적이다.
② 표준원가는 기본적으로 제품단위당 원가 항목의 수량표준과 가격표준으로 이루어진다.
③ 표준원가와 실제발생원가의 차이 중 중요한 부분에 대해 관심을 가지고 관리하는 예외에 의한 관리가 가능하다.
④ 표준원가계산제도는 성과평가 및 보상을 위한 자료로 사용될 수 있다.

93. 다음은 ㈜삼일의 20X1년 1월 직접노무원가에 관한 자료이다.

ㄱ. 실제 직접노무원가	7,500원
ㄴ. 직접노무원가 가격차이	2,500원 (유리)
ㄷ. 직접노무원가 능률차이	2,800원 (불리)

1월의 실제직접노무시간이 2,500시간이었을때 실제 생산량에 허용된 표준직접노무시간은 얼마인가?

① 1,500시간   ② 1,800시간
③ 2,000시간   ④ 2,500시간

94. ㈜삼일의 변동제조간접원가와 관련한 자료는 다음과 같다.

변동제조간접원가 실제 발생액	3,257,000원
실제투입시간에 허용된 표준변동제조간접원가	3,450,000원
실제산출량에 허용된 표준변동제조간접원가	3,200,000원

㈜삼일의 변동제조간접원가 소비차이는 얼마인가?

① 57,000원(불리)   ② 193,000원(불리)
③ 193,000원(유리)   ④ 250,000원(불리)

95. ㈜삼일의 20X1년 4월 직접노무비의 자료는 다음과 같다. 직접노무비 능률차이는 얼마인가?

직접노무비 임률차이	3,000원(불리)
실제직접노동시간	40,000시간
실제발생액	126,000원
표준직접노동시간	41,000시간

① 3,000원 불리 ② 3,000원 유리
③ 3,075원 불리 ④ 3,075원 유리

96. 다음 중 초변동원가계산에 관한 설명으로 가장 올바르지 않은 것은?

① 초변동원가계산에 의한 영업이익은 단위당 현금창출공헌이익에 판매수량을 곱하고 운영비용을 차감하여 계산한다.
② 생산량이 증가할수록 영업이익이 감소되므로 재고자산보유를 최소화하도록 유인을 제공한다.
③ 제조간접원가에 포함되는 혼합원가를 임의로 고정원가와 변동원가로 구분할 필요없이 모두 기간비용으로 처리하기에 혼합원가의 주관적 구분이 불필요하다.
④ 전부원가계산제도와 마찬가지로 원가부착개념에 근거를 두고 있다.

97. ㈜삼일의 6월 중 영업자료는 아래와 같다. 전부원가 계산에 의한 영업이익이 변동원가계산에 의한 영업이익보다 16,000원 더 크다면 6월 발생한 고정제조간접원가는 얼마인가?(재고자산은 평균법으로 평가한다)

생산량	2,000개
판매량	1,200개
기초재고량	400개(단위당 고정제조간접원가 50원)

① 52,000원 ② 60,000원
③ 72,000원 ④ 84,000원

98. 20X1년에 영업을 시작한 ㈜삼일은 당기에 1,000단위의 제품을 생산하여 800단위의 제품을 판매하였다. 당기의 판매가격 및 원가자료가 다음과 같을 때, 전부원가계산의 영업이익은 얼마인가?

판매가격	100원
제품단위당 직접재료원가	25원
제품단위당 직접노무원가	20원
제품단위당 변동제조간접원가	6원
제품단위당 변동판매비와관리비	5원
고정제조간접원가	20,000원

① 9,000원 ② 13,000원
③ 19,200원 ④ 23,200원

99. 발생한 원가가 미래의 동일한 원가의 발생을 방지 할 수 없다면, 그 원가는 자산성을 인정할 수 없다는 원가회피개념에 근거를 두고 있는 원가계산방법은 무엇인가?

① 변동원가계산 ② 종합원가계산
③ 정상원가계산 ④ 전부원가계산

100. 다음은 ㈜삼일의 생산과 매출에 대한 자료이다.

〈제조간접원가〉

변동제조간접원가	500원/제품단위당
고정제조간접원가	1,500,000원

〈생산과 매출에 대한 자료〉

기초제품재고	20,000단위
생산량	200,000단위
판매량	210,000단위

고정제조간접원가 배부율을 계산하기 위한 기준조업도는 300,000단위이며, 과대 또는 과소배부된 제조간접원가는 전액 매출원가에서 조정된다. 변동원가계산에 의한 순이익이 500,000원일 때 전부원가계산에 의한 순이익은 얼마인가(단, 고정제조간접원가 배부율은 기초제품과 당기제품에 동일하게 적용된다)?

① 400,000원 ② 450,000원
③ 500,000원 ④ 550,000원

101. 다음 중 활동기준원가계산의 절차로 가장 옳은 것은?

ⓐ 각 활동별로 제조간접원가를 집계
ⓑ 활동별 원가동인(배부기준)의 결정
ⓒ 활동분석
ⓓ 제조간접원가 배부율의 결정
ⓔ 원가대상별 원가계산

① ⓐ-ⓓ-ⓑ-ⓒ-ⓔ
② ⓐ-ⓔ-ⓓ-ⓑ-ⓒ
③ ⓒ-ⓐ-ⓑ-ⓓ-ⓔ
④ ⓔ-ⓐ-ⓓ-ⓑ-ⓒ

102. 다음 중 단위당 판매가격과 단위당 변동원가가 불변이고 총고정원가가 감소할 경우 가장 옳은 것은?

① 총공헌이익이 감소한다.
② 총공헌이익은 증가한다.
③ 손익분기점 총매출액이 증가한다.
④ 손익분기점 총매출액이 감소한다.

103. 원가를 추정하는 방법 중 변동비와 고정비의 분류에 있어서 원가담당자의 주관이 개입될 수 있다는 단점을 가진 원가추정방법은 무엇인가?

① 공학적 분석방법 ② 계정분석법
③ 고저점법 ④ 회귀분석법

104. 다음은 ㈜삼일의 영업활동에 대한 자료이다.

제품단위당 변동원가	60원
공헌이익률	40%
손익분기점 매출액	1,000,000원

제품단위당 판매가격과 변동원가가 변하지 않을 때 제품판매량이 5,000단위 증가한다면 영업이익이 변동되지 않게 고정원가를 추가적으로 얼마만큼 증가시킬 수 있는가?

① 100,000원 ② 150,000원
③ 200,000원 ④ 250,000원

105. 책상을 생산해서 판매하는 ㈜삼일은 20X1년의 종합예산을 편성하고자 한다. 이를 위해 수집한 자료는 다음과 같다.

(1) 20X0년도의 책상의 판매가격은 10,000원, 판매량은 1,000개였다. 20X1년도 판매가격은 20X0년 실질GDP 성장률 10%만큼을 인상하여 판매하고, 예상판매량도 실질GDP 성장률만큼 증가하리라 예상하고 있다.
(2) 제품의 기말재고 수량은 당해 예상판매량의 10% 수준을 유지하도록 한다.

다음 중 ㈜삼일의 20X1년의 판매예산으로 가장 옳은 것은?

① 11,900,000원 ② 12,100,000원
③ 12,400,000원 ④ 12,600,000원

106. 다음 중 자본예산의 분석기법에 대한 설명으로 가장 올바르지 않은 것은?

① 회계적이익률법은 현금흐름을 투자액으로 나누어 계산하여 투자안을 평가하는 방법이다.
② 순현재가치법은 기업가치의 증가분을 화폐액으로 평가하기 때문에 가치가산의 법칙이 적용된다.
③ 회수기간법에 의한 투자안의 평가는 각 투자안의 회수기간을 계산하여 회수기간이 가장 짧은 투자안을 선택하는 방법이다.
④ 내부수익률법은 복수의 내부수익률이 존재할 수 있다.

107. 다음 중 판매부서의 성과평가에 대한 설명으로 가장 옳은 것은?

① 판매부서의 성과평가는 예산매출액과 실제매출액의 비교를 통해 이루어진다.
② 판매부서 성과평가시 포함되는 변동원가는 제조부서의 능률차이를 배제하기 위해 판매활동과 제조활동에 관련된 변동원가를 모두 표준원가로 기록한다.
③ 매출총차이는 매출가격차이와 매출수량차이로 구분된다.
④ 이익중심점보다 수익중심점으로 판매부서를 운영하는 것이 바람직하다.

108. 다음 중 책임회계에 근거한 성과보고서에 관한 설명으로 가장 옳은 것은?

① 통제가능원가와 통제불능원가를 반드시 구분할 필요는 없다.
② 통제가능원가의 실제와 표준간의 차이를 포함시켜야 한다.
③ 해당 책임중심점에 배분된 고정제조간접원가는 통제가능원가에 포함시켜야 한다.
④ 회사의 비공식적인 조직상의 권한과 책임에 따라 보고서를 작성하는 것이 바람직하다.

109. ㈜삼일의 12월 예산 및 실제성과는 다음과 같다. 매출조업도차이는 얼마인가?

	실제	예산
단위당 판매가격	90원	88원
단위당 변동원가	36원	35원
고정제조간접원가	50,000원	48,000원
고정판매관리비	15,000원	18,000원
판매량	2,000단위	2,200단위

① 2,000원 불리 ② 10,000원 유리
③ 4,000원 유리 ④ 10,600원 불리

110. ㈜삼일은 다음과 같은 3개의 사업부(A, B, C)를 갖고 있다. 다음 자료를 이용하여 각 사업부를 잔여이익으로 평가했을 때 성과가 높은 사업부 순서대로 올바르게 배열한 것은?

구분	A	B	C
영업자산	1,000,000원	2,000,000원	3,000,000원
영업이익	500,000원	1,000,000원	1,000,000원
최저필수수익률	10%	20%	30%

① A 〉 B 〉 C ② A 〉 C 〉 B
③ B 〉 A 〉 C ④ C 〉 B 〉 A

111. ㈜삼일은 제조업을 영위하는 기업으로서 A제품 생산과 관련된 자료는 다음과 같다.

구분	A제품
제품단위당 표준원가	직접재료(가) 10개, 단위당 100원 직접재료(나) 5개, 단위당 200원
제품 생산량	500개
A제품 생산시 실제투입량	직접재료(가) 4,500개 직접재료(나) 2,400개

위의 자료를 이용하여 직접재료원가의 수율차이를 계산하면 얼마인가?

① 10,000 불리한 차이 ② 10,000 유리한 차이
③ 80,000 불리한 차이 ④ 80,000 유리한 차이

112. 다음 제시된 원가 중 의사결정을 위한 관련원가에 해당되는 원가의 합으로 옳은 것은?

기회원가	10,000원	매몰원가	20,000원
회피가능원가	15,000원	회피불능원가	6,000원

① 16,000원 ② 25,000원
③ 26,000원 ④ 35,000원

113. ㈜삼일은 진부화된 의류 300 벌을 보유하고 있다. 이 제품에 대한 총제조원가는 21,000,000원이었으나 현재로는 의류 한벌당 30,000원에 처분하거나 3,000,000원을 투입하여 개조한 후 의류 한벌당 50,000원에 판매할 수밖에 없는 상황이다. 다음 설명 중 가장 옳은 것은?
① 한벌당 30,000원에 처분하면 10,000,000원의 손실이 발생하므로 처분하면 안된다.
② 개조하여 판매하는 것이 그대로 처분하는 것보다 3,000,000원만큼 유리하다.
③ 개조하여 판매하면 10,000,000원의 추가적인 손실이 발생한다.
④ 5,000,000원의 추가비용을 지출하지 않고 한벌당 30,000원에 판매하는 것이 가장 유리하다.

114. ㈜삼일의 프로젝트 A에 대한 매출액은 1,000,000원, 변동원가는 300,000원이고, 고정원가는 500,000원이다. 고정원가 중 100,000원은 프로젝트 A를 포기하더라도 계속하여 발생하는 금액이다. 만약 ㈜삼일이 프로젝트 A를 포기한다면 회사의 순이익은 어떻게 변화하는가?
① 변화없음. ② 200,000원 감소
③ 300,000원 감소 ④ 700,000원 감소

115. 다음 중 장기의사결정을 위한 자본예산 과정의 현금흐름 추정원칙으로 가장 옳은 것은?
① 감가상각비는 기업이 납부하는 법인세를 감소시키는 감세효과를 가진다.
② 현금흐름 파악시 법인세 차감전 금액을 기준으로 한다.
③ 증분현금흐름을 측정할 때 과거의 투자결정에 의한 매몰원가를 포함한다.
④ 현금흐름계산에서 이자비용을 포함하여 계산한다.

116. ㈜삼일은 당기 초 새로운 투자안에 600,000원을 투자하였다. 회사는 이 투자안으로부터 앞으로 5년 동안 매년 말 300,000원의 현금유입을 예측하고 있다. 회사의 최저필수수익률이 연 12%일 경우 이 투자안의 순현재가치(NPV)는 얼마인가?

	연 12%
5년 현가계수	0.57
5년 연금현가계수	3.60

① 114,000원 ② 120,000원
③ 378,000원 ④ 480,000원

117. ㈜삼일의 경영진은 새로운 투자안을 검토 중이며, 경영진이 분석한 이 투자안의 NPV 는 0보다 큰 값이 산출되었다. 그러나 재무담당자인 갑의 분석에 의하면 이 투자안은 경제성이 없는 것으로 판단된다. 갑의 분석이 옳다고 했을 때, 이 기업의 경영진은 경제성분석 과정에서 어떤 오류를 범하였겠는가?
① 자본비용을 너무 높게 추정하였다.
② 투자종료시점의 투자안의 처분가치를 너무 낮게 추정하였다.
③ 현금영업비용을 너무 낮게 추정하였다.
④ 투자시점의 투자세액공제액을 현금흐름에 포함시키지 않았다.

118. 다음 중 순현재가치법과 내부수익률법에 관한 설명으로 가장 올바르지 않은 것은?
① 순현재가치법과 내부수익률법에 따른 투자안 평가결과는 항상 동일하다.
② 순현재가치법은 투자기간동안 현금흐름을 자본비용으로 재투자한다고 가정한다.
③ 내부수익률법은 투자안의 내부수익률이 최저필수수익률을 상회하면 그 투자안을 채택한다.
④ 두 방법 모두 화폐의 시간적 가치를 고려하는 방법이다.

119. ㈜삼일의 엔진사업부는 엔진을 생산하고 있으며 연간 생산능력은 100,000단위이고 수익과 원가자료는 다음과 같다.

단위당 외부판매가격	500원
단위당 변동제조원가	270원
단위당 변동판매관리비	10원
단위당 고정제조원가(연간 100,000단위 기준)	50원
단위당 고정판매관리비	30원

㈜삼일은 자동차를 생산하는 완성차사업부도 보유하고 있다. 완성차사업부는 연간 10,000단위의 엔진을 단위당 490원에 외부에서 조달하고 있다. 엔진사업부가 유휴생산시설이 없다면 사내대체를 허용할 수 있는 엔진의 단위당 최소대체가격은 얼마인가(단, 사내대체시 변동판매비는 발생하지 않음)?
① 370원 ② 480원
③ 490원 ④ 500원

120. 다음의 목표원가계산의 절차를 올바르게 나타낸것은 무엇인가?

ⓐ 목표원가 달성을 위한 가치공학을 수행
ⓑ 잠재 고객의 요구를 충족하는 제품의 개발
ⓒ 목표가격에서 목표이익을 고려하여 목표원가를 산출
ⓓ 고객이 인지하는 가치와 경쟁기업의 가격 등을 고려하여 목표가격을 선택

① ⓐ→ⓑ→ⓒ→ⓓ ② ⓑ→ⓓ→ⓒ→ⓐ
③ ⓒ→ⓑ→ⓐ→ⓓ ④ ⓓ→ⓐ→ⓒ→ⓑ

2021년 5월 시행 — 원가관리회계 공개기출문제

81. 다음은 ㈜삼일의 20X1 년 제조원가 자료이다.

제조원가명세서
20X1년 1월 1일-20X1년 12월 31일 (단위 : 원)

Ⅰ. 직접재료원가	300,000
Ⅱ. 직접노무원가	500,000
Ⅲ. 제조간접원가	130,000
변동원가	60,000
고정원가	70,000
Ⅳ. 당기총제조원가	930,000

위 자료를 이용하여 (a)기초원가와 (b)가공원가를 계산하면 얼마인가?

① (a) 930,000원, (b) 130,000원
② (a) 800,000원, (b) 130,000원
③ (a) 800,000원, (b) 630,000원
④ (a) 300,000원, (b) 630,000원

82. 다음의 기업경영 사례에서 밑줄 친 부분이 의미하는 용어는 무엇인가?

> 영국, 프랑스가 공동 개발한 초음속 여객기 '콩코드'는 개발과정에서 막대한 비용을 들였고, 완성하더라도 채산을 맞출 가능성이 없었다. 그러나 이미 거액의 개발자금을 투자했기 때문에 도중에 중지하는 것은 낭비라는 이유로 개발작업이 계속 이어졌다고 한다.

① 간접원가
② 매몰원가
③ 고정원가
④ 기회원가

83. 다음 중 준변동원가에 관한 설명으로 가장 옳은 것은?

① 조업도의 증가에 따라 원가총액과 단위당 원가가 증가한다.
② 조업도의 변동과 무관하게 원가총액이 일정하다.
③ 조업도의 변동과 무관하게 원가총액이 일정한 원가와 조업도의 증가에 따라 원가총액이 비례하여 증가하는 원가를 모두 가지고 있다.
④ 조업도가 특정범위를 벗어나면 일정액만큼 증가 또는 감소한다.

84. 20X1년 1월 5일에 영업을 시작한 ㈜삼일은 20X1년 12월 31일에 직접재료재고 5,000원, 재공품재고 10,000원, 제품재고 20,000원을 가지고 있다. 그런데 20X2년 들어 영업실적이 부진하자 동년 6월에 재료와 재공품 재고를 남겨두지 않고 제품으로 생산한 뒤 싼 가격으로 제품을 모두 처분하고 공장을 폐쇄하였다. ㈜삼일의 20X2년의 원가를 큰 순서대로 정리하면?

① 매출원가〉당기총제조원가〉당기제품제조원가
② 매출원가〉당기제품제조원가〉당기총제조원가
③ 당기총제조원가〉당기제품제조원가〉매출원가
④ 모두 금액이 같다.

85. ㈜삼일은 보조부문(S1, S2)과 제조부문(P1, P2)을 이용하여 제품을 생산하고 있으며, 단계배분법을 사용하여 보조부문원가를 제조부문에 배분한다. 각 부문 간의 용역수수관계와 보조부문원가가 다음과 같을 때 P2에 배분될 보조부문원가는?(단, 보조부문원가는 S1, S2의 순으로 배분한다.)

	보조부문		제조부문		합계
	S1	S2	P1	P2	
부문원가	120,000원	100,000원	-	-	
S1	-	25%	50%	25%	100%
S2	20%	-	30%	50%	100%

① 92,500원
② 95,000원
③ 111,250원
④ 120,500원

86. 다음 중 개별원가계산과 종합원가계산에 관한 설명으로 가장 올바르지 않은 것은?

	구분	개별원가계산	종합원가계산
①	특징	특정 제품이 다른 제품과 구분되어 생산됨	동일규격의 제품이 반복하여 생산됨
②	원가보고서	각 작업별로 보고서 작성	각 공정별로 보고서 작성
③	원가계산 방법	발생한 총원가를 총생산량으로 나누어 단위당 평균제조원가계산	주문받은 개별 제품별로 작성된 작업원가표에 집계하여 계산
④	적용적합한 업종	주문에 의해 각 제품을 별도로 제작, 판매하는 제조업종	동일한 규격의 제품을 대량생산하는 제조업종

87. 다음 자료는 개별원가계산제도를 이용하여 원가계산을 하는 ㈜삼일의 작업 A101과 관련된 것이다.

〈당기의 작업 A101 관련 작업원가표〉

일자	직접재료원가		직접노무원가		제조간접원가	
	재료출고청구서 NO.	금액	작업시간보고서 NO.	금액	배부율	배부금액
3.1	#1	290,000원	#1	85,000원	800원/시간	150,000원
3.10	#2	300,000원	#2	92,000원		

당기에 완성된 작업 A101의 기초재공품원가는 53,000원이다. 작업 A101의 당기제품제조원가는 얼마인가(단, 기말재공품원가는 없다고 가정한다.)?

① 595,000원
② 767,000원
③ 820,000원
④ 970,000원

88. ㈜삼일은 평균법을 이용한 종합원가계산제도를 채택하고 있다. 재료는 공정초기에 전량 투입되며, 가공원가는 공정 전반에 걸쳐 발생한다. (a)완성품원가와 (b)기말재공품원가는 각각 얼마인가?

〈수량〉	
기초재공품	50개(완성도 40%)
착수량	450개
완성품	400개
기말재공품	100개(완성도 20%)

〈원가〉	재료원가	가공원가
기초재공품원가	8,000,000원	6,000,000원
당기발생원가	32,000,000원	24,240,000원

① (a) 60,800,000원, (b) 9,440,000원
② (a) 56,192,000원, (b) 56,192,000원
③ (a) 60,800,000원, (b) 56,192,000원
④ (a) 56,192,000원, (b) 9,440,000원

89. ㈜삼일은 종합원가계산을 적용하여 제품의 원가를 계산하고 있다. 재료는 공정초기에 전량 투입되며 기말재공품 400개에 대한 가공원가는 60%의 완성도를 보이고 있다. 완성품환산량 단위당 재료원가와 가공원가가 각각 1,500원, 500원으로 계산된 경우에 기말재공품의 원가는 얼마인가?

① 640,000원 ② 680,000원
③ 720,000원 ④ 760,000원

90. ㈜삼일은 종합원가계산제도를 채택하고 있으며, 원재료는 공정의 초기에 전량 투입되며, 가공원가는 공정 전반에 걸쳐서 진척도에 따라 균등하게 발생한다. 재료원가의 경우 평균법에 의한 완성품환산량은 2,000단위이고, 선입선출법에 의한 완성품환산량은 1,500단위이다. 또한 가공원가의 경우 평균법에 의한 완성품환산량 1,800단위이고, 선입선출법에 의한 완성품환산량은 1,400단위이다. 기초재공품의 진척도는 몇 %인가?

① 50% ② 60%
③ 70% ④ 80%

91. 다음 중 표준원가계산의 유용성으로 가장 올바르지 않은 것은?

① 재무제표 상의 재고자산가액과 매출원가를 산출할 때 근거가 되는 원가정보를 제공할 수 있다.
② 실제원가와 표준원가를 분석하여 효율적으로 원가를 통제할 수 있다.
③ 예산편성을 위한 원가자료를 수집하는 데 소요되는 시간을 절약할 수 있다.
④ 표준원가는 기업의 활동과 성과를 실제 발생한 수치로 표시할 수 있다.

92. ㈜삼일은 표준원가계산을 이용하여 당월에 발생된 차이를 분석한 결과, 가격차이 100,000원(불리), 능률차이 54,000원(유리)이었다. 괄호 (A), (B)에 들어가는 금액과 수량으로 가장 옳은 것은?

실제수량	단위당 실제원가	단위당 표준원가	생산량	단위당 표준수량
10,000kg	@100	(A)	5,300개	(B)

	A	B		A	B
①	@100	2kg	②	@100	3kg
③	@90	2kg	④	@90	3kg

93. ㈜삼일은 고정제조간접비를 노동시간 기준으로 배부하는데 기준조업도는 20,000시간이다. 또한 제품단위당 표준노동시간은 10시간이며, 제품의 실제생산량은 2,100단위이고 고정제조간접비의 실제발생액은 2,300,000원이다. 고정제조간접비 예산차이가 300,000원(불리)이라면 조업도차이는 얼마인가?

① 50,000원 유리 ② 50,000원 불리
③ 100,000원 유리 ④ 100,000원 불리

94. ㈜삼일의 직접재료원가에 대한 자료는 다음과 같다. 직접재료원가의 능률차이는 얼마인가?

제품실제생산량	2,000개
제품 1개당 실제투입수량	5kg
kg당 실제재료원가	400원
제품 1개당 표준투입수량	4kg
직접재료원가 kg당 표준가격	300원

① 300,000원(유리) ② 300,000원(불리)
③ 600,000원(유리) ④ 600,000원(불리)

95. 다음 중 직접노무원가 가격차이의 계산식으로 가장 옳은 것은?

① (표준임률 - 실제임률)×표준작업시간
② (실제임률 - 표준임률)×실제작업시간
③ (표준작업시간 - 실제작업시간)×표준임률
④ (실제작업시간 - 표준작업시간)×실제임률

96. ㈜삼일의 표준원가계산제도는 직접작업시간을 제조간접비 배부기준으로 사용한다. ㈜삼일의 원가차이분석 자료를 이용할 경우, 변동제조간접비 소비차이는 얼마인가?

제조간접비 실제발생액	15,000원
고정제조간접비 실제발생액	7,200원
실제작업시간	3,500시간
표준작업시간	3,800시간
변동제조간접비 표준배부율	작업시간당 2.5원

① 950원 불리 ② 750원 불리
③ 750원 유리 ④ 950원 유리

97. 다음 중 전부원가계산과 변동원가계산에 관한 설명으로 가장 올바르지 않은 것은?

① 당기 생산량이 판매량보다 많으면, 전부원가계산의 영업이익이 변동원가계산의 영업이익보다 항상 크다.
② 변동원가계산의 영업이익은 판매량에 따라 달라진다.
③ 변동원가계산에서는 고정제조간접원가를 기간비용으로 처리한다.
④ 전부원가계산에서는 과잉생산의 유인이 있다.

98. ㈜삼일의 7월 한달 간 변동원가계산에 대한 자료이다. 7월의 총매출액은 얼마인가?

제품 단위당 판매가격	7,000원
단위당 변동원가	4,500원
총고정원가	2,300,000원
영업이익	8,750,000원

① 19,890,000원 ② 30,940,000원
③ 38,590,000원 ④ 42,500,000원

99. 다음 중 변동원가계산제도의 특징에 관한 설명으로 옳은 것으로만 짝지은 것은?

가. 변동원가계산제도만 기업회계기준에서 인정하는 원가계산제도이다.
나. 특정기간의 이익이 재고자산 수량의 변동에 영향을 받지 않는다.
다. 고정제조간접비를 기간비용으로 처리한다.

① 가, 나 ② 가, 다
③ 나, 다 ④ 가, 나, 다

100. ㈜삼일은 12월 중 아래 영업자료를 참고하여 전부 원가계산과 변동원가계산에 의한 순이익을 비교하고 있다. 전부원가계산의 영업이익이 변동원가계산에 비해 75,000원 만큼 크다면 판매량은 몇 개인가?

생산량	2,000개	판매량	?
고정제조원가	300,000원	고정판매관리비	75,000원

(단, 월초재고는 없음)

① 1,500개 ② 1,600개
③ 1,800개 ④ 2,000개

101. ㈜삼일은 활동기준원가계산을 사용하며, 제조과정은 다음의 3가지 활동으로 구분된다.

활동	원가동인	연간 원가동인수	연간 변동원가총액
세척	재료의 부피	100,000리터	200,000원
압착	압착기계시간	45,000시간	900,000원
분쇄	분쇄기계시간	21,000시간	546,000원

X제품 한 단위당 재료부피는 30리터, 압착기계시간은 10시간, 분쇄기계시간은 5시간이다. X제품의 단위당 판매가격과 직접재료원가가 각각 2,000원과 400원일 경우 제품의 단위당 공헌이익은 얼마인가?

① 390원 ② 800원
③ 1,210원 ④ 1,600원

102. ㈜삼일의 과거 원가자료를 바탕으로 총제조간접원가를 추정한 원가함수는 다음과 같다. 이에 관한 설명으로 가장 올바르지 않은 것은?(단, 조업도는 기계시간이다.)

$$y = 200,000 + 38x$$

① 200,000은 기계시간당 고정제조간접원가를 의미한다.
② x는 기계시간을 의미한다.
③ 38은 기계시간당 변동제조간접원가를 의미한다.
④ 조업도가 1,000기계시간일 경우 총제조간접원가는 238,000원으로 추정된다.

103. 다음 중 영업레버리지에 관한 설명으로 올바른 것만 짝지은 것은?

가. 영업레버리지란 영업고정비가 지렛대의 작용을 함으로써 매출액 변화율보다 영업이익 변화율이 확대되는 효과이다.
나. 일반적으로 한 기업의 영업레버리지도는 손익분기점 부근에서 가장 크며, 매출액이 증가함에 따라 점점 작아진다.
다. 영업레버리지도가 높다는 것은 그 기업의 영업이익이 충분히 많다는 것을 의미한다.

① 가, 나 ② 나, 다
③ 가, 다 ④ 가, 나, 다

104. 다음 중 CVP 분석에 대한 설명으로 가장 올바르지 않은 것은?

① 모든 원가는 변동원가와 고정원가로 분류할 수 있다고 가정한다.
② 수익과 원가의 행태는 관련범위 내에서 선형이라고 가정한다.
③ 화폐의 시간가치를 고려하여 분석한다.
④ 복수제품인 경우 매출배합이 일정하다고 가정한다.

105. 기업은 미래의 불확실성에 대처하기 위하여 계획을 수립하며, 이러한 계획의 일부분으로서 예산을 편성한다. 예산은 다양하게 분류할 수 있는데 조업도의 변동에 따라 조정되어 작성되는 예산을 무엇이라 하는가?

① 변동예산 ② 부문예산
③ 종합예산 ④ 운영예산

106. ㈜삼일은 전자제품을 생산하여 판매하는 회사로서 각 사업부의 영업자산, 영업이익 및 매출액에 관한 정보는 다음과 같다. 다음 중 투자수익률이 높은 사업부의 순서로 가장 옳은 것은?

구분	휴대폰 사업부	청소기 사업부	냉장고 사업부
평균영업자산	500,000원	1,000,000원	2,000,000원
영업이익	50,000원	230,000원	220,000원
매출액	4,000,000원	3,000,000원	1,000,000원

① 휴대폰〉청소기〉냉장고
② 청소기〉휴대폰〉냉장고
③ 냉장고〉청소기〉휴대폰
④ 청소기〉냉장고〉휴대폰

107. 다음 중 산출물만을 화폐로 측정하여 통제할 뿐 투입물과 산출물 모두에 의해 결정되는 이익에 대해서는 책임을 지지 않는 책임중심점으로 가장 옳은 것은?

① 원가중심점
② 수익중심점
③ 이익중심점
④ 투자중심점

108. 현재 투자수익률이 각각 17%와 16%인 (a) 마포사업부와 (b) 용산사업부는 모두 신규투자안을 고려하고 있다. 마포사업부와 용산사업부가 고려하고 있는 신규투자안은 기대투자수익률이 각각 15%와 17%이고, 자본비용은 각각 16%와 14%이다. 이 경우 각 사업부가 잔여이익 극대화를 목표로 한다면 각 부문은 어떤 의사결정을 하여야 하는가?

① (a) 채택, (b) 채택
② (a) 채택, (b) 기각
③ (a) 기각, (b) 채택
④ (a) 기각, (b) 기각

109. 투자수익률(ROI)은 영업이익을 투자액으로 나누어 계산한 수익성 지표이다. 다음 중 투자수익률의 증대 방안으로 가장 올바르지 않은 것은?

① 매출액의 증가
② 판매비와관리비의 감소
③ 매출채권 회전기간의 감소
④ 총자산회전율의 감소

110. 다음 중 경제적부가가치(EVA)에 관한 설명으로 가장 올바르지 않은 것은?

① EVA는 투자중심점이 고유의 영업활동에서 세금, 타인자본과 자기자본에 대한 자본비용을 초과하여 벌어들인 이익을 의미한다.
② EVA는 고유의 영업활동에서 창출된 순가치의 증가분을 의미한다.
③ EVA는 자기자본에 대한 자본비용을 고려하지 않고 성과평가를 한다.
④ EVA는 발생주의 회계수치를 성과측정목적에 맞게 수정하여 계산한다.

111. 분권화란 의사결정권한이 조직 전반에 걸쳐서 위임되어 있는 상태를 의미한다. 다음 중 분권화의 문제점으로 가장 올바르지 않은 것은?

① 고객, 공급업체 및 종업원의 요구에 대한 신속한 대응이 어려워진다.
② 분권화된 사업부는 기업 전체의 관점에서 최적이 아닌 의사결정을 할 가능성이 있다.
③ 각 사업부에서 동일한 활동이 개별적으로 중복 수행될 수 있다.
④ 각 사업부간의 협력이 저해되어 비효율을 초래할 수 있다.

112. ㈜삼일의 부품제조에 대한 원가자료는 다음과 같다.

직접재료원가	200원/단위
직접노무원가	50원/단위
변동제조간접원가	50원/단위
총고정제조간접원가	600,000원
생산량	20,000단위

외부제조업자가 이 부품의 필요량 20,000단위를 전량 납품하겠다고 제의하였다. 부품을 외부에서 구입할 경우 고정제조간접원가의 1/3을 회피할 수 있다면, 다음 중 ㈜삼일이 최대한 허용할 수 있는 부품의 단위당 구입가격은 얼마인가?

① 300원
② 310원
③ 320원
④ 330원

113. 다음 중 의사결정에 관한 설명으로 가장 올바르지 않은 것은?

① 고정원가가 당해 의사결정과 관계없이 계속 발생한다면 고정원가는 비관련원가이다.
② 현재 시설능력을 100% 활용하고 있는 기업이 특별주문의 수락 여부를 고려할 때 동 주문생산에 따른 추가 시설 임차료는 고려할 필요가 없다.
③ 제품라인을 폐지한 후 유휴생산시설을 이용하여 발생시키는 수익은 의사결정 시 고려하여야 한다.
④ 부품의 자가제조 또는 외부구입 의사결정시 회피가능원가가 외부구입가보다 큰 경우에는 외부구입하는 것이 바람직하다.

114. ㈜삼일의 손익계산서는 다음과 같다.

제품단위당 판매가격	1,200원
매출액	7,200,000원
매출원가	3,200,000원
매출총이익	4,000,000원
판매비와관리비	2,700,000원
영업이익	1,300,000원

매출원가 중 1/4과 판매비와관리비 중 2/3가 고정비이다. 유휴생산능력이 있다고 할 경우, 제품단위당 700원에 500단위의 제품에 대한 추가주문을 받아들인다면 회사의 영업이익에 미치는 영향은 얼마인가(단, 추가주문 수락이 기존주문에 미치는 영향은 없는 것으로 가정한다)?

① 75,000원 증가 ② 75,000원 감소
③ 125,000원 증가 ④ 125,000원 감소

115. ㈜삼일은 최근 고객사로부터 제품 300단위를 단위 당 20,000원에 구입하겠다는 제안을 받았다. 이 주문의 수락여부와 회사의 이익에 미치는 영향은 어떠한가(단, 제품과 관련된 자료는 다음과 같으며 동 주문을 수락하더라도 고정원가에는 아무런 영향을 초래하지 않는다)?

	제품단위당 원가
직접재료원가	11,000원
직접노무원가(변동원가)	4,000원
변동제조간접원가	2,500원
고정제조간접원가	3,000원
변동판매비와관리비	500원
고정판매비와관리비	1,000원
	22,000원

① 수락, 150,000원의 이익 증가
② 수락, 600,000원의 이익 증가
③ 거절, 150,000원의 손실 증가
④ 거절, 600,000원의 손실 증가

116. ㈜삼일은 내용연수가 3년인 기계장치에 투자하려고 하고 있다. 기계장치를 구입하면, 1년째에는 5,000,000원, 2년째에는 4,000,000원, 그리고 3년째에는 3,000,000원의 현금지출운용비를 줄일 것으로 판단하고 있다. 회사의 최저필수수익률은 12%이고 기계장치에 대한 투자액의 현재가치는 8,000,000원 이라고 할 때, 기계장치에 대한 투자안의 순현재가치(NPV)는 얼마인가(단, 이자율 12%의 1원당 현재가치는 1년은 0.9, 2년은 0.8, 3년은 0.7이며 법인세는 없는 것으로 가정한다)?

① 1,800,000원 ② 1,900,000원
③ 2,000,000원 ④ 2,100,000원

117. 다음 중 자본예산을 편성하기 위한 현금흐름추정의 기본 원칙으로 가장 올바르지 않은 것은?

① 증분기준에 의한 현금흐름을 추정해야하므로 이미 현금유출이 이루어진 매몰원가는 현금흐름추정시 고려하지 않는다.
② 법인세와 관련된 비용은 명백한 현금의 유출에 해당하므로 현금흐름추정 시 현금의 유출로 반영해야 한다.
③ 감가상각비는 현금의 유출에 해당하지 않으므로 현금흐름추정 시 현금의 유출로 보지 않는다.
④ 이자비용은 명백한 현금의 유출에 해당하므로 현금흐름추정 시 현금의 유출로 반영해야 한다.

118. 다음 중 순현재가치(NPV)법과 내부수익률(IRR)법에 관한 설명으로 가장 올바르지 않은 것은?

① 내부수익률(IRR)법에서는 내부수익률이 최저필수수익률을 상회하는 투자안을 채택한다.
② 내부수익률(IRR)법은 가치가산의 원칙이 적용되나 순현재가치(NPV)법은 그렇지 않다.
③ 두 방법 모두 화폐의 시간가치를 고려하는 방법이다.
④ 순현재가치(NPV)법에서는 순현재가치가 0(영)보다 큰 투자안을 채택한다.

119. ㈜삼일은 A사업부와 B사업부로 구성되어 있다. B사업부는 A사업부에서 생산되는 부품을 가공하여 완제품을 제조한다. B사업부에서 부품 한 단위를 완제품으로 만드는데 소요되는 추가가공원가는 500원이며, 완제품의 단위당 판매가격은 1,100원이다. 부품의 외부시장가격이 단위당 550원인 경우, B사업부가 받아들일 수 있는 최대대체가격은 얼마인가?

① 550원 ② 600원
③ 700원 ④ 1,100원

120. 다음 중 수명주기원가계산에 관한 설명으로 가장 올바르지 않은 것은?

① 최근에 제품의 수명이 짧아지면서 생산주기 이외의 주기에서 발생하는 원가가 기업 전체 입장에서 중요해지면서 대두된 관리회계기법이다.
② 프로젝트와 관련하여 언제 어떤 가치사슬단계에서 얼마만큼의 원가가 발생하는지를 알게 됨으로써 상이한 가치사슬단계에서의 원가발생의 상호관계 파악이 가능하다.
③ 제품 또는 서비스의 수명주기 매 단계마다 모든 가치사슬단계에서 발생하는 수익과 비용에 대한 집계를 가능하게 하여 프로젝트 전체에 대한 이해가 향상된다.
④ 제품수명주기원가의 대부분이 제조단계에서 확정되므로 제조단계에서의 원가절감을 강조한다.

2021년 6월 시행 원가관리회계 공개기출문제

81. 다음은 원가행태와 추적가능성에 따른 원가분류이다.

	직접원가	간접원가
변동원가	(ㄱ)	(ㄴ)
고정원가	(ㄷ)	(ㄹ)

㈜삼일은 한 공장에서 100명의 생산직원 모두가 팀 구분 없이 승용차와 트럭을 생산한다. 승용차 생산과 관련하여 (ㄱ)의 사례로 가장 옳은 것은?

① 승용차용 타이어 원가 ② 공장 감가상각비
③ 공장관리자 급여 ④ 식당 운영비

82. ㈜삼일은 공장의 화재로 창고에 보관중이던 제품 5,000,000원이 손상되었다. 이 제품을 손상된 상태에서 처분하면 200,000원에 처분가능하나 회사는 300,000원의 비용을 추가 투입하여 손상부분을 수선한 후 1,000,000원에 처분하기로 하였다. 이처럼 수선 후 처분하는 경우 기회비용은 얼마인가?

① 100,000원 ② 200,000원
③ 300,000원 ④ 500,000원

83. ㈜삼일은 매출원가에 10%의 이익을 가산하여 제품을 판매한다. 다음 자료를 이용하여 ㈜삼일의 기말재공품원가를 구하시오.

1. 기초 원재료 재고액	10,000원
2. 기말 원재료 재고액	30,000원
3. 당기 원재료 매입액	100,000원
4. 직접노무원가	60,000원
5. 제조간접원가	100,000원
6. 기초재공품원가	30,000원
7. 기초제품원가	60,000원
8. 기말제품원가	40,000원
9. 매출액	220,000원

① 60,000원 ② 90,000원
③ 120,000원 ④ 170,000원

84. ㈜삼일은 A와 B의 두 제조부문이 있으며, 제조과정에서 필요한 설비의 수선을 할 수 있는 수선부문을 보조부문으로 두고 있다. 두 제조부문의 최대사용가능시간은 A가 4,000시간이고 B가 6,000시간이며 실제로 사용한 수선시간은 A가 4,000시간이고 B가 4,000시간이다. 고정원가는 6,000,000원이며 변동원가는 4,000,000원이다. 단일배부율을 사용하는 경우에 이중배분율을 사용하는 경우와 비교하여 제조부문 A에 배부되는 수선부문원가는 얼마나 차이가 나는가?

① 400,000원 ② 500,000원
③ 600,000원 ④ 700,000원

85. 다음 중 개별원가계산에 관한 설명으로 가장 올바르지 않은 것은?

① 주문받은 작업별로 원가를 집계하기 때문에 직접원가와 간접원가의 구분이 중요하지 않다.
② 다양한 제품을 주문에 의해 생산하는 경우에도 적합한 원가계산제도이다.
③ 개별원가계산을 적용하는 경우에도 제조간접원가의 배분절차가 필요하다.
④ 회계법인 등과 같이 수요자의 주문에 기초하여 서비스를 제공하는 경우에 이용할 수 있다.

86. ㈜삼일은 직접노동시간을 기준으로 제조간접원가를 예정배부하고 있으며 연간 제조간접원가는 2,000,000원으로, 연간 직접노동시간은 40,000시간으로 예상하고 있다. 20X1년 12월 중 작업지시서 #369와 #248을 시작하여 #369만 완성하였다면 12월말 재공품의 원가는 얼마인가(단, 월초에 재공품은 없다고 가정한다)?

	#369(완성)	#248(미완성)	계
직접재료원가	150,000원	90,000원	240,000원
직접노무원가	60,000원	30,000원	90,000원
직접노동시간	2,400시간	1,600시간	4,000시간

① 190,000원 ② 195,000원 ③ 198,000원 ④ 200,000원

87. ㈜삼일은 개별원가계산을 실시하고 있으며 당기 중 발생한 제조간접원가는 직접노무원가의 120%이다.

구분	작업 #401	작업 #501
직접재료원가	882,000원	147,000원
직접노무원가	(A)	367,500원
제조간접원가	529,200원	(B)

작업 #401에서 발생한 직접노무원가(A) 및 작업 #501의 제조간접원가(B)는 얼마인가?

① (A) 441,000원, (B) 441,000원
② (A) 441,000원, (B) 306,250원
③ (A) 735,000원, (B) 441,000원
④ (A) 735,000원, (B) 306,250원

88. ㈜삼일은 선입선출법을 이용한 종합원가계산제도를 채택하고 있다. 당월 완성품환산량 단위당 원가는 재료원가 5원, 가공원가 10원이며, 당월 중 생산과 관련된 자료는 다음과 같다.

기초재공품	500단위(완성도 40%)
기말재공품	800단위(완성도 50%)
당기완성품	4,200단위

이 회사의 당월에 실제 발생한 가공원가는 얼마인가(단, 재료원가는 공정초기에 전량투입되고 가공원가는 공정전반에 걸쳐 균등하게 발생한다고 가정한다)?

① 41,000원 ② 42,000원 ③ 44,000원 ④ 45,000원

89. ㈜삼일은 평균법을 이용한 종합원가계산제도를 채택하고 있다. 재료는 공정 초기에 전량 투입되며, 가공원가는 공정 전반에 걸쳐 균등하게 발생할 경우 당기완성품원가와 기말재공품원가는 각각 얼마인가?

〈수량, 재공품 완성도〉
기초재공품	100개(40%)
착수량	900개
완성품	800개
기말재공품	200개(20%)

〈원가〉
	재료원가	가공원가
기초재공품원가	200,000원	150,000원
당기발생원가	800,000원	606,000원

	당기완성품원가	기말재공품원가
①	1,520,000원	180,000원
②	1,520,000원	236,000원
③	1,607,089원	236,000원
④	1,607,089원	260,022원

90. ㈜삼일은 단일제품을 생산하고 있으며, 종합원가계산제도를 채택하고 있다. 직접재료는 공정이 시작되는 시점에서 100% 투입되며, 가공원가는 공정 전체에 걸쳐 균등하게 발생한다. 평균법과 선입선출법에 의한 가공원가의 완성품환산량은 각각 85,000단위와 73,000단위이다. 기초재공품의 가공원가 완성도가 30%라면, 기초재공품수량은 몇 단위인가?

① 12,000단위 ② 25,000단위 ③ 36,000단위 ④ 40,000단위

91. 정상원가계산을 채택하고 있는 ㈜삼일의 20X1년 원가자료가 아래와 같을 경우 제조간접비 배부차이로 올바른 것은?

제조간접비 예산	255,000원
기준조업도(직접노동시간)	100,000시간
제조간접비 실제발생액	270,000원
실제직접노동시간	105,000시간

① 2,250원 과소배부 ② 2,250원 과대배부
③ 2,550원 과소배부 ④ 2,550원 과대배부

92. 다음 중 표준원가 차이분석에 관한 설명으로 가장 올바르지 않은 것은?
① 원재료의 효율적 이용으로 투입량이 절감된 경우 직접재료원가에 있어 유리한 능률차이가 발생할 것이다.
② 품질이 떨어지는 원재료를 매우 저렴한 가격으로 구매한 경우 직접재료원가에 있어 유리한 가격차이가 발생할 것이나, 이로 인하여 불리한 능률차이가 발생할 수 있다.
③ 공장노무자의 비능률적 업무수행으로 인해 직접노무원가에 있어 불리한 능률차이가 발생할 수 있다.
④ 노동의 능률적 혹은 비능률적 사용은 변동제조간접원가 능률차이에 전혀 영향을 미치지 않는다.

93. ㈜삼일의 생산 및 원가와 관련된 자료는 다음과 같다.

실제 생산량	1,100개
단위당 실제 직접재료사용량	3.2kg
단위당 표준 직접재료사용량	3kg
kg당 실제 직접재료원가	28원
kg당 표준 직접재료원가	30원

이와 관련된 설명으로 가장 올바르지 않은 것은?
① 직접재료원가 표준원가는 99,000원이다.
② 직접재료원가 실제원가는 92,400원이다.
③ 직접재료원가 가격차이는 7,040원 유리하게 나타난다.
④ 직접재료원가 능률차이는 6,600원 불리하게 나타난다.

94. 다음 중 직접노무원가 능률차이의 계산식을 올바르게 나타낸 것은?
① 실제임률×(실제작업시간 - 표준작업시간)
② 표준임률×(실제작업시간 - 표준작업시간)
③ (실제임률 - 표준임률)×실제작업시간
④ (실제임률 - 표준임률)×표준작업시간

95. ㈜삼일은 직접노무원가와 변동제조간접원가의 표준원가 산정에 동일한 조업도를 적용하고 있다. 다음 자료에 의하여 실제 발생한 총 직접노무원가는 얼마인가?

변동제조간접원가 실제발생액	:	175,000원
변동제조간접원가 표준배부율	:	150원
변동제조간접원가 소비차이	:	25,000원(불리)
직접노무원가 표준임률	:	120원
직접노무원가 실제임률	:	100원

① 100,000원 ② 120,000원
③ 150,000원 ④ 200,000원

96. 표준원가계산을 사용하고 있는 ㈜삼일의 1월 제조 간접원가에 대한 자료는 다음과 같다.

제조간접원가 변동예산 : 600,000원+직접노동시간×10원
실제산출량에 허용된 표준노동시간 : 15,000시간

회사는 2분법에 의하여 제조간접원가 차이분석을 하고 있다. 1월 중 불리한 예산차이 50,000원과 유리한 조업도차이 100,000원이 발생하였다면 1월의 제조간접원가 배부액은 얼마인가?

① 850,000원 ② 800,000원
③ 750,000원 ④ 700,000원

97. ㈜삼일은 당기에 영업을 개시하여 10,000단위의 제품을 생산하고 이 중에서 9,500단위의 제품을 단위당 2,000원에 판매하였다. 회사의 경영자는 외부보고 목적으로는 전부원가계산제도를 사용하고 있으나, 관리목적으로는 변동원가계산제도를 사용하고 있다.

제품단위당 직접재료원가	1,000원
제품단위당 직접노무원가	400원
제품단위당 변동제조간접원가	200원
제품단위당 변동판매비와관리비	100원
고정제조간접원가	1,200,000원
고정판매비와관리비	400,000원

다음 설명 중 가장 올바르지 않은 것은?

① 전부원가계산에 의할 경우 제품단위당 제조원가는 1,720원이다.
② 변동원가계산에 의할 경우 제품단위당 제조원가는 1,600원이다.
③ 전부원가계산에 의할 경우 기말제품재고액은 860,000원이다.
④ 변동원가계산에 의한 당기순이익이 전부원가계산에 의한 당기순이익보다 크다.

98. 다음 설명 중 변동원가계산제도의 특징을 모두 고르시오.

> 가. 변동원가계산제도는 기업회계기준에서 인정하는 원가계산제도이다.
> 나. 특정기간의 이익이 생산량에 의해 영향을 받는다.
> 다. 고정원가가 손익계산서에 총액으로 표시되기 때문에 고정원가가 이익에 미치는 영향을 쉽게 알 수 있다.
> 라. 변동원가계산제도에서 매출액과 이익은 동일한 방향으로 움직이기 때문에 경영자의 입장에서 이해하기 쉽다.

① 다, 라
② 가, 나, 다
③ 가, 다, 라
④ 나, 다, 라

99. 20X1년 3월에 영업을 시작한 ㈜삼일은 선입선출법에 의한 실제원가계산제도를 채택하고 있으며, 20X1년 3월과 4월의 생산과 판매에 관한 자료는 다음과 같다.

	3월	4월
생산량	8,000단위	9,000단위
판매량	7,000단위	10,000단위
고정제조간접원가	1,600,000원	1,620,000원

20X1년 4월 중 변동원가계산에 의한 영업이익이 1,200,000원이라 할 때, 전부원가계산에 의한 영업이익은 얼마인가?

① 800,000원
② 1,000,000원
③ 1,200,000원
④ 1,400,000원

100. 다음 중 초변동원가계산방법에 관한 설명으로 가장 올바르지 않은 것은?

① 매출액에서 판매된 제품의 직접재료원가를 차감하여 현금창출 공헌이익을 계산한다.
② 직접노무원가와 제조간접원가도 운영비용에 포함하여 기간비용으로 처리한다.
③ 초변동원가계산방법도 외부보고목적의 재무제표 작성에 이용될 수 있다.
④ 초변동원가계산방법이 변동원가계산방법보다 불필요한 재고누적 방지효과가 크다.

101. 다음 중 활동기준원가계산에 관한 설명으로 가장 올바르지 않은 것은?

① 제품과 고객이 매우 다양하고 생산공정이 복잡한 경우, 일반적으로 전통적인 원가계산방법에 비하여 보다 정확한 제품원가 정보를 제공한다.
② 활동의 분석을 통하여 보다 원가를 효율적으로 절감하고 통제할 수 있다.
③ 활동기준으로 원가계산을 수행하므로 제품구성이 변화하는 경우에도 신축적으로 원가계산이 가능하다.
④ 개별원가계산이나 종합원가계산과 독립적으로 사용해야만 하는 새로운 원가계산방법이다.

102. 다음 자료를 이용하여 공헌이익을 계산하면 얼마인가?

판매수량	30,000개
제품단위당 판매가격	400원
제품단위당 변동제조원가	150원
제품단위당 변동판매비	45원
고정제조간접원가	1,000,000원
고정판매비와관리비	1,250,000원

① 4,500,000원
② 5,250,000원
③ 6,150,000원
④ 7,500,000원

103. 다음 자료를 이용하여 손익분기점 판매량을 계산하면 얼마인가?

판매가격	4,000원/단위
변동제조원가	1,500원/단위
변동판매비와관리비	1,200원/단위
총고정제조간접원가	2,340,000원

① 600개
② 1,200개
③ 1,800개
④ 2,000개

104. 다음 원가-조업도-이익 도표에 관한 설명으로 가장 올바르지 않은 것은?

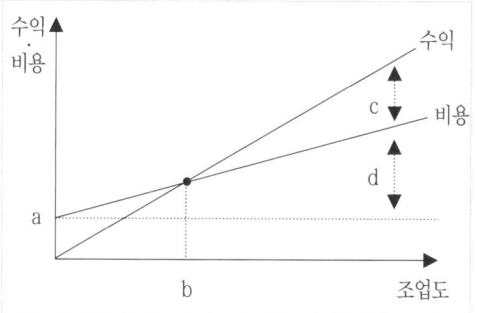

① a는 총고정원가를 의미한다.
② b는 손익분기점 판매량을 의미한다.
③ c는 공헌이익을 의미한다.
④ d는 총변동비를 의미한다.

105. ㈜삼일은 단위당 20,000원의 제품을 판매하고 있으며, 공헌이익률은 20%이다. 전기에 5,000단위를 판매하여 8,000,000원의 영업이익을 달성하였다면, 당기에 전기 대비 두 배의 영업이익을 달성하기 위하여 회사는 몇 단위를 판매하여야 하는가?

① 4,000단위 ② 5,000단위
③ 6,000단위 ④ 7,000단위

106. 다음 중 변동예산을 사용하는 목적에 대한 설명으로 가장 옳은 것은?

① 기준조업도 수준에서 예산원가와 실제원가를 비교 평가하기 위하여
② 실제조업도 수준에서 예산원가와 실제원가를 비교 평가하기 위하여
③ 하부 경영자들에게 권한을 위양하기 위하여
④ 예산설정에 소요되는 총시간을 감소시키기 위하여

107. 책임회계제도에 기반을 둔 경영체제가 운영되기 위해서는 책임중심점이 있어야 한다. 다음 중 책임중심점별로 통제책임을 지는 부문(부서)의 연결이 가장 옳은 것은?

① 원가중심점 - 분권화된 조직
② 수익중심점 - 영업소
③ 이익중심점 - 제조부문
④ 투자중심점 - 판매부서

108. 다음 자료를 이용하여 ㈜삼일의 시장점유율차이와 시장규모차이를 바르게 계산한 것은?

단위당 예산평균공헌이익	100원
실제시장규모	100,000개
예산시장규모	120,000개
실제시장점유율	35%
예산시장점유율	40%

① 시장점유율차이 : 800,000원(불리),
  시장규모차이 : 500,000원(유리)
② 시장점유율차이 : 800,000원(유리),
  시장규모차이 : 500,000원(유리)
③ 시장점유율차이 : 500,000원(유리),
  시장규모차이 : 800,000원(불리)
④ 시장점유율차이 : 500,000원(불리),
  시장규모차이 : 800,000원(불리)

109. ㈜삼일의 사업부 X는 현재의 부문투자수익률보다는 높으나 최저필수수익률에 미달하는 투자계획을 고려하고 있는 반면 사업부 Y는 투자자본에 대한 최저필수수익률을 초과하는 수익률이 기대되나 현재의 부문투자수익률보다 낮은 투자계획을 고려하고 있다. 잔여이익을 극대화시키려고 한다면 각 부문은 어떤 의사결정을 하여야 하는가?

	사업부 X	사업부 Y
①	기각	채택
②	기각	기각
③	채택	채택
④	채택	기각

110. 다음 중 책임회계제도의 성과평가시 고려해야 할 사항으로 가장 올바르지 않은 것은?

① 기업 구성원들의 성과극대화 노력이 기업전체목표의 극대화로 연결될 수 있도록 설계하여야 한다.
② 성과평가의 결과가 기업에 신속하게 보고될 수 있도록 경제성보다 적시성을 최우선적으로 고려하여야 한다.
③ 각 책임중심점의 행동에 미치는 영향을 적절히 고려하여야 한다.
④ 성과평가치의 성과측정오류가 최소화되도록 설계되어야 한다.

111. 다음 중 경제적부가가치(EVA)와 관련된 설명으로 가장 올바르지 않은 것은?

① 자기자본비용은 고려하나 타인자본비용은 고려하지 않는다.
② 기회원가 성격인 자기자본비용도 고려하여 산출된다.
③ 채권자와 주주가 기업에 투자하여 획득할 수 있는 초과수익이다.
④ 기업의 실질적 수익성을 평가하는 평가지표이다.

112. ㈜삼일은 진부화된 제품 700단위를 보유하고 있으며 이 제품의 총제조원가는 200,000원이다. ㈜삼일은 이 제품을 제품단위당 200원에 즉시 처분할 수도 있고, 200,000원의 비용을 추가 투입하여 개조한 후 제품단위당 700원에 판매할 수 있는 상황이다. 다음 설명 중 가장 옳은 것은?

① 200,000원의 추가비용을 지출하지 않고 단위당 200원에 처분하는 것이 가장 유리하다.
② 개조하여 판매하는 것이 그대로 처분하는 것보다 50,000원만큼 유리하다.
③ 그대로 처분하는 것이 개조하여 판매하는 것보다 150,000원만큼 불리하다.
④ 제품단위당 200원에 처분하면 140,000원의 손실이 발생하므로 제품을 보유하고 있는 것이 낫다.

113. ㈜삼일은 최근에 ㈜우주로부터 제품을 단위당 5,000원에 2,000단위를 구입하겠다는 제안을 받았다. 제품과 관련된 자료는 다음과 같으며 위 주문을 수락하더라도 시설이나 고정원가에는 아무런 영향을 초래하지 않는다. 다음 중 ㈜우주의 제안과 관련하여 올바른 의사결정안과 관련 손익을 가장 올바르게 짝지은 것은(단, 직접노무원가는 변동원가로 분류한다)?

	원가
직접재료원가	2,000원
직접노무원가	1,000원
변동제조간접원가	800원
고정제조간접원가	1,000원
변동판매비와관리비	200원
고정판매비와관리비	500원

① 수락, 1,000,000원의 이익 증가
② 수락, 2,000,000원의 이익 증가
③ 거절, 1,500,000원의 손실 발생
④ 거절, 1,000,000원의 손실 발생

114. ㈜삼일은 제조에 필요한 부품을 자가제조할 것인지 아니면 외부구입할 것인지의 여부에 대한 의사결정을 하려고 한다. 다음 설명 중 가장 옳은 것은?

① 변동원가는 모두 비관련원가로 보아 의사결정을 하는데 영향을 미치지 않는다.
② 회피불가능한 고정원가는 관련원가로 의사결정을 하는데 반드시 고려하여야 한다.
③ 외부구입원가가 회피가능원가보다 큰 경우에는 외부구입하는 것이 바람직하다.
④ 기존설비를 다른 용도로 사용함에 따라 발생할 수 있는 기회비용도 함께 고려해야 한다.

115. 다음은 세 사업부문(A, B, C)을 보유한 ㈜삼일의 손익자료이다. 다음 중 자료에 관한 분석으로 가장 올바르지 않은 것은?

	A사업부	B사업부	C사업부	전체
매출액	4,000	3,000	2,000	9,000
변동원가	2,400	2,000	1,200	5,600
공헌이익	1,600	1,000	800	3,400
회피불능 고정원가	1,900	1,200	400	3,500
이익(손실)	(300)	(200)	400	(100)

① 사업부 A, B를 폐쇄하면 회사의 전체손실은 2,700원이 된다.
② 사업부 B, C를 폐쇄하면 회사의 전체손실은 1,900원이 된다.
③ 사업부 A, C를 폐쇄하면 회사의 전체손실은 2,500원이 된다.
④ 사업부 A, B, C 모두를 폐쇄하면 이익(또는 손실)이 0원이 된다.

116. ㈜삼일의 경영진은 새로운 투자안을 검토 중이며, 경영진이 분석한 이 투자안의 순현재가치(NPV)는 영(0)보다 큰 값이 산출되었다. 그러나 재무담당자인 김하준 팀장이 분석해 보았을 때는, 이 투자안의 순현재가치(NPV)가 영(0)보다 작아 경제성이 없는 것으로 판단하였다. 김하준 팀장의 분석이 옳다고 가정했을 때, 이 기업의 경영진은 순현재가치(NPV)를 산출하는 과정에서 어떤 오류를 범하였을 가능성이 있겠는가?

① 세금을 차감하기 전의 금액을 기준으로 계산하였다.
② 투자종료시점의 투자안의 처분가치를 너무 낮게 추정하였다.
③ 자본비용을 너무 높게 추정하였다.
④ 투자시점의 투자세액공제액을 현금흐름에 포함시키지 않았다.

117. ㈜삼일은 당기 초에 내용연수 5년에 처분가치가 없는 새 기계를 2,200,000원에 구입했다. 이 기계는 정액법으로 감가상각 될 것이며, 매년 900,000원의 법인세비용차감전 현금유입을 창출할 것으로 기대된다. ㈜삼일은 12%의 할인율을 사용하고, 법인세율이 매년 30%라고 가정한다. 12% 할인율의 5년 후의 현재가치는 0.57이며, 12% 할인율의 1원에 대한 5년 연금의 현재가치는 3.61이다. 이 기계를 구입하는 투자안의 순현재가치는 얼마인가? (단, 감가상각비 외의 항목은 모두 현금으로 거래된다)

① 74,300원
② 365,400원
③ 550,820원
④ 1,186,180원

118. ㈜삼일의 A사업부는 LED를 생산하고 있으며, 연간 생산 능력은 100,000단위이다. ㈜삼일의 A사업부 수익과 원가자료는 다음과 같다.

단위당 외부판매가격	300원
단위당 변동원가	150원
단위당 고정원가(연간 100,000단위 기준)	9원

㈜삼일은 텔레비전을 생산하는 B사업부도 보유하고 있다. B사업부는 현재 연간 10,000단위의 LED를 단위당 285원에 외부에서 조달하고 있다. A사업부가 생산하는 제품 전량을 외부시장에 판매할 수 있고 사내대체시 단위당 변동원가 20원을 절감할 수 있다면, 각 사업부 및 회사 전체의 이익극대화 입장에서 LED의 단위당 대체가격은 얼마인가?

① 150원 ② 159원
③ 280원 ④ 290원

119. 다음 중 대체가격 결정시 고려할 사항으로 가장 올바르지 않은 것은?

① 각 사업부 관리자의 경영노력에 대한 동기부여가 가능하도록 결정되어야 한다.
② 각 사업부의 성과를 공정하게 평가할 수 있는 방법으로 결정되어야 한다.
③ 각 사업부의 경영자가 자율적으로 의사결정을 하여 대체가격을 결정해야 한다.
④ 준최적화 현상이 발생하더라도 각 사업부의 이익극대화가 이루어지도록 결정되어야 한다.

120. 다음 중 수명주기원가계산의 유용성으로 가장 올바르지 않은 것은?

① 제품 또는 서비스의 수명주기 동안 모든 가치사슬단계에서 발생하는 수익과 비용에 대한 집계를 가능하게 하여 프로젝트 전체에 대한 이해가 향상된다.
② 제조이전단계에서 대부분의 제품원가가 결정된다는 인식을 토대로 연구개발단계와 설계단계에서 부터 원가절감을 위한 노력을 기울여야 한다는 것을 강조한다.
③ 프로젝트와 관련하여 언제 어떤 가치사슬단계에서 얼마만큼의 원가가 발생하는지를(비율로) 알게됨으로써 상이한 가치사슬단계에서 원가발생의 상호관계 파악이 가능하다.
④ 재무적 관점에 의한 단기적 성과 및 원가관리에 유용하다.

2021년 7월 시행 — 원가관리회계 공개기출문제

81. 다음은 원가의 분류에 대한 설명이다. 괄호 안에 들어갈 용어로 가장 옳은 것은?

> 원가란 특정목적을 달성하기 위해 소멸된 경제적 자원의 희생을 화폐가치로 측정한 것으로 발생한 원가 중 기업의 수익획득에 아직 사용되지 않은 부분은 (a)(으)로, 수익획득에 사용된 부분은 (b)(으)로 재무제표에 계상되며 수익획득에 기여하지 못하고 소멸된 부분은 (c)(으)로 계상된다.

① (a) 자산, (b) 손실, (c) 비용
② (a) 자산, (b) 비용, (c) 손실
③ (a) 손실, (b) 비용, (c) 자산
④ (a) 비용, (b) 자산, (c) 손실

82. 원가는 경영자의 의사결정 목적에 따라 여러 가지로 분류할 수 있다. 다음 원가의 분류에 대한 설명으로 가장 옳은 것은?

① 특정대안을 선택하지 않음으로써 절약되는 원가 즉, 경영자의 의사결정에 따라 절약 가능한 원가를 회피가능원가라 한다.
② 원가가 발생한 경로를 최종 제품까지 추적하여 해당 제품별로 추적가능성이 있는지에 따라 제품원가와 기간원가로 분류한다.
③ 수익과의 대응관계에 따라 직접원가와 간접원가로 분류한다. 즉, 어떤 원가가 직접원가 또는 간접원가로 분류되느냐에 따라 기간손익이 크게 영향을 받기 때문에 특히 중요한 의미를 갖는다.
④ 선택된 대안 이외의 다른 대안 중 최선의 대안을 선택했더라면 얻을 수 있었던 최대이익 혹은 최소비용을 매몰원가(sunk costs)라 한다.

83. ㈜삼일의 20X1년 12월 매출원가는 3,000,000원이다. 제조간접원가는 직접노무원가의 25%였으며, 기타 관련 자료는 다음과 같은 경우 20X1년 12월의 가공원가는 얼마인가?

	20X1년 12월 1일	20X1년 12월 31일
직접재료	100,000원	300,000원
재공품	300,000원	200,000원
제품	1,200,000원	1,300,000원

*20X1년 12월 중 직접재료 구입액 : 1,200,000원

① 2,000,000원
② 2,200,000원
③ 2,400,000원
④ 2,600,000원

84. ㈜삼일은 보조부문에 대하여 직접배부법에 의하여 보조부문원가를 배부하며, 두개의 제조부문(제조 A부, 제조 B부)과 두 개의 보조부문(보조 X부, 보조 Y부)을 두고 있다. 다음 자료에 따라 제조 B부에 배부되는 보조부문의 원가는 얼마인가?

사용 제공	제조부문 A부	제조부문 B부	보조부문 X부	보조부문 Y부	합계
보조X부	50%	30%	-	20%	100%
보조Y부	20%	60%	20%	-	100%
발생원가		800,000원	400,000원		

① 100,000원
② 480,000원
③ 600,000원
④ 750,000원

85. 다음 중 개별원가계산에 관한 설명으로 가장 올바르지 않은 것은?

① 수요자의 요구에 따라 개별적으로 제품을 생산하는 업종에서 주로 사용한다.
② 직접원가와 간접원가의 구분이 중요하다.
③ 개별작업에 집계되는 실제원가를 예산액과 비교하여 미래예측에 이용할 수 있다.
④ 각 작업별로 원가가 계산되기 때문에 비용과 시간이 절약된다.

86. ㈜삼일은 일반형 전화기와 프리미엄 전화기 두 종류의 제품을 생산하고 있다. 4월 한 달 동안 생산한 두 제품의 작업원가표는 아래와 같다.

	일반형 전화기	프리미엄 전화기
직접재료 투입액	400,000원	600,000원
직접노동시간	100시간	200시간
직접노무원가 임률	1,000원/시간	2,000원/시간

㈜삼일은 실제 발생한 제조간접원가를 실제조업도에 의해 배부하는 원가계산방식을 채택하고 있다. 동 기간 동안 발생한 회사의 총제조간접원가는 3,000,000원이며, 제조간접원가를 직접노무원가 기준으로 배부할 경우 4월 한 달 동안 생산한 일반형 전화기와 프리미엄 전화기의 총제조원가 차이는 얼마인가?

① 1,000,000원
② 1,800,000원
③ 2,300,000원
④ 2,500,000원

87. 다음은 ㈜삼일의 원가자료이다. ㈜삼일은 평균법을 이용하여 종합원가계산을 하며, 원재료는 공정시작시점에서 전량 투입되고 가공원가는 공정 전반에 걸쳐 균등하게 발생한다.

〈수량〉
기초재공품수량   0개   완성수량   1,200개
착수수량   2,000개   기말재공품수량   800개(50%)

〈원가〉
                    재료원가   가공원가
당기발생원가   1,000,000원   800,000원

㈜삼일의 (ㄱ) 재료원가와 (ㄴ) 가공원가의 완성품환산량 단위당 원가는 얼마인가?

	ㄱ	ㄴ		ㄱ	ㄴ
①	625원	500원	②	625원	400원
③	500원	500원	④	500원	400원

88. ㈜삼일은 선입선출법을 이용한 종합원가계산을 한다. 원재료는 공정시작 시점에서 전량 투입되며, 가공원가는 공정 전반에 걸쳐 균등하게 발생한다. 만약 기말재공품의 완성도가 70%임에도 90%로 잘못 파악하여 종합원가계산을 수행한다면 어떤 결과가 발생하는가?

① 기말재공품의 완성품환산량이 과소계상된다.
② 당기완성품의 완성품환산량이 과대계상된다.
③ 완성품환산량 단위당 원가가 과대계상된다.
④ 기말재공품의 원가가 과대계상된다.

89. 다음 중 평균법을 적용한 공정별 원가계산에 관한 설명으로 가장 올바르지 않은 것은?

① 평균법은 기초재공품 모두를 당기에 착수, 완성한 것처럼 가정한다.
② 평균법은 완성품환산량의 평균단가를 이용해서 원가를 배분하므로 기초재공품원가가 완성품과 기말재공품에 평균적으로 배분된다.
③ 평균법은 착수 및 원가발생시점에 관계없이 당기완성량의 평균적 원가를 계산한다.
④ 평균법은 기초재공품원가와 당기제조원가를 구별하여 계산하는 방법이다.

90. ㈜삼일은 종합원가계산을 채택하고 있으며, 선입선출법에 의하여 완성품환산량을 계산한다. 재료는 공정 초기에 전량 투입되며 가공원가는 공정 전반에 걸쳐 균등하게 발생한다.

수량	기초재공품 400개(완성도50%)	완성품 1,000개
	착수량 800개	기말재공품 200개(완성도80%)
원가	재료원가	가공원가
기초재공품원가	200,000원	500,000원
당기발생원가	2,000,000원	3,000,000원

㈜삼일의 기말재공품원가는 얼마인가?

① 900,000원   ② 1,000,000원
③ 1,050,000원   ④ 1,125,000원

91. 다음 중 표준원가와 표준원가계산제도에 관한 설명으로 가장 올바르지 않은 것은?

① 표준원가란 특정제품을 생산하는데 발생할 것으로 예상되는 원가를 사전에 결정한 것이다.
② 예산수립에 사용될 수 있다.
③ 표준원가와 실제원가의 차이를 분석함으로써 효과적인 원가통제를 수행할 수 있다.
④ 계량정보와 비계량정보를 모두 포함하는 종합적인 원가계산제도이다.

92. 다음 표준원가의 종류에 관한 설명 중 가장 올바르지 않은 것은?

① 표준원가와 실제원가와의 차이가 가장 적게 발생하여 매출원가 산정에 가장 적합한 것은 이상적 표준이다.
② 차이분석시 일반적으로 불리한 원가차이를 발생시켜 종업원의 동기부여에 역효과를 가져올 수 있는 것은 이상적 표준이다.
③ 기업 경영과 관련된 비교적 장기간의 과거 실적치를 통계적으로 평균화하고 미래 예상추세를 감안하여 결정되는 것은 정상적 표준이다.
④ 표준원가계산제도에서 표준원가는 일반적으로 현실적 표준원가를 의미하며 실제원가와 현실적 표준의 차이는 정상에서 벗어난 비효율을 의미한다.

93. ㈜삼일은 총 재료비 100,000원인 원재료 50,000단위로 완제품 50,000단위를 생산하는 표준예산을 수립하였다. 실제 생산품은 50,000단위였고, 원재료는 45,000단위가 투입 되었으며 원재료의 단위당 원가는 2.10원이었다. 직접재료비의 가격차이와 능률차이는 얼마인가?

	가격차이	사용차이
①	4,500 불리	10,000 유리
②	5,000 유리	10,500 불리
③	5,000 불리	10,500 유리
④	10,000 유리	4,500 불리

94. ㈜삼일의 표준원가계산제도는 직접작업시간을 제조간접비 배부기준으로 사용한다. ㈜삼일의 원가차이분석 자료를 이용할 경우, 변동제조간접비 능률차이는 얼마인가?

제조간접비 실제발생액	15,000원
고정제조간접비 실제발생액	7,200원
실제작업시간	3,500시간
표준작업시간	3,800시간
변동제조간접비 표준배부율	작업시간당 2.5원

① 950원 불리 ② 750원 불리
③ 750원 유리 ④ 950원 유리

95. ㈜삼일은 표준원가계산제도를 사용하고 있다. 다음자료에 의할 때 ㈜삼일의 2월의 고정제조간접비 조업도차이는 얼마인가?

실제직접노무시간	14,000시간
실제생산량에 허용된 표준직접노무시간	15,000시간
고정제조간접비 발생액	60,000원
고정제조간접비 예산액	54,000원
기준조업도(직접노무시간)	12,000시간

① 6,000원 유리 ② 13,500원 유리
③ 6,000원 불리 ④ 13,500원 불리

96. ㈜삼일의 12월 한달 간 변동원가계산에 대한 자료이다. 12월의 총매출액은 얼마인가?

제품 단위당 판매가격	9,000원
단위당 변동원가	4,700원
단위당 고정원가	300원
총고정원가	2,150,000원
영업이익	10,750,000원

① 22,500,000원 ② 24,187,500원
③ 27,000,000원 ④ 29,025,000원

97. 다음 중 변동원가계산이 전부원가계산과 다른 점을 나열한 것으로 가장 올바르지 않은 것은?
① 변동원가계산은 내부계획과 통제 등 경영관리에 보다 유용한 방법이다.
② 변동원가계산을 이용하는 경우 공헌이익 접근법의 손익계산서를 작성한다.
③ 변동원가계산은 외부보고목적을 위한 재무제표를 작성하기에는 적합하지 않다.
④ 변동원가계산을 적용하여 원가산정을 하게 되면 모든 제조원가가 기말재공품에 포함된다.

98. ㈜삼일은 당기 초에 영업을 개시하였고 단일 제품 을 생산하고 있다. ㈜삼일은 당기에 3,500개의 제품을 판매하였으며, 제품단위당 변동제조원가는 8원, 변동판매관리비는 2원이다. 당기 전부원가계산의 영업이익은 변동원가계산의 영업이익보다 2,000원 크다.

만약 전부원가계산의 제품단위당 제조원가가 12원이라면, ㈜삼일의 당기 제품 생산량은 얼마인가?
① 4,000개 ② 4,200개
③ 4,500개 ④ 4,700개

99. 다음 중 초변동원가계산에 관한 설명으로 가장 올바르지 않은 것은?
① 초변동원가계산에 의한 영업이익은 단위당 현금창출공헌이익에 판매수량을 곱하고 운영비용을 차감하여 계산한다.
② 생산량이 증가할수록 영업이익이 감소하므로 재고자산 보유를 최소화하도록 유인을 제공한다.
③ 제조간접원가에 포함되는 혼합원가를 임의로 고정원가와 변동원가로 구분할 필요없이 모두 기간비용으로 처리하기에 혼합원가의 주관적 구분이 불필요하다.
④ 전부원가계산제도와 마찬가지로 원가부착개념에 근거를 두고 있다.

100. ㈜삼일의 20X1년 손익에 대한 자료가 다음과 같을 경우 (a) 전부원가계산에 따른 매출총이익, (b) 변동원가계산에 따른 공헌이익, (c) 초변동원가계산에 따른 재료처리량공헌이익은 각각 얼마인가?

단위당 판매가격	500원
단위당 직접재료가	150원
단위당 직접노무가(변동원가)	120원
단위당 변동제조간접원가	50원
단위당 변동판매비와관리비	30원
고정제조간접원가	200,000원
고정판매비와관리비	70,000원
기초제품	없음
생산량	20,000개
판매량	20,000개

① (a) 3,400,000원 (b) 3,600,000원 (c) 7,000,000원
② (a) 3,600,000원 (b) 3,600,000원 (c) 4,600,000원
③ (a) 3,400,000원 (b) 3,000,000원 (c) 7,000,000원
④ (a) 3,600,000원 (b) 3,000,000원 (c) 4,600,000원

101. 다음 활동기준원가계산(ABC)의 절차를 올바르게 나타낸 것은 무엇인가?

ⓐ 원가대상별 원가계산
ⓑ 활동분석
ⓒ 제조간접원가 배부율 계산
ⓓ 활동별 원가동인(배부기준)의 결정
ⓔ 각 활동별로 제조간접원가를 집계

① ⓔ-ⓑ-ⓓ-ⓒ-ⓐ ② ⓑ-ⓔ-ⓓ-ⓒ-ⓐ
③ ⓑ-ⓔ-ⓒ-ⓓ-ⓐ ④ ⓑ-ⓒ-ⓓ-ⓔ-ⓐ

102. 다음 자료를 이용하여 공헌이익을 계산하면 얼마인가?

판매수량	30,000개
제품단위당 판매가격	400원
제품단위당 변동제조원가	150원
제품단위당 변동판매비	75원
고정제조간접원가	500,000원
고정판매비와관리비	1,100,000원

① 3,650,000원　② 4,000,000원
③ 4,500,000원　④ 5,250,000원

103. ㈜삼일의 20X1년도 매출액은 500,000원, 손익분기점 매출액은 350,000원, 공헌이익률은 30%이다. ㈜삼일의 20X1년도 순이익은 얼마인가?

① 45,000원　② 50,000원
③ 55,000원　④ 60,000원

104. 다음 중 CVP 분석에 관한 설명으로 가장 옳은 것은?

① 다양한 조업도수준에서 원가와 이익의 관계를 분석하는 기법이다.
② 제품원가를 최소화하는 조업도를 파악하는데 유용하다.
③ 기초적인 CVP 분석에 있어 원가함수는 선형이라는 가정이 필요하지만 수익함수는 선형이라는 가정이 필요하지 않다.
④ 공헌이익률은 원가구조와 밀접한 관련이 있으며, 총원가 중 변동원가 비중이 높으면 공헌이익률도 높게 나타난다.

105. 다음은 ㈜삼일의 원가·조업도·이익(CVP) 도표이다. 이에 관한 설명으로 가장 올바르지 않은 것은?

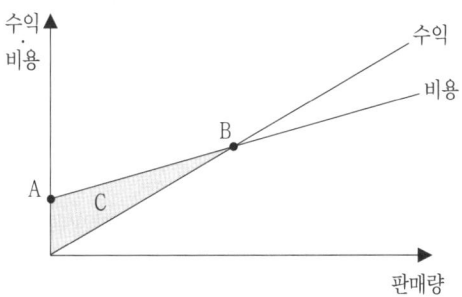

① 점 A는 회사의 총고정원가를 나타낸다.
② 점 B는 회사의 손익분기점을 나타낸다.
③ C부분은 회사의 손실을 나타내는 부분으로 이 부분에서 회사는 제품 1단위를 판매할 때마다 손실이 증가한다.
④ 회사의 생산량 단위당 판매가격은 생산량 단위당 변동원가보다 크다.

106. ㈜삼일은 신제품을 판매할 계획이며, 2021년도에 신제품을 6,000개 판매할 것으로 예상하고 있다. 신제품의 단위당 판매가격은 4,000원, 변동비는 판매가격의 80%로 추정되고 있으며 예상고정비가 5,000,000원이라면, 손익분기점의 판매량은 몇 개인가?

① 4,800개　② 5,500개
③ 5,750개　④ 6,250개

107. 다음 중 고정예산과 변동예산의 차이에 관한 설명으로 가장 옳은 것은?

① 고정예산은 특정 조업도 수준에 대하여 편성한 예산이고, 변동예산은 관련범위 내의 여러 조업도 수준에 대하여 편성한 예산이다.
② 변동예산은 변동원가만을 고려하고, 고정예산은 변동원가와 고정원가 모두를 고려한다.
③ 고정예산의 범위는 회사전체인 반면, 변동예산의 범위는 특정부서에 한정된다.
④ 변동예산에서는 권한이 하부 경영자들에게 위양되나, 고정예산에서는 그렇지 않다.

108. ㈜삼일은 선박을 생산하여 판매하는 조선회사로서, 분권화된 세 개의 제품별 사업부를 운영하고 있다. 이들은 모두 투자중심점으로 설계되어 있으며, 회사의 최저필수수익률은 20%이다. 각 사업부의 영업자산, 영업이익 및 매출액에 관한 정보는 다음과 같다. 각 사업부를 잔여이익법으로 평가했을 경우 잔여이익이 높은 사업부의 순서로 가장 옳은 것은?

구분	군함사업부	여객선사업부	화물선사업부
평균영업자산	500,000원	1,000,000원	2,000,000원
영업이익	150,000원	270,000원	460,000원
매출액	1,000,000원	3,000,000원	2,000,000원

① 여객선〉화물선〉군함　② 여객선〉군함〉화물선
③ 화물선〉여객선〉군함　④ 군함〉여객선〉화물선

109. 원가 및 수익뿐만 아니라 투자의사결정에 대해서도 책임을 지는 책임중심점으로서 성과평가시 가장 포괄적인 책임중심점이며, 기업이 제품별 또는 지역별로 별도의 독립적인 조직으로 분리될 정도로 규모가 커져 제품별 또는 지역별 사업부로 분권화된 경우, 이 분권화조직이 해당되는 책임중심점은 무엇인가?

① 원가중심점　② 수익중심점
③ 이익중심점　④ 투자중심점

110. 아래에 주어진 재무자료를 이용하여 경제적부가가치(EVA)를 산출하면 얼마인가(단, 법인세효과는 무시한다)?

매출액	80억원
매출원가	50억원
판매비와관리비	20억원
투하자본	50억원
(타인자본 25억원, 자기자본 25억원)	
타인자본비용	10%
자기자본비용	14%

① 3.5억원 ② 4억원 ③ 4.5억원 ④ 5억원

111. ㈜삼일은 계산기를 생산하여 판매하고 있다. 올해 계산기의 예산판매량 및 예산판매가격은 각각 11,000단위와 180원이며, 단위당 표준변동제조원가와 표준변동판매비는 각각 120원과 30원이다. 올해 실제 매출수량과 단위당 판매가격은 다음과 같다.

생산 및 매출수량	10,000단위
단위당 판매가격	200원

이 경우 매출가격차이와 매출조업도차이는 각각 얼마인가?

	매출가격차이	매출조업도차이
①	220,000원 유리	50,000원 불리
②	220,000원 불리	50,000원 유리
③	200,000원 유리	30,000원 불리
④	200,000원 불리	30,000원 유리

112. 다음 중 특별주문에 대한 의사결정에서 유휴생산 능력이 부족할 경우 증분지출원가, 포기된 임대수익, 기존판매량 감소분의 공헌이익 중 고려해야 할 항목이 모두 포함된 것은?
① 증분지출원가, 포기된 임대수익
② 증분지출원가, 기존판매량 감소분의 공헌이익
③ 포기된 임대수익, 기존판매량 감소분의 공헌이익
④ 증분지출원가, 포기된 임대수익, 기존판매량 감소분의 공헌이익

113. 다음은 신인가수 발굴 오디션에서 일어난 심사위원과 지원자 김삼일의 인터뷰 내용이다. 의사결정 기초개념과 관련하여 밑줄 친 (ㄱ), (ㄴ)에 가장 적절하게 대응되는 용어는 무엇인가?

> 심사위원: 오디션에 합격하면 (ㄱ) 현재의 직장을 포기해야 하는데도 가수를 하실 생각이신가요?
> 김 삼 일 : 과거에 (ㄴ) 직장에 들어가기 위해 많은 노력을 했습니다. 하지만, 오디션에 합격하여 어릴 적 꿈이었던 가수로서 제2의 인생을 살고 싶습니다.

① (ㄱ) 기회원가 (ㄴ) 간접원가
② (ㄱ) 지출원가 (ㄴ) 기회원가
③ (ㄱ) 기회원가 (ㄴ) 매몰원가
④ (ㄱ) 매몰원가 (ㄴ) 간접원가

114. ㈜삼일은 파손된 제품 500단위를 보유하고 있다. 이 제품을 200,000원을 들여 재작업하는 경우 3,000,000원에 판매할 수 있고, 재작업을 하지 않으면 2,700,000원에 판매할 수 있다. 재작업을 할 경우 기회원가는 얼마인가?

① 2,500,000원 ② 2,700,000원
③ 2,800,000원 ④ 3,000,000원

115. 다음 자료에 의하여 의사결정을 할 경우 가장 옳은 것은?

> ㈜삼일은 210,000원에 기계를 구입하고자 할 때, 조건은 다음과 같다.
> • 5년 이내에 회수가 되어야 한다.
> • 연중 현금흐름은 일정하게 발생한다고 가정하며, 회수기간이 짧은 기계를 선택한다.

연도	기계 A 연간 원가절감액	기계 B 연간 원가절감액
1	100,000원	50,000원
2	50,000원	50,000원
3	30,000원	50,000원
4	20,000원	50,000원
5	20,000원	50,000원

① 기계 A를 구입한다.
② 기계 B를 구입한다.
③ 둘 중 어떤 것을 구입해도 관계없다.
④ 기계 A, B 모두 조건에 충족하지 않아 구입하지 않는다.

116. ㈜삼일은 신제품 생산 및 판매를 위하여 새로운 설비를 구입하려고 한다. 관련자료는 다음과 같다.

신설비 취득원가	50,000,000원
내용연수	5년
잔존가치	5,000,000원
4년 후 추정처분가치	없음
매년 예상되는 매출액	35,000,000원
매년 예상되는 현금영업비용 (감가상각비 제외)	17,000,000원

감가상각방법은 정액법을 사용하고, 법인세율은 30%이다. 감가상각비 이외의 모든 수익과 비용은 현금으로 거래한다. 새로운 설비의 구입으로 인한 매년도 영업활동으로 인한 순현금흐름은 얼마인가?

① 12,600,000원 ② 15,300,000원
③ 15,600,000원 ④ 21,600,000원

117. 다음 중 자본예산을 편성하기 위해 현금흐름을 추정할 때 주의해야 할 사항으로 가장 올바르지 않은 것은?
   ① 명목현금흐름은 명목할인율로 할인해야 하며, 실질현금흐름은 실질할인율로 할인해야 한다.
   ② 세금을 납부하는 것은 현금의 유출에 해당하므로 세금을 차감한 후의 현금흐름을 기준으로 추정하여야 한다.
   ③ 감가상각비를 계상함으로써 발생하는 세금의 절약분인 감가상각비 감세 효과는 현금흐름을 파악할 때 반드시 고려해야 한다.
   ④ 이자비용은 명백한 현금유출이므로 현금흐름 추정에 반영해야 한다.

118. 다음 중 순현재가치(NPV)법과 내부수익률(IRR)법에 관한 설명으로 가장 올바르지 않은 것은?
   ① 내부수익률(IRR)법에서는 내부수익률이 최저필수수익률을 상회하는 투자안을 채택한다.
   ② 내부수익률(IRR)법은 가치가산의 원칙이 적용되나 순현재가치(NPV)법은 그렇지 않다.
   ③ 두 방법 모두 화폐의 시간가치를 고려하는 방법이다.
   ④ 순현재가치(NPV)법에서는 순현재가치가 0(영)보다 큰 투자안을 채택한다.

119. 다음의 조건에 적합한 가격결정 방법으로 가장 옳은 것은?
   - 단기이익을 극대화하기 위한 초기시장진입가격 결정이다.
   - 제품의 가격탄력성이 낮고 시장에 제품 진입이 한정되어 있다.

   ① 입찰가격　　② 시장침투가격
   ③ 상층흡수가격　④ 약탈적 가격정책

120. 다음 중 균형성과표(BSC)의 장점으로 가장 올바르지 않은 것은?
   ① 재무적 관점에 의한 단기적 성과와 고객관점, 기업내부프로세스 관점, 학습과 성장 관점에 의한 장기적 성과 간의 균형을 이룰 수 있다.
   ② 기존의 재무적 측정치와 고객, 기업내부프로세스, 학습과 성장 등의 관점에 의한 비재무적 측정치 간의 균형 있는 성과평가를 달성할 수 있다.
   ③ 비재무적 측정치에 대해 객관적인 측정이 가능하며, 업종을 불문하고 정형화된 측정수단까지도 제공한다.
   ④ 투자수익률 등의 과거 노력에 의한 결과측정치와 종업원 교육시간 등과 같이 미래 성과를 유발하는 성과동인 간의 균형을 이룰 수 있다.

2021년 9월 시행 — 원가관리회계 공개기출문제

81. 원가는 경영자의 의사결정 목적에 따라 여러 가지로 분류할 수 있다. 다음 중 원가를 분류할 때의 분류방법과 그 내용에 관한 설명으로 가장 올바르지 않은 것은?

① 원가의 행태에 따라 변동원가와 고정원가로 분류한다.
② 추적가능성에 따라 직접원가와 간접원가로 분류한다.
③ 원가의 통제가능성에 따라 통제가능원가와 예정원가로 분류한다.
④ 수익과의 대응관계에 따라 제품원가와 기간원가로 분류한다.

82. ㈜삼일의 20X1년 기초와 기말의 재고자산은 다음과 같다.

	1월 1일(기초)	12월 31일(기말)
원재료	100,000원	300,000원
재공품	600,000원	?
제 품	400,000원	900,000원

㈜삼일의 20X1년 중에 발생한 원가는 다음과 같다.

원재료 매입원가	1,200,000원
직접노무원가 발생액	2,000,000원
제조간접원가 발생액	3,800,000원

㈜삼일의 20X1년 매출원가가 6,500,000원이었다면 20X1년말 기말재공품 재고원가는 얼마인가?

① 400,000원 ② 600,000원
③ 800,000원 ④ 1,000,000원

83. 원가배분에서 가장 중요한 문제는 원가배분기준의 설정이다. 다음 중 원가배분기준에 대한 설명으로 가장 올바르지 않은 것은?

① 부담능력기준은 원가대상이 원가를 부담할 수 있는 능력에 따라 원가를 배분하는 기준으로, 품질검사원가를 품질검사시간을 기준으로 배분하는 경우가 대표적인 예이다.
② 수혜기준은 원가배분대상이 공통원가로부터 제공받은 경제적 효익의 정도에 따라 원가를 배분하는 기준으로 수익자 부담의 원칙에 입각한 배분기준이다.
③ 인과관계기준은 원가대상과 배분대상 원가간의 인과관계에 따라 원가를 배분하는 기준이다.
④ 공정성과 공평성기준은 공정성과 공평성에 따라 공통원가를 원가배분대상에 배분해야 한다는 원칙을 강조하는 포괄적인 기준이다.

84. 원목가구 제조회사인 ㈜삼일은 두 개의 제조부문 (조각부와 도료부)과 두 개의 보조부문(창고부와 전력부)으로 구성되어 있다. 각 부문에서 발생한 원가 및 부문간의 용역관계는 다음과 같다.

사용 제공	제조부문		보조부문		합계
	조각부	도료부	창고부	전력부	
창고부	40%	50%	-	10%	100%
전력부	30%	50%	20%	-	100%
발생원가	800,000	400,000	200,000	600,000	2,000,000

위 자료에 따라 보조부문 상호간의 용역수수에 의한 배분방법 중 단계배분법을 사용하여 보조부문 원가를 각 제조부문에 배분하기 위한 계산과정에서 괄호 안에 들어갈 금액에 대한 설명이 가장 올바르지 않은 것은(단, 창고부문원가부터 먼저 배분한다)?

사용 제공	제조부문		보조부문	
	조각부	도료부	창고부	전력부
각 부문의 발생원가	800,000	400,000	200,000	600,000
보조부문의 원가배부				
창고부	괄호1( )	괄호2( )		
전력부	괄호3( )	괄호4( )		

① "괄호1"은 80,000원이다.
② "괄호2"는 100,000원이다.
③ "괄호3"은 180,000원이다.
④ 직접배분법을 사용할 경우 "괄호4"는 375,000원이다.

85. ㈜삼일의 박원가 회계팀장은 회사의 업무흐름을 더욱 투명하게 관리하고자 영업활동 flowchart를 작성하려 하고 있다. ㈜삼일이 개별원가계산을 채택하고 있을 때 (ㄱ)과 (ㄴ)에 각각 들어갈 내용은?

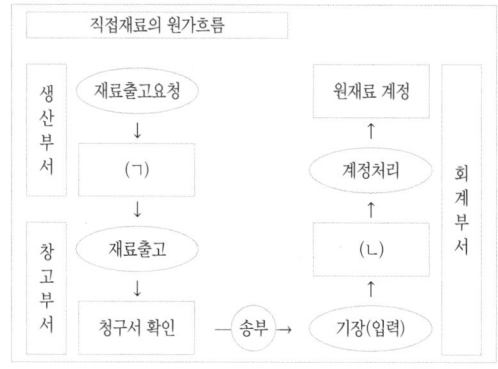

	ㄱ	ㄴ
①	재료출고청구서	작업시간표
②	재료원가표	작업시간표
③	작업시간표	재료원가표
④	재료출고청구서	재료원가표

86. 다음은 ㈜삼일의 제조부문과 관련하여 당기 발생한 원가에 대한 자료들이다. 회사가 부문별 제조간접원가 배부율을 사용할 경우 #1B의 가공원가는 얼마인가?

   ㄱ. ㈜삼일은 두 개의 제조부문(A, B)이 있다. 다음은 당기의 자료이다.

	A부문	B부문	합계
제조간접원가	400,000원	800,000원	1,200,000원
직접기계시간	2,000시간	8,000시간	10,000시간

   ㄴ. 당기 중 착수하여 완성된 #1B 작업의 원가자료는 다음과 같다.

	A부문	B부문	합계
직접재료원가	30,000원	10,000원	40,000원
직접노무원가	20,000원	40,000원	60,000원
직접기계시간	120시간	240시간	360시간

   ㄷ. 회사는 직접기계시간을 기준으로 제조간접원가를 배부하고 있다.

   ① 100,000원 ② 103,200원
   ③ 108,000원 ④ 148,000원

87. ㈜삼일은 제조간접원가를 직접노무시간 기준으로 배부하고 있다. 추정제조간접원가 총액은 1,020,000원이고, 추정직접노무시간은 400,000시간이다. 전기 말의 제조간접원가 금액은 1,080,000원이고, 실제사용 직접노무시간은 420,000시간이다. 전기의 제조간접원가 과소(대)배부액은?

   ① 9,000원 과대배부 ② 9,000원 과소배부
   ③ 60,000원 과대배부 ④ 60,000원 과소배부

88. 다음 종합원가계산의 특징 및 장단점에 대한 설명 중 올바른 것을 모두 고르시오.

   ㄱ. 특정기간 동안 특정 공정에서 생산된 제품은 원가측면에서 서로 동일하다고 가정한다. 즉 제품원가를 평균개념에 의해서 산출한다.
   ㄴ. 원가의 집계가 공정별로 이루어지는 것이 아니기 때문에 개별작업별로 작업지시서를 작성해야 한다.
   ㄷ. 동일제품을 연속적으로 대량생산하지만 일반적으로 어떤 공정에 있어서든지 기말시점에서는 부분적으로 가공이 완료되지 않은 재공품이 존재하게 된다.
   ㄹ. 원가통제와 성과평가가 공정별로 이루어지는 것이 아니라 개별작업별로 이루어진다.
   ㅁ. 기장절차가 간단한 편이므로 시간과 비용이 절약된다.

   ① ㄱ, ㄴ, ㄷ ② ㄱ, ㄷ, ㅁ
   ③ ㄴ, ㄷ, ㄹ ④ ㄷ, ㄹ, ㅁ

89. ㈜삼일은 평균법에 의한 종합원가계산을 채택하고 있다. 기초와 기말의 재공품 물량은 동일하나 기초에 비하여 재공품 기말 잔액이 증가하였다. 다음 중 이 현상을 설명할 수 있는 것으로 가장 옳은 것은?

   ① 전년도에 비해 노무임률이 상승하였다.
   ② 전년도에 비해 제조간접원가가 감소하였다.
   ③ 기초보다 기말의 재공품 완성도가 감소하였다.
   ④ 전년도에 비해 판매량이 감소하였다.

90. ㈜삼일은 종합원가계산 방식을 채택하고 있으며, 선입선출법에 의해 완성품환산량을 계산한다. 재료는 공정 초기에 전량 투입되며 가공원가는 공정 전반에 걸쳐 균일하게 발생한다. 다음 자료를 이용하여 재료원가와 가공원가의 원가요소별 완성품환산량 단위당 원가를 구하면 얼마인가?

수량	기초재공품 400개(완성도50%)	완성품 1,000개
	착수량 800개	기말재공품 200개(완성도80%)
원가	재료원가	가공원가
기초재공품원가	200,000원	500,000원
당기발생원가	2,000,000원	3,000,000원

   ① 재료원가 1,666.6원 / 가공원가 3,125원
   ② 재료원가 2,500원 / 가공원가 3,125원
   ③ 재료원가 2,500원 / 가공원가 3,750원
   ④ 재료원가 2,750원 / 가공원가 3,645.8원

91. 다음 중 표준원가계산의 의의에 관한 설명으로 가장 올바르지 않은 것은?

   ① 표준원가계산을 사용하면 제품원가계산을 신속하게 할 수 있다.
   ② 표준원가를 사용하여 원가관리와 예산편성 등에 활용할 수 있다.
   ③ 표준원가를 기업 회계시스템에 도입하여 사용하는 것을 표준원가계산제도라고 한다.
   ④ 표준원가는 제품 제조와 관련된 예상원가를 가격표준과 수량 표준을 사용하여 사전 또는 사후에 결정한 것이다.

92. 다음 자료는 구입시점에서 직접재료원가 가격차이를 분리하기 위한 자료이다. 직접재료의 단위당 표준가격은 얼마인가?

기초재고액(실제원가)	145,000원
기말재고액(실제원가)	160,000원
생산공정 투입액(실제원가)	400,000원
단위당 실제 구입가격	200원
불리한 가격차이	41,500원

   ① 150원 ② 160원
   ③ 180원 ④ 220원

93. 다음 중 직접노무원가 능률차이에 대한 설명으로 가장 올바르지 않은 것은?

① 투입되는 재료의 품질에 따라 직접노무원가 능률차이가 발생할 수 있다.
② 생산부문 책임자의 감독소홀에 의해 직접노무원가 능률차이가 발생할 수 있다.
③ 기술 수준이 낮은 근로자를 투입했을 경우에 직접노무원가 능률차이가 발생할 수 있다.
④ 작업량 증가에 따른 초과근무 수당이 지급될 경우 직접노무원가 능률차이가 발생할 수 있다.

94. 다음은 ㈜삼일의 표준원가 계산 자료이다. 당기 중의 실제 직접노무시간은 얼마인가?

실제 제품 생산량	10,000개
직접노무원가 발생액	5,000,000원
제품단위당 표준직접노무시간	10시간
직접노무원가 가격차이(유리)	720,000원
직접노무원가 능률차이(불리)	520,000원

① 100,000시간 ② 110,000시간
③ 120,000시간 ④ 130,000시간

95. ㈜삼일의 표준원가계산제도는 제조간접비의 배부에 있어서 직접작업시간을 배부기준으로 사용한다. 다음은 이 회사의 원가차이분석에 필요한 자료이다.

제조간접비 실제발생액	15,000원
고정제조간접비 실제발생액	7,200원
실제작업시간	3,500시간
표준작업시간	3,800시간
변동제조간접비 표준배부율	작업시간당 2.5원

변동제조간접비 소비차이는 얼마인가?

① 950원 불리 ② 750원 불리
③ 750원 유리 ④ 950원 유리

96. 다음 중 초변동원가계산에서 재고자산가액에 포함되는 원가항목을 모두 올바르게 나열한 것은?

① 직접재료원가
② 직접재료원가, 직접노무원가, 변동제조간접원가
③ 직접재료원가, 직접노무원가, 변동제조간접원가, 고정제조간접원가
④ 직접재료원가, 직접노무원가, 변동제조간접원가, 변동판매비와관리비

97. ㈜삼일은 당기에 영업을 개시하여 10,000단위의 제품을 생산하고 이 중에서 9,500단위의 제품을 단위당2,000원에 판매하였다. 회사의 경영자는 외부보고목적으로는 전부원가계산제도를 사용하고 있으나, 관리목적으로는 변동원가계산제도를 사용하고 있다. (단위 : 원)

제품단위당 직접재료원가	1,000
제품단위당 직접노무원가	400
제품단위당 변동제조간접원가	200
제품단위당 변동판매비와관리비	100
고정제조간접원가	1,200,000
고정판매비와관리비	400,000

다음 설명 중 가장 올바르지 않은 것은?

① 전부원가계산에 의할 경우 제품단위당 제조원가는 1,720원이다.
② 변동원가계산에 의할 경우 제품단위당 제조원가는 1,600원이다.
③ 전부원가계산에 의할 경우 기말제품재고액은 860,000원이다.
④ 변동원가계산에 의한 당기순이익이 전부원가계산에 의한 당기순이익보다 크다.

98. 다음 중 변동원가계산과 전부원가계산에 관한 설명으로 가장 옳은 것은?

① 변동원가계산은 의사결정에 유용하므로 전부원가계산에 비하여 외부보고용으로 적절한 원가계산방법이다.
② 기초재고자산이 없고 당기 생산량과 판매량이 동일하다면 변동원가계산과 전부원가계산의 순이익은 같게 된다.
③ 변동원가계산은 표준원가를 사용할 수 있으나 전부원가계산은 표준원가를 사용할 수 없다.
④ 변동원가계산은 변동판매비와관리비를 제품원가로 인식하고 전부원가계산은 고정제조간접원가를 제품원가로 인식한다.

99. 20X1년 1월 1일에 영업을 개시한 ㈜삼일은 단일제품을 생산, 판매하며 20X1년 한 해 동안 총 2,000단위를 생산하여 1,500단위(단위당 판매가격 1,800원)를 판매하였다. 20X1년에 발생한 추가정보가 다음과 같을 경우 변동원가계산에 의한 ㈜삼일의 영업이익은 얼마인가?

	고정원가	단위당 변동원가
직접재료원가	-	300원
직접노무원가	-	250원
제조간접원가	300,000원	150원
판매비와관리비	200,000원	200원

① 825,000원 ② 850,000원
③ 900,000원 ④ 925,000원

100. 20X1년 3월에 영업을 시작한 ㈜상일은 선입선출법에 의한 실제원가계산제도를 채택하고 있으며, 20X1년 3월과 4월의 생산과 판매에 관한 자료는 다음과 같다.

	3월	4월
생산량	8,000단위	9,000단위
판매량	7,000단위	10,000단위
고정제조간접원가	1,600,000원	1,620,000원

20X1년 4월 중 전부원가계산에 의한 영업이익이 1,200,000원이라고 할 때, 변동원가계산에 의한 영업이익은 얼마인가?

① 800,000원　　② 1,000,000원
③ 1,200,000원　④ 1,400,000원

101. 다음 중 활동기준원가계산제도에 대한 설명으로 가장 올바르지 않은 것은?

① 전통적 원가회계제도에 비하여 보다 다양한 원가동인 요소를 고려한다.
② 활동 및 활동원가의 분석을 통하여 원가통제를 보다 효과적으로 수행할 수 있다.
③ 활동기준원가계산제도는 전통적 원가회계에서 발생할 수 있는 문제점인 원가왜곡현상을 극복함으로써 적정한 가격 설정을 가능하게 한다.
④ 활동기준원가계산제도는 전통적인 개별원가계산이나 종합원가계산과 독립적으로 사용해야만 하는 새로운 원가계산제도이다.

102. 다음 자료를 이용하여 공헌이익률을 계산하면 얼마인가?

제품단위당 판매가격	400원
제품단위당 변동제조원가	150원
제품단위당 변동판매비	130원
고정제조간접원가	500,000원
고정판매비와관리비	1,100,000원

① 10%　　② 20%
③ 30%　　④ 40%

103. ㈜상일의 경영자는 명상센터의 직영운영과 임대운영의 형태를 고민하고 있다. 직영운영의 경우 연간 매출액은 50,000,000원, 변동비율은 60%, 고정원가는 10,000,000원으로 예상된다. 반면 임대운영의 경우에는 매월 1,200,000원의 임대료를 받을 수 있다. 다만, 임대시에도 직영시의 고정원가 중 50%는 회피 불가능할 것으로 판단하고 있다. 다음 중 ㈜상일의 경영자는 어떤 결정을 내리는 것이 유리한가?

① 직영시 600,000원 유리　② 임대시 600,000원 유리
③ 직영시 400,000원 유리　④ 임대시 400,000원 유리

104. 다음은 CVP그래프이다. B지점과 비교하여 A지점의 단위당 변동원가와 단위당 고정원가는 어떻게 변하는가?

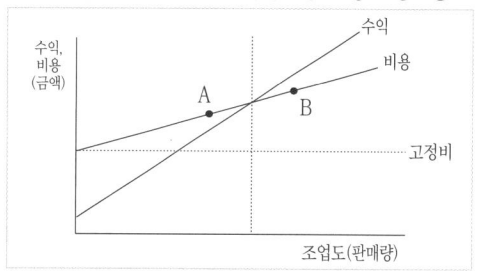

① 단위당 변동원가는 더 크며, 단위당 고정원가는 같다.
② 단위당 변동원가와 단위당 고정원가 모두 크다.
③ 단위당 변동원가는 같으며, 단위당 고정원가는 더 크다.
④ 단위당 변동원가와 단위당 고정원가 모두 같다.

105. ㈜상일의 제품 단위당 판매가격과 원가자료는 다음과 같다.

단위당 판매가격	500원
단위당 직접재료원가	90원
단위당 직접노무원가(변동원가)	60원
단위당 변동제조간접원가	70원
단위당 변동판매비와관리비	30원
연간 고정원가	800,000원

㈜상일이 영업이익 700,000원을 달성하기 위한 판매량은 얼마인가?

① 4,000단위　　② 5,000단위
③ 6,000단위　　④ 7,000단위

106. 다음 중 고정예산에 대한 설명으로 가장 옳은 것은?

① 특정수준의 조업도를 기준으로 하여 사전에 수립되는 예산이다.
② 특정기간의 조업도의 변화여부를 고려하여 고정예산을 조정할 필요가 있다.
③ 특정산출량에 대하여 사용된 투입량의 정도에 대한 정보를 제공한다.
④ 통제를 위한 정보로서 적합하며 경영관리적 측면에서 큰 의미를 갖는다.

107. 다음 중 분권화, 책임회계, 성과평가에 관한 설명으로 가장 옳은 것은?

① 잔여이익에 의하여 채택되는 투자안은 투자수익률법에 의해서도 항상 채택된다.
② 잔여이익이 갖고 있는 준최적화의 문제점을 극복하기 위하여 투자수익률이라는 개념이 출현하였으므로 투자수익률에 의한 성과평가기법이 잔여이익보다 더 우월하다고 볼 수 있다.
③ 하부경영자가 자신의 성과측정치를 극대화할 때 기업의 목표도 동시에 극대화될 수 있도록 하부경영자의 성과측정치를 설정해야 하는데, 이를 목표일치성이라고 한다.
④ 투자수익률법은 투자규모가 다른 투자중심점을 상호 비교하기가 어렵다는 문제점이 있는 반면에 잔여이익법에는 이런 문제점이 없다.

108. ㈜삼일은 20X1년부터 예산을 수립하며 미래의 불확실성에 대비하기로 하였다. 당사의 20X1년도 예산자료 및 실제생산결과 자료는 다음과 같다.

구분	20X1년 연간예산	20X1년 실제생산결과
직접재료비	36,000,000원	32,000,000원
직접노무비	12,000,000원	10,000,000원
변동제조간접비	36,000,000원	31,000,000원
고정제조간접비	6,000,000원	5,500,000원
생산량	12,000개	10,000개

위의 자료를 이용하여 변동예산제도를 사용할 때, 총원가의 합계는 얼마인가?

① 75,500,000원
② 76,000,000원
③ 79,000,000원
④ 89,500,000원

109. ㈜삼일은 A와 B의 두 제품을 생산·판매하고 있다. 예산에 의하면 제품 A의 단위당 공헌이익은 20원이고, 제품 B의 공헌이익은 4원이다. 20X1년의 예산매출수량은 제품 A가 800단위, 제품 B는 1,200단위로 총 2,000단위였다. 그러나 실제매출수량은 제품 A가 500단위, 제품 B가 2,000단위로 총 2,500단위였다. ㈜삼일의 20X1년 매출배합차이와 매출수량차이를 계산하면 각각 얼마인가?

	매출배합차이	매출수량차이
①	8,000원 불리	5,200원 유리
②	8,000원 유리	5,200원 불리
③	5,200원 불리	8,000원 유리
④	5,200원 유리	8,000원 불리

110. 다음 재무자료를 이용하여 가중평균자본비용(WACC)를 산출하면 얼마인가?

투하자본	50억원
(타인자본 20억원, 자기자본 30억원)	
타인자본비용	8%
자기자본비용	15%
법인세는 고려하지 않는다.	

① 9.5%
② 10%
③ 12.2%
④ 15%

111. ㈜삼일은 두 개의 사업부가 있으며, <가>사업부와 <나>사업부의 당해연도 영업활동 자료는 다음과 같다.

구분	<가>사업부	<나>사업부
매출액	100,000,000원	80,000,000원
공헌이익률	20%	25%
추적가능고정비	10,000,000원	5,000,000원
평균투자자본	50,000,000원	30,000,000원

위의 자료를 이용하여 ㈜삼일의 최저필수수익률이 10%라고 할 때, <가>사업부의 투자수익률을 계산하면 얼마인가?

① 10%
② 20%
③ 30%
④ 40%

112. 다음 중 의사결정 시에 필요한 원가용어와 그에 대한 정의를 연결한 것으로 가장 올바르지 않은 것은?

① 관련원가는 과거원가이거나 대안 간에 차이가 나지 않는 미래원가이다.
② 지출원가는 미래에 현금 등의 지출을 수반하는 원가이다.
③ 기회원가는 자원을 현재 용도 이외의 다른 용도에 사용할 경우 얻을 수 있는 최대금액이다.
④ 매몰원가는 과거에 발생한 역사적 원가로서 현재 또는 미래에 회수할 수 없는 원가이다.

113. ㈜삼일은 부품의 자기제조 또는 외부구입에 대한 의사결정을 하려고 한다. 이 때 고려해야 하는 비재무적 정보에 대한 설명 중 가장 올바르지 않은 것은?

① 부품을 자가제조 할 경우 부품의 공급업자에 대한 의존도를 줄일 수 있는 장점이 있다.
② 부품을 자가제조 할 경우 기존 외부공급업자와의 유대관계를 상실하게 되는 단점이 있다.
③ 부품을 외부구입 할 경우 향후 주문량의 변동에 유연하게 대응할 수 있다는 장점이 있다.
④ 부품을 외부구입 할 경우 제품에 특별한 지식이나 기술이 요구될 때 품질을 유지하기 위한 관리가 별도로 필요하게 되는 단점이 있다.

114. ㈜삼일은 진부화된 의류 500벌을 보유하고 있다. 이 제품에 대한 총제조원가는 45,000,000원이었으나 현재로는 의류 한벌당 25,000원에 처분하거나, 11,000,000원을 투입하여 개조한 후 의류 한 벌당 50,000원에 판매할 수 있는 상황이다. 다음 설명 중 가장 옳은 것은?

① 그대로 의류 한벌당 25,000원에 처분하면 32,500,000원의 손실이 발생하므로 처분해서는 안된다.
② 개조하여 판매하면 11,000,000원의 추가인 손실이 발생한다.
③ 개조하여 판매하는 것이 그대로 처분하는 것보다 1,500,000원 만큼 유리하다.
④ 11,000,000원의 추가비용을 지출하지 않고 의류 한벌당 25,000원에 판매하는 것이 유리하다.

115. ㈜삼일은 제조에 필요한 부품을 자가제조할 것인지 아니면 외부구입할 것인지의 여부에 대한 의사결정을 하려고 한다. 다음 설명 중 가장 옳은 것은?

① 당해 의사결정에 따라 회피가능한 고정원가는 관련원가가 아니다.
② 기존설비를 다른 용도로 사용함에 따라 발생할 수 있는 기회비용도 관련원가이다.
③ 고정원가가 당해 의사결정과 관계없이 계속 발생한다면 고정원가도 관련원가이다.
④ 회피가능고정원가가 외부구입원가보다 큰 경우에는 자가제조하는 것이 바람직하다.

116. 다음의 자료를 바탕으로 A제품라인의 폐지시 예상되는 증분이익은 얼마인가?

- ㈜삼일은 사무용품을 제조·판매하고 있으며, 제품생산을 위하여 A, B, C 제품제조라인을 운영하고 있다. 회사는 고정원가를 각 제품에 배분하는 기준으로 매출액을 사용하고 있다. 라인별 분석결과 A제품라인에서 100,000원의 손실이 발생하여 A제품라인을 폐지할 것인지를 고려하고 있다.

A제품라인 당기 중 손익

매출액	변동원가	공헌이익	고정원가	순이익
1,000,000	600,000	400,000	500,000	(100,000)

- A제품라인의 폐지시 고정원가 중 400,000원이 회피가능하며, 유휴설비를 임대하여 당기에 300,000원의 임대수익이 예상된다.

① 100,000원   ② 200,000원
③ 300,000원   ④ 400,000원

117. 다음의 투자의사결정 방법이 갖는 장점으로 가장 옳은 것은?

- 독립 투자안에 대한 투자결정시 투자대상의 회계적이익률이 기업에서 기준한 회계적이익률 보다 높으면 투자안을 채택한다.
- 여러 투자안에 대한 투자결정시 가장 높은 회계적이익률을 가진 투자안을 채택한다.

① 화폐의 시간가치를 고려한다.
② 분석의 기초자료가 재무제표이기에 자료확보가 용이하다.
③ 목표수익률을 설정하는데 자의적 판단이 개입되지 않는다.
④ 계산이 간편하며, 투자안에 대한 현금흐름을 고려하고 있다.

118. 장기의사결정을 위한 방법 중 회수기간법은 여러가지 이론적인 단점에도 불구하고 실무상 많이 사용되고 있다. 다음 중 회수기간법이 실무에서 많이 사용되는 이유로 가장 올바르지 않은 것은?

① 비현금자료도 반영되는 포괄적 분석기법이다.
② 기업의 유동성 확보와 관련된 의사결정에 유용하다.
③ 화폐의 시간적 가치를 고려하지 않으므로 순현재가치법, 내부수익률법에 비해서 적용하기가 쉽다.
④ 투자후반기의 현금흐름이 불확실한 경우에는 유용한 평가방법이 될 수 있다.

119. ㈜삼일은 A사업부와 B사업부로 구성되어 있다. B사업부는 A사업부에서 생산되는 부품을 가공하여 완제품을 제조한다. B사업부에서 부품 한 단위를 완제품으로 만드는 데 소요되는 추가가공원가는 500원이며, 완제품의 단위당 판매가격은 1,100원이다. 부품의 외부시장가격이 단위당 550원인 경우, B사업부가 받아들일 수 있는 최대대체가격은 얼마인가?

① 550원   ② 600원
③ 700원   ④ 1,100원

120. 다음 중 수명주기원가계산의 유용성으로 가장 올바르지 않은 것은?

① 제품 또는 서비스의 수명주기 동안 모든 가치사슬단계에서 발생하는 수익과 비용에 대한 집계를 가능하게 하여 프로젝트 전체에 대한 이해가 향상된다.
② 제조이전단계에서 대부분의 제품원가가 결정된다는 인식을 토대로 연구개발단계와 설계단계에서 부터 원가절감을 위한 노력을 기울여야 한다는 것을 강조한다.
③ 프로젝트와 관련하여 언제 어떤 가치사슬단계에서 얼마만큼의 원가가 발생하는지를(비율로) 알게됨으로써 상이한 가치사슬단계에서 원가발생의 상호관계 파악이 가능하다.
④ 재무적 관점에 의한 단기적 성과 및 원가관리에 유용하다.

2021년 11월 시행 원가관리회계 공개기출문제

81. 다음은 ㈜삼일이 생산하는 제품에 대한 원가자료이다.

단위당 직접재료원가	27,000원
단위당 직접노무원가	13,500원
단위당 변동제조간접원가	84,500원
월간 총고정제조간접원가	1,125,000원
월간 총생산량은 100단위이다.	

㈜삼일의 제품 (a) 단위당 기초원가와 (b) 단위당 가공원가를 구하면 얼마인가?

① (a) 13,500원, (b) 95,750원
② (a) 40,500원, (b) 109,250원
③ (a) 13,500원, (b) 109,250원
④ (a) 40,500원, (b) 224,000원

82. 다음은 원가의 분류에 대한 설명이다. 괄호 안에 들어갈 용어로 가장 옳은 것은?

> 원가란 특정목적을 달성하기 위해 소멸된 경제적 자원의 희생을 화폐가치로 측정한 것으로 발생한 원가 중 기업의 수익획득에 아직 사용되지 않은 부분은 (a)(으)로, 수익획득에 사용된 부분은 (b)(으)로 재무제표에 계상되며 수익획득에 기여하지 못하고 소멸된 부분은 (c)(으)로 계상된다.

① (a) 손실, (b) 비용, (c) 자산
② (a) 비용, (b) 자산, (c) 손실
③ (a) 자산, (b) 손실, (c) 비용
④ (a) 자산, (b) 비용, (c) 손실

83. 다음은 ㈜삼일의 20X1년 한 해 동안의 제조원가 자료이다.

	기초	기말
직접재료	5,000원	7,000원
재공품	10,000원	8,000원
제품	12,000원	10,000원
직접재료 매입액		45,000원
기초원가		50,000원
가공원가		35,000원

㈜삼일의 20X1년 제조원가명세서상의 당기제품제조원가는 얼마인가?

① 78,000원 ② 80,000원
③ 82,000원 ④ 88,000원

84. 다음 중 보조부문과 제조부문을 포함한 원가배분의 절차에 대한 설명으로 올바르지 않은 것은?

① 부문공통원가의 배분은 공통적으로 발생한 원가를 회사의 각 부문에 배분하는 과정이다.
② 보조부문원가의 배분은 보조부문에 집계되거나 보조부문이 배분받은 공통원가를 제조부문에 배분하는 과정이다.
③ 제조간접원가의 배부는 제조부문에 집계된 원가를 제품제조원가와 판매관리비로 배부하는 과정이다.
④ 제품원가계산은 제품별로 집계된 제조원가를 기초로 매출원가와 재고자산가액을 산출하는 과정이다.

85. 두 개의 제조부문과 두 개의 보조부문으로 이루어진 ㈜삼일의 부문간 용역수수에 관련된 자료는 다음과 같다.

	보조부문		제조부문	
	A	B	C	D
A부문 용역제공	-	40%	20%	40%
B부문 용역제공	20%		50%	30%
발생원가	200,000원	300,000원	450,000원	600,000원

단계배분법을 사용할 경우 제조부문 C에 배분되는 보조부문의 원가는 얼마인가(단, 보조부문원가는 A부문의 원가를 우선 배분한다)?

① 182,500원 ② 222,500원
③ 230,000원 ④ 277,500원

86. 다음 중 개별원가계산에 관한 설명으로 가장 올바르지 않은 것은?

① 여러 종류의 제품을 주문에 의해 생산하거나 또는 동종의 제품을 일정 간격을 두고 비반복적으로 생산하는 업종에 적합한 원가계산제도이다.
② 조선업, 기계제작업 등과 같이 수요자의 주문에 기초하여 제품을 생산하는 업종에서 주로 사용한다.
③ 각 제품의 원가요소별 단위당 원가를 완성품환산량에 기초하여 계산한다.
④ 제조과정에서 발생한 원가는 개별제품별로 작성된 작업원가표에 집계되므로 재공품원가를 집계하는 것이 용이하다.

87. ㈜삼일은 직접노동시간을 기준으로 제조간접원가를 예정배부하고 있으며, 연간 제조간접원가는 2,000,000원, 연간 직접노동시간은 40,000시간으로 예상하고 있다. 20X1년 12월 중 작업지시서 #A와 #B를 시작하여 #A만 완성하였다면 제품제조원가(a)와 재공품원가(b)는 각각 얼마인가?(단, 월초에 재공품은 없다고 가정한다)?

	#A	#B	계
직접재료원가	150,000원	90,000원	240,000원
직접노무원가	60,000원	30,000원	90,000원
직접노동시간	2,400시간	1,600시간	4,000시간

① a : 330,000원, b : 200,000원
② a : 200,000원, b : 330,000원
③ a : 530,000원, b : 0원
④ a : 0원, b : 530,000원

88. 다음은 ㈜삼일의 원가자료이다. 원재료는 공정초기에 전량 투입되고 가공원가는 공정전반에 걸쳐 균등하게 투입된다.

〈수량〉
기초재공품수량   200개(? %)
당기투입량   1,800개
완성품수량   1,600개
기말재공품수량   400개(70%)

㈜삼일이 선입선출법을 적용하여 계산한 가공원가의 당기 완성품환산량이 1,800개일 경우 기초재공품의 완성도(%)는 얼마인가?

① 20%   ② 40%
③ 50%   ④ 70%

89. ㈜삼일은 선입선출법을 이용한 종합원가계산제도를 채택하고 있다. 원재료는 공정초기에 모두 투입되고, 가공원가는 공정전반에 걸쳐 균등하게 발생하고 있다. 물량흐름 및 원가관련 정보는 다음과 같을 때, 완성품원가는 얼마인가?

	수량	완성도	재료원가	가공원가
기초재공품	2,000개	50%	8,000원	10,000원
당기투입	30,000개	-	120,000원	280,000원
기말재공품	4,000개	25%		

① 200,000원   ② 290,000원
③ 374,000원   ④ 392,000원

90. 다음은 ㈜삼일의 원가자료이다. 원재료는 공정시작 시점에서 전량 투입되고 가공원가는 공정전반에 걸쳐 균등하게 발생한다.

〈수량〉
기초재공품수량   600개(80%)
착수수량   2,500개
완성수량   2,300개
기말재공품수량   800개(40%)

평균법과 선입선출법을 적용하여 종합원가계산을 하는 경우 가공원가 완성품환산량 차이는 얼마인가?

① 선입선출법이 120개 더 크다.
② 선입선출법이 120개 더 작다.
③ 평균법이 480개 더 크다.
④ 평균법이 480개 더 작다.

91. 다음 중 표준제조간접원가를 결정하기 위한 기준조업도와 관련된 내용으로 가장 올바르지 않은 것은?

① 기준조업도는 단순하고 이해하기 쉬워야 한다.
② 기준조업도는 물량기준보다는 금액 기준으로 설정하는 것이 바람직하다.
③ 기준조업도와 제조간접원가의 발생 사이에는 인과관계가 존재하여야 한다.
④ 사전에 설정된 제조간접원가 예산을 기준조업도로 나누어 표준배부율을 계산한다.

92. ㈜삼일의 직접재료원가에 대한 자료는 다음과 같다.

제품예산생산량	2,000개
제품실제생산량	2,500개
kg당 실제재료원가	400원
제품 1개당 표준투입수량	4kg
직접재료원가 kg당 표준가격	300원
직접재료원가 가격차이(불리한차이)	900,000원

직접재료원가의 능률차이는 얼마인가?

① 300,000원(유리)   ② 300,000원(불리)
③ 600,000원(유리)   ④ 600,000원(불리)

93. 다음은 20X1년 ㈜삼일의 직접노무원가에 관한 자료이다. 20X1년 ㈜삼일의 제품단위당 실제직접노무시간은 얼마인가?

ㄱ. 실제제품생산량	5,000개
ㄴ. 실제직접노무원가 발생액	21,000,000원
ㄷ. 제품단위당 표준직접노무시간	5시간
ㄹ. 직접노무원가 가격차이	3,000,000원(유리)
ㅁ. 직접노무원가 능률차이	4,800,000원(불리)

① 5시간   ② 5.25시간
③ 6.25시간 ④ 6.5시간

94. ㈜삼일의 변동제조간접원가와 관련한 자료가 다음과 같을 때 변동제조간접원가 능률차이는 얼마인가?

변동제조간접원가 실제 발생액	3,150,000원
실제작업시간기준 변동제조간접원가 예산	3,452,000원
실제생산량에 허용된 변동제조간접원가 예산	3,124,500원

① 302,000원(불리)   ② 302,000원(유리)
③ 327,500원(불리)   ④ 327,500원(유리)

95. 다음 중 표준원가계산에서 원가차이의 처리방법인 매출원가조정법에 관한 설명으로 가장 옳은 것은?

① 매출원가조정법에서는 재공품과 제품 계정은 모두 표준원가로 기록된다.
② 유리한 원가차이는 매출원가에 가산하며 불리한 원가차이는 매출원가에서 차감한다.
③ 매출원가조정법은 원가차이를 매출원가와 재고자산에 가감하여 차이를 조정하는 방법이다.
④ 매출원가조정법을 사용하면 비례배분법을 사용하는 경우보다 당기순이익이 크게 나타난다.

96. 다음 중 변동원가계산과 전부원가계산의 차이에 관한 설명으로 가장 옳은 것은?

① 고정판매비와관리비 또한 고정제조간접원가와 마찬가지로 변동원가계산과 전부원가계산 간의 처리방법이 상이하다.
② 변동원가계산은 표준원가를 사용할 수 있으나 전부원가계산은 표준원가를 사용할 수 없다.
③ 변동원가계산은 고정제조간접원가를 제품원가로 인식하고 전부원가계산은 고정제조간접원가를 기간원가로 인식한다.
④ 기초재고자산이 없고 당기 생산량과 판매량이 동일하다면 변동원가계산과 전부원가계산의 순이익은 같게 된다.

97. 다음 괄호 안에 들어갈 알맞은 용어를 고르면?

전부원가계산제도는 (A)개념에 근거를 두고 있다. (A)개념이란 제품생산과 관련한 원가는 원가의 행태에 관계없이 모두 제품의 원가로 보는 것이다. 변동원가계산제도는 (B)개념에 근거를 두고 있다. (B)개념이란 발생한 원가가 미래에 동일한 원가의 발생을 방지할 수 없다면 그 원가는 자산성을 인정할 수 없다는 것이다.

	A	B		A	B
①	원가부착	원가회피	②	원가회피	원가부착
③	원가부착	기간원가	④	원가회피	기간원가

98. 변동원가계산에 의한 공헌이익 손익계산서 작성 자료가 아래와 같을 경우 공헌이익은 얼마인가?

판매수량	4,500개
단위당 판매가격	3,500원/개
단위당 변동제조원가	2,300원/개
단위당 변동판매비와관리비	300원/개
고정제조간접원가	2,000,000원
고정판매비와관리비	500,000원

① 3,550,000원 ② 4,050,000원
③ 4,900,000원 ④ 5,400,000원

99. ㈜삼일의 초변동원가계산에 의한 영업이익이 5,000,000원이라고 할 때 아래의 자료를 이용하여 변동원가계산에 의한 영업이익을 구하면 얼마인가(단, 기초와 기말 재공품 재고는 존재하지 않는다)?

기초제품재고수량	3,000개
기말제품재고수량	2,000개
제품단위당 고정제조간접원가	500원
제품단위당 변동제조간접원가	400원
제품단위당 직접노무원가	200원

① 4,400,000원 ② 4,500,000원
③ 5,400,000원 ④ 5,500,000원

100. ㈜삼일의 6월 중 영업자료는 아래와 같다. 전부원가계산에 의한 영업이익이 변동원가계산에 의한 영업이익보다 31,000원 더 크다면 6월 발생한 고정제조간접원가는 얼마인가(재고자산은 평균법으로 평가한다)?

생산량	2,000개
판매량	1,800개
기초재고량	500개(단위당 고정제조간접원가 50원)

① 100,000원 ② 160,000원
③ 175,000원 ④ 185,000원

101. ㈜삼일은 활동기준원가계산제도(ABC)를 사용하며, 작업활동별 예산자료와 생산관련자료는 다음과 같다.

〈작업활동별 예산자료(제조간접원가)〉

작업활동	배부기준	배부기준당 예정원가
포장	생산수량	300원
재료처리	부품의 수	15원
절삭	부품의 수	20원
조립	직접작업시간	150원

〈생산관련자료〉

제품	보급형	특수형
생산수량	5,000개	4,000개
부품의 수	90,000개	80,000개
직접작업시간	6,000시간	4,000시간
직접재료원가	8,000,000원	8,000,000원
직접노무원가	7,000,000원	4,000,000원

㈜삼일이 생산하는 제품 중 보급형 제품의 단위당 제조원가는 얼마인가?

① 2,200원 ② 2,671원 ③ 3,310원 ④ 4,110원

102. 다음 중 CVP 분석에 관한 설명으로 가장 올바르지 않은 것은?

① 장기적인 의사결정 방법이다.
② 복수의 제품을 생산할 경우 매출배합은 항상 일정하다고 가정한다.
③ 모든 원가는 변동원가와 고정원가로 구분할 수 있다고 가정한다.
④ 화폐의 시간가치를 고려하지 않는다.

103. ㈜삼일은 회계프로그램을 판매하는 회사로 단위당 판매가격은 40원이며, 단위당 변동원가는 30원이다. 연간 고정원가는 30,000이며 당기에 10,000의 이익을 목표로 하고 있다. 다음 설명 중 가장 올바르지 않은 것은?

① 공헌이익률은 25%이다.
② 단위당 공헌이익은 10원이다.
③ 목표이익을 달성하려면 150,000원의 매출을 하여야 한다.
④ 손익분기점을 달성하기 위한 매출수량은 3,000단위이다.

104. 다음은 회의 중에 일어난 사장과 이사의 대화이다. 원가·조업도·이익(CVP) 분석과 관련하여 괄호 안에 들어갈 용어는 무엇인가?

> 사장 : 재무담당이사! 올해 우리 회사 매출은 손익분기점 매출액을 얼마나 초과하나?
> 이사 : 10억원만큼 초과합니다. 이것을 ( )(이)라고 합니다.
> 사장 : ( )? 처음 듣는 용어군.
> 이사 : ( )는(은) 손실을 발생시키지 않으면서 허용할 수 있는 매출액의 최대 감소액을 의미하며, 기업의 안정성을 측정하는 지표로 많이 사용됩니다.

① 안전한계 ② 공헌이익
③ 영업이익 ④ 목표이익

105. 제조업을 영위하는 ㈜삼일의 재무자료를 분석할 경우 변동원가 30,000원, 고정원가 5,000,000원일 때, 손익분기점 매출수량이 500단위이다. ㈜삼일이 제조하여 판매하는 제품의 단위당 판매가격은 얼마인가?

① 10,000원 ② 40,000원
③ 60,000원 ④ 70,000원

106. 다음 중 책임회계제도에 대한 설명으로 가장 올바르지 않은 것은?

① 책임회계제도가 그 기능을 효율적으로 수행하기 위해서는 각 책임중심점의 경영자가 권한을 위임받은 원가항목들에 대해 통제권을 행사할 수 없어야 한다.
② 책임중심점이란 경영관리자가 특정활동에 대해 통제할 책임을 지는 조직의 부문을 말한다.
③ 책임회계제도 하에서는 권한을 위임 받은 관리자가 책임범위 내에서 독자적인 의사결정을 내릴 수 있다.
④ 책임중심점은 책임의 성격 및 책임범위에 따라 원가중심점, 수익중심점, 이익중심점 및 투자중심점으로 분류할 수 있다.

107. 다음 중 고정예산과 변동예산의 차이에 관한 설명으로 가장 옳은 것은?

① 고정예산의 범위는 회사전체인 반면, 변동예산의 범위는 특정부서에 한정된다.
② 변동예산은 변동원가만을 고려하고, 고정예산은 변동원가와 고정원가 모두를 고려한다.
③ 고정예산은 특정 조업도 수준에 대하여 편성한 예산이고, 변동예산은 관련범위 내의 여러 조업도 수준에 대하여 편성한 예산이다.
④ 변동예산에서는 권한이 하부 경영자들에게 위양되나, 고정예산에서는 그렇지 않다.

108. ㈜삼일의 20X1년 고정예산 대비 실적자료는 다음과 같다. 동 자료를 토대로 당초 예상보다 영업이익차이가 나는 원인을 (ⅰ) 매출가격차이, (ⅱ) 변동원가차이, (ⅲ) 고정원가차이 이외에 중요한 차이항목인 매출조업도차이를 추가하여 경영진에게 의미 있게 요약·보고하고자 한다. 매출가격차이와 매출조업도차이의 금액은 얼마인가?

	실적	고정예산
판매량	500개	300개
단위당 판매가격	20원	22원
단위당 변동원가	12원	10원
단위당 공헌이익	8원	12원
고정원가	1,400원	1,800원

	매출가격차이	매출조업도차이
①	1,000원 유리	2,000원 유리
②	1,000원 불리	2,400원 유리
③	1,000원 유리	2,400원 유리
④	1,000원 불리	2,000원 유리

109. 다음 중 투자수익률법(return on investment, ROI)에 대한 설명으로 가장 올바르지 않은 것은?

① 투자규모가 다른 투자중심점을 상호 비교하기 용이하다.
② 사업부의 이익뿐만 아니라 투자액도 함께 고려하는 성과평가기준이다.
③ 매출액이익률과 자산회전율로 구분하여 분석이 가능하다.
④ 회사전체의 최저필수수익률을 상회하는 투자안이 개별투자중심점의 투자수익률보다 낮기 때문에 투자가 포기되는 준최적화 현상이 발생하지 않는다.

【110 ~ 111】 다음 ㈜삼일의 20X1년 자료를 토대로 물음에 답하시오(단, 자기자본의 장부가치와 시장가치는 일치한다고 가정한다).

법인세차감전영업이익	100,000,000원
부채(장기차입금, 연이자율 12%)	150,000,000원
자기자본(주주 요구수익률 15%)	350,000,000원
법인세율	20%

110. 위 자료를 기초로 가중평균자본비용을 계산하면 얼마인가?

① 12.69% ② 13.38%
③ 13.71% ④ 14.10%

111. 위 자료를 기초로 EVA(경제적부가가치)를 계산하면 얼마인가?

① 9,500,000원 ② 13,100,000원
③ 27,500,000원 ④ 33,100,000원

112. ㈜삼일은 제품 A의 생산을 위하여 부품 X를 직접 생산하여 사용하고 있다. ㈜삼일의 부품 X 제조에 대한 원가자료는 다음과 같다.

부품단위당 직접재료원가	500원
부품단위당 직접노무원가	100원
부품단위당 변동제조간접원가	200원
부품 X 관련 고정제조간접원가	500,000원
생산량	5,000단위

㈜삼일은 현재 원가절감을 위하여 부품 X의 외부구매를 검토하고 있다. 부품을 외부에서 구입하더라도 고정제조간접원가는 계속해서 발생할 것이다. ㈜삼일이 최대한 허용할 수 있는 부품의 단위당 구입가격은 얼마인가?

① 600원 ② 800원
③ 820원 ④ 900원

113. 다음 중 부품을 자기제조하고 있는 어떤 기업이 외부에서 부품을 구입하는 대안을 고려하고 있다고 가정할 경우 가장 부적절한 의사결정은 무엇인가(단, 고정제조간접원가는 당해 부품 생산설비의 감가상각비만 존재한다고 가정한다)?

① 금액적인 증분수익과 증분원가 이외에 외부공급처의 지속적 확보 여부, 품질의 동질성 등 비재무적요인도 고려하여야 한다.
② 유휴설비를 1년간 임대해 주고 임대료를 받을 수 있는 경우에는 변동제조원가 절감액과 임대료 수입액의 합계에서 외부부품 구입대금을 차감한 금액이 0(영)보다 큰 경우 외부구입 대안을 선택한다.
③ 유휴설비의 다른 용도가 없는 경우에는 변동제조원가 절감액에서 외부부품 구입대금을 차감한 금액이 0(영)보다 큰 경우 외부구입 대안을 선택한다.
④ 유휴설비를 다른 제품의 생산에 이용할 수 있는 경우에는 변동제조원가 절감액에서 외부부품 구입대금을 차감한 금액이 0(영)보다 작은 경우 외부구입 대안을 선택한다.

114. ㈜삼일은 여러 사업부를 운영하고 있는 기업이며, 20X1년의 당기순이익은 1,000,000원이다. 여러 사업부 중에서 사업부 갑의 공헌이익은 300,000원이고, 사업부 갑에 대한 공통원가배분액은 200,000원이다. 공통원가배분액 중 70,000원은 사업부 갑을 폐지하더라도 계속하여 발생하는 것이다. 만약 회사가 사업부 갑을 폐지하였다면 20X1년 당기순이익은 얼마로 변하였겠는가?

① 630,000원 ② 770,000원
③ 830,000원 ④ 900,000원

115. 선박 제조회사인 ㈜삼일은 소형모터를 자가제조하고 있다. 소형모터 10,000개를 자가제조하는 경우, 단위당 원가는 다음과 같다.

직접재료원가	7원
직접노무원가	3원
변동제조간접원가	2원
특수기계 감가상각비	2원
공통제조간접원가 배부액	5원
제품원가	19원

외부 회사에서 ㈜삼일에 소형모터 10,000개를 단위당 18원에 공급할 것을 제안하였다. ㈜삼일이 외부업체의 공급제안을 수용하는 경우, 소형모터 제작을 위하여 사용하던 특수기계는 다른 용도로 사용 및 처분이 불가능하며, 소형모터에 배부된 공통제조간접원가의 40%를 절감할 수 있다. ㈜삼일이 외부업체의 공급제안을 수용한다면, 자가제조하는 것보다 얼마나 유리 또는 불리한가?

① 30,000원 불리 ② 30,000원 유리
③ 40,000원 불리 ④ 40,000원 유리

116. 다음 중 자본예산에 대한 설명으로 가장 올바르지 않은 것은?

① 자본예산이란 고정자산에 대한 효율적인 투자 수행을 위해 투자안의 타당성을 평가하고 투자안의 현금흐름이나 이익에 미치는 영향을 평가하는 기법이다.
② 현금흐름추정의 기본원칙으로는 증분기준, 세후기준, 감가상각비의 감세효과 고려, 이자비용 미고려 등이 있다.
③ 자본예산모형에는 화폐의 시간적 가치를 고려하는 할인모형과 화폐의 시간적 가치를 고려하지 않는 비할인모형이 있다.
④ 할인모형에는 회수기간법과 회계적이익률법이 있고 비할인모형에는 순현재가치법과 내부수익률법이 있다.

117. ㈜삼일의 경영진은 새로운 투자안을 검토 중이며, 경영진이 분석한 이 투자안의 NPV는 0보다 큰 값이 산출되었다. 그러나 재무담당자인 갑의 분석에 의하면 이 투자안은 경제성이 없는 것으로 판단된다. 갑의 분석이 옳다고 했을 때, 이 기업의 경영진은 경제성분석 과정에서 어떤 오류를 범하였겠는가?

① 자본비용을 너무 높게 추정하였다.
② 투자종료시점의 투자안의 처분가치를 너무 낮게 추정하였다.
③ 현금영업비용을 너무 낮게 추정하였다.
④ 투자시점의 투자세액공제액을 현금흐름에 포함시키지 않았다.

118. ㈜삼일은 내용연수가 3년인 기계장치에 투자하려고 하고 있다. 기계장치를 구입하면, 처음 2년 동안은 500,000원을, 그리고 3년차에는 900,000원의 운용비용을 줄일 것으로 판단하고 있다. 10% 이자율의 1원에 대한 1년 현재가치계수는 0.91이고, 2년 현재가치계수는 0.83이며, 3년 현재가치계수는 0.75이다. ㈜삼일의 최저필수수익률이 10%라고 할 경우, 동 기계장치를 구입하면 ㈜삼일이 줄일 수 있는 운용비용 절감액의 현재가치는 얼마인가?

① 1,545,000원　② 1,595,000원
③ 1,675,000원　④ 1,741,000원

119. 다음 중 신제품출시 초기에 높은 시장점유율을 얻기 위한 가격정책으로 초기시장진입가격을 낮게 설정하는 가격정책으로 가장 옳은 것은?

① 약탈가격　② 입찰가격
③ 상층흡수가격　④ 시장침투가격

120. 다음 중 균형성과표(BSC, Balanced Scorecard)에 관한 설명으로 가장 올바르지 않은 것은?

① 균형성과표는 재무적인 성과지표를 중심으로 하는 전통적인 성과측정제도의 문제점을 보완할 수 있는 성과측정시스템으로 인식되고 있다.
② 균형성과표는 조직의 수익성을 최종적인 목표로 설정하기 때문에 네가지 관점의 성과지표 중에서 학습과 성장관점의 성과지표를 가장 중시한다.
③ 조직구성원들이 조직의 전략을 이해하여 달성하도록 만들기 위해, 균형성과표에서는 전략과 정렬된 핵심성과지표를 설정한다.
④ 전략 달성에 초점을 맞춘 조직을 구성하여 조직구성원들이 전략을 달성하는데 동참할 수 있도록 유도한다.

2021년 12월 시행 — 원가관리회계 공개기출문제

81. 다음은 ㈜삼일의 제조원가 자료이다. 아래 자료를 이용하여 ㈜삼일의 기초원가와 가공원가를 계산하면 얼마인가?

제조원가명세서	
ㄱ. 직접재료원가	300,000원
ㄴ. 직접노무원가	200,000원
ㄷ. 변동제조간접원가	150,000원
ㄹ. 고정제조간접원가	250,000원
ㅁ. 당기총제조원가	900,000원

	기초원가	가공원가		기초원가	가공원가
①	300,000원	500,000원	②	300,000원	600,000원
③	500,000원	400,000원	④	500,000원	600,000원

82. 제조업을 영위하고 있는 ㈜삼일에서 발생하고 있는 다음의 원가 중 제조원가에 포함될 수 있는 항목으로 가장 옳은 것은?

① 공장설비에 대한 감가상각비
② SNS를 활용한 제품 광고선전비
③ 제품생산과 관련된 설비의 처분으로 인한 유형자산처분손실
④ 본사건물 감가상각비

83. 다음에서 설명하고 있는 원가를 원가행태에 따라 분류하고자 할 때 가장 옳은 것은?

특정범위의 조업도 내에서는 총원가가 일정하지만 조업도가 특정범위를 벗어나면 일정액 만큼 증감하는 원가

① 준고정원가   ② 준변동원가
③ 고정원가   ④ 변동원가

84. 다음은 ㈜삼일의 20X1년 6월 한달 동안의 제조원가 자료이다.

	6월 1일	6월 30일
원재료	5,000원	12,000원
재공품	10,000원	8,000원
원재료 매입액	24,000원	
가공원가	35,000원	

㈜삼일의 20X1년 6월 제조원가명세서상의 당기제품제조원가는 얼마인가?

① 50,000원   ② 52,000원
③ 54,000원   ④ 56,000원

85. ㈜삼일은 제조간접원가를 직접노동시간에 비례하여 실제 배부한다. 1월 중 발생한 원가자료가 다음과 같을 경우 작업지시서 #03와 관련된 총제조원가는 얼마인가?

1월중 발생한 제조간접원가 총액	: 2,400,000원
1월중 발생한 실제직접노무시간	: 200시간
작업지시서 #03에 투입된 직접노무시간	: 180시간
작업지시서 #03 직접재료원가	: 1,340,000원
작업지시서 #03 직접노무원가	: 760,000원

① 3,900,000원   ② 4,000,000원
③ 4,260,000원   ④ 4,500,000원

86. 제2공정에서 재료 X는 60% 진행시점에서 투입되며 가공원가는 공정전반에 걸쳐 균등하게 발생한다. 50%가 완료된 재공품의 완성품환산량에는 다음 중 어떤 원가가 포함되는가?

	재료원가	가공원가		재료원가	가공원가
①	불포함	불포함	②	포함	불포함
③	불포함	포함	④	포함	포함

87. ㈜삼일은 단일공정에서 단일제품을 대량으로 생산하고 있다. 재료는 공정의 착수시점에서 전액 투입하며, 가공원가는 공정전반에 걸쳐 균등하게 발생한다. 공정에 대한 자료는 다음과 같다.

ㄱ. 기초재공품	없음
ㄴ. 당기투입량	400,000개
ㄷ. 당기완성량	320,000개
ㄹ. 기말재공품 수량	80,000개
가공원가의 완성도	50%
ㅁ. 당기투입원가	직접재료원가 4,000,000원
	가공원가 1,800,000원

직접재료원가와 가공원가에 대한 완성품환산량 단위당 원가는 각각 얼마인가?

① 직접재료원가   5원 / 가공원가   10원
② 직접재료원가 10원 / 가공원가 4.5원
③ 직접재료원가 10원 / 가공원가   5원
④ 직접재료원가 12.5원 / 가공원가 5.6원

88. 다음 중 종합원가계산에 관한 설명으로 가장 올바르지 않은 것은?
   ① 평균법에서는 기초재공품도 당기에 착수한 것으로 간주한다. 즉, 완성품환산량 계산시 기초재공품의 완성도는 고려할 필요가 없다.
   ② 선입선출법을 적용하여 완성품환산량의 단위당 원가를 계산하는 경우 기초재공품에 포함된 원가를 고려하지 않는다.
   ③ 기초재공품이 없는 경우 선입선출법에 의한 경우와 평균법에 의한 완성품환산량은 같다.
   ④ 선입선출법을 이용하는 상황에서 기말재공품 완성도가 실제보다 과소평가되어 원가계산이 이루어지면 기말재공품원가가 과소평가되고 완성품원가도 과소평가된다.

89. 다음은 ㈜삼일의 원가자료이다. ㈜삼일이 선입선출법을 사용한 가공원가의 당기 완성품환산량이 1,640개일 경우 기말재공품의 완성도(%)는 얼마인가(단, 가공원가는 공정전반에 걸쳐 균등하게 발생한다)?

   〈수량〉
   기초재공품   400개(60%)
   당기투입량   1,600개
   당기완성품   1,400개
   기말재공품   600개(? %)

   ① 40%   ② 50%
   ③ 60%   ④ 80%

90. ㈜삼일은 평균법을 이용한 종합원가계산제도를 채택하고 있다. 재료는 공정초기에 전량 투입되며, 가공원가는 공정전반에 걸쳐 균등하게 발생한다. 당기 완성품원가와 기말재공품원가는 각각 얼마인가?

   〈수량〉
   기초재공품   80개(완성도 40%)
   당기투입량   420개
   당기완성품   400개
   기말재공품   100개(완성도 40%)

   〈원가〉
	재료원가	가공원가
기초재공품원가	8,000,000원	6,000,000원
당기발생원가	32,000,000원	27,000,000원

	당기완성품원가	기말재공품원가
①	58,400,000원	14,600,000원
②	59,000,000원	14,000,000원
③	62,000,000원	11,000,000원
④	65,100,000원	7,900,000원

91. 다음은 ㈜삼일의 20X1년 1월 직접노무원가에 관한 자료이다.

실제 직접노무원가	20,000원
직접노무원가 가격차이	2,000원(불리)
직접노무원가 능률차이	1,800원(불리)

   1월의 실제직접노무시간이 2,000시간이었을 때 실제 생산량에 허용된 표준직접노무시간은 얼마인가?

   ① 1,500시간   ② 1,750시간
   ③ 1,800시간   ④ 2,000시간

92. ㈜삼일은 표준원가계산제도를 채택하고 있으며 당기 자료는 다음과 같다.

실제 생산량	2,000단위
직접노무비 발생액	5,000,000원
표준직접노동시간	30,000시간
직접노무비 가격차이	360,000원(불리한 차이)
직접노무비 능률차이	160,000원(유리한 차이)

   당기의 실제직접노동시간은 얼마인가?

   ① 28,000시간   ② 29,000시간
   ③ 30,000시간   ④ 31,000시간

93. ㈜삼일의 생산 및 원가와 관련된 자료는 다음과 같다.

실제 생산량	1,100개
단위당 실제 직접재료사용량	3.2kg
단위당 표준 직접재료사용량	3kg
kg당 실제 직접재료원가	28원
kg당 표준 직접재료원가	30원

   이와 관련된 설명으로 가장 올바르지 않은 것은?

   ① 직접재료원가 표준원가는 99,000원이다.
   ② 직접재료원가 실제원가는 92,400원이다.
   ③ 직접재료원가 가격차이는 7,040원 유리하게 나타난다.
   ④ 직접재료원가 능률차이는 6,600원 불리하게 나타난다.

94. 다음 중 ㈜삼일의 고정제조간접원가 차이분석에 관한 설명으로 가장 올바르지 않은 것은?
   ① 고정제조간접원가 실제발생액과 고정제조간접원가 배부액과의 차이를 고정제조간접원가 총차이라고 한다.
   ② 고정제조간접원가 실제발생액과 고정제조간접원가 예산과의 차이를 고정제조간접원가 예산차이라고 한다.
   ③ 고정제조간접원가 예산과 고정제조간접원가 배부액과의 차이를 고정제조간접원가 조업도차이라고 한다.
   ④ 고정제조간접원가 예산은 실제산출량에 허용된 표준조업도에 조업도 단위당 표준배부율을 곱하여 계산한 금액을 의미한다.

95. 다음 중 표준원가계산제도에서 차이분석시 이용하는 표준 직접노동시간으로 가장 옳은 것은?

① 표준산출량에 허용된 표준직접노동시간
② 표준신출량에 허용된 실제직접노동시간
③ 실제산출량에 허용된 표준직접노동시간
④ 실제산출량에 허용된 실제직접노동시간

96. 다음 중 2분법에 의한 제조간접원가차이 분석에 대한 설명으로 가장 옳은 것은?

① 예산차이에는 변동제조간접원가차이만이 포함되며, 조업도차이에는 고정제조간접원가차이만이 포함된다.
② 예산차이에는 변동제조간접원가차이와 고정제조간접원가차이의 일부가 포함되며, 조업도차이에는 고정제조간접원가차이의 일부만이 포함된다.
③ 예산차이에는 변동제조간접원가차이의 일부만이 포함되며, 조업도차이에는 변동제조간접원가차이의 일부와 고정제조간접원가차이가 포함된다.
④ 예산차이와 조업도차이에는 모두 변동제조간접원가차이와 고정제조간접원가차이가 포함된다.

97. 다음 중 변동원가계산과 전부원가계산에 관한 설명으로 가장 옳은 것은?

① 변동원가계산은 의사결정에 유용하므로 전부원가계산에 비하여 외부보고용으로 적절한 원가계산방법이다.
② 기초재고자산이 없고 당기 생산량과 판매량이 동일하다면 변동원가계산 순이익이 전부원가계산보다 크다.
③ 변동원가계산과 전부원가계산 모두 표준원가를 사용할 수 있다.
④ 변동원가계산은 변동판매비와관리비를 제품원가로 인식하고 전부원가계산은 고정제조간접원가를 제품원가로 인식한다.

98. 변동원가계산에 의한 공헌이익 손익계산서 작성을 위한 자료가 아래와 같을 경우 변동원가계산에 의한 영업이익은 얼마인가?

판매수량	4,500개
단위당 판매가격	3,500원/개
단위당 변동제조원가	2,300원/개
단위당 변동판매비와관리비	300원/개
고정제조간접원가	2,000,000원
고정판매비와관리비	500,000원

① 1,550,000원 ② 2,050,000원
③ 3,050,000원 ④ 3,550,000원

99. 다음 중 전부원가계산에서 재고자산가액에 포함되는 원가항목을 모두 올바르게 나열한 것은?

① 직접재료원가
② 직접재료원가, 직접노무원가, 변동제조간접원가
③ 직접재료원가, 직접노무원가, 변동제조간접원가, 고정제조간접원가
④ 직접재료원가, 직접노무원가, 변동제조간접원가, 변동판매비와관리비

100. 다음은 ㈜삼일의 20X1년 동안의 수익 및 원가에 대한 자료이다. 변동원가계산에 의한 ㈜삼일의 기말제품재고액은 얼마인가?

순매출액	4,000,000원
변동제조원가	1,120,000원
변동판매관리비	240,000원
고정제조원가	700,000원
고정판매관리비	320,000원
생산량	80,000단위
판매량	60,000단위
기초제품	없음

① 280,000원 ② 455,000원
③ 700,000원 ④ 840,000원

101. ㈜삼일은 활동기준원가계산을 사용하며, 제조과정은 다음의 3가지 활동으로 구분된다.

활동	원가동인	연간 원가동인수	연간 변동가공원가총액
세척	재료의 부피	100,000리터	200,000원
압착	압착기계시간	45,000시간	900,000원
분쇄	분쇄기계시간	21,000시간	546,000원

X제품 한 단위당 재료부피는 20리터, 압착기계시간은 30시간, 분쇄기계시간은 10시간이다. X제품의 단위당 판매가격과 직접재료원가가 각각 2,000원과 300원일 경우 제품의 단위당 공헌이익은 얼마인가(단, 판매관리비는 없다)?

① 560원 ② 600원
③ 700원 ④ 800원

102. 다음 중 CVP 분석의 목적으로 가장 옳은 것은?

① 품질관리에서 발생하는 낭비요소를 파악하는데 유용하다.
② 변동원가와 고정원가의 상관관계를 파악하는데 유용하다.
③ 다양한 조업도수준에서 원가와 이익의 관계를 분석하는데 유용하다.
④ 기업의 비재무적 성과를 파악하는데 유용하다.

103. 원가추정을 위한 방법에는 공학적 방법, 계정분석법, 산포도법, 고저점법, 회귀분석법 등이 있다. 다음 중 회귀분석법에 대한 설명으로 가장 올바르지 않은 것은?

① 독립변수가 한 단위 변화함에 따른 종속변수의 평균적 변화량을 측정하는 통계적 방법에 의하여 원가함수를 추정하는 방법이다.
② 통계적 가정이 충족되지 않을 경우에는 무의미한 결과가 산출될 수 있다.
③ 정상적인 원가자료를 모두 이용한다.
④ 상대적으로 적용이 간단하나 분석자의 주관적 판단이 개입될 수 있다는 단점이 있다.

104. 영업레버리지도(Degree of Operating Leverage)에 대한 다음의 설명 중 가장 옳은 것은(단, 모든 경우에 영업이익은 0보다 크다고 가정한다)?

① 영업레버리지란 매출액의 변화율보다 영업이익의 변화율이 확대되는 효과이다.
② 고정원가가 감소하면 영업레버리지도는 높아진다.
③ 매출액이 증가하여도 영업레버리지도는 일정하다.
④ 영업레버리지도는 손익분기점 부근에서 가장 작다.

105. 단일 제품을 제조 및 판매하는 ㈜삼일의 단위당 판매가격은 1,000원이고(단위당 변동원가 600원) 연간 고정원가는 300,000원이다. ㈜삼일이 20X1년의 목표 매출 수량으로 1,000단위를 설정한 경우, 손익분기점매출액 및 안전한계율로 가장 옳은 것은?

	손익분기점매출액	안전한계율
①	750,000원	75%
②	750,000원	25%
③	500,000원	25%
④	500,000원	75%

106. 다음 중 책임회계제도에 관한 설명으로 가장 올바르지 않은 것은?

① 책임회계제도는 실제 성과와 예산과의 차이를 쉽게 파악할 수 있게 해줌으로써 예외에 의한 관리가 가능하다.
② 책임회계제도가 그 기능을 효율적으로 수행하기 위해서는 각 책임중심점의 경영자가 권한을 위임받은 원가항목들에 대해 통제권을 행사할 수 없어야 한다.
③ 책임중심점은 책임의 성격 및 책임범위에 따라 원가중심점, 수익중심점, 이익중심점 및 투자중심점으로 분류할 수 있다.
④ 책임회계제도 하에서는 권한을 위임 받은 관리자가 책임범위 내에서 독자적인 의사결정을 내릴 수 있다.

107. ㈜삼일에 새로 부임한 최이사는 올해 철저한 성과평가제도의 도입을 검토하고 있다. 성과평가제도의 도입과 관련하여 가장 올바르지 않은 주장을 펼치고 있는 실무담당자는 누구인가?

정부장 : 효율적인 성과평가제도는 기업 구성원들의 성과극대화 노력이 기업전체 목표의 극대화로 연결될 수 있도록 설계되어야 합니다.
유차장 : 각 책임중심점의 성과평가를 수행하는 과정에서 성과측정의 오류가 발생하는 것이 일반적인데, 효율적인 성과평가제도는 성과평가치의 성과측정오류가 최소화되도록 설계되어야 합니다.
황대리 : 많은 시간과 비용을 투입할수록 더욱 정확하고 공정한 성과평가가 가능하므로 성과평가제도의 운영을 적시성 및 경제성의 잣대로 바라보지 않도록 주의해야 합니다.
김사원 : 성과평가를 한다는 사실 자체가 피평가자의 행위에 영향을 미치는 현상도 고려하여 이를 적절히 반영해야 합니다.

① 정부장　　② 유차장
③ 황대리　　④ 김사원

108. ㈜삼일은 선박을 생산하여 판매하는 조선회사로서, 분권화된 세 개의 제품별 사업부를 운영하고 있다. 이들은 모두 투자중심점으로 설계되어 있으며, 회사의 최저필수수익률은 12%이다. 각 사업부의 영업자산, 영업이익 및 매출액에 관한 정보는 다음과 같다. 각 사업부를 잔여이익법으로 평가했을 경우 잔여이익이 높은 사업부의 순서로 가장 옳은 것은?

구분	군함사업부	여객선사업부	화물선사업부
평균영업자산	500,000원	1,000,000원	2,000,000원
영업이익	100,000원	170,000원	230,000원
매출액	1,000,000원	2,000,000원	3,000,000원

① 군함〉여객선〉화물선　　② 여객선〉군함〉화물선
③ 화물선〉여객선〉군함　　④ 여객선〉화물선〉군함

109. 다음 중 투자중심점의 성과지표로 투자수익률(return on investment, ROI)을 사용할 때의 특징으로 가장 옳은 것은?

① 자본예산기법은 장기적인 관점인데 반하여 투자수익률은 단기적인 성과를 강조한다.
② 현금의 흐름을 기준으로 성과를 평가하므로 적용되는 회계기준과 무관한 결과를 도출한다.
③ 사업부의 경영자가 자신의 사업부 투자액에 대한 통제권한이 있더라도 그 경영자의 성과측정 지표로 활용될 수 없다.
④ 준최적화 현상이 발생하지 않는다.

110. 다음 중 경제적부가가치(EVA)를 증대시키기 위한 방안으로 가장 옳은 것은?

① 타인자본을 축소하고 자기자본을 증가시키면 경제적부가가치는 항상 증가한다.
② 자본비용보다 적은 수익을 달성하더라도 과거의 수익률을 초과하는 투자를 계속 진행한다.
③ 유휴설비 등은 차기연도의 재투자를 위해 매각하지 않고 유지한다.
④ 재고자산의 보유기간과 매출채권의 회수기간을 줄인다.

111. 다음은 ㈜삼일의 재무상태표와 포괄손익계산서 자료의 일부이다.

항목	금액	항목	금액
유동자산 (영업자산)	12,000원	유동부채 (무이자부채)	6,000원
비유동자산 (영업자산)	8,000원	세전영업이익	4,000원

㈜삼일의 가중평균자본비용 계산에 관련된 자료가 다음과 같을 때 경제적부가가치(EVA)는(단, 법인세율은 30%이다.)?

타인자본	20,000원	이자율 10%
자기자본	20,000원	자기자본비용 13%

① 600원
② 1,270원
③ 1,330원
④ 1,400원

112. ㈜삼일은 흠집이 있는 제품 A를 4개 보유하고 있다. 흠집이 없는 정상적 제품 A의 판매가격은 300원이다. 제품 A의 생산에는 단위당 변동제조원가 80원과 단위당 고정제조원가 20원이 투입되었다. 흠집이 있는 제품 A를 외부에 단위당 150원에 처분하려면 단위당 판매관리비가 15원이 소요될 것으로 추정된다. 이 의사결정에 고려될 관련원가로 가장 옳은 것은?

① 단위당 변동제조원가 80원
② 단위당 판매관리비 15원
③ 단위당 고정제조원가 20원
④ 정상판매가격 300원

113. ㈜삼일은 부품 A를 자가제조하고 있으며, 이와 관련된 연간 생산 및 원가자료는 다음과 같다.

직접재료원가	43,000원
변동직접노무원가	17,000원
변동제조간접원가	13,000원
고정제조간접원가	30,000원
생산량	250단위

최근 외부업체로부터 부품 A 250단위를 단위당 500원에 공급하겠다는 제안을 받았다. 외부업체의 제안을 수용하면, 자기제조보다 연간 얼마나 유리(또는 불리)한가(단, 고정제조간접원가는 50% 회피 가능하다)?

① 37,000원 불리
② 37,000원 유리
③ 52,000원 불리
④ 52,000원 유리

114. 다음은 신인가수 발굴 오디션에서 일어난 심사위원과 지원자 김삼일의 인터뷰 내용이다. 의사결정 기초개념과 관련하여 밑줄 친 (ㄱ), (ㄴ)에 가장 적절하게 대응되는 용어는 무엇인가?

심사위원: 오디션에 합격하면 (ㄱ)현재의 직장을 포기해야 하는데도 가수를 하실 생각이신가요?
김삼일 : 과거에 (ㄴ)직장에 들어가기 위해 많은 노력을 했습니다. 하지만, 오디션에 합격하여 어릴 적 꿈이었던 가수로서 제2의 인생을 살고 싶습니다.

① (ㄱ) 기회원가 (ㄴ) 간접원가
② (ㄱ) 지출원가 (ㄴ) 기회원가
③ (ㄱ) 기회원가 (ㄴ) 매몰원가
④ (ㄱ) 매몰원가 (ㄴ) 간접원가

115. ㈜삼일이 자가제조하고 있는 부품의 원가자료는 다음과 같다.

부품단위당 직접재료원가	1,200원
부품단위당 직접노무원가	800원
부품단위당 변동제조간접원가	400원
고정제조간접원가	10,000,000원
생산량	50,000단위

부품을 자가제조하지 않는 경우 고정제조간접원가의 30%를 회피할 수 있다면 부품을 외부구입할 때 지불할 수 있는 최대가격은 얼마인가?

① 2,400원
② 2,460원
③ 2,540원
④ 2,600원

116. 다음 자료에 의하여 회수기간법에 따른 의사결정을 할 경우 가장 옳은 것은?

㈜삼일은 210,000원에 기계를 구입하고자 할 때, 조건은 다음과 같다.
- 5년 이내에 회수가 되어야 한다.
- 연중 현금흐름은 일정하게 발생한다고 가정하며, 회수기간이 짧은 기계를 선택한다.

연도	기계 A 연간 원가절감액	기계 B 연간 원가절감액
1	100,000원	50,000원
2	50,000원	50,000원
3	30,000원	50,000원
4	20,000원	50,000원
5	20,000원	50,000원

① 기계 A를 구입한다.
② 기계 B를 구입한다.
③ 둘 중 어떤 것을 구입해도 관계없다.
④ 기계 A, B 모두 조건에 충족하지 않아 구입하지 않는다.

117. ㈜삼일은 내용연수가 3년인 기계장치에 투자하려고 하고 있다. 기계장치를 구입하면, 처음 2년 동안은 매년 4,000,000원을, 그리고 3년째에는 6,000,000원의 현금지출운용비를 줄일 것으로 판단하고 있다. 회사의 최저필수수익률은 12%이고 기계장치에 대한 투자액의 현재가치는 8,000,000원이라고 할 때, 기계장치에 대한 투자안의 순현재가치(NPV)는 얼마인가(단, 이자율 12%의 1원당 연금의 현재가치는 1년은 0.89, 2년은 1.69, 3년은 2.40이며 법인세는 없는 것으로 가정한다)?

① 2,580,000원　② 3,020,000원
③ 4,270,000원　④ 5,100,000원

118. 다음 중 순현재가치법과 내부수익률법에 관한 설명으로 가장 올바르지 않은 것은?
① 순현재가치법과 내부수익률법에 따른 투자안 평가결과는 항상 동일하다.
② 순현재가치법은 투자기간동안 현금흐름을 자본비용으로 재투자한다고 가정한다.
③ 내부수익률법은 투자안의 내부수익률이 최저필수수익률을 상회하면 그 투자안을 채택한다.
④ 두 방법 모두 화폐의 시간적 가치를 고려하는 방법이다.

119. ㈜삼일은 A사업부와 B사업부로 구성되어 있다. B사업부는 A사업부에서 생산되는 부품을 가공하여 완제품을 제조한다. B사업부에서 부품 한 단위를 완제품으로 만드는데 소요되는 추가가공원가는 500원이며, 완제품의 단위당 판매가격은 1,150원이다. 부품의 외부시장가격이 단위당 600원인 경우, B사업부가 받아들일 수 있는 최대대체가격은 얼마인가?

① 550원　② 600원
③ 650원　④ 1,150원

120. 다음 중 불량품이 고객에게 인도되기 전에 발견됨으로써 발생하는 원가로 공손품, 작업폐물, 재작업 후 재검사, 작업중단 등으로 발생하는 품질원가로 가장 옳은 것은?
① 평가원가　② 예방원가
③ 외부실패원가　④ 내부실패원가

2022년 1월 시행 원가관리회계 공개기출문제

81. 다음 중 원가회계의 한계점에 관한 설명으로 가장 올바르지 않은 것은?
   ① 비화폐성 정보와 질적인 정보는 제공하지 못한다.
   ② 객관적으로 측정가능한 회계자료를 기초로 수익과 비용을 인식해야 하므로 자료수집에 어려움이 있다.
   ③ 경영자의 목적에 따라 다양한 회계절차를 적용해야 하는 어려움이 있다.
   ④ 특정한 시점에서 모든 의사결정에 목적적합한 원가정보를 제공할 수는 없다.

82. 경영자의 의사결정 목적에 따라 원가를 여러 가지로 분류할 수 있다. 다음 중 원가를 분류할 때의 분류방법과 그 내용에 관한 설명으로 가장 올바르지 않은 것은?
   ① 원가의 행태에 따라 변동원가와 고정원가로 분류한다.
   ② 추적가능성에 따라 직접원가와 간접원가로 분류한다.
   ③ 원가의 통제가능성에 따라 통제가능원가와 예정원가로 분류한다.
   ④ 수익과의 대응관계에 따라 제품원가와 기간원가로 분류한다.

83. 다음은 ㈜삼일의 20X1년 한 해 동안의 제조원가 자료이다.

	기초	기말
직접재료	5,000원	7,000원
재공품	10,000원	8,000원
제품	12,000원	10,000원
직접재료 매입액		25,000원
기초원가		50,000원
가공원가		35,000원

   ㈜삼일의 20X1년 제조원가명세서상의 당기제품제조원가는 얼마인가?
   ① 58,000원   ② 60,000원
   ③ 62,000원   ④ 68,000원

84. ㈜삼일은 보조부문원가를 배부하는 방법으로 단계배부법과 직접배부법을 검토하고 있다. 단계배부법을 적용하는 경우 동력부문원가부터 먼저 적용한다. 다음 설명 중 가장 옳은 것은?

구분	제조부문		보조부문	
	기계가공부문	조립부문	공장관리부문	동력부문
발생원가	64,000원	73,000원	48,000원	69,000원
공장면적	2,400㎡	1,600㎡	800㎡	500㎡
전력량	1,200kw	800kw	300kw	200kw

   ① 기계가공부문에 대체된 동력부문 대체액은 단계배부법이 직접배부보다 크다.
   ② 기계가공부문에 대체된 공장관리부문 대체액은 직접배부법이 단계배부법보다 크다.
   ③ 조립부문에 대체된 동력부문 대체액은 두 방법 간에 5,400원의 차이가 있다.
   ④ 조립부문에 대체된 공장관리부문 대체액은 두 방법 간에 3,600원의 차이가 있다.

85. 다음 중 개별원가계산에 대한 설명으로 가장 옳은 것은?
   ① 개별원가계산은 제품을 반복적으로 생산하는 업종에 적합한 원가제도이다.
   ② 개별원가계산은 제품별로 원가를 집계하기 때문에 간접원가의 구분은 중요하지 않다.
   ③ 개별원가계산은 개별작업에 집계되는 실제원가와 예산을 비교하여 미래예측에 이용할 수 있다.
   ④ 개별원가계산은 식료품업, 화학산업, 조선업 등에 적합하다.

86. 다음은 ㈜삼일의 제조부문과 관련하여 당기 발생한 원가에 대한 자료들이다. 회사가 부문별 제조간접원가배부율을 사용할 경우 #10 작업의 가공원가는 얼마인가?

   (1) ㈜삼일은 두 개의 제조부문(조립, 도장)이 있다. 다음은 당기의 자료이다.

	조립부문	도장부문
제조간접원가	200,000원	400,000원
직접노무시간	1,000시간	4,000시간

   (2) 당기 중 착수하여 완성된 #10 작업의 가공원가자료는 다음과 같다.

	조립부문	도장부문	합계
직접노무원가	10,000원	15,000원	25,000원
직접노무시간	60시간	120시간	180시간

   (3) 회사는 직접노무시간을 기준으로 제조간접원가를 배부하고 있다.

   ① 46,600원   ② 49,000원
   ③ 70,000원   ④ 75,000원

87. 다음 종합원가계산의 특징 및 장단점에 대한 설명 중 올바른 것을 모두 고르시오.

   ㄱ. 특정기간 동안 특정 공정에서 생산된 제품은 원가측면에서 서로 동일하다고 가정한다. 즉 제품원가를 평균개념에 의해서 산출한다.
   ㄴ. 원가의 집계가 공정별로 이루어지는 것이 아니기 때문에 개별작업별로 작업지시서를 작성해야 한다.
   ㄷ. 동일제품을 연속적으로 대량생산하지만 일반적으로 어떤 공정에 있어서든지 기말시점에서는 부분적으로 가공이 완료되지 않은 재공품이 존재하게 된다.
   ㄹ. 원가통제와 성과평가가 공정별로 이루어지는 것이 아니라 개별작업별로 이루어진다.
   ㅁ. 기장절차가 간단한 편이므로 시간과 비용이 절약된다.

   ① ㄱ, ㄴ, ㄷ   ② ㄱ, ㄷ, ㅁ
   ③ ㄴ, ㄷ, ㄹ   ④ ㄷ, ㄹ, ㅁ

88. 다음은 ㈜삼일의 원가자료이다. ㈜삼일은 평균법을 이용하여 종합원가계산을 하며, 원재료는 공정시작시점에서 전량 투입되고 가공원가는 공정 전반에 걸쳐 균등하게 투입된다.

   〈수량〉
   기초재공품수량   0개   완성수량   1,200개
   착수수량   2,000개   기말재공품수량   800개(50%)

   〈원가〉
	재료원가	가공원가
당기발생원가	1,000,000원	800,000원

   ㈜삼일의 (ㄱ) 재료원가와 (ㄴ) 가공원가의 완성품환산량 단위당 원가는 얼마인가?

	ㄱ	ㄴ		ㄱ	ㄴ
①	625원	500원	②	625원	400원
③	500원	500원	④	500원	400원

89. ㈜삼일은 종합원가계산을 채택하고 있다. 기말재공품에 대한 완성도가 실제보다 과대평가되어있다면 이 오류가 각 항목에 끼치는 영향으로 가장 올바르지 않은 것은(기초재공품은 없다고 가정한다)?

   ① 기말재공품 완성품환산량은 실제보다 과대평가 되어 있을 것이다.
   ② 완성품환산량 단위당 원가는 실제보다 과소평가가 되어 있을 것이다.
   ③ 완성품원가는 실제보다 과소평가되어 있을 것이다.
   ④ 기말재공품 원가는 실제보다 과소평가 되어 있을 것이다.

90. ㈜삼일은 단일제품을 대량으로 생산하고 있으며, 평균법에 의한 종합원가계산을 채택하고 있다. 원재료는 공정초기에 모두 투입되고, 가공원가는 공정전반에 걸쳐 균등하게 발생하고 있다. 기초재공품이 5,000단위이고 당기착수량이 21,000단위이다. 기말재공품이 2,000단위이고, 완성도는 40%이다. 기초재공품에 포함된 가공비가 33,200원이고 당기발생 가공비가 190,000원이면 기말재공품에 포함된 가공원가는 얼마인가?

   ① 7,200원   ② 8,000원
   ③ 8,400원   ④ 9,200원

91. 다음 중 표준원가계산제도에 대한 설명으로 가장 올바르지 않은 것은?

   ① 비계량적인 정보를 활용하여 의사결정에 사용할 수 있다.
   ② 표준원가계산제도란 제품을 생산하는데 발생할 것으로 예상되는 원가를 사전에 결정하여 원가계산을 하는 제도이다.
   ③ 예외에 의한 관리로 효과적인 원가통제가 가능하다.
   ④ 사전에 설정된 표준원가를 적용하여 원가자료 수집에 소요되는 시간을 절약할 수 있다.

92. 표준원가의 종류는 이상적표준, 정상적표준 및 현실적표준으로 구분할 수 있다. 다음 중 이상적표준을 기준으로 표준원가를 설정할 경우 나타날 수 있는 영향으로 가장 옳은 것은?

   ① 종업원의 동기부여 측면에서 가장 효과적이다.
   ② 이상적표준을 달성하는 경우가 거의 없기 때문에 불리한 차이가 발생할 가능성이 크다.
   ③ 실제원가와의 차이가 크지 않으므로 재고자산가액과 매출원가가 항상 적절하게 계상된다.
   ④ 근로자들의 임금상승 효과를 가져온다.

93. 다음 중 표준원가 차이분석에 관한 설명으로 가장 올바르지 않은 것은?

   ① 가격차이는 실제단가와 표준단가의 차액에 정해진 표준수량을 곱하여 산출된다.
   ② 능률차이는 사전에 정해진 표준단가에 실제수량과 표준수량의 차액을 곱하여 산출된다.
   ③ 직접재료원가 가격차이는 재료를 구입하는 시점에 분리할 수도 있고, 재료를 사용하는 시점에 분리할 수도 있다.
   ④ 불리한 직접노무원가 가격차이가 발생하였다면 실제임률이 표준임률보다 높다는 의미이다.

94. ㈜삼일은 표준원가계산제도를 채택하고 있다. 20X1년 직접재료원가와 관련된 표준 및 실제원가 자료가 다음과 같을 때, 20X1년의 실제 제품생산량은 몇 단위인가?

실제 발생 직접재료원가	28,000원
직접재료단위당 실제구입원가	35원
제품단위당 표준재료투입량	9개
직접재료원가 가격차이	4,000원 불리
직접재료원가 수량차이	3,000원 유리

① 80단위 ② 90단위
③ 100단위 ④ 110단위

95. ㈜삼일의 표준원가계산제도는 제조간접원가의 배부에 있어서 직접작업시간을 배부기준으로 사용한다. 다음은 이 회사의 원가차이분석에 필요한 자료이다.

제조간접비 실제발생액	15,000원
고정제조간접비 실제발생액	7,800원
실제작업시간	3,000시간
표준작업시간	3,500시간
변동제조간접비 표준배부율	작업시간당 2.5원

변동제조간접비 소비차이는 얼마인가?

① 300원 유리 ② 300원 불리
③ 950원 유리 ④ 950원 불리

96. 다음 변동원가계산에 의한 손익계산서와 관련된 내용 중 옳은 것을 모두 나열한 것은?

  ㄱ. 공헌이익을 계산한다.
  ㄴ. 변동제조간접원가를 기간비용으로 처리한다.
  ㄷ. 고정제조간접원가는 공헌이익 산출에 포함되지 않는다.
  ㄹ. 제품생산량이 영업이익에 영향을 미친다.
  ㅁ. 판매비와관리비를 변동비와 고정비로 분리하여 보고한다.

① ㄱ, ㄴ, ㄷ ② ㄱ, ㄷ, ㅁ
③ ㄴ, ㄷ, ㄹ ④ ㄴ, ㄷ, ㅁ

97. 다음 중 변동원가계산, 전부원가계산 및 초변동원가계산에 관한 설명으로 가장 올바르지 않은 것은?

① 표준원가는 변동원가계산에는 사용될 수 없고 전부원가계산에서만 사용된다.
② 전부원가계산에서 계산된 영업이익은 판매량뿐만 아니라 생산량의 변화에도 영향을 받는다.
③ 전부원가계산에서는 고정제조간접가를 제품원가로 인식한다.
④ 초변동원가계산은 직접재료원가만을 제품원가에 포함하고 나머지 제조원가는 모두 기간비용으로 처리한다.

98. 다음은 ㈜삼일의 20X1년 동안의 손익에 대한 자료이다.

순매출액	5,000,000원
변동제조원가	1,350,000원
변동판매관리비	260,000원
고정제조원가	500,000원
고정판매관리비	550,000원
생산량	90,000단위
판매량	70,000단위
기초제품재고	없음

변동원가계산에 의한 ㈜삼일의 기말제품재고액과 영업이익은 얼마인가?

	기말제품재고액	영업이익
①	300,000원	2,840,000원
②	300,000원	2,640,000원
③	350,000원	2,840,000원
④	350,000원	2,640,000원

99. ㈜삼일의 20X1년 손익에 대한 자료가 다음과 같을 경우 (a) 전부원가계산에 따른 매출총이익, (b) 변동원가계산에 따른 공헌이익, (c) 초변동원가계산에 따른 재료처리량공헌이익은 각각 얼마인가?

단위당 판매가격	500원
단위당 직접재료원가	130원
단위당 직접노무원가(변동원가)	100원
단위당 변동제조간접원가	70원
단위당 변동판매비와관리비	30원
고정제조간접원가	200,000원
고정판매비와관리비	70,000원
기초제품	없음
생산량	25,000개
판매량	20,000개

① (a) 3,800,000원 (b) 3,000,000원 (c) 7,000,000원
② (a) 3,840,000원 (b) 3,000,000원 (c) 7,400,000원
③ (a) 3,800,000원 (b) 3,400,000원 (c) 7,000,000원
④ (a) 3,840,000원 (b) 3,400,000원 (c) 7,400,000원

100. ㈜삼일의 6월 중 영업자료는 아래와 같다. 전부원가계산에 의한 영업이익이 변동원가계산에 의한 영업이익보다 40,000원 더 크다면 6월 중 발생한 고정제조간접원가는 얼마인가(재고자산은 평균법으로 평가한다)?

생산량	2,000개
판매량	1,400개
기초재고량	400개(단위당 고정제조간접원가 50원)

① 100,000원 ② 114,000원
③ 120,000원 ④ 124,000원

101. ㈜삼일은 다음과 같이 활동기준원가계산(ABC)제도를 운영하고 있다. 20X1년 9월에 제품 20단위가 생산되었으며, 각 단위에는 10개의 부품과 5시간의 기계시간이 소요된다. 완성된 단위당 직접재료원가는 50,000원이며, 다른 모든 원가는 가공원가로 분류된다.

제조관련활동	배분기준으로 사용되는 원가동인	배부기준 단위당 가공원가
기계	기계사용시간	400원
조립	부품의 수	10,000원
검사	완성단위의 수	5,000원

9월에 생산된 제품 20단위의 총제조원가는 얼마인가?

① 2,440,000원 ② 2,840,000원
③ 3,140,000원 ④ 3,640,000원

102. 다음 중 원가추정방법에 관한 설명으로 가장 올바르지 않은 것은?

① 공학적 방법은 과거의 원가 자료를 이용할 수 없는 경우에도 사용 가능한 원가추정방법이다.
② 계정분석법과 산포도법은 분석자의 주관적 판단이 개입될 수 있는 원가추정방법이다.
③ 고저점법은 최고원가와 최저원가의 조업도자료를 이용하여 원가함수를 추정하는 방법이다.
④ 고저점법과 회귀분석법은 객관적인 원가추정방법이다.

103. ㈜삼일은 야구공을 제조하여 개당 10,000원에 판매하고 있다. 야구공 제조에 사용되는 변동원가는 개당 5,000원이고 고정원가는 한 달에 2,000,000원이다. ㈜삼일이 월간 1,500,000원의 영업이익을 얻기 위해서는 몇 개의 야구공을 생산·판매하여야 하는가?

① 400개 ② 500개
③ 600개 ④ 700개

104. 다음 중 안전한계와 영업레버리지에 관한 설명으로 가장 올바르지 않은 것은?

① 안전한계는 손실을 발생시키지 않으면서 허용할 수 있는 매출액의 최대 감소액을 의미하므로 기업의 안전성을 측정하는 지표로 많이 사용된다.
② 안전한계가 높을수록 기업의 안전성이 높다고 말할 수 있으며, 안전한계가 낮을수록 기업의 안전성에 문제가 있다고 말할 수 있다.
③ 영업레버리지도는 손익분기점에서 가장 크고 매출액이 증가함에 따라 점점 작아진다.
④ 영업레버리지는 변동원가로 인하여 매출액의 변화액보다 영업이익의 변화액이 더 커지는 현상을 말한다.

105. ㈜삼일의 20X1년 공헌이익은 400,000원이고, 영업이익은 100,000원이다. 만일 20X2년에 판매량이 40% 증가한다면 영업이익의 증가율은 얼마가 될 것으로 예상되는가(단, 20X1년과 20X2년의 단위당 판매가격, 단위당 변동원가, 총고정원가는 동일하다고 가정한다)?

① 10% ② 40%
③ 60% ④ 160%

106. 다음 중 사업부별 성과평가에 관한 설명으로 가장 옳은 것은?

① 여러 사업부에 공통으로 관련되는 공통고정원가를 특정사업부에 임의로 배분하는 경우 성과의 왜곡이 발생할 수 있다.
② 특정사업부로의 추적가능성에 따라 사업부별 추적가능고정원가와 공통고정원가로 구분하지 않는 것이 바람직하다.
③ 통제가능원가와 통제불능원가의 구분은 불가능하므로 구분할 필요가 없다.
④ 특정사업부의 경영자에 대한 성과평가시 통제불능원가를 포함하는 것이 바람직하다.

107. 다음은 ㈜삼일의 20X1년도 이익중심점의 통제책임이 있는 A사업부의 공헌이익 손익계산서이다.

매출액	5,000,000원
변동원가	2,000,000원
공헌이익	3,000,000원
추적가능·통제가능고정원가	500,000원
사업부경영자공헌이익	2,500,000원
추적가능·통제불능고정원가	500,000원
사업부공헌이익	2,000,000원
공통고정원가배분액	400,000원
법인세비용차감전순이익	1,600,000원
법인세비용	600,000원
순이익	1,000,000원

A사업부의 성과평가목적에 가장 적합한 이익은 얼마인가?

① 1,000,000원 ② 2,000,000원
③ 2,500,000원 ④ 3,000,000원

108. ㈜삼일은 A, B 의 두 가지 제품을 생산하여 판매한다. 20X1년 예산과 실제자료는 다음과 같다.

〈20X1년도 예산〉

제품 종류	단위당 판매가격	단위당 변동원가	판매수량 및 비율 수량	비율
A	800원	500원	4,000개	40%
B	600원	400원	6,000개	60%
합계			10,000개	100%

〈20X1년도 실제 결과〉

제품 종류	단위당 판매가격	단위당 변동원가	판매수량 및 비율 수량	비율
A	780원	510원	4,950개	45%
B	560원	390원	6,050개	55%
합계			11,000개	100%

20X1년도 매출배합차이와 매출수량차이는 얼마인가?

	매출배합차이	매출수량차이
①	55,000원 유리	240,000원 유리
②	55,000원 불리	240,000원 불리
③	60,000원 유리	235,000원 유리
④	60,000원 불리	235,000원 불리

109. 사업부 A는 현재 자기사업부의 투자수익률보다 낮으나 최저필수수익률을 초과하는 수익률이 기대되는 투자안을 고려하고 있다. 반면에 사업부 B는 현재 자기사업부의 투자수익률보다 높으나 최저필수수익률에 미달하는 수익률이 기대되는 투자안을 고려하고 있다. 잔여이익법에 의하여 성과평가가 이루어진다면 각 사업부는 어떤 의사결정을 할 것인가?

	A	B		A	B
①	수락	수락	②	수락	거절
③	거절	수락	④	거절	거절

110. 다음 중 분권화, 책임회계, 성과평가에 관한 설명으로 가장 옳은 것은?
① 잔여이익에 의하여 채택되는 투자안은 투자수익률법에 의해서도 항상 채택된다.
② 잔여이익이 갖고 있는 준최적화의 문제점을 극복하기 위하여 투자수익률이라는 개념이 출현하였으므로 투자수익률에 의한 성과평가기법이 잔여이익보다 더 우월하다고 볼 수 있다.
③ 하부경영자가 자신의 성과측정치를 극대화할 때 기업의 목표도 동시에 극대화될 수 있도록 하부경영자의 성과측정치를 설정해야 하는데, 이를 목표일치성이라고 한다.
④ 투자수익률법은 투자규모가 다른 투자중심점을 상호 비교하기가 어렵다는 문제점이 있는 반면에 잔여이익법에는 이런 문제점이 없다.

111. ㈜삼일은 다음과 같은 3개의 사업부(A, B, C)를 갖고 있다. 다음 자료를 이용하여 각 사업부를 잔여이익으로 평가했을 때 성과가 높은 사업부 순서대로 올바르게 배열한 것은?

구분	A	B	C
투자액	1,000,000원	2,000,000원	3,000,000원
영업이익	500,000원	1,000,000원	1,000,000원
최저필수수익률	10%	40%	30%

① A 〉 B 〉 C
② A 〉 C 〉 B
③ B 〉 A 〉 C
④ C 〉 B 〉 A

112. ㈜삼일의 사업부 X의 매출액은 500,000원, 변동가는 280,000원이고 고정원가는 120,000원이다. 고정원가 중 100,000원은 사업부 X를 폐지한다면 회피가능한 원가이다. 만약 회사가 사업부 X를 폐지한다면 회사 전체 순이익은 어떻게 변화하겠는가?

① 120,000원 증가 ② 120,000원 감소
③ 220,000원 증가 ④ 220,000원 감소

113. ㈜삼일은 최근에 제품 단위당 10,000원에 200단위를 구입하겠다는 특별주문을 받았다. 주문을 수락하더라도 기존 판매가격이나 고정원가에는 아무런 영향을 주지 않으며 유휴생산능력은 충분하다. 단위당 원가가 다음과 같을 경우 ㈜삼일의 특별주문 수락여부와 회사의 이익에 미치는 영향은 어떠한가?

	금액
직접재료원가	3,000원
직접노무원가(변동비)	3,000원
변동제조간접원가	3,500원
고정제조간접원가	3,000원
제품단위당 원가	12,500원

① 수락, 100,000원의 추가이익 발생
② 수락, 400,000원의 추가이익 발생
③ 거절, 100,000원의 추가손실 발생
④ 거절, 400,000원의 추가손실 발생

114. 다음 중 부품을 자기제조하고 있는 어떤 기업이 외부에서 부품을 구입하는 대안을 고려하고 있다고 가정할 경우 가장 부적절한 의사결정은 무엇인가(단, 고정제조간접원가는 당해 부품 생산설비의 감가상각비만 존재한다고 가정한다)?

① 금액적인 증분수익과 증분원가 이외에 외부공급처의 지속적 확보 여부, 품질의 동질성 등 비재무적 요인도 고려하여야 한다.
② 유휴설비를 1년간 임대해 주고 임대료를 받을 수 있는 경우에는 변동제조원가 절감액과 임대료 수입액의 합계에서 외부 부품 구입대금을 차감한 금액이 0(영)보다 큰 경우 외부구입 대안을 선택한다.
③ 유휴설비의 다른 용도가 없는 경우에는 변동제조원가 절감액에서 외부부품 구입대금을 차감한 금액이 0(영)보다 큰 경우 외부구입 대안을 선택한다.
④ 유휴설비를 다른 제품의 생산에 이용할 수 있는 경우에는 변동제조원가 절감액에서 외부부품 구입대금을 차감한 금액이 0(영)보다 작은 경우 외부구입 대안을 선택한다.

115. ㈜삼일의 부품제조에 대한 원가자료는 다음과 같다.

직접재료원가	200/단위
직접노무원가	50/단위
변동제조간접원가	50/단위
총고정제조간접원가	600,000원
생산량	20,000단위

외부제조업자가 이 부품의 필요량 20,000단위를 전량 납품하겠다고 제의하였다. 부품을 외부에서 구입할 경우 고정제조간접원가의 2/3를 회피할 수 있다면, 다음 중 ㈜삼일이 최대한 허용할 수 있는 부품의 단위당 구입가격은 얼마인가?

① 300원 ② 310원
③ 320원 ④ 330원

116. 다음 중 투자안으로부터 얻어지는 현금유입액의 현재가치와 투자에 소요되는 현금유출액의 현재가치를 같게 해주는 할인율을 산출하는 자본예산모형으로 가장 옳은 것은?

① 수익성지수(PI)법 ② 회계적이익률(ARR)법
③ 내부수익률(IRR)법 ④ 순현재가치(NPV)법

117. ㈜삼일은 30,000원에 기계를 구입할 예정이며, 기계를 사용할 때 연간 원가절감액은 아래의 표와 같다. 연중 현금흐름이 고르게 발생한다고 가정하고 이 투자안의 회수기간을 계산하면 얼마인가?

연도	1년	2년	3년	4년
연간 원가절감액	5,000원	9,000원	8,000원	10,000원

① 2.75년 ② 2.95년
③ 3.75년 ④ 3.80년

118. ㈜삼일은 신제품 생산 및 판매를 위하여 새로운 설비를 구입하려고 한다. 관련자료는 다음과 같다.

신설비 취득원가	50,000,000원
내용연수	5년
잔존가치	5,000,000원
4년 후 추정처분가치	없음
매년 예상되는 매출액	35,000,000원
매년 예상되는 현금영업비용 (감가상각비 제외)	17,000,000원

감가상각방법은 정액법을 사용하고, 법인세율은 30%이다. 감가상각비 이외의 모든 수익과 비용은 현금으로 거래한다. 새로운 설비의 구입으로 인한 매년도 영업활동으로 인한 순현금흐름은 얼마인가?

① 12,600,000원 ② 15,300,000원
③ 15,600,000원 ④ 21,600,000원

119. ㈜삼일은 A사업부와 B사업부로 구성되어 있다. B사업부는 A사업부에서 생산되는 부품을 가공하여 완제품을 제조한다. B사업부에서 부품 한 단위를 완제품으로 만드는데 소요되는 추가가공원가는 500원이며, 완제품의 단위당 판매가격은 1,100원이다. 부품의 외부시장가격이 단위당 550원인 경우, B사업부가 받아들일 수 있는 최대대체가격은 얼마인가?

① 500원 ② 550원
③ 600원 ④ 1,100원

120. 프린터를 생산하여 판매하고 있는 ㈜삼일의 품질원가와 관련된 정보이다. 외부실패원가는 얼마인가?

생산라인 검사원가	3,000원
생산직원 교육원가	1,000원
제품 검사원가	1,500원
반품원가	2,500원
구입재료 검사원가	2,000원
소비자 고충처리비	5,000원

① 1,000원 ② 1,500원
③ 7,500원 ④ 9,000원

2022년 3월 시행 — 원가관리회계 공개기출문제

81. 다음은 ㈜삼일의 20X1년 제조원가명서 중 일부이다. 다음 자료를 이용하여 (a)기초원가와 (b)가공원가를 계산하면 얼마인가?

제조원가명세서
20X1년 1월 1일-20X1년 12월 31일

I. 직접재료원가	400,000원
II. 직접노무원가	500,000원
III. 제조간접원가	240,000원
IV. 당기총제조원가	1,140,000원

	(a)기초원가	(b)가공원가
①	740,000원	180,000원
②	740,000원	900,000원
③	900,000원	240,000원
④	900,000원	740,000원

82. 다음 중 원가회계 용어에 관한 설명으로 가장 올바르지 않은 것은?

① 원가대상(cost object)이란 원가를 따로 측정하고자 하는 활동이나 항목을 의미한다.
② 간접원가를 일정한 배분기준에 따라 원가대상에 배분하는 과정을 원가배분(cost allocation)이라고 한다.
③ 원가행태(cost behavior)란 조업도 수준의 변동에 따른 원가발생액의 변동양상을 의미한다.
④ 원가집합(cost pool)이란 원가대상의 총원가에 변화를 유발시키는 요인으로 작업시간, 생산량 등으로 원가대상에 따라 매우 다양하다.

83. 다음은 ㈜삼일의 20X1년 2분기 제조원가명세서이다. 아래의 (A)와 (B)에 들어 갈 금액의 합계액은 얼마인가?

제조원가명세서
㈜삼일 20X1년 4월 1일-20X1년 6월 30일 (단위:원)

I. 재료비		3,800,000
기초재고액	500,000	
당기매입액	6,300,000	
기말재고액	(A)	
II. 노무비		2,000,000
III. 제조경비		3,000,000
IV. 당기총제조원가		8,800,000
V. 기초재공품		1,000,000
VI. 기말재공품		(B)
VII. 당기제품제조원가		9,000,000

① 3,600,000원 ② 3,800,000원
③ 4,000,000원 ④ 4,400,000원

84. ㈜삼일은 두 개의 제조부문 C, D와 두 개의 보조부문 A, B를 두고 있다. 보조부문 A와 B의 발생원가는 각각 400,000원과 480,000원이며, 각 부문의 용역수수관계는 다음과 같다. 직접배분법을 사용할 경우 C가 배분받은 보조부문 원가는 얼마인가?

사용 제공	보조부문 A	보조부문 B	제조부문 C	제조부문 D
A	-	20%	30%	50%
B	40%	-	40%	20%

① 280,000원 ② 330,000원
③ 470,000원 ④ 675,000원

85. 다음 중 개별원가계산과 종합원가계산에 관한 설명으로 가장 올바르지 않은 것은?

	구분	개별원가계산	종합원가계산
①	특징	특정 제품이 다른 제품과 구분되어 생산됨	동일규격의 제품이 반복하여 생산됨
②	원가보고서	각 작업별로 보고서 작성	각 공정별로 보고서 작성
③	적용적합한 업종	주문에 의해 각 제품을 별도로 제작,판매하는 제조업종	동일한 규격의 제품을 대량생산하는 제조업종
④	원가계산 방법	발생한 총원가를 총생산량으로 나누어 단위당 평균제조원가계산	주문받은 개별 제품별로 작성된 작업원가표에 집계하여 계산

86. ㈜삼일은 개별원가계산제도를 채택하고 있으며, 직접노무원가를 기준으로 제조간접원가를 배분한다. 20X1년의 제조간접원가배부율은 200%이며 제조지시서 #11과 관련된 총제조원가는 210,000원이다. 제조지시서 #11는 20X1년 중에 시작되어 완성되었으며, 원가 발생 세부내역은 다음과 같다.

구분	A부문	B부문
직접재료원가	40,000원	20,000원
직접노무원가	30,000원	?
제조간접원가	60,000원	?

B부문 제조간접원가 배부액은 얼마인가?

① 20,000원 ② 30,000원
③ 40,000원 ④ 60,000원

87. 다음 중 일반적인 개별원가계산절차를 나열한 것으로 가장 옳은 것은?

ㄱ. 집계된 제조간접원가를 배부하기 위한 배부기준을 설정한다.
ㄴ. 원가집적대상이 되는 개별작업을 파악한다.
ㄷ. 원가배부기준에 따라 제조간접원가 배부율을 계산하여 개별작업에 배부한다.
ㄹ. 개별작업에 대한 제조직접원가를 계산하여 개별작업에 직접 추적한다.
ㅁ. 개별작업에 직접 대응되지 않는 제조간접원가를 파악한다.

① ㄱ-ㄴ-ㄷ-ㄹ-ㅁ
② ㄴ-ㄱ-ㄹ-ㅁ-ㄷ
③ ㄴ-ㄱ-ㅁ-ㄷ-ㄹ
④ ㄴ-ㄹ-ㅁ-ㄱ-ㄷ

88. 다음은 ㈜삼일의 당기 생산활동과 관련된 자료이다.

- 기초재공품: 없음
- 당기 착수량: 1,500단위(당기투입 원가 240,000원)
- 완성품 수량: 1,000단위

모든 제조원가는 공정 진척정도에 따라 투입되는 것으로 가정할 때 완성품환산량 단위당 원가가 200원이면 기말재공품의 완성도는 얼마인가?

① 30% ② 40%
③ 50% ④ 60%

89. ㈜삼일은 평균법을 이용한 종합원가계산제도를 채택하고 있다. 재료는 공정초기에 전량 투입되며, 가공원가는 공정 전반에 걸쳐 발생한다. (a)완성품원가와 (b)기말재공품원가는 각각 얼마인가?

〈수량〉
기초재공품 50개(완성도 40%)
착수량 450개
완성품 400개
기말재공품 100개(완성도 20%)

〈원가〉
	재료원가	가공원가
기초재공품원가	8,000,000원	6,000,000원
당기발생원가	32,000,000원	24,240,000원

① (a) 60,800,000원, (b) 9,440,000원
② (a) 56,192,000원, (b) 56,192,000원
③ (a) 60,800,000원, (b) 56,192,000원
④ (a) 56,192,000원, (b) 9,440,000원

90. 다음은 ㈜삼일의 원가자료이다. 원재료는 공정시작 시점에서 전량 투입되고 가공원가는 공정전반에서 균등하게 투입된다.

기초재공품수량	600개(60%)
착수수량	1,900개
완성수량	2,000개
기말재공품수량	500개(70%)

㈜삼일의 종합원가계산 방법에 따른 가공원가 완성품환산량이 올바르게 연결된 것은?

① 평균법, 1,750개
② 평균법, 1,990개
③ 선입선출법, 1,990개
④ 선입선출법, 2,350개

91. 다음 중 표준원가계산을 실제원가계산과 비교한 설명으로 올바르지 않은 것을 모두 고르면?

가. 표준원가란 현실적으로 달성 가능한 상황 하에서 설정된 목표원가가 아니라 가장 이상적인 상황에서만 달성 가능한 추정치이다.
나. 표준원가계산제도는 변동예산 및 책임회계제도와 결합함으로써 성과평가를 위한 자료로 사용될 수 있다.
다. 표준원가와 실제발생원가의 차이분석에 있어 중요한 불리한 차이들은 모두 조사하여야 하나, 중요한 유리한 차이들은 조사할 필요가 없다.

① 가 ② 나
③ 가, 나 ④ 가, 다

92. 정상원가계산을 채택하고 있는 ㈜삼일의 20X1년 원가자료가 아래와 같을 경우 제조간접비 배부차이로 가장 옳은 것은?

제조간접비 예산	255,000원
기준조업도(직접노동시간)	100,000시간
제조간접비 실제발생액	270,000원
실제직접노동시간	105,000시간

① 2,250원 과소배부
② 2,250원 과대배부
③ 2,550원 과소배부
④ 2,550원 과대배부

93. 다음 자료는 구입시점에서 직접재료원가 가격차이를 분리하기 위한 자료이다. 직접재료원가의 단위당 표준가격은 얼마인가?

기초재고액	145,000원
기말재고액	160,000원
생산공정 투입액	400,000원
단위당 실제 구입가격	200원
유리한 가격차이	20,750원

① 190원 ② 195원
③ 210원 ④ 215원

94. ㈜삼일은 제조간접비를 직접노무시간에 따라 배부하며, 제품 1단위를 생산하는데 표준직접노무시간은 3시간이다. 20X1년 9월의 발생자료와 변동제조간접원가 차이분석은 다음과 같다.

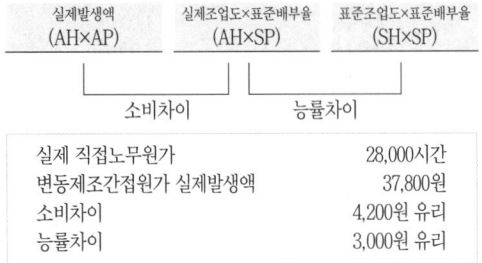

실제 직접노무원가	28,000시간
변동제조간접원가 실제발생액	37,800원
소비차이	4,200원 유리
능률차이	3,000원 유리

㈜삼일의 20X1년 9월 실제 제품생산량은 몇 단위인가?

① 8,500단위 ② 9,000단위
③ 9,500단위 ④ 10,000단위

95. 다음 중 표준원가계산의 원가차이 처리방법으로서 매출원가조정법에 관한 설명으로 가장 올바르지 않은 것은?

① 매출원가조정법을 사용하면 비례배분법을 사용하는 경우보다 당기순이익이 항상 크게 나타난다.
② 유리한 원가차이는 매출원가에서 차감하며 불리한 원가차이는 매출원가에 가산한다.
③ 원가차이가 중요하지 않은 경우 매출원가조정법을 적용할 수 있다.
④ 배부차이가 모두 매출원가에서 조정되므로 재공품과 제품 계정은 모두 정상원가로 기록된다.

96. ㈜삼일은 20X1년에 사업을 개시하였다. 20X1년 변동원가계산에 의한 순이익이 370,000원일 때, 다음 자료를 이용하여 전부원가계산에 의한 순이익을 구하면?

구분	제조간접원가 배부액	
	변동제조간접원가	고정제조간접원가
재공품	20,000원	40,000원
제품	60,000원	60,000원
매출원가	200,000원	100,000원

① 300,000원 ② 430,000원 ③ 470,000원 ④ 500,000원

97. ㈜삼일의 12월 한달 간 변동원가계산에 대한 자료이다. 12월의 총매출액은 얼마인가?

제품 단위당 판매가격	9,000원
단위당 변동원가	4,700원
단위당 고정원가	300원
총고정원가	2,150,000원
영업이익	10,750,000원

① 22,500,000원 ② 24,187,500원
③ 27,000,000원 ④ 29,025,000원

98. 다음 중 변동원가계산의 유용성에 관한 설명으로 가장 올바르지 않은 것은?

① 이익이 생산량에 영향을 받으므로 불필요한 재고의 누적을 막을 수 있다.
② 공통부문의 고정원가를 사업부나 제품별로 배분하지 않으므로 사업부별 또는 제품별 의사결정문제에 왜곡을 초래하지 않는다.
③ 예산편성에 필요한 원가, 조업도, 이익에 관련된 자료를 얻는데 유용하다.
④ 표준원가와 변동예산과 같이 사용하면 원가통제와 성과평가에 유용하게 활용할 수 있다.

99. 다음 중 초변동원가계산에 관한 설명으로 가장 올바르지 않은 것은?

① 초변동원가계산에 의한 영업이익은 단위당 현금창출공헌이익에 판매수량을 곱하고 운영비용을 차감하여 계산한다.
② 제조간접원가에 포함되는 혼합원가를 임의로 고정원가와 변동원가로 구분해야 하므로 혼합원가의 주관적 구분이 필요하다.
③ 생산량이 증가할수록 영업이익이 감소되므로 재고자산 보유를 최소화하도록 유인을 제공한다.
④ 변동원가계산제도와 마찬가지로 원가회피개념에 근거를 두고 있다.

100. 다음은 ㈜삼일의 5월 전부원가계산과 변동원가계산에 의한 순이익을 비교한 자료이다.

생산량	?
판매량	1,000개
판매단가	100원
고정판매관리비	15,000원
고정제조원가	30,000원
단위당 변동판매관리비	20원
단위당 변동제조원가	30원
*단, 월초재고는 없음	

전부원가계산의 영업이익이 변동원가계산에 비해 10,000원 만큼 많다면 생산량은 몇 개인가?

① 1,000개 ② 1,200개
③ 1,400개 ④ 1,500개

101. 다음 중 활동기준원가계산의 장점으로 가장 올바르지 않은 것은?

① 제조간접원가를 활동을 기준으로 배부함으로써 원가계산이 정확해진다.
② 활동분석과 원가동인의 파악에 소요되는 비용과 시간이 거의 발생하지 않는다.
③ 활동기준원가계산으로 인한 원가절감이 가능하다.
④ 활동기준원가계산은 장기적으로 회사 전체의 효율성을 향상시킨다.

102. 다음은 ㈜삼일의 기계시간과 제조간접원가에 관한 과거 자료이다.

기간	기계시간	제조간접원가
1월	400시간	70,000원
2월	550시간	80,000원
3월	600시간	90,000원
4월	450시간	60,000원

만일 5월의 예상기계시간이 700시간이라고 한다면, 5월 제조간접원가는 얼마로 예상되는가(단, 회사는 고저점법에 의하여 제조간접원가를 추정한다)?

① 100,000원 ② 110,000원
③ 120,000원 ④ 130,000원

103. 다음은 신제품 도입과 관련한 ㈜삼일의 회의내용이다. 다음 중 괄호 안에 들어갈 수량으로 가장 옳은 것은(단, 세금은 없는 것으로 가정한다)?

사 장: 이전에 지시한 신제품 도입에 대한 타당성검토는 잘 이루어지고 있습니까?
상 무: 일단 원가·조업도·이익(CVP)분석으로 대략적인 윤곽은 드러났습니다.
생산부장: 신제품 제조원가에 대한 내역이 다음과 같이 조사되었습니다.

제품 단위당 예상 판매가격	5,000원
제품 단위당 예상 변동원가	3,000원
예상 총 고정원가	2억원

영업부장: 사장님께서 지시하신 목표이익 1억원을 달성하기 위해 노력을 할 것이며, 우선 손익분기점을 달성하기 위해서는 (　)를 생산하여 판매하면 됩니다.
사 장: 좋습니다. 이것으로 오늘 회의는 마치겠습니다.

① 10,000개 ② 50,000개
③ 100,000개 ④ 150,000개

104. ㈜삼일의 손익분기점 매출액은 500,000원이고 공헌이익률은 40%이다. ㈜삼일이 100,000원의 영업이익을 달성하고자 한다면 매출액은 얼마이어야 하는가?

① 750,000원 ② 800,000원
③ 900,000원 ④ 950,000원

105. 기업은 미래의 불확실성에 대처하기 위하여 계획을 수립하며, 이러한 계획의 일부분으로서 예산을 편성한다. 예산은 다양하게 분류할 수 있는데, 그 중 조업도의 변동에 따라 조정되어 작성되는 예산을 무엇이라 하는가?

① 종합예산 ② 운영예산
③ 변동예산 ④ 고정예산

106. 다음 중 책임회계에 근거한 성과보고서에 대한 설명으로 가장 옳은 것은?

① 통제가능원가의 실제발생액과 예산과의 차이를 포함시키지 않는 것이 바람직하다.
② 예외에 의한 관리가 가능하도록 작성하여야 한다.
③ 예산과 실적간의 차이 원인을 분석하기 위해 작성되며 해당 관리자에게 전달하지 않는 것이 바람직하다.
④ 통제가능원가와 통제불능원가를 반드시 구분할 필요는 없다.

107. 다음 중 책임회계제도에 대한 설명으로 가장 올바르지 않은 것은?

① 책임중심점이란 경영관리자가 특정활동에 대해 통제할 책임을 지는 조직의 부문을 말한다.
② 책임중심점은 책임의 성격 및 책임범위에 따라 원가중심점, 수익중심점, 이익중심점 및 투자중심점으로 분류할 수 있다.
③ 수익중심점은 매출액에 대해서만 통제책임을 지는 책임중심점으로 기업의 최종산출물인 제품 또는 서비스의 판매수익을 창출하는데 일차적인 책임을 진다.
④ 원가중심점은 특정 원가의 발생에만 통제책임을 지는 책임중심점으로 판매부서 및 영업소 등이 원가중심점의 예가 될 수 있다.

108. 다음은 ㈜삼일의 A와 B의 두 개의 사업부와 관련한 성과평가 자료이다. 다음 중 ㈜삼일의 투자수익률과 잔여이익으로 가장 옳은 것은(단, 최저필수수익률은 4%임)?

구분	A사업부	B사업부
평균영업자산	100억원	200억원
영업이익	20억원	35억원

① A사업부의 투자수익률은 20%이며, B사업부의 투자수익률은 15%이다.
② A사업부의 투자수익률은 15%이며, B사업부의 투자수익률은 20%이다.
③ A사업부의 잔여이익은 16억이며, B사업부의 잔여이익은 27억이다.
④ A사업부의 잔여이익은 16억이며, B사업부의 잔여이익은 20억이다.

109. 20X1년도 ㈜삼일의 용산사업부에 대한 자료는 다음과 같다.

영업이익	10,000원
총자산(전액 영업자산)	100,000원
유동부채(전액 무이자부채)	20,000원

㈜삼일의 자금원천은 두 가지인데, 하나는 시장가치가 80,000원, 이자율이 5%인 타인자본이고 다른 하나는 시장가치가 120,000원, 자본비용이 15%인 자기자본이다. 용산사업부의 경제적부가가치는 얼마인가(단, 법인세는 고려하지 않는다.)?

① 800원 ② 1,200원
③ 1,600원 ④ 2,400원

110. ㈜삼일은 복사기를 판매한다. ㈜삼일은 20X1년 복사기 시장규모가 80,000대일 것으로 예측했으나, 실제 시장규모는 70,000대로 집계되었다. 20X1년 예산판매량은 8,000대이고 단위당 예산공헌이익 50원이었으나 20X1년 실제판매량은 8,400대이고 단위당 실제공헌이익은 40원이었다. 20X1년 ㈜삼일의 시장점유율차이를 구하면 얼마인가?

① 70,000원 유리 ② 80,000원 유리
③ 70,000원 불리 ④ 80,000원 불리

111. 다음 중 투자중심점의 성과평가에 관한 설명으로 가장 올바르지 않은 것은?

① 투자중심점은 원가 및 수익뿐만 아니라 투자의사결정에 대해서도 책임을 지는 책임중심점으로서 가장 포괄적인 책임중심점이다.
② 잔여이익은 투자규모가 서로 다른 투자중심점의 성과를 상호 비교하기 용이하다는 장점이 있다.
③ 투자중심점은 투자수익률, 잔여이익, 경제적부가가치 등으로 성과를 평가한다.
④ 투자수익률은 준최적화 현상을 유발할 수 있다는 문제점이 있다.

112. ㈜삼일의 20X1년 수익과 원가 및 이익의 예산금액을 요약하면 다음과 같다.

매출액 (50,000단위, @100)	5,000,000원
변동원가(50,000단위, @60)	3,000,000원
공헌이익(50,000단위, @40)	2,000,000원
고정원가	1,500,000원
영업이익	500,000원

㈜삼일의 연간 최대생산능력은 70,000단위이다. 20X1년초에 ㈜용산이 단위당 90원에 30,000단위를 사겠다고 특별주문을 했다. 만약 ㈜삼일이 이 특별주문을 수락한다면, 20X1년 영업이익은 예산보다 얼마나 증가 또는 감소하겠는가?

① 500,000원 증가 ② 500,000원 감소
③ 900,000원 증가 ④ 900,000원 감소

113. ㈜삼일은 흠집이 있는 제품 A를 4개 보유하고 있다. 흠집이 없는 정상적 제품 A의 판매가격은 300원이다. 제품 A의 생산에는 단위당 변동제조원가 80원과 단위당 고정제조원가 20원이 투입되었다. 흠집이 있는 제품 A를 외부에 단위당 150원에 처분하려면 단위당 판매관리비가 15원이 소요될 것으로 추정된다. 이 의사결정에 고려될 관련원가로 가장 옳은 것은?

① 정상판매가격 300원
② 단위당 변동제조원가 80원
③ 단위당 고정제조원가 20원
④ 단위당 판매관리비 15원

114. 매월 1,000단위의 제품을 생산하는 ㈜삼일의 단위당 판매가격은 700원이고 단위당 변동원가는 500원이며 고정원가는 월 300,000원이다. ㈜삼일은 ㈜용산으로부터 400단위의 특별주문을 받았다. 현재 유휴설비능력은 특별주문 수량보다 부족한 상황이며, 특별주문을 수락할 경우 주문 처리를 위한 비용 900원이 추가로 발생한다. 다음 중 특별주문에 대한 의사결정을 함에 있어 관련항목으로만 구성된 것은 어느 것인가?

① 특별주문 수락 전의 단위당 고정원가, 단위당 변동원가, 특별주문 처리비용
② 특별주문가, 단위당 변동원가, 특별주문 처리비용, 기존판매량 감소분의 공헌이익
③ 특별주문 수락 후의 단위당 고정원가, 특별주문 처리비용, 기존판매량 감소분의 공헌이익
④ 특별주문가, 특별주문 처리비용, 특별주문 수락 후의 단위당 고정원가, 기존판매량 감소분의 공헌이익

115. ㈜삼일은 진부화된 제품 500단위를 보유하고 있으며 이 제품의 제조원가는 200,000원이다. ㈜삼일은 이 제품을 제품단위당 300원에 즉시 처분할 수도 있고, 100,000원의 비용을 추가 투입하여 개조한 후 제품단위당 700원에 판매할 수 있는 상황이다. 다음 설명 중 가장 옳은 것은?

① 100,000원의 추가비용을 지출하지 않고 단위당 300원에 처분하는 것이 가장 유리하다.
② 개조하여 판매하는 것이 그대로 처분하는 것보다 100,000원만큼 유리하다.
③ 개조하여 판매하면 350,000원의 이익이 발생한다.
④ 제품단위당 300원에 처분하면 50,000원의 손실이 발생하므로 제품을 보유하고 있는 것이 낫다.

116. ㈜삼일은 내용연수가 3년인 기계장치에 투자하려고 하고 있다. 기계장치를 구입하면, 1년째에는 6,000,000원, 2년째에는 5,000,000원, 그리고 3년째에는 4,000,000원의 현금지출운용비를 줄일 것으로 판단하고 있다. 회사의 최저필수수익률은 12%이고 기계장치에 대한 투자액의 현재가치는 10,000,000원 이라고 할 때, 기계장치에 대한 투자안의 순현재가치(NPV)는 얼마인가(단, 이자율 12%의 1원당 현재가치는 1년은 0.9, 2년은 0.8, 3년은 0.7이며 법인세는 없는 것으로 가정한다)?

① 1,800,000원 ② 2,000,000원
③ 2,200,000원 ④ 2,400,000원

117. ㈜삼일은 8개월 전에 기계장치를 4,000,000원에 구입하였으나 사업전환으로 인해 이 기계를 더 이상 사용할 수 없게 되었다. 회사는 동 기계에 대하여 수리비용 1,500,000원을 들여 2,500,000원에 판매할 수 있거나, 현재 상태로 거래처에 2,000,000원에 판매할 수도 있다. 이 경우 매몰원가로 가장 옳은 것은?

① 예상수리비용 1,500,000원
② 현재 상태에서의 예상판매금액 2,000,000원
③ 수리된 상태에서의 예상판매금액 2,500,000원
④ 과거 구입금액 4,000,000원

118. ㈜삼일은 A, B 두 개의 사업부를 가지고 있다. A사업부는 부품 갑을 생산하여 외부에 판매하거나 B사업부에 내부대체할 수 있다. A사업부의 연간 생산 및 판매자료는 다음과 같다.

최대생산능력	20,000개
외부수요량	18,000개
단위당 판매가격	500원
단위당 변동원가	250원

B사업부는 부품 갑을 필요한 수량만큼 외부시장에서 470원에 구입할 수 있다. 만약 A사업부가 2,000개의 부품을 B사업부에 내부대체한다면 대체수량 1개당 회사전체이익이 얼마만큼 증가 또는 감소하겠는가?

① 20원 증가 ② 20원 감소
③ 220원 증가 ④ 220원 감소

119. 다음의 조건에 적합한 특별가격 결정방법으로 가장 옳은 것은?

· 단기이익을 극대화하기 위한 초기시장진입가격 결정이다.
· 제품의 가격탄력성이 낮고 시장에 제품 진입이 한정되어 있다.

① 입찰가격 ② 상층흡수가격
③ 시장침투가격 ④ 약탈적 가격정책

120. 다음 중 수명주기원가계산의 유용성으로 가장 올바르지 않은 것은?

① 제품 또는 서비스의 수명주기 동안 모든 가치사슬단계에서 발생하는 수익과 비용에 대한 집계를 가능하게 하여 프로젝트 전체에 대한 이해가 향상된다.
② 제조이전단계에서 대부분의 제품원가가 결정된다는 인식을 토대로 연구개발단계와 설계단계에서 부터 원가절감을 위한 노력을 기울여야 한다는 것을 강조한다.
③ 프로젝트와 관련하여 언제 어떤 가치사슬단계에서 얼마만큼의 원가가 발생하는지를(비율로) 알게됨으로써 상이한 가치사슬단계에서 원가발생의 상호관계 파악이 가능하다.
④ 재무적 관점에 의한 단기적 성과 및 원가관리에 유용하다.

2022년 5월 시행 원가관리회계 공개기출문제

81. ㈜삼일통신은 매월 기본요금 15,000원과 10초당 18원의 통화료를 사용자에게 부과하고 있다. 이 경우 사용자에게 부과되는 매월 통화료의 원가행태로 가장 옳은 것은?

① 준고정원가 ② 순수고정원가
③ 준변동원가 ④ 순수변동원가

82. ㈜삼일은 매출원가에 20%의 이익을 가산하여 제품을 판매한다. 다음 자료를 이용하여 기말재공품원가를 구하면 얼마인가?

직접재료원가	90,000원
직접노무원가	100,000원
제조간접원가	80,000원
기초재공품가	50,000원
기초제품원가	20,000원
기말제품원가	50,000원
매출액	300,000원

① 30,000원 ② 40,000원
③ 80,000원 ④ 270,000원

83. 다음 중 보조부문원가의 배분방법인 직접배분법, 단계배분법, 상호배분법에 관한 설명으로 가장 올바르지 않은 것은?

① 보조부문 간의 용역수수관계를 고려하는 가장 합리적인 보조부문원가의 배분방법은 상호배분법이다.
② 보조부문원가를 어떤 배분방법으로 제조부문에 배분하느냐에 따라 공장 전체의 제조간접원가가 달라진다.
③ 보조부문의 원가를 각 제조부문이 사용한 용역의 상대적 비율에 따라 각 제조부문에 직접 배분하는 방법은 직접배분법이다.
④ 배분순서가 중요한 계산방법은 단계배분법이다.

84. 두 개의 제조부문과 두 개의 보조부문으로 이루어진 ㈜삼일의 부문간 용역수수에 관련된 자료는 다음과같다.

	보조부문		제조부문	
	A	B	C	D
A부문 용역제공	-	40%	20%	40%
B부문 용역제공	20%	-	60%	20%
발생원가	200,000원	300,000원	450,000원	600,000원

단계배분법을 사용할 경우 제조부문 C에 배분되는 보조부문의 원가는 얼마인가(단, 보조부문원가는 A부문의 원가를 우선 배분한다)?

① 160,000원 ② 220,000원
③ 268,000원 ④ 325,000원

85. ㈜삼일은 일반형 자전거와 고급형 자전거 두 가지의 제품을 생산하고 있다. 12월 한 달 동안 생산한 두 제품의 작업원가표는 아래와 같다.

	일반형 자전거	고급형 자전거
직접재료 투입액	300,000원	600,000원
직접노동시간	2,000시간	3,000시간
직접노무가 임률	50원/시간	200원/시간

동 기간 동안 발생한 회사의 총제조간접원가는 1,000,000원이며, 제조간접가는 직접노동시간을 기준으로 배부하고 있다. ㈜삼일은 실제 발생한 제조간접가를 실제조업도에 의해 배부하는 원가계산방식을 채택하고 있다. 12월 한 달 동안 생산한 일반형 자전거의 제조원가는 얼마인가?

① 500,000원 ② 600,000원
③ 700,000원 ④ 800,000원

86. ㈜삼일은 개별원가계산제도를 채택하고 있으며, 직접노무원가를 기준으로 제조간접원가를 배부한다. 20X1년의 제조간접가배부율은 X부문에 대해서는 30%, Y부문에 대해서는 40%이다. 제조지시서 #105는 20X1년 중에 시작되어 완성되었으며, 원가 발생액과 관련된 자료가 다음과 같은 경우 제조지시서 #105와 관련된 총제조원가는 얼마인가?

구분	X부문	Y부문	합계
직접재료원가	800,000원	500,000원	
직접노무원가	1,000,000원		
제조간접원가		200,000원	
합계			

① 1,800,000원 ② 2,300,000원
③ 2,800,000원 ④ 3,300,000원

87. ㈜삼일은 선입선출법을 이용한 종합원가계산을 한다. 원재료는 공정시작 시점에서 전량 투입되며, 가공원가는 공정 전반에 걸쳐 균등하게 발생한다. 만약 기말재공품의 완성도가 70%임에도 90%로 잘못 파악하여 종합원가계산을 수행한다면 어떤 결과가 발생하는가?

① 기말재공품의 원가가 과대계상된다.
② 당기완성품의 완성품환산량이 과대계상된다.
③ 완성품환산량 단위당 원가가 과대계상된다.
④ 기말재공품의 완성품환산량이 과소계상된다.

88. ㈜삼일은 평균법을 이용한 종합원가계산제도를 채택하고 있다. 재료는 공정 초기에 전량 투입되며, 가공원가는 공정 전반에 걸쳐 균등하게 발생할 경우 당기완성품원가와 기말재공품원가는 각각 얼마인가?

〈수량〉
기초재공품	100개(40%)
착수량	900개
완성품	800개
기말재공품	200개(20%)

〈원가〉
	재료원가	가공원가
기초재공품원가	200,000원	150,000원
당기발생원가	800,000원	606,000원

	당기완성품원가	기말재공품원가
①	1,520,000원	180,000원
②	1,520,000원	236,000원
③	1,607,089원	236,000원
④	1,607,089원	260,022원

89. ㈜삼일은 선입선출법에 따라 종합원가계산을 하고있다. 당월 완성품환산량 단위당 원가는 재료원가 5원, 가공원가 10원이며, 당월 중 생산과 관련된 자료는 다음과 같다.

기초재공품	500단위(완성도 40%)
기말재공품	800단위(완성도 50%)
당기완성품	4,200단위

재료는 공정초기에 전량 투입된다고 할 때 이 회사의 당월에 실제 발생한 재료원가는 얼마인가?

① 18,500원　② 21,000원
③ 22,500원　④ 25,000원

90. 다음 중 종합원가계산제도를 적용함에 있어 선입선출법과 평균법에 관한 설명으로 가장 올바르지 않은 것은?

① 평균법 적용하의 완성품환산량은 선입선출법 적용하의 완성품환산량보다 크거나 같다.
② 선입선출법은 완성품환산량 계산시 기초재공품을 당기에 착수한 것으로 간주한다.
③ 원재료 단가 산정시 선입선출법을 사용하는 기업이라 할지라도 종합원가계산제도 적용시 평균법을 사용할 수 있다.
④ 기초재공품이 없는 경우 평균법과 선입선출법의 완성품환산량 단위당 원가는 같다.

91. 다음 중 표준원가계산제도에 대한 설명으로 가장 올바르지 않은 것은?

① 비계량적인 정보를 활용하여 의사결정에 사용할 수 있다.
② 표준원가계산제도란 제품을 생산하는데 발생할 것으로 예상되는 원가를 사전에 결정하여 원가계산을 하는 제도이다.
③ 예외에 의한 관리로 효과적인 원가통제가 가능하다.
④ 출고량과 사용량만 파악하면 제품완성과 동시에 원가를 계산할 수 있다.

92. 다음 중 표준제조간접원가를 결정하기 위한 기준조업도와 관련된 내용으로 가장 올바르지 않은 것은?

① 기준조업도는 단순하고 이해하기 쉬워야 한다.
② 기준조업도는 물량 기준보다는 금액 기준으로 설정하는 것이 바람직하다.
③ 기준조업도와 제조간접원가의 발생 사이에는 인과관계가 존재하여야 한다.
④ 사전에 설정된 제조간접원가 예산을 기준조업도로 나누어 표준배부율을 계산한다.

93. ㈜삼일의 20X1년 4월 직접노무비의 자료는 다음과 같다. 직접노무비 능률차이는 얼마인가?

직접노무비 임률차이	3,000원(불리)
실제직접노동시간	40,000시간
실제발생액	126,000원
표준직접노동시간	41,000시간

① 3,000원 불리　② 3,000원 유리
③ 3,075원 불리　④ 3,075원 유리

94. 다음 중 직접노무원가 능률차이의 발생 원인으로 가장 올바르지 않은 것은?

① 단순한 작업에 고임률의 숙련된 노동자를 투입
② 노동의 비능률적 사용
③ 생산에 투입되는 원재료의 품질 향상
④ 생산부문 책임자의 감독 소홀

95. ㈜삼일의 생산 및 원가와 관련된 자료는 다음과 같다.

기준조업도	:	10,000시간
제품 단위당 표준노동시간	:	9시간
제품의 실제 생산량	:	1,200단위
고정제조간접원가 실제발생액	:	1,870,000원
고정제조간접원가 예산차이	:	130,000원(유리)

이와 관련된 설명 중 가장 올바르지 않은 것은?

① 고정제조간접원가 표준원가는 2,160,000원이다.
② 실제생산량에 허용된 표준조업도는 10,000시간이다.
③ 고정제조간접원가 총차이는 290,000원 유리하게 나타난다.
④ 고정제조간접원가 조업도차이는 160,000원 유리하게 나타난다.

96. 다음 변동원가계산에 의한 손익계산서와 관련된 내용 중 옳은 것을 모두 나열한 것은?

> ㄱ. 공헌이익을 계산한다.
> ㄴ. 변동제조간접원가를 기간비용으로 처리한다.
> ㄷ. 고정제조간접원가는 공헌이익 산출에 포함되지 않는다.
> ㄹ. 제품생산량이 영업이익에 영향을 미친다.
> ㅁ. 판매비와관리비를 변동비와 고정비로 분리하여 보고한다.

① ㄱ, ㄴ, ㄷ   ② ㄱ, ㄷ, ㅁ
③ ㄴ, ㄷ, ㄹ   ④ ㄴ, ㄷ, ㅁ

97. 다음 중 변동원가계산의 유용성으로 가장 올바르지 않은 것은?

① 이익계획과 예산편성에 필요한 자료를 용이하게 획득할 수 있다.
② 특정기간의 이익이 생산량에 영향을 받지 않는다.
③ 표준가 및 변동예산과 함께 사용하면 원가통제와 성과평가에 유용하게 활용할 수 있다.
④ 제조간접원가에 포함되는 혼합원가의 주관적 구분이 불필요하다.

98. 다음 중 초변동원가계산방법에 관한 설명으로 가장 올바르지 않은 것은?

① 매출액에서 판매된 제품의 직접재료원가를 차감하여 현금창출 공헌이익을 계산한다.
② 직접노무원가와 제조간접원가도 운영비용에 포함하여 기간비용으로 처리한다.
③ 초변동원가계산방법이 변동원가계산방법보다 불필요한 재고누적 방지효과가 크다.
④ 초변동원가계산방법도 외부보고목적의 재무제표 작성에 이용될 수 있다.

99. ㈜삼일은 당기 초에 영업활동을 시작하여 제품 500 단위를 생산하였으며, 원가자료는 다음과 같다(단, 기말 재공품은 없다).

단위당 직접재료원가	300원
단위당 직접노무원가	200원
단위당 변동제조간접원가	100원
단위당 변동판매비와관리비	150원
고정제조간접원가	100,000원
고정판매비와관리비	150,000원

당기 판매량이 200단위였다면, 전부원가계산에 의한 기말제품재고액과 변동원가계산에 의한 기말제품재고액의 차이는 얼마인가?

① 20,000원   ② 40,000원
③ 60,000원   ④ 80,000원

100. ㈜삼일의 20X1년 손익에 대한 자료가 다음과 같을 경우 (a) 전부원가계산에 따른 매출총이익, (b) 변동원가계산에 따른 공헌이익, (c) 초변동원가계산에 따른 재료처리량공헌이익은 각각 얼마인가?

단위당 판매가격	800원
단위당 직접재료원가	250원
단위당 직접노무원가	170원
단위당 변동제조간접원가	80원
단위당 변동판매비와관리비	50원
고정제조간접원가	400,000원
고정판매비와관리비	70,000원
기초제품	없음
생산량	20,000개
판매량	20,000개

① (a) 5,200,000원 (b) 5,000,000원 (c) 7,600,000원
② (a) 5,600,000원 (b) 6,000,000원 (c) 7,600,000원
③ (a) 5,600,000원 (b) 5,000,000원 (c) 11,000,000원
④ (a) 5,200,000원 (b) 6,000,000원 (c) 11,000,000원

101. ㈜삼일은 다음과 같이 활동기준원가계산제도를 운영하고 있다. 20X1년 6월에 제품 30단위가 생산되었으며, 각 단위에는 2시간의 기계시간과 7개의 부품이 소요된다. 완성된 단위당 직접재료원가는 60,000원이며, 다른 모든 원가는 가공원가로 분류된다.

제조관련활동	배분기준으로 사용되는 원가동인	배부기준 단위당 가공원가
기계활동	기계사용시간	500원
조립활동	부품의 수	800원
검사활동	완성단위의 수	3,000원

6월에 생산된 제품 30단위의 총제조원가는 얼마인가?

① 2,088,000원   ② 2,108,000원
③ 2,475,000원   ④ 2,875,000원

102. 다음 중 원가추정에 대한 설명으로 가장 올바르지 않은 것은?

① 원가추정의 목적은 계획과 통제 및 의사결정에 유용한 미래원가를 추정하기 위함이다.
② 원가추정은 조업도와 원가 사이의 관계를 규명하여 원가함수를 추정하는 것이다.
③ 원가추정시 원가에 영향을 미치는 요인은 조업도 뿐이라고 가정한다.
④ 원가추정시 전범위에서 단위당 변동원가와 총고정원가가 일정하다고 가정한다.

103. 다음 중 CVP 분석에 필요한 가정으로 가장 올바르지 않은 것은?

① 원가와 수익은 유일한 독립변수인 조업도에 의하여 결정된다.
② 모든 원가는 변동원가와 고정원가로 분류할 수 있다.
③ 제품의 종류가 복수인 경우에는 판매량 변화에 따라 매출의 배합이 변동한다.
④ 판매량만큼 생산하는 것으로 가정함으로써 기초재고자산과 기말재고자산의 변화가 손익에 영향을 미치지 않는 것으로 본다.

104. 다음 중 영업레버리지에 관한 설명으로 옳은 것만 짝지은 것은?

가. 영업레버리지란 영업고정비가 지렛대의 작용을 함으로써 매출액 변화율보다 영업이익 변화율이 확대되는 효과이다.
나. 영업고정비의 비중이 큰 기업은 영업레버리지가 크고, 영업고정비의 비중이 작은 기업은 영업레버리지가 작다.
다. 일반적으로 한 기업의 영업레버리지도는 손익분기점 부근에서 가장 크며, 매출액이 증가함에 따라 점점 커진다.

① 가, 나
② 나, 다
③ 가, 다
④ 가, 나, 다

105. 다음 원가-조업도-이익 도표에 관한 설명으로 가장 올바르지 않은 것은?

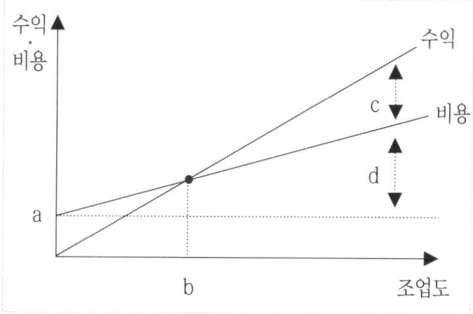

① a는 총고정원가를 의미한다.
② b는 손익분기점 판매량을 의미한다.
③ c는 공헌이익을 의미한다.
④ d는 총변동비를 의미한다.

106. 다음 중 올해 처음 성과평가제도를 실시한 ㈜삼일의 성과평가에 관한 내용으로 가장 옳은 것은?

① 구매팀장 : 최근 글로벌 경기침체로 원유가격이 크게 떨어져 ㈜삼일의 구매원가 하락으로 이어지자 구매팀장의 임금을 인상하였다.
② 영업부장 : ㈜삼일의 영업부장은 기말에 매출액을 늘리기 위해 대리점으로 밀어내기식 매출을 감행하여 매출액을 무려 120% 인상시키는 공로를 세워 이사로 승진하였다.
③ 부산공장장 : 태풍의 피해로 부산공장가동이 10여 일간 중단되어 막대한 손실을 입은 ㈜삼일은 그 책임을 물어 공장장을 해고하였다.
④ 채권회수팀장 : 채권회수율과 고객관계(고객불만 전화의 횟수로 측정됨)에 의하여 성과평가를 받았으며 자체적으로 매너교육을 실시하여 채권회수율을 증가시킴과 동시에 고객불만 전화를 크게 감소시켜 좋은 성과평가 점수를 얻었다.

107. 분권화란 의사결정권한이 조직 전반에 걸쳐서 위양되어 있는 상태를 의미한다. 다음 중 분권화에 관한 설명으로 가장 올바르지 않은 것은?

① 각 사업부에서 동일한 활동이 개별적으로 중복되어 수행될 가능성이 없다.
② 하위경영자들이 고객 등의 요구에 신속한 대응을 할 수 있다.
③ 하위 경영자들에게 보다 큰 재량권이 주어지므로 보다 많은 동기 부여가 된다.
④ 분권화될 경우 각 사업부의 이익만 고려하는 준최적화 현상이 발생할 수 있다.

108. 다음 중 책임중심점의 종류에 대한 설명으로 가장 올바르지 않은 것은?

① 원가중심점이란 통제 불가능한 원가의 발생에 대해서만 책임을 지는 가장 작은 활동단위로서의 책임중심점이다.
② 수익중심점은 매출액에서 대해서만 통제책임을 지는 책임중심점이다.
③ 이익중심점은 원가와 수익 모두에 대해서 통제책임을 지는 책임중심점이다.
④ 투자중심점은 원가 및 수익 뿐만 아니라 투자의사결정에 대해서도 책임을 지는 책임중심점이다.

109. ㈜삼일은 계산기를 생산하여 판매하고 있다. 올해 계산기의 예산판매량 및 예산판매가격은 각각 11,000단위와 180원이며, 단위당 표준변동제조원가와 표준변동판매비는 각각 120원과 30원이다. 올해 실제 매출수량과 단위당 판매가격은 다음과 같다.

생산 및 매출수량	10,000단위
단위당 판매가격	200원

이 경우 매출가격차이와 매출조업도차이는 각각 얼마인가?

	매출가격차이	매출조업도차이
①	220,000원 유리	220,000원 유리
②	220,000원 유리	220,000원 유리
③	220,000원 유리	220,000원 유리
④	220,000원 유리	220,000원 유리

110. 다음 중 투자중심점의 성과지표로 투자수익률(return on investment, ROI)을 사용할 때의 특징으로 가장 옳은 것은?
① 준최적화 현상이 발생하지 않는다.
② 현금의 흐름을 기준으로 성과를 평가하므로 적용되는 회계기준과 무관한 결과를 도출한다.
③ 사업부의 경영자가 자신의 사업부 투자액에 대한 통제권한이 있더라도 그 경영자의 성과측정 지표로 활용될 수 없다.
④ 자본예산기법에 의한 성과평가에 비하여 단기적인 성과를 강조한다.

111. 다음 중 경제적부가가치(EVA)와 관련된 설명으로 가장 올바르지 않은 것은?
① 자기자본비용은 고려하나 타인자본비용은 고려하지 않는다.
② 고유의 영업활동에서 창출된 순가치의 증가분을 의미한다.
③ 주주관점에서 기업의 경영성과를 보다 정확히 측정하는데 도움이 된다.
④ 투자중심점과 회사전체의 목표일치성을 충족시킬 수 있다.

112. 다음 중 의사결정시에 필요한 원가용어와 그에 대한 정의를 연결한 것으로 가장 올바르지 않은 것은?
① 관련원가는 과거원가이거나 대안 간에 차이가 나지 않는 미래원가이다.
② 지출원가는 미래에 현금 등의 지출을 수반하는 원가이다.
③ 기회원가는 자원을 현재 용도 이외의 다른 용도에 사용할 경우 얻을 수 있는 최대금액이다.
④ 매몰원가는 과거에 발생한 역사적 원가로서 현재 또는 미래에 회수할 수 없는 원가이다.

113. ㈜삼일의 부품제조에 대한 원가자료는 다음과 같다.

부품단위당 직접재료원가	1,200원
부품단위당 직접노무원가	700원
부품단위당 변동제조간접원가	350원
고정제조간접원가	480,000원
생산량	800단위

외부의 제조업자가 이 부품을 납품하겠다고 제의하였다. 부품을 외부에서 구입할 경우 고정제조간접원가의 1/4을 회피할 수 있다고 한다면 ㈜삼일이 최대한 허용할 수 있는 부품의 단위당 구입가격은 얼마인가?

① 2,250원 ② 2,300원
③ 2,400원 ④ 2,900원

114. ㈜삼일은 최근에 ㈜우주로부터 제품을 단위당 5,000원에 2,000단위를 구입하겠다는 제안을 받았다. 제품과 관련된 자료는 다음과 같으며 위 주문을 수락하더라도 시설이나 고정원가에는 아무런 영향을 초래하지 않는다. 다음 중 ㈜우주의 제안과 관련하여 올바른 의사결정안과 관련 손익을 가장 올바르게 짝지은 것은(단, 직접노무원가는 변동원가로 분류한다)?

	금액
직접재료원가	2,000원
직접노무원가	1,000원
변동제조간접원가	800원
고정제조간접원가	1,000원
변동판매비와관리비	200원
고정판매비와관리비	500원

① 수락, 1,000,000원의 이익 증가
② 수락, 2,000,000원의 이익 증가
③ 거절, 1,500,000원의 손실 발생
④ 거절, 1,000,000원의 손실 발생

115. ㈜삼일은 진부화된 제품 500단위를 보유하고 있으며 이 제품의 제조원가는 200,000원이다. ㈜삼일은 이 제품을 제품단위당 200원에 즉시 처분할 수도 있고, 100,000원의 비용을 추가 투입하여 개조한 후 제품단위당 500원에 판매할 수 있는 상황이다. 다음 설명 중 가장 옳은 것은?
① 100,000원의 추가비용을 지출하지 않고 단위당 200원에 처분하는 것이 가장 유리하다.
② 개조하여 판매하는 것이 그대로 처분하는 것보다 50,000원만큼 유리하다.
③ 개조하여 판매하면 250,000원의 이익이 발생한다.
④ 제품단위당 200원에 처분하면 100,000원의 손실이 발생하므로 제품을 보유하고 있는 것이 낫다.

116. ㈜삼일은 20X1년말 새로운 기계장치를 2,000,000원에 매입하고 기존의 기계장치를 1,000,000원에 처분하였다. 기존 기계장치의 순장부가액은 500,000원이고 법인세율이 20%라고 하면, 매입과 처분 거래로 인한 순현금지출액은 얼마인가(단, 감가상각비는 고려하지 않으며, 모든 거래는 현금으로 이루어지는 것으로 가정한다)?

① 900,000원 ② 1,000,000원
③ 1,100,000원 ④ 2,000,000원

117. ㈜삼일은 내용연수가 3년인 기계장치에 투자하려고 하고 있다. 기계장치를 구입하면, 1년째에는 5,000,000원, 2년째에는 4,000,000원, 그리고 3년째에는 3,000,000원의 현금지출운용비를 줄일 것으로 판단하고 있다. 회사의 최저필수수익률은 12%이고 기계장치에 대한 투자액의 현재가치는 8,000,000원 이라고 할 때, 기계장치에 대한 투자안의 순현재가치(NPV)는 얼마인가(단, 이자율 12%의 1원당 현재가치는 1년은 0.9, 2년은 0.8, 3년은 0.7이며 법인세는 없는 것으로 가정한다)?

① 1,800,000원 ② 1,900,000원
③ 2,000,000원 ④ 2,100,000원

118. 장기의사결정시에는 미래 현금흐름을 추정하는 것이 중요하다. 다음 중 장기의사결정을 위한 현금흐름추정의 기본원칙으로 가장 올바르지 않은 것은?

① 이자비용은 할인율을 통해 반영되므로 현금흐름 산정시 이자비용은 없는 것으로 가정한다.
② 법인세는 회사가 통제할 수 없기 때문에 현금흐름을 추정할 때 고려해서는 안 된다.
③ 명목현금흐름은 명목할인율로 할인해야 하며, 실질현금흐름은 실질할인율로 할인해야 한다.
④ 감가상각비 감세효과는 현금흐름을 추정할 때 고려해야 한다.

119. 다음 중 신제품 출시 초기에 높은 시장점유율을 얻기 위한 가격정책으로 초기시장진입가격을 낮게 설정하는 가격정책으로 가장 옳은 것은?

① 약탈가격 ② 입찰가격
③ 상층흡수가격 ④ 시장침투가격

120. 프린터를 생산하여 판매하고 있는 ㈜삼일의 품질원가와 관련한 정보이다. 외부실패원가는 얼마인가?

생산라인 검사원가	3,000원
생산직원 교육원가	1,000원
제품 검사원가	1,500원
반품원가	3,000원
구입재료 검사원가	2,000원
소비자 고충처리비	4,000원

① 3,000원 ② 7,000원
③ 8,000원 ④ 9,000원

2022년 6월 시행 원가관리회계 공개기출문제

81. 다음 설명과 관련된 원가회계 용어로 가장 옳은 것은?

   ㄱ. 직접적인 대응이나 간접적인 원가배분방법에 의한 원가측정을 통하여 원가가 집계되는 활동이나 항목
   ㄴ. 이것에 대한 전통적인 예로는 제품, 부문 등이 있으나 최근에는 활동(activity), 작업(operation) 등으로 다양화 되고 있음

   ① 원가대상   ② 원가집합
   ③ 원가동인   ④ 원가배분

82. 다음에서 설명하고 있는 원가를 원가행태에 따라 분류하고자 할 때 가장 옳은 것은?

   일정범위의 조업도 내에서는 총원가가 일정하지만 조업도가 일정범위를 벗어나면 총원가가 증가 또는 감소하는 원가

   ① 준고정원가   ② 준변동원가
   ③ 순수고정원가   ④ 순수변동원가

83. ㈜삼일은 매출총이익을 매출액의 25%로 설정하고 있다. 다음의 자료에서 ㈜삼일의 기말재공품은 얼마인가?

직접재료원가	1,500,000원	직접노무원가	900,000원
제조간접원가	1,100,000원	당기매출액	8,000,000원
기초제품	4,000,000원	기말제품	1,200,000원
기초재공품	1,250,000원	기말재공품	?

   ① 1,250,000원   ② 1,300,000원
   ③ 1,500,000원   ④ 1,550,000원

84. 원목가구 제조회사인 ㈜삼일은 두 개의 제조부문(조각부와 도료부)과 두 개의 보조부문(창고부와 전력부)으로 구성되어 있다. 각 부문에서 발생한 원가 및 부문간의 용역관계는 다음과 같다.

사용\제공	제조부문 조각부	제조부문 도료부	보조부문 창고부	보조부문 전력부	합계
창고부	40%	50%	-	10%	100%
전력부	30%	50%	20%	-	100%
발생원가	800,000	400,000	200,000	600,000	2,000,000

   자료에 따라 보조부문 상호간의 용역수수에 의한 배분방법 중 단계배분법을 사용하여 보조부문 원가를 각 제조부문에 배분하기 위한 계산과정에서 괄호 안에 들어갈 금액에 대한 설명이 가장 올바르지 않은 것은(단, 창고부문원가부터 먼저 배분한다)?

사용\제공	제조부문 조각부	제조부문 도료부	보조부문 창고부	보조부문 전력부
각 부문의 발생원가	800,000	400,000	200,000	600,000
보조부문의 원가배부				
창고부	괄호1( )	괄호2( )		
전력부	괄호3( )	괄호4( )		

   ① "괄호1"은 80,000원이다.
   ② "괄호2"는 100,000원이다.
   ③ "괄호3"은 180,000원이다.
   ④ 직접배분법을 사용할 경우 "괄호4"는 375,000원이다.

85. 다음 중 개별원가계산에 관한 설명으로 가장 올바르지 않은 것은?

   ① 여러 종류의 제품을 주문에 의해 생산하거나 또는 동종의 제품을 일정 간격을 두고 비반복적으로 생산하는 업종에 적합한 원가계산제도이다.
   ② 각 제품별로 원가를 집계하기 때문에 제품에 직접대응이 불가능한 제조간접원가의 구분이 중요한 의미를 갖는다.
   ③ 개별원가계산은 제조간접원가의 배부절차가 반드시 필요하므로, 개별원가계산을 사용하면서 변동원가계산제도를 채택할 수 없다.
   ④ 제조과정에서 발생한 원가는 개별제품별로 작성된 작업원가표에 집계되므로 재공품원가를 집계하는 것이 용이하다.

86. ㈜삼일은 직접노동시간을 기준으로 제조간접가를 예정배부하고 있으며 연간 제조간접가는 2,000,000원으로, 연간 직접노동시간은 5,000시간으로 예상하고 있으나 실제로는 4,000시간이 발생하였다. 실제 제조간접가가 2,000,000원이 발생한 경우 #B의 예정배부와 실제배부의 제조간접원가 차이는 얼마인가?

	#A	#B	계
예정직접노동시간	3,000시간	2,000시간	5,000시간
실제직접노동시간	1,500시간	2,500시간	4,000시간

   ① 200,000원   ② 250,000원
   ③ 300,000원   ④ 450,000원

87. 다음은 선입선출법(FIFO)에 의한 기말재공품원가를 계산하는 식을 나타낸 것이다. 괄호 안에 들어갈 내용으로 가장 옳은 것은?

$$당기발생원가 \times \frac{기말재공품의\ 완성품환산량}{(\qquad)} = 기말재공품원가$$

① 기초재공품수량 + 당기투입수량 - 기말재공품수량
② 당기완성품수량 + 기말재공품의 완성품환산량 - 기초재공품의 완성품환산량
③ 기초재공품의 완성품환산량 + 당기완성품수량 - 기말재공품의 완성품환산량
④ 당기완성품수량 + 기말재공품의 완성품환산량

88. ㈜삼일은 종합원가계산을 채택하고 있다. 기말재공품에 대한 완성도가 실제보다 과대평가되었다면 이 오류가 각 항목에 끼치는 영향으로 가장 올바르지 않은 것은(기초재공품은 없다고 가정한다)?

① 기말재공품 완성품환산량은 실제보다 과대평가 되어 있을 것이다.
② 완성품환산량 단위당 원가는 실제보다 과소평가 되어 있을 것이다.
③ 완성품원가는 실제보다 과소평가되어 있을 것이다.
④ 기말재공품 원가는 실제보다 과소평가되어 있을 것이다.

89. ㈜삼일은 평균법을 이용한 종합원가계산제도를 채택하고 있다. 재료는 공정초에 전량 투입되며, 가공원가는 공정 전반에 걸쳐 발생한다. 당기 완성품원가와 기말재공품원가는 각각 얼마인가?

```
<수량>
기초재공품        80개(완성도 40%)
당기투입량       420개
당기완성품       400개
기말재공품       100개(완성도 40%)

<원가>              재료원가        가공원가
기초재공품원가    8,000,000원    6,000,000원
당기발생원가     32,000,000원   27,000,000원
```

	당기완성품원가	기말재공품원가
①	58,400,000원	14,600,000원
②	59,000,000원	14,000,000원
③	62,000,000원	11,000,000원
④	65,100,000원	7,900,000원

90. 다음은 ㈜삼일의 원가자료이다. 원재료는 공정시작시점에서 전량 투입되고 가공원가는 공정전반에서 균등하게 투입된다. 평균법과 선입선출법을 적용하여 종합원가계산을 하는 경우 가공원가 완성품환산량 차이는 얼마인가?

기초재공품수량 600개(40%), 착수수량 1,900개
완성수량 2,000개, 기말재공품수량 500개(70%)

① 평균법이 360개 더 크다.
② 평균법이 360개 더 작다.
③ 선입선출법이 240개 더 크다.
④ 선입선출법이 240개 더 작다.

91. 다음 중 원가계산제도에 대한 설명으로 가장 올바르지 않은 것은?

① 정상원가계산에서는 직접재료원가만을 실제원가로 측정하고 노무원가와 제조간접원가는 사전에 정해 놓은 배부율에 의해 배부한다.
② 표준원가계산에 의할 경우 비계량 정보를 무시할 가능성이 있다.
③ 정상원가계산은 평준화원가계산이라고도 한다.
④ 실제원가계산에 의할 경우 기말이 되어야 제조간접가의 실제 발생액과 배부기준의 총계가 확정된다.

92. 다음은 동일한 제품을 대량생산하고 있는 ㈜삼일의 표준원가 차이분석 보고서의 일부이다. 보고서에 대한 분석내용으로 가장 올바르지 않은 것은?

〈표준원가 차이분석 보고서〉
1. 연초 설정 단위당 표준원가

	표준수량	표준가격	표준원가
직접재료원가	10kg	50원/kg	500원
직접노무원가	10시간	40원/시간	400원
제조간접원가	10kg	80원/kg	800원
제품단위당표준원가			1,700원

2. 연말 수원공장 단위당 실제원가

	실제수량	실제가격	실제원가
직접재료원가	9kg	52원/kg	468원
직접노무원가	10시간	39원/시간	390원
제조간접원가			720원
제품단위당실제원가			1,578원

3. 연말 평택공장 단위당 실제원가

	실제수량	실제가격	실제원가
직접재료원가	12kg	49원/kg	588원
직접노무원가	11시간	40원/시간	440원
제조간접원가			900원
제품단위당실제원가			1,928원

① 원가 절감 측면에서 수원공장이 평택공장에 비해 효율적으로 생산하였다.
② 수원공장이 직접재료원가 수량측면에서 평택공장보다 효율적이다.
③ 수원공장이 직접노무원가 수량측면에서 평택공장보다 비효율적이다.
④ 수원공장이 제조간접원가 측면에서 평택공장보다 효율적이다.

93. 다음은 표준원가계산제도를 채택하고 있는 ㈜삼일의 12월 중 생산활동과 관련한 직접노무비에 대한 자료이다. 직접노무비 가격차이는 얼마인가?

직접노무비 표준임률	9,000원/시간
실제 직접노무비 임률	10,000원/시간
허용표준 직접작업시간	10,000시간
직접노무비 유리한 능률차이	9,000,000원

① 9,000,000원(유리) ② 9,000,000원(불리)
③ 10,000,000원(유리) ④ 10,000,000원(불리)

94. ㈜삼일의 7월 제조활동과 관련된 자료이다. 변동제조간접원가 소비차이는 얼마인가?

- 제품의 생산량 1,000단위
- 생산량 단위당 실제노동시간 10시간, 단위당 표준노동시간 11시간
- 노동시간당 표준임률 @50원
- 변동제조간접원가 표준 노동시간당 @20원
- 실제 변동제조간접원가는 직접노무원가 실제발생액의 40%
- 직접노무원가 가격차이 50,000원(유리)

① 20,000원 유리 ② 20,000원 불리
③ 40,000원 불리 ④ 40,000원 유리

95. 다음 중 표준원가계산의 원가차이 처리방법으로서 매출원가조정법에 관한 설명으로 가장 올바르지 않은 것은?

① 매출원가조정법을 사용하면 비례배분법을 사용하는 경우보다 당기순이익이 항상 크게 나타난다.
② 유리한 원가차이는 매출원가에서 차감하며 불리한 원가차이는 매출원가에 가산한다.
③ 원가차이가 중요하지 않은 경우 매출원가조정법을 적용할 수 있다.
④ 원가차이가 모두 매출원가에서 조정되므로 재공품과 제품 계정은 모두 표준원가로 기록된다.

96. 다음 중 원가계산방법과 특징이 짝지어진 것으로 가장 올바르지 않은 것은?

① 전부원가계산 - 기업 외부 공시 목적의 기능적 손익계산서를 작성하는데 이용된다.
② 변동원가계산 - 모든 제조간접원가는 기간원가로 처리된다.
③ 변동원가계산 - 공헌이익 손익계산서의 작성에 이용된다.
④ 초변동원가계산 - 원가회피 개념에 근거를 두고 있다.

97. 20X1년에 영업을 시작한 ㈜삼일은 당기에 1,000단위의 제품을 생산하여 800단위의 제품을 판매하였다. 당기의 판매가격 및 원가자료가 다음과 같을 때, 전부원가계산의 영업이익은 얼마인가?

판매가격	100원
제품단위당 직접재료원가	25원
제품단위당 직접노무원가	20원
제품단위당 변동제조간접원가	6원
제품단위당 변동판매비와관리비	10원
고정제조간접원가	16,000원

① 15,200원 ② 18,400원
③ 19,200원 ④ 23,200원

98. ㈜삼일의 20X1년 2월의 제품 생산 및 판매와 관련된 자료는 다음과 같다.

생산량	3,000개
판매량	2,800개
판매가격	250원
직접재료원가	80원
직접노무원가	20원
변동제조간접원가	30원
고정제조간접원가	75,000원

*단 기초 제품재고는 없다.

초변동원가계산을 이용한 ㈜삼일의 20X1년 2월 재료처리량 공헌이익은 얼마인가?

① 336,000원 ② 420,000원
③ 476,000원 ④ 510,000원

99. 다음 중 모든 조건이 동일할 경우 어떠한 상황에서 변동원가계산에 의한 영업이익이 전부원가계산에 의한 영업이익보다 작게 나타나는가?

① 판매량이 생산량보다 많을 때
② 생산량이 판매량보다 많을 때
③ 고정판매비와 관리비가 증가할 때
④ 고정판매비와 관리비가 감소할 때

100. 다음 중 변동원가계산과 전부원가계산의 차이점을 정리한 내용으로 가장 올바르지 않은 것은?

구분	변동원가계산	전부원가계산
① 기본목적	내부계획과 통제 등 경영관리	외부보고목적
② 제품원가	직접재료원가 +직접노무원가 +변동제조간접원가	직접재료원가 +직접노무원가 +변동제조간접원가 +고정제조간접원가
③ 보고양식	공헌이익접근법의 손익계산서	전통적 손익계산서
④ 이익결정 요인	판매량	생산량

101. 다음 중 활동기준원가계산제도에 대한 설명으로 가장 올바르지 않은 것은?

① 전통적 원가회계제도에 비하여 보다 다양한 원가동인 요소를 고려한다.
② 다양한 활동 및 활동원가의 분석이 필요하므로 원가통제에 어려움이 존재한다.
③ 활동기준원가계산제도는 전통적 원가회계에서 발생할 수 있는 문제점인 원가왜곡현상을 극복함으로써 적정한 가격 설정을 가능하게 한다.
④ 활동기준원가계산제도는 전통적인 개별원가계산이나 종합원가계산과 동시에 사용가능한 원가계산제도이다.

102. 다음 중 CVP 분석의 기본가정으로 가장 올바르지 않은 것은?

① 모든 원가는 변동원가와 고정원가로 분류할 수 있다.
② 수익과 원가행태는 관련범위 내에서 곡선적이다.
③ 생산량과 판매량이 동일하다.
④ 복수제품의 경우 매출배합이 일정하다.

103. 다음 중 고저점법에 관한 설명으로 가장 올바르지 않은 것은?

① 최고원가와 최저원가의 자료를 이용하여 원가함수를 추정하는 방법이다.
② 시간과 비용이 적게 소요된다.
③ 비정상적인 결과가 도출될 수 있다.
④ 원가함수가 모든 원가자료를 대표하지 못한다.

104. 다음 자료를 이용하여 손익분기점 판매량과 영업이익 1,300,000원을 달성하기 위한 판매량을 계산하면얼마인가?

판매가격	4,000/단위
변동제조원가	1,500/단위
변동판매비와관리비	1,200/단위
총고정제조간접원가	2,340,000원

	손익분기점 판매량	영업이익 달성 판매량
①	936개	1,456개
②	936개	1,936개
③	1,800개	2,125개
④	1,800개	2,800개

105. 책상을 생산해서 판매하는 ㈜삼일은 20X1년의 종합예산을 편성하고자 한다. 이를 위해 수집한 자료는 다음과 같다.

(1) 20X0년도의 책상의 판매가격은 10,000원, 판매량은 1,000개였다. 20X1년도 판매가격은 20X0년 실질 GDP성장률 10%만큼을 인상하여 판매하고, 예상판매량도 실질 GDP 성장률만큼 증가하리라 예상하고 있다.
(2) 제품의 기말재고 수량은 당해 예상판매량의 10% 수준을 유지하도록 한다.

다음 중 ㈜삼일의 20X1년의 판매예산으로 가장 옳은 것은?

① 11,900,000원 ② 12,100,000원
③ 12,400,000원 ④ 12,600,000원

106. 기업은 미래의 불확실성에 대처하기 위하여 계획을 수립하며, 이러한 계획의 일부분으로서 예산을 편성한다. 예산은 다양하게 분류할 수 있는데, 그 중 조업도 변동에 따라 작성되는 예산으로 실제원가를 실제조업도 수준의 예산원가와 비교하는 예산을 무엇이라 하는가?

① 종합예산 ② 재무예산
③ 고정예산 ④ 변동예산

107. 다음 중 사업부별 성과평가시 사업부경영자의 성과를 평가할 때 포함하여야 하는 원가는 무엇인가?

① 추적가능하고 통제가능한 고정원가
② 공통 고정원가
③ 통제불가능한 고정원가
④ 추적불가능한 고정원가

108. ㈜삼일은 선박을 생산하여 판매하는 조선회사로서, 분권화된 세 개의 제품별 사업부를 운영하고 있다. 이들은 모두 투자중심점으로 설계되어 있으며, 회사의 최저필수수익률은 10%이다. 각 사업부의 영업자산, 영업이익 및 매출액에 관한 정보는 다음과 같다. 각 사업부를 잔여이익법으로 평가했을 경우 잔여이익이 높은 사업부의 순서로 가장 옳은 것은?

구분	군함사업부	여객선사업부	화물선사업부
평균영업자산	500,000원	1,000,000원	2,000,000원
영업이익	100,000원	170,000원	260,000원
매출액	1,000,000원	3,000,000원	2,000,000원

① 군함>여객선>화물선 ② 여객선>군함>화물선
③ 화물선>여객선>군함 ④ 여객선>화물선>군함

109. 다음 중 투자중심점의 성과평가와 관련된 설명으로 가장 옳은 것은?

① 투자중심점의 성과평가를 위해서는 각 사업부 경영자에게 배부되는 통제가능한 투자액을 고려하지 않고 매출액이나 공헌이익 등의 지표들만을 반영하는 것이 적절하다.
② 투자수익률은 화폐의 시간가치를 고려하지 않기 때문에 순현재가치법이나 내부수익률법과 같은 자본예산기법에 의한 성과평가에 비하여 장기적인 성과를 강조한다.
③ 잔여이익을 성과평가 기준으로 사용할 경우 투자수익률법이 가지고 있는 준최적화 문제를 해결할 수 있다.
④ 투자수익률법은 투자규모가 다른 투자중심점을 상호 비교하기가 어렵다는 문제점이 있는 반면에 잔여이익법에는 이런 문제점이 없다.

110. ㈜삼일은 다음과 같은 방법을 사용하여 성과를 평가하고 있다.

$$\frac{1,200,000원(매출액)}{1,000,000원(영업자산)} \times \frac{200,000원(영업이익)}{1,200,000원(매출액)} = 20\%(투자수익률)$$

다른 조건이 일정할 때 ㈜삼일이 투자수익률(ROI) 25%를 달성하기 위한 영업자산 감소액은 얼마인가?

① 200,000원 ② 220,000원
③ 240,000원 ④ 250,000원

111. ㈜삼일의 분권화된 자동차 사업부는 투자중심점으로 간주된다. 자동차 사업부의 영업활동과 관련된 자료가 다음과 같을 경우 영업이익은 얼마인가?

총자산	2,000,000원
영업관련유동부채	500,000원
경제적부가가치	30,000원
영업이익	(?)원
투하자본은 40%의 타인자본(이자율 15%)과 60%의 자기자본(자기자본비용 20%)으로 구성되어 있으며 법인세는 존재하지 않는다.	

① 250,000원 ② 300,000원
③ 350,000원 ④ 400,000원

112. 원가는 경영자의 의사결정 목적에 따라 다음과 같이 여러 가지로 분류할 수 있다. 다음 중 원가 분류가 올바른 것으로 짝지어진 것은?

ㄱ. 의사결정과의 관련성에 따른 분류
ㄴ. 실제지출유무에 따른 분류
ㄷ. 원가 발생시점에 따른 분류
ㄹ. 원가의 회피가능성에 대한 분류

A. 지출원가와 기회원가
B. 회피가능원가와 회피불가능원가
C. 매몰원가와 미래원가
D. 관련원가와 비관련원가

	원가의 분류	원가 종류
①	ㄱ	A
②	ㄴ	B
③	ㄷ	C
④	ㄹ	D

113. ㈜삼일은 여러 사업부를 운영하고 있는 기업이며, 20X1년의 당기순이익은 600,000원이다. 여러 사업부 중에서 사업부 갑의 공헌이익은 150,000원이고, 사업부 갑에 대한 공통원가 배분액은 70,000원이다. 공통원가 배분액 중 30,000원은 사업부 갑을 폐지하더라도 계속하여 발생하는 것이다. 만약 회사가 사업부 갑을 폐지하였다면 20X1년 당기순이익은 얼마로 변하였겠는가?

① 450,000원 ② 470,000원
③ 480,000원 ④ 490,000원

114. 다음은 세 사업부문(A, B, C)을 보유한 ㈜삼일의 손익자료이다. 이에 관한 분석으로 가장 올바르지 않은 것은? (단위 : 원)

	A사업부	B사업부	C사업부	전체
매출액	3,000	3,500	2,500	9,000
변동원가	2,400	2,500	1,200	6,100
공헌이익	600	1,000	1,300	2,900
회피불능원가	900	1,200	900	3,000
이익(손실)	(300)	(200)	400	(100)

① 사업부 A를 폐쇄하면 회사의 전체손실은 1,700원이 된다.
② 사업부 B, C를 폐쇄하면 회사의 전체손실은 2,400원이 된다.
③ 사업부 A, C를 폐쇄하면 회사의 전체손실은 2,000원이 된다.
④ 사업부 A, B, C 모두를 폐쇄하면, 회사의 전체 손실은 3,000원이 된다.

115. 매월 5,000단위의 제품을 생산하는 ㈜삼일의 단위당 판매가격은 700원이고 단위당 변동원가는 500원이며 고정원가는 월 1,500,000원이다. ㈜삼일은 ㈜용산으로부터 2,000단위의 특별주문을 받았다. 현재 유휴설비능력은 특별주문 수량보다 부족한 상황이며, 특별주문을 수락할 경우 주문 처리를 위한 비용 900원이 추가로 발생한다. 다음 중 특별주문에 대한 의사결정을 함에 있어 관련항목으로만 구성된 것은 어느 것인가?

① 특별주문 수락 전의 단위당 고정원가, 단위당 변동원가, 특별주문 처리비용
② 특별주문가, 특별주문 처리비용, 특별주문 수락 후의 단위당 고정원가, 기존판매량 감소분의 공헌이익
③ 특별주문 수락 후의 단위당 고정원가, 특별주문 처리비용, 기존판매량 감소분의 공헌이익
④ 특별주문가, 단위당 변동원가, 특별주문 처리비용, 기존판매량 감소분의 공헌이익

116. ㈜삼일은 부품 A를 자가제조하고 있으며, 이와 관련된 연간 생산 및 원가자료는 다음과 같다.

직접재료원가	43,000원
직접노무원가	17,000원
변동제조간접원가	13,000원
고정제조간접원가	30,000원
생산량	250단위

최근 외부업체로부터 부품 A 250단위를 단위당 500원에 공급하겠다는 제안을 받았다. 외부업체의 제안을 수용하면, 자가제조보다 연간 얼마나 유리(또는 불리)한가(단, 직접노무원가는 변동비이며, 고정제조간접원가는 50% 회피가능하다)?

① 37,000원 불리 ② 37,000원 유리
③ 52,000원 불리 ④ 52,000원 유리

117. 다음 중 순현재가치법(NPV 법)에 관한 설명으로 가장 올바르지 않은 것은?

① 투자기간 동안의 현금흐름을 자본비용으로 재투자한다고 가정한다.
② 순현재가치를 계산할 때 사용하는 할인율인 자본비용의 산출이 간단하다.
③ 독립적인 투자안에 대한 의사결정시 순현재가치가 0(영)보다 크면 수익성이 있는 것으로 판단되어 투자안을 채택한다.
④ 복수투자안의 순현재가치는 그 복수투자안을 구성하는 개별 투자안 각각의 순현재가치를 합산한 것과 같다.

118. ㈜삼일은 당기 초에 내용연수 5년에 처분가치가 없는 새 기계를 2,200,000원에 구입했다. 이 기계는 정액법으로 감가상각 될 것이며, 매년 900,000원의 법인세비용차감전 현금유입을 창출할 것으로 기대된다. ㈜삼일은 12%의 할인율을 사용하고, 법인세율이 매년 30%라고 가정한다. 12% 할인율의 5년 후의 현재가치는 0.57이며, 12% 할인율의 1원에 대한 5년 연금의 현재가치는 3.61이다. 이 기계를 구입하는 투자안의 순현재가치는 얼마인가?(단, 감가상각비 외의 항목은 모두 현금으로 거래된다)

① 74,300원 ② 365,400원
③ 550,820원 ④ 1,186,180원

119. ㈜삼일의 A사업부는 모터를 생산하고 있으며, 연간 생산능력은 300,000단위이다. ㈜삼일의 A사업부 수익과 원가자료는 다음과 같다.

단위당 외부판매가격	900원
단위당 변동원가	670원
단위당 고정원가(연간 300,000단위 기준)	350원

㈜삼일은 냉장고를 생산하는 B사업부도 보유하고 있다. B사업부는 현재 연간 10,000단위의 모터를 단위당 680원에 외부에서 조달하고 있다. 회사가 생산하는 제품 전량을 외부시장에 판매할 수 있고 사내대체시 단위당 변동원가 130원을 절감할 수 있다면, 회사 전체의 이익극대화 입장에서 모터의 단위당 최소대체가격은 얼마인가?

① 670원 ② 700원
③ 770원 ④ 900원

120. 다음의 목표원가계산의 절차를 올바르게 나타낸 것은 무엇인가?

ⓐ 목표원가 달성을 위한 가치공학을 수행
ⓑ 잠재 고객의 요구를 충족하는 제품의 개발
ⓒ 목표가격에서 목표이익을 고려하여 목표원가를 산출
ⓓ 고객이 인지하는 가치와 경쟁기업의 가격 등을 고려하여 목표가격을 선택

① ⓐ → ⓑ → ⓒ → ⓓ
② ⓑ → ⓓ → ⓒ → ⓐ
③ ⓒ → ⓑ → ⓐ
④ ⓓ → ⓐ → ⓒ → ⓑ

2022년 7월 시행 — 원가관리회계 공개기출문제

81. 다음 중 제품제조원가로 분류하기 가장 어려운 항목은?
① 당기 투입한 원재료 구입시 발생한 운송비용
② 직매장 건물의 감가상각비
③ 공장 종업원의 복리후생을 위한 식비
④ 공장에 대한 감가상각비

82. 다음 설명의 빈칸 (ㄱ), (ㄴ)에 들어갈 용어로 가장 적절한 것은 무엇인가?

> 회사가 생산 또는 매입하여 보유하고 있는 재고자산의 원가는 보유하고 있는 동안에는 (ㄱ)이다. 그러다 판매되면 (ㄴ)(이)라는 비용이 되고 화재 등으로 소실되면 경제적 효익을 상실한 것이므로 손실이 된다.

	ㄱ	ㄴ		ㄱ	ㄴ
①	소멸원가	미소멸원가	②	미소멸원가	매출
③	매출원가	소멸원가	④	미소멸원가	매출원가

83. ㈜삼일의 과거 2년간 생산량과 총제조원가는 다음과 같다.

	20X1년	20X2년
생산량	1,000개	2,000개
총제조원가	50,000,000원	70,000,000원

지난 2년간 고정원가총액 및 단위당 변동원가는 변화가 없었다. 20X3년에 생산량이 3,000개일 때 총제조원가는 얼마인가?

① 60,000,000원 ② 90,000,000원
③ 110,000,000원 ④ 120,000,000원

84. ㈜삼일은 2개의 제조부문과 1개의 보조부문으로 구성되어 있다. 당기 중 보조부문에서 발생한 변동원가는 1,000,000원이고, 고정원가는 600,000원이었다. 보조부문에서는 두 개의 제조부문에 용역을 공급하고 있는데 각 제조부문이 실제 사용한 시간과 최대사용 가능시간은 다음과 같다.

	제조 #1부문	제조 #2부문
최대 사용 가능시간	800시간	700시간
실제 사용한 시간	400시간	400시간

제조 #2부문에 배분될 보조부문의 원가는 얼마인가(단, 보조부문원가를 제조부문으로 배분할 때 이중배분율법을 사용한다고 가정한다)?

① 780,000원 ② 800,000원 ③ 833,333원 ④ 853,333원

85. 다음 중 개별원가계산에 관한 설명으로 가장 올바르지 않은 것은?
① 주문받은 작업별로 원가를 집계하기 때문에 직접원가와 간접원가의 구분이 중요하지 않다.
② 제품별 손익분석 및 계산이 용이하다.
③ 개별원가계산을 적용하는 경우에도 제조간접원가의 배분절차가 필요하다.
④ 회계법인 등과 같이 수요자의 주문에 기초하여 서비스를 제공하는 경우에 이용할 수 있다.

86. ㈜삼일은 일반형 전화기와 프리미엄 전화기 두 종류의 제품을 생산하고 있다. 4월 한 달 동안 생산한 두 제품의 작업원가표는 아래와 같다.

	일반형 전화기	프리미엄 전화기
직접재료 투입액	400,000원	600,000원
직접노동시간	100시간	200시간
직접노무원가 임률	1,000원/시간	2,000원/시간

㈜삼일은 실제 발생한 제조간접원가를 실제조업도에 의해 배부하는 원가계산방식을 채택하고 있다. 동 기간 동안 발생한 회사의 총제조간접원가는 3,000,000원이며, 제조간접원가를 직접노무원가 기준으로 배부할 경우 4월 한 달 동안 생산한 일반형 전화기와 프리미엄 전화기의 총제조원가 차이는 얼마인가?

① 1,000,000원 ② 1,800,000원
③ 2,300,000원 ④ 2,500,000원

87. 다음 중 종합원가계산에 관한 설명으로 가장 올바르지 않은 것은?
① 특정기간 동안 특정공정에서 가공된 제품은 원가측면에서 서로 동일하다고 가정한다. 즉 제품원가를 평균개념에 의해서 산출한다.
② 원가의 집계는 공정과 상관없이 개별작업별로 작업지시서를 통해 이루어진다.
③ 종합원가계산의 원가요소별 단위당 원가는 완성품환산량에 기초하여 계산된다.
④ 원가통제 및 성과평가는 개별 작업이 아닌 공정이나 부문별로 수행되는 것이 일반적이다.

88. ㈜삼일은 선입선출법을 이용한 종합원가계산제도를 채택하고 있다. 당월 완성품환산량 단위당 원가는 재료원가 5원, 가공원가 10원이며, 당월 중 생산과 관련된 자료는 다음과 같다.

기초재공품	500단위(완성도 40%)
기말재공품	800단위(완성도 50%)
당기완성품	4,200단위

이 회사의 당월에 실제 발생한 가공원가는 얼마인가(단, 재료원가는 공정초기에 전량투입되고 가공원가는 공정전반에 걸쳐 균등하게 발생한다고 가정한다)?

① 41,000원   ② 42,000원
③ 44,000원   ④ 45,000원

89. 종합원가계산에서 완성품원가와 기말재공품원가는 일반적으로 다섯 단계를 거쳐 계산된다. 종합원가계산의 절차로 가장 옳은 것은?

ㄱ. 물량의 흐름 파악
ㄴ. 완성품환산량 단위당 원가계산
ㄷ. 배분할 원가 파악
ㄹ. 완성품환산량 계산
ㅁ. 완성품과 기말재공품에 원가배분

① ㄱ→ㄹ→ㄷ→ㄴ→ㅁ   ② ㄱ→ㄷ→ㄹ→ㄴ→ㅁ
③ ㄱ→ㄹ→ㄷ→ㅁ→ㄴ   ④ ㄴ→ㄹ→ㄷ→ㄱ→ㅁ

90. ㈜삼일은 종합원가계산을 채택하고 있다. 원재료는 공정초기에 전량 투입되며 가공원가는 공정전반에 걸쳐서 균등하게 발생한다. 기말재공품 수량은 250개이며, 가공원가의 완성도는 30%이다. 완성품환산량 단위당 직접재료원가와 가공원가가 각각 130원, 90원이라면 기말재공품원가는 얼마인가?

① 23,400원   ② 34,740원
③ 39,250원   ④ 39,600원

91. 다음 중 표준원가와 표준원가계산에 관한 설명으로 가장 올바르지 않은 것은?

① 표준원가는 사전에 과학적이고 통계적인 방법으로 적정원가를 산정하는 것이 필수적이나, 표준원가의 산정에 객관성이 보장되기 힘들고 많은 비용이 소요되는 단점이 있을 수 있다.
② 표준원가는 기업 내적인 요소나 기업 외부환경의 변화에 따라 수시로 수정을 필요로 하는 원가이기 때문에, 사후 관리하지 않을 경우 향후 원가계산을 왜곡할 소지가 있다.
③ 표준원가의 달성을 위하여 납품업체에 표준원가를 기초로 지나친 원가절감을 요구할 경우 관계가 악화될 수 있으므로 신중을 기해야 한다.
④ 경영자는 금액의 중요성과 상관없이 표준원가와 실제원가의 모든 차이에 대해 반드시 관심을 가지고 개선책을 강구해야 한다.

92. 다음 중 차이분석에 관한 설명으로 올바르지 않은 것은 모두 몇 개인가?

가. 차이분석이란 표준원가와 실제원가를 비교하여 그 차이를 분석하는 것으로서, 일종의 투입-산출 분석이다.
나. 직접재료원가 차이분석시 표준투입량은 사전에 미리 설정해 놓은 최대 조업도에 대한 표준투입량이다.
다. 가격차이는 실제원가와 실제투입량에 대한 표준원가와의 차이이다.
라. 능률차이는 실제투입량에 대한 표준원가와 표준투입량에 대한 표준원가와의 차이이다.

① 0개   ② 1개
③ 2개   ④ 3개

93. 다음은 표준원가계산제도를 채택하고 있는 ㈜삼일의 재료비 표준원가와 실제원가의 차이에 관한 자료이다.

실제원가	직접재료원가 실제사용량 3,200kg, 11/kg
	실제완성품 생산수량 2,000단위
재료비 원가차이	직접재료비 가격차이 9,600원(유리한 차이)
	직접재료비 능률차이 2,800원(불리한 차이)

㈜삼일의 제품 1단위당 직접재료 표준투입량은 얼마인가?

① 1.3kg   ② 1.5kg
③ 2.0kg   ④ 2.5kg

94. ㈜삼일은 표준원가계산제도를 사용하고 있다. 제품단위당 직접노무원가 수량표준은 3시간, 임률표준은 20원이다. 제품 실제생산량은 1,500개이며, 이와 관련하여 실제로 직접노무시간 4,600시간, 직접노무원가 91,000원이 발생하였다고 할 때, 직접노무원가 능률차이는 얼마인가?

① 1,000원 불리   ② 1,000원 유리
③ 2,000원 불리   ④ 2,000원 유리

95. ㈜삼일은 표준원가제도를 사용하고 있다. 표준노무시간은 제품 한 단위당 5시간이다. 제품의 실제생산량은 2,200단위이고 고정제조간접원가 실제발생액은 24,920,000원이다. ㈜삼일의 고정제조간접원가는 노무시간을 기준으로 배부되며 기준조업도는 10,000노무시간이다. 고정제조간접원가 예산차이가 4,360,000원 불리하다면 조업도차이는 얼마인가?

① 2,056,000원 유리   ② 2,056,000원 불리
③ 2,928,000원 유리   ④ 2,928,000원 불리

96. 다음은 ㈜삼일의 7월 한달 간 변동원가계산에 관한 자료이다. 7월의 총매출액은 얼마인가?

제품 단위당 판매가격	7,000원
단위당 변동원가	4,500원
총고정원가	2,300,000원
영업이익	8,750,000원

① 19,890,000원　② 30,940,000원
③ 38,590,000원　④ 42,500,000원

97. 다음 중 초변동원가계산에서 재고자산가액에 포함되는 원가항목을 모두 올바르게 나열한 것은?

① 직접재료원가
② 직접재료원가, 직접노무원가, 변동제조간접원가
③ 직접재료원가, 직접노무원가, 변동제조간접원가, 고정제조간접원가
④ 직접재료원가, 직접노무원가, 변동제조간접원가, 변동판매비와관리비

98. 다음 중 변동원가계산의 한계에 관한 설명으로 가장 올바르지 않은 것은?

① 원가행태의 구분이 현실적으로 쉽지 않다.
② 일반적으로 인정된 회계원칙에 의한 외부보고용 회계정보로 활용될 수 없다.
③ 고정원가의 중요성을 간과할 수 있어 가격결정과 관련된 잘못된 의사결정을 할 수 있다.
④ 공통적인 고정원가를 부문이나 제품에 배부하므로 부문별, 제품별 의사결정 문제에 왜곡을 초래할 수 있다.

99. 다음은 ㈜삼일의 20X1년 동안의 손익에 대한 자료이다.

순매출액	5,000,000원
변동제조원가	1,350,000원
변동판매관리비	260,000원
고정제조원가	500,000원
고정판매관리비	550,000원
생산량	90,000단위
판매량	70,000단위
기초제품재고	없음

변동원가계산에 의한 ㈜삼일의 기말제품재고액과 영업이익은 얼마인가?

	기말제품재고액	영업이익
①	300,000원	2,640,000원
②	300,000원	2,840,000원
③	350,000원	2,640,000원
④	350,000원	2,840,000원

100. ㈜삼일은 당기 초에 영업활동을 시작하여 제품 500단위를 생산하였으며, 원가자료는 다음과 같다(단, 기말재공품은 없다).

단위당 직접재료원가	300원
단위당 직접노무원가	200원
단위당 변동제조간접원가	100원
단위당 변동판매비와관리비	150원
고정제조간접원가	100,000원
고정판매비와관리비	150,000원

당기 판매량이 200단위였다면, 전부원가계산에 의한 기말제품재고액과 변동원가계산에 의한 기말제품재고액의 차이는 얼마인가?

① 20,000원　② 40,000원
③ 60,000원　④ 80,000원

101. 다음 활동기준원가계산(ABC)의 절차를 올바르게 나타낸 것은 무엇인가?

ⓐ 원가대상별 원가계산
ⓑ 활동분석
ⓒ 제조간접원가 배부율 계산
ⓓ 활동별 원가동인(배부기준)의 결정
ⓔ 각 활동별로 제조간접원가를 집계

① ⓔ-ⓑ-ⓓ-ⓒ-ⓐ　② ⓑ-ⓔ-ⓓ-ⓒ-ⓐ
③ ⓑ-ⓔ-ⓒ-ⓓ-ⓐ　④ ⓑ-ⓒ-ⓓ-ⓔ-ⓐ

102. 다음 자료를 이용하여 공헌이익률을 계산하면 얼마인가?

제품단위당 판매가격	400원
제품단위당 변동제조원가	150원
제품단위당 변동판매비	130원
고정제조간접원가	500,000원
고정판매비와관리비	1,100,000원

① 10%　② 20%
③ 30%　④ 40%

103. ㈜삼일의 식품사업부를 총괄하는 김철수 전무는 해외식품사업부의 김영수 부장에게 총 매출액의 20%의 이익 달성을 지시하였다. 김영수 부장의 분석 결과 해외식품사업부의 변동비는 매출액의 70%, 연간 고정비는 30,000원이다. 총 매출액의 20%의 이익을 달성하기 위한 목표매출액은 얼마인가?

① 150,000원　② 200,000원
③ 250,000원　④ 300,000원

104. ㈜삼일의 20X1년 공헌이익 손익계산서는 다음과 같다. 다음 설명 중 옳은 것은?

매 출 액	50,000원
변동원가	30,000원
공헌이익	20,000원
고정원가	15,000원
영업이익	5,000원

① 공헌이익률은 60%이다.
② 손익분기점 매출액은 40,000원이다.
③ 안전한계율은 25%이다.
④ 영업레버리지도는 5이다.

105. 다음 중 CVP 분석에 관한 설명으로 가장 올바르지 않은 것은?
① 원가·조업도·이익 도표의 수평축이 조업도일 경우 수익선의 기울기는 단위당 판매가격을 나타낸다.
② 원가·조업도·이익 도표의 수평축이 조업도일 경우 비용선의 기울기는 단위당 변동원가를 나타낸다.
③ 안전한계가 높을수록 기업의 안전성이 높다고 할 수 있다.
④ 영업레버리지도(DOL)가 높을수록 영업이익이 많다는 의미이므로 기업운영이 좋다고 할 수 있다.

106. 다음 중 책임회계제도 하에서 작성되는 성과보고서에 관한 설명으로 가장 옳은 것은?
① 원가는 통제가능원가와 통제불가능원가의 구분이 불가능하므로 통합하여 작성한다.
② 책임중심점으로의 추적가능성에 따라 책임중심점별 원가와 공통원가로 구분하지 않는 것이 바람직하다.
③ 여러 책임중심점에서 공통으로 사용되는 공통고정원가는 특정사업부에 부과시키거나 임의로 배분하는 경우 성과의 왜곡이 발생할 수 있으므로 총액으로 관리해야 한다.
④ 특정 책임중심점의 경영자에 대한 성과평가시 통제불가능원가를 포함하는 것이 바람직하다.

107. 다음 중 원가와 수익 모두에 대해서 통제책임을 지는 책임중심점은 무엇인가?
① 이익중심점　　② 수익중심점
③ 원가중심점　　④ 생산중심점

108. ㈜삼일의 20X1년 고정예산 대비 실적자료는 다음과 같다. 동 자료를 토대로 당초 예상보다 영업이익이 차이가 나는 원인을 (i) 매출가격차이, (ii) 변동원가차이, (iii) 고정원가차이 이외에 중요한 차이항목인 매출조업도차이를 추가하여 경영진에게 의미 있게 요약·보고하고자 한다. 매출조업도차이의 금액은 얼마인가?

	실적	고정예산
판매량	400개	300개
단위당 판매가격	18원	20원
단위당 변동원가	12원	10원
단위당 공헌이익	6원	10원
고정원가	1,400원	1,800원

① 1,000원 유리　　② 1,000원 불리
③ 1,800원 유리　　④ 1,800원 불리

109. ㈜삼일은 휴대폰 및 모바일 부품을 제조하여 판매하는 전자기업으로, 분권화된 세 개의 제품별 사업부를 운영하고 있다. 이들은 모두 투자중심점으로 설계되어 있으며, 회사의 최저필수수익률은 20%이다. 각 사업부의 영업자산, 영업이익 및 매출액에 관한 정보는 다음과 같다. 각 사업부를 잔여이익법으로 평가했을 경우 잔여이익이 높은 사업부의 순서로 가장 옳은 것은?

구분	A사업부	B사업부	C사업부
평균영업자산	500,000원	1,000,000원	2,000,000원
영업이익	150,000원	270,000원	450,000원
매출액	1,000,000원	3,000,000원	2,000,000원

① B > C > A　　② B > A > C
③ C > B > A　　④ A > B > C

110. 다음 중 이익중심점인 기업의 판매부서가 일반적으로 통제할 수 없는 차이는 무엇인가?
① 매출가격차이　　② 매출배합차이
③ 시장점유율차이　　④ 시장규모차이

111. ㈜삼일은 X, Y 사업부로 구성되어 있다. 각 사업부는 투자중심점으로 운영되고 있으며, 경제적부가가치로 성과평가를 받고 있다. 각 사업부의 20X1년 실제자료는 다음과 같다(단, 총자산은 모두 영업자산이며, 유동부채는 모두 무이자부채이다).

구분	X사업부	Y사업부
총 자 산	100,000원	400,000원
유동부채	20,000원	100,000원
영업이익	40,000원	80,000원

㈜삼일의 가중평균자본비용 계산과 관련된 자료는 다음과 같다.

	시장가액	자본비용
타인자본	750,000원	10%
자기자본	250,000원	20%

법인세율이 20%일 때 Y사업부의 경제적부가가치는 얼마인가?

① 30,000원　　② 31,000원
③ 32,000원　　④ 33,000원

112. ㈜삼일이 A제품 1,000단위를 단위당 200원에 판매할 경우의 예산자료는 다음과 같다. 거래처 ㈜부산으로부터 A제품 400단위를 단위당 100원에 제공해 달라는 특별주문을 요청받았다. 연간 최대생산능력이 1,400단위일 경우 특별주문 수락여부와 회사의 이익에 미치는 영향이 옳게 짝지어진 것은?

직접재료비	20,000원(@20)
직접노무비	10,000원(@10)
변동제조간접비	10,000원(@10)
변동판매비와관리비	20,000원(@20)
고정제조간접비	30,000원(@30)
고정판매비와관리비	40,000원(@40)

① 수락, 12,000원 이익증가
② 수락, 16,000원 이익증가
③ 거절, 4,000원 이익감소
④ 거절, 12,000원 이익감소

113. ㈜삼일의 부품제조에 대한 원가자료는 다음과 같다.

부품단위당 직접재료원가	1,200원
부품단위당 직접노무원가	700원
부품단위당 변동제조간접원가	350원
고정제조간접원가	480,000원
생산량	800단위

외부의 제조업자가 이 부품을 납품하겠다고 제의하였다. 부품을 외부에서 구입할 경우 고정제조간접원가의 1/4을 회피할 수 있다고 한다면 ㈜삼일이 최대한 허용할 수 있는 부품의 단위당 구입가격은 얼마인가?

① 2,250원
② 2,300원
③ 2,400원
④ 2,900원

114. ㈜삼일의 손익계산서는 다음과 같다.

제품단위당 판매가격	1,200원
매출액	7,200,000원
매출원가	3,200,000원
매출총이익	4,000,000원
판매비와관리비	2,700,000원
영업이익	1,300,000원

매출원가 중 1/4과 판매비와관리비 중 2/3가 고정비이다. 유휴생산능력이 있다고 할 경우, 제품단위당 700원에 500단위의 제품에 대한 추가주문을 받아들인다면 회사의 영업이익에 미치는 영향은 얼마인가(단, 추가주문 수락이 기존주문에 미치는 영향은 없는 것으로 가정한다)?

① 75,000원 증가
② 75,000원 감소
③ 125,000원 증가
④ 125,000원 감소

115. 다음 중 자본예산에 관한 설명으로 가장 올바르지 않은 것은?

① 자본예산은 고정자산에 대한 효율적인 투자 수행을 위해 투자안의 타당성을 평가하는 기법이다.
② 자본예산은 고정자산에 대한 투자안의 현금흐름이나 이익에 미치는 영향을 평가하는 기법이다.
③ 자본예산은 기업의 장·단기적 경영계획에 바탕을 둔 장·단기 투자에 관한 의사결정이다.
④ 자본예산에 의한 투자는 불확실성(경제상황, 소비자 선호, 기술진보 등)으로 인한 위험이 크다.

116. 다음 중 회수기간법에 관한 설명으로 가장 올바르지 않은 것은?

① 많은 투자안을 평가할 경우 시간과 비용을 절약할 수 있다.
② 화폐의 시간가치를 고려하지 않는다.
③ 회수기간 전후의 현금흐름을 파악하여 수익성을 고려한다.
④ 위험지표로서의 정보를 제공한다.

117. ㈜삼일은 신제품 생산 및 판매를 위하여 새로운 설비를 구입하려고 한다. 관련자료는 다음과 같다.

신설비 취득원가	50,000,000원
내용연수	5년
잔존가치	5,000,000원
5년 후 추정처분가치	없음
매년 예상되는 매출액	35,000,000원
매년 예상되는 현금영업비용 (감가상각비 제외)	17,000,000원

감가상각방법은 정액법을 사용하고, 법인세율은 30%이다. 감가상각비 이외의 모든 수익과 비용은 현금으로 거래한다. 새로운 설비의 구입으로 인한 매년도 영업활동으로 인한 순현금흐름은 얼마인가?

① 12,600,000원
② 15,300,000원
③ 15,600,000원
④ 21,600,000원

118. ㈜삼일은 A, B 두 개의 사업부를 갖고 있다. 사업부 A는 부품을 생산하여 사업부 B에 대체하거나 외부에 판매할 수 있다. 완제품을 생산하는 사업부 B는 부품을 사업부 A에서 매입하거나 외부시장에서 매입할 수 있다. 사업부 A와 B의 단위당 자료는 다음과 같다.

사업부 A		사업부 B	
부품 외부판매가격	11,000원	최종제품 외부판매가격	25,000원
변동원가	7,000원	추가변동원가	10,000원
고정원가	3,000원	고정원가	4,000원

A, B 두 사업부 사이의 대체가격결정과 관련된 다음의 설명 중 가장 옳은 것은?

① 사업부 A는 부품을 외부에 단위당 11,000원에 팔 수 있으므로 사업부 B에 11,000원 이하로 공급해서는 안 된다.
② 사업부 B는 사업부 A로부터 부품을 단위당 11,000원 이하로 구입하면 이익을 올릴 수 있으므로 대체가격을 11,000원 이하로 결정하면 된다.
③ 사업부 A에 유휴생산시설이 없는 경우 사업부 B가 외부에서 부품을 단위당 10,000원에 매입할 수 있더라도 회사 전체의 이익을 위해서 두 사업부는 내부대체를 하여야 한다.
④ 사업부 B가 외부공급업체로부터 부품을 구입할 수 없다면 사업부 A는 유휴생산시설이 없더라도 외부판매를 줄이고 사업부 B에 부품을 공급하는 것이 회사전체의 이익에 도움이 된다.

119. ㈜삼일의 부품생산부문은 최대생산량인 360,000단위를 생산하여 외부시장에 전량 판매하고 있다. 부품 생산부문의 관련정보는 다음과 같다.

단위당 외부판매가격	100원
단위당 변동제조원가	58원
단위당 변동판매비	8원
단위당 고정제조원가	14원
단위당 고정관리비	10원

단위당 고정비는 최대생산량 360,000단위 기준의 수치이다. 부품생산부문의 이익을 극대화시키기 위해 내부대체를 허용할 수 있는 단위당 최소대체가격은 얼마인가?(단, 내부대체에 대해서는 변동판매비가 발생하지 않는다)

① 58원 ② 66원
③ 90원 ④ 92원

120. 품질원가는 예방원가, 평가원가, 내부실패원가, 외부실패원가로 분류한다. 다음 중 외부실패원가에 해당하는 것은?

① 공급업체 평가 ② 재작업
③ 공손품 ④ 보증수리

2022년 9월 시행 — 원가관리회계 공개기출문제

81. 다음 중 원가의 일반적인 특성으로 보기 가장 어려운 것은?

① 기업의 수익획득 활동에 필요한 물품을 단순히 구입하는 것만으로는 원가가 되지 않으며 이를 소비해야 비로소 원가가 된다.
② 원가는 정상적인 경제활동 과정에서 소비된 가치와 비정상적인 상황에서 발생한 가치의 감소분을 모두 포함한다.
③ 경제적 가치를 가지고 있는 요소만이 원가가 될 수 있다.
④ 발생한 제조원가 중 기업의 수익획득에 아직 사용되지 않은 부분은 자산으로, 수익획득에 사용된 부분은 비용으로 재무제표에 계상된다.

82. 다음은 ㈜삼일의 제조원가명세서(약식)와 관련된 자료이다. 아래 자료를 이용하여 ㈜삼일의 당기 기초원가와 가공원가를 계산하면 얼마인가?

제조원가명세서
(20X1.1.1. ~ 20X1.3.31.)

ㄱ.직접재료원가	
기초원재료재고액	30,000원
당기원재료매입액	300,000원
기말원재료재고액	20,000원
ㄴ.직접노무원가	90,000원
ㄷ.제조간접원가	150,000원
ㄹ.기초재공품원가	100,000원
ㅁ.기말재공품원가	50,000원

	기초원가	가공원가		기초원가	가공원가
①	390,000원	150,000원	②	400,000원	100,000원
③	390,000원	240,000원	④	400,000원	240,000원

83. 원가는 경영자의 의사결정 목적에 따라 여러 가지로 분류할 수 있다. 다음 중 원가 분류에 관한 설명으로 가장 옳은 것은?

① 원가의 추적가능성에 따라 직접원가와 고정원가로 분류할 수 있다.
② 원가의 행태에 따라 변동원가와 기간원가로 분류할 수 있다.
③ 수익과의 대응관계에 따라 제품원가와 제조원가로 분류할 수 있다.
④ 경영자의 의사결정과의 관련성에 따라 관련원가와 매몰원가로 분류할 수 있다.

84. 두 개의 제조부문과 두 개의 보조부문으로 이루어진 ㈜삼일의 부문간 용역수수에 관련된 자료는 다음과 같다.

	보조부문		제조부문	
	A	B	C	D
A부문 용역제공	-	40%	20%	40%
B부문 용역제공	20%	-	50%	30%
발생원가	200,000원	300,000원	450,000원	600,000원

단계배분법을 사용할 경우 제조부문 C에 배분되는 보조부문의 원가는 얼마인가(단, 보조부문원가는 A부문의 원가를 우선 배분한다)?

① 182,500원　② 222,500원
③ 230,000원　④ 277,500원

85. 다음 중 개별원가계산의 절차에 관한 설명으로 가장 올바르지 않은 것은?

① 개별원가계산에서 작업원가표는 통제계정이며 재공품 계정은 보조계정이 된다.
② 원가가 작업원가표에 기재되면 동일한 금액이 재공품계정의 차변에 기록된다.
③ 제조원가 중 직접원가는 발생시점에 작업원가표에 기록된다.
④ 재료출고청구서로 생산부서에 출고된 원재료가 간접재료원가일 경우에는 제조간접원가 통제계정에 기입한다.

86. ㈜삼일은 개별원가계산제도를 채택하고 있으며, 직접노무원가를 기준으로 제조간접원가를 배부한다. 20X1년의 제조간접원가배부율은 X부문에 대해서는 30%, Y부문에 대해서는 40%이다. 제조지시서 #105는 20X1년 중에 시작되어 완성되었으며, 원가 발생액과 관련된 자료가 다음과 같은 경우 제조지시서 #105와 관련된 총제조원가는 얼마인가?

구분	X부문	Y부문	합계
직접재료원가	800,000원	500,000원	
직접노무원가	1,000,000원		
제조간접원가		200,000원	
합계			

① 2,800,000원　② 3,000,000원
③ 3,300,000원　④ 3,800,000원

87. 다음 중 종합원가계산의 평균법과 선입선출법에 관한 설명으로 가장 옳은 것은?

① 선입선출법에 의한 종합원가계산은 기초재공품이 그 기간에 착수되어 생산된 것처럼 취급한다.
② 선입선출법이 적용되는 종합원가계산에서 기초재공품의 원가는 당기에 전부 완성품원가에 포함된다.
③ 기초재공품이 없는 경우 종합원가계산에서의 제조원가는 평균법과 선입선출법이 동일하게 계산된다.
④ 평균법이 적용되는 종합원가계산의 경우 완성품환산량은 당기 작업량을 의미한다.

88. ㈜삼일은 평균법을 이용한 종합원가계산제도를 채택하고 있다. 재료는 공정 초기에 전량 투입되며, 가공원가는 공정 전반에 걸쳐 균등하게 발생할 경우 당기완성품원가와 기말재공품원가는 각각 얼마인가?

〈수량, 재공품 완성도〉
기초재공품   100개(40%)
착수량   900개
완성품   800개
기말재공품   200개(20%)

〈원가〉
	재료원가	가공원가
기초재공품원가	200,000원	150,000원
당기발생원가	800,000원	606,000원

	당기완성품원가	기말재공품원가
①	1,520,000원	180,000원
②	1,520,000원	236,000원
③	1,607,089원	236,000원
④	1,607,089원	260,022원

89. 다음은 ㈜삼일의 원가자료이다. 원재료는 공정 초기에 전량 투입되고 가공원가는 공정 전반에 걸쳐 균등하게 투입된다.

기초재공품수량   600개(80%)
착수수량   2,500개
완성수량   2,300개
기말재공품수량   800개(40%)

평균법과 선입선출법을 적용하여 종합원가계산을 하는 경우 가공원가 완성품환산량 차이는 얼마인가?

① 평균법이 360개 더 크다.
② 평균법이 360개 더 작다.
③ 선입선출법이 240개 더 크다.
④ 선입선출법이 240개 더 작다.

90. ㈜삼일은 종합원가계산제도를 채택하고 있다. 원재료는 공정 초기에 전량 투입되며, 가공원가는 공정전반에 걸쳐 균등하게 발생한다. 평균법과 선입선출법에 따른 가공원가의 완성품환산량은 각각 65,000개와 53,000개이다. 기초재공품의 완성도가 60%라면, 기초재공품 수량은 몇 단위인가?

① 12,000개   ② 20,000개
③ 24,000개   ④ 30,000개

91. 다음 중 표준원가시스템에 관한 설명으로 가장 옳은 것은?

① 예외에 의한 관리는 책임을 명확히 하여 종업원의 동기를 유발시키는 방법으로 적절하다.
② 관리목적상 표준원가에 근접하는 원가항목을 보다 중점적으로 관리해야 한다.
③ 원가통제를 포함한 표준원가시스템을 잘 활용하여도 원가감소를 유도할 수는 없다.
④ 표준원가와 실제발생원가의 차이분석시 중요한 불리한 차이뿐만 아니라 중요한 유리한 차이도 검토할 필요가 있다.

92. 다음 중 차이분석에 관한 내용으로 가장 올바르지 않은 것은?

① 유리한 차이란 실제원가가 표준원가보다 작아 영업이익을 증가시키는 차이를 의미한다.
② 능률차이는 실제투입량에 대한 표준원가와 표준투입량에 대한 표준원가와의 차이를 의미한다.
③ 가격차이는 실제원가와 실제투입량에 대한 표준원가와의 차이를 의미한다.
④ 총차이란 실제발생원가에서 목표산출량에 허용된 표준원가를 차감한 차이를 의미한다.

93. ㈜삼일의 표준원가계산 자료가 다음과 같을 때 실제작업시간은 몇 시간인가?

ㄱ. 실제 생산량   2,000단위
ㄴ. 노무원가 발생액   4,000,000원
ㄷ. 단위당 표준허용시간   24시간
ㄹ. 유리한 가격차이   1,200,000원
ㅁ. 불리한 능률차이   400,000원

① 40,000시간   ② 44,000시간
③ 50,000시간   ④ 52,000시간

94. ㈜삼일의 표준원가계산제도는 직접작업시간을 제조간접원가 배부기준으로 사용한다. ㈜삼일의 원가차이분석 자료를 이용할 경우, 변동제조간접원가 능률차이는 얼마인가?

제조간접비 실제발생액   15,000원
고정제조간접비 실제발생액   7,200원
실제작업시간   3,500시간
표준작업시간   3,800시간
변동제조간접비 표준배부율   작업시간당 2.5원

① 950원 불리   ② 750원 불리
③ 750원 유리   ④ 950원 유리

95. 다음 중 고정제조간접원가 차이분석에 관한 설명으로 가장 올바르지 않은 것은?
    ① 고정제조간접원가 실제발생액과 고정제조간접원가 배부액과의 차이를 고정제조간접원가 총차이라고 한다.
    ② 고정제조간접원가 실제발생액과 고정제조간접원가 예산과의 차이를 고정제조간접원가 예산차이라고 한다.
    ③ 고정제조간접원가 예산과 고정제조간접원가 배부액과의 차이를 고정제조간접원가 조업도차이라고 한다.
    ④ 고정제조간접원가 예산은 실제산출량에 허용된 표준조업도에 조업도 단위당 표준배부율을 곱하여 계산한 금액을 의미한다.

96. 다음 중 변동원가계산과 전부원가계산의 차이에 관한 설명으로 가장 옳은 것은?
    ① 고정판매비와관리비 또한 고정제조간접원가와 마찬가지로 변동원가계산과 전부원가계산 간의 처리방법이 상이하다.
    ② 변동원가계산은 표준원가를 사용할 수 있으나 전부원가계산은 표준원가를 사용할 수 없다.
    ③ 변동원가계산은 고정제조간접원가를 제품원가로 인식하고 전부원가계산은 고정제조간접원가를 기간원가로 인식한다.
    ④ 기초재고자산이 없고 당기 생산량과 판매량이 동일하다면 변동원가계산과 전부원가계산의 순이익은 같게 된다.

97. 20X1년 ㈜삼일은 신제품 A를 500단위 생산하였는데 이에 대한 단위당 변동원가는 10원이고, 단위당 고정원가는 3원이다. 20X1년에 신제품에 대한 기초재고액은 없었으며 기말재고 수량만이 300단위일 경우, 전부원가계산방법 대신에 변동원가계산방법을 적용한다면 20X1년 12월 31일의 기말재고액은 전부원가계산방법에 비해 얼마나 변동할 것인가?
    ① 900원 증가   ② 900원 감소
    ③ 3,000원 증가   ④ 3,000원 감소

98. ㈜삼일의 20X1년 2월의 제품 생산 및 판매와 관련된 자료는 다음과 같다. 초변동원가계산을 이용한 ㈜삼일의 20X1년 2월 재료처리량 공헌이익은 얼마인가?

생산량	5,000개
판매량	4,500개
판매가격	350원
직접재료원가	80원
직접노무원가	20원
변동제조간접원가	30원
고정제조간접원가	75,000원
*단 기초 제품재고는 없다.	

    ① 915,000원   ② 990,000원
    ③ 1,125,000원   ④ 1,215,000원

99. 다음은 ㈜삼일의 5월 전부원가계산과 변동원가계산에 의한 순이익을 비교한 자료이다.

생산량	?
판매량	800개
판매단가	100원
고정판매관리비	12,000원
고정제조원가	24,000원
단위당 변동판매관리비	15원
단위당 변동제조원가	30원
*단, 월초재고는 없음	

    전부원가계산의 영업이익이 변동원가계산에 비해 8,000원 만큼 많다면 생산량은 몇 개인가?
    ① 800개   ② 1,000개
    ③ 1,200개   ④ 1,400개

100. ㈜삼일의 20X1년 손익에 대한 자료가 다음과 같을 경우 (a) 전부원가계산에 따른 매출총이익, (b) 변동원가계산에 따른 공헌이익, (c) 초변동원가계산에 따른 재료처리량공헌이익은 각각 얼마인가?

단위당 판매가격	500원
단위당 직접재료원가	150원
단위당 직접노무원가	120원
단위당 변동제조간접원가	50원
단위당 변동판매비와관리비	30원
고정제조간접원가	200,000원
고정판매비와관리비	70,000원
기초제품	없음
생산량	20,000개
판매량	10,000개

    ① (a) 1,700,000원 (b) 1,500,000원 (c) 3,500,000원
    ② (a) 1,700,000원 (b) 1,230,000원 (c) 2,300,000원
    ③ (a) 3,400,000원 (b) 1,500,000원 (c) 3,500,000원
    ④ (a) 3,400,000원 (b) 1,230,000원 (c) 2,300,000원

101. ㈜삼일은 활동기준원가계산을 사용하며, 제조과정은 다음의 3가지 활동으로 구분된다.

활동	원가동인	연간 원가동인수	연간 가공원가총액
세척	재료의 부피	100,000리터	200,000원
압착	압착기계시간	45,000시간	900,000원
분쇄	분쇄기계시간	21,000시간	546,000원

    X제품 한 단위당 재료부피는 30리터, 압착기계시간은 10시간, 분쇄기계시간은 5시간이다. X제품의 단위당판매가격과 재료원가가 각각 2,000원과 400원일 경우 제품의 단위당 공헌이익은 얼마인가?
    ① 390원   ② 800원
    ③ 1,210원   ④ 1,600원

102. ㈜삼일의 과거 원가자료를 바탕으로 총제조간접원가를 추정한 원가함수는 다음과 같다. 이에 관한 설명으로 가장 올바르지 않은 것은?(단, 조업도는 기계시간이다.)

$$y = 200,000 + 38x$$

① 200,000은 기계시간당 고정제조간접원가를 의미한다.
② x는 기계시간을 의미한다.
③ 38은 기계시간당 변동제조간접원가를 의미한다.
④ 조업도가 1,000기계시간일 경우 총제조간접비는 238,000원으로 추정된다.

103. ㈜삼일의 차기 예산자료를 이용하여 안전한계율을 계산하면 얼마인가?

매출액	3,000,000원
공헌이익률	25%
고정원가	600,000원

① 20% ② 25%
③ 30% ④ 35%

104. 다음 중 원가-조업도-이익 도표에 관한 설명으로 가장 올바르지 않은 것은?

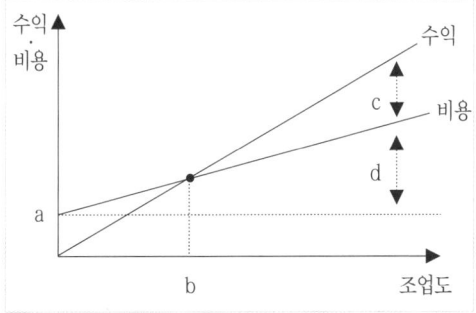

① a는 총고정원가를 의미한다.
② b는 손익분기점 판매량을 의미한다.
③ c는 공헌이익을 의미한다.
④ d는 총변동비를 의미한다.

105. ㈜삼일은 기업 전반에 대한 세무 및 회계서비스를 제공하려고 한다. 이 서비스의 손익분기점 매출액은 15,000원, 변동원가율은 60%이다. ㈜삼일이 동 서비스로부터 2,000원의 세전이익을 획득하기 위한 매출액은 얼마인가?

① 15,000원 ② 20,000원
③ 25,000원 ④ 42,500원

106. ㈜삼일에 새로 부임한 박상무는 올해 철저한 성과평가제도의 도입을 검토하고 있다. 성과평가제도의 도입과 관련하여 가장 올바르지 않은 주장을 펼치고 있는 실무담당자는 누구인가?

유팀장 : 효율적인 성과평가제도는 기업 구성원들의 성과극대화 노력이 기업전체 목표의 극대화로 연결될 수 있도록 설계되어야 합니다.
장과장 : 각 책임중심점의 성과평가를 수행하는 과정에서 성과측정의 오류가 발생하는 것이 일반적인데, 효율적인 성과평가제도는 성과평가치의 성과측정오류가 최소화되도록 설계되어야 합니다.
김대리 : 많은 시간과 비용을 투입할수록 더욱 정확하고 공정한 성과평가가 가능하므로 성과평가제도의 운영을 적시성 및 경제성의 잣대로 바라보지 않도록 주의해야 합니다.
최사원 : 성과평가를 한다는 사실 자체가 피평가자의 행위에 영향을 미치는 현상도 고려하여 이를 적절히 반영해야 합니다.

① 유팀장 ② 장과장
③ 김대리 ④ 최사원

107. 다음은 ㈜삼일의 20X1년도 이익중심점의 통제책임이 있는 A사업부의 공헌이익 손익계산서이다. A사업부의 성과평가목적에 가장 적합한 이익은 얼마인가?

매출액	5,000,000원
변동원가	2,000,000원
공헌이익	3,000,000원
추적가능·통제가능고정원가	500,000원
사업부경영자공헌이익	2,500,000원
추적가능·통제불능고정원가	500,000원
사업부공헌이익	2,000,000원
공통고정원가배분액	400,000원
법인세비용차감전순이익	1,600,000원
법인세비용	600,000원
순이익	1,000,000원

① 1,000,000원 ② 2,000,000원
③ 2,500,000원 ④ 3,000,000원

108. ㈜삼일은 A와 B의 두 제품을 생산·판매하고 있다. 예산에 의하면 제품 A의 단위당 공헌이익은 10원이고, 제품 B의 공헌이익은 5원이다. 20X1년의 예산매출수량은 제품 A가 800단위, 제품 B는 1,200단위로 총 2,000단위였다. 그러나 실제매출수량은 제품 A가 500단위, 제품 B가 2,000단위로 총 2,500단위였다. ㈜삼일의 20X1년 매출배합차이와 매출수량차이를 계산하면 각각 얼마인가?

	매출배합차이	매출수량차이
①	2,500원 유리	3,500원 불리
②	2,500원 불리	3,500원 유리
③	3,000원 유리	2,000원 불리
④	3,000원 불리	2,000원 유리

109. 다음 중 투자중심점의 성과지표로 투자수익률(return on investment, ROI)을 사용할 때의 단점으로 가장 옳은 것은?

① 규모가 다른 투자중심점의 성과비교가 곤란하다.
② 사업부의 이익만을 고려하고 투자액은 고려하지 않는다.
③ 사업부의 경영자가 자신의 사업부 투자액에 대한 통제권한이 있더라도 그 경영자의 성과측정 지표로 활용될 수 없다.
④ 현재의 투자수익률보다 낮은 투자수익률이 기대되는 사업에 대한 투자를 기피하게 된다.

110. 다음 자료를 기초로 하여 경제적부가가치(EVA)를 계산하면 얼마인가?

세후순영업이익	110억원
투하자본	500억원
타인자본비용	6.25%
자기자본비용	15%
부채비율(부채/자본)	100%
세율	20%

① 40.00억원 ② 41.25억원
③ 47.50억원 ④ 60.00억원

111. 다음 중 이익중심점인 판매부서의 성과평가시 복수제품을 판매하는 경우에만 나타나는 차이는 무엇인가?

① 매출가격차이 ② 매출배합차이
③ 매출조업도차이 ④ 시장점유율차이

112. ㈜삼일은 3년 전 기계장치를 10억원에 구입하였으나 이 기계를 사용할 수 없게 되었다. 이에 따라 동 기계장치를 처리하고자 하는데 방안 A는 2억원을 지출하여 수리한 후 7억원에 판매하는 것이고, 방안 B는 4억원에 바로 처분하는 것이다. 이 경우 매몰원가는 얼마인가?

① 2억원 ② 4억원
③ 7억원 ④ 10억원

113. ㈜삼일은 3가지 제품을 생산·판매하고 있으며, 관련된 변동손익계산서는 다음과 같다. 손실이 발생하는 A제품의 생산라인을 폐지하더라도 고정비 32,000원 중 7,000원은 계속발생하며, 다른 제품에 미치는 영향이 없다고 가정할 때 A제품 생산라인의 폐지여부와 회사의 이익에 미치는 영향은 어떠한가?

	A	B	C	계
매출액	150,000	400,000	100,000	650,000
변동비	(120,000)	(280,000)	(60,000)	(460,000)
공헌이익	30,000	120,000	40,000	190,000
고정비	(32,000)	(90,000)	(30,000)	(152,000)
순이익	(2,000)	30,000	10,000	38,000

① A제품 생산라인을 폐지하는 것이 유지하는 것보다 순이익이 5,000원 증가한다.
② A제품 생산라인을 폐지하는 것이 유지하는 것보다 순이익이 7,000원 증가한다.
③ A제품 생산라인을 유지하는 것이 폐지하는 것보다 순이익이 5,000원 증가한다.
④ 제품 생산라인을 유지하는 것이 폐지하는 것보다 순이익이 7,000원 증가한다.

114. ㈜삼일이 제조에 필요한 부품을 자가제조할 것인지 아니면 외부구입할 것인지의 의사결정시 고려할 사항에 관한 설명으로 가장 옳은 것은?

① 당해 의사결정에 따라 회피가능한 고정원가는 관련원가가 아니다.
② 기존설비를 다른 용도로 사용함에 따라 발생할 수 있는 기회비용도 관련원가이다.
③ 고정원가가 당해 의사결정과 관계없이 계속 발생한다면 고정원가도 관련원가이다.
④ 회피가능고정원가가 외부구입원가보다 큰 경우에는 자가제조하는 것이 바람직하다.

115. ㈜삼일은 파손된 제품 500단위를 보유하고 있다. 이 제품을 300,000원을 들여 재작업하는 경우 3,000,000원에 판매할 수 있고, 재작업을 하지 않으면 2,800,000원에 판매할 수 있다. 재작업을 할 경우 기회원가는 얼마인가?

① 2,500,000원 ② 2,700,000원
③ 2,800,000원 ④ 3,000,000원

116. 다음 중 자본예산을 편성하기 위해 현금흐름을 추정할 때 주의해야 할 사항으로 가장 올바르지 않은 것은?

① 명목현금흐름은 명목할인율로 할인해야 하며, 실질현금흐름은 실질할인율로 할인해야 한다.
② 세금을 납부하는 것은 현금의 유출에 해당하므로 세금을 차감한 후의 현금흐름을 기준으로 추정하여야 한다.
③ 감가상각비를 계상함으로써 발생하는 세금의 절약분인 감가상각비 감세 효과는 현금흐름을 파악할 때 고려해야 한다.
④ 이자비용은 명백한 현금유출이므로 현금흐름 추정에 반영해야 한다.

117. 다음은 투자안 타당성 평가와 관련한 담당이사들의 대화 내용이다. 각 담당이사별로 선호하는 자본예산모형을 가장 올바르게 짝지은 것은?

> 최이사 : 저는 투자안 분석의 기초자료가 재무제표이기 때문에 자료확보가 용이한 (a)모형을 가장 선호합니다.
> 박이사 : (a)모형의 경우 현금흐름이 아닌 회계이익에 기초하고 있다는 단점이 있습니다. 그래서 저는 현금흐름을 기초로 화폐의 시간가치를 고려하는 (b)모형을 가장 선호합니다. 이 모형은 투자기간 동안 자본비용으로 재투자된다고 보기 때문에 가장 현실적인 가정을 하고 있습니다.

① (a) 내부수익률법 (b) 순현재가치법
② (a) 회계적 이익률법 (b) 순현재가치법
③ (a) 회수기간법   (b) 내부수익률법
④ (a) 회계적 이익률법 (b) 회수기간법

118. ㈜삼일은 서로 독립적으로 운영되는 중간사업부와 최종사업부로 이루어져 있다. 중간사업부는 중간제품을 생산해 이를 최종사업부에 공급하거나 경쟁적인 외부시장에 판매한다. 최종사업부는 중간제품을 가공하여 이를 외부시장에 판매한다. 회사의 최고경영자는 사업부의 자율경영을 촉진하기 위해 중간제품에 대한 사내대체가격제도의 도입을 검토 중이다. 이와 관련된 설명으로 가장 올바르지 않은 것은?

① 회사 전체에 이익이 되도록 사내대체가격제도를 운영하기 위해서는 최종사업부가 중간제품을 외부로부터 구입하는 것을 허용해야 한다.
② 중간제품에 대한 경쟁적인 외부시장이 있을 경우에는 원칙적으로 외부시장가격을 사내대체가격으로 채택하는 것이 장기적으로 회사의 이익 증대에 유리하다.
③ 이익중심점인 중간사업부로 하여금 공정개선 및 기술혁신을 통한 원가절감을 이루도록 하기 위해서는 시장가격보다 고정원가를 포함한 단위당 제품원가를 사내대체가격으로 채택하는 것이 효과적이다.
④ 회사가 중간사업부를 이익중심점 또는 투자중심점으로 설정하기 위해서는 사내대체가격제도의 도입이 필요하다.

119. ㈜삼일의 A사업부는 모터를 생산하고 있으며, 연간 생산능력은 300,000단위이다. ㈜삼일의 A사업부 수익과 원가자료는 다음과 같다.

단위당 외부판매가격	700원
단위당 변동원가	570원
단위당 고정원가(연간 300,000단위 기준)	350원

㈜삼일은 냉장고를 생산하는 B사업부도 보유하고 있다. B사업부는 현재 연간 10,000 단위의 모터를 단위당 680원에 외부에서 조달하고 있다. 회사가 생산하는 제품 전량을 외부시장에 판매할 수 있고 사내대체시 단위당 변동원가 30원을 절감할 수 있다면, 회사 전체의 이익극대화 입장에서 모터의 단위당 최소대체가격은 얼마인가?

① 570원 ② 600원
③ 670원 ④ 700원

120. 다음의 목표원가계산의 절차를 올바르게 나타낸 것은 무엇인가?

> ⓐ 목표원가 달성을 위한 가치공학을 수행
> ⓑ 잠재 고객의 요구를 충족하는 제품의 개발
> ⓒ 목표가격에서 목표이익을 고려하여 목표원가를 산출
> ⓓ 고객이 인지하는 가치와 경쟁기업의 가격 등을 고려하여 목표가격을 선택

① ⓐ→ⓑ→ⓒ→ⓓ ② ⓑ→ⓓ→ⓒ→ⓐ
③ ⓒ→ⓑ→ⓐ→ⓓ ④ ⓓ→ⓐ→ⓒ→ⓑ

2022년 11월 시행 — 원가관리회계 공개기출문제

81. 다음에서 설명하고 있는 원가를 원가행태에 따라 분류하고자 할 때 가장 옳은 것은?

> 조업도의 증감에 따라 총원가는 일정하나, 단위당 원가는 조업도의 증가(감소)에 따라 감소(증가)하는 원가

① 준고정원가 ② 준변동원가
③ 고정원가   ④ 변동원가

82. ㈜삼일의 다음 자료를 이용하여 당기 발생하는 제조간접원가를 계산하면 얼마인가?

· 직접재료원가	60,000원
· 직접노무원가	200,000원
· 기초재공품원가	50,000원
· 기말재공품원가	60,000원
· 기초제품원가	70,000원
· 기말제품원가	100,000원
· 매출액	500,000원
· 매출총이익률	30%

① 120,000원   ② 130,000원
③ 140,000원   ④ 150,000원

83. 다음 중 제조원가명세서의 최종결과치가 의미하는 것으로 가장 옳은 것은?

① 당기에 완성되어 제품으로 대체된 완성품의 제조원가
② 당기에 현금 지출된 투입 원가
③ 당기에 완성된 산출물에 대해 당기에 투입된 원가
④ 당기에 투입 발생된 모든 원가

84. 두 개의 제조부문과 두 개의 보조부문으로 이루어진 ㈜삼일의 부문간 용역수수에 관련된 자료는 다음과같다. 상호배분법을 사용할 경우 조각부문에 배분되는 보조부문의 원가는 얼마인가?(단, 소수점 첫째자리에서 반올림한다)

> 보조부문: 창고부문, 전력부문
> 제조부문: 조각부문, 도료부문
> - 창고부문의 제공용역:
>   전력(40%), 조각(30%), 도료(30%)
> - 전력부문의 제공용역:
>   창고(20%), 조각(50%), 도료(30%)
> - 각 부문별 발생원가:
>   창고(200,000원), 전력(800,000원)

① 391,304원   ② 404,348원
③ 595,652원   ④ 956,522원

85. 다음 중 개별원가계산에 관한 설명으로 가장 옳은 것은?

① 개별원가계산은 해당 제품이나 공정으로 직접 추적할 수 있기 때문에 실제원가계산만 가능하다.
② 개별원가계산은 제품원가를 개별작업별로 구분하여 집계하므로 제조직접비와 제조간접비의 구분이 중요하지 않다.
③ 각 작업별로 원가가 계산되기 때문에 원가계산자료가 상세하고 복잡하며 오류가 발생할 가능성이 많아진다.
④ 제조간접원가는 개별작업과 관련하여 직접적으로 추적 가능하므로 이를 배부하는 절차가 불필요하다.

86. ㈜삼일은 일반형 전화기와 프리미엄 전화기 두 종류의 제품을 생산하고 있다. 4월 한 달 동안 생산한 두 제품의 작업원가표는 아래와 같다.

	일반형 전화기	프리미엄 전화기
직접재료 투입액	400,000원	800,000원
직접노동시간	100시간	200시간
직접노무원가 임률	1,000원/시간	2,000원/시간

동 기간 동안 발생한 회사의 총제조간접원가는 3,000,000원이며, 제조간접원가는 직접노무원가를 기준으로 배부하고 있다. ㈜삼일은 실제 발생한 제조간접원가를 실제조업도에 의해 배부하는 원가계산방식을 채택하고 있다. 4월 한 달 동안 생산한 프리미엄 전화기와 일반형 전화기의 제조원가 차이는 얼마인가?

① 1,700,000원   ② 1,800,000원
③ 2,500,000원   ④ 3,600,000원

87. 다음 중 일반적인 개별원가계산절차를 나열한 것으로 가장 옳은 것은?

> ㄱ. 집계된 제조간접원가를 배부하기 위한 배부기준을 설정한다.
> ㄴ. 원가집계대상이 되는 개별작업을 파악한다.
> ㄷ. 원가배부기준에 따라 제조간접원가 배부율을 계산하여 개별작업에 배부한다.
> ㄹ. 개별작업에 대한 제조직접원가를 계산하여 개별작업에 직접 추적한다.
> ㅁ. 개별작업에 직접 대응되지 않는 제조간접원가를 파악한다.

① ㄱ-ㄴ-ㄷ-ㄹ-ㅁ   ② ㄴ-ㄱ-ㄹ-ㅁ-ㄷ
③ ㄴ-ㄱ-ㅁ-ㄷ-ㄹ   ④ ㄴ-ㄹ-ㅁ-ㄱ-ㄷ

88. 다음은 ㈜삼일의 원가자료이다. 원재료는 공정시작시점에서 전량 투입되고 가공원가는 공정전반에서 균등하게 투입된다.

기초재공품수량	1,000개(40%)
착수수량	2,500개
완성수량	2,800개
기말재공품수량	700개(80%)

㈜삼일의 종합원가계산 방법에 따른 가공원가 완성품환산량이 올바르게 연결된 것은?

① 선입선출법 3,360개 ② 선입선출법 2,960개
③ 평균법 2,760개 ④ 평균법 2,960개

89. ㈜삼일은 선입선출법을 이용한 종합원가계산제도를 채택하고 있다. 원재료는 공정초기에 전량 투입되고, 가공원가는 공정전반에 걸쳐 균등하게 발생하고 있다. 물량흐름 및 원가관련 정보가 다음과 같을 때, 당기완성품원가는 얼마인가?

	수량	완성도	재료원가	가공원가
기초재공품	3,000개	60%	8,000원	10,000원
당기투입	30,000개	-	150,000원	320,000원
기말재공품	6,000개	25%		

① 408,000원 ② 422,400원
③ 432,000원 ④ 440,400원

90. 다음 중 종합원가계산에 관한 설명이 가장 올바르지 않게 짝지어진 것은?

① 평균법 - 완성품환산량 산출시 기초재공품은 당기에 투입된 것으로 간주한다.
② 평균법 - 원가 통제의 관점에서 상대적으로 유용한 정보를 제공한다.
③ 선입선출법 - 완성품원가는 기초재공품원가와 당기 투입원가 중 완성품에 배분된 금액의 합계이다.
④ 선입선출법 - 기말재공품은 모두 당기 투입분으로 이루어진 것으로 보고 물량의 흐름을 파악한다.

91. 표준원가의 종류는 이상적표준, 정상적표준 및 현실적표준으로 구분할 수 있다. 다음 중 이상적표준을 기준으로 표준원가를 설정할 경우 나타날 수 있는 영향으로 가장 옳은 것은?

① 종업원의 동기부여 측면에서 가장 효과적이다.
② 이상적표준을 달성하는 경우가 거의 없기 때문에 불리한 차이가 발생할 가능성이 크다.
③ 실제원가와의 차이가 크지 않으므로 재고자산가액과 매출원가가 항상 적절하게 계상된다.
④ 근로자들의 임금상승 효과를 가져온다.

92. 다음은 ㈜삼일의 20X1년 1월 직접노무원가에 관한 자료이다. 1월의 실제직접노무시간이 1,800시간이었을 때 실제생산량에 허용된 표준직접노무시간은 얼마인가?

ㄱ. 실제 직접노무원가	4,500원
ㄴ. 직접노무원가 가격차이	900원(불리)
ㄷ. 직접노무원가 능률차이	100원(유리)

① 1,750시간 ② 1,767시간
③ 1,850시간 ④ 1,867시간

93. 다음 중 표준원가계산의 장점을 모두 고른 것은?

ㄱ. 예외에 의한 관리를 통한 원가관리 및 통제가 가능함
ㄴ. 효율적인 예산 편성
ㄷ. 적정원가의 산정에 있어 객관성의 확보가 용이함
ㄹ. 회계업무의 간소화 및 신속한 원가보고

① ㄱ,ㄴ ② ㄱ,ㄷ
③ ㄱ,ㄴ,ㄹ ④ ㄱ,ㄴ,ㄷ,ㄹ

94. 다음 중 실제원가와 표준원가의 차이를 가격차이와 능률차이로 분리하는 이유로 가장 올바르지 않은 것은?

① 관리자의 통제 가능한 범위에 대한 성과평가가 이루어져야 하기 때문이다.
② 구입을 책임지는 부서와 사용에 대한 책임을 지는 부서가 같지 않기 때문이다.
③ 구입과 사용에 대한 통제는 각각 이루어져야 하기 때문이다.
④ 직접재료원가 가격차이를 구입시점에서 분리하는 경우에는 원가차이의 발생 원인을 신속하게 규명할 수 없기 때문이다.

95. 다음은 표준원가계산을 사용하는 ㈜삼일의 직접재료원가에 관한 자료이다. 원재료의 실제 구입가격이 총 1,950억원이라고 할 때, 직접재료원가 가격차이와 능률차이는 각각 얼마인가(단, 가격차이는 사용시점에 분리한다고 가정한다)?

ㄱ. 실제구입량	25,000Ton
ㄴ. 실제사용량	24,000Ton
ㄷ. 실제생산량	15,000단위
ㄹ. 예상생산량	16,000단위
ㅁ. 단위당 표준투입량	1.8Ton
ㅂ. 톤당 표준가격	8,000,000원

	가격차이	능률차이
①	50억(유리)	160억(유리)
②	50억(유리)	304억(유리)
③	48억(유리)	240억(유리)
④	48억(유리)	384억(유리)

96. 직접재료원가와 직접노무원가는 실제원가로, 제조간접원가는 사전에 정해놓은 예정배부율로 측정하는 원가계산방법은 무엇인가?

① 전부원가계산 ② 종합원가계산
③ 정상원가계산 ④ 표준원가계산

97. 다음 중 변동원가계산의 유용성에 관한 설명으로 가장 올바르지 않은 것은?

① 이익이 생산량에 영향을 받으므로 불필요한 재고의 누적을 막을 수 있다.
② 공통부문의 고정원가를 사업부나 제품별로 배분하지 않으므로 사업부별 또는 제품별 의사결정문제에 왜곡을 초래하지 않는다.
③ 예산편성에 필요한 원가, 조업도, 이익에 관련된 자료를 얻는데 유용하다.
④ 표준원가 및 변동예산과 같이 사용하면 원가통제와 성과평가에 유용하게 활용할 수 있다.

98. 다음 자료를 이용하여 초변동원가계산에 의한 영업이익을 계산하면 얼마인가?(단위 : 원)

판매수량=생산수량	50,000개
제품단위당 판매가격	1,200
제품단위당 직접재료원가	450
제품단위당 직접노무원가	85
제품단위당 변동제조간접원가	135
제품단위당 변동판매비	200
고정제조간접원가	1,800,000
고정판매비와관리비	9,000,000

① 3,000,000원 ② 5,700,000원
③ 7,500,000원 ④ 12,900,000원

99. ㈜삼일전자의 20X1년 제품 생산 및 판매와 관련된 자료는 다음과 같다. 전부원가계산에 의한 영업이익이 260,000원일 경우, 변동원가계산을 이용한 ㈜삼일전자의 20X1년 영업이익은 얼마인가?

매출량	3,000개 (단위당 판매가격 200원)
기말제품재고량	500개 (단, 기초제품재고는 없다)
변동판매관리비	50,000원
단위당 변동직접원가	60원
단위당 변동제조간접원가	20원
단위당 고정제조간접원가	5원

단, 고정판매관리비는 발생하였으나 금액은 알 수 없다.

① 220,000원 ② 257,500원
③ 258,000원 ④ 260,000원

100. 다음 중 변동원가계산에 관한 설명으로 가장 올바르지 않은 것은?

① 변동원가계산은 원가회피개념에 근거를 두고 있다.
② 일반적으로 인정된 회계원칙에 의한 외부보고 목적으로 사용 가능하다.
③ 특정 기간의 이익이 생산량에 영향을 받지 않는다.
④ 부문별, 제품별 의사결정 문제에 왜곡을 초래하지 않는다.

101. ㈜삼일은 활동기준원가계산을 사용하며, 제조과정은 다음의 3가지 활동으로 구분된다. X제품 단위당 재료부피는 100리터, 압착기계시간은 30시간, 분쇄기계시간은 8시간이다. X제품의 단위당 판매가격과 재료원가가 각각 2,400원과 500원일 경우 제품의 단위당 공헌이익은 얼마인가(단, 판매관리비는 없다)

활동	원가동인	연간 원가동인수	연간 가공원가총액
세척	재료의 부피	100,000리터	300,000원
압착	압착기계시간	90,000시간	1,800,000원
분쇄	분쇄기계시간	24,000시간	600,000원

① 700원 ② 800원 ③ 900원 ④ 1,000원

102. 다음 중 CVP 분석에 관한 설명으로 가장 올바르지 않은 것은?

① 단위당 판매단가는 판매량의 변동과 무관하게 일정하고, 단위당 변동원가도 조업도의 변동과 관계없이 항상 일정하다는 가정이 필요하다.
② 화폐의 시간가치를 고려하지 않으므로 장기적 의사결정에의 활용에 있어 한계점을 갖는다.
③ 다양한 조업도수준에서 원가와 이익의 관계를 분석하는데 유용하다.
④ 매출액의 변화가 기업의 순이익에 미치는 영향을 파악하는데 있어서는 공헌이익률보다 공헌이익 개념이 더 유용하다.

103. ㈜삼일의 재무팀 직원들이 식사 중에 나눈 다음의 대화 중 가장 올바르지 않은 설명은 무엇인가?

대리 : 부장님, 이 식당은 맛집으로 소문이 나서 그런지 사람들이 정말 많네요.
부장 : 그래, 나도 항상 여기서 식사를 할 때마다 그런 생각이 들어.
대리 : 월 이익이 얼마일까요?
부장 : ① 냉면 한 그릇에 6,000원이고, 한 그릇을 만들 때마다 2,000원 정도의 비용이 들어갈 것으로 생각되니까, 단위당 공헌이익은 4,000원, 공헌이익률은 67% 정도겠군.
대리 : ② 임대료와 인건비 등 고정비를 한달에 500만원 수준으로 가정하면 손익분기 판매량은 월 1,250그릇이 되네요.
부장 : ③ 그렇지, 목표이익이 1,000만원이라면 그것보다 2,000 그릇을 더 팔아야겠군.
대리 : ④ 세금을 고려하면 목표 판매량은 더 많아져야 할테니 생각보다 쉽지 않겠어요.

104. ㈜삼일의 식품사업부를 총괄하는 김철수 전무는 해외식품사업부의 김영수 부장에게 총 매출액의 25%의 이익 달성을 지시하였다. 김영수 부장의 분석 결과 해외식품사업부의 변동비는 매출액의 60%, 연간 고정비는 30,000원이다. 총 매출액의 25%의 이익을 달성하기 위한 목표 매출액은 얼마인가?

① 150,000원 ② 200,000원
③ 250,000원 ④ 300,000원

105. ㈜삼일의 총매출액은 10,000,000원이고 총변동비가 6,000,000원, 총고정비는 2,800,000원인 경우, ㈜삼일의 안전한계율은 얼마인가?

① 20% ② 25%
③ 30% ④ 35%

106. 다음 중 예산에 관한 설명으로 가장 올바르지 않은 것은?

① 예산이란 공식적인 경영계획을 화폐단위로 표현한 것이다.
② 예산은 조직원들에게 동기를 부여함과 동시에 의사전달과 조정의 역할을 수행한다.
③ 예산 편성성격에 따라 종합예산과 부문예산으로 분류된다.
④ 고정예산은 조업도의 변동을 고려하지 않고 특정조업도를 기준으로 작성된다.

107. 다음 중 책임회계에 근거한 성과보고서에 관한 설명으로 가장 올바르지 않은 것은?

① 통제가능원가와 통제불능원가를 반드시 구분하여야 한다.
② 통제가능원가의 실제와 표준간의 차이를 포함시켜야 한다.
③ 해당 책임중심점에 배분된 고정제조간접가는 통제가능원가에 포함시켜야 한다.
④ 예외에 의한 관리가 가능하도록 작성하여야 한다.

108. 다음 중 책임회계제도의 성과평가시 고려해야 할 사항으로 가장 올바르지 않은 것은?

① 하이젠버그 불확실성원칙(Heisenberg uncertainty priciple)을 고려하여야 한다.
② 기업 구성원들의 성과극대화 노력이 기업전체목표의 극대화로 연결될 수 있도록 설계하여야 한다.
③ 정확한 성과평가 보다는 적시성과 경제성이 최우선적으로 고려되어야 한다.
④ 성과평가치의 성과측정오류가 최소화되도록 설계되어야 한다.

109. ㈜삼일은 다음과 같은 3개의 사업부(A, B, C)를 갖고 있다. 다음 자료를 이용하여 각 사업부를 잔여이익으로 평가했을 때 성과가 높은 사업부 순서대로 올바르게 배열한 것은?

구분	A	B	C
영업자산	1,000,000원	4,000,000원	3,000,000원
영업이익	900,000원	1,500,000원	1,500,000원
최저필수수익률	10%	20%	30%

① A > B > C ② A > C > B
③ B > A > C ④ C > B > A

110. 다음 중 경제적부가가치(EVA)와 관련된 설명으로 가장 올바르지 않은 것은?

① 고유의 영업활동에서 창출된 순가치의 증가분을 의미한다.
② 투하자본 산정시 이자비용이 지급되는 유동부채는 차감하지 않는다.
③ 가중평균자본비용의 측정에 있어 법인세 효과는 별도로 고려하지 않는다.
④ 투하자본의 회전율을 높이면 매출액이익률이 동일하더라도 경제적부가가치는 높아진다.

111. 다음 중 투자중심점 성과평가에 관한 설명으로 가장 올바르지 않은 것은?

① 투자수익률(ROI)은 투자규모가 다른 투자중심점을 상호 비교하기가 용이하다.
② 잔여이익(RI)은 각 투자중심점과 회사전체의 목표일치성을 충족시킬 수 있다.
③ 경제적부가가치(EVA)를 기준으로 성과평가를 하는 경우에는 산업간 위험의 차이에 대해서 쉽게 조정할 수 있다.
④ 경제적부가가치(EVA)는 자기자본에 대한 자본비용을 고려하여 성과평가를 할 수 있다.

112. 다음 중 의사결정시에 필요한 원가용어에 관한 설명으로 가장 올바르지 않은 것은?

① 관련원가는 대안간에 차이가 나는 미래원가로 의사결정과 관련된 원가이다.
② 회피가능원가는 대표적인 비관련원가에 해당한다.
③ 기회원가는 자원을 현재 용도 이외의 다른 용도에 사용할 경우 얻을 수 있는 최대금액이다.
④ 매몰원가는 과거에 발생한 역사적 원가로서 현재 또는 미래에 회수할 수 없는 원가이다.

113. ㈜삼일의 사업부 X의 매출액은 300,000원, 변동원가는 280,000원, 고정원가는 120,000원이다. 고정원가 중 70,000원은 회피불능원가에 해당한다. 만약 회사가 사업부 X를 폐지한다면 회사 전체 순이익은 어떻게 변화하겠는가?

① 30,000원 증가 ② 30,000원 감소
③ 100,000원 증가 ④ 100,000원 감소

114. ㈜삼일의 부품제조에 대한 원가자료는 다음과 같다. 외부의 제조업자가 이 부품을 납품하겠다고 제의하였으며, 부품을 외부에서 구입할 경우 고정제조간접원가의 2/3를 회피할 수 있다면 ㈜삼일이 최대한 허용할 수 있는 부품의 단위당 구입가격은 얼마인가?

부품단위당 직접재료원가	200원
부품단위당 직접노무원가	80원
부품단위당 변동제조간접원가	120원
고정제조간접원가	600,000원
생산량	10,000단위

① 280원 ② 400원
③ 420원 ④ 440원

115. ㈜삼일은 제조에 필요한 부품을 자가제조할 것인지 아니면 외부구입할 것인지의 여부에 대한 의사결정을 하려고 한다. 다음 설명 중 가장 올바르지 않은 것은?

① 매몰원가는 비관련원가로 의사결정을 하는데 영향을 미치지 않는다.
② 회피가능 고정원가는 의사결정을 하는데 있어 고려대상이 아니다.
③ 외부구입원가가 회피가능원가보다 큰 경우에는 자가제조하는 것이 바람직하다.
④ 기존설비를 다른 용도로 사용함에 따라 발생할 수 있는 기회비용도 함께 고려해야 한다.

116. 다음 중 자본예산을 편성하기 위해 현금흐름을 추정할 때 주의해야 할 사항으로 가장 올바르지 않은 것은?

① 감가상각비를 계상함으로써 발생하는 세금의 절약분인 감가상각비 감세효과는 현금흐름을 파악할 때 고려해야 한다.
② 세금을 납부하는 것은 현금의 유출에 해당하므로 세금을 차감한 후의 현금흐름을 기준으로 추정하여야 한다.
③ 이자비용은 현금의 유출에 해당하므로 이자비용을 차감한 후의 현금흐름을 기준으로 추정하여야 한다.
④ 인플레이션 효과는 현금흐름과 할인율에 일관성 있는 기준을 적용하여 고려되어야 한다.

117. ㈜삼일은 당기 초 새로운 투자안에 950,000원을 투자하였다. 회사는 이 투자안으로부터 앞으로 5년 동안 매년 말 300,000원의 현금유입을 예측하고 있다. 회사의 최저필수수익률이 연 10%일 경우 이 투자안의 순현재가치(NPV)는 얼마인

	연 10%
5년 현가계수	0.62
5년 연금현가계수	3.79

① 115,000원 ② 120,000원
③ 187,000원 ④ 550,000원

118. 다음 중 자본예산모형에 관한 설명으로 가장 올바르지 않은 것은?

① 투자안의 타당성을 평가하기 위하여 투자안의 현금흐름이나 이익에 미치는 영향을 평가하는 방법이다.
② 자본예산모형 중 화폐의 시간적 가치를 고려하는 할인모형에는 순현재가치법과 내부수익률법이 있다.
③ 자본예산모형 중 화폐의 시간적 가치를 고려하지 않는 모형은 비할인모형이다.
④ 자본예산모형 중 실제 현금흐름으로 자본예산을 실행하는 현금모형에는 회수기간법과 회계적이익률법이 있다.

119. ㈜삼일은 두 개의 사업부 A, B로 구성되어 있다. A사업부는 단위당 변동비가 100원인 부품을 제조하고 있는데 이를 170원에 외부에 판매할 수도 있고 B사업부에 대체할 수도 있다. B사업부가 이 부품을 외부에서 구입할 수 있는 가격은 160원이다. 회사전체의 이익극대화를 위한 B 사업부의 의사결정으로 가장 옳은 것은?

① A사업부에서 구입하여야 한다.
② 외부에서 구입하여야 한다.
③ 외부에서 구입하는 경우와 A사업부에서 구입하는 경우 차이가 없다.
④ 유휴생산능력이 있으면 A사업부에서, 없으면 외부에서 구입한다.

120. 다음 중 수명주기원가계산에 관한 설명으로 가장 올바르지 않은 것은?

① 가치사슬 관점에서 제품수명주기 초기단계에서의 원가절감을 강조한다.
② 제조활동 이후의 하위활동은 원가계산시 고려하지 않는다.
③ 제품 또는 서비스의 수명주기 매 단계마다 모든 가치사슬단계에서 발생하는 수익과 비용에 대한 집계를 가능하게 하여 프로젝트 전체에 대한 이해가 향상된다.
④ 장기적 관점의 원가절감 및 원가관리에 유용하다.

2022년 12월 시행 — 원가관리회계 공개기출문제

81. 다음 중 원가의 일반적인 특성에 관한 설명으로 가장 올바르지 않은 것은?

① 기업의 수익획득 활동에 필요한 물품을 단순히 구입하는 것만으로는 원가가 되지 않으며 이를 소비해야 비로소 원가가 된다.
② 원가는 정상적인 경제활동 과정에서 소비된 가치와 비정상적인 상황에서 발생한 가치의 감소분을 모두 포함한다.
③ 경제적 가치를 가지고 있는 요소만이 원가가 될 수 있다.
④ 발생한 제조원가 중 기업의 수익획득에 아직 사용되지 않은 부분은 자산으로, 수익획득에 사용된 부분은 비용으로 재무제표에 계상된다.

82. 다음은 ㈜삼일의 제조원가명세서(약식)와 관련된 자료이다. 아래 자료를 이용하여 ㈜삼일의 당기 기초원가와 가공원가를 계산하면 얼마인가?

20X1.1.1. ~ 20X1.3.31.

ㄱ. 직접재료원가
　기초재재고액　　30,000원
　당기재료매입액　300,000원
　기말재재고액　　20,000원
ㄴ. 직접노무원가　　　　100,000원
ㄷ. 제조간접원가　　　　350,000원
ㄹ. 기초재공품원가　　　100,000원
ㅁ. 기말재공품원가　　　 50,000원

	기초원가	가공원가		기초원가	가공원가
①	400,000원	350,000원	②	410,000원	450,000원
③	400,000원	450,000원	④	410,000원	660,000원

83. 다음 중 원가의 개념과 관련된 내용 중 올바른 설명을 모두 고르시오.

ㄱ. 경영자는 원가배분 대상과 배분대상 원가간의 인과관계에 의한 원가배분이 경제적으로 실현가능한 경우에는 인과관계기준에 의하여 원가를 배분하여야 한다.
ㄴ. 당기총제조원가란 당기 중에 완성된 제품의 제조원가이며, 당기제품제조원가에 기초재공품재고액은 가산하고, 기말재공품재고액은 차감하여 구한다.
ㄷ. 원가행태란 조업도의 변동에 따른 원가 발생액의 변동양상을 의미한다.
ㄹ. 원가는 미래에 경제적 효익을 제공할 수 있는 용역잠재력을 갖는지에 따라 관련원가와 기회원가로 분류한다.
ㅁ. 제품생산을 위해 구입한 공장 건물은 구입시점에 원가가 아니라 자산에 해당된다.

① ㄱ,ㄴ,ㅁ　② ㄱ,ㄷ,ㅁ　③ ㄴ,ㄷ,ㄹ　④ ㄴ,ㄹ,ㅁ

84. 다음 중 보조부문원가의 배분방법인 직접배분법, 단계배분법, 상호배분법에 관한 설명으로 가장 옳은 것은?

① 보조부문 간의 용역수수관계를 고려하는 가장 합리적인 보조부문원가의 배분방법은 직접배분법이다.
② 배분순서가 중요한 계산방법은 단계배분법이다.
③ 용역의 수수관계를 완전히 무시하고 보조부문의 원가를 각 제조부문이 사용한 용역의 상대적 비율에 따라 각 제조부문에 직접 배분하는 방법은 상호배분법이다.
④ 보조부문원가의 배분방법에 따라 공장 전체의 제조간접원가가 달라진다.

85. 다음 중 개별원가계산의 절차에 관한 설명으로 가장 올바르지 않은 것은?

① 개별원가계산에서 작업원가표는 통제계정이며, 재공품 계정은 보조계정이 된다.
② 원가가 작업원가표에 기재되면 동일한 금액이 재공품 계정의 차변에 기록된다.
③ 제조원가 중 직접원가는 발생시점에 작업원가표에 기록된다.
④ 재료출고청구서로 생산부서에 출고된 원재료가 간접재료원가일 경우에는 제조간접원가 통제계정에 기입한다.

86. ㈜삼일은 개별원가계산제도를 채택하고 있으며, 직접노무원가를 기준으로 제조간접원가를 배부한다. 20X1년의 제조간접원가배부율은 X부문에 대해서는 20%, Y부문에 대해서는 50%이다. 제조지시서 #105는 20X1년 중에 시작되어 완성되었으며, 원가 발생액과 관련된 자료가 다음과 같은 경우 제조지시서 #105와 관련된 총제조원가는 얼마인가?

구분	X부문	Y부문	합계
직접재료원가	700,000원	500,000원	
직접노무원가	1,000,000원		
제조간접원가		200,000원	
합계			

① 2,800,000원　② 3,000,000원
③ 3,300,000원　④ 3,800,000원

87. ㈜삼일은 선입선출법을 이용한 종합원가계산을 한다. 원재료는 공정시작 시점에서 전량 투입되며, 가공원가는 공정 전반에 걸쳐 균등하게 발생한다. 만약 기말재공품의 완성도가 70%인데에도 90%로 잘못 파악하여 종합원가계산을 수행한다면 어떤 결과가 발생하는가?

① 기말재공품의 원가가 과대계상된다.
② 당기완성품의 완성품환산량이 과대계상된다.
③ 완성품환산량 단위당 원가가 과대계상된다.
④ 기말재공품의 완성품환산량이 과소계상된다.

88. ㈜삼일은 종합원가계산제도를 채택하고 있으며, 원재료는 공정의 초기에 전량 투입되며, 가공원가는 공정 전반에 걸쳐서 진척도에 따라 균등하게 발생한다. 재료원가의 경우 평균법에 의한 완성품환산량은 20,000단위이고, 선입선출법에 의한 완성품환산량은 18,000단위이다. 또한 가공원가의 경우 평균법에 의한 완성품환산량 20,000단위이고, 선입선출법에 의한 완성품환산량은 19,600단위이다. ㈜삼일의 기말재공품이 없는 경우 기초재공품의 진척도는 몇 %인가?

① 10% ② 20%
③ 30% ④ 80%

89. ㈜삼일은 평균법을 이용한 종합원가계산을 한다. 원재료는 공정시작 시점에서 전량 투입되며, 가공원가는 공정 전반에 걸쳐 균등하게 발생한다. 자료를 이용하여 가공원가의 완성품환산량을 계산하면 얼마인가?

기초재공품	600개(완성도 60%)
착수수량	2,000개
완성수량	2,200개
기말재공품	400개(완성도 30%)

① 2,200개 ② 2,320개
③ 2,440개 ④ 2,600개

90. ㈜삼일은 종합원가계산방법을 사용하고 있다. 재료는 공정초기에 전량 투입되며, 가공원가는 공정전반에 걸쳐 균등하게 발생한다. 기초재공품의 가공원가 완성도는 60%였고, 기말재공품의 가공원가 완성도는 40%였다. 다음 설명 중 가장 올바르지 않은 것은?

	물량자료	재료원가	가공원가
기초재공품	100개	20,000원	9,000원
당기착수	200개	52,000원	34,200원
당기완성량	200개		
기말재공품	100개		

① 선입선출법의 완성품환산량은 재료원가 200개, 가공원가 180개이며 기초재공품의 완성품환산량은 재료원가 100개, 가공원가 60개이다. 선입선출법 완성품환산량에 기초재공품완성품환산량을 가산하면 평균법 완성품환산량이다.

② 선입선출법의 경우 전기의 완성품환산량 단위당 원가는 재료원가 200원, 가공원가 150원이며, 당기의 완성품환산량 단위당 원가는 재료원가 260원, 가공원가 190원이다.
③ 선입선출법의 완성품에 포함된 재료원가가 평균법보다 작다.
④ 평균법의 완성품에 포함된 가공원가가 선입선출법보다 작다.

91. 다음 중 표준원가시스템의 특징을 가장 잘 설명한 것은?

① 책임을 명확히 하고 종업원의 동기를 유발시킬 수 없다.
② 표준과 일치하는 원가항목을 중점적으로 검토하여야 한다.
③ 원가통제를 포함한 표준원가는 원가절감을 유도할 수 있다.
④ 모든 중요한 불리한 차이는 검토해야 하나 중요한 유리한 차이는 검토할 필요가 없다.

92. 다음 자료는 구입시점에서 직접재료원가 가격차이를 분리하기 위한 자료이다. 직접재료원가의 단위당 표준가격은 얼마인가?

기초재고액	160,000원
기말재고액	200,000원
생산공정 투입액	325,000원
단위당 실제 구입가격	250원
유리한 가격차이	51,100원

① 210원 ② 215원
③ 285원 ④ 289원

93. 다음은 표준원가계산을 사용하는 ㈜삼일의 노무원가에 관한 자료이다. ㈜삼일의 직접노무원가 가격차이와 능률차이로 가장 옳은 것은?

ㄱ. 생산수량	1,000단위
ㄴ. 단위당 표준 투입시간	4시간
ㄷ. 단위당 실제 투입시간	3.5시간
ㄹ. 시간당 표준 임률	10,000원
ㅁ. 실제 노무비 발생액	38,500,000원

	가격차이	능률차이
①	3,500,000원(유리)	0원
②	3,500,000원(불리)	5,000,000원(불리)
③	3,500,000원(유리)	5,000,000원(유리)
④	3,500,000원(불리)	5,000,000원(유리)

94. 다음 중 ㈜삼일의 고정제조간접원가 차이분석에 관한 설명으로 가장 옳은 것은?

① 고정제조간접원가 실제발생액과 고정제조간접원가 예산과의 차이를 고정제조간접원가 총차이라고 한다.
② 고정제조간접원가 예산은 실제산출량에 허용된 표준조업도에 조업도 단위당 표준배부율을 곱하여 계산한 금액을 의미한다.
③ 고정제조간접원가 실제발생액과 고정제조간접원가 배부액과의 차이를 고정제조간접원가 예산차이라고 한다.
④ 고정제조간접원가 예산과 고정제조간접원가 배부액과의 차이를 고정제조간접원가 조업도차이라고 한다.

95. 다음 중 표준원가계산에서 원가차이의 처리방법인 매출원가조정법에 관한 설명으로 가장 옳은 것은?

① 매출원가조정법에서는 재공품과 제품 계정은 모두 실제원가로 기록된다.
② 매출원가조정법을 사용하면 비례배분법을 사용하는 경우보다 당기순이익이 작게 나타난다.
③ 매출원가조정법은 제조간접원가 배부차이를 매출원가, 제품 및 재공품에 배분하여 차이를 조정한다.
④ 과소배부액은 매출원가에 가산하고 과대배부액은 매출원가에서 차감한다.

96. 다음은 ㈜삼일의 12월 한달 간 변동원가계산에 관한 자료이다. 당월의 총매출액은 얼마인가?

제품 단위당 판매가격	12,000원
단위당 변동원가	7,500원
총고정원가	4,800,000원
영업이익	20,040,000원

① 24,840,000원
② 39,744,000원
③ 40,640,000원
④ 66,240,000원

97. 다음 중 초변동원가계산에 관한 설명으로 가장 올바르지 않은 것은?

① 내부계획과 통제, 단기적 의사결정에 활용된다.
② 재료처리량 공헌이익을 계산하여 의사결정에 활용한다.
③ 제품원가는 직접재료원가와 변동제조간접원가로 구성된다.
④ 기간비용은 '직접노무원가+제조간접원가+판매비와 관리비'로 계산된다.

98. ㈜삼일은 당기 초에 영업활동을 시작하여 당기에 제품 1,100단위를 생산하였으며, 당기의 원가자료는 다음과 같다. 당기 판매량이 800단위였다면, 전부원가계산에 의한 기말제품재고액은 얼마인가?

단위당 직접재료원가	800원
단위당 직접노무원가	300원
단위당 변동제조간접원가	100원
단위당 변동판매비와관리비	300원
고정제조간접원가	220,000원
고정판매비와관리비	110,000원

① 140,000원
② 420,000원
③ 450,000원
④ 540,000원

99. ㈜삼일은 아래 영업자료를 참고하여 전부원가계산과 변동원가계산에 의한 순이익을 비교하고 있다. 전부원가계산의 영업이익이 변동원가계산에 비해 120,000원만큼 많다면 기말제품재고량은 몇 개인

생산량	2,500개	판매량	?
고정제조원가	500,000원	고정판매관리비	100,000원

*단, 기초재고 및 재공품재고는 없음

① 500개
② 600개
③ 800개
④ 1,000개

100. ㈜삼일의 20X1년 재고자산 물량 자료는 다음과 같다. ㈜삼일의 제조간접비 및 판매비와관리비 중 약 50%는 변동비성 원가이다. 다음 중 각 원가계산 방법을 적용했을 때 당기 영업이익이 큰 순서대로 나열한 것으로 가장 옳은 것은?

기초재고수량	10,000개
당기제조	20,000개
당기판매	25,000개
기말재고수량	5,000개

① 초변동원가계산〉변동원가계산〉전부원가계산
② 전부원가계산〉변동원가계산〉초변동원가계산
③ 초변동원가계산=변동원가계산〉전부원가계산
④ 초변동원가계산〉변동원가계산=전부원가계산

101. 다음 중 활동기준원가계산(ABC)의 절차를 올바르게 나타낸 것은 무엇인가?

가. 제조간접원가 배부율 계산
나. 활동분석
다. 원가대상별 원가계산
라. 활동별 원가동인(배부기준)의 결정
마. 각 활동별로 제조간접원가 집계

① 나-마-라-가-다
② 나-마-가-라-다
③ 나-라-다-가-마
④ 라-마-나-가-다

102. 다음 중 CVP분석에 관한 설명으로 가장 올바르지 않은 것은?
    ① 다양한 조업도 수준에서 원가와 이익의 관계를 분석하는 기법이다.
    ② 복수제품에 대하여 매출배합이 일정하다는 가정을 기초로 한다는 점은 분석의 한계로 작용한다.
    ③ 제품의 가격을 결정하거나 생산 및 판매계획을 수립하는데 활용할 수 있다.
    ④ 공헌이익률은 원가구조와 밀접한 관련이 있으며, 총원가 중 변동원가 비중이 높으면 공헌이익률도 높게 나타난다.

103. ㈜삼일의 제품에 대한 예상 손익자료는 다음과 같다. 제품의 판매가격을 20% 인하하면 판매량은 30% 증가할 것으로 예상된다. 만약 ㈜삼일이 20%의 가격인하를 단행한다면 영업이익은 얼마인가?

    | 예상 매출액 | 5,000,000원 |
    | 제품단위당 판매가격 | 1,000원 |
    | 제품단위당 변동원가 | 600원 |
    | 총 고정원가 | 1,000,000원 |

    ① 300,000원   ② 350,000원
    ③ 400,000원   ④ 450,000원

104. 제조업을 영위하는 ㈜삼일의 재무자료를 분석한 결과 단위당 변동원가 20,000원, 총고정원가 28,000,000원일 때, 손익분기점 매출수량이 700단위이다. ㈜삼일이 제조하여 판매하는 제품의 단위당 판매가격은 얼마인가?
    ① 10,000원   ② 40,000원
    ③ 60,000원   ④ 70,000원

105. 다음 중 예산편성 대상에 따른 분류에 해당하는 것으로 가장 옳은 것은?
    ① 종합예산   ② 재무예산
    ③ 고정예산   ④ 변동예산

106. 다음 중 효율적인 성과평가제도를 설계하기 위해 고려해야 할 사항에 관한 설명으로 가장 올바르지 않은 것은?
    ① 기업전체 목표의 극대화보다 기업 구성원들의 성과극대화가 달성될 수 있도록 설계되어야 한다.
    ② 성과평가치의 성과측정오류가 최소화 되도록 설계되어야 한다.
    ③ 적시성과 경제성을 적절히 고려하여야 한다.
    ④ 각 책임중심점의 행동에 미치는 영향을 고려하여야 한다.

107. 다음 중 책임회계제도에 관한 설명으로 가장 올바르지 않은 것은?
    ① 책임회계는 분권화된 조직행태로 이루어지기 쉬운데 이 경우 신속한 의사결정 및 대응, 부문관리자 동기부여의 장점이 있다.
    ② 책임회계는 각 개인 및 조직단위별로 경영계획과 통제가 이루어지는 관리통제시스템의 최종단계이다.
    ③ 책임회계는 제품원가계산과 재무보고 목적을 위해 원가정보를 제공한다.
    ④ 책임회계제도는 실제 성과와 예산과의 차이를 쉽게 파악할 수 있게 해준다.

108. ㈜삼일의 분권화된 사업부 A의 당기 영업이익은 80,000원이며, 평균영업자산은 400,000원, 평균영업부채는 200,000원이다. 다음 중 사업부 A의 투자수익률(ROI)로 가장 옳은 것은?
    ① 20%   ② 30%
    ③ 40%   ④ 50%

109. ㈜삼일은 휴대폰을 생산하여 판매하는 제조회사로서, 분권화된 세 개의 제품별 사업부를 운영하고 있다. 이들은 모두 투자중심점으로 설계되어 있으며, 회사의 최저필수 수익률은 15%이다. 각 사업부의 영업자산, 영업이익 및 매출액에 관한 정보는 다음과 같다. 각 사업부를 잔여이익법으로 평가했을 경우 잔여이익이 높은 사업부의 순서로 가장 옳은 것은?

구분	A사업부	B사업부	C사업부
평균영업자산	500,000원	1,000,000원	2,000,000원
영업이익	100,000원	170,000원	230,000원
매출액	1,000,000원	2,000,000원	3,000,000원

    ① A > B > C   ② B > A > C
    ③ C > B > A   ④ B > C > A

110. 다음은 ㈜삼일의 제품생산 관련 자료이다. 아래 자료에서 직접재료원가의 배합차이는 20,000원 불리한 차이이고, 수율차이는 100,000원 유리한 차이일 경우 제품생산량은 몇 단위인가?

    제품단위당 표준원가
    - 직접재료 A 30개(단위당 10원)
    - 직접재료 B 10개(단위당 20원)
    직접재료 실제투입량
    - 직접재료 A 88,000개
    - 직접재료 B 32,000개

    ① 3,000단위   ② 3,200단위
    ③ 3,500단위   ④ 3,800단위

111. 다음 자료를 기초로 하여 경제적부가가치(EVA)를 계산하면 얼마인가?

세후순영업이익	150억원
투하자본	400억원
타인자본비용(세후)	9%
자기자본비용	15%
부채비율(부채/자본)	200%

① 100억원 ② 102억원
③ 106억원 ④ 110억원

112. A, B, C 3개의 사업부를 운영하는 ㈜삼일은 20X1년 당기순이익으로 500,000원을 보고하였으며, 최근 수익성이 악화되고 있는 A사업부의 폐지를 고려중이다. A사업부의 공헌이익은 60,000원이고, A사업부에 대한 공통원가 배분액은 70,000원이다. 공통원가배분액 중 30,000원은 A사업부를 폐지하더라도 계속하여 발생한다. A사업부를 폐지하는 경우 20X1년 당기순이익은 얼마인가?

① 450,000원 ② 460,000원
③ 470,000원 ④ 480,000원

113. ㈜삼일은 제품 A의 생산을 위하여 부품 X를 직접생산하여 사용하고 있다. ㈜삼일의 부품 X 제조에 대한 원가자료는 다음과 같다. ㈜삼일은 현재 원가절감을 위하여 부품 X의 외부구매를 검토하고 있다. 부품을 외부에서 구입하더라도 고정제조간접원가의 80%는 계속해서 발생할 것이다. ㈜삼일이 최대한 허용할 수 있는 부품의 단위당 구입가격은 얼마인가?

부품단위당 직접재료원가	500원
부품단위당 직접노무원가	300원
부품단위당 변동제조간접원가	200원
부품 X 관련 고정제조간접원가	500,000원
생산량	5,000단위

① 800원 ② 1,000원
③ 1,020원 ④ 1,080원

114. ㈜삼일은 진부화된 의류 300벌을 보유하고 있다. 이 제품에 대한 총제조원가는 21,000,000원이었으나 현재로는 의류 한 벌당 30,000원에 처분하거나, 3,000,000원을 투입하여 개조한 후 의류 한 벌당 50,000원에 판매할 수밖에 없는 상황이다. 다음 설명 중 가장 옳은 것은?

① 한벌당 30,000원에 처분하면 12,000,000원의 손실이 발생하므로 처분하면 안된다.
② 추가비용을 지출하지 않고 처분하는 것이 유리하다.
③ 개조하여 판매하면 3,000,000원의 추가적인 손실이 발생한다.
④ 개조하여 판매하는 것이 3,000,000원 만큼 유리하다.

115. ㈜삼일은 부품의 자기제조 또는 외부구입에 관한 의사결정을 하려고 한다. 이때 고려해야 하는 비재무적 정보에 관한 설명으로 가장 올바르지 않은 것은?

① 부품을 외부구입할 경우 부품의 공급업자에 대한 의존도가 높아진다는 단점이 있다.
② 부품을 외부구입할 경우 제품에 특별한 지식이나 기술이 요구될 때 품질유지가 보다 어려워진다.
③ 부품을 자가제조할 경우 향후 급격한 주문의 증가로 회사의 생산능력을 초과할 때 제품을 외부구입하기 어려울 수 있다는 단점이 있다.
④ 부품을 자가제조할 경우 상대적으로 품질관리가 용이하다.

116. ㈜삼일은 취득가액 9,000,000원(잔존가액 0원, 정액법 상각), 내용연수가 3년인 컴퓨터를 구입하려고 하고 있다. 컴퓨터를 구입하면, 향후 3년 동안 매년 6,000,000원의 현금지출영업비용을 줄일 것으로 판단하고 있다. 회사의 최저필수수익률이 12%일 경우 컴퓨터에 대한 투자안의 순현재가치(NPV)는 얼마인가(단, 이자율 12%의 1원당 연금의 현재가치는 1년은 0.89, 2년은 1.69, 3년은 2.40이며 법인세율은 30%이다.)?

① 1,080,000원 ② 3,240,000원
③ 5,400,000원 ④ 6,120,000원

117. 다음은 ㈜삼일의 신규투자담당 팀장과의 인터뷰 내용이다. 괄호 안에 들어갈 말로 가장 올바르지 않은 것은?

기자: 신규 투자 기획팀에서 15년 동안 팀장을 맡고 계신데 신규 투자에 대한 타당성 검토에는 어떠한 모형들이 사용됩니까?
팀장: 여러 모형이 있지만 우리 회사에서는 회수기간법, 순현재가치법, 내부수익률법, 수익성지수법을 이용하여 타당성 검토를 합니다.
기자: 그렇다면, 그 중에서 가장 중요시 하는 모형이 있습니까?
팀장: 물론입니다. 투자안마다 약간 다르긴 하지만 우리 회사는 회수기간법을 가장 중요시 합니다. 왜냐하면 (   )

① 회수기간 이후의 현금흐름을 포함한 수익성을 고려하는 투자안이기 때문입니다.
② 투자자금을 빨리 회수하는 투자안을 선택하여 기업의 유동성 확보에 도움을 줄 수 있기 때문입니다.
③ 현금흐름의 할인을 고려하지 않고 계산할 수도 있는 장점이 있기 때문입니다.
④ 회수기간이 짧을수록 안전한 투자안이라는 위험지표로서의 정보를 제공하기 때문입니다.

118. 다음은 ㈜삼일의 제품별 예산자료의 일부이다. 사용가능한 총 기계시간이 연간 300시간일 때, 이익을 극대화하기 위해서는 세 제품을 각각 몇 단위씩 생산·판매하여야 하는가?

	제품 A	제품 B	제품 C
단위당 공헌이익	200원	150원	300원
단위당 기계시간	4시간	2시간	5시간
최대 수요량(연간)	50단위	100단위	50단위

	제품 A	제품 B	제품 C
①	50단위	50단위	0단위
②	0단위	25단위	50단위
③	0단위	100단위	20단위
④	12단위	0단위	50단위

119. ㈜삼일의 A사업부는 LED를 생산하고 있으며, 연간 생산능력은 100,000단위이다. ㈜삼일의 A사업부 수익과 원가자료는 다음과 같다. ㈜삼일은 텔레비전을 생산하는 B사업부도 보유하고 있다. B사업부는 현재 연간 10,000단위의 LED를 단위당 380원에 외부에서 조달하고 있다. A사업부가 생산하는 제품 전량을 외부시장에 판매할 수도 있고 사내대체시 단위당 변동원가 30원을 절감할 수 있다면, 회사 전체의 이익극대화 입장에서 LED의 단위당 최소대체가격은 얼마인가?

단위당 외부판매가격	400원
단위당 변동원가	230원
단위당 고정원가(연간 100,000단위 기준)	12원

① 230원 ② 242원
③ 370원 ④ 380원

120. 다음이 설명하는 품질원가는 무엇인가?

> 불량품이 고객에게 인도되기 전에 발견됨으로써 발생하는 원가이다. 예를 들면 공손품, 작업폐물, 재작업, 재검사, 작업중단 등으로 인하여 소요되는 원가가 있다.

① 예방원가 ② 평가원가
③ 내부실패원가 ④ 외부실패원가

Customer Center

▶ 수험상담문의
T. 031.973.5660
F. 031.8056.9660
Email. semoolicence@hanmail.net

▶ 도서출판 세무라이선스는
신속 정확한 지식과 정보를 독자제위께 제공하고자 최선의 노력을 다하고 있습니다.
그럼에도 불구하고 본서가 모든 경우에 그 완벽성을 갖는 것은 아니므로 최대한의 주의를 기울이시고
필요한 경우 전문가와 사전논의를 거치시기 바랍니다. 또한, 본서의 수록내용은 특정사안에
대한 구체적인 의견제시가 될 수 없으므로 본서의 적용결과에 대하여 당사는 책임지지 아니합니다

SEMOOLICENCE
SINCE 2010

Profession

Passion

Potentiality

FINAL SERIES
EXTRAORDINARY

초단기 합격포인트!

- 본서는 현행 회계기준에 준거한 내용을 담고 있습니다.
- 회계학·세법 수험서 NO.1 베스트셀러 [FINAL 시리즈]

재경관리사 공개기출해설 [원가]
[4개년 27회분]

발행일	2024년 02월05일 초판발행
저자	강경석
발행인	강민석
발행처	도서출판 세무라이선스
출판등록	제2011-000180호
주소	경기도 고양시 일산서구 장자길118번길 110, B-1동 102호
대표전화	031.973.5660 FAX. 031.8056.9660
홈페이지	www.semoolicence.com
이메일	semoolicence@hanmail.net
ISBN	979-11-89182-28-1 [13320]
정가	33,000 원
기획 및 책임편집	강민석
표지디자인	이은화, 강하영
편집진행	김상훈
본문편집 및 디자인	[주] 한국학술정보 -편집팀
CTP출력 및 인쇄	[주] 한국학술정보 -BOOKTORY

저자와의 협의하에 인지생략

- 파본이나 잘못 인쇄된 책은 구입하신 서점에서 교환해 드립니다.
- 이 책에 실린 모든 내용과 디자인,이미지및 편집 구성의 저작권은 도서출판 세무라이선스와 저자에게 있습니다. 허락없이 무단 복제 및 인용을 금하며, 다른 매체에 옮겨 실을 수 없습니다